最新税法解析与实务

杨永义　编著

中国财经出版传媒集团
经济科学出版社
Economic Science Press

前　言

本书系统、完整地介绍了税收基础理论、税收实体法和税收程序法方面的知识，分为基础理论、流转税、所得税、财产税、行为税、征管制度六部分，是一部全面解析税法又兼顾基础理论与实务操作的税收工具书。与同类书相比，本书具有以下特点：

1. 知识体系完整。全书重点解析税务机关征管的16个税种基本法律制度，同时也系统介绍了税收基础理论、税收征管、涉税账务处理方面的知识。

2. 结构清晰严谨。每个税种均从概述、课税要素、征收管理、会计处理与实务四个基本方面予以解析、阐释，重要税种还有专题知识讲解。

3. 注重实务操作。各章均有一节专门阐述本章税种的涉税业务账务处理与实务操作内容，并配有五个典型案例进行分析。

4. 资料丰富权威。解析各税种课税要素时引用了财政部、国家税务总局下发的几乎所有现行有效的税收规章和其他税收规范性文件，且注明文件标题、发文字号。

本书共分六编十九章。第一编，在吸收税收理论研究新成果的基础上，有选择地介绍税收基础理论知识；第二编，全面解读流转税2个税种的基本法律制度；第三编，全面解读所得税2个税种的基本法律制度；第四编，全面解读财产税5个税种的基本法律制度；第五编，全面解读行为税7个税种的基本法律制度；第六编，系统讲解税收征收管理制度。此外，归纳、整理的特定事项税收优惠政策以附录形式附后。

本书采用最新资料，内容丰富、翔实、严谨，具有很强的时效性、实用性和操作性，是税务机关公务人员、企业财会人员、涉税中介机构从业人员学习、掌握现行各税种法律制度及征管规定的理想用书。读者阅读本书时请注意下列提示：

1. 本书引用财税主管部门发布的税收规范性文件时，为叙述方便，对个别文字作了适当处理，读者在实际工作中请以官方文本为准。

2. 本书涉税业务的会计处理均以财政部制定、自2007年1月1日起首先在上市公司施行的《企业会计准则——基本准则》及其后制定的具体准则、应用指南、解释为依据。

3. 作者认为某些税收政策、征管规定值得商榷的，阐明观点时均以“本书认为”形式出现，旨在抛砖引玉、拓展思路，供读者理解相关内容时参考。

4. 特定事项税收优惠政策单独整理以附录形式附后，旨在保证其完整性，并未包括在相关章节税法解析“税收优惠”部分。

5. 本书引用的税收规章及其他税收规范性文件发布日期截止到2019年3月28日，其后政策调整、变化可能导致书中相关内容失效，请读者注意甄别。

本书在撰写过程中，参阅了大量专家、学者的专著（书名及作者附后），在此向各位专家、学者深表谢意。

书中错漏、疏忽之处在所难免，恳请读者批评指正。

作者电子邮箱：bc_yang@ sina. cn；QQ：2113295242（税眼迷离）。

作者

2019年3月28日

目　　录

第一编 基础理论

基础，本为建筑学用语，引申含义为事物发展的根本或起点。税收基础理论是关于税收的基本概念、基本规律的知识，是进一步学习税收实体法和程序法知识的基础。

本章内容属于税收基础理论知识，主要包括税收（税法）概述、税法要素、税收法律关系、税制演变和税收管理体制等几方面内容。了解、掌握本章知识，对学习、理解后面的税收实体法和程序法法律制度大有裨益。

税收是国家为实现其公共职能而凭借其政治权力，依法强制、无偿地取得财政收入的一种活动或手段。税收具有强制性、固定性和无偿性特征。税法则是国家权力机关依法制定调整税收分配过程中形成的权利义务关系的法律规范的总称。税法是国家向纳税人征税的法律依据，也是纳税人纳税的准绳。税法与税收密不可分，税法是税收的法律表现形式，税收则是税法所确定的具体内容。

税法要素，又称课税要素，是指实体税法中基本的必不可少的内容。税法要素包括课税对象、纳税人、税率、纳税环节、纳税期限、纳税地点、税收特别措施和税收法律责任八部分内容。

税收法律关系简称税收关系，是由税法规范确认和调整的，在税收分配过程中国家与纳税人之间形成的具有权利义务内容的社会关系。税收关系体现为国家、征收机关、税务管理相对人三者之间的权利义务关系。

税收管理体制是在中央和地方各级政府之间划分税收管理权限的制度。它是税收制度的重要组成部分，是正确处理各级政府在税收管理中相互关系的准则。

第一章 税收基础知识

第一节 税收概述

一、税收的概念

税收是国家为实现其公共职能而凭借其政治权力，依法强制、无偿地取得财政收入的一种活动或手段。①

这一定义说明，征税主体是国家，除了国家，任何组织或机构均无权征税；征税目的是提供公共产品、满足社会公共需要；征税依据是国家的政治权力，而不是财产权利；征税必须依法进行，具有强制性、无偿性、固定性等特征；税收收入是财政收入的一种形式，征税是国家取得财政收入的一种活动或手段。

对于税收的概念，可以结合税收的特征进一步理解。税收的特征是指税收作为一种特殊分配形式所固有的本质特点，是税收区别于其他财政收入形式的基本标志。比较税收与其他财政收入形式的差异，可以将税收的特征概括为以下六个方面：

1. 国家主体性。在征收主体方面，国家是税收的征收主体，征税权只属于国家并由中央政府和地方政府具体行使。国家或政府在税收活动中居于绝对领导地位。税收的国家主体特性非常重要，它使税收具有了自己的性质、目的、手段、征收依据等，从而形成了税收的其他特性。

2. 公共目的性。在征税目的方面，税收作为提供公共产品最主要的资金来源，着重以满足公共需求、实现政府的公共职能为目的。为此，税收必须依据纳税主体的负担能力依法普遍课征，并不具有惩罚性，从而使税收同因处罚违法行为所获得的罚没收入相区别。

3. 政权依托性。在权力依据方面，税收依据的是政治权力而不是财产权利（或称所有者权利），且这种政治权力凌驾于私人财产权之上。征税权是国家主权的一部分，税收作为把私人部门的部分收入转为国有的一种手段，只能以政权为依托才能有效行使。税收的政权依托性使其与各类非强制性收入具有明显的不同。

---

① 参见张守文：《税法原理（第二版）》，北京大学出版社 2001 年版，第 7 页。

4. 单方强制性。在主体意志方面，税收并不取决于纳税主体的主观意愿或征纳双方的意思表示，而只取决于征税主体的认识和意愿，因而具有单方强制性。这一特征与前述的国家主体性、政权依托性密切相关，是与国家凭借生产资料所有权获取收益等非强制性财政收入形式的重要区别之一。

5. 征收无偿性。在征收代价方面，税收是无偿征收的。即国家征税既不需要事先支付对价，也不需要事后直接偿还或给予各个具体纳税人以相应的资金回报。同时，纳税人缴纳税款的多少与其可能消费的公共产品数量也无直接关系。税收的这一特征使其与因国家机关提供特殊服务而取得的规费收入遵循等价、有偿的交换原则不同。

6. 标准确定性。在征收标准方面，税收的征收标准是相对明确、稳定的，并体现在税法有关课税要素的规定之中，从而使税收具有标准确定性特征。这一特征同税种与实体税法的一一对应关系、税收法定原则的普遍采用、防止征税权滥用和保护纳税人合法权利等密切相关。

当前，我国学者一般将税收的特征概括为“三性”，即强制性、固定性和无偿性。这种“三性”的概括是对税收特征的高度概括，虽然通俗简练，但未免绝对、抽象，既不利于对税收概念的理解，也不利于区别税收与其他财政收入形式的不同。有鉴于此，本书采纳了北京大学法学院张守文教授的观点，将税收的特征归纳为以上“六性”。

二、税收的职能

税收的职能是指税收本身所固有的职责与功能，其具体表现则为税收的作用。一般来说，税收具有以下三个职能：

（一）财政职能

财政职能，是指国家凭借政治权力，通过税收把经济单位及个人占有的一部分社会产品或价值集中起来，形成由国家集中支配的财政收入，以满足社会公共需要的功能。筹集国家财政收入是税收首要、基本的职能。

管理公共事务、提供公共产品，是国家的主要职能。为了维持国家或政府存续和有效运转，实现上述职能，需要有足够的资财作保障，这就要求国家有相应的收入来源。国家的财政收入来源主要有税收、发行国债、政府收费、增发货币、国企利润等，但主要来源是税收。税收与其他几种财政收入形式相比，具有无偿、及时、充裕、稳定、可靠等特点，且对经济活动负面影响小，因此成为国家取得财政收入的重要手段。目前，世界各国税收占财政收入的比例一般都在90%以上。

（二）调节职能

调节职能，是指税收所具有的通过税收政策和税收制度，影响个人、企业的物质利益，进而影响经济活动、经济运行以及维护社会公平的功能。经济决定税收，税收对经济具有反作用。税收对经济的反作用，反映了税收所具有的调节功能。

税收的调节职能一般分为经济调节职能和社会公平调节职能两种。税款征收过程中，必然会改变国民收入原有分配格局，从而对纳税人以及全社会的经济活动产生一定影响。如影响投资与储蓄，影响资产结构、产业结构的调整，影响各类资源的配置等。

这种影响既可能是积极的，也可能是消极的。国家正是利用税收这种客观存在的影响，通过增税或减税对总需求和总供给、资源配置进行调节，促进经济在速度、比例和效益上的均衡，使国民经济得以持续、稳定和协调发展。此外，国家还可以通过开征以所得、财产为课税对象的直接税性质的税种，最大限度均衡社会成员之间收入或财富差距，促进社会公平，减少社会矛盾。可以说，税收是政府宏观调控的重要政策工具。

（三）监督职能

税收的监督职能是指国家在征税过程中，通过税收的征收管理，反映经济动态，为国民经济管理提供信息的功能。税收涉及社会生产、流通、分配、消费各个领域，因此能够对国民经济的总体运行和纳税人的行为进行监督、控制，为经济管理部门提供决策信息或政策反馈。

税收监督分为微观和宏观两个层次。微观层次，通过对日常税收活动进行有计划的组织、管理、检查等，指导纳税人正确履行纳税义务，遵守国家财经纪律。宏观层次，通过税收收入总量分析可以了解国民经济发展的总体状况及其发展趋势；通过税收收入结构、速度的分析，可以了解产业结构的变化，了解经济发展的均衡状况。所以通过税收，可以反映各行业、各地区经济活动状况以及整个国民经济的运行情况，为国家宏观决策提供信息。另外，国家重大经济政策的实施效应也能够从税收方面反映出来，从而为政策的修订和完善提供依据。

税收组织收入职能、调节社会经济职能和监督经济生活职能的相互关系是：税收的调节和监督寓于组织收入中，没有组织收入，就没有对经济的调节和监督；而调节和监督又能更好地保证组织收入，没有调节和监督，就难以保护并扩大税源，更谈不上组织收入；就调节和监督而言，调节要以监督所反映的情况和提供的信息为重要依据，同时，监督又能更好地保证调节的顺利实施。可见，税收的三个职能是不可分割的统一体，相互联系、相互制约地统一于税收征管过程中。

三、税收的产生

税收并不是从来就有的，它是人类社会发展到一定历史阶段的产物。作为经济范畴的税收的产生，取决于剩余产品、私有制度、公共需要和公共权力四个客观条件。

（一）剩余产品的出现是税收产生的物质条件

税收作为社会再生产的一种分配形式，分配的物质来源只能是社会产品中扣除补偿物化劳动和活劳动耗费以后的剩余部分，即剩余产品。在生产力水平极端低下、社会产品仅能满足人类生存而别无剩余的情况下，就不可能有税收产生。因此，随着生产力的发展，原始社会末期剩余产品的出现为税收产生奠定了物质基础，成为税收产生和存在的一个前提。

（二）私有制度的存在是税收产生的经济条件

原始社会末期，社会分工和交换的发展逐渐破坏了生产和占有的共同性，私人占有逐渐占据优势。由于土地等财产归私人占有，或经营权及产品归私人支配，公共团体（最初并不表现为国家）管理公共事务时所需要的资财已经无法通过财产权利取得，只能向土地和财产占有者或经营者征收一部分财产来解决。也就是说，只有社会上存在私有财产制度这样的经济条件，税收才会产生。

（三）公共需要的产生是税收产生的社会条件

原始社会末期，随着氏族组织的发展，逐渐出现了生产活动以外的公共利益和公共事务。这种社会公共需要通过消费公共产品得以实现，而公共产品的消费具有非排他性和非竞争性，显然私人没有动力提供公共产品，只能由作为社会管理者的公共团体来提供。公共团体各个部门及其常设人员不直接从事生产活动，不创造社会财富。这样，在社会产品归私人所有情况下，公共团体提供公共产品所需资财，只能从社会成员的劳动成果中获取。可见，社会公共需要的产生是税收产生的社会条件。

（四）国家公共权力的建立是税收产生的政治条件

国家出现以后，国家化的社会公共权力需要建立警察、军队、监狱、法庭等专政机构和管理公共事务的行政管理机构。这些国家机构和常设公职人员管理社会公共事务，需要耗用物质资财，因其并不直接创造社会财富，所以只能凭借手中的公共权力向社会索取，而任何私人或组织显然不具备这种权力。可见，公共权力的产生为国家提供了强制性的征税权。国家政治权力是国家征收捐税的政治条件，政治权力、公共权力的形成使税收的产生成为可能。

税收的产生取决于以上四个条件，而且只有这四个条件同时存在、共同作用，才产生了税收。也就是说，当社会经济发展到一定程度，出现剩余产品和私有制并且有了公共需求后，随着国家的出现，国家凭借政治权力将一部分属于私人所有的社会产品转变为公共所有时，税收这种分配形式就产生了。

关于税收在我国产生的具体时间，一般说法是公元前 21 世纪的第一个奴隶制国家——夏代。这一说法主要依据是孟轲所言之“夏后氏五十而贡，殷人七十而助，周人百亩而彻，其实皆什一也”。夏代的贡，商代的助，周代的彻，都是我国税收历史上较为简单、原始的课征形式，是税收的雏形，标志着税收的开端。到春秋时期，随着我国封建社会取代奴隶社会这一历史变革，赋税制度也发生了巨大变化。鲁国从公元前 594 年开始，“无论公田私田”，一律按亩征税，即“履亩十取一也”，史称“初税亩”。这标志着我国税收从雏形阶段发展到了成熟阶段，从此，税收才作为一个完整、独立的财政范畴出现。

四、税收的发展

税收是一个历史范畴，随着社会生产力的发展和国家政治经济条件的变化，任何国家的税收制度都有一个从简单到复杂、从低级到高级的演变过程。在这一演变过程中，不仅税收名称、形态、征收形式、确立方式发生了变化，而且税收制度及其在社会经济生活中所发挥的作用也发生了变化。其中税收确立方式和税收制度的变化，最能充分反映税收的发展历程。

（一）税收确立方式的发展变化

税收确立方式的发展变化，体现在行使征税权力的程序演变方面。以此为标准，税收的发展大体可以分为以下四个时期：

1. 自由纳贡时期。在奴隶社会初期，由于此时的国家由原始部落联盟演变而来，中央集权制度还没有形成，所以国家的财政收入主要来自诸侯、藩属自由贡献的物品和劳力。这种以纳贡者自由纳贡的方式所取得的税收，是一种没有统一标准的自愿捐赠，属于税收萌芽阶段，还不是严格意义上的税收。

2. 请求援助时期。随着奴隶制国家的发展、君权的扩大，财政开支和王室费用也随之增加，单靠自由纳贡已难以维持。这一时期，每当国家发生特别事件时，为满足特定情况下财政需要，国王或君主便向社会成员提出请求，社会成员承诺之后，将任务分摊下去，再把筹集上来的资财交付国王或君主。此时税收不再是完全自发地从下到上，而是由上对下提出请求，援助什么、援助多少不再随意，且按照一定的标准进行。

3. 专制课征时期。进入封建社会，封建国家实行中央集权制度和常备军制度。君权扩张和政费膨胀，使国君不得不实行专制课征。一方面废除以前的税收承诺制度，使纳税成为社会成员必须作出的牺牲；另一方面为了笼络贵族和僧侣阶层，赋予其享有免税特权，以减少来自统治阶级内部的征税阻力。专制课征阶段的税收是单纯的由上向下的索取关系，完全取决于至高无上的专制权。进入专制课征阶段，是税收从不成熟开始走向成熟的标志。

4. 立宪课税时期。封建社会末期，社会成员要求建立相应制度对封建君主随意征税的行为进行适当约束的愿望越来越强烈。资产阶级夺取政权以后，不论是君主立宪制，还是议会共和制国家，均在其制定的宪法中规定，开征任何税，必须有法律依据并经过法定程序由选举产生的议会制定，君主、国家元首或行政首脑不得擅自决定征税。在这一时期，人人都有纳税义务，任何一个阶级或阶层均不享有豁免税收的特权，征税的确定性原则和普遍原则得到广泛实行。

（二）税收制度的发展变化

税收制度的发展变化，体现在不同社会制度的主体税种演变方面。历史上税收制度的发展变化，大体可以划分为以下四个阶段：

1. 以简单直接税为主的税收制度。在古代奴隶社会和封建社会，由于自然经济占统治地位，商品经济不发达，统治者只能采取直接对人或对物征收的简单直接税。如按人口课征的人头税、按土地面积或土地生产物课征的土地税等。这种古老的直接税简单而粗糙，不考虑纳税人实际支付税额的能力，也没有任何扣除，很不公平。同时，这种简单的直接税对封建社会末期新兴资产阶级的利益损害极大，阻碍了资本主义工商业发展。

2. 以间接税为主的税收制度。进入资本主义社会以后，商品经济日益发达，社会生产力有了很大发展，客观上为资本主义国家实行间接税创造了条件。这些资本主义国家通过对流通过程中的商品普遍课税，形成了以关税、消费税等间接税为主的税收制度，传统的直接税体系被取代。间接税税收负担较为隐蔽，不易被纳税人察觉，减少了征纳矛盾。同时，作为纳税人的资本家可以将税负全部或部分地转嫁给购买商品的消费者，这对资本主义初期商品经济发展非常有利。

3. 以所得税为主的税收制度。随着资本主义生产力发展和生产方式进一步变革，以间接税为主的税收制度的弊端日益凸显，既不利于资本主义经济进一步发展，又激化了阶级矛盾。在这一背景下，现代所得税应运而生。与原始的直接税相比，所得税税源广阔、有弹性，能够保证国家取得财政收入，且对经济没有直接妨碍和影响。18 世纪末，英国首创所得税，19 世纪后半期开始，许多国家相继效仿。至此，世界主要资本主义国家逐步建立了以所得税为主体税种的现代税收法律制度。

4. 以所得税和间接税并重的税收制度。这种税收制度在发展中国家较为普遍。不过，当前间接税在发达国家所占比重也有所增加。这主要有两种情况，一是以法国为代表，在传统的间接税范畴内探求消除其固有弊端的途径，改良出全新的增值税，自 20 世纪 50 年代以来，增值税一直是其主要税种；二是以美国为代表，自 1986 年美国里根政府税制改革以后，一些发达国家鉴于过高的累进所得税率，不仅影响投资积极性，还影响脑力劳动者的劳动积极性，因而一方面改革所得税制，使其更趋合理，另一方面又有选择地增加了间接税的征收，如社会保险税。由此，当前一些发达国家出现了间接税有所发展的趋势。

五、税种分类

所谓税种分类，就是按照一定的标准把性质相同或相近的税种归并为一类。

税种分类的前提是实行复合税制。根据一个国家征收的税种多少及其构成，税收制度可以分为单一税制和复合税制。一个国家在一定时期只征收一个或少数几个税种的税收制度称为单一税制。在单一税制下不存在税收分类问题。由于单一税制既难以保证政府稳定取得财政收入，又不利于发挥税收对经济的调节作用；因此，它只是一种理论上的主张，在世界各国从来没有真正付诸实施过。复合税制就是一个国家在一定时期同时征收多个税种的税收制度。复合税制可以从多个方面选择课税对象、设置税种、确定征收办法，使具有不同特点、作用的各个税种相互配合运用，既确保政府及时、稳定地取得财政收入，又可以充分发挥税收对社会经济的调节作用。

近代世界各国普遍实行复合税制，每个国家的税收种类都比较多。虽然每一种税都有各自的特性，相互区别，但各税种之间也存在一定的联系，可以从不同角度、按不同标准将税种划分为若干类。

（一）流转税、收益税、财产税和行为税

按课税对象性质划分，税收可分为流转税、收益税、财产税和行为税四类，这是我国大多数学者和税收实践主要采用的分类。但也有学者将以上四类归并为商品税、所得税和财产税三类[①]，即将资源税、财产税和行为税均归为一类，统称为财产税。因资源实际上是一种财产，而很多行为税都与财产的取得、使用有关，所以将资源税和行为税划入财产税范畴也有一定道理。以课税对象的性质为标准对税制进行分类是世界各国普遍采用的分类方式，也是世界各国税制分类中最基本、最重要的形式。[②]

---

① 参见张守文：《税法原理（第二版）》，北京大学出版社 2001 年版，第 14 页。

② 参见王韬：《税收理论与实务》，科学出版社 2007 年版，第 21 页。

1. 流转税，又称商品税，是指以商品和劳务流转额作为课税对象征收的一类税。流转额具体包括销售商品、不动产的销售额，提供劳务的营业额，转让无形资产的转让额等。该类税的特点是税额多少与成本、费用无关，税源稳定，征收及时、方便，税负容易转嫁。流转税种类虽然不多，但在我国目前的税制体系中居于主体税种地位，不仅来源于该类税的收入占税收总收入的50%左右，而且调节生产和消费的作用也非常明显。目前我国征收的流转税有增值税、消费税、关税等。

2. 收益税，又称所得税，是指以纳税人取得的收益额或所得额（包括经营所得、财产所得、劳动所得、投资所得和其他所得）作为课税对象征收的一类税。收益税的特点是只对收益部分征收，没有收益不征收；税额多少取决于纳税人收益多少，与纳税人的生产、经营成本有直接关系；税负一般不容易转嫁。该类税通过直接调节各经济实体及个人的收入分配，可以缩小贫富差距，实现社会公平。目前我国征收的收益税包括企业所得税、个人所得税。

3. 财产税，是指以自然人和法人拥有或支配的应税财产或开发利用的自然资源的数量或价值作为课税对象征收的一类税。财产税的特点是税额只同占有或使用的财产数量或价值有关，即纳税人占有或使用的财产多则多征，少则少征。该类税对限制财产占有和提高财产使用效率有积极作用。目前，我国征收的财产税有房产税、车船税、资源税、城镇土地使用税和土地增值税等。

4. 行为税，是指国家为调控某些特定经济行为或为了达到一定社会目的而设置的一类税。征收该类税是为了规范或引导纳税人的行为，以贯彻和实现国家某些经济政策，而不是以取得财政收入为主要目的。行为税的特点是一般具有特定目的、税源不稳定、征管难度较大。行为税依调节意愿强烈程度又细分为一般行为税和特定目的税两种。目前我国征收的一般行为税有印花税、契税、车辆购置税、烟叶税等；特定目的税有城市维护建设税、耕地占用税、环境保护税等。

（二）直接税和间接税

按税负能否转嫁划分，税收可分为直接税和间接税两类。

1. 直接税，是指税负不能转嫁给他人，由纳税人直接负担的一类税。一般将对所得和财产课税的税种列为直接税。直接税的特点是纳税人和负税人为同一主体。

2. 间接税，是指税负可以转嫁给他人，纳税人只是间接负担的一类税。一般将商品税视为间接税。间接税的特点是纳税人与负税人发生分离，纳税人通常利用调整价格将税收负担转嫁给商品购买者。

（三）价内税和价外税

按税额与价格关系划分，税收可分为价内税和价外税两类。

1. 价内税，是指以含税价格作为计税依据的一类税，如消费税、资源税。其特点是税款包含在商品价格之中，税收负担较为隐蔽，容易被接受。

2. 价外税，是指以不含税价格作为计税依据的一类税，如增值税、车辆购置税、关税。其特点是税款独立于商品价格之外，税收负担较为明显，且可以直接转嫁。

（四）从价税和从量税

按课税对象计量标准划分，税收可分为从价税和从量税两类。

1. 从价税，是指以课税对象的价格或价值为标准计算征收的一类税。这类税的应纳税额随商品的价格变化而变化，在物价波动较大的情况下，税收收入随物价涨落而增减，基本不会或很少受通货膨胀影响，因而当前各国大部分税种都采用这种计税方法。

2. 从量税，是指以课税对象的计量单位如件数、重量、长度、容积、面积为标准计算征收的一类税。这类税的应纳税额随课税对象的数量变化而变化，不受价格变动影响，收入较稳定，但税收负担不尽合理，因此实际工作中一般实行差别税额，分类定率，以平衡税负。车船税、耕地占用税、城镇土地使用税等属于从量税。

从量税与从价税相比，其缺点是税额不能随着商品价格的提高而相应增加，不能随着国民收入的增长而增长，收入弹性差。为了弥补税制设计缺陷，可以对部分特定商品采用复合计税方法征收，即从价和从量相结合。目前，采用这种复合计税方法的主要有消费税（卷烟、白酒 2 个税目）和关税（感光材料、冻鸡产品等 51 个税目）。

（五）中央税、地方税和共享税

按税收管理权限和收入归属划分，税收可分为中央税、地方税和共享税三类。

1. 中央税，是指由国家最高权力机关或经其授权的机关进行税收立法，且税收管理权和收入支配权归属中央政府的一类税。如消费税、车辆购置税等。

2. 地方税，是指由地方权力机关通过立法决定征收，且税收管理权和收入支配权归地方政府的一类税。如环境保护税、烟叶税等。

3. 共享税，是指某些税种的税收收入由中央和地方政府按一定分成比例共同享有，这些税种统称为中央和地方共享税种，简称共享税。如增值税、企业所得税和个人所得税等。

这种分类方法适用实行分税制财政体制的国家，如美国、日本、法国、德国等。

（六）独立税和附加税

按课税标准是否具有依附性划分，税收可分为独立税和附加税两类。

1. 独立税，也称正税或主税，是指不需依附于其他税种而仅依自己的课税标准独立课征的一类税。当今各国征收的税种多数为独立税。

2. 附加税，也称副税，是指依其他税种的课税额或课税标准作为自己的课税标准的一类税。如城市维护建设税。

第二节　税法概论

一、税法的概念

税法，是国家权力机关依法制定调整税收分配过程中形成的权利义务关系的法律规范的总称。税法是国家向纳税人征税的法律依据，也是纳税人纳税的准绳。对税法的概念可以从以下三个方面理解：

（一）税法制定主体

一般来说，税法的制定主体应该是国家最高立法机关，但实行分税制财政管理体制的国家，地方立法机关拥有地方税种的立法权。我国虽然实行分税制财政管理体制，但税法的立法权集中在国家最高权力机关，即全国人民代表大会及其常务委员会，地方政府只拥有少数地方税种的实施细则制定权、税率在规定幅度内的调整权。此外，在我国经全国人民代表大会授权，中央政府即国务院可以制定税收行政法规，因此，国务院也是制定税法的主体。

（二）税法的范围

对税法的理解通常有广义和狭义之分。狭义的税法是指由国家最高权力机关正式立法制定的税收法律。广义的税法是指一切调整涉及税收关系的法律规范的总称，这其中除了单行的税收法律，还包括其他法律中的涉税内容和税务机关在征收管理中适用的其他法律。就立法层次而言，我国的税法除了全国人民代表大会及其常务委员会制定的税法外，还包括国务院制定的税收行政法规、地方立法机关制定的地方性税收法规、国务院税务主管部门和地方政府制定的税收规章。

（三）税法调整对象

税法的调整对象是税收分配中形成的权利义务关系。从经济学角度讲，税收分配关系是国家参与社会剩余产品分配所形成的一种经济利益关系，包括国家与纳税人之间以及各级政府之间的税收利益分配两个方面。这种经济利益关系是通过设定国家与纳税人的税收权利义务来实现的。如果说实现税收分配是目标，那么从法律上设定税收权利义务则是实现目标的手段。税法并不直接调整税收分配关系，而是税收权利义务关系。

二、税法原则

在讨论税法原则之前，需要了解一下税法与税收的关系。

税法与税收既有联系又有区别。二者的联系表现在：税法是税收的存在形式，是税收的法律依据和法律保障，税收活动必须严格按照税法的有关规定进行；在现代法治国家，税收与税法是对应的，即有税收必有税法，有税法亦必有税收。二者的区别表现在：税收是经济学概念，而税法是法学概念；税收是一种经济分配关系，属经济基础范畴；而税法是税收法律制度，是税收分配关系的法律体现，属上层建筑范畴。经济上所称的税收和法律上所称的税法的相互关系为，“它是把由社会生活本身所决定的纳税人之间以及纳税人与国家之间应当具有的经济社会关系确认或上升为法律上的权利和义务关系”①。

之所以先介绍税法与税收的关系，是因为当前我国不少税收理论书籍未对税收原则和税法原则加以区分。本书认为，这种做法无论在税收理论上，还是在税收实践中都不妥当。

既然税法和税收有区别，那么税法原则和税收原则也应该有区别。所谓税收原则，

---

① 参见熊英：《地方税收法律问题研究》，中国税务出版社2001年版，第69页。

就是设计税收制度、制定税收政策的基本指导思想，也是评价税制优劣的基本标准，有时也称税制建立原则。① 所谓税法原则，就是指指导一国有关税收法律文件的立法、执法、司法、守法诸环节的基础性法律理念。② 从二者的定义可以看出，税收原则是从经济学角度研究政府运用税收手段筹集财政收入和调节经济应遵守的规则；而税法原则是从法律角度研究税收在立法过程及贯彻执行中需要遵循的法律理念。可见，税法原则和税收原则不仅有显著区别，而且有本质区别。

税法原则是税法精神的集中体现，是指导税法创制和实施的根本准则。任何国家的税法体系和单行税法都要建立在一定的税法原则基础之上。税法原则可以分为税法基本原则和适用原则两个层次。

（一）税法基本原则

当前，国内外的税法学者提出了许多税法原则，但哪些是税法的基本原则没有形成一致意见。借鉴已有的研究成果，本书认为可将我国税法的基本原则概括为法定原则、公平原则、效率原则三个。其中法定原则是税法基本原则中的核心。

1. 法定原则。

法定原则，是指一切税收以及与其有关的活动必须有法律的明确规定。这种法定性是双向的，一方面要求纳税人必须依法纳税；另一方面要求征收机关课税只能在法律授权下进行。具体来说，税收法定原则一般包含以下几方面含义：

（1）课税要素由税法直接规定。该原则要求纳税主体、课税对象、税率等课税要素以及与此相关的征纳程序、征纳争议解决办法等必须且只能由国家最高立法机关在法律中加以规定，行政机关未经授权，无权在行政法规中对课税要素加以规定。

（2）课税要素的法律规定明确。课税要素、征纳程序等不仅要由法律专门规定，而且还必须尽量明确，以避免出现漏洞、歧义和矛盾。此外，自由裁量权不应普遍存在而应受到一定限制，对税法的解释也要依法定权限、程序进行。

（3）课税要素的调整必须合法。该原则要求征收机关必须严格依据税收法律规定征税，不得擅自变动课税要素和法定征收程序。没有法律依据，征收机关与纳税人均无权作出开征、停征、缓征、减税、免税、退税、补税等涉税决定。

2. 公平原则。

公平原则，是指在税收法律关系中，纳税人的法律地位平等，不得因种族、性别、文化程度、宗教信仰、经济性质等不同而实行差别对待的税收政策，不承认有特殊法律地位的纳税人。公平原则的核心内容是合理负担、公平税负。即每个纳税人的税负与其负担能力相适应，并使纳税人之间的负担水平保持平衡。公平原则有两方面要求：一是非歧视性原则，即对具有相同条件的纳税人，应实行无差别的税收待遇，不能厚此薄彼。二是区别对待原则，即应以同等的课税标准对待经济条件相同的人，实现横向公平；以不同的课税标准对待经济条件不同的人，实现纵向公平。

需要注意的是，税法公平原则与税收公平原则其思想内涵虽然相通，但二者还是有

---

① 参见王韬：《税收理论与实务》，科学出版社 2007 年版，第 17 页。

② 参见刘剑文：《税法学（第 2 版）》，人民出版社 2003 年版，第 116 页。

明显的不同。经济上的税收公平主要是从税收负担带来的经济后果上考虑，而法律上的税收公平不仅考虑税收负担的合理分配，而且要从税收立法、执法、司法各个方面考虑。比如，纳税人得到的纳税服务、礼貌对待是平等的；纳税人得到的程序权利是平等的；纳税人的法律救济权利是平等的；纳税人承担的法律责任是平等的。[①]

3. 效率原则。

效率原则，是指制定和执行税法必须有利于资源有效配置和经济机制有效运行。效率原则的主旨在于如何通过设计税种、优化税制，最大限度地促进社会经济良性发展，尽可能地减少征纳成本。这里的效率包括经济效率和行政效率两方面。

（1）经济效率是指国家征税要有助于保障经济良性、有序运行，实现资源有效配置。也就是说，要把税收对各种经济活动所产生的不良影响减小到最低程度。首先，国家在征税时，除了使纳税人因纳税而发生税款负担外，应尽可能少地使纳税人承受其他额外负担或经济损失。其次，理想的税收应避免影响或改变企业生产组织形式、经营者投资决策和消费者消费选择，不干扰经济的正常运行，让市场对资源配置发挥基础性、主导性作用。最后，在处理国家间税收关系时，不应因税收而影响或阻碍商品、资金和人员的国际流动。

（2）行政效率是指以最少的税收成本（在税收征纳过程中所发生的各类费用支出）获取最多的税收收入，使税收的名义收入与实际收入差额最小。也就是说，税收活动也要讲究经济效益，这是花费与所得，即税收成本与税收收入的关系问题。为使税收变得有意义，税收成本应尽可能小于税收收入，并且要把这个比率控制在一个可以接受的范围内。

（二）税法适用原则

税法适用原则是指税务机关和司法机关运用税收法律规范解决具体问题所必须遵循的准则。

1. 法律优位原则。这一原则的含义是国家行政机关制定的一切规范应与最高立法机关制定的法律一致，不得抵触。法律优位原则的作用主要体现在处理不同位阶税法的关系上。具体说，税收法律效力高于税收行政法规，税收行政法规效力高于地方性税收法规和税收行政规章。效力低的税法与效力高的税法发生冲突，效力低的税法无效，应执行效力高的税法。

2. 法不溯及既往原则。这一原则的含义是一部新法实施后，对新法实施之前人们的行为不得适用新法，而只能沿用旧法。坚持法不溯及既往原则的目的在于保持税法的稳定性和可预测性，使纳税人在知晓税法规定和纳税结果的前提下作出相应的经营决策，税收的调节作用才能有效发挥。

3. 新法优于旧法原则。这一原则的含义是新法、旧法对同一事项有不同规定时，新法效力优于旧法。该原则的作用在于避免因法律修订带来新法、旧法对同一事项有不同的规定而给法律适用带来的混乱，为法律的更新与完善提供法律适用上的保障。

4. 特别法优于普通法的原则。这一原则的含义是对同一事项两部法律分别订有一

① 参见张松：《税法学》，高等教育出版社2007年版，第28页。

般和特别规定时，特别规定的效力高于一般规定的效力。特别法优于普通法原则打破了税法效力等级的限制，即如果级别较低的税法居于特别法地位，其效力可以高于作为普通法的级别较高的税法。

5. 实体从旧，程序从新原则。这一原则的含义包括两个方面，一是实体税法不具备溯及力，二是程序性税法在特定条件下具备一定的溯及力。即对于新税法公布实施之前发生的纳税义务在新税法公布实施之后进入税款征收程序的，原则上新税法具有约束力。

6. 程序优于实体原则。这一原则是处理税收争讼关系的特别适用原则，其基本含义是在诉讼发生时税收程序法优于税收实体法适用。即纳税人通过行政复议或行政诉讼寻求法律救济的前提条件之一是，必须事先按照税务机关的决定缴纳税款或提供担保，而不管其是否应该承担这一纳税义务，否则，税务机关或司法机关对纳税人的复议或诉讼请求不予受理。

上述的税法适用原则是学者借鉴其他法律部门的适用原则总结出来的，偏重于对各税法之间效力关系的判定。此外，有些学者还将实质课税原则、合作信赖原则、禁止类推原则等归为税法适用原则。

三、税法分类

税法分类是对组成税法体系的税法按一定标准进行科学的归类。需要注意的是，税法分类与税收分类不同，前者是从法学角度对所有税收法律文件进行的分类，而后者是从经济学角度对所有税种进行的分类。就整个税收法律体系而言，按不同标准可将税法分为如下几类。

（一）按照税法内容不同分类

按照税法的内容不同可以将其分为税收实体法、税收程序法、税收处罚法、税收救济法以及税务行政组织法。

1. 税收实体法，是指规定国家和纳税人的实体权利和义务的法律规范的总称。现行各个税种规范的纳税主体、课税对象、税率、纳税期限和纳税地点等属于实体税法的主要内容。这些内容是国家行使征税权和纳税人履行纳税义务的要件。我国按照不同的税种单独立法，一般来说，各单行税种法都属于实体税法。

根据不同标准，对税收实体法还可以做进一步分类，具体分类可参阅本章第一节“税种的分类”部分内容。

2. 税收程序法，是指保证税收实体法规定的征收机关和纳税人的权利得以主张、义务得以履行的法律规范的总称。税收程序法主要规定国家征税权行使程序和纳税人纳税义务履行程序，具体内容包括纳税登记、纳税申报、税款缴纳、税务检查、法律责任等。我国现行的《中华人民共和国税收征管法》（简称《征管法》）就是典型的税收程序法。此外，从广义上讲，有些规范行政程序方面的法律虽然不是专门规定税收征纳程序问题的，但税收征管活动仍然要遵守这些法律的相关规定。如《中华人民共和国行政处罚法》（简称《行政处罚法》）、《中华人民共和国行政强制法》（简称《行政强制法》)、《中华人民共和国行政复议法》(简称《行政复议法》)、《中华人民共和国行政诉讼法》(简称《行政诉讼法》)和《中华人民共和国国家赔偿法》(简称《国家赔偿法》)。

3. 税收处罚法，是指对税收活动中违法与犯罪行为进行处罚的法律规范的总称。我国税收处罚法由以下五部分构成：一是刑法中关于逃避缴纳税款、虚开发票、不征少征税款等税收犯罪行为的刑事罚则；二是国家最高权力机关与最高司法机关对税收犯罪作出的立法解释、司法解释和有关规定；三是《征管法》中“法律责任”一章对税收违法行为的行政处罚规定；四是《行政处罚法》中对行政违法行为予以行政处罚的规定；五是单行税种法和其他法规中有关税收违法行为行政处罚的规定。

4. 税收救济法，是指为制止和纠正征税主体侵害纳税主体合法权益的行为，使纳税主体合法权益获得补救而在法律上设计的一系列制度的总称。① 作为法律补救措施，税收救济法律制度对于涉税争议的解决、纳税人权利的保护、行政权力与国民权利的协调以及维护税收法律的权威性和公正性有着重要意义。就我国而言，税收救济法主要指《行政复议法》《行政诉讼法》和《国家赔偿法》三部法律规范。

5. 税务行政组织法，是指规定国家税务行政组织的规范性法律文件的总称。其内容一般包括税务机关的设置及其职责；各级税务机关之间以及税务机关与地方政府之间的关系；税务机关的内设机构、编制、经费以及职员升迁、奖惩等。我国没有明确为政府所属工作部门单独立法或者制定组织细则的先例，政府工作部门的设置、职责和人员编制主要通过行政系统内部编制审批程序确立。此外，有关税务机关组织的规定在相关法律条款中也有体现，如《征管法》第五条、《中华人民共和国税收征收管理法实施细则》(简称《征管法实施细则》)第九条的规定。

(二) 按照税法地位不同分类

按照税法在税法体系中的法律地位，可以将其分为税收基本法和税收单行法。

1. 税收基本法，是指介于宪法和各单行税法之间的一部法律，主要规定税收的基本法律制度和原则，是税收法律中的上位法，对各单行税法的制定具有统领和指导作用。税收征管、行政复议、行政诉讼和行政赔偿等税收行政程序，既要符合行政法中的相应规定，又要遵循税收基本法中的规定。税收基本法的主要内容以规定税收法律制度中具有根本性和基础性并且在单行税法中难以规定的内容为主，如税收的定义、功能，税收法律制度的原则，税收法律关系中当事人的权利义务等。我国曾将《中华人民共和国税收基本法》(简称《税收基本法》)起草项目列入十届全国人大常委会五年立法规划，但至今未进行过审议。

2. 税收单行法，是指就某一类纳税人、某一类课税对象或者为解决某一方面的税收问题所制定的税法。税收单行法相对于税收基本法而言，受税收基本法约束和指导。整个税法体系是由若干单行税法和税收基本法共同组成的有机整体，同时每个单行税法本身也是一个相对独立的体系，由不同位阶的若干税收法律、行政法规和规章构成。在我国，税收单行法主要指规范各税种的法律法规和规范征纳程序的《征管法》等。

---

① 参见刘剑文：《税法学（第二版）》，人民出版社 2003 年版，第 517 页。

此外，根据税收管辖权不同可以把税法分为国内税法和国际税法；根据税收立法权不同可以把税法分为中央税法与地方税法等。

四、税法渊源

法律的渊源又称法源，一般指法的效力来源，即根据法的效力来源而表现的法的不同形式。在我国，税法的渊源是指各类国家机关制定的不同位阶的税收规范性文件。

1. 宪法，是指在民主国家的现行法律体系中处于最高地位，具有最高法律效力的根本性法律文件。宪法作为税法的渊源表现在两个方面：一是直接的渊源，即宪法中关于税收的直接规定。《中华人民共和国宪法》（简称《宪法》）第五十六条规定，公民有依照法律纳税的义务。二是间接的渊源，即宪法中各项原则性的规定，在税收立法、司法、执法中必须严格遵循，不得违背。

2. 税收法律，即狭义的税法，是指国家最高权力机关依照法定程序制定的税收规范性文件，其法律地位和效力仅次于宪法。在我国，由国家最高权力机关即全国人民代表大会及其常务委员会制定的税收法律有《中华人民共和国企业所得税法》（简称《企业所得税法》）、《中华人民共和国个人所得税法》（简称《个人所得税法》）、《中华人民共和国车船税法》（简称《车船税法》）、《中华人民共和国环境保护税法》（简称《环境保护税法》）、《中华人民共和国烟叶税法》（简称《烟叶税法》）、《中华人民共和国车辆购置税法》（简称《车辆购置税法》）、《中华人民共和国耕地占用税法》（简称《耕地占用税法》）和《中华人民共和国征管法》（简称《征管法》）。此外，全国人民代表大会及其常务委员会制定的有关税收的规范性决定、决议，也是税收规范性文件的一部分。

3. 税收行政法规，是指由国家最高行政机关依据宪法和法律制定的税收规范性文件。税收行政法规的效力低于国家权力机关制定的税收法律。我国的税收行政法规主要有国务院依据人民代表大会授权制定的税收条例，依据职权制定的税收法律的实施条例（细则），以及自行发布的规范性决定和命令。在现阶段，税收行政法规是我国税收立法的主要形式，大多数单行税种法都采用税收行政法规的形式制定。

4. 税收部门规章，是指由国务院财政、税务主管部门因执行税收法律、行政法规的需要而制定的具体规定、细则、办法、规则等税收规范性文件。在我国，国务院财政、税务主管部门指财政部和国家税务总局，其制定的规章以财税令（联合制定）或部（局）长令的形式发布实施。税收部门规章主要有行政法规的实施细则、为实施税法的某项规定或制度而制定的具体办法等。虽然税收部门规章的法律效力不高，但在我国也是广义税法的组成部分，属于税法渊源。

5. 地方性税收法规，是指由省、自治区、直辖市人民代表大会及其常务委员会，在不与宪法、法律、行政法规相抵触的前提下制定的税收规范性文件。地方性税收法规只在本地区发生法律效力。由于我国是中央集权国家，税收立法权在中央，除了少数民族地区依据宪法赋予的自治权可以制定地方性税收法规之外，并没有真正意义上的地方性税收法规。

6. 地方性税收规章，是指由省、自治区、直辖市人民政府依照法律、行政法规制定的税收规范性文件。按照分税制财政管理体制，我国现行的地方性税收规章主要是地方政府对地方性税种制定的实施细则、办法。相对于地方性税收法规，地方性税收规章比较常见。地方性税收规章只在本地区具有法律效力。

7. 国际税收条约或协定，是指国家间为了避免双重征税和防止偷漏税所签订的税收条约或协定。税收协定主要包括多边税收协定、双边税收协定等形式。另外，“换文”也是一种广义上的条约或协定，有关税收的换文属于税法的国际法渊源。税收协定虽然不属于国内税法，但是，按照国际法优于国内法的原则，其法律效力很高。对此，我国《征管法》第九十一条有明确规定。

五、税法的效力

税法的效力是指税法的效力范围，即税法在什么地方、什么时间、对什么人具有法律约束力。税法的效力包括空间效力、时间效力和对人效力三种。

（一）税法的空间效力

税法的空间效力指税法在特定的地域内发生效力。一般来说，由一个主权国家制定的税法，必然适用该国主权管辖的全部领域。以我国为例，税法的空间效力主要包括以下两种情况：

1. 在全国范围内生效。由全国人民代表大会及其常务委员会制定的税收法律，国务院制定的税收行政法规，财政部、国家税务总局制定的税收规章在全国范围内具有法律效力。但上述税收法律、行政法规和部门规章在以下特殊地区不发生法律效力：

①香港、澳门特别行政区和台湾地区内；

②为特定经济政策实施而设立的保税区内；

③外国政府或国际组织驻我国使领馆、办事处等外交机构住所。

2. 在特定区域内有效。属于普通法性质的税收法律、行政法规中的特别规定，具有特别法性质的税收法律、行政法规以及地方性税收法规、规章，只适用特定的区域。

（二）税法的时间效力

税法的时间效力是指税法何时开始生效、何时终止效力和有无溯及力的问题。

1. 税法的生效。

就税法而言，其生效时间可分为以下几种类型：

（1）税法通过一段时间后开始生效。一般来说，地位重要、内容复杂、实施难度和对纳税人影响较大的税法从发布到实施都有一段间隔时间。这是最常见的一种税法生效方式。

（2）税法自通过之日起生效。一般来说，仅涉及个别条款的修订，或者内容较少，地位不重要，易于理解、掌握，实施前也不需要更多准备的税法大多采用这种生效方式。

（3）授权执法机关自行确定实施日期。这是指在税法公布之后，由地方政府或下级税务机关自行确定当地实施的具体日期。

此外，我国与其他国家签订的双边税收协定的生效与普通法有所不同。其通常做法是双方政府代表签字后各自履行必要的法律程序，由各自国家的立法机关所承认；一般在承认之后第30天开始生效，在生效年度次年1月1日才开始执行该协定。

2. 税法的失效。

税法的失效表明其法律约束力终止。终止税法效力基本上都采用明示废止的方式。税法的失效通常有以下两种类型：

（1）以新税法代替旧税法。这是最常见的税法失效宣布方式，即以新税法中规定的生效日期为旧税法的失效日期。

（2）直接宣布废止某部税法。当税制结构调整，需要取消某一税收法律、法规，又没有新的相关税收法律、法规设立时，往往需要另外发布公告宣布废止的税收法律、法规。

除此之外，还有两种税法废止方式，一种是税法有关条款预先确定废止日期，届时税法自动失效；另一种是在适用法律中出现新法与旧法冲突时，适用新法而使旧法事实上被废止，又称默示废止。这两种情况主要出现在法律效力较低、由征收机关制定的具有行政命令性的税收文件中。

需要注意的是，税法的失效还应包括暂停执行制度。但暂时停征不同于废止，它只是税法效力在一定时间内的暂时中止，而不是完全被取消。

3. 税法的溯及力。

法律的溯及力是指新法颁布实施后，对其生效以前的事件或行为是否具有适用效力。税法的溯及力既涉及法律适用问题，也涉及法律时间效力问题。一般而言，法不应有溯及既往的效力。我国税法是否溯及既往，在所有税法中并没有作出明确规定。不过，根据《立法法》第九十三条的规定，目前我国采取从旧兼从轻原则①，即原则上新法没有溯及力，但新法处理轻的，适用新法。

（三）税法的对人效力

税法的对人效力是指税法对什么人适用，能管辖哪些人的问题。在处理税法的对人效力时，国际上通行的原则包括如下三个：

1. 属人原则。

属人原则也称居住国原则。依据属人原则确立的税收管辖权，称为公民税收管辖权和居民税收管辖权。即凡是本国的公民或居民，不管其所得来源于国内还是国外，均适用本国税法。此处公民是指取得一国国籍的人，不仅包括自然人，也包括企业、公司和团体；居民是指按照永久性住所或居住期限确定的自然人、法人和其他组织。

2. 属地原则。

属地原则也称来源国原则。依据属地原则确立的税收管辖权称为税收地域管辖权或收入来源地管辖权。即凡有来源于本国领域内所得的法人和个人，不管其是否为本国公民或居民，均适用本国税法。

---

① 参见郝昭成：《税收执法基础知识》，中国财政经济出版社2002年版，第18页。

3. 属地兼属人原则。

凡是居住在本国领域内的本国公民、外籍人员，以及在本国注册登记的法人，一律适用本国税法；未在本国设立机构，但有来源于本国收入的外籍人员、外国公司、企业、其他经济组织等，也适用本国税法。目前绝大多数国家包括我国都采用属地兼属人原则。

六、税法解释

所谓税法解释，就是特定国家机关、社会组织和个人对税收法律、法规等法律文件或其部分条文、概念、术语的解析、阐释和说明。有的学者认为对税法漏洞的补充也属于税法解释范畴。

（一）税法解释的分类

1. 正式解释和非正式解释。这是根据解释主体和解释效力不同所作的分类。

所谓正式解释，通常也叫法定解释、有权解释，是指由特定国家机关对税法作出的具有法律约束力的解释。正式解释虽然针对具体的条文、事件或案件作出，但法律效力不限于具体的法律事件或事实，而具有普遍性和一般性。正式解释包括立法解释、司法解释和行政解释三种。

（1）立法解释，是税收立法机关对其所制定的税法的正式解释。根据税收立法机关不同，我国税法立法解释包括全国人民代表大会及其常务委员会对税收法律作出的解释，国务院对税收行政法规作出的解释和地方人大及其常委会对地方性税收法规作出的解释。

（2）司法解释，是最高司法机关对如何办理税务刑事案件和税务行政诉讼案件所作的具体解释或正式规定。司法解释包括最高人民法院作出的审判解释；最高人民检察院作出的检察解释；最高人民法院和最高人民检察院联合作出的共同解释三种。在我国，税法的司法解释仅限于税收犯罪，占整个税法解释的比重很小。

（3）行政解释，是国家机关在执法过程中对税收法律、行政法规和规章如何具体应用所作的解释。在我国，税法的行政解释是税法解释的基本部分，主要由国务院财政、税务主管部门下达的大量具有行政命令性质的文件构成。税法的规范性行政解释在执法中具有普遍约束力，但原则上讲，不能作为法庭判案的直接依据，这一点世界各国基本已达成了共识。[①]

行政解释目前一般以财税（总局）令、财税、税总发、税总函等形式发布。需要注意的是，国家税务总局以税总函形式对某个下级机关的请示进行批复的效力，按下列原则把握：如果批复仅对个别单位作出并且没有抄送其他单位的，该批复仅对其主送单位和批复中提及的个别问题具有约束力。如果该批复中涉及事项需要其他有关单位执行或周知的，可以抄送有关单位，该批复对主送单位及被抄送单位均具有约束力。

所谓非正式解释，通常也叫学理解释，一般是指由学者、学术机构或者其他组织、

---

① 参见张松：《税法学》，高等教育出版社 2005 年版，第 53 页。

个人对税法规定所作的不具有法律约束力的解释。非正式解释没有法律效力，但对税收司法、法定解释和后续税收立法具有借鉴、推动作用，因此也具有一定价值。

2. 字面解释、限制解释与扩充解释。这是根据解释尺度不同所作的分类。

所谓字面解释，是指严格按照税法条文字面的通常含义进行解释，既不扩大，也不缩小。但是，对税法条文仅仅进行字面解释有时不能充分、准确地表达税法规范的真实意图，因此，作为补充，允许从立法目的、精神出发解释税法条文，这时可能出现解释的含义小于或大于其字面含义的情况，这就是限制解释和扩充解释。

所谓限制解释，是指为了符合立法精神、目的，对税法条文所进行的窄于其字面含义的解释。这种解释我国税法中时有使用。比如个人所得税中“习惯性居住”解释为“是指因户籍、家庭、经济利益关系而在中国境内习惯性居住”，其范围明显窄于人们的习惯理解。

所谓扩充解释，是指为了更好地体现立法精神，对税法条文所进行的大于字面含义的解释。比如，我国《中华人民共和国企业所得税法实施条例》（简称《企业所得税法实施条例》）第三条，对《企业所得税法》第二条规定的“企业”（即企业所得税纳税人）就进行了扩充解释。

（二）税法解释的方法

税法的解释方法很多，归纳一下，比较常用的有文义解释、体系解释、目的解释、历史解释与合宪性解释五种方法。

1. 文义解释法，是指从税法条文的字面意义阐释税法条文的含义。税法解释首先应当坚持字面解释。对税法条文所使用的文字，引用的专门用语、专业术语以及其他法律用语作出相应解释时，如果税法没有附加特别含义，对文字应取汉语通常含义，对术语、用语应取其本意；对于税法本身固有用语，应当按照税法的本意加以解释，不能受其他法律和学科影响。

2. 体系解释法，是指将法律条文放在整部税法乃至整个税法体系中，根据该法条与其他法条相互关系阐释税法条文的含义。具体说，就是依据法条所处编、章、节、条、款、项、目前后关联位置及相关法条的法意来解释，从而确保解释含义的一致性和法律体系的统一。

3. 目的解释法，是指从制定某一税法的宗旨阐释税法条文的含义。由于税法同其他法律一样，有其自身立法目的，因而税法解释应当探求、符合、贯彻立法者的初衷、本意。税法的目的，与税收的三大职能相对应，大致可分为财政目的、经济目的和社会目的三类。此外，除上述整体目的外，还应该包括个别条款、个别制度的规范目的。

4. 历史解释法，是指通过研究有关税收立法的历史资料或从新旧税法对比中了解并阐释税法条文的含义。由于历史解释法解释时强调立法背景，遵循的也是立法者立法之时的本意，所以属于一种广义上的目的解释法。

5. 合宪性解释法，是指从税法条文是否合乎宪法规定阐释税法条文的含义。实际工作中，这种解释还包括依据位阶较高的法律规范，解释位阶较低的法律规范的情形。

上述解释方法在应用时应遵循的顺序是：文义解释法具有优先适用的效力，当其适用遇到困难时，可首先考虑运用历史解释法探究字面解释的范围，其后可诉求体系解释法进一步明确条文的具体含义。在上述几种解释方法还不能充分、准确表达税法条文本意时，可以目的解释和合宪性解释作为最后的衡量标准。

从体现税收法律主义和保障纳税人基本权利的目的出发，在对税法条文进行解释时，国外多数学者倾向于坚持"有利于纳税人推定"，我国税法虽然没有明确表述，但在《税收基本法》草案中，已表示出这种倾向性意见。[①]

第三节　税 法 要 素

在讨论税法要素之前需要了解一下税收制度。对于税收制度（简称税制），大多数学者认为是指一个国家有关税收的各项法律、法规和征收管理办法的总称。具体说，税收制度内容包括税收法律法规、征收管理制度、税收管理体制三部分。税收法律法规是指国家按照一定立法程序制定的税收实体法，这是征收机关向纳税人征税的法律依据和纳税人向国家纳税的法律准则；税收管理制度是指在税收征收管理方面制定的税务登记、账簿和凭证管理、纳税申报、税款征纳、税务检查、法律责任等制度；税收管理体制是指在中央和地方政府之间划分税收管理权限的制度。

在讨论税法要素之前，之所以引入"税收制度"概念，是因为有的税收理论书籍将税法的构成要素和税制的构成要素混为一谈，本书认为不妥。如上所述，税收制度涵盖的内容要比税法大得多，税法只是法律意义上的税收制度，因此，不能简单地说税法的构成要素就是税收制度的构成要素。

税法要素，又称课税要素，是指税法中基本的必不可少的内容。具体说，税法要素包括实体要素和程序要素两类。[②] 一般将课税对象、纳税人、税率、税收特别措施、税收法律责任等归为实体要素；将纳税环节、纳税期限、纳税地点归为程序要素。这些要素中课税对象、纳税人和税率是税法构成要素的最基本要素。

一、课税对象

课税对象是指征税的标的物，即对什么征税，通常又称为征税对象、课税客体。就一个税种而言，凡是列为课税对象的，就属于该税种的征收范围；凡是未列入课税对象的，就不属于该税种的征收范围。根据征收范围不相交叉原则设计的各个税种都有各自的课税对象，并通过税法予以明确规定。如房产税的课税对象是房屋，消费税的课税对象是消费税条例所列举的应税消费品。

课税对象是税法构成要素中最重要、最基本的要素。课税对象是区别每个税种的最主要标志，体现税种的征税界限，决定税种名称的由来，影响税种其他课税要素的确定。

---

① 参见张松：《税法学》，高等教育出版社2005年版，第56页。

② 参见张守文：《税法原理（第二版）》，北京大学出版社2001年版，第43页。

课税对象按其性质不同，一般划分为商品、所得、财产及行为四大类，每一个税种一般将其中一类作为课税对象。一个税种仅仅规定课税对象，有时对征税来说远远不够，因为大多数税种的课税对象只能说明各自的征税范围的一般外延界限问题，是概括性的，实际征纳时不易操作，所以，有必要通过税目和计税依据从质和量上对其具体化。

（一）税目

税目是指课税对象的具体项目。具体说，税目是在课税对象总范围内按一定标准规定的征税具体类别或项目。如个人所得税的课税对象是个人取得的应税所得，对应税所得又进一步划分为工资薪金所得、经营所得、财产转让所得等 9 项。确定税目的作用在于，一是可以明确征税范围，体现征税广度；二是可以对具体征税项目进行分类和界定，以便根据不同的税目确定差别税率。

设置税目一般有两种方法：一是列举法，即按每种商品或经营项目、经营所得分别设置税目，必要时还可以在税目之下划分若干细目。二是概括法，即按照商品大类或行业及其他性质相近的项目归类设置税目。这两种方法各有特点：列举法界限明确，便于掌握，但税目过多，不便查找；概括法税目较少，查找方便，但税目过粗，容易出现税收负担不合理的情况。在实际工作中，一般是将这两种方法结合运用，即先按概括法将课税对象划分为大类或行业，在类或行业之下再列举征税品目，如消费税设计税目时遵循的就是这一原则。

需要指出的是，税目并不是每个税种都具备，它是从课税对象中派生出来的，不属于税法的基本要素。有些税种的课税对象简单、明确，如房产税、城镇土地使用税等，税法没有也没必要另行设置税目。

（二）计税依据

计税依据是指税法中规定的计算应纳税额的具体依据和标准，通常又称为税基。课税对象或者说税目解决的是对什么征税的问题，而计税依据解决的是课税对象确定以后如何计算征税的问题。计税依据在表现形态上一般有两种，一种是价值形态，即以课税对象的价值作为计税依据，如应纳税所得额、销售收入、营业收入等，在这种情况下，课税对象与计税依据一般是一致的，如企业所得税的课税对象和计税依据都是应纳税所得额；另一种是物理形态，即以课税对象的自然单位如数量、重量、容积、面积等作为计税依据，在这种情况下，课税对象和计税依据一般是不一致的，如我国的车船税，课税对象是各种车辆、船舶，而计税依据是车辆的排气量、整备质量、载客人数，船舶的净吨位、千瓦时、长度等。

二、纳税人

纳税人，是纳税义务人的简称，又称纳税主体、课税主体，指税法规定的直接负有纳税义务的自然人、法人和其他组织。纳税人是纳税主体，如果发生应纳税行为而不履行纳税义务，就应当承担法律责任。纳税人的确定，直接关系到特定税种的征收范围和对象，也直接体现一个国家行使税收管辖权的广度。因此，明确规定纳税人，是各个税种的法律法规首先要解决的问题。不同税种有不同的纳税人，这是由其课税对象的性质决定的。需要注意的是，同一纳税人依法可能承担多个税种的纳税义务。

1. 按照纳税人身份不同，纳税人可以分为法人、自然人和其他组织三大类。税法条文对上述负有纳税义务的法人、自然人和其他组织，习惯表述为“单位和个人”。

法人，是指依法成立并独立享有民事权利和承担民事义务的组织。法人是法律拟制的人格，其意思能力通过其法人机关（股东会、董事会和监事会）形成和表示，其行为能力由其法定代表人实现。法人纳税人既包括本国法人，也包括有来源于本国收入的外国法人。在我国，可以作为纳税人的法人主要是企业（包括国有企业、集体企业、公司制企业、联营企业、外商投资企业、外国企业等法人企业）以及事业单位、社会团体、国家机关等。

自然人，是指基于出生而依法在民事上享有权利、承担义务的人。自然人包括本国公民以及居住在所在国的外国人和无国籍人。自然人纳税人包括城市公民、个体工商户、农民（农村承包经营户）、受中国税法管辖的外国人和无国籍人。

其他组织，是指依法成立、有一定组织机构和财产，但又不具备法人资格的组织。非法人组织包括个人独资企业、合伙企业、法人分支机构等。

2. 按照纳税人承担责任不同，在直接税中纳税人可分为无限纳税义务人和有限纳税义务人，税法一般称为居民纳税人和非居民纳税人；在间接税中，纳税人可分为正式纳税人和延伸纳税人。居民纳税人承担无限纳税义务，应当就其来源于境内外的全部所得缴税；非居民纳税人承担有限纳税义务，只就其境内所得缴税，境外所得原则不纳税。延伸纳税人是指商品或货物没有经过正常流通过程进入消费，消费者即为延伸纳税人，而经过正常流通过程进入消费所确定的纳税人即为正式纳税人。我国税法虽然没有引入正式纳税人和延伸纳税人的概念，但在增值税和消费税中，对类似行为的课税是存在的。①

3. 按照纳税人承担责任关系不同，纳税人可分为一般纳税人、连带纳税人和第二次纳税人。当两个以上单位或个人共同负担同一纳税义务时，称他们为连带纳税人。连带纳税人存在于合伙企业，共同拥有或继承同一财产，共同签署同一项文书以及法人分立、合并等情况下。税务机关有权向连带纳税人中的任何一人请求履行全部纳税义务，任何一个连带纳税人不得拒绝。在税法中规定连带纳税人，作用在于确保税收债权优先实现。现行《征管法》第四十八条、《征管法实施细则》第四十九条对连带纳税责任做了相应规定。第二次纳税人是指纳税人不能足额缴纳税款时，税法规定与纳税人有一定联系，负有代替纳税人缴纳税款责任的人。第二次纳税人通常包括无限责任公司的股东，破产、解散法人的清算人，无偿赠送财产的受让人等。连带纳税人和第二次纳税人就其缴纳或被征收的税款超出自己应承担的数额，有权向原纳税人追偿。连带纳税人、第二次纳税人以外的纳税人即为一般纳税人。

需要注意的是，扣缴义务人不同于纳税人，它并不直接负有纳税义务，只是将纳税人应纳税款代为扣除或代为收取，然后向征收机关解缴。特定情形下设定扣缴义务是国

---

① 参见张松：《税法学》，高等教育出版社2005年版，第68页。

家为了加强税收的源泉控制，减少税款流失，简化征税手续而作出的特殊规定。

三、税率

税率，是指应纳税额与计税依据之间的数量关系或比率。税率是税法的核心要素，是计算应纳税额的尺度，体现课税的深度，反映了国家和纳税人之间的经济利益关系。税率的高低，一方面体现着国家的经济政策，另一方面在课税对象既定情况下，直接影响着国家财政收入和纳税人负担。

我国税法常用的税率主要有比例税率、累进税率和定额税率三种形式。比例税率与累进税率表现为应纳税额与计税基数之间的比率，适用从价计征的税种。定额税率也称固定税额，体现了应纳税额与计税基数之间的数量关系，适用从量计征的税种。

（一）比例税率

比例税率是指对同一课税对象，不论其数额大小，其应纳税额均按照同一百分比计算的税率。采用比例税率计算的税额与课税对象价值呈正比例关系，具有计算简便，负担稳定的特点。它是一种应用最广、最常见的税率制度，主要用于对流转额课税。如增值税、消费税、关税等均采用比例税率。比例税率具体又有以下几种形式：

1. 单一比例税率，是指一种税只设置一个比例税率，所有纳税人都按同一税率计算应纳税额。如企业所得税的税率统一规定为25%。

2. 差别比例税率，是指一种税设置两个或两个以上高低不同的比例税率。在具体运用上，差别比例税率又包括以下三种：

一是产品差别比例税率，即对不同种类产品采用不同税率。如消费税采用这种税率形式。

二是行业差别比例税率，即对不同行业采用不同税率。如原营业税按行业设置税目，其中建筑业的税率为3%，金融保险业的税率为5%。

三是地区差别比例税率，即对不同地区采用不同税率。如城市维护建设税按纳税人所在地的不同，设置了7%、5%和1%三档税率。

3. 幅度比例税率，又称弹性比例税率，是指对同一课税对象，税法只规定最低和最高税率，在这个幅度内，由地方政府根据本地实际情况确定其具体适用税率的比例税率。如契税实行3% ~5%的幅度税率。有些学者也将幅度比例税率归为差别比例税率①。

（二）累进税率

累进税率是指随着课税对象数额的增加，征收比例也随之提高的税率。即将计税依据按数额大小划分若干等级，并分别规定每一等级的税率，计税依据数额越大，适用税率越高。累进税率对于调节纳税人收入水平具有特殊作用，一般适用对所得和财产征税。如个人所得税就部分地使用了累进税率。

累进税率按照累进依据性质，可分为额累和率累两种。额累是按照课税对象数量的

---

① 参见王韬：《税收理论与实务》，科学出版社2007年版，第11页。

绝对额分级累进；率累是按照与课税对象有关的某一比率分级累进。累进税率按照累进依据构成又可以分为全累和超累。全累是对课税对象的全部数额，都按照相应等级的累进税率计征税款；超累是对课税对象的数额超过前级数额的部分，分别按照各自对应的累进税率计征税款。常用的累进税率包括全额累进税率、超额累进税率和超率累进税率三种。

1. 全额累进税率，是指以课税对象的全部数额为基础确定等级，每个等级对应一个税率。全额累进税率优点是计算方法简单（该等级应纳税额即为总的应纳税额），缺点是有时税负波幅太大，特别是两个等级的临界点会出现税负（应纳税额）增加超过课税对象数额增加的不合理现象。全额累进税率目前基本不被采用。

2. 超额累进税率，是指以课税对象数额超过前级的部分为基础确定等级，每个等级对应一个税率。超额累进税率虽然计算复杂（所有等级的应纳税额相加即为总的应纳税额），但其仅对高于低等级课税对象数额的部分适用较高税率，因此可避免出现全额累进税率税负不合理现象。实际工作中，超额累进税率应用最广泛。如个人所得税对综合所得、经营所得课税时采用的就是超额累进税率。

3. 超率累进税率，是指以课税对象数额的相对率为累进依据，设定几个等级，每个等级对应一个税率。如土地增值税以增值额超过扣除项目金额比率为等级，实行四级超率累进税率。

（三）定额税率

定额税率又称固定税额，是一种特殊税率形式。这种税率根据课税对象计量单位直接规定固定的征税数额。课税对象的计量单位一般为重量、数量、面积、体积等自然单位。按定额税率征税，税额多少不受价格影响，只同课税对象数量有关。

定额税率可分为单一定额税率和差别定额税率两种。在同一税种中只采用一个定额税率的，为单一定额税率；同时采用几个定额税率的，为差别定额税率。在具体运用上，差别定额税率又有以下三种形式：

1. 地区差别定额税率，是指对同一课税对象按不同地区分别规定不同征税数额。这种税率在设计时主要考虑各地区不同的生产成本和利润水平。如耕地占用税对不同地区规定了不同的平均税额。

2. 差别幅度定额税率，是指对课税对象或其中某个项目只规定有幅度界限的最低和最高征税数额，各地可根据实际情况，在此幅度内自行确定具体适用税额。如城镇土地使用税对城市、县城、建制镇和工矿区分别规定了有幅度的税额。

3. 分类分项定额税率，是指首先将同一课税对象按某一标准划分为若干类别，每一类再按一定标准划分若干项，然后规定不同的征税数额。如车船税将应税车船分为六大类，其中对乘用车按排气量不同又分为七小项，并分项规定了不同税额。

定额税率计算简单，税额不受价格影响，在优质优价、劣质劣价情况下，有利于促进企业提高经营管理水平和产品质量。但这种税率弹性较差，税收收入不能随课税对象价格的上涨而增长，而且当同一种商品质量不同，价格相差很大时，税负就极不合理。在实际运用上，为了避免造成税负不公，一般在地区差别税额内又规定一个幅度界限。如城镇土地使用税、耕地占用税等从量税就采用了这种税率形式。

四、纳税环节

纳税环节是指税法规定的课税对象在从生产到消费的流转过程中应当缴纳税款的环节。纳税环节的存在，取决于课税对象的运动属性，包括所处位置的变换和所有者的变更。国家在规定某种课税对象时，必须明确规定其纳税环节，即发生纳税义务的时间和场所。确定在什么环节纳税以及几个环节纳税，关系到税制结构和税种的布局、地区间税收收入的分配、税收调节目标的实现以及是否有利于征纳双方征缴税款。

纳税环节有广义和狭义之分。广义的纳税环节是指所有税种涉及的全部课税对象在再生产中分布情况。如资源税分布在生产环节，商品税分布在流通环节，所得税分布在分配环节等。狭义的纳税环节是指税法对处于商品流转过程中的课税对象规定应予征税的阶段。

社会商品从生产到消费是一个复杂过程，一般要经过工业生产、商业批发、商业零售以及货物进出口等诸多环节。纳税环节就是解决整个商品流转过程中征几道税以及在哪个环节征税的问题。一个税种按其在商品流转过程中选择纳税环节的多少，可分为单环节征税和多环节征税两种类型。

1. 单环节征税，是指一个税种在商品生产（进口）、流通和消费诸环节中只选定一个环节进行征税。如消费税选择在生产环节课税。

2. 多环节征税，是指一个税种在商品生产（进口）、流通和消费诸环节中选定两个或两个以上环节进行征税。如增值税对每一环节的增值额均课税。

五、纳税期限

纳税期限是指纳税人发生纳税义务后，向国家缴纳税款的具体时间，因而也称纳税时间。纳税期限是国家衡量征收机关是否及时行使征税权、纳税人是否按时履行纳税义务的尺度，是税收强制性和确定性特征在时间上的体现。合理规定和严格执行纳税期限，对于应征税款及时征缴入库起着重要的保障作用。纳税期限一般分为纳税义务发生时间、纳税计算期和税款缴库期三种。

1. 纳税义务发生时间，是指税收法律、行政法规规定的纳税人何时负有纳税义务。它是确定税款属期和缴库期限、处理有关税收纠纷的重要依据。如契税的纳税义务发生时间，为纳税人签订土地、房屋权属转移合同的当天。理论上讲，纳税人一旦发生纳税义务就应当立即缴纳税款，但实际工作中无论对纳税人还是征收机关来说，这样做都不现实。因此，国家在保证税款及时入库、简化征管手续、方便纳税人的前提下，规定了纳税计算期和税款缴库期。

2. 纳税计算期，又称纳税所属期限，是指税收法律、行政法规规定或者征收机关依照税收法律、行政法规规定确定的据以计算应纳税款的所属期限。纳税计算期说明纳税人应多长时间计算缴纳一次税款，反映了计税的频率。纳税计算期可以分为按次计算和按期计算两种。按次计算是以纳税人发生纳税行为的次数作为应纳税款计算期，一般适用各种行为税。按期纳税是根据纳税人生产经营规模和缴纳税款的多少，规定出一个纳税间隔日期，即多长时间计算一次应纳税额，通常以日、月、季、年为期限。按期计算应纳税额的办法应用广泛，如流转税一般以日、月、季为间隔期计算应纳税款，而所得税、财产税等一般按年计算应纳税款。

3. 税款缴库期，又称申报期限，是指税收法律、行政法规规定或者征收机关依照税收法律、行政法规规定确定的纳税所属期满后，纳税人申报缴纳税款的期限。税款缴库期说明应在多长时间内将按期（次）计算的应纳税款缴入国库，它是纳税人实际缴纳税款的期限。税款缴库期不仅关系到纳税主体纳税义务的实际履行，而且关系到国家能否及时、稳定地获取财政收入。

缴库期限一般分四种：第一种是税法明确规定的，如个人所得税；第二种是税法不做明确规定，而由征收机关依法根据实际情况自行确定，如契税；第三种是按期纳税，自期满之日起5日内预缴税款，或自期满之日起15日内申报纳税，如增值税；第四种是按年计算，分期（月或季）缴纳，如企业所得税、城镇土地使用税。实际工作中，纳税人一般在每月1~15日内申报缴纳上月发生的税款。

纳税义务发生时间、纳税计算期和税款缴库期既有区别又有联系。三者的区别表现在，纳税义务发生时间是个不可分割的特定时间点；纳税计算期是指多长时间计算缴纳一次税款，是某一时间点到另一个时间点的特定时间段；税款缴库期是指按期（次）计算的应纳税款什么时间申报缴库，一般也规定一个时间段。三者的联系是，只有纳税义务发生了，才涉及纳税计算期问题；只有确定了纳税计算期，才涉及税款缴库期问题。

六、纳税地点

纳税地点是指纳税人依据税法规定向征收机关申报缴纳税款的具体地点。简单地说，纳税地点就是纳税人应向哪里的征收机关申报纳税、哪里的征收机关有权实施管辖。纳税地点综合考虑税源控管、方便纳税人缴税以及地区之间收入分配等因素确定。纳税地点一般确定为纳税人住所地，税法通常表述为纳税人机构所在地和居住地。法人的住所是其营业执照上载明的主要办事机构所在地；公民的住所为其户籍所在地的居住地，经常居住地与住所不一致的，以经常居住地为住所。由于纳税人的生产经营和财务核算所在地与登记注册的住所有时并不一致，为便于管理、方便纳税人和适当照顾相关地区利益，又有以下一些规定：

1. 应税行为发生地纳税。部分以经营活动发生地、财产转让地、特定行为发生地和所得取得地为纳税地点。

2. 集中纳税。铁路运输，金融、保险等统一核算的央企，其属于中央的税收收入由主管部门、总公司在其机构所在地集中缴纳。

3. 口岸纳税。进口货物和物品，收货人、所有人或其代理人报关地海关为纳税地点。

七、税收特别措施

税收特别措施包括两类，即税收优惠措施和税收重课措施。前者以减轻纳税人的税负为主要内容，如税收减免、税收抵免、亏损结转、出口退税等；后者以加重纳税人的税负为主要内容，如税款加成征收、加倍征收等。

（一）税收优惠措施

在各类税收优惠措施中，税收减免在税法中应用最为普遍。税收减免是对某些特定纳税人给予减轻或免除税收负担的一种规定，其实质内容是免除纳税人依法应当履行的纳税义务中的一部分（减税）或全部（免税）。国家的税收制度根据一般情况制定，具有普遍性，但总有一些特殊情况，在制定税法时需要考虑。同时，为贯彻某一时期国家的经济政策，支持和鼓励某些行业、产品、经营项目的发展以及扶持灾区、贫困地区恢复生产、发展经济等，也需要在税收上给予照顾。税收减免按照不同标准可以分为如下几种类型：

1. 税收减免按照法律依据不同可分为法定减免、特案减免和临时减免三种。

（1）法定减免是在税收法律、行政法规中列举的减免税。在每一个税种基本法规中，一般都列有减免税条款，这些减免税条款所确立的原则和范围，具有普遍性和稳定性。如《中华人民共和国城镇土地使用税暂行条例》（简称《城镇土地使用税暂行条例》）规定了 7 项免税项目。

（2）特案减免，又称特定减免，有两种情况，一是在各税种基本法规确定以后，由于政治经济形势发生变化所作的新的减免税补充规定；二是某些在税收基本法规中不能或不宜一一列举的减免税，以专案形式予以补充规定。特案减免又可分为无限期和有限期减免两种，其中有限期减免居多。如为了支持企业、事业单位改制重组，财政部和国家税务总局联合下发了《关于继续支持企业事业单位改制重组契税政策的通知》（财税〔2018〕17 号），同时明确该通知中的优惠政策执行期限为 2018 年 1 月 1 日至 2020 年 12 月 31 日。

（3）临时减免又称困难减免，是为了照顾纳税人特殊困难而临时批准的减免税。例如纳税人遇到自然灾害而纳税有困难的，经过税务机关核实批准后，可以给予定期或一次性减免税照顾。如 2008 年“5·12”汶川大地震发生后，为了支持受灾地区积极开展生产自救、重建家园，鼓励社会各方面力量参与灾后恢复重建工作，国家公布了多项支持汶川地震灾后恢复重建的税收政策。

2. 税收减免按照优惠形式不同，可以分为税基式减免、税额式减免、税率式减免三种。

（1）税基式减免。该种减免通过缩小计税依据实现减税、免税。这种减免形式包括起征点、免征额、项目扣除以及跨期结转等。在各国税收实践中，一般多在流转税中规定起征点，在所得税中规定免征额。

起征点是指税法规定的征税时课税对象应达到的一定数额。课税对象的量未达到起征点不征税，达到或超过起征点的，就课税对象全部数额征税。起征点的高低，关系到征税面的扩大或缩小，体现国家对收入水平低的纳税人的照顾。如增值税对个人应税销售额就规定了5 000~20 000元（按期纳税）的起征点。

免征额是指税法规定的课税对象总额中免予征收的数额。它是按照一定标准从课税对象中预先扣除一部分，只对剩下或者说超过免征额的部分征税。免征额的高低也体现着征税面和税收负担量的变化。确立免征额，是对不同收入的纳税人的一种普遍照顾，有利于降低其税收负担。如我国现行个人所得税对综合所得计税时就设定了年60 000元的免征额。

（2）税率式减免。该种减免通过降低税率实现减税、免税。这种减免形式包括重新规定税率、归入低税率和规定零税率三种。重新规定税率是对某些课税对象规定低于原定税率的税率；归入低税率是将某些课税对象改按其他课税对象较低的适用税率征税；规定零税率是对某些课税对象规定按零税率征税。如《企业所得税法》规定，对符合条件的小型微利企业按20%的税率、高新技术企业按15%的税率征收企业所得税。

（3）税额式减免。该种减免通过减少一部分税额或免除全部税额实现减税、免税。这种减免形式包括全部免征、减半征收、抵免税额、核定减征率和核定减征额等几种。如耕地占用税对农民建房部分就实行对应纳税额减半征收的照顾政策。

此外，税收减免按照优惠目的不同可以分为照顾性减免和鼓励性减免两种；按照优惠范围不同，可以分为产业性减免和区域性减免两种。

（二）税收重课措施

税收重课措施是依法加重纳税人税收负担的各项措施的总称，是针对特定纳税人采取的特殊办法。实施税收重课措施目的是调节纳税人某些过高收入或限制某些不利于社会经济发展的经营活动。税收重课措施种类没有税收优惠措施多，较为常见的是加倍征收和加成征收。

1. 加倍征收是指在纳税人应纳税额基础上，再加征一定倍数税款。例如，耕地占用税对占用基本农田的，在当地适用税额基础上提高50%计征。

2. 加成征收是指在纳税人应纳税额基础上，再加征一定成数税款。加征一成就是在原税率（税额）上加征10%，加征二成就是在原税率（税额）上加征20%，依此类推。如第七次修改前的个人所得税对于个人劳务报酬所得一次收入畸高的，就采取了加成征收方法。

加成征收和加倍征收均是一种不改变法定税率而大幅度提高征税数额的方法，其实质是税率的延伸，是税率的补充形式。

此外，根据某些税法规定，在纳税人由于故意或过失导致账目混乱，不能准确反映其应纳税额时，征收机关享有税额调整权；如果纳税人经营的项目适用税率高低不一且项目不能准确分开核算的，则税务机关可以依法从高适用税率，以上这些也可以视为一种税收重课措施。

八、税收法律责任

税收法律责任，是指税收法律关系主体违反税法，按照法律规定必须承担的消极法律后果。在税收法律、行政法规中规定法律责任，是国家强制力的体现，是税收征收管理秩序能否建立和得以维护的重要保障。税收法律责任只能由有权的征收机关和司法机关依法予以追究。

违法行为性质和危害程度不同，违法者所承担的法律责任也不同，具体包括行政法律责任和刑事法律责任两类。我国税法只规定了税收行政法律责任，而税收刑事法律责任由《刑法》规定。

税收行政法律责任是指行为人因实施税收违法行为所应承担的，由税务机关或者其他行政机关代表国家，依据法律对其行为给予的否定性评价。税收行政法律责任既包括纳税人、扣缴义务人及其他涉税当事人因实施违反税收法律行为引起的行政责任，也包括税务机关及其工作人员在实施税务行政管理中滥用职权、失职等行为引起的行政责任。

税收法律责任的实现方式是税务违法处罚。对税务行政违法采取的处罚措施是行政制裁。行政制裁分为行政处分和行政处罚两类，不同的实施违法行为主体适用不同的行政制裁。

行政处分的对象是税务机关工作人员。《中华人民共和国公务员法》（简称《公务员法》）规定的行政处分种类包括警告、记过、记大过、降级、撤职、开除六种。

行政处罚的对象主要是负有纳税义务的自然人、法人和其他组织。税务行政处罚种类包括罚款、没收财物（违法所得和非法财物）、停止出口退税权以及吊销税务行政许可证件四种。提请市场监督管理部门吊销纳税人营业执照也可视为税务行政处罚。

需要注意的是，税务机关依法作出的诸如责令限期改正、通知有关部门阻止出境、取消一般纳税人资格、收缴税务登记证、停止抵扣、收缴或者停售发票等具体行政行为，均不属于税务行政处罚。①

我国有关税收法律责任的规定，主要集中在《征管法》第五章“法律责任”中。自从 1992 年《征管法》颁布实施后，我国税收实体法中基本上不再对税务违法行为的处理作出具体规定。

第四节　税收法律关系

一、税收法律关系的概念

税收法律关系，简称税收关系，是由税法规范确认和调整的，在税收分配过程中国家与纳税人之间形成的具有权利义务内容的社会关系。简单说，税收关系是税收活动中各个相关主体之间形成的权利义务关系。从本质上讲，这种权利义务关系只发生在国家

① 全国注册税务师执业资格考试教材编写组：《涉税服务相关法律》，中国税务出版社 2018 年版，第 68 ~ 69 页。

与税务管理相对人之间。事实上，由于国家通常将征税权授予专门的征收机关，所以，税收关系体现为国家、征收机关、税务管理相对人三者之间的权利义务关系。即国家与征收机关之间的授权关系，征收机关与纳税人之间的税收征纳关系，其他税收关系三种关系。其中，征收机关与纳税人之间的税收征纳关系是税收关系中最直观的一面，也是税法最主要的调整对象。

二、税收法律关系的性质

在税法发展史上，关于税收法律关系的性质，曾经产生过较大的争论，其结果是最终形成了权力关系说和债务关系说两种不同理论。

权力关系说是以德国行政法学家奥托·梅耶为中心的传统学说。该学说认为，税收法律关系是依靠国家权力产生的关系，而国家享有优越于国民的权力，国民必须服从，因此，税收法律关系是一种典型的权力服从关系。债务关系说是以德国法学家阿尔伯特·亨泽尔的主张形成的学说。这一学说把税收法律关系定性为国家对纳税人请求履行税收债务的关系，国家与纳税人之间是法律上的债权人和债务人之间的对应关系，因此，税收法律关系是一种公法上的债权债务关系。我国《征管法》第四十八条关于合并、分立后的纳税人承担连带纳税责任，以及第五十条关于税务机关可以依照《中华人民共和国合同法》（简称《合同法》）规定行使代位权和撤销权的规定，就是把税收看成国家债权的一种体现。

在制度上，权力关系说和债务关系说的区别在于，前者主张税收债务必须依据税务机关的行政行为方可成立，如果不经过税收核定程序，即便纳税人的行为已经满足了课税要件，也不发生纳税义务，因此，税务机关的行政行为对税收法律关系具有创设意义；而后者认为，税收之债的发生与行政权力毫不相干，当税法规定的构成要件具备时，税收债务即自动成立，税务机关的行政行为只不过是对税收债务的具体确认，其在法律上不具有创设意义。

在学术界，目前比较统一的观点是，税收实体法律关系属于债权债务关系，而税收程序法律关系属于权力服从关系。具体说，税收实体法和程序法是现代税法的基本结构，实体法在税法中具有独立的意义，不再是依附于程序法的附庸。就此而言，税收实体法律关系的发生、变更和消灭完全以法律规定为依据，行政行为对此只有确认的意义，不具有创造性的法律效果。可见，税收实体法律关系是一种公法上的债权债务关系，与权力服从关系没有直接联系。税收程序法更多地受到公法上的权力服从关系支配，税务机关相对纳税人的法律地位较为优越，而纳税人对税务机关的行政行为首先必须服从，然后才能依法进行救济。但是，为了规范行政权力，落实税收法定主义，也必须清楚地认识到，税收程序只是实现税收债权的法律保障，不能越俎代庖地成为税法中心。因此，应该以税收债务关系为基础，将程序权力置于实体法制约之下。①

---

① 参见刘剑文、熊伟：《税法基础理论》，北京大学出版社2004年版，第64、69、70页。

三、税收法律关系特点

（一）主体一方始终是国家

构成税收法律关系主体的一方可以是任何负有纳税义务的法人、自然人和其他组织，而另一方只能是国家。没有国家参与，在一般当事人之间发生的法律关系不可能成为税收法律关系。因为税收本身就是国家参与社会剩余产品分配而形成的特殊社会关系，没有国家直接参与，这种无偿分配不可能实现，其法律关系自然也不是税收法律关系。

（二）体现国家单方面意志

税收法律关系的成立、变更、消灭不以主体双方意思表示一致为要件。税收法律关系只体现国家单方面意志，不体现纳税一方主体的意志。税收法律关系之所以只体现国家单方面意志，是由于税收以无偿占有纳税人的财产或收益为目标，双方不可能意思表示一致。在这里，国家意志是通过法律规定表现出来的，只要当事人发生了税法规定的应纳税行为或事件，就产生了税收法律关系。

（三）权利义务关系不对等

税收法律关系主体双方享有的权利和承担的义务是不对等的，即国家享有较多的权利，承担较少的义务，纳税人则相反，承担较多的义务，享有较少的权利。这种权利义务关系的不对等性，其根源在于税收是国家无偿占有纳税人的财产或收益，必须采用强制手段才能实现。赋予税务机关较多权利和要求纳税人承担较多义务恰恰是确保税收强制性，以实现税收职能的法律保证。

（四）财产所有权单方面转移

在税收法律关系中，纳税人履行纳税义务、缴纳税款就意味着将自己拥有或支配的一部分财物，无偿地交给国家，成为政府的财政收入，国家不再直接返还给纳税人。这与经济合同法律关系、民事法律关系双方所应遵循的平等、自愿、等价、有偿原则有着本质区别。所以，税收法律关系中的财产转移，具有无偿、单项、连续等特点，只要纳税人不中断税法规定的应纳税行为，税法不发生变更，税收法律关系就将一直延续下去。

四、税收法律关系的构成要素

税收法律关系同其他法律关系一样，也由主体、客体和内容三个要素构成。

（一）主体

税收法律关系主体，是指在税收法律关系中依法享有权利并承担义务的双方当事人。简单说，税收法律关系主体就是代表国家行使征税职能的征收机关和依法纳税的单位和个人，分别称为征税主体和纳税主体。

1. 征税主体。征税主体是指参加税收法律关系，享有国家税收征管权力和履行国家税收征管职能，依法对纳税主体进行税收征收管理的当事人。严格意义上讲，只有国家才享有税收的所有权，因此国家才是真正的征税主体。实际上国家总是通过法律授权方式赋予具体的国家职能机关代其行使征税权力，因此税务机关通过获得法律授权成为法律意义上的征税主体。在我国，财政部和国家税务总局是国务院主管税收工作的职能部门，而具体征收机关包括各级税务局和海关。其中，各级税务局负责组织中央和地方税收收入，海关主要负责关税和进口货物增值税、消费税的征收管理。

2. 纳税主体。纳税主体就是纳税人，即法律、行政法规规定负有纳税义务的单位和个人。从广义上说，纳税主体除纳税人外，还包括扣缴义务人和纳税担保人。

按照纳税主体在民法中身份不同，纳税主体可以分为法人、自然人和其他组织；按照责任关系不同，纳税人可以分为一般纳税人，连带纳税人和第二次纳税人；按照征税权行使范围不同，可以分为居民纳税人和非居民纳税人。不同类型的纳税主体，在税收法律关系中享有的权利和承担的义务也有所不同。

（二）客体

税收法律关系的客体，就是税收法律关系主体双方的权利和义务所共同指向、影响和作用的客观对象。它具体体现征纳主体的权利和义务，是税收法律关系内容的承担者。没有客体，税收法律关系主体的权利和义务就没有依托，税收法律关系也就不可能形成，因此，客体也是税收法律关系的重要因素之一。税收法律关系的客体包括各种物质财富和某些能够量化的非物质财富以及主体的行为。在实体税法税收法律关系中，流转税涉及的客体是纳税人的商品、货物、劳务；财产税涉及的客体是纳税人的财产；所得税涉及的客体是纳税人的所得额；行为税涉及的客体是纳税人的某些经济及社会行为。

从物质实体看，税收法律关系客体与征税对象较为接近，但两者又有所不同。税收法律关系的客体属于法学范畴，侧重于其连接的征税主体与纳税主体之间权利义务关系的作用，不注重其具体形态及数量关系，较为抽象；而征税对象属于经济学范畴，侧重于表明国家与纳税人之间物质利益转移的形式、数量关系及范围，较为具体。税收法律关系客体与征税对象在许多情况下重叠，但有时两者并不一致，这在实体法中表现得较为明显。例如，流转税税收法律关系的客体是纳税人生产、经营的商品、货物或从事的劳务，而征税对象是其商品流转额。①

（三）内容

税收法律关系的内容是指税收法律关系主体依法享有的权利和承担的义务。所谓权利，是指法律确认和保护的法律关系主体所享有的权益。这种权益既表现为享有权利的主体自己有权作出某种行为，也表现为享有权利的主体有权要求他人作出或不作出某种行为。所谓义务，是指法律所规定的法律关系主体应承担的某种责任。这种义务既表现为负有义务的主体必须作出某种行为，也表现为负有义务的主体必须不作出某种行为。税收法律关系主体的权利和义务是税收法律关系最基本要素，它决定税收法律关系的实质。

---

① 参见张松：《税法学》，高等教育出版社2005年版，第85页。

1. 征收机关的职权与职责。

准确地说，征收机关的权利与义务应当称为职权与职责，这是因为征收机关作为国家授权行使征税职能的机关，其权利与义务同民事法律关系中权利与义务的含义不同。征收机关行使的是国家授予的行政权力，而非法律赋予并保护的权利。在法理中权利与权力是两个截然不同的概念。权利是可以依法进行一定作为和不作为的资格，权利主体对自己的权利可以享用，也可以放弃或转让，并且权利的实现一般要取决于义务人相应的行为；权力则是一定机关或组织依法所具有的支配力量，其主体必须是国家或依法取得授权的组织，且权力不能由行使机关自由放弃或转让。在行政法上，享有国家权力的同时就意味着必须行使，因而对于国家机关来说，职权和职责是相对等的关系。我国有关税务机关职权和职责的规定主要体现在《征管法》中。

从总体上讲，税务机关的职权即依法行政，征收国家税款的权力，可以概括为以下几个方面：

（1）税收征收权。指税务机关根据税法规定要求纳税人缴纳税款的权力。只有税务机关拥有课税权，这是税务机关最基本的权力。税法赋予税务机关其他权力的目的就是确保其征税权的实现。该项权力包括有权依法征收税款和在法定权限内自行确定税款缴纳方式、时间和地点等。

（2）税务管理权。指税务机关为征税而进行征收管理的权力，是征税权的派生。税务机关的税务管理权主要表现为有权要求纳税人依法办理税务登记，设置账簿，合法使用记账凭证、发票；有权要求纳税人依法申报纳税；有权获得与纳税有关的资料等。

（3）税法解释权。指税务机关依照法定权限、程序，在一定范围内对某些税法作出相应解释的权力。税法解释是保证税法灵活性、准确性、有效性的需要。在发达国家，税法解释主要由司法机关进行，而在我国，税法解释以行政解释为主，税务机关的实际解释权很大。

（4）税款核定权。指在特定情况下，纳税人的计税依据难以确定，税务机关可以依法按照一定程序、方法核定其计税依据，或直接核定其应纳税额的权力。此处的税款核定权也包括税务机关依法进行纳税调整的权力。从一定意义上说，税款核定权是税收征收权的一种特殊表现形式。

（5）委托代征权。指税务机关依据税法授权，委托没有税收管理权的单位和人员代征某些税款的权力。被委托的单位和人员只有在承诺代征后，才产生一定范围内的征税权。需要指出的是，代征单位和人员以税务机关名义征收税款的权限受到法律严格控制。

（6）税收保全权。指税务机关依法在规定的纳税期之前采取限制纳税人转移或处理商品、货物或其他财产的权力。税收保全权本质上是一种行政强制措施，其功能在于为税款的征收提供一种有效的法律保障。

（7）强制执行权。指税务机关对不履行纳税义务的单位和个人依法采取强制执行措施收缴税款的权力。没有行政强制执行，税务机关课税的保障就不够充分和权威。

（8）行政处罚权。指税务机关对纳税人违法行为依法予以制裁的权力。行政处罚权是税务机关的一项重要权力，属于具有自由裁量性质的制裁权，是实施税法最有力的保障。

（9）税收检查权。指税务机关为了了解纳税人履行纳税义务情况，打击税收违法行为，依法对纳税人的会计核算资料、发票使用情况、生产经营场所等进行检查的权力。法律赋予税务机关的检查权相当广泛，在某些方面具有警察权性质，这是一般行政机关所不具备的。

（10）税款追征权。指对纳税人未缴或少缴的税款，税务机关在法定期限内予以追回的权力。对由于各种原因未缴或少缴的税款，各国税法大多确定了追缴期限，在期限内，税务机关有权力也有义务追缴税款。

（11）代位权。指当债务人（欠税纳税人）怠于行使其对第三人享有的到期债权而有害于债权人（税务机关）债权（国家税收）时，债权人可以请求人民法院以自己名义代位行使债务人债权的权利。《征管法》规定税务机关可以按照合同法的相应规范行使上述权利。

（12）撤销权。指对欠税纳税人滥用财产处分权而对国家税收造成损害的行为，税务机关请求人民法院予以撤销的权利。《征管法》规定税务机关可以按照合同法的相应规范行使上述权利。

（13）阻止离境权。指税务机关对欠缴税款的纳税人或者其法定代表人需要出境而未能结清税款、滞纳金，又不提供担保的，可以通知出入境管理机关阻止其出境的权力。

（14）欠税公告权。指税务机关有按期在办税场所或者广播、电视、报纸、期刊、网络等新闻媒体上公告纳税人欠缴税款情况的权力。

在税法的权利义务关系中，税务机关的职责容易被忽视。在相关法律、行政法规中对税务机关职责的规定，没有对其职权的规定充分、详尽，在履行职责的法律约束上，也不够完善。然而，税务机关的职权和职责经常处于复合状态，从这个意义上讲，税务机关的职责又得到了一定的加强。税务机关的职责主要包括：

（1）依法征收税款。税务机关依照法律、行政法规规定征收税款，不得违法开征、停征、多征、少征、提前征收、延缓征收或者摊派税款；不得违法作出减税、免税、退税、补税等决定；不得滥用职权多征税款或者故意刁难纳税人和扣缴义务人。

（2）依规定范围征管。各级税务机关应当按照国家规定的税收征收管理范围和税款入库预算级次，征收税款并缴入国库，不得截留、挪用。对审计机关、财政机关依法查出的税收违法行为，税务机关应当根据有关机关的决定、意见书，依法将应收的税款、滞纳金按照税款入库预算级次缴入国库。

（3）无偿宣传税法。税务机关应当广泛宣传税收法律、行政法规，普及纳税知识，无偿地为纳税人提供纳税咨询服务。

（4）提供优质纳税服务。税务人员必须秉公执法，忠于职守，清正廉洁，礼貌待人，文明服务，尊重和保护纳税人、扣缴义务人的权利，依法接受监督。

（5）保守秘密。税务机关必须为纳税人及其他涉税当事人的生产经营情况保守秘密，包括为在进行税务管理、税务检查中涉及的纳税人、扣缴义务人保密以及为检举违反税法行为的举报人保密等。

（6）依法进行回避。税务人员核定应纳税款、调整税收定额、进行税务检查、实施税务行政处罚、办理税务行政复议时，与纳税人、扣缴义务人或者其法定代表人、直接责任人有利害关系的，应当回避。

（7）在规定时限内办理税务登记。对纳税人填报的税务登记表，提供的证件和资料，税务机关应自受理之日起 30 日内审核完毕，符合规定的予以登记，并发给税务登记证件。

（8）提供、开具相关凭证。税务机关征收税款和扣缴义务人代扣、代收税款时，必须给纳税人开具完税凭证。税务机关是发票的主管机关，负责印制并向符合条件的纳税人提供发票。税务机关扣押或查封商品、货物及其他财产时，必须开付收据或清单。税务机关对纳税人、扣缴义务人处以罚款或者没收违法所得时，应当开付罚没凭证。

（9）依法支付手续费。税务机关按照规定付给扣缴义务人和委托代征人代扣、代收或代征手续费。对法律、行政法规没有规定负有代扣、代收税款义务的单位和个人，税务机关不得赋予其代扣、代收税款义务。

（10）依法实施行政强制。税务机关对纳税人采取扣押商品、货物及冻结存款措施时，纳税人在规定的限期内缴纳税款的，税务机关必须立即解除税收保全措施。税务机关采取税收保全、强制执行措施必须依照法定权限和法定程序进行，不得查封、扣押纳税人个人及其所扶养家属维持生活必需的住房和用品。

（11）承担赔偿责任。税务机关滥用职权违法采取税收保全措施、强制执行措施，或者采取税收保全措施、强制执行措施不当，致使纳税人、扣缴义务人或者纳税担保人的合法权益遭受损失的，应当依法承担赔偿责任。

（12）出示相关证件、证明。税务人员进行税务检查时，需要出示税务检查证和税务检查通知书。查询存款账户需出具全国统一格式的检查存款账户许可证明，查询所获得资料不得用于税收以外的用途。

（13）受理复议。纳税人对税务机关的征税、行政处罚、税收保全措施、强制执行措施等具体行政行为不服，申请税务机关复议，凡符合法定复议受理条件的，税务机关应当受理，并在规定的期限内作出复议决定。

（14）承担举证责任。在税务行政复议和行政诉讼案件中，税务机关作为被申请人或被告，应当提供作出具体行政行为的证据和所依据的税收规范性文件。

2. 纳税主体的权利与义务。

权利和义务不可能孤立地存在和发展，都必须以另一方的存在和发展为条件；“没有无义务的权利，也没有无权利的义务”，两者存在着对立统一关系。这在税收法律关系中，不仅表现为同一主体既有权利又有义务，而且表现为相对的主体权利与义务相互对应，即征税主体的权利与纳税主体的义务相对应，征税主体的义务与纳税主体的权利相对应。我国税法关于纳税主体权利和义务的规定主要体现在《征管法》中。2009 年 11 月，国家税务总局下发了《国家税务总局关于纳税人权利与义务的公告》（总局公告 2009 年第 1 号），对纳税人应该享有的权利和应尽的义务进行了公告。纳税主体享有的权利如下：

（1）知情权。纳税人、扣缴义务人有权向税务机关了解国家税收法律、行政法规和其他税收规范性文件的规定以及与纳税程序有关的情况。

（2）保密权。纳税人、扣缴义务人有权要求税务机关为其商业秘密和个人隐私保密。根据法律规定，纳税人的税收违法行为信息不属于保密范围。

（3）陈述、申辩和听证权。纳税人、扣缴义务人对税务机关作出的涉税决定，可以采取一定的方式表达自己的意见与不满，为自己的行为辩护。此外，对税务机关作出的较重处罚，纳税人有权申请进行听证，目的也是借此实现陈述权与申辩权。

（4）监督检举权。纳税人、扣缴义务人有权控告和检举税务机关、税务人员的违法违纪行为。

（5）申报方式选择权。纳税人、扣缴义务人可以直接到税务机关的办税服务厅办理纳税申报或者报送代扣（收）代缴税款报告表，也可以经主管税务机关批准，采取邮寄、数据电文或其他方式办理上述申报、报送事项。

（6）延期申报请求权。纳税人、扣缴义务人确有困难或因不可抗力不能按期办理纳税申报或者报送代扣（收）代缴税款报告表的，经税务机关核准，可以延期申报。

（7）延期纳税请求权。纳税人因不可抗力损失较大或当期货币资金紧张不能按期缴纳税款的，经省级税务机关批准可以延期缴纳税款，但最长不得超过3个月。

（8）依法享受税收优惠权。纳税人可以依照法律、行政法规的规定向税务机关书面申请减税、免税、出口退税。

（9）多缴税款申请退还权。纳税人超过应纳税额缴纳的税款，税务机关发现后应当在10日内退还；纳税人自结算缴纳税款之日起3年内发现的，可以向税务机关要求退还，税务机关查实后应当在30日内退还。

（10）获取凭证权。税务机关征收税款时，必须给纳税人开具完税凭证。扣缴义务人代扣、代收税款时，应当按纳税人要求开具代扣、代收税款凭证。税务机关扣押或查封商品、货物及其他财产时，必须开付收据或清单。税务机关对纳税人、扣缴义务人处以罚款或者没收违法所得时，应当开付罚没凭证。

（11）拒绝检查权。税务人员进行税务检查时，未出示税务检查证和税务检查通知书的，被检查的纳税人有权拒绝接受检查。

（12）委托税务代理权。纳税人、扣缴义务人可以委托有资格的税务代理人代为办理符合规定的纳税事宜。

（13）税收法律救济权。纳税人、扣缴义务人同税务机关在纳税上发生争议，或对税务机关的处罚决定、强制执行措施、税收保全措施不服的，可以按照规定期限和程序向上一级税务机关申请复议或向人民法院提起行政诉讼。税务机关的违法征税行为给纳税人、扣缴义务人合法权益造成损失的，纳税人、扣缴义务人可以要求税务机关予以赔偿。

税法属于义务性法规，纳税主体的义务一直是税法规范的重点与核心。实体税法的内容大部分确定的是纳税主体的基本义务，程序税法则从税收管理角度确定纳税主体的义务。与纳税主体的权利相比，我国税法关于纳税主体义务的规定较为充分和全面。纳税主体在纳税过程中负有以下义务：

（1）依法办理税务登记的义务。从事生产、经营的纳税人应当按规定，向税务机关申报办理税务登记。税务登记主要包括领取营业执照后的设立登记，税务登记内容发生变化后的变更登记，依法申请停业、复业登记，依法终止纳税义务的注销登记等。纳税人应按规定使用税务登记证件，不得转借、涂改、损毁、买卖或者伪造。

（2）依法设置账簿、正确使用凭证的义务。从事生产经营的纳税人和扣缴义务人应当按规定设置账簿，健全会计制度，根据合法、有效凭证记账进行核算；按照税收法律法规的规定领购、开具、使用、保管、缴销发票；账簿、记账凭证、报表、完税凭证、发票、出口凭证及其他有关纳税资料不得伪造、变造或擅自损毁，应妥善保存。

（3）财务会计制度和会计核算软件备案的义务。纳税人和扣缴义务人的财务、会计制度或者财务、会计处理办法和会计核算软件，应当自领取税务登记证件之日起15日内，报送税务机关备案。纳税人、扣缴义务人的财务、会计制度或者财务、会计处理办法与国务院及其财税主管部门有关税收的规定相抵触的，依照国务院及其财税主管部门有关税收的规定计算应纳税款、代扣（收）代缴税款。

（4）按照规定安装、使用税控装置的义务。国家根据税收征收管理需要，积极推广使用税控装置。纳税人、扣缴义务人应当按照规定安装、使用税控装置，不得损毁或者擅自改动税控装置。

（5）按期办理纳税申报的义务。纳税人必须在规定的期限内如实办理纳税申报，报送纳税申报表、财务会计报表及税务机关要求报送的其他纳税资料。扣缴义务人也必须在规定的申报期限内如实报送代扣（收）代缴税款报告表以及税务机关根据实际需要要求报送的其他有关资料。

（6）按期缴纳或解缴税款的义务。纳税人、扣缴义务人必须按法律、行政法规规定或税务机关依照法律、行政法规规定确定的期限，缴纳或解缴税款；扣缴义务人履行代扣、代收税款义务时，纳税人不得拒绝。纳税人、扣缴义务人未经批准超过规定期限缴纳或解缴税款的，从滞纳税款之日起，须按日缴纳万分之五的滞纳金。

（7）代扣、代收税款义务。如果纳税人或其他单位和个人按照法律、行政法规的规定负有代扣（收）代缴税款义务，必须依照法律、行政法规的规定履行代扣（收）代缴税款义务。

（8）接受税务检查的义务。纳税人、扣缴义务人等纳税主体有义务接受税务机关依法进行的税务检查，如实反映情况，提供有关资料，不得拒绝、隐瞒，不得隐匿、转移被检查的货物、财产或设置其他障碍。

（9）离境前结清税款的义务。欠缴税款的纳税人或者其法定代表人需要出境的，应当在出境前向税务机关结清应纳税款、滞纳金或者提供担保。

（10）申请行政复议前缴纳税款、滞纳金或者提供担保的义务。纳税人、扣缴义务人、纳税担保人同税务机关在纳税上发生争议时，必须先依照税务机关的纳税决定缴纳或者解缴税款及滞纳金或者提供相应的担保，然后可以依法申请行政复议。

（11）报告涉税信息的义务。为了加强征收管理、保障税款及时征缴入库，税法规定了纳税人、扣缴义务人应当如实向税务机关提供与纳税和代扣（收）代缴税款有关的信息。如：

①经营过程出现特殊情况报告义务。纳税人停业、经营情况发生重大变化、遭受严

重自然灾害等特殊情况的，应及时向税务机关说明，以便税务机关依法妥善处理。

②报告存款账号义务。从事生产、经营的纳税人应当自开立基本存款账户或者其他存款账户之日起15日内，向税务机关书面报告其全部账号；发生变化的，应当自变化之日起15日内，向税务机关书面报告。

③处分大额财产报告义务。欠缴税款5万元以上的纳税人，在处分其不动产或者大额资产之前，应当向税务机关报告。

④企业重组报告义务。纳税人有合并、分立情形的，应当向税务机关报告，并依法缴清税款。

⑤企业终止经营报告义务。纳税人有解散、撤销、破产情形的，应在清算前向税务机关报告。

⑥发包或出租行为报告义务。发包人或者出租人应当自发包或者出租之日起30日内将承包人或者承租人的有关情况向税务机关报告。

⑦关联交易报告义务。纳税人应就与关联企业之间的业务往来，向税务机关提供有关的价格、费用标准等资料。

（四）税收法律关系的产生、变更和消灭

税收法律关系同其他社会关系一样，总是不断发展变化的。这一发展变化过程可以概括为税收法律关系的产生、变更和消灭，即税收法律关系主体、客体以及权利与义务关系的发生、改变和终止。

法律关系的产生、变更和消灭必须具备一定的前提和条件。各种法律关系确立、变更和消灭的前提是法律规范和权利义务主体；必要条件是由法律规范规定的，能够引起法律关系产生、变更或消灭的客观现象，即法律事实。法律事实可以分为法律事件和法律行为。法律事件是指不以法律关系主体的意志为转移的客观情况的发生；法律行为是指法律关系主体在正常意志支配下作出的活动。

1. 税收法律关系的产生。

税收法律关系的产生，是指由于某种法律事实的出现，使税收法律关系主体之间形成法律上的权利和义务关系。税法属于义务性法规，因此税收法律关系的产生应以引起纳税义务成立的法律事实为基本标志。关于这一点，有两种不同的观点，一种来源于权力服从学说，认为征收机关介入征收税款时，纳税义务才正式产生；另一种观点来源于税收债务学说，认为纳税人符合税法规定的纳税要件，即发生应当课税行为时，纳税义务就产生了。从合理性讲，税务机关的课税行为应与纳税人满足课税要素同步。课税行为的滞后，完全是税务管理上的需要，不能代表纳税义务产生的时间，更不能代表税收法律关系产生的时间。因此，税收法律关系的产生，应以纳税主体产生了税法规定的应税行为，如销售产品，取得应税收入等，不应当是征税主体或其他主体的行为。可见，无论是新税法的实施，还是出现了新的纳税主体，税收法律关系的产生只能以纳税主体应税行为的发生为标志。

2. 税收法律关系的变更。

税收法律关系的变更，是指由于某种法律事实的出现，使原税收法律关系的主体、客体和内容发生部分变化，形成主体间新的税收法律关系。引起税收法律关系变更的原因很多，归纳起来，主要有以下几方面：

（1）纳税人自身组织状况发生变化。例如，企业发生合并、分立等情况，需要向税务机关申报办理变更税务登记或重新办理税务登记，从而变更税收法律关系。

（2）纳税人的经营或财产情况发生变化。例如，某企业转变了生产经营方向，从而改变或增加了应纳税种，税收法律关系随之发生变更。

（3）征收机关组织结构或管理方式的变化。例如，城区新成立了一个房地产税收专业化管理分局，某些纳税人需要变更税务登记，因税务管理发生了变化，从而引起税收法律关系的变更。

（4）税法的修订。例如，从2008年起，合并后的新企业所得税法实施，税率统一调整为25%，原适用内资企业的所得税条例和适用外资企业的所得税法废止。类似的税法修订使税收法律关系发生了量或质的变更。

（5）不可抗力造成的破坏。例如，自然灾害等不可抗力往往给纳税人造成重大财产损失，迫使纳税人停产、减产。纳税人因受灾依法向税务机关提出减税、延期纳税申请得到核准的，税收法律关系发生变更。

3. 税收法律关系的消灭。

税收法律关系的消灭，是指由于某种法律事实的出现，使得税收法律关系主体间法律上的权利义务终止。税收法律关系终止的原因主要有以下几个方面：

（1）纳税人履行了纳税义务。这是最常见的税收法律关系消灭原因，包括纳税人依法如期履行纳税义务和税务机关采取必要的法律手段使税收债权得到强制实现两类情况。

（2）纳税义务超过法定期限。如果因税务机关适用法律、法规不当或执法行为违法，致使纳税人未缴或者少缴税款超过三年的，不再追缴税款，税收法律关系因此消灭。

（3）纳税人享受了免税照顾。即纳税人符合减免税条件，并经税务机关审核确认以后，纳税义务免除，税收法律关系消灭。

（4）某些税法的废止。例如，我国2017年11月19日废止了《中华人民共和国营业税暂行条例》（简称《营业税暂行条例》），原由该条例产生的税收法律关系随之消灭。

（5）纳税主体的消灭。没有纳税主体，纳税即告终止。例如，负有纳税义务的自然人死亡，企业解散、破产或被撤销，税收法律关系直接因纳税主体的消灭而消灭。

第五节 税制演变

我国的税收制度，是根据各个时期政治、经济形势，按照党和国家的路线、方针、政策制定的，因此，新中国成立以来经历了多次调整和改革。改革开放前，在高度集中的计划经济体制下，税制不断被简化，直至接近单一税制。1978年中共十一届三中全会后，适应社会主义经济体制的税收制度逐步建立起来，特别是1994年税制改革确立了现行税制的基本结构。归纳一下，我国税收制度大体上分为新中国税制建立、改革开放初期税制重建、1994 年税制改革和新时期税制完善四个发展阶段。

一、新中国税制建立

（一）1950 年统一全国税政，建立新税制

新中国的税收制度确立于1950 年。当时为了恢复、发展生产，保障革命战争供给，经过1949 年11 月全国首次税务工作会议的准备，1950 年1 月政务院颁布《全国税政实施要则》（以下简称《要则》），并在全国范围内实施。此后，除了薪给报酬所得税和遗产税外，先后公布了各个税种的实体税法。《要则》是新中国第一部具有税收基本法性质的税收法规，具体规定了在全国范围内统一征收的税种；确立了合理负担、统一税法税政、一切纳税人必须照章纳税等基本原则；明确了各级政府的税收立法权限等。《要则》的颁布实施标志着新中国已经建立了统一的税收制度。

根据《要则》规定，当时除了农（牧）业税外，在全国范围内统一征收 14 种税，即货物税、工商业税（包括营业税、所得税）、盐税、存款利息所得税、薪给报酬所得税、遗产税、印花税、交易税、屠宰税、房产税、地产税、特种消费行为税、车船使用牌照税、关税。

之后，1950 年 4 月公布《契税暂行条例》，开征了契税；1950 年 6 月，为了减轻税收负担，对税制进行了调整：简化货物税、印花税税目，下调所得税、盐税税率，将房产税和地产税合并为城市房地产税，宣布薪给报酬所得税和遗产税暂不开征；1950 年 11 月存款利息所得税经修改后改称利息所得税；1951 年开征棉纱统销税。经过这次调整，工商税从 14 个减少到 13 个。

在农业税方面，新中国成立初期征收制度并未统一。1950 年 9 月，政务院公布《新解放区农业税暂行条例》，采用级距较大的全额累进税率。革命根据地的农业税，仍实行原来的比例税率。

经过采取以上措施，新中国成立之初，我国初步形成了以按流转额征收的货物税和工商业税中的营业税，按所得额征收的工商业税中的所得税为主体税种，其他税种相辅，多环节、多税种统一征收的复合税制。

（二）1953 年修正税制

新中国成立后，随着社会主义经济日益壮大，资本主义经济日益缩小，多种税、多次征的复合税制同国家计划管理、加强国营企业经济核算和促进商品流通的要求之间的矛盾日渐增大。为了使税收制度适应新形势，根据“保证税收、简化税制”和“公私区别对待、繁简不同”的政策原则，于 1953 年对原有税收制度进行了较大调整。

1. 开征商品流通税。从原来征收货物税的品目中选择酒、麦粉、水泥等 22 种基本上可由国营经济控制的产品试行征收商品流通税，即将过去从产到销应纳的税统统合并起来一次征收。

2. 简化货物税。将应税货物的印花税、工商营业税、商业批发营业税及其附加，并入货物税内征收，相应调整货物税税率。同时，简并货物税品目至 174 个，改变计税

价格，将按不含税价计税改为按含税价计税。

3. 修订工商业营业税。将工商企业应纳的营业税附加、印花税并入营业税征收，统一调整营业税税率。

4. 取消特种消费行为税。将特种消费行为税中的筵席、冷食、舞场税目并入营业税，对电影、戏剧及娱乐部分税目改征文化娱乐税。

5. 调整交易税。棉花交易税并入商品流通税，粮食、土布交易税改征货物税，停征药材交易税。交易税只保留牲畜一个税目，习惯称为牲畜交易税。

6. 棉纱统销税并入商品流通税。

通过这次修正，当时我国征收的税种除了农（牧）业税、契税外，工商税收有12个税种，即商品流通税、货物税、工商业税（包括营业税、所得税）、盐税、利息所得税、印花税、牲畜交易税、屠宰税、城市房地产税、文化娱乐税、车船使用牌照税、关税。

与1950年相比，虽然税制体系与结构以及税种数量基本未变，但多税种、多次征的税制却有了一些变化，同一个企业交纳的主要税种因合并而减少了。

（三）1958年简化税制

1958年，我国实行了第一次税制大改革。这次改革是在我国对农业、手工业、资本主义工商业社会主义改造基本结束，建立起单一的社会主义公有制经济背景下进行的。为了适应有计划的公有制经济体制，根据“基本保持原税负，简化税收制度”的精神，在保证财政收入和不影响市场物价前提下，对原有税制进行了较大调整。

1. 合并税种。将工商企业原交纳的商品流通税、货物税、营业税、印花税合并为工商统一税。工商统一税的实行是1958年税制改革的核心内容，它是向一切从事工业品生产、农产品采购、外贸进口、商业零售、交通运输和服务性业务的单位和个人，按其商品销售收入金额、购入商品支付金额和业务收入金额征收的一种税。①

2. 简化纳税环节。新合并的工商统一税实行对工农业产品从生产到流通两次课征的办法，即在工业销售环节（农产品在采购环节）和商业零售环节各征一次税，批发环节不再征税。

3. 简化征税办法。一是简化计税价格，工业产品一律改按销售收入计税；二是减少对中间产品的征税，只保留棉纱、酒、皮革三种产品继续征收中间产品税，其余20多种中间产品均不再课税。

4. 调整税率。在维持整体税负不变的情况下，对改革后征收工商统一税的部分产品根据利润水平调高或调低了税率。

5. 单独征收所得税。将原来工商业税中的所得税改为一个独立的税种，称为工商所得税。

6. 统一全国农业税制。新中国成立后，农业税一直是一个独立的税种。1958年前，新老解放区的农业税征收制度是不同的，老解放区一般实行比例税率，而新解放区一般实行级距较大的全额累进税率。1958年6月，我国公布《中华人民共和国农业税条

① 参见杜丽、徐晔：《中国税制（第二版）》，复旦大学出版社2006年版，第29页。

例》，统一了全国农业税制度，一律实行分地区比例税率，并继续采取“稳定负担、增产不增税”的原则。这是新中国成立以来农业税制度的一次重大改革。

此后，1959 年停征利息所得税；1962 年为配合农村集市管理，开征集市交易税，1964 年又因农村集市贸易情况发生变化暂停征收；1963 年对工商所得税制进行改革，适当调整集体经济和个体经济之间的税负；1966 年“文化大革命”开始后，为了配合宣传，停征文化娱乐税。

经过这次税制改革，除农（牧）业税、契税外，我国工商税收还有 8 个税种，即工商统一税、工商所得税、牲畜交易税、屠宰税、城市房地产税、车船使用牌照税、盐税、关税。这次大规模的税收制度改革，从根本上改变了原来实行的多税种、多次征的税收制度，使税制结构开始出现以流转税为主体的格局，在调节经济方面的作用明显减弱。

（四）1973 年进一步简化税制

在“左”倾错误思想严重影响下，我国工商税收制度在 1958 年简化税制基础上，按照“合并税种，简化征税办法，改革不合理的工商税制度”的指导思想又进行了一次简并。经过几年的调查研究和试点，1972 年国务院批转财政部《关于扩大改革工商税制试点的报告》，并附发《中华人民共和国工商税条例（草案）》，标志着这次工商税制改革正式开始。这次从 1969 年开始，到 1973 年结束，历时 6 年的税制改革主要内容如下：

1. 合并税种。把原来对工商企业征收的工商统一税及其附加、城市房地产税、车船使用牌照税、盐税、屠宰税合并为工商税（盐税暂按原办法征收）。合并以后，改变对一个企业征收多种税的做法，对国营企业只征收工商税，对集体企业只征收工商税和所得税。城市房地产税、车船使用牌照税、屠宰税仍保留，只对企业以外的个人和外侨征收。

2. 简化税目和税率。工商税与原工商统一税相比，税目由过去的 108 个减为 44 个；税率由过去的 141 个减为 82 个，且其中很多是相同的，实际上不同的税率只有 16 个，多数企业简化到只用一个税率征收。

3. 调整少数产品税率。大多数行业和企业仍保持原来的税收负担水平，只对少数行业的税率作了必要调整。如为了支持农业发展，对农机、化肥、农药等税率降低一些，对手表、缝纫机等少数高档生活用品的税率则调高一些。

4. 改变征税办法。取消对中间产品征税，原则上按企业销售收入征税。同时，在统一税收政策前提下，把一部分税收管理权限下放给地方政府。

经过 1973 年工商税制改革，除了农（牧）业税、契税外，我国只保留了 7 个税种，即工商税、工商所得税、牲畜交易税、屠宰税、城市房地产税、车船使用牌照税、关税。

这次税制简化已达到极限，我国税制由新中国成立初期的复合税制变成了名副其实的单一税制。这种税制，大大缩小了税收在经济生活中的活动范围，严重削弱了税收的经济调节职能。

二、改革开放初期税制重建

中共十一届三中全会以后，我国进入了一个新的历史发展时期。为了进一步贯彻对内搞活、对外开放政策，1979～1993 年，我国税制又进行了一系列改革。这次税制改革是我国城市经济体制改革的重要组成部分，而且同国营企业“利改税”同步进行。这次改革的主要内容是改革、完善工商税制，体现在健全所得税制度、改革流转税制度、建立涉外税收制度、拓宽税收调节领域和加强税收征管法制建设等几个方面。

（一）建立涉外税收制度

我国的涉外税收制度，是为了适应对外开放新形势，从 1980 年开始逐步建立与完善的，主要包括开征涉外企业所得税和采取税收优惠政策两方面。

1. 1980 年 9 月颁布《中华人民共和国中外合资经营企业所得税法》和《个人所得税法》，从 1981 年起，对在我国从事生产经营活动的中外合资经营企业的所得和个人所得征收所得税。

2. 1981 年 12 月颁布《中华人民共和国外国企业所得税法》，从 1982 年起，对在我国开办的外商独资企业征收所得税。同时明确对涉外企业征收工商统一税、城市房地产税、车船使用牌照税。

3. 从 1984 年 11 月起，国务院陆续发布了三部法规，对上述三部涉外所得税法做了补充，主要是扩大了税收优惠范围和幅度。

4. 1985 年 4 月，国务院批准了财政部制定的《对外国企业常驻代表机构征收工商统一税、企业所得税的暂行规定》。

5. 1991 年 7 月，合并后的《中华人民共和国外商投资企业和外国企业所得税法》颁布实施。该税法与原来两个涉外企业所得税法比较，税负不增，优惠不少。

（二）实行国有企业利改税

利改税也称以税代利，是指把国营企业上交的利润改为按规定的税种及税率向国家交纳税金。它是国家参与国营企业纯收入分配制度的一种改革，是正确处理国家与企业分配关系的一项重大决策。

1. 第一步利改税。随着经济体制改革的进行，高度集中的计划经济体制被逐步打破，重新确定并规范国家与企业之间的分配关系就显得极其重要。在试点基础上，1983 年 4 月，国务院批转了财政部拟定的《关于国营企业利改税试行办法》，决定于 1983 年 1 月 1 日起，在全国范围内实行，即第一步利改税。为了配合利改税，财政部于当年 4 月公布《关于对国营企业征收所得税的暂行规定》。第一步利改税仍然采用税利两种形式上缴企业利润，主要内容是开征国营企业所得税，对不同规模、行业的盈利企业采取不同办法。即凡有盈利的国营大中型企业，均按 55% 的税率缴纳所得税，税后利润一部分上缴国家，一部分按照国家核定的留利水平留给企业；凡有盈利的国营小企业，按八级超额累进税率缴纳所得税；营业性的宾馆、饭店、招待所和饮食服务公司，按 15% 的税率缴纳所得税；县以上供销社，按八级超额累进税率缴纳所得税；军工、邮电、粮食、外贸、农牧和劳改等企业，在条件成熟后再实行利改税办法。

2. 第二步利改税。为了将国营企业应当上缴国家财政的收入主要通过税收形式上缴，即由税利并存逐渐过渡到真正意义上的以税代利，使企业逐步做到独立经营、自负盈亏，国务院决定自1984年10月1日起进行以税代利第二步改革。为此，当年9月，国务院批准了财政部拟定的《国营企业第二步利改税试行办法》、发布《中华人民共和国国营企业所得税条例（草案）》和《国营企业调节税征收办法》。第二步利改税放宽了划定小型国有企业的标准；改变了大中型企业税后利润分配方法；统一征收国营企业调节税。同时，为了配合利改税，对我国工商税制进行了一次全方位的改革。

（1）所得税制改革。将国有企业所得税税后上缴的利润改为征收国营企业调节税。其中对大型国营企业以1983年实现的利润为基数，经调整后计算出调节税税率，以后年度企业应纳税所得额乘以调节税率即为调节税应纳税额；对小型企业则实行新的八级超额累进税率，提高累进起点，拉大级距，税负比原来有所降低。

（2）流转税制改革。改革开放前，经历几次简化的流转税只剩工商税一个税种，第二步利改税对流转税制也进行了改革。国务院根据全国人大常委会授权，以草案形式发布了产品税、增值税、营业税、盐税暂行条例，将原工商税一分为四，并规定从1984年10月1日起实施。此后对这四个流转税税种又多次进行了改进和完善。

（3）开征资源税。对从事煤炭、原油、天然气等资源开采的企业，从1984年10月起开始征收资源税。

（三）其他工商税制的改革

两步利改税确立了我国改革开放后新的工商税收制度基本框架，在随后数年内，我国接连开征了多个所得税、财产税、行为税类新税种，国家的工商税收体系迅速建立起来。

1. 先后开征了一些具有特殊调节作用的税种。包括烧油特别税（1982年）、建筑税（1983年开始征收，1991年停征）、固定资产投资方向调节税（1991年）、国营企业奖金税（1985年）、集体企业奖金税（1985年）、事业单位奖金税（1985年）、国营企业工资调节税（1985年）、特别消费税（1989年）、筵席税（1988年）等。

2. 调整部分财产税和行为税。先后开征了城市维护建设税（1985年）、印花税（1988年）；将原来的房地产税分为房产税（1986年）和城镇土地使用税（1988年）；将车船使用牌照税改为车船使用税（1986年），原来的车船使用牌照税，只对涉外企业和外籍人员征收。同时，对牲畜交易税、屠宰税征收办法在1983年、1985年做了修改。

3. 调整所得税。在原工商所得税基础上，分别制定征收办法，对集体企业、个体工商户和私营企业改征集体企业所得税（1985年）、城乡个体工商业户所得税（1986年）、私营企业所得税（1988年）。1987年开征个人收入调节税（从个人所得税中划出），借以调节社会成员间的收入差距。

4. 调整船舶吨税管理机关。船舶吨税于1952年开征，起初由财政部管理，海关代征，后列作关税的一种，由海关征收管理。1986年，国务院批准将船舶吨税划归交通部管理，继续由海关代征。

（四）农业税收的改革

习惯上将由财政部门组织征收的农（牧）业税、农林特产税、契税和耕地占用税四个税种统称为农业税收。这段时期的农业税收改革主要包括开征农林特产税和耕地占用税。

1. 开征农林特产税。为了促进粮食稳定增长，将应征农业税的一部分农林特产品自 1981 年起改征农林特产税。1983 年 11 月，国务院颁发《关于对农林特产收入征收农业税的若干规定》，对农林特产税的征收作了统一规定，要求各地全面开征。

2. 开征耕地占用税。为了限制非农业建设乱占耕地，从 1987 年起开征耕地占用税。

（五）征收管理制度的改革

为了保证各项税收法律、行政法规的贯彻执行，保证国家财政收入和经济政策的落实，在总结多年来税收征收管理经验的基础上，国务院于 1986 年 4 月发布《工商税收征收管理条例》，初步建立了比较完整、统一的税收征收管理制度。1992 年 9 月，第七届全国人民代表大会常务委员会通过并公布《征管法》，自 1993 年 1 月起实施，标志着我国税收征收管理制度开始进入法制化、规范化阶段。

经过上述改革，至 1993 年 12 月，除了农业税收四个税种外，我国当时征收的工商税收税种按征税对象分为 4 类共 33 种。

1. 流转税类：产品税、增值税、营业税、城市维护建设税、工商统一税（外商适用）、关税、牲畜交易税。

2. 所得税类：国营企业所得税、集体企业所得税、城乡个体工商业户所得税、私营企业所得税、外商投资企业和外国企业所得税、个人所得税（外籍人员适用）、国营企业调节税、个人收入调节税。

3. 财产税类：资源税、盐税、城镇土地使用税、房产税、城市房地产税（外商及外籍人员适用）。

4. 行为税类：烧油特别税、固定资产投资方向调节税、国营企业工资调节税、国营企业奖金税、集体企业奖金税、事业单位奖金税、筵席税、屠宰税、船舶吨税、印花税、特别消费税、车船使用税、车船使用牌照税（外商及外籍人员适用）。

经过 1979～1993 年的一系列改革之后，我国的工商税收种类大幅增加，原计划经济体制下的单一税制已不复存在，形成了一个以流转税、所得税为主体，其他税种相互配合的多税种、多环节、多层次征收的复合税制新体系。通过这些改革，税收成为国家对经济活动进行调节和控制的重要手段，国家的财政收入也由以国营企业上交利润为主，转为以税收收入为主。

三、1994 年税制改革

两步利改税建立的税制强化了税收组织财政收入和宏观调控功能，基本适应了当时的政治、经济形势，但是仍存在着一些不完善之处。特别是进入 20 世纪 90 年代后，我国开始向市场经济过渡，这种略显复杂的工商税制与发展社会主义市场经济的要求明显不相适应。因此，本着“统一税法、公平税负、简化税制、合理分权、理顺分配关系、加强中央宏观调控能力”的原则，我国于 1994 年对税制又进行了一次大幅度的结构性改革。这是一次影响非常深远的税制改革，我国现行税收体制的主体内容基本上是这次改革确立的。

1. 流转税的改革。按照充分体现公平、中性、透明、普遍的原则，在保持总体税负基本不变的情况下，参照国际上流转税通行做法，改变了原流转税按产品分设税目、分税目制定差别税率征收的传统做法，改成在生产环节和流通环节普遍征收增值税，在此基础上选择少数产品再征一道消费税，对提供劳务、转让无形资产和销售不动产保留征收营业税。在上述指导思想下，1993 年 12 月 13 日国务院发布《中华人民共和国增值税暂行条例》《中华人民共和国消费税暂行条例》《中华人民共和国营业税暂行条例》。这样，改革后的流转税由增值税、消费税和营业税构成，适用内外资企业。同时，取消对内资企业征收的产品税和对外商企业、外国企业征收的工商统一税。

2. 所得税的改革。1993 年 12 月 13 日，国务院发布《中华人民共和国企业所得税暂行条例》，改变了按企业所有制形式设置所得税的做法，将国营企业所得税、集体企业所得税、私营企业所得税合并，实行统一的内资企业所得税，基本税率统一为 33%，并增设 18% 和 27% 两档优惠税率。1993 年 10 月 31 日，第八届全国人民代表大会常务委员会第四次会议通过《关于修改〈中华人民共和国个人所得税法〉的决定》的修正案，将个人收入调节税、适用于外籍人员的个人所得税和城乡个体工商户所得税合并，建立统一的个人所得税制。同时，取消了国营企业调节税、个人收入调节税。

3. 其他工商税制的改革：

（1）将盐税并入资源税，扩大了资源税征收范围；

（2）开征土地增值税，对房地产开发、交易中的过高利润进行适当调节；

（3）取消其他一些税种，如集市交易税、牲畜交易税、工资调节税和各种奖金税；

（4）将特别消费税、烧油特别税并入消费税；

（5）将屠宰税、筵席税的开征、停征权下放给地方政府；

（6）将原征产品税的应税农产品并入原农林特产税征收，名称改为农业特产税。

4. 征收管理制度的改革。一是普遍建立纳税申报制度；二是积极推行税务代理制度；三是加速推进税收征管信息化进程；四是建立严格的税务稽查制度；五是加快税收法制建设，逐步建立税收立法、司法、执法相互独立、相互制约的机制。

5. 实行分税制财政体制。按税种划分中央和地方的财政收入，并相应分设国家税务局和地方税务局两套征收管理机构。

经过 1994 年的税制改革，除了农业税收四个税种外，工商税收税种由原来的 33 个减少到 20 个。即增值税、消费税、营业税、资源税、城市维护建设税、企业所得税、外商投资企业和外国企业所得税、个人所得税、土地增值税、城镇土地使用税、房产税、车船使用税、印花税、固定资产投资方向调节税、屠宰税、筵席税、关税、船舶吨税和外商及外籍人员适用的城市房地产税、车船使用牌照税等。

这次改革公平了税负，简化了税制，增加了政府的财政收入，增强了国家对经济的宏观调控能力，为国民经济持续、稳定、快速发展注入了活力；同时，也加强了同国际税收的衔接，促进了对外开放。但此次改革仍然存在一些矛盾和问题，需要在实践中逐步加以解决，不断健全、完善新税制。

四、新时期税制完善

1. 增值税转型与扩围。自2004年开始，国家首先在东北三省进行增值税由生产型向消费型转变试点。为应对2008年爆发的全球金融危机对我国经济产生的不利影响，国务院决定自2009年起，在全国范围内普遍实行转型后的增值税。为了彻底消除重复征税，促进社会专业化分工，推动经济结构调整，国务院决定从2012年1月1日起，在上海市启动营业税改为征收增值税试点工作。到2014年年底，部分行业的营改增试点已在全国范围内进行。2016年5月1日起全面实施营改增，将试点范围扩大到建筑业、房地产业、金融业、生活服务业，并将所有企业新增不动产所含增值税纳入抵扣范围。

2. 调整消费税税目。2006年4月，我国对消费税税目和税率及相关政策进行了一次较大调整，新增6个税目，取消1个税目，调整部分税目的子目和税率。为了配合增值税转型，2009年修订了消费税条例，将1994年以来出台的政策调整内容更新到新修订的消费税条例中，并延长纳税申报期限，调整纳税地点。2009年1月，调高汽油、柴油等成品油消费税单位税额，相应取消公路养路费等收费。此后消费税征税范围偶有微调，目前有15个税目。

3. 废止营业税。为了保持流转税体系三大税种相关政策和征管措施之间有效衔接，增值税、消费税条例修订后，营业税条例于2008年年底也相应进行了修订。2016年5月1日起全面实施营改增，营业税这一税种不复存在。2017年11月19日国务院发文正式废止了《中华人民共和国营业税暂行条例》。

4. 合并企业所得税。从2008年起，将内资企业所得税、外商投资企业和外国企业所得税合并，统一征收企业所得税，税率下调为25%。

5. 调整个人所得税政策。1999年11月，恢复对居民储蓄存款利息所得征税，2008年10月暂缓征收。自2000年1月开始，对个人独资企业和合伙企业停止征收企业所得税，改征个人所得税。2006年1月、2007年12月、2011年9月三次上调工资薪金所得每月费用扣除标准。2018年9月第七次修改税法，建立了综合与分类相结合的个人所得税制，提高了综合所得的基本减除费用标准，调整了税目，优化了税率结构。

6. 其他税种的调整。废止农业税、屠宰税、筵席税、农业特产税、城市房地产税；停征直至废止固定资产投资方向调节税；调整契税、城镇土地使用税、耕地占用税、资源税、城市维护建设税；开征烟叶税、车辆购置税、环境保护税；合并车船使用税和车船使用牌照税等。

（1）调整契税。从1997年10月起，调整契税课税对象，缩小减免范围，并将税率调整为3%~5%。

（2）开征车辆购置税。从2001年起，取消交通部门收取的车辆购置附加费，改为征收车辆购置税。

（3）取消农业税。自2000年开始，为了降低农民负担，国家开始在安徽省进行农村税费改革试点。2004年，吉林省和黑龙江省先行免征农业税改革试点。2005年12

月，农业税在全国范围内正式取消。

（4）取消固定资产投资方向调节税。从 2000 年起，暂停征收固定资产投资方向调节税，从 2013 年起取消固定资产投资方向调节税。

（5）取消屠宰税。从 2000 年开始农村税费改革试点后，试点地区就取消了屠宰税。2004 年全国各地均已停止征收屠宰税。2006 年 2 月国务院宣布正式取消屠宰税。

（6）取消农业特产税。自 2004 年起，取消烟叶以外其他农林特产品的农业特产税。2006 年 2 月，取消了烟叶特产农业税，至此农业特产税彻底取消。

（7）开征烟叶税。自 2006 年 4 月起，开征烟叶税，取代原来的烟叶特产农业税。2018 年 7 月起实施的《中华人民共和国烟叶税法》取代了《中华人民共和国烟叶税暂行条例》。

（8）调整城镇土地使用税。从 2007 年起，将城镇土地使用税税额标准在原规定的基础上提高了 2 倍，外商投资企业、外国企业和外籍个人也被确定为城镇土地使用税的纳税人。

（9）开征车船税。自 2007 年起，将车船使用税和车船使用牌照税合并，统一征收车船税。2011 年 2 月颁布《中华人民共和国车船税法》取代了《中华人民共和国车船税暂行条例》。新的车船税向拥有或管理车船的单位和个人征收，并适当调整税额标准。

（10）调整耕地占用税。自 2008 年起，将耕地占用税税额标准在原规定的基础上提高 4 倍，将外商投资企业和外国企业纳入耕地占用税的征收范围，适当调整减免税政策。

（11）废止筵席税。1994 年筵席税开征、停征权下放地方后，各省份相继停征了该税。2008 年 1 月 15 日，国务院宣布废止《中华人民共和国筵席税暂行条例》。

（12）取消城市房地产税。2008 年 12 月 31 日，原政务院公布的《中华人民共和国城市房地产税暂行条例》废止。自 2009 年起，外商投资企业、外国企业和组织以及外籍个人，依照《中华人民共和国房产税暂行条例》缴纳房产税。

（13）调整城市维护建设税。自 2010 年 10 月 1 日起，外商投资企业、外国企业和组织以及外籍个人，适用国务院 1985 年发布的《中华人民共和国城市维护建设税暂行条例》。

（14）调整资源税。2011 年 10 月 12 日，国务院发布修改后的资源税暂行条例，增加从价定率计征办法（原油、天然气）。此后对煤炭和稀土、钨、钼等矿产资源实施了从价计税改革。自 2016 年 7 月 1 日起，对应税资源全面实施清费立税、从价计征改革，同时开展水资源税改革试点工作。

（15）开征环境保护税。2016 年 12 月 25 日第十二届全国人民代表大会常务委员会第二十五次会议通过《中华人民共和国环境保护税法》，自 2018 年 1 月 1 日起施行。

7. 征收管理制度的改革。1995 年，全国人民代表大会常务委员对 1993 年颁布实施的《征管法》进行了修正。2001 年，全国人民代表大会常务委员会对 1995 年修正的《征管法》进行了修订，于当年 5 月 1 日起开始施行。

经过上述调整，截至 2019 年 1 月 1 日，我国征收的税种有增值税、消费税、企业所得税、个人所得税、资源税、契税、城镇土地使用税、耕地占用税、城市维护建设税、车船税、印花税、房产税、烟叶税、车辆购置税、土地增值税、环境保护税、船舶吨税、关税等18种。

总体来说，目前我国税制体系仍然以流转税为第一主体。从财政部国库司2019年1月23日发布的2018年税收收入统计数字看，当年全国税收收入156 401亿元。全国税收收入包括税务部门征收的国内税收收入，海关征收的关税、船舶吨税、代征的进口货物增值税和消费税，并扣除了出口货物退税，为全国税收净收入数。流转税中国内增值税实现收入61 529亿元，占税收总收入的比重为39.34%；国内消费税实现收入10 632亿元，占税收总收入的比重为6.80%。增值税和消费税收入分别位列第一、第四，这两个税种的收入（不含海关代征）合计占全部税收收入的46.14%。同时，以企业所得税和个人所得税构成的第二大主体，在税制体系中的地位迅速提升。2018年，企业所得税实现收入35 323亿元，占税收总收入的比重为22.58%，位居第二，个人所得税实现收入13 872亿元，占税收总收入的比重为8.87%，位居第三，两税收入合计占全部税收收入的比重为31.45%；其他财产税、行为税类占税收收入比重较小（22.41%左右），但其中的契税、土地增值税等税种收入增长迅速，在经济生活中的作用也越来越重要。

第六节　税收管理体制

税收管理体制是在中央和地方各级政府之间划分税收管理权限的制度。它是税收制度的重要组成部分，是正确处理各级政府在税收管理中相互关系的准则。如果按大类划分，可以简单地将税收管理权限划分为税收立法权和税收执法权两类。

从中央与地方政府的税收管理权限划分来看，税收管理体制主要分为集权型、分权型和适度分权型三种。集权型体制基本特征是税收立法权、征收权高度集中于中央，地方政府管理权限较小。集权型体制以英国为代表。分权型体制基本特征是中央和地方政府拥有相对独立的立法权、征收权和管理权，分级管理，互不干涉。分权型体制以美国为代表。适度分权型基本特征是中央和地方政府都拥有税收立法权与相应的税收征收权及管理权。适度分权型体制以德国为代表。虽然我国目前实行分税制财政管理体制，但并非属于完全彻底的分税制，地方税种的立法权仍集中在中央，地方政府几乎没有税收政策制定、调整方面的权力。从这个意义上说，我国的税收管理体制仍然属于集权型。

一、税收立法权

税收立法权是拥有立法权的国家机关制定、修改、解释和废止税收法律法规的权力。它包括两方面内容，一是什么机关拥有税收立法权；二是拥有税收立法权的机关有多大立法权限。我国宪法对立法权限划分作了基本界定，确定了以全国人民代表大会及其常务委员会为核心的分层次立法体制。《中华人民共和国立法法》则以宪法为依据，对有关国家机关的立法权限做了明确、具体的规定。我国拥有税收立法权的国家机关及其权限如下：

（一）全国人民代表大会及其常务委员会制定税收法律

按照《中华人民共和国立法法》第八条第（六）项规定，我国税收的基本制度应当由国家最高权力机关即全国人民代表大会及其常务委员会制定法律。除《宪法》和《税收基本法》（我国尚未制定该部法律）外，税收法律在税法体系中具有最高的法律效力，是其他国家机关制定税收法规、规章的法律依据，其他各级国家机关制定的税收法规、规章都不得与税收法律相抵触。

（二）国务院制定税收行政法规

国务院是国家最高行政机关。国务院依职权和全国人民代表大会授权，根据宪法和法律制定税收行政法规。税收行政法规的效力低于国家权力机关制定的税收法律。在现阶段，税收行政法规是我国税收立法的主要形式，我国现行的大多数单行税种法均采用税收行政法规形式制定。

（三）国务院税收主管部门制定税收规章

财政部和国家税务总局是国务院税务主管部门，可以依法制定税收法律、行政法规的具体解释和税收征收管理的具体办法、规程、规则等部门规章。需要注意的是，只有依据法定程序制定，并由税务主管部门首长签署命令发布的税收规范性文件才是税收规章，税务主管部门以“通知”“公告”形式下发的不具有法源性的税收规范性文件，不属于税收规章范畴。

（四）地方人民代表大会及其常务委员会制定地方性税收法规

省、自治区、直辖市的人民代表大会及其常务委员会根据本地区经济发展状况和实际需要，在不与宪法、法律、行政法规相抵触的前提下，制定地方性税收法规。地方人民代表大会立法权主要指下放地方管理的税种的开征和停征权。

（五）地方政府制定地方性税收规章

省、自治区、直辖市的人民政府依照法律、行政法规制定地方性税收规章。我国地方政府的立法权主要指少数地方税种的实施办法制定权、税率在规定幅度内的调整权。

需要指出的是，虽然如前所述，各级税务机关以“通知”“公告”形式下发的税收规范性文件不属于立法范畴的行为规范，但税务机关在行使征税权的具体行为中，也要依据这些税收规范性文件。此处的税收规范性文件，按照《税收规范性文件制定管理办法》（总局令 2017 年第 41 号）第二条规定，是指县以上（含本级）税务机关依照法定职权和规定程序制定并公布的，影响税务行政相对人权利、义务，在本辖区内具有普遍约束力并反复适用的文件。制定税收规范性文件必须在法定权限范围内，一是设定权，即税收规范性文件不得设定税收开征、停征、减税、免税、退税、补税事项，不得设定行政许可、行政审批、行政处罚、行政强制、行政事业性收费等事项；二是制定权，即县税务机关制定税收规范性文件，必须依据法律、法规、规章或省以上税务机关税收规范性文件的明确授权，县以下税务机关及各级税务机关的内设机构、派出机构、直属机构和临时性机构，不得以自己的名义制定税收规范性文件。

二、税收执法权

税收执法权是指税收征收机关按照法律规定征收税款的权力。我国行使税收执法权的机关包括国家税务总局及其所属的各级税务局，海关总署以及各地海关等。

1994 年，为了进一步理顺中央与地方的财政分配关系，更好地发挥国家财政职能作用，增强中央的宏观调控能力，促进社会主义市场经济体制的建立和国民经济持续、快速、健康地发展，我国开始实行分税制财政管理体制。分税制财政管理体制，简称分税制，是指在国家各级政府之间明确划分事权及支出范围基础上，按照事权与财力相统一原则，结合税种特点，划分中央与地方的税收管理权限和税收收入，并辅之以转移支付制度的财政管理体制。

按照分税制财政管理体制的要求，中央与地方政府间按税种划分收入，明确中央与地方的收入范围，并建立中央税收和地方税收体系。具体来说，就是将维护国家权益，实施宏观调控所必需的税种划为中央税；将同经济发展直接相关的主要税种划为中央与地方共享税；将适合地方政府征管的税种划为地方税。同时，为了适应分税制财政管理体制，按收入归属划分税收管理权限。即划分税种后，分设中央与地方两套税务机构，实行分级征收，分级管理。具体来说，对中央税，其税收管理权由国务院及其税务主管部门掌握，由中央税务机构（国家税务局）负责征收；对地方税，其税收管理权由地方人民政府及其税务主管部门掌握，由地方税务机构（地方税务局）负责征收；对中央与地方共享税，原则上由中央税务机构负责征管，属于地方的收入直接划入地方金库。

在中央与省级政府实行分税制财政管理体制基础上，1996 年财政部下发文件要求各地区参照中央对省级分税制模式，结合本地实际，将分税制体制落实到市、县级或乡级。2002 年国务院转发财政部文件，提出要进一步完善省以下财税体制。省以下政府间财政收入的划分，要采用按税种或按比例分享等规范办法；年度间波动幅度大、流动性强、地区之间税基分布悬殊的税种由省、市级财政分享；省以下地区间人均财力差距较小的地区，要适当降低省、市级财政收入比重，反之亦然。

随着经济社会发展和税收征管制度的不断深化，国地税机构分设弊端逐渐显现。为了构建优化高效统一的税收征管体系，降低税收征纳成本，提高征管效率，十三届全国人大一次会议通过了《深化党和国家机构改革方案》，决定改革国税地税征管体制。将省级和省级以下国税地税机构合并，具体承担所辖区域内的各项税收、非税收入征管等职责。国税地税机构合并后，实行以国家税务总局为主与省（区、市）人民政府双重领导管理体制。

（一）中央与地方收入的划分

根据事权与财权相结合原则，将现行税种划分为中央税、地方税、中央与地方共享税三部分。截至 2018 年年末，中央政府与地方政府税收收入分配如下：

1. 中央政府固定收入。包括消费税（含进口环节海关代征部分）、车辆购置税、关税、船舶吨税、海关代征进口环节增值税等。

2. 地方政府固定收入。包括城镇土地使用税、房产税、车船税、土地增值税、耕地占用税、契税、烟叶税、环境保护税等。

3. 中央政府与地方政府共享收入。

（1）增值税（不含进口环节海关代征部分）：2016 年 5 月 1 日全面推开营改增试点后，所有行业企业缴纳的增值税均纳入中央和地方共享范围，中央分享 50%、地方按税收缴纳地分享 50%。进口环节由海关代征的增值税和铁路建设基金营业税改征增值税为中央政府收入。（见《国务院关于印发全面推开营改增试点后调整中央与地方增值税收入划分过渡方案的通知》国发〔2016〕26 号、《财政部、国家税务总局、中国人民银行关于调整铁路运输企业税收收入划分办法的通知》财预〔2012〕383 号）

（2）企业所得税：国有邮政企业、四大国有控股银行、三大政策性银行、三大石油天然气企业、四大资产管理公司、中国投资有限责任公司、中国建银投资有限责任公司、中国长江电力股份有限公司等企业缴纳的企业所得税（包括滞纳金、罚款）为中央收入，其余部分从 2003 年起中央政府分享 60%，地方政府分享 40%。（见《关于印发所得税收入分享改革方案的通知》国发〔2001〕37 号、《关于明确中央与地方所得税收入分享比例的通知》国发〔2003〕26 号）

（3）个人所得税：中央政府与地方政府收入分享比例与企业所得税相同。

（4）资源税：海洋石油企业缴纳的部分归中央政府，其他企业缴纳的部分归地方政府；水资源税按中央与地方 1∶9 的比例分成。（见《财政部、国家税务总局关于全面推进资源税改革的通知》财税〔2016〕53 号）

（5）城市维护建设税：各银行总行、各保险总公司等集中缴纳部分归中央政府，其余部分归地方政府。（见《国务院关于实行分税制财政管理体制的决定》国发〔1993〕第 85 号）

（6）印花税：证券交易印花税收入自 2016 年起，全部归中央政府；其他印花税收入全部归地方政府。（见《国务院关于调整证券交易印花税中央与地方分享比例的通知》国发明电〔2015〕3 号）

（二）税收征管范围的划分

目前我国开征的税种分别由税务、海关等系统负责征收管理。

1. 税务系统征管范围。包括增值税、消费税、车辆购置税、城市维护建设税、企业所得税、个人所得税、资源税、印花税、城镇土地使用税、房产税、车船税、土地增值税、烟叶税、耕地占用税、契税、环境保护税等 16 个税种。

2. 海关系统征管范围。海关系统负责关税、船舶吨税、进境物品税。此外，负责代征进出口环节的增值税、消费税。

需要注意的是，过去有大部分省（自治区、直辖市）的财政部门负责契税、耕地占用税的征收管理工作，但 2009 年 4 月，财政部和国家税务总局联合发文，要求各地在 2009 年 12 月 31 日前，完成契税、耕地占用税征管职能由地方财政部门划转到税务部门的各项工作。至此，地方财政部门不再具有税款征收职能。

三、税务机构设置

税务机关是我国主管税收征收管理工作的部门。1994 年，为适应分税制财政管理体制，我国对原有税收管理机构也进行了配套改革。中央政府设立国家税务总局，省及省以下税务机构分设为中央与地方两套税务机构，即国家税务局系统和地方税务局系统。国地税机构分设 24 年后，即 2018 年，国务院对国税地税机构进行了改革，将省级和省级以下国税地税机构合并。国税地税机构合并后，实行以国家税务总局为主与省（区、市）人民政府双重领导管理体制。

国家税务总局为直属国务院的正部级行政职能机构，为中国最高税务机构，其局长由国务院总理提名，全国人民代表大会任命。国家税务总局对各级税务局实行以国家税务总局为主与省（区、市）人民政府双重领导管理体制。

税务局系统依法按照行政级次、行政（经济）区划或隶属关系命名税务机关的名称并明确其职责。国地税合并后命名规则为“国家税务总局××省（市、县）税务局、国家税务总局××市××区税务局、国家税务总局××省（市、县）税务局稽查局”，均在名称中嵌入了“国家税务总局”。

1. 各级税务局为全职能局，按照省、自治区、直辖市，副省级市，市、地、盟、州以及直辖市的区、副省级市的区，县、旗、县级市、地级市的城区行政区划设置，地级以上城市的区也可按经济区划设置。全职能局主要承担税收法律、法规的贯彻执行和税收征收管理及系统经费、机构编制、干部任免、队伍建设、纪检监察等职责。

2. 税务分局、税务所为非全职能局（所），是上级税务机关的派出机构，可按经济区划设置，也可按行政区划设置。副省级市的区、地级市的城区设置为税务分局的，级别与所属税务局内设机构一致；较大县的城区、管辖五个以上乡镇（街道）或大企业所在地可视需要设置税务分局，级别为副科级。管辖四个以下乡镇（街道）的机构称税务所。非全职能局主要承担税收法律、法规的贯彻执行和税收征收管理、队伍建设等职责。

3. 经国务院或省人民政府批准成立的经济技术开发区（高新技术产业开发区、口岸、保税区等）可视需要和级别设置为税务局，也可设置为税务分局。

4. 各级税务局稽查局是各级税务局依法对外设置的直属机构。地级市的城区如有需要，可以设置稽查局，城区稽查局视不同情况既可按行政区划设置，也可跨区设置。跨区设置的稽查局由所属区税务局管理，业务上接受上级税务局稽查局的指导。省（自治区、直辖市）稽查局、副省级市跨区设置的稽查局机构级别为正处级；地、市、州、盟及副省级市区局的稽查局机构级别为副处级；县、市、区的稽查局级别为副科级。

第二编 流 转 税

一、流转税的概念

流转税，是以商品生产、流通的流转额和劳务的营业额为征税对象的一类税收。流转税在大多数发展中国家和少数发达国家构成主体税种。我国现行的增值税、消费税、关税均属于流转税。

流转税随着商品交换的出现而产生。人类社会进入资本主义社会以后，随着商品经济的发展，流转税制度得到了普遍确立，流转税在许多国家成为主体税种。

1950 年 1 月，政务院颁布《全国税政实施要则》，规定开征的流转税主要有货物税、工商业税（营业税部分）和关税。1953 年对原有的税收制度进行了较大调整，开征商品流通税、简化货物税、修订工商业营业税。1958 年将工商企业原交纳的商品流通税、货物税、营业税、印花税合并为工商统一税。1973 年把原来对工商企业征收的工商统一税及其附加、城市房地产税、车船使用牌照税、盐税、屠宰税合并为工商税，同时大幅简化税目、税率。1984 年，我国全面改革工商税，国务院于当年发布《产品税暂行条例（草案)》《增值税暂行条例（草案)》《营业税暂行条例（草案)》，对商品流转额和劳务营业额分别征收产品税、增值税、营业税。

1994 年实施的新税制，对流转税进行重大改革：取消产品税、扩围增值税、开征消费税、保留营业税，国务院同时颁布《增值税暂行条例》《消费税暂行条例》和《营业税暂行条例》。为了鼓励企业改进技术，国务院决定自 2009 年起，在全国范围内普遍实行消费型增值税。为了配合增值税转型改革，国务院于 2008 年 11 月 5 日，发布修订的《增值税暂行条例》《消费税暂行条例》和《营业税暂行条例》。为了彻底消除重复征税问题，促进经济发展方式转变和经济结构调整，自 2012 年 1 月 1 日起，在上海市交通运输业和部分现代服务业开展营业税改征增值税试点。到 2014 年年底，部分行业的营改增试点已在全国范围内进行。2016 年 5 月 1 日起全面实施营改增，营业税不复存在。2017 年 11 月 19 日国务院发文正式废止了《营业税暂行条例》。

二、流转税的特征

（一）征收范围广泛

流转税以商品生产、交换和提供商业性劳务为征税前提，征税范围较为广泛，既包括第一产业和第二产业的产品销售收入，也包括第三产业的营业收入；既对国内商品征税，也对进出口的商品征税，税源广泛、充足。

（二）税收收入稳定

流转税以商品销售额和劳务的营业额作为计税依据，一般不受生产、经营成本和费用变化的影响，可以保证国家能够及时、稳定、可靠地取得财政收入。

（三）便于政策调控

流转税一般具有间接税性质，特别是在从价计征的情况下，税收与价格密切相关，便于国家通过征税影响商品价格，从而贯彻产业政策和消费政策。

（四）征收简便易行

流转税一般以收入全额为计税依据，采用比例税率，同有些税类相比，在计算征收上较为简便易行，且纳税人以经济组织居多，便于征收和管理。

（五）税负普遍隐蔽

流转税相对于直接税而言，在税收负担上较为普遍，且课税隐蔽。流转税在形式上虽由商品的生产者或销售者缴纳，实际上所纳税款均附加于商品卖价之中，最终转嫁给消费者负担。

三、流转税的分类

目前我国征收的流转税主要包括增值税、消费税和关税。增值税是以商品生产流通和劳务服务各个环节的增值额为征税对象的一种税；消费税是以应税消费品的流转额为征税对象的一种税；关税是以进出关境的货物或物品的流转额为征税对象的一种税。这三个流转税种的联系与区别如下：

（一）增值税、消费税同关税之间存在着配合关系

一般说来，出口商品大多免征关税，与此同时，出口商品也大多免征增值税或消费税，或者将已征收的增值税、消费税予以退还。反之，进口商品大多征收进口关税，同

时，也大多征收进口环节的增值税和消费税。可见，增值税、消费税同关税的联系是很密切的。而且，进口商品的增值税计税依据包含关税，如果是应税消费品，其计税依据还包含消费税。

（二）消费税与增值税的区别

1. 从征税对象看。增值税除了对全部商品流转额征税外，还对劳务、服务课税，而消费税主要针对特定商品销售额征税，二者是包含关系。也就是说，缴纳消费税的商品一定缴纳增值税，但缴纳增值税的商品不一定缴纳消费税。

2. 从税目税率看。消费税通常按不同应税商品设置不同税目、税率，税目及其子目数量和税率档次较多，但增值税一般不单设税目，税率档次也少。

3. 从计算纳税看。增值税就未税流转额征税，要考虑抵税，计算相对复杂，征管成本较高；而消费税通常就销售额全额作为计税依据，计算简便，征管成本相对较低。

4. 从征收环节看。增值税实行价外税，是在货物所有的流转环节道道征收、环环抵扣。消费税实行价内税，只在应税消费品的生产、委托加工和进口环节缴纳。

5. 从税收优惠看。营改增后的增值税税收优惠形式和项目相对较多，而消费税由于其立法目的所限，税收优惠相对较少。

四、流转税开征的意义

（一）广泛筹集财政资金

流转税税源广泛、充足，涉及商品生产、批发、零售、进口和提供劳务等诸多生产经营领域和环节。也就是说，凡在境内流转货物、提供劳务服务、进口货物都要缴纳流转税。目前我国流转税中的增值税、消费税、关税等三个税种的收入占全部税收收入的55%左右。

（二）保证国家及时稳定地取得财政收入

流转税以商品的流转额和劳务营业额作为计税依据，一般不受生产、经营成本和费用变化的影响，只要存在商品流转和提供劳务，就会发生纳税义务，就要依法纳税，从而可以保证国家能够及时、稳定、可靠地取得财政收入。

（三）配合价格调节生产和消费

虽然流转税强调中性作用，但通过课税对象选择、税率设计、减免税规定同样能够影响生产和消费，实现国家调控宏观经济的目的。比如通过征收消费税影响消费品市场价格，从而影响消费者的消费选择和生产企业的生产成本，最终影响产业结构的调整；对进口货物征收增值税、消费税和关税，通过平衡境内商品与进口商品税负，从而防止盲目进口，利于保护本国经济。

第二章 增 值 税

增值税是对经营者在生产经营活动中实现的增值额征收的一种税。增值税以商品、服务流转中的增值额为课税对象，是一种中性的、有效避免重复征税的新型流转税。

本章内容主要依据国务院1993年12月13日发布、2017年11月19日第二次修订的《中华人民共和国增值税暂行条例》（国务院令2017年第691号）和财政部、国家税务总局2008年12月15日发布的《中华人民共和国增值税暂行条例实施细则》（财税令2008年第50号）编写。①

第一节 概 述

一、税制沿革

1954年，增值税在法国成功推行。到2015年，世界上已经有160多个国家和地区实行了增值税。

1979年，我国开始对开征增值税的可行性进行调研，自1980年开始选择部分城市和重复征税矛盾较为突出的行业试点开征增值税。1982年财政部制定了《增值税暂行办法》，自1983年1月1日开始在全国试行。1984年第二步利改税时，国务院发布《中华人民共和国增值税暂行条例（草案）》，在全国范围内开始征收增值税。1987年，增值税试行范围进一步扩大。这一阶段征收的流转税还有产品税、营业税，增值税征税范围并不包括全部产品和所有环节，并非真正意义上的增值税。

1993年底，我国对工商税制进行了全面改革。1993年12月13日国务院发布《中华人民共和国增值税暂行条例》，自1994年1月1日起，在全国范围内施行。增值税的征税范围确定为销售货物，加工、修理修配劳务和进口货物。因不允许一般纳税人扣除固定资产的进项税额，故称“生产型增值税”。

2004年，我国开始由生产型增值税向消费型增值税转型的试点工作。自2004年7

① 本章根据《中华人民共和国增值税暂行条例》（国务院令2017年第691号）编写，主要内容为与货物、加工修理修配劳务有关的增值税规定，营改增的内容仅限于新修改的《增值税暂行条例》中增加的部分，有关营改增的具体内容将在本书第三章专门解读。

月1日起，东北地区实行扩大增值税抵扣范围政策试点。在试点基础上，2008年11月5日，国务院修订《中华人民共和国增值税暂行条例》，决定自2009年1月1日起，在全国范围内实施消费型增值税（但企业购入不动产所含增值税仍不得抵扣）。

为了彻底消除重复征税，促进社会分工和生产专业化发展，国务院决定自2012年1月1日起，率先在上海试行营业税改征增值税试点，涉及营业税中的交通运输业（不含铁路运输）和部分现代服务业。此后试点地区和行业逐步扩大，截至2014年年底，在全国范围内，交通运输业、邮政通信业、无形资产（土地使用权除外）和部分现代服务业已改为征收增值税。自2016年5月1日起全面实施营改增，将试点范围扩大到建筑业、房地产业、金融业、生活服务业，并将所有企业新增不动产所含增值税纳入抵扣范围。

全面推开营改增试点后，原来实行营业税的服务业领域已统一征收增值税，实质上全面取消了实施60多年的营业税，营业税暂行条例实际已停止执行。为依法确定和巩固营改增试点成果，进一步稳定各方面预期，2017年11月19日国务院公布《国务院关于废止〈中华人民共和国营业税暂行条例〉和修改〈中华人民共和国增值税暂行条例〉的决定》，开始执行新修改的《中华人民共和国增值税暂行条例》（本章以下简称《增值税暂行条例》）。

二、税制的特点

增值税税制设计公平合理，可以有效防止商品在流转过程中重复征税问题。此外，增值税凭票扣税的自控机制有利于控制偷逃税。具体说，增值税具有以下特点：

（一）保持税收中性

增值税只对货物或劳务的销售额中没有征过税的那部分增值额征税，使得绝大部分货物特别是同一货物在经历的所有生产和流通各环节的整体税负是一样的。这种情况有效地排除了重叠征税因素，也使增值税对生产经营活动以及消费行为基本不发生影响，从而使增值税具有了中性税收的特征。

（二）普遍、连续征收

增值税税基广阔，从生产经营的横向关系看，无论工业、商业或者劳务服务活动，只要有增值就要纳税；从生产经营的纵向关系看，每一商品无论经过多少生产经营环节，都要按照各道环节上发生的增值额逐次征税。

（三）消费者承担税款

增值税在逐环节征税的同时，还实行逐环节扣税。各环节的经营者作为纳税人只是把从买方收取的税款抵扣自己支付给卖方的税款后的差额转交给政府，而作为纳税人的生产经营者并不是增值税的真正负担者，只有最终消费者才是全部税款的负担者。

（四）实行税款抵扣制度

实际工作中，并不直接根据增值额计算增值税，而是首先计算出应税货物、劳务和服务的整体税负，然后从整体税负中扣除法定的外购项目已纳税款。这种方法简便易行，计算准确，既适用于单一税率，又适用于多档税率，因此，是实行增值税的国家广泛采用的计税方法。

（五）实行比例税率

增值税的作用在于广泛筹集财政收入，而不是调节收入差距，因此增值税普遍实行比例税制，以贯彻简便易行的征收原则。征收增值税一般应采用单一比例税率，但是各国因自身经济和社会情况不同也有采取多档税率的，一般分为基本税率、优惠税率（即低税率）和零税率三档。

（六）实行价外税制度

价外税由购买方承担税款，销售方取得的货款包括销售款和税款两部分。作为价外税，在计征应纳增值税时，其计税依据的销售额中是不含增值税税款的。这种税制既利于形成均衡的生产价格，又利于税收负担的转嫁。

三、立法宗旨

增值税在财政、经济、对外贸易等方面均能发挥积极的作用。

（一）有利于保证财政收入稳定地增长

增值税实行普遍征收，其课税范围涉及社会生产、流通、消费等诸多生产经营领域，凡从事货物销售、提供应税劳务和应税服务、进口货物的单位和个人，只要取得增值额都要缴纳增值税，税基极为广阔。增值税税款随同销售额一并向购买方收取，纳税人不必“垫付”生产经营资金缴税，可以保证财政收入及时入库。增值税不受生产结构、经营环节变化的影响，使收入具有稳定性。此外，增值税实行购进扣税法和凭发票注明税款抵扣办法，使购销单位之间形成相互制约关系，有利于税务机关对纳税情况交叉稽核，防止纳税人偷漏税。

（二）有利于促进社会生产的专业化和生产经营结构的合理化

政府在建立税制时，以不干扰经营者的投资决策和消费者的消费选择为原则。实行增值税有效地排除了按销售全额计税所造成的重复征税的弊端，使税负不受生产组织结构和经营方式变化的影响，始终保持平衡。因此，增值税不但有利于生产向专业化协作方向发展，也不影响企业在专业化基础上联合经营，从而有利于社会生产要素优化配置，调整生产经营结构，拉长产业链条。从商品流通来看，增值税负担不受商品流转环节多寡影响，有利于疏通商品流通渠道，实现深购远销，搞活商品流通。

（三）有利于“奖出限入”，促进对外贸易的发展

随着世界贸易的发展，各国之间商品出口竞争日趋激烈。许多国家政府为了提高本国商品出口竞争力，大多对出口商品实行退税政策，使之以不含税价格进入国际市场。然而在传统间接税制下，出口商品价格所包含的税金因该商品生产结构、经营环节不同而多寡不一，因而给准确退税带来很大困难。实行增值税从根本上克服了这一弊端，这是因为一种商品在出口环节前缴纳的全部税额与该商品在最终销售环节或出口环节的总体税负是一致的，根据最终销售额和增值税税率计算出来的增值税额，也就是该商品出口以前各环节已纳的增值税之和。如果将这笔税额退还给商品出口经营者，就能做到出口退税的准确、彻底，使之以完全不含税价格进入国际市场。对于进口商品，由于按增值额设计税率，要比按“全值”征税要高，并且按进口商品的组成价格计税，从而把进口商品在出口国因退税或不征税给进口企业带来的经济利益转化为国家所有，这样不仅平衡了进口商品和国内生产商品的税负，而且有利于根据国家外贸政策，对进出口商品实行奖励或限制，保证国家的经济权益和民族工业发展。

第二节　课税要素

一、征税范围

我国现行增值税的征税范围覆盖第一产业、第二产业和第三产业。具体来说，销售、进口货物，提供加工、修理修配劳务，销售服务、无形资产、不动产等行为，均属于增值税征税范围。

（一）征税范围一般规定

《增值税暂行条例》规定，在中华人民共和国境内销售货物或者加工、修理修配劳务（简称劳务），销售服务、无形资产、不动产以及进口货物的单位和个人，为增值税的纳税人，应当依法缴纳增值税。对增值税征税范围应从以下几个方面界定：

1. 销售货物。

货物，是指有形动产。有形动产是相对于无形资产和不动产而言的，是指那些具有实物形态，能够带来经济利益的可移动资产，包括电力、热力、气体在内。

销售货物，是指有偿转让货物的所有权，即转让方以取得货币、货物或者其他经济利益等为对价，将自己拥有的货物所有权转移给购买方的行为。

在境内销售货物，是指销售货物的起运地或者所在地在境内。起运地一般是指货物开始运出的地点；所在地一般是指货物存在的地点。境内纳税人之间以及境内销往境外的货物，由于销售货物的起运地或所在地在境内，其行为属于增值税的征税范围。国际货物运输、转口货物，由于货物起运地或所在地都不在境内，其行为不属于增值税征税范围。

2. 提供加工、修理修配劳务。

加工，是指受托加工货物，即委托方提供原料及主要材料，受托方按照委托方要求，制造货物并收取加工费的业务。对于由受托方以各种形式、名义提供原材料及主要材料为委托方生产、加工货物，不论受托方在财务上是否作销售处理，均不视为受托加工货物，应按销售货物征税。修理、修配，是指受托对损伤和丧失功能的货物进行修复，使其恢复原状和功能的业务，不包括对不动产的修缮。

提供加工、修理修配劳务，是指有偿提供加工、修理修配劳务。但单位或者个体工商户聘用的员工为本单位或者雇主提供加工、修理修配劳务，属于企业自身的内部行为，不是对外提供的经营行为，不属于增值税提供应税劳务的范围。

在境内提供加工、修理修配劳务，是指提供的劳务发生在境内。境内纳税人之间以及境外单位和个人在境内提供劳务，由于劳务发生地在境内，其行为都属于增值税的征税范围。凡是境内单位和个人前往境外提供的劳务，由于其劳务发生在境外，因此其行为不属于增值税征税范围。

3. 进口货物。

进口货物是指申报进入我国海关境内的货物。确定一项货物是否属于进口货物，必须看其是否办理了报关进口手续。通常境外产品要输入境内，必须向我国海关申报进口，并办理有关报关手续。只要是报关进口的货物，均属于增值税征税范围，在进口环节缴纳增值税。

4. 销售服务。

销售服务，是指提供交通运输服务、邮政服务、电信服务、建筑服务、金融服务、现代服务、生活服务。

5. 销售无形资产。

销售无形资产，是指转让无形资产所有权或者使用权的业务活动。无形资产，是指不具有实物形态，但能带来经济利益的资产，包括技术、商标、著作权、商誉、自然资源使用权和其他权益性无形资产。

6. 销售不动产。

销售不动产，是指转让不动产所有权的业务活动。不动产，是指不能移动或者移动后会引起性质、形状改变的财产，包括建筑物、构筑物等。

（二）视同销售货物的征税规定

视同销售货物，是相对销售货物行为而言的，是指那些提供货物的行为其本身不符合《条例》中销售货物所定义的“有偿转让货物的所有权”条件，或不符合财务会计制度规定的“销售”条件，而增值税在征税时要视同销售货物征税的行为。《增值税暂行条例》及其实施细则规定单位或者个体工商户的下列行为，视同销售货物：

1. 将货物交付其他单位或者个人代销；

2. 销售代销货物；

3. 设有两个以上机构并实行统一核算的纳税人，将货物从一个机构移送其他机构用于销售，但相关机构设在同一县（市）的除外；

4. 将自产或者委托加工的货物用于非增值税应税项目；

5. 将自产、委托加工的货物用于集体福利或者个人消费；

6. 将自产、委托加工或者购进的货物作为投资，提供给其他单位或者个体工商户；

7. 将自产、委托加工或者购进的货物分配给股东或者投资者；

8. 将自产、委托加工或者购进的货物无偿赠送其他单位或者个人。

上述视同销售行为，从规定的内容和行为性质划分，可以分为以下几种类型：

1. 将货物的代销行为视同正常的货物销售；

2. 设有两个以上机构并实行统一核算的纳税人，其相关机构不在同一县（市）的，将货物从一个机构移送其他机构用于销售的行为，视同正常的货物销售；

3. 自产、委托加工的货物用于非增值税应税项目、集体福利和个人消费的行为，视同正常的货物销售；

4. 将自产、委托加工或者购进的货物作为投资提供给其他单位或者个体工商户，分配给股东或者投资者以及无偿赠送其他单位或者个人的行为，视同正常的货物销售。

《增值税暂行条例》对上述行为视同销售货物征税主要基于两点考虑，一是为了使增值税凭票注明税款抵扣办法顺利实施，保证相关环节税款抵扣链条不中断；二是为了平衡自制货物同外购货物的税收负担，公平税负、堵塞漏洞。

关于视同销售货物还要注意以下四点：

1. 在确定视同销售货物行为时，只适用《增值税暂行条例》规定的“单位”和“个体工商户”，不包括“其他个人”。“其他个人”即自然人发生的上述行为无须比照视同销售货物征税。

2. 对外购货物的处理办法不同，纳税人外购的货物只有用于“投、分、送”，即投资、分配、赠送才视同销售货物征税；用于非增值税应税项目、集体福利或者个人消费的不征税，其进项税额不得抵扣，应作进项税额转出处理。

3. 纳税人将自产、委托加工或购买的货物用于奖励或用作实物折扣的，也属于《条例》所说的“无偿赠送其他单位和个人”的范围。

4. 上述视同销售货物行为的第2项所称的用于销售，是指收货机构发生向购货方开具发票或向购货方收取货款两种情形之一的经营行为，否则应由总机构统一缴纳增值税。（见《国家税务总局关于企业所属机构间移送货物征收增值税问题的通知》国税发〔1998〕137号）

（三）混合销售行为和兼营行为的征税规定

混合销售行为与兼营行为是增值税中的两个税收概念。

1. 混合销售行为与兼营行为概念。

（1）混合销售行为。所谓混合销售行为，是指一项销售行为既涉及货物又涉及服务。判断混合销售行为成立的标准有两点，一是其销售行为必须是一项；二是该项行为必须既涉及货物又涉及服务。这里的货物是指《增值税暂行条例》中规定的有形动产，包括电力、热力和气体等；服务是指交通运输服务、邮政服务、电信服务、建筑服务、金融服务、现代服务、生活服务等。例如，某橱柜经销商销售一台高档橱柜，同时代客户安装，在收取货物价款之外另行收取安装费。由于该货物的销售同安装业务同时发生，该安装业务属于销售服务中的建筑业服务范围，这种行为就是混合销售行为。

（2）兼营行为。所谓兼营行为，是指纳税人的经营范围包括销售货物、劳务、服务、无形资产或者不动产中两项以上业务。简单地说，兼营行为就是指纳税人同一时期经营属于增值税不同税率的项目。例如，某商贸公司，主营业务是批发、零售商品，但其自有的运输车队又从事本企业以外的运输业务，其对外承揽的运输业务属于商贸公司兼营的服务。

2. 混合销售行为和兼营行为的异同。

混合销售行为与兼营行为，二者既有相同的方面，又有明显的区别。二者相同点是，两种行为的经营范围都有销售货物和服务这两类经营项目。二者区别是，混合销售行为强调的是一项销售行为同时涉及货物、服务，其范围仅指货物与服务的混合，销售货物和提供服务的对象及价款的取得均指向同一买受人；兼营行为强调同一纳税人从事的经营活动中既涉及货物、劳务，又涉及服务、无形资产、不动产等项目，这些应税项目不在一项销售行为中同时发生。

3. 混合销售行为和兼营行为的征税规定。

（1）混合销售行为的计税规定。对于混合销售行为，理论上应当分别征收增值税，但为了便于征管，《增值税暂行条例实施细则》规定，从事货物的生产、批发或零售的企业、企业性单位及个体工商户的混合销售行为，按照销售货物征收增值税；其他单位和个人的混合销售行为，按照销售服务征收增值税。简单说，混合销售行为根据纳税人的主营业务确定如何征税，即纳税人主营业务是货物销售的，其发生的混合销售行为按照销售货物征收增值税。如橱柜专营商店，应对其销售橱柜取得的销售收入和为顾客安装橱柜收取的安装费收入统一征收货物销售增值税；纳税人主营业务是销售服务的，其发生的混合销售行为按照销售服务征收增值税。如洗浴企业，应对其从事洗浴服务取得的营业收入和为顾客提供毛巾、沐浴液等洗浴用品取得的销售货物收入统一按销售服务征收增值税。

关于混合销售行为的税务处理还应注意以下特殊规定：

①对于建筑业混合销售，与混合销售行为的一般征税规定不同。对纳税人销售自产货物的同时提供建筑业服务的行为要求纳税人分别核算自产货物的销售额和建筑劳务的营业额，并分别适用不同的税率缴纳增值税；未分别核算的，由主管税务机关核定其货物和建筑服务的销售额。

②根据以上规定，以从事非销售货物、提供劳务为主，并兼营货物销售的纳税人，其混合销售行为应按照销售服务征收增值税。但如果其设立单独的机构经营货物销售并单独核算，该单独机构应视为从事货物的生产、批发或零售的企业、企业性单位，其发生的混合销售行为按照销售货物征收增值税。（见《国家税务总局关于增值税若干征收问题的通知》国税发〔1994〕122号）

（2）兼营行为的计税规定。纳税人有兼营行为的，必须将不同税率或者征收率的经营项目分别核算销售额、分别计算税额；未分别核算的，从高适用税率。具体说，纳税人销售货物、劳务、服务、无形资产或者不动产适用不同税率或者征收率的，应当分别核算适用不同税率或者征收率的销售额，未分别核算销售额的，按照以下方法适用税率或者征收率：

①兼有不同税率的销售货物、劳务、服务、无形资产或者不动产，从高适用税率。

②兼有不同征收率的销售货物、劳务、服务、无形资产或者不动产，从高适用征收率。

③兼有不同税率和征收率的销售货物、劳务、服务、无形资产或者不动产，从高适用税率。

4. 混合销售行为和兼营行为计税依据。

（1）混合销售行为计税依据。混合销售行为，其销售额为货物的销售额与服务的销售额的合计金额。

（2）兼营行为计税依据。纳税人兼营的，不同税率或者征收率的经营项目应分别核算销售额；未分别核算的，按照全部销售额从高适用税率。

（四）征税范围的特别规定

1. 属于增值税征税范围的规定。

该部分内容是指一种经营行为属于增值税的销售货物，提供加工、修理修配劳务的征税范围。

（1）货物期货（包括商品期货和贵金属期货），应当征收增值税，纳税环节为期货的实物交割环节。货物期货征收增值税的具体办法参见《国家税务总局关于下发〈货物期货征收增值税具体办法〉的通知》（国税发〔1994〕244 号）。

（2）银行销售金银的业务，应当征收增值税。

（3）典当业的死当物品销售业务和寄售业代委托人销售寄售物品的业务，均应征收增值税。

（4）缝纫，应当征收增值税。

（5）邮政部门销售集邮邮票、首日封，应当征收增值税。（上述内容见《国家税务总局关于印发〈增值税若干具体问题的规定〉的通知》国税发〔1993〕154 号）

（6）经销企业从货物的生产企业取得“三包（包修、包换、包退）”收入，应按“修理修配”征收增值税。（见《国家税务总局关于印发〈增值税问题解答（之一）〉的通知》国税函发〔1995〕288 号）

（7）卫生防疫站调拨生物制品和药械，属于销售货物行为，可按照小规模纳税人以 3% 的征收率征收增值税。对卫生防疫站调拨或发放的由政府财政负担的免费防疫苗不征收增值税。（见《国家税务总局关于卫生防疫站调拨生物制品及药械征收增值税的批复》国税函〔1999〕191 号、《国家税务总局关于修改若干增值税规范性文件引用法规规章条款依据的通知》国税发〔2009〕10 号）

（8）外国企业参加展览会后直接在我国境内销售展品，或者展销会期间销售商品，应按规定缴纳增值税。对上述销售展品或商品可按小规模纳税人所适用的 3% 征收率征收增值税。（见《国家税务总局关于外国企业来华参展后销售展品有关税务处理问题的批复》国税函〔1999〕207 号、《国家税务总局关于修改若干增值税规范性文件引用法规规章条款依据的通知》国税发〔2009〕10 号）

（9）鉴于电力公司利用自身电网为发电企业输送电力过程中，需要利用输变电设备进行调压，属于提供加工劳务。根据《增值税暂行条例》有关规定，电力公司向发电企业收取的过网费，应当征收增值税，不征收营业税。（见《国家税务总局关于电力公司过网费收入征收增值税问题的批复》国税函〔2004〕607 号）

（10）供电企业利用自身输变电设备对并入电网的企业自备电厂生产的电力产品进行电压调节，属于提供加工劳务。根据《增值税暂行条例》和《营业税暂行条例》有关规定，对于上述供电企业进行电力调压并按电量向电厂收取的并网服务费，应当征收增值税，不征收营业税。（见《国家税务总局关于供电企业收取并网服务费征收增值税问题的批复》国税函〔2009〕641 号）

（11）印刷企业接受出版单位委托，自行购买纸张，印刷有统一刊号（CN）以及采用国际标准书号编序的图书、报纸和杂志，按货物销售征收增值税。（见《财政部、国家税务总局关于增值税若干政策的通知》财税〔2005〕165 号）

（12）四川省机场集团有限公司向驻场单位转供自来水、电、天然气属于销售货物行为，其同时收取的转供能源服务费属于价外费用，应一并征收增值税，不征收营业税。（见《国家税务总局关于四川省机场集团有限公司向驻场单位转供水电气征税问题的批复》国税函〔2009〕537 号）

（13）纳税人将粉煤灰、煤矸石无偿提供给他人，视同发生销售货物行为，应征收增值税。（见《国家税务总局关于纳税人无偿赠送粉煤灰征收增值税问题的公告》总局公告2011年第32号、《国家税务总局关于纳税人无偿赠送煤矸石征收增值税问题的公告》总局公告2013年第70号）

2. 不属于增值税征税范围的规定。

该部分内容根本不属于增值税的征税范围。即下列经营行为既不按照货物、加工修理修配劳务征收增值税，营改增后也不按照服务、无形资产或者不动产征收增值税。

（1）供应或开采未经加工的天然水（如水库供应农业灌溉用水，工厂自采地下水用于生产），不征收增值税。（见《国家税务总局关于印发〈增值税若干具体问题的规定〉的通知》国税发〔1993〕154号）

（2）对国家管理部门行使其管理职能，发放的执照、牌照和有关证书等取得的工本费收入，不征收增值税。（见《国家税务总局关于印发〈增值税问题解答（之一）〉的通知》国税函发〔1995〕288号）

（3）各级行政执法机关、政法机关和经济管理部门（简称执罚部门和单位）依照国家有关法律、法规查处各类违法、违章案件的罚没物品取得的拍卖收入、变价收入作为罚没收入由执罚部门和单位如数上缴财政，不予征税。对经营单位收购罚没物品再销售的应照章征收增值税。（见《财政部、国家税务总局关于罚没物品征免增值税问题的通知》财税字〔1995〕69号）

（4）根据《条例》及其实施细则等有关规定，对体育彩票的发行收入不征增值税。（见《财政部、国家税务总局关于体育彩票发行收入税收问题的通知》财税字〔1996〕77号）

（5）对增值税纳税人收取的会员费收入不征收增值税。（见《财政部、国家税务总局关于增值税若干政策的通知》财税〔2005〕165号）

（6）各燃油电厂从政府财政专户取得的发电补贴不属于规定的价外费用，不计入应税销售额，不征收增值税。（见《国家税务总局关于燃油电厂取得发电补贴有关增值税政策的通知》国税函〔2006〕1235号）

（7）中国移动有限公司内地子公司开展以业务销售附带赠送电信服务业务（包括赠送用户一定业务使用时长、流量或业务使用费额度、赠送有价卡预存款或有价卡）的过程中，其附带赠送的电信服务是无偿提供电信业劳务的行为，不属于营业税征收范围，不征收营业税。

中国移动有限公司内地子公司开展的以业务销售附带赠送实物业务（包括赠送用户SIM卡、手机或有价物品等实物），属于电信单位提供电信业劳务的同时赠送实物的行为，按照现行流转税政策规定，不征收增值税，其进项税额不得予以抵扣；其附带赠送实物的行为是电信单位无偿赠与他人实物的行为，不属于营业税征收范围，不征收营业税。（见《国家税务总局关于中国移动有限公司内地子公司业务销售附带赠送行为征收流转税问题的通知》国税函〔2006〕1278号）

（8）对于海关隔离区内免税店销售免税品以及市内免税店销售但在海关隔离区内提取免税品的行为，不征收增值税。对于免税店销售其他不属于免税品的货物，应照章征收增值税。（见《国家税务总局关于出境口岸免税店有关增值税政策问题的通知》国税函〔2008〕81号）

（9）融资性售后回租业务中承租方出售资产的行为，不属于增值税和营业税征收范围，不征收增值税和营业税。融资性售后回租业务是指承租方以融资为目的将资产出售给经批准从事融资租赁业务的企业后，又将该项资产从该融资租赁企业租回的行为。

融资性售后回租业务中承租方出售资产时，资产所有权以及与资产所有权有关的全部报酬和风险并未完全转移。（见《国家税务总局关于融资性售后回租业务中承租方出售资产行为有关税收问题的公告》总局公告2010年第13号）

（10）纳税人在资产重组过程中，通过合并、分立、出售、置换等方式，将全部或者部分实物资产以及与其相关联的债权、负债和劳动力一并转让给其他单位和个人，包括多次转让后，最终的受让方与劳动力接收方为同一单位和个人的，不属于增值税的征税范围，其中涉及的货物多次转让行为，不征收增值税。（见《国家税务总局关于纳税人资产重组有关增值税问题的公告》总局公告2011年第13号、《国家税务总局关于纳税人资产重组有关增值税问题的公告》总局公告2013年第66号）

（11）纳税人取得的中央财政补贴，不属于增值税应税收入，不征收增值税。（见《国家税务总局关于中央财政补贴增值税有关问题的公告》总局公告2013年第3号）

（12）药品生产企业销售自产创新药的销售额，为向购买方收取的全部价款和价外费用，其提供给患者后续免费使用的相同创新药，不属于增值税视同销售范围。（见《财政部、国家税务总局关于创新药后续免费使用有关增值税政策的通知》财税〔2015〕4号）

3. 增值税和营改增征税范围的划分。

该部分内容是对复杂、特殊经营行为按货物、劳务征收增值税还是属于营改增后按服务、无形资产或不动产征收增值税的界定。由于列举的事项均属于营改增前下发的文件，因此依然保留了原来的表述。需要注意的是，原来征收营业税的项目在全面营改增后亦改为征收增值税，但适用税率可能有所不同。

（1）代购货物行为，凡同时具备以下条件的，不征收增值税；不同时具备以下条件的，无论会计制度规定如何核算，均征收增值税：受托方不垫付资金；销货方将发票开具给委托方，并由受托方将该项发票转交给委托方；受托方按销售方实际收取的销售额和增值税额（如系代理进口货物则为海关代征的增值税额）与委托方结算货款，并另外收取手续费。（见《财政部、国家税务总局关于增值税营业税若干政策规定的通知》财税字〔1994〕26号）

（2）集邮商品的生产、调拨征收增值税。邮政部门、集邮公司销售（包括调拨在内）销售集邮商品，征收营业税；邮政部门以外的其他单位与个人销售集邮商品，征收增值税。邮政部门发行报刊，征收营业税；其他单位和个人发行报刊征收增值税。（见《财政部、国家税务总局关于增值税营业税若干政策规定的通知》财税字〔1994〕26号、《国家税务总局关于印发〈增值税问题解答（之一）〉的通知》国税函发〔1995〕288号）

（3）对纳税人采取技术转让方式销售货物，其货物部分应照章征收增值税；技术转让收入部分征收营业税。如果货物部分价格明显偏低，按有关规定由主管税务机关核定其计税价格。（见《国家税务总局关于专利技术转让过程中销售设备征收增值税问题的批复》国税函〔1998〕361号）

（4）对新华通讯社系统销售印刷品应按照现行增值税政策规定征收增值税；鉴于新华社系统属于非企业性单位，对其销售印刷品可按小规模纳税人的征税办法征收增值税。新华社各分社向当地用户有偿转让新闻信息产品，应由直接向用户收费的单位以其收费全额，按“文化体育业”税目，向所在地主管税务机关缴纳营业税。新闻信息产品，是指新华总社编辑的新闻信息产品，不包括新华社各分社再编辑的新闻信息产品。（见《国家税务总局关于新闻产品征收流转税问题的通知》国税发〔2001〕105号）

（5）燃气公司和生产、销售货物或提供增值税应税劳务的单位，在销售货物或提供增值税应税劳务时，代有关部门向购买方收取的集资费［包括管道煤气集资款（初装费）］、手续费、代收款等，属于增值税价外收费，应征收增值税，不征收营业税。（见《财政部、国家税务总局关于营业税若干政策问题的通知》财税〔2003〕16号）

（6）对商业企业向供货方收取的与商品销售量、销售额无必然联系，且商业企业向供货方提供一定劳务的收入，如进场费、广告促销费、上架费、展示费、管理费等，不属于平销返利，不冲减当期增值税进项税金，应按营业税的适用税目税率征收营业税。（见《国家税务总局关于商业企业向货物供应方收取的部分费用征收流转税问题的通知》国税发〔2004〕136号）

（7）纳税人按照客户要求，为钻井作业提供泥浆和工程技术服务的行为，应按提供泥浆工程劳务项目，照章征收营业税，不征收增值税。“泥浆工程”，是指为钻井作业提供泥浆和工程技术服务的行为。（见《国家税务总局关于纳税人提供泥浆工程劳务征收流转税问题的批复》国税函〔2005〕375号）

（8）对从事热力、电力、燃气、自来水等公用事业的增值税纳税人收取的一次性费用，凡与货物的销售数量有直接关系的，征收增值税；凡与货物的销售数量无直接关系的，不征收增值税。（见《财政部、国家税务总局关于增值税若干政策的通知》财税〔2005〕165号）

（9）单位和个人受托种植植物、饲养动物的行为，应按照营业税“服务业”税目征收营业税，不征收增值税。单位和个人受托种植植物、饲养动物的行为是指，委托方向受托方提供其拥有的植物或动物，受托方提供种植或饲养服务并最终将植物或动物归还给委托方的行为。（见《国家税务总局关于受托种植植物、饲养动物征收流转税问题的通知》国税发〔2007〕17号）

（10）水利工程单位向用户收取的水利工程水费，属于其向用户提供天然水供应服务取得的收入，按照现行流转税政策规定，不征收增值税，应按“服务业”税目征收营业税。（见《国家税务总局关于水利工程水费征收流转税问题的批复》国税函〔2007〕461号）

（11）纳税人销售林木以及销售林木的同时提供林木管护劳务的行为，属于增值税征收范围，应征收增值税。纳税人单独提供林木管护劳务行为属于营业税征收范围，其取得的收入中，属于提供农业机耕、排灌、病虫害防治、植保劳务取得的收入，免征营业税；属于其他收入的，应照章征收营业税。（见《国家税务总局关于林木销售和管护征收流转税问题的通知》国税函〔2008〕212号）

（12）油气田企业为生产原油、天然气、煤层气、页岩气提供的生产性劳务应缴纳增值税。缴纳增值税的生产性劳务仅限于油气田企业间相互提供属于《增值税生产性劳务征税范围注释》内的劳务。油气田企业与非油气田企业之间相互提供的生产性劳务不缴纳增值税。

油气田企业将承包的生产性劳务分包给其他油气田企业或非油气田企业，应当就其总承包额计算缴纳增值税。非油气田企业将承包的生产性劳务分包给油气田企业或其他非油气田企业，其提供的生产性劳务不缴纳增值税。油气田企业分包非油气田企业的生产性劳务，也不缴纳增值税。

生产性劳务是指油气田企业为生产原油、天然气，从地质普查、勘探开发到原油天然气销售的一系列生产过程所发生的劳务。

需要注意的是，油气田企业发生应税行为，适用《营业税改征增值税试点实施办法》规定的增值税税率，不再适用《财政部、国家税务总局关于印发〈油气田企业增值税管理办法〉的通知》（财税〔2009〕8号）规定的增值税税率。（见《财政部、国家税务总局关于印发〈油气田企业增值税管理办法〉的通知》财税〔2009〕8号、《国家税务总局关于油气田企业开发煤层气页岩气增值税有关问题的公告》总局公告2013年第27号）

（13）纳税人转让土地使用权或者销售不动产的同时一并销售的附着于土地或者不动产上的固定资产中，凡属于增值税应税货物的，应按照财税〔2009〕9号文件第二条有关规定，计算缴纳增值税；凡属于不动产的，应按照《营业税暂行条例》“销售不动产”税目计算缴纳营业税。（见《国家税务总局关于纳税人转让土地使用权或者销售不动产同时一并销售附着于土地或者不动产上的固定资产有关税收问题的公告》总局公告2011年第47号）

（14）纳税人提供的矿山爆破、穿孔、表面附着物（包括岩层、土层、沙层等）剥离和清理劳务，以及矿井、巷道构筑劳务，属于营业税应税劳务，应当缴纳营业税。纳税人提供的矿产资源开采、挖掘、切割、破碎、分拣、洗选等劳务，属于增值税应税劳务，应当缴纳增值税。（见《国家税务总局关于纳税人为其他单位和个人开采矿产资源提供劳务有关货物和劳务税问题的公告》总局公告2011年第56号）

（15）旅店业和饮食业纳税人销售非现场消费的食品应当缴纳增值税，不缴纳营业税。旅店业和饮食业纳税人发生上述应税行为，属于不经常发生增值税应税行为，可选择按照小规模纳税人缴纳增值税。（见《国家税务总局关于旅店业和饮食业纳税人销售食品有关税收问题的公告》总局公告2011年第62号、《国家税务总局关于旅店业和饮食业纳税人销售非现场消费食品增值税有关问题的公告》总局公告2013年第17号）

（16）经批准允许从事二手车经销业务的纳税人按照《机动车登记规定》的有关规定，收购二手车时将其办理过户登记到自己名下，销售时再将该二手车过户登记到买家名下的行为，属于《增值税暂行条例》规定的销售货物的行为，应按照现行规定征收增值税。除上述行为以外，纳税人受托代理销售二手车，凡同时具备以下条件的，不征收增值税；不同时具备以下条件的，视同销售征收增值税。

①受托方不向委托方预付货款；

②委托方将《二手车销售统一发票》直接开具给购买方；

③受托方按购买方实际支付的价款和增值税额（如系代理进口销售货物则为海关代征的增值税额）与委托方结算货款，并另外收取手续费。（以上内容见《国家税务总局关于二手车经营业务有关增值税问题的公告》总局公告2012年第23号）

二、纳税人及扣缴义务人

（一）基本规定

1. 纳税人。

凡在中华人民共和国境内销售货物或者加工、修理修配劳务，销售服务、无形资产、不动产以及进口货物的单位和个人，为增值税纳税人。

单位是指企业、行政单位、事业单位、军事单位、社会团体及其他单位。其中企业一般包括国有企业、集体企业、私有企业、公司制企业、外商投资企业、外国企业和其他企业。

个人是指个体工商户及其他个人。其中其他个人主要包括自然人、农村承包经营户以及在我国境内有经营行为的外籍个人等。

进口货物的收货人或办理报关手续的单位和个人，为进口货物的增值税纳税人。（见《国家税务总局、海关总署关于进口货物征收增值税、消费税有关问题的通知》国税发〔1993〕155号）

单位租赁或者承包给其他单位或者个人经营的，以承租人或者承包人为纳税人。实际工作中，确定承租人或承包人为纳税人，基本上以是否独立经营作为判断标准。如果承租或承包经营后有独立的生产、经营权，在财务上独立核算并定期向出租者或发包者上缴租金或承包费的，均应将承租人或承包人作为增值税纳税人。（见《国家税务总局关于增值税几个业务问题的通知》国税发〔1994〕186号）

2. 扣缴义务人。

中华人民共和国境外的单位或者个人在境内提供应税劳务，在境内未设有经营机构的，以其境内代理人为扣缴义务人；在境内没有代理人的，以购买方为扣缴义务人。

（二）纳税人分类

增值税实行凭专用发票抵扣税款的制度，对纳税人会计核算水平有较高要求。但是，现实经济生活中增值税纳税人众多，会计核算水平参差不齐，大量的小微企业、个体工商户和自然人还不具备凭票注明税款抵扣的条件。为了简化小微企业、个体工商户税款计征，减少税收征管漏洞，以会计核算是否健全并能够提供准确税务资料为主要标准，将纳税人划分为一般纳税人和小规模纳税人，分别采取不同的计税和凭证管理办法。

为了便于实际操作，划分纳税人的标准被量化为年应税销售额。年应税销售额，是指纳税人在连续不超过12个月或四个季度的经营期内累计应征增值税销售额，包括纳税申报销售额（包括免税销售额和代开发票销售额）、稽查查补销售额、纳税评估调整销售额。稽查查补销售额和纳税评估调整销售额计入查补税款申报当月（或当季）的销售额，不计入税款所属期销售额。

需要注意的是销售服务、无形资产或者不动产（简称“应税行为”）有扣除项目的纳税人，其应税行为年应税销售额按未扣除之前的销售额计算。纳税人偶然发生的销售无形资产、转让不动产的销售额，不计入应税行为年应税销售额。

1. 小规模纳税人。

自2018年5月1日起，增值税小规模纳税人标准统一为年应征增值税销售额500万元及以下。

小规模纳税人销售货物或者加工、修理修配劳务，销售服务、无形资产、不动产实行简易办法征收增值税，不得抵扣进项税额，一般不得使用增值税专用发票。

需要注意的是，年应税销售额未超过规定标准的纳税人，会计核算健全，能够提供准确税务资料的，可以向主管税务机关申请办理一般纳税人登记。会计核算健全是指能够按照国家统一会计制度规定设置账簿，根据合法、有效凭证核算；能够准确提供税务资料是指能够按照规定如实填报增值税纳税申报表及其他相关资料，并按期进行申报纳税。

下列纳税人不办理一般纳税人登记：

（1）按照政策规定，选择按照小规模纳税人纳税的；

（2）年应税销售额超过规定标准的其他个人。

2. 一般纳税人。

增值税纳税人，年应税销售额超过规定的小规模纳税人标准的，除符合特殊规定外，应当向主管税务机关办理一般纳税人登记。纳税人办理一般纳税人登记的程序如下：

（1）纳税人向主管税务机关填报《增值税一般纳税人登记表》，如实填写固定生产经营场所等信息，并提供税务登记证件；

（2）纳税人填报内容与税务登记信息一致的，主管税务机关当场登记；

（3）纳税人填报内容与税务登记信息不一致，或者不符合填列要求的，税务机关应当场告知纳税人需要补正的内容。

经税务机关核对后退还纳税人留存的《增值税一般纳税人登记表》，可以作为证明纳税人成为增值税一般纳税人的凭据。

纳税人自一般纳税人生效之日（纳税人办理登记的当月1日或者次月1日，由纳税人在办理登记手续时自行选择）起，按照增值税一般计税方法计算应纳税额，并可以按照规定领用增值税专用发票。

纳税人在年应税销售额超过规定标准的月份（或季度）的所属申报期结束后15日内未按规定时限办理相关登记手续的，主管税务机关应当在规定时限结束后5日内制作《税务事项通知书》，告知纳税人应当在5日内向主管税务机关办理相关手续；逾期仍不办理的，次月起按销售额依照增值税税率计算应纳税额，不得抵扣进项税额，直至纳税人办理相关手续为止。

需要注意的是，除国家税务总局另有规定外，纳税人一经认定为一般纳税人后，不得转为小规模纳税人。（以上内容见《增值税一般纳税人登记管理办法》总局令2017年第43号、《国家税务总局关于增值税一般纳税人登记管理若干事项的公告》总局公告2018年第6号、《财政部、税务总局关于统一增值税小规模纳税人标准的通知》财税〔2018〕33号）

（三）一般纳税人辅导期管理

对税收遵从度低的一般纳税人，主管税务机关可以实行纳税辅导期管理，为此，国家税务总局制订了增值税一般纳税人纳税辅导期管理办法。

主管税务机关可以在一定期限内对下列一般纳税人实行纳税辅导期管理：

1. 符合规定的新认定为一般纳税人的小型商贸批发企业。小型商贸批发企业，是指注册资金在80万元（含80万元）以下、职工人数在10人（含10人）以下的批发企业。只从事出口贸易，不需要使用增值税专用发票的企业除外。

2. 国家税务总局规定的其他一般纳税人。其他一般纳税人，是指具有下列情形之一的一般纳税人：

（1）增值税偷税数额占应纳税额的10%以上并且偷税数额在10万元以上的；

（2）骗取出口退税的；

（3）虚开增值税扣税凭证的；

（4）国家税务总局规定的其他情形。

新认定为一般纳税人的小型商贸批发企业实行纳税辅导期管理的期限为3个月；其

他一般纳税人实行纳税辅导期管理的期限为 6 个月。

主管税务机关对辅导期纳税人实行限量限额发售专用发票。辅导期纳税人取得的增值税扣税凭证应当在交叉稽核比对无误后，方可抵扣进项税额。

纳税辅导期内，主管税务机关未发现纳税人存在偷税、逃避追缴欠税、骗取出口退税、抗税或其他需要立案查处的税收违法行为的，从期满的次月起不再实行纳税辅导期管理；主管税务机关发现辅导期纳税人存在偷税、逃避追缴欠税、骗取出口退税、抗税或其他需要立案查处的税收违法行为的，从期满的次月起按照规定重新实行纳税辅导期管理。（以上内容见《国家税务总局关于印发〈增值税一般纳税人纳税辅导期管理办法〉的通知》国税发〔2010〕40 号）

三、税率

增值税税率按照商品流转额的整体税负设计。用全部应税销售额乘以增值税税率，即是该商品在这一环节所负担的全部增值税税额（包括本环节的应纳税额及以前环节的已纳税额）。从全部税额中扣除以前环节已纳的税额就是该商品在本环节新增价值部分所应承担的税额。这种设计税率的方法用公式表示如下：

增值税税率 =（本环节的应纳税额 + 以前环节的已纳税额）÷ 本环节的销售额

这种税率设计方法以及从全部应纳税额中扣除以前环节已纳税额的计税方式，使增值税成为一种全新的流转税。这种流转税制既能保证财政收入，又能彻底消除重复征税。

（一）税率的基本规定

国家在确定增值税税率时，应尽可能减少税率档次，或者说不宜采取过多档次税率。这是由增值税实行税款抵扣的计税方法以及其中性税收的特征所决定的。基于上述原则，实行增值税的国家一般都采用两档至三档税率，最少的只有一档。

由于全面实施营改增，我国增值税设置了一档基本税率和二档低税率，此外还有对出口货物实施的零税率。

1. 纳税人销售货物、劳务、有形动产租赁服务或者进口货物，除另有规定外，税率为 13%。

2. 纳税人销售交通运输服务、邮政服务、基础电信服务、建筑服务、不动产租赁服务，销售不动产，转让土地使用权，税率为 9%。

3. 纳税人销售增值电信服务、金融服务、现代服务（租赁服务除外）、生活服务以及转让无形资产（不含土地使用权），税率为 6%。

4. 纳税人出口货物，税率为零；但是，国务院另有规定的除外。

5. 境内单位和个人跨境销售国务院规定范围内的服务、无形资产，税率为零。

税率的调整，由国务院决定。（以上内容见《财政部、税务总局、海关总署关于深化增值税改革有关政策的公告》财政部、税务总局、海关总署公告 2019 年第 39 号）

需要注意的是，纳税人兼营不同税率的项目，应当分别核算不同税率项目的销售额；未分别核算销售额的，从高适用税率。这是对纳税人未按规定主动履行分别核算不同税率销售额义务所给予的经济惩戒。

（二）适用9%税率的货物范围

为了体现国家的倾斜政策，以促进发展和社会公平，对特殊行业或者特殊纳税人给予照顾。《增值税暂行条例》规定，销售或者进口下列货物，税率为9%：

（1）粮食等农产品、食用植物油、食用盐；

（2）自来水、暖气、冷气、热水、煤气、石油液化气、天然气、二甲醚、沼气、居民用煤炭制品；

（3）图书、报纸、杂志、音像制品、电子出版物；

（4）饲料、化肥、农药、农机、农膜；

（5）国务院规定的其他货物。

适用9%增值税税率的货物简单解释如下：

1. 农产品。农产品，是指种植业、养殖业、林业、牧业、水产业生产的各种植物、动物的初级产品。具体征税范围暂继续按照《财政部、国家税务总局关于印发〈农业产品征税范围注释〉的通知》（财税字〔1995〕52号）及现行相关规定执行，并包括挂面、干姜、姜黄、玉米胚芽、动物骨粒、按照《食品安全国家标准—巴氏杀菌乳》（GB 19645—2010）生产的巴氏杀菌乳、按照《食品安全国家标准—灭菌乳》（GB 25190—2010）生产的灭菌乳。

2. 食用植物油、自来水、暖气、冷气、热水、煤气、石油液化气、天然气、沼气、居民用煤炭制品、图书、报纸、杂志、化肥、农药、农机、农膜。上述货物的具体征税范围暂继续按照《国家税务总局关于印发〈增值税部分货物征税范围注释〉的通知》（国税发〔1993〕151号）及现行相关规定执行，并包括棕榈油、棉籽油、茴油、毛椰子油、核桃油、橄榄油、花椒油、杏仁油、葡萄籽油、牡丹籽油、由石油伴生气加工压缩而成的石油液化气、西气东输项目上游中外合作开采天然气、中小学课本配套产品（包括各种纸制品或图片）、国内印刷企业承印的经新闻出版主管部门批准印刷且采用国际标准书号编序的境外图书、农用水泵、农用柴油机、不带动力的手扶拖拉机、三轮农用运输车、密集型烤房设备、频振式杀虫灯、自动虫情测报灯、黏虫板、卷帘机、农用挖掘机、养鸡设备系列、养猪设备系列产品、动物尸体降解处理机、蔬菜清洗机。

3. 饲料。饲料，是指用于动物饲养的产品或其加工品。具体征税范围按照《国家税务总局关于修订"饲料"注释及加强饲料征免增值税管理问题的通知》（国税发〔1999〕39号）执行，并包括豆粕、宠物饲料、饲用鱼油、矿物质微量元素舔砖、饲料级磷酸二氢钙产品。

4. 音像制品。音像制品，是指正式出版的录有内容的录音带、录像带、唱片、激光唱盘和激光视盘。

5. 电子出版物。电子出版物，是指以数字代码方式，使用计算机应用程序，将图文声像等内容信息编辑加工后存储在具有确定的物理形态的磁、光、电等介质上，通过内嵌在计算机、手机、电子阅读设备、电子显示设备、数字音/视频播放设备、电子游戏机、导航仪以及其他具有类似功能的设备上读取使用，具有交互功能，用以表达思想、普及知识和积累文化的大众传播媒体。载体形态和格式主要包括只读光盘（CD只读光盘CD－ROM、交互式光盘CD－I、照片光盘Photo－CD、高密度只读光盘DVD－

ROM、蓝光只读光盘 HD－DVD ROM 和 BD ROM）、一次写入式光盘（一次写入 CD 光盘 CD－R、一次写入高密度光盘 DVD－R、一次写入蓝光光盘 HD－DVD/R，BD－R）、可擦写光盘（可擦写 CD 光盘 CD－RW、可擦写高密度光盘 DVD－RW、可擦写蓝光光盘 HDDVD－RW 和 BD－RW、磁光盘 MO）、软磁盘（FD）、硬磁盘（HD）、集成电路卡（CF 卡、MD 卡、SM 卡、MMC 卡、RR－MMC 卡、MS 卡、SD 卡、XD 卡、T－F1ash 卡、记忆棒）和各种存储芯片。

6. 二甲醚。二甲醚，是指化学分子式为 CH3OCH3，常温常压下为具有轻微醚香味，易燃、无毒、无腐蚀性的气体。

7. 食用盐。食用盐，是指符合《食用盐》（GB/T 5461－2016）和《食用盐卫生标准》（GB 2721—2003）两项国家标准的食用盐。（以上内容见《财政部、国家税务总局关于简并增值税税率有关政策的通知》财税〔2017〕37 号、《财政部、税务总局关于调整增值税税率的通知》财税〔2018〕32 号）

（三）征收率

增值税的征收率为 3%，全面实施营改增后，增加了一档 5% 的征收率。

1. 小规模纳税人适用 3% 征收率的规定。

小规模纳税人由于会计核算不健全，无法准确核算进项税额和销项税额，在增值税征收管理中，采用简便方法，按照其销售额与规定的征收率计算缴纳增值税，不准许抵扣进项税额，原则上也不允许自行开具增值税专用发票。

（1）小规模纳税人增值税征收率为 3%。征收率的调整，由国务院决定。

（2）小规模纳税人（除其他个人外）销售自己使用过的固定资产，减按 2% 征收率征收增值税。

（3）小规模纳税人销售自己使用过的除固定资产以外的物品，仍按 3% 的征收率征收增值税。

2. 一般纳税人适用 3% 征收率的规定。

按照现行增值税有关规定，对于一般纳税人生产销售的特定货物，确定较低征收率，按简易办法征收增值税，但不得抵扣进项税额。

（1）纳税人销售自己使用过的物品，按下列政策执行：

①一般纳税人销售自己使用过的属于《增值税暂行条例》第十条规定不得抵扣且未抵扣进项税额的固定资产，按简易办法依 3% 征收率减按 2% 征收增值税。

②一般纳税人销售自己使用过的其他固定资产，按照《财政部、国家税务总局关于全国实施增值税转型改革若干问题的通知》（财税〔2008〕170 号）第四条的规定执行。即：

销售自己使用过的 2009 年 1 月 1 日以后购进或者自制的固定资产，按照适用税率征收增值税；

2008 年 12 月 31 日以前未纳入扩大增值税抵扣范围试点的纳税人，销售自己使用过的 2008 年 12 月 31 日以前购进或者自制的固定资产，按照 3% 征收率减按 2% 征收增值税；

2008 年 12 月 31 日以前已纳入扩大增值税抵扣范围试点的纳税人，销售自己使用过的在本地区扩大增值税抵扣范围试点以前购进或者自制的固定资产，按照 3% 征收率减按 2% 征收增值税；销售自己使用过的在本地区扩大增值税抵扣范围试点以后购进或者自制的固定资产，按照适用税率征收增值税。

③一般纳税人销售自己使用过的除固定资产以外的物品，应当按照适用税率征收增值税。

需要注意的是，增值税一般纳税人销售自己使用过的固定资产，属于以下两种情形的，可按简易办法依 3% 征收率减按 2% 征收增值税，除此之外，均要按适用税率计算增值税销项税额。

①纳税人购进或者自制固定资产时为小规模纳税人，登记为一般纳税人后销售该固定资产。

②增值税一般纳税人发生按简易办法征收增值税应税行为，销售其按照规定不得抵扣且未抵扣进项税额的固定资产。

（2）一般纳税人销售旧货，按照简易办法依照 3% 征收率减按 2% 征收增值税。

旧货，是指进入二次流通的具有部分使用价值的货物（含旧汽车、旧摩托车和旧游艇），但不包括自己使用过的物品。

需要注意的是，小规模纳税人销售旧货，减按 2% 征收率征收增值税。

（3）一般纳税人销售货物属于下列情形之一的，暂按简易办法依照 3% 征收率计算缴纳增值税：

①寄售商店代销寄售物品（包括居民个人寄售的物品在内）；

②典当业销售死当物品。

（4）一般纳税人销售自产的下列货物，可选择按照简易办法依照 3% 征收率计算缴纳增值税：

①县级及县级以下小型水力发电单位生产的电力。小型水力发电单位，是指各类投资主体建设的装机容量为 5 万千瓦以下（含 5 万千瓦）的小型水力发电单位。

②建筑用和生产建筑材料所用的砂、土、石料。

③以自己采掘的砂、土、石料或其他矿物连续生产的砖、瓦、石灰（不含黏土实心砖、瓦）。

④用微生物、微生物代谢产物、动物毒素、人或动物的血液或组织制成的生物制品。

⑤自来水。

⑥商品混凝土（仅限于以水泥为原料生产的水泥混凝土）。

一般纳税人选择简易办法计算缴纳增值税后，36 个月内不得变更。

（5）对属于一般纳税人的自来水公司销售自来水按简易办法依照 3% 征收率征收增值税，不得抵扣其购进自来水取得增值税扣税凭证上注明的增值税税款。

上述（3）（4）（5）项一般纳税人销售货物适用或选择简易办法计算缴纳增值税的情形，可自行开具增值税专用发票。（以上内容见《财政部、国家税务总局关于部分货物适用增值税低税率和简易办法征收增值税政策的通知》财税〔2009〕9 号、《国家税务总局关于一般纳税人销售自己使用过的固定资产增值税有关问题的公告》总局公告 2012 年第 1 号、《财政部、国家税务总局关于简并增值税征收率政策的通知》财税〔2014〕57 号）

需要注意的是，上述一般纳税人销售自己使用过的固定资产，凡依 3% 征收率减按

2% 征收增值税的；小规模纳税人销售自己使用过的固定资产，以及纳税人销售旧货的，应当开具普通发票，不得自行开具或者由税务机关代开增值税专用发票。但纳税人销售自己使用过的固定资产，适用简易办法依照 3% 征收率减按 2% 征收增值税政策的，可以放弃减税，按照简易办法依照 3% 征收率缴纳增值税，并可以开具增值税专用发票。（见《国家税务总局关于增值税简易征收政策有关管理问题的通知》国税函〔2009〕90 号、《国家税务总局关于营业税改征增值税试点期间有关增值税问题的公告》总局公告 2015 年第 90 号）

（6）其他有关一般纳税人征收率的规定。

①人体血液的增值税适用税率为 17%（2019 年 4 月 1 日后为 13%）。属于增值税一般纳税人的单采血浆站销售非临床用人体血液，可以按照简易办法依照 3% 征收率计算应纳税额，但不得对外开具增值税专用发票；也可以按照销项税额抵扣进项税额的办法依照增值税适用税率计算应纳税额。纳税人选择计算缴纳增值税的办法后，36 个月内不得变更。（见《国家税务总局关于供应非临床用血增值税政策问题的批复》国税函〔2009〕456 号）

②属于增值税一般纳税人的药品经营企业（获准从事生物制品批发、零售）销售生物制品，可以选择简易办法按照生物制品销售额和 3% 的征收率计算缴纳增值税。属于增值税一般纳税人的药品经营企业销售生物制品，选择简易办法计算缴纳增值税的，36 个月内不得变更计税方法。（见《国家税务总局关于药品经营企业销售生物制品有关增值税问题的公告》总局公告 2012 年第 20 号）

③固定业户（指增值税一般纳税人）临时到外省、市销售货物的，必须向经营地税务机关出示“外出经营活动税收管理证明”回原地纳税，需要向购货方开具专用发票的，亦回原地补开。对未持“外出经营活动税收管理证明”的，经营地税务机关按 3% 的征收率征税。对擅自携票外出，在经营地开具专用发票的，经营地主管税务机关根据发票管理的有关法规予以处罚并将其携带的专用发票逐联注明“违章使用作废”字样。（见《国家税务总局关于固定业户临时外出经营有关增值税专用发票管理问题的通知》国税发〔1995〕87 号）

需要注意的是，上述规定的征收率均已按《国家税务总局关于简并增值税征收率有关问题的公告》（总局公告 2014 年第 36 号）进行了调整；根据《国家税务总局关于创新跨区域涉税事项报验管理制度的通知》（税总发〔2017〕103 号）规定，“外出经营活动税收管理证明”已更名为“跨区域涉税事项报验管理”。

④属于增值税一般纳税人的兽用药品批发和零售企业销售兽用生物制品，可以选择简易办法按照兽用生物制品销售额和 3% 的征收率计算缴纳增值税。属于增值税一般纳税人的兽用药品经营企业销售兽用生物制品，选择简易办法计算缴纳增值税的，36 个月内不得变更计税方法。（见《国家税务总局关于兽用药品经营企业销售兽用生物制品有关增值税问题的公告》总局公告 2016 年第 8 号）

⑤自 2018 年 5 月 1 日起，增值税一般纳税人生产销售和批发、零售抗癌药品，可选择按照简易办法依照 3% 征收率计算缴纳增值税。上述纳税人选择简易办法计算缴纳增值税后，36 个月内不得变更。（见《财政部、海关总署、税务总局、国家药品监督管理局关于抗癌药品增值税政策的通知》财税〔2018〕47 号）

⑥自 2019 年 3 月 1 日起，增值税一般纳税人生产销售和批发、零售罕见病药品，可选择按照简易办法依照 3% 征收率计算缴纳增值税。上述纳税人选择简易办法计算缴纳增值税后，36 个月内不得变更。自 2019 年 3 月 1 日起，对进口罕见病药品，减按

3%征收进口环节增值税。所称罕见病药品，是指经国家药品监督管理部门批准注册的罕见病药品制剂及原料药。（见《财政部、海关总署、税务总局、药监局关于罕见病药品增值税政策的通知》财税〔2019〕24号）

四、销项税额

增值税以增值额为课税对象，以销售额为计税依据。

对于任何一个一般纳税人而言，在其经营过程中，都会同时以卖方和买方的身份存在，既会发生销售货物、劳务、服务、无形资产、不动产（统称应税销售行为），又会发生购进货物、劳务、服务、无形资产、不动产，因此，每一个增值税一般纳税人都会有收取的销项税额和支付的进项税额。增值税一般纳税人当期应纳增值税额采用购进扣除法计算，即以当期的销项税额扣除当期进项税额，其余额为应纳增值税额。可见，增值税一般纳税人应纳税额的大小取决于销项税额和进项税额两个因素。

（一）销项税额的概念

纳税人发生应税销售行为，按照销售额和规定的税率计算并向购买方收取的增值税额为销项税额。这一概念包含两层含义，一是销项税额是计算出来的，对销售方来讲，在没有依法抵扣其进项税额前，销项税额不是其增值税应纳税额，而是应税销售行为的整体税负；二是销售额是不含销项税额的销售额，销项税额是从购买方收取的，体现了价外税性质。

销项税额是发生应税销售行为取得的销售额与税率的乘积，是相对于进项税额而言的，定义销项税额是为了区别于应纳税额。其计算公式如下：

销项税额 = 销售额 × 税率

或：　　销项税额 = 组成计税价格 × 税率

（二）销项税额的确定

销项税额等于销售额乘以税率。在增值税税率一定的情况下，计算销项税额的关键在于正确、合理地确定销售额。

1. 正常情况下的销售额。

销售额是计算销项税额的基础，是增值税的计税依据。《条例》规定，销售额为纳税人发生应税销售行为向购买方收取的全部价款和价外费用，但是不包括收取的销项税额。具体说，确定销售额应注意以下事项：

（1）价款，是指购销合同约定的价格金额，根据成本和利润而确定的货物价格。

（2）价外费用，包括价外向购买方收取的手续费、补贴、基金、集资费、返还利润、奖励费、违约金、滞纳金、延期付款利息、赔偿金、代收款项、代垫款项、包装费、包装物租金、储备费、优质费、运输装卸费以及其他各种性质的价外收费。但下列项目不包括在内：

①受托加工应征消费税的消费品所代收代缴的消费税。这是因为代收代缴消费税只是受托方履行法定扣缴义务的一种行为，该项税金是委托方委托加工货物成本的一部分，同受托方的加工业务及其收取的加工费没有内在关联。

②同时符合以下条件的代垫运输费用：一是承运部门的运输费用发票开具给购买方；二是纳税人将该项发票转交给购买方。在这种情况下，纳税人仅仅是为购货人代办运输业务，而未从中收取额外费用。

③同时符合以下条件代为收取的政府性基金或者行政事业性收费：一是由国务院或者财政部批准设立的政府性基金，由国务院或者省级人民政府及其财政、价格主管部门批准设立的行政事业性收费；二是收取时开具省级以上财政部门印制的财政票据；三是所收款项全额上缴财政。政府性基金和行政事业性收费是财政资金的来源之一，与税收一样，均构成我国政府的财政收入，对其征税没有实际意义。

④销售货物（一般为汽车）的同时代办保险等而向购买方收取的保险费，以及向购买方收取的代购买方缴纳的车辆购置税、车辆牌照费。

根据《增值税暂行条例实施细则》的规定，不征收增值税的价外费用只限于上述列举的四项，除此之外各种性质的价外收费，凡是纳税人随同应税销售行为向购买方收取的，无论其财务会计如何核算，均应并入销售额计算销项税额。这样规定，目的是避免纳税人肢解增值税税基，形成征管漏洞。

需要注意的是，纳税人向购买方收取的价外费用，视为含税收入，应将其换算为不含税收入再并入销售额计税。

（3）销售额不包括收取的销项税额。增值税属于价外税，销项税额是纳税人代国家向购买方收取的税款，所以不应包含在销售额内。

（4）消费税税金。由于消费税属于价内税，因此，凡征收消费税的货物在计征增值税时，其应税销售额应包括消费税税金。

（5）销售额以人民币计算。纳税人以人民币以外的货币结算销售额的，应当折合成人民币计算。纳税人按人民币以外的货币结算销售额的，其销售额的人民币折合率可以选择销售额发生的当天或者当月 1 日的人民币汇率中间价。纳税人应在事先确定采用何种折合率，确定后 1 年内不得变更。

2. 价税合并收取的销售额。

现行增值税实行价外税，即纳税人发生应税销售行为向购买方所收取的价款中不应包含增值税税款，价款和税款在增值税专用发票上分别注明。根据《增值税暂行条例》规定，有些一般纳税人，应税销售行为针对消费者个人或适用免税规定的，以及小规模纳税人发生应税销售行为，只能开具普通发票，而不得开具增值税专用发票。这样，一部分纳税人在发生应税销售行为时，就会将价款和税款合并，买卖双方按含税价结算，发生销售额和销项税额（或应纳税额）合并收取的情况。这种情况下，就必须将开具在普通发票上的含税销售额换算成不含税销售额，作为增值税的税基，计算缴纳增值税。

①一般纳税人发生应税销售行为，采用销售额和销项税额合并定价方法的，按下列公式计算销售额：

$$销售额 = 含税销售额 \div (1 + 税率)$$

需要注意的是，如果一般纳税人适用按照简易办法征收增值税（包括依 3% 征收率减按 2% 征收）政策的，按下列公式确定销售额：

销售额 = 含税销售额 ÷ (1 + 征收率)

②小规模纳税人发生应税销售行为采用销售额和应纳税额合并定价方法的，按下列公式计算销售额：

销售额 = 含税销售额 ÷ (1 + 征收率)

3. 核定销售额。

视同销售行为是《增值税暂行条例》规定的特殊销售行为。增值税视同销售征税的行为中，有些行为在纳税人之间是不以资金形式反映的，也就是我们所称的无销售额。另外，增值税是从价计征的，在经济活动中可能出现纳税人之间为了共同的目的，相互压低价格，以达到互惠或减少纳税目的，税法应对经济活动中这种避税情形采取对策。因此《增值税暂行条例》及其实施细则规定，纳税人发生应税销售行为的价格明显偏低并无正当理由或者有视同应税销售行为而无销售额者，由主管税务机关按下列顺序核定其销售额。

（1）按纳税人最近时期同类货物的平均销售价格确定；

（2）按其他纳税人最近时期同类货物的平均销售价格确定；

（3）按组成计税价格确定。组成计税价格的公式如下：

组成计税价格 = 成本 × (1 + 成本利润率)

属于应征消费税的货物，其组成计税价格中应加计消费税额。其计算公式如下：

组成计税价格 = 成本 × (1 + 成本利润率) + 消费税税额

如果是从价定率征收的应征消费税货物，该公式可以调整为：

组成计税价格 = 成本 × (1 + 成本利润率) ÷ (1 − 消费税税率)

如果是复合计税的应征消费税货物，该公式可以调整为：

组成计税价格 = [成本 × (1 + 成本利润率) + 自产自用数量 × 消费税定额税率] ÷ (1 − 消费税比例税率)

公式中的成本，如果销售的是自产货物为实际生产成本，销售的是外购货物为实际采购成本。

公式中的成本利润率由国家税务总局确定。目前属于其组价公式中的成本利润率为10%。但属于应从价定率征收消费税的货物，其组价公式中的成本利润率，为《消费税若干具体问题的规定》（国税发〔1993〕156号）和《财政部、国家税务总局关于调整和完善消费税政策的通知》（财税〔2006〕33号）中规定的成本利润率。（见《国家税务总局关于印发〈增值税若干具体问题的规定〉的通知》国税发〔1993〕154号）

4. 特殊销售方式的销售额。

在市场竞争过程中，纳税人会采取某些特殊、灵活的销售方式销售货物，以求扩大销售、占领市场、谋求最大利益。

（1）以折扣方式销售货物。折扣销售又称商业折扣，是指销售方在销售货物或提供应税劳务时，为促进销售而在价格上给予的价格扣除。纳税人采取折扣方式销售货物，如果销售额和折扣额在同一张发票上分别注明的，可按折扣后的销售额征收增值税。销售额和折扣额在同一张发票上分别注明是指销售额和折扣额在同一张发票上的"金额"栏分别注明，未在同一张发票"金额"栏注明折扣额，而仅在发票的"备注"

栏注明折扣额的，折扣额不得从销售额中减除。如果将折扣额另开发票，不论其在财务上如何处理，均不得从销售额中减除折扣额。（见《国家税务总局关于印发〈增值税若干具体问题的规定〉的通知》国税发〔1993〕154号、《国家税务总局关于折扣额抵减增值税应税销售额问题通知》国税函〔2010〕56号）

为了正确理解折扣销售，还要注意其与销售折扣和销售折让的区别：销售折扣又称现金折扣，是指企业为了鼓励购货方在规定的期限内支付货款而提供的债务扣除。销售折扣发生在销货之后，而折扣销售则与销售同时发生。会计上，销货方实际发生的销售折扣计入财务费用，计算增值税时不得从销售额中减除。

销售折让，是指企业销售的货物由于品种、规格、质量不符合要求等原因，在未予退货状况下在售价上给予的减让。一般纳税人发生应税销售行为，开具增值税专用发票后，发生销售货物折让情形，按规定开具红字增值税专用发票的，增值税额允许从销项税额中扣减。

（2）以旧换新方式销售。以旧换新销售，是指纳税人在销售过程中，折价收回同类旧货物，并以折价款部分冲减货物价款的一种销售方式。按规定，纳税人采取以旧换新方式销售货物，应按新货物的同期销售价格确定销售额。（见《国家税务总局关于印发〈增值税若干具体问题的规定〉的通知》国税发〔1993〕154号）

需要注意的是，考虑到金银首饰以旧换新业务的特殊情况，对金银首饰以旧换新业务，可以按销售方实际收取的不含增值税的全部价款征收增值税。（见《财政部、国家税务总局关于金银首饰等货物征收增值税问题的通知》财税字〔1996〕74号）

（3）还本方式销售。还本销售，是指销货方将货物出售之后，按约定的时间，一次或分次将部分或全部购货款退还给购货方。这种销售方式实际上是一种筹资行为，是以货物换取资金，到期还本不付息。按规定，纳税人采取还本销售方式销售货物，不得从销售额中减除还本支出。（见《国家税务总局关于印发〈增值税若干具体问题的规定〉的通知》国税发〔1993〕154号）

（4）采取以物易物方式销售。以物易物是一种较为特殊的购销活动，是指购销双方不是以货币结算，而是以同等价款的货物相互结算，实现货物购销的一种方式。实际工作中，以物易物双方均应作购销处理，以各自发出的货物核算销售额并计算销项税额，以各自收到的货物核算购货额及进项税额。需要强调的是，在以物易物活动中，双方应各自开具合法的票据，必须计算销项税额，但如果收到的货物不能取得相应的增值税专用发票或者其他增值税扣税凭证，不得抵扣进项税额。

（5）直销方式销售货物。直销企业的经营模式主要有两种：一是直销员按照批发价向直销企业购进货物，再按零售价向消费者销售货物。二是直销员仅起到中介作用，直销企业按照零售价格向直销员介绍的消费者销售货物，并另外向直销员支付报酬。与此相对应，直销形式的销售额按以下两种方式确定：

直销企业先将货物销售给直销员，直销员再将货物销售给消费者的，直销企业的销售额为其向直销员收取的全部价款和价外费用。直销员将货物销售给消费者时，应按照现行规定缴纳增值税。直销企业通过直销员向消费者销售货物，直接向消费者收取货款，直销企业的销售额为其向消费者收取的全部价款和价外费用。（见《国家税务总局关于直销企业增值税销售额确定有关问题的公告》总局公告2013年第5号）

（6）收取包装物押金的销售。包装物是指纳税人包装本单位货物的各种物品。为了促使购货方尽早退回包装物以便周转使用，一般情况下，销货方向购货方收取包装物押金，购货方在规定的期间内返回包装物，销货方再将收取的包装物押金返还。

纳税人为销售货物而出租出借包装物收取的押金，单独记账核算的，不并入销售额征税。但对因逾期未收回包装物不再退还的押金，应按所包装货物的适用税率征收增值税。逾期是指纳税人为销售货物出租出借包装物而收取的押金，超过合同约定期限未退还，或者虽未超过合同约定期限，但超过1年（含1年）以上仍不退还的。（见《国家税务总局关于印发〈增值税若干具体问题的规定〉的通知》国税发〔1993〕154号、《国家税务总局关于取消包装物押金逾期期限审批后有关问题的通知》国税函〔2004〕827号）

此外，对增值税一般纳税人（包括纳税人自己或代其他部门）向购买方收取的逾期包装物押金，应视为含税收入，在征税时换算成不含税收入并入销售额计征增值税。（见《国家税务总局关于增值税若干征管问题的通知》国税发〔1996〕155号）

需要注意的是，对销售除啤酒、黄酒外的其他酒类产品而收取的包装物押金，无论是否返还以及会计上如何核算，均应并入当期销售额征税。（见《国家税务总局关于加强增值税征收管理若干问题的通知》国税发〔1995〕192号）

5. 其他有关销售额的规定。

（1）对出版单位委托发行图书、报刊等支付给发行单位的经销手续费，在征收增值税时按“折扣销售”的有关规定办理，如果销售额和支付的经销手续费在同一发票上分别注明的，可按减除经销手续费后的销售额征收增值税；如果经销手续费不在同一发票上注明，另外开具发票，不论其在财务上如何处理，均不得从销售额中减除经销手续费。（见《国家税务总局关于印发〈增值税问题解答（之一）〉的通知》国税函发〔1995〕288号）

（2）公司收取未退还的经营保证金，属于经销商因违约而承担的违约金，应当征收增值税；对其已退还的经营保证金，不属于价外费用，不征收增值税。（见《国家税务总局关于对福建雪津啤酒有限公司收取经营保证金征收增值税问题的批复》国税函〔2004〕416号）

五、进项税额

纳税人购进货物、劳务、服务、无形资产、不动产，所支付或者负担的增值税额为进项税额。进项税额与销项税额是相互对应的两个增值税上的概念，在购销业务中，对于销货方而言，在收回货款的同时，收回销项税额；对于购货方而言，在支付货款的同时，支付进项税额。也就是说，销货方收取的销项税额就是购货方支付的进项税额。

需要注意的是，并不是购进货物、劳务、服务、无形资产、不动产所支付或者负担的增值税都可以在销项税额中抵扣，《增值税暂行条例》对哪些进项税额可以抵扣、哪些进项税额不能抵扣做了严格规定。

一般而言，准予抵扣的进项税额分为两种情形，一是凭票抵扣，即进项税额体现支付或者负担的增值税额，直接在销货方开具的增值税专用发票或海关增值税专用缴款书上注明的税额，不需要计算；二是计算抵扣，即购进某些货物时，其允许抵扣的进项税额根据支付金额和法定的扣除率计算，主要指收购免税农产品。

1. 准予抵扣的进项税额。

下列进项税额准予从销项税额中抵扣：

（1）从销售方取得的增值税专用发票上注明的增值税额。

（2）从海关取得的海关进口增值税专用缴款书上注明的增值税额。

这是最为常见的两种增值税抵扣情形。一般纳税人在购进（或进口）货物、劳务、服务、无形资产、不动产时，从销售方取得的增值税专用发票或从海关取得的进口增值税专用缴款书上已注明的增值税税额，就是允许抵扣的进项税额，不需要纳税人另行计算。

（3）购进农产品，除取得增值税专用发票或者海关进口增值税专用缴款书上注明的增值税额外，从按照简易计税方法依照3%征收率计算缴纳增值税的小规模纳税人取得增值税专用发票以及取得（开具）农产品销售发票或收购发票的，以发票上注明的农产品买价和9%的扣除率计算的进项税额。进项税额计算公式如下：

进项税额 = 买价 × 扣除率

买价，包括纳税人购进农产品在农产品收购发票或者销售发票上注明的价款和按规定缴纳的烟叶税。收购发票或者销售发票，是经税务机关认可的正式票据，其中收购发票是购买方向农业生产者开具的，销售发票则是农业生产者向购买方开具的。

烟叶收购单位收购烟叶时按照国家有关规定以现金形式直接补贴烟农的生产投入补贴（简称价外补贴），属于农产品买价，为上述农产品发票上注明的“价款”的一部分。烟叶收购单位，应将价外补贴与烟叶收购价格在同一张农产品收购发票或者销售发票上分别注明，否则，价外补贴不得计算增值税进项税额进行抵扣。（见《财政部、国家税务总局关于收购烟叶支付的价外补贴进项税额抵扣问题的通知》财税〔2011〕21号）

需要注意的是，为了稳定税负，营业税改征增值税试点期间，纳税人购进用于生产销售或委托加工13%税率货物的农产品维持原扣除力度不变。即继续按10%的扣除率计算进项税额扣除。（见《财政部、国家税务总局关于简并增值税税率有关政策的通知》财税〔2017〕37号、《财政部、税务总局、海关总署关于深化增值税改革有关政策的公告》财政部、税务总局、海关总署公告2019年第39号）

（4）自境外单位或者个人购进劳务、服务、无形资产或者境内的不动产，从税务机关或者扣缴义务人取得的代扣代缴税款的完税凭证上注明的增值税额。完税凭证包括《税收缴款书》和《税收完税证明》两种票证。

2. 不得抵扣的进项税额。

（1）纳税人发生应税销售行为，取得的增值税扣税凭证不符合法律、行政法规或者国务院税务主管部门有关规定的，其进项税额不得从销项税额中抵扣。这里所称的增值税扣税凭证，是指增值税专用发票、海关进口增值税专用缴款书、农产品收购（销售）发票和完税凭证。

（2）有下列情形之一者，应按销售额依照增值税税率计算应纳税额，不得抵扣进项税额，也不得使用增值税专用发票：

①一般纳税人会计核算不健全，或者不能够提供准确税务资料的；

②除另有规定外，纳税人销售额超过小规模纳税人标准，未申请办理一般纳税人登记手续的。

这是一项带有惩罚性质的措施，目的在于防止纳税人利用一般纳税人和小规模纳税人两种不同的征税办法少缴税款。

需要注意的是，上述所称的不得抵扣进项税额是指纳税人在停止抵扣进项税额期间发生的全部进项税额，包括在停止抵扣期间取得的进项税额、上期留抵税额以及经批准允许抵扣的期初存货已征税款。纳税人经税务机关核准恢复抵扣进项税额资格后，其在停止抵扣进项税额期间发生的全部进项税额不得抵扣。（见《国家税务总局关于增值税一般纳税人恢复抵扣进项税额资格后有关问题的批复》国税函〔2000〕584号）

（3）用于简易计税方法计税项目、免征增值税项目、集体福利或者个人消费的购进货物、劳务、服务、无形资产和不动产。

购进固定资产、无形资产、不动产，仅指专用于上述项目的固定资产、无形资产（不包括其他权益性无形资产）、不动产。也就是说，该固定资产、无形资产、不动产只要是用于增值税应税项目的，即便它还用于其他方面，其全部进项税额也可以抵扣。

固定资产，是指使用期限超过12个月的机器、机械、运输工具以及其他与生产经营有关的设备、工具、器具等有形动产。

无形资产，是指技术、商标、著作权、商誉、自然资源使用权等不具有实物形态但能带来经济利益的资产。

不动产是指建筑物、构筑物等不能移动或者移动后会引起性质、形状改变的财产。

需要注意的是，交际应酬消费不属于生产经营中的生产性投入和支出，是一种生活性消费活动，因此纳税人的交际应酬消费属于个人消费，其对应的进项税额不能抵扣。

（4）非正常损失的购进货物，以及相关的劳务和交通运输服务。

非正常损失，是指因管理不善造成货物被盗、丢失、霉烂变质，以及因违反法律法规造成货物或者不动产被依法没收、销毁、拆除的情形。由地震、台风、海啸等不可抗力造成的货物损毁形成的物质损失，其进项税额允许抵扣。

（5）非正常损失的在产品、产成品所耗用的购进货物（不包括固定资产）、劳务和交通运输服务。

在产品，是指仍处于生产过程中的产品，与产成品对应，包括正在各个生产工序加工的产品和已经加工完毕但尚未检验或已检验但尚未办理入库手续的产品；产成品，是指已经完成全部生产过程并验收入库，可以按照合同规定的条件送交订货单位，或者可以作为商品对外销售的产品。

（6）国务院规定的其他项目。

需要注意的是，原增值税一般纳税人自用的应征消费税的摩托车、汽车、游艇，其进项税额准予从销项税额中抵扣。（见《财政部、国家税务总局关于全面推开营业税改征增值税试点的通知》财税〔2016〕36号附件2）

上述不得抵扣进项税额的法理如下：

一是违反增值税凭票抵扣规定的，不能抵扣进项税额。比如增值税扣税凭证不符合规定；一般纳税人会计核算不健全，不能提供准确税务资料；应当办理而未办理一般纳税人登记手续。

二是采用简易征税方法计算增值税的，不能抵扣进项税额。因为简易计税方法采用的征收率是根据增值税多档税率的税收负担水平设计的，与一般纳税人税收负担基本一致，因此从公平税负角度考虑不宜再抵扣进项税额。

三是增值税抵扣链条中断的，不能抵扣进项税额。如用于免征增值税项目、集体福利或者个人消费以及非正常损失的购进货物、非正常损失的在产品、产成品所耗用的购进货物等，由于不能产生销项税额，因此抵扣链条中断，相应的进项税额也不允许抵扣。

3. 不得抵扣进项税额的划分、确定。

（1）一般纳税人兼营免税项目而无法划分不得抵扣的进项税额的，按下列公式计算不得抵扣的进项税额：

不得抵扣的进项税额 = 当月无法划分的全部进项税额 × 当月免税项目销售额 ÷ 当月全部销售额

对由于纳税人月度之间购销不均衡，按上述公式计算出现不得抵扣的进项税额不实的现象，税务机关可采取按年度清算的办法，即：年末按当年的有关数据计算当年不得抵扣的进项税额，对月度计算的数据进行调整。（见《国家税务总局关于印发〈增值税问题解答（之一）〉的通知》国税函发〔1995〕288 号）

（2）已抵扣进项税额的购进货物或者应税劳务，发生《条例》第十条规定的情形的，应当将该项购进货物或者应税劳务的进项税额从当期的进项税额中扣减；无法确定该项进项税额的，按当期实际成本计算应扣减的进项税额。即扣减进项税额的计算依据不是按该货物或应税劳务的原进价，而是按当期该货物或应税劳务的实际成本计算。

本项规定针对的是已经抵扣进项税额因改变用途出现不得抵扣情形而需要转出进项税额的规定，不包括尚未抵扣进项税额的用于免税项目，其进项税额应按照上述第（1）项规定适用换算公式来扣减进项税额，而不能按照实际成本来扣减。

4. 固定资产（不含不动产）进项税额的抵扣规定。

（1）纳税人已抵扣进项税额的固定资产发生《条例》第十条所列不得抵扣进项税额情形的，应在当月按下列公式计算不得抵扣的进项税额：

不得抵扣的进项税额 = 固定资产净值 × 适用税率

（2）纳税人发生《增值税暂行条例实施细则》第四条规定的固定资产视同销售行为，对已使用过的固定资产无法确定销售额的，以固定资产净值为销售额。

上述所称已使用过的固定资产，是指纳税人根据财务会计制度已经计提折旧的固定资产；所称固定资产净值，是指纳税人按照财务会计制度计提折旧后计算的固定资产净值。

5. 其他不得抵扣进项税额的规定。

（1）免税货物恢复征税后，其免税期间外购的货物，一律不得作为当期进项税额抵扣。恢复征税后收到的该项货物免税期间的增值税专用发票，应当从当期进项税额中剔除。（见《国家税务总局关于增值税若干征管问题的通知》国税发〔1996〕155 号）

（2）按照现行增值税的有关规定，准予从销项税额中抵扣的进项税额，必须是取得合法的增值税扣税凭证上注明的增值税额。因此，对与周边国家易货贸易进口环节减征的增值税税款，不能作为下一道环节的进项税金抵扣。（见《国家税务总局关于易货贸易进口环节减征的增值税税款抵扣问题的通知》国税函〔1996〕550 号）

（3）纳税人采用账外经营手段进行偷税，其取得的账外经营部分防伪税控专用发票，未按规定的时限进行认证，或者未在认证通过的当月按照增值税有关规定核算当期进项税额并申报抵扣，因此，不得抵扣其账外经营部分的销项税额。（见《国家税务总局关于增值税一般纳税人取得的账外经营部分防伪税控增值税专用发票进项税额抵扣问题的批复》国税函〔2005〕763号）

（4）原增值税一般纳税人兼有销售服务、无形资产或者不动产的，截止到纳入营改增试点之日前的增值税期末留抵税额，不得从销售服务、无形资产或者不动产的销项税额中抵扣。（见《财政部、国家税务总局关于全面推开营业税改征增值税试点的通知》财税〔2016〕36号附件2）

（5）纳税人购进货物或应税劳务，支付运输费用，所支付款项的单位，必须与开具抵扣凭证的销货单位、提供劳务的单位一致，才能够申报抵扣进项税额，否则不予抵扣。（见《国家税务总局关于加强增值税征收管理若干问题的通知》国税发〔1995〕192号）

需要注意的是，对各分公司购买货物从供应商取得的增值税专用发票，由总公司统一支付货款，造成购进货物的实际付款单位与发票上注明的购货单位名称不一致的，不属于国税发〔1995〕192号文件第一条第（三）款有关规定的情形，允许其抵扣增值税进项税额。（见《国家税务总局关于诺基亚公司实行统一结算方式增值税进项税额抵扣问题的批复》国税函〔2006〕1211号）

六、应纳税额

增值税的计税方法分为直接计算法和间接计算法两种类型。

直接计算法，是指首先计算出应税销售行为的增值额，然后用增值额乘以适用税率求出应纳税额。直接计算法按计算增值额的不同，又可分为加法和减法。

间接计算法，是指不直接根据增值额计算增值税，而是首先计算出应税销售行为的整体税负，然后从整体税负中扣除法定的外购项目已纳税款。由于这种方法是以外购项目的实际已纳税额为依据，所以又叫购进扣税法或发票扣税法。这种方法简便易行，计算准确，既适用单一税率，又适用多档税率，因此，是实行增值税的国家普遍采用的计税方法。

我国增值税的计税方法是以每一生产经营环节上发生的销售额为计税依据，然后按规定税率计算出销项税额，同时通过税款抵扣方式将外购项目在以前环节已纳的进项税额予以扣除。对于不适宜采用扣税办法征税的小规模纳税人，则采取简易计税方法计税。

（一）一般计税方法应纳税额的计算

增值税一般纳税人的应纳税额为当期销项税额抵扣当期进项税额后的余额。其应纳税额计算公式如下：

应纳税额 = 当期销项税额 − 当期进项税额

1. 销项税额和进项税额确认或抵扣的时间规定。

增值税纳税人发生应税销售行为后，什么时间计算销项税额，关系到当期实现多少应纳税额。关于销项税额的确定时间，原则是不得滞后，《条例》对此有明确规定。即发生应税销售行为，为收讫销售款项或者取得索取销售款项凭据的当天；先开具发票的，为开具发票的当天。具体确定销项税额的时间详见本章第三节中“纳税义务发生时间”部分。

进项税额是纳税人购进货物、劳务、服务、无形资产、不动产所支付或负担的增值税额，进项税额的大小，同样直接影响纳税人应纳税额的多少，而进项税额抵扣时间，则影响纳税人不同纳税期应纳税额。关于进项税额的抵扣时间，原则是抵扣不得提前。国家税务总局对增值税扣税凭证抵扣期限作了如下规定：

（1）自2017年7月1日起，增值税一般纳税人取得的2017年7月1日及以后开具的增值税专用发票和机动车销售统一发票，应自开具之日起360日内认证或登录增值税发票选择确认平台进行确认，并在规定的纳税申报期内，向主管税务机关申报抵扣进项税额。

（2）增值税一般纳税人取得的2017年7月1日及以后开具的海关进口增值税专用缴款书，应自开具之日起360日内向主管税务机关报送《海关完税凭证抵扣清单》，申请稽核比对。

纳税人取得的2017年6月30日前开具的增值税扣税凭证，仍按国税函〔2009〕617号文件执行。（以上内容见《国家税务总局关于进一步明确营改增有关征管问题的公告》总局公告2017年第11号）

（3）一般纳税人取得2010年1月1日以后开具的增值税专用发票、机动车销售统一发票以及海关进口增值税专用缴款书，未在规定期限内到税务机关办理认证、申报抵扣或者申请稽核比对的，不得作为合法的增值税扣税凭证，不得计算进项税额抵扣。（见《国家税务总局关于调整增值税扣税凭证抵扣期限有关问题的通知》国税函〔2009〕617号）

需要注意的是，上述规定是正常情形下的抵扣认证期限，根据《国家税务总局关于逾期增值税扣税凭证抵扣问题的公告》（总局公告2011年第50号）的规定，一般纳税人增值税扣税凭证属于发生真实交易但由于客观原因未按期申报抵扣进项税额的可以继续抵扣。

（4）一般纳税人丢失已开具的增值税专用发票，应在上述第（1）条规定期限内，按照《国家税务总局关于简化增值税发票领用和使用程序有关问题的公告》总局公告2014年第19号相关规定办理。具体内容见本章第四节。（见《国家税务总局关于调整增值税扣税凭证抵扣期限有关问题的通知》国税函〔2009〕617号）

一般纳税人丢失海关缴款书，应在上述第（2）条规定期限内，凭报关地海关出具的相关已完税证明，向主管税务机关提出抵扣申请。主管税务机关受理申请后，应当进行审核，并将纳税人提供的海关缴款书电子数据纳入稽核系统进行比对。稽核比对无误后，方可允许计算进项税额抵扣。（见《国家税务总局、海关总署关于实行海关进口增值税专用缴款书"先比对后抵扣"管理办法有关问题的公告》税务总局、海关总署公告2013年第31号）

（5）增值税一般纳税人认证通过的防伪税控系统开具的增值税专用发票，应在认证通过的当月按照增值税有关规定核算当期进项税额并申报抵扣，否则不予抵扣进项税额。（见《国家税务总局关于增值税一般纳税人取得防伪税控系统开具的增值税专用发票进项税额抵扣问题的通知》国税发〔2003〕17号）

（6）对稽核比对结果为相符的海关缴款书，纳税人应在税务机关提供稽核比对结果的当月纳税申报期内申报抵扣，逾期的其进项税额不予抵扣。（见《国家税务总局、海关总署关于实行海关进口增值税专用缴款书"先比对后抵扣"管理办法有关问题的公告》税务总局、海关总署公告2013年第31号）

2. 已认证未按期申报抵扣的规定。

增值税一般纳税人取得的增值税扣税凭证已认证或已采集上报信息但未按照规定期

限申报抵扣；实行纳税辅导期管理的增值税一般纳税人以及实行海关进口增值税专用缴款书"先比对后抵扣"管理办法的增值税一般纳税人，取得的增值税扣税凭证稽核比对结果相符但未按规定期限申报抵扣，属于发生真实交易且符合以下规定的客观原因的，经主管税务机关审核，允许纳税人继续申报抵扣其进项税额。

（1）因自然灾害、社会突发事件等不可抗力原因造成增值税扣税凭证未按期申报抵扣；

（2）有关司法、行政机关在办理业务或者检查中，扣押、封存纳税人账簿资料，导致纳税人未能按期办理申报手续；

（3）税务机关信息系统、网络故障，导致纳税人未能及时取得认证结果通知书或稽核结果通知书，未能及时办理申报抵扣；

（4）由于企业办税人员伤亡、突发危重疾病或者擅自离职，未能办理交接手续，导致未能按期申报抵扣；

（5）国家税务总局规定的其他情形。

增值税一般纳税人发生符合上述规定未按期申报抵扣的增值税扣税凭证，可按照《未按期申报抵扣增值税扣税凭证抵扣管理办法》的规定，申请办理抵扣手续。（以上内容见《国家税务总局关于未按期申报抵扣增值税扣税凭证有关问题的公告》总局公告2011年第78号）

3. 未认证逾期扣税凭证抵扣的规定。

增值税一般纳税人发生真实交易但由于客观原因造成增值税扣税凭证（包括增值税专用发票、海关进口增值税专用缴款书和机动车销售统一发票）未能按照规定期限办理认证、确认或者稽核比对的，经主管税务机关核实、逐级上报，由省税务局认证并稽核比对后，对比对相符的增值税扣税凭证，允许纳税人继续抵扣其进项税额。增值税一般纳税人由于下列以外的其他原因造成增值税扣税凭证逾期的，仍应按照增值税扣税凭证抵扣期限有关规定执行。客观原因包括如下类型：

（1）因自然灾害、社会突发事件等不可抗力因素造成增值税扣税凭证逾期；

（2）增值税扣税凭证被盗、抢，或者因邮寄丢失、误递导致逾期；

（3）有关司法、行政机关在办理业务或者检查中，扣押增值税扣税凭证，纳税人不能正常履行申报义务，或者税务机关信息系统、网络故障，未能及时处理纳税人网上认证数据等导致增值税扣税凭证逾期；

（4）买卖双方因经济纠纷，未能及时传递增值税扣税凭证，或者纳税人变更纳税地点，注销旧户和重新办理税务登记的时间过长，导致增值税扣税凭证逾期；

（5）由于企业办税人员伤亡、突发危重疾病或者擅自离职，未能办理交接手续，导致增值税扣税凭证逾期；

（6）国家税务总局规定的其他情形。

增值税一般纳税人因客观原因造成增值税扣税凭证逾期的，可按照《逾期增值税扣税凭证抵扣管理办法》的规定，申请办理逾期抵扣手续。（以上内容见《国家税务总局关于逾期增值税扣税凭证抵扣问题的公告》总局公告2011年第50号公布，根据2017年10月13日《国家税务总局关于进一步优化增值税、消费税有关涉税事项办理程序的公告》总局公告2017年第36号修正）

4. 进项税额不足抵扣的规定。

纳税人在计算应纳税额时，如果当期销项税额小于当期进项税额不足抵扣时，其不足部分习惯称为留抵税额，可以结转下期继续抵扣。增值税留抵税额是企业经营过程中，由于各种原因形成的增值税进销不匹配造成的未能抵扣的，在未来实现销售时可以抵减增值税销项税额的进项税额。

需要注意的是，为了解决某些企业的增值税进项税额占用资金问题，留抵税额可以抵顶欠税或者退还纳税人。

（1）为及时追缴欠税，解决增值税一般纳税人既欠缴增值税，又有增值税留抵税额的问题，对纳税人因销项税额小于进项税额而产生期末留抵税额的，应以期末留抵税额抵减增值税欠税。增值税一般纳税人拖欠纳税检查应补缴的增值税税款，如果纳税人有进项留抵税额，可用增值税留抵税额抵减查补税款欠税。（见《国家税务总局关于增值税一般纳税人用进项留抵税额抵减增值税欠税问题的通知》国税发〔2004〕112号、《国家税务总局关于增值税一般纳税人将增值税进项留抵税额抵减查补税款欠税问题的批复》国税函〔2005〕169号）

（2）对国家批准的集成电路重大项目企业因购进设备形成的增值税期末留抵税额（简称购进设备留抵税额）准予退还。购进的设备应属于《增值税暂行条例实施细则》第二十一条第二款规定的固定资产范围。企业当期购进设备进项税额大于当期增值税纳税申报表“期末留抵税额”的，当期准予退还的购进设备留抵税额为期末留抵税额；企业当期购进设备进项税额小于当期增值税纳税申报表“期末留抵税额”的，当期准于退还的购进设备留抵税额为当期购进设备进项税额。（见《财政部、国家税务总局关于退还集成电路企业采购设备增值税期末留抵税额的通知》财税〔2011〕107号）

（3）自2015年1月1日至2018年12月31日，对纳税人从事大型客机、大型客机发动机研制项目而形成的增值税期末留抵税额予以退还。对纳税人生产销售新支线飞机暂减按5%征收增值税，并对其因生产销售新支线飞机而形成的增值税期末留抵税额予以退还。纳税人符合上述规定的增值税期末留抵税额，可在初次申请退税时予以一次性退还。纳税人收到退税款项的当月，应将退税额从增值税进项税额中转出。（见《财政部、国家税务总局关于大型客机和新支线飞机增值税政策的通知》财税〔2016〕141号）

（4）自2019年4月1日起，同时符合规定条件的纳税人，可以向主管税务机关申请退还增量留抵税额（与2019年3月底相比新增加的期末留抵税额）。纳税人当期允许退还的增量留抵税额，按照以下公式计算：

$$允许退还的增量留抵税额 = 增量留抵税额 \times 进项构成比例 \times 60\%$$

进项构成比例，为2019年4月至申请退税前一税款所属期内已抵扣的增值税专用发票（含税控机动车销售统一发票）、海关进口增值税专用缴款书、解缴税款完税凭证注明的增值税额占同期全部已抵扣进项税额的比重。（以上内容见《财政部、税务总局、海关总署关于深化增值税改革有关政策的公告》财政部税务总局海关总署公告2019年第39号）

5. 扣减当期销项税额和进项税额的规定。

一般纳税人因销售货物退回或者折让而退还给购买方的增值税额，应从发生销售货物退回或者折让当期的销项税额中扣减；因购进货物退出或者折让而收回的增值税额，应从发生购进货物退出或者折让当期的进项税额中扣减。

一般纳税人销售货物或者应税劳务，开具增值税专用发票后，发生销售货物退回或者折让、开票有误等情形，应按国家税务总局的规定开具红字增值税专用发票。未按规定开具红字增值税专用发票的，增值税额不得从销项税额中扣减。

具体开具红字专用发票的办法参见《国家税务总局关于红字增值税发票开具有关问题的公告》（总局公告 2016 年第 47 号）。

6. 认定或登记为一般纳税人前进项税额抵扣的规定。

纳税人自办理税务登记至认定或登记为一般纳税人期间，未取得生产经营收入，未按照销售额和征收率简易计算应纳税额申报缴纳增值税的，其在此期间取得的增值税扣税凭证，可以在认定或登记为一般纳税人后抵扣进项税额。上述增值税扣税凭证按照现行规定无法办理认证或者稽核比对的，按照以下规定处理：

（1）购买方纳税人取得的增值税专用发票，按照总局公告 2016 年第 47 号规定的程序，由销售方纳税人开具红字增值税专用发票后重新开具蓝字增值税专用发票。

购买方纳税人按照总局公告 2016 年第 47 号规定填开《开具红字增值税专用发票信息表》时，选择“所购货物或劳务、服务不属于增值税扣税项目范围”或“所购服务不属于增值税扣税项目范围”。

（2）纳税人取得的海关进口增值税专用缴款书，按照《国家税务总局关于逾期增值税扣税凭证抵扣问题的公告》（总局公告 2011 年第 50 号）规定的程序，经国家税务总局稽核比对相符后抵扣进项税额。（以上内容见《国家税务总局关于纳税人认定或登记为一般纳税人前进项税额抵扣问题的公告》总局公告 2015 年第 59 号）

7. 企业收取的返还资金的规定。

自 1997 年 1 月 1 日起，凡增值税一般纳税人，无论是否有平销行为，因购买货物而从销售方取得的各种形式的返还资金，均应依所购货物的增值税税率计算应冲减的进项税金，并从其取得返还资金当期的进项税金中予以冲减。

对商业企业向供货方收取的与商品销售量、销售额挂钩（如以一定比例、金额、数量计算）的各种返还收入，均应按照平销返利行为的有关规定冲减当期增值税进项税金。商业企业向供货方收取的各种收入，一律不得开具增值税专用发票。应冲减进项税金的计算公式如下：

$$当期应冲减进项税金 = 当期取得的返还资金 \div (1 + 所购货物适用增值税税率) \times 所购货物适用增值税税率$$

（以上内容见《国家税务总局关于商业企业向货物供应方收取的部分费用征收流转税问题的通知》国税发〔2004〕136 号、《国家税务总局关于平销行为征收增值税问题的通知》国税发〔1997〕167 号）

8. 注销后存货的进项税额处理规定。

一般纳税人注销转为小规模纳税人时，其存货不作进项税额转出处理，其留抵税额也不予以退税。被取消辅导期一般纳税人资格转为小规模纳税人时，其存货不作进项税额转出处理，其留抵税额也不予以退税。（见《财政部、国家税务总局关于增值税若干政策的通知》财税〔2005〕165 号）

9. 货物适用税率不一致进项税额抵扣的规定。

对在进口环节与国内环节，以及国内地区间个别货物（如初级农产品、矿产品等）增值税适用税率执行不一致的，纳税人应按其取得的增值税专用发票和海关进口完税凭证上注明的增值税额抵扣进项税额。主管税务机关发现同一货物进口环节与国内环节以及地区间增值税税率执行不一致的，应当将有关情况逐级上报至共同的上一级税务机关，由上一级税务机关予以明确。（见《财政部、国家税务总局关于增值税若干政策的通知》财税〔2005〕165号）

10. 进口环节增值税专用缴款书抵扣税款的规定。

对海关代征进口环节增值税开具的增值税专用缴款书上标明有两个单位名称，即既有代理进口单位名称，又有委托进口单位名称的，只准予其中取得专用缴款书原件的一个单位抵扣税款。申报抵扣税款的委托进口单位，必须提供相应的海关代征增值税专用缴款书原件、委托代理合同及付款凭证，否则，不予抵扣进项税款。（见《国家税务总局关于加强进口环节增值税专用缴款书抵扣税款管理的通知》国税发〔1996〕32号）

11. 重新办理税务登记尚未抵扣的进项税额的规定。

增值税一般纳税人因住所、经营地点变动，按照相关规定，在市场监督管理部门作变更登记处理，但因涉及改变税务登记机关，需要办理注销税务登记并重新办理税务登记的，在迁达地重新办理税务登记后，其增值税一般纳税人资格予以保留，办理注销税务登记前尚未抵扣的进项税额允许继续抵扣。（见《国家税务总局关于一般纳税人迁移有关增值税问题的公告》总局公告2011年第71号）

12. 其他有关进项税额抵扣的规定。

（1）享受免税优惠的国有粮食购销企业可继续使用增值税专用发票。国有粮食购销企业开具增值税专用发票时，应当比照非免税货物开具增值税专用发票，企业记账销售额为“价税合计”数。属于一般纳税人的生产、经营单位从国有粮食购销企业购进的免税粮食，可依照国有粮食购销企业开具的增值税专用发票注明的税额抵扣进项税额。（见《国家税务总局关于国有粮食购销企业开具粮食销售发票有关问题的通知》国税明电〔1999〕10号、《国家税务总局关于加强国有粮食购销企业增值税管理有关问题的通知》国税函〔1999〕560号、《国家税务总局关于政府储备食用植物油销售业务开具增值税专用发票问题的通知》国税函〔2002〕531号）

（2）确定文化出版单位用于广告业务的购进货物的进项税额，应以广告版面占整个出版物版面的比例为划分标准，凡文化出版单位能准确提供广告所占版面比例的，应按此项比例划分不得抵扣的进项税额。（见《国家税务总局关于出版物广告收入有关增值税问题的通知》国税发〔2000〕188号）

（3）对增值税一般纳税人在商品交易所通过期货交易购进货物，其通过商品交易所转付货款可视同向销货单位支付货款，对其取得的合法增值税专用发票允许抵扣。（见《国家税务总局关于增值税一般纳税人期货交易进项税额抵扣问题的通知》国税发〔2002〕45号）

（4）纳税人从海关取得的海关进口增值税专用缴款书上注明的增值税额准予从销项税额中抵扣。因此，纳税人进口货物取得的合法海关进口增值税专用缴款书，是计算增值税进项税额的唯一依据，其价格差额部分以及从境外供应商取得的退还或返还的资金，不作进项税额转出处理。（见《国家税务总局关于纳税人进口货物增值税进项税额抵扣有关问题的通知》国税函〔2007〕350号）

（5）项目运营方利用信托资金融资进行项目建设开发是指项目运营方与经批准成立的信托公司合作进行项目建设开发，信托公司负责筹集资金并设立信托计划，项目运营方负责项目建设与运营，项目建设完成后，项目资产归项目运营方所有。该经营模式下项目运营方在项目建设期内取得的增值税专用发票和其他抵扣凭证，允许其按现行增值税有关规定予以抵扣。（见《国家税务总局关于项目运营方利用信托资金融资过程中增值税进项税额抵扣问题的公告》总局公告2010年第8号）

（6）增值税一般纳税人在资产重组过程中，将全部资产、负债和劳动力一并转让给其他增值税一般纳税人，并按程序办理注销税务登记的，其在办理注销登记前尚未抵扣的进项税额可结转至新纳税人处继续抵扣。（见《国家税务总局关于纳税人资产重组增值税留抵税额处理有关问题的公》总局公告2012年第55号）

（二）简易计税办法应纳税额的计算

小规模纳税人适用简易办法计算缴纳增值税；生产、销售特定货物的一般纳税人有的适用简易办法，有的可选择简易办法计算缴纳增值税。

1. 小规模纳税人应纳税额的计算。

小规模纳税人发生应税销售行为，实行按照销售额和征收率计算应纳税额的简易办法，并不得抵扣进项税额。其应纳税额计算公式如下：

$$应纳税额 = 销售额 \times 征收率$$

公式中的销售额与一般纳税人的销售额内容一致，为纳税人发生应税销售行为向购买方收取的全部价款和价外费用，同样不包括收取的增值税应纳税额。

由于小规模纳税人不得使用增值税专用发票，其自行开具的发票是普通发票，发票上列示的向购买者收取的销售额是含税的，这样，在计算其应纳税额时就需要换算成不含税的销售额。其换算公式如下：

$$销售额 = 含税销售额 \div (1 + 征收率)$$

2. 一般纳税人应纳税额的计算。

（1）一般纳税人适用简易办法或选择按照简易办法计算缴纳增值税的，按下列公式确定销售额和应纳税额：

$$销售额 = 含税销售额 \div (1 + 征收率)$$

$$应纳税额 = 销售额 \times 征收率$$

（2）一般纳税人适用按照简易办法依3%征收率减按2%征收增值税政策的，按下列公式确定销售额和应纳税额：

$$销售额 = 含税销售额 \div (1 + 3\%)$$

$$应纳税额 = 销售额 \times 2\%$$

（以上内容见《国家税务总局关于增值税简易征收政策有关管理问题的通知》国税函〔2009〕90号、《国家税务总局关于简并增值税征收率有关问题的公告》总局公告2014年第36号）

（三）进口货物应纳税额的计算

1. 组成计税价格的确定。

进口货物增值税的组成计税价格中包括已纳关税税额。如果进口货物属于消费税应税消费品，其组成计税价格中还要包括进口环节已纳消费税税额。

按照《中华人民共和国海关法》和《中华人民共和国进出口关税条例》的规定，进口货物的关税完税价格，由海关以该货物的成交价格为基础审查确定。具体而言，关税完税价格包括货物的货价、货物运抵我国境内输入地点起卸前的运输费、保险费及其他相关费用。

进口货物组成计税价格的计算公式如下：

$$组成计税价格 = 关税完税价格 + 关税 + 消费税$$

或：　　组成计税价格 =（关税完税价格 + 关税）÷（1 − 消费税税率）

2. 进口货物应纳税额的计算。

纳税人进口货物，按照组成计税价格和适用税率计算应纳税额，不得抵扣任何税额，即在计算进口环节的应纳增值税税额时，不得抵扣发生在我国境外的任何税金。此外，即便是小规模纳税人，进口货物的增值税税率也适用13%或9%。

$$应纳税额 = 组成计税价格 \times 税率$$

进口货物在海关缴纳的增值税，符合抵扣范围的，凭借海关进口增值税专用缴款书，可以从当期销项税额中抵扣。

七、税收优惠

（一）起征点的规定

在流转税中规定起征点主要目的是降低征管难度和征管成本，但由于起征点以下可免纳税款，所以其又成为照顾经营规模小、销售收入少的纳税人的一种减免税措施。

增值税起征点适用范围仅限于个人，即个体工商户（认定为一般纳税人的除外）和其他个人。纳税人所有应税销售行为的销售额合计达到或超过起征点的，应按销售额的全额计算应纳税额；销售额低于起征点则免予征收增值税。目前，增值税的起征点规定如下：

1. 销售货物的，为月销售额5 000～20 000元；
2. 销售应税劳务的，为月销售额5 000～20 000元；
3. 按次纳税的，为每次（日）销售额300～500元。

省、自治区、直辖市财政厅（局）、税务局应当在规定的幅度内，根据实际情况确定本地区适用的起征点，并报财政部、国家税务总局备案。（以上内容见《关于修改〈中华人民共和国增值税暂行条例实施细则〉和〈中华人民共和国营业税暂行条例实施细则〉的决定》财政部令2011年第65号）

为贯彻落实国务院支持小型微型企业发展的精神，扩大就业，促进社会和谐，繁荣城乡经济，各省（自治区、直辖市）一般将增值税起征点调至国家规定最高限。

为扶持小微企业发展，自2013年8月1日起，对增值税小规模纳税人中月销售额不超过2万元的企业或非企业性单位，暂免征收增值税。（见《财政部、国家税务总局关于暂免征收部分小微企业增值税和营业税的通知》财税〔2013〕52号）

需要注意的是，《增值税暂行条例》规定的起征点适用范围限于个人，即个体工商户和其他个人，确切说是个体工商户中的小规模纳税人和自然人。《财政部、国家税务总局关于暂免征收部分小微企业增值税和营业税的通知》（财税〔2013〕52号）文件类似于增值税的起征点规定，相当于将增值税起征点适用范围扩大到小微企业，即涵盖企业、非企业性单位、个体工商户和其他个人，但仍限定为小规模纳税人。

为进一步加大对小微企业的税收支持力度，自2014年10月1日起，至2018年12月31日，对月销售额2万元（含本数）至3万元的增值税小规模纳税人，免征增值税。自2019年1月1日起，至2021年12月31日，对月销售额10万元以下（含本数）的增值税小规模纳税人，免征增值税。（见《财政部、税务总局关于实施小微企业普惠性税收减免政策的通知》财税〔2019〕13号）

小微企业免征增值税具体规定详见《国家税务总局关于小规模纳税人免征增值税政策有关征管问题的公告》（总局公告2019年第4号）。

（二）法定减免税规定

《增值税暂行条例》规定，下列项目免征增值税：

1. 农业生产者销售的自产农产品。农业，是指种植业、养殖业、林业、牧业、水产业。农业生产者，包括从事农业生产的单位和个人。农产品，是指初级农产品，具体范围见财政部、国家税务总局印发的《农业产品征税范围注释》（财税字〔1995〕52号）。

2. 避孕药品和用具。从避孕药品和用具的生产开始，直至批发零售全部免征增值税。

3. 古旧图书。古旧图书，是指向社会收购的古书和旧书。

4. 直接用于科学研究、科学试验和教学的进口仪器、设备。

5. 外国政府、国际组织无偿援助的进口物资和设备。

6. 由残疾人的组织直接进口供残疾人专用的物品。

7. 销售的自己使用过的物品。自己使用过的物品，是指其他个人自己使用过的物品。

除上述规定外，增值税的免税、减税项目由国务院规定。任何地区、部门均不得规定免税、减税项目。

纳税人兼营免税、减税项目的，应当分别核算免税、减税项目的销售额；未分别核算销售额的，不得免税、减税。

（三）放弃免税权的规定

《增值税暂行条例实施细则》规定，纳税人销售货物或者应税劳务适用免税规定的，可以放弃免税，依照规定缴纳增值税。

根据增值税税制原理，纳税人享受免税，其销售货物或提供应税劳务的销售额，不再计算销项税额，相应进项税额不得抵扣，也不能向购买方开具专用发票。由于购买方没有向销售方支付销项税额，也就不能取得进项税额计算抵扣。如果增值税的免税只是针对特定环节的纳税人，那么这种免税既造成了增值税抵扣链条中断，也在某种程度上增加了购买方税收负担，影响着销售方生产、制造地货物的销售，因此会有一部分纳税人要求放弃免税，以重新弥合断裂的增值税链条，减少免税政策对购销双方经济业务的影响。

为了避免纳税人频繁行使免税放弃权，保持征纳关系的稳定，降低征管难度，《增值税暂行条例实施细则》规定，放弃享受免税优惠政策后，三年（36个月）内不得再申请免税。有关增值税纳税人销售免税货物或劳务放弃免税权的具体规定如下：

1. 生产和销售免征增值税货物或劳务的纳税人要求放弃免税权，应当以书面形式提交放弃免税权声明，报主管税务机关备案。纳税人自提交备案资料的次月起，按照现行有关规定计算缴纳增值税。

2. 放弃免税权的纳税人符合一般纳税人认定条件尚未认定为增值税一般纳税人的，应当按现行规定认定为增值税一般纳税人，其销售的货物或劳务可开具增值税专用发票。

3. 纳税人一经放弃免税权，其生产销售的全部增值税应税货物或劳务均应按照适用税率征税，不得选择某一免税项目放弃免税权，也不得根据不同的销售对象选择部分货物或劳务放弃免税权。

4. 纳税人自税务机关受理纳税人放弃免税权声明的次月起36个月内不得申请免税。

5. 纳税人在免税期内购进用于免税项目的货物或者应税劳务所取得的增值税扣税凭证，一律不得抵扣。（以上内容见《财政部、国家税务总局关于增值税纳税人放弃免税权有关问题的通知》财税〔2007〕127号）

（四）财税主管部门规定的其他减免税（不含营改增部分）

1. 公安部所属研究所、公安侦察保卫器材厂研制生产的列明代号的侦察保卫器材产品（每年新增部分报国家税务总局审核批准后下发）凡销售给公安、司法以及国家安全系统使用的，免征增值税；销售给其他单位的，按规定征收增值税。劳改工厂生产的民警服装销售给公安、司法以及国家安全系统使用的，免征增值税；销售给其他单位的，按规定征收增值税。（见《财政部、国家税务总局关于公安、司法部门所属单位征免增值税问题的通知》财税字〔1994〕029号）

2. 从1998年1月1日起，对农村电管站（包括电网公司、农电公司等）在收取电价时一并向用户收取的农村电网维护费（包括低压线路损耗和维护费以及电工经费）给予免征增值税的照顾。（见《财政部、国家税务总局关于免征农村电网维护费增值税问题的通知》财税字〔1998〕47号、《国家税务总局关于供电企业收取的免税农村电网维护费有关增值税问题的通知》国税函〔2005〕778号、《国家税务总局关于农村电网维护费征免增值税问题的通知》国税函〔2009〕591号）

3. 对承担粮食（包括大豆）收储任务的国有粮食购销企业销售的粮食免征增值税。对其他粮食企业经营粮食，除军队用粮、救灾救济粮、水库移民口粮、退耕还林还草补助粮项目免征增值税外，一律征收增值税。对销售食用植物油业务，除政府储备食用植物油的销售继续免征增值税外，一律照章征收增值税。对粮油加工业务，一律照章征收增值税。凡享受免征增值税的国有粮食购销企业，均按增值税一般纳税人管理，并可对免税业务开具增值税专用发票。（见《财政部、国家税务总局关于粮食企业增值税征免问题的通知》财税字〔1999〕198号、《国家税务总局关于加强国有粮食购销企业增值税管理有关问题的通知》国税函〔1999〕560号、《国家税务总局关于退耕还林还草补助粮免征增值税问题的通知》国税发〔2001〕131号、《财政部、国家税务总局关于免征储备大豆增值税政策的通知》财税〔2014〕38号）

4. 对血站供应给医疗机构的临床用血免征增值税。血站是由国务院或省级人民政府卫生行政部门批准的，从事采集、提供临床用血，不以营利为目的的公益性组织。（见《财政部、国家税务总局关于血站有关税收问题的通知》财税字〔1999〕264号）

5. 从2001年1月1日起对铁路系统内部单位为本系统修理货车的业务免征增值税。铁路系统内部单位包括中国北方、南方机车车辆工业集团公司所属企业，其为铁路系统修理铁路货车的业务免征增值税。（见《财政部、国家税务总局关于铁路货车修理免征增值税的通知》财税〔2001〕54号、《国家税务总局关于中国北方机车车辆工业集团公司所属企业的铁路货车修理业务免征增值税的通知》国税函〔2001〕862号、《国家税务总局关于中国南方机车车辆工业集团公司所属企业的铁路货车修理业务免征增值税的通知》国税函

〔2001〕1006 号）

6. 自 2013 年 8 月 30 日起，对按此前规定所有减按 4% 征收进口环节增值税的空载重量在 25 吨以上的进口飞机，调整为按 5% 征收进口环节增值税。（见《财政部、国家税务总局关于调整进口飞机有关增值税政策的通知》财关税〔2013〕53 号）

7. 对各级政府及主管部门委托自来水厂（公司）随水费收取的污水处理费，免征增值税。（见《财政部、国家税务总局关于污水处理费有关增值税政策的通知》财税〔2001〕97 号）

8. 免税饲料产品范围包括：单一大宗饲料、混合饲料、配合饲料（包括精料补充料）、复合预混料和浓缩饲料。茶籽油粕、宠物饲料不属于现行增值税政策规定的免税饲料范围。（见《财政部、国家税务总局关于饲料产品免征增值税问题的通知》财税〔2001〕121 号、《国家税务总局关于宠物饲料征收增值税问题的批复》国税函〔2002〕812 号、《国家税务总局关于茶籽粕增值税有关政策问题的批复》国税函〔2002〕285 号、《国家税务总局关于精料补充料免征增值税问题的公告》总局公告 2013 年第 46 号）

豆粕属于征收增值税的饲料产品，除豆粕以外的其他粕类饲料产品，均免征增值税。（见《财政部、国家税务总局关于豆粕等粕类产品征免增值税政策的通知》财税〔2001〕30 号、《国家税务总局关于粕类产品征免增值税问题的通知》国税函〔2010〕75 号）

玉米浆、玉米皮、玉米纤维（又称喷浆玉米皮）和玉米蛋白粉不属于初级农产品，也不属于免税饲料的范围，适用 16% 的增值税税率。（见《国家税务总局关于部分玉米深加工产品增值税税率问题的公告》总局公告 2012 年第 11 号）

9. 自 2001 年 8 月 1 日起，对外国政府和国际组织无偿援助项目（包括由财政部归口管理的外国政府和国际组织无偿援助项目）在国内采购的货物免征增值税，同时允许销售免税货物的单位，将免税货物的进项税额在其他内销货物的销项税额中抵扣。具体免税操作程序参见《外国政府和国际组织无偿援助项目在国内采购货物免征增值税的管理办法》。（见《财政部、国家税务总局、外经贸部关于外国政府和国际组织无偿援助项目在华采购物资免征增值税问题的通知》财税〔2002〕2 号、《财政部、国家税务总局关于外国政府和国际组织无偿援助项目在华采购物资免征增值税的补充通知》财税〔2005〕13 号）

10. 农用生产资料、化肥征免税政策如下：

（1）自 2015 年 9 月 1 日起，对纳税人销售和进口化肥统一按 9% 税率征收国内环节增值税。钾肥增值税先征后返政策同时停止执行。

（2）自 2008 年 6 月 1 日起，纳税人生产销售和批发、零售有机肥产品（有机肥料、有机－无机复混肥料和生物有机肥）免征增值税。

（3）批发和零售的种子、种苗、农药、农机。

（4）农膜。（以上内容见《财政部、国家税务总局关于农业生产资料征免增值税政策的通知》财税〔2001〕113 号、《财政部、国家税务总局关于有机肥产品免征增值税的通知》财税〔2008〕56 号、《财政部、海关总署、国家税务总局关于对化肥恢复征收增值税政策的通知》财税〔2015〕90 号）

11. 自 2007 年 7 月 1 日起，纳税人生产销售和批发、零售滴灌带和滴灌管产品免征增值税。（见《财政部、国家税务总局关于免征滴灌带和滴灌管产品增值税的通知》财税〔2007〕83 号）

12. 对农民专业合作社销售本社成员生产的农业产品，视同农业生产者销售自产农业产品免征增值税。增值税一般纳税人从农民专业合作社购进的免税农业产品，可按 9% 的扣除率计算抵扣增值税进项税额。对农民专业合作社向本社成员销售的农膜、种子、种苗、农药、农机，免征增值税。对农民专业合作社与本社成员签订的农业产品和农业生产资料购销合同，免征印花税。（见《财政部、国家税务总局关于农民专业合作社有关税收政策的通知》

财税〔2008〕81号、《财政部、国家税务总局关于对化肥恢复征收增值税政策的补充通知》财税〔2015〕97号）

13. 自2016年1月1日至2018年供暖期结束，对供热企业向居民个人（统称居民）供热而取得的采暖费收入免征增值税。向居民供热而取得的采暖费收入，包括供热企业直接向居民收取的、通过其他单位向居民收取的和由单位代居民缴纳的采暖费。免征增值税的采暖费收入，应当按照规定单独核算。通过热力产品经营企业向居民供热的热力产品生产企业，应当根据热力产品经营企业实际从居民取得的采暖费收入占该经营企业采暖费总收入的比例确定免税收入比例。所称供暖期，是指当年下半年供暖开始至次年上半年供暖结束的期间。（见《财政部、国家税务总局关于供热企业增值税房产税城镇土地使用税优惠政策的通知》财税〔2016〕94号）

14. 经国务院批准，《财政部、国家税务总局关于继续执行边销茶增值税政策的通知》（财税〔2011〕89号）规定的增值税政策，即边销茶生产企业销售自产的边销茶及经销企业销售的边销茶免征增值税继续执行至2018年12月31日。（见《财政部、国家税务总局关于延长边销茶增值税政策执行期限的通知》财税〔2016〕73号）

15. 对从事蔬菜批发、零售的纳税人销售的蔬菜免征增值税。蔬菜是指可作副食的草本、木本植物，包括各种蔬菜、菌类植物和少数可作副食的木本植物。经挑选、清洗、切分、晾晒、包装、脱水、冷藏、冷冻等工序加工的蔬菜，属于免税蔬菜的范围。各种蔬菜罐头不属于免税蔬菜的范围。（见《财政部、国家税务总局关于免征蔬菜流通环节增值税有关问题的通知》财税〔2011〕137号）

16. 对从事农产品批发、零售的纳税人销售的部分鲜活肉蛋产品免征增值税。免征增值税的鲜活肉产品，是指猪、牛、羊、鸡、鸭、鹅及其整块或者分割的鲜肉、冷藏或者冷冻肉，内脏、头、尾、骨、蹄、翅、爪等组织。免征增值税的鲜活蛋产品，是指鸡蛋、鸭蛋、鹅蛋，包括鲜蛋、冷藏蛋以及对其进行破壳分离的蛋液、蛋黄和蛋壳。（见《财政部、国家税务总局关于免征部分鲜活肉蛋产品流通环节增值税政策的通知》财税〔2012〕75号）

17. 自2012年1月1日起，对符合条件的纳税人销售的熊猫普制金币免征增值税。具体管理办法参见《熊猫普制金币免征增值税管理办法（试行）》（总局公告2013年第6号）。（见《财政部、国家税务总局关于熊猫普制金币免征增值税政策的通知》财税〔2012〕97号）

18. 采取"公司＋农户"经营模式从事畜禽饲养，即公司与农户签订委托养殖合同，向农户提供畜禽苗、饲料、兽药及疫苗等（所有权属于公司），农户饲养畜禽苗至成品后交付公司回收，公司将回收的成品畜禽用于销售。在上述经营模式下，纳税人回收再销售畜禽，属于农业生产者销售自产农产品，根据《增值税暂行条例》规定免征增值税。（见《国家税务总局关于纳税人采取"公司＋农户"经营模式销售畜禽有关增值税问题的公告》总局公告2013年第8号）

19. 增值税纳税人2011年12月1日以后初次购买增值税税控系统专用设备（包括分开票机）支付的费用，可凭购买增值税税控系统专用设备取得的增值税专用发票，在增值税应纳税额中全额抵减（抵减额为价税合计额），不足抵减的可结转下期继续抵减。增值税纳税人2011年12月1日以后缴纳的技术维护费，可凭技术维护服务单位开具的技术维护费发票，在增值税应纳税额中全额抵减，不足抵减的可结转下期继续抵减。增值税一般纳税人支付的上述二项费用在增值税应纳税额中全额抵减的，其增值税专用发票不作为增值税抵扣凭证，其进项税额不得从销项税额中抵扣。（见《财政部、国家税务总局关于增值税税控系统专用设备和技术维护费用抵减增值税税额有关政策的通知》财税〔2012〕15号）

20. 制种企业在下列生产经营模式下生产销售种子，属于农业生产者销售自产农业产品，应根据《条例》有关规定免征增值税：（1）制种企业利用自有土地或承租土地，雇佣农户或雇工进行种子繁育，再经烘干、脱粒、风筛等深加工后销售种子；（2）制种企业提供亲本种子委托农户繁育并从农户手中收回，再经烘干、脱粒、风筛等深加工后销售种子。（见《国家税务总局关于制种行业增值税有关问题的公告》总局公告 2010 年第 17 号）

21. 上海国际能源交易中心股份有限公司的会员和客户通过上海国际能源交易中心股份有限公司交易的原油期货保税交割业务，大连商品交易所的会员和客户通过大连商品交易所交易的铁矿石期货保税交割业务，暂免征收增值税。上述期货交易中实际交割的原油和铁矿石，如果发生进口或者出口的，统一按照现行货物进出口税收政策执行。非保税货物发生的期货实物交割仍按《国家税务总局关于下发〈货物期货征收增值税具体办法〉的通知》（国税发〔1994〕244 号）的规定执行。（见《财政部、国家税务总局关于原油和铁矿石期货保税交割业务增值税政策的通知》财税〔2015〕35 号）

22. 自 2016 年 1 月 1 日至 2018 年 12 月 31 日，继续对国产抗艾滋病病毒药品免征生产环节和流通环节增值税。享受上述免征增值税政策的国产抗艾滋病病毒药品，为国家卫生计生委委托中国疾病预防控制中心通过公开招标方式统一采购、各省（自治区、直辖市）艾滋病药品管理部门分散签约支付的抗艾滋病病毒药品。（见《财政部、国家税务总局关于延续免征国产抗艾滋病病毒药品增值税政策的通知》财税〔2016〕97 号）

23. 原对城镇公共供水用水户在基本水价（自来水价格）外征收水资源费的试点省份，在水资源费改税试点期间，按照不增加城镇公共供水企业负担的原则，城镇公共供水企业缴纳的水资源税所对应的水费收入，不计征增值税，按“不征税自来水”项目开具增值税普通发票。（见《国家税务总局关于水资源费改税后城镇公共供水企业增值税发票开具问题的公告》总局公告 2017 年第 47 号）

24. 自 2018 年 5 月 1 日起，对进口抗癌药品，减按 3% 征收进口环节增值税。（见《财政部、海关总署、税务总局、国家药品监督管理局关于抗癌药品增值税政策的通知》财税〔2018〕47 号）

（五）财税主管部门规定的即征即退、先征后退、先征后返的政策（不含营改增部分）

1. 为支持飞机维修行业的发展，决定自 2000 年 1 月 1 日起对飞机维修劳务增值税实际税负超过 6% 的部分实行由税务机关即征即退的政策。（见《财政部、国家税务总局关于飞机维修增值税问题的通知》财税〔2000〕102 号）

2. 对中国共产党和各民主党派的机关报和机关刊物，各级人民政府的机关报和机关刊物，各级人大、政协、工会、共青团、妇联组织的机关报和机关刊物，新华通讯社的机关报和机关刊物，军事部门的机关报和机关刊物，大中小学的学生课本和专为少年儿童出版发行的报纸和刊物，科技图书和科技期刊等出版物的增值税继续实行先征后退的办法。全国县（含县级市）及县以下新华书店和农村供销社销售出版物的增值税，继续实行先征后退的办法。（见《国务院关于支持文化事业发展若干经济政策的通知》国发〔2000〕41 号）

3. 黄金生产和经营单位销售黄金和黄金矿砂（含伴生金），免征增值税；进口黄金（含标准黄金）和黄金矿砂免征进口环节增值税。黄金交易所会员单位通过黄金交易所销售标准黄金（持有黄金交易所开具的《黄金交易结算凭证》），未发生实物交割的，免征增值税；发生实物交割的，由税务机关按照实际成交价格代开增值税专用发票，并实行增值税即征即退的政策，同时免征城市维护建设税、教育费附加。黄金增值税征收管理办法参见《国家税务总局关于印发〈黄金交易增值税征收管理办法〉的通知》（国税发明电〔2002〕47 号）。（见《财政部、国家税务总局关于黄金税收政策问题的通知》财税〔2002〕142 号、《国家税务总局关于纳税人销售伴生金有关增值税问题的公告》总局公告 2011 年第 8 号）

4. 对煤层气抽采企业的增值税一般纳税人抽采销售煤层气实行增值税先征后退政策。先征后退税款由企业专项用于煤层气技术的研究和扩大再生产，不征收企业所得税。煤层气是指赋存于煤层及其围岩中与煤炭资源伴生的非常规天然气，也称煤矿瓦斯。（见《财政部、国家税务总局关于加快煤层气抽采有关税收政策问题的通知》财税〔2007〕16 号）

5. 上海期货交易所会员和客户通过上海期货交易所销售标准黄金（持上海期货交易所开具的《黄金结算专用发票》），发生实物交割但未出库的，免征增值税；发生实物交割并已出库的，由税务机关按照实际交割价格代开增值税专用发票，并实行增值税即征即退的政策，同时免征城市维护建设税和教育费附加。具体征收办法参见《上海期货交易所黄金期货交易增值税征收管理办法》（国税发〔2008〕46 号）。（见《财政部、国家税务总局、关于黄金期货交易有关税收政策的通知》财税〔2008〕5 号）

6. 纳税人销售自产的资源综合利用产品和提供资源综合利用劳务，可享受增值税即征即退政策。销售综合利用资源产品和劳务包括共、伴生矿产资源，废渣、废水（液）、废气，再生资源，农林剩余物及其他和资源综合利用劳务五部分。具体综合利用的资源名称、综合利用产品和劳务名称、技术标准和相关条件、退税比例等按照《资源综合利用产品和劳务增值税优惠目录》的相关规定执行。（见《财政部、国家税务总局关于印发〈资源综合利用产品和劳务增值税优惠目录〉的通知》财税〔2015〕78 号）

7. 增值税一般纳税人销售其自行开发生产的软件产品（包括同时向购买方收取的培训费、维护费等费用），按 13% 税率征收增值税后，对其增值税实际税负超过 3% 的部分实行即征即退政策。增值税一般纳税人将进口软件产品进行本地化改造（不包括单纯对进口软件产品进行汉字化处理在内）后对外销售，其销售的软件产品可享受上述增值税即征即退政策。（见《财政部、国家税务总局关于软件产品增值税政策的通知》财税〔2011〕100 号、《国家税务总局关于增值税一般纳税人销售软件产品向购买方收取的培训费等费用享受增值税即征即退政策的批复》国税函〔2004〕553 号）

8. 自 2018 年 1 月 1 日至 2020 年 12 月 31 日，对动漫企业增值税一般纳税人销售其自主开发生产的动漫软件，按照 13%（2018 年 4 月 30 日前为 17%）的税率征收增值税后，对其增值税实际税负超过 3% 的部分，实行即征即退政策。动漫软件出口免征增值税。动漫软件，按照《财政部、国家税务总局关于软件产品增值税政策的通知》（财税〔2011〕100 号）中软件产品相关规定执行。（见《财政部、国家税务总局关于延续动漫产业增值税政策的通知》财税〔2018〕38 号）

9. 自 2015 年 7 月 1 日起，对纳税人销售自产的利用风力生产的电力产品，实行增值税即征即退 50% 的政策。（见《财政部、国家税务总局关于风力发电增值税政策的通知》财税〔2015〕74 号）

10. 自 2016 年 1 月 1 日至 2018 年 12 月 31 日，对纳税人销售自产的利用太阳能生产的电力产品，实行增值税即征即退 50% 的政策。（见《财政部、国家税务总局关于继续执行光伏发电增值税政策的通知》财税〔2016〕81 号）

11. 对内资研发机构和外资研发中心采购国产设备全额退还增值税。本规定的税收政策执行期限为 2016 年 1 月 1 日至 2018 年 12 月 31 日，具体从内资研发机构和外资研发中心取得退税资格的次月 1 日起执行。（见《财政部、商务部、国家税务总局关于继续执行研发机构采购设备增值税政策的通知》财税〔2016〕121 号、《国家税务总局关于发布〈研发机构采购国产设备增值税退税管理办法〉的公告》总局公告 2017 年第 5 号）

12. 自 2014 年 3 月 1 日起，对外购用于生产乙烯、芳烃类化工产品的石脑油、燃料油（简称 2 类油品），且使用 2 类油品生产特定化工产品的产量占本企业用石脑油、燃料油生产各类产品总量的 50%（含）以上的企业，其外购 2 类油品的价格中消费税部分对应的增值税额，予以退还。予以退还的增值税额 = 已缴纳消费税的 2 类油品数量 × 2 类油品消费税单位税额 × 17%（2019 年 4 月 1 日后为 13%）。（见《财政部、国家税务总局关于利用石脑油和燃料油生产乙烯芳烃类产品有关增值税政策的通知》财税〔2014〕17 号）

13. 对纳税人销售自产的列入《享受增值税即征即退政策的新型墙体材料目录》的新型墙体材料，实行增值税即征即退 50% 的政策。（见《财政部、国家税务总局关于新型墙体材料增值税政策的通知》财税〔2015〕73 号）

需要注意的是，纳税人既有增值税即征即退、先征后退项目，也有出口等其他增值税应税项目的，增值税即征即退和先征后退项目不参与出口项目免抵退税计算。纳税人应分别核算增值税即征即退、先征后退项目和出口等其他增值税应税项目，分别申请享受增值税即征即退、先征后退和免抵退税政策。用于增值税即征即退或者先征后退项目的进项税额无法划分的，按照下列公式计算：

无法划分进项税额中用于增值税即征即退或者先征后退项目的部分 = 当月无法划分的全部进项税额 × 当月增值税即征即退或者先征后退项目销售额 ÷ 当月全部销售额、营业额合计（以上内容见《国家税务总局关于纳税人既享受增值税即征即退先征后退政策又享受免抵退税政策有关问题的公告》总局公告 2011 年第 69 号）

第三节 征收管理

一、纳税义务发生时间

1. 发生应税销售行为，为收讫销售款项或者取得索取销售款项凭据的当天；先开具发票的，为开具发票的当天。收讫销售款项或者取得索取销售款项凭据的当天，按销售结算方式的不同，具体分为如下七种情况：

（1）采取直接收款方式销售货物，不论货物是否发出，均为收到销售款或者取得索取销售款凭据的当天。

直接收款方式销售货物，已将货物移送对方并暂估销售收入入账，但既未取得销售款或取得索取销售款凭据也未开具销售发票的，其增值税纳税义务发生时间为取得销售款或取得索取销售款凭据的当天。先开具发票的，为开具发票的当天。（见《国家税务总局关于增值税纳税义务发生时间有关问题的公告》总局公告 2011 年第 40 号）

（2）采取托收承付和委托银行收款方式销售货物，为发出货物并办妥托收手续的当天。

（3）采取赊销和分期收款方式销售货物，为书面合同约定的收款日期的当天，无书面合同的或者书面合同没有约定收款日期的，为货物发出的当天。

（4）采取预收货款方式销售货物，为货物发出的当天，但生产销售生产工期超过12个月的大型机械设备、船舶、飞机等货物，为收到预收款或者书面合同约定的收款日期的当天。

（5）委托其他纳税人代销货物，为收到代销单位的代销清单或者收到全部或者部分货款的当天；未收到代销清单及货款的，为发出代销货物满180天的当天。

（6）销售应税劳务，为提供劳务同时收讫销售款或者取得索取销售款的凭据的当天。

（7）纳税人发生视同销售货物行为，为货物移送的当天。

2. 进口货物，为报关进口的当天。

3. 扣缴义务发生时间为纳税人增值税纳税义务发生的当天。

需要注意的是，实际工作中，判断销售结算方式的主要依据是购销双方所订立的书面购销合同。

二、纳税期限

1. 纳税期限的规定。

增值税的纳税期限分别为1日、3日、5日、10日、15日、1个月或者1个季度。纳税人的具体纳税期限，由主管税务机关根据纳税人应纳税额的大小分别核定；不能按照固定期限纳税的，可以按次纳税。

以1个季度为纳税期限的规定仅适用于小规模纳税人。小规模纳税人的具体纳税期限，由主管税务机关根据其应纳税额的大小分别核定。

增值税小规模纳税人缴纳增值税、消费税、文化事业建设费，以及随增值税、消费税附征的城市维护建设税、教育费附加等税费，原则上实行按季申报。纳税人要求不实行按季申报的，由主管税务机关根据其应纳税额大小核定纳税期限。（见《国家税务总局关于合理简并纳税人申报缴税次数的公告》总局公告2016年第6号）

2. 申报缴税期限的规定。

（1）纳税人以1个月或者1个季度为1个纳税期的，自期满之日起15日内申报纳税；以1日、3日、5日、10日或者15日为1个纳税期的，自期满之日起5日内预缴税款，于次月1日起15日内申报纳税并结清上月应纳税款。

（2）扣缴义务人解缴税款的期限，根据其所对应的纳税人申报纳税期限确定。

（3）纳税人进口货物，应当自海关填发海关进口增值税专用缴款书之日起15日内缴纳税款。

三、纳税地点

1. 固定业户纳税地点：

（1）固定业户应当向其机构所在地的主管税务机关申报纳税。总机构和分支机构不在同一县（市）的，应当分别向各自所在地的主管税务机关申报纳税；经国务院财政、税务主管部门或者其授权的财政、税务机关批准，可以由总机构汇总向总机构所在地的主管税务机关申报纳税。

固定业户的总分支机构不在同一县（市），但在同一省（自治区、直辖市）范围内的，经省（自治区、直辖市）财政厅（局）、税务局审批同意，可以由总机构汇总向总机构所在地的主管税务机关申报缴纳增值税。（见《财政部、国家税务总局关于固定业户总分支机构增值税汇总纳税有关政策的通知》财税〔2012〕9号）

（2）固定业户到外县（市）销售货物或者应税劳务，应当向其机构所在地的主管税务机关报告外出经营事项，并向其机构所在地的主管税务机关申报纳税；未报告的，应当向销售地或者劳务发生地的主管税务机关申报纳税；未向销售地或者劳务发生地的主管税务机关申报纳税的，由其机构所在地的主管税务机关补征税款。

2. 非固定业户销售货物或者应税劳务，应当向销售地或者劳务发生地的主管税务机关申报纳税；未向销售地或者劳务发生地的主管税务机关申报纳税的，由其机构所在地或者居住地的主管税务机关补征税款。

3. 进口货物，应当向报关地海关申报纳税。

4. 扣缴义务人应当向其机构所在地或者居住地的主管税务机关申报缴纳其扣缴的税款。

需要注意的是，《增值税暂行条例》中固定业户与非固定业户是增值税特有的两个概念，不能作通常意义上的理解，但有关固定业户的界定税法没有明确。实际工作中，固定业户和非固定业户主要按是否在税务机关申报办理了税务登记进行区分，不按纳税人的机构所在地是否经常变化，也不按纳税人是单位还是个人来区分。

对跨地区经营的直营连锁企业，即连锁店的门店均由总部全资或控股开设，在总部领导下统一经营的连锁企业，凡按照国内贸易部《连锁店经营管理规范意见》（内贸政体法字〔1997〕第24号）的要求，采取微机联网，实行统一采购配送商品，统一核算，统一规范化管理和经营，并经所属区域财政厅（局）、税务局审批同意的，可对总店和分店实行由总店向其所在地主管税务机关统一申报缴纳增值税。对自愿连锁企业，即连锁店的门店均为独立法人，各自的资产所有权不变的连锁企业和特许连锁企业，即连锁店的门店同总部签订合同，取得使用总部商标、商号、经营技术及销售总部开发商品的特许权的连锁企业，其纳税地点不变，仍由各独立核算门店分别向所在地主管税务机关申报缴纳增值税。（见《财政部、国家税务总局关于连锁经营企业增值税纳税地点问题的通知》财税字〔1997〕97号）

四、征收机关

增值税由税务局征收，进口货物的增值税由海关代征。

个人携带或者邮寄进境自用物品的增值税，连同关税一并计征。具体办法由国务院关税税则委员会会同有关部门制定。

五、违章处罚

对增值税一般纳税人发生偷税行为，应按以下规定计算确定其增值税偷税额以及补税、罚款：

（一）偷税数额的确定

1. 由于现行增值税制采取购进扣税法计税，一般纳税人有偷税行为，其不报、少报的销项税额或者多报的进项税额，即是其不缴或少缴的应纳增值税额。因此，偷税数额应当按销项税额的不报、少报部分或者进项税额的多报部分确定。如果销项、进项均查有偷税问题，其偷税数额应当为两项偷税数额之和。

2. 纳税人的偷税手段如属账外经营，即购销活动均不入账，其不缴或少缴的应纳增值税额即偷税额为账外经营部分的销项税额抵扣账外经营部分中已销货物进项税额后的余额。已销货物的进项税额按下列公式计算：

已销货物进项税额 = 账外经营部分购货的进项税额 − 账外经营部分存货的进项税额

3. 纳税人账外经营部分的销售额（计税价格）难以核实的，应根据《增值税暂行条例实施细则》第十六条第（三）项规定按组成计税价格核定其销售额。

（二）税款的补征

偷税款的补征入库，应当视纳税人不同情况处理，即根据检查核实后一般纳税人当期全部的销项税额与进项税额（包括当期留抵税额），重新计算当期全部应纳税额，若应纳税额为正数，应当作补税处理，若应纳税额为负数，应当核减期末留抵税额。

（三）罚款

对一般纳税人偷税行为的罚款，应当按照上述规定计算确定偷税数额，以偷税数额为依据处理。（以上内容见《国家税务总局关于增值税一般纳税人发生偷税行为如何确定偷税数额和补税罚款的通知》国税发〔1998〕66号、《国家税务总局关于修改〈国家税务总局关于增值税一般纳税人发生偷税行为如何确定偷税数额和补税罚款的通知〉的通知》国税函〔1999〕739号）

六、退税管理

出口货物退（免）税是指在国际贸易业务中，对报关出口的货物退还在国内各生产环节和流转环节按税法规定已缴纳的增值税和消费税，或免征应缴纳的增值税和消费税。

各国的出口货物退（免）税制度基于国际贸易规则体系和本国税收法律、法规的框架建立。对出口货物实行退（免）税，目的在于鼓励各国出口货物公平竞争，是国家贸易中通常采用并为世界各国普遍接受的一种税收措施。

《增值税暂行条例》第二条第（四）项规定："纳税人出口货物，税率为零"；《消费税暂行条例》第十一条规定："对纳税人出口应税消费品，免征消费税"。

《增值税暂行条例》第二十五条进一步规定，纳税人出口货物适用退（免）税规定的，应当向海关办理出口手续，凭出口报关单等有关凭证，在规定的出口退（免）税申报期内按月向主管税务机关申报办理该项出口货物的退（免）税；境内单位和个人跨境销售服务和无形资产适用退（免）税规定的，应当按期向主管税务机关申报办理退（免）税。具体办法由国务院财政、税务主管部门制定。

出口货物办理退税后发生退货或者退关的，纳税人应当依法补缴已退的税款。

（一）增值税退（免）税办法

适用增值税退（免）税政策的出口货物，按照下列规定实行增值税免抵退税或免退税办法。

1. 免抵退税办法。生产企业出口自产货物和视同自产货物及对外提供加工修理修配劳务，以及列名生产企业出口非自产货物，免征增值税，相应的进项税额抵减应纳增值税额（不包括适用增值税即征即退、先征后退政策的应纳增值税额），未抵减完的部分予以退还。

2. 免退税办法。不具有生产能力的出口企业，即外贸企业，或其他单位出口货物劳务，免征增值税，相应的进项税额予以退还。

（二）增值税免抵退税和免退税的计算

1. 生产企业出口货物增值税免抵退税，依下列步骤计算：

（1）免税。免征出口环节增值税，即出口货物不计算增值税销项税额。

（2）剔税。计算免抵退税当期不得免征和抵扣税额。

当期不得免征和抵扣税额 = 当期出口货物离岸价格 × 外汇人民币折合率 ×（出口货物适用税率 − 出口货物退税率）− 当期不得免征和抵扣税额抵减额

当期不得免征和抵扣税额抵减额 = 当期免税购进原材料价格 ×（出口货物适用税率 − 出口货物退税率）

上述当期不得免征和抵扣税额公式可以简化如下：

当期不得免征和抵扣税额 =（当期出口货物离岸价格 − 当期免税购进原材料价格）× 外汇人民币折合率 ×（出口货物适用税率 − 出口货物退税率）

（3）抵税。计算出口应退税额抵顶内销应纳税额。

当期应纳税额 = 当期内销货物销项税额 −（当期全部进项税额 − 当期不得免征和抵扣税额）− 上期留抵税额

上述公式是为了计算出口企业当期应纳税额，由于国内销售额较少，应纳税额常常为负数，就是所谓的留抵税额；如果应纳税额为正数，则不涉及退税，但涉及免抵税额。

（4）退税。计算抵定后的应退税额。

首先计算免抵退税总额：

当期免抵退税额 = 当期出口货物离岸价格 × 外汇人民币折合率 × 出口货物退税率 − 当期免抵退税额抵减额

当期免抵退税额抵减额 = 当期免税购进原材料价格 × 出口货物退税率

上述公式就是为了计算当期允许退税的最高限额，可以简化如下：

当期免抵退税额 =（当期出口货物离岸价格 − 当期免税购进原材料价格）

× 外汇人民币折合率 × 出口货物退税率

其次计算当期应退税额和免抵税额：

比较应纳税额（绝对值）和免抵退税额，按孰小原则确定应退税额。

①当期期末留抵税额≤当期免抵退税额，则

当期应退税额 = 当期期末留抵税额

当期免抵税额 = 当期免抵退税额 − 当期应退税额

②当期期末留抵税额 > 当期免抵退税额，则

当期应退税额 = 当期免抵退税额

当期免抵税额 =0

当期留抵税额 = 当期期末留抵税额 − 当期应退税额

当期期末留抵税额为当期增值税纳税申报表中“期末留抵税额”。

（5）当期免税购进原材料价格包括当期国内购进的无进项税额且不计提进项税额的免税原材料的价格和当期进料加工保税进口料件的价格，其中当期进料加工保税进口料件的价格为组成计税价格。

当期进料加工保税进口料件的组成计税价格 = 当期进口料件到岸价格 + 海关实征关税

+ 海关实征消费税

①采用“实耗法”的，当期进料加工保税进口料件的组成计税价格为当期进料加工出口货物耗用的进口料件组成计税价格。

②采用“购进法”的，当期进料加工保税进口料件的组成计税价格为当期实际购进的进料加工进口料件的组成计税价格。

2. 外贸企业出口货物增值税免退税，依下列公式计算：

（1）外贸企业出口委托加工修理修配货物以外的货物：

增值税应退税额 = 增值税退（免）税计税依据 × 出口货物退税率

（2）外贸企业出口委托加工修理修配货物：

出口委托加工修理修配货物的增值税应退税额 = 委托加工修理修配的增值税退（免）税计税依据

× 出口货物退税率

3. 退税率低于适用税率的，相应计算出的差额部分的税款计入出口货物劳务成本。

4. 出口企业既有适用增值税免抵退项目，也有增值税即征即退、先征后退项目的，增值税即征即退和先征后退项目不参与出口项目免抵退税计算。出口企业应分别核算增值税免抵退项目和增值税即征即退、先征后退项目，并分别申请享受增值税即征即退、先征后退和免抵退税政策。

用于增值税即征即退或者先征后退项目的进项税额无法划分的，按照下列公式计算：

无法划分进项税额中用于增值税即征即退或者先征后退项目的部分 = 当月无法划分的全部进项税额 × 当月增值税即征即退或者先征后退项目销售额

÷ 当月全部销售额、营业额合计

（以上内容见《财政部、国家税务总局关于出口货物劳务增值税和消费税政策的通知》财税〔2012〕39 号）

有关出口货物增值税、消费税的其他政策规定，参阅《财政部、国家税务总局关于出口货物劳务增值税和消费税政策的通知》财税〔2012〕39 号）；有关出口货物增值税、消费税的管理办法参阅《国家税务总局关于〈出口货物劳务增值税和消费税管理办法〉有关问题的公告》（总局公告 2013 年第 12 号）；有关出口货物劳务增值税的出口退税率参见《财政部、税务总局、海关总署关于深化增值税改革有关政策的公告》（财政部、税务总局、海关总署公告 2019 年第 39 号）。

第四节　专用发票的使用和管理

《增值税暂行条例》第二十一条规定，纳税人发生应税销售行为，应当向索取增值税专用发票的购买方开具增值税专用发票，并在增值税专用发票上分别注明销售额和销项税额。属于下列情形之一的，不得开具增值税专用发票：

1. 应税销售行为的购买方为消费者个人的；

2. 发生应税销售行为适用免税规定的。

以上是《增值税暂行条例》的原则规定。为加强增值税征收管理，规范增值税专用发票使用行为，国家税务总局根据《增值税暂行条例》及其实施细则规定，制订了《增值税专用发票使用规定》。本节内容如无特殊说明，均出自《国家税务总局关于修订〈增值税专用发票使用规定〉的通知》（国税发〔2006〕156 号）。

一、专用发票概述

增值税专用发票，是增值税一般纳税人发生应税销售行为开具的发票，是购买方支付增值税额并可按照增值税有关规定据以抵扣增值税进项税额的凭证。

一般纳税人应通过增值税防伪税控系统使用专用发票。使用包括领购、开具、缴销、认证纸质专用发票及其相应的数据电文。防伪税控系统，是指经国务院同意推行的，使用专用设备和通用设备、运用数字密码和电子存储技术管理专用发票的计算机管理系统。专用设备，是指金税卡、IC 卡、读卡器和其他设备。通用设备，是指计算机、打印机、扫描器具和其他设备。

需要注意的是，税务总局决定自 2015 年 4 月 1 日起在全国范围分步全面推行增值税发票系统升级版（简称新系统）。增值税发票系统升级版是对增值税防伪税控系统、货物运输业增值税专用发票税控系统、稽核系统以及税务数字证书系统等进行整合升级完善。实现纳税人经过税务数字证书安全认证、加密开具的发票数据，通过互联网实时上传税务机关，生成增值税发票电子底账，作为纳税申报、发票数据查验以及税源管理、数据分析利用的依据。增值税发票系统升级版纳税人端税控设备包括金税盘和税控盘。（见《国家税务总局关于全面推行增值税发票系统升级版有关问题的公告》总局公告 2015 年第 19 号）

（一）专用发票的构成及限额管理

1. 专用发票的构成。

专用发票由基本联次或者基本联次附加其他联次构成，基本联次为三联：发票联、抵扣联和记账联。发票联，作为购买方核算采购成本和增值税进项税额的记账凭证；抵扣联，作为购买方报送主管税务机关认证和留存备查的凭证；记账联，作为销售方核算销售收入和增值税销项税额的记账凭证。其他联次用途，由一般纳税人自行确定。

2. 专用发票的限额管理。

增值税专用发票（增值税税控系统）实行最高开票限额管理。最高开票限额，是指单份专用发票的销售额合计数不得达到的上限额度。

最高开票限额由一般纳税人申请，区、县税务机关依法审批。一般纳税人申请最高开票限额时，需填报《增值税专用发票最高开票限额申请单》。主管税务机关受理纳税人申请以后，根据需要进行实地查验。

税务机关应根据纳税人实际生产经营和销售情况进行审批，保证纳税人生产经营的正常需要。

需要注意的是，一般纳税人申请专用发票最高开票限额不超过十万元的，主管税务机关不需事前进行实地查验。各省税务机关可在此基础上适当扩大不需事前实地查验的范围，实地查验的范围和方法由各省税务机关确定。（以上内容见《国家税务总局关于简化增值税发票领用和使用程序有关问题的公告》总局公告2014年第19号、《国家税务总局关于在全国开展营业税改征增值税试点有关征收管理问题的公告》总局公告2013年39号）

（二）专用发票的初始发行

一般纳税人领购专用设备后，凭《最高开票限额申请表》《发票领购簿》到主管税务机关办理初始发行。初始发行，是指主管税务机关将一般纳税人的下列信息载入空白金税卡和IC卡的行为。

1. 企业名称；
2. 税务登记代码；
3. 开票限额；
4. 购票限量；
5. 购票人员姓名、密码；
6. 开票机数量；
7. 国家税务总局规定的其他信息。

一般纳税人发生上列第1、3、4、5、6、7项信息变化，应向主管税务机关申请变更发行；发生第2项信息变化，应向主管税务机关申请注销发行。

（三）专用发票的领用

采用凭票扣税办法计算征收增值税的一般纳税人以及采用简易办法或选择采用简易办法计算征收增值税的一般纳税人，可以领购并自行开具增值税专用发票。

一般纳税人凭《发票领购簿》、IC卡和经办人身份证明领购专用发票。

1. 取消增值税发票（包括增值税专用发票、增值税普通发票和机动车销售统一发票）手工验旧。税务机关应用增值税一般纳税人发票税控系统报税数据，通过信息化手段实现增值税发票验旧工作。

2. 对增值税发票实行分类分级规范化管理，提高工作效率，减少办税环节。

（1）以下纳税人可一次领取不超过3个月的增值税发票用量，纳税人需要调整增值税发票用量，手续齐全的，按照纳税人需要即时办理：

①纳税信用等级评定为A类的纳税人；

②地市税务局确定的纳税信用好，税收风险等级低的其他类型纳税人。

（2）上述纳税人2年内有涉税违法行为、移交司法机关处理记录，或者正在接受税务机关立案稽查的，不适用上述第（1）项规定。

（3）辅导期一般纳税人专用发票限量限额管理工作，按照《增值税一般纳税人纳税辅导期管理办法》有关规定执行。（以上内容见《国家税务总局关于简化增值税发票领用和使用程序有关问题的公告》总局公告2014年第19号）

二、专用发票的开具

（一）专用发票的开具范围

一般纳税人有下列情形之一的，不得领购开具专用发票：

1. 会计核算不健全，不能向税务机关准确提供增值税销项税额、进项税额、应纳税额数据及其他有关增值税税务资料的。上列其他有关增值税税务资料的内容，由省、自治区、直辖市和计划单列市税务局确定。

2. 应当办理一般纳税人资格登记而未办理的。

3. 有《征管法》规定的税收违法行为，拒不接受税务机关处理的。

4. 有下列行为之一，经税务机关责令限期改正而仍未改正的：

（1）虚开增值税专用发票；

（2）私自印制专用发票；

（3）向税务机关以外的单位和个人买取专用发票；

（4）借用他人专用发票；

（5）未按规定开具专用发票；

（6）未按规定保管专用发票和专用设备；

（7）未按规定申请办理防伪税控系统变更发行；

（8）未按规定接受税务机关检查。

有上列情形的，如已领购专用发票，主管税务机关应暂扣其结存的专用发票和税控专用设备。

上述所称未按规定保管专用发票和专用设备，是指下列情形：

（1）未设专人保管专用发票和专用设备；

（2）未按税务机关要求存放专用发票和专用设备；

（3）未将认证相符的专用发票抵扣联、《认证结果通知书》和《认证结果清单》装订成册；

（4）未经税务机关查验，擅自销毁专用发票基本联次。

一般纳税人销售货物或者提供应税劳务，应向购买方开具专用发票。小规模纳税人需要开具专用发票的，原则上向主管税务机关申请代开。纳税人有下列销售情形之一的，不得开具专用发票：

1. 应税销售行为的购买方为消费者个人的。如商业企业一般纳税人零售的烟、酒、食品、服装、鞋帽（不包括劳保专用部分）、化妆品等消费品不得开具专用发票。

2. 发生应税销售行为适用免征增值税规定的，不得开具专用发票，法律、法规及国家税务总局另有规定的除外。

增值税一般纳税人销售免税货物，一律不得开具专用发票（国有粮食购销企业销售免税粮食除外）。如违反规定开具专用发票的，则对其开具的销售额依照增值税适用税率全额征收增值税，不得抵扣进项税额，并按照《中华人民共和国发票管理办法》（简称《发票管理办法》）及其实施细则的有关规定予以处罚。（见《国家税务总局关于加强免征增值税货物专用发票管理的通知》国税函〔2005〕780 号）

3. 关于纳税人销售自己使用过的固定资产。

（1）一般纳税人销售自己使用过的固定资产，凡根据财税〔2008〕170 号文件规定，适用按简易办法依 3% 征收率减按 2% 征收增值税政策的，应开具普通发票，不得开具增值税专用发票。

①2008 年 12 月 31 日以前未纳入扩大增值税抵扣范围试点的纳税人，销售自己使用过的 2008 年 12 月 31 日以前购进或者自制的固定资产，按照 3% 征收率减按 2% 征收增值税；

②2008 年 12 月 31 日以前已纳入扩大增值税抵扣范围试点的纳税人，销售自己使用过的在本地区扩大增值税抵扣范围试点以前购进或者自制的固定资产，按照 3% 征收率减按 2% 征收增值税。

（2）一般纳税人销售自己使用过的属于《增值税暂行条例》第十条规定不得抵扣且未抵扣进项税额的固定资产，按简易办法依 3% 征收率减按 2% 征收增值税，应开具普通发票，不得开具增值税专用发票。《增值税暂行条例》第十条规定内容如下：

①用于简易计税方法计税项目、免征增值税项目、集体福利或者个人消费的购进货物、劳务、服务、无形资产和不动产；

②非正常损失的购进货物，以及相关的劳务和交通运输服务；

③非正常损失的在产品、产成品所耗用的购进货物（不包括固定资产）、劳务和交通运输服务；

④国务院规定的其他项目。

（3）小规模纳税人销售自己使用过的固定资产，应开具普通发票，不得由税务机关代开增值税专用发票。

4. 纳税人销售旧货，应开具普通发票，不得自行开具或者由税务机关代开增值税专用发票。（以上 3、4 项内容见《国家税务总局关于增值税简易征收政策有关管理问题的通知》国税函〔2009〕90 号、《财政部、国家税务总局关于简并增值税征收率政策的通知》财税〔2014〕57 号）

需要注意的是，一般纳税人将货物无偿赠送给他人，如果受赠者为一般纳税人，可以根据受赠者的要求开具专用发票。（见《国家税务总局关于增值税若干征收问题的通知》国税发〔1994〕122 号）

小规模纳税人需要开具专用发票的，可向主管税务机关申请代开。为进一步方便纳税人发票开具和使用，自 2016 年 8 月 1 日起，税务总局在全国范围内陆续开展了对住宿业，鉴证咨询业，建筑业，工业，信息传输、软件和信息技术服务业，科学研究和技术服务业，居民服务、修理和其他服务业等八个行业小规模纳税人自行开具专用发票试点工作。(见《国家税务总局关于扩大小规模纳税人自行开具增值税专用发票试点范围等事项的公告》总局公告 2019 年第 8 号)

需要注意的是，试点纳税人可以选择自行开具增值税专用发票或者向税务机关申请代开。已经选择自行开具增值税专用发票的增值税小规模纳税人，税务机关不再为其代开。但自开发票试点纳税人销售其取得的不动产，需要开具增值税专用发票的，应当按照有关规定向税务机关申请代开。

（二）专用发票的开具要求

专用发票应按下列要求开具：

1. 项目齐全，与实际交易相符；
2. 字迹清楚，不得压线、错格；
3. 发票联和抵扣联加盖发票专用章；
4. 按照增值税纳税义务的发生时间开具。

对不符合上列要求的专用发票，购买方有权拒收。

一般纳税人销售货物或者提供应税劳务可汇总开具专用发票。汇总开具专用发票的，同时使用防伪税控系统开具《销售货物或者提供应税劳务清单》，并加盖发票专用章。

（三）专用发票的作废处理

专用发票的作废处理分符合条件作废和即时作废两种。符合条件作废，是指一般纳税人在开具专用发票当月，发生销货退回、开票有误等情形，收到退回的发票联、抵扣联符合作废条件的；即时作废，是指开具时发现有误的。同时具有下列情形的，为符合作废条件：

1. 收到退回的发票联、抵扣联时间未超过销售方开票当月；
2. 销售方未抄税（报税前用 IC 卡或者 IC 卡和软盘抄取开票数据电文）并且未记账；
3. 购买方未认证或者认证结果为“纳税人识别号认证不符”“专用发票代码、号码认证不符”。

作废专用发票须在防伪税控系统中将相应的数据电文按“作废”处理，在纸质专用发票（含未打印的专用发票）各联次上注明“作废”字样，全联次留存。

（四）红字专用发票开具

增值税一般纳税人开具增值税专用发票后，发生销货退回、开票有误、应税服务终止等情形但不符合作废条件，或者因销货部分退回及发生销售折让应按规定开具红字专用发票。

纳税人销售货物并向购买方开具增值税专用发票后，由于购货方在一定时期内累计购买货物达到一定数量，或者由于市场价格下降等原因，销货方给予购货方相应的价格优惠或补偿等折扣、折让行为，销货方也可按现行规定开具红字增值税专用发票。（见《国家税务总局关于纳税人折扣折让行为开具红字增值税专用发票问题的通知》国税函〔2006〕1279 号）

1. 红字专用发票的开具，应视不同情况分别按以下办法处理：

（1）购买方取得专用发票已用于申报抵扣的，购买方可在增值税发票管理新系统（简称“新系统”）中填开并上传《开具红字增值税专用发票信息表》（简称《信息表》），在填开《信息表》时不填写相对应的蓝字专用发票信息，应暂依《信息表》所列增值税税额从当期进项税额中转出，待取得销售方开具的红字专用发票后，与《信息表》一并作为记账凭证。

购买方取得专用发票未用于申报抵扣、但发票联或抵扣联无法退回的，购买方填开《信息表》时应填写相对应的蓝字专用发票信息。

销售方开具专用发票尚未交付购买方，以及购买方未用于申报抵扣并将发票联及抵扣联退回的，销售方可在新系统中填开并上传《信息表》。销售方填开《信息表》时应填写相对应的蓝字专用发票信息。

（2）主管税务机关通过网络接收纳税人上传的《信息表》，系统自动校验通过后，生成带有“红字发票信息表编号”的《信息表》，并将信息同步至纳税人端系统中。

（3）销售方凭税务机关系统校验通过的《信息表》开具红字专用发票，在新系统中以销项负数开具。红字专用发票应与《信息表》一一对应。

（4）纳税人也可凭《信息表》电子信息或纸质资料到税务机关对《信息表》内容进行系统校验。

2. 税务机关为小规模纳税人代开专用发票，需要开具红字专用发票的，按照一般纳税人开具红字专用发票的方法处理。

3. 纳税人需要开具红字增值税普通发票的，可以在所对应的蓝字发票金额范围内开具多份红字发票。红字机动车销售统一发票需与原蓝字机动车销售统一发票一一对应。

4. 按照《国家税务总局关于纳税人认定或登记为一般纳税人前进项税额抵扣问题的公告》（总局公告 2015 年第 59 号）的规定，需要开具红字专用发票的，按照上述规定执行。（以上内容见《国家税务总局关于红字增值税发票开具有关问题的公告》总局公告 2016 年第 47 号）

三、专用发票数据采集、认证、比对

防伪税控报税子系统和防伪税控认证子系统采集的增值税专用发票存根联数据和抵扣联数据，是增值税计算机稽核系统发票比对的唯一数据来源。

（一）抄税、报税

一般纳税人开具专用发票后，应在增值税纳税申报期内一次或分次向主管税务机关抄税和报税，以便税务机关将专用发票存根联数据采集到防伪税控报税子系统。

1. 抄税，是报税前用 IC 卡或者 IC 卡和软盘抄取开票数据电文。

2. 报税，是纳税人持 IC 卡或者 IC 卡和软盘向税务机关报送开票数据电文。

（1）征收机关采集专用发票存根联数据时，对使用 DOS 版防伪税控开票子系统的企业，必须要求其报送专用发票存根联明细数据软盘和 IC 卡；对使用 Windows 版开票子系统的企业，只要求其报送 IC 卡。

（2）对有主、分开票机且使用 DOS 版开票子系统的企业，征收机关必须要求其报送汇总软盘和汇总的主开票机 IC 卡，或所有软盘（软盘数量不小于开票机数量）和汇总的主开票机 IC 卡；对使用 Windows 版开票子系统的企业，征收机关必须要求其报送所有主、分开票机 IC 卡。

（3）征收机关通过报税子系统，对使用 DOS 版开票子系统企业报送的软盘数据和 IC 卡数据进行核对；对使用 Windows 版企业报送的 IC 卡中明细数据和汇总数据进行核对，两者一致的，存入报税子系统。

3. 不能正常报税的处理。

因 IC 卡、软盘质量等问题无法报税的，应更换 IC 卡、软盘。因硬盘损坏、更换金税卡等原因不能正常报税的，应提供已开具未向税务机关报税的专用发票记账联原件或者复印件，由主管税务机关补采开票数据。在具体处理时，又因开票子系统和产生原因不同，采取不同的处理方法。

（1）征收机关对使用 DOS 版开票子系统企业报送的软盘数据和 IC 卡数据，通过报税子系统核对不一致的，区别不同情况通过报税子系统中的“非常规报税/存根联补录补报”或“非常规报税/软盘补报”采集数据或要求其重新报送软盘。

（2）征收机关对使用 Windows 版开票子系统的企业因更换金税卡或硬盘损坏等原因，不能报税的，区别不同情况通过报税子系统的“非常规报税/存根联补录补报”或者“非常规报税/软盘补报”采集数据。

（3）未申报、逾期申报、漏采及注销或取消的处理。

纳税申报期结束后，征收机关必须运用报税子系统查询未申报企业，并要求其限期报税，以便采集专用发票存根联数据。

在专用发票存根联数据传入稽核系统前，对逾期来报税的企业，可经过报税子系统中的“非常规报税/逾期报税”采集。

征收机关对上月漏采的专用发票存根联数据，必须经过“非常规报税/逾期报税”采集。

对注销或取消增值税一般纳税人资格的企业当月开具的专用发票存根联数据，必须经过“非常规报税/注销一般纳税人资格企业报税”采集。（以上内容见《国家税务总局关于重新修订〈增值税专用发票数据采集管理规定〉的通知》国税发〔2003〕97 号）

（二）认证

认证，是税务机关通过防伪税控系统对专用发票所列数据的识别、确认。认证相符，是指纳税人识别号无误，专用发票所列密文解译后与明文一致。

1. 认证方法。

税务机关运用认证子系统对企业报送的专用发票抵扣联或专用发票抵扣联软盘数据进行识伪认证，认证相符（包括计算机自动认证相符和人工校正认证相符）的，读入认证子系统。税务机关应要求利用软盘认证的企业，认证时必须同时携带专用发票抵扣联原件。

用于抵扣增值税进项税额的专用发票应经税务机关认证相符（国家税务总局另有规定的除外）。认证相符的专用发票应作为购买方的记账凭证，不得退还销售方。

2. 认证异常的处理。

（1）经认证，有下列情形之一的，不得作为增值税进项税额的抵扣凭证，税务机关退还原件，购买方可要求销售方重新开具专用发票。

①无法认证，是指专用发票所列密文或者明文不能辨认，无法产生认证结果。

②纳税人识别号认证不符，是指专用发票所列购买方纳税人识别号有误。

③专用发票代码、号码认证不符，是指专用发票所列密文解译后与明文的代码或者号码不一致。

（2）经认证，有下列情形之一的，暂不得作为增值税进项税额的抵扣凭证，税务机关扣留原件，查明原因，分别情况进行处理。

①重复认证，是指已经认证相符的同一张专用发票再次认证。

②密文有误，是指专用发票所列密文无法解译。

③认证不符，是指纳税人识别号有误，或者专用发票所列密文解译后与明文不一致。不包括“纳税人识别号认证不符”“专用发票代码、号码认证不符”。

④列为失控专用发票，是指认证时的专用发票已被登记为失控专用发票。

（3）专用发票抵扣联无法认证的，可使用专用发票发票联到主管税务机关认证。专用发票发票联复印件留存备查。

专用发票抵扣联无法认证的，可使用专用发票发票联到主管税务机关认证。专用发票发票联复印件留存备查。

需要注意的是，自 2019 年 3 月 1 日起，将取消增值税发票认证的纳税人范围扩大至全部一般纳税人。一般纳税人取得增值税发票（包括增值税专用发票、机动车销售统一发票、收费公路通行费增值税电子普通发票）后，可以自愿使用增值税发票选择确认平台查询、选择用于申报抵扣、出口退税或者代办退税的增值税发票信息。（见《国家税务总局关于扩大小规模纳税人自行开具增值税专用发票试点范围等事项的公告》总局公告 2019 年第 8 号）

（三）比对

申报比对管理是指税务机关以信息化为依托，通过优化整合现有征管信息资源，对增值税纳税申报信息进行票表税比对，并对比对结果进行相应处理。主管税务机关应设置申报异常处理岗，主要负责异常比对结果的核实及相关处理工作。

1. 比对信息范围和内容：

（1）增值税纳税申报表及其附列资料（简称“申报表”）信息。

（2）增值税一般纳税人和小规模纳税人开具的增值税发票信息。

（3）增值税一般纳税人取得的进项抵扣凭证信息。

（4）纳税人税款入库信息。

（5）增值税优惠备案信息。

（6）申报比对所需的其他信息。

比对内容包括表表比对、票表比对和表税比对。表表比对是指申报表表内、表间逻辑关系比对。票表比对是指各类发票、凭证、备案资格等信息与申报表进行比对。表税比对是指纳税人当期申报的应纳税款与当期的实际入库税款进行比对。

2. 申报比对规则。

申报比对规则包括申报表表内表间逻辑关系比对、一般纳税人票表比对、小规模纳税人票表比对、表税比对和申报比对其他规则等五类规则。其中，申报表表内表间逻辑关系比对、一般纳税人票表比对、小规模纳税人票表比对规则为基本规则，表税比对和申报比对其他规则为可选规则。各省税务机关可以在上述比对规则的基础上，根据申报管理的需要自主增加比对规则。

3. 申报比对操作流程。

申报比对环节可以设置在事中或者事后，由省税务机关根据申报管理需要进行确定。主管税务机关通过征管信息系统或网上申报系统进行申报比对，并根据比对结果分别采取以下处理流程：

（1）申报比对相符。申报比对相符后，主管税务机关对纳税人税控设备进行解锁。

（2）申报比对不相符。申报比对不相符的，向纳税人反馈比对不相符的内容，并按照下列流程进行处理：

①申报比对不符的，除符合本项第②点情形外，暂不对其税控设备进行解锁，并将异常比对结果转交申报异常处理岗。

②纳税人仅因为相关资格尚未备案，造成比对不符的，应当对税控设备进行解锁。

③异常比对结果经申报异常处理岗核实可以解除异常的，对纳税人税控设备进行解锁；核实后仍不能解除异常的，不得对税控设备解锁，由税源管理部门继续核实处理。

④异常比对结果经税源管理部门核实可以解除异常的，对纳税人税控设备进行解锁。核实后发现涉嫌虚开发票等严重涉税违法行为，经稽查部门分析判断认为需要稽查立案的，转交稽查部门处理，经处理可以解除异常的，对纳税人税控设备进行解锁。

⑤异常比对结果的处理期限，由主管税务机关根据实际情况确定。（以上内容见《国家税务总局关于印发〈增值税纳税申报比对管理操作规程（试行）〉的通知》税总发〔2017〕124号）

四、专用发票缴销

专用发票的缴销，是指主管税务机关在纸质专用发票监制章处按“V”字形剪角作废，同时作废相应的专用发票数据电文。

一般纳税人注销税务登记或者转为小规模纳税人，应将专用设备和结存未用的纸质专用发票送交主管税务机关。主管税务机关应缴销其专用发票，并按有关安全管理的要求处理专用设备。

被缴销的纸质专用发票应退还纳税人。

五、丢失、虚开、失控发票处理

（一）丢失已开具发票

作为购买方的一般纳税人丢失已开具的专用发票，应视丢失的专用发票联次及认证情况，分别按以下办法处理。

1. 一般纳税人丢失已开具专用发票的发票联和抵扣联，如果丢失前已认证相符的，购买方可凭销售方提供的相应专用发票记账联复印件及销售方主管税务机关出具的《丢失增值税专用发票已报税证明单》（简称《证明单》），作为增值税进项税额的抵扣凭证；如果丢失前未认证的，购买方凭销售方提供的相应专用发票记账联复印件进行认证，认证相符的可凭专用发票记账联复印件及销售方主管税务机关出具的《证明单》，作为增值税进项税额的抵扣凭证。专用发票记账联复印件和《证明单》留存备查。

2. 一般纳税人丢失已开具专用发票的抵扣联，如果丢失前已认证相符的，可使用专用发票发票联复印件留存备查；如果丢失前未认证的，可使用专用发票发票联认证，专用发票发票联复印件留存备查。

3. 一般纳税人丢失已开具专用发票的发票联，可将专用发票抵扣联作为记账凭证，专用发票抵扣联复印件留存备查。（以上内容见《国家税务总局关于简化增值税发票领用和使用程序有关问题的公告》总局公告2014年第19号）

需要注意的是，为方便纳税人，税务总局决定取消纳税人的增值税专用发票发生被盗、丢失时必须统一在《中国税务报》上刊登“遗失声明”的规定。上述规定取消后，发生发票被盗、丢失情形时，使用发票的单位和个人应当于发现被盗、丢失当日书面报告税务机关，并登报声明作废。（见《国家税务总局关于被盗、丢失增值税专用发票有关问题的公告》总局公告2016年第50号、《中华人民共和国发票管理办法实施细则》总局令第25号公布，总局令第37号修改）

（二）虚开专用发票

1. 虚开专用发票概述。

根据《发票管理办法》第二十二条的规定，虚开发票是指下列行为：

（1）为他人、为自己开具与实际经营业务情况不符的发票；

（2）让他人为自己开具与实际经营业务情况不符的发票；

（3）介绍他人开具与实际经营业务情况不符的发票。

按照最高人民法院的司法解释（法发〔1996〕30号、国税发〔1996〕210号予以转发），具有下列行为之一的，属于虚开增值税专用发票：

（1）没有货物购销或者没有提供或接受应税劳务而为他人、为自己、让他人为自己、介绍他人开具增值税专用发票；

（2）有货物购销或者提供或接受了应税劳务但为他人、为自己、让他人为自己、介绍他人开具数量或者金额不实的增值税专用发票；

（3）进行了实际经营活动，但让他人为自己代开增值税专用发票。

需要注意的是，纳税人通过虚增增值税进项税额偷逃税款，但对外开具增值税专用发票同时符合以下情形的，不属于对外虚开增值税专用发票：

（1）纳税人向受票方纳税人销售了货物，或者提供了增值税应税劳务、应税服务；

（2）纳税人向受票方纳税人收取了所销售货物、所提供应税劳务或者应税服务的款项，或者取得了索取销售款项的凭据；

（3）纳税人按规定向受票方纳税人开具的增值税专用发票相关内容，与所销售货物、所提供应税劳务或者应税服务相符，且该增值税专用发票是纳税人合法取得、并以自己名义开具的。

受票方纳税人取得的符合上述情形的增值税专用发票，可以作为增值税扣税凭证抵扣进项税额。（以上内容见《国家税务总局关于纳税人对外开具增值税专用发票有关问题的公告》总局公告2014年第39号）

2. 虚开增值税专用发票征补税款。

（1）纳税人虚开增值税专用发票，未就其虚开金额申报并缴纳增值税的，应按照其虚开金额补缴增值税；已就其虚开金额申报并缴纳增值税的，不再按照其虚开金额补缴增值税。

（2）税务机关对纳税人虚开增值税专用发票的行为，应按《征管法》及《发票管理办法》的有关规定给予处罚。

（3）纳税人取得虚开的增值税专用发票，不得作为增值税合法有效的扣税凭证抵扣其进项税额。（以上内容见《国家税务总局关于纳税人虚开增值税专用发票征补税款问题的公告》总局公告2012年第33号）

3. 虚开增值税专用发票的法律后果。

（1）受票方利用他人虚开的专用发票，向税务机关申报抵扣税款进行偷税的，应当依照《征管法》追缴其所偷税款、滞纳金，并处偷税数额50%以上5倍以下的罚款；进项税额大于销项税额的，还应当调减其留抵的进项税额。受票方利用虚开的专用发票进行骗取出口退税的，应当依法追缴其骗取的退税税款，并处骗取税款1倍以上5倍以下的罚款。

（2）在货物交易中，购货方从销售方取得第三方开具的专用发票，或者从销货地以外的地区取得专用发票，向税务机关申报抵扣税款或者申请出口退税的，应当按偷税、骗取出口退税处理，依照《征管法》及有关规定追缴税款，处以偷税、骗税数额5倍以下的罚款。

（3）纳税人取得虚开专用发票未申报抵扣税款，或者未申请出口退税的，应当依照《发票管理办法》及有关规定，由税务机关没收违法所得；虚开或代开金额在1万元以下的，可以并处5万元以下的罚款；虚开或代开金额超过1万元的，并处5万元以上50万元以下的罚款。但知道或者应当知道取得的是虚开的专用发票，或者让他人为自己提供虚开的专用发票的，应当从重处罚。

（4）虚开专用发票或者利用虚开专用发票进行偷税、骗税，构成犯罪的，税务机关依法进行追缴税款等行政处罚，并移送司法机关按全国人大常委会发布的《关于惩治虚开、伪造和非法出售增值税专用发票犯罪的决定》（主席令1995年第57号）和《中华人民共和国刑法》（简称《刑法》）的有关规定追究刑事责任。（以上内容见《国家税务总局关于纳税人取得虚开的增值税专用发票处理问题的通知》国税发〔1997〕134号）

需要注意的是，上述关于虚开增值税专用发票的法律后果，根据新修订的《征管法》和《发票管理办法》进行了修改。

（三）善意取得虚开的专用发票

1. 善意取得专用发票。

购货方善意取得虚开增值税专用发票，应同时具备以下特征：

（1）购货方与销售方存在真实的交易；

（2）销售方使用的是其所在省（自治区、直辖市和计划单列市）的专用发票；

（3）专用发票注明的销售方名称、印章、货物数量、金额及税额等全部内容与实际相符；

（4）没有证据表明购货方知道销售方提供的专用发票是以非法手段获得的。

2. 善意取得虚开专用发票的处理。

在购货方（受票方）不知道取得的专用发票是销售方虚开的情况下，对购货方应按下列原则处理：

（1）对购货方不以偷税或者骗取出口退税论处。

（2）虚开发票所标明的增值税款不予抵扣进项税款或者不予出口退税；购货方已经抵扣的进项税款或者取得的出口退税，应依法追缴。

（3）如能重新取得合法、有效的专用发票，准许其抵扣进项税款；如不能重新取得合法、有效的专用发票，不准其抵扣进项税款或追缴其已抵扣的进项税款。

（4）因善意取得虚开的增值税专用发票被依法追缴已抵扣税款的，不再加收滞纳金。（以上内容见《国家税务总局关于纳税人善意取得虚开的增值税专用发票处理问题的通知》国税发〔2000〕187号、《国家税务总局关于纳税人善意取得虚开增值税专用发票已抵扣税款加收滞纳金问题的批复》国税函〔2007〕1240号）

3. 不属于善意取得虚开专用发票的处理。

有下列情形之一的，无论购货方（受票方）与销售方是否进行了实际的交易，增值税专用发票所注明的数量、金额与实际交易是否相符，均不属于善意取得专用发票。

（1）购货方取得的增值税专用发票所注明的销售方名称、印章与其进行实际交易的销售方不符的，即“购货方从销售方取得第三方开具的专用发票”。

（2）购货方取得的增值税专用发票为销售方所在省（自治区、直辖市和计划单列市）以外地区的，即“从销货地以外的地区取得专用发票”。

（3）其他有证据表明购货方明知取得的增值税专用发票系销售方以非法手段获得的，即“受票方利用他人虚开的专用发票向税务机关申报抵扣税款进行偷税”。

对于购货方不属于善意取得虚开增值税专用发票的，应按前述取得虚开专用发票有关情况作出相应处理。（以上内容见《国家税务总局关于〈国家税务总局关于纳税人取得虚开的增值税专用发票处理问题的通知〉的补充通知》国税发〔2000〕182号）

（四）失控专用发票

1. 非正常户开具增值税发票认定处理。

在税务机关按非正常户登记失控增值税专用发票后，增值税一般纳税人又向税务机关申请防伪税控报税的，其主管税务机关可以通过防伪税控报税子系统的逾期报税功能受理报税。

购买方主管税务机关对认证发现的失控发票，应按照规定移交稽查部门组织协查。属于销售方已申报并缴纳税款的，可由销售方主管税务机关出具书面证明，并通过协查系统回复购买方主管税务机关，该失控发票可作为购买方抵扣增值税进项税额的凭证。

外贸企业取得国税函〔2008〕607号文件规定的失控增值税专用发票，销售方已申报并缴纳税款的，可由销售方主管税务机关出具书面证明，并通过协查系统回复外贸企业主管税务机关。该失控发票可作为外贸企业申请办理出口退税的凭证，主管税务机关审核退税时可不比对该失控发票的电子信息。（以上内容见《国家税务总局关于失控增值税专用发票处理的批复》国税函〔2008〕607号、《国家税务总局关于销货方已经申报并缴纳税款的失控增值税专用发票办理出口退税问题的批复》国税函〔2008〕1009号）

2. 走逃（失联）企业开具增值税专用发票认定处理。

走逃（失联）企业，是指不履行税收义务并脱离税务机关监管的企业。根据税务登记管理有关规定，税务机关通过实地调查、电话查询、涉税事项办理核查以及其他征管手段，仍对企业和企业相关人员查无下落的，或虽然可以联系到企业代理记账、报税人员等，但其并不知情也不能联系到企业实际控制人的，可以判定该企业为走逃（失联）企业。

走逃（失联）企业开具增值税专用发票的处理：

（1）走逃（失联）企业存续经营期间发生下列情形之一的，所对应属期开具的增值税专用发票列入异常增值税扣税凭证（简称“异常凭证”）范围。

①商贸企业购进、销售货物名称严重背离的；生产企业无实际生产加工能力且无委托加工，或生产能耗与销售情况严重不符，或购进货物并不能直接生产其销售的货物且无委托加工的。

②直接走逃失踪不纳税申报，或虽然申报但通过填列增值税纳税申报表相关栏次，规避税务机关审核比对，进行虚假申报的。

（2）增值税一般纳税人取得异常凭证，尚未申报抵扣或申报出口退税的，暂不允许抵扣或办理退税；已经申报抵扣的，一律先作进项税额转出；已经办理出口退税的，税务机关可按照异常凭证所涉及的退税额对该企业其他已审核通过的应退税款暂缓办理出口退税，无其他应退税款或应退税款小于涉及退税额的，可由出口企业提供差额部分的担保。经核实，符合现行增值税进项税额抵扣或出口退税相关规定的，企业可继续申报抵扣，或解除担保并继续办理出口退税。

（3）异常凭证由开具方主管税务机关推送至接受方所在地税务机关进行处理，具体操作规程另行明确。（以上内容见《国家税务总局关于走逃（失联）企业开具增值税专用发票认定处理有关问题的公告》总局公告2016年第76号、《国家税务总局关于印发〈异常增值税扣税凭证处理操作规程（试行）〉的通知》税总发〔2017〕46号）

六、辅导期专用发票使用

主管税务机关可以在一定期限内对符合规定条件新认定为一般纳税人的小型商贸批发企业和国家税务总局规定的其他一般纳税人实行纳税辅导期管理。

（一）限量限额发售

1. 辅导期纳税人专用发票的领购实行按次限量控制，主管税务机关可根据纳税人的经营情况核定每次专用发票的供应数量，但每次发售专用发票数量不得超过25份。

2. 辅导期纳税人领购的专用发票未使用完而再次领购的，主管税务机关发售专用发票的份数不得超过核定的每次领购专用发票份数与未使用完的专用发票份数的差额。

3. 实行纳税辅导期管理的小型商贸批发企业，领购专用发票的最高开票限额不得超过 10 万元；其他一般纳税人专用发票最高开票限额应根据企业实际经营情况重新核定。

（二）增购预征

辅导期纳税人一个月内多次领购专用发票的，应从当月第二次领购专用发票起，按照上一次已领购并开具的专用发票销售额的 3% 预缴增值税。未预缴增值税的，主管税务机关不得向其发售专用发票。

预缴增值税时，纳税人应提供已领购并开具的专用发票记账联，主管税务机关根据其提供的专用发票记账联计算应预缴的增值税。

辅导期纳税人按规定预缴的增值税可在本期增值税应纳税额中抵减，抵减后预缴增值税仍有余额的，可抵减下期再次领购专用发票时应当预缴的增值税。

纳税辅导期结束后，纳税人因增购专用发票发生的预缴增值税有余额的，主管税务机关应在纳税辅导期结束后的第一个月内，一次性退还纳税人。

辅导期纳税人取得的增值税专用发票抵扣联、海关进口增值税专用缴款书应当在交叉稽核比对无误后，方可抵扣进项税额。（以上内容见《国家税务总局关于印发〈增值税一般纳税人纳税辅导期管理办法〉的通知》国税发〔2010〕40 号）

七、代开专用发票

（一）代开专用发票范围

代开专用发票是指已办理税务登记的小规模纳税人（包括个体工商户）以及国家税务总局确定的其他可予代开增值税专用发票的纳税人，在发生增值税应税行为，需要开具专用发票时，主管税务机关为其开具专用发票。除了税务机关，其他单位和个人不得代开专用发票。主管税务机关应在一个窗口设立代开专用发票岗位和税款征收岗位，并分别确定专人负责代开专用发票和税款征收工作。

（二）代开专用发票的要求

增值税纳税人发生增值税应税行为、需要开具专用发票时，可向其主管税务机关申请代开。

1. 凡税务机关代开增值税专用发票必须通过防伪税控系统开具，通过防伪税控报税子系统采集代开增值税专用发票开具信息。

2. 纳税人申请代开专用发票流程：

①提交《代开增值税发票缴纳税款申报单》。

②自然人申请代开发票，提交身份证件及复印件；其他纳税人申请代开发票，提交加载统一社会信用代码的营业执照（或税务登记证或组织机构代码证）、经办人身份证件及复印件。

③在同一窗口缴纳增值税等税费。

④到指定窗口凭相关缴纳税费证明领取发票。

征收岗位按专用发票上注明的税额全额申报缴纳税款。

3. 对实行定期定额征收方法的纳税人正常申报时，按以下方法进行清算：

（1）每月开票金额大于应征增值税税额的，以开票金额数为依据征收税款，并作为下一年度核定定期定额的依据。

（2）每月开票金额小于应征增值税税额的，按应征增值税税额数征收税款。

4. 税务机关代开专用发票时填写有误的，应及时在防伪税控代开票系统中作废，重新开具。代开专用发票后发生退票的，税务机关应按照增值税一般纳税人作废或开具负数专用发票的有关规定进行处理。对需要重新开票的，税务机关应同时进行新开票税额与原开票税额的清算，多退少补；对无需重新开票的，按有关规定退还增值税纳税人已缴的税款或抵顶下期正常申报税款。

5. 对小规模纳税人代开发票的要求：

（1）主管税务机关为小规模纳税人（包括小规模纳税人中的企业、企业性单位及其他小规模纳税人）代开专用发票，应在专用发票"单价"栏和"金额"栏分别填写不含增值税税额的单价和销售额；"税率"栏填写增值税征收率3%；"税额"栏填写按销售额依照征收率计算的增值税税额。增值税一般纳税人取得由税务机关代开的专用发票后，应以专用发票上填写的税额为进项税额。

（2）主管税务机关为小规模纳税人代开专用发票时，按代开的专用发票上注明的税额即时征收增值税。

（3）要对小规模纳税人申报的应纳税销售额进行审核，其当期申报的应纳税销售额不得小于税务机关为其代开的增值税专用发票上所注明的金额。

（4）主管税务机关为小规模纳税人代开专用发票后，发生退票的，可比照增值税一般纳税人开具专用发票后作废或开具红字发票的有关规定处理。（以上内容见《国家税务总局关于印发〈税务机关代开增值税专用发票管理办法（试行）〉的通知》国税发〔2004〕153号、《国家税务总局关于加强税务机关代开增值税专用发票管理问题的通知》国税函〔2004〕1404号、《国家税务总局关于取消小规模企业销售货物或应税劳务由税务所代开增值税专用发票审批后有关问题的通知》国税函〔2004〕895号、《国家税务总局关于纳税人申请代开增值税发票办理流程的公告》总局公告2016年第59号）

6. 货物运输业小规模纳税人申请代开专用发票。

货物运输业小规模纳税人在境内提供公路或内河货物运输服务，需要开具增值税专用发票的，可在税务登记地、货物起运地、货物到达地或运输业务承揽地（含互联网物流平台所在地）中任何一地，就近向税务机关申请代开增值税专用发票。

（1）适用的纳税人为在中国境内提供公路货物运输和内河货物运输的小规模纳税人，且具备相关运输资格并已纳入税收管理。纳税人应将营运资质和营运机动车、船舶信息向主管税务机关进行备案。

（2）纳税人在申请代开专用发票时，应向代开单位全额缴纳增值税；后续发生填写错误、服务中止、折让等情形，需要办理作废、红冲、重开、退税等事宜，应由原代开单位予以办理。（以上内容见《国家税务总局关于发布〈货物运输业小规模纳税人申请代开增值税专用发票管理办法〉的公告》总局公告2017年第55号）

第五节 会计处理与实务

一、会计科目及专栏设置

增值税一般纳税人应当在“应交税费”科目下设置“应交增值税”“未交增值税”“预交增值税”“待抵扣进项税额”“待认证进项税额”“待转销项税额”“增值税留抵税额”“简易计税”“转让金融商品应交增值税”“代扣代交增值税”等明细科目。

（一）“应交增值税”明细科目

增值税一般纳税人应在“应交增值税”明细账内设置“进项税额”“销项税额抵减”“已交税金”“转出未交增值税”“减免税款”“出口抵减内销产品应纳税额”“销项税额”“出口退税”“进项税额转出”“转出多交增值税”等专栏。其中：

1. “进项税额”专栏，记录一般纳税人购进货物、加工修理修配劳务、服务、无形资产或不动产而支付或负担的、准予从当期销项税额中抵扣的增值税额；

2. “销项税额抵减”专栏，记录一般纳税人按照现行增值税制度规定因扣减销售额而减少的销项税额；

3. “已交税金”专栏，记录一般纳税人当月已交纳的应交增值税额；

4. “转出未交增值税”和“转出多交增值税”专栏，分别记录一般纳税人月度终了转出当月应交未交或多交的增值税额；

5. “减免税款”专栏，记录一般纳税人按现行增值税制度规定准予减免的增值税额；

6. “出口抵减内销产品应纳税额”专栏，记录实行“免、抵、退”办法的一般纳税人按规定计算的出口货物的进项税抵减内销产品的应纳税额；

7. “销项税额”专栏，记录一般纳税人销售货物、加工修理修配劳务、服务、无形资产或不动产应收取的增值税额；

8. “出口退税”专栏，记录一般纳税人出口货物、加工修理修配劳务、服务、无形资产按规定退回的增值税额；

9. “进项税额转出”专栏，记录一般纳税人购进货物、加工修理修配劳务、服务、无形资产或不动产等发生非正常损失以及其他原因而不应从销项税额中抵扣、按规定转出的进项税额。

（二）“未交增值税”明细科目

“未交增值税”明细科目，核算一般纳税人月度终了从“应交增值税”或“预交增值税”明细科目转入当月应交未交、多交或预缴的增值税额，以及当月交纳以前期间未交的增值税额。

（三）“预交增值税”明细科目

“预交增值税”明细科目，核算一般纳税人转让不动产、提供不动产经营租赁服务、提供建筑服务、采用预收款方式销售自行开发的房地产项目等，以及其他按现行增值税制度规定应预缴的增值税额。

（四）“待抵扣进项税额”明细科目

“待抵扣进项税额”明细科目，核算一般纳税人已取得增值税扣税凭证并经税务机关认证，按照现行增值税制度规定准予以后期间从销项税额中抵扣的进项税额。包括：一般纳税人自 2016 年 5 月 1 日后取得并按固定资产核算的不动产或者 2016 年 5 月 1 日后取得的不动产在建工程，按现行增值税制度规定准予以后期间从销项税额中抵扣的进项税额；实行纳税辅导期管理的一般纳税人取得的尚未交叉稽核比对的增值税扣税凭证上注明或计算的进项税额。

（五）“待认证进项税额”明细科目

“待认证进项税额”明细科目，核算一般纳税人由于未经税务机关认证而不得从当期销项税额中抵扣的进项税额。包括一般纳税人已取得增值税扣税凭证、按照现行增值税制度规定准予从销项税额中抵扣，但尚未经税务机关认证的进项税额；一般纳税人已申请稽核但尚未取得稽核相符结果的海关缴款书进项税额。

（六）“待转销项税额”明细科目

“待转销项税额”明细科目，核算一般纳税人销售货物、加工修理修配劳务、服务、无形资产或不动产，已确认相关收入（或利得）但尚未发生增值税纳税义务而需于以后期间确认为销项税额的增值税额。

（七）“增值税留抵税额”明细科目

“增值税留抵税额”明细科目，核算兼有销售服务、无形资产或者不动产的原增值税一般纳税人，截止到纳入营改增试点之日前的增值税期末留抵税额按照现行增值税制度规定不得从销售服务、无形资产或不动产的销项税额中抵扣的增值税留抵税额。

（八）“简易计税”明细科目

“简易计税”明细科目，核算一般纳税人采用简易计税方法发生的增值税计提、扣减、预缴、缴纳等业务。

（九）“转让金融商品应交增值税”明细科目

“转让金融商品应交增值税”明细科目，核算增值税纳税人转让金融商品发生的增值税额。

（十）“代扣代交增值税”明细科目

“代扣代交增值税”明细科目，核算纳税人购进在境内未设经营机构的境外单位或个人在境内的应税行为代扣代缴的增值税。

小规模纳税人只需在“应交税费”科目下设置“应交增值税”明细科目，不需要设置上述专栏及除“转让金融商品应交增值税”“代扣代交增值税”外的明细科目。

二、账务处理

（一）取得资产或接受劳务等业务的账务处理

1. 采购等业务进项税额允许抵扣的账务处理。一般纳税人购进货物、加工修理修配劳务、服务、无形资产或不动产，按应计入相关成本费用或资产的金额，借记“在途物资”或“原材料”“库存商品”“生产成本”“无形资产”“固定资产”“管理费用”等科目，按当月已认证的可抵扣增值税额，借记“应交税费——应交增值税（进项税额）”科目，按当月未认证的可抵扣增值税额，借记“应交税费——待认证进项税额”科目，按应付或实际支付的金额，贷记“应付账款”“应付票据”“银行存款”等科目。发生退货的，如原增值税专用发票已做认证，应根据税务机关开具的红字增值税专用发票做相反的会计分录；如原增值税专用发票未做认证，应将发票退回并做相反的会计分录。

2. 采购等业务进项税额不得抵扣的账务处理。一般纳税人购进货物、加工修理修配劳务、服务、无形资产或不动产，用于简易计税方法计税项目、免征增值税项目、集体福利或个人消费等，其进项税额按照现行增值税制度规定不得从销项税额中抵扣的，取得增值税专用发票时，应借记相关成本费用或资产科目，借记“应交税费——待认证进项税额”科目，贷记“银行存款”“应付账款”等科目，经税务机关认证后，应借记相关成本费用或资产科目，贷记“应交税费——应交增值税（进项税额转出）”科目。

3. 购进不动产或不动产在建工程按规定进项税额分年抵扣的账务处理。一般纳税人自2016年5月1日后取得并按固定资产核算的不动产或者2016年5月1日后取得的不动产在建工程，其进项税额按现行增值税制度规定自取得之日起分2年从销项税额中抵扣的，应当按取得成本，借记“固定资产”“在建工程”等科目，按当期可抵扣的增值税额，借记“应交税费——应交增值税（进项税额）”科目，按以后期间可抵扣的增值税额，借记“应交税费——待抵扣进项税额”科目，按应付或实际支付的金额，贷记“应付账款”“应付票据”“银行存款”等科目。尚未抵扣的进项税额待以后期间允许抵扣时，按允许抵扣的金额，借记“应交税费——应交增值税（进项税额）”科目，贷记“应交税费——待抵扣进项税额”科目。

4. 货物等已验收入库但尚未取得增值税扣税凭证的账务处理。一般纳税人购进的货物等已到达并验收入库，但尚未收到增值税扣税凭证并未付款的，应在月末按货物清单或相关合同协议上的价格暂估入账，不需要将增值税的进项税额暂估入账。下月初，用红字冲销原暂估入账金额，待取得相关增值税扣税凭证并经认证后，按应计入相关成本费用或资产的金额，借记“原材料”“库存商品”“固定资产”“无形资产”等科目，按可抵扣的增值税额，借记“应交税费——应交增值税（进项税额）”科目，按应付金额，贷记“应付账款”等科目。

5. 小规模纳税人采购等业务的账务处理。小规模纳税人购买物资、服务、无形资产或不动产，取得增值税专用发票上注明的增值税应计入相关成本费用或资产，不通过“应交税费——应交增值税”科目核算。

6. 购买方作为扣缴义务人的账务处理。按照现行增值税制度规定，境外单位或个人在境内发生应税行为，在境内未设有经营机构的，以购买方为增值税扣缴义务人。境内一般纳税人购进服务、无形资产或不动产，按应计入相关成本费用或资产的金额，借记“生产成本”“无形资产”“固定资产”“管理费用”等科目，按可抵扣的增值税额，借记“应交税费——进项税额”科目（小规模纳税人应借记相关成本费用或资产科目），按应付或实际支付的金额，贷记“应付账款”等科目，按应代扣代缴的增值税额，贷记“应交税费——代扣代交增值税”科目。实际缴纳代扣代缴增值税时，按代扣代缴的增值税额，借记“应交税费——代扣代交增值税”科目，贷记“银行存款”科目。

（二）销售等业务的账务处理

1. 销售业务的账务处理。企业销售货物、加工修理修配劳务、服务、无形资产或不动产，应当按应收或已收的金额，借记“应收账款”“应收票据”“银行存款”等科目，按取得的收入金额，贷记“主营业务收入”“其他业务收入”“固定资产清理”“工程结算”等科目，按现行增值税制度规定计算的销项税额（或采用简易计税方法计算的应纳增值税额），贷记“应交税费——应交增值税（销项税额）”或“应交税费——简易计税”科目（小规模纳税人应贷记“应交税费——应交增值税”科目）。发生销售退回的，应根据按规定开具的红字增值税专用发票做相反的会计分录。

按照国家统一的会计制度确认收入或利得的时点早于按照增值税制度确认增值税纳税义务发生时点的，应将相关销项税额计入“应交税费——待转销项税额”科目，待实际发生纳税义务时再转入“应交税费——应交增值税（销项税额）”或“应交税费——简易计税”科目。

按照增值税制度确认增值税纳税义务发生时点早于按照国家统一的会计制度确认收入或利得的时点的，应将应纳增值税额，借记“应收账款”科目，贷记“应交税费——应交增值税（销项税额）”或“应交税费——简易计税”科目，按照国家统一的会计制度确认收入或利得时，应按扣除增值税销项税额后的金额确认收入。

2. 视同销售的账务处理。企业发生税法上视同销售的行为，应当按照企业会计准则制度相关规定进行相应的会计处理，并按照现行增值税制度规定计算的销项税额（或采用简易计税方法计算的应纳增值税额），借记“应付职工薪酬”“利润分配”等科目，贷记“应交税费——应交增值税（销项税额）”或“应交税费——简易计税”科目（小规模纳税人应记入“应交税费——应交增值税”科目）。

3. 全面试行营业税改征增值税前已确认收入，此后产生增值税纳税义务的账务处理。企业营业税改征增值税前已确认收入，但因未产生营业税纳税义务而未计提营业税的，在达到增值税纳税义务时点时，企业应在确认应交增值税销项税额的同时冲减当期收入；已经计提营业税且未缴纳的，在达到增值税纳税义务时点时，应借记“应交税费——应交营业税”“应交税费——应交城市维护建设税”“应交税费——应交教育费附加”等科目，贷记“主营业务收入”科目，并根据调整后的收入计算确定记入“应交税费——待转销项税额”科目的金额，同时冲减收入。

全面试行营业税改征增值税后，“营业税金及附加”科目名称调整为“税金及附加”科目，该科目核算企业经营活动发生的消费税、城市维护建设税、资源税、教育费附加及房产税、土地使用税、车船使用税、印花税等相关税费；利润表中的“营业税金及附加”项目调整为“税金及附加”项目。

（三）差额征税的账务处理

1. 企业发生相关成本费用允许扣减销售额的账务处理。按现行增值税制度规定企业发生相关成本费用允许扣减销售额的，发生成本费用时，按应付或实际支付的金额，借记“主营业务成本”“存货”“工程施工”等科目，贷记“应付账款”“应付票据”“银行存款”等科目。待取得合规增值税扣税凭证且纳税义务发生时，按照允许抵扣的税额，借记“应交税费——应交增值税（销项税额抵减）”或“应交税费——简易计税”科目（小规模纳税人应借记“应交税费——应交增值税”科目），贷记“主营业务成本”“存货”“工程施工”等科目。

2. 金融商品转让按规定以盈亏相抵后的余额作为销售额的账务处理。金融商品实际转让月末，如产生转让收益，则按应纳税额借记“投资收益”等科目，贷记“应交税费——转让金融商品应交增值税”科目；如产生转让损失，则按可结转下月抵扣税额，借记“应交税费——转让金融商品应交增值税”科目，贷记“投资收益”等科目。缴纳增值税时，应借记“应交税费——转让金融商品应交增值税”科目，贷记“银行存款”科目。年末，本科目如有借方余额，则借记“投资收益”等科目，贷记“应交税费——转让金融商品应交增值税”科目。

（四）出口退税的账务处理

为核算纳税人出口货物应收取的出口退税款，设置“应收出口退税款”科目，该科目借方反映销售出口货物按规定向税务机关申报应退回的增值税、消费税等，贷方反映实际收到的出口货物应退回的增值税、消费税等。期末借方余额，反映尚未收到的应退税额。

1. 未实行“免、抵、退”办法的一般纳税人出口货物按规定退税的，按规定计算的应收出口退税额，借记“应收出口退税款”科目，贷记“应交税费——应交增值税（出口退税）”科目，收到出口退税时，借记“银行存款”科目，贷记“应收出口退税款”科目；退税额低于购进时取得的增值税专用发票上的增值税额的差额，借记“主营业务成本”科目，贷记“应交税费——应交增值税（进项税额转出）”科目。

2. 实行“免、抵、退”办法的一般纳税人出口货物，在货物出口销售后结转产品销售成本时，按规定计算的退税额低于购进时取得的增值税专用发票上的增值税额的差额，借记“主营业务成本”科目，贷记“应交税费——应交增值税（进项税额转出）”科目；按规定计算的当期出口货物的进项税抵减内销产品的应纳税额，借记“应交税费——应交增值税（出口抵减内销产品应纳税额）”科目，贷记“应交税费——应交增值税（出口退税）”科目。在规定期限内，内销产品的应纳税额不足以抵减出口货物的进项税额，不足部分按有关税法规定给予退税的，应在实际收到退税款时，借记“银行存款”科目，贷记“应交税费——应交增值税（出口退税）”科目。

（五）进项税额抵扣情况发生改变的账务处理

因发生非正常损失或改变用途等，原已计入进项税额、待抵扣进项税额或待认证进项税额，但按现行增值税制度规定不得从销项税额中抵扣的，借记“待处理财产损溢”“应付职工薪酬”“固定资产”“无形资产”等科目，贷记“应交税费——应交增值税（进项税额转出）”“应交税费——待抵扣进项税额”或“应交税费——待认证进项税额”科目；原不得抵扣且未抵扣进项税额的固定资产、无形资产等，因改变用途等用于允许抵扣进项税额的应税项目的，应按允许抵扣的进项税额，借记“应交税费——应交增值税（进项税额）”科目，贷记“固定资产”“无形资产”等科目。固定资产、无形资产等经上述调整后，应按调整后的账面价值在剩余尚可使用寿命内计提折旧或摊销。

一般纳税人购进时已全额计提进项税额的货物或服务等转用于不动产在建工程的，对于结转以后期间的进项税额，应借记“应交税费——待抵扣进项税额”科目，贷记“应交税费——应交增值税（进项税额转出）”科目。

（六）月末转出多缴增值税和未缴增值税的账务处理

月度终了，企业应当将当月应缴未缴或多交的增值税自“应交增值税”明细科目转入“未交增值税”明细科目。对于当月应缴未缴的增值税，借记“应交税费——应交增值税（转出未交增值税）”科目，贷记“应交税费——未交增值税”科目；对于当月多缴的增值税，借记“应交税费——未交增值税”科目，贷记“应交税费——应交增值税（转出多交增值税）”科目。

（七）缴纳增值税的账务处理

1. 缴纳当月应交增值税的账务处理。企业缴纳当月应缴的增值税，借记“应交税费——应交增值税（已交税金）”科目（小规模纳税人应借记“应交税费——应交增值税”科目），贷记“银行存款”科目。

2. 缴纳以前期间未缴增值税的账务处理。企业缴纳以前期间未交的增值税，借记“应交税费——未交增值税”科目，贷记“银行存款”科目。

3. 预缴增值税的账务处理。企业预缴增值税时，借记“应交税费——预交增值税”科目，贷记“银行存款”科目。月末，企业应将“预交增值税”明细科目余额转入“未交增值税”明细科目，借记“应交税费——未交增值税”科目，贷记“应交税费——预交增值税”科目。房地产开发企业等在预缴增值税后，应直至纳税义务发生时方可从“应交税费——预交增值税”科目结转至“应交税费——未交增值税”科目。

4. 减免增值税的账务处理。对于当期直接减免的增值税，借记“应交税金——应交增值税（减免税款）”科目，贷记损益类相关科目。

（八）增值税期末留抵税额的账务处理

纳入营改增试点当月月初，原增值税一般纳税人应按不得从销售服务、无形资产或不动产的销项税额中抵扣的增值税留抵税额，借记“应交税费——增值税留抵税额”科目，贷记“应交税费——应交增值税（进项税额转出）”科目。待以后期间允许抵扣时，按允许抵扣的金额，借记“应交税费——应交增值税（进项税额）”科目，贷记“应交税费——增值税留抵税额”科目。

（九）增值税税控系统专用设备和技术维护费用抵减增值税额的账务处理

按现行增值税制度规定，企业初次购买增值税税控系统专用设备支付的费用以及缴纳的技术维护费允许在增值税应纳税额中全额抵减的，按规定抵减的增值税应纳税额，借记“应交税费——应交增值税（减免税款）”科目（小规模纳税人应借记“应交税费——应交增值税”科目），贷记“管理费用”等科目。

（十）关于小微企业免征增值税的会计处理规定

小微企业在取得销售收入时，应当按照税法的规定计算应缴增值税，并确认为应交税费，在达到增值税制度规定的免征增值税条件时，将有关应缴增值税转入当期损益。

（以上内容见《财政部关于印发〈增值税会计处理规定〉的通知》财会〔2016〕22号）

【例2－1】Y公司为增值税一般纳税人，除农产品外，其余商品适用的增值税税率为13%。商品销售价格除特别注明外均为不含税价格，销售实现时结转成本。2019年8月，Y公司销售商品的情况如下：

（1）8月1日，收到A公司来函，要求对2019年7月10日所购商品在价格上给予10%的折让（Y公司在该批商品售出时确认销售收入200万元，已开具发票未收款）。经查验该批商品外观确有问题，Y公司同意了A公司提出的折让要求。

当日收到A公司交来的主管税务机关开具的《开具红字增值税专用发票信息表》，并开具了红字增值税专用发票。

（2）8月6日，与B公司签订预收货款销售合同，销售商品一批，销售价格为100万元。合同约定，B公司应当于8月6日支付预付款50万元；Y公司应于8月6日按全额开具B公司增值税专用发票，货物应于9月20日发出。8月6日Y公司按合同规定开具的发票注明价款100万元，税款13万元，并将预收款存入银行。该批商品的实际成本80万元。

（3）8月15日，向C公司销售商品一批，增值税专用发票注明销售价格300万元，增值税额39万元。提货单和增值税专用发票已交C公司，8月26日收到C公司购货款项并存入银行。该批商品的实际成本为225万元。

（4）8月，直接销售商品给消费者个人，收取含税价款56.5万元，货款存入银行。商品的实际成本为35万元。

（5）8月16日，从D公司购入不需要安装的生产用设备一台，取得增值税专用发票注明价款60万元，增值税7.8万元；取得运输公司开具的增值税专用发票注明运费5万元，增值税0.45万元，物流公司开具的增值税专用发票注明装卸费1万元，增值税0.06万元。

（6）8月18日，从F公司购进商品，合同规定，不含税销售额200万元，取得F公司开具的增值税专用发票；货物由G公司负责运输，运费由Y公司负担，G公司收取含税运输费用10万元，装卸费0.9万元，未分别核算，统一开具增值税专用发票。货物已验收入库，运费通过银行付讫，货款尚未支付。

（7）8月20日，从农场购进免税农产品一批，收购凭证上注明支付货款20万元。月底将该批农产品的50%通过民政部门捐赠给本省一户受灾企业。

（8）其他资料：当月期初增值税留抵税额为30万元。

根据上述资料，回答下列问题：

1. 按照上述资料顺序，编制Y公司8月发生的经济业务的会计分录；
2. 分别计算Y公司8月应缴纳增值税的销项税额、进项税额和应缴增值税额。

【解析】

1. 会计分录。

业务（1）属于销售折让，销售方凭购买方主管税务机关开具的《开具红字增值税专用发票信息表》，开具红字增值税专用发票，并用红字冲减应收账款、销售收入及销项税额即可。

借：应收账款 (226 000)
　　贷：主营业务收入 (200 000)
　　　　应交税费——应交增值税（销项税额） (26 000)

业务（2）属于预收货款，原则上会计和税法均在发出商品时确认收入，并计算增值税销项税额。本业务企业提前全额开具了增值税专用发票，故不管企业财务上如何核算，在税收上，应按发票所载数额计算销项税额。

预收货款时：

借：银行存款 500 000
　　贷：预收账款 500 000

开具发票时：

借：预收账款 130 000
　　贷：应交税费——应交增值税（销项税额） 130 000

业务（3）属于正常的商品销售业务，发出商品并取得货款时确认收入、销项税额、结转成本即可。

借：应收账款 3 390 000
　　贷：主营业务收入 3 000 000
　　　　应交税费——应交增值税（销项税额） 390 000

结转成本时：

借：主营业务成本 2 250 000
　　贷：库存商品 2 250 000

收款时：

借：银行存款 3 390 000
　　贷：应收账款 3 390 000

业务（4）销售给消费者个人取得的是含税销售收入，应先进行价税分离，确认不含税的销售收入，并以不含税的销售收入计算销项税额。

发货收款时：

借：银行存款 565 000
　　贷：主营业务收入 500 000
　　　　应交税费——应交增值税（销项税额） 65 000

结转成本时：

借：主营业务成本 350 000
　　贷：库存商品 350 000

业务（5）是购进固定资产业务。购买的生产经营用机器设备等固定资产，取得增值税专用发票的，其进项税允许抵扣；营改增后企业支付的运费、装卸费取得增值税专用发票的，其进项税额允许抵扣。

借：固定资产　　660 000
　　应交税费——应交增值税（进项税额）　　83 100
　　贷：银行存款　　743 100

业务（6）由于本业务运费和装卸费与业务（5）不同，没有分开核算，而是统一开具在一张增值税专用发票上，所以从高适用税率（9%）。

借：库存商品　　2 100 000
　　应交税费——应交增值税（进项税额）　　269 000
　　贷：银行存款　　109 000
　　　　应付账款　　2 260 000

业务（7）购进免税农产品，允许按收购凭证上注明的价款，按9%计算抵扣进项税额。外购商品对外捐赠时，企业不确认收入，但税法上视同销售，计算销项税额。

借：库存商品　　182 000
　　应交税费——应交增值税（进项税额）　　18 000
　　贷：银行存款（应付账款）　　200 000

用于对外赠送时：

借：营业外支出　　100 000
　　贷：库存商品　　91 000
　　　　应交税费——应交增值税（销项税额）　　9 000

2. 本期应纳增值税的计算。

销项税额：-26 000[业务(1)]+130 000[业务(2)]+390 000[业务(3)]+65 000[业务(4)]+9 000[业务(7)]=568 000（元）

进项税额：83 100[业务(5)]+269 000[业务(6)]+18 000[业务(7)]=370 100（元）

应纳增值税：568 000(销项税额合计)-370 100(进项税额合计)-300 000(期初留抵税额)=-102 100（元）

最后的计算结果是负数，表示本期不需要缴纳增值税，期末留抵税额102 100元可以抵扣下期的销项税额。

三、实务解析

【例2-2】某商业零售企业为增值税一般纳税人，2019年12月发生如下业务：

（1）采取以旧换新方式销售玉石首饰一批，旧玉石首饰作价78万元，实际收取新旧首饰差价款共计90万元；采取以旧换新方式销售原价为3 500元的金项链200件，每件收取差价款1 500元。

（2）销售1 500件电子出版物给某单位，不含税价500元/件，开具了增值税专用发票，后发现部分电子出版物存在质量问题，经协商支付给该单位折让5万元（含税），按规定开具了红字增值税专用发票。

（3）接受当地甲运输企业（一般纳税人）的货运服务，取得的增值税专用发票上注明的运费15万元，接受乙运输企业（小规模纳税人）的货运服务，取得税务机关代开的增值税专用发票，注明运费10万元。

（4）接受当地某税务师事务所的税务咨询服务，取得增值税专用发票注明金额20万元；接受当地一家广告公司提供广告服务，取得的增值税专用发票注明金额8万元。

（5）因仓库保管不善，上月从一般纳税人企业购进的一批速冻食品霉烂变质，该批速冻食品账面价30万元，其中运费成本4万元（当地一般纳税人运输企业提供运输服务，并收到其开具的增值税专用发票），进项税额均已于上月抵扣。

根据上述资料，回答下列问题：

1. 该企业当月支付运费可抵扣的增值税进项税额。

2. 该企业当月应转出进项税额。

3. 该企业当月增值税销项税额。

4. 该企业当月应缴纳增值税。

【解析】

1. 接受一般纳税人运输企业运输服务，取得增值税专用发票，按发票注明税额抵扣；接受小规模纳税人运输企业运输服务，并取得由税务机关代开的增值税专用发票，按发票注明税额抵扣。该企业当月支付运费可抵扣的增值税进项税额：

$15\times9\%+10\times3\%=1.65$（万元）

2. 外购货物因管理不善霉烂变质，进项税额不得抵扣，已抵扣的进项税额作进项税额转出处理。该企业当月应转出进项税额：

$(30-4)\times13\%+4\times9\%=3.74$（万元）

3. 该企业当月增值税销项税额合计：$22.78+5.78=28.56$（万元）

以旧换新方式销售玉石首饰，按新玉石首饰的作价征税，不得扣除旧玉石首饰的作价；以旧换新方式销售金银首饰，按实际收取的价款征收。

$(78+90+200\times1\,500\div10\,000)\div(1+13\%)\times13\%=22.78$（万元）

因货物质量原因而给予对方的销售折让可以通过开具红字专用发票从销售额中减除。电子出版物适用9%的低税率。

$[(1\,500\times500\div10\,000-5)\div(1+9\%)]\times9\%=5.78$（万元）

4. 该企业当月应缴纳增值税：

$28.56-(1.65+1.68-3.74)=28.97$（万元）

税务咨询和广告服务均属于营改增应税服务中的“现代服务业”，适用6%的税率，取得增值税专用发票，进项税额可以抵扣。

$(20+8)\times6\%=1.68$（万元）

【例2-3】某农机生产企业为增值税一般纳税人，2019年11月发生以下业务：

（1）外购原材料，取得普通发票上注明价税合计50 000元，原材料已入库，另支付给一般纳税人运输企业运输费用3 000元，并取得其开具的增值税专用发票。

（2）外购农机零配件，取得的增值税专用发票上注明价款 140 000 元，本月生产领用价值 90 000 元的农机零配件；另支付给小规模纳税人运输企业运输费用 5 000 元，取得由税务机关代开的增值税专用发票。

（3）生产领用 9 月份外购的钢材一批，成本 85 000 元；企业在建工程领用 10 月份外购的钢材一批，成本 70 000 元，其中含运费成本 2 800 元，已抵扣进项税额。

（4）销售农用机械一批，取得不含税销售额 430 000 元，另收取包装费 15 000 元。

（5）销售一批农机零部件，取得含税销售额 39 000 元。

（6）提供农机维修业务，开具的普通发票上注明价税合计 34 800 元。

企业取得的增值税专用发票均在当月通过认证并在当月抵扣。

根据上述资料，回答下列问题：

1. 2019 年 11 月该企业销项税额。

2. 2019 年 11 月该企业购进货物准予抵扣的进项税额。

3. 2019 年 11 月该企业进项税额转出。

4. 2019 年 11 月该企业应纳增值税额。

【解析】农机整机适用 9% 的低税率，农机零部件适用 13% 税率；交通运输业目前适用税率为 9%。全面营改增后，购建不动产（包括在建工程用材料）的进项税额亦可以抵扣，因此购进时已全额抵扣进项税额的货物和服务，转用于不动产在建工程的，不必做进项税额转出处理。

业务（1）进项税额：3 000 × 9% = 270（元）

业务（2）进项税额：140 000 × 13% + 5 000 × 3% = 18 350（元）

业务（3）进项税额转出：0

业务（4）销项税额：430 000 × 9% + 15 000 ÷（1 + 9%）× 9% = 39 938.53（元）

业务（5）销项税额：39 000 ÷（1 + 13%）× 13% = 4 486.73（元）

业务（6）销项税额：34 800 ÷（1 + 13%）× 13% = 4 003.54（元）

1. 2019 年 11 月该企业销项税额：39 938.53 + 4 486.73 + 4 003.54 = 48 428.8（元）

2. 2019 年 11 月该企业购进货物准予抵扣的进项税额：270 + 18 350 = 18 620（元）

3. 2019 年 11 月该企业进项税额转出：0

4. 2019 年 11 月该企业应纳增值税额：48 428.8 − 18 620 = 29 808.8（元）

【例 2－4】某印刷厂为增值税一般纳税人，主营书刊、写字本等印刷业务。2019 年 12 月发生的相关业务如下：

（1）接受报社委托，印刷有统一刊号（CN）的报纸，纸张由报社提供。收取印刷费和代垫辅料款，并向报社开具的增值税专用发票上注明金额 250 000 元。

（2）接受学校委托，印刷信纸、信封、会议记录本和练习本，印刷厂自行购买纸张，取得增值税专用发票注明税额 68 000 元，向学校开具的普通发票注明金额 210 600 元。

（3）接受出版社和杂志社委托，自行购买纸张，印刷有统一刊号（CN）的图书和杂志，向各出版社和杂志社开具的增值税专用发票上总共销售金额 2 900 000 元，印刷厂另外收取优质费26 000元，开具普通发票。购买纸张取得的增值税专用发票上注明税额200 000元。

（4）销售印刷过程中产生的纸张边角废料，取得含税收入8 000元。

（5）当月购买其他印刷用材料，取得的增值税专用发票上注明税额51 000元；购货和销售发生运费支出22 000元，取得增值税专用发票。

（6）月末盘点时发现部分库存纸张因管理不善毁损，成本为100 400元。

（7）印刷厂当月购置计算机一台，取得的增值税专用发票上注明税额1 530元。

（8）销售使用了12年的印刷机器一台，取得含税销售收入8 320元。

（本月取得的相关票据符合税法规定，在当月通过认证并申报抵扣。）

根据上述资料，回答下列问题：

1. 印刷厂当月销项税额。

2. 印刷厂当月进项税额转出金额。

3. 印刷厂当月准予抵扣进项税额。

4. 印刷厂销售旧机器应缴纳增值税额。

5. 计算印刷厂当月应纳增值税额。

【解析】图书、报纸、杂志是采用印刷工艺，按照文字、图画和线条原稿印刷成的纸制品，适用9%的低税率。印刷企业接受出版单位委托，自行购买纸张，印刷有统一刊号（CN）以及采用国际标准书号编序的图书、报纸和杂志，按货物销售征收增值税。纳税人销售自己使用过的2008年12月31日以前购进或者自制的固定资产，按照3%征收率减按2%征收增值税。

1. 印刷厂当月销项税额：

250 000×13%＋2 900 000×9%＋26 000÷（1＋9%）×9%＋（210 600＋8 000）÷（1＋13%）×13%＝320 795.46（元）

2. 印刷厂当月进项税额转出金额：100 400×13%＝13 052（元）

3. 印刷厂当月准予抵扣进项税额：

68 000＋200 000＋51 000＋22 000×9%＋1 530－13 052＝309 458（元）

4. 印刷厂销售使用过的印刷机器应纳增值税额：

8 320÷（1＋3%）×2%＝161.55（元）

5. 印刷厂当月应纳增值税额：

320 795.46－309 458＋161.55＝11 499.01（元）

【例2－5】甲企业为生产企业，乙企业为运输企业，丙企业为商业零售企业。甲、乙、丙企业均为增值税一般纳税人，2019年10月发生以下业务：

（1）10月6日丙企业采用分期付款方式从甲企业购入家用电器，双方签订的合同中规定：购销金额12万元（不含税），货款分三次等额支付，每月16日为付款期。但至本月底并未付款，甲企业为了及时收回货款，本月按销售金额全额开具了增值税专用发票。

（2）甲企业当月购进一批生产用原材料，由乙企业负责运输，已支付货款和运费，取得经税务机关认证的增值税专用发票上注明的货物销售额24.62万元，税金3.2万元，货已入库。取得乙企业开具的增值税专用发票注明的金额为1万元。

（3）甲企业销售给丙企业一批货物，采用委托银行收款方式结算，货已发出并办妥托收手续。开具的防伪税控系统增值税专用发票上注明销售额36.92万元，税金4.8万元。丙企业当月付款60%，其余下月付清，本月专用发票已经税务机关认证。该货物由乙企业负责运输，乙企业收取不含税运输费用2万元，按合同规定，该款项应由丙企业承担，但是由甲企业代垫运费，甲将抬头为丙企业的增值税专用发票转交给丙企业，丙企业已将运费付给了甲企业。

（4）甲企业从丙企业购进货物，取得经税务机关认证的专用发票上注明的销售额6.15万元，税金0.8万元。另外，甲企业将上月外购价值4万元的货物发给职工作为春节礼品。

（5）因质量问题，丙企业退回上月从甲企业的进货80件，每件不含税价0.06万元（已抵扣过进项税），丙企业取得了税务机关开具的《开具红字增值税专用发票信息表》，退货手续符合规定。

（6）本月10日甲企业又以销售折扣方式销售给丙企业一批货物，开具防伪税控系统专用发票上注明销售额18万元，合同约定的折扣规定是5/10、2/20、*N*/30。丙企业提货后于本月18日就全部付清了货款，该专用发票已认证通过。该货物由乙企业负责运输，甲企业支付给乙企业的运费为1.2万元，取得乙企业开具的增值税普通发票。

（7）丙企业本月零售货物，取得零售收入33.9万元；销售已使用2年的小汽车一辆，取得含税收入11.3万元。

（8）上月丙企业采取预收款方式销售一批货物，取得含税预收款45.2万元，合同约定10月15日发出全部货物。丙企业本月按照合同约定如期发出全部货物，并给对方开具增值税普通发票。

根据上述资料，回答下列问题：

1. 甲企业当期销项税额。
2. 甲企业当期准予抵扣的进项税额。
3. 甲企业当期应纳增值税税额。
4. 丙企业当期应纳增值税税额。
5. 乙企业当期销项税额。

【解析】甲企业将外购货物发给职工作为春节礼品，属于不得抵扣进项税额行为，已经抵扣的进项税额需要作进项税额转出处理。2013年8月1日之后，纳税人购置小汽车、摩托车和游艇自用的，对应的进项税额可以抵扣。

业务（1）：

甲企业销项税额：$12\times13\%=1.56$（万元）

丙企业进项税额：$12\times13\%=1.56$（万元）

业务（2）：

甲企业进项税额：$3.2+1\times9\%=3.29$（万元）

乙企业销项税额：$1\times9\%=0.09$（万元）

业务（3）：

甲企业销项税额：4.8（万元）

丙企业进项税额：4.8 + 2 × 9% = 4.98（万元）

乙企业销项税额：2 × 9% = 0.18（万元）

业务（4）：

甲企业进项税额：0.8（万元）

甲企业转出的进项税额：4 × 13% = 0.52（万元）

丙企业销项税额：0.8（万元）

业务（5）：

甲企业应抵减当期销项税额：80 × 0.06 × 13% = 0.62（万元）

丙企业应抵减当期进项税额：80 × 0.06 × 13% = 0.62（万元）

业务（6）：

甲企业销项税额：18 × 13% = 2.34（万元）

丙企业进项税额：18 × 13% = 2.34（万元）

乙企业销项税额：1.2 ÷ (1 + 9%) × 9% = 1.1（万元）

业务（7）：

丙企业零售销项税额：33.9 ÷ (1 + 13%) × 13% = 3.9（万元）

丙企业销售小汽车销项税额：11.3 ÷ (1 + 13%) × 13% = 1.3（万元）

业务（8）：

丙企业销项税额：45.2 ÷ (1 + 13%) × 13% = 5.2（万元）

1. 甲企业当期销项税额合计：1.56 + 4.8 + 2.34 − 0.62 = 8.08（万元）

2. 甲企业当期准予抵扣进项税额：3.29 + 0.8 − 0.52 = 3.57（万元）

3. 甲企业当期应纳增值税额：8.08 − 3.57 = 4.51（万元）

4. 丙企业当期应纳增值税额：11.2 − 8.26 = 2.94（万元）

丙企业当期销项税额：0.8 + 3.9 + 5.2 + 1.3 = 11.2（万元）

丙企业当期准予抵扣的进项税额：1.56 + 4.98 + 2.34 − 0.62 = 8.26（万元）

5. 乙企业当期销项税额合计：0.09 + 0.18 + 1.1 = 1.37（万元）

第三章　营业税改征增值税

本章主要依据《财政部、国家税务总局关于全面推开营业税改征增值税试点的通知》（财税〔2016〕36号）及其附件编写。即《营业税改征增值税试点实施办法》（附件1，简称《试点实施办法》）、《营业税改征增值税试点有关事项的规定》（附件2）、《营业税改征增值税试点过渡政策的规定》（附件3）和《应税服务适用增值税零税率和免税政策的规定》（附件4）。

第一节　概　　述

一、改革进程

为解决增值税和营业税并存导致的重复征税问题，贯通服务业内部和第二、三产业抵扣链条，推动服务业特别是研发等生产性服务业发展，促进产业分工优化，带动制造业升级，自2012年1月1日起，我国率先在上海开始实施营业税改征增值税改革试点，将征收营业税的交通运输业和部分现代服务业改为征收增值税；2012年9月1日至12月1日，交通运输业（除铁路运输外）和部分现代服务业营改增试点由上海市分批次扩大至北京市、江苏省、湖北省等8省（直辖市）；自2013年8月1日起，交通运输业和部分现代服务业营改增试点推向全国，同时将广播影视服务纳入试点范围；2014年1月1日起，铁路运输业和邮政业在全国范围实施营改增试点；自2014年6月1日起，电信业在全国范围实施营改增试点。至此，营改增试点已覆盖“3+7”个行业，即交通运输业、邮政业、电信业3个大类行业和研发技术、信息技术、文化创意、物流辅助、有形动产租赁、鉴证咨询、广播影视7个现代服务业。

2016年3月5日，国务院总理李克强在第十二届全国人民代表大会第四次会议上作《政府工作报告》，提出当年将全面实施营改增，并确保所有行业税负只减不增。2016年3月18日，国务院常务会议审议通过了全面推开营改增试点方案，明确自2016年5月1日起，全面推开营改增试点，将建筑业、房地产业、金融业、生活服务业一次性纳入试点范围，将新增不动产所含增值税全部纳入抵扣范围。即自2016年5月1日起，现行营业税全部改征增值税。

二、增值税的类型

按增值额的内容、扣除项目的不同，增值税可以分为生产型增值税、收入型增值税和消费型增值税三种类型。

（一）生产型增值税

生产型增值税，是指在计算增值额时，销售收入中只允许扣除购买的原材料等劳动对象的消耗部分，不允许扣除购进固定资产（包括动产和不动产）价款或其折旧，计税依据相当于工资、利息、租金、利润和折旧额之和。从整个社会来看，形成的增值额大体相当于国内生产总值额（GDP），故称为生产型增值税。

（二）收入型增值税

收入型增值税，是指在计算增值额时，销售收入中既要扣除劳动对象的消耗部分，又要扣除固定资产（包括动产和不动产）投资价值的折旧部分，金额相当于工资、利息、租金和利润之和。从整个社会来看，形成的增值额相当于国民收入，故称为收入型增值税。

（三）消费型增值税

消费型增值税，是指在计算增值额时，销售收入中既要扣除劳动对象消耗部分，还要扣除本期购进的全部固定资产（包括动产和不动产）的金额。这种类型的增值税对所有外购项目，即非本企业新创造的价值都实行彻底的购进扣税法，因此，它最能体现增值税的计税原理，是最典型的增值税。从整个社会来看，作为计税依据的增值额相当于全部消费品的价值，不包括原材料、固定资产等投资品价值，故称为消费型增值税。

三、营改增的意义

营改增作为深化财税体制改革的重头戏和供给侧结构性改革的重要举措，前期试点已经取得了积极成效，全面推开营改增试点，有利于拉动经济，特别是在当前许多行业、企业出现经营困难的情况下，有利于给企业增加活力，给经济增加动力。

一是更有利于促进经济的转型升级。这次全面推开营改增的政策取向，突出了推动服务业特别是研发等生产性服务业发展，可以有力地促进产业分工优化，拉长产业链，带动制造业升级。

二是营改增通过统一税制，贯通服务业内部和第二、三产业之间抵扣链条，从制度上消除重复征税，使税收的中性作用得以充分发挥。这有利于营造公平竞争的市场环境，对完善我国财税体制有长远意义。

三是将不动产纳入抵扣范围，比较完整地实现了规范的消费型增值税制度，有利于扩大企业投资，增强企业经营活力。

四是进一步减轻企业税负，是财税领域打出“降成本”组合拳的重要一招，用短期财政收入的“减”换取持续发展势能的“增”，为经济保持中高速增长、迈向中高端水平打下坚实基础。

第二节　课税要素

一、纳税人和扣缴义务人

（一）基本规定

在中华人民共和国境内（简称境内）销售服务、无形资产或者不动产（简称应税行为）的单位和个人，为增值税纳税人，应当依法缴纳增值税，不缴纳营业税。

单位，是指企业、行政单位、事业单位、军事单位、社会团体及其他单位。

个人，是指个体工商户和其他个人。

需要注意的是，单位以承包、承租、挂靠方式经营的，承包人、承租人、挂靠人（统称承包人）以发包人、出租人、被挂靠人（统称发包人）名义对外经营并由发包人承担相关法律责任的，以该发包人为纳税人。否则，以承包人为纳税人。具体说，同时满足以下两个条件的，以发包人为纳税人，反之，以承包人为纳税人：

1. 以发包人名义对外经营。

2. 由发包人承担相关法律责任。

（二）纳税人

增值税对纳税人实行分类管理，以发生应税行为的年应税销售额为标准，将纳税人分为一般纳税人和小规模纳税人，二者在计税方法、适用税率（征收率）、凭证管理等方面都不同。

1. 分类标准。

应税行为的年应征增值税销售额（简称应税销售额）超过财政部和国家税务总局规定标准的纳税人为一般纳税人，未超过规定标准的纳税人为小规模纳税人。

具体说，年应税销售额超过500万元的纳税人，为一般纳税人；年应税销售额未超过500万元的纳税人，为小规模纳税人。

需要注意的是，销售服务、无形资产或者不动产有扣除项目的纳税人，其应税行为年应税销售额按未扣除之前的销售额计算。纳税人偶然发生的销售无形资产、转让不动产的销售额，不计入应税行为年应税销售额。

2. 资格登记。

符合一般纳税人条件的纳税人应当向主管税务机关办理一般纳税人登记。年应税销售额未超过规定标准的纳税人，会计核算健全，能够提供准确税务资料的，可以向主管税务机关办理一般纳税人登记，成为一般纳税人。会计核算健全，是指能够按照国家统一的会计制度规定设置账簿，根据合法、有效凭证核算。

需要注意的是，纳税人兼有销售货物、提供加工修理修配劳务（简称“应税货物及劳务”）和销售服务、无形资产、不动产（简称“应税行为”）的，应税货物及劳务销售额与应税行为销售额应合并计算，判断是否适用增值税一般纳税人登记标准。（见

《国家税务总局关于统一小规模纳税人标准等若干增值税问题的公告》总局公告2018年第18号）

年应税销售额超过规定标准的其他个人不属于一般纳税人。年应税销售额超过规定标准但不经常发生应税行为的单位和个体工商户可选择按照小规模纳税人纳税。

除国家税务总局另有规定外，一经登记为一般纳税人后，不得转为小规模纳税人。

试点实施后，符合条件的试点纳税人应当按照《增值税一般纳税人登记管理办法》（税务总局令2017年第43号）和《国家税务总局关于增值税一般纳税人登记管理若干事项的公告》（总局公告2018年第6号）规定，办理增值税一般纳税人登记。

（三）扣缴义务人

中华人民共和国境外单位或者个人在境内发生应税行为，在境内未设有经营机构的，以购买方为增值税扣缴义务人。

二、征税范围

应税行为增值税的征收范围为销售服务、无形资产、不动产。应税行为的具体范围，按照《关于全面推开营业税改征增值税试点的通知》（财税〔2016〕36号）所附的《销售服务、无形资产、不动产注释》执行。

（一）应税行为的具体范围

1. 销售服务。

销售服务，是指提供交通运输服务、邮政服务、电信服务、建筑服务、金融服务、现代服务、生活服务。

（1）交通运输服务。交通运输服务，是指利用运输工具将货物或者旅客送达目的地，使其空间位置得到转移的业务活动。包括陆路运输服务、水路运输服务、航空运输服务和管道运输服务。

（2）邮政服务。邮政服务，是指中国邮政集团公司及其所属邮政企业提供邮件寄递、邮政汇兑和机要通信等邮政基本服务的业务活动。包括邮政普遍服务、邮政特殊服务和其他邮政服务。

（3）电信服务。电信服务，是指利用有线、无线的电磁系统或者光电系统等各种通信网络资源，提供语音通话服务，传送、发射、接收或者应用图像、短信等电子数据和信息的业务活动。包括基础电信服务和增值电信服务。

（4）建筑服务。建筑服务，是指各类建筑物、构筑物及其附属设施的建造、修缮、装饰，线路、管道、设备、设施等的安装以及其他工程作业的业务活动。包括工程服务、安装服务、修缮服务、装饰服务和其他建筑服务。

（5）金融服务。金融服务，是指经营金融保险的业务活动。包括贷款服务、直接收费金融服务、保险服务和金融商品转让。

（6）现代服务。现代服务，是指围绕制造业、文化产业、现代物流产业等提供技术性、知识性服务的业务活动。包括研发和技术服务、信息技术服务、文化创意服务、物流辅助服务、租赁服务、鉴证咨询服务、广播影视服务、商务辅助服务和其他现代服务。

（7）生活服务。生活服务，是指为满足城乡居民日常生活需求提供的各类服务活动。包括文化体育服务、教育医疗服务、旅游娱乐服务、餐饮住宿服务、居民日常服务和其他生活服务。

2. 销售无形资产。

销售无形资产，是指转让无形资产所有权或者使用权的业务活动。无形资产，是指不具实物形态，但能带来经济利益的资产，包括技术、商标、著作权、商誉、自然资源使用权和其他权益性无形资产。

技术，包括专利技术和非专利技术。

自然资源使用权，包括土地使用权、海域使用权、探矿权、采矿权、取水权和其他自然资源使用权。

其他权益性无形资产，包括基础设施资产经营权、公共事业特许权、配额、经营权（包括特许经营权、连锁经营权、其他经营权）、经销权、分销权、代理权、会员权、席位权、网络游戏虚拟道具、域名、名称权、肖像权、冠名权、转会费等。

3. 销售不动产。

销售不动产，是指转让不动产所有权的业务活动。不动产，是指不能移动或者移动后会引起性质、形状改变的财产，包括建筑物、构筑物等。

建筑物，包括住宅、商业营业用房、办公楼等可供居住、工作或者进行其他活动的建造物。构筑物，包括道路、桥梁、隧道、水坝等建造物。

转让建筑物有限产权或者永久使用权的，转让在建的建筑物或者构筑物所有权的，以及在转让建筑物或者构筑物时一并转让其所占土地的使用权的，按照销售不动产缴纳增值税。

（二）应税行为的具体界定

确定一项经济行为是否需要缴纳增值税，一般应同时具备以下四个条件：

（1）应税行为发生在中华人民共和国境内；

（2）应税行为属于《销售服务、无形资产、不动产注释》范围内的活动；

（3）应税行为为他人提供；

（4）应税行为有偿提供。

1. 应税行为发生在中华人民共和国境内，是指：

（1）服务（租赁不动产除外）或者无形资产（自然资源使用权除外）的销售方或者购买方在境内；

（2）所销售或者租赁的不动产在境内；

（3）所销售自然资源使用权的自然资源在境内；

（4）财政部和国家税务总局规定的其他情形。

不属于在境内销售服务或者无形资产的情形：

（1）境外单位或者个人向境内单位或者个人销售完全在境外发生的服务；

（2）境外单位或者个人向境内单位或者个人销售完全在境外使用的无形资产；

（3）境外单位或者个人向境内单位或者个人出租完全在境外使用的有形动产；

（4）财政部和国家税务总局规定的其他情形。

上述是有关判定境内销售服务、无形资产或者不动产的原则规定。针对境内境外销售服务、无形资产或者不动产的原则规定具体分析如下：

（1）服务（不含租赁不动产）的销售方或者购买方在境内。

境内的单位或者个人销售的服务（不含租赁不动产），无论服务购买方为境内单位或者个人还是境外单位或者个人，无论服务发生在境内还是境外，都属于在境内销售服务。

境外单位或者个人向境内单位或者个人销售的未完全在境外发生的服务（不含租赁不动产），属于在境内销售服务，应照章缴纳增值税：

①境外单位或者个人向境内单位或者个人销售的完全在境内发生的服务，属于境内销售服务。例如：德国国内某一工程公司到境内给境内某单位提供管道铺设服务。

②境外单位或者个人向境内单位或者个人销售的未完全在境外发生的服务，属于在境内销售服务。例如：美国国内一咨询公司与境内某一公司签订咨询合同，就这家境内公司开拓境内、境外市场进行实地调研并提出如何拓展建议。

境外单位或者个人销售的服务（不含租赁不动产），属于下列情形的，不属于在境内销售服务，不缴纳增值税：

①境外单位或者个人向境外单位或者个人销售服务。例如，日本国内一公司为越南国内一公司提供咨询服务。

②境外单位或者个人向境内单位或者个人销售完全在境外发生的服务。例如，境内个人到印度尼西亚巴厘岛旅游时接受的餐饮、住宿服务。

③境外单位或者个人向境内单位或者个人出租完全在境外使用的有形动产。例如，英国国内某汽车租赁公司向入境的中国居民出租小汽车供其在伦敦自驾游所发生的租赁服务。

（2）无形资产（不含自然资源使用权）的销售方或者购买方在境内。

境内销售无形资产（不含自然资源使用权）的判定原则与上述销售服务判定原则相同。

（3）销售的不动产在境内。

只要所销售的不动产在境内，无论转让方还是受让方是否为境内单位或者个人，均属于在境内销售不动产。例如，法国一公司将其在深圳拥有的一处办公楼销售给印度一公司。

（4）租赁的不动产在境内。

只要所租赁的不动产在境内，无论出租方还是承租方是否为境内单位或者个人，均属于在境内租赁不动产。例如，加拿大一公司将其位于上海的一处办公楼出租给韩国一公司。

（5）销售自然资源使用权的自然资源在境内。

只要所销售的自然资源使用权的自然资源在境内，无论销售方还是购买方是否为境内单位或者个人，均属于在境内销售自然资源使用权。例如，荷兰一公司将其拥有的我国境内一处矿产的探矿权转让给北京的一家公司。

2. 应税行为属于《销售服务、无形资产、不动产注释》范围内的活动。

应税行为分为三大类，即销售服务、销售无形资产和销售不动产。其中，应税服务包括交通运输服务、邮政服务、电信服务、建筑服务、金融服务、现代服务、生活服务。

3. 应税服务为他人提供。

应税服务的提供对象必须是其他单位或者个人，不是自己，即自我服务属于非经营活动，不征税。以下两种非经营活动（自我服务）情形不缴纳增值税：

（1）单位或者个体工商户聘用的员工为本单位或者雇主提供取得工资的服务。

（2）单位或者个体工商户为聘用的员工提供服务。

此外，行政单位收取的同时满足以下条件的政府性基金或者行政事业性收费亦属于非经营活动，不缴纳增值税：

①由国务院或者财政部批准设立的政府性基金，由国务院或者省级人民政府及其财政、价格主管部门批准设立的行政事业性收费；

②收取时开具省级以上（含省级）财政部门监（印）制的财政票据；

③所收款项全额上缴财政。

4. 应税行为有偿提供。

销售服务、无形资产或者不动产，是指有偿提供服务、有偿转让无形资产或者不动产。有偿，是指取得货币、货物或者其他经济利益（包括无形资产、股权投资、债券投资、服务等）。但下列无偿提供服务、无形资产属于例外情形，视同销售服务、无形资产或者不动产，应当缴纳增值税：

（1）单位或者个体工商户向其他单位或者个人无偿提供服务，但用于公益事业或者以社会公众为对象的除外。

（2）单位或者个人向其他单位或者个人无偿转让无形资产或者不动产，但用于公益事业或者以社会公众为对象的除外。

（3）财政部和国家税务总局规定的其他情形。

需要注意的是，下列项目不征收增值税：

（1）根据国家指令无偿提供的铁路运输服务、航空运输服务，属于《试点实施办法》第十四条规定的用于公益事业的服务。

（2）存款利息。

（3）被保险人获得的保险赔付。

（4）房地产主管部门或者其指定机构、公积金管理中心、开发企业以及物业管理单位代收的住宅专项维修资金。

（5）在资产重组过程中，通过合并、分立、出售、置换等方式，将全部或者部分实物资产以及与其相关联的债权、负债和劳动力一并转让给其他单位和个人，其中涉及的不动产、土地使用权转让行为。

（6）纳税人出租不动产，租赁合同中约定免租期的。（见《国家税务总局关于土地价款扣除时间等增值税征管问题的公告》总局公告2016年第86号）

（7）各党派、共青团、工会、妇联、中科协、青联、台联、侨联收取党费、团费、会费，以及政府间国际组织收取会费，属于非经营活动，不征收增值税。（见《财政部、国家

税务总局关于进一步明确全面推开营改增试点有关再保险、不动产租赁和非学历教育等政策的通知》财税〔2016〕68号）

（三）具体应税服务辨析

1. 自2018年1月1日起，纳税人已售票但客户逾期未消费取得的运输逾期票证收入，按照“交通运输服务”缴纳增值税。纳税人为客户办理退票而向客户收取的退票费、手续费等收入，按照“其他现代服务”缴纳增值税。（见《财政部、税务总局关于租入固定资产进项税额抵扣等增值税政策的通知》财税〔2017〕90号）

2. 提供餐饮服务的纳税人销售的外卖食品，按照“餐饮服务”缴纳增值税。宾馆、旅馆、旅社、度假村和其他经营性住宿场所提供会议场地及配套服务的活动，按照“会议展览服务”缴纳增值税。纳税人在游览场所经营索道、摆渡车、电瓶车、游船等取得的收入，按照“文化体育服务”缴纳增值税。（见《财政部、国家税务总局关于明确金融、房地产开发、教育辅助服务等增值税政策的通知》财税〔2016〕140号）

3. 纳税人提供武装守护押运服务，按照“安全保护服务”缴纳增值税。物业服务企业为业主提供的装修服务，按照“建筑服务”缴纳增值税。纳税人将建筑施工设备出租给他人使用并配备操作人员的，按照“建筑服务”缴纳增值税。（见《财政部、国家税务总局关于明确金融、房地产开发、教育辅助服务等增值税政策的通知》财税〔2016〕140号）

4. 自2017年1月1日起，生产企业销售自产的海洋工程结构物，或者融资租赁企业及其设立的项目子公司、金融租赁公司及其设立的项目子公司购买并以融资租赁方式出租的国内生产企业生产的海洋工程结构物，应按规定缴纳增值税，不再适用《财政部、国家税务总局关于出口货物劳务增值税和消费税政策的通知》（财税〔2012〕39号）或者《财政部、国家税务总局关于在全国开展融资租赁货物出口退税政策试点的通知》（财税〔2014〕62号）规定的增值税出口退税政策，但购买方或者承租方为按实物征收增值税的中外合作油（气）田开采企业的除外。（见《财政部、国家税务总局关于明确金融、房地产开发、教育辅助服务等增值税政策的通知》财税〔2016〕140号）

5. 纳税人以长（短）租形式出租酒店式公寓并提供配套服务的，按照住宿服务缴纳增值税。（见《国家税务总局关于在境外提供建筑服务等有关问题的公告》总局公告2016年第69号）

6. 境外单位或者个人发生的下列行为不属于在境内销售服务或者无形资产：

（1）为出境的函件、包裹在境外提供的邮政服务、收派服务；

（2）向境内单位或者个人提供的工程施工地点在境外的建筑服务、工程监理服务；

（3）向境内单位或者个人提供的工程、矿产资源在境外的工程勘察勘探服务；

（4）向境内单位或者个人提供的会议展览地点在境外的会议展览服务。（以上内容见《国家税务总局关于营改增试点若干征管问题的公告》总局公告2016年第53号）

7. 拍卖行受托拍卖取得的手续费或佣金收入，按照“经纪代理服务”缴纳增值税。《国家税务总局关于拍卖行取得的拍卖收入征收增值税、营业税有关问题的通知》（国税发〔1999〕40号）停止执行。（见《国家税务总局关于明确中外合作办学等若干增值税征管问题的公告》总局公告2018年第42号）

8. 纳税人通过省级土地行政主管部门设立的交易平台转让补充耕地指标，按照销售无形资产缴纳增值税，税率为6%。所称补充耕地指标，是指根据《土地管理法》及国务院土地行政主管部门《耕地占补平衡考核办法》的有关要求，经省级土地行政主管部门确认，用于耕地占补平衡的指标。（见《国家税务总局关于明确中外合作办学等若干增值税征管问题的

公告》总局公告 2018 年第 42 号）

9. 纳税人对安装运行后的电梯提供的维护保养服务，按照“其他现代服务”缴纳增值税。纳税人提供植物养护服务，按照“其他生活服务”缴纳增值税。（见《国家税务总局关于进一步明确营改增有关征管问题的公告》总局公告 2017 年第 11 号）

10. 纳税人对安装运行后的机器设备提供的维护保养服务，按照“其他现代服务”缴纳增值税。（见《国家税务总局关于明确中外合作办学等若干增值税征管问题的公告》总局公告 2018 年第 42 号）

三、税率和征收率

（一）税率

应税行为增值税采用多档比例税率，具体如下：

（1）提供增值电信服务、金融服务、现代服务（租赁服务除外）、生活服务以及转让无形资产（不含土地使用权），税率为 6%。

（2）提供交通运输服务、邮政服务、基础电信服务、建筑服务、不动产租赁服务，销售不动产，转让土地使用权，税率为 9%。

（3）提供有形动产租赁服务，税率为 13%。

（4）境内单位和个人发生的跨境应税行为，符合规定条件的，税率为零。（以上内容见《财政部、税务总局、海关总署关于深化增值税改革有关政策的公告》财政部、税务总局、海关总署公告 2019 年第 39 号）

增值税税率适用一般纳税人按照一般计税方法计税的情况。即一般纳税人销售服务、无形资产或者不动产，除按照规定可以选择简易计税方法外，应按照销售额和适用的税率计算增值税销项税额。

（二）征收率

征收率适用小规模纳税人。一般纳税人按规定可以选择简易计税方法的亦可按照征收率计算缴纳增值税。

增值税征收率为 3%。

需要注意的是，按照简易计税方法计税的销售不动产、不动产经营租赁服务（除试点前开工的高速公路的车辆通行费），征收率为 5%。

1. 一般纳税人销售服务、无形资产，按规定可以选择简易计税方法适用 3% 征收率的，主要包括以下情形：

（1）公共交通运输服务。

（2）经认定的动漫企业为开发动漫产品提供的服务，以及在境内转让动漫版权（包括动漫品牌、形象或者内容的授权及再授权）。

（3）电影放映服务、仓储服务、装卸搬运服务、收派服务和文化体育服务。

（4）以纳入营改增试点之日前取得的有形动产为标的物提供的经营租赁服务。

（5）在纳入营改增试点之日前签订的尚未执行完毕的有形动产租赁合同。

（6）以清包工方式提供的建筑服务。

（7）为甲供工程提供的建筑服务。

（8）为建筑工程老项目提供的建筑服务。

(9) 公路经营企业收取试点前开工的高速公路的车辆通行费。

(10) 建筑工程总承包单位为房屋建筑的地基与基础、主体结构提供工程服务，建设单位自行采购全部或部分钢材、混凝土、砌体材料、预制构件的建筑服务。(见《财政部、税务总局关于建筑服务等营改增试点政策的通知》财税〔2017〕58号)

(11) 非企业性单位提供的研发和技术服务、信息技术服务、鉴证咨询服务，以及销售技术、著作权等无形资产，可以选择简易计税方法按照3%征收率计算缴纳增值税。

非企业性单位中的一般纳税人提供《营业税改征增值税试点过渡政策的规定》第一条第（二十六）项中的“技术转让、技术开发和与之相关的技术咨询、技术服务”，可以参照上述规定，选择简易计税方法按照3%征收率计算缴纳增值税。(见《财政部、国家税务总局关于明确金融、房地产开发、教育辅助服务等增值税政策的通知》财税〔2016〕140号)

(12) 提供教育辅助服务，可以选择简易计税方法按照3%征收率计算缴纳增值税。(见《财政部、国家税务总局关于明确金融、房地产开发、教育辅助服务等增值税政策的通知》财税〔2016〕140号)

(13) 提供非学历教育服务，可以选择适用简易计税方法按照3%征收率计算应纳税额。(见《财政部、国家税务总局关于进一步明确全面推开营改增试点有关再保险、不动产租赁和非学历教育等政策的通知》财税〔2016〕68号)

(14) 提供物业管理服务的纳税人，向服务接受方收取的自来水水费，以扣除其对外支付的自来水水费后的余额为销售额，按照简易计税方法依3%的征收率计算缴纳增值税。(见《国家税务总局关于物业管理服务中收取的自来水水费增值税问题的公告》总局公告2016年第54号)

(15) 中国农业发展银行总行及其各分支机构提供涉农贷款取得的利息收入，可以选择适用简易计税方法按照3%的征收率计算缴纳增值税。(见《财政部、国家税务总局关于营业税改征增值税试点若干政策的通知》财税〔2016〕39号)

(16) 一般纳税人销售自产机器设备的同时提供安装服务，应分别核算机器设备和安装服务的销售额，安装服务可以按照甲供工程选择适用简易计税方法计税。一般纳税人销售外购机器设备的同时提供安装服务，如果已经按照兼营的有关规定，分别核算机器设备和安装服务的销售额，安装服务可以按照甲供工程选择适用简易计税方法计税。(见《国家税务总局关于明确中外合作办学等若干增值税征管问题的公告》总局公告2018年第42号)

(17) 一般纳税人销售电梯（自产或外购）的同时提供安装服务，其安装服务可以按照甲供工程选择适用简易计税方法计税。(见《国家税务总局关于进一步明确营改增有关征管问题的公告》总局公告2017年第11号)

2. 适用5%征收率的情形：

(1) 小规模纳税人适用5%征收率的规定。

①小规模纳税人销售其取得（含自建）的不动产；

②房地产开发企业中的小规模纳税人，销售自行开发的房地产项目；

③小规模纳税人出租其取得的不动产；

④小规模纳税人提供劳务派遣服务，选择差额纳税的；

⑤小规模纳税人以经营租赁方式将土地出租给他人使用，按照不动产经营租赁服务缴纳增值税；

⑥小规模纳税人转让2016年4月30日前取得的土地使用权。（以上⑤～⑥项内容见《财政部、国家税务总局关于进一步明确全面推开营改增试点有关劳务派遣服务、收费公路通行费抵扣等政策的通知》财税〔2016〕47号）

（2）一般纳税人适用5%征收率的规定。

①一般纳税人销售其2016年4月30日前取得（含自建）的不动产，选择适用简易计税方法。

②房地产开发企业中的一般纳税人，销售自行开发的房地产老项目，选择适用简易计税方法。

③一般纳税人出租其2016年4月30日前取得的不动产，选择适用简易计税方法。

④一般纳税人以经营租赁方式将土地出租给他人使用，按照不动产经营租赁服务缴纳增值税。

⑤一般纳税人转让2016年4月30日前取得的土地使用权，可以选择适用简易计税方法，以取得的全部价款和价外费用减去取得该土地使用权的原价后的余额为销售额，按照5%的征收率计算缴纳增值税。

⑥一般纳税人2016年4月30日前签订的不动产融资租赁合同，或以2016年4月30日前取得的不动产提供的融资租赁服务，可以选择适用简易计税方法，按照5%的征收率计算缴纳增值税。

⑦一般纳税人收取试点前开工（相关施工许可证注明的合同开工日期）的一级公路、二级公路、桥、闸通行费，可以选择适用简易计税方法，按照5%的征收率计算缴纳增值税。

⑧一般纳税人提供劳务派遣服务，可以选择差额纳税，以取得的全部价款和价外费用，扣除代用工单位支付给劳务派遣员工的工资、福利和为其办理社会保险及住房公积金后的余额为销售额，按照简易计税方法依5%的征收率计算缴纳增值税。

⑨一般纳税人提供人力资源外包服务，可以选择适用简易计税方法，按照5%的征收率计算缴纳增值税。纳税人提供人力资源外包服务，按照经纪代理服务缴纳增值税，其销售额不包括受客户单位委托代为向客户单位员工发放的工资和代理缴纳的社会保险、住房公积金。向委托方收取并代为发放的工资和代理缴纳的社会保险、住房公积金，不得开具增值税专用发票，可以开具普通发票。（以上④～⑨项内容见《财政部、国家税务总局关于进一步明确全面推开营改增试点有关劳务派遣服务、收费公路通行费抵扣等政策的通知》财税〔2016〕47号）

需要注意的是，纳税人提供安全保护服务，比照劳务派遣服务政策执行。（见《财政部、国家税务总局关于进一步明确全面推开营改增试点有关再保险、不动产租赁和非学历教育等政策的通知》财税〔2016〕68号）

（三）兼营税率

试点纳税人销售货物、加工修理修配劳务、服务、无形资产或者不动产适用不同税率或者征收率的，应当分别核算适用不同税率或者征收率的销售额，未分别核算销售额的，按照以下方法适用税率或者征收率：

（1）兼有不同税率的销售货物、加工修理修配劳务、服务、无形资产或者不动产，从高适用税率。

（2）兼有不同征收率的销售货物、加工修理修配劳务、服务、无形资产或者不动产，从高适用征收率。

（3）兼有不同税率和征收率的销售货物、加工修理修配劳务、服务、无形资产或者不动产，从高适用税率。

四、销项税额

销项税额，是指纳税人发生应税行为按照销售额和增值税税率计算并收取的增值税额。销项税额是一般纳税人发生应税行为，从服务、无形资产或者不动产的购买方收取的。销项税额在抵扣当期进项税额之后，形成当期的增值税应纳税额。销项税额计算公式如下：

销项税额 = 销售额 × 税率

从以上公式可以看出，销售额的确定是计算增值税销项税额的关键。

（一）销售额的一般规定

1. 销售额，是指纳税人发生应税行为取得的全部价款和价外费用，财政部和国家税务总局另有规定的除外。销售额是不含税销售额，即销售额不含增值税额本身。纳税人采用销售额和销项税额合并定价方法的，按照下列公式计算销售额：

销售额 = 含税销售额 ÷（1 + 税率或征收率）

价外费用，是指价外收取的各种性质的收费，但不包括以下项目：

（1）代为收取并同时满足以下条件的政府性基金或者行政事业性收费。

①由国务院或者财政部批准设立的政府性基金，由国务院或者省级人民政府及其财政、价格主管部门批准设立的行政事业性收费；

②收取时开具省级以上（含省级）财政部门监（印）制的财政票据；

③所收款项全额上缴财政。

（2）以委托方名义开具发票代委托方收取的款项。

2. 销售额以人民币计算。纳税人按照人民币以外的货币结算销售额的，应当折合成人民币计算。纳税人可以选择销售额发生的当天或者当月 1 日的人民币汇率中间价作为折合率，但应当在事先确定采用何种折合率，且确定后 12 个月内不得变更。

3. 纳税人兼营销售货物、劳务、服务、无形资产或者不动产，适用不同税率或者征收率的，应当分别核算适用不同税率或者征收率的销售额；没有分别核算的，从高适用税率。

4. 一项销售行为如果既涉及服务又涉及货物，为混合销售。混合销售行为成立的标准有两点，一是其销售行为必须是一项行为；二是该项行为必须同时涉及服务和货物。

从事货物的生产、批发或者零售的单位和个体工商户的混合销售行为，按照销售货物缴纳增值税；其他单位和个体工商户的混合销售行为，按照销售服务缴纳增值税。前述所称从事货物的生产、批发或者零售的单位和个体工商户，包括以从事货物的生产、批发或者零售为主，并兼营销售服务的单位和个体工商户在内。

需要注意的是，纳税人销售活动板房、机器设备、钢结构件等自产货物的同时提供建筑、安装服务，不属于《试点实施办法》第四十条规定的混合销售，应分别核算货物和建筑服务的销售额，分别适用不同的税率或者征收率。（见《国家税务总局关于进一步明确营改增有关征管问题的公告》总局公告2017年第11号）

5. 纳税人发生应税行为，如果将价款和折扣额在同一张发票上分别注明的，可以按照价款减除折扣额后的金额作为销售额计算缴纳增值税；如果没有在同一张发票上分别注明的，不得减除折扣额，应按价款作为销售额计算缴纳增值税。“价款和折扣额在同一张发票上分别注明”是指价款和折扣额在同一张发票上的“金额”栏分别注明，而不是仅在发票的“备注”栏注明折扣额。

6. 纳税人销售服务赠送商品或者销售商品赠送服务，不属于捐赠，应将总的销售金额按各项商品的公允价值的比例来分摊确认各项的销售收入。如试点纳税人销售电信服务时，附带赠送用户识别卡、电信终端等货物或者电信服务的，应将其取得的全部价款和价外费用进行分别核算，按各自适用的税率计算缴纳增值税。

（二）核定销售额

纳税人发生应税行为价格明显偏低或者偏高且不具有合理商业目的的，或者发生视同销售服务、无形资产或者不动产而无销售额的，主管税务机关有权按照下列顺序确定销售额。

1. 按照纳税人最近时期销售同类服务、无形资产或者不动产的平均价格确定。

2. 按照其他纳税人最近时期销售同类服务、无形资产或者不动产的平均价格确定。

3. 按照组成计税价格确定。组成计税价格的公式为：

$$组成计税价格 = 成本 \times (1 + 成本利润率)$$

组价公式中的成本利润率由国家税务总局确定。目前属于其组价公式中的成本利润率为10%。但属于应从价定率征收消费税的货物，其组价公式中的成本利润率，为消费税中规定的成本利润率。（见《国家税务总局关于印发〈增值税若干具体问题的规定〉的通知》国税发〔1993〕154号）

不具有合理商业目的，是指以谋取税收利益为主要目的，通过人为安排，减少、免除、推迟缴纳税款，或者增加退还税款。

（三）差额确定销售额

目前虽然全部行业纳入了增值税征收范围，但是仍然无法通过抵扣机制完全避免重复征税的情况存在，因此引入了差额征税的办法，解决纳税人税收负担增加问题。属于差额确定销售额的项目如下：

1. 金融商品转让，按照卖出价扣除买入价后的余额为销售额。

转让金融商品出现的正负差，按盈亏相抵后的余额为销售额。若相抵后出现负差，可结转下一纳税期与下期转让金融商品销售额相抵，但年末时仍出现负差的，不得转入下一个会计年度。

金融商品的买入价，可以选择按照加权平均法或者移动加权平均法进行核算，选择后36个月内不得变更。

2. 经纪代理服务，以取得的全部价款和价外费用，扣除向委托方收取并代为支付的政府性基金或者行政事业性收费后的余额为销售额。

3. 融资租赁和融资性售后回租业务。

①经人民银行、银监会或者商务部批准（包括备案）从事融资租赁业务的试点纳税人，提供融资租赁服务，以取得的全部价款和价外费用，扣除支付的借款利息（包括外汇借款和人民币借款利息）、发行债券利息和车辆购置税后的余额为销售额。

②经人民银行、银监会或者商务部批准（包括备案）从事融资租赁业务的试点纳税人，提供融资性售后回租服务，以取得的全部价款和价外费用（不含本金），扣除对外支付的借款利息（包括外汇借款和人民币借款利息）、发行债券利息后的余额作为销售额。

③试点纳税人根据2016年4月30日前签订的有形动产融资性售后回租合同，在合同到期前提供的有形动产融资性售后回租服务，可继续按照有形动产融资租赁服务缴纳增值税。

继续按照有形动产融资租赁服务缴纳增值税的试点纳税人，经人民银行、银监会或者商务部批准（包括备案）从事融资租赁业务的，根据2016年4月30日前签订的有形动产融资性售后回租合同，在合同到期前提供的有形动产融资性售后回租服务，可以选择以下方法之一计算销售额：

①以向承租方收取的全部价款和价外费用，扣除向承租方收取的价款本金，以及对外支付的借款利息（包括外汇借款和人民币借款利息）、发行债券利息后的余额为销售额。

②以向承租方收取的全部价款和价外费用，扣除支付的借款利息（包括外汇借款和人民币借款利息）、发行债券利息后的余额为销售额。

4. 航空运输企业的销售额，不包括代收的机场建设费和代售其他航空运输企业客票而代收转付的价款。

5. 试点纳税人中的一般纳税人提供客运场站服务，以其取得的全部价款和价外费用，扣除支付给承运方运费后的余额为销售额。

6. 试点纳税人提供旅游服务，可以选择以取得的全部价款和价外费用，扣除向旅游服务购买方收取并支付给其他单位或者个人的住宿费、餐饮费、交通费、签证费、门票费和支付给其他接团旅游企业的旅游费用后的余额为销售额。

纳税人提供旅游服务，将火车票、飞机票等交通费发票原件交付给旅游服务购买方而无法收回的，以交通费发票复印件作为差额扣除凭证。（见《国家税务总局关于在境外提供建筑服务等有关问题的公告》总局公告2016年第69号）

7. 试点纳税人提供建筑服务适用简易计税方法的，以取得的全部价款和价外费用扣除支付的分包款后的余额为销售额。

8. 房地产开发企业中的一般纳税人销售其开发的房地产项目（选择简易计税方法的房地产老项目除外），以取得的全部价款和价外费用，扣除受让土地时向政府部门支付的土地价款后的余额为销售额。

9. 一般纳税人销售其2016年4月30日前取得（不含自建）的不动产，可以选择适用简易计税方法，以取得的全部价款和价外费用减去该项不动产购置原价或者取得不动产时的作价后的余额为销售额。

10. 小规模纳税人销售其取得（不含自建）的不动产（不含个体工商户销售购买的住房和其他个人销售不动产），应以取得的全部价款和价外费用减去该项不动产购置原价或者取得不动产时的作价后的余额为销售额。

11. 纳税人提供签证代理服务，以取得的全部价款和价外费用，扣除向服务接受方收取并代为支付给外交部和外国驻华使（领）馆的签证费、认证费后的余额为销售额。（见《国家税务总局关于在境外提供建筑服务等有关问题的公告》总局公告2016年第69号）

12. 境外单位通过教育部考试中心及其直属单位在境内开展考试，教育部考试中心及其直属单位应以取得的考试费收入扣除支付给境外单位考试费后的余额为销售额，按提供“教育辅助服务”缴纳增值税；就代为收取并支付给境外单位的考试费统一扣缴增值税。（见《国家税务总局关于在境外提供建筑服务等有关问题的公告》总局公告2016年第69号）

13. 提供物业管理服务的纳税人，向服务接受方收取的自来水水费，以扣除其对外支付的自来水水费后的余额为销售额，按照简易计税方法依3%的征收率计算缴纳增值税。（见《国家税务总局关于物业管理服务中收取的自来水水费增值税问题的公告》总局公告2016年第54号）

14. 一般纳税人提供劳务派遣服务可以取得的全部价款和价外费用为销售额，按照一般计税方法计算缴纳增值税；也可以选择差额纳税，以取得的全部价款和价外费用，扣除代用工单位支付给劳务派遣员工的工资、福利和为其办理社会保险及住房公积金后的余额为销售额，按照简易计税方法依5%的征收率计算缴纳增值税。（见《财政部、国家税务总局关于进一步明确全面推开营改增试点有关劳务派遣服务、收费公路通行费抵扣等政策的通知》财税〔2016〕47号）

15. 小规模纳税人提供劳务派遣服务，可以取得的全部价款和价外费用为销售额，按照简易计税方法依3%的征收率计算缴纳增值税；也可以选择差额纳税，以取得的全部价款和价外费用，扣除代用工单位支付给劳务派遣员工的工资、福利和为其办理社会保险及住房公积金后的余额为销售额，按照简易计税方法依5%的征收率计算缴纳增值税。（见《财政部、国家税务总局关于进一步明确全面推开营改增试点有关劳务派遣服务、收费公路通行费抵扣等政策的通知》财税〔2016〕47号）

16. 纳税人提供人力资源外包服务，按照经纪代理服务缴纳增值税，其销售额不包括受客户单位委托代为向客户单位员工发放的工资和代理缴纳的社会保险、住房公积金。一般纳税人提供人力资源外包服务，可以选择适用简易计税方法，按照5%的征收率计算缴纳增值税。（见《财政部、国家税务总局关于进一步明确全面推开营改增试点有关劳务派遣服务、收费公路通行费抵扣等政策的通知》财税〔2016〕47号）

17. 纳税人转让2016年4月30日前取得的土地使用权，可以选择适用简易计税方法，以取得的全部价款和价外费用减去取得该土地使用权的原价后的余额为销售额，按照5%的征收率计算缴纳增值税。（见《财政部、国家税务总局关于进一步明确全面推开营改增试点有关劳务派遣服务、收费公路通行费抵扣等政策的通知》财税〔2016〕47号）

18. 自2018年1月1日起，航空运输销售代理企业提供境外航段机票代理服务，以取得的全部价款和价外费用，扣除向客户收取并支付给其他单位或者个人的境外航段机票结算款和相关费用后的余额为销售额。其中，支付给境内单位或者个人的款项，以发票或行程单为合法有效凭证；支付给境外单位或者个人的款项，以签收单据为合法有效凭证，税务机关对签收单据有疑义的，可以要求其提供境外公证机构的确认证明。（见《财政部、税务总局关于租入固定资产进项税额抵扣等增值税政策的通知》财税〔2017〕90号）

19. 中国移动通信集团公司、中国联合网络通信集团有限公司、中国电信集团公司及其成员单位通过手机短信公益特服号为公益性机构接受捐款，以其取得的全部价款和价外费用，扣除支付给公益性机构捐款后的余额为销售额。其接受的捐款，不得开具增值税专用发票。（见《财政部、国家税务总局关于营业税改征增值税试点若干政策的通知》财税〔2016〕39号）

20. 中国证券登记结算公司的销售额，不包括以下资金项目：按规定提取的证券结算风险基金；代收代付的证券公司资金交收违约垫付资金利息；结算过程中代收代付的资金交收违约罚息。（见《财政部、国家税务总局关于营业税改征增值税试点若干政策的通知》财税〔2016〕39号）

21. 航空运输销售代理企业提供境内机票代理服务，以取得的全部价款和价外费用，扣除向客户收取并支付给航空运输企业或其他航空运输销售代理企业的境内机票净结算款和相关费用后的余额为销售额。其中，支付给航空运输企业的款项，以国际航空运输协会（IATA）开账与结算计划（BSP）对账单或航空运输企业的签收单据为合法有效凭证；支付给其他航空运输销售代理企业的款项，以代理企业间的签收单据为合法有效凭证。航空运输销售代理企业就取得的全部价款和价外费用，向购买方开具行程单，或开具增值税普通发票。（见《国家税务总局关于明确中外合作办学等若干增值税征管问题的公告》总局公告2018年第42号）

需要注意的是，试点纳税人按照上述各项规定从全部价款和价外费用中扣除的价款，应当取得符合法律、行政法规和国家税务总局规定的有效凭证。否则，不得扣除。上述凭证是指：

①支付给境内单位或者个人的款项，以发票为合法有效凭证。

②支付给境外单位或者个人的款项，以该单位或者个人的签收单据为合法有效凭证，税务机关对签收单据有疑义的，可以要求其提供境外公证机构的确认证明。

③缴纳的税款，以完税凭证为合法有效凭证。

④扣除的政府性基金、行政事业性收费或者向政府支付的土地价款，以省级以上（含省级）财政部门监（印）制的财政票据为合法有效凭证。

⑤国家税务总局规定的其他凭证。

纳税人取得的上述凭证属于增值税扣税凭证的，其进项税额不得从销项税额中抵扣。

五、进项税额

进项税额，是指纳税人购进货物、加工修理修配劳务、服务、无形资产或者不动产，支付或者负担的增值税额。

（一）进项税额基本规定

1. 准予抵扣的进项税额。

下列进项税额准予从销项税额中抵扣：

①从销售方取得的增值税专用发票（含税控机动车销售统一发票）上注明的增值税额。

②从海关取得的海关进口增值税专用缴款书上注明的增值税额。

③购进农产品，除取得增值税专用发票或者海关进口增值税专用缴款书外，按照农产品收购发票或者销售发票上注明的农产品买价和9%的扣除率计算的进项税额。计算公式为：

进项税额 = 买价 × 扣除率

买价，是指纳税人购进农产品在农产品收购发票或者销售发票上注明的价款和按照规定缴纳的烟叶税。

购进农产品，按照《农产品增值税进项税额核定扣除试点实施办法》（财税〔2012〕38号）抵扣进项税额的除外。

④从境外单位或者个人购进服务、无形资产或者不动产，自税务机关或者扣缴义务人取得的解缴税款的完税凭证上注明的增值税额。

2. 不得抵扣的进项税额。

（1）扣税凭证不符合税法规定：

①纳税人取得的增值税扣税凭证不符合法律、行政法规或者国家税务总局有关规定的，其进项税额不得从销项税额中抵扣。增值税扣税凭证，是指增值税专用发票（含税控机动车销售统一发票）、海关进口增值税专用缴款书、农产品收购发票、农产品销售发票和完税凭证（《税收缴款书》和《税收完税证明》）。

②纳税人凭完税凭证抵扣进项税额的，应当具备书面合同、付款证明和境外单位的对账单或者发票。资料不全的，其进项税额不得从销项税额中抵扣。

（2）特定项目不得抵扣：

①用于简易计税方法计税项目、免征增值税项目、集体福利或者个人消费的购进货物、加工修理修配劳务、服务、无形资产和不动产。其中涉及的固定资产、无形资产、不动产，仅指专用于上述项目的固定资产、无形资产（不包括其他权益性无形资产）、不动产。

纳税人的交际应酬消费属于个人消费。

②非正常损失的购进货物，以及相关的加工修理修配劳务和交通运输服务。

③非正常损失的在产品、产成品所耗用的购进货物（不包括固定资产）、加工修理修配劳务和交通运输服务。

④非正常损失的不动产，以及该不动产所耗用的购进货物、设计服务和建筑服务。

⑤非正常损失的不动产在建工程所耗用的购进货物、设计服务和建筑服务。纳税人新建、改建、扩建、修缮、装饰不动产，均属于不动产在建工程。

⑥购进的旅客运输服务、贷款服务、餐饮服务、居民日常服务和娱乐服务。

⑦财政部和国家税务总局规定的其他情形。

上述涉及非正常损失的不动产耗用的购进货物，是指构成不动产实体的材料和设备，包括建筑装饰材料和给排水、采暖、卫生、通风、照明、通信、煤气、消防、中央空调、电梯、电气、智能化楼宇设备及配套设施。

固定资产，是指使用期限超过12个月的机器、机械、运输工具以及其他与生产经营有关的设备、工具、器具等有形动产。增值税中的固定资产与会计准则不同，不包括不动产和不动产在建工程。

非正常损失，是指因管理不善造成货物被盗、丢失、霉烂变质，以及因违反法律法规造成货物或者不动产被依法没收、销毁、拆除的情形。

(3) 惩罚性不得抵扣情形：

有下列情形之一者，应当按照销售额和增值税税率计算应纳税额，不得抵扣进项税额，也不得使用增值税专用发票：

①纳税人在年应税销售额超过规定标准逾期仍不办理一般纳税人登记的；

②一般纳税人会计核算不健全，或者不能够提供准确税务资料的。

(4) 兼营纳税人原留抵税额。

原增值税一般纳税人兼有销售服务、无形资产或者不动产的，截止到纳入营改增试点之日前的增值税期末留抵税额，不得从销售服务、无形资产或者不动产的销项税额中抵扣。

(二) 进项税额特殊规定

1. 改变用途可以抵扣进项税额规定。

按照《试点实施办法》第二十七条第（一）项规定不得抵扣且未抵扣进项税额的固定资产、无形资产、不动产，发生用途改变，用于允许抵扣进项税额的应税项目，可在用途改变的次月按照下列公式计算可以抵扣的进项税额：

可以抵扣的进项税额 = 固定资产、无形资产、不动产净值 ÷ (1 + 适用税率) × 适用税率

固定资产、无形资产或者不动产净值，是指纳税人根据财务会计制度计提折旧或摊销后的余额。

上述可以抵扣的进项税额应取得合法有效的增值税扣税凭证。

2. 进项税额转出。

①已抵扣进项税额的购进货物（不含固定资产）、劳务、服务，发生《试点实施办法》规定的进项税额不得从销项税额中抵扣的情形（简易计税方法计税项目、免征增值税项目除外）的，应当将该进项税额从当期进项税额中扣减；无法确定该进项税额的，按照当期实际成本计算应扣减的进项税额。

②已抵扣进项税额的固定资产、无形资产或者不动产，发生不得抵扣情形的，按照下列公式计算不得抵扣的进项税额：

不得抵扣的进项税额 = 固定资产、无形资产或者不动产净值 × 适用税率

3. 复杂经营行为进项税额计算。

适用一般计税方法的纳税人，兼营简易计税方法计税项目、免征增值税项目而无法划分不得抵扣的进项税额，按照下列公式计算不得抵扣的进项税额：

不得抵扣的进项税额 = 当期无法划分的全部进项税额 × (当期简易计税方法计税项目销售额 + 免征增值税项目销售额) ÷ 当期全部销售额

主管税务机关可以按照上述公式依据年度数据对不得抵扣的进项税额进行清算。

4. 销售折让、中止或者退回的处理。

纳税人适用一般计税方法计税的，因销售折让、中止或者退回而退还给购买方的增值税额，应当从当期的销项税额中扣减；因销售折让、中止或者退回而收回的增值税

额，应当从当期的进项税额中扣减。

纳税人发生应税行为，开具增值税专用发票后，发生开票有误或者销售折让、中止、退回等情形的，应当按照国家税务总局的规定开具红字增值税专用发票；未按照规定开具红字增值税专用发票的，不得按照上述规定扣减销项税额。

5. 进项税额加计抵减政策。

自2019年4月1日至2021年12月31日，允许生产、生活性服务业纳税人（提供邮政服务、电信服务、现代服务、生活服务等四项服务取得的销售额占全部销售额的比重超过50%的纳税人）按照当期可抵扣进项税额加计10%，抵减应纳税额。

纳税人应按照当期可抵扣进项税额的10%计提当期加计抵减额。计算公式如下：

当期计提加计抵减额 = 当期可抵扣进项税额 ×10%

当期可抵减加计抵减额 = 上期末加计抵减额余额 + 当期计提加计抵减额 − 当期调减加计抵减额

加计抵减政策执行到期后，纳税人不再计提加计抵减额，结余的加计抵减额停止抵减。（以上内容见《财政部、税务总局、海关总署关于深化增值税改革有关政策的公告》财政部税务总局海关总署公告2019年第39号）

（三）具体业务进项税额扣除规定

1. 不动产进项税额抵扣规定。

（1）已抵扣进项税额的不动产，发生非正常损失，或者改变用途，专用于简易计税方法计税项目、免征增值税项目、集体福利或者个人消费的，按照下列公式计算不得抵扣的进项税额，并从当期进项税额中扣减：

不得抵扣的进项税额 = 已抵扣进项税额 × 不动产净值率

不动产净值率 =（不动产净值 ÷ 不动产原值）×100%

（2）按照规定不得抵扣进项税额的不动产，发生用途改变，用于允许抵扣进项税额项目的，按照下列公式在改变用途的次月计算可抵扣进项税额。

可抵扣进项税额 = 增值税扣税凭证注明或计算的进项税额 × 不动产净值率

（以上内容见《国家税务总局关于深化增值税改革有关事项的公告》总局公告2019年第14号）

2. 支付的道路、桥、闸通行费进项税额抵扣：

自2018年1月1日起，纳税人支付的道路、桥、闸通行费，按照以下规定抵扣进项税额：

（1）纳税人支付的道路通行费，按照收费公路通行费增值税电子普通发票上注明的增值税额抵扣进项税额。

2018年1月1日至6月30日，纳税人支付的高速公路通行费，如暂未能取得收费公路通行费增值税电子普通发票，可凭取得的通行费发票（不含财政票据）上注明的收费金额按照下列公式计算可抵扣的进项税额：

高速公路通行费可抵扣进项税额 = 通行费发票上注明的金额 ÷（1 +3%）×3%

2018年1月1日至12月31日，纳税人支付的一级、二级公路通行费，如暂未能取得收费公路通行费增值税电子普通发票，可凭取得的通行费发票上注明的收费金额按照下列公式计算可抵扣进项税额：

一级、二级公路通行费可抵扣进项税额 = 通行费发票上注明的金额 ÷ (1 + 5%) × 5%

（2）纳税人支付的桥、闸通行费，暂凭取得的通行费发票上注明的收费金额按照下列公式计算可抵扣的进项税额：

桥、闸通行费可抵扣进项税额 = 通行费发票上注明的金额 ÷ (1 + 5%) × 5%

（3）上述所称通行费，是指有关单位依法或者依规设立并收取的过路、过桥和过闸费用。

收费公路通行费增值税电子普通发票开具等有关事项详见《交通运输部、国家税务总局关于收费公路通行费增值税电子普通发票开具等有关事项的公告》（交通运输部公告2017年第66号）。（以上内容见《财政部、税务总局关于租入固定资产进项税额抵扣等增值税政策的通知》财税〔2017〕90号）

3. 餐饮行业增值税一般纳税人购进农业生产者自产农产品，可以使用税务机关监制的农产品收购发票，按照现行规定计算抵扣进项税额。（见《国家税务总局关于明确营改增试点若干征管问题的公告》总局公告2016年第26号）

4. 自2018年1月1日起，纳税人租入固定资产、不动产，既用于一般计税方法计税项目，又用于简易计税方法计税项目、免征增值税项目、集体福利或者个人消费的，其进项税额准予从销项税额中全额抵扣。（见《财政部、税务总局关于租入固定资产进项税额抵扣等增值税政策的通知》财税〔2017〕90号）

5. 建筑企业与发包方签订建筑合同后，以内部授权或者三方协议等方式，授权集团内其他纳税人（简称"第三方"）为发包方提供建筑服务，并由第三方直接与发包方结算工程款的，由第三方缴纳增值税并向发包方开具增值税发票，与发包方签订建筑合同的建筑企业不缴纳增值税。发包方可凭实际提供建筑服务的纳税人开具的增值税专用发票抵扣进项税额。（见《国家税务总局关于进一步明确营改增有关征管问题的公告》总局公告2017年第11号）

6. 纳税人以承运人身份与托运人签订运输服务合同，收取运费并承担承运人责任，然后委托实际承运人完成全部或部分运输服务时，自行采购并交给实际承运人使用的成品油和支付的道路、桥、闸通行费，同时符合下列条件的，其进项税额准予从销项税额中抵扣：

（1）成品油和道路、桥、闸通行费，应用于纳税人委托实际承运人完成的运输服务；

（2）取得的增值税扣税凭证符合现行规定。（以上内容见《国家税务总局关于跨境应税行为免税备案等增值税问题的公告》总局公告2017年第30号）

7. 纳税人购进国内旅客运输服务，其进项税额允许从销项税额中抵扣。纳税人未取得增值税专用发票的，暂按照以下规定确定进项税额：

（1）取得增值税电子普通发票的，为发票上注明的税额；

（2）取得注明旅客身份信息的航空运输电子客票行程单的，为按照下列公式计算进项税额：

航空旅客运输进项税额 = (票价 + 燃油附加费) ÷ (1 + 9%) × 9%

（3）取得注明旅客身份信息的铁路车票的，为按照下列公式计算的进项税额：

铁路旅客运输进项税额 = 票面金额 ÷ (1 + 9%) × 9%

（4）取得注明旅客身份信息的公路、水路等其他客票的，按照下列公式计算进项税额：

公路、水路等其他旅客运输进项税额 = 票面金额 ÷ (1 + 3%) × 3%

（以上内容见《财政部、税务总局、海关总署关于深化增值税改革有关政策的公告》财政部税务总局海关总署公告 2019 年第 39 号）

六、应纳税额

我国增值税实行购进扣税法，纳税人发生应税行为时按照销售额计算销项税额，购进货物、劳务、服务、无形资产或不动产时，以支付或负担的税款为进项税额，同时允许从销项税额中抵扣进项税额。这样，就相当于仅对发生应税行为的增值部分征税。

（一）一般性规定

1. 纳税人计税方法。

增值税的计税方法，包括一般计税方法和简易计税方法。一般计税方法是按照销项税额减去进项税额的差额计算应纳税额，适用一般纳税人。简易计税方法是按照销售额与征收率的乘积计算应纳税额，一般适用小规模纳税人。

一般纳税人发生规定的特定应税行为，可以选择适用简易计税方法计税，但一经选择，36 个月内不得变更。

2. 扣缴义务人计税方法。

境外单位或者个人在境内发生应税行为，在境内没有设立经营机构的，扣缴义务人应按照以下公式计算应扣缴的税额：

应扣缴税额 = 购买方支付的价款 ÷ (1 + 税率) × 税率

需要注意的是，按照上述公式计算应扣缴的税额时，无论购买方支付的价款是否超过 500 万元的一般纳税人标准，也无论扣缴义务人是一般纳税人还是小规模纳税人，一律按照境外单位和个人发生应税行为的适用税率予以计算。

（二）一般计税方法

一般计税方法的应纳税额，是指当期销项税额抵扣当期进项税额后的余额。应纳税额计算公式：

应纳税额 = 当期销项税额 − 当期进项税额

当期销项税额小于当期进项税额不足抵扣时，尚未抵扣的进项税额称为留抵税额，可以结转下期继续抵扣。

（三）简易计税方法

小规模纳税人一律采用简易计税方法计税，一般纳税人提供的特定应税服务可以选择适用简易计税方法。采用简易计税方法计算应纳税额时，不得抵扣进项税额。

1. 简易计税方法的应纳税额，是指按照销售额和增值税征收率计算的增值税额，不得抵扣进项税额。应纳税额计算公式：

应纳税额 = 销售额 × 征收率

征收率目前规定为 3%，但涉及销售（租赁）不动产和转让（租赁）土地使用权征收率为 5%。

2. 简易计税方法的销售额不包括其应纳税额，纳税人采用销售额和应纳税额合并定价方法的，按照下列公式计算销售额：

$$销售额 = 含税销售额 \div (1 + 征收率)$$

3. 纳税人适用简易计税方法计税的，因销售折让、中止或者退回而退还给购买方的销售额，应当从当期销售额中扣减。扣减当期销售额后仍有余额造成多缴的税款，可以从以后的应纳税额中扣减。纳税人提供的适用简易计税方法计税的应税服务，因服务中止或者折让而退还给接受方的销售额，应当从当期销售额中扣减。扣减当期销售额后仍有余额造成多缴的税款，可以从以后的应纳税额中扣减。

纳税人发生应税行为，开具增值税专用发票后，发生开票有误或者销售折让、中止、退回等情形的，应当按照国家税务总局的规定开具红字增值税专用发票；未按照规定开具红字增值税专用发票的，不得按照上述规定扣减销售额。

七、税收减免

增值税税收优惠主要包括直接减免、减征税款、即征即退（税务机关负责）、先征后返（财政部门负责）等形式。本部分仅列举营改增试点期间的减免税项目。

（一）减免选择权

1. 纳税人发生应税行为适用免税、减税规定的，可以放弃免税、减税，依照《试点实施办法》的规定缴纳增值税。放弃免税、减税后，36 个月内不得再申请免税、减税。

2. 纳税人发生应税行为同时适用免税和零税率规定的，纳税人可以选择适用免税或者零税率。

3. 纳税人兼营免税、减税项目的，应当分别核算免税、减税项目的销售额；未分别核算的，不得免税、减税。

（二）起征点

增值税起征点仅适用《试点实施办法》规定的个人，包括个体工商户和其他个人，但不适用于登记为一般纳税人的个体工商户。即增值税起征点仅适用按照小规模纳税人纳税的个体工商户和其他个人。

个人发生应税行为的销售额未达到增值税起征点的，免征增值税；达到起征点的，全额计算缴纳增值税。

增值税起征点幅度如下：

1. 按期纳税的，为月销售额 5 000 ~ 20 000 元（含本数）。

2. 按次纳税的，为每次（日）销售额 300 ~ 500 元（含本数）。

起征点的调整由财政部和国家税务总局规定。省、自治区、直辖市财政厅（局）和税务局应当在规定的幅度内，根据实际情况确定本地区适用的起征点，并报财政部和国家税务总局备案。

为贯彻落实国务院支持小型微型企业发展的精神，扩大就业，促进社会和谐，繁荣城乡经济，各省（自治区、直辖市）一般将增值税起征点调至国家规定的最高限。

为扶持小微企业发展，对增值税小规模纳税人中月销售额未达到2万元的企业或非企业性单位，免征增值税。（见《财政部、国家税务总局关于暂免征收部分小微企业增值税和营业税的通知》财税〔2013〕52号）

为进一步加大对小微企业的税收支持力度，自2014年10月1日起，至2018年12月31日，对月销售额2万元（含本数）至3万元的增值税小规模纳税人，免征增值税。自2019年1月1日起，至2021年12月31日，对月销售额10万元以下（含本数）的增值税小规模纳税人，免征增值税。（见《财政部、税务总局关于实施小微企业普惠性税收减免政策的通知》财税〔2019〕13号）

小微企业免征增值税具体规定如下：

1. 小规模纳税人发生增值税应税销售行为，包括销售货物、劳务、服务、无形资产和不动产，合计月销售额未超过10万元（以1个季度为1个纳税期的，季度销售额未超过30万元）的，免征增值税。小规模纳税人发生增值税应税销售行为，合计月销售额超过10万元，但扣除本期发生的销售不动产的销售额后未超过10万元的，其销售货物、劳务、服务、无形资产取得的销售额免征增值税。

2. 适用增值税差额征税政策的，以差额后的余额为销售额，确定其是否可享受小规模纳税人免征增值税政策。

3. 小规模纳税人，纳税期限不同，其享受免税政策的效果可能存在差异。因此，按照固定期限纳税的小规模纳税人可以根据自己的实际经营情况选择实行按月纳税或按季纳税，但一经选择，一个会计年度内不得变更。

4. 其他个人（自然人），采取一次性收取租金（包括预收款）形式出租不动产取得的租金收入，可在对应的租赁期内平均分摊，分摊后的月租金收入未超过10万元的，可享受小规模纳税人免征增值税政策。

5. 按照现行规定应当预缴增值税税款的小规模纳税人，凡在预缴地实现的月销售额未超过10万元或季销售额未超过30万元的，当期无需预缴税款。

6. 小规模纳税人中的单位和个体工商户销售不动产，应按其纳税期、上述第5条以及其他现行政策规定确定是否预缴增值税；其他个人销售不动产（在不动产所在地直接申报纳税），继续按照现行规定征免增值税。

7. 按规定，纳税人自行开具或申请代开增值税专用发票，应就其开具的增值税专用发票相对应的应税行为计算缴纳增值税。因此，如果小规模纳税人月销售额未超过10万元的，当期因开具增值税专用发票已经缴纳的税款，在增值税专用发票全部联次追回或者按规定开具红字专用发票后，可以向主管税务机关申请退还已缴纳的增值税。（以上内容见《国家税务总局关于小规模纳税人免征增值税政策有关征管问题的公告》总局公告2019年第4号）

（三）营业税改征增值税试点过渡优惠政策

根据财税〔2016〕36号文件规定，营改增试点期间下列项目免征增值税。

1. 托儿所、幼儿园提供的保育和教育服务。托儿所、幼儿园，是指经县级以上教育部门审批成立、取得办园许可证的实施0～6岁学前教育的机构，包括公办和民办的托儿所、幼儿园、学前班、幼儿班、保育院、幼儿院。

2. 养老机构提供的养老服务。养老机构，是指依法设立并办理登记的为老年人提供集中居住和照料服务的各类养老机构。上述养老机构，包括依照《中华人民共和国老年人权益保障法》（简称《老年人权益保障法》）依法办理登记，并向民政部门备案的为老年人提供集中居住和照料服务的各类养老机构。（见《财政部、税务总局关于明确养老机构免征增值税等政策的通知》财税〔2019〕20号）

3. 残疾人福利机构提供的育养服务。

4. 婚姻介绍服务。

5. 殡葬服务。包括吊唁设施设备租赁、墓穴租赁及管理等服务。

6. 残疾人员本人为社会提供的服务。

7. 医疗机构提供的医疗服务。医疗机构，是指依法经登记取得《医疗机构执业许可证》的机构，以及军队、武警部队各级各类医疗机构。

自2019年2月1日至2020年12月31日，医疗机构接受其他医疗机构委托，按照不高于规定的指导价格提供《全国医疗服务价格项目规范》所列的各项服务取得的医疗服务收入免征增值税。（见《财政部、税务总局关于明确养老机构免征增值税等政策的通知》财税〔2019〕20号）

8. 从事学历教育的学校提供的教育服务。学历教育，是指受教育者经过国家教育考试或者国家规定的其他入学方式，进入国家有关部门批准的学校或者其他教育机构学习，获得国家承认的学历证书的教育形式。

境外教育机构与境内从事学历教育的学校开展中外合作办学，提供学历教育服务取得的收入免征增值税。中外合作办学，是指中外教育机构按照《中华人民共和国中外合作办学条例》（国务院令第372号）的有关规定，合作举办的以中国公民为主要招生对象的教育教学活动。（见《国家税务总局关于明确中外合作办学等若干增值税征管问题的公告》总局公告2018年第42号）

9. 学生勤工俭学提供的服务。

10. 农业机耕、排灌、病虫害防治、植物保护、农牧保险以及相关技术培训业务，家禽、牲畜、水生动物的配种和疾病防治。

11. 纪念馆、博物馆、文化馆、文物保护单位管理机构、美术馆、展览馆、书画院、图书馆在自己的场所提供文化体育服务取得的第一道门票收入。

12. 寺院、宫观、清真寺和教堂举办文化、宗教活动的门票收入。

13. 行政单位之外的其他单位收取的符合《试点实施办法》第十条规定条件的政府性基金和行政事业性收费。

14. 个人转让著作权。

15. 个人销售自建自用住房。

16. 2018年12月31日前，公共租赁住房经营管理单位出租公共租赁住房。

17. 台湾航运公司、航空公司从事海峡两岸海上直航、空中直航业务在大陆取得的运输收入。

18. 纳税人提供的直接或者间接国际货物运输代理服务。

19. 以下利息收入。

（1）2016年12月31日前，金融机构农户小额贷款。

（2）国家助学贷款。

（3）国债、地方政府债。

（4）人民银行对金融机构的贷款。

（5）住房公积金管理中心用住房公积金在指定的委托银行发放的个人住房贷款。

（6）外汇管理部门在从事国家外汇储备经营过程中，委托金融机构发放的外汇贷款。

（7）统借统还业务中，企业集团或企业集团中的核心企业以及集团所属财务公司按不高于支付给金融机构的借款利率水平或者支付的债券票面利率水平，向企业集团或者集团内下属单位收取的利息。

统借方向资金使用单位收取的利息，高于支付给金融机构借款利率水平或者支付的债券票面利率水平的，应全额缴纳增值税。

20. 被撤销金融机构以货物、不动产、无形资产、有价证券、票据等财产清偿债务。

21. 保险公司开办的一年期以上人身保险产品取得的保费收入（包括在保险监管部门出具备案回执或批复文件前依法取得的保费收入）。

享受免征增值税的一年期及以上返还本利的人身保险包括其他年金保险，其他年金保险是指养老年金以外的年金保险。（见《财政部、国家税务总局关于进一步明确全面推开营改增试点金融业有关政策的通知》财税〔2016〕46号）

22. 下列金融商品转让收入。

（1）合格境外投资者（QFII）委托境内公司在我国从事证券买卖业务。

（2）香港市场投资者（包括单位和个人）通过沪港通买卖上海证券交易所上市A股。

（3）香港市场投资者（包括单位和个人）通过基金互认买卖内地基金份额。

（4）证券投资基金（封闭式证券投资基金，开放式证券投资基金）管理人运用基金买卖股票、债券。

（5）个人从事金融商品转让业务。

人民币合格境外投资者（RQFII）委托境内公司在我国从事证券买卖业务，以及经人民银行认可的境外机构投资银行间本币市场取得的收入属于上述免税的金融商品转让收入。银行间本币市场包括货币市场、债券市场以及衍生品市场。（见《财政部、国家税务总局关于金融机构同业往来等增值税政策的补充通知》财税〔2016〕70号）

23. 金融同业往来利息收入。包括金融机构与人民银行所发生的资金往来业务、银行联行往来业务、金融机构间的资金往来业务和金融机构之间开展的转贴现业务。

金融机构开展质押式买入返售金融商品、持有政策性金融债券、同业存款、同业借款、同业代付、买断式买入返售金融商品、持有金融债券、同业存单等业务取得的利息收入属于上述免税的金融同业往来利息收入。（见《财政部、国家税务总局关于进一步明确全面推开营改增试点金融业有关政策的通知》财税〔2016〕46号、《财政部、国家税务总局关于金融机构同业往来等增值税政策的补充通知》财税〔2016〕70号）

商业银行购买央行票据、与央行开展货币掉期和货币互存等业务属于金融机构与人民银行所发生的资金往来业务。境内银行与其境外的总机构、母公司之间，以及境内银行与其境外的分支机构、全资子公司之间的资金往来业务属于银行联行往来业务。（见

《财政部、国家税务总局关于金融机构同业往来等增值税政策的补充通知》财税〔2016〕70号）

需要注意的是，自2018年1月1日起，金融机构开展贴现、转贴现业务，以其实际持有票据期间取得的利息收入作为贷款服务销售额计算缴纳增值税。（见《财政部、税务总局关于建筑服务等营改增试点政策的通知》财税〔2017〕58号）

24. 同时符合规定条件的担保机构从事中小企业信用担保或者再担保业务取得的收入（不含信用评级、咨询、培训等收入）3年内免征增值税。

需要注意的是，上述政策已被废止。自2018年1月1日至2019年12月31日，纳税人为农户、小型企业、微型企业及个体工商户借款、发行债券提供融资担保取得的担保费收入，以及为上述融资担保（简称“原担保”）提供再担保取得的再担保费收入，免征增值税。再担保合同对应多个原担保合同的，原担保合同应全部适用免征增值税政策。否则，再担保合同应按规定缴纳增值税。（见《财政部、税务总局关于租入固定资产进项税额抵扣等增值税政策的通知》财税〔2017〕90号）

25. 国家商品储备管理单位及其直属企业承担商品储备任务，从中央或者地方财政取得的利息补贴收入和价差补贴收入。

26. 纳税人提供技术转让、技术开发和与之相关的技术咨询、技术服务。

27. 符合条件的合同能源管理服务。

28. 2017年12月31日前，科普单位的门票收入，以及县级及以上党政部门和科协开展科普活动的门票收入。

29. 政府举办的从事学历教育的高等、中等和初等学校（不含下属单位），举办进修班、培训班取得的全部归该学校所有的收入。

30. 政府举办的职业学校设立的主要为在校学生提供实习场所、并由学校出资自办、由学校负责经营管理、经营收入归学校所有的企业，从事《销售服务、无形资产或者不动产注释》中“现代服务”（不含融资租赁服务、广告服务和其他现代服务）、“生活服务”（不含文化体育服务、其他生活服务和桑拿、氧吧）业务活动取得的收入。

31. 家政服务企业由员工制家政服务员提供家政服务取得的收入。

32. 福利彩票、体育彩票的发行收入。

33. 军队空余房产租赁收入。

34. 为了配合国家住房制度改革，企业、行政事业单位按房改成本价、标准价出售住房取得的收入。

35. 将土地使用权转让给农业生产者用于农业生产。

36. 涉及家庭财产分割的个人无偿转让不动产、土地使用权。家庭财产分割，包括下列情形：离婚财产分割；无偿赠与配偶、父母、子女、祖父母、外祖父母、孙子女、外孙子女、兄弟姐妹；无偿赠与对其承担直接抚养或者赡养义务的抚养人或者赡养人；房屋产权所有人死亡，法定继承人、遗嘱继承人或者受遗赠人依法取得房屋产权。

37. 土地所有者出让土地使用权和土地使用者将土地使用权归还给土地所有者。

38. 县级以上地方人民政府或自然资源行政主管部门出让、转让或收回自然资源使用权（不含土地使用权）。

39. 随军家属就业。

（1）为安置随军家属就业而新开办的企业，自领取税务登记证之日起，其提供的应税服务 3 年内免征增值税。

（2）从事个体经营的随军家属，自办理税务登记事项之日起，其提供的应税服务 3 年内免征增值税。

40. 军队转业干部就业。

（1）从事个体经营的军队转业干部，自领取税务登记证之日起，其提供的应税服务 3 年内免征增值税。

（2）为安置自主择业的军队转业干部就业而新开办的企业，凡安置自主择业的军队转业干部占企业总人数 60%（含）以上的，自领取税务登记证之日起，其提供的应税服务 3 年内免征增值税。

（四）营改增试点期间即征即退政策

1. 一般纳税人提供管道运输服务，对其增值税实际税负超过 3% 的部分实行增值税即征即退政策。

所称增值税实际税负，是指纳税人当期提供应税服务实际缴纳的增值税额占纳税人当期提供应税服务取得的全部价款和价外费用的比例。

2. 经人民银行、银监会或者商务部批准（包括备案）从事融资租赁业务的试点纳税人中的一般纳税人，提供有形动产融资租赁服务和有形动产融资性售后回租服务，对其增值税实际税负超过 3% 的部分实行增值税即征即退政策。

商务部授权的省级商务主管部门和国家经济技术开发区批准的从事融资租赁业务和融资性售后回租业务的试点纳税人中的一般纳税人，2016 年 5 月 1 日后实收资本达到 1.7 亿元的，从达到标准的当月起按照上述规定执行。

（五）营改增试点期间跨境应税行为适用零税率和免税政策

境内的单位和个人销售的下列服务和无形资产，适用增值税零税率：

1. 工程项目在境外的建筑服务。

工程总承包方和工程分包方为施工地点在境外的工程项目提供的建筑服务，均属于工程项目在境外的建筑服务。

2. 工程项目在境外的工程监理服务。

3. 工程、矿产资源在境外的工程勘察勘探服务。

4. 会议展览地点在境外的会议展览服务。

为客户参加在境外举办的会议、展览而提供的组织安排服务，属于会议展览地点在境外的会议展览服务。

5. 存储地点在境外的仓储服务。

6. 标的物在境外使用的有形动产租赁服务。

7. 在境外提供的广播影视节目（作品）的播映服务。

在境外提供的广播影视节目（作品）播映服务，是指在境外的影院、剧院、录像厅及其他场所播映广播影视节目（作品）。

通过境内的电台、电视台、卫星通信、互联网、有线电视等无线或者有线装置向境外播映广播影视节目（作品），不属于在境外提供的广播影视节目（作品）播映服务。

8. 在境外提供的文化体育服务、教育医疗服务、旅游服务。

在境外提供的文化体育服务和教育医疗服务，是指纳税人在境外现场提供的文化体育服务和教育医疗服务。

为参加在境外举办的科技活动、文化活动、文化演出、文化比赛、体育比赛、体育表演、体育活动而提供的组织安排服务，属于在境外提供的文化体育服务。

通过境内的电台、电视台、卫星通信、互联网、有线电视等媒体向境外单位或个人提供的文化体育服务或教育医疗服务，不属于在境外提供的文化体育服务、教育医疗服务。

9. 为出口货物提供的邮政服务、收派服务、保险服务。

（1）为出口货物提供的邮政服务，是指：

①寄递函件、包裹等邮件出境；

②向境外发行邮票；

③出口邮册等邮品。

（2）为出口货物提供的收派服务，是指为出境的函件、包裹提供的收件、分拣、派送服务。

纳税人为出口货物提供收派服务，免税销售额为其向寄件人收取的全部价款和价外费用。

（3）为出口货物提供的保险服务，包括出口货物保险和出口信用保险。

10. 向境外单位销售的完全在境外消费的电信服务。

纳税人向境外单位或者个人提供的电信服务，通过境外电信单位结算费用的，服务接受方为境外电信单位，属于完全在境外消费的电信服务。

11. 向境外单位销售的完全在境外消费的知识产权服务。

服务实际接受方为境内单位或者个人的知识产权服务，不属于完全在境外消费的知识产权服务。

12. 向境外单位销售的完全在境外消费的物流辅助服务（仓储服务、收派服务除外）。

境外单位从事国际运输和港澳台运输业务经停我国机场、码头、车站、领空、内河、海域时，纳税人向其提供的航空地面服务、港口码头服务、货运客运站场服务、打捞救助服务、装卸搬运服务，属于完全在境外消费的物流辅助服务。

13. 向境外单位销售的完全在境外消费的鉴证咨询服务。

下列情形不属于完全在境外消费的鉴证咨询服务：

（1）服务的实际接受方为境内单位或者个人。

（2）对境内的货物或不动产进行的认证服务、鉴证服务和咨询服务。

14. 向境外单位销售的完全在境外消费的专业技术服务。

下列情形不属于完全在境外消费的专业技术服务：

（1）服务的实际接受方为境内单位或者个人。

（2）对境内的天气情况、地震情况、海洋情况、环境和生态情况进行的气象服务、地震服务、海洋服务、环境和生态监测服务。

（3）为境内的地形地貌、地质构造、水文、矿藏等进行的测绘服务。

（4）为境内的城、乡、镇提供的城市规划服务。

15. 向境外单位销售的完全在境外消费的商务辅助服务。

（1）纳税人向境外单位提供的代理报关服务和货物运输代理服务，属于完全在境外消费的代理报关服务和货物运输代理服务。

（2）纳税人向境外单位提供的外派海员服务，属于完全在境外消费的人力资源服务。外派海员服务，是指境内单位派出属于本单位员工的海员，为境外单位在境外提供的船舶驾驶和船舶管理等服务。

（3）纳税人以对外劳务合作方式，向境外单位提供的完全在境外发生的人力资源服务，属于完全在境外消费的人力资源服务。对外劳务合作，是指境内单位与境外单位签订劳务合作合同，按照合同约定组织和协助中国公民赴境外工作的活动。

（4）下列情形不属于完全在境外消费的商务辅助服务：

①服务的实际接受方为境内单位或者个人。

②对境内不动产的投资与资产管理服务、物业管理服务、房地产中介服务。

③拍卖境内货物或不动产过程中提供的经纪代理服务。

④为境内货物或不动产的物权纠纷提供的法律代理服务。

⑤为境内货物或不动产提供的安全保护服务。

16. 向境外单位销售的广告投放地在境外的广告服务。

广告投放地在境外的广告服务，是指为在境外发布的广告提供的广告服务。

17. 向境外单位销售的完全在境外消费的无形资产（技术除外）。

下列情形不属于向境外单位销售的完全在境外消费的无形资产：

（1）无形资产未完全在境外使用。

（2）所转让的自然资源使用权与境内自然资源相关。

（3）所转让的基础设施资产经营权、公共事业特许权与境内货物或不动产相关。

（4）向境外单位转让在境内销售货物、应税劳务、服务、无形资产或不动产的配额、经营权、经销权、分销权、代理权。

18. 为境外单位之间的货币资金融通及其他金融业务提供的直接收费金融服务，且该服务与境内的货物、无形资产和不动产无关。

为境外单位之间、境外单位和个人之间的外币、人民币资金往来提供的资金清算、资金结算、金融支付、账户管理服务，属于为境外单位之间的货币资金融通及其他金融业务提供的直接收费金融服务。

19. 属于以下情形的国际运输服务：

（1）以无运输工具承运方式提供的国际运输服务。

（2）以水路运输方式提供国际运输服务但未取得《国际船舶运输经营许可证》的。

（3）以公路运输方式提供国际运输服务但未取得《道路运输经营许可证》或者《国际汽车运输行车许可证》，或者《道路运输经营许可证》的经营范围未包括“国际运输”的。

（4）以航空运输方式提供国际运输服务但未取得《公共航空运输企业经营许可

证》，或者其经营范围未包括“国际航空客货邮运输业务”的。

（5）以航空运输方式提供国际运输服务但未持有《通用航空经营许可证》，或者其经营范围未包括“公务飞行”的。

20. 符合零税率政策但适用简易计税方法或声明放弃适用零税率选择免税的下列应税行为：

（1）国际运输服务。

国际运输服务，是指：

①在境内载运旅客或者货物出境；

②在境外载运旅客或者货物入境；

③在境外载运旅客或者货物。

（2）航天运输服务。

（3）向境外单位提供的完全在境外消费的下列服务：

①研发服务；

②合同能源管理服务；

③设计服务；

④广播影视节目（作品）的制作和发行服务；

⑤软件服务；

⑥电路设计及测试服务；

⑦信息系统服务；

⑧业务流程管理服务；

⑨离岸服务外包业务。

（4）向境外单位转让完全在境外消费的技术。（以上内容见《国家税务总局关于发布〈营业税改征增值税跨境应税行为增值税免税管理办法（试行）〉的公告》总局公告2016年第29号）

营业税改征增值税跨境应税行为增值税免税其他规定如下：

1. 按照国家有关规定应取得相关资质的国际运输服务项目，纳税人取得相关资质的，适用增值税零税率政策，未取得的，适用增值税免税政策。

境内的单位或个人提供程租服务，如果租赁的交通工具用于国际运输服务和港澳台运输服务，由出租方按规定申请适用增值税零税率。

境内的单位和个人向境内单位或个人提供期租、湿租服务，如果承租方利用租赁的交通工具向其他单位或个人提供国际运输服务和港澳台运输服务，由承租方适用增值税零税率。境内的单位或个人向境外单位或个人提供期租、湿租服务，由出租方适用增值税零税率。

境内单位和个人以无运输工具承运方式提供的国际运输服务，由境内实际承运人适用增值税零税率；无运输工具承运业务的经营者适用增值税免税政策。

2. 境内的单位和个人提供适用增值税零税率的服务或者无形资产，如果属于适用简易计税方法的，实行免征增值税办法。如果属于适用增值税一般计税方法的，生产企业实行免抵退税办法，外贸企业外购服务或者无形资产出口实行免退税办法，外贸企业直接将服务或自行研发的无形资产出口，视同生产企业连同其出口货物统一实行免抵退税办法。

服务和无形资产的退税率为其按照《试点实施办法》第十五条第（一）至（三）项规定适用的增值税税率。实行退（免）税办法的服务和无形资产，如果主管税务机关认定出口价格偏高的，有权按照核定的出口价格计算退（免）税，核定的出口价格低于外贸企业购进价格的，低于部分对应的进项税额不予退税，转入成本。

3. 境内的单位和个人销售适用增值税零税率的服务或无形资产的，可以放弃适用增值税零税率，选择免税或按规定缴纳增值税。放弃适用增值税零税率后，36 个月内不得再申请适用增值税零税率。

上述所称完全在境外消费，是指：

（1）服务的实际接受方在境外，且与境内的货物和不动产无关。

（2）无形资产完全在境外使用，且与境内的货物和不动产无关。

（3）财政部和国家税务总局规定的其他情形。

（六）营改增后财税主管部门规定的减免项目

1. 自 2016 年 5 月 1 日起，纳税人采取转包、出租、互换、转让、入股等方式将承包地流转给农业生产者用于农业生产，免征增值税。此前已征的增值税，可抵减以后月份应缴纳的增值税，或办理退税。（见《财政部、税务总局关于建筑服务等营改增试点政策的通知》财税〔2017〕58 号、《财政部、税务总局关于租入固定资产进项税额抵扣等增值税政策的通知》财税〔2017〕90 号）

2. 2019 年 1 月 1 日至 2023 年 12 月 31 日，对广播电视运营服务企业收取的有线数字电视基本收视维护费和农村有线电视基本收视费，免征增值税。此前已征的按照本规定应予免征的增值税，可抵减纳税人以后纳税期应缴纳税款或办理退库。（见《财政部、税务总局关于继续支持文化企业发展增值税政策的通知》财税〔2019〕17 号）

3. 自 2016 年 5 月 1 日起，社会团体收取的会费，免征增值税。社会团体开展经营服务性活动取得的其他收入，一律照章缴纳增值税。社会团体，是指依照国家有关法律法规设立或登记并取得《社会团体法人登记证书》的非营利法人。会费，是指社会团体在国家法律法规、政策许可的范围内，依照社团章程的规定，收取的个人会员、单位会员和团体会员的会费。（见《财政部、税务总局关于租入固定资产进项税额抵扣等增值税政策的通知》财税〔2017〕90 号）

4. 自 2016 年 1 月 1 日起，中国邮政集团公司及其所属邮政企业为金融机构代办金融保险业务取得的代理收入，在营改增试点期间免征增值税。（见《财政部、国家税务总局关于部分营业税和增值税政策到期延续问题的通知》财税〔2016〕83 号）

5. 再保险服务。境内保险公司向境外保险公司提供的完全在境外消费的再保险服务，免征增值税。试点纳税人提供再保险服务（境内保险公司向境外保险公司提供的再保险服务除外），实行与原保险服务一致的增值税政策。再保险合同对应多个原保险合同的，所有原保险合同均适用免征增值税政策时，该再保险合同适用免征增值税政策。否则，该再保险合同应按规定缴纳增值税。原保险服务，是指保险分出方与投保人之间直接签订保险合同而建立保险关系的业务活动。（见《财政部、国家税务总局关于进一步明确全面推开营改增试点有关再保险 不动产租赁和非学历教育等政策的通知》财税〔2016〕68 号）

6. 自 2017 年 1 月 1 日至 2019 年 12 月 31 日，对新疆国际大巴扎物业服务有限公司和新疆国际大巴扎文化旅游产业有限公司从事与新疆国际大巴扎项目有关的营改增应税行为取得的收入，免征增值税。（见《财政部、税务总局关于继续执行新疆国际大巴扎项目增值税政策的通知》财税〔2017〕36号）

7. 对下列国际航运保险业务免征增值税：

（1）注册在上海、天津的保险企业从事国际航运保险业务。

（2）注册在深圳市的保险企业向注册在前海深港现代服务业合作区的企业提供国际航运保险业务。

（3）注册在平潭的保险企业向注册在平潭的企业提供国际航运保险业务。

8. 中国邮政集团公司及其所属邮政企业提供的邮政普遍服务和邮政特殊服务，免征增值税。

（上述第7、8条内容见《财政部、国家税务总局关于营业税改征增值税试点若干政策的通知》财税〔2016〕39号）

9. 对电影制片企业销售电影拷贝（含数字拷贝）、转让版权取得的收入，电影发行企业取得的电影发行收入，电影放映企业在农村的电影放映收入，自2014年1月1日至2018年12月31日免征增值税。（见《财政部、国家发展改革委、国土资源部、住房和城乡建设部、中国人民银行、国家税务总局、新闻出版广电总局关于支持电影发展若干经济政策的通知》财教〔2014〕56号）

10. 自2019年1月1日至2021年12月31日，对国家级、省级科技企业孵化器、大学科技园和国家备案众创空间，向在孵对象提供孵化服务取得的收入，免征增值税。（见《财政部、税务总局、科技部、教育部关于科技企业孵化器、大学科技园和众创空间税收政策的通知》财税〔2018〕120号）

11. 自2018年11月7日起至2021年11月6日止，对境外机构投资境内债券市场取得的债券利息收入暂免征收增值税。（见《财政部、税务总局关于境外机构投资境内债券市场企业所得税、增值税政策的通知》财税〔2018〕108号）

12. 自2019年2月1日至2020年12月31日，对企业集团内单位（含企业集团）之间的资金无偿借贷行为，免征增值税。（见《财政部、税务总局关于明确养老机构免征增值税等政策的通知》财税〔2019〕20号）

第三节　征收管理

一、纳税期限

（一）纳税义务发生时间

增值税纳税义务及扣缴义务发生时间规定如下：

1. 纳税人发生应税行为并收讫销售款项或者取得索取销售款项凭据的当天；先开具发票的，为开具发票的当天。

收讫销售款项，是指纳税人销售服务、无形资产、不动产过程中或者完成后收到款项。

取得索取销售款项凭据的当天，是指书面合同确定的付款日期；未签订书面合同或者书面合同未确定付款日期的，为服务、无形资产转让完成的当天或者不动产权属变更的当天。

2. 纳税人提供租赁服务采取预收款方式的，其纳税义务发生时间为收到预收款的当天。纳税人发生应税行为收到预收款确认纳税义务发生，仅限于提供租赁服务，其他应税行为收到预收款不属于收讫销售款项，不能据此确认纳税义务发生。

3. 纳税人从事金融商品转让的，为金融商品所有权转移的当天。

4. 纳税人发生《试点实施办法》第十四条规定情形的，其纳税义务发生时间为服务、无形资产转让完成的当天或者不动产权属变更的当天。

5. 增值税扣缴义务发生时间为纳税人增值税纳税义务发生的当天。

需要注意的是，纳税人提供建筑服务收到预收款的，不再确认为发生纳税义务。但纳税人提供建筑服务取得预收款，应在收到预收款时，以取得的预收款扣除支付的分包款后的余额，依照规定的预征率（适用一般计税方法计税的项目预征率为2%，适用简易计税方法计税的项目预征率为3%）预缴增值税。按照现行规定应在建筑服务发生地预缴增值税的项目，纳税人收到预收款时在建筑服务发生地预缴增值税；按照现行规定无需在建筑服务发生地预缴增值税的项目，纳税人收到预收款时在机构所在地预缴增值税。（见《财政部、税务总局关于建筑服务等营改增试点政策的通知》财税〔2017〕58号）

（二）纳税期限

1. 纳税期限。增值税的纳税期限分别为1日、3日、5日、10日、15日、1个月或者1个季度。纳税人的具体纳税期限，由主管税务机关根据纳税人应纳税额的大小分别核定。

以1个季度为纳税期限的规定适用于小规模纳税人、银行、财务公司、信托投资公司、信用社，以及财政部和国家税务总局规定的其他纳税人。不能按照固定期限纳税的，可以按次纳税。

2. 申报期限。纳税人以1个月或者1个季度为1个纳税期的，自期满之日起15日内申报纳税；以1日、3日、5日、10日或者15日为1个纳税期的，自期满之日起5日内预缴税款，于次月1日起15日内申报纳税并结清上月应纳税款。

扣缴义务人解缴税款的期限，按照上述规定执行。

需要注意的是，从2016年4月1日起，小规模纳税人原则上实行按季申报。按照《增值税暂行条例》《营业税改征增值税试点实施办法》《消费税暂行条例》及相关文件规定，纳税人销售货物或服务，按规定有一项增值税应税行为可以按季纳税的，其兼营的其他增值税应税行为、消费税应税行为，均可以1个季度为纳税期限。（见《国家税务总局关于合理简并纳税人申报缴纳次数的公告》总局公告2016年第6号、《国家税务总局关于营改增试点若干征管问题的公告》总局公告2016年第53号）

二、纳税地点

1. 固定业户应当向其机构所在地（注册登记地）或者居住地主管税务机关申报纳税。总机构和分支机构不在同一县（市）的，应当分别向各自所在地的主管税务机关申报纳税；经财政部和国家税务总局或者其授权的财政和税务机关批准，可以由总机构汇总向总机构所在地的主管税务机关申报纳税。

属于固定业户的试点纳税人，总分支机构不在同一县（市），但在同一省（自治区、直辖市、计划单列市）范围内的，经省（自治区、直辖市、计划单列市）财政厅（局）和税务局批准，可以由总机构汇总向总机构所在地的主管税务机关申报缴纳增值税。

2. 非固定业户应当向应税行为发生地主管税务机关申报纳税；未申报纳税的，由其机构所在地或者居住地主管税务机关补征税款。

3. 其他个人提供建筑服务，销售或者租赁不动产，转让自然资源使用权，应向建筑服务发生地、不动产所在地、自然资源所在地主管税务机关申报纳税。

4. 扣缴义务人应当向其机构所在地或者居住地主管税务机关申报缴纳扣缴的税款。

三、专用发票管理

1. 纳税人发生应税行为，应当向索取增值税专用发票的购买方开具增值税专用发票，并在增值税专用发票上分别注明销售额和销项税额。属于下列情形之一的，不得开具增值税专用发票，可以开具增值税普通发票：

（1）向消费者个人销售服务、无形资产或者不动产。

（2）适用免征增值税规定的应税行为。

2. 小规模纳税人发生应税行为，购买方索取增值税专用发票的，可以向主管税务机关申请代开。

为进一步便利纳税人开具和使用增值税发票，税务总局决定，自 2019 年 3 月 1 日起，将小规模纳税人自行开具增值税专用发票试点范围由住宿业，鉴证咨询业，建筑业，工业，信息传输、软件和信息技术服务业，扩大至租赁和商务服务业，科学研究和技术服务业，居民服务、修理和其他服务业。上述 8 个行业小规模纳税人发生增值税应税行为，需要开具增值税专用发票的，可以自愿使用增值税发票管理系统自行开具。但试点纳税人销售其取得的不动产，需要开具增值税专用发票的，应当按照有关规定向税务机关申请代开。（见《国家税务总局关于扩大小规模纳税人自行开具增值税专用发票试点范围等事项的公告》总局公告 2019 年第 8 号）

需要注意的是，试点纳税人可以选择自行开具增值税专用发票或者向税务机关申请代开。已经选择自行开具增值税专用发票的增值税小规模纳税人，税务机关不再为其代开。但自开发票试点纳税人销售其取得的不动产，需要开具增值税专用发票的，应当按照有关规定向税务机关申请代开。

需要注意的是，纳税人 2016 年 5 月 1 日前发生的营业税涉税业务，包括已经申报缴纳营业税或补缴营业税的业务，需要补开发票的，可以开具增值税普通发票。纳税人应完整保留相关资料备查。（见《国家税务总局关于明确中外合作办学等若干增值税征管问题的公告》总局公告 2018 年第 42 号）

四、试点前发生的业务处理

1. 试点纳税人发生应税行为，按照国家有关营业税政策规定差额征收营业税的，因取得的全部价款和价外费用不足以抵减允许扣除项目金额，截至纳入营改增试点之日前尚未扣除的部分，不得在计算试点纳税人增值税应税销售额时抵减，应当向原主管税务机关申请退还营业税。

2. 试点纳税人发生应税行为，在纳入营改增试点之日前已缴纳营业税，营改增试点后因发生退款减除营业额的，应当向原主管税务机关申请退还已缴纳的营业税。

3. 试点纳税人纳入营改增试点之日前发生的应税行为，因税收检查等原因需要补缴税款的，应按照营业税政策规定补缴营业税。

4. 单位将其持有的限售股在解禁流通后对外转让的，2016 年 5 月 1 日前未处理的，缴纳营业税，并按照以下规定确定买入价：

（1）上市公司实施股权分置改革时，在股票复牌之前形成的原非流通股股份，以及股票复牌首日至解禁日期间由上述股份孳生的送、转股，以该上市公司完成股权分置改革后股票复牌首日的开盘价为买入价。

（2）公司首次公开发行股票并上市形成的限售股，以及上市首日至解禁日期间由上述股份孳生的送、转股，以该上市公司股票首次公开发行（IPO）的发行价为买入价。

（3）因上市公司实施重大资产重组形成的限售股，以及股票复牌首日至解禁日期间由上述股份孳生的送、转股，以该上市公司因重大资产重组股票停牌前一交易日的收盘价为买入价。

上市公司因实施重大资产重组形成的限售股，以及股票复牌首日至解禁日期间由上述股份孳生的送、转股，因重大资产重组停牌的，按照上述规定确定买入价；在重大资产重组前已经暂停上市的，以上市公司完成资产重组后股票恢复上市首日的开盘价为买入价。（以上内容见《国家税务总局关于营改增试点若干征管问题的公告》总局公告 2016 年第 53 号、《国家税务总局关于明确中外合作办学等若干增值税征管问题的公告》总局公告 2018 年第 42 号）

第四节　特殊项目增值税政策

一、转让取得的不动产计税规定

《试点实施办法》第五十一条规定，营业税改征的增值税，由国家税务局负责征收。纳税人销售取得的不动产和其他个人出租不动产的增值税，国家税务局暂委托地方税务局代为征收。随着省及省以下各级国地税机构合并成一家税务局，这一规定不再具有操作意义。

（一）适用范围

企业、行政单位、事业单位、军事单位、社会团体、其他单位以及个体工商户和其他个人，销售其取得的不动产，按照《纳税人转让不动产增值税征收管理暂行办法》（总局公告 2016 年第 14 号）的规定征收增值税。上述销售不动产，是指转让不动产所有权的业务活动，包括转让建筑物有限产权或者永久使用权的，转让在建的建筑物或者构筑物所有权的，以及在转让建筑物或者构筑物时一并转让其所占土地的使用权的。不动产，是指不能移动或者移动后会引起性质、形状改变的财产，包括建筑物、构筑物等。

上述取得不动产，包括以直接购买、接受捐赠、接受投资入股、自建以及抵债等各种形式取得不动产，不包括房地产开发企业自行开发的房地产项目。也就是说，此处自建与房地产开发公司自行开发商品房不是同一概念。

可见，取得的不动产，除了自建属于原始取得外，基本上属于继受取得。继受取得，又称“传来取得”，与“原始取得”相对，是指通过某种法律行为从原所有人处取得对某项财产的所有权的取得方式，主要包括买卖、交换、赠与、继承、遗赠、抵债等。这部分房产与土地增值税中的“旧房”概念相近，即已使用一段时间或达到一定磨损程度的房产，又称存量房、二手房。

需要注意的是，房地产开发企业销售自行开发的房地产项目（商品住宅、营业房、写字楼等）不在此列。房地产开发企业销售自行开发的房地产项目的征收管理适用《房地产开发企业销售自行开发的房地产项目增值税征收管理暂行办法》（总局公告 2016 年第 18 号）。

（二）征收方式

根据《纳税人转让不动产增值税征收管理暂行办法》（总局公告 2016 年第 14 号）规定，纳税人转让其取得的不动产按以下规定申报缴纳增值税。

1. 一般纳税人销售其取得的不动产计税规定。

（1）销售 2016 年 4 月 30 日前取得的不动产选择适用简易计税方法。

①一般纳税人销售其 2016 年 4 月 30 日前取得非自建的不动产，可以选择适用简易计税方法，以取得的全部价款和价外费用减去该项不动产购置原价或者取得不动产时的作价后的余额为销售额，按照 5% 的征收率计算应纳税额。

②一般纳税人销售其 2016 年 4 月 30 日前自建的不动产，可以选择适用简易计税方法，以取得的全部价款和价外费用为销售额，按照 5% 的征收率计算应纳税额。

选择简易计税方法的，纳税人均应按照 5% 的征收率直接计算应纳税额。其区别在于计税销售额，即购置的按差额计税，自建的按全额计税。

需要注意的是，纳税人转让 2016 年 4 月 30 日前取得的土地使用权，可以选择适用简易计税方法，以取得的全部价款和价外费用减去取得该土地使用权的原价后的余额为销售额，按照 5% 的征收率计算缴纳增值税。（见《财政部、国家税务总局关于进一步明确全面推开营改增试点有关劳务派遣服务、收费公路通行费抵扣等政策的通知》财税〔2016〕47 号）

（2）销售 2016 年 4 月 30 日前取得的不动产选择适用一般计税方法。

①一般纳税人销售其 2016 年 4 月 30 日前取得非自建的不动产，适用一般计税方法

计税的，以取得的全部价款和价外费用为销售额计算应纳税额。

②一般纳税人销售其 2016 年 4 月 30 日前自建的不动产，适用一般计税方法计税的，应以取得的全部价款和价外费用为销售额计算应纳税额。

选择一般计税方法的，纳税人均应以取得的全部价款和价外费用为销售额适用 9% 的税率，计算销项税额，允许抵扣进项税额。

（3）销售 2016 年 5 月 1 日后取得的不动产适用一般计税方法。

①一般纳税人销售其 2016 年 5 月 1 日后取得非自建的不动产，应适用一般计税方法，以取得的全部价款和价外费用为销售额计算应纳税额。

②一般纳税人销售其 2016 年 5 月 1 日后自建的不动产，应适用一般计税方法，以取得的全部价款和价外费用为销售额计算应纳税额。

销售 2016 年 5 月 1 日后取得的不动产必须选择一般计税方法，两种情形均以取得的全部价款和价外费用为销售额适用 9% 的税率，计算销项税额，允许抵扣进项税额。

需要注意的是，上述一般纳税人转让其取得的不动产，如果不动产所在地与机构所在地不在同一县（市、区）的，纳税人应向不动产所在地主管税务机关预缴税款。即纳税人转让其非自建的不动产，应以取得的全部价款和价外费用扣除不动产购置原价或者取得不动产时的作价后的余额，按照 5% 的征收率（简易计税方法）或 5% 的预征率（一般计税方法）向不动产所在地税务机关预缴税款，向机构所在地税务机关申报纳税。纳税人转让其自建的不动产，应以取得的全部价款和价外费用，按照 5% 的预征率（简易计税方法）或 5% 的预征率（一般计税方法）向不动产所在地主管税务机关预缴税款，向机构所在地主管税务机关申报纳税。

2. 小规模纳税人（不含其他个人）销售其取得的不动产计税规定。

①小规模纳税人销售其取得非自建的不动产应以取得的全部价款和价外费用减去该项不动产购置原价或者取得不动产时的作价后的余额为销售额，按照 5% 的征收率计算应纳税额。

②小规模纳税人销售其自建的不动产，应以取得的全部价款和价外费用为销售额，按照 5% 的征收率计算应纳税额。

小规模纳税人销售其取得的不动产均适用简易计税方法、按照 5% 的征收率直接计算应纳税额。其区别在于计税销售额，即购置的按差额计税，自建的按全额计税。

小规模纳税人（不含其他个人），应按照上述规定的计税方法向不动产所在地主管税务机关预缴税款，向机构所在地主管税务机关申报纳税。

需要注意的是，个体工商户销售购买的住房和其他个人销售不动产不属于上述两种情形。其中个体工商户销售住房与其他个人销售住房计税方法相同。

3. 其他个人销售其取得的不动产计税规定。

个人转让其购买的不动产，按照以下规定缴纳增值税，同时直接向不动产所在地主管税务机关申报纳税（不需要预缴）。

（1）其他个人出售经营用房。

①其他个人销售其取得非自建的不动产，应以取得的全部价款和价外费用减去该项不动产购置原价或者取得不动产时的作价后的余额为销售额，按照 5% 的征收率计算应

纳税额。

②其他个人销售其自建的不动产，应以取得的全部价款和价外费用为销售额，按照5%的征收率计算应纳税额。

（2）个人（包括自然人、个体工商户）出售住房。

①个人转让其购买的住房，按照有关规定全额缴纳增值税的，以取得的全部价款和价外费用为销售额，按照5%的征收率计算应纳税额。

②个人转让其购买的住房，按照有关规定差额缴纳增值税的，以取得的全部价款和价外费用扣除购买住房价款后的余额为销售额，按照5%的征收率计算应纳税额。

按照规定，个人将购买不足2年的住房对外销售的，按照5%的征收率全额缴纳增值税；个人将购买2年以上（含2年）的住房对外销售的，免征增值税。上述政策不适用北京市、上海市、广州市和深圳市。

个人将购买不足2年的住房对外销售的，按照5%的征收率全额缴纳增值税；个人将购买2年以上（含2年）的非普通住房对外销售的，以销售收入减去购买住房价款后的差额按照5%的征收率缴纳增值税；个人将购买2年以上（含2年）的普通住房对外销售的，免征增值税。上述政策仅适用于北京市、上海市、广州市和深圳市。

需要注意的是，办理免税的具体程序、购买房屋的时间、非购买形式取得住房行为及其他相关税收管理规定，按照《国务院办公厅转发建设部等部门关于做好稳定住房价格工作意见的通知》（国办发〔2005〕26号）、《国家税务总局、财政部、建设部关于加强房地产税收管理的通知》（国税发〔2005〕89号）和《国家税务总局关于房地产税收政策执行中几个具体问题的通知》（国税发〔2005〕172号）的有关规定执行。其中购买房屋的时间规定如下：

（1）个人购买住房以取得的房屋产权证或契税完税证明上注明的时间作为其购买房屋的时间。纳税人申报时，同时出具房屋产权证和契税完税证明且二者所注明的时间不一致的，按照“孰先”的原则确定购买房屋的时间。即房屋产权证上注明的时间早于契税完税证明上注明的时间的，以房屋产权证注明的时间为购买房屋的时间；契税完税证明上注明的时间早于房屋产权证上注明的时间的，以契税完税证明上注明的时间为购买房屋的时间。

（2）个人将通过受赠、继承、离婚财产分割等非购买形式取得的住房对外销售的行为，其购房时间按发生受赠、继承、离婚财产分割行为前的购房时间确定，其购房价格按发生受赠、继承、离婚财产分割行为前的购房原价确定。

（3）根据国家房改政策购买的公有住房，以购房合同的生效时间、房款收据的开具日期或房屋产权证上注明的时间，按照“孰先”的原则确定购买房屋的时间。

（4）个人转让住房，因产权纠纷等原因未能及时取得房屋所有权证书（包括不动产权证书），对于人民法院、仲裁委员会出具的法律文书确认个人购买住房的，法律文书的生效日期视同房屋所有权证书的注明时间，据以确定纳税人是否享受税收优惠政策。（以上内容见《国家税务总局关于房地产税收政策执行中几个具体问题的通知》国税发〔2005〕172号、《国家税务总局关于个人转让住房享受税收优惠政策判定购房时间问题的公告》总局公告2017年第8号）

需要注意的是，个人转让住房，在2016年4月30日前已签订转让合同，2016年5

月 1 日以后办理产权变更事项的，应缴纳增值税，不缴纳营业税。（见《国家税务总局关于明确营改增试点若干征管问题的公告》总局公告 2016 年第 26 号）

（三）应纳税额计算

1. 基本规定。

纳税人转让其取得的不动产，应区分一般计税方法和简易计税方法计算增值税应纳税额。

（1）一般计税方法：

应纳税额 = 全部价款和价外费用 ÷ (1 + 9%) × 9%

（2）简易计税方法：

①以转让不动产取得的全部价款和价外费用作为计算依据的，计算公式为：

应纳税额 = 全部价款和价外费用 ÷ (1 + 5%) × 5%

②以转让不动产取得的全部价款和价外费用扣除不动产购置原价或者取得不动产时的作价后的余额作为计算依据的，计算公式为：

应纳税额 = (全部价款和价外费用 − 购置原价或者取得时的作价) ÷ (1 + 5%) × 5%

2. 预缴税款。

除其他个人转让不动产外，其他纳税人转让不动产，不论是增值税一般纳税人还是小规模纳税人，不论是一般计税方法还是简易计税方法，不论是 2016 年 5 月 1 日前取得的不动产还是 5 月 1 日以后取得的不动产，都需要在不动产所在地税务机关按照 5% 征收率或 5% 预征率预缴增值税，然后向其机构所在地主管税务机关申报纳税。其他个人，即自然人不需要预缴增值税，直接在不动产所在地税务机关申报缴纳即可。

纳税人转让其取得的不动产，向不动产所在地主管税务机关预缴的增值税税款，可以在当期增值税应纳税额中抵减，抵减不完的，结转下期继续抵减。纳税人以预缴税款抵减应纳税额，应以完税凭证作为合法有效凭证。

纳税人转让不动产，按照规定应向不动产所在地主管税务机关预缴税款而自应当预缴之月起超过 6 个月没有预缴税款的，由机构所在地主管税务机关按照《征管法》及相关规定进行处理。

（四）扣除凭证

纳税人按规定从取得的全部价款和价外费用中扣除不动产购置原价或者取得不动产时的作价的，应当取得符合法律、行政法规和国家税务总局规定的合法有效凭证。否则，不得扣除。

上述凭证是指：

1. 税务部门监制的发票。

2. 法院判决书、裁定书、调解书，以及仲裁裁决书、公证债权文书。

3. 国家税务总局规定的其他凭证。

纳税人转让不动产，按照有关规定差额缴纳增值税的，如因丢失等原因无法提供取得不动产时的发票，可向税务机关提供其他能证明契税计税金额的完税凭证等资料，进行差额扣除。纳税人以契税计税金额进行差额扣除的，按照下列公式计算增值税应纳税额：

（1）2016 年 4 月 30 日及以前缴纳契税的：

$$增值税应纳税额 = [全部交易价格(含增值税) - 契税计税金额(含营业税)] \div (1 + 5\%) \times 5\%$$

（2）2016 年 5 月 1 日及以后缴纳契税的：

$$增值税应纳税额 = [全部交易价格(含增值税) \div (1 + 5\%) - 契税计税金额(不含增值税)] \times 5\%$$

纳税人同时保留取得不动产时的发票和其他能证明契税计税金额的完税凭证等资料的，应当凭发票进行差额扣除。（见《国家税务总局关于纳税人转让不动产缴纳增值税差额扣除有关问题的公告》总局公告 2016 年第 73 号）

（五）发票开具

一般纳税人转让其取得的不动产，自行开具增值税发票；小规模纳税人转让其取得的不动产，不能自行开具增值税发票的，可向不动产所在地主管税务机关申请代开。

纳税人向其他个人转让其取得的不动产，不得开具或申请代开增值税专用发票。（以上内容见《纳税人转让不动产增值税征收管理暂行办法》总局公告 2016 年第 14 号）

二、销售自行开发的房地产项目计税规定

房地产开发企业在依法取得土地使用权的土地上进行基础设施和房屋建设并对外销售的，适用《房地产开发企业销售自行开发的房地产项目增值税管理暂行办法》（总局公告 2016 年第 18 号）的征管规定。但房地产开发企业将自行开发的房地产自用、出租（所有权已登记在本企业名下）后销售的，适用《纳税人转让不动产增值税征收管理暂行办法》。

（一）适用范围

房地产开发企业销售自行开发的房地产项目，以及以接盘等形式购入未完工的房地产项目继续开发后，以自己的名义立项销售的，属于销售自行开发的房地产项目，适用《房地产开发企业销售自行开发的房地产项目增值税管理暂行办法》。

房地产开发企业是指按照《中华人民共和国城市房地产管理法》的规定，以营利为目的，从事房地产开发和经营的企业。

（二）销售额

房地产开发企业中的一般纳税人销售自行开发的房地产项目，适用一般计税方法计税，按照取得的全部价款和价外费用，扣除当期销售房地产项目对应的土地价款后的余额计算销售额。销售额的计算公式如下：

$$销售额 = (全部价款和价外费用 - 当期允许扣除的土地价款) \div (1 + 9\%)$$

当期允许扣除的土地价款按照以下公式计算：

$$当期允许扣除的土地价款 = 支付的土地价款 \times (当期销售房地产项目建筑面积 \div 房地产项目可供销售建筑面积)$$

当期销售房地产项目建筑面积，是指当期进行纳税申报的增值税销售额对应的建筑面积。房地产项目可供销售建筑面积，是指房地产项目可以出售的总建筑面积，不包括

销售房地产项目时未单独作价结算的配套公共设施（道路、绿地、物业用房等）的建筑面积。上述所称建筑面积，是指计容积率地上建筑面积，不包括地下车位建筑面积。

房地产项目对应的全部土地价款并非一次性从当期销售额中扣除，而是随着销售进度在不同的纳税期分期扣除，即“卖一套房，扣一笔与之对应的土地出让金”。因此，一般纳税人应建立台账登记土地价款的扣除情况，扣除的土地价款不得超过纳税人实际支付的土地价款。

支付的土地价款，是指向政府、土地管理部门或受政府委托收取土地价款的单位直接支付的土地价款。包括土地受让人向政府部门支付的征地和拆迁补偿费用、土地前期开发费用和土地出让收益等。在计算销售额时从全部价款和价外费用中扣除土地价款，应当取得省级以上（含省级）财政部门监（印）制的财政票据（非税收入票据）。

房地产开发企业中的一般纳税人销售其开发的房地产项目（选择简易计税方法的房地产老项目除外），在取得土地时向其他单位或个人支付的拆迁补偿费用也允许在计算销售额时扣除。纳税人按上述规定扣除拆迁补偿费用时，应提供拆迁协议、拆迁双方支付和取得拆迁补偿费用凭证等能够证明拆迁补偿费用真实性的材料。

需要注意的是，房地产开发企业（包括多个房地产开发企业组成的联合体）受让土地向政府部门支付土地价款后，设立项目公司对该受让土地进行开发，同时符合下列条件的，可由项目公司按规定扣除房地产开发企业向政府部门支付的土地价款。

（1）房地产开发企业、项目公司、政府部门三方签订变更协议或补充合同，将土地受让人变更为项目公司；

（2）政府部门出让土地的用途、规划等条件不变的情况下，签署变更协议或补充合同时，土地价款总额不变；

（3）项目公司的全部股权由受让土地的房地产开发企业持有。（以上内容见《财政部、国家税务总局关于明确金融、房地产开发、教育辅助服务等增值税政策的通知》财税〔2016〕140号）

需要注意的是，一般纳税人销售自行开发的房地产老项目，可以选择适用简易计税方法以取得的全部价款和价外费用为销售额（不得扣除对应的土地价款）按照5%的征收率计税。一经选择简易计税方法计税的，36个月内不得变更为一般计税方法计税。房地产老项目，是指：

（1）《建筑工程施工许可证》注明的合同开工日期在2016年4月30日前的房地产项目；

（2）《建筑工程施工许可证》未注明合同开工日期或者未取得《建筑工程施工许可证》但建筑工程承包合同注明的开工日期在2016年4月30日前的建筑工程项目。

（三）预缴税款

一般纳税人采取预收款方式销售自行开发的房地产项目，应在收到预收款时按照3%的预征率预缴增值税。应预缴税款按照以下公式计算：

$$应预缴税款=预收款\div(1+适用税率或征收率)\times 3\%$$

房地产开发企业预售房地产项目收到预收款后，应区分计税方法计算当期应预缴的税款，并在收到预收款的次月纳税申报期内向主管税务机关预缴税款。其中，适用一般计税方法计税的，按照9%的适用税率计算；适用简易计税方法计税的，按照5%的征收率计算。

（四）进项税额

一般纳税人销售自行开发的房地产项目，兼有一般计税方法计税、简易计税方法计税、免征增值税的房地产项目而无法划分不得抵扣的进项税额的，应以《建筑工程施工许可证》注明的“建设规模”为依据进行划分。

不得抵扣的进项税额 = 当期无法划分的全部进项税额 ×（简易计税、免税房地产项目建设规模 ÷ 房地产项目总建设规模）

上述房地产项目总建设规模，是指项目的总建设面积。

（五）纳税申报

一般纳税人销售自行开发的房地产项目适用一般计税方法计税的，应按照《试点实施办法》第四十五条规定的纳税义务发生时间，以当期销售额和9%的适用税率计算当期应纳税额，抵减已预缴税款后，向主管税务机关申报纳税。未抵减完的预缴税款可以结转下期继续抵减。

一般纳税人销售自行开发的房地产项目适用简易计税方法计税的，应按照《试点实施办法》第四十五条规定的纳税义务发生时间，以当期销售额和5%的征收率计算当期应纳税额，抵减已预缴税款后，向主管税务机关申报纳税。未抵减完的预缴税款可以结转下期继续抵减。

房地产开发企业以预缴税款抵减应纳税额，应以完税凭证作为合法有效凭证。

（六）发票开具

一般纳税人销售自行开发的房地产项目，自行开具增值税发票。

一般纳税人销售自行开发的房地产项目，其2016年4月30日前收取并已向主管税务机关申报缴纳营业税的预收款，未开具营业税发票的，可以开具增值税普通发票，不得开具增值税专用发票。

一般纳税人向其他个人（即自然人）销售自行开发的房地产项目，不得开具增值税专用发票。

需要注意的是，房地产开发企业中的小规模纳税人征收管理与上述一般纳税人适用简易计税方法的规定相同，相关征管规定不再赘述。（以上内容见《房地产开发企业销售自行开发的房地产项目增值税管理暂行办法》总局公告2016年第18号）

三、跨区域提供建筑服务的计税规定

（一）适用范围

单位和个体工商户在其机构所在地以外的县（市、区）提供建筑服务，适用《纳税人跨县（市、区）提供建筑服务增值税征收管理暂行办法》（总局公告2016年第17号，简称《办法》）。在同一直辖市、计划单列市范围内跨县（市、区）提供建筑服务的，由直辖市、计划单列市税务局决定是否适用《办法》。其他个人提供建筑服务在建筑服务发生地申报纳税，不适用《办法》。

纳税人在同一地级行政区范围内跨县（市、区）提供建筑服务，不适用《办法》。（见《国家税务总局关于进一步明确营改增有关征管问题的公告》总局公告2017年第11号）

（二）计税方法

纳税人跨县（市、区）提供建筑服务，应在收到预收款时，向建筑服务发生地主管税务机关预缴税款，向机构所在地主管税务机关申报纳税。

1. 一般纳税人跨县（市）提供建筑服务，适用一般计税方法计税的，应以取得的全部价款和价外费用为销售额计算应纳税额，适用9%的税率。

2. 一般纳税人跨县（市）提供建筑服务，选择适用简易计税方法计税的，应以取得的全部价款和价外费用扣除支付的分包款后的余额为销售额，按照3%的征收率计算应纳税额。

3. 试点纳税人中的小规模纳税人跨县（市）提供建筑服务，应以取得的全部价款和价外费用扣除支付的分包款后的余额为销售额，按照3%的征收率计算应纳税额。

纳税人按照上述规定从取得的全部价款和价外费用中扣除支付的分包款，应当取得符合法律、行政法规和国家税务总局规定的合法有效凭证，否则不得扣除。上述凭证是指：

1. 从分包方取得的2016年4月30日前开具的建筑业营业税发票。上述建筑业营业税发票在2016年6月30日前可作为预缴税款的扣除凭证。

2. 从分包方取得的2016年5月1日后开具的，备注栏注明建筑服务发生地所在县（市、区）、项目名称的增值税发票。

3. 国家税务总局规定的其他凭证。

下列情形，提供建筑服务一般纳税人可以选择按照简易计税方法计税：

1. 以清包工方式提供的建筑服务，可以选择适用简易计税方法计税。以清包工方式提供建筑服务，是指施工方不采购建筑工程所需的材料或只采购辅助材料，并收取人工费、管理费或者其他费用的建筑服务。

2. 为甲供工程提供的建筑服务，可以选择适用简易计税方法计税。甲供工程，是指全部或部分设备、材料、动力由工程发包方自行采购的建筑工程。

3. 为建筑工程老项目提供的建筑服务，可以选择适用简易计税方法计税。建筑工程老项目，是指：

（1）《建筑工程施工许可证》注明的合同开工日期在2016年4月30日前的建筑工程项目；

（2）《建筑工程施工许可证》未注明合同开工日期，但建筑工程承包合同注明的开工日期在2016年4月30日前的建筑工程项目；

（3）未取得《建筑工程施工许可证》的，建筑工程承包合同注明的开工日期在2016年4月30日前的建筑工程项目。

4. 建筑工程总承包单位为房屋建筑的地基与基础、主体结构提供工程服务，建设单位自行采购全部或部分钢材、混凝土、砌体材料、预制构件的建筑服务。

（三）预缴税款

纳税人跨县（市、区）提供建筑服务，按照以下规定预缴税款。

1. 一般纳税人跨县（市、区）提供建筑服务，适用一般计税方法计税的，以取得的全部价款和价外费用扣除支付的分包款后的余额，按照2%的预征率计算应预缴税款。计算公式如下：

应预缴税款＝(全部价款和价外费用－支付的分包款)÷(1＋9%)×2%

2. 一般纳税人跨县（市、区）提供建筑服务，选择适用简易计税方法计税的，以取得的全部价款和价外费用扣除支付的分包款后的余额，按照3%的征收率计算应预缴税款。计算公式如下：

应预缴税款＝(全部价款和价外费用－支付的分包款)÷(1＋3%)×3%

3. 小规模纳税人跨县（市、区）提供建筑服务，以取得的全部价款和价外费用扣除支付的分包款后的余额，按照3%的征收率计算应预缴税款。计算公式如下：

应预缴税款＝(全部价款和价外费用－支付的分包款)÷(1＋3%)×3%

从以上规定可以看出，适用一般计算方法的，预缴时预征率为2%，是以纳税人取得的全部价款和价外费用扣除支付的分包款后的余额为计算预缴税款的基数。但在计算应纳税额时，应以取得的全部价款和价外费用为计税基数（销售额），适用9%的税率，可以抵扣进项税额。适用简易计税方法的，预缴时征收率为3%，也是以纳税人取得的全部价款和价外费用扣除支付的分包款后的余额为计算预缴税款的基数。不过，对于适用简易计税方法的，其预缴税额和应纳税额的计算方法与结果一致。

纳税人取得的全部价款和价外费用扣除支付的分包款后的余额为负数的，可结转下次预缴税款时继续扣除。

纳税人应按照工程项目分别计算应预缴税款，分别预缴。

纳税人跨县（市、区）提供建筑服务，向建筑服务发生地主管税务机关预缴的增值税税款，可以在当期增值税应纳税额中抵减，抵减不完的，结转下期继续抵减。

纳税人以预缴税款抵减应纳税额，应以完税凭证作为合法有效凭证。

（四）征收管理

1. 纳税人跨县（市、区）提供建筑服务，在向建筑服务发生地主管税务机关预缴税款时，需填报《增值税预缴税款表》，并出示以下资料：

（1）与发包方签订的建筑合同复印件（加盖纳税人公章）；

（2）与分包方签订的分包合同复印件（加盖纳税人公章）；

（3）从分包方取得的发票复印件（加盖纳税人公章）。

2. 一般纳税人跨县（市、区）提供建筑服务，按现行规定自行开具增值税发票。小规模纳税人跨县（市、区）提供建筑服务，月销售额超过3万元（或季销售额超过9万元）的可以自行开具发票（包括专票）；若是起征点以下的小规模纳税人则不能自行开具增值税发票，需要到建筑服务发生地主管税务机关申请代开专用发票或普通发票。

需要注意的是，纳税人开具发票时，按照其取得的全部价款和价外费用作为发票“金额”。

3. 纳税人提供建筑服务，被工程发包方从应支付的工程款中扣押的质押金、保证金，未开具发票的，以纳税人实际收到质押金、保证金的当天为纳税义务发生时间。（见《国家税务总局关于在境外提供建筑服务等有关问题的公告》总局公告2016年第69号）

4. 纳税人跨县（市、区）提供建筑服务，按照规定应向建筑服务发生地主管税务机关预缴税款而自应当预缴之月起超过6个月没有预缴税款的，由机构所在地主管税务机关按照《征管法》及相关规定进行处理。（以上内容见《纳税人跨县（市、区）提供建筑服务增值税征收管理暂行办法》总局公告2016年第17号、《国家税务总局关于营改增试点若干征管问题的公告》总局公告2016年第53号、《财政部、税务总局关于建筑服务等营改增试点政策的通知》财税〔2017〕58号）

四、提供不动产经营租赁服务计税规定

（一）适用范围

纳税人以经营租赁方式出租其取得的不动产（简称出租不动产），适用《纳税人提供不动产经营租赁服务增值税征收管理暂行办法》（总局公告2016年第16号）。融资租赁方式出租不动产以及纳税人提供道路通行服务不适用上述办法。

取得的不动产，包括以直接购买、接受捐赠、接受投资入股、自建以及抵债等各种形式取得的不动产。

（二）计税方法

1. 一般纳税人出租不动产，按照以下规定缴纳增值税：

（1）一般纳税人出租其2016年4月30日前取得的不动产，可以选择适用简易计税方法，按照5%的征收率计算应纳税额。

不动产所在地与机构所在地不在同一县（市、区）的，纳税人应按照上述计税方法向不动产所在地主管税务机关预缴税款，向机构所在地主管税务机关申报纳税。不动产所在地与机构所在地在同一县（市、区）的，纳税人向机构所在地主管税务机关申报纳税。

（2）一般纳税人出租其2016年5月1日后取得的不动产，适用一般计税方法计税。

不动产所在地与机构所在地不在同一县（市、区）的，纳税人应按照3%的预征率向不动产所在地主管税务机关预缴税款，向机构所在地主管税务机关申报纳税。不动产所在地与机构所在地在同一县（市、区）的，纳税人应向机构所在地主管税务机关申报纳税。

一般纳税人出租其2016年4月30日前取得的不动产选择适用一般计税方法计税的，按照上述规定执行。

2. 小规模纳税人出租不动产，按照以下规定缴纳增值税：

（1）单位和个体工商户出租不动产（不含个体工商户出租住房），按照5%的征收率计算应纳税额。个体工商户出租住房，按照5%的征收率减按1.5%计算应纳税额。

不动产所在地与机构所在地不在同一县（市、区）的，纳税人应按照上述计税方法向不动产所在地主管税务机关预缴税款，向机构所在地主管税务机关申报纳税。不动产所在地与机构所在地在同一县（市、区）的，纳税人应向机构所在地主管税务机关申报纳税。

（2）其他个人出租不动产（不含住房），按照5%的征收率计算应纳税额，向不动产所在地主管税务机关申报纳税。其他个人出租住房，按照5%的征收率减按1.5%计

算应纳税额，向不动产所在地主管税务机关申报纳税。

需要注意的是，纳税人（不包括其他个人）出租的不动产所在地与其机构所在地在同一直辖市或计划单列市但不在同一县（市、区）的，由直辖市或计划单列市税务局决定是否在不动产所在地预缴税款。

3. 预缴税款的计算。

（1）纳税人出租不动产适用一般计税方法计税的，按照以下公式计算应预缴税款：

应预缴税款 = 含税销售额 ÷ (1 +9%) ×3%

（2）纳税人出租不动产适用简易计税方法计税的，除个人出租住房外，按照以下公式计算应预缴税款：

应预缴税款 = 含税销售额 ÷ (1 +5%) ×5%

（3）个体工商户出租住房，按照以下公式计算应预缴税款：

应预缴税款 = 含税销售额 ÷ (1 +5%) ×1.5%

（4）其他个人出租不动产，按照以下公式计算应纳税款（不需要预缴）：

①出租非住房：应纳税款 = 含税销售额 ÷ (1 +5%) ×5%

②出租住房：应纳税款 = 含税销售额 ÷ (1 +5%) ×1.5%

单位和个体工商户出租不动产，按照规定向不动产所在地主管税务机关预缴税款时，应填写《增值税预缴税款表》。单位和个体工商户出租不动产，向不动产所在地主管税务机关预缴的增值税款，可以在当期增值税应纳税额中抵减，抵减不完的，结转下期继续抵减。

纳税人以预缴税款抵减应纳税额，应以完税凭证作为合法有效凭证。

（三）发票开具

1. 一般纳税人出租不动产，按现行规定自行开具增值税发票。

2. 小规模纳税人中的单位和个体工商户出租不动产，可以自行开具普通发票，但专用发票应向不动产所在地主管税务机关申请代开；不能自行开具发票的，可向不动产所在地主管税务机关申请代开增值税专用发票或普通发票。

3. 其他个人出租不动产，可向不动产所在地主管税务机关申请代开增值税专用发票或普通发票。

4. 纳税人向其他个人出租不动产，不得开具或申请代开增值税专用发票。

此外，其他个人委托房屋中介、住房租赁企业等单位出租不动产，需要向承租方开具增值税发票的，可以由受托单位代其向主管税务机关按规定申请代开增值税发票。（见《国家税务总局关于跨境应税行为免税备案等增值税问题的公告》总局公告2017年第30号）

需要注意的是，纳税人出租不动产，按照规定应向不动产所在地主管税务机关预缴税款而自应当预缴之月起超过6个月没有预缴税款的，由机构所在地主管税务机关按照《征管法》及相关规定进行处理。（以上内容见《纳税人提供不动产经营租赁服务增值税征收管理暂行办法》总局公告2016年第16号）

需要注意的是，比照总局公告2016年第16号征税的其他情形如下：

1. 房地产开发企业出租其自行开发的不动产。

（1）房地产开发企业中的一般纳税人，出租自行开发的房地产老项目，可以选择适用简易计税方法，按照5%的征收率计算应纳税额。纳税人出租自行开发的房地产老项目与其机构所在地不在同一县（市）的，应按照上述计税方法在不动产所在地预缴税款后，向机构所在地主管税务机关进行纳税申报。

房地产开发企业中的一般纳税人，出租其2016年5月1日后自行开发的与机构所在地不在同一县（市）的房地产项目，应按照3%预征率在不动产所在地预缴税款后，向机构所在地主管税务机关进行纳税申报（适用税率为9%）。

（2）房地产开发企业中的小规模纳税人，出租自行开发的房地产项目，按照5%的征收率计算应纳税额。纳税人出租自行开发的房地产项目与其机构所在地不在同一县（市）的，应按照上述计税方法在不动产所在地预缴税款后，向机构所在地主管税务机关进行纳税申报。（以上内容见《财政部、国家税务总局关于进一步明确全面推开营改增试点有关再保险　不动产租赁和非学历教育等政策的通知》财税〔2016〕68号）

2. 纳税人以经营租赁方式将土地出租给他人使用，按照不动产经营租赁服务缴纳增值税。（见《财政部、国家税务总局关于进一步明确全面推开营改增试点有关劳务派遣服务、收费公路通行费抵扣等政策的通知》财税〔2016〕47号）

五、金融业增值税计税规定

1. 贷款服务，以提供贷款服务取得的全部利息及利息性质的收入为销售额。直接收费金融服务，以提供直接收费金融服务收取的手续费、佣金、酬金、管理费、服务费、经手费、开户费、过户费、结算费、转托管费等各类费用为销售额。

2. 贷款服务其进项税额不得从销项税额中抵扣。纳税人接受贷款服务向贷款方支付的与该笔贷款直接相关的投融资顾问费、手续费、咨询费等费用，其进项税额不得从销项税额中抵扣。

但银行开户交纳的手续费、账户管理费等与贷款服务无关的费用，属于直接收费金融服务，可以取得增值税专用发票，并按规定抵扣进项税额。

3. 保本收益、报酬、资金占用费、补偿金等收入，按照贷款服务缴纳增值税。保本收益、报酬、资金占用费、补偿金，是指合同中明确承诺到期本金可全部收回的投资收益。金融商品持有期间（含到期）取得的非保本的上述收益，不属于利息或利息性质的收入，不征收增值税。

4. 金融商品转让，按照卖出价扣除买入价后的余额为销售额。

转让金融商品出现的正负差，按盈亏相抵后的余额为销售额。若相抵后出现负差，可结转下一纳税期与下期转让金融商品销售额相抵，但年末时仍出现负差的，不得转入下一个会计年度。

金融商品的买入价，可以选择按照加权平均法或者移动加权平均法进行核算，选择后36个月内不得变更。金融商品转让，不得开具增值税专用发票。

5. 自2018年1月1日起，金融机构开展贴现、转贴现业务，以其实际持有票据期间取得的利息收入作为贷款服务销售额计算缴纳增值税。此前贴现机构已就贴现利息收入全额缴纳增值税的票据，转贴现机构转贴现利息收入继续免征增值税。

6. 纳税人提供贷款服务，一般按月或按季结息。纳税人提供贷款服务按期计收利息的，结息日当日计收的全部利息收入，均应计入结息日所属期的销售额，按照现行规定计算缴纳增值税。

7. 证券公司、保险公司、金融租赁公司、证券基金管理公司、证券投资基金以及其他经中国人民银行、中国银保监会、中国证监会批准成立且经营金融保险业务的机构发放贷款后，自结息日起 90 天内发生的应收未收利息按现行规定缴纳增值税，自结息日起 90 天后发生的应收未收利息暂不缴纳增值税，待实际收到利息时按规定缴纳增值税。

8. 资管产品运营过程中发生的增值税应税行为，以资管产品管理人为增值税纳税人。

资管产品管理人，其在以自己名义运营资管产品资产的过程中，可能发生多种增值税应税行为。例如，因管理资管产品而固定收取的管理费（服务费），应按照“直接收费金融服务”缴纳增值税；运用资管产品资产发放贷款取得利息收入，应按照“贷款服务”缴纳增值税；运用资管产品资产进行投资等，则应根据取得收益的性质，判断其是否发生增值税应税行为，并应按现行规定缴纳增值税。资管产品增值税相关政策规定如下：

（1）资管产品运营过程中发生的增值税应税行为，以资管产品管理人（简称管理人）为增值税纳税人。

（2）管理人运营资管产品过程中发生的增值税应税行为（简称资管产品运营业务），暂适用简易计税方法，按照3%的征收率缴纳增值税。

（3）管理人应分别核算资管产品运营业务和其他业务的销售额和增值税应纳税额。未分别核算的，资管产品运营业务不得适用上述第（2）条规定。

（4）管理人可选择分别或汇总核算资管产品运营业务销售额和增值税应纳税额。

（5）管理人应按照规定的纳税期限，汇总申报缴纳资管产品运营业务和其他业务增值税。

（6）对资管产品在 2018 年 1 月 1 日前运营过程中发生的增值税应税行为，未缴纳增值税的，不再缴纳；已缴纳增值税的，已纳税额从资管产品管理人以后月份的增值税应纳税额中抵减。

（7）自 2018 年 1 月 1 日起，资管产品管理人运营资管产品提供的贷款服务、发生的部分金融商品转让业务，按照以下规定确定销售额：

①提供贷款服务，以 2018 年 1 月 1 日起产生的利息及利息性质的收入为销售额；

②转让 2017 年 12 月 31 日前取得的股票（不包括限售股）、债券、基金、非货物期货，可以选择按照实际买入价计算销售额，或者以 2017 年最后一个交易日的股票收盘价（2017 年最后一个交易日处于停牌期间的股票，为停牌前最后一个交易日收盘价）、债券估值（中债金融估值中心有限公司或中证指数有限公司提供的债券估值）、基金份额净值、非货物期货结算价格作为买入价计算销售额。

资管产品管理人，包括银行、信托公司、公募基金管理公司及其子公司、证券公司及其子公司、期货公司及其子公司、私募基金管理人、保险资产管理公司、专业保险资产管理机构、养老保险公司。

资管产品，包括银行理财产品、资金信托（包括集合资金信托、单一资金信托）、财产权信托、公开募集证券投资基金、特定客户资产管理计划、集合资产管理计划、定向资产管理计划、私募投资基金、债权投资计划、股权投资计划、股债结合型投资计划、资产支持计划、组合类保险资产管理产品、养老保障管理产品。

需要注意的是，纳税人购入基金、信托、理财产品等各类资产管理产品持有至到期，不属于《销售服务、无形资产、不动产注释》（财税〔2016〕36 号）第一条第（五）项第 4 点所称的金融商品转让。

9. 单位将其持有的限售股在解禁流通后对外转让的，按照以下规定确定买入价：

（1）上市公司实施股权分置改革时，在股票复牌之前形成的原非流通股股份，以及股票复牌首日至解禁日期间由上述股份孳生的送、转股，以该上市公司完成股权分置改革后股票复牌首日的开盘价为买入价。

（2）公司首次公开发行股票并上市形成的限售股，以及上市首日至解禁日期间由上述股份孳生的送、转股，以该上市公司股票首次公开发行（IPO）的发行价为买入价。

（3）因上市公司实施重大资产重组形成的限售股，以及股票复牌首日至解禁日期间由上述股份孳生的送、转股，以该上市公司因重大资产重组股票停牌前一交易日的收盘价为买入价。

需要注意的是，2016 年 5 月 1 日前，纳税人发生上述规定的应税行为，此前未处理的，比照上述规定缴纳营业税。（以上内容见《财政部、国家税务总局关于明确金融、房地产开发、教育辅助服务等增值税政策的通知》财税〔2016〕140 号、《财政部、税务总局关于资管产品增值税有关问题的通知》财税〔2017〕56 号、《财政部、税务总局关于租入固定资产进项税额抵扣等增值税政策的通知》财税〔2017〕90 号、《财政部、税务总局关于建筑服务等营改增试点政策的通知》财税〔2017〕58 号、《国家税务总局关于营改增试点若干征管问题的公告》总局公告 2016 年第 53 号、《财政部、国家税务总局关于资管产品增值税政策有关问题的补充通知》财税〔2017〕2 号）

六、单用途卡和多用途卡增值税计税规定

（一）单用途商业预付卡（简称“单用途卡”）业务

单用途卡，是指发卡企业按照国家有关规定发行的，仅限于在本企业、本企业所属集团或者同一品牌特许经营体系内兑付货物或者服务的预付凭证。

发卡企业，是指按照国家有关规定发行单用途卡的企业。售卡企业，是指集团发卡企业或者品牌发卡企业指定的，承担单用途卡销售、充值、挂失、换卡、退卡等相关业务的本集团或同一品牌特许经营体系内的企业。

1. 单用途卡发卡企业或者售卡企业（统称“售卡方”）销售单用途卡，或者接受单用途卡持卡人充值取得的预收资金，不缴纳增值税。售卡方可选取“未发生销售行为的不征税项目”编码，向购卡人、充值人开具增值税普通发票，不得开具增值税专用发票。

2. 售卡方因发行或者销售单用途卡并办理相关资金收付结算业务取得的手续费、结算费、服务费、管理费等收入，应按照现行规定缴纳增值税。

3. 持卡人使用单用途卡购买货物或服务时，货物或者服务的销售方应按照现行规定缴纳增值税，且不得向持卡人开具增值税发票。

4. 销售方与售卡方不是同一个纳税人的，销售方在收到售卡方结算的销售款时，应向售卡方开具增值税普通发票，并在备注栏注明“收到预付卡结算款”，不得开具增值税专用发票。

售卡方从销售方取得的增值税普通发票，作为其销售单用途卡或接受单用途卡充值取得预收资金不缴纳增值税的凭证，留存备查。

（二）支付机构预付卡（简称“多用途卡”）业务

多用途卡，是指发卡机构以特定载体和形式发行的，可在发卡机构之外购买货物或服务的预付价值。

支付机构，是指取得中国人民银行核发的《支付业务许可证》，获准办理“预付卡发行与受理”业务的发卡机构和获准办理“预付卡受理”业务的受理机构。

1. 支付机构销售多用途卡取得的等值人民币资金，或者接受多用途卡持卡人充值取得的充值资金，不缴纳增值税。支付机构可选取“未发生销售行为的不征税项目”编码，向购卡人、充值人开具增值税普通发票，不得开具增值税专用发票。

2. 支付机构因发行或者受理多用途卡并办理相关资金收付结算业务取得的手续费、结算费、服务费、管理费等收入，应按照现行规定缴纳增值税。

3. 持卡人使用多用途卡，向与支付机构签署合作协议的特约商户购买货物或服务，特约商户应按照现行规定缴纳增值税，且不得向持卡人开具增值税发票。

4. 特约商户收到支付机构结算的销售款时，应向支付机构开具增值税普通发票，并在备注栏注明“收到预付卡结算款”，不得开具增值税专用发票。

支付机构从特约商户取得的增值税普通发票，作为其销售多用途卡或接受多用途卡充值取得预收资金不缴纳增值税的凭证，留存备查。（以上内容见《国家税务总局关于营改增试点若干征管问题的公告》总局公告2016年第53号）

七、总分机构试点纳税人增值税计税规定

经财政部和国家税务总局批准的总机构试点纳税人及其分支机构，按照《总分机构试点纳税人增值税计算缴纳暂行办法》的规定计算缴纳增值税。

（一）基本规定

总机构应当汇总计算总机构及其分支机构发生《应税服务范围注释》所列业务的应交增值税，抵减分支机构发生《应税服务范围注释》所列业务已缴纳的增值税税款（包括预缴和补缴的增值税税款）后，在总机构所在地解缴入库。总机构销售货物、提供加工修理修配劳务，按照增值税暂行条例及相关规定就地申报缴纳增值税。

（二）销项税额与进项税额

1. 总机构汇总的应征增值税销售额，为总机构及其分支机构发生《应税服务范围注释》所列业务的应征增值税销售额。

2. 总机构汇总的销项税额，按照上述规定的应征增值税销售额和增值税适用税率

计算。

3. 总机构汇总的进项税额，是指总机构及其分支机构因发生《应税服务范围注释》所列业务而购进货物或者接受加工修理修配劳务和应税服务，支付或者负担的增值税税额。总机构及其分支机构用于发生《应税服务范围注释》所列业务之外的进项税额不得汇总。

（三）应纳税额

1. 分支机构发生《应税服务范围注释》所列业务，按照应征增值税销售额和预征率计算缴纳增值税。计算公式如下：

应预缴的增值税 = 应征增值税销售额 × 预征率

预征率由财政部和国家税务总局规定，并适时予以调整。目前规定预征率为1%。

分支机构销售货物、提供加工修理修配劳务，按照增值税暂行条例及相关规定就地申报缴纳增值税。

2. 分支机构发生《应税服务范围注释》所列业务当期已预缴的增值税税款，在总机构当期增值税应纳税额中抵减不完的，可以结转下期继续抵减。计算公式如下：

当期汇总应纳税额 = 当期汇总销项税额 - 当期汇总进项税额

当期应补（退）税额 = 当期汇总应纳税额 - 当期已缴纳税额

（四）清算

每年的第一个纳税申报期结束后，对上一年度总分机构汇总纳税情况进行清算。总机构和分支机构年度清算应交增值税，按照各自销售收入占比和总机构汇总的上一年度应交增值税税额计算。分支机构预缴的增值税超过其年度清算应缴增值税的，通过暂停以后纳税申报期预缴增值税的方式予以解决。分支机构预缴的增值税小于其年度清算应交增值税的，差额部分在以后纳税申报期由分支机构在预缴增值税时一并就地补缴入库。

总分机构试点纳税人增值税具体管理办法详见《铁路运输企业增值税征收管理暂行办法》（总局公告 2014 年第 6 号）、《电信企业增值税征收管理暂行办法》（总局公告 2014 年第 26 号）、《邮政企业增值税征收管理暂行办法》（总局公告 2014 年第 5 号）、《航空运输企业增值税征收管理暂行办法》（总局公告 2013 年第 68 号）等。（以上内容见《总分机构试点纳税人增值税计算缴纳暂行办法》财税〔2013〕74 号）

第五节　会计处理与实务

一、会计处理

为进一步规范增值税会计处理，促进《关于全面推开营业税改征增值税试点的通知》（财税〔2016〕36 号）的贯彻落实，财政部制定了《增值税会计处理规定》（财会〔2016〕22 号）。有关营改增后增值税的会计处理的详细规定参见本书第二章第五节

“会计处理与实务”部分，此处不赘述。

【例3－1】某市区的甲房地产开发公司（简称“甲公司”）为增值税一般纳税人，销售自行开发的房地产项目，2019年7月发生如下经营业务：

（1）甲公司将一套自行开发的房屋无偿赠送给新星公司，这套房屋成本价为90万元，按照甲公司最近时期销售同类不动产的平均价格确定价值为109万元（包括销项税额）。

（2）采用直接现款交易方式销售已办理入住的销售房款38 900万元，已开具增值税专用发票，销售建筑面积为49 000平方米；该项目可供销售建筑面积为70 000平方米，该项目取得土地支付土地出让金40 000万元，已取得符合规定的土地出让金付款凭证。

（3）采取预收款方式销售房屋，收到预收账款3 270万元。

（4）销售《建筑工程施工许可证》日期在2016年4月30日之前的住宅，办理入住并收款4 200万元。

（5）甲公司购买一台机械设备，增值税专用发票注明的价款为100万元，增值税税额为13万元。

（6）甲公司购入一处不动产用作办公楼，增值税专用发票注明的价款为2 000万元，增值税税额为180万元。

（7）甲公司支付房地产开发项目设计费636万元，增值税专用发票注明的价款为600万元，增值税税额为36万元。

（8）甲公司以包工包料方式将鸿达建筑工程项目通过公开招标，腾飞建筑公司中标承建该工程项目，工程结算价款为8 175万元（尚未支付），取得增值税专用发票注明的价款为7 500万元，增值税税额为675万元。

要求：

1. 作出业务（1）至业务（8）的会计分录。

2. 计算甲公司2019年7月份应纳的增值税。

【解析】

1. 会计分录。

业务（1）：按照视同销售处理。纳税人发生视同销售行为而无销售额的，主管税务机关有权按照纳税人最近时期销售同类不动产的平均价格确定。

销项税额：109÷（1＋9%）×9%＝9（万元）。会计分录为：

借：营业外支出　　990 000

　　贷：开发产品　　900 000

　　　　应交税费——应交增值税（销项税额）　　90 000

业务（2）：房地产开发企业中的一般纳税人销售自行开发的房地产项目，适用一般计税方法计税，按照取得的全部价款和价外费用，扣除当期销售房地产项目对应的土地价款后的余额计算销售额。

销项税额：（38 900－49 000÷70 000×40 000）÷（1＋9%）×9%＝900（万元）。会

计分录为：

借：银行存款　　389 000 000

　　贷：主营业务收入　　380 000 000

　　　　应交税费——应交增值税（销项税额）　　9 000 000

业务（3）：一般纳税人采取预收款方式销售自行开发的房地产项目，应在收到预收款时按照3%的预征率预缴增值税。房地产开发企业等在预缴增值税后，应直至纳税义务发生时方可从“应交税费——预交增值税”科目结转至“应交税费——未交增值税”科目。

预收账款3 270万元应预缴增值税：3 270 ÷（1 +9%）×3% =90（万元）。会计分录为：

借：银行存款　　32 700 000

　　贷：预收账款　　32 700 000

借：应交税费——预交增值税　　900 000

　　贷：银行存款　　900 000

业务（4）：《建筑工程施工许可证》注明的合同开工日期在2016年4月30日前的房地产项目是房地产老项目。一般纳税人销售自行开发的房地产老项目，可以选择适用简易计税方法按照5%的征收率计税。甲公司可以选择简易计税办法计税。

应计提增值税额：4 200 ÷（1 +5%）×5% =200（万元）。会计分录为：

借：银行存款　　42 000 000

　　贷：主营业务收入　　40 000 000

　　　　应交税费——简易计税　　2 000 000

业务（5）：进项税额13万元。会计分录为：

借：固定资产　　1 000 000

　　应交税费——应交增值税（进项税额）　　130 000

　　贷：银行存款　　1 130 000

业务（6）：增值税一般纳税人2019年4月1日后取得并在会计制度上按固定资产核算的不动产，其进项税额允许一次性扣除，不再分2年从销项税额中抵扣。

进项税额：2 000 ×9% =180（万元）。会计分录为：

借：固定资产　　20 000 000

　　应交税费——应交增值税（进项税额）　　1 800 000

　　贷：银行存款　　21 800 000

业务（7）：进项税额36万元，会计分录为：

借：开发成本——前期工程费　　6 000 000

　　应交税费——应交增值税（进项税额）　　360 000

　　贷：银行存款　　6 360 000

业务（8）：进项税额675万元。会计分录为：

借：开发成本——建筑安装工程（鸿达项目）　　75 000 000

　　应交税费——应交增值税（进项税额）　　6 750 000

贷：应付账款——腾飞建筑公司 81 750 000

2. 计算增值税应纳税额。

（1）一般计税方法。

销项税额：9 +900 =909（万元）

进项税额：13 +180 +36 +675 =904（万元）

应纳增值税：909 -904 =5（万元）

（2）简易计税方法。

应纳增值税：200 万元

（3）预缴税款。

一般纳税人销售自行开发的房地产项目适用一般计税方法计税的，以当期销售额和9%的适用税率计算当期应纳税额，抵减已预缴税款后，向主管税务机关申报纳税。甲公司已预缴税款 90 万元可以抵减当期应纳税额。

（4）应纳税额。

甲公司 2019 年 7 月应纳增值税：5 +200 -90 =115（万元）

二、实务解析

【例 3 -2】甲运输企业在营改增后成为增值税一般纳税人，2019 年 9 月发生如下业务：

（1）购入 8 吨运输货车 10 辆，增值税专用发票金额 200 万元，增值税 26 万元。

（2）当月取得货物运输不含税收入 300 万元。用 2 辆 8 吨货车无偿给某关联公司运输货物 5 天；将一辆 8 吨货车无偿提供给政府为水灾地区运送救灾物资 10 天。该企业 8 吨货车运费标准 0.2 万元/天（不含税）。

（3）与乙广告公司在甲运输企业 2017 年新建的办公楼外墙上涂刷广告，取得含税收入 8 万元；允许乙广告公司在甲运输企业货车车身上涂刷广告，取得含税收入 9 万元。

（4）转让 3 辆已使用 5 年的货车，取得含税收入 12 万元，未放弃相关减税优惠。

（5）支付桥闸通行费，取得通行费发票（非财政票据），价税合计 5 万元。

要求：根据上述资料，回答下列问题：

1. 业务（2）增值税的销项税额。

2. 业务（3）增值税的销项税额。

3. 该企业当期增值税的进项税额。

4. 该企业当期应纳的增值税税额。

【解析】无偿给某关联公司运输货物需要视同销售计算增值税销项税额，但为政府抢险救灾提供车辆不属于视同销售，不需要计算增值税销项税额。外墙涂刷广告属于不动产租赁；货车车身涂刷广告属于有形动产租赁。桥闸通行适用 5% 的征收率计算抵扣进项税额。纳税人销售自己使用过的固定资产（未抵扣进项税额），按照 3% 征收率减按 2% 征收增值税。

1. 业务（2）增值税的销项税额：

$300\times9\%+2\times5\times0.2\times9\%=27.18$（万元）

2. 业务（3）增值税的销项税额：

$8\div(1+9\%)\times9\%+9\div(1+13\%)\times13\%=0.66+1.04=1.70$（万元）

3. 该企业当期增值税的进项税额：

$26+5\div(1+5\%)\times5\%=26.24$（万元）

4. 该企业当期应纳的增值税税额：

$27.18+1.70+12\div(1+3\%)\times2\%-26.24=2.87$（万元）

【例3－3】某建筑企业为增值税一般纳税人，位于A市市区，2019年10月发生如下业务：

（1）在机构所在地提供建筑服务，开具增值税专用发票注明金额400万元，税额36万元。另在B市提供建筑服务，取得含税收入218万元，其中支付分包商工程价款取得增值税专用发票注明金额50万元，税额4.5万元。上述建筑服务均适用一般计税方法。

（2）购买一批建筑材料，用于一般计税方法项目，取得增值税专用发票注明金额280万元，税额36.4万元。

（3）在机构所在地提供建筑服务，该项目为老项目，企业选择适用简易计税方法，开具增值税专用发票注明金额200万元。

（4）购买一台专业设备，取得增值税专用发票注明金额3万元，税额0.39万元。该设备用于建筑工程老项目，该老项目选择适用简易计税方法。

（5）租入一台办公用固定资产，取得增值税专用发票注明金额10万元，税额1.3万元。无法划清是用于一般计税项目还是简易计税项目。

（6）购买办公用品，取得增值税专用发票注明金额5万元，税额0.65万元。无法划清是用于一般计税项目还是简易计税项目。

假定本月取得相关票据符合税法规定，并在本月按照规定认证抵扣进项税额。

根据上述资料，回答下列问题：

1. 该企业在B市提供建筑服务应预缴增值税税额。

2. 业务（5）中可以从销项税额中抵扣进项税额。

3. 该企业当月在A市申报缴纳增值税。

4. 该企业当月在A市申报缴纳城市维护建设税。

【解析】一般纳税人跨市提供建筑服务，适用一般计税方法计税的，以取得的全部价款和价外费用扣除支付的分包款后的余额，按照2%的预征率计算应预缴税款。自2018年1月1日起，纳税人租入固定资产、不动产，既用于一般计税方法计税项目，又用于简易计税方法计税项目、免征增值税项目、集体福利或者个人消费的，其进项税额准予从销项税额中全额抵扣。纳税人跨县（市、区）提供建筑服务，在建筑服务发生地预缴税款后，向机构所在地主管税务机关进行纳税申报，计算当期应纳税款，扣除已预缴的税款后的余额在机构所在地缴纳。

1. 该企业在B市提供建筑服务应预缴增值税：（218－54.5）÷（1＋9%）×2%＝3（万元）

2. 业务（5）中可以从销项税额中抵扣进项税额：1.3（万元）

3. 该企业当月在A市申报缴纳增值税：

业务（1）销项税额：36＋218÷（1＋9%）×9%＝54（万元）；可抵扣进项税：4.5（万元）

业务（2）可抵扣进项税：36.4（万元）

业务（3）应缴纳的增值税：200×3%＝6（万元）

业务（4）可抵扣进项税：0

业务（5）可抵扣进项税：1.3（万元）

业务（6）中可以从销项税额中抵扣进项税额：

0.65－0.65×200÷［400＋218÷（1＋9%）＋200］＝0.49（万元）

该企业当月在A市申报缴纳增值税：54－4.5－36.4－1.3－0.49＋6－3＝14.31（万元）

4. 该企业当月在A市申报缴纳城市维护建设税：

14.31×7%＝1（万元）

【例3－4】位于市区的某金融机构为增值税一般纳税人，2019年第3季度业务收支情况如下：

（1）取得贷款利息收入2 000万元，另外取得加息、罚息收入80万元。

（2）开展股票买卖业务，买入价900万元，卖出价1 000万元；

（3）取得结算手续费收入180万元；结算罚款收入30万元；

（4）将2亿元人民币投资于某商业企业，每季度收取固定利润1 200万元；

（5）为电信部门代收电话费，当季度收入为850万元，支付给委托方价款836万元；

（6）受某公司委托发放贷款，金额5 000万元，贷款期限3个月，年利息率为4.8%，已经收到贷款企业的利息并转交给委托方，银行按贷款利息收入的10%收取手续费。

（7）第3季度购进办公用品一批，取得增值税专用发票，价税合计金额为113万元。

已知上述收入均为含税收入。根据以上资料，回答下列问题：

1. 计算业务（1）应缴纳的增值税。

2. 该金融机构受托发放贷款业务应缴纳的增值税。

3. 该金融机构从事股票买卖业务应缴纳的增值税。

4. 该金融机构本季度应缴纳的增值税。

【解析】贷款服务，以提供贷款服务取得的全部利息及利息性质的收入为销售额；金融商品转让，按照卖出价扣除买入价后的余额为销售额。经纪代理服务，以取得的全部价款和价外费用，扣除向委托方收取并代为支付的政府性基金或者行政事业性收费后的余额为销售额。以货币资金投资收取的固定利润或者保底利润，按照贷款服务缴纳增值税。

1. 计算业务（1）应缴纳的增值税：

(2 000 +80) ÷(1 +6%) ×6% =117.74（万元）

2. 该金融机构受托发放贷款业务应缴纳的增值税。

5 000 ×4.8% ÷12 ×3 ×10% ÷(1 +6%) ×6% =0.34（万元）

3. 该金融机构从事股票买卖业务应缴纳的增值税。

(1 000 -900) ÷(1 +6%) ×6% =5.66（万元）

4. 该金融机构本季度应缴纳的增值税。

业务（3）应缴纳的增值税：(180 +30) ÷(1 +6%) ×6% =11.89（万元）

业务（4）应缴纳的增值税：1 200 ÷(1 +6%) ×6% =67.92（万元）

业务（5）应缴纳的增值税：(850 -836) ÷(1 +6%) ×6% =0.79（万元）

业务（7）可以抵扣的进项税额：113 ÷(1 +13%) ×13% =13（万元）

第 3 季度应缴纳的增值税：

117.74 +0.34 +5.66 +11.89 +67.92 +0.79 -13 =191.34（万元）

【例 3 -5】孙先生为中国国籍，居住在境内，2019 年下半年发生如下业务：

（1）为某房地产开发企业提供建筑设计，取得建筑设计费 400 000 元以及方案创意奖励 50 000 元。

（2）将两套闲置住房对外出租，月租金 40 000 元，一次性预收半年租金 240 000 元。

（3）将位于北京的一套别墅转让，取得转让收入 4 800 000 元，该别墅与 2008 年 5 月购进，购进时支付价款 2 200 000 元，相关税费 100 000 元。

（4）将 2016 年购买的沪市上市公司股票通过证券交易所出售，取得转让收入 320 000 元，该股票的购买价为 240 000 元。

（5）向新加坡某中介公司咨询投资业务，该公司不派人来华，以邮件、电话方式提供咨询服务，孙先生支付给新加坡公司咨询费 20 000 元，资料费 1 500 元。

假设上述收入均包含增值税，不考虑减免，根据上述材料，回答下列问题：

1. 孙先生提供建筑设计服务应缴纳的增值税；

2. 孙先生预收的全年房租纳税规定及应缴纳的增值税；

3. 孙先生转让别墅行为应缴纳的增值税；

4. 孙先生出售购入股票应缴纳的增值税；

5. 孙先生代扣代缴增值税的依据以及税额；

6. 除代扣代缴增值税外，孙先生应缴纳增值税合计金额。

【解析】

1. 提供建筑设计服务属于现代服务业，但个人使用简易办法征税。

应纳增值税：(400 000 +50 000) ÷(1 +3%) ×3% =13 106.80（元）

2. 纳税人提供租赁服务采取预收款方式的，其纳税义务发生时间为收到预售款的当天。个人出租住房按照 5% 征收率减按 1.5% 征收。

应纳增值税：240 000÷(1+5%)×1.5%=3 428.57（元）

3. 个人（北京）将购买超过2年（含2年）的非普通住房对外销售，按其销售收入减去购买房屋的价款后的差额征收增值税。

应纳增值税：(4 800 000－2 200 000)÷(1+5%)×5%=123 809.52（元）

4. 个人从事金融商品转让业务免征增值税。

应纳增值税：0

5. 境外单位或个人在境内发生应税行为，在境内未设有经营机构的，以购买方为增值税扣缴义务人。孙先生作为购买方，为境外纳税人的增值税代扣代缴义务人。

应代扣代缴增值税：(20 000+1 500)÷(1+6%)×6%=1 216.98（元）

6. 除代扣代缴增值税外，孙先生应缴纳增值税合计：

13 106.8+3 428.57+123 809.52=140 344.89（元）

第四章　消费税

消费税是对从事生产、委托加工和进口应税消费品的单位和个人，就其销售额或销售数量，在生产（进口）环节征收的一种税。对特定消费品或特定消费行为征收消费税，是国家贯彻消费政策、引导消费，从而调整产业结构的重要手段。

本章内容主要依据国务院1993年12月13日发布、2008年11月5日修订的《中华人民共和国消费税暂行条例》（国务院令2008年第539号）和财政部、国家税务总局2008年12月15日发布的《中华人民共和国消费税暂行条例实施细则》（财税令2008年第51号）编写。

第一节　概　　述

一、税制沿革

我国征收消费税的历史十分久远。据文献记载，早在公元前81年，汉昭帝为了避免酒的专卖“与商人争市利”，将酒的专卖改为征收酒税。以后历朝历代都对一些特定消费品征收消费税，最为常见的消费税是盐税、茶税、酒税等。

1950年1月，我国在全国范围内统一征收特种消费行为税，当时征收范围仅限于电影戏剧及娱乐、舞场、筵席、冷食、旅馆等5个税目。1953年修订税制时，取消了特种消费行为税，将其中的筵席、冷食、旅馆、舞厅税目并入工商业营业税，电影戏剧及娱乐税目则改征文化娱乐税。1966年起停征文化娱乐税。1988年开征筵席税，1994年将开征、停征权下放地方，在2008年被国务院废止。1989年，在全国范围内对彩色电视机和小轿车开征特别消费税，1992年取消对彩电征收的特别消费税。

我国真正意义上的消费税是1994年税制改革中新设置的税种，其与增值税、营业税、关税相配合，构成了我国流转税新体系。1993年12月13日，在总结以往经验和参照国际做法基础上，国务院颁布《中华人民共和国消费税暂行条例》（简称《消费税暂行条例》），同年12月25日财政部发布《中华人民共和国消费税暂行条例实施细则》，自1994年1月1日起，对11种需要限制或调节的消费品开征消费税。2006年4月，财政部和国家税务总局对消费税税目和税率及相关政策进行了一次较大调整，新增6个税目，取消1个税目。为了配合增值税转型，2008年末修订《消费税暂行条例》，将1994年以来出台的政策调整内容更新到新修订的《消费税暂行条例》中，并延长了纳税申报期限，调整了纳税地点。根据《国务院关于实施成品油价格和税费改革的通知》（国发〔2008〕37号）规定，自2009年1月1日起，调高汽油、柴油等成品油消费税单位税额，相应取消公路养路费等收费。

二、税制特点

消费税由原产品税脱胎而来，与实行普遍调节的增值税配套，对某些产品和行为进行特殊调节。与其他税种相比，消费税具有以下几个特点：

（一）征收范围的选择性

消费税以《消费税暂行条例》规定的特定产品为征税对象。为了适当限制某些特殊消费品的消费需求和适当增加财政收入，国家根据产业结构、消费结构、消费水平，有目的、有针对性地选择了15大类消费品征收消费税。消费税这一征收范围远远低于其他流转税。

（二）征收环节的单一性

我国消费税的纳税环节确定在生产（进口）环节，而不是在消费品生产、流通或消费的每个环节多次征收。消费税在生产（进口）单一环节征收具有较大隐蔽性，容易被消费者所接受，可减少消费税高税负对社会的影响。

（三）征收方法的灵活性

对不同应税消费品，消费税在征收方法上灵活多样，有些采取从价定率方式征收，有些则采取从量定额方式征收。由于两种征收方式各有其优缺点，因此，目前对个别消费品同时采取从价定率和从量定额征收的复合征收方式。

（四）税收负担的转嫁性

消费税无论在哪个环节征收，也无论采取价内税形式，还是价外税形式，消费品中所含的消费税最终要转嫁到消费者身上。也就是说，消费税最终由消费者负担，税负具有转嫁性。由于消费税税率较高，其转嫁性特征要较其他商品税更为明显。

（五）税收调节的特殊性

消费税属于国家运用税收杠杆对某些消费品或消费行为进行特殊调节的一个税种。这一特殊性表现在三个方面，一是对需要限制或控制消费的消费品规定较高税率，对不影响人民群众生活水平又具有一定财政意义的普通消费品，规定较低税率；二是对某些需要特殊调节的消费品或消费行为在征收增值税的同时，再征收一道消费税，形成一种对消费品双层次调节的特殊税收调节体系；三是为了充分发挥消费税调节社会特殊消费的作用，除出口应税消费品外，其余应税消费品一律不得减税、免税。

三、立法宗旨

消费税是在对货物普遍征收增值税基础上，选择少数消费品再征收的一个税种，主要是为了引导消费方向，调节产业结构，保证国家财政收入。消费税的作用主要体现在以下几个方面：

（一）体现消费政策，促进产业结构调整

国家对部分消费品和消费行为征收消费税，既可以调节消费总量和消费结构，又可以调整生产规模和产业结构。消费税的调节作用主要通过消费税影响市场价格，而价格又影响着消费者的消费选择和生产企业的生产成本，进而最终影响着消费和产业结构的调整。如：为了抑制过度消费有害人体健康的消费品的生产，将烟、酒列入征税范围；为了调节过高消费，将游艇、高档手表、贵重首饰及珠宝玉石列入征税范围；为了促进节能环保，将汽车、汽油、木制地板、电池等列入征税范围。

（二）抑制超前消费，正确引导消费行为

目前我国正处于社会主义初级阶段，国家总体财力有限，居民个人的生活水平还不高，需要在政策上正确引导人们的消费方向。在消费税立法过程中，对人们日常消费的基本生活用品和企业正常的生产消耗物品不征收消费税，只对目前属于奢侈品或超前消费的物品以及其他非基本生产用品征收消费税，特别是对其中的某些消费品如烟、酒、金银首饰、高档手表和汽车等适用较高税率，增加购买者（消费者）的负担，适当抑制高水平或超前消费，引导居民个人树立正确的消费观念。

（三）平衡税收负担，确保收入稳定增长

消费税是1994年实施新税制时开征的，原流转税主要税种增值税和产品税的收入主要集中在卷烟、酒、石化、化工等几类产品上，且税率档次多，税率较高。实行规范化的增值税后，不可能设置多档次税率，这样许多原高税率产品改征增值税（产品税取消）后，基本税率17%（2018年5月1日后为16%，2019年4月1日后为13%），税负下降过多，对财政收入影响较大。为了确保税制改革后不减少财政收入，同时不削弱税收对某些产品生产和消费的调控作用，基本保持原产品的税收负担，需要通过征收消费税，弥补实行增值税后降低税负而减少的税收收入。同时，随着应税消费品生产和消费增长，也能使财政收入保持稳定增长。

（四）抑制消费需求，缓解社会分配不公

个人生活水平或贫富状况很大程度体现在其支付能力上，支付能力强的个人对奢侈品和特殊消费品需求也强。显然，受多种因素制约，仅依靠个人所得税不可能完全实现税收的公平分配目标和有效缓解社会分配不公的现状。通过对某些奢侈品或特殊消费品征收消费税，从调节个人支付能力入手间接增加某些消费者消费支出负担，使高收入者的高消费受到一定抑制，而低收入者或消费基本生活用品的消费者则不负担消费税，支付能力不受影响。所以，开征消费税有利于配合个人所得税及其他相关税种对个人畸高收入进行调节，以缓解目前存在的社会分配不公矛盾。

第二节 课税要素

一、纳税人

在中华人民共和国境内生产、委托加工和进口应税消费品的单位和个人，以及国务院确定的销售特定消费品的其他单位和个人，为消费税的纳税人，应当缴纳消费税。

单位是指企业、行政单位、事业单位、军事单位、社会团体及其他单位。其中企业包括国有企业、集体企业、私有企业、股份制企业、外商投资企业、外国企业和其他企业。个人是指个体工商户及其他个人。其中其他个人主要包括自然人、农村承包经营户以及在我国境内的外籍个人等。

国务院确定的销售特定消费品，是指国务院在《消费税暂行条例》规定的消费品范围内确定的消费品，目前包括卷烟、金银首饰、铂金首饰、钻石及钻石饰品、超豪华小汽车。

在中华人民共和国境内，是指生产、委托加工和进口属于应当缴纳消费税的消费品的起运地或者所在地在境内。

综上所述，自己生产制造应税消费品的，属于应税行为，生产者为纳税人；委托他人加工应税消费品的，属于应税行为，委托方为纳税人；进口应税消费品的，属于应税行为，进口商为纳税人；从事卷烟批发和零售金银首饰、铂金首饰、钻石及钻石饰品、超豪华小汽车的，属于应税行为，经营者为纳税人。

二、征税范围

消费税的征税范围主要根据我国目前经济发展现状和消费政策、产业政策，人民的消费水平、消费结构和消费需求，资源供给、节能环保以及国家财政需要，并借鉴国外成功经验和通行做法确定。消费税并非对所有的消费品征收，而仅限于《消费税暂行条例》规定的消费品，即《条例》所附《消费税税目税率表》中所列举的消费品。《消费税税目税率表》采用正列举方式共列举了 15 大类消费品作为其课税对象。消费税选择的应税消费品大致分为以下 4 种类型：

1. 一些过度消费对人体健康、社会秩序、生态环境等方面造成危害的特殊消费品，如烟、酒、鞭炮、焰火、电池和涂料等；

2. 奢侈品、非生活必需品，如高档手表、贵重首饰及珠宝玉石、高档化妆品、游艇、高尔夫球等；

3. 高耗能消费品，如小汽车、摩托车等；

4. 不可再生（替代）或需要保护的资源类消费品，如成品油、木制地板、一次性筷子等。

（一）烟

凡是以烟叶为原料加工生产的产品，不论使用何种辅料，均属于本税目征收范围。本税目下设卷烟、雪茄烟、烟丝三个子目。

1. 卷烟是指将各种烟叶切成烟丝，按照配方要求均匀混合，加入糖、酒、香料等辅料，用白色盘纸、棕色盘纸、涂布纸或烟草薄片经机器或手工卷制的普通卷烟和雪茄型卷烟。卷烟分甲类卷烟、乙类卷烟两种。

（1）甲类卷烟。甲类卷烟是指每标准条 200 支，销售价格（不含增值税）在 70 元（含）以上的卷烟。

（2）乙类卷烟。乙类卷烟是指每标准条 200 支，销售价格在 70 元（不含增值税）以下的卷烟。（以上内容见《财政部、国家税务总局关于调整烟产品消费税政策的通知》财税〔2009〕84 号）

2. 雪茄烟。雪茄烟是指以晾晒烟为原料或者以晾晒烟和烤烟为原料，用烟叶或卷烟纸、烟草薄片作为烟支内包皮，再用烟叶作为烟支外包皮，经机器或手工卷制而成的烟草制品。按内包皮所用材料的不同可分为全叶卷雪茄烟和半叶卷雪茄烟。

雪茄烟的征收范围包括各种规格、型号的雪茄烟。

3. 烟丝。烟丝是指将烟叶切成丝状、粒状、片状、末状或其他形状，再加入辅料，经过发酵、储存，不经卷制即可供销售吸用的烟草制品。

烟丝的征收范围包括以烟叶为原料加工生产的不经卷制的散装烟，如斗烟、莫合烟、烟末、水烟、黄红烟丝等。

（二）酒

本税目下设白酒、黄酒、啤酒、其他酒四个子目。

1. 白酒。白酒包括粮食白酒和薯类白酒。粮食白酒是指以高粱、玉米、大米、糯米、大麦、小麦、小米、青稞等各种粮食为原料，经过糖化、发酵后，采用蒸馏方法酿制的白酒。薯类白酒是指以白薯（红薯、地瓜）、木薯、马铃薯（土豆）、芋头、山药等各种干鲜薯类为原料，经过糖化、发酵后，采用蒸馏方法酿制的白酒。

用甜菜酿制的白酒，比照薯类白酒征税。

2. 黄酒。黄酒是指以糯米、粳米、籼米、大米、黄米、玉米、小麦、薯类等为原料，经加温、糖化、发酵、压榨酿制的酒。由于工艺、配料和含糖量的不同，黄酒分为干黄酒、半干黄酒、半甜黄酒、甜黄酒四类。

黄酒的征收范围包括各种原料酿制的黄酒和酒度超过 12 度（含 12 度）的土甜酒。

3. 啤酒。啤酒是指以大麦或其他粮食为原料，加入啤酒花，经糖化、发酵、过滤酿制的含有二氧化碳的酒。啤酒按照杀菌方法的不同，可分为熟啤酒和生啤酒或鲜啤酒。

啤酒的征收范围包括各种包装和散装的啤酒。

无醇啤酒比照啤酒征税。

啤酒源、菠萝啤酒属于啤酒，应比照啤酒征收消费税。（见《国家税务总局关于印发〈消费税问题解答〉的通知》国税函发〔1997〕306 号）

果啤属于啤酒，应征消费税。果啤是一种口味介于啤酒和饮料之间的低度酒精饮料，主要成分为啤酒和果汁。（见《国家税务总局关于果啤征收消费税的批复》国税函〔2005〕333 号）

对饮食业、商业、娱乐业举办的啤酒屋（啤酒坊）利用啤酒生产设备生产的啤酒，应当征收消费税。（见《国家税务总局关于消费税若干征税问题的通知》国税发〔1997〕84号）

4. 其他酒。其他酒是指除粮食白酒、薯类白酒、黄酒、啤酒以外，酒度在1度以上的各种酒。其征收范围包括糠麸白酒、其他原料白酒、土甜酒、复制酒、果木酒、汽酒、药酒等。

调味料酒按照国家标准属于调味品，不属于配置酒和泡制酒，对调味料酒不再征收消费税。（见《国家税务总局关于调味料酒征收消费税问题的通知》国税函〔2008〕742号）

配制酒（露酒）是指以发酵酒、蒸馏酒或食用酒精为酒基，加入可食用或药食两用的辅料或食品添加剂，进行调配、混合或再加工制成的、并改变了其原酒基风格的饮料酒。其中以蒸馏酒或食用酒精为酒基，具有国家相关部门批准的国食健字或卫食健字文号和酒精度低于38度（含）的配制酒，以及以发酵酒为酒基，酒精度低于20度（含）的配制酒，属于本税目的“其他酒”。其他配制酒，按“白酒”适用税率征收消费税。（见《国家税务总局关于配制酒消费税适用税率问题的公告》总局公告2011年第53号）

（三）高档化妆品

化妆品是日常生活中用于修饰美化人体表面的用品。化妆品品种较多，所用原料各异，按其类别划分，可分为美容和芳香两类。

本税目征收范围包括高档美容、修饰类化妆品、高档护肤类化妆品和成套化妆品。

美容、修饰类化妆品是指美容类的香粉、口红、指甲油、胭脂、眉笔、唇笔、蓝眼油、眼睫毛等；芳香类的香水、香水精等。

成套化妆品是指由各种用途的化妆品配套盒装而成的系列产品。一般采用精制的金属或塑料盒包装，盒内常备有镜子、梳子等化妆工具，具有多功能性和使用方便的特点。

高档美容、修饰类化妆品和高档护肤类化妆品是指生产（进口）环节销售（完税）价格（不含增值税）在10元/毫升（克）或15元/片（张）及以上的美容、修饰类化妆品和护肤类化妆品。（见《财政部、国家税务总局关于调整化妆品消费税政策的通知》财税〔2016〕103号）

舞台、戏剧、影视演员化妆用的上妆油、卸装油、油彩不属于本税目征收范围。

（四）贵重首饰及珠宝玉石

本税目征收范围包括：各种金银珠宝首饰和经采掘、打磨、加工的各种珠宝玉石。

1. 金银珠宝首饰包括凡以金、银、白金、宝石、珍珠、钻石、翡翠、珊瑚、玛瑙等高贵稀有物质以及其他金属、人造宝石等制作的各种纯金银首饰及镶嵌首饰（含人造金银、合成金银首饰等）。

2. 珠宝玉石的种类包括钻石（金刚石）、珍珠、松石、青金石、欧泊石、橄榄石、长石、玉（硬玉、软玉）、石英、玉髓、石榴石、锆石、尖晶石、黄玉、碧玺、金绿玉、绿柱石、刚玉、琥珀、珊瑚、煤玉、龟甲、合成刚玉、合成宝石、双合石、玻璃仿制品。

宝石坯是经采掘、打磨、初级加工的珠宝玉石半成品，因此，对宝石坯应按规定征收消费税。（见《国家税务总局关于印发〈消费税问题解答〉的通知》国税函发〔1997〕306号）

（五）鞭炮、焰火

鞭炮，又称爆竹，是用多层纸密裹火药，接以药引线，制成的一种爆炸品。

焰火，指烟火剂，一般系包扎品，内装药剂，点燃后烟火喷射，呈各种颜色，有的还变幻成各种景象，分平地小焰火和空中大焰火两类。

本税目征收范围包括各种鞭炮、焰火。通常分为13类，即喷花类、旋转类、旋转升空类、火箭类、吐珠类、线香类、小礼花类、烟雾类、造型玩具类、爆竹类、摩擦炮类、组合烟花类、礼花弹类。

体育上用的发令纸，鞭炮药引线，不按本税目征收。

（六）成品油

本税目包括汽油、柴油、石脑油、溶剂油、航空煤油、润滑油、燃料油等7个子目。

1. 汽油。汽油是指用原油或其他原料加工生产的辛烷值不小于66的可用作汽油发动机燃料的各种轻质油。汽油分为车用汽油和航空汽油。

以汽油、汽油组分调和生产的甲醇汽油、乙醇汽油也属于本税目征收范围。

油气田企业在生产石油、天然气过程中，通过加热、增压、冷却、制冷等方法回收、以戊烷和以上重烃组分组成的稳定轻烃属于原油范畴，不属于成品油消费税征税范围。（见《国家税务总局关于稳定轻烃产品征收消费税问题的批复》国税函〔2010〕205号）

2. 柴油。柴油是指用原油或其他原料加工生产的倾点或凝点在－50至30的可用作柴油发动机燃料的各种轻质油和以柴油组分为主、经调和精制可用作柴油发动机燃料的非标油。

以柴油、柴油组分调和生产的生物柴油也属于本税目征收范围。

3. 石脑油。石脑油又叫化工轻油，是以原油或其他原料加工生产的用于化工原料的轻质油。

石脑油的征收范围包括除汽油、柴油、航空煤油、溶剂油以外的各种轻质油。非标汽油、重整生成油、拔头油、戊烷原料油、轻裂解料（减压柴油VGO和常压柴油AGO）、重裂解料、加氢裂化尾油、芳烃抽余油均属轻质油，属于石脑油征收范围。

4. 溶剂油。溶剂油是用原油或其他原料加工生产的用于涂料、油漆、食用油、印刷油墨、皮革、农药、橡胶、化妆品生产和机械清洗、胶粘行业的轻质油。

橡胶填充油、溶剂油原料，属于溶剂油征收范围。

5. 航空煤油。航空煤油也叫喷气燃料，是用原油或其他原料加工生产的用作喷气发动机和喷气推进系统燃料的各种轻质油。

6. 润滑油。润滑油是用原油或其他原料加工生产的用于内燃机、机械加工过程的润滑产品。润滑油分为矿物性润滑油、植物性润滑油、动物性润滑油和化工原料合成润滑油。

润滑油的征收范围包括矿物性润滑油、矿物性润滑油基础油、植物性润滑油、动物性润滑油和化工原料合成润滑油。以植物性、动物性和矿物性基础油（或矿物性润滑油）混合掺配而成的“混合性”润滑油，不论矿物性基础油（或矿物性润滑油）所占比例高低，均属润滑油的征收范围。

润滑脂是润滑产品，属润滑油消费税征收范围，生产、加工润滑脂应当征收消费税。（见《国家税务总局关于润滑脂产品征收消费税问题的批复》国税函〔2009〕709号）

变压器油、导热类油等绝缘油类产品不属于财税〔2008〕167号文件规定的应征消费税的“润滑油”，不征收消费税。（见《国家税务总局关于绝缘油类产品不征收消费税问题的公告》总局公告2010年第12号）

7. 燃料油。燃料油也称重油、渣油，是用原油或其他原料加工生产，主要用作电厂发电、锅炉用燃料、加热炉燃料、冶金和其他工业炉燃料。腊油、船用重油、常压重油、减压重油、180CTS燃料油、7号燃料油、糠醛油、工业燃料、4～6号燃料油等油品的主要用途是作为燃料燃烧，属于燃料油征收范围。

催化料、焦化料属于燃料油的征收范围，应当征收消费税。（见《国家税务总局关于催化料、焦化料征收消费税的公告》总局公告2012年第46号）

需要注意的是，纳税人以原油或其他原料生产加工的在常温常压条件下（25℃/一个标准大气压）呈液态状（沥青除外）的产品，按以下原则划分是否征收消费税：

（1）产品符合汽油、柴油、石脑油、溶剂油、航空煤油、润滑油和燃料油征收规定的，按相应的汽油、柴油、石脑油、溶剂油、航空煤油、润滑油和燃料油的规定征收消费税。

（2）上述以外的产品，符合该产品的国家标准或石油化工行业标准的相应规定（包括产品的名称、质量标准与相应的标准一致），且纳税人事先将省级以上（含）质量技术监督部门出具的相关产品质量检验证明报主管税务机关进行备案的，不征收消费税；否则，视同石脑油征收消费税。

此外，纳税人以原油或其他原料生产加工的产品如以沥青产品对外销售时，该产品符合沥青产品的国家标准或石油化工行业标准的相应规定（包括名称、型号和质量标准等与相应标准一致），在取得省级以上（含）质量技术监督部门出具的相关产品质量检验证明的当月起，不征收消费税；否则，视同燃料油征收消费税。（以上内容见《国家税务总局关于消费税有关政策问题的公告》总局公告2012年第47号、《国家税务总局关于取消两项消费税审批事项后有关管理问题的公告》总局公告2015年第39号）

（七）摩托车

本税目征收范围包括二轮摩托车、边三轮摩托车和正三轮摩托车。

摩托车是指最大设计车速超过50公里/小时、发动机气缸总工作容积超过250毫升（含）、空车质量不超过400公斤（带驾驶室的正三轮车及特种车的空车质量不受此限）的两轮和三轮机动车。

两轮车：装有一个驱动轮与一个从动轮的摩托车。包括普通车、微型车、越野车、普通赛车、微型赛车、越野赛车、特种车。

边三轮车：在两轮车的一侧装有边车的三轮摩托车。包括普通边三轮车、特种边三轮车。

正三轮车：装有与前轮对称分布的两个后轮和固定车厢的三轮摩托车。包括普通正三轮车、特种正三轮车。

（八）小汽车

汽车是指由动力驱动，具有四只或四只以上车轮的非轨道承载的车辆。本税目包括乘用车和中轻型商用客车两个子目。

1. 乘用车。含驾驶员座位在内最多不超过9个（含9个）座位的，在设计和技术特性上用于载运乘客和货物的各类乘用车。

2. 中轻型商用客车。含驾驶员座位在内的座位数在10至23座（含23座）的在设计和技术特性上用于载运乘客和货物的各类中轻型商用客车属于本子目征收范围。

含驾驶员人数（额定载客）为区间值的（如8～10人；17～26人）小汽车，按其区间值下限人数确定征收范围。

用排气量小于1.5升（含）的乘用车底盘（车架）改装、改制的车辆属于乘用车征收范围。用排气量大于1.5升的乘用车底盘（车架）或用中轻型商用客车底盘（车架）改装、改制的车辆属于中轻型商用客车征收范围。

对于购进乘用车和中轻型商用客车整车改装生产的汽车，应按规定征收消费税。（见《国家税务总局关于购进整车改装汽车征收消费税问题的批复》国税函〔2006〕772号）

电动汽车不属于本税目征收范围。

沙滩车、雪地车、卡丁车、高尔夫车不属于消费税征收范围，不征收消费税。（见《国家税务总局关于沙滩车等车辆征收消费税问题的批复》国税函〔2007〕1071号）

对于企业购进货车或厢式货车改装生产的商务车、卫星通信车等专用汽车不属于消费税征税范围，不征收消费税。（见《国家税务总局关于厢式货车改装生产的汽车征收消费税问题的批复》国税函〔2008〕452号）

车身长度大于7米（含），并且座位在10～23座（含）以下的商用客车，不属于中轻型商用客车征税范围，不征收消费税。（见《财政部、国家税务总局关于消费税若干具体政策的通知》财税〔2006〕125号）

3. 超豪华小汽车。每辆零售价格130万元（不含增值税）及以上的乘用车和中轻型商用客车，即乘用车和中轻型商用客车子税目中的超豪华小汽车。（见《财政部、国家税务总局关于对超豪华小汽车加征消费税有关事项的通知》财税〔2016〕129号）

（九）高尔夫球及球具

高尔夫球及球具是指从事高尔夫球运动所需的各种专用装备，包括高尔夫球、高尔夫球杆及高尔夫球包（袋）等。

高尔夫球是指重量不超过45.93克、直径不超过42.67毫米的高尔夫球运动比赛、练习用球；高尔夫球杆是指被设计用来打高尔夫球的工具，由杆头、杆身和握把三部分组成；高尔夫球包（袋）是指专用于盛装高尔夫球及球杆的包（袋）。

本税目征收范围包括高尔夫球、高尔夫球杆、高尔夫球包（袋）。高尔夫球杆的杆头、杆身和握把属于本税目的征收范围。

（十）高档手表

高档手表是指销售价格（不含增值税）每只在10 000元（含）以上的各类手表。

本税目征收范围包括符合以上标准的各类手表。

（十一）游艇

游艇是指长度大于8米小于90米，船体由玻璃钢、钢、铝合金、塑料等多种材料制作，可以在水上移动的水上浮载体。按照动力划分，游艇分为无动力艇、帆艇和机动艇。

本税目征收范围包括艇身长度大于 8 米（含）小于 90 米（含），内置发动机，可以在水上移动，一般为私人或团体购置，主要用于水上运动和休闲娱乐等非牟利活动的各类机动艇。

（十二）木制一次性筷子

木制一次性筷子，又称卫生筷子，是指以木材为原料经过锯段、浸泡、旋切、刨切、烘干、筛选、打磨、倒角、包装等环节加工而成的各类一次性使用的筷子。

本税目征收范围包括各种规格的木制一次性筷子。未经打磨、倒角的木制一次性筷子属于本税目征税范围。

（十三）实木地板

实木地板是指以木材为原料，经锯割、干燥、刨光、截断、开榫、涂漆等工序加工而成的块状或条状的地面装饰材料。实木地板按生产工艺不同，可分为独板（块）实木地板、实木指接地板、实木复合地板三类；按表面处理状态不同，可分为未涂饰地板（白坯板、素板）和漆饰地板两类。

本税目征收范围包括各类规格的实木地板、实木指接地板、实木复合地板及用于装饰墙壁、天棚的侧端面为榫、槽的实木装饰板。未经涂饰的素板属于本税目征税范围。

（十四）电池

电池，是一种将化学能、光能等直接转换为电能的装置，一般由电极、电解质、容器、极端，通常还有隔离层组成的基本功能单元，以及用一个或多个基本功能单元装配成的电池组。范围包括：原电池、蓄电池、燃料电池、太阳能电池和其他电池。

1. 原电池。原电池又称一次电池，是按不可以充电设计的电池。按照电极所含的活性物质分类，原电池包括锌原电池、锂原电池和其他原电池。

2. 蓄电池。蓄电池又称二次电池，是按可充电、重复使用设计的电池；包括酸性蓄电池、碱性或其他非酸性蓄电池、氧化还原液流蓄电池和其他蓄电池。

3. 燃料电池。燃料电池，指通过一个电化学过程，将连续供应的反应物和氧化剂的化学能直接转换为电能的电化学发电装置。

4. 太阳能电池。太阳能电池，是将太阳光能转换成电能的装置，包括晶体硅太阳能电池、薄膜太阳能电池、化合物半导体太阳能电池等，但不包括用于太阳能发电储能用的蓄电池。

5. 其他电池。除原电池、蓄电池、燃料电池、太阳能电池以外的电池。

（十五）涂料

涂料是指涂于物体表面能形成具有保护、装饰或特殊性能的固态涂膜的一类液体或固体材料之总称。

涂料由主要成膜物质、次要成膜物质等构成。按主要成膜物质涂料可分为油脂类、天然树脂类、酚醛树脂类、沥青类、醇酸树脂类、氨基树脂类、硝基类、过滤乙烯树脂类、烯类树脂类、丙烯酸酯类树脂类、聚酯树脂类、环氧树脂类、聚氨酯树脂类、元素有机类、橡胶类、纤维素类、其他成膜物类等。（以上内容见《国家税务总局关于印发〈消费税征收范围注释〉的通知》国税发〔1993〕153 号、《财政部、国家税务总局关于调整和完善消费税政策的通知》财税〔2006〕33 号、《财政部、国家税务总局关于提高成品油消费税税率的通知》财税〔2008〕167 号、《财政部、国家税务总局关于对电池、涂料征收消费税的

通知》财税〔2015〕16号、《财政部、国家税务总局关于调整消费税政策的通知》财税〔2014〕93号）

需要注意的是，消费税税目、税率的调整，由国务院决定。《消费税暂行条例》所附《消费税税目税率表》中所列应税消费品的具体征税范围，由财政部、国家税务总局确定。

三、税率

设计消费税税率主要考虑了以下四方面因素：一是要引导消费方向、遏制过度消费，充分发挥税收经济杠杆作用；二是考虑消费者支付能力和认可度；三是适当考虑原有的税负水平；四是要具有一定的财政意义。

消费税税率有两种形式，一种是比例税率；另一种是定额税率，即单位税额。一般情况下，对一种消费品只选择一种税率形式，但为了更有效地保全消费税税基，对一些应税消费品如卷烟、白酒，则采用了定额税率和比例税率复合征收方式。消费税税目、税率如表4－1所示。

表4－1　　消费税税目、税率

税目	税率	
	生产（进口）环节	批发或零售环节
一、烟[①]		
1. 卷烟		
工业		
(1) 甲类卷烟［调拨价70元（不含增值税）/条以上（含70元）］	56%加0.003元/支	
(2) 乙类卷烟［调拨价70元（不含增值税）/条以下］	36%加0.003元/支	
商业批发[②]		11%加0.005元/支
2. 雪茄烟	36%	
3. 烟丝	30%	
二、酒		
1. 白酒	20%加0.5元/500克（或500毫升）	
2. 黄酒	240元/吨	
3. 啤酒[③]		
(1) 甲类啤酒［每吨啤酒出厂价格（含包装物及包装物押金）在3 000元（含3 000元，不含增值税）以上的］	250元/吨	
(2) 乙类啤酒［每吨啤酒出厂价格在3 000元（不含增值税）以下的］	220元/吨	
(3) 娱乐业、饮食业自制啤酒	250元/吨	
4. 其他酒	10%	

续表

税目	税率	
	生产（进口）环节	批发或零售环节
三、高档化妆品[④]	15%	
四、贵重首饰及珠宝玉石 1. 金银首饰、铂金首饰和钻石及钻石饰品 2. 其他贵重首饰和珠宝玉石	 10%	 5%
五、鞭炮、焰火	15%	
六、成品油[⑤] 1. 汽油 2. 柴油 3. 航空煤油 4. 石脑油 5. 溶剂油 6. 润滑油 7. 燃料油	 1.52 元/升 1.20 元/升 1.20 元/升 1.52 元/升 1.52 元/升 1.52 元/升 1.20 元/升	
七、摩托车 1. 气缸容量（排气量）250 毫升的 2. 气缸容量（排气量）在 250 毫升（不含）以上的	 3% 10%	
八、小汽车 1. 乘用车[⑥] （1）气缸容量（排气量）在 1.0 升（含 1.0 升）以下的 （2）气缸容量在 1.0 升以上至 1.5 升（含 1.5 升）的 （3）气缸容量在 1.5 升以上至 2.0 升（含 2.0 升）的 （4）气缸容量在 2.0 升以上至 2.5 升（含 2.5 升）的 （5）气缸容量在 2.5 升以上至 3.0 升（含 3.0 升）的 （6）气缸容量在 3.0 升以上至 4.0 升（含 4.0 升）的 （7）气缸容量在 4.0 升以上的 2. 中轻型商用客车 3. 超豪华小汽车[⑦]	 1% 3% 5% 9% 12% 25% 40% 5% 按上述税率执行	 10%
九、高尔夫球及球具	10%	
十、高档手表	20%	
十一、游艇	10%	
十二、木制一次性筷子	5%	
十三、实木地板	5%	

续表

税目	税率	
	生产（进口）环节	批发或零售环节
十四、电池[8]	4%	
十五、涂料[8]	4%	

注：①该税目税率依据《财政部、国家税务总局关于调整烟产品消费税政策的通知》（财税〔2009〕84号）调整。②该税目税率依据《财政部、国家税务总局关于调整卷烟消费税的通知》（财税〔2015〕60号）调整。③该税目税率依据《财政部、国家税务总局关于调整酒类产品消费税政策的通知》（财税〔2001〕84号）调整。④该税目税率依据《财政部、国家税务总局关于调整化妆品消费税政策的通知》（财税〔2016〕103号）调整。⑤该税目税率依据《财政部、国家税务总局关于继续提高成品油消费税的通知》（财税〔2015〕11号）调整。⑥该税目税率依据《财政部、国家税务总局关于调整乘用车消费税政策的通知》（财税〔2008〕105号）调整。⑦该税目税率依据《财政部、国家税务总局关于对超豪华小汽车加征消费税有关事项的通知》（财税〔2016〕129号）调整。⑧该税目税率依据《财政部、国家税务总局关于对电池、涂料征收消费税的通知》（财税〔2015〕16号）确定。

消费税采用列举法按具体应税消费品设置税目、税率，征税界限清楚。但存在下列情况时，应按适用税率中最高税率征税：

1. 纳税人生产销售两种税率以上的应税消费品，应当分别核算不同税率应税消费品的销售额、销售数量，但未分别核算销售额、销售数量的；

2. 将不同税率的应税消费品组成成套消费品销售的。

需要注意的是，关于啤酒适用税率有如下补充规定：

1. 对啤酒生产企业销售的啤酒，不得以向其关联企业的啤酒销售公司销售的价格作为确定消费税税额的标准，而应当以其关联企业的啤酒销售公司对外的销售价格（含包装物及包装物押金）作为确定消费税税额的标准，并依此确定该啤酒消费税单位税额。（见《国家税务总局关于啤酒计征消费税有关问题的批复》国税函〔2002〕166号）

2. 财税〔2001〕84号文件规定啤酒消费税单位税额按照出厂价格（含包装物及包装物押金）划分档次，上述包装物押金不包括供重复使用的塑料周转箱的押金。（见《财政部、国家税务总局关于明确啤酒包装物押金消费税政策的通知》财税〔2006〕20号）

四、计税依据

（一）应税销售行为的确定

根据《条例》及其实施细则的有关规定，下列情况均属于销售或视同销售，应确定销售额或销售数量，并按规定缴纳消费税。

1. 有偿转让的应税消费品。应征消费税的销售行为必须同时符合两个条件，一是转让应税消费品的所有权，所有权是指完整地拥有占有、使用、收益、处分等四项权能；二是从购买方（受让方）取得货币、货物或其他经济利益。其中从购买方取得货物即以物易物，从购买方取得其他经济利益包括投资入股、抵偿债务、支付代购手续费，以及在销售之外另付给购货方或者中间人作为奖励和报酬的对价形式等。

2. 自产自用的应税消费品。纳税人自产自用的应税消费品，不是用于连续生产应税消费品，而是用于其他方面的，应当缴纳消费税。为了确保国家税收利益和消费税调控目标的实现，纳税人将自产应税消费品用于生产非应税消费品、在建工程、管理部门、非生产机构、提供劳务、馈赠、赞助、集资、广告样品、职工福利、奖励等方面的，视同销售，需要缴纳消费税。

3. 委托加工的应税消费品。委托加工是指由委托方提供原料和主要材料，受托方只收取加工费和代垫部分辅助材料，按照委托方要求加工货物的经营活动。对于以各种名义、形式由受托方提供原材料生产的应税消费品，不论受托方在财务上是否作销售处理，都不得作为委托加工应税消费品，而应当按照销售自制应税消费品缴纳消费税。

4. 其他应税销售行为。下列行为也属于应征收消费税的应税销售行为：

（1）对自己不生产应税消费品，而只是购进后再销售应税消费品的工业企业，其销售的应税消费品凡不能构成最终消费品直接进入消费品市场，而需要进一步生产加工的，应当征收消费税，同时允许扣除外购应税消费品的已纳税款。（见《国家税务总局关于消费税若干征税问题的通知》国税发〔1997〕84号）

（2）工业企业以外的单位和个人的下列行为视为应税消费品的生产行为，按规定征收消费税：

①将外购的消费税非应税产品以消费税应税产品对外销售的；

②将外购的消费税低税率应税产品以高税率应税产品对外销售的。（以上内容见《国家税务总局关于消费税有关政策问题的公告》总局公告2012年第47号）

（二）实行从量定额计税办法的计税依据

国家在确定消费税的计税依据时，主要从应税消费品的价格变化情况和便于征纳等角度出发，分别采用从价和从量两种计税办法。其中，实行从量定额计征办法的，通常以每单位应税消费品的重量、容积或数量为计税依据，并按每单位应税消费品规定固定税额。

1. 从量定额销售数量的确定。

销售数量是指纳税人生产、加工和进口应税消费品的数量。具体规定如下：

（1）销售应税消费品的，为应税消费品的销售数量；

（2）自产自用应税消费品的，为应税消费品的移送使用数量；

（3）委托加工应税消费品的，为纳税人收回的应税消费品数量；

（4）进口应税消费品的，为海关核定的应税消费品进口征税数量。

2. 从量定额的换算标准。

《消费税暂行条例》规定，黄酒、啤酒以“吨”为税额单位，成品油则以“升”为税额单位。但在实际经营活动中，一些纳税人使用的计量单位有时不规范，常将“吨”和“升”混用。为了正确计算应税产品的销售数量和应纳税额，《中华人民共和国消费税暂行条例实施细则》（简称《消费税暂行条例实施细则》）中具体规定了“吨”与“升”两个计量单位的换算标准。“吨”与“升”两个计量单位的换算标准如表4－2所示。

表 4－2　　“吨”与“升”计量单位换算标准

税目	核算标准	税目	换算标准
黄酒	1 吨＝962 升	啤酒	1 吨＝988 升
汽油	1 吨＝1 388 升	柴油	1 吨＝1 176 升
航空煤油	1 吨＝1 246 升	石脑油	1 吨＝1 385 升
溶剂油	1 吨＝1 282 升	润滑油	1 吨＝1 126 升
燃料油	1 吨＝1 015 升		

需要注意的是，粮食白酒、薯类白酒的比例税率统一为 20%；定额税率为 0.5 元/斤（500 克）或 0.5 元/500 毫升。从量定额税的计量单位按实际销售商品重量确定，如果实际销售商品是按体积标注计量单位的，应按 500 毫升为 1 斤换算，不得按酒度折算。（见《国家税务总局关于酒类产品消费税政策问题的通知》国税发〔2002〕109 号）

（三）实行从价定率计税办法的计税依据

实行从价定率办法征税的应税消费品，计税依据为应税消费品的销售额。

由于消费税和增值税交叉征收，消费税实行价内税，增值税实行价外税，这种情况决定了实行从价定率征收的消费品，其消费税税基和增值税税基一致，即都是以含消费税而不含增值税的销售额作为计税基数。

应税消费品的销售额为纳税人销售应税消费品向购买方收取的全部价款和价外费用。

价款，是指合同约定的价格金额，根据成本和利润而确定的应税消费品价格。作为消费税计税依据的销售额，不包括应向购货方收取的增值税税款。如果纳税人应税消费品的销售额中未扣除增值税税款或者因不得开具增值税专用发票而发生价款和增值税税款合并收取的，在计算消费税时，应当换算为不含增值税税款的销售额。其换算公式如下：

应税消费品的销售额＝含增值税的销售额÷(1＋增值税税率或者征收率)

价外费用，是指除了合同约定的价款外，为了实现合同约定目的而发生的其他费用。具体包括向购买方收取的手续费、补贴、基金、集资费、返还利润、奖励费、违约金、滞纳金、延期付款利息、赔偿金、代收款项、代垫款项、包装费、包装物租金、储备费、优质费、运输装卸费以及其他各种性质的价外收费。但下列项目不包括在内：

1. 同时符合以下条件的代垫运输费用：

（1）承运部门的运输费用发票开具给购买方的；

（2）纳税人将该项发票转交给购买方的。

2. 同时符合以下条件代为收取的政府性基金或者行政事业性收费：

（1）由国务院或者财政部批准设立的政府性基金，由国务院或者省级人民政府及其财政、价格主管部门批准设立的行政事业性收费；

（2）收取时开具省级以上财政部门印制的财政票据；

（3）所收款项全额上缴财政。

此外，应税消费品连同包装物销售的，无论包装物是否单独计价以及在会计上如何核算，均应并入应税消费品的销售额中缴纳消费税。如果包装物不作价随同产品销售而是收取押金，此项押金则不应并入应税消费品的销售额中征税。但对因逾期未收回的包装物不再退还或者已收取的时间超过 12 个月的押金，应并入应税消费品的销售额，按照应税消费品的适用税率缴纳消费税。

对既作价随同应税消费品销售，又另外收取押金的包装物押金，凡纳税人在规定的期限内没有退还的，均应并入应税消费品的销售额，按照应税消费品的适用税率缴纳消费税。

（四）核定计税价格

纳税人应税消费品的计税价格明显偏低并无正当理由的，由主管税务机关核定其计税价格。在市场交易活动中，以追求利益最大化为目标的经营者，为了谋求更大的利润或者尽可能地减少损失，一般情况下不会将自己的商品低价出售。但为了减少损失或者有其他原因，经营者可能会选择低价出售产品，比如鲜活商品、保质期将至的商品、积压商品、季节性商品以及因清偿债务、转产、歇业销售商品等。如果经营者以明显偏低的价格出售某种产品，唯一或者主要目的是为了获取税收利益而并非出于正常的商业目的，则属于国家禁止的避税行为，此时主管税务机关应核定其计税价格。应税消费品计税价格的核定权限规定如下：

1. 卷烟、白酒和小汽车的计税价格由国家税务总局核定，送财政部备案；

2. 其他应税消费品的计税价格由省、自治区和直辖市税务局核定；

3. 进口的应税消费品计税价格由海关核定。

白酒、卷烟等应税消费品核定征收的相关规定如下：

1. 白酒最低计税价格的核定。

为保全税基，对设立销售单位（销售公司、购销公司以及委托境内其他单位或个人包销本企业生产白酒的商业机构）的白酒生产企业，其销售（包括委托加工收回后销售）给销售单位的白酒，生产企业消费税计税价格低于销售单位对外销售价格（不含增值税）70%以下的，税务机关应核定消费税最低计税价格。

主管税务机关应将白酒生产企业申报的销售给销售单位的消费税计税价格低于销售单位对外销售价格 70%以下、年销售额 1 000 万元以上的各种白酒，按照规定的式样及要求，在规定的时限内逐级上报至国家税务总局。税务总局选择其中部分白酒核定消费税最低计税价格。除税务总局已核定消费税最低计税价格的白酒外，其他需要核定消费税最低计税价格的白酒，由各省、自治区、直辖市和计划单列市税务局核定。

白酒消费税最低计税价格核定标准如下：

（1）白酒生产企业销售给销售单位的白酒，生产企业消费税计税价格高于销售单位对外销售价格 70%（含 70%）以上的，税务机关暂不核定消费税最低计税价格。

（2）白酒生产企业销售给销售单位的白酒，生产企业消费税计税价格低于销售单位对外销售价格 70%以下的，消费税最低计税价格由税务机关根据生产规模、白酒品牌、利润水平等情况在销售单位对外销售价格 50% ~70% 范围内自行核定。其中生产规模较大，利润水平较高的企业生产的需要核定消费税最低计税价格的白酒，税务机关核价幅度原则上应选择在销售单位对外销售价格 60% ~70% 范围内。

对白酒生产企业设立多级销售单位销售的白酒，税务机关应按照最终一级销售单位对外销售价格核定生产企业消费税最低计税价格。

自 2009 年 8 月份起，税务总局核定消费税计税价格的白酒，核定比例暂统一确定为 60%。自 2017 年 5 月 1 日起，白酒消费税最低计税价格核定比例由 50% ~70% 统一调整为 60%。

已核定最低计税价格的白酒，生产企业实际销售价格高于消费税最低计税价格的，按实际销售价格申报纳税；实际销售价格低于消费税最低计税价格的，按最低计税价格申报纳税。

已核定最低计税价格的白酒，销售单位对外销售价格持续上涨或下降时间达到 3 个月以上、累计上涨或下降幅度在 20%（含）以上的白酒，税务机关重新核定最低计税价格。

（3）纳税人应按下列公式计算确定白酒消费税计税价格。

当月该品牌、规格白酒消费税计税价格 = 该品牌、规格白酒销售单位上月平均销售价格 × 核定比例

当月该品牌、规格白酒出厂价格大于按本公式计算确定的白酒消费税计税价格的，按出厂价格申报纳税。

（4）纳税人应按下列公式计算确定白酒消费税应纳税额。

当月该品牌、规格白酒消费税应纳税额 = 销售数量 × 当月该品牌、规格白酒消费税计税价格 × 适用税率

白酒生产企业未按规定上报销售单位销售价格的，主管税务局应按照销售单位销售价格征收消费税。（以上内容见《国家税务总局关于加强白酒消费税征收管理的通知》国税函〔2009〕380 号、《国家税务总局关于部分白酒消费税计税价格及相关管理事项的通知》国税函〔2009〕416 号、《国家税务总局关于白酒消费税最低计税价格核定问题的公告》总局公告 2015 年第 37 号、《国家税务总局关于进一步加强白酒消费税征收管理工作的通知》税总函〔2017〕144 号）

2. 卷烟最低计税价格的核定。

卷烟消费税最低计税价格核定范围为卷烟生产企业在生产环节销售的所有牌号、规格的卷烟。

最低计税价格由国家税务总局按照卷烟批发环节销售价格扣除卷烟批发环节批发毛利核定并发布。计税价格的核定公式如下：

某牌号、规格卷烟计税价格 = 批发环节销售价格 ×（1 - 适用批发毛利率）

卷烟批发环节销售价格，按照税务机关采集的所有卷烟批发企业在价格采集期内销售的该牌号、规格卷烟的数量、销售额进行加权平均计算。计算公式为：

$$\text{批发环节销售价格} = \frac{\sum \text{该牌号规格卷烟各采集点的销售额}}{\sum \text{该牌号规格卷烟各采集点的销售数量}}$$

卷烟批发毛利率具体标准为：不含税调拨价格满 146.15 元的一类卷烟，批发毛利率由 31% 调整为 34.91%；其他一类卷烟，批发毛利率由 27% 调整为 31.13%；二、三类卷烟，批发毛利率由 23% 调整为 27.36%；四类卷烟，批发毛利率由 20% 调整为

24.53%；五类卷烟，批发毛利率由15%调整为19.78%。

已经核定计税价格的卷烟，发生下列情况，国家税务总局将重新核定计税价格：

（1）卷烟价格调整的；

（2）卷烟批发毛利率调整的；

（3）通过《卷烟批发企业月份销售明细清单》采集的卷烟批发环节销售价格扣除卷烟批发毛利后，卷烟平均销售价格连续6个月高于国家税务总局已核定计税价格10%，且无正当理由的。

未经国家税务总局核定计税价格的新牌号、新规格卷烟，生产企业应按卷烟调拨价格申报纳税。已经国家税务总局核定计税价格的卷烟，生产企业实际销售价格高于计税价格的，按实际销售价格确定适用税率，计算应纳税款并申报纳税；实际销售价格低于计税价格的，按计税价格确定适用税率，计算应纳税款并申报纳税。（以上内容见《卷烟消费税计税价格信息采集和核定管理办法》总局令2011年第26号、《国家税务总局关于卷烟消费税计税价格核定管理有关问题的公告》总局公告2017年第32号、《国家税务总局关于调整卷烟消费税计税价格有关问题的通知》税总函〔2015〕408号）

（五）计税依据的特殊规定

1. 对酒类产品生产企业销售酒类产品而收取的包装物押金，无论押金是否返还与会计上如何核算，均需并入酒类产品销售额中，依酒类产品的适用税率征收消费税。（见《财政部、国家税务总局关于酒类产品包装物押金征税问题的通知》国税字〔1995〕53号）

需要注意的是，上述对酒类包装物押金征税的规定只适用实行从价定率办法征收消费税的白酒和其他酒，而不适用实行从量定额办法征收消费税的啤酒和黄酒产品。（见《国家税务总局关于印发〈消费税问题解答〉的通知》国税函发〔1997〕306号）

2. 白酒生产企业向商业销售单位收取的“品牌使用费”是随着应税白酒的销售而向购货方收取的，属于应税白酒销售价款的组成部分，因此，不论企业采取何种方式或以何种名义收取价款，均应并入白酒的销售额中缴纳消费税。（见《国家税务总局关于酒类产品消费税政策问题的通知》国税发〔2002〕109号）

3. 纳税人通过自设非独立核算门市部销售的自产应税消费品，应当按照门市部对外销售额或者销售数量征收消费税。（见《国家税务总局关于印发〈消费税若干具体问题的规定〉的通知》国税发〔1993〕156号）

4. 纳税人用于换取生产资料和消费资料，投资入股和抵偿债务等方面的应税消费品，应当以纳税人同类应税消费品的最高销售价格作为计税依据计算消费税。（见《国家税务总局关于印发〈消费税若干具体问题的规定〉的通知》国税发〔1993〕156号）

5. 纳税人将自产的应税消费品与外购或自产的非应税消费品组成套装销售的，以套装产品的销售额（不含增值税）为计税依据。（见《财政部、国家税务总局关于调整和完善消费税政策的通知》财税〔2006〕33号）

（六）外币结算销售额的规定

纳税人销售的应税消费品，以人民币计算销售额。纳税人以人民币以外的货币结算销售额的，应当折合成人民币计算。

纳税人销售的应税消费品，以人民币以外的货币结算销售额的，其销售额的人民币折合率可以选择销售额发生的当天或者当月1日的人民币汇率中间价。纳税人应在事先确定采用何种折合率，确定后1年内不得变更。

五、应纳税额

（一）应纳税额的基本计算

按照《消费税暂行条例》规定，消费税实行从价定率、从量定额办法计算应纳税额；对个别应税消费品实行从价定率和从量定额复合计税的办法（简称复合计税）计算应纳税额。

1. 从价定率计税方法。

在从价定率计税方法下，应纳税额的计算取决于应税消费品的销售额和适用税率两个因素。其计算公式如下：

应纳税额 = 销售额 × 比例税率

2. 从量定额计税方法。

在从量定额计税方法下，应纳税额的计算取决于应税消费品的销售数量和单位税额两个因素。其计算公式如下：

应纳税额 = 销售数量 × 定额税率

3. 复合计税方法。

现行消费税的征税范围中，只有卷烟、白酒采用从价定率和从量定额复合计税方法。其计算公式如下：

应纳税额 = 销售额 × 比例税率 + 销售数量 × 定额税率

需要注意的是，纳税人销售的应税消费品，因质量等原因发生退货的，其已缴纳的消费税税款可予以退还。纳税人办理退税手续时，应将开具的红字增值税发票、退税证明等资料报主管税务机关备案。主管税务机关核对无误后办理退税。（见《国家税务总局关于取消销货退回消费税退税等两项消费税审批事项后有关管理问题的公告》总局公告2015年第91号）

（二）自产自用应税消费品应纳税额的计算

在纳税人生产销售应税消费品中，有一种特殊形式，即自产自用形式。自产自用通常是指纳税人生产应税消费品后，不是直接用于对外销售，而是用于连续生产应税消费品，或用于其他方面。

1. 用于连续生产应税消费品的。

纳税人自产自用的应税消费品，用于连续生产应税消费品的，不纳税。所谓“用于连续生产应税消费品”，是指纳税人将自产的应税消费品作为直接材料生产最终应税消费品，自产自用应税消费品构成最终应税消费品的实体。为了避免重复征税，《条例》规定，对纳税人自产的应税消费品，用于连续生产应税消费品的，最后形成本企业最终应税消费品时再对最终应税消费品征税。如卷烟厂生产的烟丝，若直接对外销售，应缴纳消费税；若用于本厂继续生产卷烟，则不缴纳消费税，只对生产销售的卷烟征收消费税。

2. 用于其他方面的。

纳税人自产自用的应税消费品，不是用于连续生产应税消费品，而是用于其他方面的，于移送使用时纳税。所谓“用于其他方面”，是指纳税人将自产的应税消费品用于生产非应税消费品、在建工程、管理部门、非生产机构、提供劳务、馈赠、赞助、集资、广告样品、职工福利、奖励等方面。为了确保国家税收利益和消费税调控目标实现，纳税人将自产的应税消费品用于再生产非应税消费品、自身办公、特定商业目的等方面的，需要缴纳消费税。这一规定符合消费税的征收原则和条件，不涉及重复征税问题。

需要注意的是，自产自用应税消费品消费税和增值税规定异同点如下：

一是自产应税消费品用于连续生产应税消费品的，不缴纳消费税，也不缴纳增值税；

二是自产应税消费品用于连续生产非应税消费品的，缴纳消费税，不缴纳增值税；

三是自产应税消费品用于连续生产应税及非应税消费品以外其他方面的，如在建工程等，消费税和增值税均视同销售，两税都要缴纳。

3. 计税依据的确定。

纳税人自产自用的应税消费品，不是用于连续生产应税消费品而是用于其他方面的，应当缴纳消费税。这种情形计税依据的确定分两种情况：

（1）有同类消费品销售价格的。

纳税人自产自用的应税消费品，按照纳税人生产的同类消费品销售价格计算纳税。其应纳税额计算公式如下：

$$应纳税额=同类消费品销售单价\times自产自用数量\times适用税率$$

同类消费品的销售价格，是指纳税人当月销售的同类消费品销售价格，如果当月同类消费品各期销售价格高低不同，应按销售数量加权平均计算。但销售的应税消费品有下列情况之一的，不得列入加权平均计算：

一是销售价格明显偏低又无正当理由的；

二是无销售价格的。

如果当月无销售或者当月未完结，应按照同类消费品上月或最近月份的销售价格计算纳税。

（2）没有同类消费品销售价格的。

纳税人自产自用的应税消费品，在计算征税时，没有同类消费品销售价格的，按照组成计税价格计算纳税。组成计税价格，因实行从价定率和复合计税办法，分别有不同的计算公式。

①实行从价定率办法计算纳税的，组成计税价格计算公式如下：

$$应纳税额=组成计税价格\times适用税率$$

$$组成计税价格=(成本+利润)\div(1-比例税率)$$

②实行复合计税办法计算纳税的，组成计税价格计算公式如下：

$$应纳税额=组成计税价格\times适用税率$$

$$组成计税价格=(成本+利润+自产自用数量\times定额税率)\div(1-比例税率)$$

上述公式中的“成本”，是指应税消费品的产品生产成本。产品生产成本是指按产品分摊的、与生产产品直接相关的费用，包括直接材料、直接工资、其他直接支出和制造费用，不包括计算分摊的期间费用。“利润”，是指根据应税消费品的全国平均成本利润率计算的利润。已知成本利润率后，成本与利润之和可以用如下公式计算：

$$成本 + 利润 = 成本 \times (1 + 成本利润率)$$

应税消费品全国平均成本利润率由国家税务总局确定。目前国家税务总局制定的应税消费品利润率如表4－3所示。

表4－3　应税消费品全国平均成本利润率汇总　单位：%

应税消费品	利润率	应税消费品	利润率
甲类卷烟	10	贵重首饰及珠宝玉石	6
乙类卷烟	5	摩托车	6
雪茄烟	5	高尔夫球及球具	10
烟丝	5	高档手表	20
粮食白酒	10	游艇	10
薯类白酒	5	木制一次性筷子	5
其他酒	5	实木地板	5
高档化妆品	5	乘用车	8
鞭炮、焰火	5	中轻型商用客车	5
电池	4	涂料	7

注：上述有关应税消费品利润率规定详见《消费税若干具体问题的规定》（国税发〔1993〕156号）、《财政部、国家税务总局关于调整和完善消费税政策的通知》（财税〔2006〕33号）和《国家税务总局关于明确电池、涂料消费税征收管理有关事项的公告》（总局公告2015年第95号）。

需要注意的是，上述组成计税价格的规定仅针对实行从价计税的自产自用应税消费品，对于实行从量定额计税的自产自用应税消费品，由于其应纳税额等于销售数量乘以定额税率，销售数量和定额税率都是客观、可以确定的，不需要参考销售额，所以不涉及组成计税价格问题。

（三）委托加工应税消费品应纳税额的计算

现实经济活动中，很多应税消费品并非由纳税人自己直接生产，而是委托他人加工生产而成。委托加工应税消费品，是由委托方提供原料和主要材料，由受托方进行加工，制作应税消费品的一种生产方式。委托加工应税消费品也需要纳入消费税的计征范围，但其应纳税额的计算具有一定特殊性。

1. 委托加工应税消费品的确定。

委托加工的应税消费品，是指由委托方提供原料和主要材料，受托方只收取加工费和代垫部分辅助材料加工的应税消费品。以下三种情形属于虚假的委托加工情形：

（1）由受托方提供原材料生产的应税消费品；

（2）受托方先将原材料卖给委托方，然后再接受加工的应税消费品；

（3）受托方以委托方名义购进原材料生产的应税消费品。

从上述三种情形可以看出，作为委托加工的应税消费品，必须具备两个条件：一是由委托方提供原料和主要材料；二是受托方只收取加工费和代垫部分辅助材料。如果委托方不能提供原料和主要材料，而由受托方以某种形式提供原料和主要材料，那就不能称之为委托加工，而是受托方在自制应税消费品了。否则，就会出现受托方逃避自制应税消费品应缴纳消费税的责任。也就是说，无论是委托方还是受托方，凡不符合规定条件的，都不能按委托加工应税消费品进行税务处理，只能按照销售自制应税消费品缴纳消费税。可见，明确委托加工应税消费品的条件，是堵塞税收漏洞的一项重要措施，保证了税种间有机协调，避免了税收征管上的"真空"。

2. 代收代缴税款。

委托加工应税消费品由受托方代收代缴消费税，且受托方只就其加工劳务缴纳增值税。

委托加工的消费税税源分布较散，税务机关很难及时跟踪。因此，《条例》及其实施细则规定，委托加工应税消费品的，受托方是法定的扣缴义务人，由受托方在向委托方交货时代收代缴消费税。如果受托方没有按规定履行扣缴义务，就要按照《征管法》的有关规定，承担法律责任。即由税务机关向委托人追缴税款，对受托人处应收未收税款50%以上3倍以下的罚款。

需要注意的是，对纳税人委托个人（包括个体工商户）加工的应税消费品，一律于委托方收回后在委托方所在地或者居住地缴纳消费税。这一规定主要考虑受托方为个人的，其财务制度可能不够健全，不一定了解有关消费税和代收代缴的相关规定，执行起来难度较大。

委托加工的应税消费品，受托方在向委托方交货时已经代收代缴了消费税，即委托方实际上已经履行了消费税纳税义务，如果委托方将委托加工收回的应税消费品直接销售的，不再征收消费税。需要注意的是，《消费税暂行条例实施细则》第四条第二款的这一规定已有最新解释。即委托方将收回的应税消费品，以不高于受托方的计税价格出售的，为直接出售，不再缴纳消费税；委托方以高于受托方的计税价格出售的，不属于直接出售，需按照规定申报缴纳消费税，在计税时准予扣除受托方已代收代缴的消费税。（见《财政部、国家税务总局关于〈中华人民共和国消费税暂行条例实施细则〉有关条款解释的通知》财法〔2012〕8号）

需要注意的是，上述关于委托加工收回的应税消费品直接销售的消费税计税规定包括《消费税暂行条例》列举的所有消费品，而对用外购或者委托加工收回的已缴纳消费税的消费品连续生产其他应税消费品的计税规定（允许扣除已纳消费税税款），必须是国税发〔1993〕156号、财税〔2006〕33号等文件列举的应税消费品。

3. 委托加工应税消费品应纳税额的计算。

委托加工的应税消费品，按照受托方的同类消费品销售价格计算纳税；没有同类消费品销售价格的，按照组成计税价格计算纳税。

（1）有同类消费品销售价格的。

纳税人委托加工的应税消费品，按照受托方生产的同类消费品的销售价格计算纳税。其应纳税额计算公式如下：

应纳税额＝同类消费品销售单价×委托加工数量×适用税率

同类消费品的销售价格，是指受托方当月销售的同类消费品销售价格，如果当月同类消费品各期销售价格高低不同，应按销售数量加权平均计算。但销售的应税消费品有下列情况之一的，不得列入加权平均计算：

一是销售价格明显偏低又无正当理由的；

二是无销售价格的。

如果当月无销售或者当月未完结，应按照同类消费品上月或最近月份的销售价格计算纳税。

（2）没有同类消费品销售价格的。

纳税人委托加工的应税消费品，在计算征税时，没有同类消费品销售价格的，按照组成计税价格计算纳税。组成计税价格，因实行从价定率和复合计税办法，分别有不同的计算公式。

①实行从价定率办法计算纳税的，组成计税价格计算公式如下：

应纳税额 = 组成计税价格 × 适用税率

组成计税价格 =（材料成本 + 加工费）÷（1 − 比例税率）

②实行复合计税办法计算纳税的，组成计税价格计算公式如下：

应纳税额 = 组成计税价格 × 适用税率

组成计税价格 =（材料成本 + 加工费 + 委托加工数量 × 定额税率）÷（1 − 比例税率）

上述公式中所说的“材料成本”，是指委托方所提供加工材料的实际成本。材料成本是委托加工消费品生产成本的主要组成部分，包括原材料、燃料、动力成本，以及发生的采购成本，包括运输费、装卸费、保险费、包装费、仓储费、运输途中的合理损耗、入库前的整理挑选费等。委托加工应税消费品的委托人，必须在委托加工合同上如实注明（或以其他方式提供）材料成本，凡未提供材料成本的，受托方所在地主管税务机关有权核定其材料成本。“加工费”，是指受托方加工应税消费品向委托方所收取的全部费用，包括代垫辅助材料的实际成本，但不包括增值税税金。

需要注意的是，对于实行从量定额计税的委托加工应税消费品，由于其应纳税额等于委托加工收回的数量乘以定额税率，委托加工收回的数量和定额税率都是客观、可以确定的，所以不涉及组成计税价格问题。

（四）进口应税消费品应纳税额的计算

根据《消费税暂行条例》及其实施细则的有关规定，进口应税消费品消费税相关政策规定如下：

1. 进口应税消费税品的基本规定。

（1）纳税人。进口或代理进口应税消费品的单位和个人，为进口应税消费品消费税的纳税人，应向报关地海关申报纳税。

（2）课税对象。进口应税消费品以进口商品总值为课税对象。这是因为，一是应税消费品报关进口后，还没有实现销售，不可能根据实际销售收入征税；二是各国为了增强本国产品国际市场竞争力、促进出口，一般通过免税、退税方式使产品以不含税价格出口，如果以到岸价格为课税对象，就会使进口应税消费品与国内生产的同种类应税消费品的征税依据不一致，从而使进口应税消费品的税负低于国内生产的同种应税消费品的税负。进口商品总值具体包括到岸价格、关税和消费税三部分内容。

（3）税率。为适应社会经济形势的客观发展需要，进一步完善消费税制，经国务院批准，对消费税税目、税率及相关政策进行了调整。自 2006 年 4 月 1 日起，进口环节消费税执行《财政部、国家税务总局关于进口环节消费税有关问题的通知》（财关税〔2006〕22 号）的相关规定。

（4）征收管理规定。进口货物消费税的征收管理，依照《征管法》、《中华人民共和国海关法》（简称《海关法》）、《中华人民共和国进出口关税条例》（简称《进出口关税条例》）和《中华人民共和国进出口税则》（简称《进出口税则》）的有关规定执行。

①进口的应税消费品，于报关进口时缴纳消费税；

②进口的应税消费品的消费税由海关代征；

③进口的应税消费品，由进口人或者其代理人向报关地海关申报纳税；

④纳税人进口应税消费品，应当自海关填发海关进口消费税专用缴款书次日起 15 日内缴纳税款。

需要注意的是，进口环节消费税除国务院另有规定者外，一律不得给予减税、免税。（见《国家税务总局、海关总署关于进口货物征收增值税、消费税有关问题的通知》国税发〔1993〕155 号）

2. 进口应税消费品应纳税额的计算。

（1）实行从价定率办法计算应纳税额的，按照组成计税价格计算纳税。其计算公式如下：

$$应纳税额=组成计税价格\times适用税率$$

$$组成计税价格=(关税完税价格+关税)\div(1-消费税比例税率)$$

公式中“关税完税价格”，是指海关核定的关税计税价格。

（2）实行从量定额办法计算应纳税额的，其计算公式如下：

$$应纳税额=应税消费品数量\times消费税定额税率$$

公式中“应税消费品数量”，是指海关核定的应税消费品进口征税数量。

（3）实行复合计税办法计算应纳税额的，按组成计税价格计算纳税。其计算公式如下：

$$应纳税额=组成计税价格\times适用税率。$$

$$组成计税价格=(关税完税价格+关税+进口数量\times消费税定额税率)\div(1-消费税比例税率)$$

（五）已纳消费税税款的扣除

由于某些应税消费品是用外购（包括进口）或者委托加工收回的已缴纳消费税的应税消费品连续生产的，在对这些连续生产的应税消费品计算征税时，《条例》规定应按当期生产领用数量准予扣除外购或者委托加工收回的原料已纳的消费税税款。

1. 允许扣除的范围。

允许扣除外购（进口）或委托加工收回的应税消费品已纳税款的范围如下：

（1）以外购或委托加工收回已税烟丝为原料生产的卷烟；

（2）以外购或委托加工收回已税珠宝玉石为原料生产的贵重首饰及珠宝玉石；

（3）以外购或委托加工收回已税鞭炮、焰火为原料生产的鞭炮、焰火；

（4）以外购或委托加工收回已税杆头、杆身和握把为原料生产的高尔夫球杆；

（5）以外购或委托加工收回已税木制一次性筷子为原料生产的木制一次性筷子；

（6）以外购或委托加工收回已税实木地板为原料生产的实木地板；

（7）以外购或委托加工收回汽油、柴油为原料生产应税成品油；

（8）以外购或委托加工收回石脑油、燃料油、润滑油为原料生产应税成品油；

（9）以外购、进口和委托加工收回的高档化妆品为原料继续生产高档化妆品；

（10）以外购啤酒液为原料连续生产啤酒、以外购（仅限从生产企业购进）或进口葡萄酒为原料连续生产葡萄酒。（以上内容见《消费税若干具体问题的规定》国税发〔1993〕156号、《财政部、国家税务总局关于调整和完善消费税政策的通知》财税〔2006〕33号、《财政部、国家税务总局关于调整部分成品油消费税政策的通知》财税〔2008〕19号、《财政部、国家税务总局关于以外购或委托加工汽柴油连续生产汽柴油允许抵扣消费税政策问题的通知》财税〔2014〕15号、《国家税务总局关于高档化妆品消费税征收管理事项的公告》总局公告2016年第66号、《国家税务总局关于修订〈葡萄酒消费税管理办法（试行）〉的公告》总局公告2015年第15号）

从以上规定看，允许已纳消费税扣除的，一般涉及同一大类税目中购入的应税消费品的连续加工，不能跨税目抵扣；不允许抵扣的应税消费品一般是法律禁止连续加工（改装）或不适合连续加工的，如小汽车、摩托车、游艇、高档手表、酒类产品等。

关于允许扣除外购或委托加工收回的应税消费品已纳税款的其他规定如下：

（1）单位和个人外购润滑油大包装经简单加工改成小包装或者外购润滑油不经加工只贴商标的行为，视同应税消费税品的生产行为。单位和个人发生的以上行为应当申报缴纳消费税，准予扣除外购润滑油已纳的消费税税款。（见《财政部、国家税务总局关于消费税若干具体政策的通知》财税〔2006〕125号）

需要注意的是，外购电池、涂料大包装改成小包装或者外购电池、涂料不经加工只贴商标的行为，视同应税消费税品的生产行为。发生上述生产行为的单位和个人应按规定申报缴纳消费税。（见《国家税务总局关于明确电池、涂料消费税征收管理有关事项的公告》总局公告2015年第95号）

（2）金银首饰消费税改变纳税环节以后，用已税珠宝玉石生产的金、银和金基、银基合金的镶嵌首饰，在计税时一律不得扣除买价或已纳的消费税税款。（见《财政部、国家税务总局关于调整金银首饰消费税纳税环节有关问题的通知》财税字〔1994〕第95号）

（3）从商业企业购进应税消费品连续生产应税消费品，符合抵扣条件的，准予扣除外购应税消费品已纳消费税税款。（见《国家税务总局关于进一步加强消费税纳税申报及税款抵扣管理的通知》国税函〔2006〕769号）

需要注意的是，对既有自产应税消费品，同时又购进与自产应税消费品同样的应税消费品进行销售的工业企业，对其销售的外购应税消费品应当征收消费税，同时可以扣除外购应税消费品的已纳税款。上述允许扣除已纳税款的外购应税消费品仅限于烟丝、酒、高档化妆品、珠宝玉石、鞭炮焰火、摩托车。（见《国家税务总局关于消费税若干征税问题的通知》国税发〔1997〕84号）

2. 抵扣税款的计算方法。

消费税关于用外购或者委托加工收回的已税消费品连续生产应税消费品其已纳消费税的扣除，从依据上看，应按当期生产领用数量计算，不同于增值税的购进扣税法。

准予从消费税应纳税额中扣除原料已纳消费税税款的计算公式按照外购、委托加工收回和进口等不同行为分三种情况。

（1）外购应税消费品连续生产应税消费品。

当期准予扣除的外购应税消费品已纳消费税税款，应按当期生产领用数量计算。其计算公式如下：

①实行从价定率办法计算应纳税额的：

当期准予扣除外购应税消费品已纳税款＝当期准予扣除外购应税消费品买价×外购应税消费品适用税率

当期准予扣除外购应税消费品买价＝期初库存外购应税消费品买价＋当期购进的外购应税消费品买价－期末库存的外购应税消费品买价

②实行从量定额办法计算应纳税额的：

当期准予扣除的外购应税消费品已纳税款＝当期准予扣除外购应税消费品数量×外购应税消费品定额税率

当期准予扣除外购应税消费品数量＝期初库存外购应税消费品数量＋当期购进外购应税消费品数量－期末库存外购应税消费品数量

（2）委托加工收回应税消费品连续生产应税消费品。

当期准予扣除的委托加工收回的应税消费品的已纳消费税税款，应按当期生产领用数量计算。其计算公式如下：

当期准予扣除的委托加工应税消费品已纳税款＝期初库存的委托加工应税消费品已纳税款＋当期收回的委托加工应税消费品已纳税款－期末库存的委托加工应税消费品已纳税款

（3）进口应税消费品。

当期准予扣除的进口应税消费品的已纳消费税税款，应按当期生产领用数量计算。其计算公式如下：

当期准予扣除的进口应税消费品已纳税款＝期初库存的进口应税消费品已纳税款＋当期进口应税消费品已纳税款－期末库存的进口应税消费品已纳税款

（以上内容见《国家税务总局关于印发〈调整和完善消费税政策征收管理规定〉的通知》国税发〔2006〕49号、《国家税务总局关于用外购和委托加工收回的应税消费品连续生产应税消费品征收消费税问题的通知》国税发〔1995〕94号、《财政部、国家税务总局关于调整部分成品油消费税政策的通知》财税〔2008〕19号）

需要注意的是，纳税人应凭通过增值税发票选择确认平台确认的专用发票、海关进口消费税专用缴款书，以及税收缴款书（代扣代收专用），按规定计算扣除已纳消费税税款，其他凭证不得作为消费税扣除凭证。

六、税收优惠

1. 对纳税人直接出口应税消费品，免征消费税；国务院另有规定的除外。出口应税消费品的免税办法，由国务院财政、税务主管部门规定。

外贸企业出口的应税消费品办理退税后，发生退关，或者国外退货进口时予以免税的，报关出口者必须及时向其机构所在地或者居住地主管税务机关申报补缴已退的消费税税款。生产企业直接出口的应税消费品办理免税后，发生退关或者国外退货，复进口时已予以免税的，可暂不办理补税，待其转为国内销售时，再申报补缴消费税。（见《国家税务总局关于取消销货退回消费税退税等两项消费税审批事项后有关管理问题的公告》总局公告2015年第91号）

2. 对吉林燃料乙醇有限责任公司、河南天冠集团、安徽丰原生物化学股份有限公司和黑龙江华润酒精有限公司生产用于调配车用乙醇汽油的变性燃料乙醇免征消费税。（见《财政部、国家税务总局关于变性燃料乙醇定点生产企业有关税收政策问题的通知》财税〔2005〕174号）

3. 航空煤油暂缓征收消费税。对用外购或委托加工收回的已税汽油生产的乙醇汽油免税；用自产汽油生产的乙醇汽油，按照生产乙醇汽油所耗用的汽油数量申报纳税。对外购或委托加工收回的汽油、柴油用于连续生产甲醇汽油、生物柴油，准予从消费税应纳税额中扣除原料已纳的消费税税款。（见《财政部、国家税务总局关于提高成品油消费税税率后相关成品油消费税政策的通知》财税〔2008〕168号）

4. 从2009年1月1日起，对成品油生产企业在生产成品油过程中，作为燃料、动力及原料消耗掉的自产成品油，免征消费税。对用于其他用途或直接对外销售的成品油照章征收消费税。（见《财政部、国家税务总局关于对成品油生产企业生产自用油免征消费税的通知》财税〔2010〕98号）

5. 自2009年1月1日起，对油（气）田企业在开采原油过程中耗用的内购成品油，暂按实际缴纳成品油消费税的税额，全额返还所含消费税。享受税收返还政策的成品油必须同时符合以下三个条件：一是由油（气）田企业所隶属的集团公司（总厂）内部的成品油生产企业生产；二是从集团公司（总厂）内部购买；三是油（气）田企业在地质勘探、钻井作业和开采作业过程中，作为燃料、动力（不含运输）耗用。（见《财政部、国家税务总局关于对油（气）田企业生产自用成品油先征后返消费税的通知》财税〔2011〕7号）

6. 从2009年1月1日起，生产的纯生物柴油符合国家《柴油机燃料调合用生物柴油（BD100）》标准，且生产原料中废弃的动物油和植物油用量所占比重不低于70%的纯生物柴油免征消费税：对不符合上述规定的生物柴油，或者以柴油、柴油组分调合生产的生物柴油照章征收消费税。（见《财政部、国家税务总局关于对利用废弃的动植物油生产纯生物柴油免征消费税的通知》财税〔2010〕118号、《财政部、国家税务总局关于明确废弃动植物油生产纯生物柴油免征消费税适用范围的通知》财税〔2011〕46号）

7. 自2011年10月1日起，生产企业自产石脑油、燃料油用于生产乙烯、芳烃类化工产品的，按实际耗用数量暂免征收消费税；对使用石脑油、燃料油生产乙烯、芳烃的企业购进并用于生产乙烯、芳烃类化工产品的石脑油、燃料油，按实际耗用数量暂退还所含消费税。（见《财政部、中国人民银行、国家税务总局关于延续执行部分石脑油燃料油消费税政策的通知》财税〔2011〕87号）

8. 自2018年11月1日至2023年10月31日，对以回收的废矿物油为原料生产的润滑油基础油、汽油、柴油等工业油料免征消费税。废矿物油，是指工业生产领域机械设备及汽车、船舶等交通运输设备使用后失去或降低功效更换下来的废润滑油。（见《财政部、国家税务总局关于对废矿物油再生油品免征消费税的通知》财税〔2013〕105号、《财政部、税务总局关于延长对废矿物油再生油品免征消费税政策实施期限的通知》财税〔2018〕144号）

9. 对无汞原电池、金属氢化物镍蓄电池（又称“氢镍蓄电池”或“镍氢蓄电池”）、锂原电池、锂离子蓄电池、太阳能电池、燃料电池和全钒液流电池免征消费税。对施工状态下挥发性有机物（volatile organic compounds，VOC）含量低于 420 克/升（含）的涂料免征消费税。（见《财政部、国家税务总局关于对电池、涂料征收消费税的通知》财税〔2015〕16 号）

第三节　征收管理

一、纳税义务发生时间

消费税纳税义务发生时间，根据货款结算方式或销售行为发生时间分别确定，与其他流转税的规定大同小异。

1. 纳税人销售应税消费品的，按不同的销售结算方式分别为：

（1）采取赊销和分期收款结算方式的，为书面合同约定的收款日期的当天，书面合同没有约定收款日期或者无书面合同的，为发出应税消费品的当天；

（2）采取预收货款结算方式的，为发出应税消费品的当天；

（3）采取托收承付和委托银行收款方式的，为发出应税消费品并办妥托收手续的当天；

（4）采取其他结算方式的，为收讫销售款或者取得索取销售款凭据的当天。

2. 纳税人自产自用应税消费品的，为移送使用的当天。

3. 纳税人委托加工应税消费品的，为纳税人提货的当天。

4. 纳税人进口应税消费品的，为报关进口的当天。

二、纳税地点

综合考虑税源控管、方便纳税人以及地区之间税收收入分配等因素，根据消费税的纳税环节，《消费税暂行条例》规定了纳税人、扣缴义务人办理纳税或者代收代缴税款的具体地点。消费税的纳税地点分以下几种情况：

1. 纳税人销售的应税消费品，以及自产自用的应税消费品，除国务院财政、税务主管部门另有规定外，应当向纳税人机构所在地或者居住地的主管税务机关申报纳税。国务院财政、税务主管部门另外规定如下：

（1）纳税人到外县（市）销售或者委托外县（市）代销自产应税消费品的，于应税消费品销售后，向机构所在地或者居住地主管税务机关申报纳税。

（2）纳税人的总机构与分支机构不在同一县（市）的，应当分别向各自机构所在地的主管税务机关申报纳税；经财政部、国家税务总局或者其授权的财政、税务机关批准，可以由总机构汇总向总机构所在地的主管税务机关申报纳税。

（3）纳税人的总机构与分支机构不在同一县（市），但在同一省（自治区、直辖市）范围内，经省（自治区、直辖市）财政厅（局）、税务局审批同意，可以由总机构汇总向总机构所在地的主管税务机关申报缴纳消费税。（见《财政部、国家税务总局关于消费税纳税人总分支机构汇总缴纳消费税有关政策的通知》财税〔2012〕42 号）

2. 委托加工的应税消费品，除受托方为个人外，由受托方向机构所在地或者居住地的主管税务机关解缴消费税税款。委托个人（包括个体工商户）加工的应税消费品，由委托方向其机构所在地或者居住地主管税务机关申报纳税。

3. 进口的应税消费品，由进口人或者其代理人向报关地海关申报纳税。

三、纳税环节

消费税的纳税环节分为以下几种情况：

1. 生产环节。纳税人生产的应税消费品，于纳税人销售时纳税。其中纳税人自产自用的应税消费品，用于连续生产应税消费品的，不纳税；用于其他方面的，于移送使用时纳税。

委托加工的应税消费品，除受托方为个人外，由受托方在向委托方交货时代收代缴税款。委托加工的应税消费品，委托方用于连续生产应税消费品，受托方已代收代缴的税款准予按规定抵扣。

2. 进口环节。进口的应税消费品，于报关进口时纳税。

3. 零售环节。纳税人零售金银首饰、铂金首饰、钻石及钻石饰品（含以旧换新）的，于零售时纳税，即销售终端纳税。（见《财政部、国家税务总局关于调整金银首饰消费税纳税环节有关问题的通知》财税字〔1994〕95 号、《财政部、国家税务总局关于铂金及其制品税收政策的通知》财税〔2003〕86 号、《财政部、国家税务总局关于钻石及上海钻石交易所有关税收政策的通知》财税〔2001〕176 号）

4. 双环节。

（1）除生产环节外，2009 年 5 月 1 日起，对卷烟批发环节加征一道从价税。（见《财政部、国家税务总局关于调整烟产品消费税政策的通知》财税〔2009〕84 号）

（2）自 2016 年 12 月 1 日起，对超豪华小汽车，在生产（进口）环节按现行税率征收消费税基础上，在零售环节加征消费税，税率为 10%。（见《财政部、国家税务总局关于对超豪华小汽车加征消费税有关事项的通知》财税〔2016〕129 号）

需要注意的是，开征消费税的目的决定了消费税税款最终由消费者负担，因此，消费税的纳税环节确定在最终消费环节较为合适，这也是今后消费税改革的方向之一。

四、纳税期限

消费税的纳税期限分别为 1 日、3 日、5 日、10 日、15 日、1 个月或者 1 个季度。纳税人的具体纳税期限，由主管税务机关根据纳税人应纳税额的大小分别核定；不能按照固定期限纳税的，可以按次纳税。

纳税人以 1 个月或者 1 个季度为 1 个纳税期的，自期满之日起 15 日内申报纳税；以 1 日、3 日、5 日、10 日或者 15 日为 1 个纳税期的，自期满之日起 5 日内预缴税款，于次月1日起15日内申报纳税并结清上月应纳税款。

纳税人进口应税消费品，应当自海关填发进口消费税专用缴款书之日起15日内缴纳税款。

五、征税机关

消费税属于中央税，由县级以上税务机关负责征收。进口应税消费品的消费税由海关代征。

个人携带或者邮寄进境应税消费品的消费税，连同关税由海关一并计征。具体征管办法由国务院关税税则委员会会同有关部门制定。

六、消费税出口退（免）税

符合规定的出口货物，如果属于消费税应税消费品，实行下列消费税政策。

（一）适用范围

1. 出口企业出口或视同出口适用增值税退（免）税的货物，免征消费税，如果属于购进出口的货物，退还前一环节对其已征的消费税。

2. 出口企业出口或视同出口适用增值税免税政策的货物，免征消费税，但不退还其以前环节已征的消费税，且不允许在内销应税消费品应纳消费税款中抵扣。

3. 出口企业出口或视同出口适用增值税征税政策的货物，应按规定缴纳消费税，不退还其以前环节已征的消费税，且不允许在内销应税消费品应纳消费税款中抵扣。

（二）消费税退税的计税依据

出口货物的消费税应退税额的计税依据，按购进出口货物的消费税专用缴款书和海关进口消费税专用缴款书确定。

属于从价定率计征消费税的，为已征且未在内销应税消费品应纳税额中抵扣的购进出口货物金额；属于从量定额计征消费税的，为已征且未在内销应税消费品应纳税额中抵扣的购进出口货物数量；属于复合计征消费税的，按从价定率和从量定额的计税依据分别确定。

（三）消费税退税的计算

消费税应退税额＝从价定率计征消费税的退税计税依据
×比例税率＋从量定额计征消费税的退税计税依据
×定额税率

出口企业，是指依法办理工商登记、税务登记、对外贸易经营者备案登记，自营或委托出口货物的单位或个体工商户，以及依法办理工商登记、税务登记但未办理对外贸易经营者备案登记，委托出口货物的生产企业。（以上内容见《财政部、国家税务总局关于出口货物劳务增值税和消费税政策的通知》财税〔2012〕39号）

第四节　特定消费品计税规定

一、卷烟消费税

自2009年5月1日，国家调整了烟产品消费税政策。

（一）调整烟产品生产环节消费税政策

1. 调整卷烟生产环节消费税计税价格。

新的卷烟生产环节消费税最低计税价格由国家税务总局核定并下达。

2. 调整卷烟生产环节（含进口）消费税的从价税税率。

（1）甲类卷烟，即每标准条（200支）调拨价格在70元（不含增值税）以上（含70元）的卷烟，税率调整为56%。

（2）乙类卷烟，即每标准条调拨价格在70元（不含增值税）以下的卷烟，税率调整为36%。

卷烟的从量定额税率不变，即0.003元/支或0.6元/标准条。

3. 调整雪茄烟生产环节（含进口）消费税的从价税税率。

将雪茄烟生产环节的税率调整为36%。

（二）在卷烟批发环节加征一道从价税

1. 纳税人：在中华人民共和国境内从事卷烟批发业务的单位和个人。

2. 征收范围：纳税人批发销售的所有牌号规格的卷烟。

3. 计税依据：纳税人批发卷烟的销售额（不含增值税）。

4. 纳税人应将卷烟销售额与其他商品销售额分开核算，未分开核算的，一并征收消费税。

5. 适用税率：11%，并按0.005元/支加征从量税。

6. 纳税人销售给纳税人以外的单位和个人的卷烟于销售时纳税。纳税人之间销售的卷烟不缴纳消费税。

7. 纳税义务发生时间：纳税人收讫销售款或者取得索取销售款凭据的当天。

8. 纳税地点：卷烟批发企业的机构所在地，总机构与分支机构不在同一地区的，由总机构申报纳税。

9. 卷烟消费税在生产和批发两个环节征收后，批发企业在计算纳税时不得扣除已含的生产环节的消费税税款。

10. 纳税人兼营卷烟批发和零售业务的，应当分别核算批发和零售环节的销售额、销售数量；未分别核算批发和零售环节销售额、销售数量的，按照全部销售额、销售数量计征批发环节消费税。（以上内容见《财政部、国家税务总局关于调整烟产品消费税政策的通知》财税〔2009〕84号、《财政部、国家税务总局关于调整卷烟消费税的通知》财税〔2015〕60号）

（三）进口卷烟消费税税率调整

自2004年3月1日起，进口卷烟消费税适用比例税率按以下办法确定。

1. 每标准条进口卷烟（200支）确定消费税适用比例税率的价格计算公式如下：

价格＝（关税完税价格＋关税＋消费税定额税率）÷（1－消费税税率）

公式中的关税完税价格和关税为每标准条的关税完税价格及关税税额；消费税定额税率为每标准条（200支）0.6元（依据现行消费税定额税率折算而成）；消费税税率固定为36%。

2. 每标准条进口卷烟（200支）确定消费税适用比例税率的价格≥70元人民币的，适用比例税率为56%；每标准条进口卷烟（200支）确定消费税适用比例税率的价格＜70元人民币的，适用比例税率为36%。

依据上述确定的消费税适用比例税率，计算进口卷烟消费税组成计税价格和应纳消费税税额。

进口卷烟消费税组成计税价格＝（关税完税价格＋关税＋消费税定额税）÷（1－进口卷烟消费税适用比例税率）

应纳消费税税额＝进口卷烟消费税组成计税价格×进口卷烟消费税适用比例税率＋消费税定额税

其中，消费税定额税＝海关核定的进口卷烟数量×消费税定额税率；消费税定额税率为每标准条（200支）0.6元或每标准箱（50 000支）150元。（以上内容见《财政部、国家税务总局关于调整进口卷烟消费税税率的通知》财税〔2004〕22号、《财政部、国家税务总局关于调整烟产品消费税政策的通知》财税〔2009〕84号）

（四）卷烟回购企业消费税政策

对既有自产卷烟，同时又委托联营企业加工与自产卷烟牌号、规格相同卷烟的工业企业（简称卷烟回购企业），从联营企业购进后再直接销售的卷烟，对外销售时不论是否加价，凡是符合下述条件的，不再征收消费税；不符合下述条件的，则征收消费税：

1. 回购企业在委托联营企业加工卷烟时，除提供给联营企业所需加工卷烟牌号外，还须同时提供税务机关已公示的消费税计税价格。联营企业必须按照已公示的调拨价格申报缴纳消费税。

2. 回购企业将联营企业加工卷烟回购后再销售的卷烟，其销售收入应与自产卷烟的销售收入分开核算，以备税务机关检查；如不分开核算，则一并计入自产卷烟销售收入征收消费税。（以上内容见《国家税务总局关于卷烟生产企业购进卷烟直接销售不再征收消费税的批复》国税函〔2001〕955号）

二、金银首饰消费税

经国务院批准，自1995年1月1日起，金银首饰消费税由生产销售环节征收改为零售环节征收。

（一）征收范围

改为零售环节征收消费税的金银首饰范围仅限于金、银和金基、银基合金首饰，以及金、银和金基、银基合金的镶嵌首饰（简称金银首饰），不包括镀金（银）、包金（银）首饰，以及镀金（银）、包金（银）的镶嵌首饰。也就是说，凡采用包金、镀金工艺以外的其他工艺制成的含金、银首饰及镶嵌首饰，如锻压金、铸金、复合金首饰等，都应在零售环节征收消费税。

此后，于2002年和2003年又规定铂金首饰、钻石及钻石饰品由生产（进口）环节改为在零售环节征收消费税。

不属于上述范围的应征消费税的首饰（简称非金银首饰），仍在生产销售环节征收消费税。

金银首饰生产、经营单位兼营生产、加工、批发、零售业务的，应分别核算销售额，未分别核算销售额或者划分不清的，一律视同零售征收消费税。

对既销售金银首饰，又销售非金银首饰的生产、经营单位，应将两类商品划分清楚，分别核算销售额。凡划分不清楚或不能分别核算的，在生产环节销售的，一律从高适用税率征收消费税；在零售环节销售的，一律按金银首饰征收消费税。

金银首饰与其他产品组成成套消费品销售的，应按销售额全额征收消费税。

金银首饰消费税改变征税环节后，经营单位进口金银首饰的消费税，由进口环节征收改为在零售环节征收；出口金银首饰由出口退税改为出口不退消费税。

个人携带、邮寄金银首饰进境，仍按海关现行规定征税。

（二）税率

金银首饰消费税税率为5%。

（三）纳税人

在中华人民共和国境内从事金银首饰零售业务的单位和个人，为金银首饰消费税的纳税人，应按规定缴纳消费税。委托加工（另有规定者除外）、委托代销金银首饰的，受托方也是纳税人。

（四）纳税环节

纳税人销售（指零售）的金银首饰（含以旧换新），于销售时纳税；用于馈赠、赞助、集资、广告、样品、职工福利、奖励等方面的金银首饰，于移送时纳税；带料加工、翻新改制的金银首饰，于受托方交货时纳税。

（五）纳税地点

纳税人应向其核算地主管税务机关申报纳税。

固定业户到外县（市）临时销售金银首饰，应当向其机构所在地主管税务机关申请开具外出经营活动税收管理证明（目前已改为“跨区域涉税事项报验管理”），回其机构所在地向主管税务机关申报纳税。未持有其机构所在地主管税务机关核发的外出经营活动税收管理证明的，销售地主管税务机关一律按规定征收消费税。其在销售地发生的销售额，回机构所在地后仍应按规定申报纳税，在销售地缴纳的消费税款不得从应纳税额中扣减。

（六）纳税义务发生时间

纳税人销售金银首饰，其纳税义务发生时间为收讫销货款或取得索取销货凭据的当天；用于馈赠、赞助、集资、广告、样品、职工福利、奖励等方面的金银首饰，其纳税义务发生时间为移送的当天；带料加工、翻新改制的金银首饰，其纳税义务发生时间为受托方交货的当天。

（七）计税依据

1. 纳税人销售金银首饰，其计税依据为不含增值税的销售额。如果纳税人销售金银首饰的销售额中未扣除增值税税款，在计算消费税时，应按以下公式换算为不含增值税税款的销售额。

金银首饰的销售额 = 含增值税的销售额 ÷（1 + 增值税税率或征收率）

2. 金银首饰连同包装物销售的，无论包装是否单独计价，也无论会计上如何核算，均应并入金银首饰的销售额，计征消费税。

3. 带料加工的金银首饰，应按受托方销售同类金银首饰的销售价格确定计税依据征收消费税。没有同类金银首饰销售价格的，按照组成计税价格计算纳税。组成计税价格的计算公式如下：

组成计税价格 =（材料成本 + 加工费）÷（1 − 金银首饰消费税税率）

4. 纳税人采用以旧换新（含翻新改制）方式销售的金银首饰，应按实际收取的不含增值税的全部价款确定计税依据征收消费税。

5. 生产、批发、零售单位用于馈赠、赞助、集资、广告、样品、职工福利、奖励等方面的金银首饰，应按纳税人销售同类金银首饰的销售价格确定计税依据征收消费税；没有同类金银首饰销售价格的，按照组成计税价格计算纳税。组成计税价格的计算公式如下：

组成计税价格 = 购进原价 ×（1 + 利润率）÷（1 − 金银首饰消费税税率）

纳税人为生产企业时，公式中的“购进原价”为生产成本；公式中的“利润率”一律定为6%。（以上内容见《财政部、国家税务总局关于调整金银首饰消费税纳税环节有关问题的通知》财税字〔1994〕第95号、《国家税务总局关于印发〈金银首饰消费税征收管理办法〉的通知》国税发〔1994〕267号、《国家税务总局关于锻压金首饰在零售环节征收消费税问题的批复》国税函〔1996〕727号、《财政部关于钻石及上海钻石交易所有关税收政策的通知》财税〔2001〕177号、《财政部、国家税务总局关于钻石消费税有关问题的通知》财税〔2013〕40号）

三、酒类消费税

从2001年5月1日起，调整酒类产品消费税政策。

（一）调整白酒消费税政策

1. 调整粮食白酒、薯类白酒消费税税率。

粮食白酒、薯类白酒消费税税率由比例税率调整为定额税率和比例税率。粮食白酒、薯类白酒的比例税率统一为20%；定额税率为0.5元/斤（500克）或0.5元/500毫升。从量定额税的计量单位按实际销售商品重量确定，如果实际销售商品是按体积标注计量单位的，应按500毫升为1斤换算，不得按酒度折算。

2. 调整酒类产品消费税计税办法。

粮食白酒、薯类白酒计税办法由实行从价定率计算应纳税额的办法调整为实行从量定额和从价定率相结合计算应纳税额的复合计税办法。应纳税额计算公式如下：

应纳税额＝销售数量×定额税率＋销售额×比例税率

凡在中华人民共和国境内生产、委托加工、进口粮食白酒、薯类白酒的单位和个人，都应依照规定缴纳从量定额消费税和从价定率消费税。

3. 粮食白酒、薯类白酒计税依据。

（1）生产销售粮食白酒、薯类白酒，从量定额计税办法的计税依据为粮食白酒、薯类白酒的实际销售数量。

（2）进口、委托加工、自产自用粮食白酒、薯类白酒，从量定额计税办法的计税依据分别为海关核定的进口征税数量、委托方收回数量、移送使用数量。

（3）生产销售、进口、委托加工、自产自用粮食白酒、薯类白酒从价定率计税办法的计税依据按《消费税暂行条例》及其有关规定执行。（以上内容见《财政部、国家税务总局关于调整酒类产品消费税政策的通知》财税〔2001〕84号、《财政部、国家税务总局关于调整和完善消费税政策的通知》财税〔2006〕33号）

（二）调整啤酒消费税政策

1. 啤酒消费税单位税额调整如下：

（1）每吨啤酒出厂价格（含包装物及包装物押金）在3 000元（含3 000元，不含增值税）以上的，单位税额250元/吨。

（2）每吨啤酒出厂价格在3 000元（不含增值税）以下的，单位税额220元/吨。

（3）娱乐业、饮食业自制啤酒，单位税额250元/吨。（以上内容见《财政部、国家税务总局关于调整酒类产品消费税政策的通知》财税〔2001〕84号）

2. 外购啤酒液消费税政策。

（1）啤酒生产集团内部企业间调拨销售的啤酒液，应由啤酒液生产企业按现行规定申报缴纳消费税。

（2）购入方企业应依据取得的销售方销售啤酒液所开具的增值税专用发票上记载的销售数量、销售额、销售单价确认销售方啤酒液适用的消费税单位税额，单独建立外购啤酒液购入使用台账，计算外购啤酒液已纳消费税额。

（3）购入方使用啤酒液连续灌装生产并对外销售的啤酒，应依据其销售价格确定适用单位税额计算缴纳消费税，但其外购啤酒液已纳的消费税额，可以从其当期应纳消费税额中抵减。“当期准予抵减的外购啤酒液已纳税款”计算公式如下：

当期准予抵减的外购啤酒液已纳税款＝（期初库存外购啤酒液数量＋当期购进啤酒液数量－期末库存外购啤酒液数量）×外购啤酒液适用定额税率

其中，外购啤酒液适用定额税率由购入方取得的销售方销售啤酒液所开具的增值税专用发票上记载的单价确定。适用定额税率不同的，应分别核算外购啤酒液数量和当期准予抵减的外购啤酒液已纳税款。（以上内容见《国家税务总局关于啤酒集团内部企业间销售（调拨）啤酒液征收消费税问题的批复》国税函〔2003〕382号）

（三）调整葡萄酒消费税政策

1. 境内生产、委托加工、进口葡萄酒的单位和个人，为葡萄酒消费税纳税人。

2. 葡萄酒消费税适用“酒”税目下设的“其他酒”子目。葡萄酒是指以葡萄为原料，经破碎（压榨）、发酵而成的酒精度在1度（含）以上的葡萄原酒和成品酒（不含以葡萄为原料的蒸馏酒）。

3. 纳税人从葡萄酒生产企业购进（简称外购）、进口葡萄酒连续生产应税葡萄酒的，准予从葡萄酒消费税应纳税额中扣除所耗用应税葡萄酒已纳消费税税款。如本期消费税应纳税额不足抵扣的，余额留待下期抵扣。

4. 纳税人以进口、外购葡萄酒连续生产应税葡萄酒，分别依据《海关进口消费税专用缴款书》《增值税专用发票》，按照现行政策规定计算扣除应税葡萄酒已纳消费税税款。当期可以扣除的已纳消费税税款：

可抵扣税额 = 期初留抵税额 + 本月生产领用葡萄酒的金额 ×10%

5. 纳税人应建立《葡萄酒消费税抵扣税款台账》，作为申报扣除外购、进口应税葡萄酒已纳消费税税款的备查资料。（以上内容见《国家税务总局关于修订〈葡萄酒消费税管理办法（试行）〉的公告》总局公告2015年第15号）

四、成品油消费税

（一）关于成品油税费改革

提高现行成品油消费税单位税额，不再新设立燃油税。

1. 取消公路养路费等六项收费。

2. 逐步有序取消政府还贷二级公路收费。

3. 提高成品油消费税单位税额。

4. 调整特殊用途成品油消费税政策。

5. 新增税收收入主要用于替代公路养路费等六项收费的支出及补助各地取消政府还贷二级公路收费。（以上内容见《国务院关于实施成品油价格和税费改革的通知》国发〔2008〕37号）

（二）成品油消费税税率调整

1. 将汽油的消费税单位税额由每升1.4元提高到每升1.52元。

2. 将柴油的消费税单位税额由每升1.1元提高到每升1.2元。

3. 将石脑油、溶剂油和润滑油的消费税单位税额由每升1.4元提高到每升1.52元。

4. 将航空煤油和燃料油的消费税单位税额由每升1.1元提高到每升1.2元。（以上内容见《财政部、国家税务总局关于继续提高成品油消费税的通知》财税〔2015〕11号）

（三）成品油消费税政策调整

根据国发〔2008〕37号文件，提高成品油消费税税率后相关成品油消费税政策相应调整。

1. 自2009年1月1日起对进口石脑油恢复征收消费税。

2. 2009年1月1日至2010年12月31日，对国产的用作乙烯、芳烃类产品原料的石脑油免征消费税，生产企业直接对外销售的不作为乙烯、芳烃类产品原料的石脑油应按规定征收消费税；对进口的用作乙烯、芳烃类产品原料的石脑油已缴纳的消费税予以返还。

乙烯类产品具体是指乙烯、丙烯和丁二烯；芳烃类产品具体是指苯、甲苯、二甲苯。

3. 航空煤油暂缓征收消费税。

4. 对用外购或委托加工收回的已税汽油生产的乙醇汽油免税。用自产汽油生产的乙醇汽油，按照生产乙醇汽油所耗用的汽油数量申报纳税。

5. 对外购或委托加工收回的汽油、柴油用于连续生产甲醇汽油、生物柴油，准予从消费税应纳税额中扣除原料已纳的消费税税款。计算公式如下：

当期准予扣除的外购应税消费品已纳税款 = 当期准予扣除外购应税消费品数量 × 外购应税消费品单位税额

需要注意的是，自 2008 年 1 月 1 日起，以外购或委托加工收回的已税石脑油、润滑油、燃料油为原料生产的应税消费品，准予从消费税应纳税额中扣除原料已纳的消费税税款。自 2014 年 1 月 1 日起，以外购或委托加工收回的已税汽油、柴油为原料连续生产汽油、柴油，准予从汽、柴油消费税应纳税额中扣除原料已纳的消费税税款。（以上内容见《财政部、国家税务总局关于提高成品油消费税税率后相关成品油消费税政策的通知》财税〔2008〕168 号、《财政部、国家税务总局关于调整部分成品油消费税政策的通知》财税〔2008〕19 号、《财政部、国家税务总局关于以外购或委托加工汽、柴油连续生产汽、柴油允许抵扣消费税政策问题的通知》财税〔2014〕15 号）

（四）石脑油、燃料油消费税退（免）税政策

为促进我国烯烃类化工行业的发展，将用于生产乙烯、芳烃类化工产品的石脑油、燃料油消费税退（免）税政策予以延续。

1. 自 2011 年 10 月 1 日起，对生产石脑油、燃料油的企业对外销售的用于生产乙烯、芳烃类化工产品的石脑油、燃料油，恢复征收消费税。

2. 自 2011 年 10 月 1 日起，生产企业自产石脑油、燃料油用于生产乙烯、芳烃类化工产品的，按实际耗用数量暂免征消费税。

3. 自 2011 年 10 月 1 日起，对使用石脑油、燃料油生产乙烯、芳烃的企业购进并用于生产乙烯、芳烃类化工产品的石脑油、燃料油，按实际耗用数量暂退还所含消费税。退还石脑油、燃料油所含消费税计算公式如下：

应退还消费税税额 = 石脑油、燃料油实际耗用数量 × 石脑油、燃料油消费税单位税额

4. 境内生产石脑油、燃料油的企业（简称生产企业）对外销售（包括对外销售用于生产乙烯、芳烃类化工产品的石脑油、燃料油）或用于其他方面的石脑油、燃料油征收消费税。但下列情形免征消费税：

（1）生产企业将自产的石脑油、燃料油用于本企业连续生产乙烯、芳烃类化工产品的；

（2）生产企业按照国家税务总局下发石脑油、燃料油定点直供计划销售自产石脑油、燃料油的。

以国产或既以国产又以进口石脑油、燃料油生产乙烯、芳烃类化工产品企业的消费税退（免）税，按照《国家税务总局关于发布〈用于生产乙烯、芳烃类化工产品的石脑油、燃料油退（免）消费税暂行办法〉的公告》（总局公告 2012 年第 36 号）、《国家税务总局、海关总署关于石脑油、燃料油生产乙烯、芳烃类化工产品消费税退税问题的公告》（总局公告 2013 年第 29 号）、《国家税务总局关于印发〈石脑油、燃料油退（免）消费税管理操作规程（试行）〉的通知》（税总函〔2014〕412 号）规定办理。

需要注意的是，“乙烯、芳烃生产企业退税资格认定”审批事项已取消，相关企业符合规定的使用石脑油、燃料油生产乙烯、芳烃类化工产品消费税退税，按照《国家税务总局关于取消乙烯、芳烃生产企业退税资格认定审批事项有关管理问题的公告》（总局公告 2015 年第 54 号）规定，办理资格备案手续即可。

成品油消费税的征收管理按照《国家税务总局关于成品油消费税征收管理有关问题的公告》（总局公告 2018 年第 1 号）执行。（以上内容见《财政部、中国人民银行、国家税务总局关于延续执行部分石脑油燃料油消费税政策的通知》财税〔2011〕87 号、《财政部、中国人民银行、海关总署、国家税务总局关于完善石脑油、燃料油生产乙烯、芳烃类化工产品消费税退税政策的通知》财税〔2013〕2 号）

五、小汽车消费税

小汽车共三个子目，即乘用车、中轻型商用客车和超豪华小汽车。对乘用车、中轻型商用客车在生产（进口）环节征收消费税，对超豪华小汽车在生产（进口）环节按现行税率征收消费税基础上，在零售环节加征消费税。

1. 税目税率。“小汽车”税目下增设“超豪华小汽车”子税目。征收范围为每辆零售价格 130 万元（不含增值税）及以上的乘用车和中轻型商用客车，即乘用车和中轻型商用客车子税目中的超豪华小汽车。对超豪华小汽车，在生产（进口）环节按现行税率征收消费税基础上，在零售环节加征消费税，税率为 10%。

2. 纳税人。将超豪华小汽车销售给消费者的单位和个人为超豪华小汽车零售环节纳税人。

3. 应纳税额。超豪华小汽车零售环节消费税应纳税额计算公式：

应纳税额 = 零售环节销售额（不含增值税）× 零售环节税率

国内汽车生产企业直接销售给消费者的超豪华小汽车，消费税税率按照生产环节税率和零售环节税率加总计算。消费税应纳税额计算公式：

应纳税额 = 销售额 ×（生产环节税率 + 零售环节税率）

4. 执行日期。上述规定自 2016 年 12 月 1 日起执行。

需要注意的是，对我国驻外使领馆工作人员、外国驻华机构及人员、非居民常住人员、政府间协议规定等应税（消费税）进口自用，且完税价格 130 万元及以上的超豪华小汽车消费税，按照生产（进口）环节税率和零售环节税率（10%）加总计算，由海关代征。（以上内容见《财政部、国家税务总局关于对超豪华小汽车加征消费税有关事项的通知》财税〔2016〕129 号、《国家税务总局关于超豪华小汽车消费税征收管理有关事项的公告》2016 年第 74 号公告、《财政部、国家税务总局关于调整小汽车进口环节消费税的通知》财关税〔2016〕63 号）

第五节　会计处理与实务

一、会计处理

消费税属于价内税。企业按规定应交的消费税，在“应交税费”科目下设置“应交消费税”明细科目核算，“应交消费税”明细科目的借方发生额反映企业实际缴纳的消费税和待抵扣的消费税；贷方发生额反映企业按规定应缴纳的消费税；期末贷方余额反映尚未缴纳的消费税，期末借方余额反映多缴或待抵扣的消费税。

（一）直接对外销售应税消费品的账务处理

企业在销售实现时，应按销售产品收取的全部价款借记“应收账款”“银行存款”等科目，贷记“主营业务收入”“应交税费——应交增值税（销项税额）”等科目；在确认销售收入的同时，应当按照计提的应缴消费税额，借记“税金及附加”科目，贷记“应交税费——应交消费税”科目。

（二）自产自用应税消费品的账务处理

按税法规定，自产自用的应税消费品，用于连续生产应税消费品的，不纳税；用于其他方面的，于移送使用时缴纳消费税。用于其他方面，是指纳税人将自产自用应税消费品用于生产非应税消费品、在建工程、管理部门、非生产机构、提供劳务、馈赠、赞助、集资、广告、样品、职工福利、奖励等方面。纳税人自产自用应税消费品应缴纳的消费税账务处理分以下两种情况：

1. 内部使用的，如在建工程使用或非应税项目使用，应当计入相关资产成本或当期损益，不确认收入。

借：固定资产（在建工程、营业外支出、管理费用、生产成本等）

　　贷：库存商品

　　　　应交税费——应交增值税（销项税额）

　　　　应交税费——应交消费税

2. 如果用于债务重组、以公允价值计量的非货币性资产交换、职工个人福利、对外投资、抵偿债务等，相关产品确认收入，同时计提消费税，记入“税金及附加”科目。

借：应付账款（原材料、应付职工薪酬、长期股权投资等）

　　贷：主营业务收入

　　　　应交税费——应交增值税（销项税额）

借：税金及附加

　　贷：应交税费——应交消费税

（三）委托加工应税消费品缴纳消费税的账务处理

根据税法规定，委托加工的应税消费品，于委托方提货时由受托方代收代缴消费税。委托加工的应税消费品收回后直接用于销售的，在销售时不再缴纳消费税；用于连续生产应税消费品的，符合规定的应税消费品已纳税款准予抵扣。

委托方将收回的应税消费品，以不高于受托方的计税价格出售的，为直接出售，不再缴纳消费税；委托方以高于受托方的计税价格出售的，不属于直接出售，需按照规定申报缴纳消费税，在计税时准予扣除受托方已代收代缴的消费税。

1. 受托方账务处理。

（1）委托加工的应税消费品。受托方将按规定计算的应代收代缴的消费税款（受托加工或翻新改制金银首饰的企业除外）：

借：银行存款

　　贷：应交税费——应交消费税（代收代缴）

（2）受托加工或翻新改制金银首饰按规定由受托方缴纳消费税的，企业应于向委托方交货时，按规定计算缴纳消费税。

借：税金及附加

　　贷：应交税费——应交消费税

2. 委托方将委托加工应税消费品收回后的账务处理。

（1）直接用于对外销售（以不高于受托方的计税价格出售的）或用于其他方面的，应将受托方代收代缴的消费税随同支付的加工费一并计入委托加工的应税消费品成本：

借：委托加工物资

　　应交税费——应交增值税（进项税额）

　　贷：银行存款

借：库存商品

　　贷：委托加工物资

（2）直接用于对外销售（以高于受托方的计税价格出售的）或用于连续生产应税消费品，按规定准予抵扣的，应将受托方代收代缴的消费税先计入“应交税费——应交消费税”科目借方，待销售最终的应税消费品缴纳消费税时予以抵扣，而不是计入委托加工应税消费品的成本中。

①发出原材料：

借：委托加工物资

　　贷：原材料

②支付加工费、增值税、消费税：

借：委托加工物资

　　应交税费——应交增值税（进项税额）

　　应交税费——应交消费税

　　贷：银行存款

③收回委托加工的产品继续加工：

借：原材料（委托加工收回）

　　贷：委托加工物资

④加工后对外销售计算应缴纳的消费税：

借：税金及附加

　　贷：应交税费——应交消费税

⑤扣除耗用原料已缴纳消费税款后缴纳：

借：应交税费——应交消费税

　　贷：银行存款

需要注意的是，对用外购的已缴纳消费税的应税消费品连续生产出来的应税消费品计算征税时，符合规定的，准予扣除外购的原料已纳的消费税税款。此时外购应税消费品账务处理与上述委托加工收回用于连续加工应税消费品的账务处理相同。但外购（含进口）或委托加工收回的应税消费品在生产应税消费品的过程中，改变用途的，如用于非货币性资产交换、债务重组、在建工程等，应将改变用途的部分所负担的消费税从“应交税费——应交消费税”科目的借方转出。

（四）进口应税消费品缴纳消费税的账务处理

进口应税消费品，应在进口时由进口者缴纳消费税，缴纳的消费税应计入进口应税消费品的成本。根据税法规定，企业进口应税消费品，应当自海关填发税款缴款书的次日起15日内缴纳税款。企业不缴税不得提货。因此，缴纳消费税与进口货物入账基本上没有时间差。为简化核算手续，进口应税消费品缴纳的消费税一般不通过“应交税费——应交消费税”科目核算，在将消费税计入进口应税消费品成本时，直接贷记“银行存款”科目。在特殊情况下，如出现先提货、后缴纳消费税的，或者用于连续生产其他应税消费品按规定允许扣税的，也可以通过“应交税费——应交消费税”科目核算应缴纳的消费税额。

企业进口的应税消费品可能是固定资产、原材料等。因此，在进口时，应按应税消费品的进口成本连同关税、消费税及不允许抵扣的增值税，借记“固定资产”“材料采购”等科目，按支付的允许抵扣的增值税，借记“应交税费——应交增值税（进项税额）”科目，按采购成本、缴纳的关税、增值税、消费税合计数，贷记“银行存款”等科目。

（五）包装物缴纳消费税的账务处理

根据税法规定，实行从价定率办法计算应纳税额的应税消费品连同包装销售的。无论包装物是否单独计价，均应并入应税消费品的销售额中缴纳消费税。对于出租出借包装物收取的押金和包装物已作价随同应税产品销售，又另外加收的押金，因逾期未收回包装物而没收的部分，也应并入应税消费品的销售额中缴纳消费税。此外，自1995年6月1日起。对酒类产品生产企业销售除啤酒、黄酒外的其他酒类产品而收取的包装物押金，无论押金是否返还与会计上如何核算，均需并入酒类产品销售额中，依酒类产品的适用税率征收消费税。为此，现行会计制度对有关包装物的会计处理方法做了如下规定：

1. 随同产品销售且不单独计价的包装物，其收入随同所销售的产品一起计入产品销售收入。因此，因包装物销售应缴的消费税与因产品销售应缴的消费税应一同记入“税金及附加”科目。

2. 随同产品销售但单独计价的包装物，其收入计入其他业务收入。因此，应缴纳的消费税应记入“其他业务成本”科目。

3. 出租、出借的包装物收取的押金，借记“银行存款”科目，贷记“其他应付款”科目；待包装物逾期收不回来而将押金没收时，借记“其他应付款”，贷记“其他业务收入”科目；这部分押金收入应缴纳的消费税应记入“税金及附加”科目。

4. 包装物已作价随同产品销售，但为促使购货人将包装物退回而另外加收的押金，借记“银行存款”科目，贷记“其他应付款”科目；包装物逾期未收回，押金没收，没收的押金应缴纳的消费税应先自“其他应付款”科目中冲抵，即借记“其他应付款”科目，贷记“应交税费——应交消费税”科目，冲抵后“其他应付款”科目的余额转入“其他业务收入”科目。

【**例4－1**】某化妆品厂为增值税一般纳税人，2019年9月发生如下经济业务：

（1）销售一批高档化妆品，适用消费税税率为15%，开出增值税专用发票，收取价款200万元，增值税款26万元，货款已存入银行。

（2）没收逾期未归还的高档化妆品包装物押金22 600元。

（3）将自产高档化妆品一批以福利形式发放给职工，按同类产品不含税售价计算，价款为50 000元，成本价为30 000元。

（4）受托加工高档化妆品一批，委托方提供原材料40万元，本企业收取不含税加工费28万元（其中人工、辅助材料等费用20万元），本企业无同类化妆品销售价格。上述款项已收讫并开具发票。

（5）将高档护肤品、护发品、化妆品装入一盒内作为礼品送给关系单位，成本价为27 000元，不含税售价应为30 000元。

根据上述资料，计算该厂本月应纳消费税税额（含代收代缴消费税）并编制相关会计分录。

【解析】以集体福利形式发给本企业职工自产产品，企业不确认销售收入；作为实物工资发放给本企业职工自产产品，企业应确认销售收入，但企业这两种行为均需按照对外销售价格计算缴纳增值税和消费税。

1. 业务（1）销售高档化妆品应纳消费税：200×15%＝30（万元）

借：银行存款　　2 260 000
　　贷：主营业务收入　　2 000 000
　　　　应交税费——应交增值税（销项税额）　　260 000

借：税金及附加　　300 000
　　贷：应交税费——应交消费税　　300 000

2. 业务（2）没收押金应纳消费税：22 600÷（1＋13%）×15%＝3 000（元）

没收押金应纳增值税：22 600÷（1＋13%）×13%＝2 600（元）

借：其他应付款　　22 600
　　贷：其他业务收入　　20 000
　　　　应交税费——应交增值税（销项税额）　　2 600

借：其他业务成本　　3 000
　　贷：应交税费——应交消费税　　3 000

3. 业务（3）自产自用高档化妆品应纳消费税：50 000×15%＝7 500（元）

自产自用高档化妆品应纳增值税：50 000×13%＝6 500（元）

借：应付职工薪酬　　44 000
　　贷：库存商品　　30 000
　　　　应交税费——应交增值税（销项税额）　　6 500
　　　　　　　　——应交消费税　　7 500

4. 业务（4）受托加工化妆品代收代缴消费税：（40＋28）÷（1－15%）×15%＝12

（万元）

借：银行存款　436 400

　　贷：主营业务收入（其他业务收入）　280 000

　　　　应交税金——应交增值税（销项税额）　36 400

　　　　应交税金——应交消费税（代收代缴）　120 000

借：营业成本（其他业务成本）　200 000

　　贷：库存商品——受托加工产品　200 000

5. 业务（5）组合包装消费品应纳消费税：30 000×15% =4 500（元）

视同销售增值税销项税额：30 000×13% =3 900（元）

借：营业外支出　35 400

　　贷：库存商品　27 000

　　　　应交税费——应交增值税（销项税额）　3 900

　　　　　　　　——应交消费税　4 500

当月应交消费税税额：300 000 +3 000 +7 500 +4 500 =315 000（元）

当月代收代缴消费税：120 000（元）

二、实务解析

【例4－2】某卷烟厂为增值税一般纳税人，主要生产A牌卷烟（不含税调拨价100元/标准条）及雪茄烟，2019年10月发生如下业务：

（1）从烟农手中购进烟叶，买价100万元并按规定支付了10%的价外补贴，将其运往甲企业委托加工烟丝，支付不含税运费8万元，取得运输企业增值税专用发票；向甲企业支付加工费，取得增值税专用发票，注明加工费12万元、增值税1.56万元，该批烟丝已收回入库，但本月未领用。

（2）从乙企业购进烟丝，取得增值税专用发票，注明价款400万元、增值税52万元；从丙供销社（小规模纳税人）购进烟丝，取得税务机关代开的增值税专用发票，注明价款300万元；进口一批烟丝，支付货价300万元、卖方佣金12万元，该批烟丝运抵我国输入地点起卸之前发生运费及保险费共计38万元。

（3）以成本为350万元的特制自产烟丝生产雪茄烟，领用外购烟丝生产A牌卷烟。

（4）本月销售雪茄烟取得不含税收入600万元，并收取品牌专卖费9.04万元；销售A牌卷烟400标准箱。

（5）本月外购烟丝发生霉烂，成本20万元。

（6）月初库存外购烟丝买价30万元，月末库存外购烟丝买价50万元。

本月取得的相关凭证符合规定，并在本月认证抵扣，烟丝关税税率10%。根据上述资料，回答下列问题：

1. 当月该卷烟厂购进烟叶准予抵扣的进项税额。

2. 当月甲企业应代收代缴的消费税。

3. 当月该卷烟厂进口烟丝应缴纳进口环节税金合计。

4. 当月该卷烟厂购进烟丝准予抵扣的消费税。

5. 当月该卷烟厂国内销售环节实际应缴纳消费税（不含代收代缴的消费税）。

【解析】购进烟叶准予抵扣的增值税进项税额，按照烟叶收购金额（烟叶收购价款和价外补贴）和烟叶税及法定扣除率计算。进出口货物的完税价格，由海关以该货物的成交价格为基础审查确定，其中进口货物的完税价格包括货物的货价、货物运抵境内输入地点起卸前的运输及其相关费用、保险费。霉烂变质的烟丝应从库存烟丝总额中减除。营业税改征增值税试点期间，纳税人购进用于生产销售或委托加工13%税率货物的农产品按10%的扣除率计算进项税额扣除。

1. 当月该卷烟厂购进烟叶准予抵扣的进项税额：100×1.1×1.2×10%＝13.2（万元）

2. 当月甲企业应代收代缴的消费税：（126.8＋12）÷（1－30%）×30%＝59.49（万元）

收购烟叶的成本：100×1.1×1.2×（1－10%）＋8＝126.8（万元）

3. 当月该卷烟厂进口烟丝应缴纳进口环节税金合计：35＋71.5＋165＝271.5（万元）

进口烟丝的关税完税价格：300＋12＋38＝350（万元）

关税：350×10%＝35（万元）

组成计税价格：（350＋35）÷（1－30%）＝550（万元）

进口烟丝缴纳的增值税：550×13%＝71.5（万元）

进口烟丝缴纳的消费税：550×30%＝165（万元）

4. 当月该卷烟厂购进烟丝准予抵扣的消费税：

（30＋400＋300＋550－50－20）×30%＝363（万元）

5. 当月该卷烟厂国内销售环节实际应缴纳消费税：784.88－363＝421.88（万元）

当期应纳消费税总额：［600＋9.04÷（1＋13%）］×36%＋400×250×100÷10 000×56%＋150×400÷10 000＝784.88（万元）

当期准予扣除外购烟丝已纳税款：363（万元）

【例4－3】甲白酒生产企业为增值税一般纳税人，2019年11月发生如下业务：

（1）从乙酒厂（增值税一般纳税人）购进酒精，取得的增值税专用发票注明不含税价款为60万元，该发票已于当月认证通过。

（2）领用外购酒精的40%用于生产白酒，当月共生产白酒25吨，每吨成本为9万元，成本利润率为10%。

（3）采取预收货款结算方式向丙烟酒批发商销售白酒6吨，预收全部货款，价税合计金额为125.28万元，未开具销售发票，双方合同约定货物于12月发出；以每吨20万元（不含增值税）的价格向丁商场销售其生产的白酒10吨，双方签订的销售合同规定，甲企业当月应收取60%的货款，其余40%的货款于下月付清。但由于丁商场货币资金紧张，当月实际支付了30%的货款。

（4）领取自产白酒2吨用于奖励给优秀职工。

（5）将自产白酒3吨用于抵顶上月欠某公司债务。

已知：甲白酒生产企业生产销售白酒的最低不含税销售价格为18万元/吨，平均不含税销售价格为20万元/吨，最高不含税销售价格为22万元/吨；白酒消费税税率为20%加0.5元/500克。

根据以上资料，回答下列问题：

1. 计算甲企业2019年11月应缴纳的增值税。

2. 根据资料（3）计算甲企业当月应缴纳的消费税。

3. 根据资料（5）计算甲企业应缴纳的消费税。

4. 计算甲企业2019年11月应缴纳的消费税。

【解析】将自产消费品奖励给职工，按平均不含税价计征消费税；将自产消费品抵顶债务，按最高不含税价计征消费税。采取赊销和分期收款结算方式的，纳税义务发生时间为书面合同约定的收款日期的当天。

1. 当期应缴纳的增值税：$28.6-7.8=20.8$（万元）

当月销项税额：$(20\times10\times60\%+2\times20+3\times20)\times13\%=28.6$（万元）

当月可抵扣进项税额：$60\times13\%=7.8$（万元）；

2. 根据资料（3），甲企业当月应缴纳的消费税：

$(20\times10\times20\%+10\times2\ 000\times0.5\div10\ 000)\times60\%=24.6$（万元）

3. 根据资料（5），甲企业应缴纳的消费税：

$3\times22\times20\%+3\times2\ 000\times0.5\div10\ 000=13.5$（万元）

4. 甲企业2019年11月应缴纳的消费税：$24.6+8.2+13.5=46.3$（万元）

业务（4）应纳消费税：$(2\times20\times20\%+2\times2\ 000\times0.5\div10\ 000)=8.2$（万元）

【例4-4】甲礼花厂2019年6月发生如下业务：

（1）委托乙厂加工一批焰火，甲厂提供原料成本37.5万元，当月乙厂将加工完毕的焰火交付甲厂，开具增值税专用发票，注明收取加工费5万元。

（2）将委托加工收回的焰火60%用于销售，取得不含税销售额38万元，将其余的40%用于连续生产A型组合焰火。

（3）将生产的A型组合焰火的80%以分期收款方式对外销售，合同约定不含税销售额36万元，6月28日收取货款的70%，7月28日收取货款的30%，当月货款尚未收到，另将剩余的20%赠送给客户。

（其他相关资料：焰火消费税税率为15%）

要求：根据上述资料，按照下列序号回答问题，如有计算需计算出合计数。

1. 计算业务（1）中乙厂代收代缴的消费税。

2. 业务（2）中用于销售的焰火是否应缴纳消费税，并说明理由，如果需要缴纳，计算应缴纳的消费税。

3. 计算业务（3）中赠送客户焰火消费税计税依据的金额。

4. 计算业务（3）中准予扣除的已纳消费税税款。

5. 计算业务（3）中销售、赠送焰火应缴纳的消费税。

【解析】纳税人采取分期收款结算方式的，消费税纳税义务发生时间为书面合同约定的收款日期的当天。委托方将收回的应税消费品，以不高于受托方的计税价格出售的，为直接出售，不再缴纳消费税；委托方以高于受托方的计税价格出售的，不属于直接出售，需按照规定申报缴纳消费税，在计税时准予扣除受托方已代收代缴的消费税。

1. 乙厂应代收代缴的消费税：(37.5 + 5) ÷ (1 − 15%) × 15% = 7.5（万元）

2. 需要交纳消费税。委托加工业务中，受托方的计税价格：

(37.5 + 5) ÷ (1 − 15%) = 50(万元)

销售60%的成本为：50 × 60% = 30（万元），低于直接销售取得的价款（38万元）。此处属于将委托加工收回的应税消费品以高于受托方的计税价格出售，需要缴纳消费税。应缴纳的消费税：

38 × 15% − 7.5 × 60% = 1.2（万元）

3. 赠送客户计征消费税的计税依据的金额：36 ÷ 80% × 20% = 9（万元）

4. 根据规定，应按生产领用数量抵扣已纳消费税。准予扣除的已纳消费税：

(37.5 + 5) ÷ (1 − 15%) × 15% × 40% = 3（万元）

5. 业务（3）应纳消费税合计：2.13 + 1.62 = 3.75（万元）

6月应纳消费税：36 × 70% × 15% + 36 ÷ 80% × 20% × 15% − 3 = 2.13（万元）

7月应纳消费税：36 × 30% × 15% = 1.62（万元）

【例4－5】某首饰制造企业为增值税一般纳税人，主要生产加工并零售金银首饰、钻石饰品和其他非金银首饰。该企业2019年12月发生以下业务：

（1）销售玉石首饰取得不含税收入129.8万元，镀金首饰不含税收入28万元。

（2）采取“以旧换新”方式向消费者销售金项链1批，旧项链抵顶12万元，该批项链取得差价款（含税）合计56.5万元。

（3）定制特定款式的工艺玛瑙首饰和部分金银首饰（共10条）作为礼品赠送使用，没有同类首饰的对外销售价格，成本为84.91万元（未能分别核算金银首饰的销售额）。

（4）用若干金项链和某工业企业抵偿债务，该批项链账面成本为39万元，零售价67.8万元。

（5）外购黄金一批，取得的增值税专用发票上注明的价款60万元；外购玉石（原矿）一批，取得增值税专用发票，注明价款50万元、增值税6.5万元。

（其他相关资料：金银首饰、铂金饰品和钻石及钻石饰品消费税税率5%，其他贵重首饰和珠宝玉石的消费税税率为10%，增值税成本利润率为10%，金银首饰消费税成本利润率为6%）

要求：根据上述资料，回答下列问题：

1. 销售玉石首饰和镀金首饰应缴纳的消费税。

2. “以旧换新”销售金项链应缴纳的消费税。

3. 定制特定款式首饰应缴纳的消费税。

4. 用金项链抵偿债务应缴纳的消费税。

5. 计算该企业 12 月应缴纳的增值税。

【解析】目前，金银首饰、铂金首饰、钻石及钻石饰品已由生产（进口）环节改为在零售环节征收消费税。改为零售环节征收消费税的金银首饰不包括镀金（银）、包金（银）等首饰。采用以旧换新（含翻新改制）方式销售的金银首饰，应按实际收取的不含税全部价款确定计税依据计算征收增值税和消费税。将金银首饰等消费品赠送他人或者抵偿债务视同销售，应计算增值税销项税额和消费税。对既销售金银首饰，又销售非金银首饰的生产、经营单位，凡两类商品划分不清楚或不能分别核算的，在生产环节销售的，一律从高适用税率征收消费税。

1. 销售玉石和镀金首饰应缴纳的消费税：$(129.8+28)\times10\%=15.78$（万元）

2. “以旧换新”销售金项链应缴纳消费税：$56.5\div(1+13\%)\times5\%=2.50$（万元）

3. 定制加工金银首饰应缴纳消费税：$84.91\times(1+6\%)\div(1-10\%)\times10\%=10$（万元）

4. 抵偿债务应缴纳消费税：$67.8\div(1+13\%)\times5\%=3$（万元）

5. 该企业 12 月应缴纳的增值税：$[129.8+28+56.5\div(1+13\%)+84.91\times(1+6\%)\div(1-10\%)+67.8\div(1+13\%)]\times13\%-(60\times13\%+6.5)=33.51$（万元）

第三编 所　得　税

一、所得税的概念

所得税，是指国家对法人、自然人和其他经济组织在一定时期内取得的各种所得征收的一类税收。所得税是世界各国普遍征收的一种税类，特别是在西方发达资本主义国家已成为主体税种。

所得税最早产生于英国。1799 年，为了满足战争（与法国交战）期间的开支需要，英国政府开征了所得税。美国、法国、德国、日本等国先后于 19 世纪后半期、20 世纪初期开征所得税。

近代中国长期处于半殖民地半封建社会，民族资本主义发展缓慢，缺乏课征所得税的社会经济条件，直到 1936 年 10 月，南京国民政府才开征具有所得税性质的薪给报酬所得税和证券存款利息所得税。新中国成立后，1950 年 1 月政务院公布《全国税政实施要则》，其中规定的所得税有薪给报酬所得税（未开征）、存款利息所得税（1950 年 10 月改为利息所得税，1959 年停征）和工商业税（所得税部分）。1956 年社会主义三大改造完成后，所得税地位不断下降弱化。改革开放后，1980 年颁布《中外合资经营企业所得税法》和《个人所得税法》，1981 年颁布《外国企业所得税法》。1983 年以后陆续开征国有企业所得税、集体企业所得税、城乡个体工商户所得税、个人收入调节税、私营企业所得税等。1991 年以后先后合并了涉外企业所得税法、内资企业所得税法和个人所得税法，形成了内资企业所得税、外商投资企业和外国企业所得税、个人所得税三大所得税种。2007 年 3 月颁布《企业所得税法》，最终实现了内外资企业统一的企业所得税。我国目前开征的所得税主要有企业所得税和个人所得税。

二、所得税的特征

（一）量能负担的公平性

所得税的课税对象是纳税人的纯收入或净所得，而不是经营收入，且一般实行所得多者多征、少者少征的累进征税办法，符合税收的量能负担原则。所得税一般规定了免征额，可以在税收上照顾低收入者，不会影响纳税人的基本生活。

（二）税收负担的直接性

所得税属于直接税，课税对象是纳税人的最终收益，纳税人一般就是负税人，因而可以直接调节纳税人的收入。特别是在采用累进税率的情况下，所得税在调节个人收入差距方面具有较明显的作用。对企业征收所得税，还可以发挥贯彻国家特定政策，调节经济的杠杆作用。

（三）税制影响的中性

所得税的高低变化对生产不产生直接影响，只对不同企业、不同个人的收入水平产生调节作用；所得税一般不存在重复征税问题，对商品的相对价格没有影响，不会影响市场资源的优化配置。

（四）税收收入的弹性

根据统计，所得税的税收弹性远远高于国内增值税和消费税，说明所得税税收收入对经济增长更为敏感。也就是说，所得税的收入随经济繁荣而增加，随经济衰退而降低，二者关联度极高，同时可以发挥调控经济的“自动稳定器”功能。

（五）征收管理的复杂性

所得税的计税依据，即应纳税所得额是纳税人的纯收入，但又不等于会计利润，要经过一系列复杂的计算过程才能确定，比对商品课税要复杂得多；所得税一般采取累进税率，其计算要比流转税常用的比例税率复杂。总的来说，所得税征收成本较流转税高。

三、所得税的分类

（一）按纳税人分类，可分为企业所得税、个人所得税和社会保障税

所得税按纳税人分类，可分为企业所得税、个人所得税和社会保障税。企业所得税是以经济组织的生产经营所得及其他所得为课税对象征收的一种税。企业所得税的纳税人为经济组织，在国外一般称为“公司所得税”或“法人所得税”。个人所得税是以个人（自然人）取得的各种应税所得为课税对象征收的一种税。个人所得税是世界各国普遍征收的一个税种，并且是经济发达国家的主体税种。社会保障税亦称社会保险税，是指以企业的工资支付额为课征对象，由职工和雇主分别缴纳，税款主要用于各种社会福利开支的一种税。社会保障税的纳税人是各类组织及其雇员个人。

（二）就企业所得税而言，可分为古典税制和整体税制

根据对企业所得税和个人所得税之间产生重复征税的处理方法不同，目前世界各国企业所得税制主要分为以下两种形式：

1. 古典税制。实行该税制以“法人实在说”为基础，认为企业和个人之间的纳税义务没有直接连带关系，企业所得税和个人所得税应严格地作为两个独立的税种分别征收。作为企业，其取得的所得应当按照独立法人实体征收企业所得税；作为投资者（股东）分得的股息、红利应当作为投资收益再征收个人所得税，不得在企业税前扣除。

2. 整体税制。实行该税制以“法人虚拟说”为基础，认为应把公司和股东作为一个整体考虑，企业所得税是投资者（股东）个人所得税的预缴，应当采取措施尽量缓解或消除双重征税。该税制根据避免重复征税采取的方法不同又分为归集抵免制和双率税制两种模式。

（三）就个人所得税而言，可分为分类所得税、综合所得税和分类综合所得税

个人所得税根据对税基确定不同，分为综合所得税、分类所得税和分类综合所得税三种。综合所得税，是指对纳税人个人的各种应税所得，如工资薪金、劳务报酬、稿酬、特许权使用费等所得合并累进征收的一类所得税。分类所得税，是指针对各种不同性质的所得分别规定不同税基和税率，分别计算应纳税额进行课征的一类所得税。分类综合所得税，是指对同一纳税人在一定时期内的各种不同种类的所得分类课征；纳税年度终了时，再将本年度的所有所得加起来，按照累进税率计征，而平时所缴纳的分类所得税可以在纳税年度终了时从应缴纳的综合所得税中扣除。

四、所得税开征意义

（一）扩大聚财渠道，筹集财政资金

税收的首要职能就是筹集财政收入。目前，西方一些发达国家都实行以所得税为主体的税制，所得税的收入规模、比重均比较大。随着我国国民经济的快速发展，各类经济组织的经济效益和居民个人收入不断提高，所得税占全部税收收入的比重也越来越高，目前已发展成为仅次于流转税的第二大税类。据财政部公布的《2017 年财政收支情况》统计，2017 年全国共组织税收收入 144 360 亿元，当年企业所得税收入 32 111 亿元，个人所得税收入 11 966 亿元，这两个所得税收入占当年税收总收入的比例为 30.53%。

（二）调节收入水平，体现社会公平

所得税的调节作用在于公平税负、量能负担。社会收入分配存在差距是不可避免的客观事实，而所得税特有的税制设计能够对社会经济组织和个人收入进行适当调节。在保证经济组织扩大再生产和人们基本生活费用支出不受影响的前提下，本着高收入者多纳税，中等收入者少纳税，低收入者不纳税的原则，通过征收所得税来缓解社会收入分配不公的矛盾，有利于在不损害效率的前提下，体现社会公平，保持社会稳定。

（三）改善经营管理，提升盈利能力

所得税只对纯收入征税，特别是在适用比例税率的情况下，经济组织盈利能力越强，则税负承担能力越强，相对降低了税负水平，也相对增加了税后利润。在征税过程中，所得税的计算涉及纳税人经营活动的各个方面，因此能促使经济组织建立、健全会计和经营管理制度，有利于国家通过征税加强监督管理。

第五章 企业所得税

企业所得税是以企业的生产经营所得及其他所得为课税对象征收的一种税。企业所得税在国外一般称为“公司所得税”“法人所得税”。从收入规模看，在我国目前征收的税种中，企业所得税是仅次于增值税的第二大税种。

本章内容主要依据2007年公布、2017年修改的《中华人民共和国企业所得税法》（主席令2017年第64号）和2007年国务院颁布的《中华人民共和国企业所得税法实施条例》（国务院令2007年第512号）编写。

第一节 概　　述

一、税制沿革

企业所得税最早起源于18世纪末的英国，目前世界已有160多个国家和地区开征了企业所得税。

（一）新中国成立前的企业所得税制度

中国所得税制度的创建受欧美和日本等国影响，始议于20世纪初。清末宣统年间（约1910年）和民国初年（1914年），政府有关部门曾草拟了所得税征收办法，但因社会动荡未能施行。

1936年，国民政府公布《所得税暂行条例》，按照不同的征税项目，分别从同年10月1日和次年1月1日起开征。至此，中国历史上第一次实质性地开征了企业所得税。

1943年，国民政府公布《所得税法》，进一步提高了企业所得税的法律地位，并成为政府组织财政收入的重要方式之一。

（二）新中国成立后至改革开放前的企业所得税制度

从1949年新中国成立到1978年开始实行改革开放政策的30年间，中国所得税制度的发展经历了一段曲折的过程。

在1949年首届全国税务会议上，通过了统一全国税收政策的基本方案，其中包括对企业所得和个人所得征税的办法。1950年，政务院发布《全国税政实施要则》，规定了属于所得税性质的工商业税（所得税部分）、存款利息所得税和薪给报酬所得税。工商业税（所得税部分）自1950年开征以后，主要征税对象是私营企业、集体企业和个体工商户的应税所得。国营企业则实行利润上缴制度，不缴纳所得税。这种所得税制的设计是为了适应当时高度集中的计划经济管理体制。

1958 年工商税制改革时，所得税从工商税中分离出来，定名为工商所得税，这时所得税才成为一个独立的税种，征收对象主要是集体企业。1973 年简并税制后，对集体企业征收工商税和所得税，对国营企业只征工商税，不征所得税。

（三）改革开放后的企业所得税制度

从 20 世纪 70 年代末期开始，中国实行改革开放政策后，税制建设进入了一个新的发展时期，税收收入逐步成为政府财政收入的主要来源，同时税收也成为国家对宏观经济进行调控的重要手段之一。

1. 1978～1982 年。

改革开放以后，为了吸引国外资金、技术和人才，维护国家主权和经济利益，1980 年 9 月，《中华人民共和国中外合资经营企业所得税法》颁布施行；1981 年 12 月，《中华人民共和国外国企业所得税法》颁布实施。

2. 1983～1990 年。

1983 年国务院决定在全国试行国营企业“利改税”，将实行了 30 多年的国营企业向国家上缴利润的制度改为缴纳企业所得税。为此，1984 年 9 月，国务院颁布实施《中华人民共和国国营企业所得税条例（草案）》和《国营企业调节税征收办法》。

1985 年 4 月，国务院颁布实施《中华人民共和国集体企业所得税暂行条例》，原来对集体企业征收的工商所得税同时停止执行。

1988 年 6 月，国务院颁布实施《中华人民共和国私营企业所得税暂行条例》。

3. 1991～2007 年。

为适应中国建立社会主义市场经济体制的新形势，进一步深化改革开放，努力把国有企业推向市场，按照“统一税法、简化税制、公平税负、促进竞争”的原则，国家先后完成了外资企业所得税制的统一和内资企业所得税制的统一。

1991 年 4 月，第七届全国人民代表大会将《中华人民共和国中外合资经营企业所得税法》与《中华人民共和国外国企业所得税法》合并，制定了《中华人民共和国外商投资企业和外国企业所得税法》，并于同年 7 月 1 日起施行。

1993 年 12 月，国务院将《中华人民共和国国营企业所得税条例（草案）》《国营企业调节税征收办法》《中华人民共和国集体企业所得税暂行条例》和《中华人民共和国私营企业所得税暂行条例》进行整合，制定了《中华人民共和国企业所得税暂行条例》，自 1994 年 1 月 1 日起施行。

（四）现行企业所得税制度

为了促进各类企业公平竞争、优化外资利用结构、堵塞税收漏洞、提高经济效率，按照“简税制、宽税基、低税率、严征管”的税制改革基本原则，借鉴国际经验，2007 年 3 月 16 日，第十届全国人民代表大会第五次会议审议并通过了《中华人民共和国企业所得税法》（简称《企业所得税法》），于 2008 年 1 月 1 日起施行。《企业所得税法》实现了四个统一：统一了内外资企业所得税制；统一并降低了企业所得税税率；统一并规范了税前扣除项目和标准；统一了税收优惠政策，建立“产业优惠为主、区域优惠为辅”的税收优惠体系。

二、税制特点

我国的企业所得税具有以下特点：

（一）征税范围广

在我国境内，企业和其他取得收入的组织都是企业所得税的纳税人，都要按照《企业所得税法》的规定缴纳企业所得税。企业所得税的征税对象包括生产经营所得，也包括提供财产和资金取得的所得。因此，无论从纳税人看，还是从课税对象看，企业所得税的征税范围都是很广的。

（二）税负公平

企业所得税实行统一的税率，税负较为公平。企业所得税只对经营净收入征收，企业一般都有承受能力。企业所得税的负担与纳税人所得多寡直接关联，即“所得多的多纳税，所得少的少纳税，无所得的不纳税”。因此，企业所得税是能够较好体现公平税负和税收中性的良性税种。

（三）税基约束力强

企业所得税的计税依据为应纳税所得额。它既不是销售额或营业额，也不等于企业实现的会计利润额，而是企业的收入总额扣除《企业所得税法》规定的各项成本、费用、税金、损失等支出后的净所得额。

（四）有利于企业加强会计核算

应纳税所得额的计算涉及企业的成本、费用等各个方面，与企业会计核算关系密切，这能促使企业建立、健全财务会计制度和改善经营管理。

（五）纳税人与负税人一致

企业所得税属于直接税，纳税人和实际负担人通常是一致的，因此在调节纳税人收入、调节经济等方面具有较明显的作用。

（六）实行按年计征、分期预缴的征收管理办法

企业所得税以全年的应纳税所得额为计税依据，分月或分季预缴，年终汇算清缴，与会计年度保持一致，不影响企业正常核算，有利于税务机关征收管理。

三、立法宗旨

就企业所得税的计税原理而言，其作用体现在以下几个方面：

（一）改善经营管理，提升盈利能力

由于企业所得税只对纯收入征税，因此，投资能力和盈利能力较强的企业能产生较多利润。特别是在适用比例税率的情况下，企业盈利能力越强，则税负承担能力越强，相对降低了税负水平，也就相对增加了税后利润。在征税过程中，应纳税所得额的计算涉及纳税人经营活动的各个方面，因此能促使经济组织建立、健全会计核算制度和经营管理制度，有利于国家通过征税加强监督管理。

（二）调节产业结构，促进经济发展

所得税的调节作用在于公平税负、量能负担。虽然各国的法人所得税往往采用比例税率，在一定程度上削弱了所得税的调控功能。但在税制设计中，各国往往通过各项税收优惠政策的实施，发挥其对纳税人投资、产业结构调整、环境治理等方面的调控作用。

（三）筹集财政资金，支持国家建设

税收的首要职能就是筹集财政资金。随着我国收入分配向企业和居民倾斜，以及经济的发展和企业盈利水平的提高，企业所得税占全部税收收入的比重越来越高，将成为我国税制的主体税种之一。据统计，2017 年企业所得税收入 32 111 亿元，占当年全国税收收入的比例为 22.24%。目前企业所得税已经成为仅次于增值税的第二大税种。

第二节 课税要素

一、纳税人

（一）纳税人的具体范围

在中华人民共和国境内，企业和其他取得收入的组织为企业所得税纳税人。此处的企业和其他组织包括依法在中国境内成立的，也包括依据外国（地区）法律成立的。

1. 依法在中国境内成立的企业。

（1）企业。企业是指以营利为目的、从事生产经营活动的经济实体。企业可以按不同形式分类，如按照经济类型分类，企业可分为国有企业、集体企业、私营企业以及混合所有制企业（如股份制企业、中外合资经营企业）等；若按照出资方式和责任形式分类，企业可分为个人独资企业、合伙企业和公司制企业。公司制企业是目前国际上最主要的企业组织形式，包括有限责任公司和股份有限公司两类，是《企业所得税法》最主要的适用对象。

（2）事业单位。事业单位是指国家为了社会公益目的，由国家机关举办或者其他组织利用国有资产举办的，从事教育、科技、文化、卫生等活动的社会服务组织。

（3）社会团体。社会团体是指由中国公民自愿组成，为实现会员共同意愿，按照其章程开展活动的非营利性社会组织。

（4）其他取得收入的组织。其他取得收入的组织主要包括民办非企业单位、基金会、商会、农民专业合作社、其他类型的取得收入的组织。

2. 依据外国（地区）法律成立的企业。

（1）在中国境内设立机构、场所从事生产经营的外国企业，或者没有在中国境内设立机构、场所但有来源于中国境内所得的外国企业。

（2）依据外国（地区）法律成立的个人独资企业和合伙企业。

（3）在中国境内活动并取得收入的外国慈善组织、学术机构等其他经济组织。

在中国境内设立机构、场所，是指在中国境内从事生产经营活动的机构、场所，包括：

（1）管理机构、营业机构、办事机构；

（2）工厂、农场、开采自然资源的场所；

（3）提供劳务的场所；

（4）从事建筑、安装、装配、修理、勘探等工程作业的场所；

（5）其他从事生产经营活动的机构、场所。

非居民企业委托营业代理人在中国境内从事生产经营活动的，包括委托单位或者个人经常代其签订合同，或者储存、交付货物等，该营业代理人视为非居民企业在中国境内设立的机构、场所。

非居民企业（简称“派遣企业”）派遣人员在境内提供劳务，如果派遣企业对被派遣人员工作结果承担部分或全部责任和风险，通常考核评估被派遣人员的工作业绩，应视为派遣企业在境内设立机构、场所提供劳务；如果派遣企业仅为在接收企业行使股东权利、保障其合法股东权益而派遣人员在境内提供劳务的，包括被派遣人员为派遣企业提供对接收企业投资的有关建议、代表派遣企业参加接收企业股东大会或董事会议等活动，均不因该活动在接收企业营业场所进行而认定为派遣企业在境内设立机构、场所或常设机构。（见《国家税务总局关于非居民企业派遣人员在中国境内提供劳务征收企业所得税有关问题的公告》总局公告2013年第19号）

（二）居民企业和非居民企业

企业所得税的纳税人按照国际惯例，一般分为居民企业和非居民企业。把企业分为居民企业和非居民企业，是为了有效行使本国的税收管辖权和避免双重征税。税收管辖权是指主权国家根据其法律所拥有和行使的征税权力，是国际法公认的国家基本权利。一国行使税收管辖权的范围，在地域上，指该国的领土疆域；在人员上，指该国的所有公民和法人。借鉴国际做法，我国在行使征税权力上遵循地域税收管辖权和居民税收管辖权相结合的原则，最大限度地维护了我国税收利益。

1. 居民企业和非居民企业划分标准。

判断是否属于居民企业的标准，一是注册登记地，二是实际管理机构所在地。

（1）注册登记地，是指企业或组织进行登记注册成立的地点。此处的登记注册是指为了获得法人资格的注册，不是指其他类型的注册。

（2）实际管理机构所在地，这是国际上比较公认的判定依据。企业或组织的实际管理和控制中心，即为其实际管理机构。所谓实际管理和控制中心，主要是指对企业的生产经营、人员、账务、财产等实施实质性全面管理和控制的机构。实际管理机构所在地，一般是指企业或组织的董事会所在地或董事会有关经营决策会议的召开地点，它不同于企业或组织日常经营业务管理的机构（企业行政中心）所在地。

根据上述划分标准，《企业所得税法》规定，居民企业是指依据中国法律、行政法规在中国境内成立的企业，或者依照外国（地区）法律成立，但实际管理机构在中国境内的企业；非居民企业，是指依照外国（地区）法律成立且实际管理机构不在中国境内，但在中国境内设立机构、场所，或者在中国境内未设立机构、场所，但有来源于中国境内所得的企业。

2. 居民企业和非居民企业纳税义务。

居民企业负无限纳税义务，应当就其来源于中国境内、境外的全部所得缴纳企业所得税。

非居民企业负有限纳税义务，在中国境内设立机构、场所的，应当就其所设机构、场所取得的来源于中国境内的所得，以及发生在中国境外但与其所设机构、场所有实际联系的所得缴纳企业所得税；在中国境内未设立机构、场所的，或者虽设立机构、场所但取得的所得与其所设机构、场所没有实际联系的，应当就其来源于中国境内的所得缴纳企业所得税。

需要注意的是，在香港特别行政区、澳门特别行政区和台湾地区成立的企业，其实际管理机构在境内时，视为《企业所得税法》规定的居民企业；其实际管理机构不在境内，则视为《企业所得税法》规定的非居民企业。

（三）特殊经济组织适用《企业所得税法》辨析

1. 个人独资企业和合伙企业。个人独资企业由一个自然人投资设立，合伙企业的合伙人一般也为自然人，二者均不具有法人资格，不是法人企业。个人独资企业和合伙企业的财产、经营收入归出资人所有，出资人（有限合伙人除外）对企业债务承担无限责任，按规定由出资人缴纳个人所得税。为避免重复征税，规定个人独资企业和合伙企业不适用《企业所得税法》。

（1）不适用《企业所得税法》的个人独资企业和合伙企业，不包括依照外国（地区）法律在境外成立的个人独资企业和合伙企业。境外的个人独资企业和合伙企业适用《企业所得税法》。

（2）不适用《企业所得税法》的合伙企业是指由自然人投资成立的合伙企业。如果是自然人和法人或其他组织以及法人和其他组织之间合伙设立的合伙企业，则合伙人中的自然人缴纳个人所得税，法人和其他组织缴纳企业所得税。（见《财政部、国家税务总局关于合伙企业合伙人所得税问题的通知》财税〔2008〕159号）

2. 一人有限责任公司。一人有限责任公司是由一个自然人股东或者一个法人股东出资设立的有限责任公司。一人有限责任公司是一种特殊形式的公司制企业，具有独立的法人资格，公司财产和股东个人（或法人）财产要明确区分，因此属于企业所得税纳税人。

3. 个体工商户。个体工商户是指有经营能力并经市场监督管理部门登记，从事工商业经营的公民。个体工商户不采用企业形式，可以个人经营，也可以家庭经营。个体工商户虽然是从事生产经营的民事主体之一，但不具有法人资格，《民法总则》也将个体工商户视为公民的一种特殊形式。因此，个体工商户不缴纳企业所得税而应缴纳个人所得税。

4. 境外中资企业。境外注册中资控股企业是指由中国内地企业或者企业集团作为主要控股投资者，在中国内地以外国家或地区（含香港、澳门、台湾）注册成立的企业。境外中资企业适用《企业所得税法》，符合规定条件的，应判定其为实际管理机构在中国境内的居民企业，并实施相应的税收管理。（见《国家税务总局关于境外注册中资控股企业依据实际管理机构标准认定为居民企业有关问题的通知》国税发〔2009〕82号、《国家税务总局关于印发〈境外注册中资控股居民企业所得税管理办法（试行）〉的公告》总局公告2011年第45号、《国家税务总局关于修改〈非居民企业所得税核定征收管理办法〉等文件的公告》总局公告2015年第22号）

5. 中外合作企业。按照相关规定，外国企业（不含实际管理机构设立在中国境内的外国企业）与中国境内企业签订协议或合同，在中国境内合作开采石油天然气，凡未按照中国法律设立独立企业的，由合作各方分别缴纳企业所得税，外国企业属于在中国境内设立机构、场所从事生产经营活动的非居民企业，其分取的合作生产经营所得应按照《企业所得税法》第三条第二款的规定申报缴纳企业所得税。在按前述规定缴纳企业所得税后，该外国企业取得的税后利润不属于适用《企业所得税法》第三条第三款规定的所得，不予扣缴企业所得税。外国企业与中国境内企业按照《中外合作经营企业法》在中国境内共同设立中外合作经营企业，由该中外合作经营企业开采石油天然气的，无论其是否具有法人资格，均为《企业所得税法》第二条规定的居民企业。该中外合作经营企业应就其取得的石油天然气开采所得和其他所得统一缴纳企业所得税。作为投资方的外国企业从中外合作经营企业分取的税后利润属于适用《企业所得税法》第三条第三款规定的所得，应按有关规定扣缴企业所得税。（见《国家税务总局关于中外合作开采石油天然气有关非居民税收问题的批复》税总函〔2015〕494号）

二、征税对象

（一）征税对象

企业所得税的征税对象是企业或其他组织取得的收益，包括生产经营所得、其他所得和清算所得。生产经营所得，是指从事物质生产、交通运输、商品流通、劳务服务，以及经国务院财政、税务主管部门确认的其他营利事业取得的所得，又称积极所得或劳动所得。其他所得，是指股息、利息、租金、转让各类财产、特许权使用费以及营业外收益等所得，又称消极所得或非劳动所得。清算所得，是指企业因解散、破产终止经营时，全部资产可变现价值或者交易价格减除资产净值、清算费用以及相关税费等后的余额。

对于居民企业来说，生产经营所得和其他所得包括来源于中国境内、境外的所得。这些所得包括销售货物所得、提供劳务所得、转让财产所得、股息红利等权益性投资所得、利息所得、租金所得、特许权使用费所得、接受捐赠所得和其他所得。

对于非居民企业来说，凡在中国境内设立机构、场所，从事生产经营的企业和其他组织，其征税对象即为其所设机构、场所所取得的生产经营所得和其他所得以及发生在中国境外，但与其所设机构、场所有实际联系的所得；在中国境内未设立机构、场所，以及与境内所设机构、场所没有实际联系而有来源于中国境内所得的企业，其征税对象为来自中国境内的股息、利息、租金、特许权使用费和其他所得。

实际联系，是指非居民企业在中国境内设立的机构、场所拥有据以取得所得的股权、债权，以及拥有、管理、控制据以取得所得的财产等。

关于《企业所得税法》中所得的概念可以从以下几个方面理解：

一是非法所得应当具有可税性。从税收理论上说，应税所得应该是有合法来源的所得。对于企业违法经营所得，按国家有关规定应当全部没收，并给予一定处罚，此类所得就不是企业所得税的征税对象。但是，在国家司法机关和有关行政机关没有立案查处、确认违法前，税务机关既难以也无权判定纳税人的所得是否合法，这些所得应当按规定缴纳所得税。

二是临时性、偶然性所得也是所得税征税对象。《企业所得税法》除规定纳税人的连续性所得（生产经营所得）是征税对象外，对临时性、偶然性所得（如转让财产所得、接受捐赠所得）也作为征税对象，体现了企业所得税公平纳税及普遍征收的原则。

三是所得是扣除成本、费用等后的纯收益。企业所得税是对纳税人的纯收益征收，这是区别于其他税种的本质特征。纳税人取得任何一项所得，都必然发生相应的费用支出，《企业所得税法》规定应予以扣除。

四是所得有货币所得和非货币所得。纳税人在社会经济活动中通过自身努力可以得到各类所得，有物质所得和精神所得，而《企业所得税法》规定作为征税对象的所得，只是物质上的所得，包括货币所得和非货币所得。至于荣誉性、知识性所得以及体能、心理上的收获，都不是应税所得。

（二）境内境外所得的划分

《税法》所称来源于中国境内、境外的所得，按照以下原则确定：

1. 销售货物所得，按照交易活动发生地确定。

2. 提供劳务所得，按照劳务发生地确定。

3. 转让财产所得：①不动产转让所得按照不动产所在地确定；②动产转让所得按照转让动产的企业或者机构、场所所在地确定；③权益性投资资产转让所得按照被投资企业所在地确定。

4. 股息、红利等权益性投资所得，按照分配所得的企业所在地确定。

5. 利息所得、租金所得、特许权使用费所得，按照负担、支付所得的企业或者机构、场所所在地确定，或者按照负担、支付所得的个人的住所地确定。

6. 其他所得，由国务院财政、税务主管部门确定。

三、税率

企业所得税的税率设计原则是兼顾国家、企业、职工个人三者利益，既保证国家财政收入的稳定增长，又保证企业拥有一定财力用于扩大再生产。我国企业所得税实行比例税率，基本税率设定为25%。实际征收时具体适用税率如下：

1. 基本税率为25%，适用居民企业和在中国境内设有机构、场所且取得的所得与所设机构、场所有实际联系的非居民企业。

2. 低税率为20%，适用小型微利企业和在中国境内未设立机构、场所，或者虽设立机构、场所但取得的所得与所设机构、场所没有实际联系的非居民企业。

（1）为了充分发挥小型微利企业在技术创新、吸纳就业等方面的优势，借鉴一些国家的做法，对小型微利企业采取了20%的低税率。小型微利企业，是指从事国家非限制和禁止行业，并符合规定条件的居民企业。

（2）对于未在中国境内设立机构、场所而有来源于中国境内的股息、利息、租金、特许权使用费和其他所得的非居民企业，或者虽设立机构、场所但取得的上述所得与其所设机构、场所没有实际联系的非居民企业，其企业所得税适用税率为20%。但对这类纳税人实际征税时适用10%的税率。

3. 优惠税率为15%，适用国家需要重点扶持的高新技术企业。减按15%的税率征收企业所得税的高新技术企业是指在国家规定的重点支持的高新技术领域内，持续进行研究开发与技术成果转化，形成企业核心自主知识产权，并以此为基础开展经营活动，在中国境内（不包括港、澳、台地区）注册1年以上的居民企业。

四、计税依据

企业所得税的计税依据是应纳税所得额，简称应税所得额。

（一）应纳税所得额的确定

1. 确定方法。

应纳税所得额是指纳税人在一定期间所获得的所有收入减除在该纳税期间依法允许减除的各种支出后的余额。按《企业所得税法》规定，应纳税所得额为企业每一纳税年度的收入总额，减除不征税收入、免税收入、各项扣除以及允许弥补的以前年度亏损后的余额。用公式表示如下：

应纳税所得额=收入总额－不征税收入－免税收入－各项扣除－以前年度亏损

2. 确定原则。

（1）权责发生制原则。应纳税所得额的计算，以权责发生制为基础。权责发生制是会计主体进行会计确认、计量和报告的基础。权责发生制以权利取得和责任的发生为标志确认本期的收入、费用及债权、债务。一般而言，企业所得税的纳税主体与会计核算主体一致，应纳税所得额的计算以会计核算的结果为基础，因而应纳税所得额的计算也采用会计核算的基本原则，即权责发生制原则。

（2）税法优先原则。按照《企业所得税法》规定，在计算应纳税所得额时，如果企业财务、会计处理办法同税收法律、行政法规的规定不一致，应当依照税收法律、行政法规的规定进行纳税调整，并据此重新计算应纳税额。具体而言，就是在计算企业应纳税所得额时，《企业所得税法》有明确规定的，按《企业所得税法》规定执行；《企业所得税法》没有明确规定的，一般可按财务会计制度执行；两者规定不一致的，按《企业所得税法》规定进行纳税调整。

（二）收入总额

《企业所得税法》规定，企业以货币形式和非货币形式从各种来源取得的收入为收入总额。具体包括销售货物收入，提供劳务收入，转让财产收入，股息、红利等权益性投资收益，利息收入，租金收入，特许权使用费收入，接受捐赠收入，其他收入等。

企业取得收入的货币形式，包括现金、存款、应收账款、应收票据、准备持有至到期的债券投资以及债务的豁免等；企业取得收入的非货币形式，包括固定资产、生物资产、无形资产、股权投资、存货、不准备持有至到期的债券投资、劳务以及有关权益等。企业以非货币形式取得的收入，应当按照公允价值，即市场价格确定收入额。

1. 收入确认原则。

（1）收入实现原则。收入实现原则，是指只有当收入被企业实现后，才能计入收入总额。确认收入实现的一个重要标志是企业对该收入具有权利要求，也就是说企业对该收入的使用或处置没有受到限制，或没有限定义务去退还该收入。如企业取得的包装物押金和银行借款就不能确认为应税收入。实际工作中，确认收入实现一般需要同时满足以下三个条件：一是企业获得已实现经济利益或潜在经济利益的控制权；二是与交易相关的经济利益能够流入企业；三是相关的收入和成本能够合理地计量。

（2）权责发生制原则。权责发生制是确定应纳税所得额的基本原则，这当然也包括了企业收入总额的确认。就收入确认而言，按该原则，凡是当期已经实现的收入，不论款项是否收到，都应当确认为当期的收入；凡是不属于当期的收入，即使款项已在当期收到，也不应当作为当期的收入。权责发生制条件下，企业收入的确认一般应同时满足以下两个条件：一是支持取得该收入权利的事项已经发生；二是应该取得的收入额可以被合理、准确地确定。

（3）纳税必要资金原则。纳税必要资金是指当纳税人有足够财力缴税时，才能确认收入并就该收入缴税。从基本原理来看，企业所得税制度是建立在纳税人纳税能力基础上的，纳税人的纳税数额与纳税能力直接相关。对收入总额的确认来说，纳税人在当期纳税年度的纳税能力更为重要。为区分纳税人一般纳税能力和当年纳税能力，有必要引入纳税必要资金概念。这一概念为已实现收入的交易递延纳税提供了基本理论依据。例如对符合条件的企业重组业务，可暂不确认资产转让所得或损失；对分期收款销售，允许按照合同约定的收款日期分期确认收入的实现，并按配比原则结转相应的成本就是纳税必要资金概念的运用。

2. 一般收入的确认。

（1）销售货物收入，是指企业销售商品、产品、原材料、包装物、低值易耗品以及其他存货取得的收入。企业应当按照从购货方已收或应收的合同或协议价款确定销售货物收入金额。

企业销售货物收入，除《企业所得税法》及实施条例另有规定外，按权责发生制原则和实质重于形式原则确认收入的实现。具体来说，企业销售商品同时满足下列条件的，应确认收入的实现：

①商品销售合同已经签订，企业已将商品所有权相关的主要风险和报酬转移给购货方。

②企业对已售出的商品既没有保留通常与所有权相联系的继续管理权，也没有实施有效控制。

③收入的金额能够可靠地计量。

④已发生或将发生的销售方的成本能够可靠地核算。

符合上述收入确认条件，采取下列商品销售方式的，应按以下规定确认收入实现时间：

①销售商品采用托收承付方式的，在办妥托收手续时确认收入。

②销售商品采取预收款方式的，在发出商品时确认收入。

③销售商品需要安装和检验的，在购买方接受商品以及安装和检验完毕时确认收入。如果安装程序比较简单，可在发出商品时确认收入。

④销售商品采用支付手续费方式委托代销的，在收到代销清单时确认收入。

其他销售形式收入的确认：

①采用售后回购方式销售商品的，销售的商品按售价确认收入，回购的商品作为购进商品处理。有证据表明不符合销售收入确认条件的，如以销售商品方式进行融资，收到的款项应确认为负债，回购价格大于原售价的，差额应在回购期间确认为利息费用。

②销售商品以旧换新的，销售商品应当按照销售商品收入确认条件确认收入，回收的商品作为购进商品处理。

③商品销售涉及商业折扣的，应当按照扣除商业折扣后的金额确定销售商品收入金额；销售商品涉及现金折扣的，应当按扣除现金折扣前的金额确定销售商品收入金额，现金折扣在实际发生时作为财务费用扣除；企业已经确认销售收入的售出商品发生销售折让和销售退回，应当在发生当期冲减当期销售商品收入。

需要注意的是，企业以买一赠一等方式组合销售本企业商品的，不属于捐赠，应将总的销售金额按各项商品的公允价值的比例来分摊确认各项的销售收入。（以上内容见《国家税务总局关于确认企业所得税收入若干问题的通知》国税函〔2008〕875号）

（2）提供劳务收入，是指企业从事建筑安装、修理修配、交通运输、仓储租赁、金融保险、邮电通信、咨询经纪、文化体育、科学研究、技术服务、教育培训、餐饮住宿、中介代理、卫生保健、社区服务、旅游、娱乐、加工以及其他劳务服务活动取得的收入。

企业应按照从接受劳务方已收或应收的合同或协议价款确定劳务收入总额，根据纳税期末提供劳务收入总额乘以完工进度扣除以前纳税年度累计已确认提供劳务收入后的金额，确认为当期劳务收入；同时，按照提供劳务估计总成本乘以完工进度扣除以前纳税期间累计已确认劳务成本后的金额，结转为当期劳务成本。

企业在各个纳税期末，提供劳务交易的结果能够可靠估计的，应当采用完工百分比法确认提供劳务收入。提供劳务交易的结果能够可靠估计，是指同时满足下列条件：

①收入的金额能够可靠地计量；

②交易的完工进度能够可靠地确定；

③交易中已发生和将发生的成本能够可靠地核算。

完工百分比法，是指按照提供劳务交易的完工进度确认收入与费用的方法。企业提供劳务完工进度的确定，可选用下列方法：

①已完工作的测量；

②已提供劳务占劳务总量的比例；

③已发生成本占总成本的比例。

下列提供劳务满足收入确认条件的，应按规定确认收入：

①安装费。应根据安装完工进度确认收入。安装工作是商品销售附带条件的，安装费在确认商品销售实现时确认收入。

②宣传媒介的收费。应在相关的广告或商业行为出现于公众面前时确认收入。广告的制作费，应根据制作广告的完工进度确认收入。

③软件费。为特定客户开发软件的收费，应根据开发的完工进度确认收入。

④服务费。包含在商品售价内可区分的服务费，在提供服务的期间分期确认收入。

⑤艺术表演、招待宴会和其他特殊活动的收费。在相关活动发生时确认收入。收费涉及几项活动的，预收的款项应合理分配给每项活动，分别确认收入。

⑥会员费。申请入会或加入会员，只允许取得会籍，所有其他服务或商品都要另行收费的，在取得该会员费时确认收入。申请入会或加入会员后，会员在会员期内不再付费就可得到各种服务或商品，或者以低于非会员的价格销售商品或提供服务的，该会员费应在整个受益期内分期确认收入。

⑦特许权费。属于提供设备和其他有形资产的特许权费，在交付资产或转移资产所有权时确认收入；属于提供初始及后续服务的特许权费，在提供服务时确认收入。

⑧劳务费。长期为客户提供重复的劳务收取的劳务费，在相关劳务活动发生时确认收入。（以上内容见《国家税务总局关于确认企业所得税收入若干问题的通知》国税函〔2008〕875号）

（3）转让财产收入，是指企业转让固定资产、生物资产、无形资产、股权、债权等财产取得的收入。企业应当按照从财产受让方已收或应收的合同或协议价款确定转让财产收入金额。

企业转让股权收入，应于转让协议生效且完成股权变更手续时，确认收入的实现。转让股权收入扣除为取得该股权所发生的成本后，为股权转让所得。企业在计算股权转让所得时，不得扣除被投资企业未分配利润等股东留存收益中按该项股权所可能分配的金额。（见《国家税务总局关于贯彻落实企业所得税法若干税收问题的通知》国税函〔2010〕79号）

非居民企业直接转让中国境内居民企业股权，如果股权转让合同或协议约定采取分期付款方式的，应于合同或协议生效且完成股权变更手续时，确认收入实现。（见《国家税务总局关于非居民企业所得税管理若干问题的公告》总局公告2011年第24号）

企业向公益性社会团体实施的股权（企业持有的其他企业的股权、上市公司股票等）捐赠，应按规定视同转让股权，股权转让收入额以企业所捐赠股权取得时的历史成本确定。企业实施股权捐赠后，以其股权历史成本为依据确定捐赠额，并依此按照《税法》有关规定在所得税前予以扣除。公益性社会团体接受股权捐赠后，应按照捐赠企业提供的股权历史成本开具捐赠票据。（见《财政部、国家税务总局关于公益股权捐赠企业所得税政策问题的通知》财税〔2016〕45号）

（4）股息、红利等权益性投资收益，是指企业对外投资入股从被投资方取得的收入。企业应当按照从被投资企业分配的股息、红利和其他利润分配收益全额确认股息、红利收益金额。

企业权益性投资取得股息、红利等收入，应以被投资企业股东会或股东大会作出利润分配或转股决定的日期，确认收入的实现。被投资企业将股权（票）溢价所形成的资本公积转为股本的，不作为投资方企业的股息、红利收入，投资方企业也不得增加该项长期股权投资的计税基础。（见《国家税务总局关于贯彻落实企业所得税法若干税收问题的通知》国税函〔2010〕79号）

（5）利息收入，是指企业将资金提供他人使用但不构成权益性投资，或者因他人占用本企业资金取得的收入，包括存款利息、贷款利息、债券利息、欠款利息等收入。企业利息收入金额，应当按照有关借款合同或协议约定的金额确定。

利息收入，按照合同或协议约定的债务人应付利息的日期确认收入的实现。

金融企业按规定发放的贷款，属于未逾期贷款（含展期），应根据先收利息后收本金的原则，按贷款合同确认的利率和结算利息的期限计算利息，并于债务人应付利息的日期确认收入的实现；属于逾期贷款，其逾期后发生的应收利息，应于实际收到的日期，或者虽未实际收到，但会计上确认为利息收入的日期，确认收入的实现。（见《国家税务总局关于金融企业贷款利息收入确认问题的公告》总局公告2010年第23号）

（6）租金收入，是指企业提供固定资产、包装物或者其他有形资产的使用权取得的收入。企业租金收入金额，应当按照有关租赁合同或协议约定的金额全额确定。

租金收入，按照合同或协议约定的承租人应付租金的日期确认收入的实现。

企业提供固定资产、包装物或者其他有形资产的使用权取得的租金收入，如果交易合同或协议中规定租赁期限跨年度，且租金提前一次性支付的，根据《中华人民共和国企业所得税法实施条例》第九条规定的收入与费用配比原则，出租人可对上述已确认的收入，在租赁期内，分期均匀计入相关年度收入。（见《国家税务总局关于贯彻落实企业所得税法若干税收问题的通知》国税函〔2010〕79号）

（7）特许权使用费收入，是指企业提供专利权、非专利技术、商标权、著作权以及其他特许权的使用权取得的收入。企业特许权使用费收入金额，应当按照有关使用合同或协议约定的金额全额确定。

特许权使用费收入，按照合同或协议约定的特许权使用人应付特许权使用费的日期确认收入的实现。

（8）接受捐赠收入，是指企业接受来自其他企业、组织或者个人无偿给予的货币性资产、非货币性资产。

企业接受捐赠收入金额，属于货币性资产的，按照实际收到的金额确定；属于非货币性资产的，以其公允价值确定。（见《财政部、国家税务总局民政部关于公益性捐赠税前扣除有关问题的通知》财税〔2008〕160号）

接受捐赠收入，按照实际收到捐赠资产的日期确认收入的实现。

（9）其他收入，是指企业取得的上述8项收入外的其他收入，包括企业资产溢余收入、逾期未退包装物押金收入、确实无法偿付的应付款项、已作坏账损失处理后又收回的应收款项、债务重组收入、补贴收入、违约金收入、汇兑收益等。企业其他收入金额，按照实际收入额或相关资产的公允价值确定。

①根据《企业所得税法》及其实施条例规定的权责发生制原则，广西合山煤业有限责任公司取得的未来煤矿开采期间因增加排水或防止浸没支出等而获得的补偿款，应确认为递延收益，按直线法在取得补偿款当年及以后的10年内分期计入应纳税所得，如实际开采年限短于10年，应在最后一个开采年度将尚未计入应纳税所得的补偿款全部计入应纳税所得。（见《国家税务总局关于广西合山煤业有限责任公司取得补偿款有关所得税处理问题的批复》国税函〔2009〕18号）

②企业发生债务重组，应在债务重组合同或协议生效时确认收入的实现。（见《国家税

务总局关于贯彻落实企业所得税法若干税收问题的通知》国税函〔2010〕79 号）

需要注意的是，企业取得财产（包括各类资产、股权、债权等）转让收入、债务重组收入、接受捐赠收入、无法偿付的应付款收入等，不论是以货币形式、还是非货币形式体现，除另有规定外，均应一次性计入确认收入的年度计算缴纳企业所得税。（见《国家税务总局关于企业取得财产转让等所得企业所得税处理问题的公告》总局公告 2010 年第 19 号）

3. 特殊事项收入的确认。

（1）以分期收款方式销售货物的，按照合同约定的收款日期分期确认收入的实现。

（2）企业受托加工制造大型机械设备、船舶、飞机，以及从事建筑、安装、装配工程业务或者提供其他劳务等，持续时间超过 12 个月的，按照纳税年度内完工进度或者完成的工作量确认收入的实现。

（3）采取产品分成方式取得收入的，按照企业分得产品的日期确认收入的实现，其收入额按照产品的公允价值确定。

（4）企业发生非货币性资产交换，以及将货物、财产、劳务用于捐赠、偿债、赞助、集资、广告、样品、职工福利或者利润分配等用途的，应当视同销售货物、转让财产或者提供劳务，其收入额按照公允价值确定。

（三）不征税收入

不征税收入，是指从性质和根源上不属于企业营利性活动带来的经济利益、不负有纳税义务并不作为应纳税所得额组成部分的收入。目前，除了企业外，有些机构不以营利为目的，其取得的收入主要是财政拨款或为承担行政职能、提供特定的公共服务而收取的行政事业性收费，对这类组织取得的非营利性收入征税没有实际意义。此外，国家为了扶持和鼓励某些特殊行业或特定项目，往往拨付给相关企业一定数额的财政专项资金以及给予减免税照顾，对企业取得的这些收入，也不宜计入应税所得征税。

不征税收入不属于税收优惠，属于企业的收入总额，只是在计算企业应纳税所得额时将其排除在外。需要注意的是，企业的不征税收入用于支出所形成的费用，不得在计算应纳税所得额时扣除；企业的不征税收入用于支出所形成的资产，其计算的折旧、摊销不得在计算应纳税所得额时扣除。

企业取得的财政拨款，行政事业性收费、政府性基金，以及具有专项用途的财政性资金为不征税收入。企业取得的不征税收入，应当按照财税〔2011〕70 号文件的规定进行处理。凡未按照规定进行管理的，应作为企业应税收入计入应纳税所得额，依法缴纳企业所得税。（见《国家税务总局关于企业所得税应纳税所得额若干税务处理问题的公告》总局公告 2012 年第 15 号）

不征税收入各组成部分的具体含义及所得税处理规定如下：

1. 财政拨款。

财政拨款，是指各级人民政府对纳入预算管理的事业单位、社会团体等组织拨付的财政资金，但国务院及其财政、税务主管部门另有规定的除外。

2. 行政事业性收费和政府性基金。

行政事业性收费，是指依照法律法规等有关规定，按照国务院规定程序批准，在实施社会公共管理，以及在向公民、法人或者其他组织提供特定公共服务过程中，向特定对象收取并纳入财政管理的费用。政府性基金，是指企业依照法律、行政法规等有关规定，代政府收取的具有专项用途的财政资金。

（1）企业按照规定缴纳的、由国务院或财政部批准设立的政府性基金以及由国务院和省、自治区、直辖市人民政府及其财政、价格主管部门批准设立的行政事业性收费，准予在计算应纳税所得额时扣除。企业缴纳的不符合上述审批管理权限设立的基金、收费，不得在计算应纳税所得额时扣除。

（2）企业收取的各种基金、收费，应计入企业当年收入总额。

（3）对企业依照法律、法规及国务院有关规定收取并上缴财政的政府性基金和行政事业性收费，准予作为不征税收入，于上缴财政的当年在计算应纳税所得额时从收入总额中减除；未上缴财政的部分，不得从收入总额中减除。

3. 其他不征税收入。

企业取得的，由国务院财政、税务主管部门规定专项用途并经国务院批准的财政性资金为国务院规定的其他不征税收入。

（1）企业取得的各类财政性资金，除属于国家投资和资金使用后要求归还本金的以外，均应计入企业当年收入总额。国家投资，是指国家以投资者身份投入企业、并按有关规定相应增加企业实收资本（股本）的直接投资。国家以投资者身份投入企业、并按有关规定相应增加企业实收资本（股本）的直接投资，是一种投资行为，企业不能将其列为收入。

（2）对企业取得的由国务院财政、税务主管部门规定专项用途并经国务院批准的财政性资金，准予作为不征税收入，在计算应纳税所得额时从收入总额中减除。财政性资金，是指企业取得的来源于政府及其有关部门的财政补助、补贴、贷款贴息，以及其他各类财政专项资金，包括直接减免的增值税和即征即退、先征后退、先征后返的各种税收，但不包括企业按规定取得的出口退税款。

（3）纳入预算管理的事业单位、社会团体等组织按照核定的预算和经费报领关系收到的由财政部门或上级单位拨入的财政补助收入，准予作为不征税收入，在计算应纳税所得额时从收入总额中减除，但国务院及其财政、税务主管部门另有规定的除外。（以上内容见《财政部、国家税务总局关于财政性资金、行政事业性收费、政府性基金有关企业所得税政策问题的通知》财税〔2008〕151号）

需要注意的是，按照现行会计准则的规定，企业实际收到的地方政府财政补贴和税收返还等，属于政府补助的范畴。这些政府补助有的就是变相“减免税”，并非《税法》所称的“财政拨款”，一般作为应税收入征收企业所得税。但是，企业从县级以上各级人民政府财政部门及其他部门取得的应计入收入总额的财政性资金，凡同时符合以下条件的，可以作为不征税收入，在计算应纳税所得额时从收入总额中减除：

（1）企业能够提供规定资金专项用途的资金拨付文件；

（2）财政部门或其他拨付资金的政府部门对该资金有专门的资金管理办法或具体管理要求；

（3）企业对该资金以及以该资金发生的支出单独进行核算。

企业将符合上述规定条件的财政性资金作不征税收入处理后，在5年（60个月）内未发生支出且未缴回财政部门或其他拨付资金的政府部门的部分，应计入取得该资金第6年的应税收入总额；计入应税收入总额的财政性资金发生的支出，允许在计算应纳税所得额时扣除。（以上内容见《财政部、国家税务总局关于专项用途财政性资金企业所得税处理问题的通知》财税〔2011〕70号）

国务院财政、税务主管部门明确规定专项用途的下列财政性资金，可作为不征税收入：

（1）符合条件的软件企业按照规定取得的即征即退增值税款，由企业专项用于软件产品研发和扩大再生产并单独进行核算的，可以作为不征税收入，在计算应纳税所得额时从收入总额中减除。（见《财政部、国家税务总局关于进一步鼓励软件产业和集成电路产业发展企业所得税政策的通知》财税〔2012〕27号）

（2）自2008年1月1日起，核力发电企业取得的增值税退税款，专项用于还本付息，不征收企业所得税。（见《财政部、国家税务总局关于核电行业税收政策有关问题的通知》财税〔2008〕38号）

（3）煤层气抽采企业先征后退的增值税税款由企业专项用于煤层气技术的研究和扩大再生产，不征收企业所得税。煤层气是指赋存于煤层及其围岩中与煤炭资源伴生的非常规天然气，也称煤矿瓦斯。（见《财政部、国家税务总局关于加快煤层气抽采有关税收政策问题的通知》财税〔2007〕16号）

（四）免税收入

免税收入是指免予征收企业所得税的收入，即允许企业计算应纳税所得额时将这些收入从收入总额中减除。免税收入和不征税收入的最大区别在于，企业取得的不征税收入不属于营利活动带来的经济利益，从税制原理上就不应缴纳企业所得税；而免税收入是企业应税收入的组成部分，按照税制原理应当缴纳企业所得税，但国家出于某些特殊方面的考虑而允许其免予纳税。因此，不征税收入不属于税收优惠，而免税收入属于税收优惠。《企业所得税法》规定的免税收入如下：

1. 国债利息收入。为了鼓励企业购买国债，对企业持有国务院财政部门发行的国债取得的利息收入，免征企业所得税。有关国债利息收入免税的具体规定如下：

（1）企业从发行者直接投资购买的国债持有至到期，其从发行者取得的国债利息收入，全额免征企业所得税。

（2）企业到期前转让国债，或者从非发行者投资购买的国债，其持有期间尚未兑付的国债利息收入，免征企业所得税。其计算公式如下：

$$国债利息收入 = 国债金额 \times (适用年利率 \div 365) \times 持有天数$$

（3）企业转让或到期兑付国债取得的价款，减除其购买国债成本，并扣除其持有期间按照上述公式计算的国债利息收入以及交易过程中相关税费后的余额，为企业转让国债收益（损失）。企业转让国债，属于转让财产，其取得的收益（损失）应作为企业应纳税所得额计算纳税。（以上内容见《国家税务总局关于企业国债投资业务企业所得税处理问题的公告》总局公告2011年第36号）

2. 符合条件的居民企业之间的股息、红利等权益性投资收益。该收益是指居民企业直接投资于其他居民企业取得的投资收益，但不包括连续持有居民企业公开发行并上市流通的股票不足12个月取得的投资收益。

3. 在中国境内设立机构、场所的非居民企业从居民企业取得与该机构、场所有实际联系的股息、红利等权益性投资收益。该收益不包括连续持有居民企业公开发行并上市流通的股票不足 12 个月取得的投资收益。

4. 符合条件的非营利组织的收入。非营利组织的下列收入为免税收入：

（1）接受其他单位或者个人捐赠的收入；

（2）除《企业所得税法》第七条规定的财政拨款以外的其他政府补助收入，但不包括因政府购买服务取得的收入；

（3）按照省级以上民政、财政部门规定收取的会费；

（4）不征税收入和免税收入孳生的银行存款利息收入；

（5）财政部、国家税务总局规定的其他收入。

符合条件的非营利组织的收入，不包括非营利组织从事营利性活动取得的收入，但国务院财政、税务主管部门另有规定的除外。（以上内容见《财政部、国家税务总局关于非营利组织企业所得税免税收入问题的通知》财税〔2009〕122 号）

依法认定的符合条件的非营利组织，必须同时满足以下条件：

（1）依照国家有关法律法规设立或登记的事业单位、社会团体、基金会、社会服务机构、宗教活动场所、宗教院校以及财政部、税务总局认定的其他非营利组织；

（2）从事公益性或者非营利性活动；

（3）取得的收入除用于与该组织有关的、合理的支出外，全部用于登记核定或者章程规定的公益性或者非营利性事业；

（4）财产及其孳息不用于分配，但不包括合理的工资薪金支出；

（5）按照登记核定或者章程规定，该组织注销后的剩余财产用于公益性或者非营利性目的，或者由登记管理机关采取转赠给与该组织性质、宗旨相同的组织等处置方式，并向社会公告（取得免税资格的非营利组织注销时，剩余财产处置违反本项规定的，应追缴其应纳企业所得税款）；

（6）投入人对投入该组织的财产不保留或者享有任何财产权利，本款所称投入人是指除各级人民政府及其部门外的法人、自然人和其他组织；

（7）工作人员工资福利开支控制在规定的比例内，不变相分配该组织的财产，其中：工作人员平均工资薪金水平不得超过税务登记所在地的地市级（含地市级）以上地区的同行业同类组织平均工资水平的两倍，工作人员福利按照国家有关规定执行；

（8）对取得的应纳税收入及其有关的成本、费用、损失应与免税收入及其有关的成本、费用、损失分别核算。

经省级（含省级）以上登记管理机关批准设立或登记的非营利组织，凡符合规定条件的，应向其所在地省级税务主管机关提出免税资格申请，并提供规定的相关材料；经地市级或县级登记管理机关批准设立或登记的非营利组织，凡符合规定条件的，分别向其所在地的地市级或县级税务主管机关提出免税资格申请，并提供规定的相关材料。

财政、税务部门按照上述管理权限，对非营利组织享受免税的资格联合进行审核确认，并定期予以公布。非营利组织免税优惠资格的有效期为五年。非营利组织应在免税优惠资格期满后六个月内提出复审申请，不提出复审申请或复审不合格的，其享受免税优惠的资格到期自动失效。

非营利组织认定管理的具体办法详见《财政部、税务总局关于非营利组织免税资格认定管理有关问题的通知》（财税〔2018〕13 号）。

需要注意的是，根据《中华人民共和国企业所得税法实施条例》第二十七条、第二十八条的规定，企业取得的各项免税收入所对应的各项成本费用，除另有规定者外，可以在计算企业应纳税所得额时扣除。（见《国家税务总局关于贯彻落实企业所得税法若干税收问题的通知》国税函〔2010〕79 号）

（五）各项扣除

企业所得税针对企业取得的纯所得征收，因此，企业生产经营过程中发生的必要的、合理的支出应当在计算应纳税所得额时扣除。

1. 税前扣除的原则。

企业计算应纳税所得额时，税前扣除项目和金额要真实、合法。所谓真实是指能够证明有关支出确实已经实际发生；合法是指各项支出必须符合税收法规的规定，若与税收法规规定不一致，应以税收法规的规定为标准。除《企业所得税法》及其实施条例另有规定外，企业所得税允许税前扣除的支出一般应符合以下三个原则：

①权责发生制原则。就费用扣除而言，该原则是指凡属于当期的费用，不论款项是否实际支付，都应确认为当期费用在税前扣除；凡不属于当期的费用，即使款项已经在当期支付，也不能作为当期费用在税前扣除。

②配比原则。纳税人发生的费用应当与收入配比扣除。除特殊规定外，企业发生的费用不得提前或延后扣除。

③合理性原则。可在税前扣除的支出是正常和必要的，计算和分配的方法应当符合经营常规。

2. 限制性扣除规定。

（1）限制个人费用的扣除。个人发生的费用，与取得应税收入有关的，允许税前扣除；与取得收入无关，不形成一项经营活动，不会获利，不允许扣除。

（2）限制资本性支出的即时扣除。企业发生的支出应当区分收益性支出和资本性支出。收益性支出在发生当期直接扣除；为长期、持续获得利润而发生的资本性支出，如建造厂房、购置设备、购买专利等一般计入有关资产成本通过折旧或摊销方式在资产使用期间分期扣除，不允许在发生的当期一次性直接扣除。

（3）限制不征税收入支出的扣除。企业的不征税收入用于支出所形成的费用不得税前扣除；用于支出所形成的资产，其计算的折旧、摊销不得在税前扣除。

（4）限制重复扣除。除《企业所得税法》及其实施条例另有规定外，企业实际发生的成本、费用、税金、损失和其他支出，不得重复扣除。

（5）其他政策性限制扣除。企业发生的一些支出，虽然符合税前扣除的基本条件和一般原则，但出于政策方面的考虑，不鼓励发生这些支出的活动，甚至国家对这些活动还要进行处罚，如罚款、贿赂及类似的非法支出，不予扣除。

3. 允许扣除项目范围。

《企业所得税法》及其实施条例规定，企业实际发生的与取得收入有关的、合理的支出，包括成本、费用、税金、损失和其他支出，准予在计算应纳税所得额时扣除。

（1）成本。成本是指企业在生产经营活动中发生的销售成本、销货成本、业务支出以及其他耗费。

《企业所得税法》中的成本概念与一般会计意义上的成本概念有所不同。会计上的成本是指企业在生产产品、提供劳务过程中劳动对象、劳动手段和活劳动的耗费，是针对一定的产出物计算归集的对象化的费用。在实务中，成本一般包括直接材料、直接人工、燃料动力、制造费用。而《企业所得税法》中成本归集的内容远多于会计上的成本，不仅包括企业的主营业务成本（销售商品、提供劳务等），还包括其他业务成本（销售材料、转让技术等）和营业外支出（债务重组损失、公益性捐赠支出等）。

①销售成本，这是针对以制造业为主的生产性企业而言的成本概念。生产企业在生产产品过程中，将耗费产品所需的原材料、直接人工以及辅助材料、物料等，这些都属于销售成本的组成部分。

②销货成本，这是针对以商业为主的流通性企业而言的成本概念。流通企业的成本主要是销售货物的成本，包括购置于生产性企业货物的购买价和归属于销售货物所发生的支出。

③业务支出，这是针对以服务业为主的服务性企业而言的成本概念。服务企业的成本主要包括提供服务过程中直接耗费的原材料、服务人员的工资薪金等直接可归属于服务的其他支出。

④其他耗费，凡是企业生产产品、销售商品、提供劳务等过程中耗费的直接相关支出，如果没有列入费用的范畴，将被允许列入成本的范围，准予税前扣除。

实际工作中，企业必须将经营活动中发生的成本合理划分为直接成本和间接成本。直接成本是可直接计入有关成本计算对象或劳务的经营成本中的直接材料、直接人工等。间接成本是指多个部门为同一成本对象提供服务的共同成本，或者同一种投入可以制造、提供两种或两种以上的产品或劳务的联合成本。

直接成本可根据有关会计凭证、记录直接计入有关成本计算对象或劳务的经营成本中。间接成本必须根据与成本计算对象之间的因果关系、成本计算对象的产量等，以合理的方法分配计入有关成本计算对象中。

（2）费用。费用是指企业在生产经营活动中发生的销售费用、管理费用和财务费用，已经计入成本的有关费用除外。

①销售费用，是指企业在销售商品和材料、提供劳务过程中发生的各项必要与正常的支出。

②管理费用，是指企业的行政管理部门等为管理、组织经营活动提供各项支援性服务而发生的支出。

③财务费用，是指企业筹集经营性资金而发生的费用，包括利息净支出、汇兑净损失、金融机构手续费以及其他非资本化支出等。

（3）税金。税金是指企业发生的除企业所得税和允许抵扣的增值税以外的各项税金及其附加。税金具体包括纳税人经营活动中发生的在“税金及附加”科目核算的消费税、资源税、土地增值税、城市维护建设税、烟叶税、环境保护税、房产税、车船税、城镇土地使用税、印花税、教育费附加等，以及计入相关资产成本的车辆购置税、契税、耕地占用税等税金。这些已纳的税金扣除方式有两种，一是在发生的当期直接扣除；二是在发生的当期计入相关资产成本，在以后通过折旧、摊销分期扣除。

企业所得税税款本质上是企业利润分配的支出，是国家参与企业经营成果分配的一种形式，而非为取得经营收入实际发生的费用支出，不能作为企业的税金在税前扣除。

增值税属于价外税，逐环节征税、逐环节抵扣，税款实际上由下一环节纳税人负担，并最终转嫁给消费者。由于每一环节的经营者只是代国家收取税款，本身并不负担税款，因此允许抵扣的增值税税款不能作为税金在税前扣除。但是，按规定不得抵扣的进项税额和购进货物发生的非正常损失（因管理不善造成被盗、丢失和霉烂变质等）转出的进项税额可以税前扣除。

（4）损失。准予在企业所得税税前扣除的资产损失，是指企业在实际处置、转让资产过程中发生的合理损失（简称实际资产损失），以及企业虽未实际处置、转让资产，但符合财税〔2009〕57号文件和《企业资产损失所得税税前扣除管理办法》规定条件计算确认的损失（简称法定资产损失）。此处的资产是指企业拥有或者控制的、用于经营管理活动相关的资产，包括现金、银行存款、应收及预付款项（包括应收票据、各类垫款、企业之间往来款项）等货币性资产，存货、固定资产、无形资产、在建工程、生产性生物资产等非货币性资产，以及债权性投资和股权（权益）性投资。

企业发生的资产损失，应按规定的程序和要求向主管税务机关申报，未经申报的损失，不得在税前扣除。企业资产损失按其申报内容和要求的不同，分为清单申报和专项申报两种申报形式。下列资产损失，应以清单申报的方式向税务机关申报扣除：

①企业在正常经营管理活动中，按照公允价格销售、转让、变卖非货币资产的损失；

②企业各项存货发生的正常损耗；

③企业固定资产达到或超过使用年限而正常报废清理的损失；

④企业生产性生物资产达到或超过使用年限而正常死亡发生的资产损失；

⑤企业按照市场公平交易原则，通过各种交易场所、市场等买卖债券、股票、期货、基金以及金融衍生产品等发生的损失。

上述以外的资产损失，应以专项申报的方式向税务机关申报扣除。

需要注意的是，企业向税务机关申报扣除资产损失，仅需填报企业所得税年度纳税申报表《资产损失税前扣除及纳税调整明细表》，不再报送资产损失相关资料。相关资料由企业留存备查。企业应当完整保存资产损失相关资料，保证资料的真实性、合法性。（见《国家税务总局关于企业所得税资产损失资料留存备查有关事项的公告》总局公告2018年第15号）

企业发生的损失，减除责任人赔偿和保险赔款后的余额，在实际确认或者实际发生的当年申报扣除，不得提前或延后扣除。具体来说，企业实际资产损失，应当在其实际发生且会计上已作损失处理的年度申报扣除；法定资产损失，应当在企业向主管税务机关提供证据资料证明该项资产已符合法定资产损失确认条件，且会计上已作损失处理的年度申报扣除。

企业以前年度发生的资产损失未能在当年税前扣除的，可以向税务机关说明并进行专项申报扣除。其中，属于实际资产损失，准予追补至该项损失发生年度扣除，其追补确认期限一般不得超过5年；属于法定资产损失，应在申报年度扣除。

企业已经作为损失处理的资产，在以后纳税年度全部或者部分收回时，其收回部分应当作为收入计入收回当期的应纳税所得额。

企业因存货盘亏、毁损、报废、被盗等原因不得从增值税销项税额中抵扣的进项税额，可以与存货损失一起在计算应纳税所得额时扣除。

有关资产损失的确认以及申报管理等规定详见《企业资产损失税前扣除管理办法》（总局公告 2011 年第 25 号）、《财政部、国家税务总局关于企业资产损失税前扣除政策的通知》（财税〔2009〕57 号）和《国家税务总局关于企业因国务院决定事项形成的资产损失税前扣除问题的公告》（总局公告 2014 年第 18 号）。

其他有关资产损失规定如下：

①企业对外进行权益性（股权）投资所发生的损失，在经确认的损失发生年度，作为企业损失在计算企业应纳税所得额时一次性扣除。（见《国家税务总局关于企业股权投资损失所得税处理问题的公告》总局公告 2010 年第 6 号）

②商业零售企业存货因零星失窃、报废、废弃、过期、破损、腐败、鼠咬、顾客退换货等正常因素形成的损失，为存货正常损失，准予按会计科目进行归类、汇总，然后再将汇总数据以清单的形式进行企业所得税纳税申报，同时出具损失情况分析报告。商业零售企业存货因风、火、雷、震等自然灾害，仓储、运输失事，重大案件等非正常因素形成的损失，为存货非正常损失，应当以专项申报形式进行企业所得税纳税申报。存货单笔（单项）损失超过 500 万元的，无论何种因素形成的，均应以专项申报方式进行企业所得税纳税申报。（见《国家税务总局关于商业零售企业存货损失税前扣除问题的公告》总局公告 2014 年第 3 号）

③金融企业涉农贷款、中小企业贷款逾期 1 年以上，经追索无法收回，应依据涉农贷款、中小企业贷款分类证明，按总局公告 2015 年第 25 号规定计算确认贷款损失进行税前扣除。金融企业涉农贷款和中小企业贷款的分类标准，按照《财政部、国家税务总局关于金融企业涉农贷款和中小企业贷款损失准备金税前扣除有关问题的通知》（财税〔2015〕3 号）规定执行。（见《国家税务总局关于金融企业涉农贷款和中小企业贷款损失税前扣除问题的公告》总局公告 2015 年第 25 号）

（5）其他支出。其他支出是指除成本、费用、税金、损失外，企业在生产经营活动中发生的与生产经营活动有关的、合理的支出。有关的支出，是指与取得收入直接相关的支出。合理的支出，是指符合生产经营活动常规，应当计入当期损益或者有关资产成本的必要和正常的支出。

4. 不得扣除的支出项目。

（1）向投资者支付的股息、红利等权益性投资收益款项；

（2）企业所得税税款；

（3）税收滞纳金；

（4）罚金、罚款和被没收财物的损失；

（5）不符合规定的捐赠支出；

（6）非广告性质的赞助支出；

（7）未经核定的准备金支出；

（8）与取得收入无关的其他支出。

5. 以前年度发生应扣未扣支出的处理。

根据《征管法》的有关规定，对企业发现以前年度实际发生的、按照税收规定应在企业所得税前扣除而未扣除或者少扣除的支出，企业作出专项申报及说明后，准予追补至该项目发生年度计算扣除，但追补确认期限不得超过5年。

企业由于上述原因多缴的企业所得税税款，可以在追补确认年度企业所得税应纳税款中抵扣，不足抵扣的，可以向以后年度递延抵扣或申请退税。

亏损企业追补确认以前年度未在企业所得税前扣除的支出，或盈利企业经过追补确认后出现亏损的，应首先调整该项支出所属年度的亏损额，然后再按照弥补亏损的原则计算以后年度多缴的企业所得税款，并按上述规定处理。（以上内容见《国家税务总局关于企业所得税应纳税所得额若干税务处理问题的公告》总局公告2012年第15号）

6. 税前扣除规定与企业实际会计处理之间的协调。

根据《企业所得税法》第二十一条规定，对企业依据财务会计制度规定，并实际在财务会计处理上已确认的支出，凡没有超过《企业所得税法》和有关税收法规规定的税前扣除范围和标准的，可按企业实际会计处理确认的支出，在企业所得税前扣除，计算其应纳税所得额。（见《国家税务总局关于企业所得税应纳税所得额若干税务处理问题的公告》总局公告2012年第15号）

7. 税前扣除时间要求。

企业当年度实际发生的相关成本、费用，由于各种原因未能及时取得该成本、费用的有效凭证，企业在预缴季度所得税时，可暂按账面发生金额进行核算；但在汇算清缴时，应补充提供该成本、费用的有效凭证。（见《国家税务总局关于企业所得税若干问题的公告》总局公告2011年第34号）

8. 税前扣除凭证的规定。

允许税前扣除的各项支出项目除了满足《企业所得税法》相关规定外，还需有相关合法、有效的凭证。允许税前扣除的凭证包括发票、财政票据、完税凭证、收款凭证、分割单、企业自制会计原始凭证以及其他凭证等。企业实际发生的支出，应取得相关税前扣除凭证，作为计算应纳税所得额时扣除相关支出的依据。企业应在当年度《企业所得税法》规定的汇算清缴期结束前取得税前扣除凭证。具体有关税前扣除凭证的管理规定详见《企业所得税税前扣除凭证管理办法》（总局公告2018年第28号）。

需要注意的是，属于增值税应税范围的，发票应作为必要的扣税凭证。而且纳税人使用不符合规定发票，如填写项目不齐全，内容不真实，不得允许纳税人用于税前扣除、抵扣税款、出口退税和财务报销。（见《国家税务总局关于进一步加强普通发票管理工作的通知》国税发〔2008〕80号、《国家税务总局关于加强企业所得税管理的意见》国税发〔2008〕88号、《国家税务总局进一步加强税收征管若干具体措施》国税发〔2009〕114号）

9. 税前扣除的具体项目及标准。

（1）公益性捐赠的税前扣除。

公益性捐赠，是指企业通过公益性社会团体、群众团体或者县级以上人民政府及其部门，用于《中华人民共和国公益事业捐赠法》（简称《公益事业捐赠法》）规定的公益事业的捐赠。公益性社会团体、公益性群众团体，是指同时符合下列条件的基金会、慈善组织等社会团体：

①依法登记，具有法人资格；

②以发展公益事业为宗旨，且不以营利为目的；

③全部资产及其增值为该法人所有；

④收益和营运结余主要用于符合该法人设立目的的事业；

⑤终止后的剩余财产不归属任何个人或者营利组织；

⑥不经营与其设立目的无关的业务；

⑦有健全的财务会计制度；

⑧捐赠者不以任何形式参与社会团体财产的分配；

具体而言，税法所指的公益性社会团体，是指依据《基金会管理条例》和《社会团体登记管理条例》的规定，经民政部门依法登记、符合上述8项条件的基金会、慈善组织等公益性社会团体；公益性群众团体，是指符合上述8项条件、依照《社会团体登记管理条例》规定不需要进行社团登记的人民团体以及经国务院批准免予登记的社会团体。

用于公益事业的捐赠支出，是指《公益事业捐赠法》规定的向公益事业的捐赠支出，具体范围包括：

①救助灾害、救济贫困、扶助残疾人等困难的社会群体和个人的活动；

②教育、科学、文化、卫生、体育事业；

③环境保护、社会公共设施建设；

④促进社会发展和进步的其他社会公共和福利事业。

《企业所得税法》规定，企业发生的公益性捐赠支出，在年度利润总额12%以内的部分，准予在计算应纳税所得额时扣除；超过年度利润总额12%的部分，准予结转以后三年内计算应纳税所得额时扣除。年度利润总额，是指企业依照国家统一会计制度规定计算的年度会计利润额（大于零的数额）。

企业发生的公益性捐赠支出未在当年税前扣除的部分，准予向以后年度结转扣除，但结转年限自捐赠发生年度的次年起计算最长不得超过三年。企业在对公益性捐赠支出计算扣除时，应先扣除以前年度结转的捐赠支出，再扣除当年发生的捐赠支出。（见《财政部、税务总局关于公益性捐赠支出企业所得税税前结转扣除有关政策的通知》财税〔2018〕15号）

需要注意的是，企业发生为某些特定事项的捐赠，按照相关文件的规定，可以据实全额扣除。如企业为支持汶川地震、玉树地震、舟曲泥石流灾后恢复重建，举办北京奥运会、上海世博会等特定事项的捐赠，允许在当年企业所得税前据实全额扣除。（见《国家税务总局关于企业所得税执行中若干税务处理问题的通知》国税函〔2009〕202号）

对于公益性社会团体、群众团体，需由财政、税务、民政等部门结合社会组织登记注册、公益活动情况联合确认公益性捐赠税前扣除资格，并以公告形式发布名单。名单应当包括当年继续获得公益性捐赠税前扣除资格和新获得公益性捐赠税前扣除资格的公益性社会团体。县级以上人民政府及其组成部门和直属机构的公益性捐赠税前扣除资格不需要确认。

公益性捐赠税前扣除必须满足以下条件：

①企业或个人通过获得公益性捐赠税前扣除资格的公益性社会团体、群众团体或县

级（含县级）以上人民政府及其组成部门和直属机构，用于慈善活动、公益事业的捐赠支出，可以按规定进行所得税税前扣除。

②企业或个人在名单所属年度内发生的公益性捐赠支出可按规定进行税前扣除；接受捐赠的公益性社会团体、群众团体不在名单内，或虽在名单内但企业或个人发生的公益性捐赠支出不属于名单所属年度的，不得扣除。

③对于通过公益性社会团体、群众团体发生的公益性捐赠支出，企业或个人应提供省级以上（含省级）财政部门印制并加盖接受捐赠单位印章的公益性捐赠票据，或加盖接受捐赠单位印章的《非税收入一般缴款书》收据联，方可按规定进行税前扣除。（以上内容见《财政部、国家税务总局、民政部关于公益性捐赠税前扣除有关问题的补充通知》财税〔2010〕45号、《财政部、国家税务总局、民政部关于公益性捐赠税前扣除资格确认审批有关调整事项的通知》财税〔2015〕141号）

有关公益性捐赠的具体规定详见《财政部、国家税务总局、民政部关于公益性捐赠税前扣除有关问题的通知》（财税〔2008〕160号）、《财政部、国家税务总局关于通过公益性群众团体的公益性捐赠税前扣除有关问题的通知》（财税〔2009〕124号）。

需要注意的是，上述财税〔2008〕160号和财税〔2009〕124号文件中的“行政处罚”，是指税务机关和登记管理机关给予的行政处罚（警告或单次1万元以下罚款除外）。（见《财政部、税务总局、民政部关于公益性捐赠税前扣除资格有关问题的补充通知》财税〔2018〕110号）

（2）资产的税前扣除。

资产的税前扣除主要包括固定资产和生物资产的折旧，无形资产和长期待摊费用的摊销，投资资产成本的扣除以及存货成本的结转等。

①固定资产。按照直线法（年限平均法）计算的固定资产折旧，准予扣除。

②生物资产。按照直线法（年限平均法）计算的生产性生物资产折旧，准予扣除。

③无形资产。按照直线法（年限平均法）计算的无形资产摊销费用，准予扣除。

④投资资产。企业在转让或者处置投资资产时，投资资产的成本，准予扣除。

⑤存货。企业使用或者销售存货，按照规定方法计算的存货成本，准予扣除。

⑥长期待摊费用。企业发生的作为长期待摊费用的支出，按照规定摊销的，准予扣除。

⑦资产转让。企业转让资产，该项资产的净值，准予在计算应纳税所得额时扣除。

资产净值，是指有关资产的计税基础减除已经按照规定扣除的折旧、折耗、摊销、准备金等后的余额。

（3）工资薪金的税前扣除。

工资、薪金，是指企业每一纳税年度支付给在本企业任职或者受雇的员工所有现金形式或者非现金形式的劳动报酬，包括基本工资、奖金、津贴、补贴、年终加薪、加班工资，以及与员工任职或者受雇有关的其他支出。

《企业所得税法》规定，企业发生的合理的工资、薪金支出，准予在税前扣除。确切说，企业实际支付给员工的合理的工资、薪金支出，准予在税前扣除，不是企业按照权责发生制计提而尚未支付的工资、薪金费用。

合理工资薪金，是指企业按照股东大会、董事会、薪酬委员会或相关管理机构制订的工资薪金制度规定实际发放给员工的工资薪金。属于国有性质的企业，其工资薪金，超过政府有关部门给予的限定数额部分，不得计入企业工资薪金总额在计算企业应纳税所得额时扣除。税务机关在对工资薪金进行合理性确认时，可按以下原则掌握：

①企业制订了较为规范的员工工资薪金制度；

②企业所制订的工资薪金制度符合行业及地区水平；

③企业在一定时期所发放的工资薪金是相对固定的，工资薪金的调整是有序进行的；

④企业对实际发放的工资薪金，已依法履行了代扣代缴个人所得税义务；

⑤有关工资薪金的安排，不以减少或逃避税款为目的。（以上内容见《国家税务总局关于企业工资薪金及职工福利费扣除问题的通知》国税函〔2009〕3号）

有关工资薪金扣除的其他规定如下：

①列入企业员工工资薪金制度、固定与工资薪金一起发放的福利性补贴，符合国税函〔2009〕3号文件第一条规定的，可作为企业发生的工资薪金支出，按规定在税前扣除。不能同时符合上述条件的福利性补贴，应作为国税函〔2009〕3号文件第三条规定的职工福利费，按规定计算限额税前扣除。

②企业年度汇算清缴结束前支付汇缴年度工资薪金税前扣除问题。企业在年度汇算清缴结束前向员工实际支付的已预提汇缴年度工资薪金，准予在汇缴年度按规定扣除。

③企业接受外部劳务派遣用工所实际发生的费用，应分两种情况按规定在税前扣除：按照协议（合同）约定直接支付给劳务派遣公司的费用，应作为劳务费支出；直接支付给员工个人的费用，应作为工资薪金支出和职工福利费支出。其中属于工资薪金支出的费用，准予计入企业工资薪金总额的基数，作为计算其他各项相关费用扣除的依据。（以上内容见《国家税务总局关于企业工资薪金和职工福利费等支出税前扣除问题的公告》总局公告2015年第34号）

④企业因雇用季节工、临时工、实习生、返聘离退休人员所实际发生的费用，应区分为工资薪金支出和职工福利费支出，并按《企业所得税法》规定在企业所得税前扣除。其中属于工资薪金支出的，准予计入企业工资薪金总额的基数，作为计算其他各项相关费用扣除的依据。（见《国家税务总局关于企业所得税应纳税所得额若干税务处理问题的公告》总局公告2012年第15号）

⑤关于企业实行股权激励（限制性股票、股票期权）计划企业所得税问题，国家税务总局规定如下：对股权激励计划实行后立即可以行权的，上市公司可以根据实际行权时该股票的公允价格与激励对象实际行权支付价格的差额和数量，计算确定作为当年上市公司工资薪金支出，依照《企业所得税法》规定进行税前扣除。对股权激励计划实行后，需待一定服务年限或者达到规定业绩条件（简称等待期）方可行权的，上市公司等待期内会计上计算确认的相关成本费用，不得在对应年度计算缴纳企业所得税时扣除。在股权激励计划可行权后，上市公司方可根据该股票实际行权时的公允价格与当年激励对象实际行权支付价格的差额及数量，计算确定作为当年上市公司工资薪金支出，依照《企业所得税法》规定进行税前扣除。（见《国家税务总局关于我国居民企业实行股权激励计划有关企业所得税处理问题的公告》总局公告2012年第18号）

需要注意的是，国税函〔2005〕715号文件规定，企业所得税的纳税人为个人支付的个人所得税款，在计算企业所得税时，不得在税前扣除。但总局公告2011年第28号规定，雇主为雇员负担的个人所得税款，若属于个人工资薪金的一部分（记入“应付职工薪酬”科目核算），在计算企业所得税时允许税前扣除。凡单独作为企业管理费列支的，在计算企业所得税时不得税前扣除。（见《国家税务总局关于纳税人取得不含税全年一次性奖金收入计征个人所得税问题的批复》国税函〔2005〕715号、《国家税务总局关于雇主为雇员承担全年一次性奖金部分税款有关个人所得税计算方法问题的公告》总局公告2011年第28号）

（4）社会保险支出和住房公积金的税前扣除。

①依照国务院有关主管部门或者省级人民政府规定的范围和标准为职工缴纳的五险一金，即基本养老保险费、基本医疗保险费、失业保险费、工伤保险费、生育保险费等基本社会保险费和住房公积金，准予扣除。

②企业依照国家有关规定为特殊工种职工支付的人身安全保险费和国务院财政、税务主管部门规定可以扣除的其他商业保险费外，企业为投资者或者职工支付的商业保险费，不得扣除。

③企业根据国家有关政策规定，为在本企业任职或者受雇的全体员工支付的补充养老保险费、补充医疗保险费，分别在不超过职工工资总额5%标准内的部分，在计算应纳税所得额时准予扣除；超过的部分，不予扣除。（见《财政部、国家税务总局关于补充养老保险费补充医疗保险费有关企业所得税政策问题的通知》财税〔2009〕27号）

④企业职工因公出差乘坐交通工具发生的人身意外保险费支出，准予企业在计算应纳税所得额时扣除。（见《国家税务总局关于企业所得税有关问题的公告》总局公告2016年第80号）

（5）借款费用的税前扣除。

借款费用是指企业因生产经营需要借入资金所付出的代价，包括借款利息、折价或者溢价的摊销、辅助费用以及因外币借款而发生的汇兑差额。企业在生产经营活动中发生的合理的不需要资本化的借款费用，准予扣除。

企业为购置、建造固定资产、无形资产和经过12个月以上的建造才能达到预定可销售状态的存货发生借款的，在有关资产购置、建造期间发生的合理的借款费用，应予以资本化，作为资本性支出计入有关资产的成本，并依照规定扣除。

企业在生产经营活动中发生的利息支出，按以下规定扣除：

①与金融企业有关的利息费用扣除。非金融企业向金融企业借款的利息支出、金融企业的各项存款利息支出和同业拆借利息支出、企业经批准发行债券的利息支出准予据实扣除。

金融企业是指经批准从事金融业务的企业，包括银行、信用社、保险公司、信托投资公司、金融资产管理公司、小额贷款公司、证券公司、期货公司、基金管理公司、融资租赁公司、财务公司、担保公司、典当公司等银行及非银行金融企业。非金融企业是指除上述金融企业以外的所有企业、事业单位以及社会团体等企业或组织。

②非金融企业间利息费用扣除。非金融企业向非金融企业借款的利息支出，不超过按照金融企业同期同类贷款利率计算的数额的部分准予扣除。

同期同类贷款利率是指在贷款期限、贷款金额、贷款担保以及企业信誉等条件基本相同下，金融企业提供贷款的利率。既可以是金融企业公布的同期同类平均利率，也可以是金融企业对某些企业提供的实际贷款利率。（见《国家税务总局关于企业所得税若干问题的公告》总局

公告2011年第34号）

③关联企业间利息费用的扣除。在计算应纳税所得额时，企业实际支付给关联方的利息支出，不超过规定比例和《企业所得税法》及其实施条例有关规定计算的部分，准予扣除，超过的部分不得在发生当期和以后年度扣除。规定的比例是指企业接受关联方债权性投资与其权益性投资比例，金融企业为5∶1，其他企业为2∶1。但该企业能够按照《税法》及其实施条例的有关规定提供相关资料，并证明相关交易活动符合独立交易原则的；或者该企业的实际税负不高于境内关联方的，不受上述比例限制，其实际支付给境内关联方的利息支出，在计算应纳税所得额时准予扣除。（见《财政部、国家税务总局关于企业关联方利息支出税前扣除标准有关税收政策问题的通知》财税〔2008〕121号）

需要注意的是，企业实际支付给关联方的利息支出，符合上述条件准予扣除的部分同样不允许超过金融企业同期同类贷款利率计算的数额。

关于借款费用扣除的其他规定如下：

①企业向股东或其他与企业有关联关系的自然人借款的利息支出，应根据《企业所得税法》第四十六条及财税〔2008〕121号文件规定的条件，计算企业所得税扣除额。

企业向除上述规定以外的内部职工或其他人员借款的利息支出，其借款情况同时符合以下条件的，其利息支出在不超过按照金融企业同期同类贷款利率计算的数额的部分，准予扣除。

一是企业与个人之间的借贷是真实、合法、有效的；

二是借款不具有非法集资目的或其他违反法律、法规的行为；

三是企业与个人之间签订了借款合同。（以上内容见《国家税务总局关于企业向自然人借款的利息支出企业所得税税前扣除问题的通知》国税函〔2009〕777号）

②根据《企业所得税法》及其实施条例的规定，凡企业投资者在规定期限内未缴足其应缴资本额的，该企业对外借款所发生的利息，相当于投资者实缴资本额与在规定期限内应缴资本额的差额应计付的利息，其不属于企业合理的支出，应由企业投资者负担，不得在计算企业应纳税所得额时扣除。（见《国家税务总局关于企业投资者投资未到位而发生的利息支出企业所得税前扣除问题的批复》国税函〔2009〕312号）

③企业通过发行债券、取得贷款、吸收保户储金等方式融资而发生的合理的费用支出，符合资本化条件的，应计入相关资产成本；不符合资本化条件的，应作为财务费用，准予在企业所得税前据实扣除。（见《国家税务总局关于企业所得税应纳税所得额若干税务处理问题的公告》总局公告2012年第15号）

（6）汇兑损失的税前扣除。

企业在货币交易中，以及纳税年度终了时将人民币以外的货币性资产、负债按照期末即期人民币汇率中间价折算为人民币时产生的汇兑损失，除已经计入有关资产成本以及与向所有者进行利润分配相关的部分外，准予扣除。

（7）职工福利费、工会经费、职工教育经费的税前扣除。

职工福利费、工会经费、职工教育经费是企业经营中为职工卫生健康、集体生活需要以及提高职工职业技能所发生的支出，属于职工福利性质支出。企业发生的职工福利费、工会经费、职工教育经费未超过《企业所得税法》规定标准部分按实际发生数额扣除，超过标准的只能按标准扣除。

①企业发生的职工福利费支出，不超过工资、薪金总额14%的部分，准予扣除；

②企业拨缴的工会经费，不超过工资、薪金总额2%的部分，准予扣除；

③企业发生的职工教育经费支出，除国务院财政、税务主管部门另有规定外，不超过工资、薪金总额2.5%的部分，准予扣除；超过部分，准予在以后纳税年度结转扣除。

需要注意的是，自2018年1月1日起，企业发生的职工教育经费支出，不超过工资薪金总额8%的部分，准予在计算企业所得税应纳税所得额时扣除；超过部分，准予在以后纳税年度结转扣除。（见《财政部、税务总局关于企业职工教育经费税前扣除政策的通知》财税〔2018〕51号）

关于以上三项费用税前扣除的其他规定如下：

①作为上述三项费用计提基数的工资薪金总额，是指按本企业规定实际发放的工资薪金总和，不包括企业的职工福利费、职工教育经费、工会经费以及养老保险费、医疗保险费、失业保险费、工伤保险费、生育保险费等社会保险费和住房公积金。属于国有性质的企业，其工资薪金，超过政府有关部门给予的限定数额部分，不得计入企业工资薪金总额。（见《国家税务总局关于企业工资薪金及职工福利费扣除问题的通知》国税函〔2009〕3号）

②《企业所得税法实施条例》第四十条规定的企业职工福利费，包括以下内容：尚未实行分离办社会职能的企业，其内设福利部门所发生的设备、设施和人员费用，包括职工食堂、职工浴室、理发室、医务所、托儿所、疗养院等集体福利部门的设备、设施及维修保养费用和福利部门工作人员的工资薪金、社会保险费、住房公积金、劳务费等。为职工卫生保健、生活、住房、交通等所发放的各项补贴和非货币性福利，包括企业向职工发放的因公外地就医费用、未实行医疗统筹企业职工医疗费用、职工供养直系亲属医疗补贴、供暖费补贴、职工防暑降温费、职工困难补贴、救济费、职工食堂经费补贴、职工交通补贴等。按照其他规定发生的其他职工福利费，包括丧葬补助费、抚恤费、安家费、探亲假路费等。（见《国家税务总局关于企业工资薪金及职工福利费扣除问题的通知》国税函〔2009〕3号）

需要注意的是，《财政部关于企业加强职工福利费财务管理的通知》（财企〔2009〕242号）有关企业职工福利费的核算范围规定与国税函〔2009〕3号文件规定的职工福利费范围有所不同，在计算应纳税所得额时，企业职工福利费财务管理同税收法律、行政法规的规定不一致的，应当依照税收法律、行政法规的规定计算纳税。

③集成电路设计企业和符合条件的软件企业发生的职工教育经费中的职工培训费用，根据财税〔2012〕27号文件的规定，可以全额在企业所得税前扣除。软件生产企业应准确划分职工教育经费中的职工培训费支出，对于不能准确划分的，以及准确划分后职工教育经费中扣除职工培训费用的余额，一律按照《实施条例》第四十二条规定的比例扣除。（见《国家税务总局关于企业所得税执行中若干税务处理问题的通知》国税函〔2009〕202号）

④自2010年7月1日起，企业拨缴的职工工会经费，不超过工资薪金总额2%的部分，凭工会组织开具的《工会经费收入专用收据》在企业所得税税前扣除。自2010年1月1日起，在委托税务机关代收工会经费的地区，企业拨缴的工会经费，也可凭合法、有效的工会经费代收凭据依法在税前扣除。（见《国家税务总局关于工会经费企业所得税税前扣除凭据

问题的公告》总局公告2010年第24号、《国家税务总局关于税务机关代收工会经费企业所得税税前扣除凭据问题的公告》总局公告2011年第30号）

⑤核力发电企业为培养核电厂操纵员发生的培养费用，可作为企业的发电成本在税前扣除。企业应将核电厂操纵员培养费与员工的职工教育经费严格区分，单独核算，员工实际发生的职工教育经费支出不得计入核电厂操纵员培养费直接扣除。（见《国家税务总局关于企业所得税应纳税所得额若干问题的公告》总局公告2014年第29号）

⑥根据《公司法》“公司应当为党组织的活动提供必要条件”的规定和中办发〔2012〕11号文件“建立并落实税前列支制度”等要求，非公有制企业党组织工作经费纳入企业管理费列支，不超过职工年度工资薪金总额1%的部分，可以据实在企业所得税前扣除。（见《中共中央组织部、财政部、国家税务总局关于非公有制企业党组织工作经费问题的通知》组通字〔2014〕42号）

⑦国有企业（包括国有独资、全资和国有资本绝对控股、相对控股企业）党组织工作经费纳入管理费用的党组织工作经费，实际支出不超过职工年度工资薪金总额1%的部分，可以据实在企业所得税前扣除。年末如有结余，结转下一年度使用。累计结转超过上一年度职工工资总额2%的，当年不再从管理费用中安排。集体所有制企业参照上述规定执行。（见《中共中央组织部、财政部、国务院国资委党委、国家税务总局关于国有企业党组织工作经费问题的通知》组通字〔2017〕38号）

⑧按照财建〔2006〕317号文件规定，企业职工参加社会上的学历教育以及个人为取得学位而参加的在职教育，所需费用应由个人承担，不能挤占企业的职工教育培训经费。对于企业高层管理人员的境外培训和考察，其一次性单项支出较高的费用应从其他管理费用中支出，避免挤占日常的职工教育培训经费开支。（见《财政部、全国总工会、国家税务总局等部委关于印发〈关于企业职工教育经费提取与使用管理的意见〉的通知》财建〔2006〕317号）

（8）业务招待费的税前扣除。

企业发生的与生产经营活动有关的业务招待费支出，按照发生额的60%扣除，但最高不得超过当年销售（营业）收入的5‰。当年销售（营业）收入额应包括《实施条例》第二十五条规定的视同销售（营业）收入额。允许税前扣除的业务招待费一般要求与经营活动直接相关，且有有效凭证证明相关性。

①对从事股权投资业务的企业（包括集团公司总部、创业投资企业等），其从被投资企业所分配的股息、红利以及股权转让收入，可以按规定的比例计算业务招待费扣除限额。（见《国家税务总局关于贯彻落实企业所得税法若干税收问题的通知》国税函〔2010〕79号）

②企业在筹建期间，发生的与筹办活动有关的业务招待费支出，可按实际发生额的60%计入企业筹办费，并按有关规定在税前扣除。（见《国家税务总局关于企业所得税应纳税所得额若干税务处理问题的公告》总局公告2012年第15号）

（9）广告宣传费的税前扣除。

广告宣传费是企业为销售商品或提供劳务而进行的宣传推销费用。企业发生的符合条件的广告费和业务宣传费支出，不超过当年销售（营业）收入15%的部分，准予扣除；超过部分，准予在以后纳税年度结转扣除。企业允许扣除的广告费支出一般应符合下列条件：

①广告由依法登记注册的专业机构制作；

②费用已实际支付并取得发票；

③通过一定的媒体传播。

需要注意的是，与企业生产经营活动没有直接关系的非广告性质的赞助支出，以及根据国家有关法律法规和行业自律规定，对不得进行广告宣传的产品和企业发生的广告费和业务宣传费支出不得税前扣除，如会计师事务所等中介机构、烟草企业等。

有关广告费和业务宣传费支出税前扣除的其他规定如下：

①对化妆品制造或销售、医药制造和饮料制造（不含酒类制造）企业发生的广告费和业务宣传费支出，不超过当年销售（营业）收入30%的部分，准予扣除；超过部分，准予在以后纳税年度结转扣除。

②对签订广告费和业务宣传费分摊协议（简称“分摊协议”）的关联企业，其中一方发生的不超过当年销售（营业）收入税前扣除限额比例内的广告费和业务宣传费支出可以在本企业扣除，也可以将其中的部分或全部按照分摊协议归集至另一方扣除。另一方在计算本企业广告费和业务宣传费支出企业所得税税前扣除限额时，可将按照上述办法归集至本企业的广告费和业务宣传费不计算在内。

③烟草企业的烟草广告费和业务宣传费支出，一律不得在计算应纳税所得额时扣除。

上述税前扣除规定自2016年1月1日起至2020年12月31日止执行。（见《财政部、国家税务总局关于广告费和业务宣传费支出税前扣除政策的通知》财税〔2017〕41号）

④企业在筹建期间，发生的与筹办活动有关的广告费和业务宣传费，可按实际发生额计入企业筹办费，并按有关规定在税前扣除。（见《国家税务总局关于企业所得税应纳税所得额若干税务处理问题的公告》总局公告2012年第15号）

企业在计算业务招待费、广告费和业务宣传费等费用扣除限额时，其销售（营业）收入额应包括《企业所得税法实施条例》第二十五条规定的视同销售（营业）收入额。因此，企业业务招待费、广宣费税前扣除限额的计算基数，包括企业按照国家统一会计制度核算的主营业务收入、其他业务收入以及根据《企业所得税法》规定确认的视同销售收入，但不包括营业外收入。（见《国家税务总局关于企业所得税执行中若干税务处理问题的通知》国税函〔2009〕202号）

（10）租赁支出的税前扣除。

租赁是指企业通过向资产所有者定期支付一定量的固定费用，从而长期获得某项资产的使用权的行为。租赁分为经营性租赁和融资性租赁两种。经营性租赁是指资产所有权不转移的租赁。融资性租赁又称为资本租赁，是指在实质上转移与一项资产所有权有关的全部风险和报酬的一种租赁，所有权最终可以转移也可以不转移。企业根据生产经营活动的需要租入固定资产支付的租赁费，按照以下方法扣除：

①以经营租赁方式租入固定资产发生的租赁费支出，按照租赁期限均匀扣除；

②以融资租赁方式租入固定资产发生的租赁费支出，按照规定构成融资租入固定资产价值的部分应当提取折旧费用，分期扣除。

（11）专项资金的税前扣除。

企业依照法律、行政法规有关规定提取的用于环境保护、生态恢复等方面的专项资金，准予扣除。上述专项资金提取后改变用途的，不得扣除。

（12）财产保险支出的税前扣除。

企业参加财产保险所发生的支出，是企业正常生产经营必要、合理的支出，符合税前扣除的一般要求，因此，《企业所得税法》规定，企业按照规定缴纳的保险费，准予扣除。

企业参加雇主责任险、公众责任险等责任保险，按照规定缴纳的保险费，准予在企业所得税税前扣除。（见《国家税务总局关于责任保险费企业所得税税前扣除有关问题的公告》总局公告2018年第52号）

（13）劳动保护支出的税前扣除。

企业根据《劳动保护法》等有关规定，确因工作需要为雇员配备或提供的工作服、手套、安全保护用品、防暑降温用品等所发生的合理的劳动保护用品支出准予扣除。准予扣除的劳动保护用品支出应满足以下三个条件：

①必须因工作需要；

②仅为其雇员配备或提供；

③限于安保、防护等用品。

（14）准备金的税前扣除。

除财政部和国家税务总局核准计提的准备金可以税前扣除外，其他行业、企业计提的各项资产减值准备、风险准备等准备金均不得税前扣除。企业只有在资产实际发生损失时（如实体发生毁损等），才允许按《企业所得税法》规定确认损失，在实际发生的年度予以扣除。2008年1月1日前按照原企业所得税法规定计提的各类准备金，2008年1月1日以后，未经财政部和国家税务总局核准的，企业以后年度实际发生的相应损失，应先冲减各项准备金余额。（见《国家税务总局关于企业所得税执行中若干税务处理问题的通知》国税函〔2009〕202号）

①金融企业根据《贷款风险分类指导原则》（银发〔2001〕416号），对其涉农贷款和中小企业贷款进行风险分类后，按照规定比例（计提比例为关注类贷款2%；次级类贷款25%；可疑类贷款50%；损失类贷款100%）计提的贷款损失专项准备金，准予在计算应纳税所得额时扣除。金融企业发生的符合条件的涉农贷款和中小企业贷款损失，应先冲减已在税前扣除的贷款损失准备金，不足冲减部分可据实在计算应纳税所得额时扣除。上述政策自2014年1月1日起至2018年12月31日止执行。（见《财政部、国家税务总局关于金融企业涉农贷款和中小企业贷款损失准备金税前扣除有关问题的通知》财税〔2015〕3号）

②政策性银行、商业银行、财务公司、城乡信用社和金融租赁公司等金融企业提取的贷款损失准备金准予当年税前扣除的计算公式如下：

$$\text{准予当年税前扣除的贷款损失准备金} = \text{本年末准予提取贷款损失准备金的贷款资产余额} \times 1\% - \text{截至上年末已在税前扣除的贷款损失准备金的余额}$$

金融企业按上述公式计算的数额如为负数，应当相应调增当年应纳税所得额。金融企业发生的符合条件的贷款损失，应先冲减已在税前扣除的贷款损失准备金，不足冲减部分可据实在计算当年应纳税所得额时扣除。上述政策自2014年1月1日起至2018年

12 月 31 日止执行。（见《财政部、国家税务总局关于金融企业贷款损失准备金企业所得税税前扣除有关政策的通知》财税〔2015〕9 号）

③证券交易所、证券公司按规定提取的证券类准备金，包括证券交易所风险基金、证券结算风险基金、证券投资者保护基金，上海期货交易所、大连商品交易所、郑州商品交易所、中国金融期货交易所和期货公司按规定提取的期货类准备金，包括期货交易所风险准备金、期货公司风险准备金、期货投资者保障基金，准予在企业所得税税前扣除。上述准备金如发生清算、退还，应按规定补征企业所得税。该税前扣除政策自 2016 年 1 月 1 日起至 2020 年 12 月 31 日止执行。（见《财政部、国家税务总局关于证券行业准备金支出企业所得税税前扣除有关政策问题的通知》财税〔2017〕23 号）

④符合条件的中小企业融资（信用）担保机构按照不超过当年年末担保责任余额 1% 的比例计提的担保赔偿准备，允许在企业所得税税前扣除，同时将上年度计提的担保赔偿准备余额转为当期收入。符合条件的中小企业融资（信用）担保机构按照不超过当年担保费收入 50% 的比例计提的未到期责任准备，允许在企业所得税税前扣除，同时将上年度计提的未到期责任准备余额转为当期收入。中小企业融资（信用）担保机构实际发生的代偿损失，符合税收法律法规关于资产损失税前扣除政策规定的，应冲减已在税前扣除的担保赔偿准备，不足冲减部分据实在企业所得税税前扣除。上述税前扣除政策自 2016 年 1 月 1 日起至 2020 年 12 月 31 日止执行。（见《财政部、国家税务总局关于中小企业融资（信用）担保机构有关准备金企业所得税税前扣除政策的通知》财税〔2017〕22 号）

⑤保险公司按规定缴纳的保险保障基金，准予据实税前扣除。保险公司有下列情形之一的，其缴纳的保险保障基金不得在税前扣除：一是财产保险公司的保险保障基金余额达到公司总资产 6% 的；二是人身保险公司的保险保障基金余额达到公司总资产 1% 的。

保险公司按国务院财政部门的相关规定提取的未到期责任准备金、寿险责任准备金、长期健康险责任准备金、已发生已报案未决赔款准备金和已发生未报案未决赔款准备金，准予在税前扣除。

保险公司经营财政给予保费补贴的农业保险，按不超过财政部门规定的农业保险大灾风险准备金（简称大灾准备金）计提比例，计提的大灾准备金，准予在企业所得税前据实扣除。

保险公司实际发生的各种保险赔款、给付，应首先冲抵按规定提取的准备金，不足冲抵部分，准予在当年税前扣除。上述规定自 2016 年 1 月 1 日至 2020 年 12 月 31 日执行。（以上内容见《财政部、国家税务总局关于保险公司准备金支出企业所得税税前扣除有关政策问题的通知》财税〔2016〕114 号）

⑥保险企业执行财政部《保险合同相关会计处理规定》后，其提取的未到期责任准备金、寿险责任准备金、长期健康险责任准备金、已发生已报告未决赔款准备金和已发生未报告未决赔款准备金，应按照《财政部、国家税务总局关于保险责任准备金、支出企业所得税税前扣除有关政策问题的通知》（财税〔2012〕45 号）规定计算并准予在企业所得税税前扣除。保险企业因执行财政部企业会计规定计提的准备金与之前执行中国保险业监督管理委员会有关监管规定计提的准备金形成的差额，应计入保险企业应纳税所得额。凡上述准备金差额尚未进行税务处理的，可分 10 年均匀计入 2015 年及以后

年度应纳税所得额；已进行税务处理的不再分期计入以后年度应纳税所得额。（见《财政部、国家税务总局关于保险企业计提准备金有关税收处理问题的通知》财税〔2015〕115 号）

（15）营业机构内部往来的税前扣除。

①企业之间支付的管理费、企业内营业机构之间支付的租金和特许权使用费，以及非银行企业内营业机构之间支付的利息，不得扣除。比如母公司以管理费形式向子公司提取费用，子公司因此支付给母公司的管理费，不得在税前扣除。

②非居民企业在中国境内设立的机构、场所，就其中国境外总机构发生的与该机构、场所生产经营有关的费用，能够提供总机构出具的费用汇集范围、定额、分配依据和方法等证明文件，并合理分摊的，准予扣除。

③母公司为其子公司提供各种服务而发生的费用，应按照独立企业之间公平交易原则确定服务的价格，作为企业正常的劳务费用进行税务处理。

④母公司向其子公司提供各项服务，双方应签订服务合同或协议，明确规定提供服务的内容、收费标准及金额等，凡按上述合同或协议规定所发生的服务费，母公司应作为营业收入申报纳税；子公司作为成本费用在税前扣除。（以上内容见《国家税务总局关于母子公司间提供服务支付费用有关企业所得税处理问题的通知》国税发〔2008〕86 号）

除了《税法》及其实施条例规定的上述扣除项目外，财政部、国家税务总局规定的其他扣除项目如下：

（1）手续费及佣金的税前扣除规定：

①企业发生与生产经营有关的手续费及佣金支出，不超过以下规定计算限额以内的部分，准予扣除；超过部分，不得扣除。

保险企业：财产保险企业按当年全部保费收入扣除退保金等后余额的 15% 计算限额；人身保险企业按当年全部保费收入扣除退保金等后余额的 10% 计算限额。

其他企业：按与具有合法经营资格中介服务机构或个人（不含交易双方及其雇员、代理人和代表人等）所签订服务协议或合同确认的收入金额的 5% 计算限额。

②企业应与具有合法经营资格中介服务企业或个人签订代办协议或合同，并按国家有关规定支付手续费及佣金。除委托个人代理外，企业以现金等非转账方式支付的手续费及佣金不得在税前扣除。企业为发行权益性证券支付给有关证券承销机构的手续费及佣金不得在税前扣除。

③企业不得将手续费及佣金支出计入回扣、业务提成、返利、进场费等费用。

④企业已计入固定资产、无形资产等相关资产的手续费及佣金支出，应当通过折旧、摊销等方式分期扣除，不得在发生当期直接扣除。

⑤企业支付的手续费及佣金不得直接冲减服务协议或合同金额，并如实入账。

⑥企业应当如实向当地主管税务机关提供当年手续费及佣金计算分配表和其他相关资料，并依法取得合法真实凭证。（以上内容见《财政部、国家税务总局关于企业手续费及佣金支出税前扣除政策的通知》财税〔2009〕29 号）

从事代理服务、主营业务收入为手续费、佣金的企业（如证券、期货、保险代理等企业），其为取得该类收入而实际发生的营业成本（包括手续费及佣金支出），准予在企业所得税前据实扣除。（见《国家税务总局关于企业所得税应纳税所得额若干税务处理问题的公告》总局公告 2012

年第15号）

电信企业在发展客户、拓展业务等过程中，需向经纪人、代办商支付手续费及佣金的，其实际发生的相关手续费及佣金支出（仅限于在发展客户、拓展业务等过程中因委托销售电话入网卡、电话充值卡所发生的手续费及佣金支出），不超过企业当年收入总额5%的部分，准予在企业所得税前据实扣除。（见《国家税务总局关于企业所得税应纳税所得额若干税务处理问题的公告》总局公告2012年第15号、《国家税务总局关于电信企业手续费及佣金支出税前扣除问题的公告》总局公告2013年第59号）

（2）根据《中华人民共和国企业所得税法实施条例》第九条的规定，从事再保险业务的保险公司（简称再保险公司）发生的再保险业务赔款支出，按照权责发生制的原则，应在收到从事直保业务公司（简称直保公司）再保险业务赔款账单时，作为企业当期成本费用扣除。为便于再保险公司再保险业务的核算，凡在次年企业所得税汇算清缴前，再保险公司收到直保公司再保险业务赔款账单中属于上年度的赔款，准予调整作为上年度的成本费用扣除，同时调整已计提的未决赔款准备金；次年汇算清缴后收到直保公司再保险业务赔款账单的，按该赔款账单上发生的赔款支出，在收单年度作为成本费用扣除。（见《国家税务总局关于保险公司再保险业务赔款支出税前扣除问题的通知》国税函〔2009〕313号）

（3）企业实际发生的维简费支出和高危行业企业实际发生的安全生产费用支出，属于收益性支出的，可直接作为当期费用在税前扣除；属于资本性支出的，应计入有关资产成本，并按《税法》规定计提折旧或摊销费用在税前扣除。企业按照有关规定预提的维简费和安全生产费用，不得在当期税前扣除。上述政策实施前，企业按照有关规定提取且已在当期税前扣除的维简费，按以下规定处理：

①尚未使用的维简费，并未作纳税调整的，可不作纳税调整，应首先抵减2013年实际发生的维简费，仍有余额的，继续抵减以后年度实际发生的维简费，至余额为零时，企业方可按照上述规定执行；已作纳税调整的，不再调回，直接按照上述规定执行。

②已用于资产投资并形成相关资产全部成本的，该资产提取的折旧或费用摊销额，不得税前扣除；已用于资产投资并形成相关资产部分成本的，该资产提取的折旧或费用摊销额中与该部分成本对应的部分，不得税前扣除；已税前扣除的，应调整作为2013年度应纳税所得额。（以上内容见《国家税务总局关于煤矿企业维简费和高危行业企业安全生产费用企业所得税税前扣除问题的公告》总局公告2011年第26号、《国家税务总局关于企业维简费支出企业所得税税前扣除问题的公告》总局公告2013年第67号）

（4）企业根据其工作性质和特点，由企业统一制作并要求员工工作时统一着装所发生的工作服饰费用，可以作为企业合理的支出给予税前扣除。航空企业实际发生的飞行员养成费、飞行训练费、乘务训练费、空中保卫员训练费等空勤训练费用，可以作为航空企业运输成本在税前扣除。（见《国家税务总局关于企业所得税若干问题的公告》总局公告2011年第34号）

（5）金融企业已确认为利息收入的应收利息，逾期90天仍未收回，且会计上已冲减了当期利息收入的，准予抵扣当期应纳税所得额。金融企业已冲减了利息收入的应收未收利息，以后年度收回时，应计入当期应纳税所得额计算纳税。（见《国家税务总局关于金融企业贷款利息收入确认问题的公告》总局公告2010年第23号）

（6）企业参与政府统一组织的工矿（含中央下放煤矿）棚户区改造、林区棚户区改造、垦区危房改造并同时符合一定条件的棚户区改造支出，准予在企业所得税前扣除。（见《财政部、国家税务总局关于企业参与政府统一组织的棚户区改造有关企业所得税政策问题的通知》财税〔2013〕65号）

（7）银行业金融机构依据《存款保险条例》的有关规定、按照不超过万分之一点六的存款保险费率，计算交纳的存款保险保费，准予在企业所得税税前扣除。准予在企业所得税税前扣除的存款保险保费计算公式如下：

准予在企业所得税税前扣除的存款保险保费 = 保费基数 × 存款保险费率

保费基数以中国人民银行核定的数额为准。准予在企业所得税税前扣除的存款保险保费，不包括存款保险保费滞纳金。银行业金融机构是指《存款保险条例》规定在我国境内设立的商业银行、农村合作银行、农村信用合作社等吸收存款的银行业金融机构。（见《财政部、国家税务总局关于银行业金融机构存款保险保费企业所得税税前扣除有关政策问题的通知》财税〔2016〕106号）

（8）行政相对人交纳的行政和解金，不得在所得税税前扣除。中国证券投资者保护基金公司（简称"投保基金公司"）代收备付的行政和解金不属于投保基金公司的收入，不征收企业所得税。投保基金公司取得行政和解金时应使用财政票据。对企业投资者从投保基金公司取得的行政和解金，应计入企业当期收入，依法征收企业所得税；对个人投资者从投保基金公司取得的行政和解金，暂免征收个人所得税。（见《财政部、国家税务总局关于行政和解金有关税收政策问题的通知》财税〔2016〕100号）

（六）允许弥补的以前年度亏损

企业所得税实行年度结算税款的方式，但企业并不是每个纳税年度都盈利；企业的发展规划往往也不是以年度为单位，以年度为单位有时候难以真正衡量企业的纳税能力，因此，《企业所得税法》设计了亏损结转制度。

《企业所得税法》规定，企业纳税年度发生的亏损，准予向以后年度结转，用以后年度的所得弥补，但结转年限最长不得超过5年。也就是说，企业当年的盈利可以首先弥补以前5个年度的亏损，弥补亏损后如果还有剩余，剩余部分再按照《企业所得税法》规定计算应纳税额。

《企业所得税法》所称亏损，是指企业依照《企业所得税法》规定将每一纳税年度的收入总额减除不征税收入、免税收入和各项扣除后小于零的数额。会计核算上的亏损是指当年总收益小于当年总支出。由此可以看出，《企业所得税法》所称亏损与会计核算中的亏损含义不同。《企业所得税法》中用于弥补的亏损数额，不是企业财务报表中反映的亏损数额，而是企业财务报表中反映的利润（负数为亏损）数额经主管税务机关按照《企业所得税法》规定核实调整后小于零的数额。有关亏损弥补的其他规定如下：

1. 企业在汇总计算缴纳企业所得税时，其境外营业机构的亏损不得抵减境内营业机构的盈利。

2. 合伙企业的合伙人是法人和其他组织的，合伙人在计算其缴纳企业所得税时，不得用合伙企业的亏损抵减其盈利。（见《财政部、国家税务总局关于合伙企业合伙人所得税问题的通知》财税〔2008〕159号）

3. 企业境内、境外营业机构发生的资产损失应分开核算，对境外营业机构由于发生资产损失而产生的亏损，不得在计算境内应纳税所得额时扣除。（见《财政部、国家税务总局关于企业资产损失税前扣除政策的通知》财税〔2009〕57号）

4. 企业因以前年度实际资产损失未在税前扣除而多缴的企业所得税税款，可在追补确认年度企业所得税应纳税款中予以抵扣，不足抵扣的，向以后年度递延抵扣。企业实际资产损失发生年度扣除追补确认的损失后出现亏损的，应先调整资产损失发生年度的亏损额，再按弥补亏损的原则计算以后年度多缴的企业所得税税款，并按前述办法进行税务处理。（见《国家税务总局关于发布〈企业资产损失所得税税前扣除管理办法〉的公告》总局公告2011年第25号）

5. 企业技术开发费加计扣除部分已形成企业年度亏损，可以用以后年度所得弥补，但结转年限最长不得超过5年。（见《国家税务总局关于企业所得税若干税务事项衔接问题的通知》国税函〔2009〕98号）

6. 企业自开始生产经营的年度，为开始计算企业损益的年度。企业从事生产经营之前进行筹办活动期间发生筹办费用支出，不得计算为当期的亏损，应按照国税函〔2009〕98号文件第九条的规定执行。即企业可以在开始经营之日的当年一次性扣除，也可按照《税法》有关长期待摊费用的处理规定处理，但一经选定，不得改变。（见《国家税务总局关于贯彻落实企业所得税法若干税收问题的通知》国税函〔2010〕79号）

7. 根据《企业所得税法》第五条的规定，税务机关对企业以前年度纳税情况进行检查时调增的应纳税所得额，凡企业以前年度发生亏损，且该亏损属于《税法》规定允许弥补的，应允许调增的应纳税所得额弥补该亏损。弥补该亏损后仍有余额的，按照《税法》规定计算缴纳企业所得税。对检查调增的应纳税所得额应根据其情节，依照《征管法》有关规定进行处理或处罚。（见《国家税务总局关于查增应纳税所得额弥补以前年度亏损处理问题的公告》总局公告2010年第20号）

8. 自2018年1月1日起，当年具备高新技术企业或科技型中小企业资格的企业，其具备资格年度之前5个年度发生的尚未弥补完的亏损，准予结转以后年度弥补，最长结转年限由5年延长至10年。尚未弥补完的亏损，是指当年具备资格的企业，其前5个年度无论是否具备资格，所发生的尚未弥补完的亏损。（见《财政部、税务总局关于延长高新技术企业和科技型中小企业亏损结转年限的通知》财税〔2018〕76号、《国家税务总局关于延长高新技术企业和科技型中小企业亏损结转弥补年限有关企业所得税处理问题的公告》总局公告2018年第45号）

五、应纳税额

（一）一般情况下应纳所得税额的计算

根据《企业所得税法》的相关规定，居民企业应缴纳的所得税额等于应纳税所得额乘以适用税率。如果居民企业有实际减免的税额和可以抵免的税额，还应当减除减免税额和抵免税额。其计算公式如下：

应纳税额＝应纳税所得额×适用税率－减免税额－抵免税额

应纳税所得额＝收入总额－不征税收入－免税收入－各项扣除－以前年度亏损

从以上计算公式可以看出，应纳税额多少，取决于应纳税所得额和税率两个因素。如果企业的应纳税所得额等于零，说明企业本年度盈亏相抵，不需要缴纳企业所得税；如果应纳税所得额小于零，说明本企业处于亏损状态，按《企业所得税法》规定可以向以后年度结转，用以后的利润弥补，但结转年限最长不得超过5年。

实际工作中，一般采取间接计算的方法计算应纳税所得额。即以会计核算的利润总额为基础，加上或减去按照《企业所得税法》规定调整的项目金额，间接计算应纳税所得额，然后乘以税率计算应纳所得税额。其计算公式如下：

应纳税所得额 = 会计利润总额 ± 纳税调整项目金额 − 以前年度亏损

目前企业所得税年度纳税申报表（A类）就是在会计核算的利润总额基础上，通过加减纳税调整额计算应纳税所得额，并进而计算应纳税额填报的。纳税调整项目的金额包括两方面的内容，一是按照会计准则规定计入会计利润的成本、费用与按照《企业所得税法》及其实施条例规定可予税前抵扣的成本、费用之间的差额；二是按照会计准则规定计入会计利润的收入与按照《企业所得税法》及其实施条例规定可予计入应纳税所得额的收入之间的差额。

企业所得以人民币以外的货币计算的，预缴企业所得税时，应当按照月度或者季度最后一日的人民币汇率中间价，折合成人民币计算应纳税所得额。年度终了汇算清缴时，对已经按照月度或者季度预缴税款的，不再重新折合计算，只就该纳税年度内未缴纳企业所得税的部分，按照纳税年度最后一日的人民币汇率中间价，折合成人民币计算应纳税所得额；经税务机关检查确认，企业少计或者多计应税所得的，应当按照检查确认补税或者退税时的上一个月最后一日的人民币汇率中间价，将少计或者多计的所得折合成人民币计算应纳税所得额，再计算应补缴或者应退的税款。

（二）境外所得税收抵免的计算

为了缓解或消除国际间所得税重复征税，世界各国包括我国主要采用抵免法解决。

抵免法按计算方式不同，可分为全额抵免和限额抵免两种。我国参考国际惯例，出于维护本国税收利益的考虑，采用了限额抵免法。抵免法按其适用对象不同，可分为直接抵免和间接抵免两种。为提高我国企业在国际市场上的竞争力，鼓励法人形式的海外分支机构发展，《税法》保留直接抵免的同时，又引入了间接抵免方式。抵免法按照归集范围不同，又可分为综合抵免、分国（地区）抵免和分项抵免三种。

我国规定，企业可以选择按国（地区）别分别计算［即“分国（地区）不分项”］，或者不按国（地区）别汇总计算［即“不分国（地区）不分项”］其来源于境外的应纳税所得额，并按照财税〔2009〕125号文件第八条规定的税率，分别计算其可抵免境外所得税税额和抵免限额。上述方式一经选择，5年内不得改变。（见《财政部、税务总局关于完善企业境外所得税收抵免政策问题的通知》财税〔2017〕84号）

1. 直接抵免。

直接抵免法是指对本国纳税人直接缴纳的外国所得税给予抵免的方法。它一般适用同一法人实体的总公司与海外公司、总机构与海外分支机构之间的抵免。

企业取得的所得已在境外缴纳的所得税税额，可以从其当期应纳税额中抵免，抵免限额为该项所得依照《企业所得税法》规定计算的应纳税额；超过抵免限额的部分，可以在以后5个年度内，用每年度抵免限额抵免当年应抵税额后的余额进行抵补。《企业所得税法》规定企业取得的下列所得已在境外缴纳的所得税税额可以抵免：

（1）居民企业来源于中国境外的应税所得；

(2) 非居民企业在中国境内设立机构、场所，取得发生在中国境外但与该机构、场所有实际联系的应税所得。

有关直接抵免的具体规定及其含义如下：

第一，所谓已在境外缴纳的所得税税额，是指企业来源于中国境外的所得依照中国境外税收法律以及相关规定应当缴纳并已经实际缴纳的企业所得税性质的税款。但不包括：

(1) 按照境外所得税法律及相关规定属于错缴或错征的境外所得税税款；

(2) 按照税收协定规定不应征收的境外所得税税款；

(3) 因少缴或迟缴境外所得税而追加的利息、滞纳金或罚款；

(4) 境外所得税纳税人或者其利害关系人从境外征税主体得到实际返还或补偿的境外所得税税款；

(5) 按照《企业所得税法》及其实施条例规定，已经免征我国企业所得税的境外所得负担的境外所得税税款；

(6) 按照国务院财政、税务主管部门有关规定已经从企业境外应纳税所得额中扣除的境外所得税税款。

第二，出于维护居住国利益考虑，我国实行的是限额抵免的方式。所谓抵免限额，是指企业来源于中国境外的所得，依照《税法》及其实施条例的规定计算的应纳税额。该抵免限额可以选择按国（地区）分别计算（分国抵免法），或者不按国（地区）别汇总计算（综合抵免法）。

(1) 综合抵免限额，即居住国政府对其居民跨国纳税人进行外国税收抵免时，将其所有来自国外的所得汇总计算一个抵免限额。

其计算公式分别如下：

抵免限额＝境内、境外所得依《企业所得税法》计算的应纳税总额
×（按《企业所得税法》计算的来源于所有国外的应税所得额
÷境内、境外应税所得总额）

境内、境外所得依《企业所得税法》计算的应纳税总额＝境内、境外应税所得总额
×本国税率

在居住国（国籍国）实行比例税率的情况下，可以将上述抵免限额的计算公式简化如下：

抵免限额＝按《企业所得税法》计算的来源于所有国外的应税所得额×本国税率

(2) 分国抵免限额，即居住国政府对其居民纳税人来自每一个外国的所得，分别计算抵免限额。其计算公式如下：

抵免限额＝境内、境外所得依《企业所得税法》计算的应纳税总额
×（按《企业所得税法》计算的来源于某国的应税所得额
÷境内、境外应税所得总额）

第三，企业取得境外所得进行税收抵免时，假如境外所得已纳税额超过抵免限额，《税法》规定超过抵免限额的部分，当年不再抵免，可在以后5个年度内，用每年度抵免限额抵免当年应抵税额后的余额进行抵补。此处的5个年度，是指从企业取得的来源

于境外的所得，已经在境外缴纳的企业所得税性质的税额超过抵免限额的当年的次年起连续5个纳税年度，而不论在这5个纳税年度内其抵免限额是否超过在境外已纳税额。

第四，对于非居民企业在中国境内设立机构、场所，取得发生在中国境外但与该机构、场所有实际联系的应税所得，其在境外已纳所得税额，《企业所得税法》规定采用直接抵免的方法，在抵免限额内进行抵免。

2. 间接抵免。

间接抵免法是指对本国纳税人间接缴纳的外国所得税给予抵免的方法。即母公司所在的居住国政府，允许母公司将其子公司已缴居住国的所得税中应由母公司分得股息、红利承担的那部分税额，来冲抵母公司的应纳税额。

需要注意的是，我国企业所得税的间接抵免适用母子公司的经营模式，包括母、子、孙等五层公司的经营模式。

《企业所得税法》规定，居民企业从其直接或者间接控制的外国企业分得的来源于中国境外的股息、红利等权益性投资收益，外国企业在境外实际缴纳的所得税税额中属于该项所得负担的部分，可以作为该居民企业的可抵免境外所得税税额，在法定的抵免限额内抵免。

有关间接抵免的具体规定及其含义如下：

第一，外国企业是指依照其他国家（地区）法律在中国境外设立的公司、企业和其他经济组织。此处的外国企业，可能是我国的居民企业，也可能是我国的非居民企业，判定标准是实际管理机构是否在中国境内。

第二，由居民企业直接或间接控制的外国企业包括：

①第一层：企业直接持有20%以上股份的外国企业；

②第二层至第五层：单一上一层外国企业直接持有20%以上股份，且由该企业直接持有或通过一个或多个符合《财政部、国家税务总局关于企业境外所得税收抵免有关问题的通知》（财税〔2009〕125号）第六条规定持股方式的外国企业间接持有总和达到20%以上股份的外国企业。

第三，计算间接抵免的关键一步是将外国子公司支付的股息还原成税前利润，这一税前利润应该等于上一层企业收到的下一层企业实际支付的股息加上该股息在下一层企业所应负担的企业所得税。

第四，间接抵免同样实行限额抵免的方式，其计算公式与直接抵免方式下的公式相同。

需要注意的是，企业依《企业所得税法》规定抵免企业所得税税额时，应当提供中国境外税务机关出具的税款所属年度的有关纳税凭证。

关于企业境外所得税收抵免的具体规定详见《企业境外所得税收抵免操作指南》（总局公告2010年第1号）和《财政部、国家税务总局关于企业境外所得税收抵免有关问题的通知》（财税〔2009〕125号）。

（三）清算所得应纳所得税额的计算

清算是指企业依法解散或宣告破产后，终止生产经营活动并清理债权、债务，处理剩余财产，从而使企业民事主体资格归于消灭的程序。清算按其产生原因可以分为解散清算、撤销清算和破产清算三种。解散清算是指根据企业章程的规定、投资人决定以及企业合并或者分立需要，在企业解体时进行的清算；撤销清算是指由于企业违反有关法律规定，被吊销营业执照、责令关闭或者被撤销时进行的清算；破产清算是指企业依法被宣告破产后，根据相关法律规定进行的清算。公司制企业的解散清算和撤销清算适用《公司法》的规定，其他企业破产清算适用《中华人民共和国企业破产法》（简称《企业破产法》）的规定。《企业所得税法》规定，企业应当在办理注销登记前，就其清算所得向税务机关申报并依法缴纳企业所得税。

1. 清算所得的相关概念。

清算所得，是指企业的全部资产可变现价值或交易价格，减除资产的计税基础、清算费用、相关税费，加上债务清偿损益等后的余额。

（1）企业的全部资产，应包括货币资金、实物资产、投资资产、应收款项、无形资产和递延资产等。企业清算期间，全部资产必须以可变现价值和交易价格来衡量。

（2）资产的计税基础，是指取得资产时确定的计税基础减除在清算开始日以前纳税年度内按照规定已在税前扣除折旧、摊销、准备金等的余额。

（3）清算费用，是指清算过程中实际发生的与清算活动有关的费用支出，包括清算人员的报酬，清算财产的管理、变卖及分配所需的评估费、咨询费等费用，清算过程中支付的诉讼费用、仲裁费用及公告费用，以及为维护债权人和股东的合法权益支付的其他费用。

（4）相关税费，是指企业清算过程中因处理资产、负债而产生的计入成本费用的除企业所得税和允许抵扣的增值税以外的城市维护建设税、教育费附加、土地增值税和印花税等各项税金及费用。

（5）债务清偿损益，是指清算期间实际偿还的债务与全部负债计税基础之间的差额，即债务清偿所得或损失金额。（以上内容见《国家税务总局关于印发〈中华人民共和国企业清算所得税申报表〉的通知》国税函〔2009〕388号）

2. 企业清算的所得税处理。

企业清算的所得税处理，是指企业在不再持续经营，发生结束自身业务、处置资产、偿还债务以及向所有者分配剩余财产等经济行为时，对清算所得、清算所得税、股息分配等事项的处理。下列企业应进行清算的所得税处理：

①按《公司法》《企业破产法》等规定需要进行清算的企业；

②企业重组中需要按清算处理的企业。

（1）企业清算的所得税处理内容。

企业清算的所得税处理包括以下内容：

①全部资产均应按可变现价值或交易价格，确认资产转让所得或损失；

②确认债权清理、债务清偿的所得或损失；

③改变持续经营核算原则，对预提或待摊性质的费用进行处理；

④依法弥补亏损，确定清算所得；

⑤计算并缴纳清算所得税；

⑥确定可向股东分配的剩余财产、应付股息等。（以上内容见《财政部、国家税务总局关于企业清算

业务企业所得税处理若干问题的通知》财税〔2009〕60号）

（2）清算所得的企业所得税处理。

企业的全部资产可变现价值或交易价格，减除资产的计税基础、清算费用、相关税费，加上债务清偿损益，依法弥补亏损等后的余额，为清算所得。企业应该就清算期间形成的清算所得按企业所得税的基本税率计算缴纳企业所得税。其计算公式如下：

清算所得应纳税额 = 清算所得 × 基本税率

清算所得 = 全部资产可变现价值或交易价格 − 资产的计税基础 − 清算费用 − 相关税费 + 债务清偿损益 − 允许弥补的以前年度亏损

全部资产可变现价值或交易价格 = 货币资金 + 债权的可收回金额 + 存货的可变现价值 + 固定资产的可变现价值 + 非实物资产的可变现价值

进入清算期的企业应对清算事项，报主管税务机关备案；企业清算时，应当以整个清算期间作为一个纳税年度，依法计算清算所得及其应纳所得税额；企业应当自清算结束之日起15日内，向主管税务机关报送企业清算所得税纳税申报表，结清税款。

企业未按照规定的期限办理清算所得纳税申报或者未按照规定期限缴纳税款的，应根据《征管法》的相关规定加收滞纳金。（以上内容见《国家税务总局关于企业清算所得税有关问题的通知》国税函〔2009〕684号）

（3）被清算企业股东分回剩余财产的所得税处理。

企业清算后可以向所有者分配的剩余财产，是指企业全部资产的可变现价值或交易价格减除清算费用、职工工资、社会保险费用和法定补偿金，结清清算所得税及其他清算税金、以前年度欠税等税款，清偿公司债务后的资产。其计算公式如下：

可分配的剩余财产 = 企业全部资产的可变现价值或交易价格 − 清算费用 − 职工工资 − 社会保险费用 − 法定补偿金 − 清算所得税等清算税金 − 以前年度欠税 − 清偿企业债务

被清算企业的股东分得的剩余资产的金额，其中相当于被清算企业累计未分配利润和累计盈余公积中按该股东所占股份比例计算的部分，应确认为股息所得；剩余资产减除股息所得后的余额，超过或低于股东投资成本的部分，应确认为股东的投资转让所得或损失。用公式表示如下：

股息所得 = 被清算企业留存收益 × 股份比例

投资转让所得（损失）= 剩余财产 − 股息所得 − 投资成本

需要注意的是，符合规定条件的，被清算企业股东从被清算企业分得的剩余财产中属于股息所得部分，免予征收企业所得税。

被清算企业的股东从被清算企业分得的资产应按可变现价值或实际交易价格确定计税基础。（以上内容见《财政部、国家税务总局关于企业清算业务企业所得税处理若干问题的通知》财税〔2009〕60号）

关于企业清算还要注意以下两点：

1.《公司法》规定，清算期间公司存续，但不得开展与清算无关的经营活动。

清算期间企业取得的所得已非正常生产经营所得，企业所得税优惠政策的适用对象已不复存在，因而清算期间税收优惠政策一律停止执行，企业应就清算所得按《企业所得税法》规定的基本税率（25%）计算缴纳企业所得税。关于清算所得适用税率，在《中华人民共和国企业清算所得税申报表》（国税函〔2009〕388 号）填报说明中也明确为25%。

2. 除免税重组外，因解散、破产终止经营或应税重组中取消独立纳税人资格的企业，均应按照《企业所得税法》及其他有关规定进行清算，并就清算所得计算缴纳企业所得税。也就是说，《公司法》并没有强制规定企业合并或分立需要解散的必须进行清算，但按《企业所得税法》第五十五条的规定，纳税主体资格消亡的，除免税重组中取消独立纳税人资格的企业给予递延纳税待遇外，均应予以清算。

六、税收优惠

《企业所得税法》根据国民经济和社会发展的需要，借鉴国际上成功经验，将现行企业所得税优惠政策以区域优惠为主，调整为以产业优惠为主、区域优惠为辅的税收优惠格局。《企业所得税法》主要对国家重点扶持和鼓励发展的产业及项目给予税收优惠，优惠方式包括免税、减税、降低税率、加计扣除、抵扣所得、加速折旧、减计收入、税额抵免等。

（一）免税收入

企业的下列收入为免税收入：

1. 国债利息收入；

2. 符合条件的居民企业之间的股息、红利等权益性投资收益；

3. 在中国境内设立机构、场所的非居民企业从居民企业取得与该机构、场所有实际联系的股息、红利等权益性投资收益；

4. 符合条件的非营利组织的收入。

有关免税收入的具体规定详见本节“四、计税依据——免税收入”部分，此处不赘述。

（二）定期减免税

企业的下列所得，可以免征、减征企业所得税：

1. 从事农、林、牧、渔业项目的所得；

2. 从事国家重点扶持的公共基础设施项目投资经营的所得；

3. 从事符合条件的环境保护、节能节水项目的所得；

4. 符合条件的技术转让所得；

5. 非居民企业取得的来源于中国境内的所得；

6. 民族自治区域内的企业应缴纳的企业所得税中属于地方分享的部分。

上述各减免项目具体规定如下：

1. 企业从事农、林、牧、渔业项目的所得，可以免征、减征企业所得税。

（1）企业从事下列项目的所得，免征企业所得税：

①蔬菜、谷物、薯类、油料、豆类、棉花、麻类、糖料、水果、坚果的种植；

②农作物新品种的选育；

③中药材的种植；

④林木的培育和种植；

⑤牲畜、家禽（含猪、兔）的饲养；

⑥林产品的采集；

⑦灌溉、农产品初加工、兽医、农技推广、农机作业和维修等农、林、牧、渔服务业项目；

⑧远洋捕捞；

⑨“公司+农户”经营模式从事农、林、牧、渔业项目生产的企业；（见《国家税务总局关于“公司+农户”经营模式企业所得税优惠问题的公告》总局公告2010年第2号）

⑩国有农场从家庭农场承包户以“土地承包费”形式取得的从事农、林、牧、渔业生产的收入。（见《国家税务总局关于黑龙江垦区国有农场土地承包费缴纳企业所得税问题的批复》国税函〔2009〕779号）

农产品初加工范围参照《享受企业所得税优惠政策的农产品初加工范围（试行）（2008年版）》执行。（见《财政部、国家税务总局关于发布享受企业所得税优惠政策的农产品初加工范围（试行）的通知》财税〔2008〕149号、《财政部、国家税务总局关于享受企业所得税优惠的农产品初加工有关范围的补充通知》财税〔2011〕26号）

（2）企业从事下列项目的所得，减半征收企业所得税：

①花卉以及其他观赏类作物、茶以及其他饮料作物和香料作物的种植；

②海水养殖、内陆养殖。

（3）涉农减免的其他规定如下：

①企业根据委托合同，受托对符合规定的农产品进行初加工服务，其所收取的加工费，可以按照农产品初加工的免税项目处理。

②企业对外购茶叶进行筛选、分装、包装后进行销售的所得，不享受农产品初加工的优惠政策。

③企业委托其他企业或个人从事《企业所得税法》规定农、林、牧、渔业项目取得的所得，可享受相应的税收优惠政策。

④企业受托从事《企业所得税法》规定农、林、牧、渔业项目取得的收入，比照委托方享受相应的税收优惠政策。

⑤企业购买农产品后直接进行销售的贸易活动产生的所得，不能享受农、林、牧、渔业项目的税收优惠政策。

⑥企业从事国家限制和禁止发展的项目，不得享受上述企业所得税优惠政策。

对企业（含企业性质的农民专业合作社）从事农、林、牧、渔业项目的所得，实施企业所得税优惠政策和征收管理中的有关事项详见《国家税务总局关于实施农林牧渔业项目企业所得税优惠问题的公告》（总局公告2011年第48号）。

2. 国家重点扶持的公共基础设施项目，是指《公共基础设施项目企业所得税优惠目录》（简称《目录》）列举的基础设施项目，主要包括港口码头、机场、铁路、公路、城市公共交通、电力、水利等项目。

对居民企业经有关部门批准（包括2007年12月31日前已经批准的），从事符合《目录》规定范围、条件和标准的公共基础设施项目的投资经营所得，自该项目取得第一笔生产经营收入所属纳税年度起，第一年至第三年免征企业所得税，第四年至第六年减半征收企业所得税。第一笔生产经营收入，是指公共基础设施项目建成并投入运营（包括试运营）后所取得的第一笔主营业务收入。

企业承包经营、承包建设和内部自建自用的公共基础设施项目，不得享受上述企业所得税优惠。

企业在减免税期限内转让所享受减免税优惠的项目，受让方承续经营该项目的，可自受让之日起，在剩余优惠期限内享受规定的减免税优惠；减免税期限届满后转让的，受让方不得就该项目重复享受减免税优惠。

企业同时从事不在《目录》范围的生产经营项目取得的所得，应与享受优惠的公共基础设施项目经营所得分开核算，并合理分摊企业的期间共同费用；没有单独核算的，不得享受上述企业所得税优惠。期间共同费用的合理分摊比例可以按照投资额、销售收入、资产额、人员工资等参数确定。上述比例一经确定，不得随意变更。（以上内容见《国家税务总局关于实施国家重点扶持的公共基础设施项目企业所得税优惠问题的通知》国税发〔2009〕80号、《财政部、国家税务总局关于执行公共基础设施项目企业所得税优惠目录有关问题的通知》财税〔2008〕46号、《财政部、国家税务总局关于公共基础设施项目和环境保护节能节水项目企业所得税优惠政策问题的通知》财税〔2012〕10号）

享受企业所得税优惠政策的公共基础设施项目详见《公共基础设施项目企业所得税优惠目录（2008年版）》。该《目录》不仅将《企业所得税法实施条例》列举的前文所述七类公共基础设施项目具体细化为十八项，而且对每项公共基础设施项目的范围、条件及技术标准都进行了限定。（见《财政部、国家税务总局、国家发展改革委关于公布公共基础设施项目企业所得税优惠目录（2008年版）的通知》财税〔2008〕116号、《国家税务总局关于电网企业电网新建项目享受所得税优惠政策问题的公告》总局公告2013年第26号）

需要注意的是，企业投资经营符合《目录》规定条件和标准的公共基础设施项目，采用一次核准、分批次（如码头、泊位、航站楼、跑道、路段、发电机组等）建设的，凡同时符合规定条件的，可按每一批次为单位计算所得，并享受企业所得税"三免三减半"优惠。（见《财政部、国家税务总局关于公共基础设施项目享受企业所得税优惠政策问题的补充通知》财税〔2014〕55号）

3. 符合条件的环境保护、节能节水项目，包括公共污水处理、公共垃圾处理、沼气综合开发利用（包括垃圾填埋沼气发电）、节能减排技术改造、海水淡化等。

企业从事符合条件的环境保护、节能节水项目的所得，自项目取得第一笔生产经营收入所属纳税年度起，第一年至第三年免征企业所得税，第四年至第六年减半征收企业所得税。

享受减免税优惠的项目，在减免税期限内转让的，受让方自受让之日起，可以在剩余期限内享受规定的减免税优惠；减免税期限届满后转让的，受让方不得就该项目重复享受减免税优惠。

享受减免税优惠的环境保护、节能节水等经营项目的具体范围和条件详见《环境保护、节能节水项目企业所得税优惠目录（试行）》。（见《财政部、国家税务总局、国家发展改革委关于公布环境保护节能节水项目企业所得税优惠目录（试行）的通知》财税〔2009〕166号、《财政部、国家税务总局、国家发展改革委关于垃圾填埋沼气发电列入〈环境保护、节能节水项目企业所得税优惠目录（试行）〉的通知》财税〔2016〕131号）

4. 符合条件的技术转让所得免征、减征企业所得税，是指一个纳税年度内，居民企业技术转让所得不超过500万元的部分，免征企业所得税；超过500万元的部分，减半征收企业所得税。

享受减免企业所得税优惠的技术转让应符合以下条件：

（1）享受优惠的技术转让主体是《企业所得税法》规定的居民企业；

（2）技术转让属于财政部、国家税务总局规定的范围；

（3）境内技术转让经省级以上科技部门认定；

（4）向境外转让技术经省级以上商务部门认定；

（5）国务院税务主管部门规定的其他条件。

符合条件的技术转让所得应按以下方法计算：

技术转让所得 = 技术转让收入 − 技术转让成本 − 相关税费

技术转让收入是指当事人履行技术转让合同后获得的价款，不包括销售或转让设备、仪器、零部件、原材料等非技术性收入，但包括与技术转让项目密不可分的技术咨询、技术服务、技术培训等收入。上述技术咨询、技术服务、技术培训收入，是指转让方为使受让方掌握所转让的技术投入使用、实现产业化而提供的必要的技术咨询、技术服务、技术培训所产生的收入，并应同时符合以下条件：

（1）在技术转让合同中约定的与该技术转让相关的技术咨询、技术服务、技术培训；

（2）技术咨询、技术服务、技术培训收入与该技术转让项目收入一并收取价款。

技术转让成本是指转让的无形资产的净值，即该无形资产的计税基础减除在资产使用期间按照规定计算的摊销扣除额后的余额。

相关税费是指技术转让过程中实际发生的有关税费，包括除企业所得税和允许抵扣的增值税以外的各项税金及其附加、合同签订费用、律师费等相关费用及其他支出。（以上内容见《国家税务总局关于技术转让所得减免企业所得税有关问题的通知》国税函〔2009〕212号、《国家税务总局关于技术转让所得减免企业所得税有关问题的公告》总局公告2013年第62号）

对于上述技术转让应符合的条件具体解释如下：

（1）技术转让的范围，包括居民企业转让专利技术、计算机软件著作权、集成电路布图设计权、植物新品种、生物医药新品种，以及财政部和国家税务总局确定的其他技术。其中专利技术，是指法律授予独占权的发明、实用新型和非简单改变产品图案的外观设计。

（2）技术转让，是指居民企业转让其拥有符合上述规定技术的所有权或5年以上（含5年）全球独占许可使用权的行为。

（3）技术转让应签订技术转让合同。其中，境内的技术转让须经省级以上（含省级）科技部门认定登记，跨境的技术转让须经省级以上（含省级）商务部门认定登记，涉及财政经费支持产生技术的转让，需省级以上（含省级）科技部门审批。

居民企业技术出口应由有关部门按照商务部、科技部发布的《中国禁止出口限制出口技术目录》（商务部、科技部令2008年第12号）进行审查。居民企业取得禁止出口和限制出口技术转让所得，不享受技术转让减免企业所得税优惠政策。

（4）居民企业从直接或间接持有股权之和达到100%的关联方取得的技术转让所

得，不享受技术转让减免企业所得税优惠政策。（以上内容见《财政部、国家税务总局关于居民企业技术转让有关企业所得税政策问题的通知》财税〔2010〕111 号）

需要注意的是，自 2015 年 10 月 1 日起，全国范围内的居民企业转让 5 年以上非独占许可使用权取得的技术转让所得，纳入享受企业所得税优惠的技术转让所得范围。具体规定如下：

（1）所称技术包括专利（含国防专利）、计算机软件著作权、集成电路布图设计专有权、植物新品种权、生物医药新品种，以及财政部和国家税务总局确定的其他技术。其中，专利是指法律授予独占权的发明、实用新型以及非简单改变产品图案和形状的外观设计。

（2）企业转让符合条件的 5 年以上非独占许可使用权的技术，限于其拥有所有权的技术。

（3）符合条件的 5 年以上非独占许可使用权技术转让所得应按以下方法计算：

技术转让所得 = 技术转让收入 − 无形资产摊销费用 − 相关税费 − 应分摊期间费用

技术转让收入是指转让方履行技术转让合同后获得的价款，不包括销售或转让设备、仪器、零部件、原材料等非技术性收入。不属于与技术转让项目密不可分的技术咨询、服务、培训等收入，不得计入技术转让收入。技术许可使用权转让收入，应按转让协议约定的许可使用权人应付许可使用权使用费的日期确认收入的实现。

无形资产摊销费用是指该无形资产按税法规定当年计算摊销的费用。涉及自用和对外许可使用的，应按照受益原则合理划分。

相关税费是指技术转让过程中实际发生的有关税费，包括除企业所得税和允许抵扣的增值税以外的各项税金及其附加、合同签订费用、律师费等相关费用。

应分摊期间费用（不含无形资产摊销费用和相关税费）是指技术转让按照当年销售收入占比分摊的期间费用。（以上内容见《财政部、国家税务总局关于将国家自主创新示范区有关税收试点政策推广到全国范围实施的通知》财税〔2015〕116 号、《国家税务总局关于许可使用权技术转让所得企业所得税有关问题的公告》总局公告 2015 年第 82 号）

5. 免征或减征所得税的非居民企业所得是指：

（1）非居民企业在中国境内未设立机构、场所的，或者虽设立机构、场所但取得的所得与其所设机构、场所没有实际联系的，其来源于中国境内的所得减按 10% 的税率缴纳企业所得税。

（2）非居民企业取得下列所得可以免征企业所得税：

①外国政府向中国政府提供贷款取得的利息所得；

②国际金融组织向中国政府和居民企业提供优惠贷款取得的利息所得；

③经国务院批准的其他所得。

上述国际金融组织，包括国际货币基金组织、世界银行、亚洲开发银行、国际开发协会、国际农业发展基金、欧洲投资银行以及财政部和国家税务总局确定的其他国际金融组织；所称优惠贷款，是指低于金融企业同期同类贷款利率水平的贷款。（见《财政部、国家税务总局关于执行企业所得税优惠政策若干问题的通知》财税〔2009〕69 号）

6. 民族自治地方的自治机关对本民族自治区域内的企业应缴纳的企业所得税中属于地方分享的部分，可以决定减征或者免征。自治州、自治县决定减征或者免征的，须报省、自治区、直辖市人民政府批准。对民族自治地方内国家限制和禁止行业的企业，不得减征或者免征企业所得税。

上述民族自治地方，是指依照《中华人民共和国民族区域自治法》的规定，实行民族区域自治的自治区、自治州、自治县。

需要注意的是，对2008年1月1日后民族自治地方批准享受减免税的企业，一律按《企业所得税法》第二十九条的规定执行，即对民族自治地方的企业减免企业所得税，仅限于减免企业所得税中属于地方分享的部分，不得减免属于中央分享的部分。（见《财政部、国家税务总局关于贯彻落实国务院关于实施企业所得税过渡优惠政策有关问题的通知》财税〔2008〕21号）

（三）降低税率

符合条件的小型微利企业，减按20%的税率征收企业所得税；国家需要重点扶持的高新技术企业，减按15%的税率征收企业所得税。

1.《企业所得税法实施条例》规定，符合条件的小型微利企业，是指从事国家非限制和禁止行业，并符合下列条件的企业：

（1）工业企业，年度应纳税所得额不超过30万元，从业人数不超过100人，资产总额不超过3 000万元；

（2）其他企业，年度应纳税所得额不超过30万元，从业人数不超过80人，资产总额不超过1 000万元。

需要注意的是，自2019年1月1日起，至2021年12月31日，对小型微利企业年应纳税所得额不超过100万元的部分，减按25%计入应纳税所得额，按20%的税率缴纳企业所得税；对年应纳税所得额超过100万元但不超过300万元的部分，减按50%计入应纳税所得额，按20%的税率缴纳企业所得税。（见《财政部、税务总局关于实施小微企业普惠性税收减免政策的通知》财税〔2019〕13号）

享受优惠政策的小型微利企业的相关规定如下：

（1）享受优惠税率的小型微利企业是指企业的全部生产经营活动产生的所得均负有我国企业所得税纳税义务的企业。因此，仅就来源于我国所得负有我国纳税义务的非居民企业，不适用对符合条件的小型微利企业减按20%税率征收企业所得税的政策。

（2）享受优惠政策的小型微利企业是指从事国家非限制和禁止行业，且同时符合年度应纳税所得额不超过300万元、从业人数不超过300人、资产总额不超过5 000万元等三个条件的企业。

从业人数，包括与企业建立劳动关系的职工人数和企业接受的劳务派遣用工人数。所称从业人数和资产总额指标，应按企业全年的季度平均值确定。具体计算公式如下：

$$季度平均值=(季初值+季末值)\div 2$$

$$全年季度平均值=全年各季度平均值之和\div 4$$

年度中间开业或者终止经营活动的，以其实际经营期作为一个纳税年度确定上述相关指标。

（3）符合规定条件的小型微利企业，无论采取查账征收还是核定征收方式，均可享受小型微利企业所得税优惠政策。实行核定应纳所得税额征收的企业，根据小型微利企业所得税减免政策规定需要调减定额的，由主管税务机关按照程序调整，并及时将调整情况告知企业。

（4）小型微利企业所得税统一实行按季度预缴。预缴企业所得税时，小型微利企业的资产总额、从业人数、年度应纳税所得额指标，暂按当年度截至本期申报所属期末的情况进行判断。其中，资产总额、从业人数指标按照上述第（2）条中“全年季度平均值”的计算公式，计算截至本期申报所属期末的季度平均值；年度应纳税所得额指标暂按截至本期申报所属期末不超过300万元的标准判断。

（5）原不符合小型微利企业条件的企业，在年度中间预缴企业所得税时，按上述第（4）条规定判断符合小型微利企业条件的，应按照截至本期申报所属期末累计情况计算享受小型微利企业所得税减免政策。当年度此前期间因不符合小型微利企业条件而多预缴的企业所得税税款，可在以后季度应预缴的企业所得税税款中抵减。

（6）按月度预缴企业所得税的企业，在当年度4月、7月、10月预缴申报时，如果按照上述第（4）条规定判断符合小型微利企业条件的，下一个预缴申报期起调整为按季度预缴申报，一经调整，当年度内不再变更。

（7）符合条件的小型微利企业，在预缴和年度汇算清缴企业所得税时，通过填写纳税申报表的相关内容（资产总额、从业人数、所属行业、国家限制和禁止行业等栏次），即可享受优惠政策。

（8）企业预缴企业所得税时已享受小型微利企业所得税减免政策，汇算清缴企业所得税时不符合小型微利企业所得税减免政策的条件，应当按照规定补缴企业所得税税款。（以上内容见《国家税务总局关于非居民企业不享受小型微利企业所得税优惠政策问题的通知》国税函〔2008〕650号、《国家税务总局关于实施小型微利企业普惠性所得税减免政策有关问题的公告》总局公告2019年第2号）

2. 国家需要重点扶持的高新技术企业，是指同时符合下列条件的企业：

（1）企业申请认定时须注册成立一年以上。

（2）企业通过自主研发、受让、受赠、并购等方式，获得对其主要产品（服务）在技术上发挥核心支持作用的知识产权的所有权。

（3）对企业主要产品（服务）发挥核心支持作用的技术属于《国家重点支持的高新技术领域》规定的范围。

（4）企业从事研发和相关技术创新活动的科技人员占企业当年职工总数的比例不低于10%。

（5）企业近三个会计年度（实际经营期不满三年的按实际经营时间计算）的研究开发费用总额占同期销售收入总额的比例符合如下要求：

①最近一年销售收入小于5 000万元（含）的企业，比例不低于5%；

②最近一年销售收入在5 000万元至2亿元（含）的企业，比例不低于4%；

③最近一年销售收入在2亿元以上的企业，比例不低于3%。

其中，企业在中国境内发生的研究开发费用总额占全部研究开发费用总额的比例不低于60%。

（6）近一年高新技术产品（服务）收入占企业同期总收入的比例不低于60%。

（7）企业创新能力评价应达到相应要求。

（8）企业申请认定前一年内未发生重大安全、重大质量事故或严重环境违法行为。

享受高新技术企业所得税优惠政策的高新技术企业是指符合上述条件，依照《税法》及其实施条例规定，经认定机构按照《高新技术企业认定管理办法》（国科发火〔2016〕32 号）和《高新技术企业认定管理工作指引》（国科发火〔2016〕195 号）认定取得“高新技术企业证书”的企业。

高新技术企业认定程序如下：

（1）企业申请。企业首先进行自我评价。认为符合认定条件的在“高新技术企业认定管理工作网”注册登记，向认定机构提出认定申请并提交相关材料。

（2）专家评审。认定机构应在符合评审要求的专家中，随机抽取组成专家组。专家组对企业申报材料进行评审，提出评审意见。

（3）审查认定。认定机构结合专家组评审意见，对申请企业进行综合审查，提出认定意见并报领导小组办公室。认定企业由领导小组办公室在“高新技术企业认定管理工作网”公示 10 个工作日，无异议的，予以备案，并在“高新技术企业认定管理工作网”公告，由认定机构向企业颁发统一印制的“高新技术企业证书”。

通过认定的高新技术企业，其资格自颁发证书之日起有效期为三年。企业获得高新技术企业资格后，应每年 5 月底前在“高新技术企业认定管理工作网”填报上一年度知识产权、科技人员、研发费用、经营收入等年度发展情况报表。

企业获得高新技术企业资格后，自高新技术企业证书注明的发证时间所在年度起申报享受税收优惠，并按规定向主管税务机关办理备案手续。企业的高新技术企业资格期满当年，在通过重新认定前，其企业所得税暂按 15% 的税率预缴，在年底前仍未取得高新技术企业资格的，应按规定补缴相应期间的税款。（见《国家税务总局关于实施高新技术企业所得税优惠政策有关问题的公告》总局公告 2017 年第 24 号）

对经济特区和上海浦东新区内在 2008 年 1 月 1 日（含）之后完成登记注册的国家需要重点扶持的高新技术企业，在经济特区和上海浦东新区内取得的所得，自取得第一笔生产经营收入所属纳税年度起，第一年至第二年免征企业所得税，第三年至第五年按照 25% 的法定税率减半征收企业所得税。（见《国务院关于经济特区和上海浦东新区新设立高新技术企业实行过渡性税收优惠的通知》国发〔2007〕40 号）

以境内、境外全部生产经营活动有关的研究开发费用总额、总收入、销售收入总额、高新技术产品（服务）收入等指标申请并经认定的高新技术企业，其来源于境外的所得可以享受高新技术企业所得税优惠政策，即对其来源于境外所得可以按照 15% 的优惠税率缴纳企业所得税，在计算境外抵免限额时，可按照 15% 的优惠税率计算境内外应纳税总额。（见《财政部、国家税务总局关于高新技术企业境外所得适用税率及税收抵免问题的通知》财税〔2011〕47 号）

（四）加计扣除

企业的下列支出，可以在计算应纳税所得额时加计扣除：

1. 开发新技术、新产品、新工艺发生的研究开发费用；

2. 安置残疾人员及国家鼓励安置的其他就业人员所支付的工资。

关于研发费用和安置残疾人员的工资加计扣除具体规定如下。

1. 研究开发费用的加计扣除，是指企业开展研发活动中实际发生的研发费用，未形成无形资产计入当期损益的，在按规定据实扣除的基础上，按照本年度实际发生额的50%，从本年度应纳税所得额中扣除；形成无形资产的，按照无形资产成本的150%在税前摊销。

为进一步激励企业加大研发投入，支持科技创新，国家提高了企业研究开发费用税前加计扣除比例：

（1）科技型中小企业开展研发活动中实际发生的研发费用，未形成无形资产计入当期损益的，在按规定据实扣除的基础上，在2017年1月1日至2019年12月31日期间，再按照实际发生额的75%在税前加计扣除；形成无形资产的，在上述期间按照无形资产成本的175%在税前摊销。（见《财政部、国家税务总局、科技部关于提高科技型中小企业研究开发费用税前加计扣除比例的通知》财税〔2017〕34号）

（2）企业开展研发活动中实际发生的研发费用，未形成无形资产计入当期损益的，在按规定据实扣除的基础上，在2018年1月1日至2020年12月31日期间，再按照实际发生额的75%在税前加计扣除；形成无形资产的，在上述期间按照无形资产成本的175%在税前摊销。（见《财政部、税务总局、科技部关于提高研究开发费用税前加计扣除比例的通知》财税〔2018〕99号）

研发活动，是指企业为获得科学与技术新知识，创造性运用科学技术新知识，或实质性改进技术、产品（服务）、工艺而持续进行的具有明确目标的系统性活动。一般企业关于研究开发费用加计扣除的具体规定如下：

（1）允许加计扣除的研发费用。

研发费用的具体范围包括：

①人员人工费用。直接从事研发活动人员的工资薪金、基本养老保险费、基本医疗保险费、失业保险费、工伤保险费、生育保险费和住房公积金，以及外聘研发人员的劳务费用。

②直接投入费用。研发活动直接消耗的材料、燃料和动力费用；用于中间试验和产品试制的模具、工艺装备开发及制造费，不构成固定资产的样品、样机及一般测试手段购置费，试制产品的检验费；用于研发活动的仪器、设备的运行维护、调整、检验、维修等费用，以及通过经营租赁方式租入的用于研发活动的仪器、设备租赁费。

③折旧费用。用于研发活动的仪器、设备的折旧费。

④无形资产摊销。用于研发活动的软件、专利权、非专利技术（包括许可证、专有技术、设计和计算方法等）的摊销费用。

⑤新产品设计费、新工艺规程制定费、新药研制的临床试验费、勘探开发技术的现场试验费。

⑥其他相关费用。与研发活动直接相关的其他费用，如技术图书资料费、资料翻译费、专家咨询费、高新科技研发保险费，研发成果的检索、分析、评议、论证、鉴定、评审、评估、验收费用，知识产权的申请费、注册费、代理费，差旅费、会议费等。此项费用总额不得超过可加计扣除研发费用总额的10%。

按照《国家税务总局关于企业研究开发费用税前加计扣除政策有关问题的公告》（总局公告2015年第97号）规定，在计算每个项目其他相关费用的限额时应当按照以下公式计算：

其他相关费用限额 = 允许加计扣除的研发费用 ÷ (1 − 10%) × 10%

公式中“允许加计扣除的研发费用”是指《财政部、国家税务总局关于完善研究开发费用税前加计扣除政策的通知》（财税〔2015〕119 号）第一条第一项允许加计扣除的研发费用中的第 1 项至第 5 项的费用之和。

当其他相关费用实际发生数小于限额时，按实际发生数计算税前加计扣除数额；当其他相关费用实际发生数大于限额时，按限额计算税前加计扣除数额。

研发费用税前加计扣除归集范围具体规定详见《国家税务总局关于研发费用税前加计扣除归集范围有关问题的公告》（总局公告 2017 年第 40 号）。

下列活动不适用税前加计扣除政策：

①企业产品（服务）的常规性升级。

②对某项科研成果的直接应用，如直接采用公开的新工艺、材料、装置、产品、服务或知识等。

③企业在商品化后为顾客提供的技术支持活动。

④对现存产品、服务、技术、材料或工艺流程进行的重复或简单改变。

⑤市场调查研究、效率调查或管理研究。

⑥作为工业（服务）流程环节或常规的质量控制、测试分析、维修维护。

⑦社会科学、艺术或人文学方面的研究。

（2）特别事项的处理。

①企业委托外部机构或个人进行研发活动所发生的费用，按照费用实际发生额的 80% 计入委托方研发费用并计算加计扣除，无论委托方是否享受研发费用税前加计扣除政策，受托方均不得再加计扣除。委托外部研究开发费用实际发生额应按照独立交易原则确定。

委托方与受托方存在关联关系的，受托方应向委托方提供研发项目费用支出明细情况。

委托境外机构进行研发活动所发生的费用，按照费用实际发生额的 80% 计入委托方的委托境外研发费用。委托境外研发费用不超过境内符合条件的研发费用 2/3 的部分，可以按规定在企业所得税前加计扣除。

②企业共同合作开发的项目，由合作各方就自身实际承担的研发费用分别计算加计扣除。

③企业集团集中研发的项目，其实际发生的研发费用，可以按照权利和义务相一致、费用支出和收益分享相配比的原则，合理确定研发费用的分摊方法，在受益成员企业间进行分摊，由相关成员企业分别计算加计扣除。

④企业为获得创新性、创意性、突破性的产品进行创意设计活动而发生的相关费用，可按照上述规定进行税前加计扣除。

⑤企业取得研发过程中形成的下脚料、残次品、中间试制品等特殊收入，在计算确认收入当年的加计扣除研发费用时，应从已归集研发费用中扣减该特殊收入，不足扣减的，加计扣除研发费用按零计算。

需要注意的是，失败的研发活动所发生的研发费用也可享受税前加计扣除政策。

（3）会计核算与管理。

①企业应按照国家财务会计制度要求，对研发支出进行会计处理；同时，对享受加计扣除的研发费用按研发项目设置辅助账，准确归集核算当年可加计扣除的各项研发费用实际发生额。企业在一个纳税年度内进行多项研发活动的，应按照不同研发项目分别归集可加计扣除的研发费用。

②企业应对研发费用和生产经营费用分别核算，准确、合理归集各项费用支出，对划分不清的，不得实行加计扣除。

（4）不适用税前加计扣除政策的行业。

烟草制造业、住宿和餐饮业、批发和零售业、房地产业、租赁和商务服务业、娱乐业、财政部和国家税务总局规定的其他行业。上述行业以《国民经济行业分类与代码（GB/T 4754—2011）》为准，并随之更新。

（5）管理事项。

①上述规定适用于会计核算健全、实行查账征收并能够准确归集研发费用的居民企业。

②企业研发费用各项目的实际发生额归集不准确、汇总额计算不准确的，税务机关有权对其税前扣除额或加计扣除额进行合理调整。

③税务机关对企业享受加计扣除优惠的研发项目有异议的，可以转请地市级（含）以上科技行政主管部门出具鉴定意见，科技部门应及时回复意见。企业承担省部级（含）以上科研项目的，以及以前年度已鉴定的跨年度研发项目，不再需要鉴定。

④企业符合规定的研发费用加计扣除条件而在2016年1月1日以后未及时享受该项税收优惠的，可以追溯享受并履行备案手续，追溯期限最长为3年。（以上内容见《财政部、国家税务总局关于完善研究开发费用税前加计扣除政策的通知》财税〔2015〕119号、《国家税务总局关于研发费用税前加计扣除归集范围有关问题的公告》总局公告2017年第40号、《财政部、税务总局、科技部关于企业委托境外研究开发费用税前加计扣除有关政策问题的通知》财税〔2018〕64号）

有关研发费用加计扣除的具体管理事项按照《国家税务总局关于企业研究开发费用税前加计扣除政策有关问题的公告》（总局公告2015年第97号）、《国家税务总局关于提高科技型中小企业研究开发费用税前加计扣除比例有关问题的公告》（总局公告2017年第18号）规定执行。

2. 企业安置残疾人员所支付的工资的加计扣除，是指企业安置残疾人员的，在据实扣除支付给残疾职工工资的基础上，可以在计算应纳税所得额时按照支付给残疾职工工资的100%加计扣除。残疾人员的范围适用《中华人民共和国残疾人保障法》的有关规定。

实际工作中，企业就支付给残疾职工的工资，在进行企业所得税预缴申报时，允许据实计算扣除；在年度终了进行企业所得税年度申报和汇算清缴时，再依照上述规定计算加计扣除。

企业享受安置残疾职工工资100%加计扣除应同时具备如下条件：

（1）依法与安置的每位残疾人签订了1年以上（含1年）的劳动合同或服务协议，

并且安置的每位残疾人在企业实际上岗工作。

（2）为安置的每位残疾人按月足额缴纳了企业所在区县人民政府根据国家政策规定的基本养老保险、基本医疗保险、失业保险和工伤保险等社会保险。

（3）定期通过银行等金融机构向安置的每位残疾人实际支付了不低于企业所在区县适用的经省级人民政府批准的最低工资标准的工资。

（4）具备安置残疾人上岗工作的基本设施。（以上内容见《财政部、国家税务总局关于安置残疾人员就业有关企业所得税优惠政策问题的通知》财税〔2009〕70号）

3. 企业安置国家鼓励安置的其他就业人员所支付的工资的加计扣除办法，由国务院另行规定。

（五）抵扣所得

创业投资企业从事国家需要重点扶持和鼓励的创业投资，可以按投资额的一定比例抵扣应纳税所得额。

创业投资企业采取股权投资方式投资于未上市的中小高新技术企业2年（24个月）以上的，可以按照其投资额的70%在股权持有满2年的当年抵扣该创业投资企业的应纳税所得额；当年不足抵扣的，可以在以后纳税年度结转抵扣。享受上述创业投资企业所得税优惠政策应符合以下条件：

1. 创业投资企业是指依照《创业投资企业管理暂行办法》（国家发展和改革委员会等10部委令2005年第39号，简称《暂行办法》）和《外商投资创业投资企业管理规定》（商务部等5部委令2003年第2号）在中华人民共和国境内设立的专门从事创业投资活动的企业或其他经济组织。即：

（1）经营范围符合《暂行办法》规定，且工商登记为“创业投资有限责任公司”“创业投资股份有限公司”等专业性法人创业投资企业。

（2）按照《暂行办法》规定的条件和程序完成备案，经备案管理部门年度检查核实，投资运作符合《暂行办法》的有关规定。

2. 创业投资企业投资的中小高新技术企业，除应按照科技部、财政部、国家税务总局《关于修订印发〈高新技术企业认定管理办法〉的通知》（国科发火〔2016〕32号）和《关于修订印发〈高新技术企业认定管理工作指引〉的通知》（国科发火〔2016〕195号）的规定，通过高新技术企业认定以外，还应符合职工人数不超过500人，年销售（营业）额不超过2亿元，资产总额不超过2亿元的条件。

3. 中小企业接受创业投资之后，经认定符合高新技术企业标准的，应自其被认定为高新技术企业的年度起，计算创业投资企业的投资期限。该期限内中小企业接受创业投资后，企业规模超过中小企业标准，但仍符合高新技术企业标准的，不影响创业投资企业享受有关税收优惠。（以上内容见《国家税务总局关于实施创业投资企业所得税优惠问题的通知》国税发〔2009〕87号）

4. 其他适用抵扣所得优惠政策的情形。

（1）自2015年10月1日起，全国范围内的有限合伙制创业投资企业采取股权投资方式投资于未上市的中小高新技术企业满2年（24个月）的，该有限合伙制创业投资企业的法人合伙人可按照其对未上市中小高新技术企业投资额的70%抵扣该法人合伙人从该有限合伙制创业投资企业分得的应纳税所得额，当年不足抵扣的，可以在以后纳税年度结转抵扣。（见《财政部、国家税务总局关于将国家自主创新示范区有关税收试点政策推广到全国范围实施的通知》财税〔2015〕116号、《国家税务总局关于有限合伙制创业投资企业法人合伙人企业所得税有关问题的公告》总局公告2015年第81号）

（2）自2018年1月1日起，公司制创业投资企业采取股权投资方式直接投资于种子期、初创期科技型企业满2年（24个月）的，可以按照投资额的70%在股权持有满2年的当年抵扣该公司制创业投资企业的应纳税所得额；当年不足抵扣的，可以在以后纳税年度结转抵扣。有限合伙制创业投资企业（简称合伙创投企业）采取股权投资方式直接投资于初创科技型企业满2年的，法人合伙人可以按照对初创科技型企业投资额的70%抵扣法人合伙人从合伙创投企业分得的所得；当年不足抵扣的，可以在以后纳税年度结转抵扣。（见《财政部、税务总局关于创业投资企业和天使投资个人有关税收政策的通知》财税〔2018〕55号、《国家税务总局关于创业投资企业和天使投资个人税收试点政策有关问题的公告》总局公告2017年第20号）

（六）加速折旧

企业的固定资产由于技术进步等原因，确需加速折旧的，可以缩短折旧年限或者采取加速折旧的方法。

可以采取缩短折旧年限或者采取加速折旧方法的固定资产是指：

1. 由于技术进步，产品更新换代较快的固定资产；

2. 常年处于强震动、高腐蚀状态的固定资产。

采取缩短折旧年限方法的，最低折旧年限不得低于《企业所得税法实施条例》第六十条规定折旧年限的60%；采取加速折旧方法的，可以采取双倍余额递减法或者年数总和法。加速折旧方法一经确定，一般不得变更。企业根据自身生产经营需要，也可选择不实行加速折旧政策。

企业拥有并使用的固定资产符合加速折旧规定的，可按以下情况分别处理：

（1）企业过去没有使用过与该项固定资产功能相同或类似的固定资产，但有充分的证据证明该固定资产的预计使用年限短于《企业所得税法实施条例》规定的计算折旧最低年限的，企业可对该固定资产采取缩短折旧年限或者加速折旧的方法。

（2）企业在原有的固定资产未达到《企业所得税法实施条例》规定的最低折旧年限前，使用功能相同或类似的新固定资产替代旧固定资产的，企业可对新替代的固定资产采取缩短折旧年限或者加速折旧的方法。

企业若为购置已使用过的固定资产，其最低折旧年限不得低于《企业所得税法实施条例》规定的最低折旧年限减去已使用年限后剩余年限的60%。最低折旧年限一经确定，一般不得变更。

对于采取缩短折旧年限的固定资产，足额计提折旧后继续使用而未进行处置（包括报废等情形）超过12个月的，今后对其更新替代、改造改建后形成的功能相同或者类似的固定资产，不得再采取缩短折旧年限的方法。

（3）企业应将购进固定资产的发票、记账凭证等有关凭证、凭据（购入已使用过的固定资产，应提供已使用年限的相关说明）等资料留存备查，并应建立台账，准确核算税法与会计差异情况。（以上内容见《国家税务总局关于企业固定资产加速折旧所得税处理有关问题的通知》国税发

〔2009〕81 号）

有关固定资产加速折旧政策补充规定如下：

1. 对生物药品制造业，专用设备制造业，铁路、船舶、航空航天和其他运输设备制造业，计算机、通信和其他电子设备制造业，仪器仪表制造业，信息传输、软件和信息技术服务业等 6 个行业的企业 2014 年 1 月 1 日后新购进的固定资产，可缩短折旧年限或采取加速折旧的方法。对轻工、纺织、机械、汽车等四个领域重点行业的企业 2015 年 1 月 1 日后新购进的固定资产，可由企业选择缩短折旧年限或采取加速折旧的方法。

对上述十个行业的小型微利企业 2014 年 1 月 1 日（前 6 个行业）或者 2015 年 1 月 1 日（后四个行业）后新购进的研发和生产经营共用的仪器、设备，单位价值不超过 100 万元的，允许一次性计入当期成本费用在计算应纳税所得额时扣除，不再分年度计算折旧；单位价值超过 100 万元的，可缩短折旧年限或采取加速折旧的方法。

2. 对所有行业企业 2014 年 1 月 1 日后新购进的专门用于研发的仪器、设备，单位价值不超过 100 万元的，允许一次性计入当期成本费用在计算应纳税所得额时扣除，不再分年度计算折旧；单位价值超过 100 万元的，可缩短折旧年限或采取加速折旧的方法。

3. 对所有行业企业持有的单位价值不超过 5 000 元的固定资产，允许一次性计入当期成本费用在计算应纳税所得额时扣除，不再分年度计算折旧。

4. 企业在 2018 年 1 月 1 日至 2020 年 12 月 31 日期间新购进（包括自行建造）的设备、器具（泛指除房屋、建筑物以外的固定资产），单位价值不超过 500 万元的，允许一次性计入当期成本费用在计算应纳税所得额时扣除，不再分年度计算折旧；单位价值超过 500 万元的，仍按《企业所得税法》及实施条例、财税〔2014〕75 号文件、财税〔2015〕106 号文件等相关规定执行。

有关固定资产加速折旧企业所得税政策的具体规定参阅《国家税务总局关于固定资产加速折旧税收政策有关问题的公告》（总局公告 2014 年第 64 号）、《国家税务总局关于进一步完善固定资产加速折旧企业所得税政策有关问题的公告》（总局公告 2015 年第 68 号）。（以上内容见《财政部、国家税务总局关于完善固定资产加速折旧企业所得税政策的通知》财税〔2014〕75 号、《财政部、国家税务总局关于进一步完善固定资产加速折旧企业所得税政策的通知》财税〔2015〕106 号、《财政部、税务总局关于设备、器具扣除有关企业所得税政策的通知》财税〔2018〕54 号、《国家税务总局关于设备、器具扣除有关企业所得税政策执行问题的公告》总局公告 2018 年第 46 号）

（七）减计收入

企业综合利用资源，生产符合国家产业政策规定的产品所取得的收入，可以在计算应纳税所得额时减计收入。

企业以《资源综合利用企业所得税优惠目录》规定的资源作为主要原材料，生产国家非限制和禁止并符合国家和行业相关标准的产品取得的收入，减按 90% 计入收入总额。以规定的资源为主要原材料，是指原材料占生产产品材料的比例不得低于《资源综合利用企业所得税优惠目录》规定的标准。

企业同时从事其他项目而取得的非资源综合利用收入，应与资源综合利用收入分开核算，没有分开核算的，不得享受优惠政策。（见《财政部、国家税务总局关于执行资源综合利用企业所得

税优惠目录有关问题的通知》财税〔2008〕47号）

《资源综合利用企业所得税优惠目录（2008年版）》，已自2008年1月1日起公布施行，具体内容见《财政部、国家税务总局国家发展改革委关于公布资源综合利用企业所得税优惠目录（2008年版）的通知》（财税〔2008〕117号）。

（八）税额抵免

企业购置用于环境保护、节能节水、安全生产等专用设备的投资额，可以按一定比例实行税额抵免。

企业购置并实际使用《环境保护专用设备企业所得税优惠目录》《节能节水专用设备企业所得税优惠目录》和《安全生产专用设备企业所得税优惠目录》规定的环境保护、节能节水、安全生产等专用设备的，该专用设备的投资额的10%可以从企业当年的应纳税额中抵免；当年不足抵免的，可以在以后5个纳税年度结转抵免。

享受上述规定的企业所得税优惠的企业，应当实际购置并自身实际投入使用上述规定的专用设备；企业购置上述专用设备在5年内转让、出租的，应当停止享受企业所得税优惠，并补缴已经抵免的企业所得税税款。转让的受让方可以按照该专用设备投资额的10%抵免当年企业所得税应纳税额；当年应纳税额不足抵免的，可以在以后5个纳税年度结转抵免。

专用设备投资额，是指购买专用设备发票价税合计价格，但不包括按有关规定退还的增值税税款以及设备运输、安装和调试等费用。当年应纳税额，是指企业当年的应纳税所得额乘以适用税率，扣除依照《企业所得税法》和国务院有关税收优惠规定以及税收过渡优惠规定减征、免征税额后的余额。

需要注意的是，根据《财政部、国家税务总局关于全国实施增值税转型改革若干问题的通知》（财税〔2008〕170号）的规定，自2009年1月1日起，增值税一般纳税人购进固定资产发生的进项税额可从其销项税额中抵扣，因此，自2009年1月1日起，纳税人购进并实际使用规定范围内的专用设备并取得增值税专用发票的，在按照《财政部、国家税务总局关于执行环境保护专用设备企业所得税优惠目录、节能节水专用设备企业所得税优惠目录和安全生产专用设备企业所得税优惠目录有关问题的通知》（财税〔2008〕48号）第二条规定进行税额抵免时，如增值税进项税额允许抵扣，其专用设备投资额不再包括增值税进项税额；如增值税进项税额不允许抵扣，其专用设备投资额应为增值税专用发票上注明的价税合计金额。企业购买专用设备取得普通发票的，其专用设备投资额为普通发票上注明的金额。（见《国家税务总局关于环境保护节能节水安全生产等专用设备投资抵免企业所得税有关问题的通知》国税函〔2010〕256号）

执行专用设备税额抵免优惠政策应注意以下事项：

1. 企业利用自筹资金和银行贷款购置专用设备的投资额，可以按《企业所得税法》规定抵免企业应纳所得税额；企业利用财政拨款购置专用设备的投资额，不得抵免企业应纳所得税额。（见《财政部、国家税务总局关于执行环境保护专用设备企业所得税优惠目录、节能节水专用设备企业所得税优惠目录和安全生产专用设备企业所得税优惠目录有关问题的通知》财税〔2008〕48号）

2. 购置并实际使用的环境保护、节能节水和安全生产专用设备，包括承租方企业以融资租赁方式租入的、并在融资租赁合同中约定租赁期届满时租赁设备所有权转移给承租方企业，且符合规定条件的专用设备。凡融资租赁期届满后租赁设备所有权未转移至承租方企业的，承租方企业应停止享受抵免企业所得税优惠，并补缴已经抵免的企业所得税税款。（见《财政部、国家税务总局关于执行企业所得税优惠政策若干问题的通知》财税〔2009〕69号）

3.《节能节水专用设备企业所得税优惠目录（2017年版）》《环境保护专用设备企业所得税优惠目录（2017年版）》和《安全生产专用设备企业所得税优惠目录（2018年版）》已公布施行。税务部门在执行税收优惠政策过程中，不能准确判定企业购置的专用设备是否符合相关技术指标等税收优惠政策规定条件的，可提请地市级（含）以上发展改革、工业和信息化、环境保护、地方应急管理等部门，由其会同有关行业部门委托专业机构出具技术鉴定意见，相关部门应积极配合。（见《财政部、税务总局、国家发展改革委、工业和信息化部、环境保护部关于印发节能节水和环境保护专用设备企业所得税优惠目录（2017年版）的通知》财税〔2017〕71号、《财政部、国家税务总局、应急管理部关于印发〈安全生产专用设备企业所得税优惠目录（2018年版）〉的通知》财税〔2018〕84号）

（九）专项优惠

根据国民经济和社会发展的需要，或者由于突发事件等原因对企业经营活动产生重大影响的，国务院可以制定企业所得税专项优惠政策，报全国人民代表大会常务委员会备案。

1. 鼓励软件产业和集成电路产业发展的税收优惠政策：

（1）集成电路线宽小于0.8微米（含）的集成电路生产企业，经认定后，在2017年12月31日前自获利年度起计算优惠期，第一年至第二年免征企业所得税，第三年至第五年按照25%的法定税率减半征收企业所得税，并享受至期满为止。

（2）集成电路线宽小于0.25微米或投资额超过80亿元的集成电路生产企业，经认定后，减按15%的税率征收企业所得税，其中经营期在15年以上的，在2017年12月31日前自获利年度起计算优惠期，第一年至第五年免征企业所得税，第六年至第十年按照25%的法定税率减半征收企业所得税，并享受至期满为止。

（3）2018年1月1日后投资新设的集成电路线宽小于130纳米，且经营期在10年以上的集成电路生产企业或项目，第一年至第二年免征企业所得税，第三年至第五年按照25%的法定税率减半征收企业所得税，并享受至期满为止。

（4）2018年1月1日后投资新设的集成电路线宽小于65纳米或投资额超过150亿元，且经营期在15年以上的集成电路生产企业或项目，第一年至第五年免征企业所得税，第六年至第十年按照25%的法定税率减半征收企业所得税，并享受至期满为止。

（5）我国境内新办的集成电路设计企业和符合条件的软件企业，经认定后，在2017年12月31日前自获利年度起计算优惠期，第一年至第二年免征企业所得税，第三年至第五年按照25%的法定税率减半征收企业所得税，并享受至期满为止。

（6）国家规划布局内的重点软件企业和集成电路设计企业，如当年未享受免税优惠的，可减按10%的税率征收企业所得税。

（7）符合条件的软件企业按照《财政部、国家税务总局关于软件产品增值税政策的通知》（财税〔2011〕100号）规定取得的即征即退增值税款，由企业专项用于软件产品研发和扩大再生产并单独进行核算，可以作为不征税收入，在计算应纳税所得额时从收入总额中减除。

（8）集成电路设计企业和符合条件软件企业的职工培训费用，应单独进行核算并按实际发生额在计算应纳税所得额时扣除。

（9）企业外购的软件，凡符合固定资产或无形资产确认条件的，可以按照固定资产或无形资产进行核算，其折旧或摊销年限可以适当缩短，最短可为2年（含）。

（10）集成电路生产企业的生产设备，其折旧年限可以适当缩短，最短可为3年（含）。

软件、集成电路企业应从企业的获利年度起计算定期减免税优惠期。如获利年度不符合优惠条件的，应自首次符合软件、集成电路企业条件的年度起，在其优惠期的剩余年限内享受相应的减免税优惠。获利年度，是指该企业当年应纳税所得额大于零的纳税年度。

需要注意的是，按照《国务院关于取消和调整一批行政审批项目等事项的决定》（国发〔2015〕11号）和《国务院关于取消非行政许可审批事项的决定》（国发〔2015〕27号）规定，集成电路生产企业、集成电路设计企业、软件企业、国家规划布局内的重点软件企业和集成电路设计企业（统称软件、集成电路企业）的税收优惠资格认定等非行政许可审批已经取消。享受上述税收优惠政策的软件、集成电路企业，每年汇算清缴时应按照《企业所得税优惠政策事项办理办法》（总局公告2018年第23号）规定办理相关事项。（以上内容见《财政部、国家税务总局关于进一步鼓励软件产业和集成电路产业发展企业所得税政策的通知》财税〔2012〕27号、《财政部、国家税务总局、发展改革委、工业和信息化部关于软件和集成电路产业企业所得税优惠政策有关问题的通知》财税〔2016〕49号、《国家税务总局关于执行软件企业所得税优惠政策有关问题的公告》总局公告2013年第43号、《国家发展改革委员会等部门关于印发国家规划布局内重点软件和集成电路设计领域的通知》发改高技〔2016〕1056号、《工信部、国家税务总局关于2014年度软件企业所得税优惠政策有关事项的通知》工信部联软函〔2015〕273号、《财政部、税务总局、国家发展改革委、工业和信息化部关于集成电路生产企业有关企业所得税政策问题的通知》财税〔2018〕27号）

符合条件的集成电路封装、测试企业以及集成电路关键专用材料生产企业、集成电路专用设备生产企业，在2017年（含2017年）前实现获利的，自获利年度起，第一年至第二年免征企业所得税，第三年至第五年按照25%的法定税率减半征收企业所得税，并享受至期满为止；2017年前未实现获利的，自2017年起计算优惠期，享受至期满为止。（见《财政部、国家税务总局、发展改革委、工业和信息化部关于进一步鼓励集成电路产业发展企业所得税政策的通知》财税〔2015〕6号）

2. 鼓励证券投资基金发展的优惠政策：对证券投资基金从证券市场中取得的收入，包括买卖股票、债券的差价收入，股权的股息、红利收入，债券的利息收入及其他收入，暂不征收企业所得税。对投资者从证券投资基金分配中取得的收入，暂不征收企业所得税。对证券投资基金管理人运用基金买卖股票、债券的差价收入，暂不征收企业所得税。（见《财政部、国家税务总局关于企业所得税若干优惠政策的通知》财税〔2008〕1号）

3. 对清洁发展机制基金取得的下列收入，免征企业所得税：①CDM项目温室气体减排量转让收入上缴国家的部分；②国际金融组织赠款收入；③基金资金的存款利息收入、购买国债的利息收入；④国内外机构、组织和个人的捐赠收入。（见《财政部、国家税务总局关于中国清洁发展机制基金及清洁发展机制项目实施企业有关企业所得税政策问题的通知》财税〔2009〕30号）

4. 自2017年1月1日起，对经认定的技术先进型服务企业（外包服务类），减按15%的税率征收企业所得税。自2018年1月1日起，对经认定的技术先进型服务企业（服务贸易类），减按15%的税率征收企业所得税。（见《财政部、税务总局、商务部、科技部、国家发展改革委关于将技术先进型服务企业所得税政策推广至全国实施的通知》财税〔2017〕79号、《财政部、税务总局、商务部、科技部、国家发展改革委关于将服务贸易创新发展试点地区技术先进型服务企业所得税政策推广至全国实施的通知》财税〔2018〕44号）

5. 对符合规定的生产和装配伤残人员专门用品的居民企业，可在2015年年底以前免征企业所得税。（见《财政部、国家税务总局、民政部关于生产和装配伤残人员专门用品企业免征企业所得税的通知》财税〔2011〕81号）

6. 对企业持有2011～2018年发行的铁路债券取得的利息收入，减半征收企业所得税。铁路债券是指以原铁道部和中国铁路总公司为发行和偿还主体的债券，包括中国铁路建设债券、中期票据、短期融资券等债务融资工具。（见《财政部、国家税务总局关于铁路建设债券利息收入企业所得税政策的通知》财税〔2011〕99号、《财政部、国家税务总局关于2014～2015年铁路建设债券利息收入企业所得税政策的通知》财税〔2014〕2号、《财政部、国家税务总局关于铁路债券利息收入所得税政策问题的通知》财税〔2016〕30号）

7. 对企业取得的2009年及以后年度发行，经国务院批准同意，以省、自治区、直辖市和计划单列市政府为发行和偿还主体的地方政府债券利息收入，免征企业所得税。（见《财政部、国家税务总局关于地方政府债券利息所得免征所得税问题的通知》财税〔2011〕76号、《财政部、国家税务总局关于地方政府债券利息免征所得税问题的通知》财税〔2013〕5号）

8. 2010年1月1日至2020年12月31日，对在新疆困难地区（南疆三地州、其他国家扶贫开发重点县和边境县市以及喀什、霍尔果斯经济开发区）新办的属于《新疆困难地区重点鼓励发展产业企业所得税优惠目录》范围内的企业，自重点鼓励发展产业项目已建成并投入运营后所取得的第一笔营业收入所属纳税年度起，第一年至第二年免征企业所得税，第三年至第五年减半征收企业所得税。（见《财政部、国家税务总局关于新疆困难地区新办企业所得税优惠政策的通知》财税〔2011〕53号、《财政部、国家税务总局关于新疆喀什、霍尔果斯两个特殊经济开发区企业所得税优惠政策的通知》财税〔2011〕112号）

9. 对国家电网公司和中国南方电网有限责任公司及所属全资、控股企业接收用户资产应缴纳的企业所得税不征收入库，直接转增国家资本。有关电网企业对接收的用户资产，可按接收价值计提折旧，并在企业所得税税前扣除。（见《财政部、国家税务总局关于电网企业接受用户资产有关企业所得税政策问题的通知》财税〔2011〕35号）

10. 从2014年11月17日起，对合格境外机构投资者（简称QFII）、人民币合格境外机构投资者（简称RQFII）取得来源于中国境内的股票等权益性投资资产转让所得，暂免征收企业所得税。上述适用于在中国境内未设立机构、场所，或者在中国境内虽设立机构、场所，但取得的上述所得与其所设机构、场所没有实际联系的QFII、RQFII。（见《财政部、国家税务总局关于QFII和RQFII取得中国境内的股票等权益性投资资产转让所得暂免征收企业所得税问题的通知》财税〔2014〕79号）

11. 自2016年1月1日至2020年12月31日期间，对符合条件的生产和装配伤残人员专门用品的居民企业，免征企业所得税。（见《财政部、国家税务总局、民政部关于生产和装配伤残人员专门用品企业免征企业所得税的通知》财税〔2016〕111号）

12. 自2016年1月1日至2017年12月31日期间，中央电视台的广告费和有线电视费收入继续作为企业所得税免税收入，免予征收企业所得税。（见《财政部、国家税务总局关于中央电视台广告费和有线电视费收入企业所得税政策问题的通知》财税〔2016〕80号）

13. 对在中国境内未设立机构、场所的，或者虽设立机构、场所但取得的所得与其所设机构、场所没有实际联系的境外机构投资者（包括境外经纪机构），从事中国境内原油期货（包括经国务院批准对外开放的其他货物期货品种）交易取得的所得（不含实物交割所得），暂不征收企业所得税；对境外经纪机构在境外为境外投资者提供中国境内原油期货经纪业务取得的佣金所得，不属于来源于中国境内的劳务所得，不征收企业所得税。（见《财政部、税务总局、证监会关于支持原油等货物期货市场对外开放税收政策的通知》财税〔2018〕21 号）

14. 自 2018 年 11 月 7 日起至 2021 年 11 月 6 日止，对境外机构投资境内债券市场取得的债券利息收入暂免征收企业所得税。上述暂免征收企业所得税的范围不包括境外机构在境内设立的机构、场所取得的与该机构、场所有实际联系的债券利息。（见《财政部、税务总局关于境外机构投资境内债券市场企业所得税、增值税政策的通知》财税〔2018〕108 号）

执行各项企业所得税税收优惠政策应注意以下规定：

1. 企业同时从事适用不同企业所得税待遇的项目的，其优惠项目应当单独计算所得，并合理分摊企业的期间费用；没有单独计算的，不得享受企业所得税优惠。

2. 法律设置的发展对外经济合作和技术交流的特定地区内，以及国务院已规定执行上述地区特殊政策的地区内新设立的国家需要重点扶持的高新技术企业，可以享受过渡性税收优惠，具体办法由国务院规定。国家已确定的其他鼓励类企业，可以按照国务院规定享受减免税优惠。

3. 自 2008 年 1 月 1 日起，原享受低税率优惠政策的企业，在《企业所得税法》施行后 5 年内逐步过渡到法定税率。其中：享受企业所得税 15% 税率的企业，2008 年按 18% 税率执行，2009 年按 20% 税率执行，2010 年按 22% 税率执行，2011 年按 24% 税率执行，2012 年按 25% 税率执行；原执行 24% 税率的企业，2008 年起按 25% 税率执行。自 2008 年 1 月 1 日起，原享受企业所得税“两免三减半”“五免五减半”等定期减免税优惠的企业，《企业所得税法》施行后继续按原税收法律、行政法规及相关文件规定的优惠办法及年限享受至期满为止，但因未获利而尚未享受税收优惠的，其优惠期限从 2008 年度起计算。（见《国务院关于实施企业所得税过渡优惠政策的通知》国发〔2007〕39 号）

4. 执行《国务院关于实施企业所得税过渡优惠政策的通知》（国发〔2007〕39 号）规定的过渡优惠政策及西部大开发优惠政策的企业，在定期减免税的减半期内，可以按照企业适用税率计算的应纳税额减半征税。即 2008 年按 18% 税率计算的应纳税额实行减半征税，2009 年按 20% 税率计算的应纳税额实行减半征税，2010 年按 22% 税率计算的应纳税额实行减半征税，2011 年按 24% 税率计算的应纳税额实行减半征税，2012 年及以后年度按 25% 税率计算的应纳税额实行减半征税。其他各类情形的定期减免税，均应按照企业所得税 25% 的法定税率计算的应纳税额减半征税。（见《财政部、国家税务总局关于执行企业所得税优惠政策若干问题的通知》财税〔2009〕69 号、《财政部、国家税务总局关于贯彻落实国务院关于实施企业所得税过渡优惠政策有关问题的通知》财税〔2008〕21 号）

5.《国务院关于实施企业所得税过渡优惠政策的通知》（国发〔2007〕39 号）第三条所称不得叠加享受，且一经选择，不得改变的税收优惠情形，限于企业所得税过渡优惠政策与企业所得税法及其实施条例中规定的定期减免税和减低税率类的税收优惠。企业所得税法及其实施条例中规定的各项税收优惠，凡企业符合规定条件的，可以同时

享受。（见《财政部、国家税务总局关于执行企业所得税优惠政策若干问题的通知》财税〔2009〕69号）

6. 2008年1月1日之前外商投资企业形成的累积未分配利润，在2008年以后分配给外国投资者的，免征企业所得税；2008年及以后年度外商投资企业新增利润分配给外国投资者的，依法缴纳企业所得税。（见《财政部、国家税务总局关于企业所得税若干优惠政策的通知》财税〔2008〕1号）

7. 除《企业所得税法》及其实施条例、国发〔2007〕39号、国发〔2007〕40号及财税〔2008〕1号文件规定的优惠政策以外，2008年1月1日之前实施的其他企业所得税优惠政策一律废止。（见《财政部、国家税务总局关于企业所得税若干优惠政策的通知》财税〔2008〕1号）

（十）优惠政策事项办理办法

《企业所得税优惠政策事项办理办法》规定，企业所得税法规定的优惠事项，以及国务院和民族自治地方根据企业所得税法授权制定的企业所得税优惠事项，包括免税收入、减计收入、加计扣除、加速折旧、所得减免、抵扣所得、减低税率、税额抵免等企业所得税优惠事项，全部采用"自行判别、申报享受、相关资料留存备查"的办理方式。

优惠事项的名称、政策概述、主要政策依据、主要留存备查资料、享受优惠时间、后续管理要求等，详见《企业所得税优惠事项管理目录（2017年版）》（简称《目录》）。

1. 优惠事项办理方式。企业应当根据经营情况以及相关税收规定自行判断是否符合优惠事项规定的条件，符合条件的可以自行计算减免税额，并通过填报企业所得税纳税申报表享受税收优惠。同时，按照规定归集和留存相关资料备查，无需再履行备案手续。

2. 留存备查资料管理。由于企业情况不同，留存备查资料难以全部列示，因此留存备查资料分为主要留存备查资料和其他留存备查资料。企业应当按照《目录》列示的清单归集和整理主要留存备查资料，其他留存备查资料则由企业根据享受优惠事项的情况自行归集。

留存备查资料是企业自行判断是否符合相关优惠事项规定条件的直接依据，企业应当在年度纳税申报前全面归集、整理并认真研判。在本企业完成汇算清缴后，留存备查资料应当归集和整理完毕，以备税务机关核查。

3. 企业的权利义务和法律责任。企业（包括居民企业和在中国境内设立机构、场所的非居民企业）可以根据经营情况自行判断是否符合相关优惠事项规定的条件，在符合条件的情况下，企业可以自行按照《目录》中列示的"享受优惠时间"自预缴申报时开始享受或者在年度纳税申报时享受优惠事项。在享受优惠事项后，企业有义务提供留存备查资料，并对留存备查资料的真实性与合法性负责。

4. 后续管理要求。税务机关将对企业享受优惠事项开展后续管理，企业应当予以配合并按照税务机关规定的期限和方式提供留存备查资料。其中，按照财税〔2016〕49号文件的有关规定，享受《目录》第30至31项、第45至53项、第56至57项软件和集成电路产业优惠事项的，企业应当在汇算清缴后按照《目录》"后续管理要求"项目中列示的资料清单向税务部门提交资料，提交资料时间不得超过本年度汇算清缴期（5月31日前）。其他优惠事项的核查，由各省税务机关（含计划单列市税务机关）按照统一安排，开展后续管理等。（以上内容见《国家税务总局关于发布修订后的〈企业所得税优惠政策事项办理办法〉的公告》总局公告2018年第23号）

第三节　资产的税务处理

资产是指企业过去的交易或者事项形成的、由企业拥有或者控制的、预期会给企业带来经济利益的资源（见《企业会计准则——基本准则》第二十条）。《企业所得税法》规定资产的税务处理，其目的是通过对资产的分类，区别资本性支出与收益性支出，确定准予扣除项目和不予扣除项目，以便正确计算应纳税所得额。

资产的税务处理，主要包括资产的分类、确认、计价、扣除和处置等几个方面的内容。

（一）资产的分类

涉及税务处理的资产主要包括固定资产、生物资产、无形资产、长期待摊费用、投资资产和存货。

（二）资产的确认

资产在同时满足下列条件时，可进行税务处理：

1. 与该资源有关的经济利益能够流入企业，能够带来应税收入；

2. 该资源的成本或者价值能够合理地计量。

（三）资产的计价

资产的计价是指以何种会计计量属性作为资产的计税基础。资产的计税基础是指企业收回资产账面价值过程中，计算应纳税所得额时按《企业所得税法》规定可以从应纳税所得额中扣除的金额［见《企业会计准则第18号——所得税》（2006）］。在资产持续持有过程中，其计税基础是指资产的取得成本减去以前期间按照《企业所得税法》规定已经税前扣除的金额后的余额。如固定资产等长期资产在某一资产负债表日的计税基础是指初始成本扣除按照《企业所得税法》规定已在以前期间税前扣除的累计折旧额后的金额。

通常情况下，资产在取得时其入账价值与计税基础是相同的，后续计量过程中因企业会计准则规定与《企业所得税法》规定不同，可能产生资产的账面价值与其计税基础的差异。如计提存货跌价准备的存货、公允价值变动的交易性金融资产。

会计计量有5种属性：历史成本、重置成本、可变现净值、现值和公允价值。企业所得税的计税基础，一般采用历史成本。历史成本又称初始成本，是指企业当初取得该项资产时实际发生的支出。

企业持有各项资产期间资产增值或者减值，除国务院财政、税务主管部门规定可以确认损益外，不得调整该资产的计税基础。

（四）资产的扣除

涉及资产的扣除主要包括固定资产和生物资产的折旧，无形资产和长期待摊费用的摊销，投资资产成本的扣除以及存货成本的结转等。

（五）资产的处置

资产的处置收入减除资产的计税基础和相关税费后的所得，计入应纳税所得额征税；所产生的损失，可以冲减应纳税所得额。

一、固定资产

《企业所得税法》所称固定资产，是指企业为生产产品、提供劳务、出租或者经营管理而持有的、使用时间超过 12 个月的非货币性资产，包括房屋、建筑物、机器、机械、运输工具以及其他与生产经营活动有关的设备、器具、工具等。

（一）固定资产的计价

固定资产应当按照初始成本作为计税基础。

1. 外购的固定资产，以购买价款和支付的相关税费以及直接归属于使该资产达到预定用途发生的其他支出为计税基础。

2. 自行建造的固定资产，以竣工结算前发生的支出为计税基础。

3. 融资租入的固定资产，以租赁合同约定的付款总额和承租人在签订租赁合同过程中发生的相关费用为计税基础；租赁合同未约定付款总额的，以该资产的公允价值和承租人在签订租赁合同过程中发生的相关费用为计税基础。

4. 盘盈的固定资产，以同类固定资产的重置完全价值为计税基础。

5. 通过捐赠、投资、非货币性资产交换、债务重组等方式取得的固定资产，以该资产的公允价值和支付的相关税费为计税基础。

6. 改建的固定资产，除已足额提取折旧的固定资产和租入的固定资产以外，以改建过程中发生的改建支出增加计税基础。

需要注意的是，根据《财政部、国家税务总局关于全国实施增值税转型改革若干问题的通知》（财税〔2008〕170 号）的规定，自 2009 年 1 月 1 日起，增值税一般纳税人购进（包括接受捐赠、实物投资）或者自制（包括改扩建、安装）固定资产发生的进项税额，可以凭增值税专用发票、海关进口增值税专用缴款书和运输费用结算单据从销项税额中抵扣。因此，纳税人不得将允许直接抵扣的购进固定资产发生的增值税税额（进项税额）计入固定资产价值计提折旧。但对于纳税人取得的用于简易计税方法计税项目、免征增值税项目、集体福利或个人消费等固定资产，以及小规模纳税人购入的固定资产，其进项税额不允许抵扣，纳税人取得的上述固定资产应将增值税税额计入固定资产原值作为计提折旧的基数。

（二）固定资产的折旧方法

《企业所得税法》对固定资产折旧年限、残值和折旧方法都有统一、明确的规定，企业无权自主选择。企业在计算应纳税所得额时，按照《企业所得税法》规定计算的固定资产折旧，允许在税前扣除，否则，只有进行纳税调整后，才准予扣除。有关固定资产折旧及其扣除的规定如下：

1. 企业可选用的折旧方法包括年限平均法、工作量法、双倍余额递减法或者年数总和法，且一经选定，不得随意调整。《企业所得税法》允许企业采用的固定资产折旧方法一般为直线法，即年限平均法。

2. 企业应当自固定资产投入使用月份的次月起计算折旧；停止使用的固定资产，应当自停止使用月份的次月起停止计算折旧。

3. 企业应当根据固定资产的性质和使用情况，合理确定固定资产的预计净残值。固定资产的预计净残值一经确定，不得变更。

4. 除国务院财政、税务主管部门另有规定外，固定资产计算折旧的最低年限如下：

（1）房屋、建筑物，为20年；

（2）飞机、火车、轮船、机器、机械和其他生产设备，为10年；

（3）与生产经营活动有关的器具、工具、家具等，为5年；

（4）飞机、火车、轮船以外的运输工具，为4年；

（5）电子设备，为3年。

5. 企业拥有并用于生产经营的主要或关键的固定资产，由于以下原因确需加速折旧的，可以缩短折旧年限或者采取加速折旧的方法：

（1）由于技术进步，产品更新换代较快的；

（2）常年处于强震动、高腐蚀状态的。

加速折旧的具体方法，包括双倍余额递减法或者年数总和法。企业采取缩短折旧年限方法的，最低折旧年限不得低于《企业所得税法》规定的最低折旧年限的60%。加速折旧方法和最低折旧年限一经确定，一般不得变更。对于采取缩短折旧年限的固定资产，足额计提折旧后继续使用而未进行处置（包括报废等情形）超过12个月的，今后对其更新替代、改造改建后形成的功能相同或者类似的固定资产，不得再采取缩短折旧年限的方法。（见《国家税务总局关于企业固定资产加速折旧所得税处理有关问题的通知》国税发〔2009〕81号）

（三）不得计算折旧扣除的固定资产

在计算应纳税所得额时，企业按照规定计算的固定资产折旧，准予扣除。但下列固定资产不得计算折旧扣除：

1. 房屋、建筑物以外未投入使用的固定资产；

2. 以经营租赁方式租入的固定资产；

3. 以融资租赁方式租出的固定资产；

4. 已足额提取折旧仍继续使用的固定资产；

5. 与经营活动无关的固定资产；

6. 单独估价作为固定资产入账的土地；

7. 其他不得计算折旧扣除的固定资产。

需要注意的是，根据《企业所得税法》及有关收入确定规定，融资性售后回租业务中，承租人出售资产的行为，不确认为销售收入，对融资性租赁的资产，仍按承租人出售前原账面价值作为计税基础计提折旧。租赁期间，承租人支付的属于融资利息的部分，作为企业财务费用在税前扣除。（见《国家税务总局关于融资性售后回租业务中承租方出售资产行为有关税收问题的公告》总局公告2010年第13号）

（四）固定资产折旧的其他规定

1. 改建的固定资产延长使用年限的，除已足额提取折旧和租入的固定资产之外，应适当延长折旧年限。

2. 企业对房屋、建筑物固定资产在未足额提取折旧前进行改扩建的，如属于推倒重置的，该资产原值减除提取折旧后的净值，应并入重置后的固定资产计税成本，并在该固定资产投入使用后的次月起，按照《企业所得税法》规定的折旧年限，一并计提折旧；如属于提升功能、增加面积的，该固定资产的改扩建支出，并入该固定资产计税基础，并从改扩建完工投入使用后的次月起，重新按《企业所得税法》规定的该固定资产折旧年限计提折旧，如该改扩建后的固定资产尚可使用的年限低于《企业所得税法》规定的最低年限的，可以按尚可使用的年限计提折旧。（见《国家税务总局关于企业所得税若干问题的公告》总局公告2011年第34号）

3. 企业固定资产投入使用后，由于工程款项尚未结清未取得全额发票的，可暂按合同约定的金额计入固定资产计税基础计提折旧，待发票取得后进行调整。但该项调整应在固定资产投入使用后12个月内进行。（见《国家税务总局关于贯彻落实企业所得税法若干税收问题的通知》国税函〔2010〕79号）

（五）固定资产折旧税会差异的处理

1. 企业固定资产会计折旧年限如果短于《企业所得税法》规定的最低折旧年限，其按会计折旧年限计提的折旧高于按《企业所得税法》规定的最低折旧年限计提的折旧部分，应调增当期应纳税所得额；企业固定资产会计折旧年限已期满且会计折旧已提足，但《企业所得税法》规定的最低折旧年限尚未到期且税收折旧尚未足额扣除，其未足额扣除的部分准予在剩余的税收折旧年限继续按规定扣除。

2. 企业固定资产会计折旧年限如果长于《企业所得税法》规定的最低折旧年限，其折旧应按会计折旧年限计算扣除，《企业所得税法》另有规定除外。

3. 企业按会计规定提取的固定资产减值准备，不得税前扣除，其折旧仍按《企业所得税法》确定的固定资产计税基础计算扣除。

4. 企业按《企业所得税法》规定实行加速折旧的，其按加速折旧办法计算的折旧额可全额在税前扣除。

5. 石油天然气开采企业在计提油气资产折耗（折旧）时，由于会计与《企业所得税法》规定计算方法不同导致的折耗（折旧）差异，应按《企业所得税法》规定进行纳税调整。（以上内容见《国家税务总局关于企业所得税应纳税所得额若干问题的公告》总局公告2014年第29号）

（六）固定资产的处置

企业在出售、转让固定资产时，处置收入扣除计税基础和相关税费后产生的所得，应并入应纳税所得征收企业所得税；所产生的损失，可冲减应纳税所得。

报废固定资产，发生固定资产损毁、盘亏造成的损失，按规定的程序和要求向主管税务机关申报后可作为财产损失在税前扣除。

（七）油气企业生产前发生的支出的税务处理

从事开采石油、天然气等矿产资源的企业，在开始商业性生产前发生的费用和有关固定资产的折耗、折旧方法如下：

1. 关于矿区权益支出的折耗。

（1）油气企业在开始商业性生产前发生的矿区权益支出，可在发生的当期，从本企业其他油（气）田收入中扣除；或者自对应的油（气）田开始商业性生产月份的次月起，分3年按直线法计提的折耗准予扣除。

（2）油气企业对其发生的矿区权益支出未选择在发生的当期扣除的，由于未发现商业性油（气）构造而终止作业，其尚未计提折耗的剩余部分，可在终止作业的当年作为损失扣除。

2. 关于勘探支出的摊销。

（1）油气企业在开始商业性生产前发生的勘探支出（不包括预计可形成资产的钻井勘探支出），可在发生的当期，从本企业其他油（气）田收入中扣除；或者自对应的油（气）田开始商业性生产月份的次月起，分3年按直线法计提的摊销准予扣除。

（2）油气企业对其发生的勘探支出未选择在发生的当期扣除的，由于未发现商业性油（气）构造而终止作业，其尚未摊销的剩余部分，可在终止作业的当年作为损失扣除。

3. 关于开发资产的折旧。

（1）油气企业在开始商业性生产之前发生的开发支出，可不分用途，全部累计作为开发资产的成本，自对应的油（气）田开始商业性生产月份的次月起，可不留残值，按直线法计提的折旧准予扣除，其最低折旧年限为8年。

（2）油气企业终止本油（气）田生产的，其开发资产尚未计提折旧的剩余部分可在该油（气）田终止生产的当年作为损失扣除。（以上内容见《财政部、国家税务总局关于开采油（气）资源企业费用和有关固定资产折耗摊销折旧税务处理问题的通知》财税〔2009〕49号）

二、生物资产

生物资产是指有生命的动物和植物。生物资产分为消耗性生物资产、生产性生物资产和公益性生物资产。

消耗性生物资产，是指为出售而持有的，或在将来收获为农产品的生物资产，包括生长中的农田作物、蔬菜、用材林以及存栏待售的牲畜等。

生产性生物资产，是指企业为生产农产品、提供劳务或者出租等而持有的生物资产，包括经济林、薪炭林、产畜和役畜等。

公益性生物资产，是指以防护、环境保护为主要目的的生物资产，包括防风固沙林、水土保持林和水源涵养林等。

（一）生物资产的计价

生产性生物资产按照以下方法确定计税基础：

1. 外购的生产性生物资产，以购买价款和支付的相关税费为计税基础；

2. 通过捐赠、投资、非货币性资产交换、债务重组等方式取得的生产性生物资产，以该资产的公允价值和支付的相关税费为计税基础。

需要注意的是，自行营造或繁殖的生产性生物资产在营造或繁殖的过程中所发生的成本不属于资本性支出，直接计入当期费用。

（二）生物资产的折旧

企业对达到预定生产经营目的的生产性生物资产，应当按期计提折旧，并在税前扣除。

1. 生产性生物资产按照直线法（年限平均法）计算的折旧，准予扣除。

2. 企业应当自生产性生物资产投入使用月份的次月起计算折旧；停止使用的生产性生物资产，应当自停止使用月份的次月起停止计算折旧。

3. 企业应当根据生产性生物资产的性质和使用情况，合理确定生产性生物资产的预计净残值。生产性生物资产的预计净残值一经确定，不得变更。

4. 生产性生物资产计算折旧的最低年限如下：

（1）林木类生产性生物资产，为10年；

（2）畜类生产性生物资产，为3年。

（三）生产性生物资产的处置

生物资产出售时，应当将处置收入扣除其计税基础和相关税费后的余额计入当期应纳税所得额。生物资产盘亏或死亡、毁损造成的损失，按规定的程序和要求向主管税务机关申报后可作为财产损失在税前扣除。

三、无形资产

无形资产，是指企业为生产产品、提供劳务、出租或者经营管理而持有的、没有实物形态的非货币性长期资产，包括专利权、商标权、著作权、土地使用权、非专利技术、商誉等。

（一）无形资产的计价

无形资产按照初始成本作为计税基础。

1. 外购的无形资产，以购买价款和支付的相关税费以及直接归属于使该资产达到预定用途发生的其他支出为计税基础；

2. 自行开发的无形资产，以开发过程中该资产符合资本化条件后至达到预定用途前发生的支出为计税基础；

3. 通过捐赠、投资、非货币性资产交换、债务重组等方式取得的无形资产，以该资产的公允价值和支付的相关税费为计税基础。

（二）无形资产的摊销

关于无形资产的摊销，《企业所得税法》规定如下：

1. 无形资产按照直线法（年限平均法）计算的摊销费用，准予扣除；

2. 无形资产的摊销年限不得低于10年；

3. 作为投资或者受让的无形资产，有关法律规定或者合同约定了使用年限的，可以按照规定或者约定的使用年限分期摊销；

4. 外购商誉的支出，在企业整体转让或者清算时，准予扣除。

（三）不得计算摊销费用扣除的无形资产

1. 自行开发的支出已在计算应纳税所得额时扣除的无形资产；

2. 自创商誉；

3. 与经营活动无关的无形资产；

4. 其他不得计算摊销费用扣除的无形资产。

（四）加速摊销

企业外购的软件，凡符合固定资产或无形资产确认条件的，可以按照固定资产或无形资产进行核算，其折旧或摊销年限可以适当缩短，最短可为2年（含）。（见《财政部、国家税务总局关于进一步鼓励软件产业和集成电路产业发展企业所得税政策的通知》财税〔2012〕27号）

（五）无形资产的处置

企业出售无形资产，应当将取得的价款与该无形资产计税基础及相关税费的差额计入当期应纳税所得额。

四、投资资产

投资资产，是指企业对外进行权益性投资和债权性投资形成的资产。

（一）投资资产的计价

投资资产的计税基础原则上以投资方实际支付的全部价款包括支付的税金和手续费等相关费用确定。

1. 通过支付现金方式取得的投资资产，以购买价款为成本；

2. 通过支付现金以外的方式取得的投资资产，以该资产的公允价值和支付的相关税费为成本。

（二）投资资产的处置

《企业所得税法》规定，企业对外投资期间，投资资产的成本在计算应纳税所得额时不得扣除。也就是说，投资期间，对外投资的成本不得计提折旧或摊销，也不得作为投资当期的费用直接在税前扣除。

企业转让或者处置投资资产，在计算应纳税所得额时，投资资产的成本准予扣除。

（三）投资的撤回或减少的税务处理

1. 投资企业从被投资企业撤回或减少投资，其取得的资产中，相当于初始出资的部分，应确认为投资收回；相当于被投资企业累计未分配利润和累计盈余公积按减少实收资本比例计算的部分，应确认为股息所得；其余部分确认为投资资产转让所得。

2. 被投资企业发生的经营亏损，由被投资企业按规定结转弥补；投资企业不得调减其投资成本，也不得将其确认为投资损失。（以上内容见《国家税务总局关于企业所得税若干问题的公告》总局公告2011年第34号）

3. 被清算企业的股东分得的剩余资产的金额，其中相当于被清算企业累计未分配利润和累计盈余公积中按该股东所占股份比例计算的部分，应确认为股息所得；剩余资产减除股息所得后的余额，超过或低于股东投资成本的部分，应确认为股东的投资转让所得或损失。

符合规定条件的，被清算企业股东从被清算企业分得的剩余财产中属于股息所得部分，免予征收企业所得税。

被清算企业的股东从被清算企业分得的资产应按可变现价值或实际交易价格确定计税基础。（以上内容见《财政部、国家税务总局关于企业清算业务企业所得税处理若干问题的通知》财税〔2009〕60号）

（四）企业混合性投资业务的税务处理

混合性投资业务，是指兼具权益和债权双重特性的投资业务。符合条件的混合性投资业务，按下列规定进行企业所得税处理：

（1）对于被投资企业支付的利息，投资企业应于被投资企业应付利息的日期，确认收入的实现并计入当期应纳税所得额；被投资企业应于应付利息的日期，确认利息支出，并按《企业所得税法》和《国家税务总局关于企业所得税若干问题的公告》（总局公告2011年第34号）第一条的规定，进行税前扣除。

（2）对于被投资企业赎回的投资，投资双方应于赎回时将赎价与投资成本之间的差额确认为债务重组损益，分别计入当期应纳税所得额。（以上内容见《国家税务总局关于企业混合性投资业务企业所得税处理问题的公告》总局公告2013年第41号）

（五）非货币性资产投资

非货币性资产投资，限于以非货币性资产出资设立新的居民企业，或将非货币性资产注入现存的居民企业。非货币性资产，是指现金、银行存款、应收账款、应收票据以及准备持有至到期的债券投资等货币性资产以外的资产。

1. 企业以非货币性资产对外投资确认的非货币性资产转让所得，可自确认非货币性资产转让收入年度起不超过连续5个纳税年度的期间内，分期均匀计入相应年度的应纳税所得额，按规定计算缴纳企业所得税。

2. 企业以非货币性资产对外投资，应对非货币性资产进行评估并按评估后的公允价值扣除计税基础后的余额，计算确认非货币性资产转让所得。企业以非货币性资产对外投资，应于投资协议生效并办理股权登记手续时，确认非货币性资产转让收入的实现。

3. 企业以非货币性资产对外投资而取得被投资企业的股权，应以非货币性资产的原计税成本为计税基础，加上每年确认的非货币性资产转让所得，逐年进行调整。被投资企业取得非货币性资产的计税基础，应按非货币性资产的公允价值确定。

企业发生非货币性资产投资，符合《财政部、国家税务总局关于企业重组业务企业所得税处理若干问题的通知》（财税〔2009〕59号）等文件规定的特殊性税务处理条件的，可由企业选择其中一项政策执行，且一经选择，不得改变。（以上内容见《财政部、国家税务总局关于非货币性资产投资企业所得税政策问题的通知》财税〔2014〕116号、《国家税务总局关于非货币性资产投资企业所得税有关征管问题的公告》总局公告2015年第33号）

五、存货

存货，是指企业持有以备出售的产品或者商品、处在生产过程中的在产品、在生产或者提供劳务过程中耗用的材料和物料等。

（一）存货的计价

存货应当按照初始成本作为计税基础。

1. 外购存货，以购买价款和支付的相关税费为成本；

2. 自制存货，按照制造过程中的各项实际支出，作为成本；

3. 盘盈的存货，按照同类或类似存货的市场价格，作为成本；

4. 其他方式取得的存货，如通过投资者投入、接受捐赠、非货币性资产交换、债务重组等方式取得的存货，以该存货的公允价值和支付的相关税费为成本；

5. 生产性生物资产收获的农产品，以产出或者采收过程中发生的材料费、人工费和分摊的间接费用等必要支出为成本。

（二）存货成本的结转

企业使用或者销售的存货的成本计算方法，可以在先进先出法、加权平均法、个别计价法中选用一种。计价方法一经选用，不得随意变更。

（三）存货的处置

企业出售、转让存货，处置收入扣除计税基础和相关费用后所产生的所得，计入应纳税所得额，计算纳税；所产生的损失，可冲减应纳税所得额。

存货报废、毁损、盘亏造成的损失，按规定的程序和要求向主管税务机关申报后可作为财产损失在税前扣除。

六、长期待摊费用

长期待摊费用是指企业已经支出，摊销期限在1年以上的各项费用。

（一）长期待摊费用范围

在计算应纳税所得额时，企业发生的下列支出作为长期待摊费用，按照规定摊销的，准予扣除：

1. 已足额提取折旧的固定资产的改建支出；

2. 租入（经营租赁方式）固定资产的改建支出；

3. 固定资产的大修理支出；

4. 其他应当作为长期待摊费用的支出。

固定资产改建支出，是指改变房屋或者建筑物结构、延长使用年限等发生的支出。

（二）长期待摊费用的摊销

企业的固定资产修理支出作为收益性支出，在计算应纳税所得额时，可在发生当期直接扣除。固定资产的改建支出、大修理支出，应作为资本性支出，不得在发生当期直接扣除，符合规定条件的，可作为长期待摊费用，分期摊销、分期扣除。

1. 已足额提取折旧的固定资产的改建支出，按照固定资产预计尚可使用年限分期摊销；

2. 租入固定资产的改建支出，按照合同约定的剩余租赁期限分期摊销；

3. 固定资产的大修理支出，按照固定资产尚可使用年限分期摊销。

固定资产的大修理支出，是指同时符合下列条件的支出：

（1）修理支出达到取得固定资产时的计税基础50%以上；

（2）修理后固定资产的使用年限延长2年以上。

4. 其他长期待摊费用的支出。其他应当作为长期待摊费用的支出，自支出发生月份的次月起，分期摊销，摊销年限不得低于 3 年。

5.《企业所得税法》中开（筹）办费未明确列作长期待摊费用，企业可以在开始经营之日的当年一次性扣除，也可以按照《企业所得税法》有关长期待摊费用的处理规定处理，但一经选定，不得改变。（见《国家税务总局关于企业所得税若干税务事项衔接问题的通知》国税函〔2009〕98 号）

七、其他有关资产处理的规定

（一）企业重组涉及资产的税务处理

企业重组，是指企业在日常经营活动以外发生的法律结构或经济结构重大改变的交易，包括企业法律形式改变、债务重组、股权收购、资产收购、合并、分立等。

1. 企业法律形式改变，是指企业注册名称、住所以及企业组织形式等的简单改变，但符合下述其他重组类型除外。

2. 债务重组，是指在债务人发生财务困难的情况下，债权人按照其与债务人达成的书面协议或者法院裁定书，就其债务人的债务作出让步的事项。

3. 股权收购，是指一家企业（收购企业）购买另一家企业（被收购企业）的股权，以实现对被收购企业控制的交易。收购企业支付对价的形式包括股权支付、非股权支付或两者的组合。

4. 资产收购，是指一家企业（受让企业）购买另一家企业（转让企业）实质经营性资产的交易。受让企业支付对价的形式包括股权支付、非股权支付或两者的组合。

5. 合并，是指一家或多家企业（被合并企业）将其全部资产和负债转让给另一家现存或新设企业（合并企业），被合并企业股东换取合并企业的股权或非股权支付，实现两个或两个以上企业的依法合并。

6. 分立，是指一家企业（被分立企业）将部分或全部资产分离转让给现存或新设的企业（分立企业），被分立企业股东换取分立企业的股权或非股权支付，实现企业的依法分立。

股权支付，是指企业重组中购买、换取资产的一方支付的对价中，以本企业或其控股企业的股权、股份作为支付的形式；非股权支付，是指以本企业的现金、银行存款、应收款项、本企业或其控股企业股权和股份以外的有价证券、存货、固定资产、其他资产以及承担债务等作为支付的形式。

企业重组的税务处理区分不同条件分别适用一般性税务处理规定（应税重组）和特殊性税务处理规定（免税重组）。企业重组同时符合以下条件的，适用特殊性税务处理规定，反之适用一般性税务处理规定：

1. 具有合理的商业目的，且不以减少、免除或者推迟缴纳税款为主要目的。

2. 被收购部分的资产或股权不低于被收购企业全部资产或股权的 50%。

3. 企业重组后的连续 12 个月内不改变重组资产原来的实质性经营活动。

4. 重组交易对价中涉及股权支付金额不低于其交易支付总额的 85%。

5. 企业重组中取得股权支付的原主要股东，在重组后连续 12 个月内，不得转让所取得的股权。

适用一般性税务处理规定的企业重组，转让资产的一方应当在交易发生时按公允价值确认有关资产的转让所得或者损失，取得资产的一方相关资产或负债应当按照公允价值重新确定计税基础。适用并选择特殊性税务处理规定的企业重组，交易各方对其交易中的股权支付部分暂不确认有关资产的转让所得或损失，按原计税基础确认相关资产或负债的计税基础；其非股权支付仍应在交易当期确认相应的资产转让所得或损失，并按公允价值调整相应资产的计税基础。

企业发生符合规定的特殊性重组条件并选择特殊性税务处理的，当事各方应在该重组业务完成当年企业所得税年度申报时，向主管税务机关提交书面备案资料，证明其符合各类特殊性重组规定的条件。企业未按规定书面备案的，一律不得按特殊重组业务进行税务处理。

此外，对 100% 直接控制的居民企业之间，以及受同一或相同多家居民企业 100% 直接控制的居民企业之间按账面净值划转股权或资产，凡具有合理商业目的、不以减少、免除或者推迟缴纳税款为主要目的，股权或资产划转后连续 12 个月内不改变被划转股权或资产原来实质性经营活动，且划出方企业和划入方企业均未在会计上确认损益的，可以选择按以下规定进行特殊性税务处理：

1. 划出方企业和划入方企业均不确认所得。

2. 划入方企业取得被划转股权或资产的计税基础，以被划转股权或资产的原账面净值确定。

3. 划入方企业取得的被划转资产，应按其原账面净值计算折旧扣除。

上述所称“100% 直接控制的居民企业之间，以及受同一或相同多家居民企业 100% 直接控制的居民企业之间按账面净值划转股权或资产”，限于以下情形：

1. 100% 直接控制的母子公司之间，母公司向子公司按账面净值划转其持有的股权或资产，母公司获得子公司 100% 的股权支付。母公司按增加长期股权投资处理，子公司按接受投资（包括资本公积）处理。母公司获得子公司股权的计税基础以划转股权或资产的原计税基础确定。

2. 100% 直接控制的母子公司之间，母公司向子公司按账面净值划转其持有的股权或资产，母公司没有获得任何股权或非股权支付。母公司按冲减实收资本（包括资本公积）处理，子公司按接受投资处理。

3. 100% 直接控制的母子公司之间，子公司向母公司按账面净值划转其持有的股权或资产，子公司没有获得任何股权或非股权支付。母公司按收回投资处理，或按接受投资处理，子公司按冲减实收资本（包括资本公积）处理。母公司应按被划转股权或资产的原计税基础，相应调减持有子公司股权的计税基础。

4. 受同一或相同多家母公司 100% 直接控制的子公司之间，在母公司主导下，一家子公司向另一家子公司按账面净值划转其持有的股权或资产，划出方没有获得任何股权或非股权支付。划出方按冲减所有者权益处理，划入方按接受投资处理。（以上内容见《财政部、国家税务总局关于促进企业重组有关企业所得税处理问题的通知》财税〔2014〕109 号、《财政部、国家税务总局关于企业重组业务企业所得税处理若干问题的通知》财税〔2009〕59 号、《国家税务总局关于资产（股权）划转企业所得税征管问题的公告》总局公告 2015 年第 40 号）

有关企业重组的税务处理规定详见《企业重组业务企业所得税管理办法》（总局公告 2010 年第 4 号）、《国家税务总局关于企业重组业务企业所得税征收管理若干问题的公告》（总局公告 2015 年第 48 号）、《国家税务总局关于非居民企业股权转让适用特殊性税务处理有关问题的公告》（总局公告 2013 年第 72 号）。

（二）国有企业改制重组资产评估增值所得税处理

2015 年 1 月 1 日至 2018 年 12 月 31 日，符合条件的国有企业，其改制上市过程中发生资产评估增值可按以下规定处理：

1. 国有企业改制上市过程中发生的资产评估增值，应缴纳的企业所得税可以不征收入库，作为国家投资直接转增该企业国有资本金（含资本公积），但获得现金及其他非股权对价部分，应按规定缴纳企业所得税。资产评估增值是指按同一口径计算的评估减值冲抵评估增值后的余额。

2. 国有企业 100% 控股（控制）的非公司制企业、单位，在改制为公司制企业环节发生的资产评估增值，应缴纳的企业所得税可以不征税入库，作为国家投资直接转增改制后公司制企业的国有资本金。

3. 经确认的评估增值资产，可按评估价值入账并按有关规定计提折旧或摊销，在计算应纳税所得额时允许扣除。（以上内容见《财政部、国家税务总局关于企业改制上市资产评估增值企业所得税处理政策的通知》财税〔2015〕65 号）

需要注意的是，全民所有制企业改制为国有独资公司或者国有全资子公司，属于财税〔2009〕59 号文件第四条规定的“企业发生其他法律形式简单改变”的，改制中资产评估增值不计入应纳税所得额；资产的计税基础按其原有计税基础确定；资产增值部分的折旧或者摊销不得在税前扣除。（见《国家税务总局关于全民所有制企业公司制改制企业所得税处理问题的公告》总局公告 2017 年第 34 号）

（三）企业处置资产的税务处理

1. 企业发生下列情形的处置资产，除将资产转移至境外以外，由于资产所有权属在形式和实质上均不发生改变，可作为内部处置资产，不视同销售确认收入，相关资产的计税基础延续计算。

（1）将资产用于生产、制造、加工另一产品；

（2）改变资产形状、结构或性能；

（3）改变资产用途（如自建商品房转为自用或经营）；

（4）将资产在总机构及其分支机构之间转移；

（5）上述两种或两种以上情形的混合；

（6）其他不改变资产所有权属的用途。

2. 企业将资产移送他人的下列情形，因资产所有权属已发生改变而不属于内部处置资产，应按规定视同销售确定收入。

（1）用于市场推广或销售；

（2）用于交际应酬；

（3）用于职工奖励或福利；

（4）用于股息分配；

（5）用于对外捐赠；

（6）其他改变资产所有权属的用途。

上述移送他人的资产，应按照被移送资产的公允价值确认销售收入，但对被移送资产的税务处理另有规定的，应按照相关规定执行［如企业发生《财政部、国家税务总局关于促进企业重组有关企业所得税处理问题的通知》（财税〔2014〕109 号）第三条规定的股权、资产划转行为的］。

需要注意的是，《企业所得税法》采用的是法人所得税模式，因而缩小了视同销售的范围，对于货物在同一法人实体内部之间的转移，比如用于在建工程、管理部门、分公司等不再作为销售处理。（以上内容见《国家税务总局关于企业处置资产所得税处理问题的通知》国税函〔2008〕828 号、《国家税务总局关于企业所得税有关问题的公告》总局公告 2016 年第 80 号）

（四）企业政策性搬迁的税务处理

企业政策性搬迁，是指由于社会公共利益的需要，在政府主导下企业进行整体搬迁或部分搬迁。企业应按规定，就政策性搬迁过程中涉及的搬迁收入、搬迁支出、搬迁资产税务处理、搬迁所得等所得税征收管理事项，单独进行税务管理和核算。不能单独进行税务管理和核算的，应视为企业自行搬迁或商业性搬迁等非政策性搬迁进行所得税处理，不得执行以下规定。

1. 搬迁收入和支出。

（1）企业的搬迁收入，包括搬迁过程中从本企业以外（包括政府或其他单位）取得的搬迁补偿收入（包括货币性和非货币性补偿收入），以及本企业搬迁资产处置收入等。

企业由于搬迁处置存货而取得的收入，应按正常经营活动取得的收入进行所得税处理，不作为企业搬迁收入。

（2）企业的搬迁支出，包括搬迁费用支出以及由于搬迁所发生的企业资产处置支出。

企业由于搬迁而报废的资产，如无转让价值，其净值作为企业的资产处置支出。

2. 搬迁资产税务处理。

（1）企业搬迁的资产，简单安装或不需要安装即可继续使用的，在该项资产重新投入使用后，就其净值按《企业所得税法》及其实施条例规定的该资产尚未折旧或摊销的年限，继续计提折旧或摊销。

（2）企业搬迁的资产，需要进行大修理后才能重新使用的，应就该资产的净值，加上大修理过程所发生的支出，为该资产的计税成本。在该项资产重新投入使用后，按该资产尚可使用的年限，计提折旧或摊销。

（3）企业搬迁中被征用的土地，采取土地置换的，换入土地的计税成本按被征用土地的净值，以及该换入土地投入使用前所发生的各项费用支出，为该换入土地的计税成本，在该换入土地投入使用后，按《企业所得税法》及其实施条例规定年限摊销。

（4）企业搬迁中被征用的资产，采取资产置换的，其换入资产的计税成本按被征用资产的净值，加上换入资产所支付的税费（涉及补价，还应加上补价款）计算确定。

（5）企业搬迁期间新购置的各类资产，应按《企业所得税法》及其实施条例等有关规定，计算确定资产的计税成本及折旧或摊销年限。企业发生的购置资产支出，不得从搬迁收入中扣除。

3. 应税所得。

企业在搬迁期间发生的搬迁收入和搬迁支出，可以暂不计入当期应纳税所得额，而在完成搬迁的年度，对搬迁收入和支出进行汇总清算。

（1）下列情形之一的，为搬迁完成年度，企业应进行搬迁清算，计算搬迁所得：

①从搬迁开始，5年内（包括搬迁当年度）任何一年完成搬迁的；

②从搬迁开始，搬迁时间满5年（包括搬迁当年度）的年度。

（2）企业的搬迁收入，扣除搬迁支出后的余额，为企业的搬迁所得。企业应在搬迁完成年度，将搬迁所得计入当年度企业应纳税所得额计算纳税。

（3）企业搬迁收入扣除搬迁支出后为负数的，应为搬迁损失。搬迁损失可在搬迁完成年度，一次性作为损失进行扣除，也可自搬迁完成年度起分3个年度，均匀在税前扣除。上述搬迁损失方法由企业自行选择，但一经选定，不得改变。

（4）企业以前年度发生尚未弥补的亏损的，凡企业由于搬迁停止生产经营无所得的，从搬迁年度次年起，至搬迁完成年度前一年度止，可作为停止生产经营活动年度，从法定亏损结转弥补年限中减除；企业边搬迁、边生产的，其亏损结转年度应连续计算。

（5）凡在第40号公告生效前已经签订搬迁协议且尚未完成搬迁清算的企业政策性搬迁项目，企业在重建或恢复生产过程中购置的各类资产，可以作为搬迁支出，从搬迁收入中扣除。但购置的各类资产，应剔除该搬迁补偿收入后，作为该资产的计税基础，并按规定计算折旧或费用摊销。凡在40号公告生效后签订搬迁协议的政策性搬迁项目，应按40号公告有关规定执行。（以上内容见《国家税务总局关于发布〈企业政策性搬迁所得税管理办法〉的公告》总局公告2012年第40号、《国家税务总局关于企业政策性搬迁所得税有关问题的公告》总局公告2013年第11号）

（五）企业接收政府划入资产的税务处理

1. 县级以上人民政府（包括政府有关部门）将国有资产明确以股权投资方式投入企业，企业应作为国家资本金（包括资本公积）处理。该项资产如为非货币性资产，应按政府确定的接收价值确定计税基础。

2. 县级以上人民政府将国有资产无偿划入企业，凡指定专门用途并按《财政部、国家税务总局关于专项用途财政性资金企业所得税处理问题的通知》（财税〔2011〕70号）规定进行管理的，企业可作为不征税收入进行企业所得税处理。其中，该项资产属于非货币性资产的，应按政府确定的接收价值计算不征税收入。

3. 县级以上人民政府将国有资产无偿划入企业，属于上述1、2项以外情形的，应按政府确定的接收价值计入当期收入总额计算缴纳企业所得税。政府没有确定接收价值的，按资产的公允价值计算确定应税收入。（以上内容见《国家税务总局关于企业所得税应纳税所得额若干问题的公告》总局公告2014年第29号）

（六）企业接收股东划入资产的税务处理

1. 企业接收股东划入资产（包括股东赠予资产、上市公司在股权分置改革过程中接收原非流通股股东和新非流通股股东赠予的资产、股东放弃本企业的股权），凡合同、协议约定作为资本金（包括资本公积）且在会计上已作实际处理的，不计入企业的收入总额，企业应按公允价值确定该项资产的计税基础。

2. 企业接收股东划入资产，凡作为收入处理的，应按公允价值计入收入总额，计算缴纳企业所得税，同时按公允价值确定该项资产的计税基础。（以上内容见《国家税务总局关于企业所得税应纳税所得额若干问题的公告》总局公告2014年第29号）

第四节　特别纳税调整

计算企业所得税应纳税所得额涉及的纳税调整包括一般纳税调整和特别纳税调整。

一般纳税调整是指按照《企业所得税法》规定在计算应纳税所得额时，如果企业财务、会计处理办法同税收法律、行政法规的规定不一致，应当依照税收法律、行政法规的规定进行纳税调整，并据调整后的应纳税所得额计算纳税。如国债利息收入，会计上作为收益处理，而按照《企业所得税法》规定作为免税收入，在计算应纳税所得额时应予减除。

特别纳税调整是指税务机关出于实施反避税目的而对纳税人特定纳税事项所作的税务调整，包括针对纳税人转让定价、资本弱化、避税港避税及其他避税情况所进行的税务调整。

一、特别纳税调整的主要内容

《企业所得税法》对关联交易税收处理以及其他反避税措施作出了一系列规定。这些规定主要包括企业的转让定价、预约定价安排、成本分摊协议、受控外国企业、资本弱化和一般反避税条款等特别纳税调整事项。

（一）转让定价调整

转让定价是指存在关联关系的企业之间，为了实现企业集团利益最大化，或者为了减轻企业税负，在商品买卖、提供服务等交易时，高估或低定价格，把利润转移到某一个企业的行为。为了防止企业集团通过关联企业之间的转让定价转移应税所得而避税，《企业所得税法》规定，企业与其关联方之间的业务往来，不符合独立交易原则而减少企业或者其关联方应纳税收入或者所得额的，税务机关有权按照合理方法予以调整。具体调整方法如下：

1. 可比非受控价格法，以非关联方之间进行的与关联交易相同或者类似业务活动所收取的价格作为关联交易的公平成交价格。

2. 再销售价格法，以关联方购进商品再销售给非关联方的价格减去可比非关联交易毛利后的金额作为关联方购进商品的公平成交价格。

3. 成本加成法，以关联交易发生的合理成本加上可比非关联交易毛利后的金额作为关联交易的公平成交价格。

4. 交易净利润法，以可比非关联交易的利润指标确定关联交易的利润。利润指标包括息税前利润率、完全成本加成率、资产收益率、贝里比率等。

5. 利润分割法，根据企业与其关联方对关联交易合并利润（实际或者预计）的贡献计算各自应当分配的利润额。

6. 其他符合独立交易原则的方法包括成本法、市场法和收益法等资产评估方法，以及其他能够反映利润与经济活动发生地和价值创造地相匹配原则的方法。

关联方是指与企业有下列关联关系之一的企业、其他组织或者个人：

（1）在资金、经营、购销等方面存在直接或者间接的控制关系；

（2）直接或者间接地同为第三者控制；

（3）在利益上具有相关联的其他关系。

独立交易原则又称公平交易原则，是指没有关联关系的交易各方，按照公平成交价格和营业常规进行业务往来遵循的原则。独立交易原则是转让定价税制的核心原则。

需要注意的是，实际税负相同的境内关联方之间的交易，只要该交易没有直接或间接导致国家总体税收收入的减少，原则上不做转让定价调查、调整。

（二）成本分摊协议

成本分摊协议是指企业间签订的各方约定在研发、劳务活动过程中共摊成本、共担风险，并且合理分享研发、劳务活动所带来的收益的契约性协议。《企业所得税法》允许关联企业采取签订协议等方式，将共同成本由参与各方应分摊的成本比例及份额确定下来，但为了防止跨国集团滥用成本分摊协议，乱摊成本费用，侵蚀税基，《企业所得税法》又赋予税务机关对不符合独立交易原则的成本分摊的纳税调整权。有关成本分摊的具体规定如下：

1. 企业与其关联方共同开发、受让无形资产，或者共同提供、接受劳务发生的成本，在计算应纳税所得额时应当按照独立交易原则进行合理分摊。

2. 企业与其关联方分摊成本时，应当按照成本与预期收益相配比的原则进行分摊，并在税务机关规定的期限内，按照税务机关的要求报送有关资料。

3. 企业没有按照独立交易原则和成本与预期收益配比的分摊原则与其关联方分摊共同发生的成本，其自行分摊的成本不得在计算应纳税所得额时扣除。

需要注意的是，企业与其关联方签署成本分摊协议，有下列情形之一的，其自行分摊的成本不得税前扣除：

1. 不具有合理商业目的和经济实质；

2. 不符合独立交易原则；

3. 没有遵循成本与收益配比原则；

4. 未按有关规定备案或准备、保存和提供有关成本分摊协议的同期资料；

5. 自签署成本分摊协议之日起经营期限少于 20 年。

（三）预约定价安排

预约定价安排，是指企业就其未来年度关联交易的定价原则和计算方法，向税务机关提出申请，与税务机关按照独立交易原则协商、确认后达成的协议。根据预约定价参与主体的不同，预约定价安排包括单边、双边和多边三种类型。

企业可以与税务机关就其未来年度关联交易的定价原则和计算方法达成预约定价安

排。预约定价安排的谈签与执行经过预备会谈、谈签意向、分析评估、正式申请、协商签署和监控执行6个阶段。预约定价安排应由设区的市、自治州以上的税务机关受理。

预约定价安排一般适用于主管税务机关向企业送达接收其谈签意向的《税务事项通知书》之日所属纳税年度前3个年度每年度发生的关联交易金额4 000万元人民币以上的企业。

预约定价安排适用于主管税务机关向企业送达接收其谈签意向的《税务事项通知书》之日所属纳税年度起3～5个年度的关联交易。预约定价安排的谈签不影响税务机关对企业不适用预约定价安排的年度及关联交易的特别纳税调查调整和监控管理。

需要注意的是，预约定价制度不是一种新的转让定价调整方法，只是将传统的事后进行的转让定价调查，改为事先审计；预约定价协议实行的是自觉、自愿的机制，税务机关不得强迫企业签订预约定价协议。

（四）受控外国企业规则

构成控制关系的外国（地区）企业，不从事实质性经营活动，而以减少或规避中国税收为主要目的，将成为受控外国企业规则调整的对象。受控外国企业规则是防止受控外国企业避税的立法原则，旨在对由我国居民企业控制的，设在低税国（地区）的外国企业保留利润不做分配或对利润做不合理分配，由此延迟缴纳我国税收的避税行为进行控管。《企业所得税法》规定，由居民企业，或者由居民企业和中国居民控制的设立在实际税负低于《企业所得税法》规定的基本税率的50%，即税率为12.5%的国家（地区）的企业，并非出于合理的经营需要而对利润不做分配或者减少分配的，上述利润中应归属于该居民企业的部分，应当计入该居民企业的当期收入。

构成控制关系是指下列情形：

1. 居民企业或者中国居民直接或者间接单一持有外国企业10%以上有表决权股份，且由其共同持有该外国企业50%以上股份；

2. 居民企业，或者居民企业和中国居民持股比例没有达到上述规定的标准，但在股份、资金、经营、购销等方面对该外国企业构成实质控制。

跨国公司可以通过在避税地设立常设机构进行避税。避税地，又称避税港、避税乐园，指国际上轻税甚至无税的地方或场所，即外国人可以在那里取得收入或拥有资产，而不必支付或只需支付少量税金的地方。目前，国际上有350个避税港，遍及75个国家和地区，如开曼群岛、英属维尔京群岛、百慕大等地。

需要注意的是，中国居民企业股东能够提供资料证明其控制的外国企业满足以下条件之一的，可免于将外国企业不做分配或减少分配的利润视同股息分配额，计入中国居民企业股东的当期所得：

1. 设立在国家税务总局指定的非低税率国家（地区）；

2. 主要取得积极经营活动所得；

3. 年度利润总额低于500万元人民币。

为了简化判定由中国居民企业，或者由中国居民企业和居民个人控制的外国企业的实际税负，中国居民企业或居民个人能够提供资料证明其控制的外国企业设立在美国、英国、法国、德国、日本、意大利、加拿大、澳大利亚、印度、南非、新西兰和挪威的，可免于将该外国企业不做分配或者减少分配的利润视同股息分配额，计入中国居民企业的当期所得。（见《国家税务总局关于简化判定中国居民股东控制外国企业所在国实际税负的通知》国税函〔2009〕37号）

（五）资本弱化及其调整

资本弱化是指企业通过加大借贷款（债权性投资）而减少股权投资（权益性投资）比例的方式增加税前扣除，以降低企业税负的一种行为。在企业所用的生产经营资金中，债务资本（债权融资形成）和权益资本（股权融资形成）的比例大小反映了企业资本的优劣。如果企业资本中债务资本占的比例过高，就称为“资本弱化”。资本弱化反映在税收上主要是增加利息所得税前的扣除，同时减少就股息收入征收的所得税。

上述所称债权性投资，是指企业直接或者间接从关联方获得的，需要偿还本金和支付利息或者需要以其他具有支付利息性质的方式予以补偿的融资；所称权益性投资，是指企业接受的不需要偿还本金和支付利息，投资人对企业净资产拥有所有权的投资。

企业间接从关联方获得的债权性投资，包括：

1. 关联方通过无关联第三方提供的债权性投资；

2. 无关联第三方提供的、由关联方担保且负有连带责任的债权性投资；

3. 其他间接从关联方获得的具有负债实质的债权性投资。

为了防止跨国公司通过操纵融资方式降低集团整体的税收负担，《企业所得税法》规定，企业从其关联方接受的债权性投资与权益性投资的比例超过规定标准而发生的利息支出，不得在计算应纳税所得额时扣除。上述利息支出包括直接或间接关联债权投资实际支付的利息、担保费、抵押费和其他具有利息性质的费用。

为规范企业利息支出税前扣除，国家税务总局对企业接受关联方债权性投资利息支出税前扣除的政策做了明确规定：

1. 在计算应纳税所得额时，企业实际支付给关联方的利息支出，不超过以下规定比例和《企业所得税法》及其实施条例有关规定计算的部分，准予扣除，超过的部分不得在发生当期和以后年度扣除。

企业实际支付给关联方的利息支出，除符合以下第2条规定外，其接受关联方债权性投资与其权益性投资比例为：

（1）金融企业，为5∶1；

（2）其他企业，为2∶1。

2. 企业如果能够按照《企业所得税法》及其实施条例的有关规定提供相关资料，并证明相关交易活动符合独立交易原则的；或者该企业的实际税负不高于境内关联方的，其实际支付给境内关联方的利息支出，在计算应纳税所得额时准予扣除。

3. 企业同时从事金融业务和非金融业务，其实际支付给关联方的利息支出，应按照合理方法分开计算；没有按照合理方法分开计算的，一律按上述第1条有关其他企业的比例计算准予税前扣除的利息支出。

4. 企业自关联方取得的不符合规定的利息收入应按照有关规定缴纳企业所得税。（以上内容见《财政部、国家税务总局关于企业关联方利息支出税前扣除标准有关税收政策问题的通知》财税〔2008〕121号）

（六）一般反避税条款

《企业所得税法》规定，企业实施其他不具有合理商业目的的安排而减少其应纳税收入或者所得额的，税务机关有权按照合理方法调整。这是《企业所得税法》特别纳税调整中的一般反避税条款。为了防止某些纳税人利用税法漏洞，通过策划进行某种安排以达到获取税收利益的目的，《企业所得税法》规定了一般反避税条款作为兜底条款，以弥补特别反避税条款的不足。

不具有合理商业目的，是指以减少、免除或者推迟缴纳税款为主要目的。不具有合理商业目的的安排，应该同时满足以下三个条件：

1. 必须存在一个安排，即人为规划的一个或一系列行动或交易；

2. 必须从该安排中获取税收利益，即减少企业的应纳税收入或者所得；

3. 必须是有明确目的的安排，即企业将获取税收利益作为其进行某安排的唯一或主要目的。

满足以上三个条件，则可断定该安排已经构成了避税事实。

税务机关可依据《企业所得税法》及其实施条例的规定，对存在以下避税安排的企业，启动一般反避税调查：

1. 滥用税收优惠；

2. 滥用税收协定；

3. 滥用公司组织形式；

4. 利用避税港避税；

5. 其他不具有合理商业目的的安排。

一般反避税调查及纳税调整须层报国家税务总局批准。

为规范一般反避税管理，国家税务总局制定了《一般反避税管理办法（试行）》（总局令 2014 年第 32 号），对企业实施的不具有合理商业目的而获取税收利益的避税安排，实施特别纳税调整。

需要注意的是，非居民企业通过实施不具有合理商业目的的安排，间接转让中国居民企业股权、不动产等财产，规避企业所得税纳税义务的，应按照《企业所得税法》第四十七条的规定，重新定性该间接转让交易，确认为直接转让中国居民企业股权等财产。间接转让中国应税财产，是指非居民企业通过转让直接或间接持有中国应税财产的境外企业（不含境外注册中国居民企业）股权及其他类似权益，产生与直接转让中国应税财产相同或相近实质结果的交易，包括非居民企业重组引起境外企业股东发生变化的情形。（见《国家税务总局关于非居民企业间接转让财产企业所得税若干问题的公告》总局公告 2015 年第 7 号）

二、特别纳税调整的管理

为了有效防止或限制避税行为，除了规定一些反避税的方法外，还应在征管措施上予以强化。

（一）特别纳税调整有关资料的管理

《企业所得税法》要求一切从事关联交易的纳税人应及时、准确、真实地向税务机关申报其与关联方之间的业务往来，包括所有经营收入、利润、成本或费用列支等相关资料，这是国际反避税的主要环节。

1. 对关联申报的要求。企业向税务机关报送年度企业所得税纳税申报表时，应当就其与关联方之间的业务往来，附送年度关联业务往来报告表。

2. 对账证资料的要求。税务机关在进行关联业务调查时，企业及其关联方，以及与关联业务调查有关的其他企业，应当按照规定提供相关资料。相关资料具体包括如下几项：

（1）与关联业务往来有关的价格、费用的制定标准、计算方法和说明等同期资料；

（2）与关联业务往来所涉及的财产、财产使用权、劳务等的再销售（转让）价格或者最终销售（转让）价格的相关资料；

（3）与关联业务调查有关的其他企业应当提供的与被调查企业可比的产品价格、定价方式以及利润水平等资料；

（4）其他与关联业务往来有关的资料。

3. 对提供资料期限的要求：

（1）企业应当在税务机关规定的期限内提供与关联业务往来有关的价格、费用的制定标准、计算方法和说明等资料。

（2）关联方以及与关联业务调查有关的其他企业应当在税务机关与其约定的期限内提供相关资料。

与关联业务调查有关的其他企业，是指与被调查企业在生产经营内容和方式上相类似的企业。

4. 同期资料管理。企业应根据《企业所得税法实施条例》第一百一十四条的规定，按纳税年度准备、保存并按税务机关要求提供其关联交易的同期资料。

（二）核定应纳税额

为了避免跨国纳税人利用不准确的成本或费用规避税收，在一些特殊情况下，税务机关可以参照一定标准，估计或核定纳税人的所得额。《企业所得税法》规定，企业不提供与其关联方之间业务往来资料，或者提供虚假、不完整资料，未能真实反映其关联业务往来情况的，税务机关有权依法核定其应纳税所得额。核定企业的应纳税所得额时，可以采用下列方法：

1. 参照同类或者类似企业的利润率水平核定；

2. 按照企业成本加合理的费用和利润的方法核定；

3. 按照关联企业集团整体利润的合理比例核定；

4. 按照其他合理方法核定。

企业对税务机关按照上述方法核定的应纳税所得额有异议的，应当提供相关证据，经税务机关认定后，调整核定的应纳税所得额。

（三）纳税调整的处罚规定

《税法》借鉴国际通行做法，增加了对反避税调整补税加收利息的条款，以此加大企业避税成本，打击各种避税行为，维护国家税收权益。《企业所得税法》明确规定，税务机关按照特别纳税调整的规定对纳税人作出纳税调整，需要补征税款的，除补征税款外，应当按照国务院的规定加收利息。

特别纳税调查调整补缴的税款，应当按照应补缴税款所属年度的先后顺序确定补缴税款的所属年度，以入库日为截止日，分别计算应加收的利息额：

1. 企业在《特别纳税调查调整通知书》送达前缴纳或者送达后补缴税款的，应当自税款所属纳税年度的次年6月1日起至缴纳或者补缴税款之日止计算加收利息。企业超过《特别纳税调查调整通知书》补缴税款期限仍未缴纳税款的，应当自补缴税款期限届满次日起按照税收征管法的有关规定加收滞纳金，在加收滞纳金期间不再加收利息。

2. 利息率按照税款所属纳税年度12月31日公布的与补税期间同期的中国人民银行人民币贷款基准利率加5个百分点计算，并按照一年365天折算日利息率。用公式表示如下：

$$加收利息=补缴税款\times[(贷款基准利率+5\%)\div365]\times滞纳天数$$

3. 企业按照有关规定提供同期资料及有关资料的，或者按照有关规定不需要准备同期资料但根据税务机关要求提供其他相关资料的，以及企业自行调整补税且主动提供同期资料等有关资料，可以只按照贷款基准利率加收利息。

（四）特别纳税调整的追溯年限

鉴于反避税调查一般涉及的年份较长，调整补缴税款的性质与其他形式补缴税款有一定的差别，因此，《税法》规定企业与其关联方之间的业务往来，不符合独立交易原则，或者企业实施其他不具有合理商业目的的安排的，税务机关有权在该业务发生的纳税年度起10年内，进行纳税调整。也就是说，税务机关按照规定作出的特别纳税调整，可以向以前年度追溯，但最长不得超过10年。

有关特别纳税调整的规定详见《国家税务总局关于印发〈特别纳税调整实施办法（试行）〉的通知》（国税发〔2009〕2号）、《国家税务总局关于完善关联申报和同期资料管理有关事项的公告》（总局公告2016年第42号）、《国家税务总局关于完善预约定价安排管理有关事项的公告》（总局公告2016年第64号）、《国家税务总局关于印发〈特别纳税调整内部工作规程〉的通知》（税总发〔2016〕137号）、《国家税务总局关于发布〈特别纳税调查调整及相互协商程序管理办法〉的公告》（总局公告2017年第6号）等文件。

第五节　征收管理

一、纳税地点

《企业所得税法》结合我国的具体情况，参照国际税收惯例，并从有利于税收征管考虑，采用“登记注册地”和“实际管理机构所在地”相结合的方式确定企业的纳税地点。

（一）纳税地点一般规定

1. 居民企业的纳税地点。

除税收法律、行政法规另有规定外，居民企业以企业登记注册地为纳税地点；登记注册地在境外的，以实际管理机构所在地为纳税地点。

企业登记注册地，是指企业依照国家有关规定登记注册的住所地。即企业在市场监督管理等部门办理注册登记时领取的营业执照上载明的主要办事机构所在地。实际管理机构，是指对企业的生产经营、人员、账务、财产等实施实质性全面管理和控制的机构。在实际税收征管工作中，实际管理机构所在地要根据实质重于形式的原则，考虑多方面因素具体认定。

2. 非居民企业的纳税地点。

（1）在中国境内设立机构、场所的非居民企业，其所设机构、场所取得的来源于中国境内的所得，以及发生在中国境外但与其所设机构、场所有实际联系的所得，以机构、场所所在地为纳税地点。

（2）在中国境内未设立机构、场所的非居民企业，或者虽设立机构、场所但取得的所得与其所设机构、场所没有实际联系的所得，以扣缴义务人所在地为纳税地点。

（二）汇总缴纳企业纳税地点

1. 居民企业的汇总缴纳。

《企业所得税法》遵循国际惯例，实行法人所得税制，即只有法人才是企业所得税的纳税人。企业设立的不具有法人资格的分支机构，只是总机构的一个经营单位，对外不承担相应的民事法律责任，不是一个法律实体，因此《企业所得税法》及其实施条例规定，居民企业在中国境内设立的不具有法人资格的营业机构，应当汇总计算企业所得税；企业汇总计算并缴纳企业所得税时，应当统一核算应纳税所得额。即总机构下属的不具有法人资格的分支机构，不在其所在地缴纳企业所得税，而是汇总到总机构所在地，由总机构统一汇总计算后缴纳。

实行总分机构汇总计算缴纳企业所得税，并不意味着分支机构的企业所得税都要汇总到总机构所在地缴纳。按照我国现行财政体制，企业缴纳的企业所得税中有40%作为企业所在地地方政府的财政收入，如果改变现行总分机构分别纳税的做法，而实行总机构汇总纳税，分支机构所在地地方财政应得的企业所得税部分就会转移到总机构所在地，这就影响了分支机构所在地地方政府的财政利益。为了有效解决法人所得税制下企业所得税税源跨省市转移问题，处理好地区间利益关系，财政部、国家税务总局、中国人民银行联合制定了《跨省市总分机构企业所得税分配及预算管理办法》（财预〔2012〕40号）并报国务院批准后施行。在此基础上，国家税务总局制定了《跨地区经营汇总纳税企业所得税征收管理办法》，对属于中央与地方共享收入范围的跨省市总分机构企业缴纳的企业所得税，按照统一规范、兼顾总机构和分支机构所在地利益的原则，实行“统一计算、分级管理、就地预缴、汇总清算、财政调库”的企业所得税征收管理办法。

①统一计算，是指总机构统一计算包括汇总纳税企业所属各个不具有法人资格分支机构在内的全部应纳税所得额、应纳所得税额。

②分级管理，是指总机构、分支机构所在地的主管税务机关都有对当地机构进行企业所得税管理的责任，总机构和分支机构应分别接受机构所在地主管税务机关的管理。

③就地预缴，是指总机构、分支机构应按规定，分月或分季分别向所在地主管税务机关申报预缴企业所得税。

④汇总清算，是指在年度终了后，总机构统一计算汇总纳税企业的年度应纳税所得额、应纳所得税额，抵减总机构、分支机构当年已就地分期预缴的企业所得税款后，多退少补。

⑤财政调库，是指财政部定期将缴入中央国库的汇总纳税企业所得税待分配收入，按照核定的系数调整至地方国库。

居民企业在中国境内跨地区（指跨省、自治区、直辖市和计划单列市）设立不具有法人资格分支机构的，该居民企业为跨地区经营汇总纳税企业（简称汇总纳税企业）。汇总纳税企业就地预缴企业所得税的一般规定如下：

（1）总机构和具有主体生产经营职能的二级分支机构，就地分摊缴纳企业所得税。二级分支机构，是指汇总纳税企业依法设立并领取非法人营业执照（登记证书），且总机构对其财务、业务、人员等直接进行统一核算和管理的分支机构。

（2）汇总纳税企业按照《企业所得税法》规定汇总计算的企业所得税，包括预缴税款和汇算清缴应缴应退税款，50%在各分支机构间分摊，各分支机构根据分摊税款就地办理缴库；50%由总机构分摊缴纳，其中25%就地办理缴库，25%就地全额缴入中央国库。具体的税款缴库或退库程序按照财预〔2012〕40号文件第五条等相关规定执行。

（3）总分机构分摊税款的计算。

总机构按以下公式计算分摊税款：

总机构分摊税款＝汇总纳税企业当期应纳所得税额×50%

分支机构按以下公式计算分摊税款：

所有分支机构分摊税款总额＝汇总纳税企业当期应纳所得税额×50%

某分支机构分摊税款＝所有分支机构分摊税款总额×该分支机构分摊比例

总机构应按照上年度分支机构的营业收入、职工薪酬和资产总额三个因素计算各分支机构分摊所得税款的比例；三级及以下分支机构，其营业收入、职工薪酬和资产总额统一计入二级分支机构；三因素的权重依次为0.35、0.35、0.30。其计算公式如下：

某分支机构分摊比例＝（该分支机构营业收入÷各分支机构营业收入之和）×0.35
＋（该分支机构职工薪酬÷各分支机构职工薪酬之和）×0.35
＋（该分支机构资产总额÷各分支机构资产总额之和）×0.30

（4）居民企业在中国境内没有跨地区设立不具有法人资格分支机构，仅在同一省、自治区、直辖市和计划单列市内设立不具有法人资格分支机构的，其企业所得税征收管理办法，由各省、自治区、直辖市和计划单列市税务局参照《跨地区经营汇总、纳税企业所得税征收管理办法》联合制定。（以上内容见《国家税务总局关于印发〈跨地区经营汇总纳税企业所得税征收管理办法〉的通知》总局公告2012年第57号）

2. 非居民企业的汇总缴纳。

非居民企业在中国境内设立两个或者两个以上机构、场所，符合国务院税务主管部门规定条件的，可以选择由其主要机构、场所汇总缴纳企业所得税。非居民企业选择汇总纳税的主要机构、场所，是指对其他机构、场所的经营业务负有监督管理责任，设有完整的账簿、凭证，能够准确反映各机构的收入、成本、费用和盈亏情况的机构、场所。

非居民企业经批准汇总缴纳企业所得税后，需要增设、合并、迁移、关闭机构、场所或者停止机构、场所业务的，应当事先由负责汇总申报缴纳企业所得税的主要机构、场所向其所在地税务机关报告；需要变更汇总缴纳企业所得税的主要机构、场所的，依照上述规定办理。

所在地税务机关报告；需要变更汇总缴纳企业所得税的主要机构、场所的，依照上述规定办理。

汇总纳税的非居民企业应在汇总纳税的年度中持续符合下列所有条件：

（1）汇总纳税的各机构、场所已在所在地主管税务机关办理税务登记，并取得纳税人识别号；

（2）主要机构、场所符合《企业所得税法实施条例》第一百二十六条规定，汇总纳税的各机构、场所不得采用核定方式计算缴纳企业所得税；

（3）汇总纳税的各机构、场所能够按照规定准确计算本机构、场所的税款分摊额，并按要求向所在地主管税务机关办理纳税申报。

汇总纳税的各机构、场所实行“统一计算、分级管理、就地预缴、汇总清算、财政调库”的企业所得税征收管理办法。相关税款计算、税款分摊、缴库或退库地点、缴库或退库比例、征管流程等事项，按照《国家税务总局、财政部、中国人民银行关于非居民企业机构场所汇总缴纳企业所得税有关问题的公告》（总局公告2019年第12号）等文件适用于居民企业汇总缴纳企业所得税的规定执行。

（三）合并纳税企业纳税地点

合并纳税是指母公司在合并其子公司年度企业所得税纳税申报表的基础上，统一计算年度应纳税所得额、应纳所得税额，统一申报缴纳企业所得税。此时企业所得税的纳税地点为母公司登记注册的住所地。

世界许多国家为了鼓励企业做大做强，发挥规模优势，增强国际竞争力，都允许符合条件的母子公司合并纳税。我国实行法人所得税制，将独立的法人组织作为企业所得税的纳税人，子公司具备独立法人资格，应当和母公司分别作为独立纳税人分别缴纳企业所得税。由于合并纳税与以独立法人为纳税人的原则相背离，必须严格控制，因此《税法》规定，除国务院另有规定外，企业之间不得合并缴纳企业所得税。

从2009年1月1日起，此前经国务院批准或按国务院规定条件批准实行合并缴纳企业所得税的企业集团一律停止执行合并缴纳企业所得税政策。（见《财政部、国家税务总局关于试点企业集团缴纳企业所得税有关问题的通知》财税〔2008〕119号）

（四）所得税收入中央独享企业纳税地点

铁路运输企业（包括广铁集团和大秦铁路公司）、中国邮政集团公司、中国长城资产管理公司、中国华融资产管理公司、中国东方资产管理公司、中国工商银行股份有限公司、中国农业银行股份有限公司、中国银行股份有限公司、国家开发银行、中国农业发展银行、中国进出口银行、中央汇金投资有限责任公司、中国建设银行股份有限公司、中国建银投资有限责任公司以及海洋石油天然气企业（包括港澳台和外商投资、外国海上石油天然气企业）等企业所得税收入全额归属中央的企业的所得税纳税地点为总机构所在地。相关征管规定如下：

1. 上述企业应缴纳的企业所得税由企业总机构统一汇总计算后，向总机构所在地主管税务机关申报预缴，年终进行汇算清缴。上述企业所属二级分支机构应按照企业所得税的有关规定，向其当地主管税务机关报送企业所得税预缴申报表和其他相关资料，各分支机构不就地预缴企业所得税。

2. 收入全额归属中央的企业所属二级及二级以下分支机构，发生资产损失的，按照《企业资产损失所得税税前扣除管理办法》（总局公告 2011 年第 25 号）的规定办理；发生名单变化的，按照《国家税务总局关于 3 项企业所得税事项取消审批后加强后续管理的公告》（总局公告 2015 年第 6 号）第二条的规定办理。（以上内容见《国家税务总局关于中国工商银行股份有限公司等企业企业所得税有关征管问题的通知》国税函〔2010〕184 号、《国家税务总局关于中国邮政集团公司企业所得税征管问题的公告》总局公告 2013 年第 58 号、《国家税务总局关于中国长城资产管理公司企业所得税征管问题的公告》总局公告 2013 年第 57 号、《国家税务总局关于中国华融资产管理股份有限公司和中国东方资产管理公司企业所得税征管问题的公告》总局公告 2013 年第 38 号、《国家税务总局关于修订企业所得税 2 个规范性文件的公告》总局公告 2016 年第 88 号）

此外，按照《跨地区经营汇总纳税企业所得税征收管理办法》（总局公告 2012 年第 57 号）规定，企业所得税为中央收入的企业还包括中国信达资产管理股份有限公司、中国石油天然气股份有限公司、中国石油化工股份有限公司、中国长江电力股份有限公司等企业。

二、纳税期限

企业所得税实行按年计算、分期预缴、年终汇算清缴的征收办法。企业在一定期间内是持续经营的，从理论上讲，一个企业只有在结束营业以后才能准确计算盈亏，但企业所得税不可能等企业终止经营以后再征收。因此，《企业所得税法》将企业的整个经营过程划分为若干个期间，以每个期间作为计算应纳企业所得税的期限，也就是所说的纳税年度。《企业所得税法》规定，企业所得税按纳税年度计算，纳税年度自公历 1 月 1 日起至 12 月 31 日止。企业在一个纳税年度中间开业，或者终止经营活动，使该纳税年度的实际经营期不足 12 个月的，应当以其实际经营期为一个纳税年度。企业依法清算时，应当以清算期间作为一个纳税年度。

三、纳税申报

（一）申报纳税

实际工作中，为了保证税款均衡入库，加强企业所得税的日常管理，对企业所得税不是在每个纳税年度终了后才征收，而是采取分期预缴的方式征收。即税务机关根据企业生产经营特点和应纳税额的大小，核定按月或按季预缴。相应地，企业所得税纳税申报分为预缴申报和年度申报两种情形。

1. 企业所得税预缴申报是指纳税人在法律、行政法规规定的预缴期限内，按照一定方法自行计算预缴期内应缴纳的企业所得税税款，填写预缴申报表，向税务机关进行预缴申报，并预缴税款。《企业所得税法》规定，纳税人应当自月份或者季度终了之日起 15 日内，向税务机关报送预缴企业所得税纳税申报表，预缴税款。

纳税人应当按照月度或者季度的实际利润额预缴企业所得税。按照月度或者季度的实际利润额预缴有困难的，可以按照上一纳税年度应纳税所得额的月度或者季度平均额预缴，或者按照经税务机关认可的其他方法预缴。为确保税款足额及时入库，各级税务机关对纳入当地重点税源管理的企业，原则上应按照实际利润额预缴方法征收企业所得税。（见《国家税务总局关于加强企业所得税预缴工作的通知》国税函〔2009〕34 号）

2. 企业所得税年度申报是指纳税人在年度终了后的一定期限内，自行计算纳税年度内应缴纳的企业所得税，填写纳税申报表，并与有关财务会计报表和税务机关要求的其他资料一起向税务机关进行纳税申报，并结清税款。《企业所得税法》规定，企业应当自年度终了之日起 5 个月内，向税务机关报送年度企业所得税纳税申报表，并汇算清缴，结清应缴应退税款。

需要注意的是，企业在纳税年度内无论盈利或者亏损，都应当依照《企业所得税法》第五十四条规定的期限，向税务机关报送预缴企业所得税纳税申报表、年度企业所得税纳税申报表、财务会计报告和税务机关规定应当报送的其他有关资料。

（二）汇算清缴

企业所得税汇算清缴，是指纳税人自纳税年度终了之日起 5 个月内或实际经营终止之日起 60 日内，依照税收法律、法规、规章及其他有关规定，自行计算本纳税年度应纳税所得额和应纳所得税额，根据月度或季度预缴企业所得税的数额，确定该纳税年度应补或者应退税额，并填写企业所得税年度纳税申报表，向主管税务机关办理企业所得税年度纳税申报、提供税务机关要求报送的有关资料、结清全年企业所得税税款的行为。

企业所得税虽然按年度计算征收，但为了保证税款均衡入库，企业在年度中间要按税务机关规定的期限进行税款预缴。由于预缴税款是按照企业实际利润额预缴，或者按照上一纳税年度应纳税所得额平均额或者税务机关确定的其他方法预缴，并没有考虑税会差异的调整数额，所以预缴的税款就会与按年度计算的应缴税款不一致，这时就需要按年度进行汇算清缴。企业所得税汇算清缴是对一个纳税年度内应缴税款的清算，每个纳税年度终了后，企业都要进行汇算清缴。《企业所得税法》将年度申报期和汇算清缴期统一确定为年度终了后 5 个月内。

有的企业在年度中间终止了经营活动，实际经营期不足一个纳税年度，也要对经营期内的应缴税款进行汇算清缴。《企业所得税法》规定，企业在年度中间终止经营活动的，应当自实际经营终止之日起 60 日内，向税务机关办理当期企业所得税汇算清缴。

企业终止经营活动，一般要进行清算。对企业进行清算的，要以企业宣布清算之日视同企业终止经营，进行汇算清缴。清算期间单独作为一个纳税年度，企业要计算清算所得并在企业注销登记前，向税务机关进行申报纳税。

汇总纳税企业汇算清缴时，总机构除报送企业所得税年度纳税申报表和年度财务报表外，还应报送汇总纳税企业分支机构所得税分配表、各分支机构的年度财务报表和各分支机构参与企业年度纳税调整情况的说明；分支机构除报送企业所得税年度纳税申报表（只填列部分项目）外，还应报送经总机构所在地主管税务机关受理的汇总纳税企业分支机构所得税分配表、分支机构的年度财务报表（或年度财务状况和营业收支情况）和分支机构参与企业年度纳税调整情况的说明。（见《国家税务总局关于印发〈跨地区经营汇总纳税企业所得税征收管理办法〉的通知》总局公告2012年第57号）

需要注意的是，凡在纳税年度内开始从事生产、经营（包括试生产、试经营），或在纳税年度中间终止经营活动的纳税人，无论是否在减税、免税期间，也无论盈利或亏损，均应按照《企业所得税法》及其实施条例的有关规定进行企业所得税汇算清缴。实行核定定额征收企业所得税的纳税人，不进行汇算清缴。（见《国家税务总局关于印发〈企业所得税汇算清缴管理办法〉的通知》国税发〔2009〕79号、《国家税务总局关于印发〈非居民企业所得税汇算清缴管理办法〉的通知》国税发〔2009〕6号）

四、源泉扣缴

源泉扣缴是所得税的一种征收方式。它是指以所得支付者为扣缴义务人，在每次向纳税人支付有关所得款项时，代为扣缴税款的做法。源泉扣缴属于行使收入来源地税收管辖权，即征税国对有来源于本国境内所得的跨国纳税人行使征税的权力。实行源泉扣缴的优点在于可以有效保护税源，防止偷漏税，同时简化纳税手续。

源泉扣缴规定适用非居民企业在中国境内未设立机构、场所的，或者虽设立机构、场所但取得的所得与其所设机构、场所没有实际联系的，应当就其来源于中国境内的所得缴纳企业所得税的征收管理。上述非居民企业取得的来源于我国的所得不进行扣除，直接将其收入作为应纳税所得额，乘以税率计算应纳税额，因此适用较低税率。对这类所得大都由东道国支付所得的组织或个人预先扣除非居民企业纳税人应当缴纳的税款，所以，也称为预提所得税。

（一）非居民企业应纳税额的计算

适用源泉扣缴的非居民企业取得的所得，主要是来源于中国境内的股息、红利等权益性投资收益和利息、租金、特许权使用费所得、转让财产所得以及其他所得。非居民企业在中国境内未设立机构、场所的，或者虽设立机构、场所但取得的所得与其所设机构、场所没有实际联系的上述所得，按以下规定计算缴纳企业所得税。

1. 应纳税额的计算。

非居民企业来源于中国境内的上述所得应纳税额按如下公式计算：

应纳所得税额 = 应纳税所得额 × 实际征收率

实际征收率是指《企业所得税法》及其实施条例等相关法律法规规定的税率，或者税收协定规定的更低的税率。《企业所得税法》第四条第二款规定，非居民企业取得上述所得，适用税率为20%，《企业所得税法》第二十七条规定，非居民企业取得上述所得，可以免征、减征企业所得税。据此，《企业所得税法实施条例》第九十一条明确规定，非居民企业取得上述所得，减按10%的税率征收企业所得税。也就是说，如果没有税收协定，实际工作中，对非居民企业取得上述所得征收企业所得税时执行10%

的征收率。

2. 应纳税所得额的确定。

非居民企业应当缴纳的企业所得税实行源泉扣缴的，按照下列方法计算其应纳税所得额：

（1）股息、红利等权益性投资收益和利息、租金、特许权使用费所得，以收入全额为应纳税所得额。收入全额是指非居民企业向支付人收取的全部价款和价外费用。

①非居民企业（在中国境内未设立机构、场所）以融资租赁方式将设备、物件等租给中国境内企业使用，租赁期满后设备、物件所有权归中国境内企业（包括租赁期满后作价转让给中国境内企业），非居民企业按照合同约定的期限收取租金，应以租赁费（包括租赁期满后作价转让给中国境内企业的价款）扣除设备、物件价款后的余额，作为贷款利息所得计算缴纳企业所得税。

②非居民企业出租位于中国境内的房屋、建筑物等不动产，对未在中国境内设立机构、场所进行日常管理的，以其取得的租金收入全额计算缴纳企业所得税。如果非居民企业委派人员在中国境内或者委托中国境内其他单位或个人对上述不动产进行日常管理的，应视为其在中国境内设立机构、场所，非居民企业应在《企业所得税法》规定的期限内自行申报缴纳企业所得税。

③非居民企业取得来源于中国境内的担保费，应按照《企业所得税法》对利息所得规定的税率计算缴纳企业所得税。来源于中国境内的担保费，是指中国境内企业、机构或个人在借贷、买卖、货物运输、加工承揽、租赁、工程承包等经济活动中，接受非居民企业提供的担保所支付或负担的担保费或相同性质的费用。

（2）转让财产所得，以收入全额减除财产净值后的余额为应纳税所得额。财产转让所得是指非居民企业转让中国境内的房屋、建筑物及附属设施、土地使用权、股权等财产而取得的收益。财产净值，是指有关财产的计税基础减除已经按照规定扣除折旧、折耗、摊销、准备金等后的余额。

①股权转让收入减除股权净值后的余额为股权转让所得应纳税所得额。股权转让收入是指股权转让人转让股权所收取的对价，包括货币形式和非货币形式的各种收入。股权净值是指取得该股权的计税基础。股权的计税基础是股权转让人投资入股时向中国居民企业实际支付的出资成本，或购买该项股权时向该股权的原转让人实际支付的股权受让成本。股权在持有期间发生减值或者增值，按照国务院财税务主管部门规定可以确认损益的，股权净值应进行相应调整。企业在计算股权转让所得时，不得扣除被投资企业未分配利润等股东留存收益中按该项股权所可能分配的金额。

②非居民企业在中国境内未设立机构、场所而转让中国境内土地使用权，或者虽设立机构、场所但取得的土地使用权转让所得与其所设机构、场所没有实际联系的，应以其取得的土地使用权转让收入总额减除计税基础后的余额作为土地使用权转让所得计算缴纳企业所得税。

（3）其他所得，参照前两项规定的方法计算应纳税所得额。（以上内容见《国家税务总局关于非居民企业所得税管理若干问题的公告》总局公告2011年第24号、《国家税务总局关于非居民企业所得税源泉扣缴有关问题的公告》总局公告2017年第37号）

境外分行［我国银行在境外设立的不具备所在国家（地区）法人资格的分行］从境内取得的利息，如果据以产生利息的债权属于境内总行或总行其他境内分行的，该项利息应为总行或其他境内分行的收入。境外分行从境内取得的利息如果属于代收性质，据以产生利息的债权属于境外非居民企业，境内机构向境外分行支付利息时，应代扣代缴企业所得税。（见《国家税务总局关于境内机构向我国银行的境外分行支付利息扣缴企业所得税有关问题的公告》总局公告2015年第47号）

需要注意的是，根据《企业所得税法》及其实施条例的规定，在对非居民企业取得《企业所得税法》第三条第三款规定的所得计算征收企业所得税时，不得扣除税法规定以外的其他税费支出。如租金和特许权使用费的税金及附加就不允许扣除。但营业税改征增值税试点中的非居民企业，取得改征增值税的所得应以不含增值税的收入全额作为应纳税所得额。（见《财政部、国家税务总局关于非居民企业征收企业所得税有关问题的通知》财税〔2008〕130号、《国家税务总局关于营业税改征增值税试点中非居民企业缴纳企业所得税有关问题的公告》总局公告2013年第9号）

3. 扣缴时间的规定。

①中国境内企业（简称为企业）和非居民企业签订与利息、租金、特许权使用费等所得有关的合同或协议，如果未按照合同或协议约定的日期支付上述所得款项，或者变更或修改合同或协议延期支付，但已计入企业当期成本、费用，并在企业所得税年度纳税申报中作税前扣除的，应在企业所得税年度纳税申报时按照《企业所得税法》有关规定代扣代缴企业所得税。

②如果企业上述到期未支付的所得款项，不是一次性计入当期成本、费用，而是计入相应资产原价或企业筹办费，在该类资产投入使用或开始生产经营后分期摊入成本、费用，分年度在企业所得税前扣除的，应在企业计入相关资产的年度纳税申报时就上述所得全额代扣代缴企业所得税。

③如果企业在合同或协议约定的支付日期之前支付利息、租金、特许权使用费等所得款项的，应在实际支付时按照《企业所得税法》有关规定代扣代缴企业所得税。

④非居民企业取得应源泉扣缴的所得为股息、红利等权益性投资收益的，相关应纳税款扣缴义务发生之日为股息、红利等权益性投资收益实际支付之日。

⑤非居民企业采取分期收款方式取得应源泉扣缴所得税的同一项转让财产所得的，其分期收取的款项可先视为收回以前投资财产的成本，待成本全部收回后，再计算并扣缴应扣税款。（以上内容见《国家税务总局关于非居民企业所得税管理若干问题的公告》总局公告2011年第24号、《国家税务总局关于非居民企业所得税源泉扣缴有关问题的公告》总局公告2017年第37号）

（二）源泉扣缴所得税的管理

1. 扣缴义务人的确定。

（1）法定扣缴义务人。

《企业所得税法》规定，非居民企业在中国境内未设立机构、场所的，或者虽设立机构、场所但取得的所得与其所设机构、场所没有实际联系的，其来源于中国境内的各项所得应纳的所得税，实行源泉扣缴，以依照有关法律规定或者合同约定对非居民企业直接负有支付相关款项义务的单位或个人为扣缴义务人。税款由扣缴义务人在每次支付或者到期应支付时，从支付或者到期应支付的款项中扣缴。

支付人自行委托代理人或指定其他第三方代为支付相关款项，或者因担保合同或法律规定等原因由第三方保证人或担保人支付相关款项的，仍由委托人、指定人或被保证人、被担保人承担扣缴义务。

上述支付，包括现金支付、汇拨支付、转账支付和权益兑价支付等货币支付和非货币支付；到期应支付的款项，是指支付人按照权责发生制原则应当计入相关成本、费用的应付款项。

按上述规定，中国居民企业向 H 股、A 股、B 股、海外股非居民企业股东以及向 QFII 派发股息、红利、利息，应统一按 10% 的税率代扣代缴企业所得税；我国金融机构向境外外国银行支付贷款利息、我国境内外资金融机构向境外支付贷款利息、我国境内机构向我国银行的境外分行支付贷款利息的，支付利息的金融机构应按规定代扣代缴企业所得税；非居民企业转让中国居民企业的股权，中国居民企业应依法履行代扣代缴企业所得税的义务。（见《国家税务总局关于中国居民企业向境外 H 股非居民企业股东派发股息代扣代缴企业所得税有关问题的通知》国税函〔2008〕897 号以及国税函〔2008〕955 号、国税函〔2009〕394 号、国税函〔2009〕47 号）

（2）指定扣缴义务人。

对非居民企业在中国境内取得工程作业和劳务所得应缴纳的所得税，税务机关可以指定工程价款或者劳务费的支付单位和个人为扣缴义务人。《企业所得税法》及其实施条例规定，下列情形可以指定扣缴义务人：

①预计工程作业或者提供劳务期限不足一个纳税年度，且有证据表明不履行纳税义务的；

②没有办理税务登记或者临时税务登记，且未委托中国境内的代理人履行纳税义务的；

③未按照规定期限办理企业所得税纳税申报或者预缴申报的。

符合上述情形应指定扣缴义务人的，由县级以上税务机关指定，并同时告知扣缴义务人所扣税款的计算依据、计算方法、扣缴期限和扣缴方式。

2. 未依法扣缴的或者无法履行扣缴义务的规定。

按照《企业所得税法》第三十七条规定应当扣缴的所得税，扣缴义务人未依法扣缴或者无法履行扣缴义务的，由纳税人到所得发生地主管税务机关申报缴纳。纳税人未依法缴纳的，税务机关可以从该纳税人在中国境内其他收入项目的支付人应付的款项中，追缴该纳税人的应纳税款。税务机关在追缴该纳税人应纳税款时，应当将追缴理由、追缴数额、缴纳期限和缴纳方式等告知该纳税人。

在扣缴义务人未依法履行或者无法履行扣缴义务的情况下，非居民企业在主管税务机关责令限期缴纳税款前自行申报缴纳未扣缴税款的，或者在主管税务机关限期缴纳税款期限内申报缴纳税款的，均视为按期缴纳了税款。

需要注意的是，如果按照《企业所得税法》第三十七条规定应当扣缴的税款，扣缴义务人应扣未扣的，由扣缴义务人所在地主管税务机关依照《行政处罚法》第二十三条规定责令扣缴义务人补扣税款，并依法追究扣缴义务人责任；需要向纳税人追缴税款的，由所得发生地主管税务机关依法执行。

所得发生地，是指依照《企业所得税法实施条例》第七条规定的原则确定的所得发生地。在中国境内存在多处所得发生地的，由纳税人选择其中之一申报缴纳企业所得税。该纳税人在中国境内其他收入，是指该纳税人在中国境内取得的其他各种来源的收入。

3. 源泉扣缴的申报缴纳。

扣缴义务人每次代扣的税款，应当自代扣之日起7日内缴入国库，并向所在地税务机关报送扣缴企业所得税报告表及相关资料。

4. 源泉扣缴的征管机关。

扣缴义务人所在地主管税务机关为扣缴义务人所得税主管税务机关。对《企业所得税法》实施条例第七条规定的不同所得，所得发生地主管税务机关按以下原则确定：

（1）不动产转让所得，为不动产所在地税务机关。

（2）权益性投资资产转让所得，为被投资企业的所得税主管税务机关。

（3）股息、红利等权益性投资所得，为分配所得企业的所得税主管税务机关。

（4）利息所得、租金所得、特许权使用费所得，为负担、支付所得的单位或个人的所得税主管税务机关。（以上内容见《国家税务总局关于非居民企业所得税源泉扣缴有关问题的公告》总局公告2017年第37号）

有关非居民企业所得税源泉扣缴的管理办法详见《国家税务总局关于非居民企业所得税源泉扣缴有关问题的公告》（总局公告2017年第37号）、《国家税务总局关于进一步加强非居民税收管理工作的通知》（国税发〔2009〕32号）、《国家税务总局关于印发〈非居民企业税收协同管理办法（试行）〉的通知》（国税发〔2010〕119号）、《国家税务总局关于发布〈非居民企业从事国际运输业务税收管理暂行办法〉的公告》（总局公告2014年第37号）、《国家税务总局关于非居民企业间接转让财产企业所得税若干问题的公告》（总局公告2015年第7号）。

（三）预提所得税递延纳税政策

对境外投资者从中国境内居民企业分配的利润，直接投资于非禁止外商投资的项目和领域，凡符合规定条件的，实行递延纳税政策，暂不征收预提所得税。境外投资者暂不征收预提所得税须同时满足以下条件：

1. 境外投资者以分得利润进行的直接投资，包括境外投资者以分得利润进行的增资、新建、股权收购等权益性投资行为，但不包括新增、转增、收购上市公司股份（符合条件的战略投资除外）。具体是指：

（1）新增或转增中国境内居民企业实收资本或者资本公积；

（2）在中国境内投资新建居民企业；

（3）从非关联方收购中国境内居民企业股权；

（4）财政部、税务总局规定的其他方式。

境外投资者采取上述投资行为所投资的企业统称为被投资企业。

需要注意的是，境外投资者以分得的利润用于补缴其在境内居民企业已经认缴的注册资本，增加实收资本或资本公积的，属于符合“新增或转增中国境内居民企业实收资本或者资本公积”情形。

2. 境外投资者分得的利润属于中国境内居民企业向投资者实际分配已经实现的留

存收益而形成的股息、红利等权益性投资收益。

3. 境外投资者用于直接投资的利润以现金形式支付的，相关款项从利润分配企业的账户直接转入被投资企业或股权转让方账户，在直接投资前不得在境内外其他账户周转；境外投资者用于直接投资的利润以实物、有价证券等非现金形式支付的，相关资产所有权直接从利润分配企业转入被投资企业或股权转让方，在直接投资前不得由其他企业、个人代为持有或临时持有。

需要注意的是，境外投资者按照上述规定可以享受暂不征收预提所得税政策但未实际享受的，可在实际缴纳相关税款之日起 3 年内申请追补享受该政策，退还已缴纳的税款。境外投资者通过股权转让、回购、清算等方式实际收回享受暂不征收预提所得税政策待遇的直接投资，在实际收取相应款项后 7 日内，按规定程序向税务部门申报补缴递延的税款。（以上内容见《财政部、税务总局、国家发展改革委、商务部关于扩大境外投资者以分配利润直接投资暂不征收预提所得税政策适用范围的通知》财税〔2018〕102 号、《国家税务总局关于扩大境外投资者以分配利润直接投资暂不征收预提所得税政策适用范围有关问题的公告》总局公告 2018 年第 53 号）

五、核定征收办法

（一）核定征收范围

纳税人具有下列情形之一的，核定征收企业所得税：

1. 依照法律、行政法规的规定可以不设置账簿的；

2. 依照法律、行政法规的规定应当设置但未设置账簿的；

3. 擅自销毁账簿或者拒不提供纳税资料的；

4. 虽设置账簿，但账目混乱或者成本资料、收入凭证、费用凭证残缺不全，难以查账的；

5. 发生纳税义务，未按照规定的期限办理纳税申报，经税务机关责令限期申报，逾期仍不申报的；

6. 申报的计税依据明显偏低，又无正当理由的。

以下特殊行业、特殊类型的纳税人和一定规模以上的纳税人不适用核定征收办法：

1. 享受《企业所得税法》及其实施条例和国务院规定的一项或几项企业所得税优惠政策的企业（不包括仅享受《企业所得税法》第二十六条规定免税收入优惠政策的企业、第二十八条规定的符合条件的小型微利企业）；

2. 汇总纳税企业；

3. 上市公司；

4. 银行、信用社、小额贷款公司、保险公司、证券公司、期货公司、信托投资公司、金融资产管理公司、融资租赁公司、担保公司、财务公司、典当公司等金融企业；

5. 会计、审计、资产评估、税务、房地产估价、土地估价、工程造价、律师、价格鉴证、公证机构、基层法律服务机构、专利代理、商标代理以及其他经济鉴证类社会中介机构；

6. 专门从事股权（股票）投资业务的企业；

7. 国家税务总局规定的其他企业。

（二）核定征收方式

税务机关应根据纳税人具体情况，对核定征收企业所得税的纳税人，核定应税所得率或者核定应纳所得税额。纳税人具有下列情形之一的，核定其应税所得率：

1. 能正确核算（查实）收入总额，但不能正确核算（查实）成本费用总额的；

2. 能正确核算（查实）成本费用总额，但不能正确核算（查实）收入总额的；

3. 通过合理方法，能计算和推定收入总额或成本费用总额的。

纳税人不属于以上情形的，直接核定其应纳所得税额。

实行应税所得率方式核定征收企业所得税的纳税人，经营多业的，无论其经营项目是否单独核算，均由税务机关根据其主营项目确定适用的应税所得率。主营项目应为纳税人所有经营项目中，收入总额或者成本（费用）支出额或者耗用原材料、燃料、动力数量所占比重最大的项目。

（三）核定征收方法

税务机关采用下列方法核定征收企业所得税：

1. 参照当地同类行业或者类似行业中经营规模和收入水平相近的纳税人的税负水平核定；

2. 按照应税收入额或成本费用支出额定率核定；

3. 按照耗用的原材料、燃料、动力等推算或测算核定；

4. 按照其他合理方法核定。

采用上述所列一种方法不足以正确核定应纳税所得额或应纳税额的，可以同时采用两种以上的方法核定。采用两种以上方法测算的应纳税额不一致时，可按测算的应纳税额从高核定。

（四）应纳税额计算

采用应税所得率方式核定征收企业所得税的，应纳所得税额计算公式如下：

应纳所得税额 = 应纳税所得额 × 适用税率

应纳税所得额 = 应税收入额 × 应税所得率

或：

应纳税所得额 = 成本（费用）支出额 ÷（1 – 应税所得率）× 应税所得率

上述“应税收入额”等于收入总额减去不征税收入和免税收入后的余额。用公式表示为：

应税收入额 = 收入总额 – 不征税收入 – 免税收入

式中，收入总额为企业以货币形式和非货币形式从各种来源取得的收入。

（五）应税所得率标准

实行应税所得率方式核定征收企业所得税的，应税所得率按表 5 – 1 所列的幅度标准确定。

表 5-1　　各行业应税所得率标准

行业类别		国家标准（%）
农、林、牧、渔业		3～10
制造业		5～15
批发和零售贸易业		4～15
交通运输业		7～15
建筑业		8～20
饮食业		8～25
娱乐业		15～30
其他行业	除上述行业外的其他行业及子行业（不含禁止进行核定征收的行业）	10～30

（六）争议处理

纳税人对税务机关确定的企业所得税征收方式、核定的应纳所得税额或应税所得率有异议的，应当提供合法、有效的相关证据，税务机关经核实认定后调整有异议的事项。

（七）核定征收管理

1. 主管税务机关应及时向纳税人送达《企业所得税核定征收鉴定表》，及时完成对其核定征收企业所得税的鉴定工作。《企业所得税核定征收鉴定表》应经县税务机关复核、认定。主管税务机关应当分类逐户公示核定的应纳所得税额或应税所得率。

2. 税务机关应在每年 6 月底前对上年度实行核定征收企业所得税的纳税人进行重新鉴定。重新鉴定工作完成前，纳税人可暂按上年度的核定征收方式预缴企业所得税；重新鉴定工作完成后，按重新鉴定的结果进行调整。

3. 纳税人实行核定应税所得率方式的，主管税务机关根据纳税人应纳税额的大小确定纳税人按月或者按季预缴，年终汇算清缴。预缴方法一经确定，一个纳税年度内不得改变。纳税人应依照确定的应税所得率计算纳税期间实际应缴纳的税额，进行预缴。按实际数额预缴有困难的，经主管税务机关同意，可按上一年度应纳税额的 1/12 或 1/4 预缴，或者按经主管税务机关认可的其他方法预缴。

4. 纳税人实行核定应纳所得税额方式的，纳税人在应纳所得税额尚未确定之前，可暂按上年度应纳所得税额的 1/12 或 1/4 预缴，或者按经主管税务机关认可的其他方法，按月或按季分期预缴。在应纳所得税额确定以后，减除当年已预缴的所得税额，余额按剩余月份或季度均分，以此确定以后各月或各季的应纳税额，由纳税人按月或按季在规定的纳税申报期限内进行纳税申报。纳税人年度终了后，在规定的时限内按照实际经营额或实际应纳税额向税务机关申报纳税。申报额超过核定经营额或应纳税额的，按申报额缴纳税款；申报额低于核定经营额或应纳税额的，按核定经营额或应纳税额缴纳税款。

5. 纳税人的生产经营范围、主营业务发生重大变化，或者应纳税所得额或应纳税额增减变化达到 20% 的，应及时向税务机关申报调整已确定的应纳税额或应税所得率。

（以上内容见《国家税务总局关于印发〈企业所得税核定征收办法〉（试行）的通知》国税发〔2008〕30号、《国家税务总局关于企业所得税核定征收若干问题的通知》国税函〔2009〕377号、《国家税务总局关于企业所得税核定征收有关问题的公告》总局公告2012年第27号、《国家税务总局关于修订企业所得税2个规范性文件的公告》总局公告2016年第88号）

关于核定征收企业所得税应注意以下几项规定：

1. 跨地区汇总纳税企业的所得税收入涉及跨区利益，跨区法人应健全财务核算制度并准确计算经营成果，不适用《企业所得税核定征收办法》。（见《国家税务总局关于跨地区经营汇总纳税企业所得税征收管理有关问题的通知》国税函〔2008〕747号）

2. 从2008年1月1日起，代开货物运输业发票的企业，按开票金额2.5%预征企业所得税。《国家税务总局关于货物运输业若干税收问题的通知》（国税发〔2004〕88号）第四条（一）项中“按开票金额3.3%预征所得税”同时废止。（见《国家税务总局关于调整代开货物运输业发票企业所得税预征率的通知》国税函〔2008〕819号）

3. 国家税务总局规定，房地产开发企业出现《征管法》第三十五条规定的情形，税务机关可对其以往应缴的企业所得税按核定征收方式进行征收管理，并逐步规范，同时按《征管法》等税收法律、行政法规的规定进行处理，但不得事先确定企业的所得税按核定征收方式进行征收、管理。（见《国家税务总局关于印发〈房地产开发经营业务企业所得税处理办法〉的通知》国税发〔2009〕31号）

4. 非居民企业因会计账簿不健全，资料残缺难以查账，或者其他原因不能准确计算并据实申报其应纳税所得额的，税务机关有权采取按收入总额、成本费用或经费支出换算收入等方法核定其应纳税所得额。非居民企业应纳税所得额的核定方法按照《非居民企业所得税核定征收管理办法》的有关规定执行。（见《国家税务总局关于印发〈非居民企业所得税核定征收管理办法〉的通知》国税发〔2010〕19号、《国家税务总局关于修改〈非居民企业所得税核定征收管理办法〉等文件的公告》总局公告2015年第22号）

5. 依法按核定应税所得率方式核定征收企业所得税的企业，取得的转让股权（股票）收入等转让财产收入，应全额计入应税收入额，按照主营项目（业务）确定适用的应税所得率计算征税；若主营项目（业务）发生变化，应在当年汇算清缴时，按照变化后的主营项目（业务）重新确定适用的应税所得率计算征税。（见《国家税务总局关于企业所得税核定征收有关问题的公告》总局公告2012年第27号）

6. 企业（包括事业单位、社会团体、民办非企业单位等）因股权分置改革造成原由个人出资而由企业代持有的限售股，企业转让时取得的收入，应作为企业应税收入计算纳税。企业未能提供完整、真实的限售股原值凭证，不能准确计算该限售股原值的，主管税务机关一律按该限售股转让收入的15%，核定为该限售股原值和合理税费。依照上述规定完成纳税义务后的限售股转让收入余额转付给实际所有人时不再纳税。（见《国家税务总局关于企业转让上市公司限售股有关所得税问题的公告》总局公告2011年第39号）

六、特殊行业（企业）管理

（一）房地产业

1. 房地产企业所得税预缴。

有关房地产开发企业所得税预缴规定如下：

（1）房地产开发企业按当年实际利润据实分季（或月）预缴企业所得税的，对开发、建造的住宅、商业用房以及其他建筑物、附着物、配套设施等开发产品，在未完工前采取预售方式销售取得的预售收入，应先按预计计税毛利率分季（或月）计算出预计毛利额，计入当期应纳税所得额。

（2）企业销售未完工开发产品的计税毛利率由各省、自治区、直辖市税务局按下列规定进行确定：

①开发项目位于省、自治区、直辖市和计划单列市人民政府所在地城市城区和郊区的，不得低于15%；

②开发项目位于地及地级市城区及郊区的，不得低于10%；

③开发项目位于其他地区的，不得低于5%；

④属于经济适用房、限价房和危改房的，不得低于3%。

房地产开发企业对经济适用房、限价房和危改房项目的预售收入进行初始纳税申报时，必须附送有关部门批准经济适用房、限价房和危改房项目开发、销售的文件以及其他相关证明材料。凡不符合规定或未附送有关部门的批准文件以及其他相关证明材料的，一律按销售商品房的规定执行。

2. 房地产开发企业开发产品完工条件确认。

企业房地产开发经营业务包括土地的开发，建造、销售住宅、商业用房以及其他建筑物、附着物、配套设施等开发产品。除土地开发之外，其他开发产品符合下列条件之一的，应视为已经完工：

（1）开发产品竣工证明材料已报房地产管理部门备案；

（2）开发产品已开始投入使用；

（3）开发产品已取得了初始产权证明。

房地产开发企业建造、开发的开发产品，无论工程质量是否通过验收合格，或是否办理完工（竣工）备案手续以及会计决算手续，当企业开始办理开发产品交付手续（包括入住手续）、或已开始实际投入使用时，为开发产品开始投入使用，应视为开发产品已经完工。房地产开发企业应按规定及时结算开发产品计税成本，并计算企业当年度应纳税所得额。开发产品开始投入使用是指房地产开发企业开始办理开发产品交付手续（包括入住手续）或已开始实际投入使用。（见《国家税务总局关于房地产开发企业开发产品完工条件确认问题的通知》国税函〔2010〕201号、《国家税务总局关于房地产企业开发产品完工标准税务确认条件的批复》国税函〔2009〕342号）

3. 房地产开发企业经营业务所得税处理。

房地产开发企业经营业务所得税处理比较特殊，特别是开发产品计税成本的核算。

要计算房地产开发企业经营业务当期的企业所得税，应首先确定当期的开发产品销售收入。应确认收入的开发产品包括三种情况：对于已完工开发产品的销售，符合收入确认条件的，确认为当期收入；对于未完工开发产品的销售，采用计税毛利率的方法，计算出预计毛利额，计入当期的应纳税所得额；对于将开发产品用于捐赠、赞助等行为，应视同销售，按规定方法确认收入（或利润）。

确定已销开发产品的收入后，要确定当期的完工已销开发产品的计税成本。已销开发产品的计税成本，按当期已实现销售的可售面积和可售面积单位工程成本确认。可售面积单位工程成本和已销开发产品的计税成本按下列公式计算确定：

可售面积单位工程成本＝成本对象总成本÷成本对象总可售面积

已销开发产品的计税成本＝已实现销售的可售面积×可售面积单位工程成本

最后，企业发生的按照会计准则要求归集的期间费用以及城市维护建设税、教育费附加、土地增值税准予当期按规定扣除。

关于房地产开发经营业务企业所得税处理的规定详见《房地产开发经营业务企业所得税处理办法》（国税发〔2009〕31号）。

4. 房地产开发企业由于土地增值税清算，导致多缴企业所得税的退税处理。

（1）企业按规定对开发项目进行土地增值税清算后，当年企业所得税汇算清缴出现亏损且有其他后续开发项目（指正在开发以及中标的项目）的，该亏损应按照税法规定向以后年度结转，用以后年度所得弥补。

（2）企业按规定对开发项目进行土地增值税清算后，当年企业所得税汇算清缴出现亏损，且没有后续开发项目的，可以按照以下方法，计算出该项目由于土地增值税原因导致的项目开发各年度多缴企业所得税税款，并申请退税：

①该项目缴纳的土地增值税总额，应按照该项目开发各年度实现的项目销售收入占整个项目销售收入总额的比例，在项目开发各年度进行分摊，具体按以下公式计算：

各年度应分摊的土地增值税＝土地增值税总额×（项目年度销售收入÷整个项目销售收入总额）

②该项目开发各年度应分摊的土地增值税减去该年度已经在企业所得税税前扣除的土地增值税后，余额属于当年应补充扣除的土地增值税；企业应调整当年度的应纳税所得额，并按规定计算当年度应退的企业所得税税款；当年度已缴纳的企业所得税税款不足退税的，应作为亏损向以后年度结转，并调整以后年度的应纳税所得额。

③按照上述方法进行土地增值税分摊调整后，导致相应年度应纳税所得额出现正数的，应按规定计算缴纳企业所得税。

④企业按上述方法计算的累计退税额，不得超过其在该项目开发各年度累计实际缴纳的企业所得税；超过部分作为项目清算年度产生的亏损，向以后年度结转。（以上内容见《国家税务总局关于房地产开发企业土地增值税清算涉及企业所得税退税有关问题的公告》总局公告2016年第81号）

（二）建筑业

实行总分机构体制的跨地区经营建筑企业应严格执行总局公告2012年第57号文件的规定，按照“统一计算，分级管理，就地预缴，汇总清算，财政调库”的办法计算缴纳企业所得税。

1. 特殊规定。

（1）建筑企业所属二级或二级以下分支机构直接管理的项目部（包括与项目部性质相同的工程指挥部、合同段等）不就地预缴企业所得税，其经营收入、职工工资和资产总额应汇总到二级分支机构统一核算，由二级分支机构就地分期预缴企业所得税。

（2）建筑企业总机构直接管理的跨地区设立的项目部（包括与项目部性质相同的工程指挥部、合同段等），应按项目实际经营收入的0.2%按月或按季由总机构向项目所在地预分企业所得税，并由项目部向所在地主管税务机关预缴。

（3）跨地区经营的项目部（包括二级以下分支机构管理的项目部）应向项目所在地主管税务机关出具总机构所在地主管税务机关开具的《跨区域涉税事项报告表》，未提供上述报告表的，项目部所在地主管税务机关应督促其限期补办；不能提供上述报告表的，应作为独立纳税人就地缴纳企业所得税。同时，项目部应向所在地主管税务机关提供总机构出具的证明该项目部属于总机构或二级分支机构管理的证明文件。

2. 预缴方法。

建筑企业总机构应汇总计算企业应纳所得税，按照以下方法进行预缴：

（1）总机构只设跨地区项目部的，扣除已由项目部预缴的企业所得税后，按照其余额就地缴纳；

（2）总机构只设二级分支机构的，按照国税发〔2008〕28 号文件规定计算总、分支机构应缴纳的税款，就地分期预缴。

（3）总机构既有直接管理的跨地区项目部，又有跨地区二级分支机构的，先扣除已由项目部预缴的企业所得税后，再按照国税发〔2008〕28 号文件规定计算总、分支机构应缴纳的税款，就地分期预缴。

3. 汇算清缴。

建筑企业总机构应按照有关规定办理企业所得税年度汇算清缴，各分支机构和项目部不进行汇算清缴。总机构年终汇算清缴后应纳所得税额小于已预缴的税款时，由总机构主管税务机关办理退税或抵扣以后年度的应缴企业所得税。

建筑企业总机构在办理企业所得税预缴和汇算清缴时，应附送其所直接管理的跨地区经营项目部就地预缴税款的完税证明。

需要注意的是，国税发〔2008〕28 号文件已被国家税务总局 2012 年第 57 号公告所替代。（以上内容见《国家税务总局关于跨地区经营建筑企业所得税征收管理问题的通知》国税函〔2010〕156 号）

（三）合伙企业

自 2008 年 1 月 1 日起，依照中国法律、行政法规成立的合伙企业缴纳的所得税按以下规定执行。

1. 合伙企业以每一个合伙人为纳税义务人。合伙企业合伙人是自然人的，缴纳个人所得税；合伙人是法人和其他组织的，缴纳企业所得税。

2. 合伙企业生产经营所得和其他所得采取“先分后税”的原则。具体应纳税所得额的计算按照《财政部、国家税务总局关于个人独资企业和合伙企业投资者征收个人所得税的规定》（财税〔2000〕91 号）、《财政部、国家税务总局关于调整个体工商户个人独资企业和合伙企业个人所得税税前扣除标准有关问题的通知》（财税〔2008〕65 号）的有关规定执行。

上述生产经营所得和其他所得，包括合伙企业分配给所有合伙人的所得和企业当年留存的所得（利润）。

3. 合伙企业的合伙人按照下列原则确定应纳税所得额：

（1）合伙企业的合伙人以合伙企业的生产经营所得和其他所得，按照合伙协议约定的分配比例确定应纳税所得额。

（2）合伙协议未约定或者约定不明确的，以全部生产经营所得和其他所得，按照合伙人协商决定的分配比例确定应纳税所得额。

(3) 协商不成的，以全部生产经营所得和其他所得，按照合伙人实缴出资比例确定应纳税所得额。

(4) 无法确定出资比例的，以全部生产经营所得和其他所得，按照合伙人数量平均计算每个合伙人的应纳税所得额。

合伙协议不得约定将全部利润分配给部分合伙人。

4. 合伙企业的合伙人是法人和其他组织的，合伙人在计算其缴纳企业所得税时，不得用合伙企业的亏损抵减其盈利。(以上内容见《财政部、国家税务总局关于合伙企业合伙人所得税问题的通知》财税〔2008〕159 号)

(四) 外国企业常驻代表机构

自 2010 年 1 月 1 日起，外国企业常驻代表机构应当就其归属所得依法申报缴纳企业所得税。外国企业常驻代表机构，是指按照国务院有关规定，在市场监督管理部门登记或经有关部门批准，设立在中国境内的外国企业（包括港澳台企业）及其他组织的常驻代表机构（简称代表机构）。

1. 代表机构应当自领取工商登记证件（或有关部门批准）之日起 30 日内，持税务机关要求的资料，向其所在地主管税务机关申报办理税务登记。

2. 代表机构税务登记内容发生变化或者驻在期届满、提前终止业务活动的，应当按照《征管法》及相关规定，向主管税务机关申报办理变更登记或者注销登记；代表机构应当在办理注销登记前，就其清算所得向主管税务机关申报并依法缴纳企业所得税。

3. 代表机构应当按照有关法律、行政法规和国务院财政、税务主管部门的规定设置账簿，根据合法、有效凭证记账，进行核算，并应按照实际履行的功能和承担的风险相配比的原则，准确计算其应税收入和应纳税所得额，在季度终了之日起 15 日内向主管税务机关据实申报缴纳企业所得税。

4. 对账簿不健全，不能准确核算收入或成本费用，以及无法按照上述规定据实申报的代表机构，税务机关有权采取以下两种方式核定其应纳税所得额：

(1) 按经费支出换算收入，适用于能够准确反映经费支出但不能准确反映收入或成本费用的代表机构。其计算公式如下：

$$收入额 = 本期经费支出额 \div (1 - 核定利润率)$$

$$应纳所得税额 = 收入额 \times 核定利润率 \times 企业所得税税率$$

代表机构的经费支出额包括：在中国境内、外支付给工作人员的工资薪金、奖金、津贴、福利费、物品采购费（包括汽车、办公设备等固定资产）、通信费、差旅费、房租、设备租赁费、交通费、交际费、其他费用等。

①购置固定资产所发生的支出，以及代表机构设立时或者搬迁等原因所发生的装修费支出，应在发生时一次性作为经费支出额换算收入计税。

②利息收入不得冲抵经费支出额；发生的交际应酬费，以实际发生数额计入经费支出额。

③以货币形式用于我国境内的公益、救济性质的捐赠、滞纳金、罚款，以及为其总机构垫付的不属于其自身业务活动所发生的费用，不应作为代表机构的经费支出额。

④其他费用包括：为总机构从中国境内购买样品所支付的样品费和运输费用；国外样品运往中国发生的中国境内的仓储费用、报关费用；总机构人员来华访问聘用翻译的费用；总机构为中国某个项目投标由代表机构支付的购买标书的费用；等等。

（2）按收入总额核定应纳税所得额，适用于可以准确反映收入但不能准确反映成本费用的代表机构。其计算公式如下：

应纳所得税额 = 收入总额 × 核定利润率 × 企业所得税税率

5. 代表机构的核定利润率不应低于 15%。采取核定征收方式的代表机构，如能建立健全会计账簿，准确计算其应税收入和应纳税所得额，报主管税务机关备案，可调整为据实申报方式。

需要注意的是，代表机构发生增值税等应税行为，应按照增值税等税的相关法规计算缴纳应纳税款。（以上内容见《国家税务总局关于印发〈外国企业常驻代表机构税收管理暂行办法〉的通知》国税发〔2010〕18 号、《国家税务总局关于修改按经费支出换算收入方式核定非居民企业应纳税所得额计算公式的公告》总局公告 2016 年第 28 号）

第六节　会计处理与实务

一、会计处理

所得税会计产生于会计收益和税法收益的差异。会计和税收因服务对象、目的不同，遵循的处理原则亦不同。会计核算的目的是向会计信息使用者提供对决策有用的信息，遵从会计准则；而税收的目的是对企业的经营所得征税，遵从税收法规。

我国所得税会计采用资产负债表债务法，要求企业从资产负债表出发，通过比较资产负债表上列示的资产、负债，按照会计准则规定确定的账面价值与按照税法规定确定的计税基础，对于两者之间的差异区分应纳税暂时性差异与可抵扣暂时性差异，确认相关的递延所得税负债与递延所得税资产，并在此基础上确定每一会计期间利润表中的所得税费用。

（一）所得税会计一般核算程序

1. 按照相关会计准则规定确定资产负债表中除递延所得税资产和递延所得税负债以外的其他资产和负债项目的账面价值。

2. 按照会计准则中对于资产和负债计税基础的确定方法，以适用的税收法规为基础，确定资产负债表中有关资产、负债项目的计税基础。

3. 比较资产、负债的账面价值与其计税基础，对于两者之间存在差异的，分析其性质，除准则中规定的特殊情况外，分别应纳税暂时性差异与可抵扣暂时性差异，确定资产负债日递延所得税负债和递延所得税资产的应有金额，并与期初递延所得税资产和递延所得税负债的余额相比，确定当期应进一步确认的递延所得税资产和递延所得税负债金额或应予转销的金额，作为递延所得税。

4. 就企业当期发生的交易或事项，按照税法规定计算确定当期应纳税所得额，将应税所得税额与适用的所得税税率计算的结果确认为当期应交所得税。

5. 计算当期所得税和递延所得税后，两者之和（或之差）确定为利润表中的所得税费用。

（二）会计科目设置

企业在选择资产负债表债务法时，应设置“所得税费用”“递延所得税资产”“递延所得税负债”“应交税费——应交所得税”等科目。

1. “所得税费用”科目。本科目核算企业确认的应从当期利润总额中扣除的所得税费用，按“当期所得税费用”“递延所得税费用”进行明细核算。本科目属于损益类科目，期末，应将本科目的余额转入“本年利润”科目，结转后本科目无余额。

在确认相关资产、负债时，根据所得税准则应予确认的递延所得税资产，借记“递延所得税资产”科目，贷记本科目（递延所得税费用）、“资本公积——其他资本公积”等科目；应予确认的递延所得税负债，借记本科目（递延所得税费用）、“资本公积——其他资本公积”等科目，贷记“递延所得税负债”科目。

资产负债表日，企业按照税法规定计算确定的当期应交所得税（当期所得税费用）和递延所得税资产的应有余额小于“递延所得税资产”科目余额的差额（递延所得税费用），借记本科目，贷记“递延所得税资产”“应交税费——应交所得税”等科目；如果递延所得税资产的应有余额大于“递延所得税资产”科目余额的差额（递延所得税费用），则借记本科目、“递延所得税资产”等科目，贷记“应交税费——应交所得税”等科目。

企业应予确认的递延所得税负债的变动，应当比照上述原则调整“递延所得税负债”科目及有关科目。

2. “递延所得税资产”科目，本科目核算企业根据所得税准则确认的可抵扣暂时性差异产生的递延所得税资产。根据税法规定，可用以后年度税前利润弥补的亏损及税款抵减产生的所得税资产，也在本科目核算。本科目属于资产类科目，期末余额反映企业确认的递延所得税资产。

企业确认相关资产、负债时，根据所得税准则应予确认的递延所得税资产，借记本科目，贷记“所得税费用——递延所得税费用”“资本公积——其他资本公积”等科目。

资产负债表日，企业根据所得税准则应予确认的递延所得税资产大于本科目余额的，借记本科目，贷记“所得税费用——递延所得税费用”“资本公积——其他资本公积”等科目；应予确认的递延所得税资产小于本科目余额的，作相反的会计分录。

资产负债表日，预计未来期间很可能无法获得足够的应纳税所得额用以抵扣可抵扣暂时性差异的，按原已确认的递延所得税资产中应减记的金额，借记“所得税费用——递延所得税费用”“资本公积——其他资本公积”等科目，贷记本科目。

3. “递延所得税负债”科目。本科目核算企业根据所得税准则确认的应纳税暂时性差异产生的递延所得税负债。本科目属于负债类科目，期末余额反映企业确认的递延所得税负债。

企业确认相关资产、负债时，根据所得税准则应予确认的递延所得税负债，借记“所得税费用——递延所得税费用”“资本公积——其他资本公积”等科目，贷记本科目。

资产负债表日，企业根据所得税准则应予确认的递延所得税负债大于本科目余额的，借记“所得税费用——递延所得税费用”“资本公积——其他资本公积”等科目，贷记本科目；应予确认的递延所得税负债小于本科目余额的，作相反的会计分录。

4. “应交税费——应交所得税”科目。企业设置的“应交税费——应交所得税”科目，用来专门核算企业按税法规定计算应缴纳的企业所得税。本科目借方发生额反映企业实际缴纳的企业所得税税额；贷方发生额反映企业应缴的企业所得税税额；该科目贷方余额表示企业应缴而未缴的企业所得税税额；借方余额表示企业多缴应退还的企业所得税税额。

企业各期根据税法计算的当期应缴纳的所得税税款，借记“所得税费用——当期所得税费用”，贷记本科目；实际缴纳时，借记本科目，贷记“银行存款”科目。

（三）资产、负债的计税基础

1. 资产的计税基础。资产的计税基础是指企业收回资产账面价值过程中，计算应纳税所得额时按照税法规定可以自应税经济利益中抵扣的金额。即该资产在未来使用或最终处置时，允许作为成本、费用在税前列支的金额。在资产持续持有过程中，其计税基础是指资产的取得成本减去以前期间按照《企业所得税法》规定已经税前扣除的金额后的余额。如固定资产等长期资产在某一资产负债表日的计税基础是指成本扣除按照《企业所得税法》规定已在以前期间税前扣除的累计折旧额后的金额。简单说，所谓资产的计税基础本质上就是税务口径的资产价值标准。资产的计税基础用公式表示如下：

资产的计税基础＝未来可税前列支的金额

通常情况下，资产在取得时其入账价值（账面价值）与计税基础是相同的，后续计量过程中因企业会计准则规定与税法规定不同，可能产生资产的账面价值与其计税基础的差异。如存货计提减值准备、金融资产公允价值变动、固定资产折旧年限及方法与税法不同等都会造成后续计量资产的账面价值与计税基础不同。

2. 负债的计税基础。负债的计税基础是指负债的账面价值减去未来期间按照税法规定计算应纳税所得额时可予抵扣的金额。简单说，所谓负债的计税基础就是税务口径下的负债价值。用公式表示如下：

负债的计税基础＝负债的账面价值－将来负债在兑付时允许扣税的金额

通常情况下，负债的确认和偿还不会对当期损益和应纳税所得额产生影响，未来期间计算应纳税所得额时按照税法规定可予抵扣的金额为零，因此其计税基础即为账面价值。但在某些情况下，负债的确认可能会影响损益，进而影响不同期间的应纳税所得额，使其计税基础与账面价值之间产生差额。比如，企业因产品质量担保计提的预计负债，企业一般作为销售费用在确认的当期从利润总额中扣除。而税法规定，对这类支出只有在实际发生时才允许税前扣除，这样因该类事项产生的预计负债在期末的计税基础为其账面价值与未来期间可税前扣除的金额之间的差额，即为零。

除了企业在正常生产经营活动过程中取得的资产和负债外，对于某些特殊交易中产生的资产、负债，其计税基础的确定应遵从税法的规定。比如由于会计准则与税收法规对企业合并的划分标准、处理原则不同，某些情况下，会造成企业合并中取得的资产、负债的入账价值与其计税基础的差异。

（四）暂时性差异的类型

暂时性差异是指资产或负债的账面价值与其计税基础之间的差额。由于资产、负债的账面价值与其计税基础不同，产生了在未来收回资产或清偿负债的期间内，应纳税所得额增加或减少并导致未来期间应交所得税增加或减少的情况，形成企业的递延所得税资产和递延所得税负债。

根据暂时性差异对未来期间应纳税所得额的影响，可分为应纳税暂时性差异和可抵扣暂时性差异。

应纳税暂时性差异是指在确定未来收回资产或清偿负债期间的应纳税所得额时，将导致产生应税金额的暂时性差异。即在未来期间不考虑该事项影响的应纳税所得额的基础上，由于暂时性差异的转回，会进一步增加转回期间的应纳税所得额和应交所得税金额。在应纳税暂时性差异产生的当期，应当调减应纳税所得额并确认相关的递延所得税负债。

可抵扣暂时性差异，是指在确定未来收回资产或清偿负债期间的应纳税所得额时，将导致产生可抵扣金额的暂时性差异。该差异在未来期间转回时会减少转回期间的应纳税所得额和应交所得税金额。在可抵扣暂时性差异产生当期，符合确认条件时，应当调增应纳税所得额并确认相关的递延所得税资产。

通常情况下，资产的账面价值大于其计税基础或者负债的账面价值小于其计税基础的，产生应纳税暂时性差异；资产的账面价值小于其计税基础或者负债的账面价值大于其计税基础的，产生可抵扣暂时性差异。

需要注意的是，除了上述暂时性差异外，以下特殊项目也能产生暂时性差异：

（1）未作为资产、负债确认的项目产生的暂时性差异。较为典型的是企业发生的符合条件的广告费和业务宣传费用。

（2）可抵扣亏损及税款抵减产生的暂时性差异。较为典型的是企业发生的可以用税前利润弥补的亏损。

（五）递延所得税资产、负债的确认与计量

1. 递延所得税资产的确认与计量。

（1）确认。递延所得税资产产生于可抵扣暂时性差异。资产、负债的账面价值与其计税基础不同产生可抵扣暂时性差异的，在估计未来期间能够取得足够的应纳税所得额用以利用该可抵扣暂时性差异时，应当以很可能取得用来抵扣暂时性差异的应纳税所得额为限，确认相关的递延所得税资产。

在判断企业于可抵扣暂时性差异转回的未来期间是否能够产生足够的应纳税所得额时，应考虑企业在未来期间通过正常的生产经营活动能够实现的应纳税所得额以及以前期间产生的应纳税暂时差异在未来期间转回将增加的应纳税所得额。

（2）计量。确认递延所得税资产时，应当以预期收回该资产期间的适用所得税税率为基础计算确定。即递延所得税资产应以相关可抵扣暂时性差异转回期间按照税法规定适用的所得税税率计量。

企业在确认了递延所得税资产后，在资产负债表日，应当对递延所得税资产的账面价值进行复核。如果未来期间很可能无法取得足够的应纳税所得额用以利用可抵扣暂时性差异带来的经济利益，应当减记递延所得税资产的账面价值；但以后期间根据新的情况判断能够产生足够的应纳税所得额利用可抵扣暂时性差异，使得递延所得税资产包含的经济利益能够实现的，应当恢复递延所得税资产的账面价值。

2. 递延所得税负债的确认与计量。

（1）确认。递延所得税负债产生于应纳税暂时性差异。基于谨慎考虑，除所得税准则中明确规定可不确认递延所得税负债的情况以外，企业对于所有的应纳税暂时性差异均应确认相关的递延所得税负债。除与直接计入所有者权益的交易或事项以及企业合并中取得资产、负债相关的以外，在确认递延所得税负债的同时，应增加利润表中的所得税费用。

（2）计量。所得税准则规定，在资产负债表日，对于递延所得税负债，应当根据适用的税法规定，按照预期清偿该负债期间的适用税率计量。即递延所得税负债应以相关应纳税暂时性差异转回期间按照税法规定适用的所得税税率计量。

在我国，除享受优惠政策情况以外，企业适用的所得税税率在不同年度之间一般不会发生变化，企业在确认递延所得税负债时，均以现行适用税率为基础计算确定。

需要注意的是，因适用税收法规的变化，导致企业在某一会计期间适用所得税税率发生变化的，企业应对已确认的递延所得税资产和递延所得税负债按照新的税率进行重新计量。

（六）所得税费用的确认和计量

采用资产负债表债务法核算所得税的情况下，利润表中的所得税费用由两部分组成：当期所得税和递延所得税。

1. 当期所得税。

当期所得税，是指企业按照税法规定计算确定的针对当期发生的交易和事项，交纳给税务部门的所得税金额，即应交所得税，应以适用的税收法规为基础计算确定。企业在确定当期所得税时，对于当期发生的交易和事项，会计处理与税收处理不同的，应在会计利润基础上，按照适用税收法规的规定进行调整，计算出当期应纳税所得额，按照应纳税所得额与适用的税率计算确定当期应交所得税。

一般情况下，应纳税所得额可在会计利润基础上，考虑会计与税收的差异，按照以下公式计算确定：

应交所得税 = 应纳税所得额 × 税率

应纳税所得额 = 税前会计利润 + 纳税调整增加额 − 纳税调整减少额

（1）纳税调整增加额。

①按会计准则规定，核算时不作为收益计入财务报表但在计算应纳税所得额时作为收益需要缴纳所得税。

②按会计准则规定，核算时确认为费用或损失计入财务报表但在计算应纳税所得额时则不允许扣减。

（2）纳税调整减少额。

①按会计准则规定，核算时作为收益计入财务报表但在计算应纳税所得额时不确认为收益。

②按会计准则规定，核算时不确认为费用或损失但在计算应纳税所得额时则允许扣减。

2. 递延所得税。

递延所得税，是指企业在某一会计期间确认的递延所得税资产及递延所得税负债的综合结果。即按照企业会计准则规定应予确认的递延所得税资产和递延所得税负债在期末应有的金额相对于原已确认金额之间的差额。简单说，就是递延所得税资产及递延所得税负债的当期发生额，但不包括计入所有者权益的交易或事项及企业合并的所得税影响。

递延所得税 =（递延所得税负债的期末余额 – 递延所得税负债的期初余额）
–（递延所得税资产的期末余额 – 递延所得税资产的期初余额）

（七）所得税费用

计算确定了当期所得税及递延所得税以后，利润表中应予确认的所得税费用为两者之和，即：

所得税费用 = 当期所得税 + 递延所得税

计入当期损益的所得税费用或收益不包括企业合并和直接在所有者权益中确认的交易或事项产生的所得税影响。与直接计入所有者权益的交易或者事项相关的当期所得税和递延所得税，应当计入所有者权益（资本公积）。

【例 5 –1】A 股份有限公司（简称 A 公司）系上市公司，执行《企业会计准则第 18 号——所得税》，按照新会计准则的要求核算企业所得税。该公司 2018 年末部分资产和负债项目情况如下：

（1）A 公司 2018 年 1 月 10 日从 C 公司购入一台已使用的机床。该机床原值为 120 万元，2018 年年末的账面价值为 110 万元，按照税法规定已累计计提折旧 30 万元。

（2）A 公司 2018 年 12 月 10 日销售商品给 H 公司，确认应收账款 30 万元，其相关的收入已包括在应税利润中。至 2018 年 12 月 31 日，A 公司已累计计提坏账准备 4 万元。

（3）A 公司将其本年购入并持有的上市公司股票 5 万股划分为交易性金融资产。2018 年 12 月 31 日，公允价值为 20 万元，该批股票购买价格为每股 6 元。

（4）A 公司编制的 2018 年年末资产负债表中，“其他应付款”项目金额为 100 万元，该款项是 A 公司尚未缴纳的税款滞纳金。

（5）假定 A 公司 2018 年度实现会计利润 800 万元，以前年度不存在未弥补的亏损。

（6）除上述事项外，A 公司当年不存在其他与所得税计算缴纳相关的事项，暂时性差异在可预见的未来很可能转回，公司以后年度很可能获得用来抵扣可抵扣暂时性差异的应纳税所得额。该公司适用的所得税税率为 25%。

根据上述资料，回答下列问题：

1. 分析A公司2018年12月31日上述各项资产、负债的账面价值和计税基础各为多少？

2. 分析A公司上述交易或事项中，哪些构成暂时性差异？并具体说明其属于应纳税暂时性差异还是可抵扣暂时性差异以及对所得税的影响。

3. 计算A公司2018年所得税费用、递延所得税费用并编制相关会计分录。

【解析】

1. 简单说，资产的计税基础就是税务口径下的资产价值标准；而负债的计税基础就是税务口径下的负债价值。

（1）机床的账面价值为110万元，计税基础为90万元（原值120万元减去计税累计折旧额30万元）。

（2）应收账款已计提坏账准备4万元，因此其账面价值为26万元；税法规定，企业计提的坏账准备只有在实际发生时才允许税前扣除，因此应收账款的计税基础仍为30万元。

（3）交易性金融资产的账面价值为20万元；税法不承认会计上期末按照公允价值调整的资产账面价值，所以计税基础是该交易性金融资产的历史成本30万元（6×5）。

（4）负债（其他应付款）的账面价值为100万元；按照税法规定，各项税收滞纳金不得税前扣除，所以计税基础是100万元。

2. 可抵扣暂时性差异应确认递延所得税资产；应纳税暂时性差异应确认递延所得税负债。

（1）机床账面价值110万元与其计税基础90万元之间的差额20万元是一项应纳税暂时性差异。公司应确认5万元（20×25%）的递延所得税负债。

（2）应收账款的账面价值26万元与其计税基础30万元之间的差额4万元是一项可抵扣暂时性差异。公司应确认1万元（4×25%）的递延所得税资产。

（3）交易性金融资产的账面价值20万元与其计税基础30万元之间的差额10万元是一项可抵扣暂时性差异。公司应确认的递延所得税资产2.5万元（10×25%）。

（4）其他应付款的账面价值与计税基础相等，均为100万元，不构成暂时性差异。因税法规定税收滞纳金、行政罚款等不允许税前扣除，所以属于永久性差异。

3. 按税法计算的应交所得税对应当期所得税费用，递延所得税对应递延所得税费用。2018年应交所得税：（800－20＋4＋10＋100）×25%＝223.5（万元）

2018年所得税费用：223.5＋5－1－2.5＝225（万元）

2018年当期所得税：（800－20＋4＋10＋100）×25%＝223.5（万元）

2018年递延所得税：5－1－2.5＝1.5（万元）

借：所得税费用　　2 250 000

　　递延所得税资产　　35 000

　　贷：应交税费——应交所得税　　2 235 000

　　　　递延所得税负债　　50 000

二、实务解析

【例5-2】 位于我国境内某市的一家电子产品生产企业，为增值税一般纳税人，拥有自己的核心自主知识产权，2017～2019年经相关机构认定为高新技术企业，2019年度有关经营情况如下：

（1）全年取得销售电子产品的不含税收入7 000万元，取得房屋租金含税收入210万元。

（2）全年购进与生产电子产品相关的原材料取得增值税专用发票，注明价款2 046.15万元、进项税额266万元并通过主管税务机关认证；购进安全生产专用设备（属于企业所得税优惠目录规定）取得增值税专用发票，注明价款50万元、进项税额6.5万元并通过主管税务机关认证。

（3）全年与销售电子产品相关的销售成本4 150万元；全年发生销售费用1 400万元，其中含广告费1 100万元；全年发生管理费用600万元，其中含新技术研究开发费320万元、业务招待费75万元。

（4）计入成本、费用中的实发工资400万元、发生的工会经费支出9万元、职工福利费支出70万元、职工教育经费支出35万元。

（5）全年营业外支出300万元，其中支付合同违约金6万元。

（注：该企业购销货物适用增值税税率13%、提供不动产租赁服务选择简易计税方法，城市维护建设税税率7%，教育费附加征收率3%，企业所得税税率15%，不考虑其他税费）

根据以上资料，回答下列问题：

1. 计算2019年度该企业应缴纳的增值税、城市维护建设税、教育费附加。

2. 计算2019年度该企业实现的会计利润。

3. 计算2019年度企业所得税应纳税所得额时，广告费、业务招待费、合同违约金、教育费附加和新技术研究开发费支出可据实扣除的项目。

4. 计算2019年度应纳税所得额时，职工福利费、职工工会经费、职工教育经费共计应调整应纳税所得额。

5. 计算2019年度该企业应纳税所得额。

6. 计算2019年度该企业应缴纳的企业所得税。

【解析】企业购置并实际使用符合规定的环境保护、节能节水、安全生产等专用设备的，该专用设备的投资额的10%可以从企业当年的应纳税额中抵免；当年不足抵免的，可以在以后5个纳税年度结转抵免。企业开展研发活动中实际发生的研发费用，未形成无形资产计入当期损益的，在按规定据实扣除的基础上，按照本年度实际发生额的50%，从本年度应纳税所得额中扣除。自2019年1月1日起，包括高新技术企业在内的所有企业发生的职工教育经费支出，不超过工资薪金总额8%的部分，准予在计算应纳税所得额时扣除。

1. 销售货物应缴纳增值税：7 000×13%－266－6.5＝637.5（万元）

提供租赁服务应缴纳增值税：210 ÷（1 +5%）×5% =10（万元）

应缴纳城市维护建设税和教育费附加合计：（637.5 +10）×（7% +3%）=64.75（万元）

增值税、城市维护建设税、教育费附加共计：637.5 +10 +64.75 =712.25（万元）

2. 会计利润：7 000 +200 –4 150 –1 400 –600 –64.75 –300 =685.25（万元）

3. 广告费扣除限额：（7 000 +200）×15% =1 080（万元），实际发生额为 1 100 万元，按限额扣除，不能据实扣除；

业务招待费扣除限额：（7 000 +200）×0.5% =36（万元），实际发生额的 60%：75 ×60% =45（万元），按限额扣除，不能据实扣除。

合同违约金、教育费附加和新技术研究开发费支出可据实扣除。

4. 工会经费扣除限额：400 ×2% =8（万元），实际发生额为 9 万元，需要调增 1 万元；

职工福利费扣除限额：400 ×14% =56（万元），实际发生额为 70 万元，需要调增 14 万元；

职工教育经费扣除限额：400 ×8% =32（万元），实际发生额为 35 万元，需要调增 3 万元。

因此，三项经费合计调整金额：1 +14 +3 =18（万元）。

5. 应纳税所得额：685.25 +（1 100 –1 080）+（75 –36）+18 –320 ×50% =602.25（万元）

6. 应缴纳企业所得税：602.25 ×15% –50 ×10% =85.34（万元）

【例 5 –3】某市化妆品生产企业为增值税一般纳税人，适用企业所得税税率为 25%，2019 年生产经营情况如下：

（1）当年销售化妆品给商场，开具增值税专用发票，取得不含税销售收入 6 500 万元，对应的销售成本为 3 324.16 万元。

（2）将自产化妆品销售给本单位职工，该批化妆品不含税市场价 50 万元，成本 20 万元。

（3）当年购进原材料取得增值税专用发票，注明价款 1 220.80 万元、增值税 158.70 万元；向农业生产者购进 300 万元免税农产品，另支付不含税运输费 20 万元（取得专用发票）。

（4）当年发生管理费用 600 万元，其中含新技术开发费用 100 万元、业务招待费 80 万元。

（5）当年发生销售费用 700 万元，其中含广告费 230 万元；全年发生财务费用 300 万元，其中支付银行借款的逾期罚息 20 万元、向非金融企业借款利息超银行同期同类贷款利息 18 万元。

（6）取得国债利息收入 160 万元。

（7）全年计入成本、费用的实发工资总额 200 万元（属合理限额范围），实际发生职工工会经费 6 万元、职工福利费 20 万元、职工教育经费 25 万元。

（8）营业外支出共计120万元，其中税收滞纳金10万元、广告性质的赞助支出20万元、通过当地人民政府向贫困山区捐款70万元。

（其他相关资料：该企业购销货物适用增值税税率13%，该企业生产的化妆品均为高档化妆品，适用的消费税税率为15%，相关发票均已通过税务机关认证，并准许抵扣）

根据以上资料，回答以下问题：

1. 计算2019年企业缴纳的增值税、消费税、城市维护建设税、教育费附加以及全年可直接在企业所得税前扣除的税费（不包括地方教育附加）。

2. 计算2019年该企业实现的会计利润。

3. 在计算企业所得税应纳税所得额时，广告费、银行借款逾期罚息、新技术开发费、向贫困山区捐赠等支出，其实际发生额可扣除的有？

4. 计算企业所得税应纳税所得额时，职工福利费、业务招待费、工会经费、职工教育经费调整金额。

5. 计算2019年该企业的应纳税所得额。

6. 计算2019年该企业应缴纳的企业所得税。

【解析】向非金融企业借款利息超过银行同期同类贷款利息部分不得税前扣除，广告性质的赞助支出可以税前扣除，税收滞纳金不得税前扣除，新技术开发费用未形成资产计入当期损益的可以加计扣除，银行借款的逾期罚息可以税前扣除。

1. 应缴纳增值税：6 500×13%＋50×13%－（158.70＋300×9%＋20×9%）＝664（万元）

应缴纳消费税：（6 500＋50）×15%＝982.5（万元）

应缴纳城市维护建设税和教育费附加：（982.5＋664）×（7%＋3%）＝164.65（万元）

税前可以扣除的税费：164.65＋982.5＝1 147.15（万元）

2. 会计利润：6 500＋50－3 324.16－20－1 147.15－600－700－300＋160－120＝498.69（万元）

3. 广告费扣除限额：（6 500＋50）×15%＝982.5（万元），实际发生了230万元，可以据实扣除。

捐赠扣除的限额：498.69×12%＝59.84（万元），实际发生了70万元，不能全额扣除，只能扣除59.84万元，调增所得额10.16万元。

4. 职工福利费扣除限额：200×14%＝28（万元），实际发生了20万元，不需要调整。

职工教育经费扣除限额：200×8%＝16（万元），实际发生了25万元，调增所得额9万元。

职工工会经费扣除限额：200×2%＝4（万元），实际发生了6万元，调增所得额2万元。

业务招待费扣除限额：（6 500＋50）×5‰＝32.75（万元），实际发生额的60%：80×60%＝48（万元），税前允许扣除32.75万元，调增所得额：47.25万元（80－32.75）。

5. 应纳税所得额：498.69 - 160 + 10.16 + 9 + 2 + 47.25 + 18 + 10 - 100 × 50% = 385.10（万元）

6. 应纳税额：385.10 × 25% = 96.28（万元）

【例5-4】位于市区的某房地产开发企业，2019年发生相关业务如下：

（1）1月购买一宗4 000平方米的土地，支付土地出让金5 000万元，支付拆迁补偿费200万元，月底办理了不动产权证。2月发生“三通一平”工程费用500万元，依据建筑施工合同款项已支付。

（2）3月将其中2 000平方米的土地用于开发建造写字楼，8月份写字楼竣工，按合同约定支付建筑承包商建造费用6 000万元（包括装修费用500万元），写字楼建筑面积20 000平方米。

（3）写字楼开发过程中发生的当年借款利息费用500万元，能提供金融机构贷款合同证明，年利率5%。

（4）9月将15 000平方米写字楼销售，签订销售合同，取得销售收入30 000万元（合同未单独列明增值税）；11月30日，将2 000平方米的写字楼出租，合同约定租赁期限3年，自12月起每月收取不含税租金10万元；12月将2 000平方米的写字楼转为办公使用，将1 000平方米的写字楼作价2 000万元（含税）对外投资并约定共同承担投资风险，有关资产过户手续均已完成。

（5）在售房、租房等过程中发生销售费用1 599.83万元；发生管理费用726万元（其中业务招待费200万元）。

（其他相关资料：当年与该项目有关的可以抵扣的进项税额为870.46万元；该企业所在省份规定，按土地增值税规定的最高标准计算扣除房地产开发费用；租金合同印花税在当年税前一次性扣除；不考虑其他税费）

根据上述资料，回答下列问题：

1. 计算2019年该企业应缴纳的印花税。
2. 计算2019年该企业征收土地增值税时应扣除的地价款和开发成本合计金额。
3. 计算2019年该企业应缴纳的土地增值税。
4. 计算2019年该企业企业所得税时可以扣除的税金及附加（包括印花税）。
5. 计算2019年该企业的应纳税所得额。
6. 计算2019年该企业应缴纳的企业所得税。

【解析】计算土地增值税增值额允许扣除的项目与计算企业所得税允许税前扣除的成本、费用二者是有区别的。房地产对外投资视同销售。以不动产、土地使用权投资入股的，根据财税〔2002〕191号文件，不征收营业税，但营改增后则需要缴纳增值税。

1. 应缴纳印花税：（5 000 × 0.5‰ + 500 × 0.3‰ + 6 000 × 0.3‰ + 3 × 12 × 10 × 1‰ + 400 ÷ 5% × 0.05‰ + 30 000 × 0.5‰ + 2 000 × 0.5‰）× 10 000 = 212 100（元）

2. 计算土地增值税允许扣除的地价款和开发成本：

取得土地支付的金额：

（5 000 + 200）× 2 000 ÷ 4 000 × 16 000 ÷ 20 000 = 2 080（万元）

开发成本：

$6\ 000 \times 16\ 000 \div 20\ 000 + 500 \times 2\ 000 \div 4\ 000 \times 16\ 000 \div 20\ 000 = 5\ 000$（万元）

合计：$2\ 080 + 5\ 000 = 7\ 080$（万元）

3. 扣除项目合计：

转让房地产及房地产投资确认的总收入：

$(30\ 000 + 2\ 000) - (32\ 000 - 2\ 080) \div (1 + 9\%) \times 9\% = 29\ 529.54$（万元）

扣除项目金额合计：$2\ 080 + 5\ 000 + 754 + 160 + 1\ 416 = 9\ 410$（万元）

其中：

土地金额：2 080 万元

开发成本：5 000 万元

开发费用：$(2\ 080 + 5\ 000) \times 5\% + 500 \times 16\ 000 \div 20\ 000 = 754$（万元）

税金：$[(32\ 000 - 2\ 080) \div (1 + 9\%) \times 9\% - 870.46] \times (7\% + 3\%) = 160$（万元）

加计扣除：$7\ 080 \times 20\% = 1\ 416$（万元）

增值额：$29\ 529.54 - 9\ 410 = 20\ 119.54$（万元），增值率：$20\ 119.54 \div 9\ 410 \times 100\% = 213.81\%$。

应缴纳土地增值税：$20\ 119.54 \times 60\% - 9\ 410 \times 35\% = 8\ 778.22$（万元）

4. 税前可以扣除的税金及附加：

土地增值税：8 778.22 万元

城市维护建设税及教育费附加：$[(32\ 000 - 2\ 080) \div (1 + 9\%) \times 9\% - 870.46] \times (7\% + 3\%) + 10 \times 9\% \times (7\% + 3\%) = 160.09$（万元）

印花税：$212\ 100 \div 10\ 000 = 21.21$（万元）

合计：$8\ 778.22 + 160.09 + 21.21 = 8\ 959.52$（万元）

5. 应纳税所得额：$29\ 529.54 + 10 - 7\ 080 - 8\ 959.52 - 1\ 599.83 - 726 + 80 - 500 = 10\ 754.19$（万元）

业务招待费调整：$(29\ 529.54 + 10) \times 5‰ = 147.70$（万元）；发生额的 60%：$200 \times 60\% = 120$（万元），所以应调增所得额 80 万元。

6. 应缴纳企业所得税：$10\ 754.19 \times 25\% = 2\ 688.55$（万元）

【例 5-5】某市一居民企业为增值税一般纳税人，主要生产同一型号的空调。2019 年 1～11 月实现销售收入 7 000 万元，与收入配比的销售成本 4 200 万元（占销售收入的 60%），缴纳增值税 450 万元、城市维护建设税和教育费附加 45 万元，取得国债利息收入 50 万元，发生销售费用 800 万元，管理费用 950 万元（其中含业务招待费 80 万元），财务费用 300 万元（未包括支付给关联企业借款的利息），1～11 月实现会计利润 755 万元。2019 年 12 月发生相关业务如下：

（1）12 月 8 日销售一批空调给某大型商场，不含税价款 700 万元，与收入相配比的销售成本 420 万元；合同约定，如果商场在 12 月 22 日前付清全部款项，企业将给予商场不含税价款 3% 的销售折扣；12 月 20 日商场付清了全部款项。

（2）12 月 15 日企业按成本价销售 20 台空调给本企业职工，共计收款 2.4 万元。

（3）12 月 8 日接受某公司捐赠的机器设备一台，取得该公司开具的增值税专用发票，注明价款 10 万元、增值税 1.6 万元。

（4）12 月购进原材料共计 428.77 万元，增值税专用发票注明进项税额 55.74 万元；取得的增值税专用发票注明运输费用 22.70 万元。

（5）12 月 25 日通过公益性社会团体向某山区小学捐款 60 万元，取得公益性社会团体开具的合法票据。

（6）12 月 28 日对库存原材料进行盘点，发现以前月份购进的原材料由于保管不善发生损失，金额为 42.79 万元（其中含运输费 2.79 万元）。

（7）12 月 30 日转让 2 年前投资的非上市公司股权取得收入 150 万元，该股权的投资成本为 100 万元。

（8）12 月 31 日归还关联企业一年期借款本金 1 200 万元，另支付利息费用 90 万元。关联企业对该居民企业的权益性投资额为 480 万元，且实际税负低于该居民企业，同期银行贷款年利率为 5.8%。

（9）12 月共计发生销售费用 90 万元、管理费用 301.56 万元（其中含招待费 10 万元）。

根据上述资料，回答下列问题。

1. 计算 12 月该企业应缴纳的城市维护建设税及教育费附加。

2. 计算该企业应纳税所得额时，可直接在企业所得税前扣除的项目（增值税款、销售费用、城市维护建设税、材料损失、公益性捐赠款项）？

3. 计算 2019 年度该企业实现的会计利润总额。

4. 计算企业所得税应纳税所得额时，业务招待费和公益性捐赠合计调整金额。

5. 计算企业所得税应纳税所得额时，关联企业利息费用调整额。

6. 计算 2019 年度该企业应缴纳的企业所得税。

【解析】在计算应纳税所得额时，企业实际支付给关联方的利息支出，不超过规定比例和《税法》及其实施条例有关规定计算的部分，准予扣除，超过的部分不得在发生当期和以后年度扣除。《税法》规定，公益性捐赠支出，不超过年度利润总额 12% 的部分准予扣除。企业因存货盘亏、毁损、报废、被盗等原因不得从增值税销项税额中抵扣的进项税额，可以与存货损失一起在计算应纳税所得额时扣除。

1. 12 月应缴纳的城市维护建设税及教育费附加：

37.59 × (7% + 3%) = 3.76（万元）

12 月该企业应纳的增值税：

700 × 13% + 2.4 ÷ 60% × 13% − 1.6 − 55.74 − 22.7 × 9% + (42.79 − 2.79) × 13% + 2.79 × 9% = 37.59（万元）

2. 增值税不可以税前扣除；该企业没有发生广告费和业务宣传费，所以销售费用可以直接在税前扣除；城市维护建设税可以在税前扣除；材料损失通过填报年度纳税申报表《资产损失税前扣除及纳税调整明细表》，可以直接在税前扣除。

3. 2019 年会计利润：

755 + 700 − 420 + 2.4 − 2.4 + 10 + 1.6 − 60 − 42.79 − (42.79 − 2.79) × 13% − 2.79 ×

9% +150 -100 -90 -700 ×3% -90 -301.56 -3.76 =482.04（万元）

4. 2019 年销售收入：7 000 +700 +2.4 ÷60% =7 704（万元）

业务招待费限额：7 704 ×5‰ =38.52（万元），发生额的 60%：(80 +10) ×60% =54（万元），所以只能扣除 38.52 万元，纳税调增金额：80 +10 -38.52 =51.48（万元）

公益性捐赠扣除限额：482.04 ×12% =57.84（万元）

纳税调增金额：60 -57.84 =2.16（万元）

业务招待费和公益性捐赠合计调整金额：51.48 +2.16 =53.64（万元）

5. 企业利息费用调整金额：90 -480 ×2 ×5.8% =34.32（万元）

6. 应纳税所得额：482.04 +（2.4 ÷60% -2.4）+53.64 +34.32 -（150 -100）=521.60（万元）

应纳所得税税额：521.60 ×25% =130.40（万元）

第六章 个人所得税

个人所得税是以个人（自然人）取得的各种应税所得为课税对象征收的一种税。个人所得税是世界各国普遍征收的一个税种，并且是经济发达国家的主体税种。

本章内容主要依据1980年9月10日第五届全国人民代表大会第三次会议制定、2018年8月31日第十三届全国人民代表大会常务委员会第五次会议第七次修正的《中华人民共和国个人所得税法》（主席令2018年第9号），1994年1月28日国务院颁布、2018年12月18日第四次修订的《中华人民共和国个人所得税法实施条例》（国务院令2018年第707号）和《国务院关于印发〈个人所得税专项附加扣除暂行办法〉的通知》（国发〔2018〕41号）编写。

第一节 概　　述

一、税制沿革

个人所得税自1799年创始于英国，19世纪以后各资本主义国家相继开征，目前已经成为大多数发达国家税收收入的主要来源。在美国、加拿大等国家，个人所得税收入一般占政府全部税收收入的30%～50%。

我国征收个人所得税始于20世纪初。中华民国成立后，曾以清末宣统年间起草的《所得税章程》为基础，制定了《所得税条例》，但因战乱未能施行。1936年南京国民政府公布《所得税暂行条例》，决定对薪给报酬等个人所得征税，中国历史上第一次真正开征个人所得税。

新中国成立初期，政务院于1950年公布的《全国税政实施要则》中规定对个人征收薪给报酬所得税和存款利息所得税。由于新中国成立初期生产力和人均收入水平低，实行低工资制，虽然设立这两个具有个人所得税性质的税种，但前者一直未开征，后者1950年4月开征，到1959年也停征了。此后20多年间基本上没有对个人所得征税。

1980年9月10日，为了维护国家的税收权益，按照国际惯例，第五届全国人民代表大会第三次会议审议通过了《中华人民共和国个人所得税法》，并同时公布实施。由于当时国内居民工资收入很低，其他个人所得也有限，远达不到费用扣除标准，因此绝大多数国内居民不在征税范围之内。

1986 年，为了有效调节社会成员收入差距，国务院相继颁布了仅适用个体工商户的《城乡个体工商户所得税暂行条例》和仅适用中国公民的《个人收入调节税暂行条例》。这样，我国形成了对个人（个体工商户）所得征收个人所得税、个体工商户所得税和个人收入调节税三税并存的局面。

1993 年 10 月 31 日，为了统一、规范和完善对个人所得课税制度，第八届全国人民代表大会常务委员会第四次会议通过了《关于修改〈中华人民共和国个人所得税法〉的决定》，同时公布修改后的《中华人民共和国个人所得税法》（简称《个人所得税法》），自 1994 年 1 月 1 日起施行。《个人所得税法》整合了针对个人（个体工商户）所得课税的三部法律、法规，统一适用中国公民、外籍人员和个体工商户。

1999 年 8 月 30 日，第九届全国人民代表大会常务委员会第十一次会议对《个人所得税法》进行了第二次修改，删去了原税法中对储蓄存款利息所得免征个人所得税的内容，增加了对储蓄存款利息所得征收个人所得税的条款，具体开征时间和征收办法由国务院规定。

2005 年 10 月 27 日，第十届全国人民代表大会常务委员会第十八次会议对《个人所得税法》进行了第三次修改，将工资、薪金所得减除费用标准由每月 800 元提高到 1 600 元；增加了个人所得超过国务院规定数额的纳税人自行申报和扣缴义务人全员全额扣缴申报的规定。

2007 年 6 月 29 日，第十届全国人民代表大会常务委员会第二十八次会议对《个人所得税法》进行了第四次修改，授权国务院根据需要决定对储蓄存款利息所得个人所得税的开征、减征、停征并制定具体办法。

2007 年 12 月 29 日，第十届全国人民代表大会常务委员会第三十一次会议对《个人所得税法》进行了第五次修改，将工资、薪金所得减除费用标准由每月 1 600 元提高到 2 000 元。

2011 年 6 月 30 日，第十一届全国人民代表大会常务委员会第二十一次会议对《个人所得税法》进行了第六次修改。此次修改的内容较多，主要有四个方面：工薪所得减除费用标准由每月 2 000 元提高至 3 500 元；调整工薪所得税率结构，由 9 级调整为 7 级，将最低的一档税率由 5% 降为 3%；调整个体工商户生产经营所得和承包承租经营所得税率级距；纳税期限由 7 天改为 15 天。

2018 年 8 月 31 日，第十三届全国人民代表大会常务委员会第五次会议对《个人所得税法》进行了第七次修正。此次个人所得税改革的主要目标是初步建立综合与分类相结合的个人所得税制，包括将个人主要所得项目纳入综合征税范围、完善个人所得税费用扣除模式、优化调整个人所得税税率结构、完善涉外税收政策、健全综合所得按年计税的个税征管制度、推进个人所得税社会配套机制建设等。

二、税制的特点

（一）实行综合与分类相结合的税制

世界各国实行的个人所得税制大体上分为三种模式，即分类所得税制、综合所得税制和混合所得税制（综合与分类相结合的税制）。目前世界上只有极少数国家采用综合税制或分类税制，大多数国家都采用综合与分类相结合的税制模式。在分类税制下，纳税人的各项所得需按其所得性质进行分类，按月或按次缴纳税款，没有就其全年所得综合征税，难以充分体现税收公平原则。实行综合与分类相结合的税制，可以更好地兼顾纳税人的收入水平和负担能力。

（二）多种税率形式并用

分类所得税制一般采用比例税率，而综合所得税制通常采用累进税率。我国现行的个人所得税制是综合与分类相结合的税制，因此，综合运用了上述两种税率。即通过累进税率调节收入水平，体现公平；通过比例税率实现普遍纳税，体现效率。同时贯彻勤劳所得课轻税、依赖财产所得课重税的原则，采取差别税率。这样，就形成了集多种税率形式和多种税率水平于一体的灵活多样的税率结构。

（三）费用扣除方式多样

个人应税所得的确定与企业应税所得的确定一样，都需要从取得收入中扣除相应成本。由于个人无法像企业那样进行收入和成本费用核算，因此我国个人所得税在征收时按综合与分类相结合的税制，就综合所得和分类所得不同类型确定了不同的费用扣除方式。目前，我国个人所得税的费用有定额扣除、定率扣除、限额据实扣除和据实扣除等多种扣除方式，还有对消极所得不扣除费用的规定。

（四）两种征纳方法并用

我国现行个人所得税法规定，纳税人应纳的税额分别采取由支付单位源泉扣缴（代扣代缴和预扣预缴）和纳税人自行申报两种方法。对于凡是可以在应税所得的支付环节扣缴个人所得税的，均由扣缴义务人履行代扣代缴或预扣预缴税款义务；对于综合所得需要年终汇算清缴以及没有扣缴义务人等情形，采取由纳税人自行申报纳税的方法。

三、立法宗旨

个人所得税与其他税种一样，开征的主要目的是筹集国家财政资金，除此以外，还具有如下作用：

（一）有利于实现社会公平

调节公民个人收入分配差距，实现社会公平，是个人所得税的首要职能。我国现阶段，城乡之间、地区之间、行业之间以及不同职业之间的收入分配差距很悬殊。征收个人所得税，通过在课征制度上的安排，如分类定率、减征和规定免征额等，可以适当缩小收入差距、缓解社会分配不公所带来的个人收入相差悬殊的矛盾，对于维护社会的安宁和稳定，实现全体社会成员共同富裕，具有极其重要的意义。

（二）有利于增强公民纳税意识

我国个人所得税由于征收历史较短且居民个人的收入一直比较低，加上宣传力度不够，与西方发达国家相比较，公民纳税意识普遍淡薄。开征个人所得税，通过对《个人所得税法》的大力宣传，建立源泉扣缴和自行申报制度，特别是对违反《个人所得税法》行为的处罚，会使公民不断增强纳税意识，在纳税过程中逐步树立纳税义务观念。

（三）有利于维护国家权益

税收是维护国家权益的重要工具。随着我国的对外开放，国际经济往来增多，科学、技术合作和文化交流日益频繁。按照国际惯例，对来我国工作并取得收入的外籍人员，我国政府有权课税；对我国出国工作人员，外国政府同样有权课税。开征个人所得税，是我国行使税收管辖权、维护国家主权的表现，这不仅可以防止我国经济利益外溢，而且有利于体现国际对等原则和进行国际税收协定的谈判。

第二节 课税要素

一、纳税人

我国在征收个人所得税方面同时行使居民税收管辖权和所得来源地税收管辖权。即一方面依据住所和居住时间两个标准将纳税人区分为居民纳税人和非居民纳税人，另一方面依据所得来源地标准将纳税人取得的所得区分为从中国境内取得的所得和从中国境外取得的所得。就个人所得税而言，不同的纳税人就其境内和境外所得负担不同的纳税义务。

（一）纳税人分类

个人所得税的纳税人，是指在中国境内有住所，或者无住所而一个纳税年度内在中国境内居住累计满 183 天，以及在中国境内无住所又不居住，或者无住所而一个纳税年度内在中国境内居住累计不满 183 天的从中国境内取得所得的个人。具体说，个人所得税的纳税人包括中国公民、个体工商户、外籍人员和香港、澳门、台湾同胞。

个人所得税的纳税人依据住所和居住时间两个标准，区分为居民纳税人和非居民纳税人，分别承担不同的纳税义务。

1. 居民纳税人和非居民纳税人判定标准。

为了有效行使税收管辖权，我国根据国际惯例，对居民纳税人和非居民纳税人的划分，采用了住所和居住时间两个标准。住所标准和居住时间标准是判断居民身份的两个并列性的标准，个人只要符合或者达到其中任何一个标准，就可以被认定为居民纳税人；当两个标准都不符合时，就是非居民纳税人。

（1）住所标准。

在中国境内有住所的个人为居民纳税人。

《民法总则》第二十五条规定：“自然人以户籍登记或者其他有效身份登记记载的居所为住所；经常居所与住所不一致的，经常居所视为住所。”税法所称的住所，其含义与《民法总则》的规定有所不同，我国税法将在中国境内有住所的个人界定为：“因户籍、家庭、经济利益关系而在中国境内习惯性居住。”所谓习惯性居住，是判定纳税人是居民或非居民的一个法律意义上的标准，不是指实际居住或在某一个特定时期内的居住地。例如个人因学习、工作、探亲、旅游等而在中国境外居住，当其在境外居住的原因消除以后，必须回到中国境内居住，即使该人未回到中国境内居住，仍应当将中国判定为其习惯性居住。（见《国家税务总局关于印发〈征收个人所得税若干规定〉的通知》国税发〔1994〕89号）

《个人所得税法》关于判定住所或者说习惯性居住的三个前提条件的具体含义如下：

①户籍。人们通常将户籍称为户口。按《民法总则》规定，中国公民以本人户籍登记或者其他有效身份登记记载的居所或境内其他经常居所为住所。在我国常驻的外籍个人，虽因领取了永久居留证等而纳入我国户籍的管理范围，但由于其家庭或主要经济利益关系不在中国境内，故通常不视为在我国境内有住所。

②家庭。家庭是以婚姻和血缘为纽带的基本社会单位，包括父母、子女及其他共同生活的亲属。家庭所在地通常是一个人的户籍所在地或者经常居住地，也是其主要的社会、经济活动中心。

③经济利益关系。所谓经济利益关系，一般考虑个人的主要财产和经营活动中心等因素。如果个人的主要财产和经营活动中心所在地在中国境内，则视为该人在中国境内有住所。

（2）居住时间标准。

居住时间是指个人在一国境内实际居住的天数。我国规定的居住时间是以居住满183天为标准，即一个纳税年度（公历1月1日起至12月31日止）内，在中国境内居住累计满183日，达到这个标准的个人为居民纳税人。

需要注意的是，现行《个人所得税法》中关于“中国境内”的概念，是指中国大陆地区，目前还不包括香港、澳门和台湾地区。

2. 居民纳税人和非居民纳税人具体范围。

（1）居民纳税人。

居民纳税人是指在中国境内有住所或者没有住所而在中国境内居住累计满183天的个人。具体说，居民纳税人包括两类：

①在中国境内定居的中国公民和外国侨民。不包括虽具有中国国籍，却没有在中国大陆定居，而是侨居海外的华侨和居住在香港、澳门、台湾的同胞。

②从公历1月1日起至12月31日止，居住在中国境内累计满183天的外国人、华侨和香港、澳门、台湾同胞。

（2）非居民纳税人。

非居民纳税人是指凡在中国境内无住所又不居住或者无住所而在境内居住累计不满183天的个人。在现实生活中，习惯性居住不在中国境内的个人，只有外籍人员、华侨和香港、澳门、台湾同胞。因此，非居民纳税人，实际上只能是在一个纳税年度中，没有在中国境内居住，或者在中国境内虽然居住，但居住累计不满183天的外籍人员、华侨和香港、澳门、台湾同胞。

（二）纳税义务

1. 居民和非居民纳税人的纳税义务。

居民纳税人，即在中国境内有住所，或者无住所而在境内居住累计满183天的个人，其所取得的所得，无论来源于中国境内还是中国境外，都要向中国政府履行全面纳税义务，依法缴纳个人所得税。

非居民纳税人，即在中国境内无住所又不居住，或者无住所而在境内居住累计不满183天的个人，向中国政府履行有限纳税义务，仅就其来源于中国境内的所得在中国缴纳个人所得税。

2. 外籍个人的纳税义务。

实际工作中，对在中国境内没有住所的居民纳税人和非居民纳税人习惯称为外籍个人。对于在中国境内无住所而在中国工作的外籍个人，其纳税义务一般以一个纳税年度内在中国境内的居住时间和任职受雇的具体情况确定。

（1）纳税义务的具体规定。

一是根据居住时间确定纳税义务。

《个人所得税法》及其实施条例将外籍个人居住时间划分为90天、183天、365天（习惯称1年）和6年等几种情况。外籍个人在中国境内居住的时间不同，其应尽的纳税义务也不同。具体来说，为了吸引境外人才，本着从宽、从简的原则，根据外籍个人在中国境内居住的时间，规定了不同的纳税义务。

①居住时间累计不超过90天纳税义务的确定。

在中国境内无住所，且在一个纳税年度内在中国境内居住累计不超过90天的个人，其来源于中国境内的所得，由境外雇主支付并且不由该雇主在中国境内的机构、场所负担的部分，免予缴纳个人所得税，仅就其由中国境内雇主支付或者由中国境内机构、场所负担的部分申报纳税。

②居住时间累计超过90天但不满183天纳税义务的确定。

在中国境内无住所而在一个纳税年度内在中国境内居住累计超过90天但不满183天的个人，其来源于中国境内的所得，无论由中国境内雇主支付，还是由中国境外雇主支付，均应申报缴纳个人所得税；至于其在中国境外取得的所得，除了担任中国境内企业董事或者高层管理人员另有规定外，不予征收个人所得税。

③居住时间累计满183天但不超过6年纳税义务的确定。

在中国境内无住所的个人，在中国境内居住累计满183天的年度连续不满6年的，其来源于中国境外且由境外单位或者个人支付的所得，经向主管税务机关备案，免予缴纳个人所得税。

上述个人来源于中国境内的所得，无论由中国境内雇主支付，还是由中国境外雇主支付，均应申报缴纳个人所得税；如果上述个人在境内居住期间临时离境，其临时离境期间的工资薪金所得，仅就由中国境内企业或者个人雇主支付的部分缴纳个人所得税。

需要注意的是，上述个人在一个月中既有在中国境内工作期间的工资薪金所得，也有在临时离境期间由境内企业或个人雇主支付的工资薪金所得的，应合并计算当月应纳税款。

④居住时间超过6年纳税义务的确定。

我国保留了对境内无住所但在一个纳税年度内居住累计满183天的居民纳税人行使居民税收管辖权。实际工作中，我国以居住是否满6年来确定无住所的外籍人员居民身份和应承担的纳税义务。

无住所个人一个纳税年度在中国境内累计居住满183天的，如果此前6年在中国境内每年累计居住天数都满 183 天而且没有任何一年单次离境超过 30 天，该纳税年度来源于中国境内、境外所得应当缴纳个人所得税；如果此前年的任一年在中国境内累计居住天数不满 183 天或者单次离境超过 30 天，该纳税年度来源于中国境外且由境外单位或者个人支付的所得，免予缴纳个人所得税。

上述所称此前六年，是指该纳税年度的前 1 年至前 6 年的连续 6 个年度，连续居住“满 6 年”的年限从 2019 年 1 月 1 日起计算，2019 年之前的年限不再纳入计算范围；在境内停留的当天不足 24 小时的，不计入境内居住天数，且只要有一次离境超过 30 天的，就重新计算连续居住年限。（以上内容见《财政部、税务总局关于在中国境内无住所的个人居住时间判定标准的公告》财政部、税务总局公告 2019 年第 34 号）

二是根据任职受雇情况确定纳税义务。

对于担任境内居民企业的董事、监事及高层管理职务的外籍个人（统称外籍高管人员）的纳税义务，与上述一般外籍个人应负担的纳税义务有所不同。上述所称高层管理职务包括企业正、副（总）经理、各职能总师、总监及其他类似公司管理层的职务。

外籍高管人员，无论是否在境内履行职务，取得由境内居民企业支付或者负担的董事费、监事费、工资薪金或者其他类似报酬（统称高管人员报酬，包含数月奖金和股权激励），属于来源于境内的所得。因此，外籍高管人员取得的由境内雇主支付或者负担的工资薪金所得不适用上述第①、②条的规定，而应当在其履行职务期间（不分境内外）计算缴纳个人所得税；不是由境内雇主支付或者负担的工资薪金所得，与一般外籍个人没有区别，按照上述第①、②、③条在中国境内无住所个人取得工资薪金所得的规定确定纳税义务。（以上内容见《财政部、税务总局关于非居民个人和无住所居民个人有关个人所得税政策的公告》财政部、税务总局公告 2019 年第 35 号）

对中国境内无住所的外籍个人取得的工资、薪金所得的征税规定可归纳为表 6－1。

表 6－1　　外籍个人工资、薪金所得纳税义务一览

居住时间	纳税人性质	境内所得		境外所得	
		境内支付	境外支付	境内支付	境外支付
90 天以内	非居民	√	免税	×*	×
90 天～183 天	非居民	√	√	×*	×
183 天～6 年	居民	√	√	√	免税
6 年以上	居民	√	√	√	√

注：1. √代表征税，×代表不征税；

2. 上面＊部分，是指担任境内企业董事或高层管理职务的人员也负有纳税义务。

（2）境内、境外所得来源的确定。

①工资薪金所得来源地的规定。

个人取得归属于中国境内工作期间的工资薪金所得为来源于境内的工资薪金所得。无住所个人在境内、境外单位同时担任职务或者仅在境外单位任职，且当期同时在境内、境外工作的，按照工资薪金所属境内、境外工作天数占当期公历天数的比例计算确定来源于境内、境外工资薪金所得的收入额。境外工作天数按照当期公历天数减去当期境内工作天数计算。

②数月奖金以及股权激励所得来源地的规定。

无住所个人取得的数月奖金或者股权激励所得按照上述第①项规定确定所得来源地的，无住所个人在境内履职或者执行职务时收到的数月奖金或者股权激励所得，归属于境外工作期间的部分，为来源于境外的工资薪金所得；无住所个人停止在境内履约或者执行职务离境后收到的数月奖金或者股权激励所得，对属于境内工作期间的部分，为来源于境内的工资薪金所得。具体计算方法为：数月奖金或者股权激励乘以数月奖金或者股权激励所属工作期间境内工作天数与所属工作期间公历天数之比。

无住所个人一个月内取得的境内外数月奖金或者股权激励包含归属于不同期间的多笔所得的，应当先分别按照规定计算不同归属期间来源于境内的所得，然后再加总计算当月来源于境内的数月奖金或者股权激励收入额。所称数月奖金是指一次取得归属于数月的奖金、年终加薪、分红等工资薪金所得，不包括每月固定发放的奖金及一次性发放的数月工资。所称股权激励包括股票期权、股权期权、限制性股票、股票增值权、股权奖励以及其他因认购股票等有价证券而从雇主取得的折扣或者补贴。

③董事、监事及高层管理人员取得报酬所得来源地的规定。

对于担任境内居民企业的董事、监事及高层管理职务的个人（统称高管人员），无论是否在境内履行职务，取得由境内居民企业支付或者负担的董事费、监事费、工资薪金或者其他类似报酬（统称高管人员报酬，包含数月奖金和股权激励），属于来源于境内的所得。所称高层管理职务包括企业正、副（总）经理、各职能总师、总监及其他类似公司管理层的职务。

④关于稿酬所得来源地的规定。

由境内企业、事业单位、其他组织支付或者负担的稿酬所得，为来源于境内的所得。（以上内容见《财政部、税务总局关于非居民个人和无住所居民个人有关个人所得税政策的公告》财政部、税务总局公告2019年第35号）

（3）境内、境外工作时间的确定。

外籍个人境内、境外工作时间的计算分两种情况，一种是判定其纳税义务时如何计算在中国境内居住天数的问题；另一种是计算其应纳个人所得税额时对其公休假日及入境、离境当日如何计算在中国境内实际工作期间的问题。

①居住天数的计算。对在中国境内无住所的个人，需要计算确定其在中国境内居住天数，以便依照《个人所得税法》和协定或安排的规定判定其在华负有何种纳税义务。无住所个人一个纳税年度内在中国境内累计居住天数，按照个人在中国境内累计停留的天数计算。在中国境内停留的当天满24小时的，计入中国境内居住天数，在中国境内停留的当天不足24小时的，不计入中国境内居住天数。

②工作期间的计算。根据居住天数判定外籍个人负有何种纳税义务后，需要确定其实际在境内、境外的工作期间，以便具体计算其应纳的个人所得税额。境内工作期间按照个人在境内工作天数计算，包括其在境内的实际工作日以及境内工作期间在境内、境外享受的公休假、个人休假、接受培训的天数。在境内、境外单位同时担任职务或者仅

在境外单位任职的个人，在境内停留的当天不足24小时的，按照半天计算境内工作天数。

无住所个人在境内、境外单位同时担任职务或者仅在境外单位任职，且当期同时在境内、境外工作的，按照工资薪金所属境内、境外工作天数占当期公历天数的比例计算确定来源于境内、境外工资薪金所得的收入额。境外工作天数按照当期公历天数减去当期境内工作天数计算。（以上内容见《财政部、税务总局关于在中国境内无住所的个人居住时间判定标准的公告》财政部、税务总局公告2019年第34号、《财政部、税务总局关于非居民个人和无住所居民个人有关个人所得税政策的公告》财政部、税务总局公告2019年第35号）

3. 依据税收协定确定纳税义务。

国际税收协定是指两个以上主权国家为了避免双重征税和防止偷漏税及反避税而签订的具有法律效力的国际条约。截至2018年12月底，中国已经先后与107个国家正式签订了避免双重征税协定（简称“税收协定”），其中102个已经生效。此外，中国内地与香港特区政府和澳门特区政府分别签署了避免双重征税的安排，这两个安排具有类似税收协定的功能和法律效力。

每个国家或地区涉及的个人所得税征税问题各不相同，需要根据签订的税收协定的具体条款确定。一般来说，个人所得税的征收管理遵循协定优先的原则，即中国政府与外国政府缔结的有关税收协定同《个人所得税法》有不同规定的，依照协定的规定办理。

按照我国政府签订的避免双重征税协定、内地与香港、澳门签订的避免双重征税安排（统称税收协定）居民条款规定为缔约对方税收居民的个人（简称对方税收居民个人），可以按照税收协定及财政部、税务总局有关规定享受税收协定待遇，也可以选择不享受税收协定待遇计算纳税。除税收协定及财政部、税务总局另有规定外，无住所个人适用税收协定的，按照《财政部、税务总局关于非居民个人和无住所居民个人有关个人所得税政策的公告》（财政部、税务总局公告2019年第35号）的规定执行。

（三）所得来源地的确定

我国的个人所得税按照居民税收管辖权和所得来源地税收管辖权相结合的原则判定征税范围，因此，判断所得来源地，是确定某项所得是否应该征收个人所得税的重要依据。对于在中国境内有住所的居民纳税人，因为要承担无限纳税义务，所以判断其所得来源地，相对来说不那么重要。但是对于外籍人员，有的仅就其来源于中国境内的所得征税，有的对其境外所得免于征税，所以判断其所得来源地，显得十分重要。

1. 确定所得来源地的原则。

（1）任职、受雇取得的所得来源地。对非独立个人劳动所得征税，我国采取劳务活动地原则，即以任职、受雇的公司、企业以及其他经济组织的所在地为所得来源地。

（2）从事生产、经营的所得来源地。从事生产、经营取得的所得，以从事生产、经营的所在地为所得来源地。

（3）提供劳务取得的所得来源地。提供劳务取得的所得，以实际提供劳务的地点为所得来源地。

（4）出租财产的所得来源地。出租财产取得的所得，以被出租财产的使用地为所得来源地。

（5）财产转让的所得来源地。转让不动产取得的所得，以转让的不动产坐落地为所得来源地；转让动产取得的所得，以动产实现转让的地点为所得来源地。

（6）特许权的所得来源地。提供特许权的使用权取得的所得，以该项特许权的许可使用地为所得来源地。

（7）利息、股息、红利的所得来源地。利息、股息、红利所得，以使用资金并支付利息或者分配股息、红利的公司、企业以及其他经济组织的所在地为所得来源地。

（8）得奖、中奖、中彩的所得来源地。得奖、中奖、中彩所得，以所得的产生地为所得来源地。

2. 来源于中国境内的所得。

从中国境内取得的所得，是指来源于中国境内的所得。由上述判断所得来源地的原则可知，来源于中国境内的所得，并非一定是在中国境内支付的所得。即所得的来源地与所得的支付地并不是同一概念，有时两者一致，有时不相同。按照国际惯例，下列所得不论支付地点是否在中国境内，均为来源于中国境内的所得：

（1）因任职、受雇、履约等在中国境内提供劳务取得的所得；

（2）将财产出租给承租人在中国境内使用而取得的所得；

（3）许可各种特许权在中国境内使用而取得的所得；

（4）转让中国境内的不动产等财产或者在中国境内转让其他财产取得的所得；

（5）从中国境内企业、事业单位、其他经济组织以及居民个人取得的利息、股息、红利所得。

3. 来源于中国境外的所得。

从中国境外取得的所得，是指来源于中国境外的所得。下列所得，不论支付地点是否在中国境外，均为来源于中国境外的所得：

（1）因任职、受雇、履约等而在中国境外提供劳务取得的所得（工资薪金所得和劳务报酬所得）；

（2）将财产出租给承租人在中国境外使用而取得的所得；

（3）转让中国境外的建筑物、土地使用权等财产或者在中国境外转让其他财产取得的所得；

（4）许可各种特许权在中国境外使用而取得的所得；

（5）从中国境外的公司、企业以及其他经济组织或者个人取得的利息、股息、红利所得。（以上内容见《国家税务总局关于印发〈境外所得个人所得税征收管理暂行办法〉的通知》国税发〔1998〕126号）

二、征税对象

（一）应税所得

1. 应税所得概念。

作为个人所得税课税对象的“所得”是个人应税所得，即根据《个人所得税法》规定应该计算征收个人所得税的个人收入，并不一定是个人全部收入。在实际工作中，应注意区分以下几种所得：

（1）免税所得与不征税所得。

免税所得，是指根据《个人所得税法》规定免于征税的所得，但其属于应税所得；不征税所得是指不属于《个人所得税法》规定的应税所得，因此不予征税。比如军人的转业费属于免税所得，接受赠与的现金属于不征税所得。

（2）他人所得与法人所得。

他人所得是归其他自然人所有的收入；法人所得是归依法成立的组织所有的收入。比如独生子女补贴属于他人所得，转赠法人股东的股本属于法人所得。他人所得和法人所得均不属于个人应税所得。

（3）现金所得与实物所得。

现金所得是指货币形式的所得，主要包括现金、银行存款及有价证券等。实物所得指非货币形式的所得，如不动产、车船、机器、设备、古董、名人字画等。《中华人民共和国个人所得税法实施条例》（简称《个人所得税法实施条例》）规定，个人所得的形式，包括现金、实物、有价证券和其他形式的经济利益。

（4）单项所得与多项所得。

我国个人所得税虽然实行综合与分类相结合的税制，但对个人不同种类的所得代扣（预扣）时仍然采用按不同税率（预扣率）分别扣除费用分别征税的模式，这样，就会出现个人兼有《个人所得税法》规定的两项或两项以上所得，这就是多项所得。对于多项应税所得，代扣代缴或预扣预缴时应分别扣除费用，分别计算应纳税额；如果个人一个月内多次取得同一类应税所得，仍属单项所得，有的合并各次收入计税，有的取得一次收入计税一次。

2. 应税所得种类。

各国税法规定的个人应税所得通常分为如下四种：

（1）经营所得，如从事工业、商业、服务业等生产经营取得的收入；

（2）财产所得，如租金、特许权使用费等；

（3）劳动所得，如工资、薪金和劳务报酬等；

（4）投资所得，如利息、股息、红利等。

此外，包括我国在内的一些国家还对中奖、中彩等偶然所得征税。

3. 应税所得项目。

由于个人的收入来源多种多样，个人所得的内容非常复杂，因此，各国的个人所得税一般通过列举项目规定其征税对象。我国现行《个人所得税法》中列举征税的个人所得共有 9 项。

（1）工资、薪金所得；

（2）劳务报酬所得；

（3）稿酬所得；

（4）特许权使用费所得；

（5）经营所得；

（6）利息、股息、红利所得；

（7）财产租赁所得；

(8) 财产转让所得;

(9) 偶然所得。

居民个人取得上述第一项至第四项所得(统称综合所得),按纳税年度合并计算个人所得税;非居民个人取得上述第一项至第四项所得,按月或者按次分项计算个人所得税。纳税人取得上述第五项至第九项所得,依照《税法》规定分别计算个人所得税。

(二)应税所得项目含义

1. 工资、薪金所得。

工资、薪金所得,是指个人因任职或者受雇取得的工资、薪金、奖金、年终加薪、劳动分红、津贴、补贴以及与任职或者受雇有关的其他所得。

一般来说,工资、薪金所得属于非独立个人劳动所得。所谓非独立个人劳动,是指个人所从事的是由他人指定、安排并接受管理的劳动、工作,如在机关、团体、学校、部队、企事业单位及其他组织中任职、受雇。个人从上述单位取得的劳动报酬,以工资、薪金的形式体现。在这类报酬中,工资和薪金的收入主体略有差异。通常情况下,把直接从事生产、经营或服务的劳动者(工人)的收入称为工资,即所谓"蓝领阶层"所得;而将从事社会公职或管理活动的劳动者(公职人员)的收入称为薪金,即所谓"白领阶层"所得。实际立法过程中,考虑二者收入性质相同,各国都将工资、薪金合并为一个项目计征个人所得税。

除工资、薪金以外,奖金、年终加薪、劳动分红、津贴、补贴也被确定为工资、薪金范畴。其中,奖金是指所有具有工资性质的奖金,免税奖金的范围在《个人所得税法》中另有规定;年终加薪、劳动分红不分种类和取得情况,一律按工资、薪金所得课税;津贴、补贴等则有例外。

除按照国务院规定发给的政府特殊津贴、院士津贴,以及国务院规定免纳个人所得税的其他补贴、津贴外,其他各种性质、形式的补贴、津贴均应计入工资、薪金所得项目征税。根据我国目前个人收入的构成情况,规定对于一些不属于工资、薪金性质的补贴、津贴或者不属于纳税人本人的工资、薪金收入,不予课税。这些项目包括:

(1) 独生子女补贴。

(2) 托儿补助费。

(3) 执行公务员工资制度未纳入基本工资总额的补贴、津贴差额和家属成员的副食品补贴。

(4) 差旅费津贴、误餐补助。其中,误餐补助是指按照财政部规定,个人因公在城区、郊区工作,不能在工作单位或返回就餐的,根据实际误餐顿数,按规定的标准领取的误餐费。单位以误餐补助名义发给职工的补助、津贴不包括在内。(以上内容见《国家税务总局关于印发〈征收个人所得税若干问题的规定〉的通知》国税发〔1994〕89号、《财政部、国家税务总局关于误餐补助范围确定问题的通知》财税字〔1995〕82号)

差旅费津贴、伙食补助目前国家执行《中央和国家机关差旅费管理办法》(财行〔2013〕531号)、《财政部关于调整中央和国家机关差旅住宿费标准等有关问题的通知》(财行〔2015〕497号)和《因公临时出国经费管理办法》(财行〔2013〕516号)、《因公短期出国培训费用管理办法》(财行〔2014〕4号)。

需要注意的是，关于军队干部补贴、津贴征税问题，应按下列情况，分别处理：

（1）按照政策规定，属于免税项目或者不属于本人所得的补贴、津贴有8项，不计入工资、薪金所得项目征税。即：①政府特殊津贴；②福利补助；③夫妻分居补助费；④随军家属无工作生活困难补助；⑤独生子女保健费；⑥子女保教补助费；⑦机关在职军以上干部公勤费（保姆费）；⑧军粮差价补贴。

（2）对以下5项补贴、津贴，暂不征税：①军人职业津贴；②军队设立的艰苦地区补助；③专业性补助；④基层军官岗位津贴（营连排长岗位津贴）；⑤伙食补贴。（以上内容见《财政部、税务总局关于军队干部工资薪金收入征收个人所得税的通知》财税字〔1996〕14号）

下列个人所得应按工资、薪金所得项目征收个人所得税：

（1）退休人员再任职取得的收入，在减除允许扣除的个人费用及其他扣除后，按工资、薪金所得项目缴纳个人所得税。退休人员再任职，应同时符合下列条件：

①受雇人员与用人单位签订一年以上劳动合同或协议，存在长期或连续的雇佣与被雇佣关系；

②受雇人员因事假、病假、休假等原因不能正常出勤时，仍享受固定或基本工资收入；

③受雇人员与单位其他正式职工享受同等福利、培训及其他待遇；

④受雇人员的职务晋升、职称评定等工作由用人单位负责组织。（以上内容见《国家税务总局关于个人兼职和退休人员再任职取得收入如何计算征收个人所得税问题的批复》国税函〔2005〕382号、《国家税务总局关于离退休人员再任职界定问题的批复》国税函〔2006〕526号、《国家税务总局关于个人所得税有关问题的公告》总局公告2011年第27号）

（2）企业减员增效和行政机关、事业单位、社会团体在机构改革过程中，实行内部退养的个人在其办理内部退养手续后至法定离退休年龄之间从原任职单位取得的工资、薪金，不属于离退休工资，应按工资、薪金所得项目计征个人所得税。个人在办理内部退养手续后至法定离退休年龄之间重新就业取得的工资、薪金所得，应与其从原任职单位取得的同一月份的工资、薪金所得合并，并依法自行向主管税务机关申报缴纳个人所得税。（见《国家税务总局关于个人所得税有关政策问题的通知》国税发〔1999〕58号）

（3）企业经有关部门批准，将多年留存在企业应分配给职工的劳动分红，划分给职工个人，用于购买企业的国有股权，再以职工持股会的形式持有企业的股份，实际上是将多年留存在企业应分未分的劳动分红在职工之间进行了分配，职工个人再将分得的部分用于购买企业的国有股权。对企业职工取得的用于购买企业国有股权的劳动分红，应按工资、薪金所得项目计征个人所得税，税款由企业代扣代缴。（见《国家税务总局关于联想集团改制员工取得的用于购买企业国有股权的劳动分红征收个人所得税问题的批复》国税函〔2001〕832号）

（4）单位为职工个人购买商业性补充养老保险等，在办理投保手续时应作为个人所得税的工资、薪金所得项目，按《个人所得税法》规定缴纳个人所得税；因各种原因退保，个人未取得实际收入的，已缴纳的个人所得税应予以退回。（见《财政部、国家税务总局关于个人所得税有关问题的批复》财税〔2005〕94号）

（5）单位按低于购置或建造成本价格出售住房给职工（不包括根据国家住房制度改革政策的有关规定出售的住房），职工因此而少支出的差价部分，属于个人所得税应税所得，应按照工资、薪金所得项目缴纳个人所得税。对职工取得的上述应税所得，不并入当年综合所得，以差价收入除以12个月得到的数额，按照月度税率表确定适用税率和速算扣除数，单独计算纳税。（见《财政部、国家税务总局关于单位低价向职工售房有关个人所得税问题的通知》财税〔2007〕13号、《财政部关于个人所得税法修改后有关优惠政策衔接问题的通知》财税〔2018〕164号）

（6）机关、企事业单位对未达到法定退休年龄、正式办理提前退休手续的个人，按照统一标准向提前退休工作人员支付一次性补贴，不属于免税的离退休工资收入，应按照工资、薪金所得项目征收个人所得税。个人办理提前退休手续而取得的一次性补贴收入，应按照办理提前退休手续至法定离退休年龄之间实际年度数平均分摊，确定适用税率和速算扣除数，单独适用综合所得税率表，计算纳税。（见《国家税务总局关于个人提前退休取得补贴收入个人所得税问题的公告》总局公告2011年第6号、《财政部关于个人所得税法修改后有关优惠政策衔接问题的通知》财税〔2018〕164号）

2. 劳务报酬所得。

劳务报酬所得，是指个人与被服务单位或个人未建立长期、稳定的劳动合同关系，而独立从事各种技艺、提供各种劳务所取得的所得。主要包括个人从事设计、装潢、安装、制图、化验、测试、医疗、法律、会计、咨询、讲学、翻译、审稿、书画、雕刻、影视、录音、录像、演出、表演、广告、展览、技术服务、介绍服务、经纪服务、代办服务以及其他劳务取得的所得。各项劳务的具体含义如下：

（1）设计，指按照客户的要求，代为制定工程、工艺等各类设计业务。

（2）装潢，指接受委托，对物体进行装饰、修饰，使之美观或具有特定用途的作业。

（3）安装，指按照客户要求，对各种机器、设备的装配、安置以及与机器、设备相连的附属设施的装配和被安装机器设备的绝缘、防腐、保温、油漆等工程作业。

（4）制图，指受托按实物或设想物体的形象，依体积、面积、距离等，用一定的比例绘制成平面图、立体图、透视图等业务。

（5）化验，指受托用物理或化学的方法，检验物质的成分和性质等业务。

（6）测试，指利用仪器仪表或其他手段代客户对物品的性能和质量进行检测试验的业务。

（7）医疗，指从事各种病情诊断、治疗等医护业务。

（8）法律，指受托担任辩护律师、法律顾问，撰写辩护词、起诉书等法律文书的业务。

（9）会计，指受托从事会计核算的业务。

（10）咨询，指对客户提出的政治、经济、科技、法律、会计、税收、文化等方面的问题进行解答、说明的业务。

（11）讲学，指应邀（聘）进行讲课、作报告、介绍情况等业务。

（12）翻译，指受托从事中、外语言或文字的翻译（包括笔译和口译）的业务。

（13）审稿，指对文字作品或图形作品进行审查、核对的业务。

（14）书画，指按客户要求，或自行从事书法、绘画、题词等业务。

（15）雕刻，指代客户镌刻图章、牌匾、碑、玉器、雕塑等业务。

（16）影视，指应邀或应聘在电影、电视节目中出任演员或担任导演、音响、化妆、道具、制作、摄影等与拍摄影、视节目有关的业务。

（17）录音，指用录音器械代客户录制各种音响带的业务，或者应邀演讲、演唱、采访而被录音的服务。

（18）录像，指用录像器械代客户录制各种图像、节目的业务，或者应邀表演，采访被录像的业务。

（19）演出，指参加戏剧、音乐、舞蹈、曲艺等文艺演出活动的业务。

（20）表演，指从事杂技、体育、武术、健美、时装、气功以及其他技巧性表演活动的业务。

（21）广告，指利用图书、报纸、杂志、广播、电视、电影、招贴、路牌、橱窗、霓虹灯、灯箱、墙面及其他载体，为介绍商品、经营服务项目、文体节目或通告、声明等事项所做的宣传和提供相关服务的业务。

（22）展览，指举办或参加书画展、影展、盆景展、邮展、个人收藏品展、花鸟虫鱼展等各种展示活动的业务。

（23）技术服务，指利用一技之长，而进行技术指导、提供技术帮助的业务。

（24）介绍服务，指介绍供求双方商谈，或者介绍产品、经营服务项目等服务的业务。

（25）经纪服务，指经纪人通过居间介绍，促成各种交易和提供劳务等服务的业务。

（26）代办服务，指代委托人办理受托范围内的各项事宜的业务。

（27）其他劳务，指上述列举的26个项目之外的各种劳务。

上述各项所得一般属于个人凭自身特长独立从事自由职业取得的所得或属于独立个人劳动所得。劳务报酬所得和工资、薪金所得虽然都是个人提供劳务取得的劳务报酬，但二者有明显区别。具体来说：

（1）劳动关系不同。劳务报酬所得是个人独立提供某一劳务，从接受服务的不特定单位或个人取得的报酬；工资、薪金所得则是个人从事非独立劳务活动，从任职、受雇单位领取的报酬。后者存在劳动合同关系，前者则是民事合同关系。

（2）劳务性质不同。取得劳务报酬所得的个人提供的劳务是个人独立行为，个人与服务单位的劳动关系属于松散型；取得工资、薪金所得的个人提供的劳务一般都代表或反映了雇佣单位的形象或利益，个人与服务单位的劳动关系属于紧密型。

（3）所得形式不同。劳务报酬所得一般以现金形式给付，其表现形式比较单一，且收入一般不固定；工资、薪金所得的表现形式具有多样性，包括工资、薪金、奖金、年终加薪、补贴、津贴等，且收入来源较为稳定。

根据以上分析，判定一项收入是属于劳务报酬所得，还是工资、薪金所得，应该以个人与取得所得的单位（或个人）是否存在劳动合同关系为标准。如演员从剧团领取工资、教师从学校领取薪金，就属于工资、薪金所得；而演员“走穴”取得的演出收入，教师受邀在辅导班授课取得的收入，就属于劳务报酬所得。下列个人所得，应根据上述判定标准确认所得性质并按相应税目课税：

（1）对商品营销活动中，企业和单位对营销业绩突出人员以培训班、研讨会、工作考察等名义组织旅游活动，通过免收差旅费、旅游费对个人实行的营销业绩奖励（包括实物、有价证券等），应根据所发生费用全额计入营销人员应税所得，依法征收个人所得税，并由提供上述费用的企业和单位代扣代缴。其中，对企业雇员享受的此类奖励，应与当期的工资薪金合并，按照工资、薪金所得项目征收个人所得税；对其他人员享受的此类奖励，应作为当期的劳务收入，按照劳务报酬所得项目征收个人所得税。（见《财政部、国家税务总局关于企业以免费旅游方式提供对营销人员个人奖励有关个人所得税政策的通知》财税〔2004〕11 号）

（2）对外国或我国港、澳、台地区演员、运动员以团体名义在我国（大陆）从事文艺、体育演出的，上述演出团体支付给演员、运动员个人的报酬，凡是演员、运动员属于临时聘请，不是该演出团体雇员的，应依照《个人所得税法》的规定，按劳务报酬所得，减除规定费用后，征收个人所得税；凡是演员、运动员属该演出团体雇员的，应依照《税法》规定，按工资、薪金所得，减除规定费用后，征收个人所得税。（见《国家税务总局关于境外团体或个人在我国从事文艺及体育演出有关税收问题的通知》国税发〔1994〕106 号）

（3）对外国或我国港、澳、台地区演员、运动员以个人名义在我国（大陆）从事演出、表演所取得的收入，依照《税法》的有关规定，按劳务报酬所得征收个人所得税。（见《国家税务总局关于境外团体或个人在我国从事文艺及体育演出有关税收问题的通知》国税发〔1994〕106 号）

（4）根据《个人所得税法》、国税发〔1994〕89 号文件和国税函〔1997〕385 号文件的规定，个人兼职取得的收入不属于工资、薪金所得项目，应按照劳务报酬所得项目计算缴纳个人所得税。（见《国家税务总局关于个人兼职和退休人员再任职取得收入如何计算征收个人所得税问题的批复》国税函〔2005〕382 号）

（5）个人因包销商品房取得的差价收入及因此而产生的包销补偿款，属于其个人履行商品介绍服务或与商品介绍服务相关的劳务所得，应按照劳务报酬所得项目计算缴纳个人所得税。（见《国家税务总局关于个人取得包销补偿款征收个人所得税问题的批复》国税函〔2007〕243 号）

3. 稿酬所得。

稿酬所得是指个人因其作品以图书、报刊等形式出版、发表而取得的所得。这里所称的作品，包括文学作品、书画作品、摄影作品以及其他作品。

严格说，稿酬属于劳务报酬范畴，之所以将稿酬所得单独作为一个征税项目，主要考虑出版、发表作品的特殊性。第一，它是依靠较高智力创作的一种精神产品；第二，它与社会主义精神文明和物质文明密切相关；第三，它需要投入较长时间和较多精力创作且报酬相对较低。因此，为了便于对稿酬这种知识性、脑力劳动所得单独制定征税办法，体现国家的优惠、照顾政策，鼓励学者著书立说，稿酬所得应当与一般劳务报酬所得相区别。

需要注意的是，只有以图书、报刊形式出版、发表作品取得的所得才可归为稿酬所得项目，而以其他形式出版、发表的文字、书画、摄影等作品的所得应当归为劳务报酬所得项目。此外，提供著作（作品）权的使用权而取得的所得属于特许权使用费所得项目。

作者去世后，对取得其遗作稿酬的个人，按稿酬所得征收个人所得税。（见《国家税务总局关于印发〈征收个人所得税若干问题的规定〉的通知》国税发〔1994〕89 号）

报刊、出版单位的职员在本单位的刊物上发表作品、出版图书取得所得的计税规定：

（1）任职、受雇于报纸、杂志等单位的记者、编辑等专业人员，因在本单位的报纸、杂志上发表作品取得的所得，属于因任职、受雇而取得的所得，应与其当月工资收入合并，按工资、薪金所得项目征收个人所得税。

除上述专业人员以外，其他人员在本单位的报纸、杂志上发表作品取得的所得，应按稿酬所得项目征收个人所得税。

（2）出版社的专业作者撰写、编写或翻译的作品，由本社以图书形式出版而取得的稿费收入，应按稿酬所得项目计算缴纳个人所得税。（以上内容见《国家税务总局关于个人所得税若干业务问题的批复》国税函〔2002〕146号）

4. 特许权使用费所得。

特许权使用费所得，是指个人提供专利权、商标权、著作权、非专利技术以及其他特许权的使用权取得的所得。提供著作权的使用权取得的所得，不包括稿酬所得。

（1）专利权，是指由国家专利行政部门依法授予专利申请人在一定时期内对某项发明创造享有独家使用或控制的权利。

（2）商标权，是指商标注册人依法律规定而取得的对其注册商标在核定商品上享有的独占、专用的权利。

（3）著作权，是指作者对其创作的文学、科学和艺术作品依法享有的某些特殊权利。

著作权属于公民的一项民事权利，该权利因作品创作完成而自动产生，并受法律保护，这一点与上述专利权和商标权不同。专利权和商标权的取得必须经过申请、审批、登记和公告，即必须由政府相关部门确认权利的取得和归属，然后才能受到法律保护。

（4）非专利技术，是指专利技术以外的专有技术。这类技术大多尚处于保密状态，仅为特定人知晓并占有。非专利技术所有者的利益，不受国家法律保护，靠所有者自身保密来维护。

上述四种权利及其他特许权由个人许可他人使用或转让他人时，会取得相应收入。这类收入不同于一般所得，所以单独列为一类征税项目。

需要注意的是，对特许权使用费所得征税，各国规定不尽一致，我国则将特许权的许可使用和转让取得的所得合在一起，一并列入个人所得税的征税范围。

（1）作者将自己的文字作品手稿原件或复印件公开拍卖（竞价）获取的收入，属于提供著作权使用权取得的所得，应按特许权使用费所得项目征收个人所得税。（见《国家税务总局关于印发〈征收个人所得税若干问题的规定〉的通知》国税发〔1994〕89号）

（2）因专利权未经授权被他人所使用而取得的经济赔偿收入，应按照特许权使用费所得项目缴纳个人所得税，税款由支付赔款的单位或个人代扣代缴。（见《国家税务总局关于个人取得专利赔偿所得征收个人所得税问题的批复》国税函〔2000〕257号）

（3）沈某等5人在其工资福利待遇与其工作大致相当及与企业其他员工相比没有异常的情况下，由于向本企业提供所需相关技术而取得本企业支付的按不超过20%全部可分配利润的这部分收入，与其任职、受雇无关，而与其提供有关技术直接相关，属于非专利技术所得，根据《个人所得税法》规定，上述收入，应按特许权使用费所得项目缴纳个人所得税，税款由该企业在支付时代扣代缴。（见《国家税务总局关于企业员工向本企业提供非专利技术取得收入征收个人所得税问题的批复》国税函〔2004〕952号）

5. 经营所得。

经营所得是指以下几个方面的所得：

（1）个体工商户从事生产、经营活动取得的所得，个人独资企业投资人、合伙企业的个人合伙人来源于境内注册的个人独资企业、合伙企业生产、经营的所得；

（2）个人依法从事办学、医疗、咨询以及其他有偿服务活动取得的所得；

（3）个人对企业、事业单位承包经营、承租经营以及转包、转租取得的所得；

（4）个人从事其他生产、经营活动取得的所得；

从以上规定看，经营所得的纳税主体具体包括个体工商户业主、个人独资企业投资人、合伙企业个人合伙人和其他个人。

（1）个体工商户。根据《民法总则》和《个体工商户条例》的规定，有经营能力的公民，依法经工商管理部门登记，从事工商业经营的，为个体工商户。个体工商户可以个人经营，也可以家庭经营；其债务个人经营的，以个人财产承担；家庭经营的，以家庭财产承担。个体工商户不是一种企业组织形态，作为民事主体属于公民的一种特殊表现形式，所以其取得的所得应依法缴纳个人所得税。

需要注意的是，《个体工商户条例》第十条第二款规定，个体工商户变更经营者的，应当在办理注销登记后，由新的经营者重新申请办理注册登记。家庭经营的个体工商户在家庭成员间变更经营者的，依照上述规定办理变更手续。也就是说，法律禁止个体工商户转让经营权。

个体工商户从事生产、经营取得的所得属于独立劳动所得。所谓独立劳动，是指个人所从事的是由自己自由提供，不受他人指定、安排和具体管理的劳动。需要注意的是，个体工商户的生产经营活动虽然属于独立劳动，但没有包括在人们通常所说的“独立劳动”范围之内。这主要考虑个体工商户是经核准登记的，有组织、持续地进行生产经营活动，且可以招用从业人员。有鉴于此，《个人所得税法》没有将个体工商户的生产、经营所得同其他独立劳动所得一样归入劳务报酬所得项目，而是单独设置为一个税目。

（2）个人独资企业投资人和合伙企业个人合伙人。个人独资企业由一个自然人投资设立，合伙企业的合伙人一般也为自然人，二者均不具有法人资格，不是法人企业。个人独资企业和合伙企业的财产、经营收入归出资人所有，出资人（有限合伙人除外）对企业债务承担无限责任，按规定由自然人出资人缴纳个人所得税。

需要注意的是，缴纳个人所得税的合伙企业是指由自然人投资成立的合伙企业。如果是自然人和法人或其他组织以及法人和其他组织之间合伙设立的合伙企业，则合伙人中的自然人缴纳个人所得税，法人和其他组织缴纳企业所得税。（见《财政部、国家税务总局关于合伙企业合伙人所得税问题的通知》财税〔2008〕159号）

（3）承包经营、承租经营的经营者个人。对企业、事业单位的承包经营、承租经营所得，是指个人承包经营或承租经营以及转包、转租取得的所得，包括个人因承包、承租按月或者按次从企事业单位取得的工资、薪金性质的所得。个人对企事业单位的承包经营、承租经营形式、分配方式不尽相同，相应纳税规定也不同，大体可分为以下两类：

①企业实行个人承包、承租经营后，如果营业执照经济性质仍为企业（不包括合伙企业、个人独资企业），不管其分配方式如何，均应先按照企业所得税的有关规定缴纳企业所得税，然后根据承包、承租经营合同（协议）规定取得的所得，由承包经营、承租经营者依照《个人所得税法》的有关规定缴纳个人所得税：

如果承包、承租人对企业经营成果不拥有所有权，仅按合同（协议）规定取得一定所得的，其取得的所得应当按工资、薪金所得项目征收个人所得税。

如果承包、承租人按合同（协议）的规定只向发包方或出租方缴纳一定费用后，企业经营成果归其所有的，承包、承租人取得的所得，按照经营所得项目征收个人所得税。

②企业实行个人承包、承租经营后，如果营业执照经济性质改变为个体工商户、合伙企业或个人独资企业，则应当依照经营所得项目计征个人所得税，不再征收企业所得税。（以上内容见《国家税务总局关于个人对企事业单位实行承包经营、承租经营取得所得征税问题的通知》国税发〔1994〕179号）

（4）其他个人。除上述以外的其他个人从事生产、经营活动取得的所得也按经营所得项目缴纳个人所得税。

下列个人所得应按经营所得项目征收个人所得税：

（1）个人因从事彩票代销业务而取得所得，应按照经营所得项目计征个人所得税。（见《国家税务总局关于个人所得税若干政策问题的批复》国税函〔2002〕629号）

（2）《个人所得税法》及其实施条例规定，对于个人经政府有关部门批准，取得执照，从事办学取得的所得，应按经营所得项目计征个人所得税。据此，对于个人办学者取得的办学所得用于个人消费的部分，应依法计征个人所得税。（见《国家税务总局关于社会力量办学征收个人所得税问题的批复》国税函〔1998〕738号）

（3）农场职工为他人有偿提供农用机械服务取得的所得，应按《税法》第二条列举的经营所得应税项目，计算缴纳个人所得税。（见《国家税务总局关于农场职工个人提供农用机械服务取得所得征收个人所得税问题的批复》国税函〔1998〕85号）

（4）个人或者几个人合伙对外吸收存款、放出贷款，从中获取贷款利息的差额利润，这是违反国家金融管理规定的行为，应由有关部门依法取缔。在这种行为被有关部门取缔之前，为了防止其蔓延和调节个人收入，现明确：对个人或个人合伙取得的吸存放贷收入，应按照经营所得应税项目征收个人所得税；对个人将资金提供上述人员放贷而取得的利息收入，应作为集资利息收入，按照“利息、股息、红利所得”应税项目征收个人所得税，税款由利息所得支付者代扣代缴。（见《国家税务总局关于个人或合伙吸储放贷取得的收入征收个人所得税问题的批复》国税函〔2000〕516号）

6. 利息、股息、红利所得。

利息、股息、红利所得，是指个人拥有债权、股权等而取得的利息、股息、红利收入。

（1）利息，指个人拥有债权而获得的报酬，包括存款利息、贷款利息和各种债券利息。按《个人所得税法》规定，个人取得的利息所得，除国债和国家发行的金融债券利息外，应当依法缴纳个人所得税。

对储蓄存款利息所得开征、减征、停征个人所得税及其具体办法由《个人所得税法》授权国务院另行规定，并报全国人民代表大会常务委员会备案。自2008年10月9日起，对储蓄存款利息所得暂免征收个人所得税。

（2）股息、红利是指个人拥有股权取得的公司、企业的派息、分红。股息是股东定期按一定比率从股份公司分取的息金，红利则是在股份公司分派股息之后按持股比例向股东派发的红股。获取股息和红利，是投资者投资于股份公司的基本目的，也是投资者的基本经济权利。股息、红利所得，除另有规定外，都应当缴纳个人所得税。

下列所得应按利息、股息、红利所得项目征收个人所得税：

（1）对以未分配利润、盈余公积和除股票溢价发行外的其他资本公积转增注册资本和股本的，要按照利息、股息、红利所得项目，依据现行政策规定计征个人所得税。

（见《国家税务总局关于进一步加强高收入者个人所得税征收管理的通知》国税发〔2010〕54号）

需要注意的是，国税发〔1997〕198号规定，股份制企业用资本公积金转增股本不属于股息、红利性质的分配，对个人取得的转增股本数额，不作为个人所得，不征收个人所得税。但国税函〔1998〕289号文件解释，国税发〔1997〕198号文件中所表述的“资本公积金”是指股份制企业股票溢价发行收入所形成的资本公积金，将此转增股本由个人取得的数额，不作为应税所得征收个人所得税。而与此不相符合的其他资本公积金分配个人所得部分，应当依法征收个人所得税。（见《国家税务总局关于股份制企业转增股本和派发红股征免个人所得税的通知》国税发〔1997〕198号、《国家税务总局关于原城市信用社在转制为城市合作银行过程中个人股增值所得应纳个人所得税的批复》国税函〔1998〕289号）

（2）根据《个人所得税法》及其实施条例有关规定，房屋买受人在未办理房屋产权证的情况下，按照与房地产公司约定条件（如对房屋的占有、使用、收益和处分权进行限制）在一定时期后无条件退房而取得的补偿款，应按照“利息、股息、红利所得”项目缴纳个人所得税，税款由支付补偿款的房地产公司代扣代缴。（见《国家税务总局关于房屋买受人按照约定退房取得的补偿款有关个人所得税问题的批复》税总函〔2013〕748号）

7. 财产租赁所得。

财产租赁所得，是指个人出租不动产、机器设备、车船以及其他财产取得的所得。

租赁是指在约定的期间内，出租人将财产使用权让与承租人以获取租金的行为。租赁是一种以一定费用借贷实物的经济行为，出租人将自己所拥有的某种财产交与承租人使用，承租人由此获得在一段时期内使用该财产的权利，但财产的所有权仍保留在出租人手中。承租人为其所获得的使用权需向出租人支付一定的费用（租金）。

在实际工作中，有时会出现财产租赁所得的纳税人不明确的情况。对此，在确定财产租赁所得纳税人时，应以产权凭证为依据；对无产权凭证的，由主管税务机关根据实际情况确定。产权所有人死亡，在未办理产权继承手续期间，该财产出租而有租金收入的，以领受租金的个人为纳税人。（见《国家税务总局关于印发〈征收个人所得税若干规定〉的通知》国税发〔1994〕89号）

下列个人所得应按财产租赁所得项目征收个人所得税：

（1）个人取得的财产转租收入，属于财产租赁所得的征税范围，由财产转租人缴纳个人所得税。（见《国家税务总局关于个人转租房屋取得收入征收个人所得税问题的通知》国税函〔2009〕639号）

（2）房地产开发企业与商店购买者个人签订协议规定，房地产开发企业按优惠价格出售其开发的商店给购买者个人，但购买者个人在一定期限内必须将购买的商店无偿提供给房地产开发企业对外出租使用。其实质是购买者个人以所购商店交由房地产开发企业出租而取得的房屋租赁收入支付了部分购房价款。对上述情形的购买者个人少支出的购房价款，应视同个人财产租赁所得，按照财产租赁所得项目征收个人所得税。每次财产租赁所得的收入额，按照少支出的购房价款和协议规定的租赁月份数平均计算确定。（见《国家税务总局关于个人与房地产开发企业签订有条件优惠价格协议购买商店征收个人所得税问题的批复》国税函〔2008〕576号）

（3）酒店产权式经营业主在约定的时间内提供房产使用权与酒店进行合作经营，如房产产权并未归属新的经济实体，业主按照约定取得的固定收入和分红收入均应视为租金收入，根据有关税收法律、行政法规的规定，应按照租赁不动产征收营业税（营改增后为增值税），按照财产租赁所得项目征收个人所得税。（见《国家税务总局关于酒店产权式经营业主税收问题的批复》国税函〔2006〕478号）

（4）根据《个人所得税法实施条例》第六条规定，个人转租滩涂使用权取得的收入，应按照财产租赁所得项目征收个人所得税，其每年实际上缴村委会的承包费可以在税前扣除；同时，个人一并转让原海滩的设施和剩余文蛤的所得应按照财产转让所得项目征收个人所得税。（见《国家税务总局关于转租浅海滩涂使用权收入征收个人所得税问题的批复》国税函〔2002〕1158号）

（5）个人和医院签订协议规定，由个人出资购买医疗仪器或设备交医院使用，取得的收入扣除有关费用后，剩余部分双方按一定比例分成；医疗仪器或设备使用达到一定年限后，产权归医院所有，但收入继续分成。个人的上述行为，实际上是一种具有投资特征的融资租赁行为。根据《个人所得税法》的有关规定精神和以上事实，对上述个人取得的分成所得，应按照“财产租赁所得”项目征收个人所得税，具体计征办法为：自合同生效之日起至财产产权发生转移之日止，个人取得的分成所得可在上述年限内按月平均扣除设备投资后，就其余额按税法规定计征个人所得税；产权转移后，个人取得的全部分成收入应按税法规定计征个人所得税。税款由医院在向个人支付所得时代扣代缴。（见《国家税务总局关于个人投资设备取得所得征收个人所得税问题的批复》国税函〔2000〕540号）

8. 财产转让所得。

财产转让所得是指个人转让有价证券、股权、合伙企业中的财产份额、不动产、机器设备、车船以及其他财产取得的所得。

个人发生非货币性资产交换，以及将财产用于捐赠、偿债、赞助、投资等用途的，应当视同转让财产并缴纳个人所得税，但国务院财政、税务主管部门另有规定的除外。

在现实生活中，个人进行的财产转让主要是个人财产所有权的转让。财产转让实际上是一种买卖行为，当事人通过签订、履行财产转让合同，形成财产买卖的民事法律关系，同时，转让财产的个人从对方取得价款（收入）或其他经济利益。对个人取得的各项财产转让所得，目前除股票（境内上市公司股票）转让所得外，都要征收个人所得税。

下列所得应按财产转让所得项目征收个人所得税：

（1）对股票转让所得征收个人所得税的办法，由国务院另行规定，并报全国人民代表大会常务委员会备案。

为了配合企业改制，促进股票市场的稳健发展，经报国务院批准，从1994年1月1日起，对个人转让上市公司股票取得的所得暂免征收个人所得税。（见《财政部、国家税务总局关于个人转让股票所得继续暂免征收个人所得税的通知》财税字〔1998〕61号）

（2）个人通过网络收购玩家的虚拟货币，加价后向他人出售取得的收入，应按照财产转让所得项目计算缴纳个人所得税。个人销售虚拟货币的财产原值为其收购网络虚拟货币所支付的价款和相关税费。对于个人不能提供有关财产原值凭证的，由主管税务机关核定其财产原值。（见《国家税务总局关于个人通过网络买卖虚拟货币取得收入征收个人所得税问题的批复》国税函〔2008〕818号）

（3）个人因各种原因终止投资、联营、经营合作等行为，从被投资企业或合作项目、被投资企业的其他投资者以及合作项目的经营合作人取得股权转让收入、违约金、补偿金、赔偿金及以其他名目收回的款项等，均属于个人所得税应税收入，应按照财产转让所得项目计算缴纳个人所得税。（见《国家税务总局关于个人终止投资经营收回款项征收个人所得税问题的公告》总局公告2011年第41号）

（4）个人以非货币性资产投资，属于个人转让非货币性资产和投资同时发生。对个人转让非货币性资产的所得，应按照“财产转让所得”项目，依法计算缴纳个人所得税。（见《财政部、国家税务总局关于个人非货币性资产投资有关个人所得税政策的通知》财税〔2015〕41号）

（5）财产转让后，转让方个人因受让方个人未按规定期限支付价款而取得的违约金收入，属于因财产转让而产生的收入，转让方个人取得的该违约金应并入财产转让收入。（见《国家税务总局关于个人股权转让过程中取得违约金收入征收个人所得税问题的批复》国税函〔2006〕866号）

（6）对个人转让全国中小企业股份转让系统（简称“新三板”）挂牌公司原始股取得的所得，按照“财产转让所得”，适用20%的比例税率征收个人所得税。所称原始股是指个人在新三板挂牌公司挂牌前取得的股票，以及在该公司挂牌前和挂牌后由上述股票孳生的送、转股。（见《财政部、国家税务总局、中国证券监督管理委员会关于个人转让全国中小企业股份转让系统挂牌公司股票有关个人所得税政策的通知》财税〔2018〕137号）

9. 偶然所得。

偶然所得是指个人得奖、中奖、中彩以及其他偶然性质的所得。

（1）得奖是指参加各种有奖竞赛活动取得名次得到的奖金；

（2）中奖、中彩是指参加各种有奖活动，如有奖销售、有奖储蓄或者购买彩票，经过规定的程序，抽中、摇中号码而取得的奖金。

需要注意的是，由于偶然所得具有不确定性、不可预见性，所以《个人所得税法》及其实施条例难以通过列举项目确定其具体征税范围。实际工作中，除《个人所得税法实施条例》规定的得奖、中奖、中彩等所得外，其他偶然性质的所得是否征税，需要由税务机关依法具体认定。

（1）根据《个人所得税法》规定，鉴于资产购买方企业向个人支付的不竞争款项，属于个人因偶然因素取得的一次性所得，为此，资产出售方企业自然人股东取得的所得，应按照《个人所得税法》第二条第（九）项偶然所得项目计算缴纳个人所得税，税款由资产购买方企业在向资产出售方企业自然人股东支付不竞争款项时代扣代缴。（见《财政部、国家税务总局关于企业向个人支付不竞争款项征收个人所得税问题的批复》财税〔2007〕102号）

（2）根据《个人所得税法实施条例》的规定，个人因在各行各业做出突出贡献而从省级以下人民政府及其所属部门取得的一次性奖励收入，不论其奖金来源于何处，均不属于税法所规定的免税范畴，应按偶然所得项目征收个人所得税。（见《国家税务总局关于个人取得的奖金收入征收个人所得税问题的批复》国税函〔1998〕293号）

需要注意的是，个人取得的所得，难以界定应纳税所得项目的，由国务院税务主管部门确定。

三、税率

征收个人所得税最主要的目的是调节社会收入分配，体现社会公平。这一目的主要通过对不同所得项目设立不同的税率实现。我国个人所得税在税率设计上，一是对收入、获利情况相差悬殊的劳动性所得采用超额累进税率进行调节；二是对非经常性所得一般采取单一比例税率。

（一）综合所得适用税率

我国目前建立了综合与分类相结合的个人所得税制，对部分劳动性所得，即工资、薪金所得，劳务报酬所得，稿酬所得和特许权使用费所得（称为综合所得）实行综合征税。

居民个人取得综合所得，按年计算个人所得税，适用3%～45%的七级超额累进税率。综合所得税率如表6－2所示。

表6－2　综合所得税率

级数	全年应纳税所得额	税率（%）	速算扣除数
1	不超过36 000元	3	0
2	超过36 000元至144 000元的部分	10	2 520
3	超过144 000元至300 000元的部分	20	16 920
4	超过300 000元至420 000元的部分	25	31 920
5	超过420 000元至660 000元的部分	30	52 920
6	超过660 000元至960 000元的部分	35	85 920
7	超过960 000元的部分	45	181 920

注：本表所称全年应纳税所得额是指依照《税法》第六条的规定，居民个人取得综合所得以每一纳税年度收入额减除费用6万元以及专项扣除、专项附加扣除和依法确定的其他扣除后的余额。

需要注意的是，非居民个人取得工资、薪金所得，劳务报酬所得，稿酬所得和特许权使用费所得（简称“四项所得”），依照按月换算后的综合所得税率表（简称“月度税率表”）计算应纳税额。按月换算后的月度税率表如表6－3所示。

表6－3　月度税率表

级数	月应纳税所得额	税率（%）	速算扣除数
1	不超过3 000元	3	0
2	超过3 000元至12 000元的部分	10	210
3	超过12 000元至25 000元的部分	20	1 410
4	超过25 000元至35 000元的部分	25	2 660
5	超过35 000元至55 000元的部分	30	4 410
6	超过55 000元至80 000元的部分	35	7 160
7	超过80 000元的部分	45	15 160

（二）经营所得适用税率

个体工商户业主、个人独资企业投资者、合伙企业个人合伙人、承包承租经营者个人以及其他从事生产、经营活动的个人取得经营所得，适用5% ~35%的五级超额累进税率。经营所得税率如表6－4所示。

表6－4 经营所得税率

级数	全年应纳税所得额	税率	速算扣除数
1	不超过30 000元的	5%	0
2	超过30 000元至90 000元的部分	10%	1 500
3	超过90 000元至300 000元的部分	20%	10 500
4	超过300 000元至500 000元的部分	30%	40 500
5	超过500 000元的部分	35%	65 500

注：本表所称全年应纳税所得额是指依照《税法》第六条的规定，以每一纳税年度的收入总额减除成本、费用以及损失后的余额。

（三）其他分类所得适用税率

其他分类所得包括利息、股息、红利所得，财产租赁所得，财产转让所得和偶然所得。

上述四项所得，适用20%的比例税率。

四、计税依据

（一）应纳税所得额的计算

个人所得税据以计算应纳税额的依据并不是个人取得的全部收入（所得），而是个人取得的收入总额扣除《个人所得税法》规定的扣除项目或扣除金额之后的余额，即应纳税所得额。应纳税所得额是个人所得税的计税依据，是计算个人所得税应纳税额的基础和前提。分税目应纳税所得额如下：

1. 居民个人的综合所得，以每一纳税年度的收入额减除费用6万元以及专项扣除、专项附加扣除和依法确定的其他扣除后的余额，为应纳税所得额。

2. 非居民个人的工资、薪金所得，以每月收入额减除费用5 000元后的余额为应纳税所得额；劳务报酬所得、稿酬所得、特许权使用费所得，以每次收入额为应纳税所得额。

3. 经营所得，以每一纳税年度的收入总额减除成本、费用以及损失后的余额，为应纳税所得额。

4. 财产租赁所得，每次收入不超过4 000元的，减除费用800元；4 000元以上的，减除20%的费用，其余额为应纳税所得额。

5. 财产转让所得，以转让财产的收入额减除财产原值和合理费用后的余额，为应纳税所得额。

6. 利息、股息、红利所得和偶然所得，以每次收入额为应纳税所得额。

劳务报酬所得、稿酬所得、特许权使用费所得以收入减除 20% 的费用后的余额为收入额。稿酬所得的收入额减按 70% 计算。

上述所称专项扣除，包括居民个人按照国家规定的范围和标准缴纳的基本养老保险、基本医疗保险、失业保险等社会保险费和住房公积金等；所称专项附加扣除，包括子女教育、继续教育、大病医疗、住房贷款利息或住房租金、赡养老人等支出；所称依法确定的其他扣除，包括个人缴付符合国家规定的企业年金、职业年金，个人购买符合国家规定的商业健康保险、税收递延型商业养老保险的支出，以及国务院规定可以扣除的其他项目。

（二）收入的具体形式和确定

个人所得的形式，包括现金、实物、有价证券和其他形式的经济利益。

1. 除现金所得外，所得为实物的，应当按照取得的凭证上所注明的价格计算应纳税所得额；无凭证的实物或者凭证上所注明的价格明显偏低的，参照市场价格核定应纳税所得额。所得为有价证券的，根据票面价格和市场价格核定应纳税所得额。所得为其他形式的经济利益的，参照市场价格核定应纳税所得额。

2. 个体工商户、个人独资企业、合伙企业以及个人从事其他生产、经营活动，未提供完整、准确的纳税资料，不能正确计算应纳税所得额的，由主管税务机关核定其应纳税所得额。

3. 纳税人未提供完整、准确的财产原值凭证，不能正确计算财产原值的，由主管税务机关核定其财产原值。

需要注意的是，在计征个人所得税时，确认个人取得的应税收入，不包括增值税额；免征增值税的，确定计税依据时，成交价格、租金收入、转让房地产取得的收入不扣减增值税额；税务机关核定的计税价格或收入不含增值税。（见《财政部、国家税务总局关于营改增后契税房产税土地增值税个人所得税计税依据问题的通知》财税〔2016〕43 号）

（三）费用减除规定

从世界各国征收个人所得税的实践来看，考虑个人在取得各项收入过程中，大多需要支付一定的费用，因此一般允许纳税人从其收入总额中扣除必要的费用，仅就扣除费用后的余额征税。由于各国具体情况不同，其扣除项目、扣除标准及扣除方法也不尽相同。

我国的个人所得税实行综合与分类相结合的税制，费用扣除按综合所得和分项所得分别确定，根据所得来源不同设计了定额、定率、限额据实和据实扣除四种扣除方法。

1. 对综合所得因属于个人的主要收入，涉及其生计费用，采用定额和限额据实扣除方法。具体扣除项目包括基本减除费用、专项扣除、专项附加扣除和依法确定的其他扣除四类。具体扣除规定详见本章第四节。

2. 对经营所得和财产转让所得因涉及有关成本或费用支出，所以采取据实扣除办法。这种扣除主要依据会计核算归集的有关成本、费用或《个人所得税法》规定的必要费用。

3. 非居民个人取得工资、薪金所得采取定额扣除方法；非居民个人取得劳务报酬所得、特许权使用费所得、稿酬所得采用定率扣除方法。

4. 对财产租赁所得，既要按一定比例合理扣除费用，又要避免扩大征税范围，故同时采用定额扣除和定率扣除两种扣除方法。

5. 利息、股息、红利所得和偶然所得属于非劳动所得，因不涉及必要费用的支出，所以规定不得扣除任何费用。

（四）按次纳税规定

《个人所得税法》规定，对纳税人取得的劳务报酬所得，稿酬所得，特许权使用费所得，利息、股息、红利所得，财产租赁所得，偶然所得，都应该按次计算征税。由于有些税目适用超额累进税率，有些税目依据收入额的大小，分别规定了定额和定率两种费用扣除标准，因此，无论从正确贯彻《个人所得税法》的立法精神、维护纳税人的合法权益方面看，还是从堵塞漏洞、防止税款流失方面看，如何准确划分“次”，都十分重要。有鉴于此，《个人所得税法》及其实施条例对应税所得的“次”作出了明确规定：

1. 劳务报酬所得、稿酬所得、特许权使用费所得，属于一次性收入的，以取得该项收入为一次；属于同一项目连续性收入的，以一个月内取得的收入为一次。

2. 财产租赁所得，以一个月内取得的收入为一次。

3. 利息、股息、红利所得，以支付利息、股息、红利时取得的收入为一次。

4. 偶然所得，以每次取得该项收入为一次。

此外，财产转让所得，按照一次转让财产的收入额减除财产原值和合理费用后的余额，计算纳税。

（五）其他相关规定

1. 个人将其所得通过中国境内的公益性社会组织、国家机关向教育、扶贫、济困等公益慈善事业进行的捐赠，捐赠额未超过纳税人申报的应纳税所得额（计算扣除捐赠额之前）30%的部分，可以从其应纳税所得额中扣除；国务院规定对公益慈善事业捐赠实行全额税前扣除的，从其规定。

纳税人有公益捐赠的，其当期应纳税额的计算公式如下：

$$\text{捐赠扣除限额}=\text{申报的应纳税所得额}\times 30\%$$

$$\text{应纳税额}=(\text{应纳税所得额}-\text{允许扣除的捐赠额})\times\text{适用税率}-\text{速算扣除数}$$

如果实际捐赠额大于捐赠扣除限额时，只能按捐赠扣除限额扣除；如果实际捐赠额小于或者等于捐赠扣除限额，按照实际捐赠额扣除。

从2000年开始，财政部、国家税务总局放宽了公益救济性捐赠扣除限额，陆续出台了一些全额税前扣除的规定，允许个人通过非营利性社会团体和政府部门，对下列机构的捐赠准予个人所得税前全额（100%）扣除：

（1）个人通过非营利性的社会团体和国家机关对（向）公益性青少年活动场所（包括新建），红十字事业，福利性、非营利性的老年服务机构，农村义务教育的捐赠准予在计算缴纳个人所得税前的所得额中全额扣除。（见《财政部、国家税务总局关于对青少年活动场所、电子游戏厅有关所得税和营业税政策问题的通知》财税〔2000〕21号、《财政部、国家税务总局关于企业等社会力量向红十字事业捐赠有关所得税政策问题的通知》财税〔2000〕30号、《财政部、国家税务总局关于对老年服务机构有关税收政策问题的通知》财税〔2000〕97号、《财政部、国家税务总局关于纳税人向农村义务教育捐赠有关所得税政策的通知》财税〔2001〕103号）

（2）个人向（通过）中华健康快车基金会、孙冶方经济科学基金会、中华慈善总会、中国法律援助基金会、中华见义勇为基金会，宋庆龄基金会、中国福利会、中国残疾人福利基金会、中国扶贫基金会、中国煤矿尘肺病治疗基金会、中华环境保护基金会，中国老龄事业发展基金会、中国华文教育基金会、中国绿化基金会、中国妇女发展基金会、中国关心下一代健康体育基金会、中国生物多样性保护基金会、中国儿童少年基金会、中国光彩事业基金会，中国医药卫生事业发展基金会，中国教育发展基金会等用于公益救济性捐赠，准予在计算缴纳个人所得税前全额扣除。（见《财政部、国家税务总局关于向中华健康快车基金会等5家单位的捐赠所得税税前扣除问题的通知》财税〔2003〕204号、《财政部、国家税务总局关于向宋庆龄基金会等6家单位捐赠所得税政策问题的通知》财税〔2004〕172号、《财政部、国家税务总局关于中国老龄事业发展基金会等8家单位捐赠所得税政策问题的通知》财税〔2006〕66号、《财政部、国家税务总局关于中国医药卫生事业发展基金会捐赠所得税政策问题的通知》财税〔2006〕67号、《财政部、国家税务总局关于中国教育发展基金会捐赠所得税政策问题的通知》财税〔2006〕68号）

2. 两个以上个人共同取得同一项目收入的，应当对每个人取得的收入分别按照《税法》规定计算纳税，即实行“先分、后扣、再税”的办法。

3. 居民个人从境内和境外取得的综合所得、经营所得，应当分别合并计算应纳税额；从境内和境外取得的其他所得应当分别单独计算应纳税额。

4. 各项所得的计算，以人民币为单位。所得为人民币以外货币的，按照办理纳税申报或者扣缴申报的上一月最后一日人民币汇率中间价，折合成人民币计算应纳税所得额。年度终了后办理汇算清缴的，对已经按月、按季或者按次预缴税款的人民币以外货币所得，不再重新折算；对应当补缴税款的所得部分，按照上一纳税年度最后一日人民币汇率中间价，折合成人民币计算应纳税所得额。

五、应纳税额

计算个人所得税应纳税额，应首先确定应税所得项目，然后减除《税法》规定的扣除项目或扣除金额确定应纳税所得额，最后乘以适用税率。下面采取列举法，划分综合所得，非居民个人取得工资薪金、劳务报酬、稿酬、特许权使用费所得，经营所得以及分类所得逐一阐述如何计算各个应税所得项目的应纳税额。

（一）综合所得的应纳税额

1. 应纳税所得额。

综合所得，居民个人一个纳税年度内取得的工资薪金、劳务报酬、稿酬和特许权使用费的收入总额，减除基本减除费用、专项扣除、专项附加扣除和依法确定的其他扣除（统称允许扣除的个人费用及其他扣除）后的余额，为应纳税所得额，适用综合所得税率表计算个人年度应纳税款。

（1）基本减除费用。

《税法》规定，综合所得的基本减除费用为6万元。

（2）专项扣除。

专项扣除，包括居民个人按照国家规定的范围和标准缴纳的基本养老保险、基本医疗保险、失业保险等社会保险费和住房公积金等“三险一金”。

（3）专项附加扣除。

专项附加扣除，包括子女教育、继续教育、大病医疗、住房贷款利息或者住房租金、赡养老人等支出。专项附加扣除具体范围、标准和实施步骤详见本章第四节。

（4）依法确定的其他扣除。

依法确定的其他扣除，包括个人缴付符合国家规定的企业年金、职业年金，个人购买符合国家规定的商业健康保险、税收递延型商业养老保险的支出，以及国务院规定可以扣除的其他项目。

专项扣除、专项附加扣除和依法确定的其他扣除，以居民个人一个纳税年度的应纳税所得额为限额；一个纳税年度扣除不完的，不结转以后年度扣除。

2. 应纳税额的计算。

综合所得个人所得税按年计征，适用3% ~45%的七级超额累进税率。其应纳税额的基本计算公式如下：

应纳税所得额 = 年综合收入 - 免税收入 - 允许扣除的个人费用及其他扣除

应纳税额 = 应纳税所得额 × 适用税率 - 减免税额

年综合收入 = 工资薪金收入 + 劳务报酬所得 + 稿酬所得 + 特许权使用费所得

劳务报酬所得、稿酬所得、特许权使用费所得以收入减除20%的费用后的余额为收入额。稿酬所得的收入额减按70%计算。

需要注意的是，由于个人所得税适用税率中的各级距均为扣除费用后的应纳税所得额，因此，在确定适用税率时，不能以全部综合收入为依据，而只能以扣除规定费用后的余额为依据，查找对应级次的适用税率。

在计算综合所得个人所得税应纳税额时，适用的是超额累进税率，计算比较烦琐，实际工作中，一般运用速算扣除数计算法以简化计算过程。速算扣除数是指在采用超额累进税率征税的情况下，根据超额累进税率表划分的应纳税所得额级距和税率，先用全额累进方法计算出一个数额，再减去用超额累进方法计算的应征税额以后的差额。当超额累进税率表中的级距和税率确定以后，各级速算扣除数也固定不变，成为计算应纳税额时的常数（速算扣除数见前述税率表）。因此，综合所得应纳税额可通过如下公式计算：

应纳税额 = 应纳税所得额 × 适用税率 - 速算扣除数 - 减免税额

3. 有关费用扣除的其他规定。

①缴付三险一金的扣除。个人按照国家或省级人民政府规定的缴费比例或办法实际缴付的基本养老保险费、基本医疗保险费和失业保险费，允许在个人应纳税所得额中扣除；单位和个人分别在不超过职工本人上一年度月平均工资12%的幅度内，其实际缴存的住房公积金，允许在个人应纳税所得额中扣除。单位和职工个人缴存住房公积金的月平均工资不得超过职工工作地所在设区城市上一年度职工月平均工资的3倍。（见《财政部、国家税务总局关于基本养老保险费基本医疗保险费失业保险费住房公积金有关个人所得税政策的通知》财税〔2006〕10号）

需要注意的是，依据《个人所得税法》及有关规定，对企业为员工支付各项免税之外的保险金，应在企业向保险公司缴付时（即该保险落到被保险人的保险账户）并入员工当期的工资收入，按工资、薪金所得项目计征个人所得税，税款由企业负责代扣

代缴。（见《国家税务总局关于单位为员工支付有关保险缴纳个人所得税问题的批复》国税函〔2005〕318号）

②境内、境外分别取得工资、薪金所得的费用扣除。纳税义务人在境内、境外同时取得工资，薪金所得的，应根据《个人所得税法实施条例》第五条规定的原则，判断其境内、境外取得的所得是否来源于一国的所得。纳税义务人能够提供在境内、境外同时任职或者受雇及其工资、薪金标准的有效证明文件，可判定其所得是来源于境内和境外所得，应按《个人所得税法》及其实施条例的规定分别减除费用并计算纳税；不能提供上述证明文件的，应视为来源于一国的所得，如其任职或者受雇单位在中国境内，应为来源于中国境内的所得，如其任职或受雇单位在中国境外，应为来源于中国境外的所得。（见《国家税务总局关于印发〈征收个人所得税若干问题的规定〉的通知》国税发〔1994〕89号）

③公务用车、通信补贴收入的费用扣除。个人因公务用车和通信制度改革而取得的公务用车、通信补贴收入（现金支付、报销等形式），扣除一定标准的公务费用后，按照工资、薪金所得项目计征个人所得税。公务费用的扣除标准由省级税务局根据纳税人公务、交通费用的实际发生情况调查测算，报经省级人民政府批准后确定，并报国家税务总局备案。（见《国家税务总局关于个人因公务用车制度改革取得补贴收入征收个人所得税问题的通知》国税函〔2006〕245号、《国家税务总局关于个人所得税有关政策问题的通知》国税发〔1999〕58号）

④特殊行业工资、薪金所得的费用扣除。对远洋运输企业，由于船员的伙食费集中统一使用，不发给个人，故特案允许该项补贴不计入船员个人的应纳税工资、薪金收入。（见《国家税务总局关于远洋运输船员工资薪金所得个人所得税费用扣除问题的通知》国税发〔1999〕202号）

4. 特殊情形工资、薪金所得计征办法。

（1）个人取得全年一次性奖金的计税方法。

全年一次性奖金是指行政机关、企事业单位等扣缴义务人根据其全年经济效益和对雇员全年工作业绩的综合考核情况，向雇员发放的一次性奖金。全年一次性奖金也包括年终加薪、实行年薪制和绩效工资办法的单位根据考核情况兑现的年薪和绩效工资。

居民个人取得全年一次性奖金，符合国税发〔2005〕9号规定的，在2021年12月31日前，不并入当年综合所得，以全年一次性奖金收入除以12个月得到的数额，按照按月换算后的综合所得税率表（简称月度税率表），确定适用税率和速算扣除数，单独计算纳税。计算公式为：

$$应纳税额=全年一次性奖金收入\times适用税率-速算扣除数$$

居民个人取得全年一次性奖金，也可以选择并入当年综合所得计算纳税。

自2022年1月1日起，居民个人取得全年一次性奖金，应并入当年综合所得计算缴纳个人所得税。

需要注意的事项：

①在一个纳税年度内，对每一个纳税人，该计税办法（不并入综合所得）只允许采用一次。

②实行年薪制和绩效工资的单位，个人取得年终兑现的年薪和绩效工资的个人所得税按上述方法计算。

③雇员取得除全年一次性奖金以外的其他各种名目奖金，如半年奖、季度奖、加班奖、先进奖、考勤奖等，一律与当月工资、薪金收入合并，按《个人所得税法》规定

缴纳个人所得税。

④中央企业负责人取得的年度绩效薪金延期兑现收入和任期奖励，在2021年12月31日前，按照上述方法，合并计算缴纳个人所得税；2022年1月1日后的政策另行明确。

目前，按照上述方法，合并计算缴纳个人所得税；2022年1月1日后的政策另行明确。

⑤对无住所个人取得上述第③条所述的各种名目奖金，如果该个人当月在我国境内没有纳税义务，或者该个人由于出入境原因导致当月在我国工作时间不满一个月的，仍按照《国家税务总局关于在我国境内无住所的个人取得奖金征税问题的通知》（国税发〔1996〕183号）和《国家税务总局关于在中国境内无住所个人取得不在华履行职务的月份奖金确定纳税义务问题的通知》（国税函〔1999〕245号）计算纳税。国税发〔1996〕183号文件规定如下：

对在中国境内无住所的个人一次取得数月奖金或年终加薪、劳动分红（统称奖金）可单独作为一个月的工资、薪金所得计算纳税。由于对每月的工资、薪金所得计税时已按月扣除了费用，因此，对上述奖金不再减除费用，全额作为应纳税所得额直接按适用税率计算应纳税款，并且不再按居住天数进行划分计算。

需要注意的是，《国家税务总局关于明确个人所得税若干政策执行问题的通知》（国税发〔2009〕121号）明确规定，《国家税务总局关于个人所得税若干政策问题的批复》（国税函〔2002〕629号）第一条有关"双薪制"计税方法停止执行。"双薪制"工资属于年终加薪，应按上述全年一次性奖金计征个人所得税的方法计算征收个人所得税。（以上内容见《国家税务总局关于调整个人取得全年一次性奖金等计算征收个人所得税方法问题的通知》国税发〔2005〕9号、《国家税务总局关于中央企业负责人年度绩效薪金延期兑现收入和任期奖励征收个人所得税问题的通知》国税发〔2007〕118号、《财政部、税务总局关于个人所得税法修改后有关优惠政策衔接问题的通知》财税〔2018〕164号）

（2）个人取得不含税全年一次性奖金的计税方法。

实务中，企业在为员工发放年终一次性奖金时，应由个人承担的个人所得税往往由企业承担。企业为员工负担全年一次性奖金全部或部分个人所得税款，属于员工又额外增加了收入，应将企业负担的这部分税款并入员工的全年一次性奖金，换算为应纳税所得额后，按照规定方法计征个人所得税。也就是说，如果企业代个人缴纳应由个人负担的全年一次性奖金的个人所得税款，企业代为缴纳的这部分税款也属于个人的应税收入，应缴纳个人所得税。

如果居民纳税人根据财税〔2018〕164号文件规定，对其取得的全年一次性奖金，不并入当年综合所得，按照国税发〔2005〕9号文件规定的办法，单独计算纳税，则可以采取以下方法将其取得的不含税奖金换算为含税奖金。

第一种，雇主负担全部税款的，不含税全年一次性奖金换算为含税奖金计征个人所得税的具体方法为：

①按照不含税的全年一次性奖金收入除以12的商数，查找不含税级距对应的税率A和速算扣除数A；

②含税的全年一次性奖金收入=（不含税的全年一次性奖金收入-速算扣除数A）÷（1-税率A）；

③按含税的全年一次性奖金收入除以 12 的商数，查找含税级距对应的税率 B 和速算扣除数 B；

④应纳税额 = 含税的全年一次性奖金收入 × 税率 B - 速算扣除数 B。

第二种，雇主负担部分税款的，又可分为定额负担部分税款和按一定比例负担税款（定率负担部分税款）两种情形。

①雇主为雇员定额负担税款的，将不含税全年一次性奖金换算为应纳税所得额的计算公式如下：

应纳税所得额 = 雇员取得的全年一次性奖金 + 雇主替雇员定额负担的税款

②雇主为雇员定率负担部分税款的，将不含税全年一次性奖金换算为应纳税所得额的计算方法如下：

将未含雇主负担税款的全年一次性奖金收入除以 12，根据其商数找出不含税级距对应的税率 A 和速算扣除数 A

应纳税所得额 =（未含雇主负担税款的全年一次性奖金收入 - 速算扣除数 A × 雇主负担比例）÷（1 - 税率 A × 雇主负担比例）

③对上述第二种情形中第①、②项计算的应纳税所得额，应再除以 12，根据其商数找出含税级距对应的税率 B 和速算扣除数 B，据以计算税款。其计算公式如下：

应纳税额 = 应纳税所得额 × 税率 B - 速算扣除数 B

按上述方法计算的应纳税额为雇员取得全年不含税一次性奖金应缴纳的全部个人所得税额，因此，在计算个人实际应缴纳的个人所得税额时，应扣除雇主代为负担的部分。其计算公式如下：

个人实际缴纳税额 = 应纳税额 - 雇主为雇员负担的税额

需要注意的是，国税函〔2005〕715 号文件规定，个人独资和合伙企业、个体工商户为个人支付的个人所得税款，在计算个人所得税时，不得在税前扣除。（以上内容见《国家税务总局关于纳税人取得不含税全年一次性奖金收入计征个人所得税问题的批复》国税函〔2005〕715 号、《国家税务总局关于雇主为雇员承担全年一次性奖金部分税款有关个人所得税计算方法问题的公告》总局公告 2011 年第 28 号）

（3）个人因解除劳动关系而取得的一次性补偿收入的计税方法。

①个人因与用人单位解除劳动关系而取得的一次性补偿收入（包括用人单位发放的经济补偿金、生活补助费和其他补助费用），其收入在当地上年职工平均工资 3 倍数额以内的部分，免征个人所得税；超过 3 倍数额的部分，不并入当年综合所得，单独适用综合所得税率表，计算纳税。其计算公式如下：

应纳税额 = 超过上年职工平均工资 3 倍数额部分的一次性补偿收入 × 适用税率 - 速算扣除数

②个人领取一次性补偿收入时按照国家和地方政府规定的比例实际缴纳的住房公积金、基本医疗保险费、基本养老保险费、失业保险费，可以在计征其一次性补偿收入的个人所得税时予以扣除。

③企业依照国家有关法律规定宣告破产，企业职工从该破产企业取得的一次性安置费收入，免征个人所得税。（以上内容见《财政部、国家税务总局关于个人与用人单位解除劳动关系取得的一次性补偿收入征免个人所得税问题的通知》财税〔2001〕157 号、《财政部、税务总局关于个人所得税法修改后有关优惠政策衔接问题的

通知》财税〔2018〕164号）

（4）提前退休和内部退养人员取得一次性补贴收入的计税方法。

①个人办理提前退休手续而取得的一次性补贴收入，应按照办理提前退休手续至法定离退休年龄之间实际年度数平均分摊，确定适用税率和速算扣除数，单独适用综合所得税率表，计算纳税。计算公式：

应纳税额＝{[（一次性补贴收入÷办理提前退休手续至法定退休年龄的实际年度数）－费用扣除标准]×适用税率－速算扣除数}×办理提前退休手续至法定退休年龄的实际年度数

②个人在办理内部退养手续后从原任职单位取得的一次性收入，应按办理内部退养手续后至法定离退休年龄之间的所属月份进行平均，并与领取当月的工资，薪金所得合并后减除当月费用扣除标准，以余额为基数确定适用税率，再将当月工资，薪金加上取得的一次性收入，减去费用扣除标准，按适用税率计征个人所得税。其计算公式如下：

确定税率＝一次性补贴收入÷办理内部退养手续至法定退休年龄的实际月份数＋当月工资、薪金－费用扣除标准

应纳税额＝（一次性补贴收入＋当月工资、薪金－费用扣除标准）×适用税率－速算扣除数

（以上内容见《国家税务总局关于个人提前退休取得补贴收入个人所得税问题的公告》总局公告2011年第6号、《国家税务总局关于个人所得税有关政策问题的通知》国税发〔1999〕58号、《财政部、税务总局关于个人所得税法修改后有关优惠政策衔接问题的通知》财税〔2018〕164号）

需要注意的是，内部退养和提前退休有相同之处但也有严格的界限。相同之处在于都要提前退出工作岗位，都有年龄、工龄限制。不同之处在于，一是内部退养后仍是在职职工，仍应计算工龄，而提前退休属于退休人员，不再计算工龄，劳动合同也已终止；二是内部退养人员所需生活费由企业发给，而提前退休人员养老金由社会保险经办机构发放；三是内部退养人员达到国家规定的退休年龄后，方可办理退休手续，享受养老金待遇。内部退养只是体制转轨时期针对部分老国有企业冗员严重的问题采取的一种过渡措施。（见《劳动部关于严格掌握企业职工退休条件的通知》劳险字〔1988〕3号）

（二）非居民个人的工资、薪金所得，劳务报酬所得，稿酬所得和特许权使用费所得的应纳税额

非居民个人取得工资、薪金所得，劳务报酬所得，稿酬所得和特许权使用费所得，有扣缴义务人的，由扣缴义务人按月或者按次代扣代缴税款，不办理汇算清缴。

1. 应纳税所得额。

（1）工资、薪金所得。

非居民个人的工资、薪金所得，以每月收入额减除费用5 000元后的余额为应纳税所得额。

（2）劳务报酬所得、稿酬所得、特许权使用费所得。

非居民个人取得劳务报酬所得、稿酬所得、特许权使用费所得，以每次收入额为应纳税所得额。劳务报酬所得、稿酬所得、特许权使用费所得以收入减除20%的费用后的余额为收入额；其中，稿酬所得的收入额减按70%计算。

2. 应纳税额的计算。

（1）工资、薪金所得。

非居民个人的工资、薪金所得，以每月收入额减除费用5 000元后的余额为应纳税所得额，适用按月换算的综合所得税率表计算应纳税额。具体计算公式如下：

应纳税所得额 = 月工资、薪金收入 - 5 000

应纳税额 = 应纳税所得额 × 适用税率 - 速算扣除数

（2）劳务报酬所得、稿酬所得、特许权使用费所得。

非居民个人取得劳务报酬所得、稿酬所得、特许权使用费所得，以每次收入额为应纳税所得额，适用按月换算的综合所得税率表，计算应纳税额。计算公式如下：

应纳税所得额 = 每次收入 ×（1 - 20%）

如果是稿酬所得，应纳税所得额为：

应纳税所得额 = 每次收入 ×（1 - 20%）×（1 - 30%）

应纳税额 = 应纳税所得额 × 适用税率 - 速算扣除数

3. 计算应纳税额的其他规定。

（1）个人兼有不同项目的劳务报酬所得，应当分别减除费用，计算缴纳个人所得税。劳务报酬所得一般不具有固定性、经常性，不便于按月计算，所以，规定按取得所得的次数计算征税。具体规定如下：

①凡属于一次性收入，应以提供该项劳务取得的所有收入为一次。

②属于同一项目连续取得收入的，以一个月内取得的收入为一次。同一项目是指劳务报酬所得列举的27项劳务项目中的某一单项。（见《国家税务总局关于印发〈征收个人所得税若干问题的规定〉的通知》国税发〔1994〕89号）

③考虑到属地管辖与时间划定有交叉的特殊情况，上述“属于同一项目连续取得收入的”，统一规定以县（含县级市、区）为一地，其管辖内的一个月内的劳务服务为一次；当月跨县地域的，则应分别计算。（见《国家税务总局关于个人所得税偷税案件查处中有关问题的补充通知》国税函发〔1996〕602号）

需要注意的是，获取劳务报酬所得的纳税人从其收入中支付给中介人和相关人员的报酬，除另有规定外，在定率扣除20%的费用后，一律不再扣除；对中介人和相关人员取得的报酬，应分别计征个人所得税。关于这一点，财税字〔1994〕20号文件曾规定：“对个人从事技术转让、提供劳务等过程中所支付的中介费，如能提供有效、合法凭证的，允许从其所得中扣除。”本书认为，前后两个文件的规定矛盾的，按照新法优于旧法的适用原则，应以新文件为准。（见《国家税务总局关于个人所得税偷税案件查处中有关问题的补充通知》国税函发〔1996〕602号）

（2）在实际生活中，稿酬的支付或取得形式多种多样，比较复杂。鉴于此，对稿酬所得以每次出版、发表取得的收入为一次。关于稿酬的“每次”，具体规定如下：

①同一作品在出版和发表时，预付或分笔支付稿酬的，均应合并计算为一次征税。

②同一作品出版、发表后，因添加印数而追加稿酬的，应与以前出版、发表时取得的稿酬合并计算为一次征税。

③同一作品再版取得的所得，应视为另一次稿酬所得征税。

④同一作品在报刊上连载，以连载结束后取得的所有收入合并为一次征税。

⑤同一作品先在报刊上连载，然后出版；或先出版，然后在报刊上连载，应视为两次稿酬所得征税，即连载作为一次，出版作为另一次。

⑥同一作品在两处或两处以上出版、发表，就各处取得的所得按分次所得征税。（以上内容见《国家税务总局关于印发〈征收个人所得税若干问题的规定〉的通知》国税发〔1994〕89号）

（3）特许权使用费所得，以每一项特许权每次许可使用或转让所取得的收入为一次。如果该次许可使用或转让取得收入是分笔支付的，则应将各笔收入相加为一次的收入，计征个人所得税。

对个人从事技术转让过程中所支付的中介费，如能提供有效、合法凭证的，允许从其所得中扣除。（见《财政部、国家税务总局关于个人所得税若干政策问题的通知》财税字〔1994〕20号）

（三）无住所个人的应纳税额

境内无住所的个人（又称外籍个人）按其身份可以分为非居民个人和无住所居民个人，二者因居住天数（90天、183天、6年）、是否为高管人员在确定应税收入额和计算应纳税额时有所不同。但总的原则是“先分后税”，即先确定来源于境内的所得，据此减除扣除项目，再按照适用的税率计算应纳税额。

1. 无住所个人工资薪金所得收入额计算。

无住所个人取得工资薪金所得，按以下规定计算在境内应纳税的工资薪金所得的收入额（简称工资薪金收入额）：

（1）无住所个人为非居民个人的情形。

非居民个人取得工资薪金所得，除其担任高管人员外，当月工资薪金收入额分别按照以下两种情形计算：

①非居民个人境内居住时间累计不超过90天的情形。

在一个纳税年度内，在境内累计居住不超过90天的非居民个人，仅就归属于境内工作期间并由境内雇主支付或者负担的工资薪金所得计算缴纳个人所得税。当月工资薪金收入额的计算公式如下（公式一）：

当月工资薪金收入额＝当月境内外工资薪金总额×（当月境内支付工资薪金数额÷当月境内外工资薪金总额）×（当月工资薪金所属工作期间境内工作天数÷当月工资薪金所属工作期间公历天数）

②非居民个人境内居住时间累计超过90天不满183天的情形。

在一个纳税年度内，在境内累计居住超过90天但不满183天的非居民个人，取得归属于境内工作期间的工资薪金所得，均应当计算缴纳个人所得税；其取得归属于境外工作期间的工资薪金所得，不征收个人所得税。当月工资薪金收入额的计算公式如下（公式二）：

当月工资薪金收入额＝当月境内外工资薪金总额×（当月工资薪金所属工作期间境内工作天数÷当月工资薪金所属工作期间公历天数）

（2）无住所个人为居民个人的情形。

在一个纳税年度内，在境内累计居住满183天的无住所居民个人取得工资薪金所得，当月工资薪金收入额按照以下规定计算：

①无住所居民个人在境内居住累计满183天的年度连续不满6年的情形。

在境内居住累计满183天的年度连续不满6年的无住所居民个人，符合实施条例第四条优惠条件的，其取得的全部工资薪金所得，除归属于境外工作期间且由境外单位或者个人支付的工资薪金所得部分外，均应计算缴纳个人所得税。工资薪金所得收入额的计算公式如下（公式三）：

当月工资薪金收入额＝当月境内外工资薪金总额×［1－（当月境外支付工资薪金数额
÷当月境内外工资薪金总额）
×（当月工资薪金所属工作期间境外工作天数
÷当月工资薪金所属工作期间公历天数）］

②无住所居民个人在境内居住累计满183天的年度连续满6年的情形。

在境内居住累计满183天的年度连续满6年后，不符合实施条例第四条优惠条件的无住所居民个人，其从境内、境外取得的全部工资薪金所得均应计算缴纳个人所得税。

（3）无住所个人为高管人员的情形。

无住所居民个人为高管人员的，工资薪金收入额按照上述第（2）项规定计算纳税。非居民个人为高管人员的，按照以下规定处理：

①高管人员在境内居住时间累计不超过90天的情形。

在一个纳税年度内，在境内累计居住不超过90天的高管人员，其取得由境内雇主支付或者负担的工资薪金所得应当计算缴纳个人所得税；不是由境内雇主支付或者负担的工资薪金所得，不缴纳个人所得税。当月工资薪金收入额为当月境内支付或者负担的工资薪金收入额。

②高管人员在境内居住时间累计超过90天不满183天的情形。

在一个纳税年度内，在境内居住累计超过90天但不满183天的高管人员，其取得的工资薪金所得，除归属于境外工作期间且不是由境内雇主支付或者负担的部分外，应当计算缴纳个人所得税。当月工资薪金收入额计算适用上述公式三。

2. 无住所个人应纳税额计算。

（1）无住所居民个人税款计算的规定。

无住所居民个人取得综合所得，年度终了后，应按年计算个人所得税；有扣缴义务人的，由扣缴义务人按月或者按次预扣预缴税款；需要办理汇算清缴的，按照规定办理汇算清缴，年度综合所得应纳税额计算公式如下（公式四）：

年度综合所得应纳税额＝（年度工资薪金收入额＋年度劳务报酬收入额＋年度稿酬收入额
＋年度特许权使用费收入额－减除费用－专项扣除
－专项附加扣除－依法确定的其他扣除）×适用税率
－速算扣除数

无住所居民个人为外籍个人的，2022年1月1日前计算工资薪金收入额时，已经按规定减除住房补贴、子女教育费、语言训练费等八项津补贴的，不能同时享受专项附加扣除。

年度工资薪金、劳务报酬、稿酬、特许权使用费收入额分别按年度内每月工资薪金以及每次劳务报酬、稿酬、特许权使用费收入额合计数额计算。

（2）非居民个人税款计算的规定。

①非居民个人当月取得工资薪金所得，以按照上述第1条规定计算的当月收入额，减去税法规定的减除费用（每月5 000元）后的余额，为应纳税所得额，适用按月换算后的综合所得税率表（月度税率表）计算应纳税额。

②非居民个人一个月内取得数月奖金，单独按照上述第1条规定计算当月收入额，不与当月其他工资薪金合并，按6个月分摊计税，不减除费用，适用月度税率表计算应纳税额，在一个公历年度内，对每一个非居民个人，该计税办法只允许适用一次。计算公式如下（公式五）：

当月数月奖金应纳税额 =［（数月奖金收入额 ÷6）×适用税率 − 速算扣除数］×6

③非居民个人一个月内取得股权激励所得，单独按照上述第1条规定计算当月收入额，不与当月其他工资薪金合并，按6个月分摊计税（一个公历年度内的股权激励所得应合并计算），不减除费用，适用月度税率表计算应纳税额，计算公式如下（公式六）：

当月股权激励所得应纳税额 =［（本公历年度内股权激励所得合计额 ÷6）×适用税率 − 速算扣除数］×6 − 本公历年度内股权激励所得已纳税额

④非居民个人取得来源于境内的劳务报酬所得、稿酬所得、特许权使用费所得，以税法规定的每次收入额为应纳税所得额，适用月度税率表计算应纳税额。

需要注意的是，上述所称境内雇主包括雇佣员工的境内单位和个人以及境外单位或者个人在境内的机构、场所。凡境内雇主采取核定征收所得税或者无营业收入未征收所得税的，无住所个人为其工作取得工资薪金所得，不论是否在该境内雇主会计账簿中记载，均视为由该境内雇主支付或者负担。上述所称工资薪金所属工作期间的公历天数，是指无住所个人取得工资薪金所属工作期间按公历计算的天数。

上述所列公式中当月境内外工资薪金包含归属于不同期间的多笔工资薪金的，应当先分别按照规定计算不同归属期间工资薪金收入额，然后再加总计算当月工资薪金收入额。（以上内容见《财政部、税务总局关于非居民个人和无住所居民个人有关个人所得税政策的公告》财政部、税务总局公告2019年第35号）

（四）经营所得的应纳税额

经营所得的纳税人为个体工商户业主、个人独资企业投资者、合伙企业个人合伙人、承包承租经营者个人以及其他从事生产、经营活动的个人。

1. 应纳税所得额。

《个人所得税法》规定，经营所得，以每一纳税年度的收入总额减除成本、费用以及损失（统称成本费用）后的余额，为应纳税所得额。所称成本、费用，是指生产、经营活动中发生的各项直接支出和分配计入成本的间接费用以及销售费用、管理费用、财务费用；所称损失，是指生产、经营活动中发生的固定资产和存货的盘亏、毁损、报废损失，转让财产损失，坏账损失，自然灾害等不可抗力因素造成的损失以及其他损失。经营所得的应纳税所得额计算公式如下：

应纳税所得额 = 收入总额 − 成本费用

实际工作中，也可以在个体工商户、个人独资企业、合伙企业会计核算的利润基础上，按照《个人所得税法》的有关规定予以调整从而确定其应纳税所得额。其计算公式如下：

应纳税所得额 = 会计利润 ± 纳税调整金额

需要注意的是，取得经营所得的个人，没有综合所得的，计算其每一纳税年度的应纳税所得额时，应当减除费用6万元、专项扣除、专项附加扣除以及依法确定的其他扣除（统称允许扣除的个人费用及其他扣除）。在这种情况下，经营所得的应纳税所得额计算公式如下：

应纳税所得额 = 收入总额 − 成本费用 − 允许扣除的个人费用及其他扣除

但专项附加扣除在办理年终汇算清缴时减除，因此按月（季）预缴时计算应纳税所得额不得减除专项附加扣除。

2. 应纳税额的计算。

个体工商户业主、个人独资企业投资人、合伙企业个人合伙人、承包承租经营者个人以及其他从事生产、经营活动的个人取得经营所得的，按每个纳税年度的收入总额减除成本费用计算应纳税所得额。经营所得适用5% ~35%的五级超额累进税率，以其应纳税所得额按适用税率计算应纳税额。其计算公式如下：

应纳税额 = 应纳税所得额 × 适用税率 − 速算扣除数

如果有允许弥补的亏损，可以先从应纳税所得额中减除允许弥补的亏损再计算应纳税额。

实际工作中，经营所得的应纳税额一般采取按年计算、分月（季）预缴，年终汇算清缴，多退少补税款的方法征收。因此，计算经营所得的个人所得税税额时，需要分别计算按月（季）预缴额和年终汇算清缴额。其应纳税额计算公式如下：

本月预缴税额 = 本月累计应纳税所得额 × 适用税率 − 速算扣除数 − 上月累计已预缴税额

公式中的适用税率，是指与计算应纳税额的月份累计应纳税所得额对应的税率。

全年应纳税额 = 全年应纳税所得额 × 适用税率 − 速算扣除数

汇算清缴应补/退税额 = 全年应纳税额 − 全年累计已预缴税额

如果个体工商户、个人独资企业和合伙企业因在纳税年度中间开业、合并、注销及其他原因，导致该纳税年度的实际经营期不足1年的，对个体工商户业主、个人独资企业投资者和合伙企业自然人合伙人的生产经营所得计算个人所得税时，以其实际经营期为1个纳税年度。如果取得经营所得的个人，没有综合所得的，允许扣除的个人费用及其他扣除，应按照其实际经营月份数确定。计算公式如下：

应纳税所得额 = 该年度收入总额 − 成本费用 − 当年允许扣除的个人费用及其他扣除

当年允许扣除的个人费用及其他扣除 = 月减除费用标准 × 当年实际经营月份数

应纳税额 = 应纳税所得额 × 税率 − 速算扣除数

（以上内容见《国家税务总局关于个体工商户、个人独资企业和合伙企业个人所得税问题的公告》总局公告2014年第25号）

需要注意的是，从事生产、经营活动，未提供完整、准确的纳税资料，不能正确计算应纳税所得额的，由主管税务机关核定应纳税所得额或者应纳税额。

（五）财产租赁所得的应纳税额

1. 应纳税所得额。

财产租赁所得以个人每次取得的收入，定额或定率减除规定的费用后的余额为应纳税所得额。即每次收入不超过4 000元的，定额减除费用800元；每次收入在4 000元以上的，定率减除20%的费用。财产租赁所得，以一个月内取得的收入为一次。

纳税人在出租财产过程中实际缴纳的税费，即印花税、城市维护建设税和教育费附加（出租房产的，还包括房产税），可持完税（缴款）凭证，从其财产租赁收入中扣除。纳税人出租财产取得财产租赁收入，在计算征税时，除可依法减除规定费用和有关税费外，还准予扣除能够提供有效、准确凭证，证明由纳税人负担的该出租财产实际开支的修缮费用。允许扣除的修缮费用，以每次800元为限，一次扣除不完的，准予在下一次继续扣除，直至扣完为止。个人出租财产取得的财产租赁收入，在计算缴纳个人所得税时，应依次扣除以下费用：

（1）财产租赁过程中缴纳的税费；

（2）向出租方支付的租金（转租的）；

（3）由纳税人负担的租赁财产实际开支的修缮费用；

（4）税法规定的费用扣除标准。（以上内容见《国家税务总局关于印发〈征收个人所得税若干问题的规定〉的通知》国税发〔1994〕89号、《国家税务总局关于个人转租房屋取得收入征收个人所得税问题的通知》国税函〔2009〕639号、《国家税务总局关于个人出租中国境内房屋取得租金收入税务处理问题的通知》国税函发〔1995〕134号）

需要注意的是，个人出租房屋的个人所得税应税收入不含增值税，计算房屋出租所得可扣除的税费不包括本次出租缴纳的增值税。个人转租房屋的，其向房屋出租方支付的租金及增值税额，在计算转租所得时予以扣除。（见《财政部、国家税务总局关于营改增后契税房产税土地增值税个人所得税计税依据问题的通知》财税〔2016〕43号）

2. 应纳税额的计算。

财产租赁所得适用20%的比例税率，其应纳税额计算公式如下：

①每次收入不超过4 000元的：

应纳税所得额＝每次收入额－准予扣除税费－修缮费用（每次以800元为限）－800元

应纳税额＝应纳税所得额×20%

②每次收入超过4 000元的：

应纳税所得额＝［每次收入额－准予扣除税费－修缮费用（每次以800元为限）］×(1－20%)

应纳税额＝应纳税所得额×20%

需要注意的是，为支持住房租赁市场的发展，从2008年3月1日起，继续对个人出租住房取得的所得减按10%的税率征收个人所得税；对个人出租、承租住房签订的租赁合同，免征印花税；对个人出租住房，不区分用途，在3%税率的基础上减半征收营业税，按4%的税率征收房产税，免征城镇土地使用税。（见《财政部、国家税务总局关于廉租住房经济适用住房和住房租赁有关税收政策的通知》财税〔2008〕24号）

营改增后，个人出租住房，应按照5%的征收率减按1.5%计算征收增值税。（见《纳税人提供不动产经营租赁服务增值税征收管理暂行办法》总局公告2016年第16号）

（六）财产转让所得的应纳税额

1. 应纳税所得额。

财产转让所得，以转让财产的收入额减除财产原值和合理费用后的余额，为应纳税所得额。财产转让所得，按照一次转让财产的收入额减除财产原值和合理费用后的余额计算纳税。

需要注意的是，个人转让房屋的个人所得税应税收入不含增值税，其取得房屋时所支付价款中包含的增值税计入财产原值，计算转让所得时可扣除的税费不包括本次转让缴纳的增值税。（见《财政部、国家税务总局关于营改增后契税房产税土地增值税个人所得税计税依据问题的通知》财税〔2016〕43号）

（1）财产原值。

允许减除的财产原值，按照下列方法计算：

①有价证券，为买入价以及买入时按照规定交纳的有关费用；

②建筑物，为建造费或者购进价格以及其他有关费用；

③土地使用权，为取得土地使用权所支付的金额、开发土地的费用以及其他有关费用；

④机器设备、车船，为购进价格、运输费、安装费以及其他有关费用；

⑤其他财产，参照上述规定的方法确定财产原值。

（2）核定财产原值。

纳税人未提供完整、准确的财产原值凭证，不能正确计算财产原值的，由主管税务机关核定其财产原值。

（3）合理费用。

合理费用是指卖出财产时按照规定支付的有关税费。

2. 应纳税额的计算。

财产转让所得适用20%的比例税率，其应纳税额计算公式如下：

$$应纳税所得额 = 财产转让取得的收入 - (财产原值 + 合理费用)$$

$$应纳税额 = 应纳税所得额 \times 20\%$$

关于财产转让所得的计税应注意以下规定：

（1）收回转让的股权的计税规定。

①根据《个人所得税法》及其实施条例和《征管法》的有关规定，股权转让合同履行完毕、股权已作变更登记，且所得已经实现的，转让人取得的股权转让收入应当依法缴纳个人所得税。转让行为结束后，当事人双方签订并执行解除原股权转让合同、退回股权的协议，是另一次股权转让行为，对前次转让行为征收的个人所得税款不予退回。

②股权转让合同未履行完毕，因执行仲裁委员会作出的解除股权转让合同及补充协议的裁决、停止执行原股权转让合同，并原价收回已转让股权的，由于其股权转让行为尚未完成、收入未完全实现，随着股权转让关系的解除，股权收益不复存在，根据《个人所得税法》和《征管法》的有关规定，以及从行政行为合理性原则出发，纳税人不应缴纳个人所得税。（以上内容见《国家税务总局关于纳税人收回转让的股权征收个人所得税问题的批复》国税函

〔2005〕130号）

（2）购买和处置债权取得所得的计税规定。

根据《个人所得税法》及有关规定，个人通过招标、竞拍或其他方式购置债权以后，通过相关司法或行政程序主张债权而取得的所得，应按照财产转让所得项目缴纳个人所得税。个人通过上述方式取得“打包”债权，只处置部分债权的，其应纳税所得额按以下方式确定：

①以每次处置部分债权的所得，作为一次财产转让所得征税。

②其应税收入按照个人取得的货币资产和非货币资产的评估价值或市场价值的合计数确定。

③所处置债权成本费用（即财产原值），按下列公式计算：

个人所得当次处置债权成本费用＝个人购置“打包”债权实际支出
×当次处置债权账面价值（或拍卖机构公布价值）
÷“打包”债权账面价值（或拍卖机构公布价值）

④个人购买和处置债权过程中发生的拍卖招标手续费、诉讼费、审计评估费以及缴纳的税金等合理税费，在计算个人所得税时允许扣除。（以上内容见《国家税务总局关于个人因购买和处置债权取得所得征收个人所得税问题的批复》国税函〔2005〕655号）

（3）转让债权取得所得的计税规定。

转让债权，采用加权平均法确定其应予减除的财产原值和合理费用。即以纳税人购进的同一种类债券买入价和买进过程中缴纳的税费总和，除以纳税人购进的该种类债券数量之和，乘以纳税人卖出的该种类债券数量，再加上卖出的该种类债券过程中缴纳的税费。其计算公式表示如下：

一次卖出某一种类债券允许扣除的买入价和费用＝纳税人购进的该种类债券买入价和买进过程中交纳的税费总和
÷纳税人购进的该种类债券总数量
×一次卖出的该种类债券的数量
＋卖出该种类债券过程中缴纳的税费

每次卖出债券应纳个人所得税额＝（该次卖出该类债券收入－该次卖出该类债券允许扣除的买价和费用）×20%

（以上内容见《国家税务总局关于印发〈征收个人所得税若干问题的规定〉的通知》国税发〔1994〕89号）

（4）股权转让收入明显偏低且无正当理由的计税规定。

符合下列情形之一，视为股权转让收入明显偏低：

①申报的股权转让收入低于股权对应的净资产份额的。其中，被投资企业拥有土地使用权、房屋、房地产企业未销售房产、知识产权、探矿权、采矿权、股权等资产的，申报的股权转让收入低于股权对应的净资产公允价值份额的；

②申报的股权转让收入低于初始投资成本或低于取得该股权所支付的价款及相关税费的；

③申报的股权转让收入低于相同或类似条件下同一企业同一股东或其他股东股权转让收入的；

④申报的股权转让收入低于相同或类似条件下同类行业的企业股权转让收入的；

⑤不具合理性的无偿让渡股权或股份；

⑥主管税务机关认定的其他情形。

但符合下列条件之一的股权转让收入明显偏低，视为有正当理由：

①能出具有效文件，证明被投资企业因国家政策调整，生产经营受到重大影响，导致低价转让股权；

②继承或将股权转让给其能提供具有法律效力身份关系证明的配偶、父母、子女、祖父母、外祖父母、孙子女、外孙子女、兄弟姐妹以及对转让人承担直接抚养或者赡养义务的抚养人或者赡养人；

③相关法律、政府文件或企业章程规定，并有相关资料充分证明转让价格合理且真实的本企业员工持有的不能对外转让股权的内部转让；

④股权转让双方能够提供有效证据证明其合理性的其他合理情形。

主管税务机关应依次按照下列方法核定股权转让收入：

①净资产核定法。股权转让收入按照每股净资产或股权对应的净资产份额核定。

②类比法。参照相同或类似条件下同一企业同一股东或其他股东股权转让收入核定；参照相同或类似条件下同类行业企业股权转让收入核定。

③其他合理方法。主管税务机关采用以上方法核定股权转让收入存在困难的，可以采取其他合理方法核定。（以上内容见《国家税务总局关于发布〈股权转让所得个人所得税管理办法（试行）〉的公告》总局公告2014年第67号）

（5）个人以非货币性资产投资的计税规定。

个人以非货币性资产投资，应按评估后的公允价值确认非货币性资产转让收入。非货币性资产转让收入减除该资产原值及合理税费后的余额为应纳税所得额。

①个人以非货币性资产投资，应于非货币性资产转让、取得被投资企业股权时，确认非货币性资产转让收入的实现。

②个人应在发生上述应税行为的次月15日内向主管税务机关申报纳税。纳税人一次性缴税有困难的，可合理确定分期缴纳计划并报主管税务机关备案后，自发生上述应税行为之日起不超过5个公历年度内（含）分期缴纳个人所得税。

③个人以非货币性资产投资交易过程中取得现金补价的，现金部分应优先用于缴税；现金不足以缴纳的部分，可分期缴纳。个人在分期缴税期间转让其持有的上述全部或部分股权，并取得现金收入的，该现金收入应优先用于缴纳尚未缴清的税款。

上述所称非货币性资产，是指现金、银行存款等货币性资产以外的资产，包括股权、不动产、技术发明成果以及其他形式的非货币性资产。所称非货币性资产投资，包括以非货币性资产出资设立新的企业，以及以非货币性资产出资参与企业增资扩股、定向增发股票、股权置换、重组改制等投资行为。

有关个人非货币性资产投资个人所得税相关征管规定，参见《国家税务总局关于个人非货币性资产投资有关个人所得税征管问题的公告》（总局公告2015年第20号）。（以上内容见《财政部、国家税务总局关于个人非货币性资产投资有关个人所得税政策的通知》财税〔2015〕41号）

（6）承债式股权转让所得的计税规定。

公司原全体股东，通过签订股权转让协议，以转让公司全部资产方式将股权转让给新股东，协议约定时间以前的债权债务由原股东负责，协议约定时间以后的债权债务由新股东负责。根据《个人所得税法》及其实施条例的规定，原自然人股东取得股权转让所得，应按“财产转让所得”项目征收个人所得税。

①对于原股东取得转让收入后，根据持股比例先清收债权、归还债务后，再对每个股东进行分配的，应纳税所得额的计算公式如下：

应纳税所得额 =（原股东股权转让总收入 - 原股东承担的债务总额 + 原股东所收回的债权总额 - 注册资本额 - 股权转让过程中的有关税费）× 原股东持股比例。

②对于原股东取得转让收入后，根据持股比例对股权转让收入、债权债务进行分配的，应纳税所得额的计算公式如下：

应纳税所得额 = 原股东分配取得股权转让收入 + 原股东清收公司债权收入 - 原股东承担公司债务支出 - 原股东向公司投资成本。

上述原股东承担的债务不包括应付未付股东的利润。（以上内容见《国家税务总局关于股权转让收入征收个人所得税问题的批复》国税函〔2007〕244 号）

需要注意的是，实际工作中参照执行上述规定需慎重。因为根据《国务院办公厅关于做好规章清理工作有关问题的通知》（国办发〔2010〕28 号）第三条最后一款规定：“未列入继续有效的文件目录的规范性文件，不得作为行政管理的依据”，而在《国家税务总局关于公布现行有效的税收规范性文件目录的公告》（总局公告 2010 年第 26 号）中，国税函〔2007〕244 号文件并未收录其中。本书认为，未列入继续有效的文件目录、仅针对请示单位回复没有抄送单位、一事一议性质的税收规范性文件，仅对批复中的主送单位和回复的个别问题具有约束力，实际工作中不能作为税收执法和税收筹划的依据。

（七）利息、股息、红利所得和偶然所得的应纳税额

1. 应纳税所得额。

利息、股息、红利所得和偶然所得，以个人每次取得的收入额为应纳税所得额，不扣除任何费用。除有特殊规定外，每次收入额就是利息、股息、红利所得和偶然所得的应纳税所得额，以每次取得该项收入为一次。

利息、股息、红利所得和偶然所得这二种所得与上述所得不同，属于间接性投资所得或消极所得，不涉及生产经营活动，一般没有费用支出，也不是人们赖以维持生计的主要收入来源。因此，《个人所得税法》依照国际惯例，未对这些项目所得规定减除费用，即以每次收入全额为应纳税所得额。

（1）股份制企业在分配股息、红利时，以股票形式向股东个人支付应得的股息、红利（即派发红股），应以派发红股的股票票面金额为收入额，按利息、股息、红利所得项目计征个人所得税。（见《国家税务总局关于印发〈征收个人所得税若干规定〉的通知》国税发〔1994〕89 号）

（2）个人股东取得公司债权、债务形式的股份分红，应以其债权形式应收账款的账面价值减去债务形式应付账款的账面价值的余额，加上实际分红所得为应纳税所得，按照规定缴纳个人所得税。（见《国家税务总局关于个人股东取得公司债权债务形式的股份分红计征个人所得税问题的批复》国税函〔2008〕267 号）

需要注意的是，扣缴义务人将属于纳税义务人应得的利息、股息、红利收入，通过扣缴义务人的往来会计科目分配到个人名下，收入所有人有权随时提取，在这种情况下，扣缴义务人将利息、股息、红利所得分配到个人名下时，即应认为所得的支付，应按税收法规规定及时代扣代缴个人应缴纳的个人所得税。（见《国家税务总局关于利息、股息、红利所得征税问题的通知》国税函〔1997〕656号）

2. 应纳税额的计算。

（1）利息、股息、红利所得应纳税额的计算。

利息、股息、红利所得适用20%的比例税率，其应纳税额计算公式如下：

应纳税所得额 = 每次利息、股息、红利所得

应纳税额 = 应纳税所得额 ×20%

（2）偶然所得应纳税额的计算。

偶然所得适用20%的比例税率，其应纳税额计算公式如下：

应纳税所得额 = 每次得奖、中奖、中彩所得

应纳税额 = 应纳税所得额 ×20%

六、税收优惠与税额抵免

（一）《个人所得税法》规定的免税所得项目

下列各项个人所得，免纳个人所得税：

1. 省级人民政府、国务院部委和中国人民解放军军以上单位，以及外国组织、国际组织颁发的科学、教育、技术、文化、卫生、体育、环境保护等方面的奖金。

2. 国债和国家发行的金融债券利息。国债利息，是指个人持有财政部发行的债券而取得的利息；国家发行的金融债券利息，是指个人持有经国务院批准发行的金融债券而取得的利息。

3. 按照国家统一规定发给的补贴、津贴。按照国家统一规定发给的补贴、津贴，是指按照国务院规定发给的政府特殊津贴、院士津贴，以及国务院规定免纳个人所得税的其他补贴、津贴。

对依据《国务院关于在中国科学院、中国工程院院士中实行资深院士制度的通知》（国发〔1998〕8号）的规定，发给中国科学院资深院士和中国工程院资深院士每人每年1万元的资深院士津贴免予征收个人所得税。（见《财政部、国家税务总局关于对中国科学院、中国工程院资深院士津贴免征个人所得税的通知》财税字〔1998〕118号）

4. 福利费、抚恤金、救济金。福利费，是指根据国家有关规定，从企业、事业单位、国家机关、社会组织提留的福利费或者工会经费中支付给个人的生活补助费；救济金，是指各级人民政府民政部门支付给个人的生活困难补助费；抚恤金，是指军人、国家机关工作人员及其他单位的职工因病、因工、因战负伤或牺牲，由国家或本单位按规定发给的一次性或定期的抚慰性的经济补偿。

上述所称生活补助费，是指由于某些特定事件或原因而给纳税人或其家庭的正常生活造成一定困难，其任职单位按国家规定从提留的福利费或者工会经费中向其支付的临时性生活困难补助。但下列收入不属于免税的福利费范围，应当并入纳税人的工资、薪

金收入计征个人所得税：

①从超出国家规定的比例或基数计提的福利费、工会经费中支付给个人的各种补贴、补助；

②从福利费和工会经费中支付给单位职工的人人有份的补贴、补助；

③单位为个人购买汽车、住房、电子计算机等不属于临时性生活困难补助性质的支出。（以上内容见《国家税务总局关于生活补助费范围确定问题的通知》国税发〔1998〕155 号）

5. 保险赔款。保险赔款是指保险公司对投保人在保险合同规定范围内的意外事故或特定事件的出现导致其损失而给予的经济补偿。

6. 军人的转业费、复员费、退役金。转业费，是指国家给予退出现役转业的军官、文职干部、士官的补助费用，包括转业生活补助费和转业安家补助费；复员费，用于军队干部、志愿兵退出现役或恢复原职业所开支的经费，主要包括生活补助费、安家补助费、医疗补助费；退役金，是自主就业的退役士兵享受的一次性待遇。

对退役士兵按照《退役士兵安置条例》（国务院、中央军委令第 608 号）规定，取得的一次性退役金以及地方政府发放的一次性经济补助，免征个人所得税。（见《财政部、国家税务总局关于退役士兵退役金和经济补助免征个人所得税问题的通知》财税〔2011〕109 号）

7. 按照国家统一规定发给干部、职工的安家费、退职费、基本养老金或者退休费、离休费、离休生活补助费。

离退休人员除按规定领取离退休工资或养老金外，另从原任职单位取得的各类补贴、奖金、实物，不属于免税的退休工资、离休工资、离休生活补助费，应在减除费用扣除标准后，按工资、薪金所得项目缴纳个人所得税。（见《国家税务总局关于离退休人员取得单位发放离退休工资以外奖金补贴征收个人所得税的批复》国税函〔2008〕723 号）

8. 依照有关法律规定应予免税的各国驻华使馆、领事馆的外交代表、领事官员和其他人员的所得。依照有关法律规定应予免税的各国驻华使馆、领事馆的外交代表、领事官员和其他人员的所得，是指依照《中华人民共和国外交特权与豁免条例》和《中华人民共和国领事特权与豁免条例》规定免税的所得。

对于在国际组织驻华机构、外国政府驻华使领馆中工作的中方雇员和在外国驻华新闻机构的中外籍雇员，均应按照《个人所得税法》规定缴纳个人所得税。在中国境内，若国际驻华机构和外国政府驻华使领馆中工作的外交人员、外籍雇员在该机构或使领馆之外，从事非公务活动所取得的收入，应缴纳个人所得税。（见《国家税务总局关于国际组织驻华机构外国政府驻华使领馆和驻华新闻机构雇员个人所得税征收方式的通知》国税函〔2004〕808 号）

9. 中国政府参加的国际公约、签订的协议中规定免税的所得；

10. 国务院规定的其他免税所得。

上述第 10 项免税规定，由国务院报全国人民代表大会常务委员会备案。

（二）《个人所得税法》规定的减税所得项目

有下列情形之一的，可以减征个人所得税，具体幅度和期限，由省、自治区、直辖市人民政府规定，并报同级人民代表大会常务委员会备案：

1. 残疾、孤老人员和烈属的所得；

2. 因自然灾害遭受重大损失的。

国务院可以规定其他减税情形，报全国人民代表大会常务委员会备案。

1. 残疾、孤老人员和烈属的所得。

减征照顾残疾、孤老人员和烈属的所得应为劳动所得，具体项目为工资、薪金所得，经营所得，劳务报酬所得，稿酬所得，特许权使用费所得。（见《国家税务总局关于明确残疾人所得征免个人所得税范围的批复》国税函〔1999〕329号）

2. 因严重自然灾害造成重大损失的。

上述享受减征照顾的所得项目减征的幅度和期限由省、自治区、直辖市人民政府规定。

残疾人员投资兴办或参与投资兴办个人独资企业和合伙企业的，残疾人员取得的经营所得，符合各省、自治区、直辖市人民政府规定的减征个人所得税条件的，经本人申请、主管税务机关审核批准，可按各省、自治区、直辖市人民政府规定减征的范围和幅度，减征个人所得税。（见《国家税务总局关于〈关于个人独资企业和合伙企业投资者征收个人所得税的规定〉执行口径的通知》国税函〔2001〕84号）

（三）财政部、国家税务总局规定的减免税所得项目

1. 农村税费改革试点期间，取消农业特产税、减征或免征农业税后，对个人或个体户从事种植业、养殖业、饲养业、捕捞业，且经营项目属于农业税（包括农业特产税）、牧业税征税范围的，其取得的“四业”所得暂不征收个人所得税。对个人独资企业和合伙企业从事“四业”，其投资者取得的“四业”所得暂不征收个人所得税。（见《财政部、国家税务总局关于个人所得税若干政策问题的通知》财税字〔1994〕20号、《财政部、国家税务总局关于农村税费改革试点地区个人取得农业特产所得征免个人所得税问题的通知》财税〔2003〕157号、《财政部、国家税务总局关于农村税费改革试点地区有关个人所得税问题的通知》财税〔2004〕30号、《财政部、国家税务总局关于个人独资企业和合伙企业投资者取得种植业养殖业饲养业捕捞业所得有关个人所得税问题的批复》财税〔2010〕96号）

2. 乡镇企业的职工和农民取得的青苗补偿费，属种植业的收益范围，同时，也属经济损失的补偿性收入，因此，对他们取得的青苗补偿费收入暂不征收个人所得税。（见《国家税务总局关于个人取得青苗补偿费收入征免个人所得税的批复》国税函发〔1995〕79号）

3. 为了有利于动员全社会力量资助和发展我国的体育事业，对个人购买体育彩票，凡一次中奖收入不超过1万元的，暂免征收个人所得税；超过1万元的，应按《个人所得税法》规定全额征收个人所得税。对个人购买社会福利有奖募捐奖券一次中奖收入不超过1万元的暂免征收个人所得税，对一次中奖收入超过1万元的，应按《个人所得税法》规定全额征税。（见《财政部、国家税务总局关于个人取得体育彩票中奖所得征免个人所得税问题的通知》财税字〔1998〕12号、《国家税务总局关于社会福利有奖募捐发行收入税收问题的通知》国税发〔1994〕127号）

4. 为了鼓励广大人民群众见义勇为，维护社会治安，对乡、镇（含乡、镇）以上人民政府或经县（含县）以上人民政府主管部门批准成立的有机构、有章程的见义勇为基金会或者类似组织，奖励见义勇为者的奖金或奖品，经主管税务机关核准，免予征收个人所得税。（见《财政部、国家税务总局关于发给见义勇为者的奖金免征个人所得税问题的通知》财税字〔1995〕25号）

5. 下列所得，暂免征收个人所得税：

（1）个人举报、协查各种违法、犯罪行为而获得的奖金。

（2）个人办理代扣代缴税款手续，按规定取得的扣缴手续费。

（3）个人（有配偶的为夫妻双方）转让自用达5年以上、并且是唯一的家庭生活用房（在同一省范围内仅拥有一套住房）取得的所得。

（4）对按国务院规定达到离休、退休年龄，但确因工作需要，适当延长离休退休年龄的高级专家，其在延长离休退休期间的工资、薪金所得。（以上内容见《财政部、国家税务总局关于个人所得税若干政策问题的通知》财税字〔1994〕20号、《国家税务总局关于个人转让房屋有关税收征管问题的通知》国税发〔2007〕33号）

6. 外籍人员免税规定：

（1）援助国派往我国专为该国无偿援助我国的建设项目服务的工作人员，取得的工资、生活津贴，不论是我方支付或外国支付，均可免征个人所得税。

（2）外国来华文教专家，在我国服务期间，由我方发工资、薪金，并对其住房、使用汽车、医疗实行免费“三包”，可只就工资、薪金所得按照税法规定征收个人所得税；对我方免费提供的住房、使用汽车、医疗，可免予计算纳税。

（3）外国来华留学生，领取的生活津贴费、奖学金，不属于工资、薪金范畴，不征个人所得税。

（4）外国来华工作人员，由外国派出单位发给包干款项，其中包括个人工资、公用经费（邮电费、办公费、广告费、业务上往来必要的交际费）、生活津贴费（住房费、差旅费），凡对上述所得能够划分清楚的，可只就工资薪金所得部分按照规定征收个人所得税。

（5）外籍个人以非现金形式或实报实销形式取得的住房补贴、伙食补贴、搬迁费、洗衣费。

（6）外籍个人按合理标准取得的境内、境外出差补贴。

（7）外籍个人取得的探亲费、语言训练费、子女教育费等，经当地税务机关审核批准为合理的部分。

（8）外籍个人从外商投资企业取得的股息、红利所得。

（9）凡符合下列条件之一的外籍专家取得的工资、薪金所得可免征个人所得税：

①根据世界银行专项贷款协议由世界银行直接派往我国工作的外国专家；

②联合国组织直接派往我国工作的专家；

③为联合国援助项目来华工作的专家；

④援助国派往我国专为该国无偿援助项目工作的专家；

⑤根据两国政府签订文化交流项目来华工作两年以内的文教专家，其工资、薪金所得由该国负担的；

⑥根据我国大专院校国际交流项目来华工作两年以内的文教专家，其工资、薪金所得由该国负担的；

⑦通过民间科研协定来华工作的专家，其工资、薪金所得由该国政府机构负担的。

受雇于我国境内企业的外籍个人，因家庭等原因居住在香港、澳门，每个工作日往返于内地与香港、澳门等地区，由此境内企业（包括其关联企业）给予在香港或澳门住房、伙食、洗衣、搬迁等非现金形式或实报实销形式的补贴，以及就其在香港或澳门进行语言培训、子女教育而取得的费用补贴，凡能提供有效凭证的，经主管税务机关审核确认后，比照上述规定免予征收个人所得税。

上述免税所得的具体界定及管理规定参见《国家税务总局关于外籍个人取得有关补贴征免个人所得税执行问题的通知》（国税发〔1997〕54号）、《国家税务总局关于外籍个人取得的探亲费免征个人所得税有关执行标准问题的通知》（国税函〔2001〕336号）、《国家税务总局关于世界银行、联合国直接派遣来华工作的专家享受免征个人所得税有关问题的通知》（国税函〔1996〕417号）等文件。（以上内容见《财政部、国家税务总局关于个人所得税若干政策问题的通知》财税字〔1994〕20号、《财政部、国家税务总局关于外籍个人取得港澳地区住房等补贴征免个人所得税的通知》财税〔2004〕29号）

执行上述政策需要注意以下几项规定：

（1）上述对于“外籍个人从外商投资企业取得的股息、红利所得”，不再免征个人所得税。《国务院批转发展改革委等部门关于深化收入分配制度改革若干意见的通知》（国发〔2013〕6号）第14条规定：“取消对外籍个人从外商投资企业取得的股息、红利所得免征个人所得税等税收优惠。”

（2）2019年1月1日至2021年12月31日期间，外籍个人符合居民个人条件的，可以选择享受个人所得税专项附加扣除，也可以选择按照财税〔1994〕20号文件、国税发〔1997〕54号文件和财税〔2004〕29号文件规定，享受住房补贴、语言训练费、子女教育费等津补贴免税优惠政策，但不得同时享受。外籍个人一经选择，在一个纳税年度内不得变更。自2022年1月1日起，外籍个人不再享受住房补贴、语言训练费、子女教育费津补贴免税优惠政策，应按规定享受专项附加扣除。（见《财政部、税务总局关于个人所得税法修改后有关优惠政策衔接问题的通知》财税〔2018〕164号）

7. 对基本养老保险费、基本医疗保险费、失业保险费、住房公积金有关个人所得税的征免规定如下：

（1）企事业单位按照国家或省（自治区、直辖市）人民政府规定的缴费比例或办法实际缴付的基本养老保险费、基本医疗保险费和失业保险费，免征个人所得税；个人按照国家或省（自治区、直辖市）人民政府规定的缴费比例或办法实际缴付的基本养老保险费、基本医疗保险费和失业保险费，允许在个人应纳税所得额中扣除。企事业单位和个人超过规定的比例和标准缴付的基本养老保险费、基本医疗保险费和失业保险费，应将超过部分并入个人当期的工资、薪金收入，计征个人所得税。

（2）根据《住房公积金管理条例》《建设部、财政部、中国人民银行关于住房公积金管理若干具体问题的指导意见》（建金管〔2005〕5号）等规定精神，单位和个人分别在不超过职工本人上一年度月平均工资12%的幅度内，其实际缴存的住房公积金，允许在个人应纳税所得额中扣除。单位和职工个人缴存住房公积金的月平均工资不得超过职工工作地所在设区城市上一年度职工月平均工资的3倍，具体标准按照各地有关规定执行。单位和个人超过上述规定比例和标准缴付的住房公积金，应将超过部分并入个人当期的工资、薪金收入，计征个人所得税。

（3）个人实际领（支）取原提存的基本养老保险金、基本医疗保险金、失业保险金和住房公积金时，免征个人所得税。

（4）企业以现金形式发给个人的住房补贴、医疗补助费，应全额计入领取人的当期工资、薪金收入计征个人所得税。但对外籍个人以实报实销形式取得的住房补贴，仍按照财税字〔1994〕第20号文件的规定，暂免征收个人所得税。（以上内容见《财政部、国家税务总局关于基本养老保险费基本医疗保险费失业保险费住房公积金有关个人所得税政策的通知》财税〔2006〕10号、《财政部、国家税务总局关于住房公积金医疗保险金养老保险金征收个人所得税问题的通知》财税字〔1997〕144号）

8. 被拆迁人按照国家有关城镇房屋拆迁管理办法规定的标准取得的拆迁补偿款免征个人所得税。（见《财政部、国家税务总局关于城镇房屋拆迁有关税收政策的通知》财税〔2005〕45号）

按照城市发展规划，在旧城改造过程中，个人因住房被征用而取得赔偿费，属补偿性质的收入，无论是现金还是实物（房屋），均免予征收个人所得税。（见《国家税务总局关于个人取得被征用房屋补偿费收入免征个人所得税的批复》国税函〔1998〕428）

9. 个人取得单张有奖发票奖金所得不超过800元（含800元）的，暂免征收个人所得税；个人取得单张有奖发票奖金所得超过800元的，应按照偶然所得项目征收个人所得税。（见《财政部、国家税务总局关于个人取得有奖发票奖金征免个人所得税问题的通知》财税〔2007〕34号）

10. 符合条件的科研机构、高等学校转化职务科技成果以股份或出资比例等股权形式给予科技人员个人奖励，暂不征收个人所得税。在获奖人按股份、出资比例获得分红时，对其所得按利息、股息、红利所得项目征收个人所得税；获奖人转让股权，出资比例，对其所得按财产转让所得项目征收个人所得税，财产原值为零。将职务科技成果转化为股份、投资比例的科研机构、高等学校或者获奖人员，应在授（获）奖的次月15日内向主管税务机关备案。享受上述优惠政策的科技人员必须是科研机构和高等学校的在编正式职工。（见《国家税务总局关于促进科技成果转化有关个人所得税问题的通知》国税发〔1999〕125号、《国家税务总局关于取消促进科技成果转化暂不征收个人所得税审核权有关问题的通知》国税函〔2007〕833号、《国家税务总局关于3项个人所得税事项取消审批实施后续管理的公告》总局公告2016年第5号）

11. 个人存款性质的利息所得免征个人所得税：

（1）为配合国家宏观调控政策，经国务院批准，自2008年10月9日起，对储蓄存款利息所得暂免征收个人所得税。（见《财政部、国家税务总局关于储蓄存款利息所得有关个人所得税政策的通知》财税〔2008〕132号）

（2）个人从银行及其他储蓄机构开设的用于支付电话、水、电、煤气等有关费用，或者用于购买股票等方面的投资、生产经营业务往来结算以及其他用途，取得的利息收入，属于储蓄存款利息所得性质，应依法缴纳个人所得税；个人在个人银行结算科目的存款自2003年9月1日起孳生的利息，应按利息、股息、红利所得项目计征个人所得税。但按照财税〔2008〕132号文件规定，上述利息所得暂免征收个人所得税。（见《国家税务总局关于个人在储蓄机构开设专门科目取得利息所得征收个人所得税的通知》国税发〔1999〕220号、《国家税务总局中国人民银行关于个人银行结算科目利息所得征收个人所得税问题的通知》国税发〔2004〕6号）

（3）自2008年10月9日起，对证券市场个人投资者取得的证券交易结算资金利息所得，暂免征收个人所得税，即证券市场个人投资者的证券交易结算资金在2008年10月9日后（含10月9日）孳生的利息所得，暂免征收个人所得税。（见《财政部、国家税务总局关于证券市场个人投资者证券交易结算资金利息所得有关个人所得税政策的通知》财税〔2008〕140号）

（4）个人为其子女（或被监护人）接受非义务教育（指九年义务教育之外的全日制高中、大中专、大学本科、硕士和博士研究生）在储蓄机构开立教育储蓄专户，并享受利率优惠的存款，其所取得的利息免征个人所得税。（见《国家税务总局、中国人民银行、教育部关于印发〈教育储蓄存款利息所得免征个人所得税实施办法〉的通知》国税发〔2005〕148号）

（5）按照国家或省级地方政府规定的比例缴付的下列专项基金或资金存入银行个

人账户所取得的利息收入免征个人所得税：住房公积金；医疗保险金；基本养老保险金；失业保险基金。（见《财政部、国家税务总局关于住房公积金医疗保险金基本养老保险金失业保险基金个人账户存款利息所得免征个人所得税的通知》财税字〔1999〕267号）

12. 对按国务院有关规定，达到离休、退休年龄，但确因工作需要，适当延长离休、退休年龄的高级专家，其在延长离休退休期间从其劳动人事关系所在单位取得的，单位按国家有关规定向职工统一发放的工资、薪金、奖金、津贴、补贴等收入，视同离休、退休工资，免征个人所得税；除上述收入以外各种名目的津贴、补贴收入等，以及高级专家从其劳动人事关系所在单位之外的其他地方取得的培训费、讲课费、顾问费、稿酬等各种收入，依法计征个人所得税。延长离休、退休年龄的高级专家是指：享受国家发放的政府特殊津贴的专家、学者；中国科学院、中国工程院院士。（见《财政部、国家税务总局关于个人所得税若干政策问题的通知》财税字〔1994〕20号、《财政部、国家税务总局关于高级专家延长离休退休期间取得工资薪金所得有关个人所得税问题的通知》财税〔2008〕7号）

13. 根据住房制度改革政策的有关规定，国家机关、企事业单位及其他组织在住房制度改革期间，按照所在地县级以上人民政府规定的房改成本价格向职工出售公有住房，职工因支付的房改成本价格低于房屋建造成本价格或市场价格而取得的差价收益，免征个人所得税。（见《财政部、国家税务总局关于单位低价向职工售房有关个人所得税问题的通知》财税〔2007〕13号）

14. 对个人按《廉租住房保障办法》（建设部等9部委令2007年第162号）规定取得的廉租住房货币补贴，免征个人所得税；对个人出租住房取得的所得减按10%的税率征收个人所得税。（见《财政部、国家税务总局关于廉租住房经济适用住房和住房租赁有关税收政策的通知》财税〔2008〕24号）

15. 以下情形的房屋产权无偿赠与，对当事双方不征收个人所得税：房屋产权所有人将房屋产权无偿赠与配偶、父母、子女、祖父母、外祖父母、孙子女、外孙子女、兄弟姐妹；房屋产权所有人将房屋产权无偿赠与对其承担直接抚养或者赡养义务的抚养人或者赡养人；房屋产权所有人死亡，依法取得房屋产权的法定继承人、遗嘱继承人或者受遗赠人。（见《财政部、国家税务总局关于个人无偿受赠房屋有关个人所得税问题的通知》财税〔2009〕78号）

16. 生育妇女按照县级以上人民政府根据国家有关规定制定的生育保险办法，取得的生育津贴、生育医疗费或其他属于生育保险性质的津贴、补贴，免征个人所得税。（见《财政部、国家税务总局关于生育津贴和生育医疗费有关个人所得税政策的通知》财税〔2008〕8号）

17. 对个人取得的2009年及以后年度发行，经国务院批准，以省、自治区、直辖市和计划单列市政府为发行和偿还主体的地方政府债券利息所得，免征个人所得税。（见《财政部、国家税务总局关于地方政府债券利息所得免征所得税问题的通知》财税〔2011〕76号、《财政部、家税务总局关于地方政府债券利息免征所得税问题的通知》财税〔2013〕5号）

18. 对工伤职工及其近亲属按照《工伤保险条例》（国务院令2010年第586号）规定取得的工伤保险待遇，免征个人所得税。上述工伤保险待遇，包括工伤职工按照《工伤保险条例》规定取得的一次性伤残补助金、伤残津贴、一次性工伤医疗补助金、一次性伤残就业补助金、工伤医疗待遇、住院伙食补助费、外地就医交通食宿费用、工伤康复费用、辅助器具费用、生活护理费等，以及职工因工死亡，其近亲属按照《工伤保险条例》规定取得的丧葬补助金、供养亲属抚恤金和一次性工亡补助金等。（见《财政部、国家税务总局关于工伤职工取得的工伤保险待遇有关个人所得税政策的通知》财税〔2012〕40号）

19. 对个人购买符合规定的商业健康保险产品的支出，允许在当年（月）计算应纳税所得额时予以税前扣除，扣除限额为2 400元/年（200元/月）。单位统一为员工购买符合规定的商业健康保险产品的支出，应分别计入员工个人工资薪金，视同个人购买，按上述限额予以扣除。2 400元/年（200元/月）的限额扣除为个人所得税法规定减除费用标准之外的扣除。

适用商业健康保险税收优惠政策的纳税人，是指取得工资薪金所得、连续性劳务报酬所得的个人，以及取得经营所得的个体工商户业主、个人独资企业投资者、合伙企业自然人合伙人和承包承租经营者。（见《财政部、税务总局、保监会关于将商业健康保险个人所得税试点政策推广到全国范围实施的通知》财税〔2017〕39号、《国家税务总局关于推广实施商业健康保险个人所得税政策有关征管问题的公告》总局公告2017年第17号）

20. 自原油期货（包括经国务院批准对外开放的其他货物期货品种）对外开放之日起，对境外个人投资者投资中国境内原油期货取得的所得，三年内暂免征收个人所得税。（见《财政部、税务总局、证监会关于支持原油等货物期货市场对外开放税收政策的通知》财税〔2018〕21号）

21. 自2018年1月1日起，有限合伙制创业投资企业（简称合伙创投企业）采取股权投资方式直接投资于初创科技型企业满2年的，个人合伙人可以按照对初创科技型企业投资额的70%抵扣个人合伙人从合伙创投企业分得的经营所得；当年不足抵扣的，可以在以后纳税年度结转抵扣。自2018年7月1日起，天使投资个人采取股权投资方式直接投资于初创科技型企业满2年的，可以按照投资额的70%抵扣转让该初创科技型企业股权取得的应纳税所得额；当期不足抵扣的，可以在以后取得转让该初创科技型企业股权的应纳税所得额时结转抵扣。天使投资个人投资多个初创科技型企业的，对其中办理注销清算的初创科技型企业，天使投资个人对其投资额的70%尚未抵扣完的，可自注销清算之日起36个月内抵扣天使投资个人转让其他初创科技型企业股权取得的应纳税所得额。（见《财政部、税务总局关于创业投资企业和天使投资个人有关税收政策的通知》财税〔2018〕55号、《国家税务总局关于创业投资企业和天使投资个人税收政策有关问题的公告》总局公告2018年第43号）

22. 国家设立的科研机构和高校、民办非营利性科研机构和高校根据《促进科技成果转化法》规定，从职务科技成果转化收入中给予科技人员的现金奖励，可减按50%计入科技人员当月“工资、薪金所得”，依法缴纳个人所得税。上述政策自2018年7月1日起施行，施行前非营利性科研机构和高校取得的科技成果转化收入，自施行后36个月内给科技人员发放现金奖励，符合上述政策的其他条件的，适用上述政策。（见《财政部、税务总局、科技部关于科技人员取得职务科技成果转化现金奖励有关个人所得税政策的通知》财税〔2018〕58号）

23. 自2018年11月1日（含）起，对个人转让全国中小企业股份转让系统（简称新三板）挂牌公司非原始股取得的所得，暂免征收个人所得税。所称非原始股是指个人在新三板挂牌公司挂牌后取得的股票，以及由上述股票孳生的送、转股。（见《财政部、国家税务总局、中国证券监督管理委员会关于个人转让全国中小企业股份转让系统挂牌公司股票有关个人所得税政策的通知》财税〔2018〕137号）

需要注意的是，在校学生因参与勤工俭学活动（包括参与学校组织的勤工俭学活动）而取得属于《个人所得税法》规定的应税所得项目的所得，不享受税收优惠政策，应依法缴纳个人所得税。（见《国家税务总局关于个人所得税若干业务问题的批复》国税函〔2002〕146号）

（四）递延纳税规定

1. 自2016年1月1日起，全国范围内的中小高新技术企业以未分配利润、盈余公积、资本公积向个人股东转增股本时，个人股东一次缴纳个人所得税确有困难的，可根据实际情况自行制定分期缴税计划，在不超过5个公历年度内（含）分期缴纳，并将有关资料报主管税务机关备案。个人股东获得转增的股本，应按照利息、股息、红利所得项目，适用20%税率征收个人所得税。（见《财政部、国家税务总局关于将国家自主创新示范区有关税收试点政策推广到全国范围实施的通知》财税〔2015〕116号、《国家税务总局关于股权奖励和转增股本个人所得税征管问题的公告》总局公告2015年第80号）

2. 自2016年1月1日起，全国范围内的高新技术企业转化科技成果，给予本企业相关技术人员的股权奖励，个人一次缴纳税款有困难的，可根据实际情况自行制定分期缴税计划，在不超过5个公历年度内（含）分期缴纳，并将有关资料报主管税务机关备案。个人获得股权奖励时，按照“工资薪金所得”项目，参照《财政部、国家税务总局关于个人股票期权所得征收个人所得税问题的通知》（财税〔2005〕35号）有关规定计算确定应纳税额。股权奖励的计税价格参照获得股权时的公平市场价格确定。（见《财政部、国家税务总局关于将国家自主创新示范区有关税收试点政策推广到全国范围实施的通知》财税〔2015〕116号、《国家税务总局关于股权奖励和转增股本个人所得税征管问题的公告》总局公告2015年第80号）

3. 个人以非货币性资产投资，应于非货币性资产转让、取得被投资企业股权时，确认非货币性资产转让收入的实现。个人应在发生上述应税行为的次月15日内向主管税务机关申报纳税。纳税人一次性缴税有困难的，可合理确定分期缴纳计划并报主管税务机关备案后，自发生上述应税行为之日起不超过5个公历年度内（含）分期缴纳个人所得税。（见《财政部、国家税务总局关于个人非货币性资产投资有关个人所得税政策的通知》财税〔2015〕41号）

4. 非上市公司授予本公司员工的股票期权、股权期权、限制性股票和股权奖励，符合规定条件的，经向主管税务机关备案，可实行递延纳税政策，即员工在取得股权激励时可暂不纳税，递延至转让该股权时纳税；股权转让时，按照股权转让收入减除股权取得成本以及合理税费后的差额，适用“财产转让所得”项目，按照20%的税率计算缴纳个人所得税。股权转让时，股票（权）期权取得成本按行权价确定，限制性股票取得成本按实际出资额确定，股权奖励取得成本为零。（见《财政部、国家税务总局关于完善股权激励和技术入股有关所得税政策的通知》财税〔2016〕101号）

5. 上市公司授予个人的股票期权、限制性股票和股权奖励，经向主管税务机关备案，个人可自股票期权行权、限制性股票解禁或取得股权奖励之日起，在不超过12个月的期限内缴纳个人所得税。（见《财政部、国家税务总局关于完善股权激励和技术入股有关所得税政策的通知》财税〔2016〕101号、《国家税务总局关于股权激励和技术入股所得税征管问题的公告》总局公告2016年第62号）

6. 企业或个人以技术成果投资入股到境内居民企业，被投资企业支付的对价全部为股票（权）的，企业或个人可选择继续按现行有关税收政策执行，也可选择适用递延纳税优惠政策。选择技术成果投资入股递延纳税政策的，经向主管税务机关备案，投资入股当期可暂不纳税，允许递延至转让股权时，按股权转让收入减去技术成果原值和合理税费后的差额计算缴纳所得税。（见《财政部、国家税务总局关于完善股权激励和技术入股有关所得税政策的通知》财税〔2016〕101号）

（五）应纳税额抵免

在对纳税人的境外所得征税时，会存在其境外所得已在来源国或者地区缴税的实际情况。基于国家之间对同一所得应避免双重征税的原则，我国在对跨国纳税人的境外所得行使税收管辖权时，对该所得在境外已纳税额采取了分不同情况从应征税额中予以扣除的做法。

《个人所得税法》规定，居民个人从中国境外取得的所得，可以从其应纳税额中扣除已在境外缴纳的个人所得税税额，但抵免额不得超过该纳税人境外所得依照个人所得税法规定计算的应纳税额。前述所称“纳税人境外所得依照个人所得税法规定计算的应纳税额”，是居民个人抵免已在境外缴纳的综合所得、经营所得以及其他所得的所得税税额的限额，这就是抵免限额。目前国际上所得税抵免限额的确定方法有分项计算法、分国计算法和综合计算法三种。我国实行分国不分项的抵免限额计算方法，即同一国家（地区）内不同应税项目依照我国个人所得税法计算的应纳税额，为该国家（地区）的抵免限额。关于应纳税额抵免的具体规定如下：

1. 《个人所得税法》所称已在境外缴纳的个人所得税税额，是指居民个人来源于中国境外的所得，依照该所得来源国家（地区）的法律应当缴纳并且实际已经缴纳的所得税税额。

2. 《个人所得税法》所称依照个人所得税法规定计算的应纳税额，是居民个人境外所得已缴境外个人所得税的抵免限额。除国务院财政、税务主管部门另有规定外，来源于中国境外一个国家（地区）抵免限额为来源于该国的综合所得抵免限额、经营所得抵免限额、其他所得项目抵免限额之和，其中：

（1）来源于一国（地区）综合所得的抵免限额 = 中国境内、境外综合所得依照个人所得税法的规定计算的综合所得应纳税总额 × 来源于该国（地区）的综合所得收入额 ÷ 中国境内、境外综合所得收入总额；

（2）来源于一国（地区）经营所得抵免限额 = 中国境内、境外经营所得依照个人所得税法的规定计算的经营所得应纳税总额 × 来源于该国（地区）的经营所得的应纳税所得额 ÷ 中国境内、境外经营所得的应纳税所得额；

（3）来源于一国（地区）的其他所得项目抵免限额，为来源于该国（地区）的其他所得项目依照个人所得税法的规定计算的应纳税额。

3. 居民个人在中国境外一个国家（地区）实际已经缴纳的个人所得税税额，低于依照个人所得税法规定计算出的该国家（地区）所得的抵免限额的，应当在中国缴纳差额部分的税款；超过来源于该国家（地区）所得的抵免限额的，其超过部分不得在本纳税年度的应纳税额中抵免，但是可以在以后纳税年度来源于该国家（地区）所得的抵免限额的余额中补扣。补扣期限最长不得超过五年。

4. 居民个人申请抵免已在境外缴纳的个人所得税税额，应当提供境外税务机关出具的税款所属年度的有关纳税凭证。

关于境外所得的申报、扣缴、抵扣的具体规定详见《国家税务总局关于境外所得征收个人所得税若干问题的通知》（国税发〔1994〕44 号）。

七、个人所得性质的认定及具体征税规定

（一）企业员工参与企业股票期权计划而取得所得的计税规定

实施股票期权计划企业授予本企业员工的股票期权（指定的股票为上市公司的股票）所得，应按规定征收个人所得税。有关股权激励个人所得税政策，适用上市公司（含所属分支机构）和上市公司控股企业的员工，其中上市公司占控股企业股份比例最低为30%。关于股票期权所得性质的确认及其具体征税规定如下：

1. 员工接受实施股票期权计划企业授予的股票期权时，一般不作为应税所得征税。但员工接受可公开交易的股票期权（部分股票期权在授权时即约定可以转让，且在境内或境外存在公开市场及挂牌价格）时，按以下规定进行税务处理：

（1）员工取得可公开交易的股票期权，属于员工已实际取得有确定价值的财产，应按授权日股票期权的市场价格，作为员工授权日所在月份的工资薪金所得。如果员工以折价购入方式取得股票期权的，可以授权日股票期权的市场价格扣除折价购入股票期权时实际支付的价款后的余额，作为授权日所在月份的工资薪金所得。

（2）员工取得可公开交易的股票期权后，转让该股票期权所取得的所得，应按照财产转让所得项目，计征个人所得税。

（3）员工取得可公开交易的股票期权后，实际行使该股票期权购买股票时，不再计算缴纳个人所得税。

2. 除上述特别规定外，企业员工参与企业股票期权计划而取得所得按以下规定办理：

（1）员工行权时，其从企业取得股票的实际购买价（施权价）低于购买日公平市场价（指该股票当日的收盘价）的差额，是因员工在企业的表现和业绩情况而取得的与任职、受雇有关的所得，应按工资、薪金所得项目计算缴纳个人所得税。

（2）对因特殊情况，员工在行权日之前将股票期权转让的，以股票期权的转让净收入，作为工资、薪金所得征收个人所得税。

（3）凡取得股票期权的员工在行权日不实际买卖股票，而按行权日股票期权所指定股票的市场价与施权价之间的差额，直接从授权企业取得价差收益的，该项价差收益应作为员工取得的股票期权形式的工资薪金所得，按规定计算缴纳个人所得税。

3. 员工将行权后的股票再转让时获得的高于购买日公平市场价的差额，是因个人在证券二级市场上转让股票等有价证券而获得的所得，应按照财产转让所得项目适用的征免规定，计算缴纳个人所得税。

4. 员工因拥有股权而参与企业税后利润分配取得的所得，应按照利息、股息、红利所得项目适用的征免规定，计算缴纳个人所得税。

5. 员工参与企业股票期权计划而取得所得个人所得税应纳税款的计算：

（1）认购股票所得（行权所得和取得可公开交易的股票期权）的税款计算。员工因参加股票期权计划而从中国境内取得的所得，按上述规定应按工资薪金所得计算纳税的，在2021年12月31日前，不并入当年综合所得，全额单独适用综合所得税率表，计算纳税。计算公式为：

应纳税额=股权激励收入×适用税率-速算扣除数

（2）转让股票（销售）取得所得的税款计算。对于员工转让股票等有价证券取得的所得，应按现行税法和政策规定征免个人所得税。即：个人将行权后的境内上市公司股票再行转让而取得的所得，暂不征收个人所得税；个人转让境外上市公司的股票而取得的所得，应按税法的规定计算应纳税所得额和应纳税额，依法缴纳税款。

（3）参与税后利润分配取得所得的税款计算。员工因拥有股权参与税后利润分配而取得的股息、红利所得，应按照财税〔2015〕101号文件规定，适用上市公司股息红利差别化计税规定。

（4）居民个人一个纳税年度内取得两次以上（含两次）股权激励的，应合并按上述方法计算纳税。

需要注意的是，2022年1月1日之后的股权激励政策另行明确。

股票期权，是指一个公司授予其员工在一定的期限内（如3年），按照固定的期权价格购买一定份额的公司股票的权利。行使期权时，期权价格和当日交易价之间的差额就是该员工的获利。对于上市公司高管人员取得股票期权，比照上述有关规定，计算征收个人所得税。（以上内容见《财政部、国家税务总局关于个人股票期权所得征收个人所得税问题的通知》财税〔2005〕35号、《国家税务总局关于个人股票期权所得缴纳个人所得税有关问题的补充通知》国税函〔2006〕902号、《财政部、税务总局关于个人所得税法修改后有关优惠政策衔接问题的通知》财税〔2018〕164号）

（二）个人取得股票增值权所得和限制性股票所得的计税规定

根据《个人所得税法》及其实施条例和财税〔2009〕5号文件等规定，个人因任职、受雇从上市公司取得的股票增值权所得和限制性股票所得，由上市公司或其境内机构按照工资、薪金所得项目和股票期权所得个人所得税计税方法，依法扣缴其个人所得税。

1. 应纳税所得额的确定：

（1）股票增值权被授权人获取的收益，是由上市公司根据授权日与行权日股票差价乘以被授权股数，直接向被授权人支付的现金。上市公司应于向股票增值权被授权人兑现时依法扣缴其个人所得税。被授权人股票增值权应纳税所得额计算公式如下：

股票增值权某次行权应纳税所得额=（行权日股票价格-授权日股票价格）×行权股票份数

（2）按照《个人所得税法》及其实施条例等有关规定，原则上应在限制性股票所有权归属于被激励对象时确认其限制性股票所得的应纳税所得额。即：上市公司实施限制性股票计划时，应以被激励对象限制性股票在中国证券登记结算公司（境外为证券登记托管机构）进行股票登记日期的股票市价（指当日收盘价）和本批次解禁股票当日市价（指当日收盘价）的平均价格乘以本批次解禁股票份数，减去被激励对象本批次解禁股份数所对应的为获取限制性股票实际支付资金数额，其差额为应纳税所得额。被激励对象限制性股票应纳税所得额计算公式如下：

应纳税所得额=（股票登记日股票市价+本批次解禁股票当日市价）÷2
×本批次解禁股票份数-被激励对象实际支付的资金总额
×（本批次解禁股票份数÷被激励对象获取的限制性股票总份数）

2. 股权激励所得应纳税额的计算：

居民个人在纳税年度内第一次取得股票增值权所得和限制性股票所得的，在2021年12月31日前（2022年1月1日之后的股权激励政策另行明确），不并入当年综合所得，全额单独适用综合所得税率表，计算纳税。计算公式为：

应纳税额 = 股权激励收入 × 适用税率 − 速算扣除数

居民个人一个纳税年度内取得两次以上（含两次）股权激励的，应合并按上述规定计算纳税。

3. 纳税义务发生时间：

（1）股票增值权个人所得税纳税义务发生时间为上市公司向被授权人兑现股票增值权所得的日期；

（2）限制性股票个人所得税纳税义务发生时间为每一批次限制性股票解禁的日期。

股票增值权，是指上市公司授予公司员工在未来一定时期和约定条件下，获得规定数量的股票价格上升所带来收益的权利。被授权人在约定条件下行权，上市公司按照行权日与授权日二级市场股票差价乘以授权股票数量，发放给被授权人现金。

限制性股票，是指上市公司按照股权激励计划约定的条件，授予公司员工一定数量本公司的股票。

需要注意的是，财税〔2005〕35号文件、国税函〔2006〕902号文件、财税〔2009〕5号文件和国税函〔2009〕461号文件有关股权激励个人所得税政策，适用于上市公司（含所属分支机构）和上市公司控股企业的员工，其中上市公司占控股企业股份比例最低为30%。具有下列情形之一的股权激励所得，不适用上述规定的优惠计税方法，直接计入个人当期所得征收个人所得税：

（1）除规定之外的集团公司、非上市公司员工取得的股权激励所得；

（2）公司上市之前设立股权激励计划，待公司上市后取得的股权激励所得；

（3）上市公司未按照规定向其主管税务机关报备有关资料的。

被激励对象为缴纳个人所得税款而出售股票，其出售价格与原计税价格不一致的，按原计税价格计算其应纳税所得额和税额。（以上内容见《财政部、国家税务总局关于股票增值权所得和限制性股票所得征收个人所得税有关问题的通知》财税〔2009〕5号、《国家税务总局关于股权激励有关个人所得税问题的通知》国税函〔2009〕461号、《国家税务总局关于个人所得税有关问题的公告》总局公告2011年第27号、《财政部、税务总局关于个人所得税法修改后有关优惠政策衔接问题的通知》财税〔2018〕164号）

（三）个人转让上市公司限售流通股取得所得的计税规定

1. 自2010年1月1日起，对个人转让限售股取得的所得，按照财产转让所得项目，适用20%的比例税率征收个人所得税。

2. 个人转让限售股，以每次限售股转让收入，减除股票原值和合理税费后的余额，为应纳税所得额。

如果纳税人未能提供完整、真实的限售股原值凭证的，不能准确计算限售股原值的，主管税务机关一律按限售股转让收入的15%核定限售股原值及合理税费。

3. 个人转让限售股或发生具有转让限售股实质的其他交易，取得现金、实物、有价证券和其他形式的经济利益均应缴纳个人所得税。限售股在解禁前被多次转让的，转让方对每一次转让所得均应按规定缴纳个人所得税。

4. 个人同时持有限售股及该股流通股的，其股票转让所得，按照限售股优先原则，即：转让股票视同为先转让限售股，按规定计算缴纳个人所得税。

5. 限售股转让所得个人所得税，以限售股持有者为纳税人，以个人股东开户的证券机构为扣缴义务人。限售股个人所得税由证券机构所在地主管税务机关负责征收管理。

上述所称限售股包括：

1. 上市公司股权分置改革完成后股票复牌日之前股东所持原非流通股股份，以及股票复牌日至解禁日期间由上述股份孳生的送、转股（统称股改限售股）；

2. 2006 年股权分置改革新老划断后，首次公开发行股票并上市的公司形成的限售股，以及上市首日至解禁日期间由上述股份孳生的送、转股（统称新股限售股）；

3. 个人从机构或其他个人受让的未解禁限售股；

4. 个人因依法继承或家庭财产依法分割取得的限售股；

5. 个人持有的从代办股份转让系统转到主板市场（或中小板、创业板市场）的限售股；

6. 上市公司吸收合并中，个人持有的原被合并方公司限售股所转换的合并方公司股份；

7. 上市公司分立中，个人持有的被分立方公司限售股所转换的分立后公司股份；

8. 财政部、国家税务总局、法制办和证监会共同确定的其他限售股。

需要注意的是，上述是关于个人转让上市公司限售流通股取得所得的计税规定，对个人在上海证券交易所、深圳证券交易所转让从上市公司公开发行和转让市场取得的上市公司股票所得，继续免征个人所得税。（以上内容见《财政部、国家税务总局、证监会关于个人转让上市公司限售股所得征收个人所得税有关问题的通知》财税〔2009〕167 号、《财政部、国家税务总局、证监会关于个人转让上市公司限售股所得征收个人所得税有关问题的补充通知》财税〔2010〕70 号、《国家税务总局关于限售股转让所得个人所得税征缴有关问题的通知》国税函〔2010〕23 号、《国家税务总局关于做好限售股转让所得个人所得税征收管理工作的通知》国税发〔2010〕8 号）

（四）股份制企业用资本公积金转增个人股本的计税规定

1. 股份制企业用资本公积金转增股本不属于股息、红利性质的分配，对个人取得的转增股本数额，不作为个人所得，不征收个人所得税。此处的“资本公积金”是指股份制企业股票溢价发行收入所形成的资本公积金。非股票溢价发行收入所形成的其他资本公积金分配个人所得部分，应当依法征收个人所得税。

2. 股份制企业用盈余公积金派发红股属于股息、红利性质的分配，对个人取得的红股数额，应作为个人所得征税。

3. 企业将从税后利润中提取的法定公积金和任意公积金转增注册资本，实际上是该企业将盈余公积金向股东分配了股息、红利，股东再以分得的股息、红利增加注册资本。因此，依据国税发〔1997〕198 号文件精神，对属于个人股东分得再投入公司（转增注册资本）的部分应按照利息、股息、红利所得项目征收个人所得税，税款由企业在有关部门批准增资、公司股东会决议通过后代扣代缴。

4. 在城市信用社改制为城市合作银行过程中，个人以现金或股份及其他形式取得的资产评估增值数额，应当按利息、股息、红利所得项目计征个人所得税，税款由城市合作银行负责代扣代缴。（以上内容见《国家税务总局关于股份制企业转增股本和派发红股征免个人所得税的通知》国税发〔1997〕198号、《国家税务总局关于盈余公积金转增注册资本征收个人所得税问题的批复》国税函〔1998〕333号、《国家税务总局关于原城市信用社在转制为城市合作银行过程中个人股增值所得应纳个人所得税的批复》国税函〔1998〕289号）

（五）个人取得量化资产的计税规定

根据规定，集体所有制企业在改制为股份合作制企业时可以将有关资产量化给职工个人。对于企业在这一改革过程中个人取得量化资产的有关个人所得税规定如下：

1. 对职工个人以股份形式取得的仅作为分红依据，不拥有所有权的企业量化资产，不征收个人所得税。

2. 对职工个人以股份形式取得的拥有所有权的企业量化资产，暂缓征收个人所得税；待个人将股份转让时，就其转让收入额，减除个人取得该股份时实际支付的费用支出和合理转让费用后的余额，按财产转让所得项目计征个人所得税。

3. 对职工个人以股份形式取得的企业量化资产参与企业分配而获得的股息、红利，应按利息、股息、红利所得项目征收个人所得税。（以上内容见《国家税务总局关于企业改组改制过程中个人取得的量化资产征收个人所得税问题的通知》国税发〔2000〕60号）

（六）出租车驾驶员从事出租车运营取得收入的计税规定

1. 出租汽车经营单位对出租车驾驶员采取单车承包或承租方式运营，出租车驾驶员从事客货运营取得的收入，按工资、薪金所得项目征税。

2. 从事个体出租车运营的出租车驾驶员取得的收入，按经营所得项目缴纳个人所得税。

3. 出租车属个人所有，但挂靠出租汽车经营单位或企事业单位，驾驶员向挂靠单位缴纳管理费的，或出租汽车经营单位将出租车所有权转移给驾驶员的，出租车驾驶员从事客货运营取得的收入，比照经营所得项目征税。

县级以上（含县级）税务机关可以根据出租车的不同经营方式、不同车型、收费标准、缴纳的承包承租费等情况，核定出租车驾驶员的营业额并确定征收率或征收额，按月征收出租车驾驶员应纳的个人所得税。出租车驾驶员能够提供有效停运证明的，税务机关应根据其停运期长短，相应核减其停运期间应缴纳的个人所得税。（以上内容见《国家税务总局关于印发〈机动出租车驾驶员个人所得税征收管理暂行办法〉的通知》国税发〔1995〕50号）

（七）个人从事建筑安装业取得收入的计税规定

从事建筑安装业的工程承包人、个体工商户及其他个人从事建筑安装业取得的所得，应依法缴纳个人所得税。

1. 承包建筑安装业各项工程作业的承包人取得的所得，应区别不同情况计征个人所得税：经营成果归承包人个人所有的所得，或按照承包合同（协议）规定，将一部分经营成果留归承包人个人的所得，按经营所得项目征税；以其他分配方式取得的所得，按工资、薪金所得项目征税。

2. 从事建筑安装业的个体工商户和未领取营业执照承揽建筑安装工程作业的建筑安装队和个人，以及建筑安装企业实行个人承包后工商登记改变为个体经济性质的，其从事建筑安装业取得的收入应依照经营所得项目计征个人所得税。

3. 从事建筑安装工程作业的其他人员取得的所得，分别按照工资、薪金所得项目

（任职、受雇人员）和劳务报酬所得项目（独立提供劳务人员）计征个人所得税。（以上内容见《国家税务总局关于印发〈建筑安装业个人所得税征收管理暂行办法〉的通知》国税发〔1996〕127号）

需要注意的是，总承包企业、分承包企业派驻跨省异地工程项目的管理人员、技术人员和其他工作人员在异地工作期间的工资、薪金所得个人所得税，由总承包企业、分承包企业依法代扣代缴并向工程作业所在地税务机关申报缴纳。总承包企业和分承包企业通过劳务派遣公司聘用劳务人员跨省异地工作期间的工资、薪金所得个人所得税，由劳务派遣公司依法代扣代缴并向工程作业所在地税务机关申报缴纳。

跨省异地施工单位应就其所支付的工程作业人员工资、薪金所得，向工程作业所在地税务机关办理全员全额扣缴明细申报。凡实行全员全额扣缴明细申报的，工程作业所在地税务机关不得核定征收个人所得税。

建筑安装业省内异地施工作业人员个人所得税征收管理参照上述规定执行。（以上内容见《国家税务总局关于建筑安装业跨省异地工程作业人员个人所得税征收管理问题的公告》总局公告2015年第52号）

（八）广告市场个人取得所得的计税规定

在广告设计、制作、发布过程中提供名义、形象及劳务并取得所得的个人为个人所得税的纳税人；直接向上述个人支付所得的广告主、广告经营者、受托从事广告制作的单位和广告发布者为个人所得税的扣缴义务人。

1. 个人在广告设计、制作、发布过程中提供名义、形象而取得的所得，应按劳务报酬所得项目计算纳税。

2. 个人在广告设计、制作、发布过程中提供其他劳务取得的所得，视其情况分别按照劳务报酬所得、稿酬所得、特许权使用费所得等应税项目计算纳税。

劳务报酬所得以纳税人每参与一项广告的设计、制作、发布所取得的所得为一次；稿酬所得以在图书、报刊上发布一项广告时使用其作品而取得的所得为一次；特许权使用费所得以提供一项特许权在一项广告的设计、制作、发布过程中使用而取得的所得为一次。

3. 扣缴义务人的本单位人员在广告设计、制作、发布过程中取得的由本单位支付的所得，按工资、薪金所得项目计算纳税。（以上内容见《国家税务总局关于印发〈广告市场个人所得税征收管理暂行办法〉的通知》国税发〔1996〕148号）

（九）个人从事医疗服务活动的计税规定

1. 个人经政府有关部门批准，取得执照，以门诊部、诊所、卫生所（室）、卫生院、医院等医疗机构形式从事疾病诊断、治疗及售药等服务活动，应当以该医疗机构取得的所得，作为个人的应纳税所得，按照经营所得项目缴纳个人所得税。

个人未经政府有关部门批准，自行连续从事医疗服务活动，不管是否有经营场所，其取得与医疗服务活动相关的所得，按照经营所得项目缴纳个人所得税。

2. 对于由集体、合伙或个人出资的乡村卫生室（站），由医生承包经营，经营成果归医生个人所有，承包人取得的所得，比照经营所得项目缴纳个人所得税。

乡村卫生室（站）的医务人员取得的所得，按照工资、薪金所得项目缴纳个人所得税。

3. 受医疗机构临时聘请坐堂门诊及售药，由该医疗机构支付报酬，或收入与该医疗机构按比例分成的人员，其取得的所得，按照劳务报酬所得项目缴纳个人所得税，以一个月内取得的所得为一次，税款由该医疗机构代扣代缴。（以上内容见《国家税务总局关于个人从事医疗服务活动征收个人所得税问题的通知》国税发〔1997〕178号）

（十）个人从医疗机构取得所得的计税规定

财政部、国家税务总局印发的《关于医疗卫生机构有关税收政策的通知》（财税〔2000〕42号）规定的对非营利性医疗机构按照国家规定的价格取得的医疗服务收入免征各项税收，仅指机构自身的各项税收，不包括个人从医疗机构取得所得应纳的个人所得税。按照《税法》规定，个人取得应税所得，应依法缴纳个人所得税。

1. 个人因在医疗机构（包括营利性医疗机构和非营利性医疗机构）任职而取得的所得，应按照工资、薪金所得项目计征个人所得税。

2. 医生或其他个人承包、承租经营医疗机构，经营成果归承包人所有的，承包人取得的所得，应按照经营所得项目计征个人所得税。

3. 个人投资或个人合伙投资开设医院（诊所）而取得的收入，应按照经营所得项目计征个人所得税。

对残疾人、转业军人、随军家属和下岗职工等投资开设医院（诊所）而取得的收入，仍按现行相关政策执行。（以上内容见《财政部、国家税务总局关于医疗机构有关个人所得税政策问题的通知》财税〔2003〕109号）

（十一）个人为企业提供非有形商品推销、代理等服务活动取得收入的计税规定

1. 雇员为本企业提供非有形商品推销、代理等服务活动取得佣金、奖励和劳务费等名目的收入，无论该收入采用何种计取方法和支付方式，均应计入该雇员的当期工资、薪金所得，按规定计算征收个人所得税。

2. 非本企业雇员为企业提供非有形商品推销、代理等服务活动取得的佣金、奖励和劳务费等名目的收入（统称佣金收入），无论该收入采用何种计取方法和支付方式，均应计入个人从事服务业应税劳务的销售额，按照规定计算征收增值税；上述佣金收入（不含增值税）扣除已缴纳的地方税费附加后，应计入个人的劳务报酬所得，按规定计算征收个人所得税。

3. 保险营销员、证券经纪人取得的佣金收入，属于劳务报酬所得，以不含增值税的收入减除20%的费用后的余额为收入额，收入额减去展业成本以及附加税费后，并入当年综合所得，计算缴纳个人所得税。保险营销员、证券经纪人展业成本按照收入额的25%计算。

扣缴义务人向保险营销员、证券经纪人支付佣金收入时，应按照《个人所得税扣缴申报管理办法（试行）》（总局公告2018年第61号）规定的累计预扣法计算预扣税款。具体计算公式为：

本期应预扣预缴税额＝（累计预扣预缴应纳税所得额×预扣率－速算扣除数）－累计减免税额－累计已预扣预缴税额

累计预扣预缴应纳税所得额＝累计收入额－累计减除费用－累计其他扣除

其中，收入额按照不含增值税的收入减除20%的费用后的余额计算；累计减除费用按照5 000元/月乘以纳税人当年截至本月在本单位的从业月份数计算；其他扣除按照展业成本、附加税费和依法确定的其他扣除之和计算，其中展业成本按照收入额的25%计算。

信用卡和旅游等行业的个人代理人比照上述规定执行。信用卡、旅游等行业的个人代理人计算个人所得税时，不执行有关展业成本的规定。

需要注意的是，个人保险代理人为保险企业提供保险代理服务应当缴纳的增值税和城市维护建设税、教育费附加、地方教育附加，税务机关可以根据《国家税务总局关于发布〈委托代征管理办法〉的公告》（总局公告2013年第24号）的有关规定，委托保险企业代征。接受税务机关委托代征税款的保险企业，向个人保险代理人支付佣金费用后，可代个人保险代理人统一向主管税务机关申请汇总代开增值税普通发票或增值税专用发票。（以上内容见《财政部、国家税务总局关于个人提供非有形商品推销、代理等服务活动取得收入征收营业税和个人所得税有关问题的通知》财税字〔1997〕103号、《国家税务总局关于个人保险代理人税收征管有关问题的公告》总局公告2016年第45号、《财政部、税务总局关于个人所得税法修改后有关优惠政策衔接问题的通知》财税〔2018〕164号）

（十二）影视演职人员取得所得的计税规定

1. 根据《个人所得税法》的规定，凡与单位存在工资、人事方面关系的人员，其为本单位工作所取得的报酬，属于工资、薪金所得项目征税范围；而其因某一特定事项临时为外单位工作所取得报酬，不是《个人所得税法》中所说的“受雇”，应属于劳务报酬所得项目征税范围。因此，对电影制片厂导演、演职人员参加本单位的影视拍摄所取得的报酬，应按工资、薪金所得项目计征个人所得税。对电影制片厂为了拍摄影视片而临时聘请非本厂导演、演职人员，其所取得的报酬，应按劳务报酬所得项目计征个人所得税。

2. 创作的影视分镜头剧本，用于拍摄影视片取得的所得，不能按稿酬所得计征个人所得税，应比照上述第1条的有关原则确定应税项目计征个人所得税；但作为文学创作而在书报杂志上出版、发表取得的所得，应按“稿酬所得”应税项目计征个人所得税。

3. 对于剧本作者从电影、电视剧的制作单位取得的剧本使用费，不再区分剧本的使用方是否为其任职单位，统一按特许权使用费所得项目计征个人所得税。（以上内容见《国家税务总局关于影视演职人员个人所得税问题的批复》国税函〔1997〕385号、《国家税务总局关于剧本使用费征收个人所得税问题的通知》国税发〔2002〕52号、《国家税务总局、文化部关于印发〈演出市场个人所得税征收管理暂行办法〉的通知》国税发〔1995〕171号）

（十三）个人举办各类学习班取得收入的计税规定

1. 个人经政府有关部门批准并取得执照举办学习班、培训班的，其取得的办班收入属于经营所得项目，应按规定计征个人所得税。

2. 个人无须经政府有关部门批准并取得执照举办学习班、培训班的，其取得的办班收入属于劳务报酬所得项目，应按规定计征个人所得税。其中，办班者每次收入按以下方法确定：一次收取学费的，以一期取得的收入为一次；分次收取学费的，以每月取得的收入为一次。

个人举办各类学习班，又称为社会力量办学，即个人经政府有关部门批准或无须经政府有关部门批准，并取得执照举办的学习班、培训班。（以上内容见《国家税务总局关于个人举办各类学习班取得的收入征收个人所得税问题的批复》国税函〔1996〕658号）

（十四）律师事务所从业人员取得收入的计税规定

律师个人出资兴办的独资和合伙性质的律师事务所的年度经营所得，从 2000 年 1 月 1 日起，停止征收企业所得税，作为出资律师的个人经营所得，按照有关规定，比照经营所得项目征收个人所得税。在计算其经营所得时，出资律师本人的工资、薪金不得扣除。

1. 合伙制律师事务所应将年度经营所得全额作为基数，按出资比例或者事先约定的比例计算各合伙人应分配的所得，据以征收个人所得税。合伙人律师在计算应纳税所得额时，应凭合法有效凭据按照个人所得税法和有关规定扣除费用。

2. 律师事务所支付给雇员（包括律师及行政辅助人员，但不包括律师事务所的投资者）的所得，按工资、薪金所得项目征收个人所得税。

3. 作为律师事务所雇员的律师与律师事务所按规定的比例对收入分成，律师事务所不负担律师办理案件支出的费用（如交通费、资料费、通信费及聘请人员等费用），律师当月的分成收入按本条第二款的规定扣除办理案件支出的费用后，余额与律师事务所发给的工资合并，按工资、薪金所得应税项目计征个人所得税。

律师从其分成收入中扣除办理案件支出费用的标准，由各省级税务局根据当地律师办理案件费用支出的一般情况、律师与律师事务所之间的收入分成比例及其他相关参考因素，在律师当月分成收入的 35% 比例内确定。上述规定自 2013 年 1 月 1 日至 2015 年 12 月 31 日执行（已到期停止执行）。

4. 兼职律师从律师事务所取得工资、薪金性质的所得，律师事务所应预扣预缴其个人所得税。兼职律师应于次年 3 月 1 日至 6 月 30 日内自行向主管税务机关办理汇算清缴，多退少补税款。

5. 律师以个人名义再聘请其他人员为其工作而支付的报酬，应由该律师按劳务报酬所得项目负责代扣代缴个人所得税。

6. 律师从接受法律事务服务的当事人处取得法律顾问费或其他酬金等收入，应并入其从律师事务所取得的其他收入，按照规定计算缴纳个人所得税。

7. 律师个人承担的按照律师协会规定参加的业务培训费用，可据实扣除。律师事务所和律师个人发生的其他费用和列支标准，按照《个体工商户个人所得税计税办法》（总局令 2014 年第 35 号）等文件的规定执行。（以上内容见《国家税务总局关于律师事务所从业人员取得收入征收个人所得税有关业务问题的通知》国税发〔2000〕149 号、《国家税务总局关于强化律师事务所等中介机构投资者个人所得税查账征收的通知》国税发〔2002〕123 号、《国家税务总局关于律师事务所从业人员有关个人所得税问题的公告》总局公告 2012 年第 53 号、《国家税务总局关于 3 项个人所得税事项取消审批实施后续管理的公告》总局公告 2016 年第 5 号）

（十五）企业年金的计税规定

1. 企业年金和职业年金缴费的个人所得税处理。

（1）企业和事业单位根据国家有关政策规定的办法和标准，为在本单位任职或者受雇的全体职工缴付的企业年金或职业年金（统称年金）单位缴费部分，在计入个人科目时，个人暂不缴纳个人所得税。

（2）个人根据国家有关政策规定缴付的年金个人缴费部分，在不超过本人缴费工资计税基数的 4% 标准内的部分，暂从个人当期的应纳税所得额中扣除。

（3）超过上述两项规定的标准缴付的年金单位缴费和个人缴费部分，应并入个人当期的工资、薪金所得，依法计征个人所得税。税款由建立年金的单位代扣代缴，并向主管税务机关申报解缴。

企业年金个人缴费工资计税基数为本人上一年度月平均工资。月平均工资超过职工工作地所在设区城市上一年度职工月平均工资300%以上的部分，不计入个人缴费工资计税基数。

职业年金个人缴费工资计税基数为职工岗位工资和薪级工资之和。职工岗位工资和薪级工资之和超过职工工作地所在设区城市上一年度职工月平均工资300%以上的部分，不计入个人缴费工资计税基数。

2. 年金基金投资运营收益的个人所得税处理。

年金基金投资运营收益分配记入个人科目时，个人暂不缴纳个人所得税。

3. 领取年金的个人所得税处理。

（1）个人达到国家规定的退休年龄，领取的企业年金、职业年金，符合财税〔2013〕103号文件规定的，不并入综合所得，全额单独计算应纳税款。其中按月领取的，适用月度税率表计算纳税；按季领取的，平均分摊计入各月，按每月领取额适用月度税率表计算纳税；按年领取的，适用综合所得税率表计算纳税。

（2）对单位和个人在2014年1月1日之前开始缴付年金缴费，个人在2014年1月1日之后领取年金的，允许其从领取的年金中减除在2014年1月1日之前缴付的年金单位缴费和个人缴费且已经缴纳个人所得税的部分，就其余额按照上述第1项的规定征税。在个人分期领取年金的情况下，可按2014年1月1日之前缴付的年金缴费金额占全部缴费金额的百分比减计当期的应纳税所得额，减计后的余额，按照上述第1项的规定，计算缴纳个人所得税。

（3）个人因出境定居而一次性领取的年金个人账户资金，或个人死亡后，其指定的受益人或法定继承人一次性领取的年金个人账户余额，适用综合所得税率表计算纳税。对个人除上述特殊原因外一次性领取年金个人账户资金或余额的，适用月度税率表计算纳税。

4. 个人领取年金时，其应纳税款由受托人代表委托人委托托管人代扣代缴。（以上内容见《财政部、人力资源社会保障部、国家税务总局关于企业年金职业年金个人所得税有关问题的通知》财税〔2013〕103号、《财政部、税务总局关于个人所得税法修改后有关优惠政策衔接问题的通知》财税〔2018〕164号）

（十六）个人取得董事费的计税规定

1. 个人担任公司董事、监事，且不在公司任职、受雇的，其担任董事职务所取得的董事费收入，属于劳务报酬所得性质，按照劳务报酬所得项目征收个人所得税。

2. 个人在公司（包括关联公司）任职、受雇，同时兼任董事、监事的，应将董事费、监事费与个人工资收入合并，统一按工资、薪金所得项目缴纳个人所得税。

3. 外国企业的董事或合伙人担任该企业设立在中国境内的机构、场所的职务，或者名义上不担任该机构、场所的职务，但实际上从事日常经营、管理工作，其在中国境内从事上述工作取得的工资、薪金所得，属于来源于中国境内的所得，应按规定计算缴纳个人所得税。上述个人凡未申报或未如实申报其工资、薪金所得的，可比照国税发

〔1996〕214号文件第二条和第三条的规定核定其应取得的工资、薪金所得，并作为该中国境内机构、场所应负担的工资薪金确定纳税义务，计算应纳税额。（以上内容见《国家税务总局关于印发〈征收个人所得税若干问题的规定〉的通知》国税发〔1994〕89号、《国家税务总局关于明确个人所得税若干政策执行问题的通知》国税发〔2009〕121号、《国家税务总局关于外商投资企业的董事担任直接管理职务征收个人所得税问题的通知》国税发〔1996〕214号、《国家税务总局关于外国企业的董事在中国境内兼任职务有关税收问题的通知》国税函〔1999〕284号）

（十七）企业出资为个人购买房屋等财产的计税规定

企业出资购买房屋及其他财产，将所有权登记为投资者个人、投资者家庭成员或企业其他人员的；企业投资者个人、投资者家庭成员或企业其他人员向企业借款用于购买房屋及其他财产，将所有权登记为投资者、投资者家庭成员或企业其他人员，且借款年度终了后未归还借款的，不论所有权人是否将财产无偿或有偿交付企业使用，其实质均为企业对个人进行了实物性质的分配，应依法计征个人所得税。

1. 对个人独资企业、合伙企业的个人投资者或其家庭成员取得的上述所得，视为企业对个人投资者的利润分配，按照经营所得项目计征个人所得税。

2. 对除个人独资企业、合伙企业以外其他企业的个人投资者或其家庭成员取得的上述所得，视为企业对个人投资者的红利分配，按照利息、股息、红利所得项目计征个人所得税。

3. 对企业其他人员取得的上述所得，按照工资、薪金所得项目计征个人所得税。

考虑到股东个人名下的车辆同时也为企业经营使用的实际情况，允许合理减除部分所得，减除的具体数额由主管税务机关根据车辆的实际使用情况合理确定。

企业的上述支出不允许在所得税前扣除。

需要注意的是，《国家税务总局关于印发〈个人所得税管理办法〉的通知》（国税发〔2005〕120号）第35条第（四）项规定，加强个人投资者从其投资企业借款的管理，对期限超过一年又未用于企业生产经营的借款，严格按照有关规定征税。（以上内容见《财政部、国家税务总局关于企业为个人购买房屋或其他财产征收个人所得税问题的批复》财税〔2008〕83号、《财政部、国家税务总局关于规范个人投资者个人所得税征收管理的通知》财税〔2003〕158号、《国家税务总局关于企业为股东个人购买汽车征收个人所得税的批复2》国税函〔2005〕364号）

（十八）个人取得拍卖收入的计税规定

对于个人通过拍卖市场拍卖各种财产（包括字画、瓷器、玉器、珠宝、邮品、钱币、古籍、古董等物品）的所得应依法征收个人所得税。

1. 个人通过拍卖市场拍卖个人财产，对其取得所得按以下规定征税：

（1）根据国税发〔1994〕89号文件的规定，作者将自己的文字作品手稿原件或复印件拍卖取得的所得，扣除规定费用后，按照特许权使用费所得项目适用20%税率缴纳个人所得税。

（2）个人拍卖除文字作品原稿及复印件外的其他财产，应以其转让（拍卖）收入额减除财产原值和合理费用后的余额为应纳税所得额，按照财产转让所得项目适用20%税率缴纳个人所得税。

2. 对个人财产拍卖所得征收个人所得税时，以该项财产最终拍卖成交价格为其转让收入额。

3. 个人财产拍卖所得适用财产转让所得项目计算应纳税所得额时，纳税人凭合法有效凭证（税务机关监制的正式发票、相关境外交易单据或海关报关单据、完税证明等），从其转让收入额中减除相应的财产原值、拍卖财产过程中缴纳的税金及有关合理费用。

4. 纳税人如不能提供合法、完整、准确的财产原值凭证，不能正确计算财产原值的，按转让收入额的3%征收率计算缴纳个人所得税；拍卖品为经文物部门认定是海外回流文物的，按转让收入额的2%征收率计算缴纳个人所得税。

5. 个人财产拍卖所得应纳的个人所得税税款，由拍卖单位负责代扣代缴，并按规定向拍卖单位所在地主管税务机关办理纳税申报。（以上内容见《国家税务总局关于加强和规范个人取得拍卖收入征收个人所得税有关问题的通知》国税发〔2007〕38号）

（十九）个人转让住房取得收入的计税规定

《个人所得税法》规定，个人转让住房，以其转让收入额减除房屋原值和合理费用后的余额为应纳税所得额，按照财产转让所得项目缴纳个人所得税。

1. 对住房转让所得征收个人所得税时，以实际成交价格为转让收入。纳税人申报的住房成交价格明显低于市场价格且无正当理由的，征收机关依法有权根据有关信息核定其转让收入，但必须保证各税种计税价格一致。

2. 对转让住房收入计算个人所得税应纳税所得额时，凡纳税人能提供房屋购买合同、发票或建造成本、费用支出的有效凭证，或契税征管档案中有上次交易价格或建造成本、费用支出金额等记录的，经税务机关审核后，允许从其转让收入中减除房屋原值、转让住房过程中缴纳的税金及有关合理费用。

转让住房过程中缴纳的税金是指纳税人在转让住房时实际缴纳的城市维护建设税、教育费附加、土地增值税、印花税等税金，但不包括本次转让缴纳的增值税。合理费用是指纳税人按照规定实际支付的住房装修费用、住房贷款利息、手续费、公证费等费用。

3. 房屋原值参照国税发〔2006〕108号文件第二条确定。纳税人未提供完整、准确的房屋原值凭证，不能正确计算房屋原值和应纳税额的，税务机关可根据《征管法》的规定，对其实行核定征税，即按纳税人住房转让收入的一定比例核定应纳个人所得税额。具体比例由省级税务局或者省级税务局授权的地市级税务局，根据纳税人出售住房的所处区域、地理位置、建造时间、房屋类型、住房平均价格水平等因素，在住房转让收入1%～3%的幅度内确定。

4. 个人通过拍卖市场取得的房屋拍卖收入在计征个人所得税时，其房屋原值应按照纳税人提供的合法、完整、准确的凭证予以扣除；不能提供完整、准确的房屋原值凭证，不能正确计算房屋原值和应纳税额的，统一按转让收入全额的3%计算缴纳个人所得税。

为方便纳税人依法履行纳税义务和税务机关加强税收征管，纳税人在房屋转让（拍卖）后缴纳增值税、契税、土地增值税等税收的同时，一并申报缴纳个人所得税。

需要注意的是，个人出售商业用房取得的所得，应按规定缴纳个人所得税，不得享受自用5年以上的家庭唯一生活用房免税的政策。（以上内容见《国家税务总局关于个人住房转让所得征收个人所得税有关问题的通知》国税发〔2006〕108号、《国家税务总局关于个人转让房屋有关税收征管问题的通知》国税发

〔2007〕33 号、《国家税务总局关于个人取得房屋拍卖收入征收个人所得税问题的批复》国税函〔2007〕1145 号、《财政部、国家税务总局、建设部关于个人出售住房所得征收个人所得税有关问题的通知》财税字〔1999〕278 号）

（二十）离婚析产房屋的计税规定

1. 通过离婚析产的方式分割房屋产权是夫妻双方对共同共有财产的处置，个人因离婚办理房屋产权过户手续，不征收个人所得税。

2. 个人转让离婚析产房屋所取得的收入，允许扣除其相应的财产原值和合理费用后，余额按照规定的税率缴纳个人所得税；其相应的财产原值，为房屋初次购置全部原值和相关税费之和乘以转让者占房屋所有权的比例。

3. 个人转让离婚析产房屋所取得的收入，符合家庭生活自用五年以上唯一住房的，可以申请免征个人所得税，其购置时间按照国税发〔2005〕172 号文件执行。即：个人将通过受赠、继承、离婚财产分割等非购买形式取得的住房对外销售的行为，其购房时间按发生受赠、继承、离婚财产分割行为前的购房时间确定，其购房价格按发生受赠、继承、离婚财产分割行为前的购房原价确定。个人需持其通过受赠、继承、离婚财产分割等非购买形式取得住房的合法、有效法律证明文书，到税务部门办理相关手续。（以上内容见《国家税务总局关于明确个人所得税若干政策执行问题的通知》国税发〔2009〕121 号、《国家税务总局关于房地产税收政策中几个具体问题的通知》国税发〔2005〕172 号）

（二十一）个人无偿受赠房屋的计税规定

1. 房屋产权所有人将房屋产权无偿赠与他人不属于免税情形的，受赠人因无偿受赠房屋取得的受赠所得，按照经国务院财政部门确定征税的其他所得项目（新修改的《个人所得税法》征税项目中已不包括其他所得项目）缴纳个人所得税，税率为 20%。

对受赠人无偿受赠房屋计征个人所得税时，其应纳税所得额为房地产赠与合同上标明的赠与房屋价值减除赠与过程中受赠人支付的相关税费后的余额。

2. 受赠人转让受赠房屋的，以其转让受赠房屋的收入减除原捐赠人取得该房屋的实际购置成本以及赠与和转让过程中受赠人支付的相关税费后的余额，为受赠人的应纳税所得额，依法计征个人所得税。

赠与合同未标明房屋价值或标明的房屋价值明显低于市场价格且无正当理由的，以及受赠人转让受赠房屋价格明显偏低且无正当理由的，税务机关可以依据该房屋的市场评估价格或采取其他合理方式确定的价格核定其转让收入。

需要注意的是，在计征个人受赠不动产个人所得税时，不得核定征收，必须严格按照《税法》的规定据实征收。

3. 个人将通过无偿受赠方式取得的住房对外销售征收增值税时，对通过继承、遗嘱、离婚、赡养关系、直系亲属赠与方式取得的住房，该住房的购房时间按照国税发〔2005〕172 号文件中第四条有关购房时间的规定执行；对通过其他无偿受赠方式取得的住房，该住房的购房时间按照发生受赠行为后新的房屋产权证或契税完税证明上注明的时间确定，不再执行国税发〔2005〕172 号中第四条有关购房时间的规定。（以上内容见《财政部、国家税务总局关于个人无偿受赠房屋有关个人所得税问题的通知》财税〔2009〕78 号、《国家税务总局关于加强房地产交易个人无偿赠与不动产税收管理有关问题的通知》国税发〔2006〕144 号）

（二十二）企业促销展业赠送礼品的计税规定

对企业和单位（包括事业单位、社会团体、个人独资企业、合伙企业和个体工商户等）在营销活动中以折扣折让、赠品、抽奖等方式，向个人赠送现金、消费券、物品、服务等（简称礼品），按如下规定征免个人所得税。

1. 企业在销售商品（产品）和提供服务过程中向个人赠送礼品，属于下列情形之一的，不征收个人所得税：

（1）企业通过价格折扣、折让方式向个人销售商品（产品）和提供服务；

（2）企业在向个人销售商品（产品）和提供服务的同时给予赠品，如通信企业对个人购买手机赠话费、入网费，或者购话费赠手机等；

（3）企业对累积消费达到一定额度的个人按消费积分反馈礼品。

2. 企业向个人赠送礼品，属于下列情形之一的，取得该项所得的个人应依法缴纳个人所得税，税款由赠送礼品的企业代扣代缴：

（1）企业在业务宣传、广告等活动中，随机向本单位以外的个人赠送礼品，对个人取得的礼品所得，按照其他所得项目（新修改的《个人所得税法》征税项目中已不包括其他所得项目），全额适用20%的税率缴纳个人所得税。

（2）企业在年会、座谈会、庆典以及其他活动中向本单位以外的个人赠送礼品，对个人取得的礼品所得，按照其他所得项目（新修改的《个人所得税法》征税项目中已不包括其他所得项目），全额适用20%的税率缴纳个人所得税。

（3）企业对累积消费达到一定额度的顾客，给予额外抽奖机会，个人的获奖所得，按照偶然所得项目，全额适用20%的税率缴纳个人所得税。

3. 企业赠送的礼品是自产产品（服务）的，按该产品（服务）的市场销售价格确定个人的应税所得；是外购商品（服务）的，按该商品（服务）的实际购置价格确定个人的应税所得。

促销，就是营销者向消费者传递有关本企业及产品的各种信息，说服或吸引消费者购买其产品，以达到扩大销售量的目的。展业，是指开展业务，特指保险公司的业务人员开展保险业务。（以上内容见《财政部、国家税务总局关于企业促销展业赠送礼品有关个人所得税问题的通知》财税〔2011〕50号）

需要注意的是，网络红包有关个人所得税征管规定如下：

（1）对个人取得企业派发的现金网络红包，应按照偶然所得项目计算缴纳个人所得税，税款由派发红包的企业代扣代缴。

（2）对个人取得企业派发的且用于购买该企业商品（产品）或服务才能使用的非现金网络红包，包括各种消费券、代金券、抵用券、优惠券等，以及个人因购买该企业商品或服务达到一定额度而取得企业返还的现金网络红包，属于企业销售商品（产品）或提供服务的价格折扣、折让，不征收个人所得税。

（3）个人之间派发的现金网络红包，不属于个人所得税法规定的应税所得，不征收个人所得税。（以上内容见《国家税务总局关于加强网络红包个人所得税征收管理的通知》税总函〔2015〕409号）

（二十三）上市公司股息红利差别化的计税规定

1. 个人从公开发行和转让市场取得的上市公司股票，持股期限超过1年的，股息红利所得暂免征收个人所得税。

个人从公开发行和转让市场取得的上市公司股票，持股期限在1个月以内（含1个月）的，其股息红利所得全额计入应纳税所得额；持股期限在 1 个月以上至 1 年（含 1 年）的，暂减按 50% 计入应纳税所得额；上述所得统一适用 20% 的税率计征个人所得税。

2. 上市公司派发股息红利时，对个人持股 1 年以内（含 1 年）的，上市公司暂不扣缴个人所得税；待个人转让股票时，证券登记结算公司根据其持股期限计算应纳税额，由证券公司等股份托管机构从个人资金账户中扣收并划付证券登记结算公司，证券登记结算公司应于次月 5 个工作日内划付上市公司，上市公司在收到税款当月的法定申报期内向主管税务机关申报缴纳。

3. 应纳税所得额以个人投资者证券科目为单位计算，持股数量以每日日终结算后个人投资者证券科目的持有记录为准，证券科目取得或转让的股份数为每日日终结算后的净增（减）股份数。

4. 对个人持有的上市公司限售股，解禁后取得的股息红利，按照上述规定计算纳税，持股时间自解禁日起计算；解禁前取得的股息红利继续暂减按 50% 计入应纳税所得额，适用 20% 的税率计征个人所得税。

5. 证券投资基金从上市公司取得的股息红利所得，按照上述规定计征个人所得税。

上市公司是指在上海证券交易所、深圳证券交易所挂牌交易的上市公司；持股期限是指个人从公开发行和转让市场取得上市公司股票之日至转让交割该股票之日前一日的持有时间。个人转让股票时，按照先进先出的原则计算持股期限，即证券科目中先取得的股票视为先转让。限售股，是指财税〔2009〕167 号文件和财税〔2010〕70 号文件规定的限售股。

需要注意的是，全国中小企业股份转让系统挂牌公司股息红利个人所得税也实行差别化政策，具体规定与上市公司股息红利差别化个人所得税政策规定基本相同。（以上内容见《财政部、国家税务总局关于上市公司股息红利差别化个人所得税政策有关问题的通知》财税〔2015〕101 号、《财政部、国家税务总局、证监会关于实施上市公司股息红利差别化个人所得税政策有关问题的通知》财税〔2012〕85 号、《财政部、国家税务总局、证监会关于实施全国中小企业股份转让系统挂牌公司股息红利差别化个人所得税政策有关问题的通知》财税〔2014〕48 号）

（二十四）原盈余积累转增股本的计税规定

1. 一名或多名个人投资者以股权收购方式取得被收购企业 100% 股权，股权收购前，被收购企业原账面金额中的"资本公积、盈余公积、未分配利润"等盈余积累未转增股本，而在股权交易时将其一并计入股权转让价格并履行了所得税纳税义务。股权收购后，企业将原账面金额中的盈余积累向个人投资者（新股东）转增股本，有关个人所得税问题区分以下情形处理：

（1）新股东以不低于净资产价格收购股权的，企业原盈余积累已全部计入股权交易价格，新股东取得盈余积累转增股本的部分，不征收个人所得税。

（2）新股东以低于净资产价格收购股权的，企业原盈余积累中，对于股权收购价格减去原股本的差额部分已经计入股权交易价格，新股东取得盈余积累转增股本的部分，不征收个人所得税；对于股权收购价格低于原所有者权益的差额部分未计入股权交易价格，新股东取得盈余积累转增股本的部分，应按照利息、股息、红利所得项目征收个人所得税。

新股东以低于净资产价格收购企业股权后转增股本，应按照下列顺序进行，即先转增应税的盈余积累部分，然后再转增免税的盈余积累部分。

2. 新股东将所持股权转让时，其财产原值为其收购企业股权实际支付的对价及相关税费。

3. 企业发生股权交易及转增股本等事项后，应在次月 15 日内，将股东及其股权变化情况、股权交易前原账面记载的盈余积累数额、转增股本数额及扣缴税款情况报告主管税务机关。（以上内容见《国家税务总局关于个人投资者收购企业股权后将原盈余积累转增股本个人所得税问题的公告》总局公告 2013 年第 23 号）

第三节　征收管理

一、纳税期限

除特殊情况外，自行申报的纳税人每月应纳的税款，以及扣缴义务人每月扣缴的税款，均应当在次月 15 日内向主管税务机关申报个人所得并缴纳（解缴）税款。个人所得税纳税申报时间的具体规定如下：

（一）扣缴义务人的纳税申报时间

扣缴义务人每月或者每次预扣、代扣的税款，应当在次月 15 日内缴入国库，并向税务机关报送扣缴个人所得税申报表。

（二）自行申报的纳税申报时间

1. 居民个人取得综合所得，按年计算个人所得税；纳税人需要办理汇算清缴的，应当在取得所得的次年 3 月 1 日至 6 月 30 日内办理汇算清缴。

2. 纳税人取得经营所得，按年计算个人所得税，由纳税人在月度或者季度终了后 15 日内向税务机关报送纳税申报表，并预缴税款；在取得所得的次年 3 月 31 日前办理汇算清缴。

3. 纳税人取得应税所得没有扣缴义务人的，应当在取得所得的次月十五日内向税务机关报送纳税申报表，并缴纳税款。

4. 纳税人取得应税所得，扣缴义务人未扣缴税款的，纳税人应当在取得所得的次年 6 月 30 日前，缴纳税款；税务机关通知限期缴纳的，纳税人应当按照期限缴纳税款。

5. 居民个人从中国境外取得所得的，应当在取得所得的次年 3 月 1 日至 6 月 30 日内申报纳税。

6. 非居民个人在中国境内从两处以上取得工资、薪金所得的，应当在取得所得的次月十五日内申报纳税。

7. 纳税人因移居境外注销中国户籍的，应当在注销中国户籍前办理税款清算。

二、纳税地点

个人所得税的申报纳税地点一般为应税所得来源地的主管税务机关。

（一）扣缴义务人的纳税申报地点

扣缴义务人向纳税人支付所得的同时，应当依照《个人所得税法》和《个人所得税代扣代缴暂行办法》的规定代扣代缴（预扣预缴）税款，并在规定的时间内向所在地主管税务机关申报。

（二）自行申报的纳税申报地点

1. 综合所得。需要办理汇算清缴的纳税人，应当在取得所得的次年3月1日至6月30日内，向任职、受雇单位所在地主管税务机关办理纳税申报。纳税人有两处以上任职、受雇单位的，选择向其中一处任职、受雇单位所在地主管税务机关办理纳税申报；纳税人没有任职、受雇单位的，向户籍所在地或经常居住地主管税务机关办理纳税申报。

2. 经营所得。取得经营所得的，按年计算个人所得税，由纳税人在月度或季度终了后15日内，向经营管理所在地主管税务机关办理预缴纳税申报。在取得所得的次年3月31日前，向经营管理所在地主管税务机关办理汇算清缴；从两处以上取得经营所得的，选择向其中一处经营管理所在地主管税务机关办理年度汇总申报。

3. 扣缴义务人未扣缴税款。纳税人取得应税所得，扣缴义务人未扣缴税款的，应当区别以下情形办理纳税申报：

（1）居民个人取得综合所得的，纳税申报地点按照上述第1条办理。

（2）非居民个人取得工资、薪金所得，劳务报酬所得，稿酬所得，特许权使用费所得的，应当在取得所得的次年6月30日前，向扣缴义务人所在地主管税务机关办理纳税申报。有两个以上扣缴义务人均未扣缴税款的，选择向其中一处扣缴义务人所在地主管税务机关办理纳税申报。

（3）纳税人取得利息、股息、红利所得，财产租赁所得，财产转让所得和偶然所得的，应当在取得所得的次年6月30日前，按相关规定向主管税务机关办理纳税申报。

4. 取得境外所得。居民个人从中国境外取得所得的，应当在取得所得的次年3月1日至6月30日内，向中国境内任职、受雇单位所在地主管税务机关办理纳税申报；在中国境内没有任职、受雇单位的，向户籍所在地或中国境内经常居住地主管税务机关办理纳税申报；户籍所在地与中国境内经常居住地不一致的，选择其中一地主管税务机关办理纳税申报；在中国境内没有户籍的，向中国境内经常居住地主管税务机关办理纳税申报。

5. 因移居境外注销中国户籍。纳税人因移居境外注销中国户籍的，应当在申请注销中国户籍前，向户籍所在地主管税务机关办理纳税申报，进行税款清算。

6. 非居民个人从两处以上取得工资、薪金所得。非居民个人在中国境内从两处以上取得工资、薪金所得的，应当在取得所得的次月15日内，向其中一处任职、受雇单位所在地主管税务机关办理纳税申报。（以上内容见《国家税务总局关于个人所得税自行纳税申报有关问题的公告》总局公告2018年第62号）

三、税款征收方式

我国个人所得税目前有两种征收方式：一是代扣代缴（预扣预缴），二是自行申报，其中以支付单位代扣代缴（预扣预缴）方式为主，纳税人自行申报为辅。

（一）代扣代缴方式

代扣代缴，是指单位或个人在向个人支付应税所得时，按《税法》规定计算应纳税额，从其所得中扣出，并缴入国库，同时向税务机关报送扣缴个人所得税报告表及纳税相关资料的一种征收方式。

1. 基本规定。

《个人所得税法》规定，个人所得税以所得人为纳税人，以支付所得的单位或者个人为扣缴义务人。《个人所得税法实施条例》规定，扣缴义务人向个人支付（包括现金支付、汇拨支付、转账支付和以有价证券、实物以及其他形式的支付）应税款项时，应当依照《个人所得税法》规定代扣税款，按时缴库，并专项记载备查。

扣缴义务人，是指向个人支付所得的单位或者个人。具体来说，凡支付个人应税所得的企业（公司）、事业单位、机关、社团组织、军队、驻华机构、个体工商户等单位或者个人均为个人所得税的扣缴义务人。

由于支付所得的单位或个人与取得所得的个人之间存在多重支付的现象，有时难以确定扣缴义务人。为统一扣缴义务人认定标准，国家税务总局规定，凡税务机关认定对所得的支付对象和支付数额有决定权的单位和个人，即为扣缴义务人。（见《国家税务总局关于个人所得税偷税案件查处中有关问题的补充通知》国税函发〔1996〕602号）

行政机关、事业单位改革工资发放方式后，随着支付工资所得单位的变化，其扣缴义务人也有所变化。根据《个人所得税法》第八条的规定，凡是有向个人支付工薪所得行为的财政部门（或机关事务管理、人事等部门）、行政机关、事业单位均为个人所得税的扣缴义务人。财政部门（或机关事务管理、人事等部门）向行政机关、事业单位工作人员发放工资时应依法代扣代缴个人所得税。行政机关、事业单位再向个人支付与任职、受雇有关的其他所得时，应将个人的这部分所得与财政部门（或机关事务管理、人事等部门）发放的工资合并计算应纳税所得额和应纳税额，并就应纳税额与财政部门（或机关事务管理、人事等部门）已扣缴税款的差额部分代扣代缴个人所得税。（见《国家税务总局关于行政机关、事业单位工资发放方式改革后扣缴个人所得税问题的通知》国税发〔2001〕19号）

税务机关按规定应付给扣缴义务人所扣税款2%的手续费。税务机关按照规定付给扣缴义务人手续费，应当填开退还书；扣缴义务人凭退还书，按照国库管理有关规定办理退库手续。

需要注意的是，对扣缴义务人按照规定扣缴的税款，按年付给2%的手续费。但不包括税务机关、司法机关等查补或者责令补扣的税款。扣缴义务人领取的扣缴手续费可用于提升办税能力、奖励办税人员。（见《财政部、国家税务总局、中国人民银行关于进一步加强代扣代收代征税款手续费管理的通知》财行〔2005〕365号）

2. 扣缴义务人应依法履行全员全额扣缴申报义务。

《个人所得税法》规定，扣缴义务人应当依法办理全员全额扣缴申报，并向纳税人提供其个人所得和已扣缴税款等信息。

全员全额扣缴申报，是指扣缴义务人应当在代扣税款的次月十五日内，向主管税务机关报送其支付所得的所有个人的有关信息、支付所得数额、扣除事项和数额、扣缴税款的具体数额和总额以及其他相关涉税信息资料。实行个人所得税全员全额扣缴申报的应税所得包括：

（1）工资、薪金所得；

（2）劳务报酬所得；

（3）稿酬所得；

（4）特许权使用费所得：

（5）利息、股息、红利所得；

（6）财产租赁所得；

（7）财产转让所得；

（8）偶然所得。

上述各项个人应税所得代扣代缴或预扣预缴方法如下：

（1）居民个人工资、薪金所得预扣预缴税款的方法。

《税法》规定，居民纳税人取得综合所得有扣缴义务人的，由扣缴义务人按月或者按次预扣预缴税款。

扣缴义务人向居民个人支付工资、薪金所得时，按照累计预扣法计算预扣税款，并按月办理扣缴申报。累计预扣法，是指扣缴义务人在一个纳税年度内预扣预缴税款时，以纳税人在本单位截至本月取得工资、薪金所得累计收入减除累计免税收入、累计减除费用、累计专项扣除、累计专项附加扣除和累计依法确定的其他扣除后的余额为累计预扣预缴应纳税所得额，适用个人所得税综合税率表（见表6-2），计算累计应预扣预缴税额，再减除累计减免税额和累计已预扣预缴税额，其余额为本期应预扣预缴税额。余额为负值时，暂不退税。纳税年度终了后余额仍为负值时，由纳税人通过办理综合所得年度汇算清缴，税款多退少补。具体计算公式如下：

本期应预扣预缴税额 =（累计预扣预缴应纳税所得额 × 预扣率 - 速算扣除数）
- 累计减免税额 - 累计已预扣预缴税额

累计预扣预缴应纳税所得额 = 累计收入 - 累计免税收入 - 累计减除费用 - 累计专项扣除
- 累计专项附加扣除 - 累计依法确定的其他扣除

其中：累计减除费用，按照5 000元/月乘以纳税人当年截至本月在本单位的任职受雇月份数计算。

需要注意的是，居民个人向扣缴义务人提供有关信息并依法要求办理专项附加扣除的，扣缴义务人应当按照规定在工资、薪金所得按月预扣预缴税款时予以扣除，不得拒绝。

（2）居民个人劳务报酬所得、稿酬所得、特许权使用费所得预扣预缴税款的方法。

扣缴义务人向居民个人支付劳务报酬所得、稿酬所得和特许权使用费所得（简称三项所得）的，按以下方法按次或者按月预扣预缴个人所得税：

三项所得以每次收入减除费用后的余额为收入额；其中，稿酬所得的收入额减按70%计算。

预扣预缴税款时，三项所得每次收入不超过4 000元的，减除费用按800元计算；每次收入4 000元以上的，减除费用按收入的20%计算。

三项所得，以每次收入额为预扣预缴应纳税所得额，计算应预扣预缴税额。劳务报酬所得适用个人所得税预扣率表二（见表6－5），稿酬所得、特许权使用费所得适用20%的比例预扣率。个人所得税预扣率表二如表6－5所示。

表6－5　　个人所得税预扣率表二

（居民个人劳务报酬所得预扣预缴适用）

级数	预扣预缴应纳税所得额	预扣率（%）	速算扣除数
1	不超过20 000元的	20	0
2	超过20 000元至50 000元的部分	30	2 000
3	超过50 000元的部分	40	7 000

需要注意的是，三项所得预扣预缴与年度汇算清缴计税方法有所不同：

一是收入额的计算方法不同。年度汇算清缴时，收入额为收入减除20%的费用后的余额；预扣预缴时收入额为每次收入减除费用后的余额，其中，“收入不超过4 000元的，费用按800元计算；每次收入4 000元以上的，费用按20%计算”。

二是可扣除的项目不同。居民个人的上述三项所得和工资、薪金所得属于综合所得，年度汇算清缴时以四项所得的合计收入额减除费用6万元以及专项扣除、专项附加扣除和依法确定的其他扣除后的余额，为应纳税所得额。而根据《税法》及实施条例规定，上述三项所得日常预扣预缴税款时暂不减除专项附加扣除等扣除项目。

三是适用的税率（预扣率）不同。年度汇算清缴时，三项所得与工资、薪金所得合并适用3%～45%的七级超额累进税率；预扣预缴时，劳务报酬所得适用20%～40%的三级超额累进预扣率，稿酬所得、特许权使用费所得适用20%的比例预扣率。

（3）非居民个人取得所得代扣代缴方法。

扣缴义务人向非居民个人支付工资、薪金所得，劳务报酬所得，稿酬所得和特许权使用费所得时，应当按照以下方法按月或者按次代扣代缴税款：

①非居民个人的工资、薪金所得，以每月收入额减除费用5 000元后的余额为应纳税所得额，适用按月换算后的综合所得税率表，即月度税率表（见表6－3）计算应纳税额。

②劳务报酬所得、稿酬所得、特许权使用费所得，以每次收入额为应纳税所得额，适用按月换算后的综合所得税率表，即月度税率表（见表6－3）计算应纳税额。劳务报酬所得、稿酬所得、特许权使用费所得以收入减除20%的费用后的余额为收入额；其中，稿酬所得的收入额减按70%计算。

需要注意的是，非居民个人在一个纳税年度内税款扣缴方法保持不变，达到居民个人条件时，应当告知扣缴义务人基础信息变化情况，年度终了后按照居民个人有关规定办理汇算清缴。

（4）其他分类所得代扣代缴方法。

扣缴义务人支付利息、股息、红利所得，财产租赁所得，财产转让所得或者偶然所得时，应当依法按次或者按月代扣代缴税款。

（5）其他规定。

扣缴义务人首次向纳税人支付所得时，应当按照纳税人提供的纳税人识别号等基础信息，填写相应表单并于次月扣缴申报时向税务机关报送。扣缴义务人对纳税人向其报告的相关基础信息变化情况，应当于次月扣缴申报时向税务机关报送。

支付工资、薪金所得的扣缴义务人应当于年度终了后两个月内，向纳税人提供其个人所得和已扣缴税款等信息；纳税人年度中间需要提供上述信息的，扣缴义务人应当提供；纳税人取得除工资、薪金所得以外的其他所得，扣缴义务人应当在扣缴税款后，及时向纳税人提供其个人所得和已扣缴税款等信息。

扣缴义务人应当按照纳税人提供的信息计算税款、办理扣缴申报，不得擅自更改纳税人提供的信息。扣缴义务人发现纳税人提供的信息与实际情况不符的，可以要求纳税人修改。纳税人拒绝修改的，扣缴义务人应当报告税务机关，税务机关应当及时处理。纳税人发现扣缴义务人提供或者扣缴申报的个人信息、支付所得、扣缴税款等信息与实际情况不符的，有权要求扣缴义务人修改。扣缴义务人拒绝修改的，纳税人应当报告税务机关，税务机关应当及时处理。

扣缴义务人对纳税人提供的《个人所得税专项附加扣除信息表》，应当按照规定妥善留存备查；扣缴义务人应当依法对纳税人报送的专项附加扣除等相关涉税信息和资料保密。（以上内容见《国家税务总局关于发布〈个人所得税扣缴申报管理办法（试行）〉的公告》总局公告2018年第61号）

需要注意的是，2001年5月1日后，对扣缴义务人应扣未扣税款，适用修订后的《征管法》和国税发〔2003〕47号文件，由税务机关责成扣缴义务人向纳税人追缴税款，对扣缴义务人处应扣未扣税款50%以上3倍以下的罚款。按照《征管法》规定的原则，扣缴义务人应扣未扣税款，无论适用修订前还是修订后的《征管法》，均不得向纳税人或扣缴义务人加收滞纳金。（见《国家税务总局关于行政机关应扣未扣个人所得税问题的批复》国税函〔2004〕1199号）

3. 境内派出机构的代扣代缴税款义务。

纳税人受雇于中国境内的公司、企业和其他经济组织以及政府部门并派往境外工作，其所得由境内派出单位支付或负担的，境内派出单位为个人所得税扣缴义务人，税款由境内派出单位负责代扣代缴；其所得由境外任职、受雇的中方机构［境内单位所属的境外分支机构、使（领）馆、子公司、代表处等］支付、负担的，可委托其境内派出（投资）机构代征税款。

中国境内的公司、企业和其他经济组织以及政府部门，凡有外派人员的，应在每一公历年度终了后30日内向主管税务机关报送外派人员情况。（以上内容见《国家税务总局关于印发〈境外所得个人所得税征收管理暂行办法〉的通知》国税发〔1998〕126号）

个人在中国境内外商投资企业中任职、受雇应取得的工资、薪金，应由该外商投资企业支付。在中国境内的外商投资企业，对其雇员所取得的应由其支付的工资、薪金由境外总机构或关联企业支付的，该外商投资企业仍应依照《个人所得税法》的规定，据实汇集申报有关资料，负责代扣代缴个人所得税。在中国境内设有机构、场所的外国企业，对其雇员所取得的由境外总机构或关联企业支付的工资、薪金，也应比照上述规定，负责代扣代缴个人所得税。（见《国家税务总局关于外商投资企业和外国企业对境外企业支付其雇员工资薪金代扣代缴个人所得税问题的通知》国税发〔1999〕241号）

（二）自行申报方式

自行申报纳税，是指纳税人（自然人）取得应税所得后，按照《个人所得税法》规定的期限，自行向税务机关申报应纳税收入，填写个人所得税申报表，按《个人所得税法》规定计算并缴纳个人所得税的一种征收方式。

纳税人可以采用远程办税端、邮寄等方式申报，也可以直接到主管税务机关申报。

《个人所得税法》规定，有下列情形之一的，纳税人应当依法办理纳税申报：

（1）取得综合所得需要办理汇算清缴；

（2）取得应税所得没有扣缴义务人；

（3）取得应税所得，扣缴义务人未扣缴税款；

（4）取得境外所得；

（5）因移居境外注销中国户籍；

（6）非居民个人在中国境内从两处以上取得工资、薪金所得；

（7）国务院规定的其他情形。

1. 取得综合所得需要办理汇算清缴的纳税申报。

取得综合所得且符合下列情形之一的纳税人，应当依法办理汇算清缴：

（1）从两处以上取得综合所得，且综合所得年收入额减除专项扣除后的余额超过6万元；

（2）取得劳务报酬所得、稿酬所得、特许权使用费所得中一项或者多项所得，且综合所得年收入额减除专项扣除的余额超过6万元；

（3）纳税年度内预缴税额低于应纳税额；

（4）纳税人申请退税。

需要办理汇算清缴的纳税人，应当在取得所得的次年3月1日至6月30日内，向任职、受雇单位所在地主管税务机关办理纳税申报，并报送相应纳税申报表。纳税人有两处以上任职、受雇单位的，选择向其中一处任职、受雇单位所在地主管税务机关办理纳税申报；纳税人没有任职、受雇单位的，向户籍所在地或经常居住地主管税务机关办理纳税申报。

纳税人办理综合所得汇算清缴，应当准备与收入、专项扣除、专项附加扣除、依法确定的其他扣除、捐赠、享受税收优惠等相关的资料，并按规定留存备查或报送。

2. 取得经营所得的纳税申报。

个体工商户业主、个人独资企业投资者、合伙企业个人合伙人、承包承租经营者个人以及其他从事生产、经营活动的个人取得经营所得，按年计算个人所得税，由纳税人在月度或季度终了后15日内，向经营管理所在地主管税务机关办理预缴纳税申报，并报送相应纳税申报表。在取得所得的次年3月31日前，向经营管理所在地主管税务机关办理汇算清缴，并报送相应纳税申报表；从两处以上取得经营所得的，选择向其中一处经营管理所在地主管税务机关办理年度汇总申报，并报送相应纳税申报表。

3. 取得应税所得，扣缴义务人未扣缴税款的纳税申报。

纳税人取得应税所得，扣缴义务人未扣缴税款的，应当区别以下情形办理纳税申报：

（1）居民个人取得综合所得的，按照上述第 1 条办理。

（2）非居民个人取得工资、薪金所得，劳务报酬所得，稿酬所得，特许权使用费所得的，应当在取得所得的次年 6 月 30 日前，向扣缴义务人所在地主管税务机关办理纳税申报，并报送相应纳税申报表。有两个以上扣缴义务人均未扣缴税款的，选择向其中一处扣缴义务人所在地主管税务机关办理纳税申报。

非居民个人在次年 6 月 30 日前离境（临时离境除外）的，应当在离境前办理纳税申报。

（3）纳税人取得利息、股息、红利所得，财产租赁所得，财产转让所得和偶然所得的，应当在取得所得的次年 6 月 30 日前，按相关规定向主管税务机关办理纳税申报，并报送相应纳税申报表。

税务机关通知限期缴纳的，纳税人应当按照期限缴纳税款。

4. 取得境外所得的纳税申报。

居民个人从中国境外取得所得的，应当在取得所得的次年 3 月 1 日至 6 月 30 日内，向中国境内任职、受雇单位所在地主管税务机关办理纳税申报；在中国境内没有任职、受雇单位的，向户籍所在地或中国境内经常居住地主管税务机关办理纳税申报；户籍所在地与中国境内经常居住地不一致的，选择其中一地主管税务机关办理纳税申报；在中国境内没有户籍的，向中国境内经常居住地主管税务机关办理纳税申报。

5. 因移居境外注销中国户籍的纳税申报。

纳税人因移居境外注销中国户籍的，应当在申请注销中国户籍前，向户籍所在地主管税务机关办理纳税申报，进行税款清算。

（1）纳税人在注销户籍年度取得综合所得的，应当在注销户籍前，办理当年综合所得的汇算清缴，并报送相应纳税申报表。尚未办理上一年度综合所得汇算清缴的，应当在办理注销户籍纳税申报时一并办理。

（2）纳税人在注销户籍年度取得经营所得的，应当在注销户籍前，办理当年经营所得的汇算清缴，并报送相应纳税申报表。尚未办理上一年度经营所得汇算清缴的，应当在办理注销户籍纳税申报时一并办理。

（3）纳税人在注销户籍当年取得利息、股息、红利所得，财产租赁所得，财产转让所得和偶然所得的，应当在注销户籍前，申报当年上述所得的完税情况，并报送相应纳税申报表。

纳税人有未缴或者少缴税款的，应当在注销户籍前，结清欠缴或未缴的税款。纳税人存在分期缴税且未缴纳完毕的，应当在注销户籍前，结清尚未缴纳的税款。

纳税人办理注销户籍纳税申报时，需要办理专项附加扣除、依法确定的其他扣除的，应当向税务机关报送相应表单。

6. 非居民个人在中国境内从两处以上取得工资、薪金所得的纳税申报。

非居民个人在中国境内从两处以上取得工资、薪金所得的，应当在取得所得的次月 15 日内，向其中一处任职、受雇单位所在地主管税务机关办理纳税申报，并报送相应纳税申报表。（以上内容见《国家税务总局关于个人所得税自行纳税申报有关问题的公告》总局公告 2018 年第 62 号）

四、纳税调整

对个人以获取税收利益为主要目的，不按独立交易原则转让财产、在境外避税地实施不合理商业安排等避税行为，《个人所得税法》规定了反避税条款。有下列情形之一的，税务机关有权按照合理方法进行纳税调整：

1. 个人与其关联方之间的业务往来不符合独立交易原则而减少本人或者其关联方应纳税额，且无正当理由；

2. 居民个人控制的，或者居民个人和居民企业共同控制的设立在实际税负明显偏低的国家（地区）的企业，无合理经营需要，对应当归属于居民个人的利润不做分配或者减少分配；

3. 个人实施其他不具有合理商业目的的安排而获取不当税收利益。

税务机关依照上述规定作出纳税调整，需要补征税款的，应当补征税款，并依法加收利息。上述所称利息，应当按照税款所属纳税申报期最后一日中国人民银行公布的与补税期间同期的人民币贷款基准利率计算，自税款纳税申报期满次日起至补缴税款期限届满之日止按日加收。纳税人在补缴税款期限届满前补缴税款的，利息加收至补缴税款之日。

五、减免税审批

在纳税人享受个人所得税优惠政策时，是否须经税务机关审核或批准，应按照以下原则执行：

1. 税收法律、行政法规、部门规章和其他税收规范性文件中未明确规定减免税必须经税务机关审批的，且纳税人取得的所得完全符合减免税条件的，无须经主管税务机关审批，纳税人可自行享受减免税政策。

2. 税收法律、行政法规、部门规章和其他税收规范性文件中明确规定减免税必须经税务机关审批的，或者纳税人无法准确判断其取得的所得是否应享受个人所得税减免的，必须经主管税务机关按照有关规定审核或批准后，方可减免个人所得税。

3. 纳税人有《个人所得税法》第五条规定情形之一的，必须经主管税务机关批准，方可减征个人所得税。即：

（1）残疾、孤老人员和烈属的所得；

（2）因严重自然灾害造成重大损失的；

（3）其他经国务院财政部门批准减税的。（以上内容见《国家税务总局关于个人所得税若干政策问题的批复》国税函〔2002〕629号）

六、退税处理

纳税人办理汇算清缴退税或者扣缴义务人为纳税人办理汇算清缴退税的，税务机关审核后，按照国库管理的有关规定办理退税。

纳税人申请退税时提供的汇算清缴信息有错误的，税务机关应当告知其更正；纳税人更正的，税务机关应当及时办理退税。

扣缴义务人未将扣缴的税款解缴入库的，不影响纳税人按照规定申请退税，税务机关应当凭纳税人提供的有关资料办理退税。

七、纳税人识别号

自然人纳税人识别号，是自然人纳税人办理各类涉税事项的唯一代码标识。《个人税法》规定，纳税人有中国公民身份号码的，以中国公民身份号码为纳税人识别号；纳税人没有中国公民身份号码的，由税务机关赋予其纳税人识别号。扣缴义务人扣缴税款时，纳税人应当向扣缴义务人提供纳税人识别号。

纳税人办理涉税业务涉及的纳税人识别号具体规定如下：

1. 纳税人首次办理涉税事项时，应当向税务机关或者扣缴义务人出示有效身份证件，并报送相关基础信息。“有效身份证件”是指：

（1）纳税人为中国公民且持有有效《中华人民共和国居民身份证》（简称“居民身份证”）的，为居民身份证。

（2）纳税人为华侨且没有居民身份证的，为有效的《中华人民共和国护照》和华侨身份证明。

（3）纳税人为港澳居民的，为有效的《港澳居民来往内地通行证》或《中华人民共和国港澳居民居住证》。

（4）纳税人为台湾居民的，为有效的《台湾居民来往大陆通行证》或《中华人民共和国台湾居民居住证》。

（5）纳税人为持有有效《中华人民共和国外国人永久居留身份证》（以下简称“永久居留证”）的外籍个人的，为永久居留证和外国护照；未持有永久居留证但持有有效《中华人民共和国外国人工作许可证》（以下简称“工作许可证”）的，为工作许可证和外国护照；其他外籍个人，为有效的外国护照。

2. 税务机关应当在赋予自然人纳税人识别号后告知或者通过扣缴义务人告知纳税人其纳税人识别号，并为自然人纳税人查询本人纳税人识别号提供便利。

3. 自然人纳税人办理纳税申报、税款缴纳、申请退税、开具完税凭证、纳税查询等涉税事项时应当向税务机关或扣缴义务人提供纳税人识别号。（以上内容见《国家税务总局关于自然人纳税人识别号有关事项的公告》总局公告 2018 年第 59 号）

八、开具纳税记录

从 2019 年 1 月 1 日起，纳税人申请开具税款所属期为 2019 年 1 月 1 日（含）以后的个人所得税缴（退）税情况证明的，税务机关不再开具《税收完税证明》（文书式），调整为开具《纳税记录》；纳税人申请开具税款所属期为 2018 年 12 月 31 日（含）以前个人所得税缴（退）税情况证明的，税务机关继续开具《税收完税证明》（文书式）。

1. 纳税人2019年1月1日以后取得应税所得并由扣缴义务人向税务机关办理了全员全额扣缴申报，或根据税法规定自行向税务机关办理纳税申报的，不论是否实际缴纳税款，均可以申请开具《纳税记录》。

2. 纳税人可以通过电子税务局、手机APP申请开具本人的个人所得税《纳税记录》，也可到办税服务厅申请开具。

3. 纳税人可以委托他人持下列证件和资料到办税服务厅代为开具个人所得税《纳税记录》：

（1）委托人及受托人有效身份证件原件；

（2）委托人书面授权资料。

4. 纳税人对个人所得税《纳税记录》存在异议的，可以向该项记录中列明的税务机关申请核实。

5. 税务机关提供个人所得税《纳税记录》的验证服务，支持通过电子税务局、手机APP等方式进行验证。（以上内容见《国家税务总局关于将个人所得税〈税收完税证明〉（文书式）调整为〈纳税记录〉有关事项的公告》总局公告2018年第55号）

九、部门协作

考虑到个人所得税纳税人的特殊性以及专项附加扣除的存在，推进部门共治共管和联合惩戒，完善自然人税收管理法律支撑非常重要。

（一）《个人所得税法》规定

公安、人民银行、金融监督管理等相关部门应当协助税务机关确认纳税人的身份、金融账户信息。教育、卫生、医疗保障、民政、人力资源社会保障、住房城乡建设、公安、人民银行、金融监督管理等相关部门应当向税务机关提供纳税人子女教育、继续教育、大病医疗、住房贷款利息、住房租金、赡养老人等专项附加扣除信息。

个人转让不动产的，税务机关应当根据不动产登记等相关信息核验应缴的个人所得税，登记机构办理转移登记时，应当查验与该不动产转让相关的个人所得税的完税凭证。个人转让股权办理变更登记的，市场主体登记机关应当查验与该股权交易相关的个人所得税的完税凭证。

有关部门依法将纳税人、扣缴义务人遵守本法的情况纳入信用信息系统，并实施联合激励或者惩戒。

（二）《个人所得税专项附加扣除暂行办法》规定

《个人所得税专项附加扣除暂行办法》第二十六条规定，有关部门和单位有责任和义务向税务部门提供或者协助核实以下与专项附加扣除有关的信息：

1. 公安部门有关户籍人口基本信息、户成员关系信息、出入境证件信息、相关出国人员信息、户籍人口死亡标识等信息；

2. 卫生健康部门有关出生医学证明信息、独生子女信息；

3. 民政部门、外交部门、法院有关婚姻状况信息；

4. 教育部门有关学生学籍信息（包括学历继续教育学生学籍、考籍信息）、在相关部门备案的境外教育机构资质信息；

5. 人力资源社会保障等部门有关技工院校学生学籍信息、技能人员职业资格继续教育信息、专业技术人员职业资格继续教育信息；

6. 住房城乡建设部门有关房屋（含公租房）租赁信息、住房公积金管理机构有关住房公积金贷款还款支出信息；

7. 自然资源部门有关不动产登记信息；

8. 人民银行、金融监督管理部门有关住房商业贷款还款支出信息；

9. 医疗保障部门有关在医疗保障信息系统记录的个人负担的医药费用信息；

10. 国务院税务主管部门确定需要提供的其他涉税信息。

上述数据信息的格式、标准、共享方式，由国务院税务主管部门及各省、自治区、直辖市和计划单列市税务局商有关部门确定。

有关部门和单位拥有专项附加扣除涉税信息，但未按规定要求向税务部门提供的，拥有涉税信息的部门或者单位的主要负责人及相关人员承担相应责任。

税务机关核查专项附加扣除情况时，纳税人任职受雇单位所在地、经常居住地、户籍所在地的公安派出所、居民委员会或者村民委员会等有关单位和个人应当协助核查。

第四节　专项附加扣除

专项附加扣除，是指子女教育、继续教育、大病医疗、住房贷款利息、住房租金、赡养老人等6项扣除，在费用扣除方面体现了个人生活和支出的差异性和个性化需求。专项附加扣除是与综合税制相伴生的，按年计税、自行申报等综合税制要素是专项附加扣除的必要前提。

一、政策规定

（一）子女教育

1. 扣除标准。按照每个子女每月1 000元的标准定额扣除。

2. 适用范围和条件。学前教育：年满3周岁至小学入学前；全日制学历教育：义务教育（小学、初中教育）、高中阶段教育（普通高中、中等职业、技工教育）、高等教育阶段（大学专科、大学本科、硕士研究生、博士研究生教育）。

3. 享受扣除政策对象。对每个子女，父母可以选择由其中一方按扣除标准的100%扣除，也可以选择由双方分别按扣除标准的50%扣除，具体扣除方式一经选定，在一个纳税年度内不能变更。

4. 享受环节。可以选择在预扣预缴或年度汇算清缴环节享受。

5. 留存备查资料。子女在中国境外接受教育的，纳税人应当留存境外学校录取通知书、留学签证等相关境外教育佐证资料备查。

6. 起止时间。学前教育阶段的，年满 3 周岁的当月至小学入学前一个月；全日制学历教育，则起止时间为接受教育的入学当月至学历教育结束的当月。

7. 补充说明。包含因病或其他非主观原因休学但学籍继续保留的休学期间，以及施教机构按规定组织实施的寒暑假等假期。

（二）继续教育

1. 扣除标准。在学历（学位）教育期间按照每月 400 元定额扣除；接受职业资格继续教育的，在取得相关证书的当年，按照 3 600 元定额扣除。

2. 适用范围和条件。纳税人在中国境内接受学历（学位）继续教育；纳税人接受技能人员职业资格继续教育、专业技术人员职业资格继续教育。

3. 享受扣除政策对象。接受学历（学位）继续教育和技能人员职业资格继续教育、专业技术人员职业资格继续教育的本人。个人接受本科及以下学历（学位）继续教育，可以选择由其父母扣除，也可以选择由本人扣除。

4. 享受环节。可以选择在预扣预缴或年度汇算清缴环节享受。

5. 留存备查资料。接受技能人员职业资格继续教育、专业技术人员职业资格继续教育的，应当留存职业资格相关证书等资料备查。

6. 起止时间。学历（学位）继续教育入学的当月至学历（学位）继续教育结束的当月。职业资格继续教育，则取得的技能人员、专业技术人员职业资格继续教育相关证书上载明的发证（批准）日期的所属年度，即为可以扣除的年度。

7. 补充说明。同一学历（学位）继续教育的扣除期限不能超过 48 个月。包含因病或其他非主观原因休学但学籍继续保留的休学期间，以及施教机构按规定组织实施的寒暑假等假期。

（三）大病医疗

1. 扣除标准。纳税人在办理年度汇算清缴时，在 80 000 元限额内据实扣除。

2. 适用范围和条件。纳税人发生的与基本医保相关的医药费用支出，扣除医保报销后个人负担（指医保目录范围内的自付部分）累计超过 15 000 元的部分。

3. 享受扣除政策对象。纳税人发生的医药费用支出可以选择由本人或者其配偶扣除；未成年子女发生的医药费用支出可以选择由其父母一方扣除。纳税人及其配偶、未成年子女发生的医药费用支出，按规定分别计算扣除额。

4. 享受环节。纳税人只能在年度汇算清缴环节享受。

5. 留存备查资料。应当留存大病患者医药服务收费及医保报销相关票据原件或复印件，或者医疗保障部门出具的纳税年度医药费用清单等资料备查。

6. 起止时间。为医疗保险管理信息系统记录的医疗服务费用实际支出的当年。

7. 补充说明。只有个人负担（指医保目录范围内的自付部分）累计超过 15 000 元的部分，才可以在 80 000 元限额内据实扣除。

（四）住房贷款利息

1. 扣除标准。在实际发生贷款利息的年度，按照每月 1 000 元的标准定额扣除。

2. 适用范围和条件。纳税人本人或者配偶单独或者共同使用商业银行或者住房公积金个人住房贷款为本人或者其配偶购买中国境内住房。

3. 享受扣除政策对象。经夫妻双方约定，可以选择由其中一方扣除，具体扣除方式在一个纳税年度内不能变更。

夫妻双方婚前分别购买住房发生的首套住房贷款，其贷款利息支出，婚后可以选择其中一套购买的住房，由购买方按扣除标准的100%扣除，也可以由夫妻双方对各自购买的住房分别按扣除标准的50%扣除，具体扣除方式在一个纳税年度内不能变更。

4. 享受环节。可以选择在预扣预缴或年度汇算清缴环节享受。

5. 留存备查资料。应当留存住房贷款合同、贷款还款支出凭证等资料备查。

6. 起止时间。贷款合同约定开始还款的当月至贷款全部归还或贷款合同终止的当月，但扣除期限最长不得超过240个月。

7. 补充说明。纳税人只能享受一次首套住房贷款的利息扣除。首套住房贷款是指购买住房享受首套住房贷款利率的住房贷款。

（五）住房租金

1. 扣除标准。一类城市扣除标准为每月1 500元；二类城市扣除标准为每月1 100元；三类城市扣除标准为每月800元。

2. 适用范围和条件。一类城市：直辖市、省会（首府）城市、计划单列市以及国务院确定的其他城市；二类城市：除第一项所列城市以外，市辖区户籍人口超过100万的城市；三类城市：市辖区户籍人口不超过100万的城市。

3. 享受扣除政策对象。纳税人（包括其配偶）在主要工作城市没有自有住房。夫妻双方主要工作城市相同的，只能由一方扣除。主要工作城市是指纳税人任职受雇的城市全部行政区域范围；纳税人无任职受雇单位的，为受理其综合所得汇算清缴的税务机关所在城市。

4. 享受环节。可以选择在预扣预缴或年度汇算清缴环节享受。

5. 纳税人留存备查资料。应当留存住房租赁合同、协议等有关资料备查。

6. 起止时间。租赁合同（协议）约定的房屋租赁期开始的当月至租赁期结束的当月；提前终止合同（协议）的，扣除停止时间为实际租赁行为终止的当月。

7. 补充说明。纳税人及其配偶在一个纳税年度内不能同时分别享受住房贷款利息和住房租金专项附加扣除。

（六）赡养老人

1. 扣除标准。纳税人为独生子女的，按照每月2 000元的标准定额扣除；纳税人为非独生子女的，由其与兄弟姐妹分摊每月2 000元的扣除额度，每人分摊的额度不能超过每月1 000元。

2. 适用范围和条件。赡养老人的子女。

3. 享受扣除政策对象。独生子女本人；非独生子女则协商确定。

4. 享受环节。可以选择在预扣预缴或年度汇算清缴环节享受。

5. 留存备查资料。应当留存约定分摊或指定分摊的书面分摊协议等资料备查。

6. 起止时间。被赡养人年满60周岁的当月至赡养义务终止的年末。

7. 补充说明。被赡养人是指年满60岁的父母，以及子女均已去世的年满60岁的祖父母、外祖父母。

需要注意的是，上述所称父母，是指生父母、继父母、养父母；所称子女，是指婚生子女、非婚生子女、继子女、养子女。父母之外的其他人担任未成年人的监护人的，比照上述规定执行。

二、操作办法

（一）享受扣除办理时间

1. 扣除时间。享受子女教育、继续教育、住房贷款利息或者住房租金、赡养老人专项附加扣除的纳税人，自符合条件开始，可以向支付工资、薪金所得的扣缴义务人提供上述专项附加扣除有关信息，由扣缴义务人在预扣预缴税款时，按其在本单位本年可享受的累计扣除额办理扣除；也可以在次年 3 月 1 日至 6 月 30 日内，向汇缴地主管税务机关办理汇算清缴申报时扣除。

享受大病医疗专项附加扣除的纳税人，由其在次年 3 月 1 日至 6 月 30 日内，自行向汇缴地主管税务机关办理汇算清缴申报时扣除。

纳税人同时从两处以上取得工资、薪金所得，并由扣缴义务人办理上述专项附加扣除的，对同一专项附加扣除项目，一个纳税年度内，纳税人只能选择从其中一处扣除。

纳税人未取得工资、薪金所得，仅取得劳务报酬所得、稿酬所得、特许权使用费所得需要享受专项附加扣除的，应当在次年 3 月 1 日至 6 月 30 日内，自行向汇缴地主管税务机关报送《扣除信息表》，并在办理汇算清缴申报时扣除。

2. 补充扣除。一个纳税年度内，纳税人在扣缴义务人预扣预缴税款环节未享受或未足额享受专项附加扣除的，可以在当年内向支付工资、薪金的扣缴义务人申请在剩余月份发放工资、薪金时补充扣除，也可以在次年 3 月 1 日至 6 月 30 日内，向汇缴地主管税务机关办理汇算清缴时申报扣除。

（二）报送信息及留存备查资料

1. 资料报送。纳税人选择在扣缴义务人发放工资、薪金所得时享受专项附加扣除的，首次享受时应当填写并向扣缴义务人报送《个人所得税专项附加扣除信息表》（简称《扣除信息表》）；纳税年度中间相关信息发生变化的，纳税人应当更新《扣除信息表》相应栏次，并及时报送给扣缴义务人。

更换工作单位的纳税人，需要由新任职、受雇扣缴义务人办理专项附加扣除的，应当在入职的当月，填写并向扣缴义务人报送《扣除信息表》。

纳税人次年需要由扣缴义务人继续办理专项附加扣除的，应当于每年 12 月份对次年享受专项附加扣除的内容进行确认，并报送至扣缴义务人。纳税人未及时确认的，扣缴义务人于次年 1 月起暂停扣除，待纳税人确认后再行办理专项附加扣除。

扣缴义务人应当将纳税人报送的专项附加扣除信息，在次月办理扣缴申报时一并报送至主管税务机关。

纳税人选择在汇算清缴申报时享受专项附加扣除的，应当填写并向汇缴地主管税务机关报送《扣除信息表》。

2. 信息受理。纳税人将需要享受的专项附加扣除项目信息填报至《扣除信息表》

相应栏次。填报要素完整的，扣缴义务人或者主管税务机关应当受理；填报要素不完整的，扣缴义务人或者主管税务机关应当及时告知纳税人补正或重新填报。纳税人未补正或重新填报的，暂不办理相关专项附加扣除，待纳税人补正或重新填报后再行办理。

3. 纳税人责任。纳税人应当对报送的专项附加扣除信息的真实性、准确性、完整性负责。

（三）信息报送方式

纳税人可以通过远程办税端、电子模板或者纸质报表等方式，向扣缴义务人或者主管税务机关报送个人专项附加扣除信息。

1. 纳税人选择纳税年度内由扣缴义务人办理专项附加扣除的，按下列规定办理：

（1）纳税人通过远程办税端选择扣缴义务人并报送专项附加扣除信息的，扣缴义务人根据接收的扣除信息办理扣除。

（2）纳税人通过填写电子模板或者纸质《扣除信息表》直接报送扣缴义务人的，扣缴义务人将相关信息导入或者录入扣缴端软件，并在次月办理扣缴申报时提交给主管税务机关。《扣除信息表》应当一式两份，纳税人和扣缴义务人签字（章）后分别留存备查。

2. 纳税人选择年度终了后办理汇算清缴申报时享受专项附加扣除的，既可以通过远程办税端报送专项附加扣除信息，也可以将电子模板或者纸质《扣除信息表》（一式两份）报送给汇缴地主管税务机关。

报送电子《扣除信息表》的，主管税务机关受理打印，交由纳税人签字后，一份由纳税人留存备查，一份由税务机关留存；报送纸质《扣除信息表》的，纳税人签字确认、主管税务机关受理签章后，一份退还纳税人留存备查，一份由税务机关留存。

需要注意的是，扣缴义务人和税务机关应当告知纳税人办理专项附加扣除的方式和渠道，鼓励并引导纳税人采用远程办税端（个人所得税 APP、WEB 网页端）报送信息。

（四）后续管理

1. 资料留存期限。纳税人应当将《扣除信息表》及相关留存备查资料，自法定汇算清缴期结束后保存 5 年。纳税人报送给扣缴义务人的《扣除信息表》，扣缴义务人应当自预扣预缴年度的次年起留存 5 年。

2. 扣缴义务人责任。纳税人向扣缴义务人提供专项附加扣除信息的，扣缴义务人应当按照规定予以扣除，不得拒绝。扣缴义务人应当为纳税人报送的专项附加扣除信息保密。

扣缴义务人应当及时按照纳税人提供的信息计算办理扣缴申报，不得擅自更改纳税人提供的相关信息。

扣缴义务人发现纳税人提供的信息与实际情况不符，可以要求纳税人修改。纳税人拒绝修改的，扣缴义务人应当向主管税务机关报告，税务机关应当及时处理。

3. 抽查核对。税务机关定期对纳税人提供的专项附加扣除信息开展抽查。税务机关核查时，纳税人无法提供留存备查资料，或者留存备查资料不能支持相关情况的，税务机关可以要求纳税人提供其他佐证；不能提供其他佐证材料，或者佐证材料仍不足以支持的，不得享受相关专项附加扣除。

税务机关核查专项附加扣除情况时，纳税人任职受雇单位所在地、经常居住地、户籍所在地的公安派出所、居民委员会或者村民委员会等有关单位和个人应当协助核查。

4. 信用惩戒。纳税人有下列情形之一的，主管税务机关应当责令其改正；情形严重的，应当纳入有关信用信息系统，并按照国家有关规定实施联合惩戒；涉及违反税收征管法等法律法规的，税务机关依法进行处理：

（1）报送虚假专项附加扣除信息；

（2）重复享受专项附加扣除；

（3）超范围或标准享受专项附加扣除；

（4）拒不提供留存备查资料；

（5）税务总局规定的其他情形。

第五节　经营所得

《个人所得税法》及其实施条例规定，经营所得是指以下几个方面的所得：

（1）个体工商户从事生产、经营活动取得的所得，个人独资企业投资人、合伙企业的个人合伙人来源于境内注册的个人独资企业、合伙企业生产、经营的所得；

（2）个人依法从事办学、医疗、咨询以及其他有偿服务活动取得的所得；

（3）个人对企业、事业单位承包经营、承租经营以及转包、转租取得的所得；

（4）个人从事其他生产、经营活动取得的所得；

从以上规定看，个人所得税经营所得项目的纳税主体具体包括个体工商户业主、个人独资企业投资人、合伙企业个人合伙人、承包承租经营者个人以及其他从事生产、经营活动的个人。

经营所得，以每一纳税年度的收入总额减除成本、费用以及损失后的余额，为应纳税所得额。取得经营所得的个人，没有综合所得的，计算其每一纳税年度的应纳税所得额时，应当减除费用 6 万元、专项扣除、专项附加扣除以及依法确定的其他扣除。

取得经营所得，按年计算个人所得税，由纳税人在月度或季度终了后 15 日内，办理预缴纳税申报，并在取得所得的次年 3 月 31 日前，办理汇算清缴。从两处以上取得经营所得的，选择向其中一处经营管理所在地主管税务机关办理年度汇总申报。

需要注意的是，个体工商户、个人独资企业、合伙企业以及个人从事其他生产、经营活动，未提供完整、准确的纳税资料，不能正确计算应纳税所得额的，由主管税务机关核定其应纳税所得额。

本节内容为个体工商户业主、个人独资企业投资人和合伙企业个人合伙人、承包承租经营者个人取得经营所得个人所得税的征管规定。本节主要依据《个体工商户个人所得税计税办法》（总局令 2014 年第 35 号）、《财政部、国家税务总局关于个人独资企业和合伙企业投资者征收个人所得税的规定》（财税〔2000〕91 号）编写。

一、个体工商户

（一）纳税人

个体工商户以业主为个人所得税纳税义务人。《税法》所称个体工商户包括：

1. 依法取得个体工商户营业执照，从事生产经营的个体工商户；

2. 经政府有关部门批准，从事办学、医疗、咨询等有偿服务活动的个人；

3. 其他从事个体生产、经营的个人。

（二）计税依据

个体工商户的生产、经营所得，以每一纳税年度的收入总额，减除成本、费用、税金、损失、其他支出以及允许弥补的以前年度亏损后的余额，为应纳税所得额。个体工商户应纳税所得额的计算，以权责发生制为原则。

1. 收入总额。

个体工商户从事生产经营以及与生产经营有关的活动（简称生产经营）取得的货币形式和非货币形式的各项收入，为收入总额。包括销售货物收入、提供劳务收入、转让财产收入、利息收入、租金收入、接受捐赠收入、其他收入。

2. 准予税前扣除的项目。

在计算个体工商户应纳税所得额时，准予从收入总额中扣除的项目可以归集为成本、费用、损失、税金和其他支出五类（统称为成本费用）。

（1）成本是指个体工商户在生产经营活动中发生的销售成本、销货成本、业务支出以及其他耗费。

（2）费用是指个体工商户在生产经营活动中发生的销售费用、管理费用和财务费用，已经计入成本的有关费用除外。

（3）税金是指个体工商户在生产经营活动中发生的除个人所得税和允许抵扣的增值税以外的各项税金及其附加。

（4）损失是指个体工商户在生产经营活动中发生的固定资产和存货的盘亏、毁损、报废损失，转让财产损失，坏账损失，自然灾害等不可抗力因素造成的损失以及其他损失。

（5）其他支出是指除成本、费用、税金、损失外，个体工商户在生产经营活动中发生的与生产经营活动有关的、合理的支出。

除税收法律法规另有规定外，个体工商户实际发生的成本、费用、税金、损失和其他支出，不得重复扣除。

需要注意的是，个体工商户生产经营活动中，应当分别核算生产经营费用和个人、家庭费用。对于生产经营与个人、家庭生活混用难以分清的费用，其40%视为与生产经营有关费用，准予扣除。

3. 不得在税前列支的项目。

（1）个人所得税税款；

（2）税收滞纳金；

（3）罚金、罚款和被没收财物的损失；

（4）直接对受益人的捐赠等不符合扣除规定的捐赠支出；

（5）与生产经营活动无关的各种非广告性质的赞助支出；

（6）用于个人和家庭的支出；

（7）代其从业人员或者他人负担的税款；

（8）与取得生产经营收入无关的其他支出；

（9）国家税务总局规定不准扣除的支出。

4. 允许弥补的亏损。

允许弥补的亏损，是指个体工商户依照规定计算的年度应纳税所得额小于零的数额。如果个体工商户的年度应纳税所得额小于零，说明该个体工商户本年经营亏损，按规定准予向以后年度结转，用以后年度的生产经营所得弥补，但结转年限最长不得超过五年。

5. 扣除（列支）项目的扣除标准。

（1）个体工商户实际支付给从业人员的、合理的工资薪金支出，准予扣除。个体工商户业主的工资薪金支出不得税前扣除。个体工商户业主的费用扣除标准，依照相关法律、法规和政策规定执行。

（2）个体工商户按照规定的范围和标准为其业主和从业人员缴纳的基本养老保险费、基本医疗保险费、失业保险费、生育保险费、工伤保险费和住房公积金，准予扣除。个体工商户为从业人员缴纳的补充养老保险费、补充医疗保险费，分别在不超过从业人员工资总额5%标准内的部分据实扣除；超过部分，不得扣除。个体工商户业主本人缴纳的补充养老保险费、补充医疗保险费，以当地（地级市）上年度社会平均工资的3倍为计算基数，分别在不超过该计算基数5%标准内的部分据实扣除；超过部分，不得扣除。个体工商户业主本人或者为从业人员支付的商业保险费（另有规定除外），不得扣除。

（3）个体工商户在生产经营活动中发生的合理的不需要资本化的借款费用，准予扣除。个体工商户在生产经营活动中发生的下列利息支出，准予扣除：向金融企业借款的利息支出；向非金融企业和个人借款的利息支出，不超过按照金融企业同期同类贷款利率计算的数额的部分。

（4）个体工商户向当地工会组织拨缴的工会经费、实际发生的职工福利费支出、职工教育经费支出分别在工资薪金总额的2%、14%、2.5%的标准内据实扣除。其中职工教育经费的实际发生数额超出规定比例当期不能扣除的数额，准予在以后纳税年度结转扣除。个体工商户业主本人向当地工会组织缴纳的工会经费、实际发生的职工福利费支出、职工教育经费支出，以当地（地级市）上年度社会平均工资的3倍为计算基数，在上述规定比例内据实扣除。

（5）个体工商户发生的与生产经营活动有关的业务招待费，按照实际发生额的60%扣除，但最高不得超过当年销售（营业）收入的5‰。业主自申请营业执照之日起至开始生产经营之日止所发生的业务招待费，按照实际发生额的60%计入个体工商户的开办费。

（6）个体工商户每一纳税年度发生的与其生产经营活动直接相关的广告费和业务

宣传费不超过当年销售（营业）收入15%的部分，可以据实扣除；超过部分，准予在以后纳税年度结转扣除。

（7）个体工商户按照规定缴纳的摊位费、行政性收费、协会会费等，按实际发生数额扣除。个体工商户根据生产经营活动的需要租入固定资产支付的租赁费，按照规定方法扣除。个体工商户参加财产保险，按照规定缴纳的保险费，准予扣除。个体工商户发生的合理的劳动保护支出，准予扣除。

（8）个体工商户通过公益性社会团体或者县级以上人民政府及其部门，用于《公益事业捐赠法》规定的公益事业的捐赠，捐赠额不超过其应纳税所得额30%的部分可以据实扣除。财政部、国家税务总局规定可以全额在税前扣除的捐赠支出项目，按有关规定执行。

（9）个体工商户研究开发新产品、新技术、新工艺所发生的开发费用，以及研究开发新产品、新技术而购置单台价值在10万元以下的测试仪器和试验性装置的购置费准予直接扣除；单台价值在10万元以上（含10万元）的测试仪器和试验性装置，按固定资产管理，不得在当期直接扣除。

6. 资产的税务处理。

个体工商户资产的税务处理，参照企业所得税相关法律、法规和政策规定执行。

需要注意的是，新修订的《个体工商户个人所得税计税办法》（总局令2014年第35号）在条款设计上采取了避免过于复杂的原则，兼顾个体工商户经营规模和会计核算特点，对个体工商户资产的税务处理和其他相关事宜不再展开作详细规定，采取了原则规定参照企业所得税法律、法规和政策规定执行的处理方式。

（三）税率

个体工商户业主的经营所得，适用5%～35%的五级超额累进税率计算征收个人所得税。实行核定应税所得率征收方式的，按照应税所得率计算应纳税所得额，也适用5%～35%的五级超额累进税率计算征收个人所得税。

（四）征收方式

个体工商户生产经营所得的应纳税额有查账征收和核定征收两种计算方法。

1. 查账征收。

对按照《个体工商户会计制度（试行）》设置账簿，根据合法、有效凭证进行核算，能够据以准确、如实地反映生产经营成果的个体工商户的应纳税所得额，按每个纳税年度的收入总额减除成本费用（包括成本、费用、税金、损失及其他支出等）计算。个体工商户的经营所得适用五级超额累进税率，以其应纳税所得额按适用税率计算应纳税额。其计算公式如下：

$$\text{应纳税额} = \text{应纳税所得额} \times \text{适用税率} - \text{速算扣除数}$$

$$\text{应纳税所得额} = \text{收入总额} - \text{成本费用}$$

如果有允许弥补的亏损，可以先从应纳税所得额中减除允许弥补的亏损再计算应纳税额。

实际工作中，对查账征收的个体工商户，也可先按照《个体工商户会计制度（试行）》核算会计利润，在会计利润的基础上，按照《个体工商户个人所得税计税办法》

的有关规定予以调整从而确定其应纳税所得额。其计算公式如下：

应纳税所得额＝会计利润±纳税调整金额

需要注意的是，取得经营所得的个人，没有综合所得的，计算其每一纳税年度的应纳税所得额时，应当减除费用6万元、专项扣除、专项附加扣除以及依法确定的其他扣除（统称允许扣除的个人费用及其他扣除）。在这种情况下，经营所得的应纳税所得额计算公式如下：

应纳税所得额＝收入总额－成本费用－允许扣除的个人费用及其他扣除

但专项附加扣除在办理年终汇算清缴时减除，因此按月（季）预缴时计算应纳税所得额不得减除专项附加扣除。

实际工作中，经营所得的应纳税额一般采取按年计算、分月（季）预缴，年终汇算清缴，多退少补税款的方法征收。因此，计算个体工商户业主应纳个人所得税税额时，需要分别计算按月预缴额和年终汇算清缴额。其应纳税额计算公式如下：

本月预缴税额＝本月累计应纳税所得额×适用税率－速算扣除数－上月累计已预缴税额

公式中的适用税率，是指与计算应纳税额的月份累计应纳税所得额对应的税率。

全年应纳税额＝全年应纳税所得额×适用税率－速算扣除数

汇算清缴应补/退税额＝全年应纳税额－全年累计已预缴税额－减免税额

2. 核定征收。

对生产、经营规模小，达不到《个体工商户建账管理暂行办法》规定设置账簿标准的个体工商户以及虽设置账簿，但账目混乱或成本资料、收入凭证、费用凭证残缺不全，难以查账的个体工商户，税务机关可以采取核定的方法征收其应纳税额。核定征收主要包括核定定额、核定征收率和核定应税所得率三种方式。

（1）采取核定征收率的，根据查实或者通过合理方法计算、推定的销售（营业）收入总额，按纳税人所属行业的核定征收率直接计算应纳税额。其计算公式如下：

应纳税额＝销售（营业）收入总额×核定征收率

核定征收率又称为附征率。个人所得税附征率应当按照法律、行政法规的规定和当地实际情况，分地域、行业进行换算。个人所得税可以按照换算后的附征率，依据增值税、消费税、营业税的计税依据实行附征。（见《国家税务总局关于个体工商户定期定额征收管理有关问题的通知》国税发〔2006〕183号）

对《国家税务总局关于货物运输业若干税收问题的通知》（国税发〔2004〕88号）第四条规定的代开货运发票的个体工商户、个人独资企业和合伙企业，统一按开票金额的1.5%预征个人所得税。（见《国家税务总局关于代开货物运输业发票个人所得税预征率问题的公告》总局公告2011年第44号）

（2）采取核定应税所得率的，根据查实或者通过合理方法计算、推定的销售（营业）收入总额，按纳税人所属行业的应税所得率先计算应纳税所得额，然后按适用税率计算应纳税额。其计算公式如下：

年应纳税所得额＝年销售（营业）收入总额×应税所得率

年应纳税额＝年应纳税所得额×适用税率－速算扣除数

月应纳税额＝年应纳税额÷12

上述个体工商户的全年销售（营业）收入总额，应当根据其经营规模、经营区域、经营内容、行业特点、管理水平等因素核定。如果能准确核算成本费用的，上述应纳税所得额还可以按如下公式计算：

年应纳税所得额 = 成本费用支出额 ÷（1 – 应税所得率）× 应税所得率

在实际工作中，经主管税务机关认定和县（含县级）以上税务机关批准，对生产、经营规模小，达不到设置账簿标准的个体工商户实行定期定额征收方式，相应地将这类个体工商户称为定期定额户。对定期定额户的征收管理详见国家税务总局制定的《个体工商户税收定期定额征收管理办法》（总局令 2006 年第 16 号）。

但为了规范和加强个体工商户税收征收管理，促进个体工商户加强经济核算，国家税务总局于 2006 年 12 月 7 日发布了《个体工商户建账管理暂行办法》（总局令 2006 年第 17 号），要求有固定生产、经营场所，注册资金和月销售（营业）额达到一定标准的个体工商户，都应当依法设置、使用和保管账簿及凭证，并根据合法、有效凭证记账核算。

（五）征收管理

1. 个体工商户有两处或两处以上经营机构的，选择并固定向其中一处经营机构所在地主管税务机关申报缴纳个人所得税。

2. 个体工商户终止生产经营的，应当在注销工商登记或者向政府有关部门办理注销前向主管税务机关结清有关纳税事宜。

需要注意的是，个体工商户与企业联营而分得的利润，按利息、股息、红利所得项目征收个人所得税；个体工商户和从事生产、经营的其他个人，取得与生产、经营活动无关的其他各项应税所得，应分别按照其他应税项目有关规定，计算征收个人所得税。（见《财政部、国家税务总局关于个人所得税若干政策问题的通知》财税〔1994〕20 号）

二、个人独资企业和合伙企业

为了避免重复征税，鼓励个人投资兴办企业，促进经济发展，国务院于 2000 年 6 月 30 日发布《关于个人独资企业和合伙企业征收所得税问题的通知》（国发〔2000〕16 号），决定自 2000 年 1 月 1 日起，对个人独资企业和合伙企业停征企业所得税，只对其投资者的经营所得征收个人所得税。

（一）纳税人

1. 个人独资企业和合伙企业的认定。

（1）依照《中华人民共和国个人独资企业法》和《中华人民共和国合伙企业法》登记成立的个人独资企业、合伙企业；

（2）依照《中华人民共和国私营企业暂行条例》登记成立的独资、合伙性质的私营企业；

（3）依照《中华人民共和国律师法》登记成立的合伙制律师事务所；

（4）经政府有关部门依照法律法规批准成立的负无限责任和无限连带责任的其他个人独资、个人合伙性质的机构或组织。

2. 纳税人的认定。

（1）个人独资企业以投资者为纳税人；

（2）合伙企业以每一个合伙人为纳税人。

需要注意的是，2006 年 8 月 27 日修订、2007 年 6 月 1 日起施行的《中华人民共和国合伙企业法》规定，合伙企业的合伙人包括自然人、法人和其他组织；合伙企业的生产经营所得和其他所得，按照国家有关税收规定，由合伙人分别缴纳所得税。具体说，自然人投资合伙企业取得的生产经营所得，缴纳个人所得税；法人和其他组织投资合伙企业取得的生产经营所得缴纳企业所得税。（见《财政部、国家税务总局关于合伙企业合伙人所得税问题的通知》财税〔2008〕159 号）

（二）计税依据

个人独资企业和合伙企业每一纳税年度的收入总额减除成本、费用以及损失（统称成本费用）后的余额，作为投资者个人的生产经营所得。收入总额，是指企业从事生产经营以及与生产经营有关的活动所取得的各项收入，包括商品（产品）销售收入、营运收入、劳务服务收入、工程价款收入、财产出租或转让收入、利息收入、其他业务收入和营业外收入。生产经营所得，包括企业分配给投资者的所得和企业当年留存的所得（利润）。

个人独资企业和合伙企业个人所得税的计税依据按下列原则确定：

1. 个人独资企业的投资者以全部生产经营所得为应纳税所得额。

2. 合伙企业的投资者的应纳税所得额按下列原则确定：

（1）合伙企业的合伙人以合伙企业的生产经营所得和其他所得，按照合伙协议约定的分配比例确定应纳税所得额。

（2）合伙协议未约定或者约定不明确的，以全部生产经营所得和其他所得，按照合伙人协商决定的分配比例确定应纳税所得额。

（3）协商不成的，以全部生产经营所得和其他所得，按照合伙人实缴出资比例确定应纳税所得额。

（4）无法确定出资比例的，以全部生产经营所得和其他所得，按照合伙人数量平均计算每个合伙人的应纳税所得额。

合伙协议不得约定将全部利润分配给部分合伙人，或者由部分合伙人承担全部亏损。（以上内容见《财政部、国家税务总局关于合伙企业合伙人所得税问题的通知》财税〔2008〕159 号）

确定个人独资企业和合伙企业的应纳税所得额应注意以下规定：

1. 个人独资企业和合伙企业对外投资分回的利息或者股息、红利，不并入企业的收入，而应单独作为投资者个人取得的利息、股息、红利所得，按利息、股息、红利所得项目计算缴纳个人所得税。（见《国家税务总局关于〈关于个人独资企业和合伙企业投资者征收个人所得税的规定〉执行口径的通知》国税函〔2001〕84 号）

2. 对个人独资企业和合伙企业从事股权（票）、期货、基金、债券、外汇、贵重金属、资源开采权及其他投资品交易取得的所得，应全部纳入生产经营所得，依照经营所得项目征收个人所得税。（见《国家税务总局关于切实加强高收入者个人所得税征管的通知》国税发〔2011〕50 号）

3. 个人独资企业、合伙企业的个人投资者以企业资金为本人、家庭成员支付与企业生产经营无关的消费性支出及购买汽车、住房等财产性支出，视为企业对个人投资者的利润分配，并入投资者个人的生产经营所得，依照经营所得项目计征个人所得税。（见《财政部、国家税务总局关于规范个人投资者个人所得税征收管理的通知》财税〔2003〕158号）

4. 创投企业（合伙制创业投资企业或基金）可以选择按单一投资基金核算或者按创投企业年度所得整体核算两种方式之一，对其个人合伙人来源于创投企业的所得计算个人所得税应纳税额。创投企业选择按单一投资基金核算的，其个人合伙人从该基金应分得的股权转让所得和股息红利所得，按照20%税率计算缴纳个人所得税。创投企业选择按年度所得整体核算的，其个人合伙人应从创投企业取得的所得，按照“经营所得”项目、5%～35%的超额累进税率计算缴纳个人所得税。（见《财政部、税务总局、发展改革委、证监会关于创业投资企业个人合伙人所得税政策问题的通知》财税〔2019〕8号）

（三）税率

个人独资企业投资者和合伙企业个人合伙人的生产经营所得，按照经营所得项目，适用5%～35%的五级超额累进税率计算征收个人所得税。实行核定应税所得率征收方式的，按照应税所得率计算应纳税所得额，也适用5%～35%的五级超额累进税率计算征收个人所得税。

（四）征收方式

个人独资企业投资人和合伙企业个人合伙人个人所得税有两种基本征收方式，即核定征收和查账征收。

1. 核定征收。

有下列情形之一的，主管税务机关应采取核定征收方式征收个人所得税：

（1）企业依照国家有关规定应当设置但未设置账簿的；

（2）企业虽设置账簿，但账目混乱或者成本资料、收入凭证、费用凭证残缺不全，难以查账的；

（3）纳税人发生纳税义务，未按照规定的期限办理纳税申报，经税务机关责令限期申报，逾期仍不申报的。

核定征收方式，包括定额征收、核定应税所得率、核定征收率以及其他合理的征收方式。

（1）实行核定应税所得率征收方式的，应纳税额的计算公式如下：

应纳税所得额＝销售（营业）收入总额×应税所得率

或＝成本费用支出额÷（1－应税所得率）×应税所得率

应纳税额＝应纳税所得额×适用税率－速算扣除数

各行业应税所得率应按表6－6规定的标准执行。

表6－6　个人独资企业、合伙企业应税所得率表

序号	行业	应税所得率（%）
1	工业、交通运输业、商业	5～20
2	建筑业、房地产开发业	7～20

续表

序号	行业	应税所得率（%）
3	饮食服务业	7～25
4	娱乐业	20～40
5	其他行业	10～30

注：1. 企业经营多业的，无论其经营项目是否单独核算，均应根据其主营项目确定其适用的应税所得率；2. 税务师、会计师、律师、资产评估和房地产估价等鉴证类中介机构不得实行核定征收个人所得税。

资料来源：《国家税务总局关于强化律师事务所等中介机构投资者个人所得税查账征收的通知》（国税发〔2002〕123号）、《国家税务总局关于进一步加强高收入者个人所得税征收管理的通知》（国税发〔2010〕54号）。

（2）实行核定征收率征收方式的，应纳税额的计算公式如下：

应纳税额＝销售（营业）收入总额×核定征收率

需要注意的是，实行核定征税的投资者，不能享受个人所得税的优惠政策；其年度经营亏损也不得弥补。

2. 查账征收。

对个人独资企业投资人、合伙企业个人合伙人实行查账征收的，其经营所得比照《个体工商户个人所得税计税办法》（总局令2014年第35号）的规定确定，此处不赘述。但下列扣除项目依照财税〔2000〕91号文件的规定执行。

（1）投资者及其家庭发生的生活费用不允许在税前扣除。投资者及其家庭发生的生活费用与企业生产经营费用混合在一起，并且难以划分的，全部视为投资者个人及其家庭发生的生活费用，不允许在税前扣除。

（2）企业生产经营和投资者及其家庭生活共用的固定资产，难以划分的，由主管税务机关根据企业的生产经营类型、规模等具体情况，核定准予在税前扣除的折旧费用的数额或比例。

（3）企业计提的各种准备金不得扣除。

（4）企业与其关联企业之间的业务往来，应当按照独立企业之间的业务往来收取或者支付价款、费用。不按照独立企业之间的业务往来收取或者支付价款、费用，而减少其应纳税所得额的，主管税务机关有权进行合理调整。

需要注意的是，根据《个人所得税法》规定，个人独资企业在计算缴纳投资者个人所得税时，应遵循历史成本原则，按照购入固定资产的实际支出金额计提固定资产折旧费用，并准予在税前扣除。企业按照固定资产评估价值计提的折旧虽然可以作为企业成本核算的依据，但不允许在税前扣除。（见《国家税务总局关于个人独资企业个人所得税税前固定资产折旧费扣除问题的批复》国税函〔2002〕1090号）

个人独资企业投资人和合伙企业个人合伙人实行查账征收方式的，按照经营所得项目，适用5%～35%的五级超额累进税率，计算征收个人所得税。其应纳税额计算公式如下：

应纳税所得额 = 收入总额 − 成本费用

应纳税额 = 应纳税所得额 × 适用税率 − 速算扣除数

需要注意的是，取得经营所得的个人，没有综合所得的，计算其每一纳税年度的应纳税所得额时，应当减除费用6万元、专项扣除、专项附加扣除以及依法确定的其他扣除（统称允许扣除的个人费用及其他扣除）。在这种情况下，经营所得的应纳税所得额计算公式如下：

应纳税所得额 = 收入总额 − 成本费用 − 允许扣除的个人费用及其他扣除

但专项附加扣除在办理年终汇算清缴时减除，因此按月（季）预缴时计算应纳税所得额不得减除专项附加扣除。

实际工作中，经营所得的应纳税额一般采取按年计算、分月（季）预缴，年终汇算清缴，多退少补税款的方法征收。因此，计算个人独资企业投资人和合伙企业个人合伙人应纳个人所得税税额时，需要分别计算按月（季）预缴额和年终汇算清缴额。其应纳税额计算公式如下：

本月预缴税额 = 本月累计应纳税所得额 × 适用税率 − 速算扣除数 − 上月累计已预缴税额

公式中的适用税率，是指与计算应纳税额的月份累计应纳税所得额对应的税率。

全年应纳税额 = 全年应纳税所得额 × 适用税率 − 速算扣除数

汇算清缴应补/退税额 = 全年应纳税额 − 全年累计已预缴税额 − 减免税额

企业的年度亏损，允许用本企业下一年的生产经营所得弥补，下一年度所得不足弥补的，允许逐年延续弥补，但最长不得超过5年。实行查账征收方式的个人独资企业和合伙企业改为核定征收方式后，在查账征税方式下认定的年度经营亏损未弥补完的部分，不得再继续弥补。（见《国家税务总局关于〈关于个人独资企业和合伙企业投资者征收个人所得税的规定〉执行口径的通知》国税函〔2001〕84号）

（五）征收管理

1. 纳税人取得经营所得，按年计算个人所得税，由纳税人在月度或季度终了后15日内，向经营管理所在地主管税务机关办理预缴纳税申报，并报送《个人所得税经营所得纳税申报表（A表）》。在取得所得的次年3月31日前，向经营管理所在地主管税务机关办理汇算清缴，并报送《个人所得税经营所得纳税申报表（B表）》；从两处以上取得经营所得的，选择向其中一处经营管理所在地主管税务机关办理年度汇总申报，并报送《个人所得税经营所得纳税申报表（C表）》。

2. 企业在纳税年度的中间开业，或者由于合并、关闭等原因，使该纳税年度的实际经营期不足12个月的，应当以其实际经营期为一个纳税年度。企业在年度中间合并、分立、终止时，投资者应当在停止生产经营之日起60日内，向主管税务机关办理当期个人所得税汇算清缴。

3. 企业进行清算时，投资者应当在注销工商登记之前，向主管税务机关结清有关税务事宜。企业的清算所得应当视为年度生产经营所得，由投资者依法缴纳个人所得税。所称清算所得，是指企业清算时的全部资产或者财产的公允价值扣除各项清算费用、损失、负债、以前年度留存的利润后，超过实缴资本的部分。

三、对企事业单位承包、承租经营

（一）纳税人

对企业、事业单位承包经营、承租经营以及转包、转租取得所得的承包承租经营者个人应依法缴纳个人所得税。

（二）计税依据

对企事业单位的承包经营、承租经营所得，以每一纳税年度的收入总额，减除必要费用后的余额，为应纳税所得额。每一纳税年度的收入总额，是指纳税人按照承包经营、承租经营合同规定分得的经营成果（利润）和另外领取的工资、薪金性质的所得的总和。

个人承包、承租经营所得，既有工资、薪金性质，又含生产、经营性质，但个人按承包、承租经营合同约定取得的是经营利润，涉及的生产、经营成本费用已经扣除。如果取得经营所得的个人，没有综合所得的，计算其每一纳税年度的应纳税所得额时，应当减除费用6万元、专项扣除、专项附加扣除以及依法确定的其他扣除（统称为允许扣除的个人费用及其他扣除）。专项附加扣除在办理汇算清缴时减除。

需要注意的是，按照规定，企业实行个人承包、承租经营后，如果工商登记仍为企业的，不管其分配方式如何，均应先按照企业所得税的有关规定计算缴纳企业所得税。所以，承包、承租经营的，应以被承租企业为纳税人，先计算缴纳企业所得税，然后对承租人按照承包、承租经营合同（协议）约定取得的所得计算缴纳个人所得税。

（三）应纳税额的计算

对企业、事业单位承包经营、承租经营以及转包、转租取得的所得适用5%～35%的五级超额累进税率，以其应纳税所得额按适用税率计算应纳税额。

1. 年终一次性取得承包、承租经营所得。

实行承包、承租经营的纳税人，应以每一个纳税年度的承包、承租经营所得计算纳税。其应纳税额计算公式如下：

应纳税所得额＝纳税年度承包、承租收入总额－允许扣除的个人费用及其他扣除

应纳税额＝应纳税所得额×适用税率－速算扣除数

其中：纳税年度承包、承租收入总额＝经营成果＋工资、薪金性质的所得

经营成果＝承包企业会计利润－应纳企业所得税额－上交的承包费

允许扣除的个人费用及其他扣除＝基本减除费用6万元＋专项扣除

＋专项附加扣除＋依法确定的其他扣除

需要注意的是，减除允许扣除的个人费用及其他扣除的前提是取得经营所得的个人，当年没有综合所得。

2. 一年内分次取得承包、承租经营所得。

实际工作中，纳税人在一年内分次取得承包、承租经营所得的，应在每次分得承包、承租经营所得后，先预缴税款，年终汇算清缴。按次预征的应纳税额计算公式如下：

当次应纳税所得额＝当次取得的收入总额－允许扣除的个人费用及其他扣除×所属月份

当次应纳税额＝当次应纳税所得额×适用税率－速算扣除数

年度终了后，根据全年汇总的承包、承租经营所得确定适用税率，计算全年实际应纳税额，多退少补税款。

需要注意的是，减除允许扣除的个人费用及其他扣除的前提是取得经营所得的个人，当年没有综合所得。但专项附加扣除只能在办理汇算清缴时减除。

3. 承包、承租经营期不满一年。

在一个纳税年度内，纳税人的承包、承租经营期不足 12 个月，以其实际承包、承租经营的月份数为一个纳税年度计算纳税。其应纳税额计算公式如下：

应纳税所得额＝该年度承包、承租经营收入额－允许扣除的个人费用及其他扣除×本年实际承包承租月份数

应纳税额＝应纳税所得额×适用税率－速算扣除数

第六节　会计处理与实务

一、会计处理

一般来说，个人（自然人）对其取得的各项收入不进行账务核算。《税法》规定，个人应缴纳的个人所得税（取得经营所得的纳税人除外）应由支付应税所得的单位和个人在向个人支付应税所得时代扣代缴（预扣预缴），因此个人所得税的账务核算主要指企业（雇主）代扣代缴个人所得税和个体工商户等取得经营所得纳税人自行缴纳个人所得税两种情形。

（一）企业代扣代缴个人所得税的账务处理

1. 支付工资、薪金。

企业按规定计提员工工资、薪金时，借记“生产成本”“制造费用”“在建工程”“研发支出”“管理费用”“销售费用”等科目，贷记“应付职工薪酬”科目；发放工资、薪金并扣收应代扣代缴的个人所得税时，借记“应付职工薪酬”科目，贷记“银行存款”和“应交税费——应交个人所得税”科目；企业实际代员工交纳个人所得税时，借记“应交税费——应交个人所得税”科目，贷记“银行存款”科目。

2. 支付利息、股息、红利。

股份公司向个人股东支付现金股利时，应代扣代缴个人所得税。年末，公司按应支付的现金股利，借记“利润分配——应付现金股利或利润”科目，贷记“应付股利”科目；实际支付现金股利并扣收应代扣代缴的个人所得税时，借记“应付股利”科目，贷记“银行存款”“应交税费——应交个人所得税”科目。

股份公司向个人股东派发股票股利或转赠资本时，应代扣代缴个人所得税。公司用未分配利润派发股票股利或用盈余公积转赠资本时，应在办理完增资手续后，借记“利润分配——转作股本的股利”或“盈余公积”科目，贷记“股本”“应交税费——应交

个人所得税”科目。

企业向个人债权人支付借款利息时，应代扣代缴个人所得税。公司按应支付的利息，借记“财务费用”“在建工程”等科目，贷记“应付利息”科目；实际支付利息并扣收应代扣代缴的个人所得税时，借记“应付利息”科目，贷记“银行存款”“应交税费——应交个人所得税”科目。

3. 支付劳务报酬、特许权使用费、稿费、财产租赁费和购买财产等。

企业支付给个人的劳务报酬、特许权使用费、稿费、财产租赁费以及应代扣代缴的个人所得税一般记入企业的期间费用科目。企业支付上述费用并扣收应代扣代缴的个人所得税时，借记“管理费用”“销售费用”“财务费用”等科目，贷记“库存现金”“应交税费——应交个人所得税”等科目；实际上缴个人所得税时，借记“应交税费——应交个人所得税”科目，贷记“银行存款”科目。

企业向个人购买财产一般作为固定资产或无形资产使用、管理，因此向个人支付财产转让所得并扣收应代扣代缴的个人所得税时，借记“固定资产”或“无形资产”科目，贷记“银行存款”“应交税费——应交个人所得税”科目。

（二）个体工商户、个人独资企业和合伙企业自行缴纳的个人所得税账务处理

个体工商户需要建账核算的，执行财政部制定的《个体工商户会计制度（试行）》（财会字〔1997〕19号）。个人独资及合伙形式设立的小企业，不适用《小企业会计制度》，当然更不适用《企业会计制度》，这类非法人企业的会计规范，目前尚处于“真空”地带。考虑个人独资企业和合伙企业在业主权益及债务承担方面与个体工商户类似，本书认为，在没有专门针对这类企业制定会计制度的情况下，可以参照执行《个体工商户会计制度（试行）》。

年终计算个体工商户或业主应缴纳的个人所得税时，借记“留存利润”科目，贷记“应交税费——应交个人所得税”科目；实际缴纳个人所得税款时，借记“应交税费——应交个人所得税”科目，贷记“银行存款”科目。

（三）企业实行个人承包、承租经营后缴纳个人所得税的账务处理

企业实行个人承包、承租经营且未改变营业执照经济性质的，分为两种情况，相应个人所得税的账务处理也分两种情况。

1. 若承包、承租人对企业经营成果不拥有所有权，仅按合同（协议）规定取得一定所得的，其取得的所得应当按工资、薪金所得项目征收个人所得税。这种承包方式下的会计处理与代扣代缴工资、薪金所得的账务处理相同。

2. 若承包、承租人按合同（协议）的规定只向发包方或出租方缴纳一定费用后，企业经营成果归其所有的，承包、承租人取得的所得，按照经营所得项目征收个人所得税。这种承包方式下应由承包、承租人自行申报缴纳个人所得税，发包方或出租方不作代扣代缴个人所得税账务处理。

【例6－1】某企业与应聘人事部门经理的李某约定月薪为税后6 940元，计算企业每月预扣预缴时为李某承担的个人所得税款并进行账务处理（除了基本减除费用外，其他扣除及未提及事项忽略不计）。

【解析】国家税务总局2011年第28号公告规定，雇主为雇员负担的个人所得税款，若属于个人工资、薪金的一部分，在计算企业所得税时允许税前扣除；若单独作为企业管理费列支的，在计算企业所得税时不得税前扣除。但根据国税函〔2005〕715号文件规定，个人独资和合伙企业、个体工商户为个人支付的个人所得税款，不得在所得税前扣除。

（1）企业须每月为李某承担个人所得税：

$(6\ 940-5\ 000)\div(1-3\%)\times3\%=60$（元）

（2）企业账务处理：

①企业承担的个人所得税作为工资、薪金列支。

计提工资、薪金时：

借：管理费用　　7 000

　　贷：应付职工薪酬　　7 000

支付工资、薪金时：

借：应付职工薪酬　　7 000

　　贷：现金　　6 940

　　　　应交税费——应交个人所得税　　60

②企业承担的个人所得税作为管理费列支。

计提工资、薪金时：

借：管理费用　　6 940

　　贷：应付职工薪酬　　6 940

计提承担的个人所得税时：

借：管理费用　　60

　　贷：应交税费——应交个人所得税　　60

支付工资、薪金时：

借：应付职工薪酬　　6 940

　　贷：现金　　6 940

因此，企业采取第一种账务处理方式，即将企业自己代为承担的个人所得税款计入“应付职工薪酬”科目核算的，代员工承担的个人所得税款允许税前扣除；而企业采取第二种账务处理方式，即将企业自己代为承担的个人所得税款单独作为企业管理费列支的，因与生产经营无关，不允许税前扣除，汇算清缴时应做纳税调增处理。

二、实务操作

【例6-2】中国公民温先生任职于境内某市N公司，同时还在K公司担任独立董事。温先生2019年个人收入如下：

（1）每月工资18 000元，每月“三险一金”扣除2 000元、子女教育扣除1 000元、赡养老人扣除2 000元；12月份从N公司取得业绩奖励50 000元，从K公司取得董事费20 000元。

（2）业余时间创作一部文学作品，被某影视公司出资 100 000 元买断版权，用于拍摄一部电视连续剧。

（3）将解禁的限售股转让，取得转让收入 50 000 元，不能准确计算限售股原值。

（4）8 月通过拍卖公司转让一套 90 平方米的住房，取得转让收入 1 000 000 元，不能提供购买时的原值。

（5）9 月将租入的市区一套住房转租，当月向出租方支付月租金 5 250 元（其中含增值税 75 元），转租收取月租金 7 000 元，当月实际支付房屋租赁过程中的各种税费 5.25 元（不含增值税），并取得有效凭证。

除特殊说明外，上述收入均不含增值税；不考虑地方税费减免；温先生年终奖选择单独计税。根据上述资料，回答下列问题：

1. 计算 2019 年温先生的业绩奖励应缴纳的个人所得税。
2. 计算 2019 年温先生的综合所得应缴纳的个人所得税。
3. 计算 2019 年温先生转让限售股应缴纳的个人所得税。
4. 计算 2019 年温先生拍卖房屋取得收入应缴纳的个人所得税。
5. 计算 2019 年温先生转租住房取得的租金收入应缴纳的个人所得税。

【解析】

1. 居民个人取得全年一次性奖金，符合国税发〔2005〕9 号规定的，在 2021 年 12 月 31 日前，不并入当年综合所得，以全年一次性奖金收入除以 12 个月得到的数额，按照按月换算后的综合所得税率表（月度税率表），确定适用税率和速算扣除数，单独计算纳税。

年终业绩奖应纳个人所得税：50 000 ÷ 12 = 4 166.67（元），适用税率 10%，速算扣除数 210。

50 000 × 10% − 210 = 4 790（元）

2. 综合所得，居民个人一个纳税年度内取得的工资薪金、劳务报酬、稿酬和特许权使用费的收入总额，减除基本减除费用、专项扣除、专项附加扣除和依法确定的其他扣除后的余额，为应纳税所得额，适用综合所得税率表计算个人年度应纳税款。劳务报酬所得、特许权使用费所得，以每次收入减除 20% 的费用后的余额为收入额。

工资薪金收入：18 000 × 12 = 216 000（元）

劳务报酬收入（董事费）：20 000（元）

特许权使用费收入：100 000（元）

属于综合所得的收入额合计：216 000 + 20 000 × (1 − 20%) + 100 000 × (1 − 20%) = 312 000（元）

基本减除费用：5 000 × 12 = 60 000（元）

专项扣除（三险一金）合计：2 000 × 12 = 24 000（元）

专项附加扣除合计：(1 000 + 2 000) × 12 = 36 000（元）

综合所得应纳个人所得税：(312 000 − 60 000 − 24 000 − 36 000) × 20% − 16 920 = 21 480（元）

3. 如果纳税人不能准确计算限售股原值的，主管税务机关一律按限售股转让收入的15%核定限售股原值及合理税费。

50 000×（1－15%）×20%＝8 500（元）

4. 个人通过拍卖市场取得的房屋拍卖收入在计征个人所得税时，不能提供完整、准确的房屋原值凭证，不能正确计算房屋原值和应纳税额的，统一按转让收入全额的3%计算缴纳个人所得税。

1 000 000×3%＝30 000（元）

5. 个人出租住房取得的所得减按10%的税率征收个人所得税；个人转租房屋的，其向房屋出租方支付的租金及增值税额，在计算转租所得时予以扣除。

（7 000－5 250－5.25－800）×10%×4＝377.9（元）

【例6－3】中国公民李某注册成立了一个体工商户，2019年生产经营情况如下：

（1）营业收入220万元。

（2）营业成本78万元。

（3）税金及附加26万元。

（4）销售费用20万元，其中广告费10万元、业务宣传费1.90万元。

（5）管理费用30万元，其中：业务招待费2万元；有一辆小汽车由个体工商户和家庭共同使用，2019年共发生修理费、加油费1.5万元，全部已计入管理费用中。

（6）财务费用2.80万元，其中从某企业借款20万元资金周转，偿付利息2.60万元，银行同期同类贷款利率为10%。

（7）计入成本费用的工资总额12.64万元（雇佣的3名员工工资），实际发生的工会经费、职工福利费和职工教育经费合计2.52万元。三项经费均超过税法规定的扣除标准。

（8）营业外支出5万元，全部为赞助支出。

（9）12月为研究开发新产品购置测试仪器一台，价值12万元。

已知李某当年没有从个体工商户中领取工资，也没有取得其他综合所得项目，当年允许扣除的个人费用及其他扣除合计为10万元。

要求：根据以上资料和税法相关规定，回答下列问题。

1. 计算个体工商户允许税前扣除的销售费用。

2. 计算个体工商户允许税前扣除的管理费用。

3. 计算个体工商户允许税前扣除的财务费用。

4. 计算个体工商户允许税前扣除的工资和三项经费。

5. 计算个体工商户允许税前扣除的合计金额。

6. 计算个体工商户应缴纳的个人所得税。

【解析】个体工商户在生产经营过程中向非金融企业和个人借款的利息支出，不超过按照金融企业同期同类贷款利率计算的数额的部分，准予扣除。个体工商户生产经营活动中，对于生产经营与个人、家庭生活混用难以分清的费用，其40%视为与生产经营有关费用，准予扣除。取得经营所得的个人，没有综合所得的，计算其每一纳税年度的应纳税所得额时，应当减除费用6万元、专项扣除、专项附加扣除以及依法确定的其他扣除（统称允许扣除的个人费用及其他扣除）。专项附加扣除在办理汇算清缴时减除。

1. 广告费和业务宣传费扣除限额：220 × 15% = 33（万元），实际发生额：10 + 1.90 = 11.90（万元），可以据实扣除，税前允许扣除的销售费用为 20 万元。

2. 业务招待费扣除限额，销售收入的 5‰：220 × 5‰ = 1.10（万元），实际发生额的 60%：2 × 60% = 1.20（万元），税前准予扣除 1.10 万元。税前允许扣除的管理费用：30 − (2 − 1.10) − 1.5 × 60% = 28.2（万元）

3. 利息费用扣除限额：20 × 10% = 2（万元），实际发生 2.60 万元，税前准予扣除 2 万元，税前准予扣除的财务费用：2.80 − (2.60 − 2) = 2.2（万元）

4. 三项经费按照工资薪金总额的 14%、2%、2.5% 扣除。

三项经费扣除基数的工资总额：12.64（万元）

三项经费扣除标准：12.64 × (14% + 2% + 2.5%) = 2.34（万元），实际发生 2.52 万元，税前准予扣除 2.34 万元。

允许税前扣除的工资和三项经费：12.64 + 2.34 = 14.98（万元）

5. 赞助支出不得扣除；研究开发新产品购置测试仪器价值 12 万元，超过了税法规定的标准（10 万元），按固定资产管理，不得在购置当期直接扣除全部支出。

扣除项目合计：78 + 26 + 20 + 28.2 + 2.2 − (12.64 + 2.52 − 14.98) + 10 = 164.22（万元）

6. 应纳税所得额：220 − 164.22 = 55.78（万元）

应缴纳个人所得税：55.78 × 35% − 6.55 = 12.97（万元）

【例 6－4】王女士 2016 年成立了一个人独资企业，2019 年营业收入为 350 万元，营业成本为 230 万元，增值税、城市维护建设税及教育费附加为 19.25 万元，其他费用支出为 96 万元，当年利润 4.75 万元；当年王女士请某税务师事务所对该个人独资企业进行审查，发现该企业当年存在以下问题：

（1）销售费用中包括广告费 42 万元、业务宣传费 15 万元；管理费用中包括业务招待费 10 万元。

（2）营业外支出中包括投资者家庭日常生活和生产经营费用开支 1.5 万元，并且难以划分。

（3）当年该企业和王女士家庭共用价值 50 万元的轿车一辆，无法划分清楚使用范围，该企业会计账簿未计提该轿车的折旧。税务机关根据当地情况允许其按 60% 的比例扣除计提的轿车折旧。该轿车残值率为 10%，折旧年限 4 年，采用年限平均法计提折旧。

（4）财务费用中向其表弟刘某借款 100 万元，用于购置原材料，利率为 10%，利息支出 10 万元全都计入了费用（金融机构同类、同期贷款利率为 8%）。

（5）已经计入成本、费用的工资总额 26 万元（其中含王女士工资 12 万元，其余是从业人员工资），实际上缴的工会经费 0.4 万元；实际发生职工福利费 5.8 万元；实际发生职工教育经费 0.2 万元。

（6）计提准备金 8 万元，企业上年亏损 20 万元。另外，王女士个人 2019 年取得国债利息收入 1.2 万元，购买某境内上市公司股票获得分红 1.5 万元（股票持有时间为 6 个月）。

要求：根据上述资料，回答下列问题。

1. 计算销售费用应调整的应纳税所得额。

2. 计算管理费用中应调整的应纳税所得额。

3. 计算共用轿车应调整的应纳税所得额。

4. 计算工资及工会经费、职工福利费和职工教育经费应调整的应纳税所得额。

5. 计算 2019 年王女士作为个人独资企业投资者应缴纳的个人所得税。

6. 计算 2019 年王女士个人全年应缴纳的个人所得税（不考虑王女士工资、薪金所得应缴纳的个人所得税）。

【解析】个人独资企业投资者、合伙企业个人合伙人取得的生产经营所得按照经营所得项目计征个人所得税。个人从公开发行和转让市场取得的上市公司股票，持股期限在 1 个月以内（含 1 个月）的，其股息红利所得全额计入应纳税所得额；持股期限在 1 个月以上至 1 年（含 1 年）的，暂减按 50% 计入应纳税所得额；持股期限超过 1 年的，股息红利所得暂免征个人所得税。

1. 广告费用扣除限额：350 × 15% = 52.5（万元），实际发生 42 + 15 = 57（万元），准予扣除 52.5 万元，销售费用应调增应纳税所得额：57 − 52.5 = 4.5（万元）

2. 业务招待费扣除限额，销售收入的 5‰：350 × 5‰ = 1.75（万元），实际发生额的 60%：10 × 60% = 6（万元），两相比较，准予扣除 1.75 万元，管理费用应调增应纳税所得额：10 − 1.75 = 8.25（万元）

3. 共用轿车应调减应纳税所得额：50 ×（1 − 10%）÷ 4 × 60% = 6.75（万元）

4. 投资者的工资不能在税前扣除，应调增应纳税所得额 12 万元。

工会经费扣除限额：（26 − 12）× 2% = 0.28（万元），实际发生 0.4 万元，调增应纳税所得额：0.4 − 0.28 = 0.12（万元）

福利费扣除限额：（26 − 12）× 14% = 1.96（万元），实际发生 5.8 万元，调增应纳税所得额：5.8 − 1.96 = 3.84（万元）

职工教育经费扣除限额：（26 − 12）× 2.5% = 0.35（万元），实际发生 0.2 万元，据实扣除。

工资及工会经费、职工福利费和职工教育经费应调增应纳税所得额：12 + 0.12 + 3.84 = 15.96（万元）

5. 计提的准备金不得扣除，应纳税所得额调增 8 万元；家庭日常生活和生产经营费用难以划分的，全部不得扣除，应纳税所得额调增 1.5 万元；借款费用按照不超过同期银行贷款利率扣除，因此财务费用纳税调增金额：10 − 100 × 8% = 2（万元）

该个人独资企业 2019 年应纳税所得额：

4.75 + 4.5 + 8.25 − 6.75 + 15.96 + 8 + 1.5 + 2 − 20 = 18.21（万元）

个人独资企业投资人王女士应纳个人所得税：18.21 × 20% − 1.05 = 2.59（万元）

6. 2019 年王女士个人应缴纳个人所得税合计：2.59 + 1.5 × 50% × 20% = 2.74（万元）

【例6－5】朱某是一家股份公司的独立董事，2019年1月1日与地处某镇的饲料厂签订一份承包合同。承包合同规定，经营期限5年，承包费50万元（每年10万元）；承包期内不得改变名称，仍以饲料厂的名义对外从事经营业务，朱某对经营成果拥有所有权，上缴的承包费在每年的经营成果中支付。该厂为增值税一般纳税人，饲料的增值税税率为9%。2019年朱某的经营成果如下：

（1）取得销售饲料的收入261.6万元（含税）。

（2）将当年6月购置的房屋出租，取得房屋出租收入20万元（不含税）。

（3）向当地的农业生产者收购玉米20万元，开具农产品收购凭证。购买包装箱，取得专用发票上注明价款12.30万元、增值税1.60万元。

（4）经营成本、费用126.18万元（不含工资和三项经费），其中业务招待费5万元，广告费30万元，业务宣传费12万元。

（5）年雇佣职工30人，全年支付工资总额65万元；朱某每月另领取工资0.80万元（税务机关认为是合理的）。支出的职工福利费10万元、工会经费1.88万元、教育经费3.73万元。

（6）朱某个人将从拍卖机构获得的打包债权予以处置，其中处置了A企业的债权，取得转让收入8万元。购入打包债权的成本为10万元，该批债权面值15万元，其中A企业欠9万元，B企业欠6万元。

要求：根据上述资料，回答下列问题。

1. 该厂在计算企业所得税时税前可以扣除的税金及附加（不考虑印花税、地方教育附加以及相应地方税费的减免）。

2. 该厂在计算企业所得税时税前可以扣除的经营成本和费用（不含工资和三项经费）。

3. 该厂在计算企业所得税时税前可以扣除的工资和三项经费。

4. 该厂应缴纳的企业所得税。

5. 朱某承包该厂应缴纳的个人所得税。

6. 朱某处置打包债权应缴纳的个人所得税。

【解析】企业实行个人承包、承租经营后，如果营业执照经济性质仍为企业（不包括合伙企业、个人独资企业），不管其分配方式如何；均应先按照企业所得税的有关规定缴纳企业所得税，然后根据承包、承租经营合同（协议）规定取得的所得，由承包经营、承租经营者依照《税法》的有关规定缴纳个人所得税。若承包、承租人按合同（协议）的规定只向发包方或出租方缴纳一定费用后，企业经营成果归其所有的，承包、承租人取得的所得，按照经营所得项目征收个人所得税。

1. 企业所得税税前扣除的税金及附加：1.60（万元）

取得销售饲料收入计算的销项税额：$261.6 \div (1+9\%) \times 9\% = 21.6$（万元）

取得房屋出租收入计算的销项税额：$20 \times 9\% = 1.8$（万元）

向当地的农业生产者收购玉米计算的进项税额：$20 \times 9\% = 1.8$（万元）

应缴纳增值税：$21.6 + 1.8 - 1.8 - 1.6 = 20$（万元）

应缴纳城建税和教育费附加：$20 \times (5\% + 3\%) = 1.60$（万元）

2. 计算企业所得税时允许税前扣除的经营成本、费用（不含工资和三项经费）：

126. 18 －5 ＋1. 30 －30 －12 ＋39 ＝119. 48（万元）

业务招待费和广告费扣除限额计算基数：261. 6 ÷（1 ＋9%）＋20 ＝260（万元）

业务招待费扣除限额，销售收入的 5‰：260 ×5‰ ＝1. 30（万元），实际发生额的 60%：5 ×60% ＝3（万元），两相比较，税前准予扣除 1. 30 万元。

广告费和业务宣传费扣除限额：260 ×15% ＝39（万元），实际发生数额：30 ＋12 ＝42（万元），税前准予扣除 39 万元。

3. 计算企业所得税时税前可以扣除的工资和三项经费：

74. 6 ＋10 ＋1. 49 ＋1. 87 ＝87. 96（万元）

承包者合理的工资在计算企业所得税时，与雇佣职工的工资合并到一起，按照实发工资标准扣除。实发工资总额：65 ＋0. 80 ×12 ＝74. 60（万元）

准予税前扣除的职工福利费限额：74. 6 ×14% ＝10. 44（万元），实际发生 10 万元，按实际发生的数额扣除；

准予税前扣除的工会经费限额：74. 6 ×2% ＝1. 49（万元），实际发生 1. 88 万元，按照限额扣除；

准予税前扣除的职工教育经费限额：74. 6 ×2. 5% ＝1. 87（万元），实际发生 3. 73 万元，按照限额扣除；

4. 应缴纳企业所得税：[42. 01 ＋（5 －1. 30）＋（42 －39）＋（1. 88 －1. 49）＋（3. 73 －1. 87）] ×25% ＝12. 74（万元）

企业当年会计利润：240 ＋20 －1. 60 －126. 18 －74. 6 －10 －1. 88 －3. 73 ＝42. 01（万元）

5. 朱某应缴纳个人所得税：28. 87 ×20% －1. 05 ＝4. 724（万元）

承包承租经营所得：42. 01 －12. 74 －10 ＋0. 8 ×12 ＝28. 87（万元）

6. 处置债权应缴纳个人所得税：（8 －10 ×9 ÷15）×20% ＝0. 40（万元）

第四编 财　产　税

一、财产税的概念

财产税是以法人或自然人拥有或支配的财产作为课税对象征收的一类税。作为财产税课税对象的财产，可分为不动产和动产。不动产是指不能移动或者移动后会引起性质、形状改变的财产，如土地、地上建筑物及其附着物；动产是指能够移动且不损害其用途和价值的财产，包括有形动产和无形动产。有形动产是指机器设备、商品存货等收益财产以及生活用品等消费财产；无形动产是指现金、银行存款和各种有价证券等货币财产。

对财产课税，历史悠久。我国周朝征收的“廛布”就类似于现代的房产税。在西方，12 世纪初英国为向北欧海盗进贡而对土地课征的“丹麦金”就属于土地税。在许多国家早期的税收制度中，对拥有和使用的土地课税非常普遍。之后，随着社会经济的不断发展，社会财富迅速增加，财产种类不断增多，财产税不再限于对不动产征收，其征税范围逐步扩展到动产，演变为对各类财产在内的全部财产课征的一般财产税，并且在某些特定历史阶段曾一度成为许多国家的主体税种。随着社会经济的进一步发展，商品经济日益繁荣、发达，财产数量、种类急剧增多，存在形态也日益复杂，出现了大量无形财产。由于无形财产易于隐瞒、藏匿、转移，且难以准确估价，对其征税难度较大，因此，对纳税人的全部财产合并征税不太现实，许多国家开始实行个别财产税。其中静态财产税趋向于只对不动产征收，同时辅之以遗产税、赠与税等动态财产税。随着流转税和所得税的日益发展并在税收体系中占据主体地位，财产税逐渐成为一种辅助性税种。但是，财产税作为税收体系中必不可少的组成部分，仍然具有重要地位。

二、财产税的特征

（一）财产税是直接税

财产税的纳税人自己承受税收负担，一般不易转嫁。当国家财政有特殊需要时，可以考虑增加财产所有者的税收负担，从而筹集财政收入，并起到调节贫富差距和分配不均的作用。

（二）财产税是对财产“存量”征收的税

财产税以财产的存在为前提，无论财产是否发生转移（指非交易性转移），财产价值是否增加，仅对财产存量征税。而流转税以商品、劳务交易过程发生的毛收入作为课税对象；所得税以生产经营取得的纯收入为课税对象，但它们都是对收入流量征收的税。

（三）财产税是一种辅助性税种

在当今世界各国的税收体系中，不论以流转税为主体的税收体系，还是以所得税为主体的税收体系，或者以流转税和所得税并重的税收体系，都将财产税作为辅助性税种，使其成为主体税种的必要补充。不过，财产税在我国作为地方税，是各级地方政府的重要财源之一。

三、财产税的分类

财产税虽然在许多国家都征收，但是各国税收制度存在很大差异，基于不同的经济条件和出于不同的财政目标，财产课税的制度不尽相同。按照不同的标准，可以将财产税分为以下几类：

（一）按课税对象的形态分类

按课税对象的形态分类，可以分为静态财产税和动态财产税。静态财产税是对纳税人一定时期内拥有的静态财产征收的，如房产税、地产税等；动态财产税则以财产的转移和变动为课征条件征收的，如遗产税、赠与税、资本转移税等。

（二）按征收范围分类

按照征收范围分类，可以分为一般财产税和个别财产税。一般财产税又叫综合财产税，是对纳税人某一时点上拥有的全部财产综合课征的税收。在课征时一般要考虑对一定价值额以下的财产和生活必需品免税，以及对负债额进行扣除，因此计算和征收比较复杂。个别财产税也叫特种财产税，是对纳税人的某项财产单独课征的税收。如房产税单独对房屋征收，土地税单独对土地征收。个别财产税计算简便，利于征管。我国施行的是个别财产税。

（三）按课税标准分类

按课税标准分类，可以分为财产价值税和财产增值税。财产价值税按财产的全部价值进行计价征税，如房产税；财产增值税仅对财产价值的增值部分课税，如土地增值税。

（四）按课征环节分类

按课征环节分类，可以分为一般财产税、财产转让税和财产收益税。一般财产税在财产拥有或使用环节课税，如房产税、城镇土地使用税等；财产转让税在财产转让环节课税，如证券交易税等；财产收益税在财产所得环节课税，如土地增值税。

四、财产税开征意义

目前，世界上许多国家把财产税作为辅助性税种，而且大多数国家对消费性的有形财产课税，其中又主要对不动产进行课税。在我国，现阶段征收的财产税，主要包括土地增值税、城镇土地使用税、房产税和车船税。目前酝酿开征的遗产税和赠与税亦属财产税性质的税种。征收财产税的意义主要有如下几点：

（一）有利于调节财产所有人的收入，为国家增加一部分财政收入

财产税一般对财产所有人占有的应税财产数量或价值额课征。因财产所有人占有财产的数量和价值额各不相同，必然会导致财产所有人之间的收入不均衡，运用税收的杠杆作用加以调节，这既是征收财产税的主要目的，同时也可以为国家增加一部分财政收入。

（二）有利于公平税负和加强对财产所有人的财产管理

就财产税而言，财产占有数量多和价值额大者，就要多缴税，反之则少缴税，没有则不用缴税。财产税这种课税机制有利于调节财产所有人收入，正确贯彻税负公平的税收原则。而且财产税属于直接税，税负不易转嫁，纳税人为了减轻税收负担会把财产更多地用于生产，尽量减少消费性财产占自己所有财产数量的份额，这对于促进生产和限制奢侈性消费将起到一定的作用。另外，通过课征财产税，国家可以加强对财产所有人拥有的财产的管理，并保障财产所有人的合法权益，避免或减少财产纠纷，维护社会的安定团结。

（三）有利于进一步完善我国的现行税收体系

为了适应经济发展和经济体制改革的需要，中共十一届三中全会后，我国税收制度也进行了一系列改革，逐步形成了以流转税和所得税为主体，其他各税相互配合的复合税制。同时我们也应该看到，我国现行税收制度还存在着许多不完善的地方。为了适应社会主义市场经济的发展，必须对我国现行税收制度做进一步改革。而课征财产税，对于弥补流转税和所得税等税类在某些方面的不足，完善和优化税制结构，促进税收制度体系更趋完善有着重要的意义和作用。

第七章　城镇土地使用税

城镇土地使用税是以土地为课税对象，以实际占用的土地面积为计税依据，按规定税额对拥有土地的单位和个人征收的一种税。城镇土地使用税是我国在土地保有环节征收的唯一税种。

本章内容主要依据国务院1988年9月27日发布、2006年12月30日修订的《中华人民共和国城镇土地使用税暂行条例》（国务院令2006年第483号）、国家税务总局下发的《关于城镇土地使用税若干具体问题的解释和暂行规定》（国税地字〔1988〕15号）编写。

第一节　概　　述

一、税制沿革

中国对城市土地征税始于1928年，首先在广州开征。南京国民政府建立后，于1930年制定《土地法》，依据该法在部分城市按地价或租价向地产所有人征收名称不一的土地税。新中国成立后，1950年1月中央人民政府政务院颁布《全国税政实施要则》，规定在全国统一征收房产税和地产税。同年6月调整税收政策，将房产税和地产税合并，称为房地产税。1951年8月，政务院颁布《城市房地产税暂行条例》，规定在城市中征收房产税和地产税，称之为城市房地产税。1973年简化税制，把对国有企业征收的房地产税并入工商税，从而使该税只对房产管理部门、城镇居民个人和外侨征收。

改革开放初期，我国对外资企业仍然征收城市房地产税。自1980年起，财政部在财税〔1980〕82号文件中规定对外资企业只征收房产税，不再征收地产税。1984年10月，国务院在推行第二步利改税和改革工商税制时，决定将原城市房地产税分解成房产税和城镇土地使用税分别征收，但当时这两个税种都没有立即开征。1988年9月27日，国务院发布《中华人民共和国城镇土地使用税暂行条例》，于当年11月1日起开始施行。按照国务院规定，当时城镇土地使用税仍不适用外资企业。2006年12月30日国务院发布《国务院关于修改〈中华人民共和国城镇土地使用税暂行条例〉的决定》（简称《城镇土地使用税暂行条例》），对原条例内容做了修订，并重新公布，自2007年1月1

日起施行。此次修订的主要内容是提高税额标准，并将征税范围扩大到外商投资企业和外国企业。

二、税制特点

现行城镇土地使用税具有以下特点：

（一）对占有的土地征税

土地是一种财产，对土地课税属于财产税范畴。虽然我国《宪法》规定，城镇土地的所有权属于国家，单位和个人对占用的土地只有使用权而无所有权，但是，单位和个人以出让等方式有偿取得土地使用权后，享有占有、使用、收益的权利，依法也可以处分，如转让、赠与等。因此，现行城镇土地使用税实质上仍然属于财产税。

（二）征税对象是国有土地

由于我国城镇的土地归国家所有，单位和个人只有使用权而无所有权，因此，国家既可以凭借财产权力对土地使用者获取的收益进行分配，又可以凭借政治权力对土地使用者进行征税。开征城镇土地使用税，实质上是国家运用政治权力，将纳税人获取的本应属于国家的土地收益集中到国家手中。农村和城市郊区的土地属于集体所有，故未纳入征税范围。

（三）征税范围广泛

城镇土地使用税征税范围覆盖了所有的城镇土地。具体来说，从征税区域上看，包括城市、县城、建制镇、工矿区；从纳税人上看，包括上述区域内所有使用土地的单位和个人。征税范围广泛的城镇土地使用税，在组织地方财政收入、加强宏观调控方面发挥着重要作用。

（四）实行差别幅度税额

土地级差收入是客观存在的，其产生主要取决于土地的位置。简单说，城镇土地位置的好坏包含两方面：一是城市和城镇的区别，而城市又有大小的区别；二是市区、城镇内不同地段也有区别。因此，国家根据市政建设状况和经济繁荣程度，对大小城市、县城、建制镇、工矿区和城区内不同地段设置了相应的税额。这样，土地位置好、级差收入多的，多征税；反之则少征税，从而实现了用经济手段加强对土地的控制和管理，达到调节不同地区、不同地段之间土地级差收入的目的。

三、立法宗旨

土地是人类赖以生存和从事生产活动必不可少的物质条件，是一种宝贵的自然资源。我国虽然幅员辽阔，土地总面积居世界第三位，但人均占有土地面积不到世界人均水平的29%。开征城镇土地使用税，有利于合理利用城镇土地资源，调节土地级差收入，提高土地使用效益，加强土地管理。

（一）合理利用城镇土地

过去，我国对非农业用地基本上都采取行政划拨、无偿使用的办法，存在企业等用地者多占地、占好地，占而不用的现象，造成大量土地资源浪费。开征城镇土地使用税后，土地使用者不再无偿使用，而要按规定向国家纳税。由于城镇土地使用税的税额按城市及县城、建制镇、工矿区分为四个档次，每个档次又根据土地所处位置好坏确定高低不等的适用税额，因此用地单位多占地、占好地就要多缴税；少占地、占次地，就可少缴税。这样就促使用地者在用地时精打细算，从而起到加强土地管理，合理、节约利用城镇土地的作用。

（二）调节土地级差收入

城镇土地的级差收益与用地单位本身经营管理好坏并无直接关系，而是由土地位置的好坏所形成。随着国民经济的发展，土地的级差收益将日益增加，在土地收入上的差别也就日益扩大。征收城镇土地使用税，并按城镇土地的不同位置设置税额，土地位置好、级差收入多的，多征税；土地位置差、级差收入少的，少征税。这样，将国有土地的级差收入纳入国家财政，不仅有利于理顺国家和土地使用者之间的分配关系，还为企业之间平等竞争创造了一个基本公平的用地条件。

（三）提高土地使用效益

我国土地利用相对粗放。工业用地利用强度普遍偏低，一些地方工业项目用地容积率只有0.3～0.6，投资强度每亩只有几十万元，这实际上是一种土地隐性闲置。此外，还有一些房地产开发企业、工贸企业变相囤积土地，待价而沽，从中牟取暴利，更加重了土地的隐性闲置问题，既浪费土地资源，又降低了土地使用效益。因此，有必要开征城镇土地使用税并确定一个合理的税额，从而提高土地保有成本，以进一步提高土地使用效益。

（四）增加地方财政收入

土地是一种财产，也是一种资源，对土地保有征税具有重要的财政意义。1994年实施分税制财政体制时明确规定，城镇土地使用税是地方税，收入全部归地方政府支配。由于我国土地资源广阔，该税种又在所有城市和县城、建制镇、工矿区开征，因此，它可以成为地方财政的一项重要、稳定的收入来源。特别是2006年修订《城镇土地使用税暂行条例》，提高税额和扩大征税范围后，城镇土地使用税收入将成倍增长，对地方财政收入的贡献会越来越大。

第二节　课税要素

一、征税范围

城镇土地使用税的征税范围为城市、县城、建制镇、工矿区。凡上述范围内的国有土地，都是城镇土地使用税的征税对象。

1. 城市是指经国务院批准设立的市；
2. 县城是指县人民政府所在地；

3. 建制镇是指经省、自治区、直辖市人民政府批准的按行政建制设立的镇；

4. 工矿区是指工商业比较发达，人口比较集中，符合国务院规定的建制镇标准，但尚未设立镇建制的大中型工矿企业所在地。工矿区须经省、自治区、直辖市人民政府批准。

城镇土地使用税征税范围具体含义是：城市的征税范围指市区和郊区的土地；县城的征税范围指县人民政府所在城镇的土地；建制镇的征税范围指镇人民政府所在地的土地；工矿区的征税范围指大中型工矿企业所在地的土地。占用上述地区以外的土地，则不需要缴纳城镇土地使用税。

上述关于城镇土地使用税的征税范围是《城镇土地使用税暂行条例》的原则性规定。实际工作中，根据国税地字〔1988〕15号文件规定，城市、县城、建制镇和工矿区的具体征税范围由各省、自治区、直辖市人民政府划定。

关于城镇土地使用税的征税范围，应注意以下四项规定：

1. 对在城镇土地使用税征税范围内单独建造的地下建筑用地，按规定征收城镇土地使用税。（见《财政部、国家税务总局关于房产税城镇土地使用税有关问题的通知》财税〔2009〕128号）

2. 在城镇土地使用税征税范围内使用集体所有建设用地，包括承租集体所有建设用地的，按规定征收城镇土地使用税。（见《财政部、国家税务总局关于集体土地城镇土地使用税有关政策的通知》财税〔2006〕56号、《财政部、国家税务总局关于承租集体土地城镇土地使用税有关政策的通知》财税〔2017〕29号）

3. 城镇土地使用税征税范围不包括农村，即对农林牧渔业用地和农民住房占地，不征收城镇土地使用税。（见《国家税务总局关于调整房产税和土地使用税具体征税范围解释规定的通知》国税发〔1999〕44号）

4. 划拨土地使用权是指土地使用者通过各种方式依法无偿取得的土地使用权。前款土地使用者应当依照《城镇土地使用税暂行条例》的规定缴纳土地使用税。（见《城镇国有土地使用权出让和转让暂行条例》国务院令1990年第55号）

二、纳税人

凡在城市、县城、建制镇、工矿区征税范围内使用土地的单位和个人，都是城镇土地使用税的纳税人。具体包括国营企业、集体企业、私营企业、公司制企业、外商投资企业、外国企业以及其他企业；事业单位、社会团体、国家机关、军队以及其他单位；个体工商户及其他个人。

在实际工作中，城镇土地使用税的纳税人通常按下列原则确定：

1. 拥有土地使用权的单位或个人为纳税人；

2. 拥有土地使用权的单位或个人不在土地所在地的，其代管人或实际使用人为纳税人；

3. 土地使用权未确定或权属纠纷未解决的，其实际使用人为纳税人；

4. 土地使用权共有的，共有各方均为纳税人。

需要注意的是，在征税范围内实际使用应税集体所有建设用地，但未办理土地使用权流转手续的，实际使用集体土地的单位和个人为纳税人。在征税范围内，承租集体所有建设用地的，由直接从集体经济组织承租土地的单位和个人，缴纳城镇土地使用税。（见《财政部、国家税务总局关于集体土地城镇土地使用税有关政策的通知》财税〔2006〕56号、《财政部、国家税务总局关于承租集体土地城镇土地使用税有关政策的通知》财税〔2017〕29号）

三、计税依据

城镇土地使用税以纳税人实际占用的土地面积为计税依据，采取从量定额方式征收。计税土地面积以平方米为计量单位。

纳税人土地占用面积的组织测量工作，由省、自治区、直辖市人民政府根据实际情况确定。

根据《城镇土地使用税暂行条例》第三条第二款的规定和国税地字〔1988〕15号文件第六条的解释，非经省级人民政府确定的单位，不得测定纳税人占用的土地面积。本书认为，目前各地税务机关自行组织、没有国土资源管理部门参加的测量纳税人实际占地面积，并以测量结果为计税依据征收城镇土地使用税的做法欠妥。

实际工作中，城镇土地使用税计税依据按下列顺序确定：

1. 以实际测定的土地面积为计税依据。凡由省级人民政府确定的单位组织测定土地面积的，以实际测定的土地面积为计税依据。

2. 以土地使用证书确认的土地面积为计税依据。尚未经省级人民政府确定的单位组织测定，但纳税人持有国土资源管理部门核发的土地使用证书的，以土地使用证书确认的土地面积为计税依据。

3. 以纳税人据实申报的土地面积为计税依据。尚未核发土地使用证书的，暂以纳税人据实申报的土地面积为计税依据，待土地面积正式确定后，再按测定的实际面积进行调整。

其他有关城镇土地使用税计税依据的规定如下：

1. 以批准征地的文件确认的土地面积为计税依据。征收的耕地与其他农用地，以国土资源管理部门批准征地的文件确认的土地面积为计税依据。

2. 以共有各方实际使用的土地面积为计税依据。对于共有土地的，以土地使用权共有各方实际使用的土地面积为计税依据。

3. 以分割后实际占用的土地面积为计税依据。纳税单位与免税单位共同使用共有使用权土地上的多层建筑，以分割后纳税单位实际占用的土地面积（按纳税单位占用的建筑面积占建筑总面积的比例分割）为计税依据。（见《国家税务局关于城镇土地使用税若干具体问题的补充规定的通知》国税地字〔1989〕140号）

4. 以建筑垂直投影面积为计税依据。单独建造的地下建筑用地未取得地下土地使用权证，或地下土地使用权证上未标明土地面积的，以地下建筑垂直投影面积为计税依据。（见《财政部、国家税务总局关于房产税城镇土地使用税有关问题的通知》财税〔2009〕128号）

四、税率

城镇土地使用税采用定额税率，确切说是采用有幅度的差别税额，按大、中、小城市和县城、建制镇、工矿区分别规定每平方米年应纳税额。城镇土地使用税年应纳税额幅度具体规定如下：

1. 大城市 1.5～30 元；
2. 中等城市 1.2～24 元；
3. 小城市 0.9～18 元；
4. 县城、建制镇、工矿区 0.6～12 元。

根据《国务院关于调整城市规模划分标准的通知》（国发〔2014〕51 号）规定，以城区常住人口为统计口径，将城市划分为五类七档。我国城市规模划分标准如下：

1. 城区常住人口 50 万以下的城市为小城市，其中 20 万以上 50 万以下的城市为Ⅰ型小城市，20 万以下的城市为Ⅱ型小城市；
2. 城区常住人口 50 万以上 100 万以下的城市为中等城市；
3. 城区常住人口 100 万以上 500 万以下的城市为大城市，其中 300 万以上 500 万以下的城市为Ⅰ型大城市，100 万以上 300 万以下的城市为Ⅱ型大城市；
4. 城区常住人口 500 万以上 1 000 万以下的城市为特大城市；
5. 城区常住人口 1 000 万以上的城市为超大城市。

各省、自治区、直辖市人民政府可根据市政建设状况、经济繁荣程度等条件，在《城镇土地使用税暂行条例》规定的税额幅度内，具体确定所辖地区的适用税额幅度。

市、县人民政府应当根据本地经济发展水平、土地利用状况和地价水平等，将本地区土地划分为若干等级，在省、自治区、直辖市人民政府确定的税额幅度内制定每一等级土地的具体适用税额标准，报省、自治区、直辖市人民政府批准执行。经济发达地区和城市中心区，原则上应按税额幅度的高限确定适用税额标准。经济发达地区如需突破税额幅度上限、进一步提高适用税额标准，须报经财政部、国家税务总局批准。（见《财政部、国家税务总局关于贯彻落实国务院关于修改〈中华人民共和国城镇土地使用税暂行条例〉的决定的通知》财税〔2007〕9 号）

经省级人民政府批准，经济落后地区的适用税额可以降低，但降低额不得超过《城镇土地使用税暂行条例》规定的最低税额的 30%。

五、应纳税额

城镇土地使用税的应纳税额依据纳税人实际占用的土地面积和土地所在地段的适用税额计算。其计算公式如下：

全年应纳税额 = 占用计税土地面积 × 不同等级年适用税额

本期应纳税额 = 全年应纳税额 ÷ 按规定缴纳次数

需要注意的是，实际工作中，纳税人有在年中增加或减少土地的，这时应先计算城镇土地使用税全年应纳税额，然后除以 12 并乘以计税月份数确定当期或当年应纳税额。

六、税收优惠

城镇土地使用税的减免分为核准类和备案类两种。核准类减免税是指法律、法规规定应当由税务机关核准的减免税项目。城镇土地使用税困难减免税是核准类减免税项目。备案类减免税是指不需要税务机关核准的减免税项目。纳税人享受城镇土地使用税备案类减免税的，税务机关可以要求纳税人在纳税申报的同时提交减免税备案资料。纳税人在符合减免税资格条件期间，已备案的减免税所涉及的有关情况未发生变化的，减免税资料可以一次性报备，无需要求纳税人在减免税期间再次报备。（见《国家税务总局关于印发〈城镇土地使用税管理指引〉的通知》税总发〔2016〕18号）

（一）法定减免税用地

1. 国家机关、人民团体、军队自用的土地，即这些单位本身的办公用地和公务用地。

2. 由国家财政部门拨付事业经费、实行全额预算管理或差额预算管理的事业单位本身的业务用地。不包括实行自收自支、自负盈亏的事业单位。

企业办的各类学校、托儿所、幼儿园自用的土地，免征城镇土地使用税。（见《财政部、国家税务总局关于教育税收政策的通知》财税〔2004〕39号）

3. 宗教寺庙、公园、名胜古迹自用的土地。宗教寺庙自用的土地是指举行宗教仪式的用地和寺庙内宗教人员的生活用地；公园、名胜古迹自用的土地是指供公众参观游览的用地及其管理单位的办公用地。

宗教寺庙包括寺、庙、宫、观、教堂等。（见《国家税务局对"关于〈中华人民共和国城镇土地使用税暂行条例〉第六条中'宗教寺庙'适用范围的请示"的复函》〔1988〕国税地字第20号）

需要注意的是，上述1、2、3项中的单位的生产、营业用地和其他用地以及出租土地，不属于免税范围。如公园、名胜古迹附设的影剧院、餐饮部、照相馆、茶社等经营单位使用的土地；公园、名胜古迹内的索道公司经营用地。（见《财政部、国家税务总局关于房产税城镇土地使用税有关问题的通知》财税〔2008〕152号）

4. 市政街道、广场、绿化地带等社会性公共用地。

5. 直接用于农、林、牧、渔业的生产用地。此项用地是指直接从事种植、养殖、饲养的专业用地，不包括农副产品加工场占地和从事农业、林业、牧业、渔业生产的单位生活、办公用地。

在城镇土地使用税征收范围内经营采摘、观光农业的单位和个人，其直接用于采摘、观光的种植、养殖、饲养的土地，属于直接用于农、林、牧、渔业的生产用地，免征城镇土地使用税。但在城镇土地使用税征收范围内，利用林场土地兴建度假村等休闲娱乐场所的，其经营、办公和生活用地，应按规定征收城镇土地使用税。（见《财政部、国家税务总局关于房产税城镇土地使用税有关政策的通知》财税〔2006〕186号）

水貂场养水貂用地，属于"直接用于农、林、牧、渔业的生产用地"，免予征收城镇土地使用税。（见《国家税务局关于免征金州水貂场土地使用税问题的批复》国税函发〔1990〕854号）

6. 经批准自行开山填海整治的土地和改造的废弃土地，从使用的月份起免缴城镇土地使用税5年至10年。开山填海整治的土地和改造的废弃土地，以土地管理机关出具的证明文件为依据确定；具体免税期限由各省、自治区、直辖市税务局在《城镇土地使用税暂行条例》规定的期限内自行确定。

开山填海整治的土地和改造的废弃土地不包括纳税人通过出让、转让、划拨等方式取得的已整治、改造的土地。（见《国家税务总局关于填海整治土地免征城镇土地使用税问题的批复》国税函〔2005〕968号）

（二）财税主管部门规定的减免税用地

根据《城镇土地使用税暂行条例》第六条的授权，财政部和国家税务总局另行规定了如下免税的能源、交通、水利设施用地和其他用地。

1. 为提高土地利用效率，促进节约集约用地，对已按规定免征城镇土地使用税的企业范围内荒山、林地、湖泊等占地，自2014年1月1日至2015年12月31日，按应纳税额减半征收城镇土地使用税；自2016年1月1日起，全额征收城镇土地使用税。（见《财政部、国家税务总局关于企业范围内荒山林地湖泊等占地城镇土地使用税有关政策的通知》财税〔2014〕1号）

2. 对企业厂区（包括生产、办公及生活区）以内的绿化用地，应征收城镇土地使用税；厂区以外的公共绿化用地和向社会开放的公园用地，暂免征收城镇土地使用税。

3. 对于各类危险品仓库、厂房所需的防火、防爆、防毒等安全防范用地，可由各省、自治区、直辖市税务局确定，暂免征收城镇土地使用税；对仓库库区、厂房本身用地，应征收城镇土地使用税。

4. 对企业的铁路专用线、公路等用地，除另有规定者外，在企业厂区（包括生产、办公及生活区）以内的，应征收城镇土地使用税；在厂区以外、与社会公用地段未加隔离的，暂免征收城镇土地使用税。

5. 城镇内的集贸市场（农贸市场）用地，按规定应征收城镇土地使用税。为了促进集贸市场的发展及照顾各地的不同情况，各省、自治区、直辖市税务局可根据具体情况自行确定对集贸市场用地征收或者免征城镇土地使用税。（以上内容见《国家税务局关于城镇土地使用税若干具体问题的补充规定的通知》国税地字〔1989〕140号）

6. 下列土地的征免税，由省、自治区、直辖市税务局确定：

（1）个人所有的居住房屋及院落用地；

（2）房产管理部门在房租调整改革前经租的居民住房用地；

（3）免税单位职工家属的宿舍用地；

（4）民政部门举办的安置残疾人占一定比例的福利工厂用地；

（5）集体和个人办的各类学校、医院、托儿所、幼儿园用地。

7. 应税单位按照国家住房制度改革有关规定，将住房出售给职工并按规定进行核销账务处理后，住房用地在未办理土地使用权过户期间的城镇土地使用税征免，比照各省、自治区、直辖市对个人所有住房用地的现行政策执行。（见《财政部、国家税务总局关于房改房用地未办理土地使用权过户期间城镇土地使用税政策的通知》财税〔2013〕44号）

8. 对矿山以及石灰厂、水泥厂、大理石厂、沙石厂等企业的采矿场、排土场、尾矿库、炸药库的安全区、采区运矿及运岩公路、尾矿输送管道及回水系统用地，免征城镇土地使用税。对矿山企业采掘地下矿造成的塌陷地以及荒山占地，在未利用之前，暂免征收城镇土地使用税。对矿山企业的其他生产用地及办公、生活区用地，应征收城镇土地使用税。（见《国家税务局关于对矿山企业征免土地使用税问题的通知》国税地字〔1989〕第122号、《国家税务局关于建材企业的采石场、排土场等用地征免土地使用税问题的批复》国税函发〔1990〕853号）

9. 对高等学校用于教学及科研等本身业务用土地免征城镇土地使用税。对高等学校举办的校办工厂、商店、招待所等用地以及出租的土地，均不属于自用土地的范围，应按规定征收城镇土地使用税。（见《国家税务局对〈关于高校征免房产税、土地使用税的请示〉的批复》国税地便字〔1989〕第8号）

10. 对生产核系列产品的厂矿，为照顾其特殊情况，除生活区、办公区用地应依照规定征收城镇土地使用税外，其他用地暂予免征城镇土地使用税。对除生产核系列产品厂矿以外的其他企业，如仪表企业、机械修造企业、建筑安装企业等，应依照规定征收城镇土地使用税。（见《国家税务局关于对核工业总公司所属企业征免土地使用税问题的若干规定》国税地字〔1989〕第7号）

11. 对火电厂厂区围墙内的用地，均应征收城镇土地使用税。对厂区围墙外的灰场、输灰管、输油（气）管道、铁路专用线用地以及水源、热电厂供热管道用地，免征城镇土地使用税；厂区围墙外的煤场等其他用地，应征收城镇土地使用税。对水电站的发电厂房用地（包括坝内、坝外式厂房），生产（工业、副业等生产经营活动）、办公、生活用地，应征收城镇土地使用税；对水库库区等其他用地免征城镇土地使用税。对供电部门的输电线路用地、变电站用地，免征城镇土地使用税。（见《国家税务局关于电力行业征免土地使用税问题的规定》国税地字〔1989〕第13号、《国家税务局对〈关于请求再次明确电力行业土地使用税征免范围问题的函〉的复函》国税地字〔1989〕第44号）

需要注意的是，上述的“电力行业”，主要是指电力系统所属专业生产电产品的企业，不包括其他各类企业自办自备的电厂。（见《国家税务总局关于企业内部电厂应征城镇土地使用税问题的批复》国税函〔1996〕441号）

12. 对水利设施及其管护用地（如水库库区、大坝、堤防、灌渠、泵站等用地），免征城镇土地使用税；其他用地，如生产、办公、生活用地，应征收城镇土地使用税。对兼有发电的水利设施用地征免城镇土地使用税问题，比照电力行业征免城镇土地使用税的有关规定办理。（见《国家税务局关于水利设施用地征免土地使用税问题的规定》国税地字〔1989〕第14号）

13. 机场飞行区（包括跑道、滑行道、停机坪、安全带、夜航灯光区）用地，场内外通讯导航设施用地和飞行区四周排水防洪设施用地，免征城镇土地使用税。机场道路，区分为场内、场外道路。场外道路用地免征城镇土地使用税；场内道路用地依照规定征收城镇土地使用税。机场工作区（包括办公、生产和维修用地及候机楼、停车场）用地、生活区用地、绿化用地，均应征收城镇土地使用税。（见《国家税务局关于对民航机场用地征免土地使用税问题的规定》国税地字〔1989〕第32号）

14. 石油天然气（含页岩气、煤层气）生产企业用地城镇土地使用税政策如下：

（1）下列石油天然气生产建设用地暂免征收城镇土地使用税：

①地质勘探、钻井、井下作业、油气田地面工程等施工临时用地；

②企业厂区以外的铁路专用线、公路及输油（气、水）管道用地；

③油气长输管线用地。

（2）在城市、县城、建制镇以外工矿区内的消防、防洪排涝、防风、防沙设施用地，暂免征收城镇土地使用税。

享受上述税收优惠的用地，用于非税收优惠用途的，不得享受规定的税收优惠。除上述第（1）条、第（2）条列举免税的土地外，其他油气生产及办公、生活区用地，依照规定征收城镇土地使用税。（以上内容见《财政部、国家税务总局关于石油天然气生产企业城镇土地使用税政策的通知》财税〔2015〕76号）

15. 对中国统配煤矿总公司、东北内蒙古煤炭工业联合公司所属的煤炭企业征免城镇土地使用税规定如下：

（1）煤炭企业的矸石山、排土场用地，防排水沟用地，矿区办公、生活区以外的公路、铁路专用线及轻便道和输变电线路用地，火（炸）药库库房外安全区用地，向社会开放的公园及公共绿化带用地，暂免征收城镇土地使用税。

（2）煤炭企业利用报废矿井搞工商业生产经营或用于居住的占地，应征收城镇土地使用税。煤炭企业已取得土地使用权、但未利用的塌陷地，自 2006 年 9 月 1 日起恢复征收城镇土地使用税。

（3）除上述各条列举免税的土地外，其他在开征范围内的煤炭生产及办公、生活区用地，均应征收城镇土地使用税。

（4）对于煤炭企业的占地，仍按当地规定的适用税额征收城镇土地使用税。（以上内容见《国家税务局关于对煤炭企业用地征免土地使用税问题的规定》国税地字〔1989〕第 89 号、《国家税务总局关于取消部分地方税行政审批项目的通知》国税函〔2007〕629 号、《财政部、国家税务总局关于煤炭企业未利用塌陷地城镇土地使用税政策的通知》财税〔2006〕74 号）

16. 对中国航空工业总公司、中国航天工业总公司、中国船舶工业总公司所属军工企业征免土地使用税的规定如下：

（1）对军品科研生产专用的厂房、车间、仓库等建筑物用地和周围专属用地，及其相应的供水、供电、供气、供暖、供煤、供油、专用公路、专用铁路等附属设施用地，免征土地使用税；对满足军工产品性能实验所需的靶场、试验场、调试场、危险品销毁场等用地，及因安全要求所需的安全距离用地，免征土地使用税。

（2）对科研生产中军品、民品共用无法分清的厂房、车间、仓库等建筑物用地和周围专属用地，及其相应的供水、供电、供气、供煤、供油、专用公路、专用铁路等附属设施用地，按比例减征土地使用税。具体办法，在应纳土地使用税额内按军品销售额占销售总额的比例，相应减征土地使用税，计算公式为：

减征税额 = 应纳税额 × 军品销售额 ÷ 销售总额

（以上内容见《财政部、国家税务总局关于对中国航空、航天、船舶工业总公司所属军工企业免征土地使用税的若干规定的通知》财税字〔1995〕27 号）

17. 对劳改劳教单位征免土地使用税规定如下：

（1）对少年犯管教所的用地和由国家财政部门拨付事业经费的劳教单位自用的土地，免征城镇土地使用税。

（2）对劳改单位及经费实行自收自支的劳教单位的工厂、农场等，凡属于管教或生活用地，例如：办公室、警卫室、职工宿舍、犯人宿舍、储藏室、食堂、礼堂、图书室、阅览室、浴室、理发室、医务室等房屋、建筑物用地及其周围土地，均免征城镇土地使用税。

（3）对监狱的用地，若主要用于关押犯人，只有极少部分用于生产经营的，可从宽掌握，免征城镇土地使用税。但对设在监狱外部的门市部、营业部等生产经营用地，应征收城镇土地使用税。（以上内容见《国家税务局关于对司法部所属的劳改劳教单位征免土地使用税问题的规定》国税地字〔1989〕第 119 号）

18. 对交通部门的港口，其所属的码头（即泊位，包括岸边码头、伸入水中的浮码头、堤岸、堤坝、栈桥等）用地，免征城镇土地使用税。对港口的露天堆货场等其他用地，应征收城镇土地使用税。（见《国家税务局关于对交通部门的港口用地征免土地使用税问题的规定》国税地字

〔1989〕第123号、《国家税务总局关于公布全文失效废止部分条款失效废止的税收规范性文件目录的公告》总局公告2011年第2号）

19. 对盐场、盐矿的生产厂房、办公、生活区用地，应征收城镇土地使用税。对盐场的盐滩、盐矿的矿井用地，暂免征收城镇土地使用税。对盐场、盐矿的其他用地，由省、自治区、直辖市税务局根据实际情况，确定征收城镇土地使用税或给予定期减征、免征的照顾。（见《国家税务局关于对盐场、盐矿征免城镇土地使用税问题的通知》国税地字〔1989〕第141号）

20. 铁路系统有关城镇土地使用税税收政策规定如下：

（1）铁道部所属铁路运输企业自用的土地继续免征城镇土地使用税。享受免征税收优惠政策的铁道部所属铁路运输企业是指铁路局及国有铁路运输控股公司（含广铁〈集团〉公司、青藏铁路公司、大秦铁路股份有限公司、广深铁路股份有限公司等，具体包括客货、编组站，车务、机务、工务、电务、水电、供电、列车、客运、车辆段）、铁路办事处、中铁集装箱运输有限责任公司、中铁特货运输有限责任公司、中铁快运股份有限公司。

（2）对铁路运输体制改革后，从铁路系统分离出来并实行独立核算、自负盈亏的企业，包括铁道部所属原执行经济承包方案的工业、供销、建筑施工企业；中国铁路工程总公司、中国铁道建筑工程总公司、中国铁路通信信号总公司、中国土木建筑工程总公司、中国北方机车车辆工业集团公司、中国南方机车车辆工业集团公司；以及铁道部所属自行解决工交事业费的单位，自2003年1月1日起恢复征收城镇土地使用税。

（3）凡铁道部所属单位的房产出租给铁路系统外的单位使用的，其房屋占地应由出租方（即铁道部所属单位）向土地所在地的税务机关缴纳城镇土地使用税；出租方为铁路系统内非独立核算单位的，则由其所属相对独立核算的站、段、厂以及分局等单位负责缴纳。凡土地使用权属于铁道部所属单位，现在由铁路系统外的单位使用的土地，暂由实际使用人（即铁路系统外的单位）缴纳城镇土地使用税。

（4）铁道部所属其他企业、单位的土地，继续按规定征收城镇土地使用税。（以上内容见《国家税务局关于外单位使用铁道部所属单位的房地缴纳土地使用税问题的通知》国税函发〔1990〕924号、《财政部、国家税务总局关于调整铁路系统房产税城镇土地使用税政策的通知》财税〔2003〕149号、《财政部、国家税务总局关于明确免征房产税、城镇土地使用税的铁路运输企业范围的补充通知》财税〔2006〕17号）

21. 对林区的有林地、运材道、防火道、防火设施用地，免征城镇土地使用税。林业系统的森林公园、自然保护区，可比照公园免征城镇土地使用税。林业系统的林区贮木场、水运码头等其他生产用地及办公、生活区用地，应缴纳城镇土地使用税。（见《国家税务局关于林业系统征免土地使用税问题的通知》国税函发〔1991〕1404号、《国家税务总局关于公布全文失效废止部分条款失效废止的税收规范性文件目录的公告》总局公告2011年第2号）

22. 对由主管工会拨付或差额补贴工会经费的全额预算或差额预算单位，可以比照财政部门拨付事业经费的单位办理，即对这些单位自用的土地，免征城镇土地使用税；从事生产、经营活动等非自用的土地，则应按规定征收城镇土地使用税。（见《国家税务局关于工会服务型事业单位免征房产税、车船使用税、土地使用税问题的复函》国税函发〔1992〕1440号）

23. 经省级卫生行政部门批准的血站是采集和提供临床用血，不以营利为目的的公益性组织，又属于财政拨补事业费的单位，因此，对血站自用的土地免征城镇土地使用税。（见《财政部、国家税务总局关于血站有关税收问题的通知》财税字〔1999〕264号）

24. 对核电站的核岛、常规岛、辅助厂房和通信设施用地（不包括地下线路用地），生活、办公用地按规定征收城镇土地使用税，其他用地免征城镇土地使用税。对核电站应税土地在基建期内减半征收城镇土地使用税。（见《财政部、国家税务总局关于核电站用地征免城镇土地使用税的通知》财税〔2007〕124号）

25. 对在城镇土地使用税征税范围内单独建造的地下建筑用地，目前，暂按应征税款的50%征收城镇土地使用税。（见《财政部、国家税务总局关于房产税城镇土地使用税有关问题的通知》财税〔2009〕128号）

26. 对股改铁路运输企业及合资铁路运输公司自用的土地暂免征收城镇土地使用税。其中股改铁路运输企业是指铁路运输企业经国务院批准进行股份制改革成立的企业；合资铁路运输公司是指由铁道部及其所属铁路运输企业与地方政府、企业或其他投资者共同出资成立的铁路运输企业。（见《财政部、国家税务总局关于股改及合资铁路运输企业房产税城镇土地使用税有关政策的通知》财税〔2009〕132号）

27. 对在一个纳税年度内月平均实际安置残疾人就业人数占单位在职职工总数的比例高于25%（含25%）且实际安置残疾人人数高于10人（含10人）的单位，可减征或免征该年度城镇土地使用税。具体减免税比例及管理办法由省、自治区、直辖市财税主管部门确定。（见《财政部、国家税务总局关于安置残疾人就业单位城镇土地使用税等政策的通知》财税〔2010〕121号）

28. 自2016年1月1日至2018年12月31日，对向居民供热而收取采暖费的供热企业，为居民供热所使用的土地免征城镇土地使用税；对供热企业其他土地，应当按规定征收城镇土地使用税。

对专业供热企业，按其向居民供热取得的采暖费收入占全部采暖费收入的比例计算免征的城镇土地使用税。对兼营供热企业，供热所使用的土地与其他生产经营活动所使用的土地可以区分的，对其供热所使用土地，按向居民供热取得的采暖费收入占全部采暖费收入的比例计算减免税；难以区分的，对其全部土地，按向居民供热取得的采暖费收入占其营业收入的比例计算减免税。对自供热单位，按向居民供热建筑面积占总供热建筑面积的比例计算免征供热所使用的土地的城镇土地使用税。供热企业，是指热力产品生产企业和热力产品经营企业。热力产品生产企业包括专业供热企业、兼营供热企业和自供热单位。（见《财政部、国家税务总局关于供热企业增值税房产税城镇土地使用税优惠政策的通知》财税〔2016〕94号）

29. 自2011年1月1日至2020年12月31日对长江上游、黄河中上游地区，东北、内蒙古等国有林区天然林二期工程实施企业和单位专门用于天然林保护工程的土地免征城镇土地使用税。对由于实施天然林二期工程造成森工企业土地闲置一年以上不用的，暂免征收城镇土地使用税；闲置土地用于出租或重新用于天然林二期工程之外其他生产经营的，按规定征收城镇土地使用税。（见《财政部、国家税务总局关于天然林保护工程（二期）实施企业和单位房产税城镇土地使用税政策的通知》财税〔2011〕90号）

30. 自2017年1月1日起至2019年12月31日止，对物流企业自有的（包括自用和出租）大宗商品仓储设施用地，减按所属土地等级适用税额标准的50%计征城镇土地使用税。所称物流企业，是指至少从事仓储或运输一种经营业务，为工农业生产、流通、进出口和居民生活提供仓储、配送等第三方物流服务，实行独立核算、独立承担民事责任，并在工商部门注册登记为物流、仓储或运输的专业物流企业。所称大宗商品仓储设施，是指同一仓储设施占地面积在6000平方米及以上，且主要储存粮食、化肥等农产品和农业生产资料，煤炭、钢材等矿产品和工业原材料的仓储设施。仓储设施用地，包括仓库库区内的各类仓房（含配送中心）、油罐（池）、货场、晒场（堆场）、罩棚等储存设施和铁路专用线、码头、道路、装卸搬运区域等物流作业配套设施的用地。（见《财政部、国家税务总局发布关于继续实施物流企业大宗商品仓储设施用地城镇土地使用税优惠政策的通知》财税〔2017〕33号）

自2018年5月1日起至2019年12月31日止，对物流企业承租用于大宗商品仓储设施的土地，减按所属土地等级适用税额标准的50%计征城镇土地使用税。（见《财政部、税务总局关于物流企业承租用于大宗商品仓储设施的土地城镇土地使用税优惠政策的通知》财税〔2018〕62号）

31. 自2019年1月1日至2021年12月31日，对农产品批发市场、农贸市场（包括自有和承租）专门用于经营农产品的房产、土地，暂免征收房产税和城镇土地使用税。对同时经营其他产品的农产品批发市场和农贸市场使用的房产、土地，按其他产品与农产品交易场地面积的比例确定征免房产税和城镇土地使用税。农产品批发市场和农贸市场，是指经工商登记注册，供买卖双方进行农产品及其初加工品现货批发或零售交易的场所。农产品包括粮油、肉禽蛋、蔬菜、干鲜果品、水产品、调味品、棉麻、活畜、可食用的林产品以及由省、自治区、直辖市财税部门确定的其他可食用的农产品。享受上述税收优惠的房产、土地，是指农产品批发市场、农贸市场直接为农产品交易提供服务的房产、土地。（见《财政部、税务总局关于继续实行农产品批发市场农贸市场房产税城镇土地使用税优惠政策的通知》财税〔2019〕12号）

32. 自2019年1月1日至2021年12月31日，对城市公交站场、道路客运站场、城市轨道交通系统运营用地免征城镇土地使用税。城市公交站场运营用地，包括城市公交首末车站、停车场、保养场、站场办公用地、生产辅助用地；道路客运站场运营用地，包括站前广场、停车场、发车位、站务用地、生产辅助用地。城市轨道交通系统，是指依规定批准建设的，采用专用轨道导向运行的城市公共客运交通系统，不包括旅游景区等单位内部为特定人群服务的轨道系统。（见《财政部、税务总局关于继续对城市公交站场道路客运站场城市轨道交通系统减免城镇土地使用税优惠政策的通知》财税〔2019〕11号）

33. 对在中国境内从事大型客机、大型客机发动机整机设计制造的企业及其全资子公司自用的科研、生产、办公房产及土地，免征房产税、城镇土地使用税。所称大型客机，是指空载重量大于45吨的民用客机；大型客机发动机，是指起飞推力大于14000公斤的民用客机发动机。上述政策执行期限为2015年1月1日至2018年12月31日。（见《财政部、国家税务总局关于大型客机和大型客机发动机整机设计制造企业房产税城镇土地使用税政策的通知》财税〔2016〕133号）

34. 体育场馆自用的土地有关城镇土地使用税政策如下：

（1）国家机关、军队、人民团体、财政补助事业单位、居民委员会、村民委员会拥有的体育场馆，用于体育活动的土地，免征城镇土地使用税。

（2）经费自理事业单位、体育社会团体、体育基金会、体育类民办非企业单位拥有并运营管理的体育场馆，同时符合下列条件的，其用于体育活动的土地，免征城镇土地使用税：

①向社会开放，用于满足公众体育活动需要；

②体育场馆取得的收入主要用于场馆的维护、管理和事业发展；

③拥有体育场馆的体育社会团体、体育基金会及体育类民办非企业单位，除当年新设立或登记的以外，前一年度登记管理机关的检查结论为“合格”。

（3）企业拥有并运营管理的大型体育场馆，其用于体育活动的土地，减半征收城镇土地使用税。

上述所称体育场馆，是指用于运动训练、运动竞赛及身体锻炼的专业性场所；所称用于体育活动的房产、土地，是指运动场地，看台、辅助用房（包括观众用房、运动员用房、竞赛管理用房、新闻媒介用房、广播电视用房、技术设备用房和场馆运营用房等）及占地，以及场馆配套设施（包括通道、道路、广场、绿化等）。

需要注意的是，体育场馆辅助用房及配套设施用于非体育活动的部分，不得享受上述税收优惠。高尔夫球、马术、汽车、卡丁车、摩托车的比赛场、训练场、练习场，除另有规定外，不得享受城镇土地使用税优惠政策。各省、自治区、直辖市财政、税务部门可根据本地区情况适时增加不得享受优惠体育场馆的类型。（以上内容见《财政部、国家税务总局关于体育场馆房产税和城镇土地使用税政策的通知》财税〔2015〕130 号）

35. 对按照去产能和调结构政策要求停产停业、关闭的企业，自停产停业次月起，免征城镇土地使用税。企业享受免税政策的期限累计不得超过两年。上述政策自 2018 年 10 月 1 日至 2020 年 12 月 31 日执行。（见《财政部、税务总局关于去产能和调结构房产税城镇土地使用税政策的通知》财税〔2018〕107 号）

36. 自 2019 年 1 月 1 日至 2021 年 12 月 31 日，对国家级、省级科技企业孵化器、大学科技园和国家备案众创空间自用以及无偿或通过出租等方式提供给在孵对象使用的土地，免征城镇土地使用税。（见《财政部、税务总局、科技部、教育部关于科技企业孵化器大学科技园和众创空间税收政策的通知》财税〔2018〕120 号）

37. 自 2019 年 1 月 1 日至 2021 年 12 月 31 日，由省、自治区、直辖市人民政府根据本地区实际情况，以及宏观调控需要确定，对增值税小规模纳税人可以在 50% 的税额幅度内减征城镇土地使用税等税费。（见《财政部、税务总局关于实施小微企业普惠性税收减免政策的通知》财税〔2019〕13 号）

需要注意的是，对纳税单位无偿使用免税单位的土地，纳税单位应当缴纳城镇土地使用税；对免税单位无偿使用纳税单位的土地（如公安、海关等单位使用铁路、民航等单位的土地），免征城镇土地使用税。（见《国家税务局关于城镇土地使用税若干具体问题的补充规定的通知》国税地字〔1989〕140 号）

（三）困难减免税政策

除《城镇土地使用税暂行条例》第六条规定外，纳税人缴纳城镇土地使用税确有困难需要定期减免的，可以向主管税务机关申请。需要注意的是，《城镇土地使用税暂行条例》第七条规定，对城镇土地使用税的困难减免税由省、自治区、直辖市税务机关审核后，报国家税务总局批准。但经过 2004 年和 2013 年两次下放审批管理层级后，目前困难减免税审批权限已下放至县以上税务机关。（见《国务院关于第三批取消和调整行政审批项目的决定》国发〔2004〕16 号、《国务院关于修改部分行政法规的决定》国务院令 2013 年第 645 号）

省级税务机关在确定申请困难减免税情形时要符合国家关于调整产业结构和促进土地节约集约利用的要求。对因风、火、水、地震等造成的严重自然灾害或其他不可抗力因素遭受重大损失、从事国家鼓励和扶持产业或社会公益事业发生严重亏损，缴纳城镇土地使用税确有困难的，可给予定期减免税。对从事国家限制或不鼓励发展的产业不予减免税。（见《国家税务总局关于下放城镇土地使用税困难减免税审批权限有关事项的公告》总局公告 2014 年第 1 号）

第三节　征收管理

一、纳税义务发生时间

1. 购置新建商品房，自房屋交付使用之次月起，缴纳城镇土地使用税。

2. 购置存量房，自办理房屋权属转移、变更登记手续，房地产权属登记机关签发房屋权属证书之次月起，缴纳城镇土地使用税。

3. 出租、出借房产，自交付出租、出借房产之次月起，缴纳城镇土地使用税。（以上内容见《国家税务总局关于房产税城镇土地使用税有关政策规定的通知》国税发〔2003〕89 号）

需要注意的是，国税发〔2003〕89 号文件第二条第（四）项中有关房地产开发企业城镇土地使用税纳税义务发生时间的规定已废止。（见《财政部、国家税务总局关于房产税城镇土地使用税有关政策的通知》财税〔2006〕186 号）

4. 以出让或转让方式有偿取得土地使用权的，应由受让方从合同约定交付土地时间的次月起缴纳城镇土地使用税；合同未约定交付土地时间的，由受让方从合同签订的次月起缴纳城镇土地使用税。（见《财政部、国家税务总局关于房产税城镇土地使用税有关政策的通知》财税〔2006〕186 号）

5. 新征收的耕地，自批准征收之日起满 1 年时开始缴纳城镇土地使用税；新征收的非耕地，自批准征收次月起缴纳城镇土地使用税。征收的耕地与非耕地，以土地管理机关批准征地的文件为依据确定。

此处的“征收”，《城镇土地使用税暂行条例》第九条原用词是“征用”。2011 年 1 月 8 日，国务院下发文件，修改了这一与相关法律矛盾的规定。（见《国务院关于废止和修改部分行政法规的决定》国务院令 2011 年第 588 号）

需要注意的是，通过招标、拍卖、挂牌方式取得的建设用地，不属于新征用的耕地，不管这一过程中建设用地人是否缴纳了耕地占用税，纳税人应按照财税〔2006〕186 号第二条规定，从合同约定交付土地时间的次月起缴纳城镇土地使用税；合同未约定交付土地时间的，从合同签订的次月起缴纳城镇土地使用税。（见《国家税务总局关于通过招拍挂方式取得土地缴纳城镇土地使用税问题的公告》总局公告 2014 年第 74 号）

需要注意的是，纳税人因房产、土地的实物或权利状态发生变化而依法终止房产税、城镇土地使用税纳税义务的，其应纳税款的计算应截止到房产、土地的实物或权利状态发生变化的当月末。（见《财政部、国家税务总局关于房产税城镇土地使用税有关问题的通知》财税〔2008〕152 号）

二、纳税期限

城镇土地使用税按年计算，分期缴纳，具体纳税期限由各省级人民政府确定。

三、纳税地点

城镇土地使用税是对拥有土地使用权的单位和个人课税，带有财产税性质，所以采取属地征收原则，纳税人应当向土地所在地的税务机关申报纳税。

纳税人使用的土地不属于同一省、自治区、直辖市的，由纳税人分别向土地所在地的税务机关申报缴纳城镇土地使用税。在同一省、自治区、直辖市管辖范围内，纳税人跨地区使用的土地，其纳税地点由各省、自治区、直辖市税务机关确定。

四、纳税申报

纳税人应依照当地税务机关规定的期限，将其占用土地的权属、位置、用途、面积和税务机关规定的其他内容，据实向当地税务机关办理纳税申报，并提供有关的证明文件资料。

纳税人使用的土地发生数量变化的，应于变动之日起30日内，向土地所在地的主管税务机关办理变更纳税申报。

为了及时掌握纳税人拥有土地、房产、车船情况，国家税务总局规定，纳税人办理税务登记或变更税务登记时，应向税务机关提供土地使用证、房屋产权证、机动车行驶证、船籍证等证书复印件并如实填报相关表单。（见《国家税务总局关于换发税务登记证件的通知》国税发〔2006〕38号、《国家税务总局关于做好房屋土地车船信息登记工作的通知》国税函〔2006〕416号）

五、部门配合

《城镇土地使用税暂行条例》第十条规定，国土资源管理部门应当向土地所在地的税务机关提供土地使用权属资料。国土资源管理部门在审批用地时，必须及时对用地单位占地情况进行勘测，测定权属界线，计算其占地面积，按登记手续办理登记、建档，并将建立的地籍档案提供税务部门使用。（见《国家土地管理局、国家税务局关于提供土地使用权属资料问题的通知》国土［籍］字〔1988〕189号）

为了进一步发挥部门协作与齐抓共管的优势，更好地贯彻落实《城镇土地使用税暂行条例》《耕地占用税暂行条例》《契税暂行条例》和《土地增值税暂行条例》等税收法规，强化土地税收（包括城镇土地使用税、土地增值税、契税和耕地占用税）的征管力度，国家税务总局联合财政部、国土资源部先后下发了《国家税务总局、财政部、国土资源部关于加强土地税收管理的通知》（国税发〔2005〕111号）、《国家税务总局、财政部、国土资源部关于进一步加强土地税收管理工作的通知》（国税发〔2008〕14号）等文件，要求各级税务、财政和国土资源管理部门通过开展多种形式的信息共享和配合，提高土地管理和土地税收征管工作水平。

第四节 会计处理与实务

一、会计处理

企业缴纳的城镇土地使用税应通过“税金及附加”科目核算。企业按规定计算应缴纳的城镇土地使用税，借记“税金及附加”科目，贷记“应交税费——应交城镇土地使用税”科目；缴纳城镇土地使用税时，借记“应交税费——应交城镇土地使用税”科目，贷记“银行存款”等科目。

需要注意的是，投资性房地产应缴纳的城镇土地使用税属于与经营活动相关的税费，也在“税金及附加”科目核算。

投资性房地产，是指为赚取租金或资本增值，或两者兼有而持有的房地产。投资性房地产主要包括：已出租的土地使用权、持有并准备增值后转让的土地使用权和已出租的建筑物。下列各项不属于投资性房地产：（1）自用房地产，即为生产商品、提供劳务或者经营管理而持有的房地产；（2）作为存货的房地产。与投资性房地产有关的活动属于企业为完成其经营目标所从事的与经常性活动相关的其他经营活动，形成的租金收入或转让增值收益一般确认为企业的其他业务收入。

【例7－1】甲企业2017年12月从B市搬迁至A市，在A市购置新建办公楼，该楼占用土地3 000平方米，B市原办公用房借给当地税务局使用。2018年6月份收回出借的位于B市的原办公用房（占地3 600平方米）进行装修，作为投资性房地产管理，并于本月开始出租，当月收取全年租金40万元。A市和B市的土地年单位税额每平方米分别为10元和8元，计算甲企业2018年应缴纳的城镇土地使用税，并进行账务处理。

【解析】对免税单位无偿使用纳税单位的土地，免征城镇土地使用税。暂免征收城镇土地使用税的土地开始使用时，应从使用的次月起缴纳城镇土地使用税。

A市自用土地2018年应纳税额：3 000×10＝30 000（元）

B市投资性房地产2018年应纳税额：3 600×8÷12×6＝14 400（元）

①每季度计提自用土地城镇土地使用税时：30 000÷4＝7 500（元）

借：税金及附加　　7 500

　　贷：应交税费——应交城镇土地使用税　　7 500

每季度缴纳城镇土地使用税时：

借：应交税费——应交城镇土地使用税　　7 500

　　贷：银行存款　　7 500

②每季度计提投资性房地产城镇土地使用税时：28 800÷4＝7 200（元）

借：税金及附加　　7 200

　　贷：应交税费——应交城镇土地使用税　　7 200

每季度缴纳城镇土地使用税时：

借：应交税费——应交城镇土地使用税　　7 200

　　贷：银行存款　　7 200

二、实务解析

【例7-2】 某民用机场2017年底完工启用，占地100万平方米，其中飞行区用地89.98万平方米，场外道路用地7万平方米，场内道路用地0.5万平方米，工作区用地2.52万平方米，其中0.02万平方米无偿出借给机场公安派出所使用。该机场所处位置城镇土地使用税年税额为5元/平方米。计算2018年该机场应缴纳的城镇土地使用税。

【解析】机场飞行区用地、场外道路用地免征城镇土地使用税。对免税单位无偿使用纳税单位的土地，免征城镇土地使用税。该机场应缴纳城镇土地使用税：

(0.5+2.52-0.02)×5×10 000=150 000（元）

【例7-3】 某市一商场坐落在该市繁华地段，企业土地使用证书记载占用的土地面积为6 000平方米，经确定属一等地段；该商场另设两个统一核算的分店均坐落在市区三等地段，共占地4 000平方米；一座仓库位于市郊，属五等地段，占地面积为1 000平方米；另外，该商场自办托儿所占地面积2 500平方米，属三等地段。该市城镇土地使用税一等地段年税额4元/平方米；二等地段年税额3元/平方米；三等地段年税额2元/平方米；四等地段年税额1.5元/平方米；五等地段年税额1元/平方米。计算该商场全年应缴纳的城镇土地使用税。

【解析】企业办的学校、医院、托儿所、幼儿园，其用地能与企业其他用地明确区分的，免征城镇土地使用税，区分不清的一律征税。

（1）商场占地年应纳税额：6 000×4=24 000（元）

（2）分店占地年应纳税额：4 000×2=8 000（元）

（3）仓库占地年应纳税额：1 000×1=1 000（元）

该商场当年应缴纳城镇土地使用税：24 000+8 000+1 000=33 000（元）

【例7-4】 2018年某企业占用某市二等地段土地6 000平方米，三等地段土地12 000平方米（其中1 000平方米为该企业职工医院用地，200平方米借给该市某一行政机关使用）。该企业2017年在城郊先后两次征用农用地，其中4月1日征用耕地4 000平方米，当年已经缴纳耕地占用税；8月1日征用非耕地6 000平方米。当地城镇土地使用税年税额：二等地段7元/平方米，三等地段4元/平方米，城郊征用的耕地和非耕地1.2元/平方米。计算该企业2018年应缴纳的城镇土地使用税。

【解析】新征收的耕地，自批准征收之日起满1年时开始缴纳城镇土地使用税；新征收的非耕地，自批准征收次月起缴纳城镇土地使用税。

（1）二等地段土地年应纳税额：6 000×7=42 000（元）

（2）三等地段土地年应纳税额：(12 000-1 000-200)×4=43 200（元）

（3）征用耕地年应纳税额：$4\ 000 \times 1.2 \div 12 \times 9 = 3\ 600$（元）

（4）征用非耕地年应纳税额：$6\ 000 \times 1.2 = 7\ 200$（元）

该企业2018年应缴纳城镇土地使用税：

$42\ 000 + 43\ 200 + 3\ 600 + 7\ 200 = 96\ 000$（元）

【例7－5】 2018年度甲企业与乙企业共同使用面积为8 000平方米的土地，该土地上共有建筑物15 000平方米，甲企业使用其中的9 000平方米，乙企业使用其中的6 000平方米。除此之外，经有关部门批准，乙企业在2018年4月份新征用非耕地3 600平方米。甲企业和乙企业共同使用土地所处地段的年税额为4元/平方米，乙企业新征土地所处地段的年税额为2元/平方米。分别计算甲、乙两企业2018年度应缴纳的城镇土地使用税。

【解析】共同使用共有使用权土地上的多层建筑，以分割后纳税单位实际占用的土地面积（按纳税单位占用的建筑面积占建筑总面积的比例分割）为计税依据。新征收的非耕地，自批准征收次月起缴纳城镇土地使用税。

（1）甲企业2018年应缴纳城镇土地使用税：

$8\ 000 \times 9\ 000 \div 15\ 000 \times 4 = 19\ 200$（元）

（2）乙企业2018年应缴纳城镇土地使用税：

$8\ 000 \times 6\ 000 \div 15\ 000 \times 4 + 3\ 600 \times 2 \div 12 \times 8 = 17\ 600$（元）

第八章 房 产 税

房产税是以房产为课税对象，按照房屋的计税价值或房产租金收入向房产所有人征收的一种税。现行房产税是在原计划经济体制和财产所有结构的框架内恢复征收的，税制较古老。

本章内容主要依据国务院1986年9月15日发布的《中华人民共和国房产税暂行条例》（国发〔1986〕90号）、财政部税务总局下发的《关于房产税若干具体问题的解释和暂行规定》（财税地〔1986〕8号）编写。

第一节 概 述

一、税制沿革

对房屋征税，我国自古有之。周朝的“廛布”，唐朝的“间架税”，清朝初期的“市廛输钞”“计檩输税”，清末和民国时期的“房捐”等，都是对房屋征税。

新中国成立后，1950年1月政务院公布《全国税政实施要则》，房产税列为在全国范围内统一征收的14个税种之一。同年6月，将房产税和地产税合并为房地产税。1951年8月，政务院公布《城市房地产税暂行条例》，在核定的城市中征收。1973年简化税制，将试行工商税的企业缴纳的城市房地产税并入工商税，只对有房产的个人、外国侨民和房地产管理部门继续征收城市房地产税。1984年10月，国营企业实行第二步利改税和改革工商税制时，确定对企业恢复征收房地产税。同时，鉴于我国城市的土地属于国有，土地使用者没有土地产权的实际情况，将城市房地产税分为房产税和土地使用税，但当时两个税种都没有立即开征。1986年9月15日，国务院发布《中华人民共和国房产税暂行条例》（简称《房产税暂行条例》），决定从当年10月1日起在全国施行。同时保留城市房地产税，对在中国拥有房产的外商投资企业、外国企业和外籍人员继续征收。2008年12月31日，国务院发布第546号令，决定自2009年1月1日起，废止1951年8月8日政务院公布的《城市房地产税暂行条例》，外商投资企业、外国企业和组织以及外籍个人，依照《房产税暂行条例》缴纳房产税。

为进一步完善房产税制度，合理调节居民收入分配，正确引导住房消费，有效配置房地产资源，根据2010年12月8日国务院第136次常务会议有关精神，重庆市和上海市决定自2011年1月28日起开展对部分个人住房征收房产税试点工作。上海市征税对象为本市居民新购房且属于第二套及以上住房和非本市居民新购房，税率暂定0.6%；重庆市征税对象为独栋别墅高档公寓、个人新购高档住宅，以及在重庆同时无工作、无户籍、无企业的个人所购二套房，税率为0.5%～1.2%。

二、税制特点

现行房产税是在原计划经济体制和财产所有结构的框架内恢复征收的，一方面继承了过去房产税的传统做法，同时又考虑了我国新旧体制转换过程中某些特殊情况，因此具有其自身特点。

（一）属于财产税中的个别财产税

按征税对象范围不同，财产税可以分为一般财产税与个别财产税。一般财产税也称综合财产税，是对纳税人拥有的各类财产实行综合课征的税收；个别财产税也称单项财产税，是对纳税人拥有的土地、房屋、资本和其他财产分别课征的税收。房产税属于个别财产税，其征税对象仅为房屋。

（二）征税范围限于城镇的经营性房屋

房产税在城市、县城、建制镇和工矿区范围内征收，不涉及乡村。乡村的房屋，大部分是农民居住用房，为了减轻农民负担，乡村的房屋没有纳入征税范围。另外，对国家拨付行政经费、事业经费和国防经费的单位自用房产，《房产税暂行条例》也通过免税的方式将其排除在征税范围之外。因为这些单位本身没有经营收入，若对其征税，就要相应增加财政拨款，征税也就失去了意义。

（三）区别房屋用途规定征税办法

拥有房屋的单位和个人，既可以将房屋用于居住、经营，又可以将房屋用于出租、出典。房产税根据纳税人利用房屋的不同形式，采取不同的计税办法：对于个人居住的，免税；对于经营自用和出典的，按计税余值征收；对于出租的，按租金收入计税。房产税区别房屋用途、使用方式采取不同的计税办法，有利于平衡税收负担和实施征收管理。

三、立法宗旨

（一）筹集地方财政资金

房产税属于地方税，征收房产税可以为地方财政筹集一部分资金，缓解地方财力不足的压力。而且，房产税以房屋为征税对象，税源比较稳定，随着地方经济的发展和工商各业的兴旺，房产税收入将成为地方财政收入一个主要来源。

（二）调节财富分配

法人和个人拥有的房屋是其主要财富。对生产经营的房屋，尤其是对个人拥有用于出租的房屋征收房产税，在调节法人、个人之间财富分配方面可以发挥积极作用。

（三）有利于加强房产管理，配合城市住房制度改革

对房屋所有者征收房产税，不仅可以调节财富分配，还有利于加强对房屋的管理，提高房屋使用效益。另一方面，房产税规定对个人拥有的非营业用房屋不征房产税，可以鼓励个人建房、购房和改善住房条件，配合和推动城市住房制度改革。

第二节 课税要素

一、征税对象

房产税以房屋为课税对象。房产是指以房屋形态表现的财产。房屋是指有屋面和围护结构（有墙或两边有柱），能够遮风避雨，可供人们在其中生产、学习、工作、娱乐、居住或储藏物资的场所。至于独立于房屋之外的建筑物，如围墙、烟囱、水塔、变电塔、油池油柜、酒窖菜窖、酒精池、糖蜜池、室外游泳池、玻璃暖房、砖瓦石灰窑以及各种油气罐等，不属于房产，不征房产税。（见《财政部税务总局关于房产税和车船使用税几个业务问题的解释与规定》财税地〔1987〕3号）

凡在房产税征税范围内具备房屋功能的地下建筑，包括与地上房屋相连的地下建筑以及完全建在地面以下的建筑、地下人防设施等，均应当依照有关规定征收房产税。具备房屋功能的地下建筑是指有屋面和围护结构，能够遮风避雨，可供人们在其中生产、经营、工作、学习、娱乐、居住或储藏物资的场所。（见《财政部、国家税务总局关于具备房屋功能的地下建筑征收房产税的通知》财税〔2005〕181号）

需要注意的是，加油站罩棚不属于房产，不征收房产税。（见《财政部、国家税务总局关于加油站罩棚房产税问题的通知》财税〔2008〕123号）

二、征税范围

房产税征税范围是开征房产税的地区，具体包括城市、县城、建制镇和工矿区四类地区。凡上述范围内的房屋，都是房产税的征税对象。

1. 城市是指国务院批准设立的市；
2. 县城是指未设立建制镇的县人民政府所在地；
3. 建制镇是指经省、自治区、直辖市人民政府批准设立的建制镇；
4. 工矿区是指工商业比较发达，人口比较集中，符合国务院规定的建制镇标准，但尚未设立镇建制的大中型工矿企业所在地。

需要注意的是，按照《国务院批转民政部关于调整建镇标准的报告的通知》（国发〔1984〕165号）的规定，自1984年起，凡县级地方国家机关所在地，均应设置镇的建制。

关于城市、县城、建制镇和工矿区的具体征税范围如下：

1. 城市的征税范围为市区、郊区和市辖县县城。不包括农村。

2. 建制镇的征税范围为镇人民政府所在地。不包括所辖的行政村。

3. 工矿区开征房产税须经省、自治区、直辖市人民政府批准。

不在上述开征地区范围之内的房屋，包括工厂、仓库，不征收房产税。

房产税征税范围不包括农业生产区域（农村），即对该区域内的房屋不征收房产税。（见《国家税务总局关于调整房产税和土地使用税具体征税范围解释规定的通知》国税发〔1999〕44 号）

需要注意的是，实际征管工作中，房产税的征税范围应与城镇土地使用税的征税范围保持一致。（见《国家税务总局关于北京市房产税征税范围问题的批复》国税函〔2000〕1003 号）

三、纳税人

房产税以征税范围内的房屋产权所有人为纳税人。实际征管中有时承担纳税义务的单位和个人并非房屋产权所有人。

1. 产权属于国家所有的，由经营管理的单位缴纳，产权属于集体和个人所有的，由集体单位和个人缴纳；

2. 产权出典的，由承典人缴纳；

3. 产权所有人、承典人不在房产所在地的，由房产代管人或者实际使用人缴纳；

4. 产权未确定及租典纠纷未解决的，由房产代管人或实际使用人缴纳；

5. 应税单位和个人无租使用其他单位房产的，应由使用人代为缴纳；

6. 融资租赁的房产，租赁期间由承租人缴纳。（以上规定后两条见《财政部、国家税务总局关于房产税城镇土地使用税有关问题的通知》财税〔2009〕128 号）

上述经营管理单位、承典人、代管人、使用人、承租人，均是产权所有人以外的房产税纳税人。此外，2009 年 1 月 1 日《城市房地产税暂行条例》废止后，外商投资企业、外国企业和组织以及外籍个人，应依法缴纳房产税。因此，在我国境内拥有房产的外商投资企业、外国企业和组织以及外籍个人（包括港澳台资企业和组织以及华侨、港澳台同胞）也是房产税的纳税人。（见《财政部、国家税务总局关于对外资企业及外籍个人征收房产税有关问题的通知》财税〔2009〕3 号）

（1）根据《房产税暂行条例》第二条中“房屋产权未确定及租典纠纷未解决的，由房产代管人或者使用人缴纳”的规定，凡以分期付款方式购买使用商品房，且购销双方均未取得房屋产权证书期间，应确定房屋的实际使用人为房产税的纳税义务人，缴纳房产税。（见《国家税务总局关于未取得房屋产权证书期间如何确定房产税纳税人的批复》国税函〔2002〕284 号、《国家税务总局关于房屋产权未确定如何征收房产税问题的批复》国税函〔1998〕426 号）

（2）按照《房产税暂行条例》有关规定，房产税由产权所有人缴纳。请示中所反映的地下人防工程，已按商品房销售并办理产权证，购房人即是产权所有人，应按规定缴纳房产税。（见《国家税务总局关于新疆地下人防工程征收房产税问题的批复》税总函〔2013〕602 号）

需要注意的是，《房产税暂行条例》中的出典和典当不是同一个概念，二者虽然都是融资行为，但有本质区别。所谓出典，是指出典人在不放弃财产所有权的情况下，由承典人支付典价，占有出典人财产并进行使用，出典人于典期届满时返还典价赎回财产或不赎回而丧失财产的行为。所谓典当，是指当户将其动产、财产权利作为当物质押或者将其房地产作为当物抵押给典当行，交付一定比例费用，取得当金，并在约定期限内支付当金利息、偿还当金、赎回当物的行为。出典转移的是标的的占有权和使用权；而典当转移的是标的的占有权。出典、承典是双方互利、有偿转移占有的行为，标的通常是不动产；而典当一般是当户为了融资而抵押财物，标的通常是动产或者财产权利。由于现在融资主要采取银行贷款和典当等方式，出典房产这种融资行为已经很少见，所以实际工作中，基本上不存在对承典人征收房产税的情况。

四、计税依据

房产税属于财产税，应当以房产的价值作为计税依据。房产的价值有三种表现形式：第一种是房产的原值，即房屋造价；第二种是房产的净值，即房屋的原值扣除折旧后的净剩值；第三种是房产的市价，即买卖房屋的市场价值（价格）。从理论上讲，房产税的计税依据应当是房产的市价，因为市价是房屋的现实价值，它包含了土地开发利用等增值因素。但房屋在不发生买卖行为时没有市价，而且市价是不断变动的，按市价计税，存在着市价标准难以确定、估价工作量大等难题。权衡利弊，现行房产税采用房产的原值和房产的租金收入两种计税依据。具体来说，对自用的房屋以房产余值作为计税依据，称为从价计征；对出租的房屋以租金收入作为计税依据，称为从租计征。

此处应注意理解如下两个概念：

1. 房产的余值是房产税特有的一个概念，是指依照《房产税暂行条例》的规定按房产原值一次减除10%～30%的损耗价值以后的余额。

2. 本章使用的“从价计征”一词主要针对“从租计征”而言，是为了叙述方便，同税收理论中与“从量计征”相对应的“从价计征”概念含义有所不同。

（一）从价计征

《房产税暂行条例》规定，房产自用的，以房产原值一次减除10%～30%后的余值为计税依据。具体减除幅度，由省、自治区、直辖市人民政府确定。

实际工作中，确定房产原值及余值的相关规定如下：

1. 房产原值是指纳税人根据国家有关会计制度规定核算的房屋原价，一般记载于会计账簿“固定资产”科目中。

需要注意的是，对依照房产原值计税的房产，不论是否记载在会计账簿固定资产科目中，均应按照房屋原价计算缴纳房产税。对纳税人未按国家会计制度规定核算并记载的，应按规定予以调整或重新评估。（见《财政部、国家税务总局关于房产税城镇土地使用税有关问题的通知》财税〔2008〕152号）

2. 房产原值应包括与房屋不可分割的各种附属设备或一般不单独计算价值的配套设施。这些设施主要包括暖气、卫生、通风、照明、煤气等设备；各种管线，如蒸汽、压缩空气、石油、给水排水等管道及电力、电讯、电缆导线；电梯、升降机、过道、晒台等。属于房屋附属设备的水管、下水道、暖气管、煤气管等从最近的探视井或三通管算起；电灯网、照明线从进线盒联接管算起。（见《财政部、国家税务局关于房产税和车船使用税几个业务问题的解释与规定》财税地〔1987〕3号）

关于房屋附属设备和配套设施计征房产税问题，从2006年起，国家税务总局又进一步予以明确。即为了维持和增加房屋的使用功能或使房屋满足设计要求，凡以房屋为载体，不可随意移动的附属设备和配套设施，如给排水、采暖、消防、中央空调、电气及智能化楼宇设备等，无论在会计核算中是否单独记账与核算，都应计入房产原值，计征房产税；对于更换房屋附属设备和配套设施的，在将其价值计入房产原值时，可扣减原来相应设备和设施的价值；对附属设备和配套设施中易损坏、需要经常更换的零配件，更新后不再计入房产原值。（见《国家税务总局关于进一步明确房屋附属设备和配套设施计征房产税有关问题的通知》国税发〔2005〕173号）

3. 地价应计入房产原值。对按照房产原值计税的房产，无论会计上如何核算，房产原值均应包含地价，包括为取得土地使用权支付的价款、开发土地发生的成本费用等。宗地容积率低于0.5的，按房产建筑面积的2倍计算土地面积并据此确定计入房产原值的地价。宗地是指土地使用权人的权属界址范围内的地块；容积率是指项目用地范围内总建筑面积与项目总用地面积的比值。（见《财政部、国家税务总局关于安置残疾人就业单位城镇土地使用税等政策的通知》财税〔2010〕121号）

4. 具备房屋功能的自用地下建筑应按规定比例确认应税原值计征房产税。具备房屋功能的地下建筑，包括与地上房屋相连的地下建筑以及完全建在地面以下的建筑、地下人防设施等地下建筑。在房产税征税范围内具备房屋功能、完全建在地面以下的地下建筑自用的，按以下方式计税：

（1）工业用途房产，以房屋原价的50%～60%作为应税房产原值；

（2）商业和其他用途房产，以房屋原价的70%～80%作为应税房产原值；

而对于与地上房屋相连的地下建筑，如房屋的地下室、地下停车场、商场的地下部分等，应将地下部分与地上房屋视为一个整体按照地上房屋建筑的有关规定计算征收房产税。（以上内容见《财政部、国家税务总局关于具备房屋功能的地下建筑征收房产税的通知》财税〔2005〕181号）

（二）从租计征

《房产税暂行条例》规定，房产出租的，以房产租金收入为计税依据。所谓房产租金收入，就是房屋产权所有人出租房产使用权所得到的报酬，包括货币收入和实物收入。如果以劳务或其他形式抵付房屋租金的，应根据当地同类房屋的租金水平，确定一个租金标准，依率计征。

需要注意度是，房产出租的，计征房产税的租金收入不含增值税。免征增值税的，确定计税依据时，租金收入不扣减增值税额。在计征房产税时，税务机关核定的计税价格或收入不含增值税。（见《财政部、国家税务总局关于营改增后契税房产税土地增值税个人所得税计税依据问题的通知》财税〔2016〕43号）

实际工作中，关于从租计征的相关规定如下：

1. 承租人使用房产，以支付修理费抵交房产租金，仍应由房产的产权所有人依照规定缴纳房产税。

2. 出租的地下建筑，按照出租地上房屋建筑的有关规定计算征收房产税。（见《财政部、国家税务总局关于具备房屋功能的地下建筑征收房产税的通知》财税〔2005〕181号）

3. 对不提供或不如实提供出租房屋合同（协议）及租金低于同类房屋（区位、用途、结构、面积）实际租金水平的，税务机关可以依法予以核定。

（三）特殊情形计税依据的确定

1. 投资联营房产的计税依据。对投资联营的房产，在计征房产税时应予以区别对待。以房产投资联营，对于投资者参与投资利润分红，共担风险的，由被投资方（联营企业）按房产的余值作为计税依据计算房产税；对于投资者只收取固定收入，不承担联营风险的，实际是以联营名义取得房产租金，由房产投入方按租金收入计算缴纳房产税。（见《国家税务总局关于安徽省若干房产税业务问题的批复》国税函发〔1993〕368 号）

2. 融资租赁房产的计税依据。对融资租赁房屋的情况，由于租赁费包括购进房屋的价款、手续费、借款利息等，与一般房屋出租的“租金”内涵不同，且租赁期满后，当承租方偿还最后一笔租赁费时，房屋产权一般都转移到承租方，实际是承租方分期付款购买房产的一种形式，所以应以房产余值为计税依据计算征收房产税。（见《财政部、国家税务总局关于房产税城镇土地使用税有关问题的通知》财税〔2009〕128 号）

3. 居民住宅区内业主共有的经营性房产的计税依据。对居民住宅区内业主共有的经营性房产，由实际经营（包括自营和出租）的代管人或使用人缴纳房产税。其中自营的，依照房产原值减除 10% ~30% 后的余值作为计税依据，没有房产原值或不能将业主共有房产与其他房产的原值准确划分开的，由房产所在地税务机关参照同类房产核定房产原值；出租的，以租金收入为计税依据计征房产税。（见《财政部、国家税务总局关于房产税城镇土地使用税有关政策的通知》财税〔2006〕186 号）

4. 无租使用房产和产权出典房产的计税依据。无租使用其他单位的房产以及产权出典的房产，以房产余值为计税依据，由使用人、承典人缴纳房产税。（见《财政部、国家税务总局关于房产税城镇土地使用税有关问题的通知》财税〔2009〕128 号）

5. 出租房产免收租金期间的计税依据。对出租房产，租赁双方签订的租赁合同约定有免收租金期限的，免收租金期间由产权所有人按照房产原值缴纳房产税。（见《财政部、国家税务总局关于安置残疾人就业单位城镇土地使用税等政策的通知》财税〔2010〕121 号）

五、税率

我国现行房产税采用比例税率。房产税的计税依据分为从价计征和从租计征两种形式，与此对应，房产税的税率也有两种。

1. 按房产原值一次减除 10% ~30% 后的余值计征的，税率为 1.2%；

2. 按房产出租的租金收入计征的，税率为 12%。

这两种税率之所以相差 10 倍，是因为经过测算，房产的计税余值大体上相当于房产标准租金的 10 倍。这样规定，有利于公平税负。

需要注意的是，为了支持住房租赁市场发展，自 2008 年 3 月 1 日起，对个人出租住房，不区分用途，按 4% 的税率征收房产税；对企事业单位、社会团体以及其他组织按市场价格向个人出租用于居住的住房，减按 4% 的税率征收房产税。（见《财政部、国家税务总局关于廉租住房经济适用住房和住房租赁有关税收政策的通知》财税〔2008〕24 号）

六、应纳税额

（一）地上建筑物房产税的应纳税额

1. 从价计征的应纳税额。从价计征以房产原值减除一定比例后的余值为计税依据计算应纳税额。其计算公式如下：

应纳税额 = 应税房产余值 ×1.2%

应税房产余值 = 应税房产原值 ×（1 – 减除比例）

或：　　应纳税额 = 应税房产原值 ×（1 – 减除比例）×1.2%

2. 从租计征的应纳税额。从租计征以房产的租金收入为计税依据计算应纳税额。其计算公式如下：

应纳税额 = 租金收入 ×12%

（二）地下建筑物房产税的应纳税额

自用的完全建在地面以下的地下建筑，以其房屋原价按规定的比例折算为应税房产原值，在此基础上扣除《房产税暂行条例》规定的原值减除比例作为计税依据，计算征收房产税。

1. 工业用途房产，以房屋原价的50% ~60%作为应税房产原值。其计算公式如下：

应纳税额 = 应税房产原值 ×（1 – 减除比例）×1.2%

应税房产原值 = 应税房产原价 ×（50% ~60%）

2. 商业和其他用途房产，以房屋原价的70% ~80%作为应税房产原值。其计算公式如下：

应纳税额 = 应税房产原值 ×（1 – 减除比例）×1.2%

应税房产原值 = 应税房产原价 ×（70% ~80%）

3. 出租地下建筑，按照出租地上建筑的有关规定计算征收房产税。其计算公式如下：

应纳税额 = 租金收入 ×12%

需要注意的是，上述房产税的应纳税额均是按全年计算的；实际工作中，除了分期缴纳外，还有在年中增加或减少房产的，这时应先计算房产税全年应纳税额，然后除以12并乘以计税月份数确定当期或当年应纳税额。

以人民币以外的货币为记账本位币的外资企业及外籍个人在缴纳房产税时，应将其根据记账本位币计算的税款按照缴款上月最后一日的人民币汇率中间价折合成人民币。（见《财政部、国家税务总局关于对外资企业及外籍个人征收房产税有关问题的通知》财税〔2009〕3号）

七、税收优惠

国家主要根据产业政策的需要和纳税人的负担能力制定房产税的税收优惠政策。除《房产税暂行条例》规定的减免税外，房产税的其他减免项目，基本上由国务院财税主管部门以及省级人民政府根据实际情况确定。

（一）法定减免税项目

按《房产税暂行条例》规定，以下房产免征房产税：

1. 国家机关、人民团体、军队本身的办公用房或公务用房免征房产税。对于这些单位的出租房产以及非本身业务使用的生产、营业用房，因为已经有收入来源和纳税能力，所以不予免税，应按规定征收房产税。

2. 由国家财政部门拨付事业经费的单位（包括实行全额或差额预算管理的事业单位）本身业务用房免征房产税。企业所办的各类学校、医院、托儿所、幼儿园自用的房产可以比照事业单位房产享受免税待遇。

3. 宗教寺庙、公园、名胜古迹自用的房产免征房产税。宗教寺庙用房是指举行宗教仪式等的房屋和宗教人员使用的生活用房屋；公园、名胜古迹用房，是指供公共参观游览的房屋及其管理单位的办公用房屋。其中附设的营业单位，如影剧院、饮食部、茶社、照相馆等所使用的房产及出租的房产，不属于免税房产，应按规定缴纳房产税。

4. 对个人所有非营业用房产，不分面积多少免征房产税。对个人所有的营业用房或出租的住房，不分用途，均应按规定征收房产税。

（二）财税主管部门的减免税规定

财政部、国家税务总局批准的减免房产税的规定如下：

1. 凡是在基建工地为基建工地服务的各种工棚、材料棚、休息棚和办公室、食堂、茶炉房、汽车房等临时性房屋，不论是施工企业自行建筑还是由基建单位出资建造，交施工企业使用的，在施工期间，一律免征房产税。基建工程结束以后，施工企业将这种临时性房屋交还或者估价转让给基建单位的，应当从基建单位接收的次月起，依照规定征收房产税。

2. 纳税单位与免税单位共同使用的房屋，按各自实际使用的部分划分，分别征收或免征房产税。

3. 经有关部门鉴定，对毁损不堪居住的房屋和危险房屋，在停止使用后，可免征房产税。

4. 房屋因大修导致连续停用半年以上的，在房屋大修期间免征房产税。（见《国家税务总局关于房产税部分行政审批项目取消后加强后续管理工作的通知》国税函〔2004〕839号）

5. 对高等学校用于教学及科研等本身业务用房产免征房产税。对高等学校举办的校办工厂、商店、招待所等的房产以及出租的房产，均不属于自用房产的范围，应按规定征收房产税。（见《国家税务局对〈关于高校征免房产税、土地使用税的请示〉的批复》国税地便字〔1989〕8号）

6. 对司法部所属的劳改劳教单位征免房产税的规定如下：

（1）对少年犯管教所的房产，免征房产税。

（2）对劳改工厂、劳改农场等单位，凡作为管教或生活用房产，例如：办公室、警卫室、职工宿舍、犯人宿舍、储藏室、食堂、礼堂、图书室、阅览室、浴室、理发室、医务室等，均免征房产税；凡作为生产经营用房产，例如：厂房、仓库、门市部等，应征收房产税。

（3）对监狱的房产，若主要用于关押犯人，只有极少部分用于生产经营的，可从宽掌握，免征房产税。但对设在监狱外部的门市部、营业部等生产经营用房产，应征收房产税。

此外，由国家财政拨付事业经费的劳教单位，免征房产税。经费实行自收自支的劳教单位，在规定的免税期满后，应比照上述规定征免房产税。（以上内容见《财政部、税务总局关于对司法部所属的劳改劳教单位征免房产税问题的通知》财税地字〔1987〕21号、《财政部、税务总局关于对司法部所属的劳改劳教单位征免房产税问题的补充通知》财税地字〔1987〕29号）

7. 根据《房产税暂行条例》规定，军队自有自用的房产免征房产税。军队其他房产征免房产税规定如下：

（1）军队出租的房产、军办企业（包括军办集体企业）的房产、军队与地方联营或合资企业等的房产，均应依照规定征收房产税。

（2）军队无租出借的房产，由使用人代缴房产税。

（3）军需工厂的房产，为照顾实际情况，凡生产军品的，免征房产税，生产经营民品的，依照规定征收房产税，既生产军品又生产经营民品的，可按各占比例划分征免房产税。

（4）军人服务社的房产，专为军人和军人家属服务的免征房产税，对外营业的应按规定征收房产税。

（5）军队实行企业经营的招待所（包括饭店、宾馆），根据财政部和中国人民解放军总后勤部〔1984〕财税字第7号、财政部〔1984〕财税字第312号文件的精神，区别为军队服务和对军外营业各占的比例征免房产税。

（6）对军队企业化管理工厂办的各类学校、医院、托儿所、幼儿园自用的房产，凡单独设置房产登记，能与企业其他房产原值划分开的，可免征房产税。（以上内容见《财政部关于军队房产免征房产税的通知》财税字〔1987〕32号、《国家税务局关于对军队企业化管理工厂征免印花税等问题的通知》国税地字〔1989〕99号）

8. 中国人民武装警察部队的房产征免房产税，可比照对军队房产征免税的规定办理。

（1）武警部队的工厂，专门为武警部队内部生产武器、弹药、军训器材、部队装备（指人员装备、军械装具、马装具）的，免征房产税。生产其他产品的，均按规定征收房产税。

（2）武警部队与其他单位联营或合资办企业的房产，应征收房产税。

（3）武警部队出租的房产，应征收房产税，无租出借的房产，由使用人代缴。

（4）武警部队所办服务社的房产，专为武警内部人员及其家属服务的，免征房产税，对外营业的应征收房产税。

（5）武警部队的招待所，专门接待武警内部人员的免征房产税，对外营业的，应征收房产税，二者兼有的，按各占比例划分征免税。（以上内容见《财政部税务总局关于对武警部队房产征免房产税通知》财税地字〔1987〕12号）

9. 对由主管工会拨付或差额补贴工会经费的全额预算或差额预算单位，可以比照财政部门拨付事业经费的单位办理，即对这些单位自用的房产，免征房产税；从事生产、经营活动等非自用的房产，则应按规定征收房产税。（见《国家税务局关于工会服务型事业单位免征房产税、车船使用税、土地使用税问题的复函》国税函发〔1992〕1440号）

10. 经省级卫生行政部门批准的血站是采集和提供临床用血，不以营利为目的的公益性组织，又属于财政拨补事业费的单位，因此，对血站自用的房产免征房产税。（见

《财政部、国家税务总局关于血站有关税收问题的通知》财税字〔1999〕264号）

11. 对应税单位依据国家住房制度改革的有关规定，将职工住宅全部产权出售给本单位职工，并按规定核销固定资产账务，可免征房产税。对应税单位以收取抵押金形式出售职工住房使用权，房屋产权未转移的，可比照财税〔2000〕125号文件第一条的规定办理，暂免征收房产税。（见《国家税务总局关于房改后房产税、城镇土地使用税征免问题批复》国税函〔2001〕659号）

12. 为鼓励住房制度改革，自2001年1月1日起，对按政府规定价格出租的公有住房和廉租住房，包括企业和自收自支事业单位向职工出租的单位自有住房；房管部门向居民出租的公有住房；落实私房政策中带户发还产权并以政府规定租金标准向居民出租的私有住房等，暂免征收房产税。上述企业和自收自支事业单位向职工出租的单位自有住房，是指按照公有住房管理或纳入县级以上政府廉租住房管理的单位自有住房。（见《财政部、国家税务总局关于调整住房租赁市场税收政策的通知》财税〔2000〕125号、《财政部、国家税务总局关于企业和自收自支事业单位向职工出租的单位自有住房房产税和营业税政策的通知》财税〔2013〕94号）

13. 中国人民银行总行是国家机关，对其自用的房产免征房产税；中国人民银行总行所属并由国家财政部门拨付事业经费单位的房产，按房产税有关规定办理；中国人民银行各省，自治区，直辖市分行及其所属机构的房产，应征收房产税。（见《财政部关于对银行、保险系统征免房产税的通知》财税字〔1987〕36号）

14. 房地产开发企业开发的商品房在出售前，对房地产开发企业而言是一种产品，因此，对房地产开发企业建造的商品房，在出售前不征收房产税。但对出售前房地产开发企业已使用、出租、出借的商品房应按规定征收房产税。（见《国家税务总局关于房产税城镇土地使用税有关政策规定的通知》国税发〔2003〕89号）

15. 自2004年8月1日起，对军队空余房产租赁收入暂免征收房产税。暂免征收房产税的军队空余房产，在出租时必须悬挂《军队房地产租赁许可证》，以备查验。（见《财政部、国家税务总局关于暂免征收军队空余房产租赁收入营业税房产税的通知》财税〔2004〕123号）

16. 铁路系统有关房产税的税收政策规定如下：

（1）铁道部所属铁路运输企业自用的房产继续免征房产税。享受免征税收优惠政策的铁道部所属铁路运输企业是指铁路局及国有铁路运输控股公司（含广铁〈集团〉公司、青藏铁路公司、大秦铁路股份有限公司、广深铁路股份有限公司等，具体包括客货、编组站，车务、机务、工务、电务、水电、供电、列车、客运、车辆段）、铁路办事处、中铁集装箱运输有限责任公司、中铁特货运输有限责任公司、中铁快运股份有限公司。

（2）对铁路运输体制改革后，从铁路系统分离出来并实行独立核算、自负盈亏的企业，包括铁道部所属原执行经济承包方案的工业、供销、建筑施工企业；中国铁路工程总公司、中国铁道建筑工程总公司、中国铁路通信信号总公司、中国土木建筑工程总公司、中国北方机车车辆工业集团公司、中国南方机车车辆工业集团公司；以及铁道部所属自行解决工交事业费的单位，自2003年1月1日起恢复征收房产税。

（3）铁道部所属其他企业、单位的房产，继续按规定征收房产税。（以上内容见《财政部、国家税务总局关于调整铁路系统房产税城镇土地使用税政策的通知》财税〔2003〕149号、《财政部、国家税务总局关于明确免征房产税城镇土地使用税的铁路运输企业范围的补充通知》财税〔2006〕17号）

17. 对股改铁路运输企业及合资铁路运输公司自用的房产暂免征收房产税。其中股改铁路运输企业是指铁路运输企业经国务院批准进行股份制改革成立的企业；合资铁路运输公司是指由铁道部及其所属铁路运输企业与地方政府、企业或其他投资者共同出资成立的铁路运输企业。（见《财政部、国家税务总局关于股改及合资铁路运输企业房产税城镇土地使用税有关政策的通知》财税〔2009〕132号）

18. 自2016年1月1日至2018年12月31日，对向居民供热而收取采暖费的供热企业，为居民供热所使用的厂房免征房产税；对供热企业其他厂房，应当按规定征收房产税。

对专业供热企业，按其向居民供热取得的采暖费收入占全部采暖费收入的比例计算免征的房产税。对兼营供热企业，供热所使用的厂房与其他生产经营活动所使用的厂房可以区分的，对其供热所使用厂房，按向居民供热取得的采暖费收入占全部采暖费收入的比例计算减免税；难以区分的，对其全部厂房，按向居民供热取得的采暖费收入占其营业收入的比例计算减免税。对自供热单位，按向居民供热建筑面积占总供热建筑面积的比例计算免征供热所使用的厂房的房产税。供热企业，是指热力产品生产企业和热力产品经营企业。热力产品生产企业包括专业供热企业、兼营供热企业和自供热单位。（见《财政部、国家税务总局关于供热企业增值税房产税城镇土地使用税优惠政策的通知》财税〔2016〕94号）

19. 自2011年1月1日至2020年12月31日，对长江上游、黄河中上游地区，东北、内蒙古等国有林区天然林二期工程实施企业和单位专门用于天然林保护工程的房产免征房产税。对由于实施天然林二期工程造成森工企业房产闲置一年以上不用的，暂免征收房产税；闲置房产用于出租或重新用于天然林二期工程之外其他生产经营的，按规定征收房产税。（见《财政部、国家税务总局关于天然林保护工程（二期）实施企业和单位房产税城镇土地使用税政策的通知》财税〔2011〕90号）

20. 自2019年1月1日至2021年12月31日，对农产品批发市场、农贸市场（包括自有和承租）专门用于经营农产品的房产、土地，暂免征收房产税和城镇土地使用税。对同时经营其他产品的农产品批发市场和农贸市场使用的房产、土地，按其他产品与农产品交易场地面积的比例确定征免房产税和城镇土地使用税。农产品批发市场和农贸市场，是指经工商登记注册，供买卖双方进行农产品及其初加工品现货批发或零售交易的场所。农产品包括粮油、肉禽蛋、蔬菜、干鲜果品、水产品、调味品、棉麻、活畜、可食用的林产品以及由省、自治区、直辖市财税部门确定的其他可食用的农产品。享受上述税收优惠的房产、土地，是指农产品批发市场、农贸市场直接为农产品交易提供服务的房产、土地。（见《财政部、税务总局关于继续实行农产品批发市场农贸市场房产税城镇土地使用税优惠政策的通知》财税〔2019〕12号）

21. 对在中国境内从事大型客机、大型客机发动机整机设计制造的企业及其全资子公司自用的科研、生产、办公房产及土地，免征房产税、城镇土地使用税。所称大型客机，是指空载重量大于45吨的民用客机；大型客机发动机，是指起飞推力大于14 000公斤的民用客机发动机。上述政策执行期限为2015年1月1日至2018年12月31日。（见《财政部、国家税务总局关于大型客机和大型客机发动机整机设计制造企业房产税城镇土地使用税政策的通知》财税〔2016〕133号）

22. 体育场馆自用的房产有关房产税政策如下：

（1）国家机关、军队、人民团体、财政补助事业单位、居民委员会、村民委员会拥有的体育场馆，用于体育活动的房产免征房产税。

（2）经费自理事业单位、体育社会团体、体育基金会、体育类民办非企业单位拥有并运营管理的体育场馆，同时符合下列条件的，其用于体育活动的房产，免征房产税：

①向社会开放，用于满足公众体育活动需要；

②体育场馆取得的收入主要用于场馆的维护、管理和事业发展；

③拥有体育场馆的体育社会团体、体育基金会及体育类民办非企业单位，除当年新设立或登记的以外，前一年度登记管理机关的检查结论为“合格”。

（3）企业拥有并运营管理的大型体育场馆，其用于体育活动的房产，减半征收房产税。

上述所称体育场馆，是指用于运动训练、运动竞赛及身体锻炼的专业性场所；所称用于体育活动的房产、土地，是指运动场地，看台、辅助用房（包括观众用房、运动员用房、竞赛管理用房、新闻媒介用房、广播电视用房、技术设备用房和场馆运营用房等）及占地，以及场馆配套设施（包括通道、道路、广场、绿化等）。

需要注意的是，体育场馆辅助用房及配套设施用于非体育活动的部分，不得享受上述税收优惠。高尔夫球、马术、汽车、卡丁车、摩托车的比赛场、训练场、练习场，除另有规定外，不得享受房产税优惠政策。各省、自治区、直辖市财政、税务部门可根据本地区情况适时增加不得享受优惠体育场馆的类型。（以上内容见《财政部、国家税务总局关于体育场馆房产税和城镇土地使用税政策的通知》财税〔2015〕130号）

23. 对按照去产能和调结构政策要求停产停业、关闭的企业，自停产停业次月起，免征房产税。企业享受免税政策的期限累计不得超过两年。上述政策自2018年10月1日至2020年12月31日执行。（见《财政部、税务总局关于去产能和调结构房产税城镇土地使用税政策的通知》财税〔2018〕107号）

24. 自2019年1月1日至2021年12月31日，对国家级、省级科技企业孵化器、大学科技园和国家备案众创空间自用以及无偿或通过出租等方式提供给在孵对象使用的房产，免征房产税。（见《财政部、税务总局、科技部、教育部关于科技企业孵化器大学科技园和众创空间税收政策的通知》财税〔2018〕120号）

25. 自2019年1月1日至2021年12月31日，由省、自治区、直辖市人民政府根据本地区实际情况，以及宏观调控需要确定，对增值税小规模纳税人可以在50%的税额幅度内减征房产税等税费。（见《财政部、税务总局关于实施小微企业普惠性税收减免政策的通知》财税〔2019〕13号）

（三）困难减免税政策

除了上述减免政策之外，纳税人纳税确有困难的，可以由省、自治区、直辖市人民政府确定，定期减征或免征房产税。

第三节　征收管理

一、纳税义务发生时间

房产税的纳税义务发生时间具体规定如下：

1. 将原有闲置房产用于生产经营的，从生产经营之月起，计征房产税。

2. 自行新建的房屋，从建成之次月起，计征房产税。

3. 委托施工企业建设的房屋，从办理验收手续之次月起，计征房产税。纳税人在办理验收手续前已使用或出租、出借的新建房屋，应按规定征收房产税。

4. 融资租赁的房产，自融资租赁合同约定开始日之次月起计征房产税；合同未约定开始日的，自合同签订之次月起计征房产税。（见《财政部、国家税务总局关于房产税城镇土地使用税有关问题的通知》财税〔2009〕128号）

5. 购置新建商品房，自房屋交付使用之次月起计征房产税。

6. 购置存量房，自办理房屋权属转移、变更登记手续，房地产权属登记机关签发房屋权属证书之次月起计征房产税。

7. 出租、出借房产，自交付出租、出借房产之次月起计征房产税。

8. 房地产开发企业自用、出租、出借本企业建造的商品房，自房屋使用或交付之次月起计征房产税。（以上内容见《国家税务总局关于房产税城镇土地使用税有关政策规定的通知》国税发〔2003〕89号）

纳税人因房产、土地的实物或权利状态发生变化而依法终止房产税、城镇土地使用税纳税义务的，其应纳税款的计算应截止到房产、土地的实物或权利状态发生变化的当月末。（见《财政部、国家税务总局关于房产税城镇土地使用税有关问题的通知》财税〔2008〕152号）

需要注意的是，房屋出租的，其房屋租金一般在租赁开始时提前一次性收取，如果此时就按预收的全部租金计算缴纳房产税，与“按年征收、分期缴纳”的规定相矛盾。因此，实际工作中，对出租房屋取得租金收入数额较大的，可在合同约定的租赁期内按月或按季分摊计算并申报缴纳房产税；但对出租房屋取得租金收入到税务机关代开发票的，一般在代开发票时，按照代开发票金额，一次性缴纳房产税。

二、纳税期限

房产税按年征收，分期缴纳。具体纳税期限由省、自治区、直辖市人民政府确定。

三、纳税地点

房产税是对拥有房屋的单位和个人课征的一种财产税，所以采取属地征收原则，纳税人应当向房产所在地主管税务机关申报纳税。房产不在一地的纳税人，应按房屋的坐落地点分别向房产所在地主管税务机关缴纳税款。

四、纳税申报

纳税人应当依照当地主管税务机关的规定，将现有房屋的坐落地点、结构、面积、用途、价值或租金收入等情况，据实向税务机关申报，并在规定的时间内缴纳税款。纳税人新建、扩建、改建、购置、拆毁、出售或出租房产，发生住址变更、租金收入或原值变化、改变房产用途等，均应于变动后15日内向房产所在地税务机关申报办理纳税变更手续。

为了及时掌握纳税人拥有土地、房产、车船情况，国家税务总局规定，纳税人办理税务登记或变更税务登记时，应向税务机关提供土地使用证、房屋产权证、机动车行驶证、船籍证等证书复印件并如实填报相关表单。（见《国家税务总局关于换发税务登记证件的通知》国税发〔2006〕38号、《国家税务总局关于做好房屋土地车船信息登记工作的通知》国税函〔2006〕416号）

第四节　会计处理与实务

一、会计处理

企业缴纳的房产税应通过“税金及附加”科目核算。企业按规定计算应缴纳的房产税，借记“税金及附加”科目，贷记“应交税费——应交房产税”科目；缴纳房产税时，借记“应交税费——应交房产税”科目，贷记“银行存款”等科目。

需要注意的是，投资性房地产应缴纳的房产税属于与经营活动相关的税费，也在“税金及附加”科目核算。

投资性房地产，是指为赚取租金或资本增值，或两者兼有而持有的房地产。投资性房地产主要包括：已出租的土地使用权、持有并准备增值后转让的土地使用权和已出租的建筑物。下列各项不属于投资性房地产：（1）自用房地产，即为生产商品、提供劳务或者经营管理而持有的房地产；（2）作为存货的房地产。与投资性房地产有关的活动属于企业为完成其经营目标所从事的与经常性活动相关的其他经营活动，形成的租金收入或转让增值收益一般确认为企业的其他业务收入。

【例8－1】某餐饮服务公司2018年自有房屋10栋，其中8栋用于经营餐饮，房产原值960万元；2栋房屋作为投资性房地产，出租给乙公司作经营用房，不含税年租金收入55万元。已知当地省级政府规定房产计税余值的扣除比例为30%，计算该公司2018年应缴纳的房产税并进行账务处理（不考虑增值税、印花税等其他税费）。

【解析】房产税的计税依据及税率有两种：自用及出典的，以房产原值一次减除10%～30%后的余值作为计税依据，税率为1.2%；出租的，以房产的租金收入作为计税依据，税率为12%。

自用房产年应纳税额：960×（1－30%）×1.2%＝8.064（万元）

出租房产年应纳税额：55×12%＝6.6（万元）

（1）每季度计提房产税时：8.064÷4＝2.016（万元）

借：税金及附加　　20 160

　　贷：应交税费——应交房产税　　20 160

每季度缴纳房产税时：

借：应交税费——应交房产税　　20 160

贷：银行存款　　20 160

（2）每季度计提投资性房地产房产税时：6.6 ÷ 4 = 1.65（万元）

借：税金及附加　　16 500

贷：应交税费——应交房产税　　16 500

每季度缴纳房产税时：

借：应交税费——应交房产税　　16 500

贷：银行存款　　16 500

二、实务解析

【例 8 –2】某企业拥有房产原值 1 000 万元，2018 年 7 月 1 日将其中的 30% 用于对外投资，不承担经营风险，投资期限 3 年，当年取得固定利润分红 21 万元；2018 年 9 月 1 日将其中 10% 按市场价格租给本企业职工居住，每月取得租金收入 6.3 万元，其余房产自用。已知当地省级政府规定的房产计税余值扣除比例为 20%，计算该企业 2018 年应缴纳的房产税。（该企业出租不动产适用简易计税方法）

【解析】对投资联营的房产，在计征房产税时应予以区别对待，如果投资者只收取固定收入，不承担联营风险的，实际是以联营名义取得房产租金，由房产投入方按租金收入计算缴纳房产税。对企事业单位、社会团体以及其他组织按市场价格向个人出租用于居住的住房，减按 4% 的税率征收房产税。房产出租的，计征房产税的租金收入不含增值税。

（1）自用房产应缴纳房产税：5.76 + 1.44 + 0.64 = 7.84（万元）

1 000 ×（1 – 30% – 10%）×（1 – 20%）× 1.2% = 5.76（万元）

1 000 × 30% ×（1 – 20%）× 1.2% × 6 ÷ 12 = 1.44（万元）

1 000 × 10% ×（1 – 20%）× 1.2% × 8 ÷ 12 = 0.64（万元）

（2）对外投资收取固定利润房产应缴纳房产税：21 ÷（1 + 5%）× 12% = 2.4（万元）

（3）出租给职工房产应缴纳房产税：6.3 ÷（1 + 5%）× 4 × 4% = 0.96（万元）

该企业 2018 年应缴纳房产税：7.84 + 2.4 + 0.96 = 11.20（万元）

【例 8 –3】赵某有三处房产，两处自有，一处是承典的。一处自有原值 50 万元的房产供自己和家人居住；一处自有经营用房（一直用于自己开超市）原值 80 万元，于 2018 年 7 月 1 日出租给王某开饭店，按市场价每月取得租金收入 3 360 元；最后一处房产是李某 2017 年 12 月出典给赵某的，赵某支付典价 30 万元，该房产原值 40 万元。已知当地省级政府规定的房产计税余值扣除比例为 30%，计算赵某 2018 年应缴纳的房产税。

【解析】个人所有房屋用于居住的，免税；产权出典的，由承典人缴税；对于经营自用和出典的，按计税余值征收；对于出租的，按租金收入计税。对个人出租住房，不区分用途，按 4% 的税率征收房产税；对个人出租非住宅房屋，按 12% 的税率计征房产税。房产出租的，计征房产税的租金收入不含增值税。

（1）经营用房自用应缴纳房产税：80×10 000×（1－30%）×1.2%×6÷12＝3 360（元）

（2）经营用房出租应缴纳房产税：3 360÷（1＋5%）×6×12%＝2 304（元）

（3）承典房产应缴纳房产税：40×10 000×（1－30%）×1.2%＝3 360（元）

赵某当年应缴纳房产税：3 360＋2 304＋3 360＝9 024（元）

【例8－4】2018年，某企业有两处地下建筑物，一处为独立的地下建筑，作为地下商场使用，原价30万元；另一处为本企业办公楼的地下室，作仓库使用，原价20万元。该企业所在省规定房产税依照房产原值减除30%后的余值计算缴纳，工业用途地下建筑房产以原价的50%作为应税房产原值，商业和其他用途地下建筑房产以原价的80%作为应税房产原值。计算该企业地下建筑物2018年应缴纳的房产税。

【解析】在房产税征税范围内具备房屋功能、完全建在地面以下的地下建筑自用的，工业用途房产，以房屋原价的50%～60%作为应税房产原值；商业和其他用途房产，以房屋原价的70%～80%作为应税房产原值。而对于与地上房屋相连的地下建筑，如房屋的地下室、地下停车场、商场的地下部分等，应将地下部分与地上房屋视为一个整体按照地上房屋建筑的有关规定计算征收房产税。

（1）独立的地下建筑（地下商场）应缴纳房产税：

30×10 000×80%×（1－30%）×1.2%＝2 016（元）

（2）与地上房屋相连的地下建筑（地下仓库）应缴纳房产税：

20×10 000×（1－30%）×1.2%＝1 680（元）

该企业当年应缴纳房产税：2 016＋1 680＝3 696（元）

【例8－5】某市一公司2017年末建造完工一栋办公楼，房产建筑面积为1 500平方米，建筑成本105万元，不包括土地价值。该办公楼用地为本年新征，使用年限为50年，总面积3 125平方米，单价为每平方米150元。该宗地容积率为0.48，当地省级政府规定计算房产余值的扣除比例为30%，计算该公司2018年应缴纳的房产税。

【解析】对按照房产原值计税的房产，无论会计上如何核算，房产原值均应包含地价，包括为取得土地使用权支付的价款、开发土地发生的成本费用等。宗地容积率低于0.5的，按房产建筑面积的2倍计算土地面积并据此确定计入房产原值的地价。

（1）计入房产原值的土地价值：150×1 500×2÷10 000＝45（万元）

或者：150×3 125×（1 500×2÷3 125）÷10 000＝45（万元）

（2）计税房产原值：105＋45＝150（万元）

该公司2018年应缴纳房产税：150×（1－30%）×1.2%＝1.26（万元）

第九章　土地增值税

土地增值税是对有偿转让国有土地使用权、地上建筑物及其附着物产权并取得增值性收入的单位和个人征收的一种税。该税是我国1994年税制改革时开征的一个新税种，也是唯一对土地增值（收益）额课税的税种。

本章内容主要依据国务院1993年12月13日颁布的《中华人民共和国土地增值税暂行条例》（国务院令1993年第138号）、财政部1995年1月27日发布的《中华人民共和国土地增值税暂行条例实施细则》（财法字〔1995〕6号）编写。

第一节　概　　述

一、税制沿革

对土地征税，根据计税依据不同，大致可以分为两类。一类是财产税性质的土地税，有的以土地数量为税基实行从量计征，如封建社会征收的田赋和地亩税；有的以价值为税基实行从价计征，如国民政府时期的地价税等。这类土地税历史悠久，属于原始的直接税或财产税。另一类是收益性质的土地税，其实质是对土地收益或地租征税。

新中国成立后，虽然先后开征了城市房地产税、契税、房产税和城镇土地使用税等涉及土地的税种，但这些税种大多属于传统的土地税，有的还带有行为税特点，调节房地产市场的作用有限。1993年6月，国务院根据当时房地产市场过热的情况，提出加强宏观调控的意见，明确指出要尽快开征土地增值税，规范房地产交易市场秩序，调节土地增值收益，维护国家权益。为此，国务院于1993年12月13日颁布《中华人民共和国土地增值税暂行条例》（简称《土地增值税暂行条例》）。土地增值税作为1994年税制改革中的一个新税种，自1994年1月1日起开始在全国范围内征收。

二、税制特点

土地增值税具有以下特点：

（一）以增值额为征税对象

我国的土地增值税属于土地转移增值税类型，因此，要以土地、房屋转让收入减除法定的扣除项目金额后的余额为计税依据征收。这一点与企业所得税有类似的地方。

（二）转让一次征收一次

土地增值税是在房地产转让环节征收，只要有增值额，每转让一次就征收一次税。这一点与增值税中对销售不动产征税有些类似。

（三）实行超率累进税率

土地增值税税率以转让房地产的增值率高低为依据，按照累进原则设计。这样，增值率高的，适用税率高，多纳税；增值率低的，适用税率低，少纳税。这一点与个人所得税对综合所得和经营所得征税采取超额累进税率类似。

（四）开征目的是规范房地产市场交易秩序

土地增值税是贯彻国家宏观调控政策、利用税收杠杆对房地产市场进行必要调节而出台的一个新税种，具有特定的开征目的。从这个意义上说，它又是一个特定目的税。

三、立法宗旨

在我国开征土地增值税的主要目的是合理调节土地增值收益分配，并运用税收杠杆引导房地产经营方向，规范房地产市场交易秩序，促进房地产市场健康发展。

（一）开征土地增值税，是为了适应土地使用制度改革和社会主义市场经济体制的建立

从1987年开始，我国着手进行城镇土地使用制度改革。1988年4月修改后的《宪法》明确提出："土地的使用权可以依照法律的规定转让。"1990年5月，国务院发布《中华人民共和国城镇国有土地使用权出让和转让暂行条例》，标志国有土地使用权有偿出让并可转让的土地使用制度正式建立。

1992年以后，随着我国社会主义市场经济体制逐步建立，土地使用制度改革进程加快，房地产市场也有了很大发展，以出让和转让方式进入土地市场的土地数量大幅度增加。土地使用权进入市场，意味着单位和个人能够通过土地使用权的转让获取土地增值收益。在这种情况下，必须建立与之相适应的税收法规，以合理调节土地增值收益，使既是生产资料又是自然资源的国有土地能够保值并增值，以此完善土地的公有制制度。

（二）开征土地增值税，是为了规范房地产市场交易秩序，抑制炒买炒卖房地产获取暴利的投机行为

1992年后随着我国市场经济体制的建立，房地产业迅速发展起来，随之也出现了一些比较严重的问题。问题之一就是房地产开发过热，导致大量资本向房地产行业集中，加剧了我国产业结构的失衡，同时商品房价格上涨幅度过快，炒买炒卖房地产的投机行为盛行，扰乱了房地产交易市场正常秩序。

要解决这些问题，除了加强对土地出让和房地产市场的监管外，还应该发挥税收的杠杆作用进行调控。开征土地增值税，可以实现对单位和个人有偿转让房地产取得的过高收益进行调节。在这一点上，土地增值税主要采取了从低到高的四级超率累进税率，使增值多的多缴税，增值少的少缴税，无增值的不缴税。这是国家运用税收手段，对转让房地产取得的过高收益进行分配，以抑制炒买炒卖牟取暴利的行为，合理调节土地增值收益，促进土地资源的合理配置，引导房地产业健康、有序发展的需要。

（三）开征土地增值税，是为了维护国家权益，合理分配土地增值收益

我国房地产涨价的收益，主要来自土地资源的增值收益而不是房屋本身。土地增值收益，包括自然增值收益和投资增值收益。土地自然增值是随着社会经济的发展和城镇建设对稀缺的土地资源的需求而产生和日益上升的。投资增值收益主要是通过城市基础设施建设、改善交通和通讯状况、建立商业网点等形成的级差地租收益。

在我国，一方面实行土地公有制，土地归国家所有，另一方面城市的建设和改造任务由国家承担。这样，国家对土地的所有权决定了国家应获得土地的绝对地租，实现方式是从土地使用权出让中取得收入；而国家对土地主要是城市土地的投入决定了国家有理由获得土地的级差地租，实现方式是征税。开征土地增值税，以税收形式将土地增值收益收回一部分，既有助于进一步增加城市建设的投入，更是维护国家土地权益的需要。

（四）开征土地增值税，是为了扩大地方税税源，建立健全房地产业税收制度的需要

为了保障经济建设和人民物质文化生活所需资金，国家除了要加强对现有税种征管外，还要把着眼点放在开辟新的税源上。房地产业虽然是第三产业，但已成为国民经济的支柱产业。随着我国社会主义市场经济的发展和繁荣，土地增值特别是城市土地的自然增值将越来越大，所占比重也会越来越高。土地增值税属于地方税，开征土地增值税可以保证地方政府从土地转让和房地产交易中获取越来越多的财政收入。

此外，开征土地增值税也是税制改革的要求。从国外不动产税的设置情况看，对不动产一般在取得阶段、保有阶段、转让阶段分别课征不同的税种，而我国目前有关不动产的税制还不健全、不配套，开征土地增值税对建立与健全我国房地产税制有一定的积极作用。

第二节　课税要素

一、征税范围

（一）征税范围的一般规定

根据《土地增值税暂行条例》及其实施细则的规定，土地增值税的征税对象是有偿转让国有土地使用权、地上建筑物及其附着物产权所取得的增值额。

1. 转让国有土地使用权。这里所称的国有土地，是指按法律规定属于国家所有的土地。可以转让的国有土地一般指城镇的建设用地。

2. 地上建筑物及其附着物连同国有土地一并转让。这里所称的地上建筑物，是指建造于土地上的一切建筑物，包括地上地下的各种附属设施；所称的附着物，是指附着于土地上的不能移动，一经移动即遭损坏的物品，如种植物、养殖物及其他物品。

具体说，土地增值税的征税范围包括以下三种情况：

1. 转让国有土地使用权。这种情况是指土地使用者通过出让方式，向政府交纳土地出让金有偿受让土地使用权，或者通过转让方式有偿受让其他土地使用者的土地使用权后，仅对土地进行通水、通电、通路和平整地面（习惯称为“三通一平”）等土地开发，而不进行房屋开发，即所谓将生地变熟地，直接将空地转让他人的行为。

2. 开发房地产销售商品房。这种情况是指取得国有土地使用权后进行房屋开发并销售的行为，习惯称作房地产开发。因为房依地建、地为房载，二者不可分离，所以，房地产开发企业销售商品房的同时，商品房占用范围内的土地使用权也随之转移。需要注意的是，在我国进行房地产交易时，一般不分别标明房价与地价，而是将房产和地产合在一起计价，通常称为房价。

3. 转让旧房及建筑物。这种情况是指房产所有人将自己购买的已经建成并已投入使用的房屋转让给他人的行为。转让旧房及建筑物的同时该房屋占用范围内的土地使用权也随之转移，二者的价值一般以房价形式体现。

房地产开发企业开发后销售的商品房习惯称为增量房或新建房，即建成后未使用的房产；旧房及建筑物习惯称为存量房或二手房，即已使用一定时间或达到一定磨损程度的房产。（见《财政部、国家税务总局关于土地增值税一些具体问题规定的通知》财税〔1995〕48号）

需要注意的是，根据《土地增值税暂行条例》规定，对转让码头泊位、机场跑道等基础设施性质的建筑物行为，应当征收土地增值税。（见《国家税务总局关于转让地上建筑物土地增值税征收问题的批复》国税函〔2010〕347号）

（二）征税范围的界定标准

实际工作中，界定土地增值税征税范围的标准主要有三个。

1. 判定土地增值税征税范围的标准之一是转让使用权的土地是否属于国家所有。

土地增值税是对转让国有土地使用权的行为征税。根据《宪法》规定，我国城市土地属于国家所有，农村和城市郊区的土地属于集体所有。所谓国有土地使用权，是指使用土地的单位和个人在法律允许的范围内对依法交由其使用的国有土地的占有、使用、收益以及依法处分的权利。现阶段，取得国有土地使用权的途径主要有三种方式：一是行政划拨；二是国家出让；三是二级市场转让。土地增值税只对单位和个人等经济主体转让以上述方式取得的国有土地使用权的行为课税。属于集体所有的土地，按现行法律规定须先由国家征收转为国家所有后才能转让，未经国家征收的集体土地不得转让。自行转让集体土地是一种违法行为，应由有关部门依法处理，不应纳入土地增值税征税范围。

2. 判定土地增值税征税范围的标准之二是土地使用权、地上建筑物及其附着物的产权是否转移。

土地增值税是对国有土地使用权及其地上建筑物和附着物的转让行为征税，因此，是否发生房地产权属（土地使用权和房屋产权）的变更，是确定土地增值税征税范围的另一个标准。如房地产的出租，虽然取得了收入，但土地使用权、房屋产权没有发生转移，不属于土地增值税的征税范围。

3. 判定土地增值税征税范围的标准之三是转让房地产是否取得收入。

土地增值税只对有偿转让房地产的行为征税，对房地产权属虽然转让，但未取得收入的行为不征税。如房地产的继承、赠与等转让行为，虽然房地产权属发生了变更，但权属人没有取得收入，因此不在土地增值税征税范围之内。

（三）征税范围的具体判定

1. 土地使用权出让。土地出让是指国家以土地所有者的身份将土地使用权在一定年限内让与土地使用者，并由土地使用者向国家支付土地出让金的行为。由于土地使用权出让方是国家，出让收入在性质上属于国家凭借土地所有权向土地使用者收取的租金，因此各级人民政府出让土地的行为及取得的收入不在土地增值税征税范围之内。

2. 土地使用权转让。土地转让是指土地使用者通过出让、划拨以及转让等方式取得土地使用权后，将土地使用权再转移的行为，包括出售、交换、赠与或者其他方式。土地使用权转让，其地上建筑物、其他附着物的所有权随之转移。土地使用权转让是平等民事主体之间的民事法律行为，遵循自愿、公平、等价有偿原则，属于土地增值税征税范围。

3. 征收土地。因城市实施规划、国家建设的需要依法征收集体经济组织的土地或者收回城市国有土地，发生了房地产权属的转移，原土地所有权人及使用人也取得了一定的收入。但这种收入不是按等价交换原则获得的，只是国家（政府）收回土地所有权、使用权时对集体经济组织、土地承包经营者、地上建筑物及附着物所有者的一种经济补偿，因此，《土地增值税暂行条例》规定免征土地增值税。

4. 征用土地。因抢险、救灾等紧急需要，依照法律规定的权限和程序可以征用单位和个人的土地、房屋。土地征用是以给予补偿为条件，对他人土地所有权以外的土地他项权利的强制使用，待紧急状态结束时，仍将土地归还其所有者。征用土地只是国家（政府）暂时使用他人的土地，没有发生土地权属的转移，不属于土地增值税征税范围。

5. 房地产继承。房地产继承是指房产所有人、土地使用权人（被继承人）死亡后，由其继承人依法接受其遗留下来的房地产的行为。这种行为虽然发生了房地产权属变更，但被继承人并没有取得任何收入，不属于土地增值税征税范围。

6. 房地产赠与。房地产赠与是指房产所有人、土地使用权人将自己所拥有的房地产无偿地交给他人的行为。这种行为虽然发生了房地产权属变更，但作为房产所有人、土地使用权人并没有取得任何收入，不属于土地增值税征税范围。

不征收土地增值税的房地产赠与行为只包括以下两种情况：一是房产所有人、土地使用权人将房屋产权、土地使用权赠与直系亲属或承担直接赡养义务人的；二是房产所有人、土地使用权人通过中国境内非营利的社会团体、国家机关将房屋产权、土地使用权赠与教育、民政和其他社会福利、公益事业的。除上述两种情况外的房地产赠与行为，仍然征收土地增值税。（见《财政部、国家税务总局关于土地增值税一些具体问题规定的通知》财税〔1995〕48号）

7. 房地产出租。房地产出租是指房产所有人、土地使用权人将土地、房屋使用权租赁给他人（承租人）使用，由承租人支付租金的行为。出租房地产，出租人虽然取得了收入，但没有发生房地产权属转移，不属于土地增值税征税范围。

8. 房地产交换。房地产交换是指房产所有人、土地使用权人之间相互交换土地、房屋的行为，包括土地与房屋之间的交换。交换房地产分两种情况：一是交换房屋使用权的；二是交换房屋所有权的。交换房屋使用权的，由于没有发生房屋所有权的转移，根据上述判定标准，不属于土地增值税征税范围。交换房屋所有权的，由于这种行为既发生了房屋产权、土地使用权的转移，交换双方又取得了实物形态的收入，按《土地增值税暂行条例》规定，属于土地增值税征税范围。

对个人之间互换自有居住用房的，经当地税务机关核实，可以免征土地增值税。

9. 房地产抵债。房地产抵债是指债务人以自己拥有的房屋所有权、土地使用权向债务人抵偿债务的行为。由于这种情况发生了房屋所有权、土地使用权的转移，债务人实际上也获得了经济利益（豁免债务），属于被动买卖房地产行为，所以，应视同房地产转让征收土地增值税。

10. 房地产抵押。房地产抵押是指房产所有人、土地使用权人作为债务人或者第三人向债权人提供房地产作为清偿债务的担保而不转移占有的行为。这种情况由于房屋所有权、土地使用权在抵押期间并没有发生权属的变更，房屋所有人、土地使用权人仍能对房地产行使占有、使用、收益等权利，因此对房地产抵押不征收土地增值税。

抵押期满，若债务人逾期不能履行债务时，债权人即抵押权人依法将抵押的房地产折价抵作价款或变卖时，属于房地产抵债行为，应列入土地增值税征税范围。

11. 房地产合建。一方拥有土地，另一方提供资金，双方合作建房，建成后按比例分房自用的，暂免征收土地增值税；建成后双方将按协议分配的房屋对外销售，则属于转让房地产行为，应征收土地增值税。（见《财政部、国家税务总局关于土地增值税一些具体问题规定的通知》财税〔1995〕48号）

12. 房地产投资。房地产作价投资入股是指投资人以自有的土地或房屋出资并作价，投入他人企业或者设立新的企业。将房地产转让到所设立或投资的企业中时，暂不征收土地增值税。对设立、投资的企业将上述房地产再转让的，应征收土地增值税。

13. 股权转让。股权转让，是公司股东依法将自己的股东权益有偿转让给他人，使他人取得股权的民事法律行为。股权转让的标的是股权，不是房地产，虽然股东权益中一般包含土地和房屋的价值，但不满足土地增值税课税要件，所以转让股权不征收土地增值税。

但是，如果企业转让100%的股权，且这些以股权形式表现的资产主要是土地使用权、地上建筑物及附着物，则对此应按土地增值税的规定征税。（见《国家税务总局关于以转让股权名义转让房地产行为征收土地增值税问题的批复》国税函〔2000〕687号）

上述规定是国家税务总局2000年在答复原广西地方税务局请示时明确的。本书认为，这是一项反避税规定，针对以土地为主要资产的公司股权一次性全部转让的行为，而对其他从事工商业生产经营的企业正常转让股权行为，则不宜征收土地增值税。

14. 房地产代建。这种情况是指房地产开发公司代客户进行房地产开发，开发完成交付房产后向客户收取一定收入的行为。判断房地产代建行为是否征收土地增值税，关键看开发项目由谁立项。开发项目由客户立项的，建成的房屋属于客户所有，对房地产开发公司而言，虽然取得了收入，但没有发生房地产权属的转移，其收入属于劳务收入性质，不属于土地增值税征税范围；由房地产开发公司立项的，建成的房屋属于房地产开发公司所有，由于在房屋交付给客户时发生了房地产权属的转移，实质上属于房地产开发行为，无论先收取建房款，还是建成后收取建房款，均应征收土地增值税。

15. 集资建房。集资建房是指政府、机关团体、企事业单位出面组织，由城镇居民、单位职工投资或参与部分投资建设住宅的一种形式。集资建房是否征收土地增值税，关键看建成后的房屋所有权归属。建成后的房屋所有权属于建设单位的，由于没有发生房地产权属转移，不征收土地增值税；建成后房屋所有权属于集资人的，由于发生了房地产权属转移，应征收土地增值税。

16. 非直接销售房地产。房地产开发企业将开发的商品房用于职工福利、奖励、分配给股东或投资人、换取其他单位和个人的非货币性资产等，发生了房地产权属转移，视同销售房地产，应征收土地增值税。（见《国家税务总局关于房地产企业土地增值税清算管理有关问题的通知》国税发〔2006〕187号）

房地产企业用建造的本项目房地产安置回迁户的，安置用房视同销售处理。同时将此确认为房地产开发项目的拆迁补偿费。（见《国家税务总局关于土地增值税清算有关问题的通知》国税函〔2010〕220号）

17. 房地产自用。房地产开发企业将开发的部分房地产转为企业自用或用于出租等商业用途时，如果产权未发生转移，不征收土地增值税。在税款清算时也不列收入，不扣除相应的成本和费用。（见《国家税务总局关于房地产开发企业土地增值税清算管理有关问题的通知》国税发〔2006〕187号）

18. 房地产分析。房地产分析是指土地、房屋权属共有人通过协议的方式，根据一定的标准，将共有房地产予以分割，而分属各共有人所有的行为。如合伙人散伙，法人分立、清产，原家庭成员分家产（包括离婚析产）等。分析土地使用权和房屋所有权，是在权属共有人内部分割而发生的权属转移行为，属于房地产共有权的变动，且承受方没有取得收入，不属于土地增值税征税范围。

19. 房地产评估。房地产评估属于资产评估，就是对资产重新估价的过程，其评定价格是一种模拟价格。一般在企业合并、分立、解散、破产清算，联营、股份经营、中外合资合作经营，拍卖、转让，抵押贷款、经济担保时应对企业拥有的房地产等资产进行评估。这种情况虽然评估后房地产有时会增值，但若没有发生房地产权属的转移，房地产权属人也没有取得收入，则不属于土地增值税征税范围。

二、纳税人

土地增值税的纳税人是转让国有土地使用权及地上建筑和其他附着物产权，并取得收入的单位和个人。具体包括各类企业、事业单位、国家机关、社会团体及其他组织；个体经营者和个人。

需要注意的是，土地增值税适用涉外企业和外籍个人，即中外合资经营企业、中外合作经营企业、外商独资企业、外国企业、外国驻华机构和外国公民，只要有偿转让房地产，都是土地增值税的纳税人。（见《国家税务总局关于外商投资企业和外国企业及外籍个人适用税种问题的通知》国税发〔1994〕123号）

三、计税依据

土地增值税的计税依据是纳税人转让房地产所取得的增值额。转让房地产的增值额，是纳税人转让房地产取得的收入减除《土地增值税暂行条例》规定的扣除项目金额后的余额。即：

增值额 = 转让房地产收入 − 法定扣除项目金额

由此可见，增值额的大小，取决于房地产转让收入额和扣除项目金额两个因素。这两个因素的内涵、范围和确定方法，《土地增值税暂行条例》做了明确规定。

（一）转让收入额的确定

纳税人转让房地产取得的收入，是指房产所有人、土地使用权人将房屋产权、土地使用权转移给他人而取得的全部价款及其他经济利益。确定房地产转让收入时，不允许从中减除任何成本费用。

纳税人转让房地产所取得的收入包括货币收入、实物收入和其他收入。

1. 货币收入，是指纳税人转让国有土地使用权、地上建筑物及其附着物产权而取得的现金，银行存款，以及支票、银行本票、汇票等信用票据和国库券、金融债券、企业债券、股票等有价证券。这些货币形式的收入实质都是转让方因转让土地使用权、房屋产权而向受让方收取的价款。

2. 实物收入，是指纳税人转让国有土地使用权、地上建筑物及其附着物产权而取得的各种实物形态的收入。如钢材、水泥等建材，房屋、土地等不动产。实物收入的价值不容易确定，一般要对这些实物形态的财产按公允价值进行估价确认。

3. 其他收入，是指纳税人转让国有土地使用权、地上建筑物及其附着物产权而取得的无形资产收入或具有财产价值的权利。如专利权、商标权、著作权、专有技术使用权、土地使用权、商誉权等。这种类型的收入比较少见，其价值需要进行专门的评估。

需要注意的是，营改增后计算土地增值税时转让房地产取得的收入为不含增值税收入。具体说：

1. 适用增值税一般计税方法的纳税人，其转让房地产的土地增值税应税收入不含增值税销项税额；适用简易计税方法的纳税人，其转让房地产的土地增值税应税收入不含增值税应纳税额。

2. 免征增值税的，确定计税依据时，转让房地产取得的收入不扣减增值税额。

3. 在计征土地增值税时，税务机关核定的计税价格或收入不含增值税。（以上内容见《财政部、国家税务总局关于营改增后契税房产税土地增值税个人所得税计税依据问题的通知》财税〔2016〕43号、《国家税务总局关于营改增后土地增值税若干征管规定的公告》总局公告2016年第70号）

关于房地产转让收入的其他规定如下：

1. 土地增值税清算时，已全额开具商品房销售发票的，按照发票所载金额确认收入；未开具发票或未全额开具发票的，以交易双方签订的销售合同所载的售房金额及其他收益确认收入。销售合同所载商品房面积与有关部门实际测量面积不一致，在清算前已发生补、退房款的，应在计算土地增值税时予以调整。（见《国家税务总局关于土地增值税清算有关

问题的通知》国税函〔2010〕220号）

2. 房地产开发企业将开发的商品房用于职工福利、奖励、对外投资、分配给股东或投资人、抵偿债务、换取其他单位和个人的非货币性资产等，发生所有权转移时应视同销售房地产，其收入按下列方法和顺序确认：

（1）按本企业在同一地区、同一年度销售的同类房地产的平均价格确定；

（2）由主管税务机关参照当地、当年同类房地产的市场价格或评估价值确定。（以上内容见《国家税务总局关于房地产企业土地增值税清算管理有关问题的通知》国税发〔2006〕187号）

3. 对于县级及县级以上人民政府要求房地产开发企业在销售商品房时代收的各项费用，如果代收费用是计入房价中向购买方一并收取的，可作为转让房地产所取得的收入计税；如果代收费用未计入房价中，而是在房价之外单独收取的，可以不作为转让房地产的收入。（见《财政部、国家税务总局关于土地增值税一些具体问题规定的通知》财税〔1995〕48号）

4. 对依法不得转让的成品油零售特许经营权作价或评估作价不应从转让加油站整体资产的收入金额中扣除。（见《国家税务总局关于纳税人转让加油站房地产有关土地增值税计税收入确认问题的批复》税总函〔2017〕513号）

（二）扣除项目的规定

在计算增值额时，法定的允许扣除项目具体包括如下几项：

（1）取得土地使用权所支付的金额；

（2）开发土地的成本、费用；

（3）新建房及配套设施的成本、费用，或者旧房及建筑物的评估价格；

（4）与转让房地产有关的税金；

（5）财政部规定的其他扣除项目。

以上扣除项目又可以归集为以下六类：

1. 取得土地使用权所支付的金额。

取得土地使用权所支付的金额是指纳税人为取得土地使用权所支付的地价款和按国家统一规定交纳的有关费用。

（1）纳税人为取得土地使用权所支付的地价款。纳税人以协议、招标、拍卖、挂牌等出让方式取得土地使用权的，为纳税人向国家交纳的土地出让金；纳税人以行政划拨方式无偿取得土地使用权的，为转让时按法律规定补交的土地出让金；纳税人以转让方式取得土地使用权的，为向原土地使用权人支付的购地款。

（2）纳税人在取得土地使用权时交纳的有关费用。这些费用是指纳税人在取得土地使用权过程中为办理土地使用权更名过户手续，按国家统一规定交纳的登记、测绘、评估等费用。

需要注意的是，房地产开发企业为取得土地使用权所支付的契税，应视同按国家统一规定交纳的有关费用，计入取得土地使用权所支付的金额中扣除。（见《国家税务总局关于土地增值税清算有关问题的通知》国税函〔2010〕220号）

2. 房地产开发成本。

开发土地、新建房及配套设施的成本（简称“房地产开发成本”）是指纳税人在实施房地产开发项目过程中实际发生的成本，这些成本允许按实际发生数额扣除。房地产开发成本主要包括土地征收及拆迁补偿费、前期工程费、建筑安装工程费、基础设施费、公共配套设施费、开发间接费用等。构成成本的各项费用具体含义如下：

（1）土地征收及拆迁补偿费，是指土地补偿费、安置补助费、新菜田开发建设基金、青苗补偿费、地上地下附着物和埋藏物补偿费、拆迁补偿费和征地管理费等。另外还包括占用耕地缴纳的耕地占用税。关于拆迁安置费的计算规定如下：

①房地产企业用建造的本项目房地产安置回迁户的，安置用房视同销售处理，按国税发〔2006〕187号文件规定确认收入，同时将此确认为房地产开发项目的拆迁补偿费。房地产开发企业支付给回迁户的补差价款，计入拆迁补偿费；回迁户支付给房地产开发企业的补差价款，应抵减本项目拆迁补偿费。

②开发企业采取异地安置，异地安置的房屋属于自行开发建造的，房屋价值按国税发〔2006〕187号文件的规定计算，计入本项目的拆迁补偿费；异地安置的房屋属于购入的，以实际支付的购房支出计入拆迁补偿费。

③货币安置拆迁的，房地产开发企业凭合法有效凭据计入拆迁补偿费。（以上内容见《国家税务总局关于土地增值税清算有关问题的通知》国税函〔2010〕220号）

需要注意的是，2011年1月21日颁布实施的《国有土地上房屋征收与补偿条例》（国务院令2011年第590号）规定，房屋征收及补偿主体是市、县人民政府，建设单位不允许直接拆迁。这样，房地产开发成本中就不存在土地征收及拆迁补偿费了，不过这笔费用应该包含在取得土地使用权所支付的总价款中。

（2）前期工程费，是指规划、设计、项目可行性研究、水文、地质、勘察、测绘、“三通一平”等支出。

（3）建筑安装工程费，是指以出包方式支付给承建单位的建筑、安装等工程费和以自营方式发生的建筑、安装等工程费。

（4）基础设施费，是指开发小区内道路、供水、供电、供气、排污、排洪、通讯、照明、环卫、绿化等工程发生的支出。

（5）公共配套设施费，是指不能有偿转让的开发小区内公共配套设施发生的支出。

（6）开发间接费用，是指直接组织、管理开发项目发生的费用，包括工资、职工福利费、折旧费、修理费、办公费、水电费、劳动保护费、周转房摊销等。

需要注意的是，取得土地使用权所支付的费用和房地产开发成本等扣除项目是否包含增值税，按以下原则处理：如果这些扣除项目涉及的增值税进项税额，允许在销项税额中计算抵扣的，不计入扣除项目；不允许在销项税额中计算抵扣的，可以计入扣除项目。（见《财政部、国家税务总局关于营改增后契税房产税土地增值税个人所得税计税依据问题的通知》财税〔2016〕43号）

3. 房地产开发费用。

开发土地、新建房及配套设施的费用（简称房地产开发费用）是指与房地产开发项目有关的销售费用、管理费用和财务费用。根据现行财务会计制度的规定，这三项费用作为期间费用直接计入当年损益，不按成本核算对象（房地产开发项目）进行归集或分摊。因此，实际工作中，为便于计算，房地产开发费用不按纳税人房地产开发项目实际发生的三项费用数额进行扣除，而按《土地增值税暂行条例》及其实施细则规定的标准扣除。具体说，根据财务费用中数额较大的利息支出是否可以据实扣除，房地产开发费用按以下两种方法计算扣除：

（1）凡能够按转让房地产项目计算分摊利息支出并提供金融机构证明的，利息支出允许据实扣除。对于利息支出以外的其他房地产开发费用，按取得土地使用权支付的金额与房地产开发成本金额之和，在5%以内计算扣除。这种情况，纳税人允许扣除的房地产开发费用按如下公式计算：

房地产开发费用 = 利息 +（取得土地使用权所支付的金额 + 房地产开发成本）×5%以内

（2）凡不能按转让房地产项目计算分摊利息支出或不能提供金融机构证明的，利息支出不得单独计算。这种情况，房地产开发费用按取得土地使用权支付的金额与房地产开发成本金额之和，在10%以内计算扣除。也就是说，纳税人允许扣除的房地产开发费用按如下公式计算：

房地产开发费用 =（取得土地使用权所支付的金额 + 房地产开发成本）×10%以内

计算扣除的具体比例，由省、自治区、直辖市人民政府确定。

需要注意的是，财政部、国家税务总局对扣除项目金额中利息支出的计算问题做了如下专门规定：

（1）全部使用自有资金，没有利息支出的，按照上述方法（2）扣除。

（2）房地产开发企业既向金融机构借款，又有其他借款的，其房地产开发费用计算扣除时不能同时适用上述两种办法。

（3）已经计入房地产开发成本的利息支出，应调整至财务费用中计算扣除。

（4）利息的上浮幅度按国家的有关规定执行，超过上浮幅度的部分不允许扣除。

（5）对于超过贷款期限的利息部分和加罚的利息不允许扣除。

（6）如果利息能够单独扣除，最高不能超过按商业银行同类同期贷款利率计算的金额。（以上内容见《财政部、国家税务总局关于土地增值税一些具体问题规定的通知》财税〔1995〕48号、《国家税务总局关于土地增值税清算有关问题的通知》国税函〔2010〕220号）

4. 旧房及建筑物的评估价格。

如果按旧房及建筑物原成本价作为扣除项目金额，不尽合理，而采用评估的重置成本价能够相对消除通货膨胀因素的影响，比较合理，因此，转让旧房及建筑物的，以重置成本价乘以成新度折扣率后的评估价格作为扣除项目金额。（见《国家税务总局关于印发〈土地增值税宣传提纲〉的通知》国税函发〔1995〕110号）

旧房及建筑物的评估价格是指在转让已使用的房屋及建筑物时，由依法设立的评估机构评定的重置成本价乘以成新度折扣率后的价格。其计算公式如下：

旧房及建筑物的评估价格 = 重置成本 × 成新度折扣率

重置成本价是指对旧房及建筑物，按转让时的建材价格及人工费用计算，建造同样的面积、层次、结构、建设标准的新房及建筑物所需花费的成本费用。成新度折扣率是指按旧房的新旧程度作一定比例的折扣。

需要注意的是，对于纳税人转让旧房及建筑物，凡不能取得评估价格，但能提供购房发票的，经当地地方税务机关确认，取得土地使用权和房屋建筑成本的扣除项目金额，可按发票所载金额并从购买年度起至转让年度止，每年加计5%计算。（见《财政部、国家税务总局关于土地增值税若干问题的通知》财税〔2006〕21号）

5. 与转让房地产有关的税金。

与转让房地产有关的税金是指在转让房地产时缴纳的城市维护建设税、教育费附加、印花税。关于此项扣除需要注意以下规定：

（1）营改增后，与转让房地产有关的税金不包括增值税。

（2）营改增后，房地产开发企业实际缴纳的城市维护建设税、教育费附加，凡能够按清算项目准确计算的，允许据实扣除。凡不能按清算项目准确计算的，则按该清算项目预缴增值税时实际缴纳的城建税、教育费附加扣除。（以上内容见《国家税务总局关于营改增后土地增值税若干征管规定的公告》总局公告2016年第70号）

（3）允许扣除的印花税，是指转让房地产时缴纳的印花税。房地产开发企业缴纳的印花税不单独扣除；房地产开发企业以外的纳税人在计算土地增值税时，允许扣除在转让房地产环节缴纳的印花税。

6. 财政部确定的其他扣除项目。

财政部确定的一项重要扣除项目是，对从事房地产开发的纳税人允许按取得土地使用权时所支付的金额和房地产开发成本之和，加计20%扣除。需要指出的是，加计扣除的规定，只适用从事房地产开发的房地产开发企业，其他纳税人不适用。关于加计扣除的规定，要区分以下几种情况进行处理：

（1）对取得土地或房地产使用权后，未进行开发即转让的，计算其增值额时，不得加计扣除。这样规定，主要目的是抑制“炒”买“炒”卖地皮的行为。

（2）对取得土地使用权后投入资金，将生地变为熟地转让的，计算其增值额时，允许按房地产开发成本的20%加计扣除。这样规定，是鼓励投资者将更多的资金投向房地产开发。

（3）对取得土地使用权后进行房地产开发建造的，在计算其增值额时，允许按取得土地使用权时所支付的金额和房地产开发成本之和，加计20%扣除。这可以使从事房地产开发的纳税人有一个基本的投资回报，以调动其从事正常房地产开发的积极性。（以上内容见《国家税务总局关于印发〈土地增值税宣传提纲〉的通知》国税函发〔1995〕110号）

7. 国家税务总局关于扣除项目的补充规定。

国家税务总局对如下几种特殊情况是否扣除做了明确规定：

（1）房地产开发企业开发建造的与开发项目配套的居委会和派出所用房、会所、停车场（库）、物业管理场所、变电站、热力站、水厂、文体场馆、学校、幼儿园、托儿所、医院、邮电通信等公共设施，按以下原则处理：

①建成后产权属于全体业主所有的，其成本、费用可以扣除；

②建成后无偿移交给政府、公用事业单位用于非营利性社会公共事业的，其成本、费用可以扣除；

③建成后有偿转让的，应计算收入，并准予扣除成本、费用。

（2）房地产开发企业销售已装修的房屋，其装修费用可以计入房地产开发成本。

（3）房地产开发企业的预提费用，除另有规定外，不得扣除。

（4）属于多个房地产项目共同的成本费用，应按单个项目可售建筑面积占多个项目可售总建筑面积的比例或其他合理的方法，计算确定单个项目的扣除金额。

（5）房地产开发企业未支付的质量保证金，建筑安装施工企业就质量保证金对房地产开发企业开具发票的，按发票所载金额予以扣除；未开具发票的，扣留的质量保证金不得计算扣除。

（6）房地产开发企业逾期开发缴纳的土地闲置费不得扣除。

（7）对于代收费用作为转让收入计税的，在计算扣除项目金额时，可予以扣除，但不允许作为加计20%扣除的基数；对于代收费用未作为转让房地产的收入计税的，在计算增值额时不允许扣除。

需要注意的是，除另有规定外，扣除取得土地使用权所支付的金额、房地产开发成本、房地产开发费用及与转让房地产有关的税金，须提供合法有效凭证；不能提供合法有效凭证的，不予扣除。（以上内容见《国家税务总局关于房地产开发企业土地增值税清算管理有关问题的通知》国税发〔2006〕187号、《国家税务总局关于土地增值税清算有关问题的通知》国税函〔2010〕220号、《财政部、国家税务总局关于土地增值税一些具体问题规定的通知》财税〔1995〕48号）

（三）计税依据的确定

在确定房地产转让的增值额时，如果从征税范围即课税对象划分，允许从房地产转让收入总额中扣除的项目及其金额，大致可分三类：一是纳税人转让国有土地使用权的，允许从收入额中扣除的项目及其金额；二是纳税人开发房地产并销售商品房的，允许从收入额中扣除的项目及其金额；三是纳税人转让上述两种情况以外的其他房地产，主要是转让旧房及建筑物，允许从收入额中扣除的项目及其金额。这样，作为计税依据的增值额可以归纳为以下三种情况：

1. 转让国有土地使用权的。

纳税人转让国有土地使用权的，应以取得土地使用权所支付的金额、土地开发成本、转让土地使用权环节缴纳的税金作为扣除项目金额。

增值额 = 转让收入 -（取得土地使用权所支付的金额 + 房地产开发成本
+ 与转让房地产有关的税金）

2. 开发房地产销售商品房的。

纳税人开发房地产销售商品房的，应以取得土地使用权所支付的金额、房地产开发成本、房地产开发费用和转让房地产缴纳的税金作为扣除项目金额。

增值额 = 转让收入 -（取得土地使用权所支付的金额 + 房地产开发成本 + 房地产开发费用
+ 与转让房地产有关的税金 + 其他扣除项目）

3. 转让旧房及建筑物的。

纳税人转让旧房及建筑物的，应以取得土地使用权所支付的金额、房屋及建筑物的评估价格、在转让环节缴纳的税金作为扣除项目金额。

增值额 = 转让收入 -（取得土地使用权所支付的金额 + 房屋及建筑物的评估价格
+ 与转让房地产有关的税金）

计算转让旧房及建筑物扣除项目金额时应注意以下三个问题：

（1）对取得土地使用权时未支付地价款或不能提供已支付的地价款凭据的，不允许扣除取得土地使用权所支付的金额。

（2）对购入房地产再转让的，其在购入时已缴纳的契税，在旧房及建筑物的评估价中已包括了此项因素，在计征土地增值税时，不另作为与转让房地产有关的税金予以扣除。

(3) 因计算纳税的需要而对转让的旧房及建筑物进行评估，其支付的评估费用允许在计算增值额时扣除。(以上内容见《财政部、国家税务总局关于土地增值税一些具体问题规定的通知》财税〔1995〕48号)

四、税率

土地增值税根据增值率的不同，实行四级超率累进税率。增值率是增值额与扣除项目金额之间的比值。土地增值税税率具体规定如下：

1. 增值率未超过50%的部分，税率为30%；

2. 增值率超过50%，未超过100%的部分，税率为40%；

3. 增值率超过100%，未超过200%的部分，税率为50%；

4. 增值率超过200%的部分，税率为60%。

采取这种差别较大的超率累进税率，一方面可以对正常的房地产开发经营，通过较低税率给予一定的优惠、照顾；另一方面对取得过高收益，特别是对炒买炒卖房地产获取暴利的，可起到一定的限制、调节作用。

需要注意的是，上述四级超率累进税率，每级“增值额未超过扣除项目金额”的比例，均包括本比例数。如增值额未超过扣除项目金额50%的部分，包括50%在内，均适用30%的税率。(见《国家税务总局关于印发〈土地增值税宣传提纲〉的通知》国税函发〔1995〕110号)

五、应纳税额

(一) 增值额的核定

土地增值税应纳税额根据增值率的大小，按适用的税率累进计算征收，增值率越高，适用税率越高，纳税额就越多。增值率是增值额占扣除项目金额的比率，因此准确确定增值额非常重要。要想准确计算增值额，需要有准确的房地产转让收入额和扣除项目金额。在房地产交易活动中，有些纳税人由于不能如实提供房地产转让价格或扣除项目金额，致使增值额不能准确确定，直接影响了应纳税额的计算和缴纳。因此《土地增值税暂行条例》规定，纳税人有下列情形的，按照房地产评估价格计算征收土地增值税。

1. 隐瞒、虚报房地产成交价格。这是指纳税人不报或有意低报转让土地使用权、地上建筑物及其附着物价款的行为。

2. 提供扣除项目金额不实。这是指纳税人在纳税申报时不据实提供扣除项目金额的行为。

3. 转让房地产的成交价格低于房地产评估价格，又无正当理由。这是指纳税人申报转让的房地产实际成交价低于房地产评估机构评定的市场交易价，纳税人又不能提供有效凭据或无正当理由的行为。

对于上述三种情形，由税务机关采取如下方法核定其房地产转让收入额或扣除项目金额：

1. 隐瞒、虚报房地产成交价格的，应由评估机构参照同类房地产的市场交易价格进行评估。税务机关根据评估价格确定转让房地产的收入。

2. 提供扣除项目金额不实的，应由评估机构按照房屋重置成本价乘以成新度折扣率计算的房屋成本价和取得土地使用权时的基准地价或评定地价进行评估。税务机关根据评估价格确定扣除项目金额。

3. 转让房地产的成交价格低于房地产评估价格，又无正当理由的，由税务机关参照房地产评估价格确定转让房地产的收入。

对评估价与市场交易价差距较大的转让项目，税务机关有权不予确认，要求其重新评估。（见《国家税务总局关于印发〈土地增值税宣传提纲〉的通知》国税函发〔1995〕110号）

上述第1项、第3项所称的评估，是指根据相同地段、同类房地产进行综合评定的房地产市场价格；而第2项所称的评估，是指按照房屋重置成本价乘以成新度折扣率计算的房地产重置成本价。这两种房地产评估的区别在于：前者评估是为了确定房地产转让收入，后者则是为了确定房地产扣除项目金额；前者是按市场比较法评估的房地产市场交易价格，后者则是按重置成本法评估的房屋重置成本价。

需要注意的是，应税房地产的评估结果仅作为确定计税依据的参考，税务机关应对其进行严格审核及确认，不符合实际情况的评估结果不予采用。（见《财政部、国家税务总局、国家国有资产管理局关于转让国有房地产征收土地增值税中有关房地产价格评估问题的通知》财税字〔1995〕61号、《国家税务总局、建设部关于土地增值税征收管理有关问题的通知》国税发〔1996〕48号、《国家税务总局、国家土地管理局关于土地增值税若干征管问题的通知》国税发〔1996〕4号）

关于评估费用是否允许扣除，要区分不同情况处理。纳税人转让旧房及建筑物时因计算纳税的需要而对房地产进行评估，其支付的评估费用允许在计算增值额时予以扣除；对《土地增值税暂行条例》第九条规定的纳税人隐瞒、虚报房地产成交价格等情形而按房地产评估价格计算征收土地增值税所发生的评估费用，不允许在计算土地增值税时予以扣除。（见《国家税务总局关于印发〈土地增值税宣传提纲〉的通知》国税函发〔1995〕110号、《财政部、国家税务总局关于土地增值税一些具体问题规定的通知》财税字〔1995〕48号）

（二）应纳税额的计算

1. 基本公式。

计算土地增值税应纳税额时，应以转让房地产所取得的收入减除扣除项目金额，求得增值额；再以增值额除以扣除项目金额求出增值率，根据增值率的高低确定适用税率；最后用增值额乘以适用税率求出应纳税额。其计算公式如下：

$$\text{增值额} = \text{转让房地产收入} - \text{法定扣除项目金额}$$

$$\text{增值率} = \text{增值额} \div \text{扣除项目金额} \times 100\%$$

$$\text{应纳税额} = \sum(\text{每级距的增值额} \times \text{适用税率})$$

2. 速算扣除法。

实际工作中，直接采用《土地增值税暂行条例》规定的税率计算土地增值税时，计算比较繁琐，因此，一般采用速算扣除法计算。即计算土地增值税税额，可按增值额乘以适用的税率，然后减去扣除项目金额乘以速算扣除系数。速算扣除系数的计算公式如下：

本级系数＝前级增值率上限×（本级税率－前级税率）＋前级系数

根据上式和规定的税率，计算出的土地增值税各级速算扣除系数如表9－1所示。

表9－1　　土地增值税税率及速算扣除系数表

档次	增值率范围	税率（%）	速算扣除系数（%）
1	不超过50%	30	0
2	超过50%～100%的部分	40	5
3	超过100%～200%的部分	50	15
4	超过200%的部分	60	35

采用速算扣除法计算土地增值税应纳税额的计算公式如下：

增值额＝转让房地产收入－法定扣除项目金额

应纳税额＝增值额×适用税率－扣除项目金额×速算扣除系数

3. 具体计算方法。

土地增值税应纳税额的具体计算方法分为以下三种：

（1）转让国有土地使用权的。

单纯转让国有土地使用权的，在汇集扣除项目金额时需要注意，其扣除费用主要包括土地出让金、征地费用、“三通一平”费用和耕地占用税、契税等几项税费。

①计算转让国有土地使用权收入总额；

②汇集扣除项目金额；

③计算增值额；

④计算增值率并确定适用税率及扣除系数；

⑤计算应纳税额：

应纳税额＝增值额×适用税率－扣除项目金额×速算扣除系数

（2）开发房地产销售商品房的。

房地产开发企业进行房地产开发并销售商品房的，在汇集扣除项目金额时要按规定对取得土地使用权支付的金额与房地产开发成本之和加计20%扣除。

①计算商品房销售收入总额；

②汇集扣除项目金额；

③计算增值额；

④计算增值率并确定适用税率及扣除系数；

⑤计算应纳税额：

应纳税额＝增值额×适用税率－扣除项目金额×速算扣除系数

（3）转让旧房及建筑物的。

对于转让旧房及建筑物的，关键是评估重置成本，参考相关因素计算、确定旧房及建筑物的评估价格。

①确认房地产转让收入总额；

②计算评估价格，评估价格 = 重置成本 × 成新度折扣率；

③汇集扣除项目金额；

④计算增值额；

⑤计算增值率并确定适用税率及扣除系数；

⑥计算应纳税额：

应纳税额 = 增值额 × 适用税率 - 扣除项目金额 × 速算扣除系数

4. 几种特殊方式销售商品房应纳税额的计算方法。

（1）分批分块转让时应纳税额的计算。

土地增值税以纳税人房地产成本核算的最基本的核算项目或核算对象为单位计算。纳税人成片受让土地使用权后，分期分批开发，分块转让的，对扣除项目金额应按实际转让的土地面积占总面积（开发土地总面积减除不能转让的道路、绿地等公共设施用地面积后的剩余面积，即可转让土地使用权的土地总面积）的比例计算分摊。按此办法难以计算的，可先按建筑面积预算成本计算，等项目完工后再按实际发生成本进行清算，多退少补税款。（见《国家税务总局关于广西土地增值税计算问题请示的批复》国税函〔1999〕112 号、《国家税务总局关于武汉宝安房地产开发有限公司缴纳土地增值税的批复》国税函〔2003〕922 号）

分批分块转让房地产应纳税额计算公式如下：

分次转让扣除额 = 扣除项目总金额 × 分次转让面积 ÷ 可转让土地总面积

分次转让应纳税额 = 分次转让增值额 × 适用税率 - 分次转让扣除项目金额 × 速算扣除系数

（2）预售方式下应纳税额的计算。

根据细则的规定，对纳税人在项目全部竣工结算前转让房地产取得的收入可以预征土地增值税。具体办法由各省级税务局根据当地情况制定。因此，对纳税人预售房地产所取得的收入，当地税务机关规定预征土地增值税的，纳税人应当到主管税务机关办理纳税申报，并按规定比例预交，待办理决算后，多退少补；当地税务机关规定不预征土地增值税的，也应在取得收入时先到税务机关登记或备案。（见《财政部、国家税务总局关于土地增值税一些具体问题规定的通知》财税〔1995〕48 号）

纳税人采取预售方式销售商品房，可按买卖双方签订预售合同所载金额计算出应纳土地增值税税额，再根据每笔预收款占总价款的比例计算每次所需缴纳的土地增值税税额，在每次收到预收款时计征土地增值税。其计算公式如下：

每次应纳税额 = 土地增值税总额 × 每笔预收款 ÷ 总销售价款

为方便纳税人，简化土地增值税预征税款计算，房地产开发企业采取预收款方式销售自行开发的房地产项目的，可按照以下方法计算土地增值税预征计征依据：

土地增值税预征的计征依据 = 预收款 - 应预缴增值税税款

一般纳税人采取预收款方式销售自行开发的房地产项目，应在收到预收款时按照3%的预征率预缴增值税。应预缴税款按照以下公式计算：

应预缴税款 = 预收款 ÷ (1 + 适用税率或征收率) × 3%

适用一般计税方法计税的，按照 11% 的适用税率计算；适用简易计税方法计税的，按照5%的征收率计算。（以上内容见《国家税务总局关于营改增后土地增值税若干征管规定的公告》总局公告2016年第70号、《国家税务总局关于发布〈房地产开发企业销售自行开发的房地产项目增值税征收管理暂行办法〉的公告》总局公告2016年第18号）

（3）清算后再转让房地产的计算。

在土地增值税清算时未转让的房地产，清算后销售或有偿转让的，纳税人应按规定进行土地增值税的纳税申报，扣除项目金额按清算时的单位建筑面积成本费用乘以销售或转让面积计算。

单位建筑面积成本费用＝清算时的扣除项目总金额÷清算的总建筑面积

（以上内容见《国家税务总局关于房地产企业土地增值税清算管理有关问题的通知》国税发〔2006〕187号）

5. 外币收入如何折合人民币。

对于取得的收入为外国货币的，以取得收入当天或当月1日国家公布的市场汇价折合人民币，据以计算土地增值税税额。对于以分期收款形式取得的外币收入，也应按实际收款日或收款当月1日国家公布的市场汇价折合人民币。（见《财政部、国家税务总局关于土地增值税一些具体问题规定的通知》财税〔1995〕48号）

六、税收优惠

（一）法定减免

1. 建造普通标准住房出售的减免税规定。建造普通标准住房出售，其增值额未超过扣除项目金额20%的，予以免税；增值额超过扣除项目金额20%的，应就其全部增值额按规定计税。

对于纳税人既建造普通标准住房又进行其他房地产开发的，应分别核算增值额。未分别核算增值额或不能准确核算增值额的，其建造的普通标准住房不能适用这一免税规定。（见《财政部、国家税务总局关于土地增值税一些具体问题规定的通知》财税〔1995〕48号）

所谓普通标准住房，是指按所在地一般民用住房标准建造的居住用房屋。高级公寓、别墅、小洋楼、度假村，以及超面积、超标准豪华装修的住房，均不属于普通标准住房。

目前，国家确定的享受优惠政策的普通标准住房原则上应同时满足以下条件：

①住宅小区建筑容积率（建筑面积与用地面积之比）在1.0以上；

②单套建筑面积在120平方米以下；

③实际成交价格低于同级别土地上住房平均交易价格1.2倍以下。

各地在制定本地区普通住房的具体标准时，单套建筑面积和价格标准可以适当浮动，但向上浮动的比例不得超过上述标准的20%。（见《国务院办公厅转发建设部等部门关于做好稳定住房价格工作意见的通知》国办发〔2005〕26号、《财政部、国家税务总局关于土地增值税普通标准住宅有关政策的通知》财税〔2006〕141号）

2. 国家建设需要依法征收、收回房地产的减免税规定。国家建设需要依法征收、收回的房地产，是指因城市实施规划、国家建设的需要而被政府批准征收的房产或收回的土地使用权。因国家建设需要依法征收、收回的房地产，免征土地增值税。

需要注意的是，《土地增值税暂行条例》第八条中的“征用”一词，因与相关法律规定矛盾，已于2011年1月8日，由国务院下发文件修改为“征收”。（见《国务院关于废止和修改部分行政法规的决定》国务院令2011年第588号）

因城市实施规划、国家建设的需要而搬迁，由纳税人自行转让原房地产的，比照上述规定免征土地增值税。因城市实施规划而搬迁，是指因旧城改造或因企业污染、扰民（指产生过量废气、废水、废渣和噪音，使城市居民生活受到一定危害），而由政府或政府有关主管部门根据已审批通过的城市规划确定进行搬迁的情况；因国家建设的需要而搬迁，是指因实施国务院、省级人民政府、国务院有关部委批准的建设项目而进行搬迁的情况。（见《财政部、国家税务总局关于土地增值税一些具体问题规定的通知》财税〔1995〕48号、《财政部、国家税务总局关于土地增值税若干问题的通知》财税〔2006〕21号）

3. 个人转让房地产的减免税规定。个人因工作调动或改善居住条件而转让原自用住房，经向税务机关申报核准，凡居住满5年或5年以上的，免予征收土地增值税；居住满3年未满5年的，减半征收土地增值税；居住未满3年的，按规定计征土地增值税。

此项税收优惠政策是《中华人民共和国土地增值税暂行条例实施细则》（简称《土地增值税暂行条例》）中规定的。1999年和2008年国家调整房地产税收政策时，先后规定个人销售普通住房、住房暂免征收土地增值税，所以此项税收优惠政策目前已无实际意义。

（二）财税主管部门的减免税规定

1. 自2008年11月1日起，对居民个人拥有的住房，销售时暂免征收土地增值税。（见《财政部、国家税务总局关于调整房地产交易环节税收政策的通知》财税〔2008〕137号）

2. 对个人之间互换自有居住用房的，经当地税务机关核实，可以免征土地增值税。（见《财政部、国家税务总局关于土地增值税一些具体问题规定的通知》财税〔1995〕48号）

3. 对于一方出土地，一方出资金，双方合作建房，建成后按比例分房自用的，暂免征收土地增值税；建成后转让的，应征收土地增值税。（见《财政部、国家税务总局关于土地增值税一些具体问题规定的通知》财税〔1995〕48号）

（三）改制重组的减免税规定

为支持企业改制重组，优化市场环境，对企业在改制重组过程中涉及的土地增值税政策规定如下：

1. 整体改制。按照《公司法》的规定，非公司制企业整体改制为有限责任公司或者股份有限公司，有限责任公司（股份有限公司）整体改制为股份有限公司（有限责任公司），对改制前的企业将国有土地使用权、地上的建筑物及其附着物（简称房地产）转移、变更到改制后的企业，暂不征土地增值税。所称整体改制是指不改变原企业的投资主体，并承继原企业权利、义务的行为。

2. 合并。按照法律规定或者合同约定，两个或两个以上企业合并为一个企业，且原企业投资主体存续的，对原企业将房地产转移、变更到合并后的企业，暂不征土地增值税。

3. 分立。按照法律规定或者合同约定，企业分设为两个或两个以上与原企业投资主体相同的企业，对原企业将房地产转移、变更到分立后的企业，暂不征土地增值税。

4. 投资入股。单位、个人在改制重组时以房地产作价入股进行投资，对其将房地产转移、变更到被投资的企业，暂不征土地增值税。

执行上述优惠政策注意事项如下：

1. 上述改制重组有关土地增值税政策不适用于房地产转移任意一方为房地产开发企业的情形。

2. 企业改制重组后再转让国有土地使用权并申报缴纳土地增值税时，应以改制前取得该宗国有土地使用权所支付的地价款和按国家统一规定缴纳的有关费用，作为该企业“取得土地使用权所支付的金额”扣除。企业在改制重组过程中经省级以上（含省级）国土管理部门批准，国家以国有土地使用权作价出资入股的，再转让该宗国有土地使用权并申报缴纳土地增值税时，应以该宗土地作价入股时省级以上（含省级）国土管理部门批准的评估价格，作为该企业“取得土地使用权所支付的金额”扣除。办理纳税申报时，企业应提供该宗土地作价入股时省级以上（含省级）国土管理部门的批准文件和批准的评估价格，不能提供批准文件和批准的评估价格的，不得扣除。

3. 企业在申请享受上述土地增值税优惠政策时，应向主管税务机关提交房地产转移双方营业执照、改制重组协议或等效文件，相关房地产权属和价值证明、转让方改制重组前取得土地使用权所支付地价款的凭据（复印件）等书面材料。

4. 所称不改变原企业投资主体、投资主体相同，是指企业改制重组前后出资人不发生变动，出资人的出资比例可以发生变动；投资主体存续，是指原企业出资人必须存在于改制重组后的企业，出资人的出资比例可以发生变动。

5. 上述优惠政策执行期限为2018年1月1日至2020年12月31日。（以上内容见《财政部、税务总局关于继续实施企业改制重组有关土地增值税政策的通知》财税〔2018〕57号）

第三节　征收管理

一、纳税地点

土地增值税的纳税地点为房地产所在地。房地产所在地是指房地产的坐落地。纳税人转让的房地产坐落在两个或两个以上地区的，应向房地产所在地主管税务机关分别申报纳税。

实际工作中，纳税地点的确定又可分为以下两种情况：

1. 纳税人是法人的，其转让的房地产坐落地与其机构所在地一致时，应在办理税务登记的主管税务机关申报纳税；其转让的房地产坐落地与其机构所在地不一致时，应向房地产坐落地主管税务机关申报纳税。

2. 纳税人是自然人的，其应缴纳的土地增值税一般由设在房地产交易场所或办税服务大厅的契税征收窗口随契税一同征收（通常由购买人代为缴纳）。这种情况下，土地增值税的纳税地点与契税纳税地点相同。

二、纳税期限

《土地增值税暂行条例》及其实施细则并未明确规定土地增值税纳税义务发生时间，但从《土地增值税暂行条例》第十条的规定看，本书认为土地增值税的纳税义务发生时间应为纳税人签订土地、房屋权属转移合同的当天，或者纳税人签订其他具有土地、房屋权属转移合同性质凭证（如契约、协议、合约、单据、确认书等）的当天。

转让房地产的纳税人应在转让合同签订后的7日内，到房地产所在地主管税务机关办理纳税申报，并按照主管税务机关核定的税额及规定的期限内缴纳税款。税务机关规定的纳税期限，原则上应在纳税人签订房地产转让合同之后、办理房地产权属变更登记手续之前。实际工作中，纳税人为房地产开发企业的，纳税期限一般是每月15日前；纳税人为自然人的，一般与契税的纳税期限相同。

需要注意的是，土地使用者转让、抵押或置换土地，无论其是否取得了该土地的使用权属证书，无论其在转让、抵押或置换土地过程中是否与对方当事人办理了土地使用权属证书变更登记手续，只要土地使用者享有占有、使用、收益或处分该土地的权利，且有合同等证据表明其实质转让、抵押或置换了土地并取得了相应的经济利益，土地使用者及其对方当事人应当依照税法规定申报缴纳土地增值税等相关税收。（见《国家税务总局关于未办理土地使用权证转让土地有关税收问题的批复》国税函〔2007〕645号）

三、纳税申报

按照《土地增值税暂行条例》规定，无论单独转让国有土地使用权，还是转让商品房、旧房及其他建筑物，纳税人应在转让合同签订后的7日内，到房地产坐落地主管税务机关办理纳税申报。因纳税人不同，纳税申报的时间、内容和方法也有所不同。

（一）房地产开发企业

按《土地增值税暂行条例》规定，土地增值税实行按次征收，每发生一次转让行为，就应根据每次取得的增值额计算征收一次税。实际工作中，房地产开发企业开发建造的商品房，因分次转让会频繁发生纳税义务，按上述规定在每次转让后都申报纳税有些不现实。为了简化行政审批手续，进一步方便纳税人和加强税收管理，国家税务总局于2004年起取消了《土地增值税暂行条例实施细则》第十五条第一款对纳税人“因经常发生房地产转让而难以在每次转让后申报的，经税务机关审核同意后，可以定期进行纳税申报”的规定，允许房地产开发企业自当年7月1日起，按月或按各省级税务局规定的期限申报缴纳土地增值税。（见《国家税务总局关于加强土地增值税管理工作的通知》国税函〔2004〕938号）

房地产开发企业选择定期申报方式的，应向纳税所在地的税务机关备案。定期申报方式确定后，1年之内不得变更。

房地产开发企业纳税申报时应提交下列资料：

1. 房屋及建筑物产权证、土地使用权证书。
2. 商品房销售（预售）许可证、商品房销售合同。

3. 与房地产交易有关的资料。主要包括取得土地使用权所支付的价款凭证，房地产开发成本方面的会计资料、房地产开发费用方面的资料、与房地产转让有关的税金的完税凭证，以及其他与房地产转让有关的资料。

4. 根据税务机关的要求提供房地产评估报告。

（二）其他纳税人

房地产开发企业以外的纳税人应在房地产转让合同签订后的7日内，到房地产坐落地主管税务机关进行纳税申报，并提供下列资料：

1. 房屋及建筑物产权证、土地使用权证书。

2. 土地转让合同、房产买卖合同。

3. 房地产评估报告或购房发票。

4. 与转让房地产有关的税金的缴税凭证。

5. 其他与转让房地产有关的资料。

四、征收方式

土地增值税税源隐蔽、分散，征管难度大，因此，各地可根据实际情况采取不同的征收方式征收。目前，土地增值税的征收方式主要有四种，即查实征收、评估征收、预先征收和核定征收。

（一）查实征收

这是常规的征收方式，适用能正确核算转让房地产收入和扣除项目金额的纳税人。一般对单纯转让国有土地使用权、新建房屋整体一次性转让的行为采取查实征收方式。

（二）评估征收

在房地产交易活动中，有些纳税人不能准确提供房地产转让价格或扣除项目金额，从而无法准确计算增值额和应纳税额，这时需要采用评估价格计算征收。一般对转让旧房及建筑物的行为采取评估征收方式。

此处的评估包含两方面内容：一是纳税人提供的房地产转让收入不准确，税务机关按市场价格进行的强制评估；二是纳税人转让旧房及建筑物，税务机关需要其提供房屋原值（房屋成本价）作为扣除项目金额而按重置成本价进行的评估。

（三）预先征收

考虑从事房地产开发的纳税人在开发项目全部竣工结算前，涉及成本费用确定或其他原因，而无法准确计算增值额，所以可以采取预征方式征收土地增值税。采取预征方式征收的，待该项目全部竣工、办理结算后再进行清算，多退少补税款。对未按规定期限预缴土地增值税的，应根据《征管法》及其实施细则的有关规定，从限定的缴纳税款期限届满的次日起，加收滞纳金。

一般对新建房屋非整体转让以及采取预售方式的，按实际转让（或预售）部分的收入预征土地增值税，其计税依据为转让房地产所取得的收入（包括预收款）。

2010年5月，为了遏制部分城市房价过快上涨的势头，发挥土地增值税在预征阶段的调节作用，国家要求各地须对目前的预征率进行调整。除保障性住房外，东部地区省份预征率不得低于2%，中部和东北地区省份不得低于1.5%，西部地区省份不得低于1%，各地要根据不同类型房地产确定适当的预征率（地区的划分按照国务院有关文件的规定执行）。（见《国家税务总局关于加强土地增值税征管工作的通知》国税发〔2010〕53号）

（四）核定征收

由于纳税人原因无法准确计算应纳税额的，可以采取核定征收方式征收土地增值税。房地产开发企业有下列情形之一的，税务机关可以参照与其开发规模和收入水平相近的当地房地产开发企业的土地增值税税负情况，按不低于预征率的征收率核定征收土地增值税。

1. 依照法律、行政法规的规定应当设置但未设置账簿的；

2. 擅自销毁账簿或者拒不提供纳税资料的；

3. 虽设置账簿，但账目混乱或者成本资料、收入凭证、费用凭证残缺不全，难以确定转让收入或扣除项目金额的；

4. 符合土地增值税清算条件，未按照规定的期限办理清算手续，经税务机关责令限期清算，逾期仍不清算的；

5. 申报的计税依据明显偏低，又无正当理由的。（以上内容见《国家税务总局关于房地产企业土地增值税清算管理有关问题的通知》国税发〔2006〕187号）

为了促进房地产市场健康发展，规范核定工作，国家规定土地增值税核定征收率原则上不得低于5%，各省级税务机关要结合本地实际，区分不同房地产类型制定核定征收率。（见《国家税务总局关于加强土地增值税征管工作的通知》国税发〔2010〕53号）

需要注意的是，以上有关预征和核定征收的规定仅针对房地产开发企业。对单位和个人转让旧房及建筑物的，应按以下规定征收：

1. 提供评估价格的。纳税人转让旧房及建筑物，应委托经省以上有关部门授予评估资格的房地产评估机构进行评估，并向当地税务机关提供评估报告和支付评估费用的正式发票，按本章第二节的计算方法，计算增值额和增值率，依据适用税率计算应纳税额。

2. 提供购房发票的。对于纳税人转让旧房及建筑物，凡不能取得评估价格，但能提供购房发票的，经当地地方税务机关确认，取得土地使用权和房屋建筑成本的扣除项目金额，可按发票所载金额并从购买年度起至转让年度止，每年加计5%计算。计算扣除项目时，“每年”按购房发票所载日期起至售房发票开具之日止，每满12个月计一年；超过一年，未满12个月但超过6个月的，视同一年。其计算公式如下：

$$扣除项目金额 = 发票所载金额 \times (1 + 购房年度 \times 5\%)$$

需要注意的是，与能提供评估价格不同，这种情况下，对纳税人购房时缴纳的契税，凡能提供契税完税凭证的，准予作为与转让房地产有关的税金予以扣除，但不作为加计5%的基数。

营改增后，纳税人转让旧房及建筑物，凡不能取得评估价格，但能提供购房发票的，《土地增值税暂行条例》第六条第一、三项规定的扣除项目的金额按照下列方法计算：

（1）提供的购房凭据为营改增前取得的营业税发票的，按照发票所载金额（不扣减营业税）并从购买年度起至转让年度止每年加计 5% 计算。

（2）提供的购房凭据为营改增后取得的增值税普通发票的，按照发票所载价税合计金额从购买年度起至转让年度止每年加计 5% 计算。

（3）提供的购房发票为营改增后取得的增值税专用发票的，按照发票所载不含增值税金额加上不允许抵扣的增值税进项税额之和，并从购买年度起至转让年度止每年加计 5% 计算。（以上内容见《国家税务总局关于营改增后土地增值税若干征管规定的公告》总局公告 2016 年第 70 号）

3. 既无评估价格，又无购房发票的。对于纳税人转让旧房及建筑物，既没有评估价格，又不能提供购房发票的，税务机关可以根据《征管法》第三十五条的规定，实行核定征收。（以上内容见《财政部、国家税务总局关于土地增值税若干问题的通知》财税〔2006〕21 号、《国家税务总局关于土地增值税清算有关问题的通知》国税函〔2010〕220 号）

五、清算

土地增值税清算，是指纳税人在符合土地增值税清算条件后，依照规定计算房地产开发项目应缴纳的土地增值税税额，并填写清算申报表，向主管税务机关提供有关资料，办理土地增值税清算手续，结清该房地产项目应缴纳土地增值税税款的行为。采取预征方式征收土地增值税的，工程项目竣工结算后，应及时进行清算，多退少补税款。

（一）清算单位

土地增值税以国家有关部门审批的房地产开发项目为单位进行清算，对于分期开发的项目，以分期项目为单位清算。

开发项目中同时包含普通住宅和非普通住宅的，应分别计算增值额。

（二）清算条件

1. 符合下列情形之一的，纳税人应进行土地增值税的清算：

（1）房地产开发项目全部竣工、完成销售的；

（2）整体转让未竣工决算房地产开发项目的；

（3）直接转让土地使用权的。

符合上述条件的开发项目，纳税人应当在满足清算条件之日起 90 日内到主管税务机关办理清算手续。

2. 符合下列情形之一的，主管税务机关可要求纳税人进行土地增值税清算：

（1）已竣工验收的房地产开发项目，已转让的房地产建筑面积占整个项目可售建筑面积的比例在 85% 以上，或该比例虽未超过 85%，但剩余的可售建筑面积已经出租或自用的；

（2）取得销售（预售）许可证满 3 年仍未销售完毕的；

（3）纳税人申请注销税务登记但未办理土地增值税清算手续的；

（4）省级税务机关规定的其他情况。

符合上述条件的开发项目，由主管税务机关确定是否进行清算；对于确定需要进行清算的项目，由主管税务机关下达清算通知，纳税人应当在收到清算通知之日起 90 日内办理清算手续。

（三）清算资料

办理清算手续的纳税人应报送下列资料：

1. 房地产开发企业清算土地增值税书面申请、土地增值税纳税申报表；

2. 项目竣工决算报表、取得土地使用权所支付的地价款凭证、国有土地使用权出让合同、银行贷款利息结算通知单、项目工程合同结算单、商品房购销合同统计表等与转让房地产的收入、成本和费用有关的证明资料；

3. 主管税务机关要求报送的其他与土地增值税清算有关的证明资料等。

纳税人委托税务中介机构审核鉴证的清算项目，还应报送中介机构出具的《土地增值税清算税款鉴证报告》。

（四）清算确认

转让房地产扣除项目金额按以下原则确认：

1. 房地产开发企业办理土地增值税清算时计算与清算项目有关的扣除项目金额，应根据《土地增值税暂行条例》第六条及其实施细则第七条的规定执行。除另有规定外，扣除取得土地使用权所支付的金额、房地产开发成本及费用、与转让房地产有关税金，须提供合法有效凭证；不能提供合法有效凭证的，不予扣除。

营改增后，土地增值税纳税人接受建筑安装服务取得的增值税发票，应按照《国家税务总局关于全面推开营业税改征增值税试点有关税收征收管理事项的公告》（总局公告2016年第23号）规定，在发票的备注栏注明建筑服务发生地县（市、区）名称及项目名称，否则不得计入土地增值税扣除项目金额。（见《国家税务总局关于营改增后土地增值税若干征管规定的公告》总局公告2016年第70号）

2. 房地产开发企业办理土地增值税清算所附送的前期工程费、建筑安装工程费、基础设施费、开发间接费用的凭证或资料不符合清算要求或不实的，地方税务机关可参照当地建设工程造价管理部门公布的建安造价定额资料，结合房屋结构、用途、区位等因素，核定上述四项开发成本的单位面积金额标准，并据以计算扣除。具体核定方法由省税务机关确定。（以上内容见《国家税务总局关于房地产企业土地增值税清算管理有关问题的通知》国税发〔2006〕187号、《国家税务总局关于印发〈土地增值税清算管理规程〉的通知》国税发〔2009〕91号、《国家税务总局关于土地增值税清算有关问题的通知》国税函〔2010〕220号）

六、部门配合

《土地增值税暂行条例》第十一条规定："土地管理部门、房产管理部门应当向税务机关提供有关资料，并协助税务机关依法征收土地增值税。"第十二条规定："纳税人未缴纳土地增值税的，土地管理部门、房产管理部门不得办理有关的权属变更手续。"《土地增值税暂行条例实施细则》第十八条进一步解释，国土资源、房产管理部门应当向税务机关提供的有关资料是指，有关房屋及建筑物产权、土地使用权、土地出让金数额、土地基准地价、房地产市场交易价格及权属变更等方面的资料。

实际工作中，在土地增值税、契税、耕地占用税和城镇土地使用税（合称为土地税收）的征收上，取得国土资源、房产管理部门的支持和配合非常重要。为此，财政部、国家税务总局联合国土资源部、住房和城乡建设部先后下发了《国家税务总局、国家土地管理局关于土地增值税若干征管问题的通知》（国税发〔1996〕4号）、《国家税务总局、建设部关于土地增值税征收管理有关问题的通知》（国税发〔1996〕48号）、《国家税务总局、财政部、建设部关于加强房地产税收管理的通知》（国税发〔2005〕89号）、《国家税务总局、财政部、国土资源部关于加强土地税收管理的通知》（国税发〔2005〕111号）和《国家税务总局、财政部、国土资源部关于进一步加强土地税收管理工作的通知》（国税发〔2008〕14号）等文件，要求各级财税部门与国土资源、房产管理部门加强沟通、协调，按照文件的要求，在日常管理工作中，共同做好信息交换与共享、源泉控管和税款征缴工作。具体说：

1. 工作中必须严格执行“先税后证”的政策，没有财税部门发放的契税和土地增值税完税凭证或免税凭证，国土资源管理部门一律不得办理有关的权属登记手续。

2. 为了方便纳税人，从源头控制税源，各级财税部门与国土资源、房产管理部门要积极协商，创造条件，在房地产登记、审批场所设立缴税窗口，征收房地产转让环节涉及的税收。

同时，国土资源、房产管理部门配合土地税收管理增加的支出，地方财税部门应给予必要的经费支持。

第四节　会计处理与实务

一、会计处理

企业缴纳的土地增值税通过“应交税费——应交土地增值税”科目核算，但对方科目因房地产用途及转让主体不同，一般记入“税金及附加”“固定资产清理”和“资产处置损益”等科目。企业实际缴纳土地增值税时，借记“应交税费——应交土地增值税”科目，贷记“银行存款”科目。

1. 一般工商企业转让土地使用权连同地上建筑物及其附着物一并在“固定资产”科目核算的，转让时应缴纳的土地增值税作为处置固定资产过程中发生的一项费用，记入“固定资产清理”科目。

借：固定资产清理

　　贷：应交税费——应交土地增值税

2. 一般工商企业转让作为无形资产核算的土地使用权应缴纳的土地增值税，在“资产处置损益”科目体现。转让土地使用权时，按实际收到的金额扣除无形资产的账面价值和应缴纳的土地增值税、增值税及附加后，转让损益记入“资产处置损益”科目。

借：银行存款

　　累计摊销

无形资产减值准备

贷：无形资产

应交税费——应交增值税

——应交城市维护建设税

——应交教育费附加

——应交土地增值税

资产处置损益

3. 一般工商企业转让投资性房地产应缴纳的土地增值税等税费，记入“税金及附加”科目。

借：税金及附加

贷：应交税费——应交城市维护建设税

——应交教育费附加

——应交土地增值税

4. 房地产开发企业销售自行开发建造的商品房时，应将确认的应缴土地增值税记入“税金及附加”科目。

借：税金及附加

贷：应交税费——应交土地增值税

房地产开发企业按规定预缴的土地增值税，借记“应交税费——应交土地增值税”科目，贷记“银行存款”科目；待房地产转让（销售）收入实现时，再按上述会计处理方法进行处理。开发的房地产项目按规定进行清算，收到退回多缴的土地增值税时，借记“银行存款”科目，贷记“应交税费——应交土地增值税”科目；补缴土地增值税时做相反的会计分录。

【例9－1】2019年，某市工业企业（增值税一般纳税人）转让一处自建的旧厂房，取得含税转让收入6 426万元，支付增值税及附加336.6万元。该厂房当初的建筑施工总成本为4 200万元，预计使用40年，已经使用8年，累计计提折旧840万元。该房产的评估价格为3 665.4万元。计算该企业应缴纳的土地增值税，并进行相应账务处理（不考虑印花税、地方教育附加，该企业转让2016年4月30日前取得的房产选择简易计税方法）。

【解析】计算土地增值税时，应以转让收入减除法定扣除项目金额作为增值额，这与会计上以转让收入减除资产账面价值、转让过程中发生的税费计算转让损益不同。纳税人转让旧房及建筑物的，法定扣除项目为取得土地使用权所支付的金额、房屋及建筑物的评估价格、在转让环节缴纳的税金。营改增后，纳税人转让房地产取得的收入为不含增值税收入。

（1）核销固定资产时：

借：固定资产清理	33 600 000	
累计折旧	8 400 000	
贷：固定资产——房产		42 000 000

（2）收到房产转让收入时：

借：银行存款　　64 260 000

　　贷：固定资产清理　　64 260 000

（3）计算应缴纳的增值税及附加时：

借：固定资产清理　　3 366 000

　　贷：应交税费——应交增值税　　3 060 000

　　　　应交税费——应交城市维护建设税　　214 200

　　　　应交税费——应交教育费附加　　91 800

（4）计算应缴纳的土地增值税时：

房地产转让收入：6 426 ÷（1 +5%）=6 120（万元）

扣除项目金额：3 665. 4 +30. 6 =3 696（万元）

增值额：6 120 －3 696 =2 424（万元）

增值率：2 424 ÷3 696 ×100% =65. 58%

据此确定适用税率为40%，扣除系数为5%，该工业企业应缴纳土地增值税：

2 424 ×40% －3 696 ×5% =784. 8（万元）

借：固定资产清理　　7 848 000

　　贷：应交税费——应交土地增值税　　7 848 000

（5）结转固定资产清理损益时：

6 426 －3 360 －336. 6 －784. 8 =1 944. 60（万元）

借：固定资产清理　　19 446 000

　　贷：资产处置损益——非流动资产利得　　19 446 000

（6）实际缴纳土地增值税时：

借：应交税费——应交土地增值税　　7 848 000

　　贷：银行存款　　7 848 000

二、实务解析

【例9 －2】2019 年底位于某市的万家乐房地产开发公司（增值税一般纳税人）销售其当年5 月10 日开始建造的一幢商品住宅楼，取得含税销售收入17 986 万元。已知该公司支付与开发商品房相关的土地使用权费1 200 万元、开发成本3 600 万元。该公司没有按房地产开发项目计算分摊银行借款利息；该商品房所在地的省政府规定计算土地增值税时房地产开发费用扣除比例为10%；与该项目有关的允许抵扣的进项税额为386 万元。计算该公司销售商品房应缴纳的土地增值税。

【解析】凡不能按转让房地产项目计算分摊利息支出或不能提供金融机构证明的，利息支出不得单独计算。这种情况，房地产开发费用按取得土地使用权支付的金额与房地产开发成本金额之和，在10%以内计算扣除。房地产开发企业中的一般纳税人销售自行开发的房地产项目，适用一般计税方法计税，按照取得的全部价款和价外费用，扣除当期销售房地产项目对应的土地价款后的余额计算销售额。销售额的计算公式如下：

销售额＝（全部价款和价外费用－当期允许扣除的土地价款）÷（1＋9%）

（1）确认转让收入：17 986－（17 986－1 200）÷（1＋9%）×9%＝16 600（万元）

（2）计算扣除项目金额：1 200＋3 600＋480＋100＋960＝6 340（万元）

取得土地使用权所支付的金额：1 200 万元

房地产开发成本：3 600 万元

房地产开发费用：（1 200＋3 600）×10%＝480（万元）

允许扣除的税金：［（17 986－1 200）÷（1＋9%）×9%－386］×（7%＋3%）＝100（万元）

加计扣除额：（1 200＋3 600）×20%＝960（万元）

（1）计算增值额：16 600－6 340＝10 260（万元）

（2）计算增值率：10 260÷6 340×100%＝161.83%

（3）由此确定适用税率为 50%，扣除系数为 15%

该公司应缴纳土地增值税：10 260×50%－6 340×15%＝4 179（万元）

【例 9－3】2019 年 6 月，位于市区的某工业企业转让一栋 20 世纪 90 年代自行建造的厂房，取得含税转让收入 525 万元（合同中分别注明转让收入及增值税税额），支付增值税及附加共计 27.5 万元。该厂房当时造价 100 万元，无偿取得土地使用权。经评估，如果按现行市场价的材料、人工费计算，建造同样的厂房需 600 万元，该厂房为七成新。计算该工业企业因转让旧厂房应缴纳的土地增值税。（该企业因转让 2016 年 4 月 30 日前自建的房产选择简易计税方法）

【解析】房地产开发企业缴纳的印花税不单独扣除；房地产开发企业以外的纳税人在计算土地增值税时，允许扣除在转让房地产环节缴纳的印花税。一般纳税人销售其 2016 年 4 月 30 日前自建的不动产，可以选择适用简易计税方法，以取得的全部价款和价外费用为销售额，按照 5% 的征收率计算应纳税额。

（1）转让收入：525÷（1＋5%）＝500（万元）

（2）扣除项目金额合计：420＋2.75＝422.75（万元）

评估价格：600×70%＝420（万元）

允许扣除的税金：525÷（1＋5%）×5%×（7%＋3%）＋500×0.5‰＝2.75（万元）

（3）增值额：500－422.75＝77.25（万元）

（4）增值率：77.25÷422.75×100%＝18.27%

（5）由此确定适用税率为 30%

该企业应缴纳土地增值税：77.25×30%＝23.175（万元）

【例 9－4】位于市区的甲房地产开发公司，2017 年开工建造写字楼一栋，2019 年 12 月 20 日将其销售给本市注册的乙外商投资企业，签订的销售合同载明含税销售总价款 2 026 万元，并注明由乙企业向甲公司支付货币资金 1 501 万元，另以 3 年前购买的一宗未开发土地作价 525 万元转让给甲公司，并签署了产权转移书据。乙企业取得该土地使用权时，支付了价款 210 万元并发生相关税费 6 万元。

甲公司开发该写字楼支付了土地价款200万元；拆迁补偿费300万元、基础设施费100万元（未取得财政票据）、建筑安装工程费500万元；开发过程中发生管理费用120万元（包括业务招待费50万元）、销售费用60万元、财务费用150万元（该费用属于向其他企业借款支付的本年利息，约定利率10%，银行同期利率6%），营业外支出80万元，其中合同违约金4万元、通过民政局对灾区的现金捐赠76万元。当地省级政府确定房地产开发费用扣除比例为8%，当年甲公司本项目可以扣除的进项税额为86万元。

根据上述资料，分别计算甲公司、乙企业应缴纳的土地增值税。（乙企业转让营改增前购买的土地使用权选择简易计税方法）

【解析】对于房地产企业，在计算增值额时，法定的允许扣除项目具体包括五项：取得土地使用权所支付的金额、房地产开发成本、房地产开发费用、与转让房地产有关的税金、财政部规定的加计扣除额。一般纳税人销售其2016年4月30日前购置的不动产，可以选择适用简易计税方法，以取得的全部价款和价外费用减去该项不动产购置原价或者取得不动产时的作价后的余额为销售额，按照5%的征收率计算增值税应纳税额。

（1）甲公司应缴纳的土地增值税：

①转让收入：

2 026 −（2 026 −200 −300）÷（1 +9%）×9% =1 900（万元）

②扣除项目金额合计：200 +900 +4 +88 +220 =1 412（万元）

土地成本：200万元

开发成本：（300 +100 +500）=900（万元）

相关税费：

[（2 026 −200 −300）÷（1 +9%）×9% −86] ×（7% +3%）=4（万元）

开发费用：（200 +900）×8% =88（万元）

加计扣除：（200 +900）×20% =220（万元）

③增值额：1 900 −1 412 =488（万元）

④增值率：488 ÷1 412 ×100% =34.56%

⑤由此确定适用税率为30%

甲公司应缴纳土地增值税：488 ×30% =146.4（万元）

（2）乙企业应缴纳的土地增值税：

①转让收入：525 −（525 −210）÷（1 +5%）×5% =510（万元）

②扣除项目金额合计：216 +1.76 =217.76（万元）

取得土地使用权所支付的金额：210 +6 =216（万元）

允许扣除的税金：（525 −210）÷（1 +5%）×5% ×（7% +3%）+525 ×0.5‰ =1.76（万元）

③增值额：510 −217.76 =292.24（万元）

④增值率：292.24 ÷217.76 =134.20%

⑤由此确定适用税率为50%，速算扣除系数为15%

乙企业应缴纳土地增值税：292.24×50% －217.76×15% =113.46（万元）

【例9－5】某市一家房地产开发公司为一般纳税人，2019年开发一个高层住宅楼，当年有关经营情况如下：

（1）该住宅楼销售90%，取得销售收入6 255万元，并签订了销售合同。剩余10%以每年100万元对外进行出租，租期一年，租金一次性收取，并签订了租赁合同。

（2）签订土地使用权购买合同，支付与该项目相关的土地使用权价款900万元，相关税费39万元。

（3）发生土地拆迁补偿费400万元，前期工程费200万元（取得合规财政票据），支付工程价款1 000万元，基础设施及公共配套设施费250万元，开发间接费用50万元。

（4）发生销售费用300万元，财务费用102.2万元，管理费用80万元。

（5）该房地产开发公司能够按转让房地产项目计算分摊利息支出并能提供金融机构证明，当地政府规定的开发费用扣除比例为5%。

已知：以上收入均为含增值税收入，房地产开发公司按照一般计税方法征税；假设该项目没有可抵扣的进项税额。

要求：根据上述资料，计算该房地产开发公司应缴纳的土地增值税。

【解析】支付的土地价款，是指向政府、土地管理部门或受政府委托收取土地价款的单位直接支付的土地价款。包括土地受让人向政府部门支付的征地和拆迁补偿费用、土地前期开发费用和土地出让收益等。在计算销售额时从全部价款和价外费用中扣除土地价款，应当取得省级以上（含省级）财政部门监（印）制的财政票据（非税收入票据）。

（1）住宅楼转让收入：

6 255－[6 255－(900＋400＋200)×90%]÷(1＋9%)×9% =5 850万元

（2）扣除项目合计：845.1＋1 710＋234.46＋40.5＋511.02 =3 341.08万元

①取得土地使用权支付的金额：(900＋39)×90% =845.1万元

②房地产开发成本：(400＋200＋1 000＋250＋50)×90% =1 710万元

③房地产开发费用：106.7＋(845.1＋1 710)×5% =234.46万元

④税金：

[6 225－(900＋400＋200)×90%]÷(1＋9%)×9%×(7%＋3%)=40.5万元

⑤其他扣除项目金额：(845.1＋1 710)×20% =511.02万元

（3）增值额：5 850－3 341.08 =2 508.92万元

（4）增值率：2 508.92÷3 341.08×100% =75.09%

由此确定适用税率40%、速算扣除系数5%

（5）应纳税额：2 508.92×40% －3 341.08×5% =836.52万元

第十章　车　船　税

车船税是对在我国境内的车辆、船舶，根据其种类，按照规定税额标准计算征收的一种税。车船税是以引导车辆、船舶的生产和消费，体现国家促进节能减排、保护环境等方面政策导向的一个地方税种。

本章内容主要依据2011年2月25日第十一届全国人民代表大会常务委员会第十九次会议通过并于同日公布的《中华人民共和国车船税法》（主席令2011年第43号）、国务院于2011年12月5日公布的《中华人民共和国车船税法实施条例》（国务院令2011年第611号）编写。

第一节　概　　述

一、税制沿革

对车、船课税，是世界上许多国家普遍实行的一种征税制度，也有着悠久的历史。在中国，汉武帝时发布的缗钱令中就规定对民间车船予以课税。明清时，曾对内河商船征收船钞。1945年6月，国民政府公布《使用牌照税法》，在全国统一开征车船使用牌照税。

新中国成立后，1951年政务院颁布《中华人民共和国车船使用牌照税暂行条例》，开始在全国范围内征收车船使用牌照税。1973年简化税制时，将对国营、集体企业征收的车船使用牌照税并入工商税，不再单独征收，仅对外国企业和外商投资企业继续征收此税。1984年第二步“利改税”和工商税制改革时，确定恢复征收车船使用牌照税，但考虑这个税种的税名不准确，在工作中往往误认为是对牌照征税，故改称车船使用税。1986年10月国务院颁布《中华人民共和国车船使用税暂行条例》，对内资企业和个人重新开始征收车船使用税。由于对外商投资企业、外国企业和外籍个人仍旧依照《车船使用牌照税暂行条例》的规定征收车船使用牌照税，从而形成了内外不统一的两套车船税税制。2006年12月29日，国务院公布《中华人民共和国车船税暂行条例》，自2007年1月1日起正式施行。这部条例合并了《车船使用牌照税暂行条例》和《车船使用税暂行条例》，从而结束了车船税两个税种同时并存、内外有别的局面。

按照全国人大授权决定和《立法法》有关规定，国务院制定的税收单行条例在条件成熟时应当上升为法律。现阶段将车船税暂行条例上升为税收法律的条件已经成熟。鉴于此，2011 年 2 月 25 日，第十一届全国人民代表大会常务委员会第十九次会议通过《中华人民共和国车船税法》（简称《车船税法》）。同日，国家主席胡锦涛签署第 43 号主席令予以公布，自 2012 年 1 月 1 日起施行。依据《车船税法》授权，2011 年 11 月 23 日，国务院第 182 次常务会议通过《中华人民共和国车船税法实施条例》（本章简称《车船税法实施条例》），于 2011 年 12 月 5 日公布，自 2012 年 1 月 1 日起施行。

二、税制特点

（一）属于单项财产税

财产税从课征方式看，一般分为综合财产税和单项财产税两种。对车船拥有者征税，属于单项财产税。这不仅表现在征税对象上仅限于车船，而且，对车船根据其种类、载运客货多少还规定了不同的征税标准。

（二）属于受益性税

征收的车船税税款主要用于市政建设，新建、维护公共道路、港口，保养河道及其标志等，方便车船行使，车船拥有者因而受益。从这个意义上说，车船税又是一个纳税人直接受益性质的税种。

（三）税源流动性强

车船税由于其征税对象属于可移动的动产，因此具有涉及面广、税源流动性强、纳税人多为个人等特点，征管难度较大。针对车船税上述特点，《车船税法》对扣缴义务人代收代缴和车船管理部门协助征收管理作了特别规定。

三、立法宗旨

（一）支持交通运输业发展

由于我国经济社会发展水平相对较低，车船还属于大宗贵重财物，拥有车船的一般是经济条件较好的公民、法人或者其他组织。对车船等较贵重的财产课税，可以将分散在车船所有者或管理者手中的部分财富集中起来，增加地方财政收入，从而使地方政府有足够资金，加大对交通事业投入，促进交通事业发展。

（二）有利于减轻交通拥堵

按照《车船税法》规定，拥有或管理车船的单位和个人，都应按照规定缴纳车船税，同时对非机动车船和用于公共交通的车船给予免税、减税照顾。税收负担的存在，促使纳税人精打细算，合理购置、使用车船；而对用于公共交通的特定车船减免税费，又体现了国家对公共交通事业的支持，这在一定意义上减轻了城市交通拥堵。

（三）有利于实现节能减排目标

《车船税法》一方面对占汽车总量大部分的乘用车，也就是载客少于 9 人的小型汽车的税额，按发动机排气量大小分别做了降低、不变和提高的结构性调整；另一方面对节约能源、使用新能源的车船规定可以减征或免征车船税。这种税制设计鼓励人们购买小排量汽车和节约能源、使用新能源的汽车，有利于降低能源消耗、减少污染物排放。

（四）有利于完善地方税体系

按现行财政管理体制，属于地方政府固定收入的税种包括房产税、城镇土地使用税、土地增值税、契税、印花税等，其中很多税种都是 20 世纪 90 年代以前出台实施的，多年来一直未做改动。车船税作为第一个实现全面改革的地方税税种，并上升为法律，有利于推动地方税种的改革，完善我国地方税体系，并为地方政府提供一个较为稳定的收入来源。

第二节 课税要素

一、纳税人

在中华人民共和国境内，车辆、船舶的所有人或者管理人是车船税的纳税人，应当依照《车船税法》的规定缴纳车船税。其中，所有人是指对车船依法享有占有、使用、收益和处分权利的单位和个人，对于私家车来说，就是通常所说的车主；管理人是指对车船具有管理、使用权，不具有所有权的单位，如国家机关。

上述单位，包括行政机关、企业、事业单位、社会团体以及其他组织；上述个人，包括个体工商户以及其他个人。

二、征税范围

车船税的征税范围是《车船税法》所附《车船税税目税额表》所列的车辆、船舶。具体来说，是指依法应当在车船登记管理部门登记的机动车辆和船舶，及依法不需要在车船登记管理部门登记、在单位内部场所行驶或者作业的机动车辆和船舶。

（一）税目

《车船税法》采用新国标机动车分类与公安部门机动车分类标准相结合的方式设置税目。按照《车船税法》规定，车船税税目分为乘用车、商用车、挂车、其他车辆、摩托车和船舶共计六大类。将载客汽车以核定载客人数 9 人为标准，划分为乘用车和客车，其中乘用车单列税目，按排气量区间划分为 7 个子目；客车与货车作为商用车的子目，将三轮汽车和低速载货汽车并入货车子目；将专用作业车和轮式专用机械车归属于其他车辆；挂车、摩托车单列税目。船舶包括机动船舶和游艇两个子目，将拖船和非机动驳船并入机动船子目。

《车船税法实施条例》在《车船税法》的基础上，又进一步细化了客车、机动船舶和游艇子目。按照核定载客人数（以 20 人为标准）将客车划分为中型客车和大型客车；按照净吨位将机动船舶划分为 4 档；按照长度将游艇划分为 5 档。

需要注意的是，拖拉机、纯电动乘用车、燃料电池乘用车、非机动车船（不包括非机动驳船）均不在《车船税法》规定的征税范围之内，不需要缴纳车船税。临时入境的外国车船和香港特别行政区、澳门特别行政区、台湾地区的车船，也不需要缴纳车船税。

不属于车船税征税范围的纯电动、燃料电池乘用车目录见财政部、国家税务总局、工业和信息化部联合发布的公告。目前已经公布了两批目录，即财政部、国家税务总局、工业和信息化部2011年第81号公告和2012年第26号公告。

需要注意的是，境内单位和个人租入外国籍船舶的，不征收车船税。境内单位和个人将船舶出租到境外的，应依法征收车船税。（见《国家税务总局关于车船税征管若干问题的公告》总局公告2013年第42号）

（二）应税车船含义

《车船税法》所附《车船税税目税额表》中车辆、船舶的含义如下：

乘用车，是指在设计和技术特性上主要用于载运乘客及随身行李，核定载客人数包括驾驶员在内不超过9人的汽车。

商用车，是指除乘用车外，在设计和技术特性上用于载运乘客、货物的汽车，划分为客车和货车。

半挂牵引车，是指装备有特殊装置用于牵引半挂车的商用车。

三轮汽车，是指最高设计车速不超过每小时50公里，具有三个车轮的货车。

低速载货汽车，是指以柴油机为动力，最高设计车速不超过每小时70公里，具有四个车轮的货车。

挂车，是指就其设计和技术特性需由汽车或者拖拉机牵引，才能正常使用的一种无动力的道路车辆。

专用作业车，是指在其设计和技术特性上用于特殊工作的车辆。

轮式专用机械车，是指有特殊结构和专门功能，装有橡胶车轮可以自行行驶，最高设计车速大于每小时20公里的轮式工程机械车。

摩托车，是指无论采用何种驱动方式，最高设计车速大于每小时50公里，或者使用内燃机，其排量大于50毫升的两轮或者三轮车辆。

船舶，是指各类机动、非机动船舶以及其他水上移动装置，但是船舶上装备的救生艇筏和长度小于5米的艇筏除外。其中，机动船舶是指用机器推进的船舶；拖船是指专门用于拖（推）动运输船舶的专业作业船舶；非机动驳船，是指在船舶登记管理部门登记为驳船的非机动船舶；游艇是指具备内置机械推进动力装置，长度在90米以下，主要用于游览观光、休闲娱乐、水上体育运动等活动，并应当具有船舶检验证书和适航证书的船舶。

国家税务总局对应税车船的补充解释如下：

1. 关于专用作业车的认定。对于在设计和技术特性上用于特殊工作，并装置有专用设备或器具的汽车，应认定为专用作业车，如汽车起重机、消防车、混凝土泵车、清障车、高空作业车、洒水车、扫路车等。以载运人员或货物为主要目的的专用汽车，如救护车，不属于专用作业车。

2. 关于客货两用车的认定。客货两用车，又称多用途货车，是指在设计和结构上主要用于载运货物，但在驾驶员座椅后带有固定或折叠式座椅，可运载 3 人以上乘客的货车。客货两用车依照货车的计税单位和年基准税额计征车船税。（以上内容见《国家税务总局关于车船税征管若干问题的公告》总局公告 2013 年第 42 号）

三、税率

车船税实行有幅度的定额税率，即对各类车船分别规定一个最低到最高限度的年基准税额。同时，对船舶的适用税额，授权国务院在规定的税额幅度内确定；对车辆的适用税额，授权省、自治区、直辖市人民政府在规定的税额幅度内，根据当地实际情况，具体确定适用税额。

省、自治区、直辖市人民政府确定的车辆具体适用税额，应当报国务院备案。省、自治区、直辖市人民政府根据《车船税法》所附《车船税税目税额表》确定车辆具体适用税额，应当遵循以下原则：

1. 乘用车依排气量从小到大递增税额；

2. 客车按照核定载客人数 20 人以下和 20 人（含）以上两档划分，递增税额。

车船税的税目、税额如表 10－1 所示。

表 10－1　　车船税税目税额表

<table>
<tr><th colspan="3" rowspan="2">税目</th><th rowspan="2">计税单位</th><th colspan="2">年基准税额</th><th rowspan="2">备注</th></tr>
<tr><th>税法</th><th>实施条例</th></tr>
<tr><td rowspan="7">乘用车（按发动机汽缸容量分档）</td><td colspan="2">1.0 升（含）以下的</td><td rowspan="7">每辆</td><td>60～360 元</td><td></td><td rowspan="7">载客人数 9 人（含）以下</td></tr>
<tr><td colspan="2">1.0 升以上至 1.6 升（含）的</td><td>300～540 元</td><td></td></tr>
<tr><td colspan="2">1.6 升以上至 2.0 升（含）的</td><td>360～660 元</td><td></td></tr>
<tr><td colspan="2">2.0 升以上至 2.5 升（含）的</td><td>660～1 200 元</td><td></td></tr>
<tr><td colspan="2">2.5 升以上至 3.0 升（含）的</td><td>1 200～2 400 元</td><td></td></tr>
<tr><td colspan="2">3.0 升以上至 4.0 升（含）的</td><td>2 400～3 600 元</td><td></td></tr>
<tr><td colspan="2">4.0 升以上的</td><td>3 600～5 400 元</td><td></td></tr>
<tr><td rowspan="3">商用车</td><td rowspan="2">客车</td><td>中型客车</td><td rowspan="2">每辆</td><td rowspan="2">480～1 440 元</td><td rowspan="2"></td><td>载客人数 9 人以上 20 人以下</td></tr>
<tr><td>大型客车</td><td>载客人数 20 人（含）以上</td></tr>
<tr><td colspan="2">货车</td><td>整备质量每吨</td><td>16～120 元</td><td></td><td>包括半挂牵引车、三轮汽车和低速载货汽车等</td></tr>
<tr><td>挂车</td><td colspan="2"></td><td>整备质量每吨</td><td>按照货车税额的 50% 计算</td><td></td><td></td></tr>
</table>

续表

<table>
<tr><th colspan="3" rowspan="2">税目</th><th rowspan="2">计税单位</th><th colspan="2">年基准税额</th><th rowspan="2">备注</th></tr>
<tr><th>税法</th><th>实施条例</th></tr>
<tr><td rowspan="2">其他车辆</td><td colspan="2">专用作业车</td><td rowspan="2">整备
质量每吨</td><td>16 ~ 120 元</td><td></td><td rowspan="2">不包括拖拉机</td></tr>
<tr><td colspan="2">轮式专用机械车</td><td>16 ~ 120 元</td><td></td></tr>
<tr><td>摩托车</td><td colspan="2"></td><td>每辆</td><td>36 ~ 180 元</td><td></td><td></td></tr>
<tr><td rowspan="9">船舶</td><td rowspan="4">机动
船舶</td><td>200 吨以下的</td><td rowspan="4">净吨
位每吨</td><td rowspan="4">3 ~ 6 元</td><td>3 元</td><td rowspan="4">拖船、非机动驳船分别按照机动船舶税额的 50% 计算</td></tr>
<tr><td>201 吨至 2 000 吨的</td><td>4 元</td></tr>
<tr><td>2 001 吨至 10 000 吨的</td><td>5 元</td></tr>
<tr><td>10 001 吨以上的</td><td>6 元</td></tr>
<tr><td rowspan="5">游艇</td><td>不超过 10 米的</td><td rowspan="5">艇身
长度每米</td><td rowspan="5">600 ~ 2 000 元</td><td>600 元</td><td rowspan="5"></td></tr>
<tr><td>超过 10 米小于 18 米的</td><td>900 元</td></tr>
<tr><td>超过 18 米小于 30 米的</td><td>1 300 元</td></tr>
<tr><td>超过 30 米的</td><td>2 000 元</td></tr>
<tr><td>辅助动力帆艇</td><td>600 元</td></tr>
</table>

注：1. 拖船按照发动机功率每 1 千瓦折合净吨位 0. 67 吨计算净吨位。2. 客车包括电车。3. 客货两用车依照货车的计税单位和年基准税额计征车船税。4. 乘用车以车辆登记管理部门核发的机动车登记证书或行驶证书所载的排气量毫升数确定税额区间。

四、计税依据

车船税以《车船税法》规定的应税车船为征税对象，以征税对象的计量标准为计税依据，从量计征。车船税的计税依据具体包括排气量、整备质量、核定载客人数、净吨位、千瓦、艇身长度等。

车船税属于财产税，其计税依据应当是车船的价值。车船的计税依据，无论是按购置价格还是评估价值都存在着一定问题。如果采用购置价格为计税依据，由于市场因素，价格不断发生变化，会导致纳税人之间的不公平；如果采用评估价值为计税依据，由于评估工作本身的局限性，在实际操作上也不可行。考虑到排气量、整备质量、净吨位等车船的技术参数与车船价值呈正相关关系，且与车船价值关联度较高，所以车船税以排气量、整备质量、净吨位等作为计税依据。这样规定既可以适度体现按照价值征税的财产税性质，符合公平税负的原则，也能体现按照车船耗能和污染程度不同而差别征税的要求。同时，既符合国际惯例，在征管上也具有可操作性。

《车船税法》及其实施条例所涉及的排气量、整备质量、核定载客人数、净吨位、千瓦、艇身长度，以车船登记管理部门核发的车船登记证书或者行驶证所载数据为准。依法不需要办理登记的车船和依法应当登记而未办理登记或者不能提供车船登记证书、行驶证的车船，以车船出厂合格证明或者进口凭证标注的技术参数、数据为准；不能提供车船出厂合格证明或者进口凭证的，由主管税务机关参照国家相关标准核定，没有国家相关标准的参照同类车船核定。

需要注意的是，《车船税法》及其实施条例涉及的整备质量、净吨位、艇身长度等计税单位，有尾数的一律按照含尾数的计税单位据实计算车船税应纳税额。计算得出的应纳税额小数点后超过两位的可四舍五入保留两位小数。（见《国家税务总局关于车船税征管若干问题的公告》总局公告2013年第42号）

五、应纳税额

车船税的纳税人按照纳税地点所在的省、自治区、直辖市人民政府确定的具体适用税额缴纳车船税。

1. 车船按公历年度计算车船税。其计算公式如下：

年应纳税额＝计税单位×年基准税额

2. 购置的新车船，购置当年的应纳税额自纳税义务发生时间起至该年度终了按月计算。其计算公式如下：

应纳税额＝年应纳税额÷12×应纳税月份数

应纳税月份数＝12－纳税义务发生时间（取月份）＋1

几种特殊情况下车船税应纳税款的处理：

1. 已缴纳车船税的车船在同一纳税年度内办理转让过户的，在原登记地不予退税，在新登记地凭完税凭证不再纳税。

2. 在一个纳税年度内，已完税的车船被盗抢、报废、灭失的，纳税人可以凭有关管理机关出具的证明和完税凭证，向纳税所在地的主管税务机关申请退还自被盗抢、报废、灭失月份起至该纳税年度终了期间的税款。

3. 已经缴纳车船税的车船，因质量原因，车船被退回生产企业或者经销商的，纳税人可以向纳税所在地的主管税务机关申请退还自退货月份起至该纳税年度终了期间的税款。退货月份以退货发票所载日期的当月为准。（见《国家税务总局关于车船税征管若干问题的公告》总局公告2013年第42号）

六、税收优惠

（一）法定减免税车船

《车船税法》规定，下列车船减免车船税：

1. 捕捞、养殖渔船。捕捞、养殖渔船，是指在渔业船舶登记管理部门登记为捕捞船或者养殖船的船舶。

2. 军队、武装警察部队专用的车船。军队、武装警察部队专用的车船，是指按照规定在军队、武装警察部队车船登记管理部门登记，并领取军队、武警牌照的车船。

3. 警用车船。警用车船，是指公安机关、国家安全机关、监狱、劳动教养管理机关和人民法院、人民检察院领取警用牌照的车辆和执行警务的专用船舶。

4. 外国驻华使领馆、国际组织驻华代表机构及其有关人员的车船。上述免税车船是指依照有关法律规定以及我国缔结或参加的双边和多边条约或协定的规定予以免税的外国驻华使领馆、国际组织驻华代表机构及其有关人员的车船。

5. 对节约能源、使用新能源的车船可以减征或者免征车船税；对受严重自然灾害影响纳税困难以及有其他特殊原因确需减税、免税的，可以减征或者免征车船税。具体办法由国务院规定，并报全国人民代表大会常务委员会备案。

6. 省、自治区、直辖市人民政府根据当地实际情况，可以对公共交通车船，农村居民拥有并主要在农村地区使用的摩托车、三轮汽车和低速载货汽车定期减征或者免征车船税。

（二）国务院规定的减免税车船

《车船税法实施条例》规定，下列车船减免车船税：

1. 节约能源、使用新能源的车船可以免征或者减半征收车船税。免征或者减半征收车船税的车船的范围，由国务院财政、税务主管部门商国务院有关部门制订，报国务院批准。

2. 对受地震、洪涝等严重自然灾害影响纳税困难以及其他特殊原因确需减免税的车船，可以在一定期限内减征或者免征车船税。具体减免期限和数额由省、自治区、直辖市人民政府确定，报国务院备案。

3. 按照规定缴纳船舶吨税的机动船舶，自《车船税法》实施之日起 5 年内免征车船税。

4. 依法不需要在车船登记管理部门登记的机场、港口、铁路站场内部行驶或者作业的车船，自《车船税法》实施之日起 5 年内免征车船税。

（三）财税主管部门的减免税规定

对节约能源车船（包括乘用车和商用车），减半征收车船税。对使用新能源车船，免征车船税。免征车船税的使用新能源汽车是指纯电动商用车、插电式（含增程式）混合动力汽车、燃料电池商用车。纯电动乘用车和燃料电池乘用车不属于车船税征税范围，对其不征车船税。具体规定如下：

1. 对节能汽车，减半征收车船税。

（1）减半征收车船税的节能乘用车应同时符合以下标准：

①获得许可在中国境内销售的排量为 1.6 升以下（含 1.6 升）的燃用汽油、柴油的乘用车（含非插电式混合动力、双燃料和两用燃料乘用车）；

②综合工况燃料消耗量应符合标准。

（2）减半征收车船税的节能商用车应同时符合以下标准：

①获得许可在中国境内销售的燃用天然气、汽油、柴油的轻型和重型商用车（含非插电式混合动力、双燃料和两用燃料轻型和重型商用车）；

②燃用汽油、柴油的轻型和重型商用车综合工况燃料消耗量应符合标准。

2. 对新能源车船，免征车船税。

（1）免征车船税的新能源汽车是指纯电动商用车、插电式（含增程式）混合动力汽车、燃料电池商用车。纯电动乘用车和燃料电池乘用车不属于车船税征税范围，对其不征车船税。

（2）免征车船税的新能源汽车应同时符合以下标准：

①获得许可在中国境内销售的纯电动商用车、插电式（含增程式）混合动力汽车、燃料电池商用车；

②符合新能源汽车产品技术标准；

③通过新能源汽车专项检测，符合新能源汽车标准；

④新能源汽车生产企业或进口新能源汽车经销商在产品质量保证、产品一致性、售后服务、安全监测、动力电池回收利用等方面符合相关要求。

（3）免征车船税的新能源船舶应符合以下标准：

船舶的主推进动力装置为纯天然气发动机。发动机采用微量柴油引燃方式且引燃油热值占全部燃料总热值的比例不超过5%的，视同纯天然气发动机。

符合上述标准的节能、新能源汽车，由工业和信息化部、税务总局不定期联合发布《享受车船税减免优惠的节约能源使用新能源汽车车型目录》予以公告。

目前最新的《目录》是工业和信息化部、国家税务总局2019年第9号公告联合发布的《享受车船税减免优惠的节约能源使用新能源汽车车型目录（第七批）》。（以上内容见《财政部、税务总局关于节能新能源车船享受车船税优惠政策的通知》财税〔2018〕74号）

第三节　征收管理

一、纳税义务发生时间

车船税纳税义务发生时间为取得车船所有权或者管理权的当月，即为购买车船的发票或者其他证明文件所载日期的当月。

对于在国内购买的机动车，购买日期以《机动车销售统一发票》所载日期为准，对于进口机动车，购买日期以《海关关税专用缴款书》所载日期为准；对于购买的船舶，以购买船舶的发票或者其他证明文件所载日期的当月为准。（见《国家税务总局、中国保险监督管理委员会关于机动车车船税代收代缴有关事项的公告》总局公告2011年第75号、《国家税务总局、交通运输部关于发布〈船舶车船税委托代征管理办法〉的公告》国家税务总局、交通运输部公告2013年第1号）

二、纳税期限

车船税按年申报，分月计算，一次性缴纳。纳税年度为公历1月1日至12月31日。

1. 车船税实行按会计年度计算，在投保交强险的同时一次性缴纳。即无论纳税人何时投保交强险，除新购置车辆外，都应从本年度1月1日起计算到年度终了之日止缴纳本年度应纳税款。

2. 购置的新车船，购置当年的应纳税额自纳税义务发生的当月起按月计算。应纳税额为年应纳税额除以12再乘以应纳税月份数。

3. 已办理退税的被盗抢车船失而复得的，纳税人应当从公安机关出具相关证明的当月起计算缴纳车船税。

三、纳税申报

车船税按年申报缴纳，一次缴清全年税款。具体申报纳税期限由省、自治区、直辖市人民政府确定。

纳税人申报缴纳车船税时，应当提供反映排气量、整备质量、核定载客人数、净吨位、千瓦、艇身长度等与纳税相关信息的相应凭证以及税务机关根据实际需要要求提供的其他资料。纳税人以前年度已经提供上述所列资料信息的，可以不再提供。

需要注意的是，为了及时掌握纳税人拥有土地、房产、车船情况，国家税务总局规定，纳税人办理税务登记或变更税务登记时，应向税务机关提供土地使用证、房屋产权证、机动车行驶证、船籍证等证书复印件并如实填报《房屋、土地、车船情况登记表》。（见《国家税务总局关于换发税务登记证件的通知》国税发〔2006〕38号、《国家税务总局关于做好房屋土地车船信息登记工作的通知》国税函〔2006〕416号）

四、纳税地点

缴纳车船税有两种方式：一种是纳税人自行向主管税务机关申报缴纳车船税；另一种是纳税人在办理机动车交通事故责任强制保险时由保险机构代收代缴车船税。相应车船税纳税地点分为以下三种情况：

1. 依法应当在车船登记管理部门登记的车船，纳税人自行申报缴纳的，应在车船的登记地缴纳车船税，纳税地点为车船登记地；

2. 保险机构代收代缴车船税的，应在保险机构所在地缴纳车船税，纳税地点为保险机构所在地；

3. 依法不需要办理登记的车船，应在车船的所有人或者管理人所在地缴纳车船税，纳税地点为车船的所有人或者管理人所在地。

税务机关直接征收车船税的，应当严格依据车船登记地确定征管范围。依法不需要办理登记的车船，应当依据车船的所有人或管理人所在地确定征管范围。车船登记地或车船所有人或管理人所在地以外的车船税，税务机关不应征收。纳税人在车辆登记地之外购买机动车第三者责任强制保险，由保险机构代收代缴车船税的，凭注明已收税款信息的机动车第三者责任强制保险单或保费发票，车辆登记地的主管税务机关不再征收该纳税年度的车船税，已经征收的应予退还。（见《国家税务总局关于发布〈车船税管理规程（试行）〉的公告》（总局公告2015年第83号）

五、减免税管理

为规范车船税减免税管理，对符合车船税减免税有关规定且需要纳税人办理减免税事项的，税务机关应向纳税人开具减免税证明。

（一）减免税证明的印制

1.《车船税减免税证明》的格式由国家税务总局统一规定。各省、自治区、直辖市和计划单列市税务机关根据统一样式，自行印制《车船税减免税证明》。

2.《车船税减免税证明》一式三联：第一联（存根），由税务机关留存；第二联（证明），由纳税人在购买机动车交通事故责任强制保险时交保险机构或者在办理车船登记、检验手续时交车船管理部门留存；第三联（备查），纳税人留存备查。各省、自治区、直辖市和计划单列市税务机关也可根据工作需要增加联次。

（二）减免税证明的办理

1. 对符合车船税减免税有关规定且需要纳税人办理减免税事项的，税务机关应在审查纳税人提供的相关资料后，向纳税人开具减免税证明。

税务机关与扣缴义务人、车船管理部门已实现车船税信息联网的地区，可以不开具纸质减免税证明，但税务机关应通过网络将减免税证明的相关信息及时传递给扣缴义务人和相关车船管理部门。纳税人因到异地办理机动车交强险等原因需要开具纸质证明的，税务机关应予以办理。

2. 需要纳税人到税务机关办理减免税事项的车船范围，纳税人办理减免税事项需要提供的相关资料，哪级税务机关受理、批准减免税申请和开具减免税证明，由各省、自治区、直辖市和计划单列市税务机关根据《车船税法》及其实施条例、相关规定确定。（以上内容见《国家税务总局关于加强〈车船税减免税证明〉管理有关工作的通知》国税发〔2011〕130 号）

六、代收代缴和委托代征

（一）代收代缴

《车船税法》规定，从事机动车第三者责任强制保险业务的保险机构为机动车车船税的扣缴义务人，应当在收取保险费时依法代收车船税，并出具代收税款凭证。纳税人没有按照规定期限缴纳车船税的，扣缴义务人在代收代缴税款时，可以一并代收代缴欠缴税款的滞纳金。扣缴义务人已代收代缴车船税的，纳税人不再向车辆登记地的主管税务机关申报缴纳车船税。有关保险机构代收代缴车船税的规定如下：

1. 除依法不代收代缴车船税的情形外，保险机构在销售交强险时一律按照保险机构所在地的车船税税额标准和所在地税务机关的具体规定代收代缴车船税；投保人无法立即足额缴纳车船税的，保险机构不得将保单、保险标志和保费发票等票据交给投保人，直至投保人缴纳车船税或提供税务机关出具的完税证明或免税证明。

2. 保险机构在计算机动车应纳税额时，对于纳税人无法提供车辆登记证书的乘用车，保险机构可以参照税务机关提供的汽车管理部门发布的车辆生产企业及产品公告确定乘用车的排气量。在车辆生产企业及产品公告中未纳入的老旧车辆，纳税人应提请保险机构所在地的税务机关核定排气量。

3. 保险机构在销售交强险时，要严格按照有关规定代收代缴车船税，并将相关信息据实录入交强险业务系统中。各保险机构不得将代收代缴的机动车车船税计入交强险保费收入，不得向保险中介机构支付代收车船税的手续费。

4. 保险机构在代收代缴机动车车船税时，应向投保人开具注明已收税款信息的交强险保险单和保费发票，作为代收税款凭证。纳税人需要另外开具完税凭证的，保险机构应告知纳税人凭交强险保单到保险机构所在地的税务机关开具。

对纳税人通过保险机构代收代缴方式缴纳车船税后需要另外开具完税凭证的，由保险机构所在地的税务机关办理。在办理完税凭证时，税务机关应根据纳税人所持注明已收税款信息的保险单，开具《税收转账专用完税证》，并在保险单上注明“完税凭证已开具”字样。

自2016年5月1日起，保险公司在收取保费开具增值税发票时，要在开具的增值税发票备注栏中注明代收车船税税款信息，具体信息包括：保险单号、税款所属期（详细至月）、代收车船税、滞纳金、合计等内容。（见《国家税务总局财产行为税司关于营改增后落实好车船税征管中有关发票信息工作的通知》税总财行便函〔2016〕46号）

需要注意的是，《国家税务总局关于保险机构代收车船税开具增值税发票问题的公告》（总局公告2016年第51号）明确了保险机构代收车船税应在开具的增值税发票备注栏中注明相关信息，该发票可作为纳税人缴纳车船税及滞纳金的会计核算原始凭证。

5. 纳税人对保险机构代收代缴税款数额有异议的，可以直接向税务机关申报缴纳，也可以在保险机构代收代缴税款后向税务机关提出申诉，税务机关应在接到纳税人申诉后按照本地区代收代缴管理办法规定的程序和期限受理。

6. 税务机关应按照规定向各保险机构及时足额支付手续费。保险机构代收代缴车船税的手续费，由税款解缴地的地方财政、税务部门按照保险机构代收代缴车船税的实际收入予以审核、支付，具体支付标准暂按5%执行。（以上内容见《国家税务总局、中国保险监督管理委员会关于机动车车船税代收代缴有关事项的公告》总局公告2011年第75号、《财政部、国家税务总局关于明确保险机构代收代缴车船税手续费有关问题的通知》财行〔2007〕659号）

需要注意的是，纳税人在购买“交强险”时，由扣缴义务人代收代缴车船税的，凭注明已收税款信息的“交强险”保险单，车辆登记地的主管税务机关不再征收该纳税年度的车船税。再次征收的，车辆登记地主管税务机关应予退还。（见《国家税务总局关于车船税征管若干问题的公告》总局公告2013年第42号）

（二）委托代征

为方便纳税人缴纳税款，提高船舶车船税的征管质量和效率，降低税收征管成本，凡在交通运输部直属海事管理机构登记管理的应税船舶，其车船税由船籍港所在地的地市级以上税务机关委托当地的交通运输部直属海事管理机构代征。对于在各省、自治区、直辖市地方海事管理机构登记管理的船舶，原则上也应实行委托代征。委托代征确有困难的地区，可先采取协助把关的方式，并创造条件尽快实行委托代征。

1. 税务机关与海事管理机构应签订委托代征协议书，明确代征税种、代征范围、完税凭证领用要求、代征税款的解缴要求、代征手续费比例和支付方式、纳税人拒绝纳税时的处理措施等事项，并向海事管理机构发放委托代征证书。

2. 海事管理机构受税务机关委托，在办理船舶登记手续或受理年度船舶登记信息报告时代征船舶车船税。海事管理机构应根据《车船税法》及其实施条例、相关政策规定代征车船税，不得违反规定多征或少征。

3. 税务机关出具减免税证明和完税凭证的船舶，海事管理机构对免税和完税船舶不代征车船税，对减税船舶根据减免税证明规定的实际年应纳税额代征车船税。对于以前年度未依照《车船税法》及其实施条例的规定缴纳船舶车船税的，海事管理机构应代征欠缴税款，并按规定代加收滞纳金。

4. 海事管理机构在代征税款时，应向纳税人开具税务机关提供的完税凭证。海事管理机构依法履行委托代征税款职责时，纳税人不得拒绝。纳税人拒绝的，海事管理机构应当及时报告税务机关。

5. 海事管理机构应根据委托代征协议约定的方式、期限及时将代征税款解缴入库，并向税务机关提供代征船舶名称、代征金额及税款所属期等情况，不得占压、挪用、截留船舶车船税。

6. 税务机关应按委托代征协议的规定及时、足额向海事管理机构支付代征税款手续费。海事管理机构取得的手续费收入纳入预算管理，专项用于委托代征船舶车船税的管理支出，也可以适当奖励相关工作人员。（以上内容见《国家税务总局、交通运输部关于进一步做好船舶车船税征收管理工作的通知》国税发〔2012〕8号、《国家税务总局、交通运输部关于发布〈船舶车船税委托代征管理办法〉的公告》国家税务总局、交通运输部公告2013年第1号）

七、部门配合

由于车船数量庞大、税源分散，仅靠税务机关自身力量征管难度较大，需要与车船管理部门建立征收管理的协作机制，以提高征管质效，防止税源流失。《车船税法》规定，公安、交通运输、农业、渔业等车船登记管理部门、船舶检验机构和车船税扣缴义务人的行业主管部门应当在提供车船有关信息等方面，协助税务机关加强车船税的征收管理；车辆所有人或者管理人在申请办理车辆相关登记、定期检验手续时，应当向公安机关交通管理部门提交依法纳税或者免税证明，公安机关交通管理部门核查后办理相关手续。《实施条例》进一步规定，公安机关交通管理部门在办理车辆相关登记和定期检验手续时，经核查，对没有提供依法纳税或者免税证明的，不予办理相关手续。

需要注意的是，为了方便纳税人、实现源泉控管，税务机关可以在车船登记管理部门、车船检验机构的办公场所集中办理车船税征收事宜。车船登记管理部门、车船检验机构对税务机关在其办公场所集中办理车船税征收事宜的，应当提供便利。

第四节　会计处理与实务

一、会计处理

企业缴纳的车船税应通过“税金及附加”科目核算。企业按规定计算应缴纳的车船税，借记“税金及附加”科目，贷记“应交税费——应交车船税”科目；缴纳车船税时，借记“应交税费——应交车船税”科目，贷记“银行存款”等科目。

【例 10－1】2017 年 10 月某运输公司购入（当时开具发票）客货两用车 5 辆，整备质量为每辆 3.6 吨、排气量为 4.5 升，载客人数每车 6 人，2018 年 3 月份取得车船管理部门核发的车船登记证书。当地省级政府规定，载货汽车的税额为 48 元/吨，载客汽车 4.0 升以上 4 500 元/辆，自纳税义务发生之日起 15 日内一次性缴清全年车船税款。计算该公司新购客货两用车在 2018 年应缴纳的车船税并进行账务处理。

【解析】客货两用车依照货车的计税单位和年基准税额计征车船税。车船税纳税义务发生时间为取得车船所有权或者管理权的当月，即为购买车船的发票或者其他证明文件所载日期的当月。

48 ×5 ×3.6 =864（元）

（1）计提车船税时：

借：税金及附加　　864

　　贷：应交税费——应交车船税　　864

（2）缴纳车船税时：

借：应交税费——应交车船税　　864

　　贷：银行存款　　864

二、实务解析

【例 10－2】某船舶公司 2018 年拥有净吨位 320.4 吨的船舶 5 艘，3 000 千瓦时的拖船 2 艘，净吨位 1 200.7 吨的船舶 3 艘，12 米长的游艇 2 艘。已知当地车船税计税标准为净吨位 201 吨至 2 000 吨的，每吨 4 元；2 001 吨至 10 000 吨的，每吨 5 元；游艇长度超过 10 米但不超过 18 米的，每米 900 元。计算当年该公司应缴纳的车船税。

【解析】1 千瓦折合 0.67 吨；拖船按照船舶税额的 50% 计算。

（1）机动船：320.4 ×4 ×5 +1 200.7 ×4 ×3 =20 816.4（元）

（2）拖船：3 000 ×0.67 ×5 ×50% ×2 =10 050（元）

（3）游艇：12 ×900 ×2 =21 600（元）

该公司 2018 年应缴纳车船税：20 816.4 +10 050 +21 600 =52 466.4（元）

【例 10－3】2018 年某渔业公司拥有捕捞船 5 艘，每艘净吨位 200 吨；其他渔业船舶 5 艘，每艘净吨位 400 吨；非机动船 2 艘，每艘净吨位 500 吨。2018 年 8 月 10 日购置非机动驳船 2 艘，每艘净吨位 600 吨；购置养殖船 1 艘，净吨位 2 000 吨，上述 3 艘船舶均在购置当时开具了发票，并在 9 月 15 日取得了船舶登记证书。另该公司 5 年前购买的二手小轿车于 2018 年 5 月 25 日报废，该车已缴纳 2018 年车船税。所在省车船税计税标准为船舶净吨位 200 吨以下（含 200 吨）的，每吨 3 元，201 吨以上 2 000 吨以下的，每吨 4 元；小轿车年单位税额 480 元。计算 2018 年该渔业公司实际应缴纳的车船税。

【解析】非机动船舶（驳船除外）不属于车船税征税范围；捕捞、养殖渔船免税；非机动驳船按照机动船舶税额的50%计算；购置的新车船纳税义务发生时间为购买车船的发票所载日期的当月；已完税的车船报废的，可退还自报废月份至该纳税年度终了期间的税款。

（1）其他渔业船舶：5×400×4=8 000（元）

（2）非机动驳船：2×600×4×50%×5÷12=1 000（元）

（3）报废小轿车：480×4÷12=160（元）

该公司2018年应缴纳车船税：8 000+1 000+160=9 160（元）

【例10-4】2018年某交通运输企业拥有整备质量4吨的载货汽车20辆，3.8吨低速载货汽车10辆，2.4吨挂车6辆，小轿车3辆。该企业所在地载货汽车年税额30元/吨，小汽车年税额为560元/辆。计算2018年该企业应缴纳的车船税。

【解析】挂车按货车税额的50%计算，低速载货汽车按货车计算税额。整备质量、净吨位、艇身长度等计税单位，有尾数的一律按照含尾数的计税单位据实计算车船税应纳税额。

（1）载货汽车：30×20×4=2 400（元）

（2）低速载货汽车：30×10×3.8=1 140（元）

（3）挂车：30×2.4×6×50%=216（元）

（4）小轿车：560×3=1 680（元）

该企业2018年应缴纳车船税：2 400+1 140+216+1 680=5 436（元）

【例10-5】王某2018年3月购置全新小轿车一辆，排量2.4升，5月将一辆当年已完税的1.6升小汽车转手，并于当月办理了更名过户手续。2018年8月王某为儿子王小五购置新摩托车一辆（以王某名义进行登记）。已知上述车辆在购买当月均取得了发票并在管理部门核发了登记证书；当地1.6升小轿车单位税额每年480元，2.4升小汽车单位税额每年900元，摩托车单位税额每年36元。计算2018年王某需要缴纳的车船税。

【解析】购置的新车船纳税义务发生时间为购买车船的发票所载日期的当月；已缴纳车船税的车船在同一纳税年度内办理转让过户的，在原登记地不予退税，在新登记地凭完税凭证不再纳税。

（1）转手小轿车：480元

（2）新购置小轿车：900×10÷12=750（元）

（3）新购置摩托车：36×5÷12=15（元）

王某2018年应缴纳车船税：480+750+15=1 245（元）

第十一章　资　源　税

资源税是对在我国领域及管辖海域开采应税矿产品、生产盐的单位和个人征收的一种税。对部分自然资源征收资源税，可以体现国家对资源产品的特定调控目的。

本章内容主要依据国务院1993年12月25日颁布、2011年10月12日修改的《中华人民共和国资源税暂行条例》（国务院令2011年第605号）和财政部、国家税务总局于2011年10月28日发布的《中华人民共和国资源税暂行条例实施细则》（财政部令2011年第66号）编写。

第一节　概　　述

一、税制沿革

我国开征资源税的历史久远，早在周朝就有“山泽之赋”，即对伐木、采矿、狩猎、煮盐、捕鱼等进行课税。战国时期，秦国对盐的生产、运销征收“盐课”。明朝对金、银、铜、铁、铅、银、朱砂等矿产品征收称为“坑冶之课”的矿税。北洋军阀和国民党统治时期，也征收过矿区税、矿产税和矿统税等矿税。

新中国成立后，我国的资源税制度经历了从无到有的发展过程。1950年政务院颁布的《全国税政实施要则》，明确了对盐的生产、运销征收盐税，但对矿产资源的开采如何课税没有规定。我国矿产资源的无偿开采持续了30多年。1982年，我国开始对中外合作开采海洋石油资源的企业征收矿区使用费，可以说是资源税制度的萌芽阶段。1984年，国务院颁布《资源税条例（草案)》，开始在全国范围内对原油、天然气、煤炭三种资源正式征收资源税，后来又扩大到对铁矿石资源征税。1986年我国颁布《中华人民共和国矿产资源法》（简称《矿产资源法》)，规定国家对矿产资源实行有偿开采，开采矿产资源必须按照规定缴纳资源税和资源补偿费。1994年税制改革时，国务院颁布《中华人民共和国资源税暂行条例》，把盐税并到资源税中，列入征税范围的资源扩大为7个，即原油、天然气、煤炭、其他非金属原矿、黑色金属原矿、有色金属原矿和盐。新的资源税按照“普遍征收、级差调节”的原则，依据应税矿产品的销售量定额计征，不再根据应税矿产品销售利润率就超额利润采取超率累进税率办法征税。

按照“十二五”规划纲要提出的全面推进资源税改革的要求，总结改革试点的成功经验，国务院于2011年10月12日发布《国务院关于修改〈中华人民共和国资源税暂行条例〉的决定》（国务院令2011年第605号，简称《资源税暂行条例》），决定修改现行资源税暂行条例。这次对资源税暂行条例的修改，一是增加从价定率的资源税计征办法，对原油、天然气资源税由从量计征改为从价计征，并相应提高原油、天然气的税负水平，税率为5%～10%，暂按5%的税率征收；二是统一内外资企业的油气资源税收制度，取消对中外合作油气田和海上自营油气田征收的矿区使用费，统一改征资源税。另外，考虑到国务院已批准从2007年2月和2011年4月起提高焦煤和稀土矿资源税税率标准，此次条例修改，将焦煤和稀土矿分别在煤炭资源和有色金属矿原矿资源中单列，并将国务院已批准的税率写入《资源税暂行条例》。此后，经国务院批准，自2014年12月1日起在全国范围内实施煤炭资源税清费立税、从价计征改革；为保护我国稀土等战略资源，自2015年5月1日起实施稀土、钨、钼资源税从价计征改革。

按照“全面实施清费立税、从价计征”的改革思路，自2016年7月1日起，对《资源税税目税率幅度表》中列举名称的21种资源品目和未列举名称的其他金属矿实行从价计征，计税依据由原矿销售量调整为原矿、精矿（或原矿加工品）、氯化钠初级产品或金锭的销售额；对经营分散、多为现金交易且难以控管的黏土、砂石，按照便利征管原则，仍实行从量定额计征。对《资源税税目税率幅度表》中未列举名称的其他非金属矿产品，按照从价计征为主、从量计征为辅的原则，由省级人民政府确定计征方式。同时，开展水资源税改革试点工作，并积极创造条件，逐步对森林、草场、滩涂等自然资源开征资源税。

二、税制特点

我国现行资源税有以下几个特点：

（一）只对特定资源征税

资源税以部分自然资源为课税对象。自然资源包括矿产资源、土地资源、水资源、动物资源、植物资源、海洋资源、太阳能资源和空气资源等。我国现行资源税的征税对象既不是全部自然资源，也不是具有商品属性的所有资源，只是对级差收入大、资源分布较为普遍、易于控制、管理的矿产资源和盐的开发、利用征税。

（二）具有受益税性质

在我国，自然资源属于国家所有，资源税实际上是国家凭借政治权力和所有权双重权力对开采者征收的一种税。它一方面体现了税收的强制性、固定性特征，另一方面体现了对国有资源开发利用的有偿性。

（三）税率设计灵活

资源税的税率既有对原油、天然气、煤炭等绝大部分资源实行“从价定率”征收的比例税率，也有对水、黏土、砂石等少量资源实行“从量定额”征收的定额税率。资源税采取从价计征为主、从量计征为辅两种税率形式，且是幅度税率，有利于发挥税收的调节功能，促进资源的合理开发利用和保护。

（四）单环节征收

资源税与增值税不同，属于单一环节征税的税种，只对开采环节征税，加工及销售等其他环节不再征收任何与资源有关的税费。

（五）充分调动地方积极性

资源税在统一税政基础上实施适度分权，赋予地方政府确定部分资源税目税率、税收优惠及提出开征新税目建议等税政管理权，有利于地方政府因地制宜制定相关税收政策，兼顾处理经济发展与组织财政收入的关系，更好地发挥地方政府主观能动性，统筹和保障各方利益。

三、立法宗旨

（一）通过征收资源税，合理调节资源级差收入水平，有利于促进企业之间开展公平竞争

不同的开发主体因资源状况、开发条件不同，开发、利用资源必然形成多寡不同的级差收入。这样，就使得资源开发主体的利润水平难以真实地反映其生产经营成果，不利于各经营主体之间平等竞争。通过开征资源税，合理确定差别税率，把因资源状况和开发条件差异所形成的级差收入用税收形式征收上来，就能有效缓解企业收益分配上的矛盾，促进资源开发企业之间以及利用资源的企业之间在较为平等的基础上展开竞争。

（二）通过征收资源税，可促进国有资源的合理开采、节约使用和有效配置

开征资源税，可以根据资源和开发条件的优劣，确定不同的税率，把资源的开采和利用，同纳税人切身利益结合起来。这样，一方面有利于国家加强对自然资源的保护和管理，防止经营者乱采滥用资源，减少资源的损失浪费及对环境的破坏；另一方面也有利于经营者出于自身经济利益方面的考虑，提高资源的开发利用率，最大限度合理、有效、节约地开发利用国家资源。

（三）通过征收资源税，有利于各税种相互配合发挥税收杠杆作用，并为资源地地方政府增加一定的财政收入

过去，从资源开发到产品生产、商品流通，在税制上未能形成一个完整的体系，资源税与产品税、增值税和企业所得税之间的关联度较低。鉴于此，1994 年税制改革时，国家对资源税与产品税、增值税、企业所得税进行了配套改革，建立了相关税种相辅相成的综合调节机制，使税收的调节作用有效地贯穿于资源开发、产品生产和商品流通各个环节。此外，由于 1994 年资源税税制改革扩大了征收范围，适度提高了税率，也使资源地地方政府财政收入有了一定的增长。

第二节 课税要素

一、纳税人和扣缴义务人

（一）纳税人

资源税的纳税人是指在中国领域及管辖海域开采应税矿产品或者生产盐（简称开采或生产应税产品）的单位和个人。

单位是指企业、行政单位、事业单位、军事单位、社会团体及其他单位；个人是指个体工商户和其他个人。企业包括国有企业、集体企业、私营企业、公司制企业、外商投资企业、外国企业和其他企业。

需要注意的是，从2011年11月1日起，中外合作开采石油、天然气的企业，也是资源税的纳税人。但在《资源税暂行条例》修改、实施前已依法订立的中外合作开采陆上、海上石油资源的合同，在已约定的合同有效期内，继续按照当时国家有关规定缴纳矿区使用费，不缴纳资源税；合同期满后，依法缴纳资源税。

（二）扣缴义务人

为了加强资源税的控管，节约征纳成本，保证税款及时入库，《资源税暂行条例》规定，以收购未税矿产品的单位为资源税的扣缴义务人。把收购未税矿产品的单位规定为资源税的扣缴义务人，主要是适应税源小、零散、不定期开采、容易发生漏税等税务机关认为不易控管、由扣缴义务人在收购时代扣代缴未税矿产品资源税为宜的情况。

收购未税矿产品的单位包括独立矿山、联合企业和其他收购未税矿产品的单位。独立矿山是指只有采矿或只有采矿和选矿，并独立核算，自负盈亏的单位，其生产的原矿和精矿主要用于对外销售。联合企业是指采矿、选矿、冶炼（或加工）连续生产的企业或采矿、冶炼（或加工）连续生产的企业，其采矿单位，一般是该企业的二级或二级以下的核算单位。（见《国家税务总局关于发布修订后的〈资源税若干问题的规定〉的公告》总局公告2011年第63号）

二、征税范围

我国现行资源税征税范围既不是全部的自然资源，也不是具有商品属性的所有自然资源，而仅限于矿产资源、水资源和海盐。同时授权地方政府对森林、草场、滩涂等，凡具备征税条件的可上报国务院批准后征收资源税。

根据《资源税暂行条例》及其实施细则和财政部、国家税务总局的有关规定，资源税共设置了6个税目，个别税目下面又设有若干子目。资源税税目、幅度税率如表11－1所示。

表 11－1　　资源税税目税率表

税　　目	税率幅度
一、原油	5%～10%
二、天然气	5%～10%
三、煤炭	2%～10%
四、金属矿	1%～20%
五、非金属矿	1%～20%
六、海盐	1%～5%

注：税目、税率的部分调整，由国务院决定。

资源税税目的征税范围限定如下：

1. 原油，是指天然原油，不包括人造石油。凝析油视同原油。

2. 天然气，是指专门开采或与原油同时开采的天然气。

3. 煤炭，是指原煤，包括以未税原煤加工的洗选煤。

4. 金属矿，是指原矿或精矿（或原矿加工品）、金锭。包括稀土矿、钨矿、钼矿、铁矿、金矿、铜矿、铝土矿、铅锌矿、镍矿、锡矿和未列举名称的其他金属矿产品。

5. 非金属矿，是指原油、天然气、煤炭以外的非金属矿原矿或精矿、氯化钠初级产品，包括石墨、硅藻土、高岭土、萤石、石灰石、硫铁矿、磷矿、氯化钾、硫酸钾、井矿盐、湖盐、提取地下卤水晒制的盐、煤层（成）气、黏土、砂石、未列举名称的其他非金属矿产品。

6. 海盐，是指氯化钠初级产品。

需要进一步解释的几个应税矿产品的征收范围具体规定如下：

1. 铝土矿包括耐火级矾土、研磨级矾土等高铝黏土。

2. 氯化钠初级产品是指井矿盐、湖盐原盐、提取地下卤水晒制的盐和海盐原盐，包括固体和液体形态的初级产品。

3. 海盐是指海水晒制的盐，不包括提取地下卤水晒制的盐。（以上内容见《财政部、国家税务总局关于全面推进资源税改革的通知》财税〔2016〕53号）

需要注意的是，纳税人开采或者生产应税产品，自用于连续生产应税产品的，不缴纳资源税；自用于其他方面的，视同销售，应缴纳资源税。应当征收资源税的视同销售的自产自用产品，包括用于非生产项目和生产非应税产品两部分。

对未列举名称的其他金属和非金属矿产品，由省级人民政府根据实际情况确定具体税目和适用税率，报财政部、国家税务总局备案。（见《财政部、国家税务总局关于全面推进资源税改革的通知》财税〔2016〕53号）

三、税率

资源税实行差别幅度税率，绝大部分应税资源品从价定率征收，只对经营分散、多为现金交易且难以取得计税价格的黏土、砂石，按照便利征管原则，仍实行从量定额计征。对财税〔2016〕53 号文件所附《资源税税目税率幅度表》中列举名称的 22 种资源品目，由中央统一确定税率幅度。国家规定的资源税幅度税率如表 11－2 所示。

表 11－2　资源税税目税率幅度表

序号	税目		征税对象	税率幅度
1	金属矿	铁矿	精矿	1%～6%
2		金矿	金锭	1%～4%
3		铜矿	精矿	2%～8%
4		铝土矿	原矿	3%～9%
5		铅锌矿	精矿	2%～6%
6		镍矿	精矿	2%～6%
7		锡矿	精矿	2%～6%
8		未列举名称的其他金属矿产品	原矿或精矿	税率不超过 20%
9	非金属矿	石墨	精矿	3%～10%
10		硅藻土	精矿	1%～6%
11		高岭土	原矿	1%～6%
12		萤石	精矿	1%～6%
13		石灰石	原矿	1%～6%
14		硫铁矿	精矿	1%～6%
15		磷矿	原矿	3%～8%
16		氯化钾	精矿	3%～8%
17		硫酸钾	精矿	6%～12%
18		井矿盐	氯化钠初级产品	1%～6%
19		湖盐	氯化钠初级产品	1%～6%
20		提取地下卤水晒制的盐	氯化钠初级产品	3%～15%
21		煤层（成）气	原矿	1%～2%
22		黏土、砂石	原矿	每吨或立方米 0.1～5 元
23		未列举名称的其他非金属矿产品	原矿或精矿	从量税率每吨或立方米不超过 30 元；从价税率不超过 20%
24	海盐		氯化钠初级产品	1%～5%

对《资源税税目税率表》中列举名称的 22 个资源品目，由省级人民政府，在规定

的税率幅度内提出具体适用税率建议，报财政部、国家税务总局批准；对未列举名称的其他金属和非金属矿产品，由省级人民政府根据实际情况确定具体税目和适用税率，报财政部、国家税务总局备案。省级人民政府在提出和确定具体适用税率时，要充分考虑本地区资源禀赋、企业承受能力和清理收费基金等因素，遵循改革前后税费平移原则。（见《财政部、国家税务总局关于全面推进资源税改革的通知》财税〔2016〕53号）

此次资源税改革前国家已统一实施从价计征的原油、天然气、煤炭、稀土、钨、钼等6个资源品目的税率如表11－3所示。

表11－3　　原油、天然气、煤炭、稀土、钨、钼等资源品目税率表

序号	税目	征税对象	税率幅度
一、原油		原矿	6%
二、天然气		原矿	6%
三、煤炭		原矿	2%～10%
四、金属矿	轻稀土	原矿或精矿	内蒙古11.5%、四川9.5%、山东7.5%
	中重稀土	原矿或精矿	27%
	钨	原矿或精矿	6.5%
	钼	原矿或精矿	11%

注：根据财税〔2014〕73号文件规定，原油、天然气适用税率由5%提高至6%。

需要注意的是，纳税人开采或者生产不同税目应税产品的，应当分别核算不同税目应税产品的销售额或者销售数量；未分别核算或者不能准确提供不同税目应税产品的销售额或者销售数量的，从高适用税率。

四、计税依据

资源税根据我国目前采矿企业销售应税产品形态的多数情况确定征税对象，规定了不同应税产品按精矿、原矿、原矿加工品或金锭为征税对象。资源税计税依据是应税产品销售额和销售数量，包括应税产品实际销售和视同销售两部分。视同销售包括以下情形：

1. 纳税人以自采原矿直接加工为非应税产品的，视同原矿销售；

2. 纳税人以自采原矿洗选（加工）后的精矿连续生产非应税产品的，视同精矿销售；

3. 以应税产品投资、分配、抵债、赠与、以物易物等，视同应税产品销售。

需要注意的是，原矿和精矿的销售额或者销售量应当分别核算，未分别核算的，从高确定计税销售额或者销售数量。（见《国家税务总局关于发布〈资源税征收管理规程〉的公告》总局公告2018

年第13号）

（一）以销售额为计税依据

1. 一般情况下销售额的确定。

销售额为纳税人销售应税产品向购买方收取的全部价款和价外费用，但不包括收取的增值税销项税额。

价外费用，包括价外向购买方收取的手续费、补贴、基金、集资费、返还利润、奖励费、违约金、滞纳金、延期付款利息、赔偿金、代收款项、代垫款项、包装费、包装物租金、储备费、优质费、运输装卸费以及其他各种性质的价外收费。但下列项目不包括在内：

（1）同时符合以下条件的代垫运输费用：

①承运部门的运输费用发票开具给购买方的；

②纳税人将该项发票转交给购买方的。

（2）同时符合以下条件代为收取的政府性基金或者行政事业性收费：

①由国务院或者财政部批准设立的政府性基金，由国务院或者省级人民政府及其财政、价格主管部门批准设立的行政事业性收费；

②收取时开具省级以上财政部门印制的财政票据；

③所收款项全额上缴财政。

2. 特殊情况下销售额的确定。

（1）纳税人开采应税产品由其关联单位对外销售的，以其关联单位的销售额为计税依据；

（2）纳税人将其开采的应税产品直接出口的，按其离岸价格（不含增值税）计算销售额；

（3）纳税人既有对外销售应税产品，又有将应税产品自用于除连续生产应税产品以外的其他方面的，则自用的这部分应税产品，按纳税人对外销售应税产品的平均价格计算销售额。

离岸价格，又称"船上交货价格"，英文缩写为FOB，是指卖方在合同规定的装运港把货物装上买方指定的船上，并负责货物装上船为止的一切费用和风险，而从装运港至目的地的运输费和保险费等由买方承担，不计入结算价格之中的销货价格。（以上内容见《国家税务总局关于发布修订后的〈资源税若干问题的规定〉的公告》总局公告2011年第63号）

需要注意的是，纳税人与其关联企业之间的业务往来，应当按照独立企业之间的业务往来收取或者支付价款、费用。不按照独立企业之间的业务往来收取或者支付价款、费用，而减少其计税销售额的，税务机关可以按照《征管法》及其实施细则的有关规定进行合理调整。（见《国家税务总局关于发布〈资源税征收管理规程〉的公告》总局公告2018年第13号）

3. 核定销售额。

纳税人有视同销售应税产品行为而无销售价格的，或者申报的应税产品销售价格明显偏低且无正当理由的，税务机关应按下列顺序确定其应税产品计税价格：

（1）按纳税人最近时期同类产品的平均销售价格确定。

（2）按其他纳税人最近时期同类产品的平均销售价格确定。

（3）按应税产品组成计税价格确定。

组成计税价格 = 成本 ×（1 + 成本利润率）÷（1 – 资源税税率）

（4）按后续加工非应税产品销售价格，减去后续加工环节的成本利润后确定。

（5）按其他合理方法确定。

公式中的成本是指应税产品的实际生产成本；公式中的成本利润率由省、自治区、直辖市税务机关确定。

需要注意的是，油气企业视同销售的原油中的稀油与稠油、高凝油等产品的定价不同又划分不清或不易划分的，一律按原油的数量课税。（见《国家税务总局关于发布修订后的〈资源税若干问题的规定〉的公告》总局公告 2011 年第 63 号）

（二）以销售数量为计税依据

资源税中绝大部分应税产品的计税依据是产品销售额，只有黏土、砂石等少量应税产品的计税依据是产品销售数量。

销售数量是指从量计征的应税产品销售数量。销售数量包括纳税人开采或者生产应税产品的实际销售数量和视同销售的自用数量。纳税人不能准确提供应税产品销售数量的，以应税产品的产量或者主管税务机关确定的折算比换算成的数量为计征资源税的销售数量。

纳税人自产自用金属和非金属矿产品原矿，因无法准确掌握纳税人移送使用原矿数量的，可将其精矿按选矿比折算成的原矿数量作为销售数量。即耗用的原矿数量 = 精矿数量 ÷ 选矿比。（以上内容见《国家税务总局关于发布修订后的〈资源税若干问题的规定〉的公告》总局公告 2011 年第 63 号）

（三）换算比和折算率

1. 精矿和原矿计税价格的换算或折算。

对同一应税产品，征税对象为精矿的，纳税人销售原矿时，应将原矿销售额换算为精矿销售额缴纳资源税；征税对象为原矿的，纳税人销售自采原矿加工为精矿，应将精矿销售额折算为原矿销售额缴纳资源税。

具体来说，对以销售精矿为主的大部分黑色金属矿、有色金属矿和非金属矿，将其计税依据确定为精矿的销售额；对少部分销售原矿的，采用成本法或市场法将原矿销售额换算为精矿销售额，以利于两者之间的税负均衡。对以销售原矿为主的铝土矿、磷矿、高岭土、石灰石等少数有色金属矿和非金属矿，将其计税依据确定为原矿的销售额；对少部分以自采原矿加工成精矿销售的，采用成本法或市场法将精矿销售额折算为原矿销售额。

金矿以标准金锭为征税对象，纳税人销售金原矿、金精矿的，应比照上述规定采用成本法或市场法将其销售额换算为金锭销售额缴纳资源税。

需要注意的是，征税对象规定为精矿的，本省如果没有销售原矿的情况，则不必确定换算比；其征税对象规定为原矿的，本省如果没有销售精矿的情形，则不必确定折算率。

2. 换算比和折算率。

换算比或折算率原则上应通过原矿售价、精矿售价和选矿比计算，也可通过原矿销售额、加工环节平均成本和利润计算。对同一矿种，原矿品位相差不大的，原则上只应设定一个换算比或折算率。换算比或折算率一旦确定，要保持相对稳定，不宜频繁调整。

五、应纳税额

资源税的应纳税额，按照从价定率或者从量定额的办法，分别以应税产品的销售额乘以纳税人具体适用的比例税率或者以应税产品的销售数量乘以纳税人具体适用的定额税率计算。

1. 从价定率计征的，应纳税额计算公式如下：

应纳税额 = 销售额 × 适用的比例税率

2. 从量定额计征的，应纳税额计算公式如下：

应纳税额 = 销售数量 × 适用的定额税率

3. 代扣代缴资源税的，应纳税额计算公式如下：

代扣代缴应纳税额 = 收购未税矿产品的数量（金额）× 适用的税额（率）

需要注意的是，纳税人以人民币以外的货币结算销售额的，应当折合成人民币计算。其销售额的人民币折合率可以选择销售额发生的当天或者当月 1 日的人民币汇率中间价。纳税人应事先确定采用何种折合率计算方法，确定后 1 年内不得变更。

六、税收优惠

资源税贯彻普遍征收、级差调节的原则，因此规定的减免税项目比较少。

（一）法定减免税规定

1. 开采原油过程中用于加热、修井的原油，免税。

2. 纳税人开采或者生产应税产品过程中，因意外事故或者自然灾害遭受重大损失的，由省级人民政府酌情决定减税或者免税。

3. 国务院规定的其他减税、免税项目。

（二）国务院财税主管部门的减免税规定

1. 对符合条件的采用充填开采方式采出的矿产资源，资源税减征 50%；对符合条件的衰竭期矿山开采的矿产资源，资源税减征 30%。具体认定条件由财政部、国家税务总局规定。

2. 对鼓励利用的低品位矿、废石、尾矿、废渣、废水、废气等提取的矿产品，由省级人民政府根据实际情况确定是否减税或免税，并制定具体办法。

3. 对地面抽采煤层气暂不征收资源税。（见《财政部、国家税务总局关于加快煤层气抽采有关税收政策问题的通知》财税〔2007〕第 16 号）

4. 自 2018 年 4 月 1 日至 2021 年 3 月 31 日，对页岩气资源税（按 6% 的规定税率）减征 30%。（见《财政部、税务总局关于对页岩气减征资源税的通知》财税〔2018〕26 号）

需要注意的是，国家已改进资源税优惠备案方式，2018 年 10 月底前将资源税优惠资料由报送税务机关改为纳税人自行判别填报相应申报表及附表，并将相关资料留存备

查。（见《国家税务总局关于发布〈资源税征收管理规程〉的公告》总局公告2018年第13号）

5. 自2019年1月1日至2021年12月31日，由省、自治区、直辖市人民政府根据本地区实际情况，以及宏观调控需要确定，对增值税小规模纳税人可以在50%的税额幅度内减征资源税、城市维护建设税、房产税、城镇土地使用税、印花税（不含证券交易印花税）、耕地占用税和教育费附加、地方教育附加。（见《财政部、税务总局关于实施小微企业普惠性税收减免政策的通知》财税〔2019〕13号）

（三）原油、天然气资源税减免税规定

自2011年11月1日起，在全国实施原油、天然气资源税改革。经国务院批准，对开采下列原油、天然气免征或减征资源税：

1. 对油田范围内运输稠油过程中用于加热的原油、天然气免征资源税。
2. 对稠油、高凝油和高含硫天然气资源税减征40%。
3. 对三次采油资源税减征30%。
4. 对低丰度油气田资源税暂减征20%。
5. 对深水油气田资源税减征30%。

符合上述减免税规定的原油、天然气划分不清的，一律不予减免资源税；同时符合上述两项及两项以上减税规定的，只能选择其中一项执行，不能叠加适用。

为便于征管，对开采稠油、高凝油、高含硫天然气、低丰度油气资源及三次采油的陆上油气田企业，根据以前年度符合上述减税规定的原油、天然气销售额占其原油、天然气总销售额的比例，确定资源税综合减征率和实际征收率，计算资源税应纳税额。其计算公式如下：

$$综合减征率 = \sum(减税项目销售额 \times 减征幅度 \times 6\%) \div 总销售额$$

$$实际征收率 = 6\% - 综合减征率$$

$$应纳税额 = 总销售额 \times 实际征收率$$

中国石油天然气集团公司和中国石油化工集团公司（简称中石油、中石化）陆上油气田企业的综合减征率和实际征收率由财政部和国家税务总局确定，具体综合减征率和实际征收率按财税〔2014〕73号文件所附《陆上油气田企业原油、天然气资源税综合减征率和实际征收率表》执行。附表中未列举的中石油、中石化陆上对外合作油气田及全资和控股陆上油气田企业，比照附表中所列同一区域油气田企业的综合减征率和实际征收率执行；其他陆上油气田企业的综合减征率和实际征收率，暂比照附表中邻近油气田企业的综合减征率和实际征收率执行。陆上油气田企业原油、天然气资源税综合减征率和实际征收率如表11－4所示。

表11－4　陆上油气田企业原油、天然气资源税综合减征率和实际征收率表　　单位：%

序号	油气田企业	所在省区市	综合减征率	实际征收率
1	大庆油田有限责任公司	内蒙古、黑龙江、新疆	0.78	5.22
2	中石油辽河油田分公司	内蒙古、辽宁、海南	1.44	4.56

续表

序号	油气田企业	所在省区市	综合减征率	实际征收率
3	中石油吉林油田分公司	吉林	1.03	4.97
4	中石油大港油田分公司	天津、河北	0.82	5.18
5	中石油华北油田分公司	河北、山西、内蒙古	1.09	4.91
6	中石油冀东油田分公司	河北	0.26	5.74
7	中石油浙江油田分公司	江苏、四川、云南	2.4	3.60
8	南方石油勘探开发有限责任公司	广东、广西、海南	0	6
9	中石油西南油气田分公司	重庆、四川	0.68	5.32
10	中石油长庆油田分公司	山西、内蒙古、陕西、甘肃、宁夏	1.09	4.91
11	中石油玉门油田分公司	甘肃	0.04	5.96
12	中石油青海油田分公司	甘肃、青海	0.40	5.60
13	中石油新疆油田分公司	新疆	0.44	5.56
14	中石油塔里木油田分公司	新疆	0.05	5.95
15	中石油吐哈油田分公司	甘肃、新疆	0.53	5.47
16	中石化胜利油田分公司	山东、新疆	1.44	4.56
17	中石化中原油田分公司	内蒙古、山东、河南	1.2	4.80
18	中石化河南油田分公司	河南	1.57	4.43
19	中石化江汉油田分公司	湖北、重庆	0.61	5.39
20	中石化江苏油田分公司	江苏、安徽	0.34	5.66
21	中石化西北油田分公司	新疆	2.16	3.84
22	中石化西南油气分公司	广西、四川、贵州、云南	1.2	4.80
23	中石化华东分公司	江苏、重庆	0.97	5.03
24	中石化华北分公司	内蒙古、陕西、甘肃、宁夏	1.2	4.80
25	中石化东北油气分公司	吉林、辽宁	0.53	5.47
26	中石化中原油田普光分公司	四川	2.4	3.60
27	中石化河南油田分公司新疆勘探开发中心	新疆	0	6

海上油气田开采符合财税〔2014〕73号文件所列资源税优惠规定的原油、天然气，由主管税务机关据实计算资源税减征额。（以上内容见《财政部、国家税务总局关于调整原油天然气资源税有关政策的通知》财税〔2014〕73号）

纳税人的减税、免税项目，应当单独核算销售额或者销售数量；未单独核算或者不能准确提供销售额或者销售数量的，不予减税或者免税。

需要注意的是，《资源税暂行条例》规定仅对在中国领域及管辖海域内开采或生产应税产品的单位和个人征收资源税，进口的矿产品和盐不征收资源税。由于对进口应税产品不征收资源税，相应对出口应税产品也不予免征或退还已纳的资源税。

第三节 征收管理

一、纳税义务发生时间

1. 纳税人销售应税产品，其纳税义务发生时间为收讫销售款或者取得索取销售款凭据的当天。纳税人的具体纳税义务发生时间因生产经营、货款结算方式不同分以下几种情况：

（1）纳税人采取分期收款结算方式的，其纳税义务发生时间，为销售合同规定的收款日期的当天。

（2）纳税人采取预收货款结算方式的，其纳税义务发生时间，为发出应税产品的当天。

（3）纳税人采取其他结算方式的，其纳税义务发生时间，为收讫销售款或者取得索取销售款凭据的当天。

2. 纳税人自产自用应税产品的纳税义务发生时间，为移送使用应税产品的当天。

3. 扣缴义务人代扣代缴税款的纳税义务发生时间，为支付货款的当天。

二、纳税期限

资源税的纳税期限为1日、3日、5日、10日、15日或者1个月，不能按固定期限计算纳税的，可以按次计算纳税。纳税人的具体纳税期限由主管税务机关根据实际情况核定，一般原则是应纳税数额越大，纳税期限越短，反之越长。

纳税人以1个月为一期纳税的，自期满之日起10日内申报纳税；以1日、3日、5日、10日或者15日为一期纳税的，自期满之日起5日内预缴税款，于次月1日起10日内申报纳税并结清上月税款。

扣缴义务人的解缴税款期限，比照上述规定执行。

纳税人在办理资源税纳税申报时，除财政部、国家税务总局另有规定外，应当将其应税和减免税项目分别计算和报送。

三、纳税环节

资源税在应税产品销售或者自用环节计算缴纳。其他情形纳税环节如下：

1. 纳税人以自采原矿加工精矿产品的，在原矿移送使用时不缴纳资源税，在精矿销售或者自用时缴纳资源税。

2. 纳税人以自采原矿直接加工为非应税产品或者以自采原矿加工的精矿连续生产非应税产品的，在原矿或者精矿移送环节计算缴纳资源税。

3. 以应税产品投资、分配、抵债、赠与、以物易物等，在应税产品所有权转移时计算缴纳资源税。（以上内容见《国家税务总局关于发布〈资源税征收管理规程〉的公告》总局公告2018年第13号）

四、纳税地点

应税资源属于国家财产，因此资源税与其他财产税一样采取属地征收原则。

1. 凡是缴纳资源税的纳税人，都应当向应税产品的开采地或者生产地主管税务机关缴纳税款。

2. 纳税人在本省、自治区、直辖市范围内开采或者生产应税产品，其纳税地点需要调整的，由所在地省、自治区、直辖市和享有省级经济管理权限的城市的税务机关决定。（见《国家税务总局关于明确流转税、资源税法规中"主管税务机关、征收机关"名称问题的通知》国税发〔1994〕232号）

3. 跨省、自治区、直辖市开采或者生产应税产品的纳税人，其下属生产单位与核算单位不在同一省、自治区、直辖市的，对其开采或者生产的应税产品，一律在开采地或者生产地纳税。实行从量计征的应税产品，其应纳税款一律由独立核算的单位按照每个开采地或者生产地的销售量及适用税率计算划拨；实行从价计征的应税产品，其应纳税款一律由独立核算的单位按照每个开采地或者生产地的销售量、单位销售价格及适用税率计算划拨。

4. 扣缴义务人代扣代缴的资源税，应当向收购地主管税务机关缴纳。

五、代扣代缴

资源税代扣代缴的适用范围限定在除原油、天然气、煤炭以外的，税源小、零散、不定期开采等难以在采矿地申报缴纳资源税的矿产品。购买未税矿产品的单位，应当主动向主管税务机关办理扣缴税款登记，依法代扣代缴资源税。对已纳入开采地正常税务管理或者在销售矿产品时开具增值税发票的纳税人，不采用代扣代缴的征管方式。

扣缴义务人代扣代缴资源税具体适用的税额（率）按如下标准执行：

1. 独立矿山、联合企业收购未税资源税应税产品的单位，按照本单位应税产品税额（率）标准，依据收购的数量（金额）代扣代缴资源税。

2. 其他收购单位收购的未税资源税应税产品，按主管税务机关核定的应税产品税额（率）标准，依据收购的数量（金额）代扣代缴资源税。

收购数量（金额）的确定比照课税数量（销售额）的规定执行。（以上内容见《国家税务总局关于印发〈中华人民共和国资源税代扣代缴管理办法〉的通知》国税发〔1998〕49号、《国家税务总局关于发布修订后的〈资源税若干问题的规定〉的公告》总局公告2011年第63号、《国家税务总局关于发布〈资源税征收管理规程〉的公告》总局公告2018年第13号）

第四节 从价计征改革

一、煤炭资源税改革

自2014年12月1日起在全国范围内实施煤炭资源税从价计征改革，同时清理相关收费基金。

（一）计征方法

煤炭资源税实行从价定率计征。煤炭应税产品（简称“应税煤炭”）包括原煤和以未税原煤（自采原煤）加工的洗选煤（简称“洗选煤”）。

纳税人开采并销售应税煤炭按从价定率办法计算缴纳资源税，其应纳税额的计算公式如下：

应纳税额 = 应税煤炭销售额 × 适用税率

（二）应税煤炭销售额

应税煤炭销售额依照《资源税暂行条例》及实施细则第五条和财税〔2014〕72号文件有关规定确定。

1. 纳税人开采原煤直接对外销售的，以原煤销售额作为应税煤炭销售额计算缴纳资源税。

原煤应纳税额 = 原煤销售额 × 适用税率

原煤销售额不含从坑口到车站、码头等的运输费用。

2. 纳税人将其开采的原煤，自用于连续生产洗选煤的，在原煤移送使用环节不缴纳资源税；自用于其他方面的，视同销售原煤，依照《资源税暂行条例实施细则》第七条和财税〔2014〕72号文件有关规定确定销售额，计算缴纳资源税。

3. 纳税人将其开采的原煤加工为洗选煤销售的，以洗选煤销售额乘以折算率作为应税煤炭销售额计算缴纳资源税。

洗选煤应纳税额 = 洗选煤销售额 × 折算率 × 适用税率

洗选煤销售额包括洗选副产品的销售额，不包括洗选煤从洗选煤厂到车站、码头等的运输费用。

折算率可通过洗选煤销售额扣除洗选环节成本、利润计算，也可通过洗选煤市场价格与其所用同类原煤市场价格的差额及综合回收率计算。折算率由省、自治区、直辖市财税部门或其授权地市级财税部门确定。

4. 纳税人将其开采的原煤加工为洗选煤自用的，视同销售洗选煤，依照《资源税暂行条例实施细则》第七条和财税〔2014〕72 号文件有关规定确定销售额，计算缴纳资源税。

需要注意的是，在计算煤炭计税销售额时，原煤及洗选煤销售额中包含的运输费用、建设基金以及随运销产生的装卸、仓储、港杂等费用应与煤价分别核算，凡取得相应凭据的，允许在计算煤炭计税销售额时予以扣减。（见《财政部、国家税务总局关于煤炭资源税费有关政策的补充通知》财税〔2015〕70 号）

（三）适用税率

煤炭资源税税率幅度为 2% ~10%，具体适用税率由省级财税部门在上述幅度内，根据本地区清理收费基金、企业承受能力、煤炭资源条件等因素提出建议，报省级人民政府拟订。结合当前煤炭行业实际情况，现行税费负担较高的地区要适当降低负担水平。省级人民政府需将拟订的适用税率在公布前报财政部、国家税务总局审批。

跨省煤田的适用税率由财政部、国家税务总局确定。

（四）税收优惠

1. 对衰竭期煤矿开采的煤炭，资源税减征 30%。

衰竭期煤矿，是指剩余可采储量下降到原设计可采储量的 20%（含）以下，或者剩余服务年限不超过 5 年的煤矿。

2. 对充填开采置换出来的煤炭，资源税减征 50%。

纳税人开采的煤炭，同时符合上述减税情形的，纳税人只能选择其中一项执行，不能叠加适用。

需要注意的是，上述税收优惠政策按照《国家能源局关于落实煤炭资源税优惠政策若干事项的公告》（国家税务总局、国家能源局公告 2015 年第 21 号）的规定，实行备案管理制度。

（五）征收管理

1. 纳税人同时销售（包括视同销售）应税原煤和洗选煤的，应当分别核算原煤和洗选煤的销售额；未分别核算或者不能准确提供原煤和洗选煤销售额的，一并视同销售原煤按财税〔2014〕72 号文件第二条第（一）款计算缴纳资源税。

2. 纳税人同时以自采未税原煤和外购已税原煤加工洗选煤的，应当分别核算；未分别核算的，按财税〔2014〕72 号文件第二条第（三）款计算缴纳资源税。（以上内容见《财政部、国家税务总局关于实施煤炭资源税改革的通知》财税〔2014〕72 号）

二、稀土、钨、钼资源税改革

自 2015 年 5 月 1 日起实施稀土、钨、钼资源税清费立税、从价计征改革。

（一）计征办法

稀土、钨、钼资源税由从量定额计征改为从价定率计征。稀土、钨、钼应税产品包括原矿和以自采原矿加工的精矿。

纳税人将其开采的原矿加工为精矿销售的，按精矿销售额（不含增值税）和适用税率计算缴纳资源税。纳税人开采并销售原矿的，将原矿销售额（不含增值税）换算为精矿销售额计算缴纳资源税。应纳税额的计算公式为：

应纳税额＝精矿销售额×适用税率

（二）适用税率

轻稀土按地区执行不同的适用税率，其中，内蒙古为11.5%、四川为9.5%、山东为7.5%。

中重稀土资源税适用税率为27%。

钨资源税适用税率为6.5%。

钼资源税适用税率为11%。

（三）精矿销售额

精矿销售额依照《资源税暂行条例实施细则》第五条和财税〔2015〕52号文件的有关规定确定。精矿销售额的计算公式为：

精矿销售额＝精矿销售量×单位价格

精矿销售额不包括从洗选厂到车站、码头或用户指定运达地点的运输费用。

轻稀土精矿是指从轻稀土原矿中经过洗选等初加工生产的矿岩型稀土精矿，包括氟碳铈矿精矿、独居石精矿以及混合型稀土精矿等。提取铁精矿后含稀土氧化物（REO）的矿浆或尾矿，视同稀土原矿。轻稀土精矿按折一定比例稀土氧化物的交易量和交易价计算确定销售额。

中重稀土精矿包括离子型稀土矿和磷钇矿精矿。离子型稀土矿是指通过离子交换原理提取的各种形态离子型稀土矿（包括稀土料液、碳酸稀土、草酸稀土等）和再通过灼烧、氧化的混合稀土氧化物。离子型稀土矿按折92%稀土氧化物的交易量和交易价计算确定销售额。

钨精矿是指由钨原矿经重选、浮选、电选、磁选等工艺生产出的三氧化钨含量达到一定比例的精矿。钨精矿按折65%三氧化钨的交易量和交易价计算确定销售额。

钼精矿是指钼原矿经过浮选等工艺生产出的钼含量达到一定比例的精矿。钼精矿按折45%钼金属的交易量和交易价计算确定销售额。

纳税人申报的精矿销售价格明显偏低且无正当理由的、有视同销售精矿行为而无销售额的，依照《资源税暂行条例实施细则》第七条和财税〔2015〕52号文件的有关规定确定计税价格及销售额。

（四）原矿销售额与精矿销售额的换算

纳税人销售（或者视同销售）其自采原矿的，可采用成本法或市场法将原矿销售额换算为精矿销售额计算缴纳资源税。其中成本法公式为：

精矿销售额＝原矿销售额＋原矿加工为精矿的成本×(1＋成本利润率)

市场法公式为：

精矿销售额＝原矿销售额×换算比

换算比＝同类精矿单位价格÷(原矿单位价格×选矿比)

选矿比＝加工精矿耗用的原矿数量÷精矿数量

原矿销售额不包括从矿区到车站、码头或用户指定运达地点的运输费用。

（五）共生矿、伴生矿的纳税

与稀土共生、伴生的铁矿石，在计征铁矿石资源税时，准予扣减其中共生、伴生的稀土矿石数量。

与稀土、钨和钼共生、伴生的应税产品，或者稀土、钨和钼为共生、伴生矿的，在改革前未单独计征资源税的，改革后暂不计征资源税。

（六）纳税环节

纳税人将其开采的原矿加工为精矿销售的，在销售环节计算缴纳资源税。

纳税人将其开采的原矿，自用于连续生产精矿的，在原矿移送使用环节不缴纳资源税，加工为精矿后按规定计算缴纳资源税。

纳税人将自采原矿加工为精矿自用或者进行投资、分配、抵债以及以物易物等情形的，视同销售精矿，依照有关规定计算缴纳资源税。

纳税人将其开采的原矿对外销售的，在销售环节缴纳资源税；纳税人将其开采的原矿连续生产非精矿产品的，视同销售原矿，依照有关规定计算缴纳资源税。

（七）纳税地点

稀土、钨、钼按精矿销售额计征资源税后，其纳税地点仍按照《资源税暂行条例》的规定执行。

（八）其他征管事项

1. 纳税人同时以自采未税原矿和外购已税原矿加工精矿的，应当分别核算；未分别核算的，一律视同以未税原矿加工精矿，计算缴纳资源税。

2. 纳税人与其关联企业之间的业务往来，应当按照独立企业之间的业务往来收取或支付价款、费用；不按照独立企业之间的业务往来收取或支付价款、费用，而减少其应纳税收入的，税务机关有权按照《征管法》及其实施细则的有关规定进行合理调整。

3. 纳税人 2015 年 5 月 1 日前开采的原矿或加工的精矿，在 2015 年 5 月 1 日后销售和自用的，按财税〔2015〕52 号文件规定缴纳资源税；2015 年 5 月 1 日前签订的销售原矿或精矿的合同，在 2015 年 5 月 1 日后收讫销售款或者取得索取销售款凭据的，按财税〔2015〕52 号文件规定缴纳资源税。

4. 2015 年 5 月 1 日后销售的精矿，其所用原矿如果此前已按从量定额办法缴纳了资源税，这部分已缴税款可在其应纳税额中抵减。（以上内容见《财政部、国家税务总局关于实施稀土、钨、钼资源税从价计征改革的通知》财税〔2015〕52 号）

三、全面实施从价计征改革

自 2016 年 7 月 1 日起全面推进资源税改革。这次资源税改革不包括水资源税以及此前已经进行从价计征改革的石油、天然气、煤炭、稀土、钨、钼等应税资源。

（一）计税依据的确定

资源税的计税依据为应税产品的销售额或销售量，各税目的征税对象包括原矿、精矿（或原矿加工品）、金锭、氯化钠初级产品，具体按照财税〔2016〕53 号文件所附《资源税税目税率幅度表》相关规定执行。对未列举名称的其他矿产品，省级人民政府可对本地区主要矿产品按矿种设定税目，对其余矿产品按类别设定税目，并按其销售的主要形态（如原矿、精矿）确定征税对象。

1. 关于销售额的认定。

销售额是指纳税人销售应税产品向购买方收取的全部价款和价外费用，不包括增值税销项税额和运杂费用。

运杂费用是指应税产品从坑口或洗选（加工）地到车站、码头或购买方指定地点的运输费用、建设基金以及随运销产生的装卸、仓储、港杂费用。对同时符合以下条件的运杂费用，纳税人在计算应税产品计税销售额时，可予以扣减：

（1）包含在应税产品销售收入中；

（2）属于纳税人销售应税产品环节发生的运杂费用，具体是指运送应税产品从坑口或者洗选（加工）地到车站、码头或者购买方指定地点的运杂费用；

（3）取得相关运杂费用发票或者其他合法有效凭据；

（4）将运杂费用与计税销售额分别进行核算。

纳税人扣减的运杂费用明显偏高导致应税产品价格偏低且无正当理由的，主管税务机关可以合理调整计税价格。纳税人用于扣减运杂费用及外购已税产品购进金额的凭据，应按照规定妥善保存。（以上内容见《国家税务总局关于发布〈资源税征收管理规程〉的公告》总局公告2018年第13号）

2. 销售额的扣减。

（1）纳税人以自采未税产品和外购已税产品混合销售或者混合加工为应税产品销售的，在计算应税产品计税销售额时，准予扣减已单独核算的已税产品购进金额；未单独核算的，一并计算缴纳资源税。已税产品购进金额当期不足扣减的可结转下期扣减。

（2）外购原矿或者精矿形态的已税产品与本产品征税对象不同的，在计算应税产品计税销售额时，应对混合销售额或者外购已税产品的购进金额进行换算或者折算。

纳税人核算并扣减当期外购已税产品购进金额，应依据外购已税产品的增值税发票、海关进口增值税专用缴款书或者其他合法有效凭据。（以上内容见《国家税务总局关于发布〈资源税征收管理规程〉的公告》总局公告2018年第13号）

3. 关于原矿销售额与精矿销售额的换算或折算。

为公平原矿与精矿之间的税负，对同一种应税产品，征税对象为精矿的，纳税人销售原矿时，应将原矿销售额换算为精矿销售额缴纳资源税；征税对象为原矿的，纳税人销售自采原矿加工的精矿，应将精矿销售额折算为原矿销售额缴纳资源税。换算比或折算率原则上应通过原矿售价、精矿售价和选矿比计算，也可通过原矿销售额、加工环节平均成本和利润计算。

金矿以标准金锭为征税对象，纳税人销售金原矿、金精矿的，应比照上述规定将其销售额换算为金锭销售额缴纳资源税。

换算比或折算率应按简便可行、公平合理的原则，由省级财税部门确定，并报财政部、国家税务总局备案。

（二）适用税率的确定

各省级人民政府应当按财税〔2016〕53号文件要求提出或确定本地区资源税适用

税率。测算具体适用税率时，要充分考虑本地区资源禀赋、企业承受能力和清理收费基金等因素，按照改革前后税费平移原则，以近几年企业缴纳资源税、矿产资源补偿费金额（铁矿石开采企业缴纳资源税金额按40%税额标准测算）和矿产品市场价格水平为依据确定。一个矿种原则上设定一档税率，少数资源条件差异较大的矿种可按不同资源条件、不同地区设定两档税率。

（三）优惠政策及管理

1. 对依法在建筑物下、铁路下、水体下（简称“三下”）通过充填开采方式采出的矿产资源，资源税减征50%。“三下”的具体范围由省税务机关商同级国土资源主管部门确定。

充填开采是指随着回采工作面的推进，向采空区或离层带等空间充填废石、尾矿、废渣、建筑废料以及专用充填合格材料等采出矿产品的开采方法。减征资源税的充填开采，应当同时满足以下三个条件：

一是采用先进适用的胶结或膏体等充填方式；

二是对采空区实行全覆盖充填；

三是对地下含水层和地表生态进行必要的保护。

2. 对实际开采年限在15年以上的衰竭期矿山开采的矿产资源，资源税减征30%。

衰竭期矿山是指剩余可采储量下降到原设计可采储量的20%（含）以下或剩余服务年限不超过5年的矿山。原设计可采储量不明确的，衰竭期以剩余服务年限为准。衰竭期矿山以开采企业下属的单个矿山为单位确定。

3. 对鼓励利用的低品位矿、废石、尾矿、废渣、废水、废气等提取的矿产品，由省级人民政府根据实际情况确定是否给予减税或免税。

纳税人应当单独核算不同减税项目的销售额或销售量，未单独核算的，不享受减税优惠。（以上内容见《国家税务总局、国土资源部关于落实资源税改革优惠政策若干事项的公告》总局公告2017年第2号）

（四）共伴生矿产的征免税的处理

为促进共伴生矿的综合利用，纳税人开采销售共伴生矿，共伴生矿与主矿产品销售额分开核算的，对共伴生矿暂不计征资源税；没有分开核算的，共伴生矿按主矿产品的税目和适用税率计征资源税。

需要注意的是，不适用上述共伴生矿政策的情形主要有：

1. 铅锌矿。铅锌矿虽然属于共生矿，但此次将其作为一个税目即铅锌矿税目列出，铅、锌均视为主矿，不适用共伴生矿的政策。

2. 与铁共伴生的稀土矿。财税〔2015〕52号文件规定，与稀土共生、伴生的铁矿石，在计征铁矿石资源税时，准予扣减其中共生、伴生的稀土矿石数量。根据上述规定，对与铁共伴生的稀土矿计征资源税。

（五）纳税环节和纳税地点

1. 纳税环节。

资源税在应税产品的销售或自用环节计算缴纳。以自采原矿加工精矿产品的，在原矿移送使用时不缴纳资源税，在精矿销售或自用时缴纳资源税。

纳税人以自采原矿加工金锭的，在金锭销售或自用时缴纳资源税。纳税人销售自采原矿或者自采原矿加工的金精矿、粗金，在原矿或者金精矿、粗金销售时缴纳资源税，在移送使用时不缴纳资源税。

以应税产品投资、分配、抵债、赠与、以物易物等，视同销售，依照财税〔2016〕54 号文件有关规定计算缴纳资源税。

2. 纳税地点。

纳税人应当向矿产品的开采地或盐的生产地缴纳资源税。纳税人在本省、自治区、直辖市范围开采或者生产应税产品，其纳税地点需要调整的，由省级税务机关决定。

（六）其他事项

1. 纳税人用已纳资源税的应税产品进一步加工应税产品销售的，不再缴纳资源税。

2. 纳税人在 2016 年 7 月 1 日前开采原矿或以自采原矿加工精矿，在 2016 年 7 月 1 日后销售的，按财税〔2016〕54 号文件规定缴纳资源税；2016 年 7 月 1 日前签订的销售应税产品的合同，在 2016 年 7 月 1 日后收讫销售款或者取得索取销售款凭据的，按财税〔2016〕54 号文件规定缴纳资源税；在 2016 年 7 月 1 日后销售的精矿（或金锭），其所用原矿（或金精矿）如已按从量定额的计征方式缴纳了资源税，并与应税精矿（或金锭）分别核算的，不再缴纳资源税。

3. 对在 2016 年 7 月 1 日前已按原矿销量缴纳过资源税的尾矿、废渣、废水、废石、废气等实行再利用，从中提取的矿产品，不再缴纳资源税。（以上内容见《财政部、国家税务总局关于资源税改革具体政策问题的通知》财税〔2016〕54 号）

四、水资源税改革

自 2017 年 12 月 1 日起，在北京、天津、山西、内蒙古、山东、河南、四川、陕西、宁夏等 9 个省（自治区、直辖市）扩大水资源税改革试点。

（一）征税范围

直接取用地表水、地下水的单位和个人，应当依法缴纳水资源税。下列情形，不缴纳水资源税：

1. 农村集体经济组织及其成员从本集体经济组织的水塘、水库中取用水的；
2. 家庭生活和零星散养、圈养畜禽饮用等少量取用水的；
3. 水利工程管理单位为配置或者调度水资源取水的；
4. 为保障矿井等地下工程施工安全和生产安全必须进行临时应急取用（排）水的；
5. 为消除对公共安全或者公共利益的危害临时应急取水的；
6. 为农业抗旱和维护生态与环境必须临时应急取水的。

（二）纳税人

直接取用地表水、地下水的单位和个人，为水资源税纳税人，应当依法缴纳水资源税。

（三）征税对象

水资源税的征税对象为地表水和地下水。地表水是陆地表面上动态水和静态水的总称，包括江、河、湖泊（含水库）等水资源。地下水是埋藏在地表以下各种形式的水资源。

（四）计税依据

除中央直属和跨省（自治区、直辖市）水力发电取用水外，由试点省份省级人民政府统筹考虑本地区水资源状况、经济社会发展水平和水资源节约保护要求，在《试点省份水资源税最低平均税额表》规定的最低平均税额基础上，分类确定具体适用税额。除特种行业和农业生产取用水外，对其他取用地下水的纳税人，原则上应当统一税额。试点省份可根据实际情况分步实施到位。试点省份水资源税最低平均税额如表 11－5 所示。

表 11－5　　试点省份水资源税最低平均税额表　　单位：元/立方米

省区市	地表水最低平均税额	地下水最低平均税额
北京	1.6	4
天津	0.8	4
山西	0.5	2
内蒙古	0.5	2
山东	0.4	1.5
河南	0.4	1.5
四川	0.1	0.2
陕西	0.3	0.7
宁夏	0.3	0.7

其他特殊用水情形税额确定原则：

1. 试点省份的中央直属和跨省（自治区、直辖市）水力发电取用水税额为每千瓦时 0.005 元。跨省（自治区、直辖市）界河水电站水力发电取用水水资源税税额，与涉及的非试点省份水资源费征收标准不一致的，按较高一方标准执行。

2. 严格控制地下水过量开采。

（1）对取用地下水从高确定税额，同一类型取用水，地下水税额要高于地表水，水资源紧缺地区地下水税额要大幅高于地表水。

（2）超采地区的地下水税额要高于非超采地区，严重超采地区的地下水税额要大幅高于非超采地区。在超采地区和严重超采地区取用地下水的具体适用税额，由试点省份省级人民政府按照非超采地区税额的 2～5 倍确定。

（3）在城镇公共供水管网覆盖地区取用地下水的，其税额要高于城镇公共供水管网未覆盖地区，原则上要高于当地同类用途的城镇公共供水价格。

3. 对特种行业取用水，从高确定税额。特种行业取用水，是指洗车、洗浴、高尔夫球场、滑雪场等取用水。

4. 对超计划（定额）取用水，从高确定税额。纳税人超过水行政主管部门规定的计划（定额）取用水量，在原税额基础上加征 1～3 倍，具体办法由试点省份省级人民政府确定。

5. 对超过规定限额的农业生产取用水，以及主要供农村人口生活用水的集中式饮水工程取用水，从低确定税额。

农业生产取用水，是指种植业、畜牧业、水产养殖业、林业等取用水。

供农村人口生活用水的集中式饮水工程，是指供水规模在 1 000 立方米/天或者供水对象 1 万人以上，并由企事业单位运营的农村人口生活用水供水工程。

6. 对回收利用的疏干排水和地源热泵取用水，从低确定税额。

（五）应纳税额

1. 一般情形应纳税额。

水资源税实行从量计征，应纳税额的计算公式为：

应纳税额＝实际取用水量×适用税额

城镇公共供水企业实际取用水量应当考虑合理损耗因素。

疏干排水的实际取用水量按照排水量确定。疏干排水是指在采矿和工程建设过程中破坏地下水层、发生地下涌水的活动。

2. 特殊情形应纳税额。

水力发电和火力发电贯流式（不含循环式）冷却取用水应纳税额的计算公式为：

应纳税额＝实际发电量×适用税额

火力发电贯流式冷却取用水，是指火力发电企业从江河、湖泊（含水库）等水源取水，并对机组冷却后将水直接排入水源的取用水方式。火力发电循环式冷却取用水，是指火力发电企业从江河、湖泊（含水库）、地下等水源取水并引入自建冷却水塔，对机组冷却后返回冷却水塔循环利用的取用水方式。

需要注意的是，上述适用税额，是指取水口所在地的适用税额。

（六）税收优惠

下列情形，予以免征或者减征水资源税：

1. 规定限额内的农业生产取用水，免征水资源税；

2. 取用污水处理再生水，免征水资源税；

3. 除接入城镇公共供水管网以外，军队、武警部队通过其他方式取用水的，免征水资源税；

4. 抽水蓄能发电取用水，免征水资源税；

5. 采油排水经分离净化后在封闭管道回注的，免征水资源税；

6. 财政部、税务总局规定的其他免征或者减征水资源税情形。

（七）征收管理

1. 水资源税的纳税义务发生时间为纳税人取用水资源的当日。

2. 除农业生产取用水外，水资源税按季或者按月征收，由主管税务机关根据实际情况确定。对超过规定限额的农业生产取用水水资源税可按年征收。不能按固定期限计算纳税的，可以按次申报纳税。

纳税人应当自纳税期满或者纳税义务发生之日起15日内申报纳税。

3. 除规定的情形外，纳税人应当向生产经营所在地的税务机关申报缴纳水资源税。

在试点省份内取用水，其纳税地点需要调整的，由省级财政、税务部门决定。

跨省（自治区、直辖市）调度的水资源，由调入区域所在地的税务机关征收水资源税。

跨省（自治区、直辖市）水力发电取用水的水资源税在相关省份之间的分配比例，比照《财政部关于跨省区水电项目税收分配的指导意见》（财预〔2008〕84号）明确的增值税、企业所得税等税收分配办法确定。试点省份主管税务机关应当按照前款规定比例分配的水力发电量和税额，分别向跨省（自治区、直辖市）水电站征收水资源税。跨省（自治区、直辖市）水力发电取用水涉及非试点省份水资源费征收和分配的，比照试点省份水资源税管理办法执行。

4. 建立税务机关与水行政主管部门协作征税机制。

水行政主管部门应当将取用水单位和个人的取水许可、实际取用水量、超计划（定额）取用水量、违法取水处罚等水资源管理相关信息，定期送交税务机关。

纳税人根据水行政主管部门核定的实际取用水量向税务机关申报纳税。税务机关应当按照核定的实际取用水量征收水资源税，并将纳税人的申报纳税等信息定期送交水行政主管部门。

税务机关定期将纳税人申报信息与水行政主管部门送交的信息进行分析比对。征管过程中发现问题的，由税务机关与水行政主管部门联合进行核查。

5. 纳税人应当安装取用水计量设施。纳税人未按规定安装取用水计量设施或者计量设施不能准确计量取用水量的，按照最大取水（排水）能力或者省级财政、税务、水行政主管部门确定的其他方法核定取用水量。

需要注意的是，试点省份开征水资源税后，应当将水资源费征收标准降为零。水资源税改革试点期间，可按税费平移原则对城镇公共供水征收水资源税，不增加居民生活用水和城镇公共供水企业负担。水资源税改革试点期间，水资源税收入全部归属试点省份。（以上内容见《财政部、税务总局、水利部关于印发〈扩大水资源税改革试点实施办法〉的通知》财税〔2017〕80号）

原对城镇公共供水用水户在基本水价（自来水价格）外征收水资源费的试点省份，在水资源费改税试点期间，按照不增加城镇公共供水企业负担的原则，城镇公共供水企业缴纳的水资源税所对应的水费收入，不计征增值税，按“不征税自来水”项目开具增值税普通发票。（见《国家税务总局关于水资源费改税后城镇公共供水企业增值税发票开具问题的公告》总局公告2017年第47号）

第五节　会计处理与实务

一、会计处理

企业按规定应缴纳的资源税，在“应交税费”科目下设置“应交资源税”明细科目核算。“应交资源税”明细科目贷方发生额，反映企业应缴纳的资源税，借方发生额，反映企业实际缴纳或允许抵扣的资源税；期末贷方余额表示应缴而未缴的资源税，期末借方余额表示多缴或尚未抵扣的资源税。资源税相关账务处理如下：

1. 企业销售应税产品的，计算销售应税产品应缴纳的资源税，借记“税金及附加”科目，贷记“应交税费——应交资源税”科目。

2. 企业自产自用应税产品的，计算自产自用应税产品应缴纳的资源税，借记“生产成本”“制造费用”“管理费用”等科目，贷记“应交税费——应交资源税”科目。

3. 企业收购未税矿产品的，按含资源税（不含增值税）的收购价计算的收购款，借记“材料采购”等科目，同时借记“应交税费——应交增值税（进项税额）”科目；按代扣代缴的资源税，贷记“应交税费——应交资源税”科目，按应支付的增值税进项税额和扣除资源税的收购款，贷记“银行存款”等科目。

企业缴纳资源税时，借记“应交税费——应交资源税”科目，贷记“银行存款”科目。企业未按规定期限缴纳资源税，向税务机关缴纳滞纳金时，借记“营业外支出”科目，贷记“银行存款”科目。

【例 11 -1】某煤矿企业（增值税一般纳税人），2019 年 8 月向某电厂销售优质原煤 3 000 吨，开具增值税专用发票注明不含税价款 36 万元，支付从坑口到车站的运输费用 2 万元（取得专用发票）；向某煤场销售选煤，开具增值税普通发票列明销售金额 9. 04 万元。该煤矿资源税税率为 5%，选煤折算率为 70%。

【解析】纳税人开采原煤直接对外销售的，以原煤销售额作为应税煤炭销售额计算缴纳资源税。原煤销售额不含从坑口到车站、码头等的运输费用。纳税人将其开采的原煤加工为洗选煤销售的，以洗选煤销售额乘以折算率作为应税煤炭销售额计算缴纳资源税。

（1）8 月，企业向某电厂销售原煤，计提应缴纳的资源税：

360 000 × 5% = 18 000（元）

借：税金及附加　　18 000

　　贷：应交税费——应交资源税　　18 000

（2）8 月，企业向某煤厂销售选煤，计提应缴纳的资源税：

90 400 ÷ (1 + 13%) × 70% × 5% = 2 800（元）

借：税金及附加　　2 800

　　贷：应交税费——应交资源税　　2 800

（3）月底实际缴纳资源税时：

借：应交税费——应交资源税　　20 800

　　贷：银行存款　　20 800

二、实务解析

【例 11 -2】某钨矿企业为增值税一般纳税人，2019 年 7 月向一家大型冶炼企业销售钨矿石。其中销售自采原矿 1 000 吨，每吨售价 900 元（不含增值税）；销售自采钨矿石连续加工的钨精矿800吨，每吨不含税售价1 650元。另外向购买方收取从厂区到火车站的运输费用9 900元（已取得合法票据）。合同约定7～9月分三期于每月底收款，每次收取总价款的1/3。由于购买方财务问题，7月末只收到本月应收货款的80%。已知该企业钨矿选矿比为1.67，按照市场法计算换算比；钨矿资源税适用税率为6.5%。根据已知条件，回答下列问题：

（1）计算该企业钨矿换算比。

（2）计算该企业钨原矿资源税的计税销售额。

（3）计算该企业钨精矿资源税的计税销售额。

（4）计算该企业7月资源税的应纳税额。

【解析】纳税人采取分期收款结算方式的，其纳税义务发生时间，为销售合同规定的收款日期的当天。销售额不包括从洗选厂到车站、码头或用户指定运达地点的运输费用。纳税人将其开采的原矿，自用于连续生产精矿的，在原矿移送使用环节不缴纳资源税，加工为精矿后按规定计算缴纳资源税。

（1）换算比：$1\ 650 \div (900 \times 1.67) = 1.0978$

（2）钨原矿资源税的计税销售额：$900 \times 1\ 000 \times 1.0978 = 988\ 020$（元）

（3）钨精矿资源税的计税销售额：$1\ 650 \times 800 = 1\ 320\ 000$（元）

（4）7月资源税的应纳税额：$(988\ 020 + 1\ 320\ 000) \div 3 \times 1 \times 6.5\% = 50\ 007.1$（元）

【例11－3】某稀土矿开采企业为增值税一般纳税人，2019年6月发生下列业务：

（1）开采稀土原矿并共生铁矿石，开采总量1 000吨，其中稀土原矿550吨，本月对外销售稀土原矿200吨，每吨不含税价格0.5万元。

（2）将开采的部分稀土原矿连续加工为精矿本月对外销售稀土精矿100吨，每吨不含税价格1.5万元，向购买方一并收取从矿区到指定运达地的运费1万元。

（3）本月将开采的铁矿石全部销售，每吨不含税价格0.04万元，由于购货方延期付款，收到延期付款利息2万元。

（4）以部分稀土原矿作价67.80万元（含税）抵偿所欠供应商货款。

已知：按照市场法计算资源税，稀土矿原矿与精矿换算比为2，铁矿石原矿与精矿的换算比为1.5；稀土矿资源税税率为11.5%，铁矿石资源税税率为3%。

（1）计算业务（1）应缴纳资源税。

（2）计算业务（2）应缴纳资源税。

（3）计算业务（3）应缴纳资源税。

（4）计算业务（4）应缴纳资源税。

【解析】自2016年7月1日起，铁矿石由从量计征改为从价计征。与稀土共生、伴生的铁矿石，在计征铁矿石资源税时，准予扣减其中共生、伴生的稀土矿石数量。销售额为纳税人销售应税产品向购买方收取的全部价款和价外费用，但不包括收取的增值税销项税额。延期付款利息属于价外费用。

（1）业务（1）应缴纳资源税：$200 \times 0.5 \times 2 \times 11.5\% = 23$（万元）

（2）业务（2）应缴纳资源税：100×1.5×11.5%＝17.25（万元）

（3）业务（3）应缴纳资源税：［（1 000－550）×0.04＋2］×1.50×3%＝0.9（万元）

（4）业务（4）应缴纳资源税：67.8÷（1＋13%）×2×11.5%＝13.8（万元）

【例11－4】某联合企业为增值税一般纳税人，2019年11月生产经营情况如下：

（1）专门开采天然气45 000千立方米，开采原煤450万吨。

（2）销售原煤280万吨，取得不含税销售额148 400万元。

（3）以原煤直接加工洗煤120万吨，全部对外销售，取得不含税销售额72 000万元。

（4）企业职工食堂领用原煤2 500吨，同类产品不含增值税市场售价为132.5万元。

（5）销售天然气37 000千立方米，取得不含税销售额7 400万元。

（6）购入采煤用原材料和低值易耗品，取得增值税专用发票，注明支付货款6 400元、增值税税额832万元，原材料和低值易耗品均已验收入库。

（7）购进采煤机械设备10台，取得增值税专用发票，注明每台设备支付货款30万元、增值税3.9万元，已全部投入使用。

已知：资源税税率原煤为5%、天然气为6%；洗选煤的折算率为70%。根据上述已知条件，回答下列问题：

（1）计算该企业自产自用原煤应纳资源税。

（2）计算该企业销售天然气应纳资源税。

（3）计算该企业销售原煤应纳资源税。

（4）计算该企业当月应纳资源税合计金额。

（5）计算该企业当月应纳增值税。

【解析】纳税人将开采的原煤用于职工食堂要视同销售缴纳资源税。纳税人将其开采的原煤加工为洗选煤销售的，以洗选煤销售额乘以折算率作为应税煤炭销售额计算缴纳资源税。

（1）该企业自产自用原煤应纳资源税：72 000×70%×5%＋132.5×5%＝2 526.63（万元）

（2）该企业销售天然气应纳资源税：7 400×6%＝444（万元）

（3）该企业销售原煤应纳资源税：148 400×5%＝7 420（万元）

（4）该企业当月应纳资源税合计：2 526.63＋444＋7 420＝10 390.63（万元）

（5）该企业当月应缴纳的增值税：

销项税额：（148 400＋72 000＋132.5）×13%＋7 400×9%＝29 335.23（万元）

进项税额：832＋3.9×10＝871（万元）

应纳增值税：29 335.23－871＝28 464.23（万元）

【例11－5】某矿山开采企业为增值税一般纳税人，2019年9月发生下列业务：

（1）开采钼原矿1 000吨，本月对外销售钼原矿600吨，每吨不含税价格0.5万元。

（2）将开采的部分钼原矿连续加工为精矿，本月对外销售钼精矿180吨，每吨不含税价格1.2万元，向购买方一并收取从矿区到指定运达地运杂费1.6万元（与销售额分别核算并取得专用发票）。

（3）开采铜矿石原矿800吨，本月销售铜矿石原矿400吨，取得不含税销售收入600万元；将开采的部分铜矿石原矿连续加工铜矿石精品矿，本月销售铜矿石精矿取得不含税销售收入1 300万元。

（4）以部分钼矿原矿抵偿欠乙独立矿山的债务，相同数量同类产品的平均价75.40万元（含税）。

已知：按照市场法计算资源税，钼矿原矿与精矿换算比为3.2，钼矿资源税税率为11%；铜矿精矿换算比为2，铜矿石资源税税率为5%。钼矿、铜矿的征税对象为精矿。

根据上述资料，回答下列问题：

（1）计算业务（1）销售钼原矿应缴纳的资源税。

（2）计算业务（2）销售钼精矿应缴纳的资源税。

（3）计算业务（3）销售铜原矿和铜精矿应缴纳的资源税。

（4）计算业务（4）用钼原矿抵偿债务应缴纳资源税。

（5）计算该企业当月应缴纳的资源税合计金额。

【解析】征税对象为精矿的，纳税人开采并销售原矿的，将原矿销售额换算为精矿销售额计算缴纳资源税；纳税人将其开采的原矿加工为精矿销售的，按精矿销售额为计税依据计算缴纳资源。收取的与销售额分别核算的运杂费不缴纳资源税。以钼矿原矿抵偿债务，属于视同销售，应缴纳资源税。

（1）业务（1）应缴纳的资源税：600×0.5×3.2×11%=105.60（万元）

（2）业务（2）应缴纳资源税：180×1.2×11%=23.76（万元）

（3）业务（3）应缴纳资源税：（600×2+1 300）×5%=125（万元）

（4）业务（4）应缴纳资源税：75.40÷（1+13%）×3.2×11%=23.49（万元）

（5）该企业当月应缴纳资源税合计：105.60+23.76+125+23.49=277.85（万元）

第五编 行为税

一、行为税的概念

行为税是以社会成员的特定行为作为课税对象征收的一类税。社会成员的行为有很多，政府不可能对其所有的行为都征税，一般只选择特定的行为征税，因此也把这一类税收称为特定行为税。在税收分类方法上，通常将那些不属于流转税、所得税、财产税的其他税种，都归属于行为税。

行为税是一类古老的税收，且历朝历代都开征了一些行为税。据史载，我国在战国时期，楚国就已对牲畜交易行为征税。三国两晋南北朝时期，对交易行为征收的“估税”，唐代的“除陌钱”，宋代商税中的“住税”“印契税”，清朝的“落地税”等都属于行为税。北洋政府时期，于1912年公布了《印花税法》，并首先在北京开征，以后陆续在各省推行。南京国民政府工商税制中属于行为税的有印花税、屠宰税、筵席税及娱乐税等。新中国成立后，1950年1月政务院颁布的《全国税政实施要则》所规定的14个税种中，属于行为税的有印花税、交易税、屠宰税、特种消费行为税和车船使用牌照税等五个税种。1973年简并税制后，保留的行为税有牲畜交易税、屠宰税二种。改革开放初期，为了贯彻执行党和国家在这一时期的重要方针政策，对某些特定行为体现国家的奖励或者限制政策，于1982年和1983年，相继开征了烧油特别税和建筑税（后改为固定资产投资方向调节税），并在1984年全面改革工商税制的基础上，陆续开征或恢复征收了奖金税、工资调节税、车船使用税、印花税、筵席税、耕地占用税等行为税。1994年，为了适应社会主义市场经济的发展，我国对工商税制作了结构性的重大改革，合并或取消了一些税种。目前，在我国属于行为税类的税种主要有车辆购置税、耕地占用税、印花税和契税等。

二、行为税的特征

以社会成员的特定行为作为课税对象是行为税的基本特征。各种行为税虽然名称五花八门，征收方法也多种多样，但是他们都是对社会成员的某种特定行为征税。如耕地占用税是对社会成员占用耕地进行非农业建设行为征税，印花税是对社会成员书立或领受经济凭证的行为征税，车辆购置税是对社会成员购买车辆的行为征税，因此，才把这些税归为行为税。具体说，行为税具有以下特征：

（一）课税的特殊性

任何一个国家对某种行为进行课税，其用意往往不在于取得多少财政收入，更主要目的是配合一定阶段的社会经济政策的贯彻与执行。以耕地占用税为例，其课征目的在于促进土地资源的合理开发与利用，加强土地管理和保护耕地。另外，行为税区别于其他税类之处，还在于它并不局限于对经济行为课征，有时也对其他非经济行为课税。行为税在课征时不管纳税人是否取得收入或取得多少收入，只要应税行为发生就要课税。

（二）收入的不稳定性

相对于流转税和所得税等具有长期稳定税源的税类而言，行为税这类税收具有收入不稳定且调节目的明显的特点。征收行为税的目的并非仅仅为了增加财政收入，更主要是为了通过课税对某种行为加以限制或加强监督管理。所以，当这种目的达到后，相应的税种就有可能停征，甚至取消。如征收烧油特别税就是国家运用税收的特殊调节作用，促使企业以烧煤代替烧油，尽快改变我国能源利用结构不合理现象和节约能源。这个税种于1982年7月开征，到1994年就不再单独征收，而是并入起特殊调节作用的消费税中。当然，在行为税中，也有少数税种的税源相对比较稳定，如印花税。

（三）课征的灵活性

就全国范围而言，行为税一般税源分散，收入零星，名目繁多且税费交错并存，而且征收管理也比较复杂，具有因时制宜和因地制宜的特点，因此，行为税只是作为辅助性的地方税种而存在。根据因时、因地制宜这一特点，对于行为税采取需要时就开征或需要的地区就开征，不需要的时候或不需要的地区就停征或不征，因而灵活性很强。地方政府在国家统一规定的征收幅度或限额内，对某些行为税的课税范围、计税依据、税率和征收管理方法等，可以根据当地实际情况做出相应的具体规定。

三、行为税的分类

现代税收理论认为，行为税的设置应当力求简化、方便纳税人。根据需要和可能，可征可不征的，应当尽可能不征，或用其他手段来代替；可多征可少征的，应当少征，避免行为税过滥过重而出现“苛捐杂税”。关于行为税的分类，不同学者观点也不同，一般可以做以下划分：

（一）按照课税目的可以将其分为调节行为税和监管行为税

调节行为税是为调节与控制某些经济行为而征收的行为税。它主要对社会经济运行过程中可能会严重影响整体经济利益实现的行为进行课税，以增加这些经济行为的成本，降低其收益水平，从而达到约束该行为规模的目的。如固定资产投资方向调节税（目前已废止）。监管行为税以对某些社会行为实施监督管理为目的而征收的行为税。它主要针对某些容易产生问题的行为，以通过税款征收来监督这些行为。如印花税。

（二）按照课税行为的属性可以将其分为财政行为税和约束行为税

财政行为税是以取得财政收入作为基本目的而设置的行为税。它主要针对社会普遍存在的某些行为课税，并且通常规定较高的税率，以获取较多的财政收入。这种行为税随着社会经济的发展在不断减少。约束行为税是以约束某些不利于公共利益的行为作为基本目的而设置的行为税。它主要针对某些博彩和娱乐性质的行为进行征税，并且通常规定比较高的税率以约束这些社会行为。

四、行为税开征的意义

开征行为税不但可以为国家增加一部分财政收入，而且对于加强社会主义经济管理和进一步完善我国现行税制起着重要作用。

（一）补充作用

行为税一般不是国家的主体税种，但仍然是各国税收体系中的重要组成部分。作为国家主体税种的必要补充，行为税具有“拾遗补缺”的作用。因此，行为税是完善和优化总体税制结构，促进税制改革，发挥税收总体作用所必不可少的配套税种。

（二）财政作用

作为一个辅助性税类，就国家财政而言，行为税的财政作用并不突出，给中央财政提供的收入有限。但是对于地方政府来说，某些行为税可能成为其重要的财政收入来源。行为税在建立中央和地方分级财政管理体制以及保证中央和地方都有稳定、充裕的财政收入来源等方面的作用不容忽视。

（三）限制作用

行为税只是对某些特定行为进行限制的一种经济手段。行为税本身所具有的性质和特点，决定了它的课征目的主要是对某些特殊行为的发生起必要的限制作用。人们在经济活动和社会活动中所发生的各种行为，既有进步的应该鼓励和大力提倡的行为，也有消极的应该限制和大力反对的行为，甚至还有违法的应该给予法律制裁的行为。对于这些行为的发生，可以视其不同性质采用经济手段、行政手段和法律手段分别给予鼓励、限制和打击。行为税的“寓禁于征”政策具有明显限制消极行为发生的作用。

第十二章　印花税

印花税是对经济活动和经济交往中书立、领受的应税经济凭证征收的一种税。印花税创始于1624年的荷兰，当时征收此税的方法是纳税人持政府规定的应税凭证到政府盖印（滚花）缴税，故名印花税。

本章内容主要依据国务院1988年8月6日颁布的《中华人民共和国印花税暂行条例》（国务院令1988年第11号）、财政部1988年9月29日发布的《中华人民共和国印花税暂行条例施行细则》（财税字〔1988〕255号）编写。

第一节　概　述

一、税制沿革

印花税是中国仿行西洋税制的第一个税种。清光绪十五年（1889年），清政府拟开征印花税并拟定“印花税则”15条，但未能正式实施。中华民国成立后，北洋政府于1912年10月公布《印花税法》，并于次年正式实施。后来，革命根据地和解放区也开征了印花税。

新中国成立后，中央人民政府政务院于1950年1月通令公布《全国税政实施要则》，统一了全国税政，确立印花税为全国统一开征的14个税种之一。1950年4月财政部颁布《印花税暂行条例草案》，1951年1月财政部公布《印花税暂行条例施行细则》，开始在全国范围内统一征收印花税。1958年9月全国税制改革时印花税并入工商统一税，印花税独立税种地位被取消。党的十一届三中全会后，为了适应客观经济形势，财政部提出了《关于改革工商税制的设想》，其中明确指出要“恢复征收印花税”。1988年8月6日，国务院颁布《中华人民共和国印花税暂行条例》（简称《印花税暂行条例》），规定自当年10月1日起施行。从此，停征了30年的印花税重新在全国范围内征收。

二、税制特点

印花税与其他税种比较具有以下特点：

（一）双重性质

一方面，印花税是对经济凭证征税，这些凭证记载着权利的取得、让与或转移，且这些权利大多与财产有关，因此，印花税实质上也是对财产权利的转移、变更征税，具有财产税性质；另一方面，任何一种经济凭证反映的都是某种特定经济行为，因此，对经济凭证征税，实质上也是对经济行为课税，具有行为税性质。

（二）税基广泛

印花税的征税对象包括经济活动和经济交往中各种经济合同、权利许可证照、营业账簿和产权转移书据，凡书立和领受这些经济凭证的单位和个人都要缴纳印花税。现实经济生活中，各种经济凭证种类繁多，书立、领受经济凭证行为十分普遍，因此印花税征税范围极其广泛，已成为地方政府筹集财政资金的重要税种之一。

（三）自行完税

印花税的缴纳不同于其他税种，而是采取自助缴税办法。即纳税人根据应税凭证所载金额或件数，自行计算应纳税额，自行购买、粘贴印花税票，并在印花税票与凭证的骑缝处自行注销或画销。这种缴纳方法与其他税种有较大区别。

（四）税负较轻

印花税与其他税种相比较，虽然税基较宽，但税率明显低得多，一般只有合同所载金额的千分之几、万分之几；按定额征税的，每份凭证不过 5 元。对印花税纳税人来说，税收负担比较轻，因而容易接受，缴纳积极；对征收机关来说，既好管理，征收成本也低。

三、立法宗旨

印花税被资本主义经济学家称为税负轻微、税源畅旺、手续简便、成本低廉的“良税”。

（一）广泛筹集财政收入

为国家经济建设筹集更多资金是税收的基本职能之一。印花税税负虽轻，但税源广泛，可以积少成多，集腋成裘，为国家建设积累财政资金。同时，还有利于完善地方税体系和分税制财政体制。

（二）提高公民依法纳税意识

印花税实行由纳税人自行贴花注销完税的征收办法，而且税率很低、税负较轻。同时印花税采取轻税重罚的措施，这在一定程度上培养了纳税人自觉纳税习惯，有利于提高纳税人依法纳税意识。

（三）促进我国经济法制化建设

在各种应税凭证上粘贴印花税票，是完备应税凭证法律手续的重要方面。而且，根据《印花税暂行条例》规定，发放或办理各种应税凭证的单位负有监督纳税的义务。这样，通过开征印花税，有利于配合各种经济法规贯彻实施，逐步提高经济合同兑现率，促进经济交往中交易各方依法办事，推进我国经济法制建设。

（四）加强对其他税种的监督管理

凭证在一定程度上反映了单位或个人的经济活动。通过对各种应税凭证的贴花和检查，税务机关可以了解、掌握纳税人经济活动的许多情况，以及凭证所反映的涉税信息，从而有利于监控税源，加强对其他税种的监督管理。

（五）维护我国涉外经济权益

印花税是国际通行的税种。随着我国对外经济交往日益频繁，开征印花税有利于在对外经济交往中贯彻税收对等互利原则，维护国家经济权益，促进对外经济关系的发展。

第二节　课税要素

一、征税范围

我国的印花税并非对经济活动中发生的所有经济凭证都征税，而是将其中界限清楚，税源易于掌握，又便于征收管理的凭证列入征税范围。印花税采用正列举法，列举了13个征税项目，规定了印花税征税对象的具体范围。印花税税目可归纳为五类凭证，即经济合同，产权转移书据，营业账簿，权利、许可证照和经财政部确定征税的其他凭证。

（一）经济合同

按照《合同法》的解释，合同是平等主体的自然人、法人、其他组织之间设立、变更、终止民事权利义务关系的协议。以经济业务活动作为内容的合同，通常称为经济合同。我国只对依法订立、采用书面形式的经济合同征收印花税。《印花税暂行条例》及其施行细则列举了10类经济合同。

1. 购销合同。包括供应、预购、采购、购销结合及协作、调剂、补偿、易货等合同。

（1）各出版单位与发行单位之间订立的图书、报刊、音像制品的征订凭证（包括订购单、订数单等），按购销合同征收印花税。但各类发行单位之间，以及发行单位与订阅单位或个人之间书立的征订凭证，暂免征印花税；出版合同不属于印花税列举征税的凭证，不贴印花。（见《国家税务局关于图书、报刊等征订凭证征免印花税问题的通知》国税地字〔1989〕142号、《国家税务局关于印花税若干具体问题的解释和规定的通知》国税发〔1991〕155号）

（2）供需双方当事人在供需业务活动中由单方签署开具的只标有数量、规格、交货日期、结算方式等内容的订单、要货单，虽然形式不够规范，条款不够完备，手续不够健全，但双方当事人不再签订购销合同而以订单、要货单等作为当事人之间建立供需关系、明确供需双方责任的业务凭证，所以这类名称不一的订单、要货单等属于合同性质的凭证，应按规定贴花。（见《国家税务局关于各种要货单据征收印花税问题的批复》国税函发〔1990〕994号、《国家税务总局关于外商投资企业的订单要货单据征收印花税问题的批复》国税函〔1997〕505号）

（3）对发电厂与电网之间、电网与电网之间（国家电网公司系统、南方电网公司系统内部各级电网互供电量除外）签订的购售电合同按购销合同征收印花税。电网与用户之间签订的供用电合同不属于印花税列举征税的凭证，不征收印花税。（见《财政部、国家税务总局关于印花税若干政策的通知》财税〔2006〕162号）

（4）对于安利公司的经销商购进安利公司产品再向顾客销售的销售形式，因安利公司与经销商之间形成了购销关系，由安利公司与经销商按照签订的购销合同或者具有合同性质的凭证，在安利公司各专卖店铺及经销商所在地计算缴纳印花税。安利公司的生产基地（广州总部）向其各地专卖店铺调拨产品的供货环节，经销商、销售代表为安利公司提供代理销售服务，以及各专卖店铺直接向顾客进行销售等业务，因没有发生印花税应税行为，不予征收印花税。（见《国家税务总局关于安利（中国）日用品有限公司征收印花税有关问题的通知》国税函〔2006〕749号）

2. 加工承揽合同。包括加工、定做、修缮、修理、广告、印刷、测绘、测试等合同。

对商店、门市部的零星加工修理业务开具的修理单，不贴印花。（见《国家税务局关于印花税若干具体问题的规定》国税地字〔1988〕25号）

3. 建设工程勘察设计合同。包括勘察、设计合同的总包合同、分包合同和转包合同。

4. 建筑安装工程承包合同。包括建筑、安装工程承包合同的总包合同、分包合同和转包合同。

需要注意的是，按《合同法》规定，工程勘察、设计和施工（建筑安装）合同，统称为建设工程合同，发包人可以与总承包人订立建设工程合同，也可以分别与勘察人、设计人、施工人订立勘察、设计、施工承包合同。经发包人同意，总承包人或勘察、设计、施工承包人可以将部分工程分包给具有相应资质条件的分包人，但承包人将其承包的工程转包给第三人属于违法行为。《合同法》第二百七十二条规定：“承包人不得将其承包的全部建设工程转包给第三人或者将其承包的全部建设工程肢解以后以分包的名义分别转包给第三人。”

5. 财产租赁合同。包括租赁房屋、船舶、飞机、机动车辆、机械、器具、设备等合同。

企业、个人出租店面、柜台等所签订的合同属于财产租赁合同，企业与主管部门签订的租赁承包经营合同不属于财产租赁合同。（见《国家税务局关于印花税若干具体问题的规定》国税地字〔1988〕25号）

6. 货物运输合同。包括民用航空、铁路运输、海上运输、内河运输、公路运输和联运合同。

（1）对铁路、公路、航运、水路承运快件行李、包裹开具的托运单据，暂免贴印花。（见《国家税务局关于印花税若干具体问题的规定》国税地字〔1988〕25号）

（2）鉴于各类货运业务使用的单据，不够规范统一，目前以运费结算凭证作为各类货运的应税凭证。运费结算凭证一般包括货票（发站发送货物时使用）和运费杂费收据（到站收取货物运费时使用）等票据。（见《国家税务局关于货运凭证征收印花税的几个具体问题的通知》国税发〔1990〕173号、《国家税务总局铁道部关于铁路货运凭证印花税若干问题的通知》国税发〔2006〕101号）

7. 仓储保管合同。包括仓储合同、保管合同。作为合同使用的仓单、栈单（或称入库单），按合同贴花。

8. 借款合同。包括银行及其他金融机构和借款人所签订的借款合同，但不包括借款人与金融机构以外的其他贷款人所书立的借款合同。

（1）银行同业拆借合同不属于列举征税的凭证，不贴印花。银行同业拆借，是指按国家信贷制度规定，银行、非银行金融机构之间相互融通短期资金的行为。

（2）财政等部门的拨款改贷款签订的借款合同，凡直接与使用单位签订的，暂不贴花；凡委托金融单位贷款，金融单位与使用单位签订的借款合同应按规定贴花。

（3）对办理借款展期业务使用借款展期合同或其他凭证，按信贷制度规定，仅载明延期还款事项的，可暂不贴花。（以上内容见《国家税务局关于印花税若干具体问题的解释和规定的通知》国税发〔1991〕155号）

（4）中国人民银行各级机构向专业银行发放的各种期限的贷款不属于银行同业拆借，所签订的合同或者借据应缴纳印花税。但对上述贷款中的日拆性贷款（专指20天内的贷款）暂免征收印花税。（见《国家税务局关于中国人民银行向专业银行发放贷款所签合同征免印花税问题的批复》国税函发〔1993〕705号）

（5）银行及其他金融机构因经营的融资租赁业务签订的融资租赁合同属于借款合同。（见《国家税务局关于对借款合同贴花问题的具体规定》国税地字〔1988〕30号）

（6）在融资性售后回租业务中，对承租人、出租人因出售租赁资产及购回租赁资产所签订的合同，不征收印花税。（见《财政部、国家税务总局关于融资租赁合同有关印花税政策的通知》财税〔2015〕144号）

9. 财产保险合同。包括财产、责任、保证、信用等保险合同。

家庭财产两全保险属于家庭财产保险性质，其合同应照章贴花。（见《国家税务局关于家庭财产两全保险合同征收印花税问题的批复》国税地〔1989〕77号）

10. 技术合同。包括技术开发、转让、咨询、服务等合同。

技术转让包括专利权转让、专利申请权转让、专利实施许可和非专利技术转让。其中专利申请权和非专利技术转让合同，适用“技术合同”税目，专利权转让、专利实施许可所书立的合同、书据适用“产权转移书据”税目。技术咨询合同是当事人就有关项目的分析、论证、评价、预测和调查订立的合同。但一般的法律、会计、审计、税收等方面的咨询不属于技术咨询，其所立合同不征收印花税。技术服务合同包括技术服务合同、技术培训合同和技术中介合同。（见《国家税务局关于对技术合同征收印花税问题的通知》国税地字〔1989〕34号）

需要注意的是，征收印花税的经济合同是《中华人民共和国经济合同法》《中华人民共和国涉外经济合同法》和《中华人民共和国技术合同法》等合同法规所规范的合同。上述三部法律已被1999年10月1日起施行的《中华人民共和国合同法》所取代。现行《中华人民共和国合同法》分则对原有的三部合同法规定的购销、供用电、借款、租赁、承揽、建设工程、运输、仓储保管、技术等合同，都予以保留，并进一步作了补充规定。同时，根据经济贸易和审判实践中出现的新情况，《中华人民共和国合同法》增加规定了融资租赁、赠与、委托、行纪、居间等合同。此外，《中华人民共和国海商法》《中华人民共和国保险法》《中华人民共和国担保法》《中华人民共和国著作权法》等有些法律，对海上运输、保险、保证、著作权许可使用等合同的特殊性问题作了规定。以上列举的合同并非全是《印花税暂行条例》规定的印花税应税合同，所以实际工作中，应注意区分应税合同与非税合同。

此外，在确定应税经济合同征税范围时，还要注意以下规定：

1. 具有合同性质的凭证应视同合同征税。所谓具有合同性质的凭证，是指具有合同效力的协议、契约、合约、单据、确认书及其他各种名称的凭证。这些凭证虽然未采用规范的合同格式，也不一定具有合同法规要求的完备条款和规范的行为约定，但是对当事人各方仍具有特定的民事法律约束力。因此，对于具有与上述10类合同大致相同的内容、形式和作用的凭证亦应征收印花税。（见《国家税务局关于印花税若干问题的解释和规定的通知》国税发〔1991〕155号）

2. 未按期兑现的合同应征收印花税。印花税具有行为税性质。纳税人签订了应税合同，就发生了应税行为，必须依法纳税，履行完税手续。即不论应税合同是否兑现或能否按期兑现，都应当缴纳印花税。（见《国家税务局关于印花税若干具体问题的规定》国税地字〔1988〕25号）

3. 避免重复确定应税凭证。办理一项业务（如货物运输、仓储保管、财产保险、银行借款等），如果既书立合同，又开立单据，只就合同征收印花税；凡不书立合同，只开立单据，以单据作为合同使用的，则对单据按规定征收印花税。（见《国家税务局关于印花税若干具体问题的规定》国税地字〔1988〕25号）

4. 内部使用的具有合同性质的凭证应征收印花税。对于企业集团内具有平等法律地位的主体之间自愿订立、明确双方购销关系、据以供货和结算、具有合同性质的凭证（调拨单或其他名称的单、卡、书、表等），应按规定征收印花税。对于企业集团内部执行计划使用的不具有合同性质的凭证，不征收印花税。（见《国家税务总局关于企业集团内部使用的有关凭证征收印花税问题的通知》国税函〔2009〕9号、《国家税务总局关于外商投资企业的订单要货单据征收印花税问题的批复》国税函〔1997〕505号、《国家税务局关于印花税若干问题的解释和规定的通知》国税发〔1991〕155号）

5. 以电子形式签订的各类应税凭证应按规定贴花。"电子形式"是指电报、电传、传真、电子数据交换和电子邮件等形式，《合同法》称为数据电文。以数据电文形式签订的合同也属于书面形式的合同。（见《财政部、国家税务总局关于印花税若干政策的通知》财税〔2006〕162号）

6. 结算单据可作为应税凭证贴花。对于作为合同使用的仓单、栈单（或称入库单等）等凭证使用不规范，不便计税的，可就其结算单据作为计税贴花的凭证。（见《国家税务局关于印花税若干问题的解释和规定的通知》国税发〔1991〕155号）

7. 委托代理合同不属于印花税应税合同。在代理业务中，代理单位与委托单位之间签订的委托代理合同，凡仅明确代理事项、权限和责任的，不属于应税凭证，不贴印花。（见《国家税务局关于印花税若干具体问题的解释和规定的通知》国税发〔1991〕155号）

（二）产权转移书据

产权转移即财产权利关系的变更行为，表现为产权主体发生变更。产权转移书据是在产权的买卖、继承、赠与、交换、分割等产权主体变更过程中，产权出让人与受让人所订立的民事法律文书。

应征收印花税的产权转移书据，包括财产所有权、版权、商标专用权、专利权、专有技术使用权共5项产权的转移书据。其中财产所有权包括经政府管理机关登记注册的动产、不动产的所有权转移所立的书据，以及企业股权转让所立的书据；其他4项则属于无形资产的产权转移书据。（见《国家税务局关于印花税若干问题的解释和规定的通知》国税发〔1991〕155号）

关于产权转移书据征税范围应注意以下两个问题：

1. 不动产权属转移书据。2006年以前，对房地产开发企业销售商品房书立的合同按购销合同计税贴花；而土地使用权出让、转让书据（合同）不属于《印花税暂行条

例》列举的征税凭证，不贴印花。（见《国家税务局关于印花税若干问题的解释和规定的通知》国税发〔1991〕155号）

根据财政部、国家税务总局于2006年11月27日联合发布的《关于印花税若干政策的通知》（财税〔2006〕162号）的规定，对商品房销售合同和土地使用权出让合同、土地使用权转让合同均按照产权转移书据征收印花税。

2. 证券（股票）交易印花税。证券交易印花税从普通印花税发展而来，专门针对股票交易（包括买卖、继承、赠与）发生额征收的一种税，通常也被当作宏观调控股市的一项直接政策工具。证券交易印花税的征税对象是在上海证券交易所和深圳证券交易所上市的股份制企业股权（股份）转让书据（包括A股、B股交易转让和法人协议转让、个人继承及赠与等非交易转让），纳税人是股权（股份）转让双方，并由证券交易所代扣代缴。证券交易印花税1990年首先在深圳开征，此后国家根据证券市场行情的变化，多次调整税率。（见《国家税务总局关于加强证券交易印花税征收管理工作的通知》国税发〔1997〕129号）

需要注意的是，投资人以其持有的上市公司股权进行出资而发生的股权转让行为，不属于证券（股票）交易印花税的征税范围，不征收证券（股票）交易印花税。（见《财政部、国家税务总局关于以上市公司股权出资有关证券（股票）交易印花税政策问题的通知》财税〔2010〕7号）

（三）营业账簿

印花税税目中的营业账簿是指财务会计账簿，即单位和个人按照财务会计制度要求设置，记载生产经营活动的财务会计核算账册。按照账簿反映的内容不同，《印花税暂行条例》将营业账簿分为记载资金的账簿（简称“资金账簿”）和其他营业账簿两类。资金账簿，是指反映生产经营单位资本金数额增减变化的账簿；其他营业账簿，是指反映除资金资产以外的其他生产经营活动内容的账簿。

需要注意的是，《印花税暂行条例》及其实施细则将财务会计账簿分为“资金账簿”和“其他营业账簿”两类，目的是便于采用不同的计税方法，与会计学上对会计账簿的分类没有关系。

实际工作中，记载资金的账簿，一般是指设有“实收资本”和“资本公积”账户的总分类账簿，或者专门设置的记载实收资本金和资本公积金的账簿；其他营业账簿包括日记账簿（现金、银行存款日记账）和各明细分类账簿。有关营业账簿税目征免范围的规定如下：

1. 企业根据业务管理需要设置的各种登记簿，其记载的内容与资金活动无关，仅用于内部备查，属于非营业账簿，均不征收印花税。（见《国家税务局关于对金融系统营业账簿贴花问题的具体规定》国税地字〔1988〕28号）

2. 采用一级核算形式的单位，只就财会部门设置的账簿贴花。采用分级核算形式的，除财会部门的账簿应贴花之外，财会部门设置在其他部门和车间的明细分类账，亦应按规定贴花。（见《国家税务局关于印花税若干具体问题的规定》国税地字〔1988〕25号）

3. 车间、门市部、仓库设置的不属于会计核算范围或虽属会计核算范围，但不记载金额的登记簿、统计簿、台账等，不贴印花。（见《国家税务局关于印花税若干具体问题的规定》国税地字〔1988〕25号）

4. 会计核算采用单页表式记载资金活动情况，以表代账的，在未形成账簿（账册）前，暂不贴花，待装订成册时，按册贴花。（见《国家税务局关于印花税若干具体问题的规定》国税地字

〔1988〕25号）

5. 对利用会计电算化系统进行会计核算，通过计算机输出打印账页，装订账册的，应按照规定贴花。（见《国家税务局关于对金融系统营业账簿贴花问题的具体规定》国税地字〔1988〕28号）

6. 中国人民银行各级机构经理国库业务及委托商业银行各级机构代理国库业务设置的账簿，不是核算银行本身经营业务的账簿，不贴印花。（见《国家税务局关于印花税若干具体问题的解释和规定的通知》国税发〔1991〕155号）

（四）权利、许可证照

权利、许可证照，是指政府依法授予单位、个人某种权利和准予从事特定经济活动的各种证照的统称。包括政府部门核发的房屋所有权证、工商营业执照、商标注册证、专利证、土地使用权证等证照。

需要注意的是，房屋所有权证和土地使用证目前已被不动产权证书取代。（见《不动产登记暂行条例》国务院令2014年第656号第二十一条）

除了《印花税税目税率表》中列举的上述五个权利、许可证照外，其他如不动产权证书、卫生许可证、药品经营许可证和税务登记证等不属于印花税列举的权利、许可证照，不贴印花。（见《国家税务局地方税管理司关于对权利许可证照如何贴花问题的复函》国税地函发〔1991〕2号）

无论何种原因更换营业执照正本和商标注册证的，均视为新领营业执照正本和商标注册证，应按规定贴花。（见《国家税务局国家工商行政管理局关于营业执照、商标注册证粘贴印花税票问题的通知》国税地字〔1989〕113号）

（五）经财政部确定征税的其他凭证

其他凭证是否征收印花税，必须经财政部明确，各级税务机关无权自行确定。

关于印花税征税范围应注意以下几点规定：

1. 印花税就列举的凭证征税。印花税并非对经济活动中发生的所有经济凭证征税，而只对在中国境内具有法律效力，受中国法律保护的《印花税税目税率表》中列举的凭证和经财政部确定征税的其他凭证征税。

2. 境外书立、领受在境内使用的凭证应贴花。印花税的征税范围不限于在境内书立、领受应税凭证，还包括境外书立、领受《印花税税目税率表》所列举的凭证。这些在境内使用，在境内具有法律效力，受中国法律保护的凭证应在带入境内时办理贴花完税手续。（见《财政部、国家税务总局关于中国石油工程建设公司有关印花税缴纳问题申复报告的复函》财税字〔1995〕17号）

3. 印花税就应税凭证书立、领受行为征税。凡经济活动和经济交往中书立、领受的应税凭证都应按印花税的有关规定纳税。印花税是一种行为税，对于先买后租或先租后买、转贷以及总包、分包、转包等前后签订有两个不同性质的合同，均属于应税合同，理应分别纳税，不能理解为重复征税。（见《国家税务局关于飞机租赁合同征收印花税问题的函》国税函发〔1992〕1431号、《国家税务局关于中国银行为“三贷”业务申请免征印花税问题的复函》国税地函发〔1992〕16号、《国家税务局关于天广输变电工程项目有关合同缴纳印花税问题的复函》国税地函发〔1990〕14号、《财政部、国家税务总局关于中国石油工程建设公司有关印花税缴纳问题申复报告的复函》财税字〔1995〕17号）

二、纳税人

印花税的纳税人，是指在中华人民共和国境内书立、领受《印花税暂行条例》所列举凭证、应履行纳税义务的单位和个人。此处的单位指国内各类企业、事业单位、机关、团体、部队；个人指个体工商户、中国公民和外国公民。

需要注意的是，《印花税暂行条例》施行之初，对缴纳工商统一税的外商投资企业、外国企业书立、领受应税凭证缴纳的印花税，可以从其所缴纳的工商统一税中如数抵扣。但自 1994 年 1 月 1 日起，外商投资企业、外国企业和其他经济组织及其在华机构，应按《印花税暂行条例》及其施行细则的规定缴纳印花税。（见《国家税务局关于外商投资企业和外国企业征收印花税有关问题的通知》国税发〔1994〕95 号、《财政部关于对外商投资企业、外国公司、企业书立领受应税凭证征免印花税的通知》财税字〔1989〕10 号）

上述单位和个人，根据书立、领受、使用的应税凭证不同，可以分为立合同人、立账簿人、立据人、领受人和使用人五种。

1. 立合同人。签订各类经济合同的，纳税人是立合同人。立合同人指合同的当事人。

2. 立账簿人。设置营业账簿的，纳税人是立账簿人。立账簿人是指设置并使用财务核算账簿的单位及个人。

3. 立据人。书立产权转移书据的，纳税人是立据人。立据人是指书立产权转移书据的单位和个人。

4. 领受人。领取权利、许可证照的，纳税人是领受人。领受人是指领取或接受并持有权利、许可证照的单位和个人。

5. 使用人。境外书立或领受应税凭证、在国内使用的，纳税人为使用人。使用人是指在国外书立或领受的应税凭证，带入国内使用的单位和个人。

确定印花税纳税人时应注意以下几项规定：

1. 对应税凭证，凡由两方或两方以上当事人共同书立的，其当事人各方都是印花税纳税人，应当由各方就所持有的一份凭证履行纳税义务。所谓当事人是指对凭证有直接权利义务关系的单位和个人，不包括合同的担保人、证人、鉴定人。

2. 如立据人未贴印花或少贴印花，产权转移书据的持有人应负责补贴印花。如所立书据以合同方式签订，应由持有书据的各方分别按全额贴花。

3. 如果应税凭证由当事人的代理人代为书立，则由代理人代为履行纳税义务。如保险公司委托其他单位或者个人代办的保险业务，在与投保方签订保险合同时，应由代办单位或者个人，负责代保险公司办理计税贴花手续。（见《国家税务局关于对保险公司征收印花税有关问题的通知》国税地字〔1988〕37 号）

4. 为有利于物资订货合同印花税的征收管理，凡由主管单位代签的计划物资订货合同，由办理收货并结算货款的需方在接到合同文本时，缴纳印花税。（见《国家税务局关于物资订货合同印花税确定纳税人问题的批复》国税函发〔1991〕1415 号）

5. 铁路货运业务中运费结算凭证载明的承、托运双方，均为货运凭证印花税的纳税人。代办托运业务的代办方在向铁路运输企业交运货物并取得运费结算凭证时，应当代托运方缴纳印花税。代办方与托运方之间办理的运费结算清单，不缴纳印花税。（见《国家税务总局铁道部关于铁路货运凭证印花税若干问题的通知》国税发〔2006〕101 号、《国家税务局关于货运凭证征收印花税几个具体问题的通知》国税发〔1990〕173 号）

三、税率

印花税的税率遵循税负从轻、共同负担的原则设计，因此税率规定得较低，只有千分之几甚至万分之几。印花税的税率有两种形式，即比例税率和定额税率。

（一）比例税率

《印花税暂行条例》规定，对各类经济合同、产权转移书据、资金账簿等记载金额的凭证，采用比例税率。因为这些凭证载有金额，便于按一定比例计算应纳税额。印花税的比例税率共分为四个档次，即0.05‰、0.3‰、0.5‰和1‰。

1. 适用0.05‰税率的为借款合同；
2. 适用0.3‰税率的为购销合同、建筑安装工程承包合同、技术合同；
3. 适用0.5‰税率的为加工承揽合同、建设工程勘察设计合同、货物运输合同、产权转移书据、记载资金的营业账簿；
4. 适用1‰税率的为财产租赁合同、仓储保管合同、财产保险合同。

此外，目前证券（股票）交易印花税税率为1‰，并且只对出让方征收，对受让方不再征收。这一规定同样适用在全国中小企业股份转让系统（又称新三板）买卖、继承、赠与股票以及在上海证券交易所、深圳证券交易所、全国中小企业股份转让系统买卖、继承、赠与优先股所书立的股权转让书据应缴纳的证券（股票）交易印花税。（见《财政部、国家税务总局关于调整证券（股票）交易印花税征收方式的通知》财税明电〔2008〕2号、《财政部、国家税务总局关于在全国中小企业股份转让系统转让股票有关证券（股票）交易印花税政策的通知》财税〔2014〕47号、《财政部、国家税务总局关于转让优先股有关证券（股票）交易印花税政策的通知》财税〔2014〕46号）

（二）定额税率

《印花税暂行条例》规定，对一些无法计算金额的凭证或者虽载有金额，但作为计税依据明显不合理的凭证采用定额税率，即按件规定固定税额。

在印花税13个税目中，适用定额税率的为权利、许可证照一个税目和营业账簿税目中的其他账簿，单位税额均为每件5元。

需要注意的是，目前保险合同税目中责任、保证、信用保险合同暂按定额五元贴花。

印花税征税范围及税率如表12－1所示。

表12－1　　印花税税目税率表

项目	范围	税率	纳税人
1. 购销合同	供应、预购、采购、购销结合及协作、调剂、补偿、易货等合同	按购销金额0.3‰贴花	立合同人
2. 加工承揽合同	加工、定作、修缮、修理、印刷、广告、测绘、测试等合同	按加工或承揽收入0.5‰贴花	立合同人

续表

项目	范围	税率	纳税人
3. 建设工程勘察设计合同	勘察、设计合同	按收取费用0.5‰贴花	立合同人
4. 建筑安装工程承包合同	建筑、安装工程承包合同	按承包金额0.3‰贴花	立合同人
5. 财产租赁合同	租赁房屋、船舶、飞机、机动车辆、机械、器具、设备等合同	按租赁金额1‰贴花，税额不足1元的按1元贴花	立合同人
6. 货物运输合同	民用航空、铁路运输、海上运输、内河运输、公路运输和联运合同③	按运输费用0.5‰贴花	立合同人
7. 仓储保管合同	仓储、保管合同③	按仓储保管费用1‰贴花	立合同人
8. 借款合同	银行及其他金融组织和借款人（不包括银行同业拆借）所签订的借款合同③	按借款金额0.05‰贴花	立合同人
9. 财产保险合同	财产、责任、保证、信用等保险合同③	保险合同按保险费收入1‰贴花①	立合同人
10. 技术合同	技术开发、转让、咨询、服务等合同	按所载金额0.3‰贴花	立合同人
11. 产权转移书据	财产所有权和版权、商标专用权、专利权、专有技术使用权等转移书据	按所载金额0.5‰贴花	立据人
12. 营业账簿	生产、经营用账册	记载资金的账簿，按“实收资本”和“资本公积”合计金额0.5‰贴花，其他账簿按件贴花5元②	立账薄人
13. 权利、许可证照	政府部门发给的房屋所有权证、工商营业执照、商标注册证、专利证、土地使用权证	按件贴花5元	领受人

注：①根据《国家税务局关于改变保险合同印花税计税办法的通知》（国税函〔1990〕428号）调整；②根据《国家税务局关于资金账簿印花税问题的通知》（国税发〔1994〕25号）调整；③单据作为合同使用的，按合同贴花。

四、计税依据

印花税根据不同征税项目，分别实行从价计征和从量计征两种计税方法。

实行从价计征的凭证，以凭证所载金额为计税依据。产权转移书据直接以书据中所载的金额为计税依据，经济合同和营业账簿计税依据的确定要复杂一些。

实行从量计征的其他营业账簿和权利、许可证照，以应税件数为计税依据。

（一）计税依据的一般规定

1. 经济合同。

各类经济合同，以合同所记载的金额、收入或费用为计税依据。

（1）购销合同的计税依据为合同记载的购销金额。

商品购销活动中，采用以货易货方式进行商品交易签订的合同，是反映既购又销双重经济行为的合同。对此，应按合同所载的购、销合计金额计税贴花。（见《国家税务局关于印花税若干问题的解释和规定的通知》国税发〔1991〕155号）

（2）加工承揽合同的计税依据是加工或承揽收入的金额。

①对于由委托方提供原料或主要材料，受托方只提供辅助材料的加工合同，无论加工费和辅助材料金额是否分别记载，均以辅助材料与加工费的合计数，依照加工承揽合同计税贴花。对委托方提供的原料或主要材料金额不计税贴花。

②对于由受托方提供原材料的加工、定作合同，凡在合同中分别记载加工费金额和原材料金额的，应分别按加工承揽合同、购销合同计税，两项税额相加数，即为合同应贴印花；合同中未分别记载的，则应就全部金额依照加工承揽合同计税贴花。（见《国家税务局关于印花税若干具体问题的规定》国税地字〔1988〕25号）

（3）建设工程勘察设计合同的计税依据为勘察、设计收取的费用（勘察、设计收入）。

（4）建筑安装工程承包合同的计税依据为承包金额，不得剔除任何费用。

施工单位将自己承包的建设项目，分包或者转包给其他施工单位的，应按总承包合同、分包合同或转包合同所载金额分别计算应纳税额。

（5）财产租赁合同的计税依据为租赁金额（租金收入）。

（6）货物运输合同的计税依据为取得的运输费金额（运费收入），不包括所运货物的金额、装卸费和保险费等。

①对国内各种形式的货物联运，凡在起运地统一结算全程运费的，应以全程运费作为计税依据，由起运地运费结算双方缴纳印花税；凡分程结算运费的，应以分程的运费作为计税依据，分别由办理运费结算的各方缴纳印花税。（见《国家税务局关于货运凭证征收印花税几个具体问题的通知》国税发〔1990〕173号）

②对国际货运，凡由我国运输企业运输的，不论在我国境内、境外起运或中转分程运输，我国运输企业所持的一份运费结算凭证，均按本程运费计算应纳税额；托运方所持的一份运费结算凭证，按全程运费计算应纳税额。由外国运输企业运输进出口货物的，外国运输企业所持的一份运费结算凭证免纳印花税；托运方所持的一份运费结算凭证应缴纳印花税。国际货运运费结算凭证在国外办理的，应在凭证转回我国境内时按规定缴纳印花税。（见《国家税务局关于货运凭证征收印花税几个具体问题的通知》国税发〔1990〕173号）

（7）仓储保管合同的计税依据为仓储保管的费用（保管费收入）。

（8）借款合同的计税依据为借款金额。借贷活动中借款形式不同，其计税方法也不同。

①凡是一项信贷业务既签订借款合同，又一次或分次填开借据的，只以借款合同所载金额为计税依据计税贴花；凡是只填开借据并作为合同使用的，应以借据所载金额为计税依据计税贴花。

②借贷双方签订的流动资金周转性借款合同，一般按年（期）签订，规定最高限额，借款人在规定的期限和最高限额内随借随还。为避免加重借贷双方的负担，对这类合同只以其规定的最高额为计税依据，在签订时贴花一次，在限额内随借随还不签订新合同的，不再另行贴花。

③借款方以财产作抵押，从贷款方取得一定数量抵押贷款的合同，应按借款合同贴花；在借款方因无力偿还借款而将抵押财产转移给贷款方时，应再就双方书立的财产转让协议，按产权转移书据税目计税贴花。

④银行及其他金融机构经营的融资租赁业务，是一种以融物方式达到融资目的的业务，实际上是分期偿还的固定资产借款，因此对融资租赁合同，应按合同所载租金总额，暂按借款合同计税贴花。

需要注意的是，关于融资租赁合同目前的规定是，对开展融资租赁业务签订的融资租赁合同（含融资性售后回租），统一按照其所载明的租金总额依照“借款合同”税目计税贴花。

⑤在贷款业务中，有时贷方系由若干银行组成的银团，银团各方均承担一定的贷款数额，借款合同由借款方与银团各方共同书立，各执一份合同正本。对这类合同，借款方与贷款银团各方应分别在所执的合同正本上，按各自的借款金额计税贴花。

⑥在基本建设贷款中，如果按年度用款计划分年签订借款合同，在最后一年按总概算签订借款总合同，且总合同的借款金额包括各个分合同的借款金额的，对这类基建借款合同应按分合同分别贴花，最后签订的总合同，只就借款总额扣除分合同借款金额后的余额计税贴花。（以上内容见《国家税务局关于对借款合同贴花问题的具体规定》国税地字〔1988〕30号、《国家税务局关于借贷业务应纳印花税凭证问题的批复》国税函发〔1991〕1081号、《财政部、国家税务总局关于融资租赁合同有关印花税政策的通知》财税〔2015〕144号）

（9）财产保险合同的计税依据为支付（收取）的保险费金额，不包括所保财产的金额。

对《印花税暂行条例》中列举征税的各类保险合同，其计税依据由投保金额改为保险费收入。即签订保险合同的投保方和承保方对各自所持的保险合同，均应按其保险费金额计税贴花。（见《国家税务局关于改变保险合同印花税计税办法的通知》国税函发〔1990〕428号、《国家税务局地方税管理司关于改变保险合同计税依据适用范围的批复》国税地函发〔1990〕20号）

（10）技术合同的计税依据为合同所载的价款、报酬或使用费的金额。

为了鼓励技术研究开发，对技术开发合同，只就合同所载的报酬金额计税，研究开发经费不作为计税依据；但对合同约定按研究开发经费一定比例作为报酬的，应按一定比例的报酬金额计税贴花。（见《国家税务局关于对技术合同征收印花税问题的通知》国税地字〔1989〕34号）

2. 产权转移书据的计税依据为书据所载金额。

3. 营业账簿中记载资金的账簿的计税依据为“实收资本”与“资本公积”两项合

计金额。其他账簿的计税依据为应税件数。（见《国家税务总局关于资金账簿印花税问题的通知》国税发〔1994〕25号）

确定营业账簿计税依据的特殊规定如下：

（1）凡是记载资金的账簿，以后每年更换新账时，应按账面结转资金总额（实收资本金和资本公积金两项合计金额）比已贴花资金总额增加的部分计税贴花；未增加的，不再按件定额贴花。

（2）对有经营收入的事业单位，凡属由国家财政拨付事业经费，实行差额预算管理的单位，其记载经营业务的账簿，按其他账簿定额贴花，不记载经营业务的账簿不贴花；凡属经费实行自收自支的单位，其营业账簿应区分记载资金的账簿和其他账簿分别计算应纳税额。

（3）跨地区经营的分支机构使用的营业账簿，应由各分支机构于其所在地计算贴花。对上级单位核拨资金的分支机构，其记载资金的账簿按核拨的账面资金数额计税贴花，其他账簿按定额贴花；对上级单位不核拨资金的分支机构，只就其他账簿按定额贴花。为避免对同一资金重复计税贴花，上级单位记载资金的账簿，应按扣除拨给下属机构资金数额后的其余部分计税贴花。

（4）经企业主管部门批准的国营、集体企业兼并，对并入的资产，凡已按资金总额贴花的，接收单位对并入的资金不再贴花。（以上内容见《国家税务局关于印花税若干具体问题的规定》国税地字〔1988〕25号）

（5）根据有关规定，外国银行在我国境内设立的分行，其境外总行需拨付规定数额的“营运资金”，分行在账户设置上不设“实收资本”和“资本公积”账户。上述外国银行分行记载由其境外总行拨付的“营运资金”账簿，应按核拨的账面资金数额计税贴花。（见《国家税务总局关于外国银行分行营运资金缴纳印花税问题的批复》国税函〔2002〕104号）

4. 权利、许可证照的计税依据为应税件数。

（二）计税依据的特殊规定

1. 有些合同在签订时无法确定计税金额，如技术转让合同中的转让收入，是按销售收入的一定比例收取或是按实现利润分成的；财产租赁合同，只是规定了月（天）租金标准而无租赁期限的。对这类合同，可在签订时先按定额5元贴花，以后结算时再按实际金额计税，补贴印花。（见《国家税务局关于印花税若干具体问题的规定》国税地字〔1988〕25号）

2. 印花税的计税依据是合同所载金额，并不区分其资金的性质或来源。因此，合同所载金额不分内资或外资，均应按规定作为印花税的计税依据。（见《国家税务局关于天广输变电工程项目有关合同缴纳印花税问题的复函》国税地函发〔1990〕14号）

3. 按金额比例贴花的应税凭证，未标明金额的，应按照凭证所载数量及国家牌价计算金额；没有国家牌价的，按市场价格计算金额，再按规定税率计算应纳税额。（见《国家税务局关于印花税若干问题的解释和规定的通知》国税发〔1991〕155号）

需要注意的是，本书认为营改增后，对于增值税一般纳税人，在签订合同时，分别填写价款、税款的，以价款数额计税贴花；在签订合同时，如价格内注明是含税价，在计算缴纳印花税时，应按增值税税率从价款数额中减除税额后计税；在签订合同时，没有注明含税价或增值税税款的，应按合同所载金额计税贴花。

五、应纳税额

印花税的应纳税额，根据应税凭证的性质，分别按比例税率和定额税率计算。

1. 按照比例税率计税的，应纳税额计算公式如下：

应纳税额 = 计税金额 × 适用税率

2. 按照定额税率计税的，应纳税额计算公式如下：

应纳税额 = 凭证件数 × 单位税额

计算印花税应纳税额的相关规定如下：

1. 同一凭证载有两个或两个以上经济事项而适用不同税目税率，分别记载金额的，应分别计算应纳税额，相加后按合计税额贴花；未分别记载金额的，以凭证所载金额、按税率高的税目计税贴花。

2. 应税凭证所载金额为外国货币的，应按照凭证书立当日国家外汇管理局公布的外汇牌价折合成人民币，再计算应纳税额。

3. 为了方便贴花，印花税应纳税额规定了起征点。即按比例税率计算纳税而应纳税额不足 1 角的，免纳印花税；1 角以上的，其税额尾数不满 5 分的不计，满 5 分的按 1 角计算。但财产租赁合同应纳税额超过 1 角但不足 1 元的，按 1 元计税贴花。

4. 对已履行并贴花的合同，所载金额与合同履行后实际结算金额不一致的，只要双方未修改合同金额一般不再办理退税、补税手续。但已经贴花的凭证，凡修改后所载金额增加的部分，应补贴印花。（见《国家税务局关于印花税若干具体问题的规定》国税地字〔1988〕25 号）

六、税收优惠

（一）《印花税暂行条例》及其施行细则规定的减免税项目

1. 已纳印花税凭证的副本或抄本免税。

凭证的正式签署本已按规定缴纳了印花税，其副本或者抄本对外不发生权利义务关系，只留存备查的，免征印花税。如果已缴纳印花税的凭证的正本遗失或损毁，而以副本或者抄本视同正本使用的，应另贴印花。

2. 财产所有人向特定对象捐赠财产所立的书据免税。

财产所有人将财产赠给政府、社会福利单位（抚养孤老伤残人员）、学校所立的书据，免征印花税。

3. 农副产品收购合同免税。

国家指定的收购部门与村民委员会、农民个人书立的农副产品收购合同，免征印花税。国家指定的农副产品收购部门主要是国营粮食、商业和供销社的有关公司、站（栈）的收购部门。

4. 无息、贴息贷款合同免税。

各专业银行按照国家金融政策发放的无息贷款以及由各专业银行按照规定由财政部门或中国人民银行给予贴息的贷款项目所签订的贷款合同，免征印花税。

5. 外国政府及国际金融组织提供的优惠贷款所书立的合同免税。

外国政府或者国际金融组织向我国政府及国家金融机构提供的优惠贷款所书立的合同（指由外国政府或者国际金融组织提供资金，具有援助性质的优惠贷款项目所签订的政府间协议），免征印花税。

需要注意的是，有些合同，总金额中既有应免税的金额，也有应纳税的金额，对这类“混合”合同，凡合同中能划分免税金额与应税金额的，只就应税金额计税贴花；不能划分清楚的，应按合同总金额计税贴花。（见《国家税务局关于对借款合同贴花问题的具体规定》国税地字〔1988〕30 号）

（二）财税主管部门的减免税规定

1. 房地产管理部门与个人订立的租房合同，凡用于生活居住的，暂免贴印花；用于生产经营的，应按规定贴花。（见《国家税务局关于印花税若干具体问题的规定》国税地字〔1988〕25 号）

2. 为了支持农村保险事业的发展，照顾农牧业生产的负担，对农林作物、牧业畜类财产保险合同暂不贴花。（见《国家税务局关于对保险公司征收印花税有关问题的通知》国税地字〔1988〕37 号）

3. 银行根据业务管理需要设置的各种登记簿，如空白重要凭证登记簿、有价单证登记簿、现金收付登记簿等，其记载的内容与资金活动无关，仅用于内部备查，属于非营业账簿，均不贴花。为了支持城乡储蓄事业的发展，对银行、城乡信用社开展储蓄业务设置的储蓄分户卡账，暂免贴印花。（见《国家税务局关于对金融系统营业账簿贴花问题的具体规定》国税地字〔1988〕28 号）

4. 各类发行单位之间，以及发行单位与订阅单位或个人之间书立的图书、报刊等征订凭证，暂免征收印花税。（见《国家税务局关于图书、报刊等征订凭证征免印花税问题的通知》国税地字〔1989〕142 号）

5. 国防科工委管辖的军工企业和科研单位，与军队、武警总队、公安、国家安全部门，为研制和供应军火武器（包括指挥、侦察、通讯装备）所签订的合同免征印花税。国防科工委管辖的军工系统内各单位之间，为研制军火武器所签订的合同免征印花税。（见《国家税务局关于军火武器合同免征印花税问题的通知》国税发〔1990〕200 号）

6. 以下特殊的货运凭证免税：

（1）军事物资运输。凡附有军事运输命令或使用专用的军事物资运费结算凭证，免纳印花税。

（2）抢险救灾物资运输。凡附有县级以上（含县级）人民政府抢险救灾物资运输证明文件的运费结算凭证，免纳印花税。

（3）新建铁路的工程临管线运输。为新建铁路运输施工所需物料，使用工程临管线专用运费结算凭证，免纳印花税。（以上内容见《国家税务局关于货运凭证征收印花税几个具体问题的通知》国税发〔1990〕173 号）

7. 对经国务院和省级人民政府决定或批准进行的国有（含国有控股）企业改组改制而发生的上市公司国有股权无偿转让行为，暂不征收证券（股票）交易印花税。对不属于上述情况的上市公司国有股权无偿转让行为，仍应征收证券（股票）交易印花税。（见《国家税务总局关于办理上市公司国有股权无偿转让暂不征收证券（股票）交易印花税有关审批事项的通知》国税函〔2004〕941 号）

8. 从 2003 年 1 月 1 日起，继续对投资者（包括个人和机构）买卖封闭式证券投资基金免征印花税。（见《财政部、国家税务总局关于对买卖封闭式证券投资基金继续予以免征印花税的通知》财税〔2004〕173号）

9. 对个人出租、承租住房签订的租赁合同，免征印花税。（见《财政部、国家税务总局关于廉租住房经济适用住房和住房租赁有关税收政策的通知》财税〔2008〕24号）

10. 自2008年11月1日起，对个人销售或购买住房暂免征收印花税。（见《财政部、国家税务总局关于调整房地产交易环节税收政策的通知》财税〔2008〕137号）

11. 对农民专业合作社与本社成员签订的农业产品和农业生产资料购销合同，免征印花税。（见《财政部、国家税务总局关于农民专业合作社有关税收政策的通知》财税〔2008〕81号）

12. 自2018年1月1日至2020年12月31日，对金融机构与小型企业、微型企业签订的借款合同免征印花税。上述小型、微型企业的认定，按照《工业和信息化部、国家统计局、国家发展和改革委员会、财政部关于印发中小企业划型标准规定的通知》（工信部联企业〔2011〕300号）的有关规定执行。（见《财政部、税务总局关于小微企业融资有关税收政策的通知》财税〔2017〕77号）

13. 对全国社会保障基金理事会按照《财政部、国资委、证监会、社保基金会关于豁免国有创业投资机构和国有创业投资引导基金国有股转持义务有关问题的通知》（财企〔2010〕278号）的规定，回拨国有创业投资机构和国有创业投资引导基金已转持的国有股，不征收过户环节的证券（股票）交易印花税。（见《财政部、国家税务总局关于全国社会保障基金理事会回拨已转持国有股有关证券（股票）交易印花税问题的通知》财税〔2011〕65号）

14. 中国海油集团与中国石油天然气集团、中国石油化工集团之间，中国海油集团内部各子公司之间，中国海油集团的各分公司和子公司之间互供石油和石油制品所使用的“成品油配置计划表”（或其他名称的表、证、单、书），暂不征收印花税。（见《国家税务总局关于中国海洋石油总公司使用的“成品油配置计划表”有关印花税问题的公告》总局公告2012年第58号）

15. 对投入铁路发展基金的中央财政性资金，免征中国铁路总公司和中国铁路发展基金股份有限公司相应的资金账簿印花税。（见《财政部、国家税务总局关于铁路发展基金有关税收政策的通知》财税〔2014〕56号）

16. 自2014年1月1日起至2018年12月31日止，暂免征收飞机租赁企业购机环节购销合同印花税。（见《财政部、国家税务总局关于飞机租赁企业有关印花税政策的通知》财税〔2014〕18号）

17. 自2018年5月1日起，对按万分之五税率贴花的资金账簿减半征收印花税，对按件贴花五元的其他账簿免征印花税。（见《财政部、税务总局关于对营业账簿减免印花税的通知》财税〔2018〕50号）

18. 自2019年1月1日至2021年12月31日，由省、自治区、直辖市人民政府根据本地区实际情况，以及宏观调控需要确定，对增值税小规模纳税人可以在50%的税额幅度内减征印花税（不含证券交易印花税）等税费。（见《财政部、税务总局关于实施小微企业普惠性税收减免政策的通知》财税〔2019〕13号）

（三）企业改制重组的减免税政策

为了支持企业改制，对经县级以上人民政府及企业主管部门批准改制的企业，在改制过程中涉及的印花税征免政策明确如下：

1. 关于资金账簿的印花税。

（1）实行公司制改造的企业在改制过程中成立的新企业（重新办理法人登记的），其新启用的资金账簿记载的资金或因企业建立资本纽带关系而增加的资金，凡原已贴花的部分可不再贴花，未贴花的部分和以后新增加的资金按规定贴花。

（2）以合并或分立方式成立的新企业，其新启用的资金账簿记载的资金，凡原已贴花的部分可不再贴花，未贴花的部分和以后新增加的资金按规定贴花。

（3）企业债权转股权新增加的资金按规定贴花。

（4）企业改制中经评估增加的资金按规定贴花。

（5）企业其他会计科目记载的资金转为实收资本或资本公积金按规定贴花。

2. 关于各类应税合同的印花税。

企业改制前签订但尚未履行完的各类应税合同，改制后需要变更执行主体的，对仅改变执行主体、其余条款未做变动且改制前已贴花的，不再贴花。

3. 关于产权转移书据的印花税。

企业因改制签订的产权转移书据免予贴花。（以上内容见《财政部、国家税务总局关于企业改制过程中有关印花税政策的通知》财税〔2003〕183 号）

4. 经企业主管部门批准的国营、集体企业兼并，对并入单位的资产，凡已按资金总额贴花的，接收单位对并入的资金不再补贴印花。（见《国家税务局关于印花税若干具体问题的规定》国税地字〔1988〕第 025 号）

需要注意的是，上述第 4 项有关印花税的征免政策，适用经批准的国营、集体企业兼并，对于一般企业发生分立、合并和联营等变更后，凡依照有关规定办理法人登记的新企业所设立的资金账簿，应于启用时按规定计税贴花；凡不需要重新进行法人登记的企业原有的资金账簿，已贴印花继续有效。（见《国家税务局关于印花税若干具体问题的解释和规定的通知》国税发〔1991〕155 号）

印花税与其他税种不同，对减免税没有按税收管理权限报批的规定。印花税采取由纳税人自行计算应纳税额、自行贴花、自行注销的缴纳办法，如果要履行一定的报批手续才能确定减免税，不仅会改变印花税的纳税环节，还容易造成征管方面的混乱。因此，目前规定只要符合印花税减免税政策，就可以不贴花，不必向税务机关报告，不需要办理减免税审批手续。

需要注意的是，印花税实行减免税备案管理，减免税备案资料应当包括：

（1）纳税人减免税备案登记表；

（2）《印花税应税凭证登记簿》复印件；

（3）减免税依据的相关法律、法规规定的其他资料。（以上内容见《国家税务总局关于发布〈印花税管理规程（试行）〉的公告》总局公告 2016 年第 77 号）

第三节　征收管理

一、纳税期限

纳税人书立、领受或者使用《印花税暂行条例》列举的应纳税凭证和经财政部确定征税的其他凭证时，即发生纳税义务，应当根据应纳税凭证的性质，分别按《印花税暂行条例》所附《印花税税目税率表》对应的税目、税率，自行计算应纳税额，购买并一次贴足印花税票。

实行核定征收印花税的，纳税期限为一个月或一个季度，具体由主管税务机关确定。纳税人应当自纳税期满之日起15日内，申报缴纳核定征收的印花税。（见《国家税务总局关于发布〈印花税管理规程（试行）〉的公告》总局公告2016年第77号）

二、纳税环节

《印花税暂行条例》规定，在国内书立或领受的凭证，应当于书立或领受时贴花。具体说，合同在签订时贴花，产权转让协议在立据时贴花，营业账簿在启用时贴花，权利、许可证照在领受时贴花。如果合同在国外签订，并且不便在国外贴花的，应在合同带入境内时办理贴花纳税手续。

三、纳税地点

《印花税暂行条例》并没有明确规定印花税的纳税地点。根据《印花税暂行条例施行细则》第十四条“条例第七条所说的书立或者领受时贴花，是指在合同的签订时、书据的立据时、账簿的启用时和证照的领用时贴花”的规定，本书认为印花税应就地缴纳，即应税行为发生地就是印花税的纳税地点。

各类批发及交易市场一般具有全国性或区域性，对在批发及交易市场上签订的购销合同，应当按照《印花税暂行条例》的规定，由合同当事人在批发及交易市场所在地缴纳印花税；一些省、市建立并在本地区范围内进行交易的各类批发及交易市场，在这类市场上签订的购销合同，亦应按照规定统一征收印花税。（见《国家税务局关于批发市场交易合同征收印花税问题的通知》国税函发〔1992〕1640号）

需要注意的是，对于全国性商品物资订货会（包括展销会、交易会等）上所签订合同应纳的印花税，由合同当事人回其所在地后及时办理贴花完税手续；对地方主办、不涉及省际关系的订货会、展销会上所签订合同的印花税，其纳税地点由各省、自治区、直辖市人民政府自行确定。（见《国家税务局关于订货会所签合同印花税缴纳地点问题的通知》国税函发〔1991〕1187号）

四、缴纳方法

印花税的纳税方法与其他税种不同，由纳税人自行完成纳税义务。即纳税人根据《印花税暂行条例》规定，自行计算应纳税额，自行购买印花税票，自行贴花并划销。根据税额大小、贴花频次以及征收管理的需要，印花税主要采用四种纳税方法。

（一）自行贴花

这种办法适用应纳税额较小或者贴花次数较少的纳税人。纳税人书立、领受或者使用《印花税暂行条例》列举的应税凭证时，纳税义务就已经发生，应当根据应税凭证的性质和适用税率，自行计算应纳税额，购买并一次贴足印花税票。

纳税人将印花税票粘贴在应税凭证上后，应即行注销。这是因为，就税务机关来说，印花税票一经售出，国家即取得了印花税收入，但就纳税人来说，购买了印花税票，不等于履行了纳税义务，所以，纳税人粘贴印花税票的同时应注销或画销。注销的具体方法是，纳税人有印章的，加盖印章注销；纳税人没有印章的，可用钢笔（圆珠笔）画几条横线注销。注销标记应与骑缝处（指粘贴的印花税票与凭证之间的交接处）相交。

（二）简化纳税

这种办法适用应纳税额较大或者贴花次数频繁的纳税人。简化纳税包括汇贴缴纳和汇总缴纳两种方法。

1. 汇贴缴纳。

一份凭证应纳税额超过500元，贴用印花税票不方便的，可以自行填写缴款书或者完税证，将其中一联粘贴在凭证上或者由税务机关在凭证上加注完税标记代替贴花，这就是通常所说的汇贴办法。（见《国家税务总局关于发布〈印花税管理规程（试行）〉的公告》总局公告2016年第77号）

2. 汇总缴纳。

为方便纳税人，简化印花税贴花手续，对同一种类应税凭证，需频繁贴花的，纳税人可以根据实际情况自行决定是否采用按期汇总缴纳印花税的方式。汇总缴纳的期限为一个月。采用按期汇总缴纳方式的纳税人应事先告知主管税务机关，且缴纳方式一经选定，一年内不得改变。（见《财政部、国家税务总局关于改变印花税按期汇总缴纳管理办法的通知》财税〔2004〕170号、《国家税务总局关于发布〈印花税管理规程（试行）〉的公告》总局公告2016年第77号）

采用汇总缴纳的，纳税凭证在加注税务机关指定的汇缴戳记、编号，并装订成册后，纳税人应将缴款书的一联粘附册后，盖章注销，保存备查。

实行印花税按期汇总缴纳的单位，对征税凭证和免税凭证汇总时，凡分别汇总的，按本期征税凭证的汇总金额计算缴纳印花税；凡确属不能分别汇总的，应按本期全部凭证的实际汇总金额计算缴纳印花税。（见《国家税务局关于汇总缴纳印花税税额计算问题的通知》国税函发〔1990〕433号）

（三）委托代征

这种办法适用应税凭证需要相关部门、机构签订、核发、认证的情形。由于印花税征税对象广泛，涉及的纳税单位和个人较多，为了加强税源控管，方便纳税人，税务机关按照《国家税务总局关于发布〈委托代征管理办法〉的公告》（总局公告2013年第24号）有关规定，可以委托银行、保险、工商、房地产管理等有关部门，代征借款合同、财产保险合同、权利许可证照、产权转移书据、建设工程承包合同等的印花税。（见《国家税务总局关于发布〈印花税管理规程（试行）〉的公告》总局公告2016年第77号）

按《印花税暂行条例》规定，委托代征单位负有监督纳税人依法纳税的义务。代征单位应对以下纳税事项监督：

1. 应税凭证是否已粘贴印花；

2. 粘贴的印花是否足额；

3. 粘贴的印花是否按规定注销。

对未完成以上纳税手续的，代征单位应督促纳税人当场贴花或画销。

需要注意的是，铁路运输企业受托代征的印花税款信息，可填写在发票备注栏中。中国铁路总公司及其所属运输企业（含分支机构）提供货物运输服务，可自 2015 年 11 月 1 日起使用增值税专用发票和增值税普通发票，所开具的铁路货票、运费杂费收据可作为发票清单使用。（见《国家税务总局关于停止使用货物运输业增值税专用发票有关问题的公告》总局公告 2015 年第 99 号）

（四）核定征收

这种办法适用印花税计税依据无法确定的纳税人。根据《征管法》第三十五条的规定和印花税的税源特征，印花税纳税人有下列情形的，税务机关可以核定纳税人印花税计税依据：

1. 未按规定建立印花税应税凭证登记簿，或未如实登记和完整保存应税凭证的；

2. 拒不提供应税凭证或不如实提供应税凭证致使计税依据明显偏低的；

3. 采用按期汇总缴纳办法的，未按税务机关规定的期限报送汇总缴纳印花税情况报告，经税务机关责令限期报告，逾期仍不报告的，或者税务机关在检查中发现纳税人有未按规定汇总缴纳印花税情况的。

税务机关应分行业对纳税人历年印花税的纳税情况、主营业务收入情况、应税合同的签订情况等进行统计、测算，评估各行业印花税纳税状况及税负水平，确定本地区不同行业应纳税凭证的核定标准。

纳税人对主管税务机关核定的应纳税额有异议的，或因生产经营情况发生变化需要重新核定的，可向主管税务机关提供相关证据，主管税务机关核实后进行调整。

主管税务机关核定征收印花税，应当向纳税人送达《税务事项通知书》，并注明核定征收的方法和税款缴纳期限。（以上内容见《国家税务总局关于进一步加强印花税征收管理有关问题的通知》国税函〔2004〕150 号、《国家税务总局关于发布〈印花税管理规程（试行）〉的公告》总局公告 2016 年第 77 号）

需要注意的是，对纳税人部分应税凭证实行核定征收后，未列入核定范围的其他应税凭证，仍应按规定据实贴花。核定征收印花税的纳税人，如其纳入核定征收印花税范围的部分应税凭证已完税的，已缴税款应在核定征收的应纳税额中予以扣除。

五、贴花要求

各级税务机关应加强对印花税应税凭证的管理，要求纳税人统一设置印花税应税凭证登记簿，保证各类应税凭证及时、准确、完整地进行登记。核定征收印花税的应税凭证可不登记。

纳税人必须遵照以下规定办理贴花事宜：

1. 在应税凭证书立或领受时即行贴花完税，不得延至凭证生效日期贴花。

2. 印花税票应粘贴在应税凭证上，并由纳税人在每枚税票的骑缝处盖戳注销或画销，严禁揭下重用。在营业账簿上贴印花税票，须在账簿首页右上角粘贴，不准粘贴在账夹上。

3. 对已贴花的各类应税凭证，纳税人须按规定期限保管，不得私自销毁，以备纳税检查。

4. 纳税人对凭证不能确定是否应当纳税的，应及时携带凭证，到当地税务机关鉴别。

5. 纳税人与税务机关对凭证的性质发生争议的，应就该凭证报请上一级税务机关核定。

6. 凡多贴印花税票的，不得申请退税或者抵用。

六、印花税票

印花税票是缴纳印花税的完税凭证。纳税人缴纳印花税时，应按《印花税暂行条例》规定的应纳税额，购贴相同金额的印花税票，凭以完税。印花税票是一种有价证券，要求视同现金管理。因此，各级税务机关要建立严格的印花税票领、发、存及损毁管理制度。

印花税票由国家税务总局负责监制，其他各级税务机关不得印制。印花税的票面金额以人民币为单位，分为1角、2角、5角、1元、2元、5元、10元、50元、100元九种。自2001年起，印花税票每两年进行一次改版。（见《国家税务总局关于印花税票改版的通知》国税发〔2002〕37号）

印花税票可以委托单位或个人代售。代售印花税票的单位和个人需经当地税务机关核准，发给代售许可证，并明确代售责任和税款入库期限以及存花（印花税税票）的最高期限。代售印花税票的具体规定如下：

1. 凡代售印花税票的单位和个人，应先向当地税务机关提出代售申请，必要时须提供保证人。税务机关调查核准后，应与代售户签订代售合同，发给代售许可证。

需要注意的是，根据《国务院关于第二批取消152项中央指定地方实施行政审批事项的决定》（国发〔2016〕9号）的规定，上述行政许可已取消。

2. 代售户所售印花税票取得的税款，须专户存储，并按照规定的期限，向当地税务机关结报，或者填开专用缴款书直接向银行缴纳。

3. 代售户领存的印花税票及所售印花税票的税款，如有损失，应负责赔偿。

4. 代售户所领印花税票，除合同另有规定外，不得转托他人代售或者转至其他地区销售。

5. 税务机关应按代售金额的5%支付代售手续费。

6. 对代售户代售印花税票的工作，税务机关应经常进行指导、检查和监督。

第四节　会计处理与实务

一、会计处理

印花税的纳税方法与其他税种不同，由纳税人自行完成纳税义务。一般情况下，纳税人需要预先购买印花税票，当发生应税行为时，应当根据应税凭证的性质和适用税率，自行计算应纳税额，将已购买的印花税票粘贴在应税凭证上，并注销或画销。可见，企业缴纳的印花税，不会发生应付未付税款情况，不需要预提税金，同时也不存在与税务机关结算税款问题。因此，企业缴纳的印花税，不需要通过“应交税费”科目核算，企业在购买印花税票时，直接借记“税金及附加”科目，贷记“银行存款”或“现金”等科目。

企业购买固定资产、无形资产、金融资产等非流动资产过程中缴纳的印花税计入相应资产成本。

需要注意的是，按照《企业会计准则第21号——租赁（2006）》的规定，在租赁谈判和签订租赁合同过程中发生的，可归属于租赁项目的手续费、律师费、差旅费、印花税等初始直接费用，计入融资租赁固定资产价值。

【例12－1】某餐饮企业于2018年9月开业，领受工商营业执照、不动产权证书、商标注册证各一份。注册资本500万元，实收资本200万元。除记载资金的账簿外，还设置了6本其他营业账簿。计算该企业应缴纳的印花税并进行账务处理。

【解析】凡是记载资金的账簿，按实收资本金和资本公积金两项合计金额计税贴花，不再按件定额贴花；以后每年更换新账时，应按账面结转资金总额比已贴花资金总额增加的部分计税贴花。自2018年5月1日起，对按万分之五税率贴花的资金账簿减半征收印花税，对按件贴花五元的其他账簿免征印花税。不动产权证书不属于列举的权利、许可证照，不贴花。

（1）计算印花税应纳税额：

领受权利、许可证照应缴纳的印花税：$2\times5=10$（元）

设置记载资金的账簿应缴纳的印花税：$200\times10\,000\times0.5‰\times50\%=500$（元）

设置营业账簿应缴纳的印花税：0

应纳税额：$10+500+0=510$（元）

（2）购买印花税票时：

借：税金及附加　　510

　　贷：银行存款　　510

二、实务解析

【例12－2】某企业2018年度有关资料如下：

（1）6月完成增资扩股，账载实收资本250万元，比2017年增加150万元。

（2）与甲公司签订以货易货合同，本企业的货物价值400万元、另支付100万元银行存款，甲公司的货物价值500万元。

（3）与乙公司签订受托加工合同，乙公司提供价值90万元的原材料，本企业提供价值18万元的辅助材料并收取加工费20万元。

（4）与丙公司签订转让技术合同，转让收入由丙公司按2018～2020年实现利润的

25%支付。

（5）与货运公司签订运输合同，货物价值200万元，载明运输费用9万元，其中包含装卸费0.8万元。

（6）与铁路部门签订运输合同，货物价值600万元，载明运输费用及保管费共计18万元。

要求：计算该企业当年应缴纳的印花税。

【解析】有些合同在签订时无法确定计税金额，如技术转让合同中的转让收入，是按销售收入的一定比例收取或是按实现利润分成的。对这类合同，可在签订时先按定额5元贴花，以后结算时再按实际金额计税，补贴印花。同一凭证载有两个或两个以上经济事项而适用不同税目税率，未分别记载金额的，以凭证所载金额、按税率高的税目计税贴花。

（1）实收资本增加应缴纳印花税：$150\times10\ 000\times0.5‰\times50\%=375$（元）

（2）以货易货合同应缴纳印花税：$(400+500)\times10\ 000\times0.3‰=2\ 700$（元）

（3）加工承揽合同应缴纳印花税：$(18+20)\times10\ 000\times0.5‰=190$（元）

（4）技术合同应缴纳印花税：先暂按5元贴花。

（5）货物运输合同应缴纳印花税：$(9-0.8)\times10\ 000\times0.5‰=41$（元）

（6）铁路运输合同（按保管合同贴花）应缴纳印花税：$18\times10\ 000\times1‰=180$（元）

该企业当年应缴纳印花税：$375+2\ 700+190+5+41+180=3\ 491$（元）

【例12-3】某企业于2018年6月成立，领取了营业执照、不动产权证书、商标注册证以及危险化学品经营许可证各一件，总账记载实收资本为1 350万元，并设有日记账、明细账等8本其他账簿。当年发生如下经济业务：

（1）订立借款合同一份，所载金额为40万元，另订立财产抵押合同一份，拟将一辆高档小汽车作为上述借款的抵押物，小汽车评估价50万元。

（2）向某汽车运输公司租入2辆载重汽车，租期为5个月，租金合计为7.2万元；同时签订了运输合同，约定运输费用为5万元，其中包含装卸费0.8万元。

（3）委托乙公司加工A产品，并签订委托加工合同。合同约定，加工费1.5万元，由乙公司提供7万元的原材料。

（4）以融资租赁的方式租入一套机器设备，租赁期为15个月，每月租赁费用为5万元，租赁期满机器设备归该企业所有。

要求：按下列顺序回答问题，每问均为合计金额。

1. 计算领受权利、许可证照和账簿应缴纳的印花税；
2. 计算借款以及抵押事项应缴纳的印花税；
3. 计算租赁汽车从事货物运输应缴纳的印花税；
4. 计算委托加工A产品应缴纳的印花税；
5. 计算融资租赁业务应缴纳的印花税。

【解析】除了《印花税税目税率表》中列举的五个权利、许可证照外，其他如卫生许可证、不动产权证书和危化品经营许可证等不属于印花税列举的权利、许可证照，不贴印花。由受托方提供原材料的加工、定作合同，凡在合同中分别记载加工费金额和原材料金额的，应分别按加工承揽合同、购销合同计税贴花。融资租赁合同属于借款合同，不属于财产租赁合同。

1. 领受权利、许可证照和账簿应缴纳印花税：10 + 0 + 3 375 = 3 385（元）

领取营业执照、商标注册证应贴花：2 × 5 = 10（元）

8 本营业账簿应贴花：0（元）

记载资金的账簿应贴花：1 350 × 0.5‰ × 10 000 × 50% = 3 375（元）

2. 抵押借款合同按借款合同计税贴花：40 × 0.05‰ × 10 000 = 20（元）

3. 租赁汽车从事货物运输应缴纳印花税：72 + 21 = 93（元）

财产租赁合同按租金计税贴花：7.2 × 1‰ × 10 000 = 72（元）

货物运输合同按运输费计税贴花：(5 − 0.8) × 0.5‰ × 10 000 = 21（元）

4. 委托加工 A 产品应缴纳印花税：21 + 7.5 = 28.5（元）

购销合同应贴花：7 × 0.3‰ × 10 000 = 21（元）

加工承揽合同应贴花：1.5 × 0.5‰ × 10 000 = 7.5（元）

5. 融资租赁业务按借款合同计税贴花：5 × 15 × 0.05‰ × 10 000 = 37.5（元）

【例 12 − 4】 甲方（建设单位）与乙方（建筑公司）、丙方（勘察设计单位）签订了一份建设工程合同，将建筑安装工程项目承包给乙方，将工程勘察设计项目承包给丙方。建筑安装工程项目投资额 3 000 万元，勘察设计费用 200 万元。乙公司又将部分建筑安装工程分包给丁公司，签订的分包合同上注明分包额 1 000 万元。请计算甲、乙、丙、丁四方各自应缴纳的印花税。

【解析】施工单位将自己承包的建设工程项目，分包或者转包给其他施工单位的，应按总承包合同、分包合同或转包合同所载金额分别计算应纳税额。

（1）甲方签订的 3 000 万元建筑安装工程承包合同和 200 万元建设工程勘察设计合同应缴纳印花税：3 000 × 0.3‰ × 10 000 + 200 × 0.5‰ × 10 000 = 10 000（元）

（2）乙方签订的 3 000 万元建筑安装工程总承包合同和 1 000 万元建筑安装工程分包合同应缴纳印花税：(3 000 + 1 000) × 0.3‰ × 10 000 = 12 000（元）

（3）丙方签订的 200 万元建设工程勘察设计合同应缴纳印花税：

200 × 0.5‰ × 10 000 = 1 000（元）

（4）丁方签订的 1 000 万元建筑安装工程分包合同应缴纳印花税：

1 000 × 0.3‰ × 10 000 = 3 000（元）

【例 12 − 5】 某企业于 2018 年 8 月成立，领取了工商营业执照、不动产权证书、商标注册证各一件，总账记载实收资本 2 000 万元，新启用日记账、明细账等其他营业账簿 10 本。当年发生如下经济业务：

（1）9 月初将一间门市房租给某商户，签订财产租赁合同，租期一年，合同记载年租金 12 万元，本年内租金收入 4 万元。出租闲置的办公用品，签订租赁合同，月租金

500 元，但未确定具体租赁期限。

（2）10 月以一栋房产作抵押，取得银行贷款 40 万元，并签订抵押贷款合同。年底由于资金周转困难，按合同约定将抵押的房产作价 50 万元转给银行，并依法签订了产权转移书据。

（3）11 月与某公司签订货物运输和保管合同，记载运费 9 万元、装卸费 1 万元、仓储保管费 8 万元。

（4）12 月与供电公司签订一份供电合同，预交电费 8 万元；与保险公司签订一份财产保险合同，所保财产金额 500 万元，支付保险费 3 万元。

要求：根据上述资料，回答下列问题：

1. 当年该企业领用的证照和设置的营业账簿应缴纳的印花税；
2. 当年该企业签订租赁合同应缴纳的印花税；
3. 当年该企业抵押贷款业务应缴纳的印花税；
4. 当年该企业签订运输合同、保管合同应缴纳的印花税；
5. 当年该企业签订供电合同和保险合同应缴纳的印花税；
6. 当年该企业总共应缴纳的印花税。

【解析】租赁合同印花税按照合同中注明的租赁金额计税贴花，如果财产租赁合同，只规定了月（天）租金标准而无租赁期限，在签订时先按定额 5 元贴花，以后结算时再按实际金额计税，补贴印花。电网与用户之间签订的供用电合同不属于印花税列举征税的凭证，不征收印花税。抵押贷款按照借款合同贴花；抵押的房产作价抵偿债务时签订的协议按照产权转移书据计税贴花。

1. 当年该企业领用的证照和设置的营业账簿应缴纳印花税：

$2\times5+2\ 000\times10\ 000\times0.5‰\times50\%=5\ 010$（元）

2. 当年该企业签订租赁合同应缴纳印花税：$12\times10\ 000\times1‰+5=125$（元）

3. 当年该企业抵押贷款业务应缴纳印花税：

$40\times10\ 000\times0.05‰+50\times10\ 000\times0.5‰=270$（元）

4. 当年该企业签订运输合同、保管合同应缴纳印花税：

$9\times10\ 000\times0.5‰+8\times10\ 000\times1‰=125$（元）

5. 当年该企业签订的保险合同应缴纳印花税：$3\times10\ 000\times1‰=30$（元）

6. 当年该企业总共应缴纳印花税：$5\ 010+125+270+125+30=5\ 560$（元）

第十三章 契　税

契税是指在土地、房屋权属转移过程中，向承受权属的单位和个人一次性征收的一种税。涉及房地产的税种中，契税是唯一从需求方向进行调节的税种。

本章内容主要依据国务院1997年7月7日颁布的《中华人民共和国契税暂行条例》（国务院令1997年第224号）、财政部1997年10月28日发布的《中华人民共和国契税暂行条例实施细则》（财法字〔1997〕52号）编写。

第一节 概　述

一、税制沿革

契税是我国很古老的一个税种，最早起源于东晋时期，已有1600多年历史。当时，为了管理交易市场，增加政府收入，产生了契税的雏形——估税（317年或318年）。其中对交易额较大的，如买卖奴婢、牛马、田宅等交易所征收的税叫作输估，这是对田宅买卖征收契税的开始。隋、唐时期仍沿用东晋的税制，其间调整不大。

北宋开宝二年（969年），契税政策有所变化，开始向典买房产、田地者征收印契钱，虽然名称为钱，实质还是税。这时税款不再由买卖双方分摊，而由买者一方缴纳。从此，开始以保障产权为由征收契税。

清朝时期契税政策有了进一步改进和完善。这时的契税仅对土地、房屋等不动产在买卖、典当时征税，所以，当时又称田房契税。乾隆十四年（1749年）制定税契法，作为监督省、道、府、县征收契税的法律依据。

民国时期，契税政策进一步完善。北洋政府于1914年颁布契税条例，规定对买卖、典当房屋征收契税，并有减免税规定。1927年南京国民政府建立后，公布验契暂行条例及章程，将契税划归地方收入。1934年国民政府在第二次全国财政会议上，通过《契税办法四项》，要求各省整理契税，并规定了税率最高限额。至此，契税征收办法及税率在全国统一起来。

新中国成立后，政务院于1950年4月3日颁布《契税暂行条例》。该条例对旧中国的契税制度进行了较大改革。进入20世纪50年代后期，随着我国社会主义三大改造完成、土地国有化后，国家禁止买卖和转让土地所有权和使用权；因此，作为契税征税对象的土地产权转移变动不复存在。"文革"期间有些地方明令停止办理契税征收业务，到"文革"后期，全国的契税征管工作基本处于停滞状态。中共十一届三中全会后，各地陆续恢复了契税征收工作，到1990年，全国契税征管工作已全面恢复。

为了更好地适应社会主义市场经济新形势，发挥契税筹集财政收入和调控房地产交易的功能，国务院于1997年7月7日颁布《中华人民共和国契税暂行条例》（简称《契税暂行条例》），并于当年10月1日起施行。《契税暂行条例》将征税范围由单一的房屋产权变动扩大到土地使用权转移；把承受土地、房屋权属的公有制单位列为纳税人；降低税率；缩小减免范围；规范征管办法。

二、税制特点

契税除了具有税收的基本特征外，还有其独特之处：

1. 契税在房屋所有权、土地使用权转让环节征收，每转让一次就征收一次。这一点有别于耕地占用税等行为税。

2. 契税以房屋、土地权属转移行为作为征税对象，具有财产转移课税性质。这一点与房产税、城镇土地使用税等税种以保有的房屋、土地为课税对象不同。

3. 契税由取得土地、房屋权属的一方缴纳。这一点与增值税、土地增值税等税种在房地产权属变动时由取得收入的一方缴纳有明显区别。

三、立法宗旨

改革开放前，征收契税的主要目的是保障不动产所有人的合法权益。改革开放后，随着相关法律、法规的颁布、实施，我国对房屋、土地权属登记发证制度的建立和完善，征收契税，由征收机关颁发契证保护产权的作用逐渐丧失。在社会主义市场经济体制下，征收契税对调节经济收入分配，公平税负，加强房地产交易管理，促进房地产业健康发展，增加地方财政收入具有重要意义。

（一）筹集财政收入，为地方经济建设积累资金

随着社会主义市场经济体制建立、发展和改革开放不断深入，以及城乡居民收入水平不断提高，房地产业将成为新的经济增长点和持续性公众消费热点。随着房地产业发展和房地产交易日益活跃以及住房制度改革，契税税源和契税收入都将不断增长。1998年是实施契税《契税暂行条例》第一个完整征收年，全国契税收入总额为65亿元，到2017年契税收入已达4 910亿元，是1998年的76倍。可见，不断增长的契税收入，已经成为地方政府财政收入重要来源之一，对平衡地方财政收支，促进地方经济发展将起到越来越重要的作用。

（二）调控房地产市场，促进社会经济健康发展

房地产业是高投入、高利润、高风险行业，始终是国家实行宏观经济调控的重点领域之一。对土地、房屋权属转移行为征税，直接影响着房地产业的经济效益。契税税制的设置，不仅能够调节房地产企业的利润水平，还能直接影响房地产的市场需求，是房

地产税收中唯一从需求方向进行调节的税种。当房地产价格受供求关系影响，背离房地产业的实际生产情况，出现虚高或低迷时，通过调整契税税率和减免政策，再配合其他政策，可达到稳定房价、影响房地产业发展规模、促进社会经济健康发展的目的。

（三）调节社会成员间收入，缓解分配不公的矛盾

现在购置房地产的一般是较富裕的单位和个人，对其承受土地、房屋权属征收契税，形成收入再分配，从而改变了社会财富分配格局，调节了社会成员间收入。而且契税实行比例税率，地价、房价越高，税负越重，这种内在机制对购买繁华地段土地使用权或购买高档商品房的高收入者的调节作用更为明显，有利于缩小贫富差距。此外，对一些用预算外资金购买土地使用权或房屋的单位，通过征收契税可以将一部分预算外资金转为预算内资金，有利于适当调节预算外资金，在一定程度上缓解社会分配不公的矛盾。

第二节　课税要素

一、征税范围

（一）课税对象

契税的课税对象是土地和房屋权属转移的行为。具体来说，土地权属转移是指国有土地使用权出让和土地使用权转让；房屋权属转移是指房屋买卖、房屋赠与、房屋交换。

契税的征税对象应具备以下三个条件：

1. 转移的客体特定。转移的客体只有两种，一是土地使用权；二是房屋所有权。

2. 权属必须发生转移。首先，土地、房屋权属必须发生转移——由一方转到另一方；其次，权属人关系发生变更——由一个权属人变为另一个权属人。

3. 存在利益关系。除赠与外，权属发生转移时，承受方须支付一定数量的货币或者其他经济利益。

土地使用权和房屋所有权的含义如下：

1. 土地使用权，是指公民、法人及其他组织依法控制、支配全民所有或集体所有的土地及其收益，并排斥他人干涉的权利。对土地的合法使用在法律上可分为两种情况，一是土地所有人对自己土地的使用，二是非土地所有人对他人土地的使用。因后一种土地使用而形成的土地使用权是与土地所有权并立存在的，作为独立财产权利的一种权利，它并非作为土地所有权四项权能（占有权、使用权、收益权、处分权）之一的土地使用权。按《物权法》规定，土地使用权属于用益物权，包括建设用地使用权、土地承包经营权、宅基地使用权和地役权四种。在我国，单位和个人对依法取得的土地使用权，享有占有、使用、收益的权利，依法也可以处分，如转让、抵押等。

2. 房屋所有权，是指以房屋为标的物，由所有人独占性支配其所有的房屋的权利。

在权能内容上，房屋所有权包括占有、使用、收益和处分四项权利。其中，房屋占有权是指房屋所有人对自己房屋实际掌握、控制的权利；房屋使用权是指房屋所有人拥有对自己的房屋加以利用的权利；房屋收益权是指房屋所有人享有利用房屋所得利益的权利，如收取房屋租金等；房屋处分权是指房屋所有人在法律许可的范围内，按照自己的意志处置房屋的权利，如拆除、出卖、赠与等。

需要注意的是，依物权法定主义，房屋所有权被肯定为独立的物权，但由于其附着于土地的特性，该权利与土地权利联系紧密，互相依存。一般情形下，土地所有权人当然享有其上的房屋所有权；在创设土地使用权的情形下，房屋所有权与土地使用权主体须一致。《物权法》第一百四十二条规定，建设用地使用权人建造的建筑物、构筑物及其附属设施的所有权属于建设用地使用权人。

（二）税目

契税按照土地、房屋权属转移行为分土地契税和房屋契税两大类五个税目，即国有土地使用权出让、土地使用权转让、房屋买卖、房屋赠与、房屋交换。

1. 国有土地使用权出让。国有土地使用权出让是指国家按照土地所有权和使用权分离的原则，在土地使用者向国家一次性交付土地使用全部费用，国家将国有土地使用权在一定年限内让予土地使用者的行为。

2. 土地使用权转让。土地使用权转让是指土地使用者依照国家有关法律规定，将土地使用权以出售、赠与、交换和其他方式再转移给其他单位或个人的行为。

土地使用权出售，是指土地使用者将经过一定程度开发的土地或者具有土地使用权的地上建筑物、设施出卖给他人而由此将土地使用权转移的行为。

土地使用权赠与，是指土地使用者将土地使用权无偿转移给他人而使其成为新的土地使用者的行为。

土地使用权交换，是指土地使用者之间相互交换其土地使用权的行为。

3. 房屋买卖。房屋买卖是指房屋所有者将其房屋出售，由承受者交付货币、实物、无形资产或者其他经济利益的行为。

4. 房屋赠与。房屋赠与是指房屋所有者自愿将其房屋无偿转让给他人的行为。

5. 房屋交换。房屋交换是指房屋所有者之间相互交换房屋所有权的行为。

关于契税的课税对象有以下五个问题需要进一步明确：

1.《契税暂行条例》所称土地权属转移是指土地使用权的转移，而不是土地所有权的变更。1956 年我国社会主义三大改造基本完成后，土地全部收归国有（农村土地归村民集体所有），建设用地由国家以划拨形式供应，不允许买卖。1987 年年末，我国开始进行城镇土地使用制度改革，即在城镇土地所有制性质不变的情况下，将土地的所有权与使用权分离，规定国有土地使用权可以依法有偿出让和转让。因此，这里所说的土地权属变动仅指土地使用者按照法律规定，向国家或原使用者支付一定费用后取得的土地使用权而不是所有权。

2.《契税暂行条例》所称土地使用权转让，既包括国有土地使用权转让，也包括集体土地使用权转让。有偿受让农村集体所有的林地、耕地用于生态农业的综合开发，属于契税征税范围。（见《财政部、国家税务总局关于本溪金岛生态农业发展有限公司承受农村集体土地使用权征收契税

的批复》财税字〔2000〕26号）

需要注意的是，根据《土地管理法》的规定，农民集体所有的农用土地的使用权不得出让、转让或者出租用于非农业建设，但符合土地利用总体规划并依法取得建设用地的企业，因破产、兼并等情形致使土地使用权依法发生转移的除外。

3.《契税暂行条例》所称土地使用权转让，不包括农村集体土地承包经营权的转移。我国现行法律规定，集体所有或国家所有的由农村集体经济组织使用的土地、森林、山岭、草地、荒地、滩涂、水面，可以由农户或者集体承包经营，从事农、林、牧、渔业生产。《物权法》明确土地承包经营权属于用益物权，承包人享有占有、使用和收益的权利，依法可以流转。虽然土地承包经营权与建设用地使用权均为用益物权，但契税立法的指导思想是对房地产市场进行调节，因此，未将农村集体经济组织成员获取土地承包经营权以及转让土地承包经营权行为列入契税征税范围。

4.《契税暂行条例》所称房屋权属转移仅指房屋所有权转移。当前房屋权属主要形式有房屋使用权、房屋所有权和担保物权等。房屋使用权的取得方式有租赁、借用、交换等，不属于契税征税范围。以房屋抵押等方式取得的担保物权，抵押或质押过程中土地、房屋权属没有改变，因此不属于契税征税范围。房屋所有权由建筑物的所有权和附着土地的使用权组成，但现实中情况较复杂。正常情况下，房屋占用范围内的土地使用权是以出让形式取得的，一般称为"大产权"房；特殊情况下，有的房屋占用范围内的土地使用权是以划拨形式取得的，甚至无土地使用权，如原国有企业的厂房、经济适用房、房改房、集资房等，一般称为"小产权"房。"小产权"房转让时，需补缴土地出让金，变为"大产权"房，也属于契税征税范围。

5.《契税暂行条例》所称土地、房屋权属转移的标志并非仅指办理了土地使用证或房屋产权证。土地使用者转让、抵押或置换土地，无论其是否取得了该土地的使用权属证书，无论其在转让、抵押或置换土地过程中是否与对方当事人办理了土地使用权属证书变更登记手续，只要土地使用者享有占有、使用、收益或处分该土地的权利，且有合同等证据表明其实质转让、抵押或置换了土地并取得了相应的经济利益，土地使用者及其对方当事人应当依照税法规定缴纳契税等相关税收。（见《国家税务总局关于未办理土地使用权证转让土地有关税收问题的批复》国税函〔2007〕645号）

需要注意的是，对于被转移权属的建筑物，可参照房产税征管中有关房屋的标准认定是否属于应纳契税的房屋。根据《财政部、国家税务总局关于房产税和车船使用税几个业务问题的解释与规定》（财税地〔1987〕3号）中对于"房屋"的解释："房屋是指有屋面和围护结构（有墙或两边有柱），能够遮风避雨，可供人们在其中生产、工作、学习、娱乐、居住或储藏物资的场所。独立于房屋之外的建筑物，如围墙、烟囱、水塔、变电塔、油池油柜、酒窖菜窖、酒精池、糖蜜池、室外游泳池、玻璃暖房、砖瓦石灰窑以及各种油气罐等，不属于房产"。此外，《财政部、国家税务总局关于具备房屋功能的地下建筑征收房产税的通知》（财税〔2005〕181号）还规定，对具备以上所述房屋功能的地下建筑，包括与地上房屋相连的地下建筑以及完全建在地面以下的建筑、地下人防设施等，均征收房产税。在政策执行中，凡是房产税征税的房屋范围均可作为契税的征税对象。（见《国家税务总局农业税征收管理局〈关于当前契税政策执行中若干具体问题的操作意见〉》农

便函〔2006〕28号）

（三）征税范围的具体判定

现实中房地产的转让形式复杂多样。下面对一些常见的房地产交易行为是否属于契税征收范围进行具体分析，以便实际工作中参考。

1. 国有土地使用权出让。

《宪法》规定，土地使用权可以依照法律的规定转让。土地出让也是土地使用权转让的一种方式，属于政府垄断的土地一级市场。土地出让与其他转让方式的区别在于，出让方是国家，土地使用者只能从国家而不是其他单位或个人手中取得国有土地使用权。

按现行政策规定，土地使用权受让人应与当地代表国家行使土地管理权的县级以上人民政府签订书面出让合同，按照规定交纳土地出让金和有关税费后，办理土地权属登记手续。依据《契税暂行条例》规定，这种行为属于契税征收范围。

2. 房地产转让。

土地使用权转让时，其地上的建筑物、其他附着物所有权随之转移。实际工作中，土地使用权转让有两种情况：一种是地面上有建筑物的转让；另一种是地面上无建筑物的转让。无论地面上有无建筑物的转让，通常把土地使用权转让与房屋所有权转让合为一个整体统称为房地产转让。房地产转让具体可分以下三种情况：

（1）空地出售。这种情况是指土地使用者通过出让方式，向政府交纳了土地出让金，有偿受让土地使用权后，仅对土地进行通水、通电、通路和平整地面（一般称“三通一平”）等土地开发，不进行房屋建设，直接出售空地的行为。购买者在支付了一定的资金或其他利益后，获得该土地使用权，这就是《契税暂行条例》所称的土地使用权转让。按现行政策规定，土地使用权的转让方和受让方应当签订书面转让合同并到当地国土资源管理部门办理土地变更登记手续。依据《契税暂行条例》规定，通过出售空地转让土地使用权的行为属于契税征收范围。这种交易行为主要在法人之间进行。

（2）商品房转让。这种情况是指房地产开发商将自己开发建造的商品房出售给买受人，并由买受人支付房价款的行为。依据现行政策规定，买卖双方必须签订合同，经房屋所在地国土资源管理部门核准后，办理房屋所有权变更登记手续，颁发房屋所有权证。这种情况既发生了房屋所有权的转移，也发生了土地使用权的转移，按《契税暂行条例》规定，属于契税征收范围。转让商品房虽然土地使用权也发生了转移，但商品房买受人若没有改变土地用途，则不用重新签订土地转让合同。这种交易行为，一般卖方为法人，买方为自然人。

以按揭、抵押贷款方式取得房屋所有权的，只是交易方式不同，仍是一种商品房买卖行为，同样属于契税征收范围，均应依法缴纳契税。（见《国家税务总局关于抵押贷款购买商品房征收契税的批复》国税函〔1999〕613号）

（3）存量房转让。这种情况是指房产所有人将自己购置或以其他方式（不包括自建）获得的房产有偿转让给他人的行为。存量房转让与商品房转让情况类似，既发生了房屋所有权的转移，也发生了土地使用权的转移。按《契税暂行条例》规定，存量房转让行为属于契税征收范围。这种交易行为的双方一般是自然人。

需要注意的是，农民的住宅经本集体经济组织同意，可以转让给本集体内符合宅基地使用权分配条件的农户；住房转让时，宅基地使用权一并转让。在我国，为了保护耕地和农民利益，国家明确禁止城镇居民在农村购置宅基地，禁止批准城镇居民占用农民集体土地建住宅，禁止有关部门为违法建筑和购买的住宅发放土地使用证和房产证。因此，本书认为，只能对本集体成员之间转让房屋征收契税，对非本集体成员及城镇居民购买农民的住宅，因其转让行为非法，所以不能征收契税。（见《国务院办公厅关于加强土地转让管理严禁炒卖土地的通知》国办发〔1999〕39号）

3. 集资建房。

集资建房是指政府、机关团体、企事业单位出面组织，由城镇居民、单位职工投资或参与部分投资建设住宅的一种形式。集资建房是否征收契税关键看集资房归属：建成后产权属于建设单位、集资人只有使用权的，因没有发生房地产权属的转移，不征收契税；建成后房屋产权归集资人的，根据《中华人民共和国契税暂行条例细则》（简称《契税暂行条例细则》）的规定，“以预购方式或者预付集资建房款方式承受土地、房屋权属”视同房屋买卖，应征收契税。

4. 合作建房。

合作建房，是指一方（甲）提供土地使用权，另一方（乙）提供资金，共同立项、共建房屋的行为。合作建成的房屋按协议分配，甲乙各自分得的房屋，属于原始取得，不发生权属转移，不征收契税；但乙获得了甲部分土地使用权，属于承受甲转移的土地使用权的行为，对乙征收契税。（见《财政部、国家税务总局对河南省财政厅〈关于契税有关政策问题的请示〉的批复》财税〔2000〕14号）

5. 委托代建。

委托代建是指投资人（委托方）将建设项目委托给房地产开发公司（受托方）代为建设直至交付使用的行为。关于委托代建是否征收契税关键看具体委托代建形式。如果由受托方立项，办理用地、规划、准建等手续的，并由委托方按地价与房价之和向受托方付款，其实质属于《契税暂行条例细则》规定的以预付款方式购买商品房的行为，应征收契税；如果由委托方立项并办理用地、规划、准建等手续，受托方只负责建设，其行为属于建设工程承包，不属于契税征收范围。（见《国家税务总局关于城镇居民委托代建房屋契税征免问题的批复》国税函〔1998〕829号）

6. 承受房屋附属设施。

与房屋相关的附属设施一般包括停车位、汽车库、自行车库、顶层阁楼以及储藏室。对于承受与房屋相关的附属设施所有权或土地使用权的行为，按规定征收契税；对于不涉及土地使用权和房屋所有权转移变动的，不征收契税。承受的房屋附属设施权属如为单独计价的，按照当地确定的适用税率征收契税；如与房屋统一计价的，适用与房屋相同的契税税率。（见《财政部、国家税务总局关于房屋附属设施有关契税政策的批复》财税〔2004〕126号）

7. 房地产拆迁。

城市房屋拆迁是指在城市规划区内国有土地上，因城市建设需要拆除房屋及其附属物，并由拆迁人对原房屋及其附属物的所有人或使用人进行补偿和安置的行为。

接受产权调换补偿的被拆迁人承受拆迁人提供的房屋（习惯称为回迁），实质是用拆迁补偿款（以实物形式体现的）重新购买房地产的行为，并非交换，因此应对其征

收契税。（见《国家税务总局关于以补偿征地款方式取得的房产征收契税的批复》国税函〔1999〕737号）

需要注意的是，2011年1月21日颁布实施的《国有土地上房屋征收与补偿条例》（国务院令2011年第590号）规定，房屋征收补偿主体是市、县人民政府，建设单位不允许直接拆迁。本书认为，政府通过房屋征收收回土地使用权以及此过程中给予房屋及其他地上附着物所有人补偿的行为不是契税、土地增值税、增值税的应税行为。这样，该条例实施后，拆迁、回迁涉及的税收问题将相应减少。

8. 房地产赠与。

房地产赠与是指房屋所有人、土地使用权人（赠与人）将自己所拥有的土地、房屋无偿地交给他人（受赠人）的行为。这种情况下，虽然房屋所有权、土地使用权在转移过程中受赠人没有支付赠与人任何经济利益，但由于房屋所有权、土地使用权发生了转移，按照《契税暂行条例》规定，属于契税征收范围。

以获奖方式取得土地使用权、房屋所有权的，属于土地使用权和房屋所有权无偿转移，按《契税暂行条例细则》规定，应比照土地使用权、房屋赠与征收契税。

9. 房地产交换。

房地产交换是指房屋所有者、土地使用者之间相互交换土地、房屋的行为。交换房屋使用权的，由于没有发生房屋所有权转移，也不办理土地使用权、房屋所有权变更登记手续，不属于契税征收范围；交换房屋所有权或土地使用权的，以及土地使用权与房屋所有权之间相互交换，交换双方应订立交换契约，办理房屋所有权和土地使用权变更登记手续，按《契税暂行条例》规定，属于契税征收范围。

10. 房地产抵债。

房地产抵债是指债务人以自己拥有的房屋所有权、土地使用权向债务人抵偿债务的行为。由于这种行为发生了土地使用权、房屋所有权的转移，按政策规定，必须到当地国土资源管理部门办理土地使用权、房屋所有权变更登记手续。按《契税暂行条例细则》规定，以房地产抵债，应视同房屋买卖和土地使用权出售征收契税。

11. 房地产投资。

房地产作价投资入股是指投资人以自有的土地或房屋出资并作价，投入他人企业或者设立新的企业。按有关法律、法规规定，这种行为应到国土资源管理部门办理土地使用权、房屋所有权变更登记手续，将房屋所有权、土地使用权转移到新设立或被投资企业名下。由于以土地、房屋作价入股是以取得经济利益为目的的转移，这一点与买卖具有共同性质，因此《契税暂行条例细则》规定，这种情况视同土地使用权转让、房屋买卖征收契税。实际工作中判断是否出资入股，一般以签订投资协议并办理工商登记、产权变更登记手续为判定标准。（见《国家税务总局关于以土地、房屋作价出资及租赁使用土地有关契税问题的批复》国税函〔2004〕322号）

对以国家作价出资（入股）方式转移国有土地使用权的行为，应视同土地使用权转让，由土地使用权的承受方按规定缴纳契税。（见《财政部、国家税务总局关于企业改制过程中以国家作价出资（入股）方式转移国有土地使用权有关契税问题的通知》财税〔2008〕129号）

12. 房地产继承。

房地产继承是指房屋所有人、土地使用权人死亡后，由其继承人依法接受其遗留下来的房地产的行为。这种行为虽然房地产的权属发生了转移，须办理房地产权属变更登记手续，但不在《契税暂行条例》规定的征收范围之内，不征收契税。

需要注意的是：（1）只有《继承法》规定的法定继承人（包括配偶、子女、父母、兄弟姐妹、祖父母、外祖父母）继承土地、房屋权属不征收契税；（2）土地、房屋继承权的取得必须依据法律规定或有效的遗嘱指定。继承人若不能提供有效的继承证明材料，或非法定继承人承受遗赠房屋、土地，属于赠与性质，应按赠与税率征收契税；（3）国家、法人及其他组织不能作为继承人，但可作为接受房产的受赠人，不符合减免条件的，应征收契税。（见《国家税务总局关于继承土地、房屋权属有关契税问题的批复》国税函〔2004〕1036号）

13. 房地产租赁。

房地产租赁是指房屋所有人、土地使用权人，将土地、房屋出租给他人（承租人）使用，由承租人支付租金的行为。房地产租赁，由于出租者仅仅放弃或出让一定时期内的房屋使用权，没有发生房屋所有权、土地使用权的转移，不办理有关的权属变更登记手续，故不属于契税征收范围。（见《国家税务总局关于以土地、房屋作价出资及租赁使用土地有关契税问题的批复》国税函〔2004〕322号、《国家税务总局关于出售或租赁房屋使用权是否征收契税问题的批复》国税函〔1999〕465号）

14. 房地产抵押。

房地产抵押是指房屋所有人、土地使用权人作为债务人或者第三人，向债权人提供房地产作为清偿债务的担保而不转移占有的行为。由于房屋所有权、土地使用权在抵押期间并没有发生权属的变更，房屋所有人、土地使用权人仍能对房地产行使占有、使用、收益等权利，因此对房地产的抵押不征收契税。抵押期满，若债务人逾期不能履行债务，债权人即抵押权人依法将抵押的房地产折价抵作价款或变卖时，属于房地产抵债行为，承受人（包括债权人承受）应缴纳契税。

15. 房地产分析。

房地产分析是指土地、房屋权属共有人通过协议的方式，根据一定的标准，将共有房地产予以分割，而分属各共有人所有的行为。如合伙人散伙，法人分立、清产，原家庭成员分家产等。分析土地使用权和房屋所有权，是在权属共有人内部分割而发生的权属转移行为，虽然也办理有关权属变更登记手续，但不属于《契税暂行条例》规定的征收范围。

夫妻离婚后，双方共有的住房产权归一方所有，是房产共有权的变动，虽应办理产权过户手续，但属房屋分析，不征收契税。若属于夫妻一方所有的房产，离婚时房产权属发生变化的，属于赠与行为，应向受赠人征收契税。（见《国家税务总局关于离婚后房屋权属变化是否征收契税的批复》国税函〔1999〕391号）

在婚姻关系存续期间，房屋、土地权属原归夫妻一方所有，变更为夫妻双方共有或另一方所有的，或者房屋、土地权属原归夫妻双方共有，变更为其中一方所有的，或者房屋、土地权属原归夫妻双方共有，双方约定、变更共有份额的，免征契税。（见《财政部、国家税务总局关于夫妻之间房屋土地权属变更有关契税政策的通知》财税〔2014〕4号）

16. 土地换资金或项目。

土地换资金或项目是指土地使用权受让人通过完成土地使用权转让方约定的投资额度或投资特定项目，以此获取低价转让或无偿赠与的土地使用权的行为。这种行为属于契税征收范围，应对土地使用权受让人征收契税。（见《国家税务总局关于以项目换土地等方式承受土地使用权有关契税问题的批复》国税函〔2002〕1094 号）

17. 国有土地使用权划拨。

土地使用权划拨是指县级以上人民政府依法批准，在土地使用者交纳补偿、安置费用后将该幅土地交付其使用，或者将土地使用权无偿交付土地使用者使用的行为。划拨是政府行政行为。通过划拨取得的土地使用权仅限于有权使用，用地单位没有处分权，不成为一项独立的财产权利，所以，以划拨方式承受国有土地使用权不征收契税。

划拨的土地经有批准权的人民政府准予转让的，必须先办理出让手续，按照《实施细则》规定，由房地产转让者补缴契税。（见《财政部、国家税务总局关于国有土地使用权出让等有关契税问题的通知》财税〔2004〕134 号）

18. 房地产征收、征用。

房地产征收，是指国家为了公共利益的需要，依照法律规定的权限和程序强制取得集体所有的土地和单位、个人的房屋及其他不动产的行为。国家征收单位、个人的房屋及其他不动产是为了收回国有土地使用权。国家征收（收回）的土地，所有权、使用权属于国家，与土地使用权出让、转让有区别，因此没有规定为契税征收范围。

房地产征用，是指国家因抢险、救灾等紧急需要，依照法律规定的权限和程序对他人所有的房地产的强制使用的行为。房地产征用是以给予补偿为条件，对他人房地产所有权以外的他项权利的利用，待紧急状态结束时，仍将其归还所有者。征用房地产只是国家暂时使用他人的房地产，没有发生房地产权属的转移，不属于契税征收范围。

19. 股权重组。

股权重组是指公司股东持有的股份或出资发生变更的行为。股权重组主要包括股权转让和增资扩股两种形式。股权转让是指企业的股东将其持有的股份（或出资）部分或全部转让给他人；增资扩股是指公司向社会公众或特定单位、个人募集资金、发行股票。

在股权转让中，单位、个人承受企业股权（股份），企业的土地、房屋权属不发生转移，不征契税。在增资扩股中，对以土地、房屋权属作价入股或作为出资投入企业的，征收契税。

单位、个人以房屋、土地以外的资产增资，相应扩大其在被投资公司的股权持有比例，无论被投资公司是否变更工商登记，其房屋、土地权属不发生转移，不征收契税。（以上内容见《国家税务总局关于股权变动导致企业法人房地产权属更名登记不征收契税的批复》国税函〔2002〕771 号、《财政部、国家税务总局关于企业以售后回租方式进行融资等有关契税政策的通知》财税〔2012〕82 号）

二、纳税人

契税的纳税人是在我国境内承受土地使用权和房屋所有权的单位和个人。具体包括以下几类：

1. 企业、事业单位、国家机关、军事单位、社会团体及其他组织；
2. 个体工商户、城乡居民个人及其他自然人；
3. 港澳居民、华侨和台湾同胞；

4. 外商投资企业、外国企业、外国驻华机构和外国公民。

以上这些单位和个人只要在中华人民共和国境内，以购买、受让、受赠、交换等方式取得土地使用权、房屋所有权，都是契税纳税人。

在确定契税纳税人时应注意以下四点：

1. 土地、房屋权属交换的，由于双方都是权属的承受者，因此交易各方均是契税纳税人，但征收税款时，按照差额由多交付经济利益的一方缴纳。

2. 法院判决书确定的房地产所有人应为契税纳税人。判决书属于非规范性法律文件，同样具有法律效力。依据人民法院生效的判决书即可确认权属合法有效，同时也是房地产交易完成的标志，税务机关可据此征收契税。

3. 以招拍挂方式出让国有土地使用权的，纳税人为最终与土地管理部门签订出让合同的土地使用权承受人。（见《财政部、国家税务总局关于企业以售后回租方式进行融资等有关契税政策的通知》财税〔2012〕82号）

三、计税依据

契税以土地、房屋权属转移当事人签订的合同成交价格或者核定的市场价格作为计税依据。

需要注意的是，计征契税的成交价格不含增值税。免征增值税的，确定计税依据时，成交价格不扣减增值税额。在计征契税时，税务机关核定的计税价格不含增值税。（见《财政部、国家税务总局关于营改增后契税房产税土地增值税个人所得税计税依据问题的通知》财税〔2016〕43号）

（一）以成交价格作为计税依据

以成交价格作为契税计税依据的房地产交易行为有国有土地使用权出让、土地使用权（空地）出售、房屋买卖三种。

1. 国有土地使用权出让。按规定，以协议、招标、拍卖、挂牌等方式取得土地使用权的纳税人，必须与市、县人民政府签订国有土地使用权出让合同，合同内容包括出让土地的用途、四至界限、面积以及出让金数额等。出让国有土地使用权的，其契税计税价格为承受人为取得该土地使用权而支付的全部经济利益。

（1）以协议方式出让的，其契税计税价格为成交价格。成交价格包括土地出让金、土地补偿费、安置补助费、地上附着物和青苗补偿费、拆迁补偿费、市政建设配套费等承受者应支付的货币、实物、无形资产及其他经济利益。

（2）对通过“招、拍、挂”程序承受国有土地使用权的，其契税计税价格为土地成交总价款，一般包括土地出让金、市政建设配套费以及各种补偿费用，其中的土地前期开发成本不得扣除。

需要注意的是，作为计税依据的土地使用权出让的成交价格，不仅仅是受让者支付的土地出让金，还应该包括受让者为取得该土地使用权而支付的征地费用和土地开发费用。具体说，征地费用包括土地补偿费、安置补助费、新菜田开发建设基金、青苗补偿费、地上附着物补偿费、地下埋藏物补偿费、拆迁补偿费和征地管理费等；土地开发费用包括市政公用设施配套费、城市园林绿化费、城市给水工程建设费、城市消防设施建设费、重点人防城市结建人防工程建设费、城市商业网点建设费和城市教育网点建设费等；地租也称土地净收益，是指应缴入国库的土地出让金。土地使用者取得土地所支付的这些费用总和就是土地出让成交价格，也是征收契税的计税依据。（以上内容见《国家税务总局关于明确国有土地使用权出让契税计税依据的批复》国税函〔2009〕603 号、《财政部、国家税务总局关于国有土地使用权出让等有关契税问题的通知》财税〔2004〕134 号）

对于以市场竞价方式承受国有土地使用权的，契税计税价格应为竞价的成交价格，土地出让金、市政建设配套费用以及各种补偿费用均不得扣除。（见《国家税务总局关于国有土地使用权出让契税计税依据问题的批复》国税函〔2005〕413 号）

需要注意的是，在国有土地使用权出让时，政府减免或代企业承担土地出让金和其他与土地出让相关的费用，是对土地承受者的一种优惠和照顾。这些费用是契税计税价格的重要组成部分，不应将这些本应由土地承受者缴纳的费用从契税计税依据中剔除，土地承受者应按规定足额缴纳契税。（见《国家税务总局关于免征土地出让金出让国有土地使用权征收契税的批复》国税函〔2005〕436 号）

2. 空地出售。以出让方式取得的土地使用权，可以在不同的土地使用者之间多次转让。按照现行政策规定，土地使用权转让时，应签订书面转让合同，合同内容由当事人协商确定。转让合同所载明的成交价格就是土地使用权出售行为应缴纳契税的计税依据。

土地使用者将土地使用权及所附建筑物、构筑物等（包括在建的房屋、其他建筑物、构筑物和其他附着物）转让给他人的，应按照转让的总价款计征契税。（见《财政部、国家税务总局关于土地使用权转让契税计税依据的批复》财税〔2007〕162 号）

3. 房屋买卖。按现行政策规定，房屋所有人在转移房屋所有权的同时，其房屋占用范围内的土地使用权也发生转移。房屋买卖一般不分别标明地价和房价，而是将房产和地产合在一起计价，习惯称为房价。在房屋买卖过程中，交易双方应签订书面转让合同，由国土资源管理部门对包括转让合同在内的有关资料进行审核后，予以办理产权转移手续，核发房屋所有权证。房屋买卖的契税计税依据就是房屋买卖合同中载明并经税务机关核实认可的成交价格。

买卖装修的房屋，装修费用应包括在房屋买卖合同的总价款内。（见《国家税务总局关于承受装修房屋契税计税价格问题的批复》国税函〔2007〕606 号）

需要注意的是，土地使用权出让、土地使用权转让、房屋买卖的成交价格中所包含的行政事业性收费，属于成交价格的组成部分，不应从中剔除，纳税人应按合同确定的成交价格计算缴纳契税。（见《国家税务总局关于契税征收中几个问题的批复》财税字〔1998〕96 号）

（二）以税务机关参照房地产市场价格核定的计税价格作为计税依据

以税务机关参照当地土地使用权出售、房屋买卖的市场价格作为契税计税依据的房地产权属转移行为有土地使用权赠与、房屋赠与两种。

就土地使用权赠与、房屋赠与行为而言，土地、房屋权属转移过程中，受赠人不支付任何经济利益或为此承担任何义务，因此没有成交价格可循。这种情况下，税务机关只能参照当时、当地土地使用权出售、房屋买卖的市场价格核定计税价格。

此外，以土地、房屋权属作价投资入股，以土地、房屋权属抵债，以获奖方式获得土地、房屋权属的，其计税依据由税务机关参照土地使用权出售、房屋买卖的市场价格确定。

这里所说的市场价格是熟悉情况的房地产交易双方在房地产市场上自愿进行公平交易所达成的价格。

（三）以所交换房地产价格的差额作为计税依据

房地产交换是房地产市场上的一种实物交易行为，但这是一种特殊的实物交易行为，即被交换的对象（房地产）在空间上并不转移。

在实际交换中，被交换的房地产价值往往不相等，具有较少价值的一方必须增加现金或其他财产以平衡互换的房地产价值。按《契税暂行条例》规定，交换价格相等的，免纳契税；交换价格不相等的，以多支付的货币、实物或其他经济利益为计税依据。

（四）以最低计税价格为计税依据

以最低计税价格为计税依据主要针对价格申报不实的转让存量房地产的行为。

《契税暂行条例》规定，对成交价格明显不合理并且无正当理由的，或者所交换的土地使用权、房屋价格差额明显不合理并且无正当理由的，其计税依据由税务机关参照当地房地产市场价格核定。不过，对现实大量存在的价格申报不实的存量房转移行为，因技术、成本、时间的原因，由征收机关按《契税暂行条例》规定核定市场价格不切实际。鉴于此，实际工作中，对房地产买卖双方通过订立虚假合同低报房屋交易价格的，一般以征收机关确定的最低计税价格为依据计税。具体来说，工作基础较好，具备直接制定最低计税价格条件的，可直接制定房地产交易最低计税价格；不具备直接制定最低计税价格条件的，可参照下列一种方法确定最低计税价格。

1. 当地政府公布的拆迁补偿标准、房屋交易指导价、土地基准地价。政府公布的上述信息未及时调整的，确定最低计税价格时应考虑房地产市场价格上涨因素。

2. 房地产交易资金托管金额或者房地产交易网上报价。

3. 信誉良好的房地产价格评估机构的评估价格。

纳税人申报的房屋交易价格高于确定的最低计税价格的，应按纳税人申报的交易价格计算征税；纳税人申报的房屋交易价格低于确定的最低计税价格的，如果纳税人不能提供正当理由，应按最低计税价格计算征税。

需要说明的是，根据我国司法解释的规定，转让价格达不到交易时交易地的指导价或者市场交易价70%的，一般可以视为明显不合理的低价；对转让价格高于当地指导价或者市场交易价30%的，一般可以视为明显不合理的高价。（见《最高人民法院关于适用〈中华人民共和国合同法〉若干问题的解释（二）》法释〔2009〕5号）（以上内容见《国家税务总局关于个人转让房屋有关税收征管问题的通知》国税发〔2007〕33号、《财政部、国家税务总局关于国有土地使用权出让等有关契税问题的通知》财税〔2004〕134号、《国家税务总局关于印发〈城市维护建设税管理规程（试行）〉〈契税管理规程（试行）〉的通知》税总发〔2017〕142号）

（五）几种特殊权属转移形式的计税依据

1. 划拨土地改出让、转让。以划拨方式取得的土地使用权经批准转让时，转让方和承受方均应缴纳契税。这种情形，转让方与国家的关系转变为受让与出让的关系，因而转让方要补缴国有土地出让的契税，其计税依据为应补缴的土地出让费用（出让金和其他出让费用）或土地收益；承受方为国有土地转让的受让者，按土地使用权转让缴纳契税，其计税依据为成交价格或竞买价格。（见《财政部、国家税务总局关于国有土地使用权出让等有关契税

问题的通知》财税〔2004〕134号）

2. 改变土地用途。对因改变土地用途而签订土地使用权出让合同变更协议或者重新签订土地使用权出让合同的，其计税依据为因改变土地用途应补缴的土地收益金及应补交政府的其他费用。（见《国家税务总局关于改变国有土地使用权出让方式征收契税的批复》国税函〔2008〕662号）

3. 分期付款承受房屋及其附属设施。采取分期付款方式购买房屋或房屋附属设施的，应按合同规定的总价款为计税依据一次性缴纳契税。（见《财政部、国家税务总局关于房屋附属设施有关契税政策的批复》财税〔2004〕126号）

4. 承受土地代建保障性住房。企业承受土地使用权用于房地产开发，并在该土地上代政府建设保障性住房的，计税价格为取得全部土地使用权的成交价格。（见《财政部、国家税务总局关于企业以售后回租方式进行融资等有关契税政策的通知》财税〔2012〕82号）

5. 土地连同地上建筑物转让。土地使用者将土地使用权及所附建筑物、构筑物等（包括在建的房屋、其他建筑物、构筑物和其他附着物）转让给他人的，应按照转让的总价款计征契税。（见《财政部、国家税务总局关于土地使用权转让契税计税依据的批复》财税〔2007〕162号）

四、税率

契税采用幅度比例税率。考虑各地经济和房地产市场发展的不平衡状况，为增强地方政府对房地产市场的调控能力，充分发挥和调动地方政府管理税收的积极性，《契税暂行条例》只规定了契税税率幅度为3%～5%，具体执行税率由各省、自治区、直辖市人民政府在该幅度范围内依本地区实际情况确定。

从全国各地的情况来看，契税税率执行3%的有北京、天津、内蒙古、上海、浙江、福建、山东、广东、广西、海南、重庆、贵州、云南、陕西、青海、宁夏、新疆等省（自治区、直辖市）；税率执行3.5%的有甘肃省；税率执行4%的有河北、山西、辽宁、江苏、安徽、江西、河南、湖北、湖南、四川等省；税率执行5%的有黑龙江、吉林等省。其中河北、山西、辽宁、黑龙江、吉林等省对个人购买住宅房屋执行3%的税率。

为活跃住房市场，鼓励居民购买普通住房和换购住房，国家分别于1999年和2008年出台政策，对个人购买自用普通住房减半征收契税；对个人首次购买90平方米及以下普通住房减按1%税率征收契税。

近年来，我国各地房价上涨幅度较大，尤其是一些大中城市房价出现过快上涨势头，投机性购房活跃。为切实解决城镇居民住房问题，引导房地产市场健康发展，国家对契税政策进行了多次调整。2016年以后，国家对个人购买住房契税政策又进行了调整：

1. 对个人购买家庭唯一住房（家庭成员范围包括购房人、配偶以及未成年子女），面积为90平方米及以下的，减按1%的税率征收契税；面积为90平方米以上的，减按1.5%的税率征收契税。

2. 对个人购买家庭第二套改善性住房，面积为90平方米及以下的，减按1%的税率征收契税；面积为90平方米以上的，减按2%的税率征收契税（北京市、上海市、广州市、深圳市暂不执行本条契税优惠政策，采用当地规定的契税税率3%）。

家庭第二套改善性住房是指已拥有一套住房的家庭，购买的家庭第二套住房。（以上内容见《财政部、国家税务总局、住房城乡建设部关于调整房地产交易环节契税　营业税优惠政策的通知》财税〔2016〕23号）

关于上述优惠政策，在实际执行中，应注意以下几点：

1. 享受优惠政策的主体是自然人；

2. 享受优惠政策的客体是住房（分90平方米以下和以上两种）；

3. 享受优惠政策的限定条件是家庭二套以内住房。

由此可见，自然人购买第三套（含）以上住宅房屋的，仍然执行原税率。

五、应纳税额

税务机关对纳税人提供的证件、资料进行审核，确定计税依据和适用税率后，计算应纳税额。其计算公式如下：

1. 国有土地使用权出让、土地使用权出售、房屋买卖：

应纳税额 = 成交价格 × 税率

2. 土地使用权赠与、房屋赠与：

应纳税额 = 核定的计税价格 × 税率

3. 土地使用权交换、房屋交换：

应纳税额 = 所交换房地产价格差额 × 税率

4. 存量房地产转让：

应纳税额 = 最低计税价格 × 税率

计算应纳税额时应注意如下政策界限时间点：

1. 1997年10月1日之后转移房地产权属并签订合同的执行新《契税暂行条例》；

2. 1999年8月1日以后，个人购买自用普通住房的，减半征收契税；

3. 2008年11月1日起，个人首次购买90平方米及以下普通住房的，契税税率为1%；

4. 2010年10月1日起，个人购买普通住房，且该住房属于家庭唯一住房的，减半征收契税；个人购买90平方米及以下普通住房，且该住房属于家庭唯一住房的，减按1%税率征收契税。

5. 2016年2月22日起，个人购买家庭唯一住房或第二套改善性住房，面积为90平方米及以下的，减按1%的税率征收契税；面积为90平方米以上的，唯一住房减按1.5%、第二套改善性住房减按2%的税率征收契税（北京市、上海市、广州市、深圳市除外）。

之所以强调上述政策界限时间点，是因为依据法不溯及既往的原则，纳税人在上述时间点之前转移房地产并签订转让协议的，执行原契税征免政策，否则执行调整后的契税征免政策。（以上内容见《财政部、国家税务总局关于调整房地产市场若干税收政策的通知》财税字〔1999〕210号、《财政部、国家税务总局关于调整房地产交易环节税收政策的通知》财税〔2008〕137号、《财政部、国家税务总局住房和城乡建设部关于调整房地产交易环节契税个人所得税优惠政策的通知》财税〔2010〕94号、《财政部、国家税务总局、住房城乡建设部关于调

整房地产交易环节契税　营业税优惠政策的通知》财税〔2016〕23号）

需要注意的是，财税〔2016〕23号文件规定的优惠政策自2016年2月22日起执行。即凡是于2016年2月22日及以后到税务机关申报缴纳房地产交易（仅限于买卖形式）契税、符合该文件规定税收优惠条件的，均可享受优惠政策。（见《国家税务总局纳税服务司关于配合做好调整房地产交易环节契税营业税优惠政策宣传解答工作的通知》税总纳便函〔2016〕27号）

六、税收优惠

（一）法定减免税项目

1. 国家机关、事业单位、社会团体、军事单位承受土地、房屋直接用于办公、教学、医疗、科学试验和科学研究以及直接用于军事设施的，免征契税。

需要注意的是，对事业单位性质的医院承受土地、房屋权属用于医疗的，免征契税，其他性质的医疗单位不在免税之列。军事单位承受土地、房屋用于军事设施的，免征契税。但开发公司将开发建设的综合人防工程部分建筑单元产权出售给个体经营者从事商业服务业，不属于免税范围，应对其产权承受者照章征收契税。（见《国家税务总局关于私立医院承受房屋权属征收契税的批复》国税函〔2003〕1224号、《国家税务总局关于承受综合人防工程产权用于商业服务业征收契税的批复》国税函〔2001〕803号）

根据《契税暂行条例》及其实施细则和财政部1996年发布的《事业单位财务规则》的规定，对事业单位承受土地、房屋免征契税应同时符合两个条件：一是纳税人必须是按《事业单位财务规则》进行财务核算的事业单位；二是所承受的土地、房屋必须用于办公、教学、医疗、科研项目。凡不符合上述两个条件的，一律照章征收契税。对按《事业单位财务规则》第四十五条规定，应执行《企业财务通则》和同行业或相近行业企业财务制度的事业单位或者事业单位的特定项目，其承受的土地、房屋应征收契税。（见《财政部、国家税务总局关于契税征收中几个问题的批复》财税字〔1998〕96号）

2. 城镇职工第一次购买在国家规定标准面积以内的公有住房，免征契税。超过国家规定标准面积的部分，仍应按照规定缴纳契税。

3. 因不可抗力（指自然灾害、战争等不能预见、不能避免、并不能克服的客观情况）灭失住房而重新购买住房的，酌情准予减征或免征契税。

4. 土地、房屋被县级以上人民政府征用、占用后，重新承受土地、房屋权属的，是否减征或者免征契税，由省、自治区、直辖市人民政府确定。

5. 纳税人承受荒山、荒沟、荒丘、荒滩土地使用权，用于农、林、牧、渔业生产的，免征契税。

6. 依照我国有关法律规定以及我国缔结或参加的双边和多边条约或协定的规定予以免税的外国驻华使馆、领事馆、联合国驻华机构及其外交代表、领事官员和其他外交人员承受土地、房屋权属的，经外交部确认，可以免征契税。

（二）财税主管部门的减免税规定

1. 已购公有住房经补缴土地出让金和其他出让费用成为完全产权住房的，免征土地权属转移的契税。（见《财政部、国家税务总局关于国有土地使用权出让等有关契税问题的通知》财税〔2004〕134号）

2. 对个人购买家庭唯一住房（家庭成员范围包括购房人、配偶以及未成年子女），面积为 90 平方米及以下的，减按 1% 的税率征收契税；面积为 90 平方米以上的，减按 1.5% 的税率征收契税。对个人购买家庭第二套改善性住房，面积为 90 平方米及以下的，减按 1% 的税率征收契税；面积为 90 平方米以上的，减按 2% 的税率征收契税（北京市、上海市、广州市、深圳市暂不执行本条契税优惠政策）。（见《财政部、国家税务总局、住房城乡建设部关于调整房地产交易环节契税营业税优惠政策的通知》财税〔2016〕23 号）

需要注意的是，对两个或两个以上个人共同购买普通住房，其中一人或多人已有购房记录的，该套房产的共同购买人均不适用首次购买普通住房的契税优惠政策。（见《财政部、国家税务总局关于首次购买普通住房有关契税政策的通知》财税〔2010〕13 号）

3. 监狱管理部门承受土地、房屋直接用于监狱建设，视同国家机关的办公用房建设，免征契税。（见《国家税务总局关于对监狱管理部门承受土地房屋直接用于监狱建设免征契税的批复》国税函〔1999〕572 号）

4. 各类公有制单位为解决职工住房而采取集资建房方式建成的普通住房或由单位购买的普通商品住房，经当地县级以上人民政府房改部门批准，按国家房改政策将本单位所属住房出售给本单位职工的，如属职工首次购买住房，免征契税。（见《财政部、国家税务总局关于公有制单位职工首次购买住房免征契税的通知》财税〔2000〕130 号）

5. 军建离退休干部住房及附属用房移交地方政府管理所涉及的契税免予征收。（见《财政部、国家税务总局关于免征军建离退休干部住房移交地方政府管理所涉及契税的通知》财税字〔2000〕176 号）

6. 社会保险费（基本养老保险、基本医疗保险、失业保险）征收机构承受用以抵缴社会保险费的土地、房屋权属免征契税。（见《国家税务总局关于土地房屋权属抵缴社会保险费免征契税的批复》国税函〔2001〕483 号）

7. 县级以上人民政府教育行政主管部门或劳动行政主管部门批准并核发《社会力量办学许可证》，由企事业单位组织、社会团体及其他社会组织和公民个人利用非国家财政性教育经费面向社会举办的教育机构，其承受的土地、房屋权属用于教学的，免征契税。（见《财政部、国家税务总局关于社会力量办学契税政策问题的通知》财税〔2001〕156 号）

8. 市、县级人民政府根据《国有土地上房屋征收与补偿条例》有关规定征收居民房屋，居民因个人房屋被征收而选择货币补偿用以重新购置房屋，并且购房成交价格不超过货币补偿的，对新购房屋免征契税；购房成交价格超过货币补偿的，对差价部分按规定征收契税。居民因个人房屋被征收而选择房屋产权调换，并且不缴纳房屋产权调换差价的，对新换房屋免征契税；缴纳房屋产权调换差价的，对差价部分按规定征收契税。城镇房屋拆迁优惠政策适用的对象，应为被拆迁房屋的所有权人或共有权人以及领取拆迁补偿款的被拆迁公有住房的承租人。（见《财政部、国家税务总局关于企业以售后回租方式进行融资等有关契税政策的通知》财税〔2012〕82 号、《国家税务总局关于城镇房屋拆迁契税优惠政策适用对象的批复》国税函〔2005〕903 号）

本书认为，享受此项税收优惠政策，主体只适用居民个人，不适用法人；客体既适用住房，也适用非住房（无论拆迁的、回迁的，还是重新购置的）。

9. 对金融租赁公司开展售后回租业务，承受承租人房屋、土地权属的，照章征税。对售后回租合同期满，承租人回购原房屋、土地权属的，免征契税。（见《财政部、国家税务总局关于企业以售后回租方式进行融资等有关契税政策的通知》财税〔2012〕82 号）

10. 个体工商户的经营者将其个人名下的房屋、土地权属转移至个体工商户名下，或个体工商户将其名下的房屋、土地权属转回原经营者个人名下，免征契税。（见《财政部、

国家税务总局关于企业以售后回租方式进行融资等有关契税政策的通知》财税〔2012〕82号）

11. 合伙企业的合伙人将其名下的房屋、土地权属转移至合伙企业名下，或合伙企业将其名下的房屋、土地权属转回原合伙人名下，免征契税。（见《财政部、国家税务总局关于企业以售后回租方式进行融资等有关契税政策的通知》财税〔2012〕82号）

（三）企业改制重组的减免税政策

为贯彻落实《国务院关于进一步优化企业兼并重组市场环境的意见》（国发〔2014〕14号），继续支持企业、事业单位改制重组，财政部和税务总局专门制定了如下有关企业、事业单位改制重组涉及的契税政策。

1. 企业改制。企业按照《公司法》有关规定整体改制，包括非公司制企业改制为有限责任公司或股份有限公司，有限责任公司变更为股份有限公司，股份有限公司变更为有限责任公司，原企业投资主体存续并在改制（变更）后的公司中所持股权（股份）比例超过75%，且改制（变更）后公司承继原企业权利、义务的，对改制（变更）后公司承受原企业土地、房屋权属，免征契税。

2. 事业单位改制。事业单位按照国家有关规定改制为企业，原投资主体存续并在改制后企业中出资（股权、股份）比例超过50%的，对改制后企业承受原事业单位土地、房屋权属，免征契税。

3. 公司合并。两个或两个以上的公司，依照法律规定、合同约定，合并为一个公司，且原投资主体存续的，对合并后公司承受原合并各方土地、房屋权属，免征契税。

4. 公司分立。公司依照法律规定、合同约定分立为两个或两个以上与原公司投资主体相同的公司，对分立后公司承受原公司土地、房屋权属，免征契税。

5. 企业破产。企业依照有关法律法规规定实施破产，债权人（包括破产企业职工）承受破产企业抵偿债务的土地、房屋权属，免征契税；对非债权人承受破产企业土地、房屋权属，凡按照《劳动法》等国家有关法律法规政策妥善安置原企业全部职工规定，与原企业全部职工签订服务年限不少于三年的劳动用工合同的，对其承受所购企业土地、房屋权属，免征契税；与原企业超过30%的职工签订服务年限不少于三年的劳动用工合同的，减半征收契税。

6. 资产划转。对承受县级以上人民政府或国有资产管理部门按规定进行行政性调整、划转国有土地、房屋权属的单位，免征契税。

同一投资主体内部所属企业之间土地、房屋权属的划转，包括母公司与其全资子公司之间，同一公司所属全资子公司之间，同一自然人与其设立的个人独资企业、一人有限公司之间土地、房屋权属的划转，免征契税。

母公司以土地、房屋权属向其全资子公司增资，视同划转，免征契税。

7. 债权转股权。经国务院批准实施债权转股权的企业，对债权转股权后新设立的公司承受原企业的土地、房屋权属，免征契税。

8. 划拨用地出让或作价出资。以出让方式或国家作价出资（入股）方式承受原改制重组企业、事业单位划拨用地的，不属上述规定的免税范围，对承受方应按规定征收契税。

9. 公司股权（股份）转让。在股权（股份）转让中，单位、个人承受公司股权

（股份），公司土地、房屋权属不发生转移，不征收契税。

有关用语含义：所称企业、公司，是指依照我国有关法律法规设立并在中国境内注册的企业、公司。所称投资主体存续，是指原企业、事业单位的出资人必须存在于改制重组后的企业，出资人的出资比例可以发生变动；投资主体相同，是指公司分立前后出资人不发生变动，出资人的出资比例可以发生变动。

上述政策自 2018 年 1 月 1 日起至 2020 年 12 月 31 日执行。此前企业、事业单位改制重组过程中涉及的契税尚未处理的，符合上述规定的可据此执行。（以上内容见《财政部、税务总局关于继续支持企业事业单位改制重组有关契税政策的通知》财税〔2018〕17 号、《财政部、国家税务总局关于企业改制过程中以国家作价出资（入股）方式转移国有土地使用权有关契税问题的通知》财税〔2008〕129 号）

需要注意的是，经批准减征、免征契税的纳税人改变有关土地、房屋用途，不再属于减征、免征范围的，应当补缴已经减征、免征的税款。

第三节　征收管理

契税的征收管理有别于其他税种，原因如下：

一是契税一直由财政机关征收，1994 年国地税机构分设后最初只有少部分省（自治区、直辖市）由税务机关征收，也就是说征收机关、征管模式、征收程序在很长一段时间内一直不统一。

二是契税的纳税人很大一部分是自然人，不必办理税务登记，所以对其涉税行为很难实施有效监控，征管难度较大。

三是完纳契税是取得不动产权证书的前提条件，这使得征收机关征收契税时与相关部门协同配合非常重要。

关于契税征管是否适用《征管法》，本书认为，应按照国税发〔2001〕110 号文件的规定执行。该文件规定，自 2001 年 5 月 1 日起到国务院制定的农业税收征收管理办法实施前，农业税收的征收管理，暂参照《征管法》的有关规定执行。凡税款滞纳行为发生在 2001 年 5 月 1 日以后的，统一按照《征管法》规定，按日加收滞纳税款万分之五的滞纳金。（见《国家税务总局关于农业税牧业税耕地占用税契税征收管理暂参照〈中华人民共和国税收征收管理法〉执行的通知》国税发〔2001〕110 号）

一、纳税地点

按照《契税暂行条例》规定，契税纳税地点为土地、房屋所在地。土地、房屋所在地指土地、房屋坐落地。契税是对承受不动产权属的行为征税，在不动产所在地缴纳契税，既便于管理，防止税收流失，也符合国际惯例。

在实际工作中，考虑土地、房屋权属变动需要到国土资源管理部门申请登记，领取土地使用证书或房屋所有权证书，因此，根据属地征收原则，契税申报和纳税地点应与办理土地、房屋权属登记地点相吻合。即不论纳税人的机构所在地、经营所在地、居住所在地在何处，均应在土地、房屋权属证书核发机构所在地的税务机关申报、缴税。

二、纳税期限

（一）纳税义务发生时间

《契税暂行条例》规定，在土地使用权和房屋所有权发生转移过程中，纳税人与原权属人签订合同的当日，或者纳税人取得其他具有土地、房屋权属转移合同性质凭证（如契约、协议、合约、单据、确认书等）的当日即构成了纳税义务。

实际征管中，税务机关认定的纳税义务发生时间为土地、房屋权属转移合同的生效日期。即如果转让合同不附生效条件或生效期限，则合同生效日期为转让合同的签订日期，纳税义务发生时间即为合同签订日期；如果转让合同附生效条件或生效期限，则条件成就或期限届至时合同生效，纳税义务发生时间即为合同生效日期。

纳税人改变土地、房屋用途，不再属于减税、免税范围应当补缴税款的，其纳税义务发生的时间为改变土地、房屋用途的当天。实际工作中有两种情况，一种是经国土资源、房产管理部门批准确认改变用途的，其纳税义务发生时间为这两个部门批准改变用途的当天，具体日期以这两个部门的法定批准文书为准；另一种是未经批准自行改变用途的，其纳税义务发生时间为纳税人实际改变用途的当天。

需要注意的是，按揭、抵押贷款购房人在办理完按揭、抵押贷款手续，签署并取得抵押凭证时，为其纳税义务发生时间，必须依法缴纳契税。（见《国家税务总局关于抵押贷款购买商品房征收契税的批复》国税函〔1999〕613号）

（二）缴纳期限

承受土地、房屋权属的纳税人应在纳税义务发生后的10日内，到土地、房屋所在地税务机关办理纳税申报，并按税务机关核定的应纳税额和纳税期限如期缴纳税款。

契税是一种行为税，不可能像流转税等税种那样确定一个统一的纳税时间。一般来说，税务机关可在纳税人办理纳税申报后，根据其应纳税额的大小及有关部门办理权属变更登记手续的期限，规定其在办理权属变更登记手续前的几天之内缴纳税款。

三、纳税环节

契税的纳税环节为纳税义务发生后，办理土地使用权证或房屋所有权证之前。这样规定，主要考虑土地、房屋权属转移形式复杂多样，转移行为不易掌控，但根据国家有关房地产权属的管理规定，土地、房屋权属的转移都要到国土资源管理部门办理权属变更登记手续并领取权属证书。没有缴纳契税而办理不动产权证书，会给契税征收管理造成极大困难。通过“先税后证”这个制约手段可以有效防止税款流失。纳税环节如此规定是进行源头控制、保障契税收入的关键。《契税暂行条例》规定，纳税人未出具契税完税凭证或免税证明的，国土资源管理部门不得办理有关土地、房屋的权属变更登记手续。

四、纳税申报

契税纳税人应在申报时按不同交易方式提供如下相关证件、资料：

1. 土地使用权出让。通过协议方式出让的，应提供国有土地使用权出让合同以及土地出让金等行政事业性收费收据；通过招标、拍卖、挂牌方式出让的，还应该提供成交确认书、委托拍卖协议书、拍卖专用票据等。

2. 土地使用权出售。应提供土地转让合同、原不动产权证书（或土地使用权证）、土地价值确认书、发票及评估报告等。

3. 房屋买卖。购买商品房的，应提供不动产权证书（开发商）、商品房销售（预售）许可证、商品房销售合同及发票；购买二手房的，应提供房屋买卖协议、原不动产权证书（房屋所有权证）等。

4. 房地产竞买。应提供委托拍卖协议书、成交确认书、原不动产权证书（或土地使用权证、房屋所有权证）及发票等。

5. 房地产赠与。应提供赠与协议（经公证机关公证）、原不动产权证书（或土地使用权证、房屋所有权证）、房地产价值评估报告等。

6. 房地产交换。应提供交换协议、原不动产权证书（或土地使用证、房屋所有权证）；涉及土地交换的，还应提供原不动产权证书（或土地使用权证）、土地价值确认书及评估报告等。

需要注意的是，在契税纳税申报环节，征收机关应要求纳税人报送销售不动产发票，受理后将发票复印件作为申报资料存档；对于未报送销售不动产发票的纳税人，应要求其补送，否则不予受理。（见《国家税务总局关于实施房地产税收一体化管理若干具体问题的通知》国税发〔2005〕156号）

按照国税发〔2005〕156号文件要求，纳税人申报缴纳契税时未报送销售不动产发票的，征收机关不予受理。上述规定在执行中遇到一些契税纳税人确实无法取得销售不动产发票的情形，对于这些情形下，税务机关应否以及如何受理契税纳税人申报等问题，国家税务总局规定如下：

（1）根据人民法院、仲裁委员会的生效法律文书发生土地、房屋权属转移，纳税人不能取得销售不动产发票（如原产权人已失踪、死亡或者拒不执行等）的，可持人民法院执行裁定书原件及相关材料办理契税纳税申报，税务机关应予受理。

（2）购买新建商品房的纳税人在办理契税纳税申报时，由于销售新建商品房的房地产开发企业已办理注销税务登记或者被税务机关列为非正常户等原因，致使纳税人不能取得销售不动产发票的，税务机关在核实有关情况后应予受理。（以上内容见《国家税务总局关于契税纳税申报有关问题的公告》总局公告2015年第67号及官方解读）

五、征收方式

契税纳税人是法人的，一般直接到权属转移的土地、房屋坐落地税务机关办理申报缴税事宜。契税纳税人是没有办理税务登记的居民个人的，主要采取以下两种征收方式：

1. 自设窗口征收。税务机关单独设立契税办税大厅，或者在办税服务中心（大厅）设置契税征收窗口，受理纳税人申报，征收包括契税在内的个人房屋转让涉及的所有税收。

2. 驻场（点）征收。税务机关与国土资源、房产管理部门联合办公，在房地产交易大厅（场、点）办证流程中增设一个契税征收、审核环节。

需要注意的是，过去委托其他单位代征契税的征收方式较多，但按照《国家税务总局关于征收机关直接征收契税的通知》（国税发〔2004〕137 号）的要求，各级税务机关自 2005 年 1 月 1 日起直接征收契税，一律不得委托其他单位代征契税。

六、减免退税管理

（一）减免税管理

契税减免税实行备案管理。契税减免税备案资料根据相关法律、法规及有关文件规定确定。对相关资料能够通过部门信息共享获取的，税务机关不应要求纳税人另行报送。对纳税人提请的契税减免税备案，税务机关应当根据以下情况分别处理：

1. 备案的减免税资料存在错误的，应当及时告知纳税人并允许其更正；

2. 备案的减免税资料不齐全或者不符合法定形式的，应当当场一次性告知纳税人；

3. 备案的减免税资料齐全、符合法定形式的，或者纳税人已按照要求补正的，应当予以受理。

税务机关应当设立契税减免税管理台账，并按照档案管理相关规定将纳税人报送的备案资料进行归档。（以上内容见《国家税务总局关于印发〈城市维护建设税管理规程（试行）〉〈契税管理规程（试行）〉的通知》税总发〔2017〕142 号）

（二）退税处理

契税税款的退还，除了《征管法》规定的超额征收情形外，还包括交易失败等情况。因为契税是以房地产权属转移的行为作为征税对象，权属转移未成功意味着征税对象消失，所以其纳税义务也随之消失，故应退还当初已征的税款。

购房人交易失败主要有两种情形，一种是发生房地产交易，未办理房地产权属变更登记；另一种是房地产交易完成，办理了权属变更登记手续。对于第一种情形，无论是期房、现房还是二手房交易失败，对其已纳税款应予退还；对于第二种情形，由于房屋权属已经依法实现了转移，故已纳契税不予退还。如经法定程序判定（如法院判决、登记机关注销）该房地产交易合同及发生的土地、房屋权属转移无效，已缴的契税税款可以退还。（见《国家税务总局关于无效产权转移征收契税的批复》国税函〔2008〕438 号、《财政部、国家税务总局关于购房人办理退房有关契税问题的通知》财税〔2011〕32 号、《国家税务总局关于印发〈城市维护建设税管理规程（试行）〉〈契税管理规程（试行）〉的通知》税总发〔2017〕142 号）

实际工作中，纳税人申请退税时，对于第一种情形，应要求其提交契税完税凭证中纳税人留存联和交国土资源管理部门办理权属变更手续联；对于第二种情形，应要求其提供法院判决书或登记机关签发的注销房地产权属证书文件。

七、部门配合

契税是个征管难度较大的税种。征收契税，一方面靠征收机关严格按照税法规定，加大征管力度，积极做好征收工作；另一方面，要依靠国土资源、房产等管理部门的配合。如果国土资源、房产管理部门不能按照《契税暂行条例》的规定，凭契税完税证明办理权属变更登记手续，即不坚持“先税后证”的原则，将给契税征收增加极大难度，可能造成税款的大量流失。所以，税务机关首先要同国土资源、房产管理部门搞好关系，取得它们的支持和配合，发挥其在契税税源管理及征收工作中的特殊作用。国土资源和房产管理部门的支持与协助主要有以下三个方面：

1. 源头控制。纳税人应在房地产转让合同签订后、办理房地产权属变更登记手续之前完税。否则，国土资源管理部门不予办理土地变更登记和房屋产权转移登记手续。

2. 提供资料。从征收工作实际出发，提供的资料大体包括产权资料和产籍资料，主要有土地、房屋、权利人的基本情况，土地出让费用，成交价格以及其他权属变更方面的资料。

3. 协同共管。税务机关要主动与当地国土资源、房产管理部门协商双方共同协作、控管的办法，并达成协议，通知下属单位共同执行。

同时，国土资源、房产管理部门配合土地税收（土地增值税、契税、耕地占用税和城镇土地使用税）管理增加的支出，地方财税部门应给予必要的经费支持。

关于财政、税务、土地、房产等部门协作配合、加强土地税收管理的办法、要求可参阅《国家税务总局、国家土地管理局关于契税征收管理有关问题的通知》（国税发〔1998〕31 号）、《国家税务总局、财政部、国土资源部关于加强土地税收管理的通知》（国税发〔2005〕111 号）、《国家税务总局、财政部、建设部关于加强房地产税收管理的通知》（国税发〔2005〕89 号）、《国家税务总局、财政部、国土资源部关于进一步加强土地税收管理工作的通知》（国税发〔2008〕14 号）等文件。

第四节　会计处理与实务

一、会计处理

企业取得土地、房屋权属应缴纳的契税，以实际取得的土地、房屋价格作为计税依据，按照规定的税率计算税额一次性征收，不存在与税务机关结算税款问题，因此，不需要通过“应交税费”科目核算。企业取得土地、房屋权属按规定缴纳的契税，计入所取得的土地使用权或房屋所有权成本。契税的账务处理具体分为以下几种情况：

1. 对于一般工商企业取得的土地使用权，应作为无形资产入账，相应为取得该项土地使用权而缴纳的契税，应当计入无形资产价值。

2. 对于一般工商企业承受房屋所有权应缴纳的契税，应当计入固定资产价值。

3. 对于房地产开发企业，其取得土地使用权所发生的支出，包括缴纳的契税，应当计入开发成本。

企业取得土地、房屋权属按规定计算缴纳的契税，借记“固定资产”“无形资产”“开发成本”等科目，贷记“银行存款”等科目。

【例 13－1】某商贸公司为增值税一般纳税人，2018 年 6 月购买办公大楼一栋，含税价款为 1 050 万元，用银行存款支付并收到专用发票。年底，因扩建厂房，该公司取得一块土地的使用权，使用期限为 30 年，该幅土地出让金为 2 000 万元，出让金及税款已用银行存款付讫。已知该公司所在省政府规定契税税率为 3%，计算该公司当年应缴纳的契税并进行账务处理。（相关资产入账时，除契税外不考虑其他税费；销售方销售不动产适用简易计税方法）

【解析】对于工商企业取得的土地使用权，一般作为无形资产而不是固定资产入账，相应为取得该项土地使用权而缴纳的契税，应当计入无形资产价值。

（1）购买办公楼应缴纳契税：1 050 ÷（1＋5%）×3% ＝30（万元）

固定资产入账价值：1 000＋30＝1 030（万元）

借：固定资产——办公楼　　　　10 300 000

　　贷：银行存款　　　　10 300 000

（2）购买土地使用权应缴纳契税：2 000×3% ＝60（万元）

无形资产入账价值：2 000＋60＝2 060（万元）

借：无形资产——土地使用权　　　　20 600 000

　　贷：银行存款　　　　20 600 000

二、实务解析

【例 13－2】2018 年 6 月，甲企业以自有房产作为抵押向某商业银行借入一年期贷款 1 000 万元，房产账面价值 600 万元，抵押时市价 1 000 万元；一年后甲企业无力偿还贷款本息，依法将房产折价给银行抵偿了 1 120 万元的贷款本息，抵债时房产市价 1 300 万元，银行另支付甲企业 180 万元现金。当地省政府规定契税税率为 3%，计算甲企业及银行在房地产抵押过程中应缴纳的契税（上述价款均不含增值税）。

【解析】甲企业向银行借款以房产抵押不用缴纳契税；银行承受甲企业用于抵债的房产应缴纳契税，以房产作价作为计税价格。银行承受抵债房产应缴纳契税：

1 300×3% ＝39（万元）

【例 13－3】某国有企业 2018 年 6 月承受国有土地使用权，当地政府给予照顾，减按 60% 收取土地出让金，该企业实际支付 120 万元；同时，将其闲置厂房以 525 万元的含税价格转让给某公司（增值税一般纳税人），该厂房占用的土地原先以行政划拨方式取得，为此该国有企业按规定补交了350万元的土地使用权出让费。已知当地契税税率为4%，该国有企业销售其取得的不动产选择适用简易计税方法。计算上述转让、受让房地产行为各方应缴纳的契税。

【解析】在国有土地使用权出让时，政府减免或代企业承担土地出让金和其他与土地出让相关的费用，不应从契税计税依据中剔除。以划拨方式取得土地使用权，经批准转让房地产时，由房地产转让者补交契税。计税依据为补交的土地使用权出让费用或者土地收益。

（1）国有企业应缴纳契税：8 + 14 = 22（万元）

受让土地应缴纳契税：120 ÷ 60% × 4% = 8（万元）

转让房地产应补缴契税：350 × 4% = 14（万元）

（2）某公司受让房地产应缴纳契税：525 ÷（1 + 5%）× 4% = 20（万元）

【例13－4】居民甲某有三套住房，2018年6月进行了一番处理。首先用市场价值80万元的一套两室住房与丙某交换一套四室120平方米住房，另取得丙某赠送的自己3年前买的价值12万元的小轿车一辆（丙名下只有交换来的这一套住房）；然后将一套面积80平方米、价值42万元的一套住房赠予其孙子乙（乙为成年人且此前没有购房记录）；最后将一套市场价值50万元的公寓房折成股份投入本人独资经营的丁公司（一人有限责任公司）做办公室。当地省级政府确定的契税税率为3%，计算甲、乙、丙、丁应缴纳的契税。（上述价款均含增值税）

【解析】甲交换的住房因价值高于丙的住房不用缴纳契税；乙受赠房屋应缴纳契税，因非以购买方式承受房屋，不享受降低税率优惠政策；丙交换房屋支付了差价款，应缴纳契税；丁独资企业承受的房屋来自投资人甲，免征契税。

（1）乙应缴纳契税：42 ÷（1 + 5%）× 3% = 1.2（万元）

（2）丙应缴纳契税：12 ÷（1 + 5%）× 1% = 0.11（万元）

【例13－5】市民张某2019年涉及房地产的交易及投资情况如下：

5月13日从某房地产开发企业购买写字楼五间，含税价款218万元，当月办理了更名过户手续。

6月28日以上月购买的写字楼作价273万元作为投资，与他人成立了有限责任公司金花公司。

7月6日张某从某房地产开发商处购买了面积为150平方米的一套新商品房，含税价款130.8万元，供自己居住（这是张某名下的第二套房）。

8月2日为其儿子小张（已年满18周岁）购买一套面积为80平方米、价值63万元的二手房（产权登记在小张名下），此前其子小张名下没有房产。

9月23日，金花公司将张某作为投资的房屋转让给民政局作为招待所（对外营业），转让价348.8万元。

11月1日，金花公司因经营不善宣布破产，金花公司将所有的房屋作价399.6万元抵偿给债权人大地有限公司。

该省规定，除个人购买住房执行3%的税率外，其他土地、房屋权属转移契税税率为5%，计算上述房地产权属转移行为涉及的契税（上述价款均为含税价，销售不动产涉及企业等法人单位的，其增值税均适用一般计税方法）。

【解析】

（1）2019年5月13日张某购买的生产经营性房屋，执行5%的税率。

张某应缴纳契税：218÷（1+9%）×5%=10（万元）

（2）2019年6月28日，张某将上月购买的写字楼投资入股金花公司，被投资企业金花公司是纳税人。

金花公司应缴纳契税：273÷（1+5%）×5%=13（万元）

（3）2019年7月6日，张某购置的150平方米住房属于第二套改善性住房，根据财税〔2016〕23号文件规定，执行2%的优惠税率。

张某应缴纳契税：130.8÷（1+9%）×2%=2.4（万元）

（4）2019年8月2日，张某为其儿子小张购买的80平方米住房，由于产权所有人是其子小张，所以小张是纳税人。小张购买的是90平方米以下家庭唯一住房，根据财税〔2016〕23号文件规定，减按1%税率征收契税。

小张应缴纳契税：63÷（1+5%）×1%=0.6（万元）

（5）2019年9月23日，行政机关民政局购买房屋非用于办公征收契税。

民政局应缴纳契税：348.8÷（1+9%）×5%=16（万元）

（6）2019年11月1日金花公司破产，根据财税〔2018〕17号文件规定，企业依照有关法律法规规定实施破产，债权人（包括破产企业职工）承受破产企业抵偿债务的土地、房屋权属，免征契税。因此，债权人大地公司承受金花公司抵债的房屋免纳契税。

第十四章　耕地占用税

耕地占用税是对占用耕地建房或者从事非农业建设的单位和个人依其占用耕地面积而一次性征收的一种税。耕地占用税属于特别行为税范畴，课征目的是保护耕地资源。

本章内容主要依据2007年12月1日国务院颁布的《中华人民共和国耕地占用税暂行条例》（国务院令2007年第511号）、财政部与国家税务总局2008年2月26日联合发布的《中华人民共和国耕地占用税暂行条例实施细则》（财税令2007年第49号）编写。

第一节　概　　述

一、税制沿革

耕地占用税的征收始于经济过热的20世纪80年代末，主要目的是通过增加占地成本，压缩基建规模，保护耕地资源。人口多、人均耕地少是我国的基本国情，保护和合理利用耕地资源是我国的重要国策。为此，国家采取了一系列政策、措施，其中，征收耕地占用税就是其中一项重要的经济措施。

我国耕地占用税的征收历史不过二十几年。1987年4月1日国务院颁布《中华人民共和国耕地占用税暂行条例》，自颁布之日起实施。1988年年初，各省、自治区、直辖市结合本地实际，制定并发布了本省耕地占用税实施办法。至此，耕地占用税征收工作在全国范围内全面展开。

随着经济的发展，现行条例越来越不适应新形势，保护耕地的作用日益弱化。为此，早在1998年，财政部、国家税务总局就拟订了耕地占用税暂行条例（修订草案）报国务院审批。2005年中央1号文件将修订耕地占用税暂行条例作为一项重要的政治经济任务，要求相关部门必须落实完成。2006年8月，国务院下发《国务院关于加强土地调控有关问题的通知》（国发〔2006〕31号），针对房地产市场过热，提出要提高耕地占用税征收标准，加强征管，严格控制减免税。2007年12月6日，国务院颁布修订后的《中华人民共和国耕地占用税暂行条例》（简称《耕地占用税暂行条例》），并于2008年1月1日起正式施行。

二、税制特点

耕地占用税作为一种特别行为税，与其他税种相比，有其自身的特点。

（一）税额课征的一次性

耕地占用税以单位和个人实际占用的耕地面积为计税依据，按照规定的适用税额一次性征收。在我国境内，不论是内资企业，还是外资企业；不论是行政机关、事业单位，还是个人，只要发生占用耕地建房或者从事非农业建设的行为，就应按照规定的标准一次性缴纳税款。

（二）征收对象的特定性

耕地占用税对特定行为征税，即对占用耕地建房或者从事非农业建设的行为征税。如果占用耕地植树造林、种草发展畜牧等农业生产，虽然也发生了占用耕地行为，但不属于耕地占用税的征税对象。

（三）税收作用的限制性

为了解决耕地资源不足问题，除对全体国民加强珍惜土地和节约用地的思想教育外，国家还必须运用法律、行政和经济等手段，加强土地管理，制止乱占滥用耕地行为，保护耕地资源。国家利用税收杠杆的调节作用，通过征收耕地占用税，增加占地成本，在一定程度上可以限制占用耕地，并促使用地单位和个人珍惜耕地、节约用地。

（四）税率确定的灵活性

国家在确定耕地占用税征收标准时，考虑到我国幅员辽阔，各地人均占用耕地数量、耕地质量和耕地利用情况差异较大的特点，对耕地占用税征收标准只规定了每平方米的最高和最低限额，实行区间定额制。各地在不低于中央核定的最低限额内，可根据本地人均占有耕地数量和经济发展水平，确定当地的具体适用税额。

（五）税款使用的专项性

国家征收耕地占用税的一项重要政策是“取之于地、用之于地，取之于农、用之于农”。国家用征收的耕地占用税税款建立的土地开发基金，全部用于开发农用耕地资源上，这在一定程度上解决了土地开发资金投入不足的问题，对增强农业发展后劲，促进农业特别是粮食生产的稳定发展大有益处。

三、立法宗旨

开征耕地占用税的主要目的是保护耕地。具体来说，主要包括以下具有密切联系的三个目的：

（一）合理利用土地资源

土地资源是指能被人们利用的土地，虽然属于自然资源，但具有较强的社会属性，可成为人们的生产资料和劳动对象。特别在我国建立和完善社会主义市场经济体制过程中，土地的经济价值被极大地释放，有力地推动了经济发展，但也产生了一些过度开发和浪费土地资源的现象。税收不仅能筹集财政资金，满足政府提供公共产品和服务的需要，还可运用成本收益机制调节资源流向和人们的经济行为，实现财富再分配和特定公共政策目标。因此，对于利用资源的行为征税，往往是为了达到合理利用资源的目的。

（二）加强土地管理

土地管理的目的是规范占地、用地行为，保护、开发土地资源，促进合理利用土地。其管理措施主要包括两方面：一是国土资源管理部门依照《土地管理法》等法律法规对土地实施的行政管理；二是通过税收手段调节土地资源开发利用的经济管理。土地行政管理通过制定土地利用总体规划、实行基本农田制度、严密农用地转用审批手续等手段严格控制耕地转为非耕地，从而达到有效保护耕地的目的；而耕地占用税通过税收手段增加占用耕地成本，引导人们尽量少占或不占耕地，最大限度地利用城市现有土地，同样能达到保护耕地的目的。因此，耕地占用税是土地宏观调控政策的重要内容，是加强土地管理的重要手段之一。

（三）保护现有耕地

我国是人口大国、农业大国，农业是立国之本，而耕地是生产粮食和保障粮食安全的最基本农用地，更是农业政策的重中之重。改革开放 30 多年来，我国经济经历了一个高速发展时期；但是，伴随而来的是耕地资源大幅度减少，严重影响到粮食生产和国家经济安全。根据国土资源部 2008 年公布的数据，2007 年我国耕地面积下降到 18. 26 亿亩，距 2020 年年底守住 18 亿亩的红线已不远；人均耕地面积仅 1. 39 亩，比 1996 年的 1. 59 亩下降了 12. 58%，不足世界人均耕地面积的 40%，耕地保护形势依然严峻。从 2005 年开始，国家明确提出了要对耕地占用税条例进行修订，通过提高征收标准、扩大征税范围、严格控制减免实现保护耕地的目的，维护国家的经济稳定和长治久安。从《2008 年国土资源公报》公布的数字看，截至 2008 年年底，全国耕地面积为 18. 2574 亿亩，与 2007 年相比，净减少了 29 万亩，净减少数量同比下降 50%，全国耕地减少势头初步得到遏制。这虽然是国家采取一系列举措、综合控制的结果，但征收耕地占用税在其中起到的作用也不容忽视。

第二节　课税要素

一、纳税人

按照《耕地占用税暂行条例》规定，凡占用耕地建房或者从事非农业建设的单位或者个人，都是耕地占用税的纳税人。耕地占用税的纳税人可分为如下几种：

1. 国有企业、集体企业、私营企业、公司制企业；
2. 事业单位、社会团体、国家机关、部队；
3. 外商投资企业、外国企业；
4. 个人独资企业、合伙企业；
5. 个体工商户、城乡居民。

实际工作中，按下列原则确定具体的纳税人：

1. 经申请批准占用耕地的，纳税人为农用地转用审批文件中标明的建设用地人；

2. 经申请批准占用耕地的，农用地转用审批文件中未标明建设用地人的，纳税人为用地申请人；

3. 未经批准占用耕地的，纳税人为实际用地人。（以上内容见《国家税务总局关于耕地占用税征收管理有关问题的通知》国税发〔2007〕129号）

需要注意的是，城市和村庄、集镇建设用地审批中，按土地利用年度计划分批次批准的农用地转用审批，批准文件中未标明建设用地人且用地申请人为各级人民政府的，由同级土地储备中心履行耕地占用税申报纳税义务；没有设立土地储备中心的，由国土资源管理部门或政府委托的其他部门履行耕地占用税申报纳税义务。（见《国家税务总局关于发布〈耕地占用税管理规程（试行）〉的公告》总局公告2016年第2号）

在《耕地占用税暂行条例》修订之前，外商投资企业和外国企业享受耕地占用税免税优惠政策。随着我国经济的高速发展和城市化进程的加速推进，耕地保护形势越来越严峻，如继续对外商投资企业和外国企业不征收耕地占用税，既有悖于税收公平原则，也影响税收调控功能的有效发挥。为了贯彻实施最严格的耕地保护制度，公平税负，《耕地占用税暂行条例》删除了现行条例不适用外商投资企业的规定，同时在有关纳税人范围的规定中增加了外商投资企业和外国企业。此处的外商投资企业和外国企业包括港、澳、台企业。

二、征税范围

耕地占用税的征税对象，是占用耕地建房或者从事非农业建设的行为。要使这一行为成立，必须具备两个条件：一是占用了耕地；二是建房或者从事非农业建设。当一种占地行为同时具备了以上两个条件时，便构成了耕地占用税征税对象，缺少其中任何一个条件都不能成立。在这两个条件中，占用了耕地是前提条件，决定了耕地占用税的性质；建房或者从事非农业建设是限制条件，决定了耕地占用税的征收范围，限定耕地占用税只能在这一特定范围内征收。

耕地占用税的征税范围为国家所有和集体所有的耕地。对耕地占用税征税范围，不能简单地按字面理解。我们常说的耕地一般指狭义的耕地，即用于种植农作物的土地。《耕地占用税暂行条例》中所说的耕地除了用于种植农作物的土地外，还包括其他农用地。具体来说，属于耕地占用税征税范围的耕地包括：

1. 熟地，新开发、复垦、整理地，休闲地（含轮歇地、轮作地）；

2. 以种植农作物（含蔬菜）为主，间有零星果树、桑树或其他树木的土地；

3. 平均每年能保证收获一季的已垦滩地。

耕地中包括南方宽度小于1米，北方宽度小于2米固定的沟、渠、路和地坎（埂）；临时种植药材、草皮、花卉、苗木等的耕地，以及其他临时改变用途的耕地。

需要注意的是，撂荒地属于耕地占用税征税范围。撂荒地是曾用于种植农作物但后来被荒置、废弃的土地。已经被撂荒的耕地，不管撂荒的时间多久，只要没有经过法定程序转为其他用地，其土地性质仍然属于耕地，因此占用撂荒地应缴纳耕地占用税。

此外，耕地占用税的征税范围还包括如下两种情况：

1. 占用园地建房或者从事非农业建设的，视同占用耕地征收耕地占用税。

2. 占用林地、牧草地、农田水利地、养殖水面以及渔业水域滩涂等其他农用地建房或从事非农业建设，比照占用耕地征收耕地占用税。

上述两种农用地虽然按照《土地利用现状分类》（国家质检总局和国家标准委于2007年8月10日联合发布）的划分不属于耕地，但其土地性质与耕地相似，且很容易转化为耕地，因此《耕地占用税暂行条例》及其实施细则将其列为耕地占用税征税范围。不过占用上述两种农用地在征收耕地占用税时有细微差别：占用园地建房或者从事非农业建设的，《中华人民共和国耕地占用税暂行条例实施细则》规定的是“视同占用耕地”，因此其适用税额和减免税均按照占用耕地的适用税额和减免政策执行；而占用林地等建房或者从事非农业建设，由于《耕地占用税暂行条例》规定的是“比照占用耕地”，因此其适用税额可适当低于当地占用耕地的适用税额，减免政策也可与占用耕地有所不同。

用于农业生产并已由相关行政主管部门发放使用权证的草地，以及用于种植芦苇并定期进行人工养护管理的苇田，属于耕地占用税的征税范围。对占用上述草地、苇田建房或从事非农业建设的单位和个人，应照章征收耕地占用税。（见《财政部、国家税务总局关于占用草地苇田征收耕地占用税政策的通知》财税〔2014〕20号）

需要注意的是，下列两种占地行为不属于耕地占用税征税范围：

1. 农田水利不论是否包含建筑物、构筑物占用耕地，均不属于耕地占用税征税范围，不征收耕地占用税。

2. 占用林地、牧草地、农田水利用地、养殖水面以及渔业水域滩涂等其他农用地而建设直接为农业生产服务的生产设施的，不征收耕地占用税。

直接为农业生产服务的生产设施，是指直接为农业生产服务而建设的建筑物和构筑物。具体包括：储存农用机具和种子、苗木、木材等农业产品的仓储设施；培育、生产种子、种苗的设施；畜禽养殖设施；木材集材道、运材道；农业科研、试验、示范基地；野生动植物保护、护林、森林病虫害防治、森林防火、木材检疫的设施；专为农业生产服务的灌溉排水、供水、供电、供热、供气、通讯基础设施；农业生产者从事农业生产必需的食宿和管理设施；其他直接为农业生产服务的生产设施。

需要注意的是，按照《土地利用现状分类》（GB/T21010—2007），综合性水利工程占地不属于农田水利用地，应按照法定税率征收耕地占用税。（见《国家税务总局关于红岭水利枢纽工程占地耕地占用税问题的批复》国税函〔2010〕490号）

三、计税依据

耕地占用税以纳税人实际占用的耕地面积作为计税依据，按照规定的适用税额一次性计算征收。单位和个人只要有占用耕地，并改变了耕地用途的行为，就构成了耕地占用税的征税对象，从而也就形成了耕地占用税计税的具体依据或基础。按《耕地占用税暂行条例》规定，耕地面积的计量单位为平方米。

作为计税依据的耕地面积，包括经国土资源管理部门批准占用的耕地面积和未经批准违法占用的耕地面积。

1. 经批准占用的耕地面积，是指依据《土地管理法》及相关法规规定，经过农用地转为建设用地的审批程序批准允许将耕地转为建设用地的面积。

2. 未经批准占用的耕地面积，是指没有经过法定农用地转为建设用地的审批程序批准而占用的耕地面积。未经批准占用耕地的情况包括：

（1）未报批而擅自占用的耕地；

（2）未正式批准而先行占用的耕地；

（3）实际占地多于批准占用的耕地；

（4）批准占用非耕地而实际占用的是耕地。

在实际工作中，确定耕地占用税计税面积的主要依据是农用地转用审批文件，必要时依据实地勘测的数据。具体来说，经批准占用耕地的，计税面积为农用地转用审批文件中标明的耕地面积；未经批准占用耕地的，计税面积一般是国土资源管理部门进行实地勘测后确定的耕地面积。

有时纳税人实际占地面积与批准占地面积不符，这种情况应按“孰多”原则确定计税依据：

1. 实际占地面积大于批准占地面积的，以实际占地面积作为计税依据；

2. 批准占地面积大于实际占地面积的，以批准占地面积作为计税依据。（以上内容见《国家税务总局关于耕地占用税征收管理有关问题的通知》国税发〔2007〕129号）

四、税率

耕地占用税实行地区差别定额幅度税率。所谓地区差别定额是指按各地区人均耕地面积的数量确定每平方米的适用税额；所谓幅度税率是指对每平方米的适用税额只规定有幅度界限的最低额和最高额。

我国地域辽阔、人口分布不均，各地人均占有耕地面积相差悬殊。通常人口稠密、人均耕地较少的地区，土地质量较好，生产力水平高，经济比较发达，非农业建设占用耕地问题比较突出，定额税率就要高些；反之，人口稀少、人均耕地较多的地区，经济发展水平相对较低，定额税率就要低一些。考虑上述因素，国家规定以县级行政区域为单位，根据人均占有耕地数量、参照经济发展情况规定了不同的税率。具体来说，应按下列标准核定耕地占用税税额：

1. 人均耕地不超过1亩的地区，每平方米为10~50元；

2. 人均耕地超过1亩但不超过2亩的地区，每平方米为8~40元；

3. 人均耕地超过2亩但不超过3亩的地区，每平方米为6~30元；

4. 人均耕地超过3亩的地区，每平方米为5~25元。

经济特区、经济技术开发区和经济发达且人均耕地特别少的地区，适用税额可以适当提高，但是提高的部分最高不得超过上述规定的当地适用税额的50%。

为了重点保护基本农田，《耕地占用税暂行条例》规定，占用基本农田的，适用税额应当在上述规定的当地适用税额的基础上提高50%。基本农田，是指各级人民政府依据《基本农田保护条例》（国务院令1998年第257号，2011年第588号令修改）划定的基本农田保护区范围内的耕地。

为了协调税收政策，避免毗邻地区出现税率过于悬殊的情况，平衡各地区的负担水平，财政部和国家税务总局根据人均耕地面积和经济发展情况统一确定了各省、自治区、直辖市的平均税额。

上海市每平方米45元；

北京市每平方米40元；

天津市每平方米35元；

江苏、浙江、福建、广东4省每平方米30元；

辽宁、湖北、湖南3省每平方米25元；

河北、安徽、江西、山东、河南、四川、重庆7省市每平方米22.5元；

广西、海南、贵州、云南、陕西5省区每平方米20元；

山西、吉林、黑龙江3省每平方米17.5元；

内蒙古、西藏、甘肃、青海、宁夏、新疆6省区每平方米12.5元。

各省、自治区、直辖市对所属县级行政区的适用税额，可根据不同情况有差别地核定，但各省、自治区、直辖市人民政府核定的适用税额的平均水平，不得低于上述平均税额。占用林地、牧草地、农田水利用地、养殖水面以及渔业水域滩涂等其他农用地的适用税额可适当低于占用耕地的适用税额。（见《财政部、国家税务总局关于耕地占用税平均税额和纳税义务发生时间问题的通知》财税〔2007〕176号）

五、应纳税额

根据占用的耕地所属区域不同，耕地占用税应纳税额的计算主要有两种情况。

1. 占用一般耕地的，其应纳税额计算公式如下：

$$应纳税额 = 应计税耕地面积 \times 该地区适用税额$$

2. 占用基本农田保护区范围内的耕地，其应纳税额计算公式如下：

$$应纳税额 = 应计税耕地面积 \times 该地区适用税额 \times (1 + 50\%)$$

六、税收优惠

考虑国家重点建设的需要和特殊情况的存在，《耕地占用税暂行条例》规定了对某些纳税人给予减税和免税的照顾，这是税法严肃性和灵活性相结合的具体体现。

（一）免税规定

1. 军事设施占用耕地，具体范围包括：

（1）地上、地下的军事指挥、作战工程；

（2）军用机场、港口、码头；

（3）营区、训练场、试验场；

（4）军用洞库、仓库；

（5）军用通信、侦察、导航、观测台站和测量、导航、助航标志；

（6）军用公路、铁路专用线，军用通讯、输电线路，军用输油、输水管道；

（7）其他直接用于军事用途的设施。

以上军事设施是指部队（包括武警部队）的军事设施。预备役部队不属于人民解放军正式序列、人民法院所属的法警不属于武警部队建制之列，其车库、营房、训练场、哨卡设施占地应征收耕地占用税。（见《财政部关于消防队、边防检查站、预备役部队缴纳耕地占用税问题的复函》财农税字〔1991〕89号、《财政部、国家税务总局关于对法警训练基地建设用地征收耕地占用税问题的复函》财税字〔1997〕24号）

2. 县级以上人民政府教育行政部门批准成立的大学、中学、小学、学历性职业教育学校以及特殊教育学校专门用于教学的场所。具体范围包括：教学用房、实验楼（室）、运动场（馆）、图书馆、办公室及师生员工食堂、学生宿舍用地。学校内经营性场所和教职工住房占用耕地的，不属于免税范围。

上述免税的学校范围，包括由国务院人力资源社会保障行政部门，省、自治区、直辖市人民政府或其人力资源社会保障行政部门批准成立的技工院校。（见《财政部、国家税务总局关于技工院校占用耕地免征耕地占用税的通知》财税〔2012〕22号）

免税的学校占地，不包括学生实践基地建设占用耕地。（见《国家税务总局关于学生实践基地项目建设占地征收耕地占用税的批复》国税函〔2006〕744号）

3. 县级以上人民政府教育行政部门登记注册或者备案的幼儿园内专门用于幼儿保育、教育的场所。

4. 经批准设立的养老院内专门为老年人提供生活照顾的场所。此处的养老院包括老人院、老年社会福利院、敬老院、护老院、护养院、托老所，但不包括老年公寓、老年人服务中心。

5. 县级以上人民政府卫生行政部门批准设立的医院内专门用于提供医护服务的场所及其配套设施。卫生院、疗养院、门诊部、诊所、卫生所、急救站等医疗机构不享受免税优惠政策。

上述2～5项所规定的场所中建设经营性场所及职工住房占用耕地的，不享受免税优惠政策，应按照当地适用税额缴纳耕地占用税。

（二）减税规定

1. 农村居民经批准在户口所在地按规定标准占用耕地建设住房，按规定的适用税额减半征收耕地占用税。农村居民建房享受减半征收耕地占用税的优惠政策应同时满足以下四个条件：

（1）享受减税优惠政策的主体必须是农村居民，即有农业户口或长期居住在农村并拥有集体土地，同时在农村从事农业生产的居民；

（2）建设房屋的目的是用于自己及家人居住；

（3）经批准占用的耕地在其户口所在地；

（4）占用的耕地面积在规定的标准范围之内。

2. 农村居民经批准搬迁，原宅基地恢复耕种，凡新建住宅占用耕地不超过原宅基地面积的，不征收耕地占用税；超过原宅基地面积的，对超过部分按照当地适用税额减半征收耕地占用税。

3. 农村烈士家属（包括农村烈士的父母、配偶和子女）、残疾军人、鳏寡孤独以及革命老根据地、少数民族聚居区和边远贫困山区生活困难的农村居民，在规定用地标准以内新建住宅缴纳耕地占用税确有困难的，由纳税人提出申请，经所在地乡（镇）人民政府审核、县级人民政府批准后，可以免征或者减征耕地占用税。

4. 以下情形占用耕地，减征耕地占用税，按每平方米 2 元的税额征收。根据实际需要，国务院财政、税务主管部门商国务院有关部门并报国务院批准后，也可以对上述规定的情形免征或者减征耕地占用税。

（1）铁路线路，具体范围限于铁路路基、桥梁、涵洞、隧道及其按照规定两侧留地。专用铁路和铁路专用线占用耕地不享受减税优惠政策。

按照国家保护铁路安全有关规定，按照《铁路工程设计防火规范》要求，在通过林区和草原重点防火区时，于铁路主线两侧设置的防火隔离带依照《耕地占用税暂行条例》第九条第一款执行，减按每平方米 2 元的税额征收耕地占用税。（见《国家税务总局关于内蒙古自治区呼准鄂铁路防火隔离带适用耕地占用税优惠政策的批复》税总函〔2017〕332 号）

（2）公路线路，具体范围限于经批准建设的国道、省道、县道、乡道和属于农村公路的村道的主体工程以及两侧边沟或者截水沟。专用公路和城区内机动车道占用耕地不享受减税优惠政策。

（3）飞机场跑道、停机坪，具体范围限于经批准建设的民用机场专门用于民用航空器起降、滑行、停放的场所。飞机场内飞行区范围的其他建设用地以及机场工作区、生活区、绿化用地占用耕地不享受减税优惠政策。

需要注意的是，此处享受减免的仅是机场跑道、停机坪，而不是整个飞行区。按照中国民用航空局公布的《民用机场飞行区技术标准》（MH5001－2006），飞行区包括升降带、跑道端安全区、滑行道、机坪以及机场净空；跑道是指机场飞行区内供飞机起飞和着陆使用的特定场地。因此，跑道、停机坪属于飞行区的一部分。（见《财政部、国家税务总局关于揭阳潮汕机场减征耕地占用税问题的批复》财税〔2009〕126 号）

（4）港口，具体范围限于经批准建设的港口陆域作业区内供船舶进出、停靠以及旅客上下、货物装卸的场所。陆域后方包括各种服务性建筑和辅助性建筑，如办公楼、宿舍、食堂、车库、机修车间、消防站等占用耕地不享受减税优惠政策。

（5）航道，具体范围限于在江、河、湖泊、港湾等水域内供船舶安全航行的通道。航道设施及其他与通航有关的设施占用耕地不享受减税优惠政策。

专用铁路（铁路专用线）、专用公路是从管理权限和投资、管理主体上来划分的。一般来说，专用铁路、公路都是由工矿等大中型企业、农林等部门自己投资修建、自己或委托其他单位管理，用来完成本企业自身的运输任务，与其他铁路、公路接轨的岔线，习惯称为工矿铁路（公路）、林区铁路（公路）。专用铁路、铁路专用线、专用公路不具有公益性，主要为特定单位服务，因此不得享受税收优惠。城区内机动车道属于城市建设中的街巷用地，不属于公路用地范围，应与城市建设占用耕地一样缴纳耕地占用税。

5. 占用林地、牧草地、农田水利用地、养殖水面以及渔业水域滩涂等其他农用地建房或者从事非农业建设的，适用税额可以适当低于当地占用耕地的适用税额，具体适用税额按照各省、自治区、直辖市人民政府的规定执行。

（1）林地，包括有林地、灌木林地、疏林地、未成林地、迹地、苗圃等，不包括居民点内部的绿化林木用地，铁路、公路征地范围内的林木用地，以及河流、沟渠的护堤林用地；

（2）牧草地，包括天然牧草地、人工牧草地等；

（3）农田水利用地，包括农田排灌沟渠及相应附属设施用地；

（4）养殖水面，包括人工开挖或者天然形成的用于水产养殖的河流水面、湖泊水面、水库水面、坑塘水面及相应附属设施用地；

（5）渔业水域滩涂，包括专门用于种植或者养殖水生动植物的水域和滩地。

（三）其他减免税规定

1. 纳税人临时占用耕地，应当依照规定缴纳耕地占用税。纳税人在批准临时占用耕地的期限内恢复所占用耕地原状的，全额退还已经缴纳的耕地占用税。

临时占用耕地，是指纳税人因建设项目施工、地质勘查等需要，在一般不超过2年内临时使用耕地并且没有修建永久性建筑物的行为。

2. 因污染、取土、采矿塌陷等损毁耕地的，比照临时占用耕地的规定，由造成损毁的单位或者个人缴纳耕地占用税。超过2年未恢复耕地原状的，已征税款不予退还。

需要注意的是，免征或减征耕地占用税后，纳税人改变原占地用途，不再属于免税或减税情形的，应按改变用途的实际占用耕地面积和办理减免税时依据的适用税额对享受减免税的纳税人补征耕地占用税。（见《财政部、国家税务总局关于耕地占用税减免税补征税款等问题的批复》财税〔2009〕19号）

第三节　征收管理

一、纳税环节

耕地占用税的纳税环节，是在国土资源管理部门通知用地单位和个人办理占用耕地手续后，国土资源管理部门发放建设用地批准书前。按照用地单位先纳税后供地（简称"先税后证"，此处的"证"指"建设用地批准书"）的原则，国土资源管理部门在通知纳税人办理占用耕地手续的同时应当通知耕地所在地同级税务机关。纳税人应当在规定的时间内到指定地点缴纳税款或办理免税手续，国土资源管理部门凭耕地占用税完税凭证或者免税证明和其他有关文件发放建设用地批准书。

二、纳税期限

经依法批准占用耕地的，耕地占用税纳税义务发生时间为纳税人收到国土资源管理部门办理占用农用地手续通知的当天；未经依法批准占用耕地的，耕地占用税纳税义务发生时间为纳税人实际占用耕地的当天。

国土资源管理部门在通知单位或者个人办理占用耕地手续时，应当同时通知耕地所在地同级税务机关。获准占用耕地的单位或者个人应当在收到国土资源管理部门的通知之日起 30 日内缴纳耕地占用税。

享受减免税的用地，凡改变用途，不再属于减免税范围的，用地单位和个人应从改变用途之日起 30 日内补缴税款。

三、纳税地点

耕地占用税的纳税地点为占用的耕地或其他农用地所在地。耕地占用税的征收管理实行属地管理，纳税人应向耕地所在地的税务机关申报缴纳耕地占用税。如果纳税人占用的耕地位于不同行政区域内，应分别向耕地所在地税务机关申报纳税。

四、征收程序

须缴纳耕地占用税的用地单位，在用地前应先到税务部门办理完税事宜，征收机关应及时开具税收完税凭证。用地单位凭税务部门开具的完税凭证到国土资源部门办理《建设用地批准书》。国土资源部门要严格执行“先税后证”制度，对应缴纳耕地占用税的用地单位未按规定出具完税（或减免税）凭证的，一律不得供应土地和发放《建设用地批准书》。

实际工作中，由于以下情形的存在，税务机关还要通过查补征收耕地占用税。

1. 实际占用耕地面积超过批准占地面积；
2. 批准占用非耕地而实际占用耕地；
3. 未经批准而自行占用耕地；
4. 经批准占用而少征、漏征税款的耕地；
5. 临时占用耕地未按规定缴税；
6. 原属减免税范围而改变用途不属于减免税范围的耕地。

对上述 6 种情形，税务机关会同国土资源管理部门调查核实后，应要求纳税人按照实际占地面积限期缴纳税款。

对于未经批准占用耕地但已经完纳耕地占用税税款的，在补办占地手续时，不再征收耕地占用税。（见《财政部、国家税务总局关于耕地占用税减免税补征税款等问题的批复》财税〔2009〕19 号）

为了打击违法占地、逃避缴纳税款行为，各地要根据国家税务总局有关规定制定本地区耕地占用税举报案件的接报管理办法，明确接报责任人的工作职责和立案查处程序。接报占地面积在 30 亩（含 30 亩）以上的案件，应于初步核实后 7 日内向省级税务机关报告；接报占地面积在 1 000 亩（含 1 000 亩）以上的案件，应逐级上报至国家税务总局（地方税务司）。对于举报属实的，应按照国家税务总局、财政部印发的《检举纳税人税收违法行为奖励暂行办法》（财税令 2007 年第 18 号）的规定给予奖励。（见《国

家税务总局关于耕地占用税征收管理有关问题的通知》国税发〔2007〕129号）

五、减免退税管理

（一）减免管理

耕地占用税减免实行备案管理。符合耕地占用税减免条件的纳税人应在收到土地管理部门办理占用农用地手续通知之日起30日内，向主管税务机关办理减免税备案。主管税务机关应自办理完毕之日起30日内，向省税务机关或者省税务机关授权的税务机关备案。

符合耕地占用税减免条件的纳税人根据不同情况报送《纳税人减免税备案登记表》及下列材料之一：

1. 军事设施占用应税土地的证明材料；
2. 学校、幼儿园、养老院、医院占用应税土地的证明材料；
3. 铁路线路、公路线路、飞机场跑道、停机坪、港口、航道占用应税土地的证明材料；
4. 农村居民占用应税土地新建住宅的证明材料；
5. 县级人民政府批准的农村居民困难减免批复文件原件及复印件，申请人身份证明原件及复印件；
6. 财政部、国家税务总局规定的其他减免耕地占用税情形的证明材料。

依法免征或者减征耕地占用税后，纳税人改变原占地用途，不再属于免征或者减征耕地占用税情形的，应当按照当地适用税额补缴耕地占用税。

（二）退税管理

符合以下情形，纳税人可以申请退还已缴纳的耕地占用税：

1. 纳税人在批准临时占地的期限内恢复所占用土地原状的；
2. 损毁土地的单位或者个人，在2年内恢复土地原状的；
3. 依照税收法律、法规规定的其他情形。

恢复土地原状需按照《土地复垦条例》（国务院令2011年第592号公布）的规定，由土地管理部门会同有关行业管理部门认定并出具验收合格确认书。（以上内容见《国家税务总局关于发布〈耕地占用税管理规程（试行）〉的公告》总局公告2016年第2号）

六、部门配合

各级税务机关与国土资源管理部门要从大局出发，积极配合、主动协商，共同研究制定耕地占用税源泉控管和税款征缴办法，并建立部门协作配合的长效机制。

国土资源管理部门应将建设用地批准文件（涉密的除外）及时抄送征收耕地占用税的同级税务部门；在通知单位或个人办理供地手续时，应同时通知征收耕地占用税的同级税务部门。

国土资源管理部门要严格按照《耕地占用税暂行条例》的要求，在发放建设用地批准书之前，要求申请人提供耕地占用税完税凭证或免税证明，凡不能提供的，不予发放；在办理供地手续后，应将完税凭证或免税证明（交“国土资源管理部门联”）与有关资料一并归档备查。

国土资源管理部门在对用地情况进行检查和查处土地违法案件中，发现擅自转让（受让）土地使用权的，涉及未提供相关耕地占用税等完税凭证的，应将有关情况及时通知税务部门。

各级国土资源管理部门应配合财税部门，根据土地税收征管的具体需求，将每宗土地的权利人名称、土地权属状况等土地登记信息提供给同级税务部门。

国土资源管理部门配合土地税收管理增加的支出，税务机关应协调当地财政部门给予必要的经费支持。（以上内容见《国家税务总局、财政部关于加强土地税收管理的通知》国税发〔2005〕111号、《国家税务总局、财政部、国土资源部关于进一步加强土地税收管理工作的通知》国税发〔2008〕14号）

第四节　会计处理与实务

一、会计处理

由于耕地占用税是在实际占用耕地时一次性缴纳的，不存在与税务机关结算税款问题，因此企业按规定缴纳的耕地占用税，不通过“应交税费”科目核算。

《企业会计准则第6号——无形资产（2006）》应用指南规定，企业取得的土地使用权通常应确认为无形资产，但改变土地使用权用途，用于赚取租金或资本增值的，应当将其转为投资性房地产；外购无形资产的成本，包括购买价款、相关税费以及直接归属于使该项资产达到预定用途所发生的其他支出；房地产开发企业取得土地用于建造对外出售的房屋建筑物，相关的土地使用权账面价值应当计入所建造的房屋建筑物成本。

综上所述，一般工商企业为取得土地使用权而占用耕地，其应缴纳的耕地占用税，借记“无形资产”科目，贷记“银行存款”科目；房地产开发企业为取得土地使用权而占用耕地，其应缴纳的耕地占用税，借记“开发成本”科目，贷记“银行存款”科目。

【例14-1】2018年，某公司在郊区占用20万平方米耕地（全部是基本农田）建造厂房，总计支出15 000万元，其中土地出让价款4 500万元，另外为取得土地使用权而支付的耕地占用税、耕地复垦费、契税及其他相关税费等630万元，厂房建造工程9 590万元，道路工程60万元，围墙工程20万元，喷泉假山景观工程100万元，树木绿化工程100万元；厂房有效占地12万平方米，其他为厂区道路、绿化带、围墙和露天广场占地。上述支出、费用已用银行存款付讫。当地耕地占用税适用税额为12元/平方米，计算该公司为取得土地使用权而支付的耕地占用税并进行账务处理。

【解析】占用基本农田的，适用税额应当在规定的当地适用税额的基础上提高

50%。取得土地使用权而支付的耕地占用税、耕地复垦费、契税及其他相关税费等均应计入无形资产（土地使用权）成本。

应缴纳耕地占用税：20×12×(1+50%)=360（万元）

（1）土地使用权的入账成本：4 500+630=5 130（万元）

借：无形资产——土地使用权　　51 300 000

　　贷：银行存款　　51 300 000

（2）固定资产（厂房）的入账成本：9 590 万元

借：固定资产——厂房　　95 900 000

　　贷：在建工程　　95 900 000

二、实务解析

【例 14-2】某县级医院经批准 2017 年 3 月占用耕地 30 亩，其中：27 亩耕地用于住院部、门诊楼、医技楼建设，3 亩耕地用于医院内职工家属住房建设。该占地行为按程序履行了有关免税手续和缴纳耕地占用税申报事项。2018 年 4 月将住院部的一部分土地（共 5 亩）交与 A 房地产开发公司进行商业开发。当地耕地占用税适用税额为 30 元/平方米，计算该医院 2017 年和 2018 年应缴纳的耕地占用税（1 亩≈666.7 平方米）。

【解析】医院内专门用于提供医护服务的场所及其配套设施免征耕地占用税，医院内职工家属住房占地不属于免税范畴；2018 年部分占地用于商业开发改变了原占土地用途，应补缴耕地占用税。

（1）2017 年职工家属住房占地应缴纳耕地占用税：3×666.7×30=60 003（元）

（2）2018 年用于商业开发的占地应补缴耕地占用税：5×666.7×30=100 005（元）

【例 14-3】2018 年，某市为修建民用机场，经批准占用耕地（非基本农田）2 000 亩。其中：飞机场跑道、停机坪占地 1 500 亩、机场工作区占地 300 亩、生活区占地 200 亩。当地耕地占用税适用税额为 22 元/平方米。

【解析】飞机场跑道、停机坪占用耕地减按 2 元/平方米的税额征收耕地占用税。机场工作区、生活区占用耕地按照当地适用税额全额征收耕地占用税。

（1）跑道、停机坪占用耕地应缴纳耕地占用税：1 500×666.7×2=2 000 100（元）

（2）工作区、生活区占用耕地应缴纳耕地占用税：

(200+300)×666.7×22=7 333 700（元）

该机场当年应缴纳耕地占用税：2 000 100+7 333 700=9 333 800（元）

【例 14-4】因南水北调中线工程建设需要，该工程指挥部 2016 年初经批准临时占用某区东升镇耕地 1 600 亩（其中有 100 亩属于基本农田）取土。到 2018 年底，临时占用的耕地恢复原状。当地耕地占用税适用税额为 24 元/平方米，计算南水北调工程指挥部上述占用耕地行为应缴纳的耕地占用税。

【解析】临时占用耕地按规定应征收耕地占用税，但超过2年未恢复耕地原状的，已征税款不予退还。因此，到2018年底即使对原临时取土所占耕地复耕，已征收税款也不予退还。

（1）占用一般耕地应缴纳耕地占用税：（1 600 - 100）×666.7×24 = 24 001 200（元）

（2）占用基本农田应缴纳耕地占用税：100×666.7×24（1 + 50%）= 2 400 120（元）

南水北调工程指挥部应缴纳耕地占用税：24 001 200 + 2 400 120 = 26 401 320（元）

【例14-5】某市洮北区某村村民李某原宅基地面积120平方米，其房屋因修建长安机场被机场建设指挥部征用，经批准搬迁到邻村并占用160平方米耕地（非基本农田）新建住宅。机场建成后原宅基地恢复了耕种，当地耕地占用税适用税额为18元/平方米，计算该村民应缴纳的耕地占用税。

【解析】农村居民经批准搬迁，原宅基地恢复耕种，凡新建住宅占用耕地不超过原宅基地面积的，不征收耕地占用税；超过原宅基地面积的，对超过部分按照当地适用税额减半征收耕地占用税。该村民应缴纳耕地占用税：

（160 - 120）×18×50% = 360（元）

第十五章 车辆购置税

车辆购置税是以在中国境内购置规定车辆的行为作为课税对象，在特定环节向车辆购置者征收的一种税。车辆购置税是2001年在原交通部门收取的车辆购置附加费基础上，通过“费改税”方式演变而来的一个新税种。

本章内容主要依据2000年10月22日国务院颁布的《中华人民共和国车辆购置税暂行条例》（国务院令2000年第294号）、《车辆购置税征收管理办法》（国家税务总局令2014年第33号公布，2015年第38号修改）编写。

第一节 概　　述

一、税制沿革

2000年10月22日，国务院颁布《中华人民共和国车辆购置税暂行条例》（简称《车辆购置税条例》），规定从2001年1月1日起开始向购置《车辆购置税条例》列举的车辆的行为征收车辆购置税，原有的车辆购置附加费取消。至此，由交通管理部门征收十五年的车辆购置附加费被车辆购置税所取代。最初，国家税务总局和交通部商定，在车辆购置附加费稽征机构未移交前，车辆购置税暂由各省、自治区、直辖市交通部门所属车辆购置附加费稽征机构负责代征。从2005年1月1日起，车辆购置税由交通部门代征改由税务部门直接负责征收。

二、税制特点

车辆购置税除了具有税收的共同特点外，还有其自身特点：

（一）征收范围单一

车辆购置税征税范围比较窄。作为行为税的车辆购置税，是以购置规定车辆的行为作为课税对象，而不是对所有购置车辆的行为或者其他与车辆有关的行为征税。

（二）征收环节单一

车辆购置税实行一次课征制。它不是在生产、经营和消费的每一环节道道征收，而只在车辆退出流通进入消费领域的特定环节征收。

（三）税率单一

车辆购置税只确定一个比例税率征收，税率具有不随课税对象数额变动的特点，计征简便、负担稳定，便于征管。

（四）征收方法单一

车辆购置税根据纳税人购置应税车辆的计税价格实行从价计征，以价格为计税标准，课税与价值直接发生关系，价值高者多征税，价值低者少征税。

（五）征税目的单一

车辆购置税具有专门用途，由中央财政根据国家交通建设投资计划，统筹安排。这种特定目的的税收，可以保证国家财政支出的需要，既有利于统筹、合理安排资金，又有利于保证特定事业和建设支出的需要。

此外，车辆购置税的计税依据中不包含车辆购置税税额，其税额是附加在价格之外的，且纳税人即为负税人，税负不发生转嫁。

三、立法宗旨

（一）筹集建设资金

国家通过开征车辆购置税参与国民收入再分配，可以更好地将一部分消费基金转化为财政资金，为国家筹集更多的资金，以满足国家行使公共职能的需要。第一，车辆购置税在消费环节征税，具有经常性、及时性特点，只要纳税人发生了购置、使用应税车辆的行为就要纳税；第二，车辆购置税按统一比例税率课征，具有相对稳定性；第三，车辆购置税依法征收，具有强制性和固定性，其收入可靠、稳定。因此，车辆购置税更有利于依法合理地筹集交通基础设施建设和维护资金，保证资金专款专用，从而促进交通基础设施建设事业的健康发展。

（二）规范政府行为

社会主义市场经济需要有健全的宏观经济调控体系，以保证其快速协调发展和健康运行。首先，由于税与费之间的本质区别，以费改税，开征车辆购置税，有利于理顺税费关系，进一步完善财税制度，实现税制结构的不断优化。其次，“费改税”后，不但能规范政府行为，遏制乱收费，同时对正确处理税费关系、深化和完善财税体制改革也能起到积极作用。

（三）调节收入差距

车辆购置税在消费环节对消费应税车辆的使用者征收，能更好地体现两条原则：第一，兼顾公平原则。兼顾公平原则，就是要保护合法收入，取缔非法收入，整顿不合理收入，调节过高收入。第二，纳税负担能力原则。即高收入者多负税，低收入者少负税，具有较高消费能力的人比一般消费能力的人要多负税。因此，开征车辆购置税可以对消费能力较高的人过高的消费支出进行调节。

（四）维护国家权益

首先，车辆购置税对课税的应税车辆不论来源渠道如何，都按同一比例税率征收，具有同一应税车辆税负相同的特性，因此，它可以平衡进口车辆与国产车辆的税收负担，体现国民待遇原则。其次，车辆购置税在车辆上牌使用时征收，具有源泉控制特点，它可以配合有关部门在打击走私、惩治犯罪等方面起到积极作用。最后，对进口自用应税车辆以含关税、消费税的组成计税价格为计税依据，对进口应税车辆征收较高的税收，以限制其进口，有利于保护国内汽车工业的发展。

第二节 课税要素

一、纳税人

车辆购置税的纳税人是在中华人民共和国境内购置应税车辆的单位和个人。关于车辆购置税的纳税人，可以从应税行为、征税区域和行为主体三个方面理解。

（一）应税行为

车辆购置税属于行为税。当纳税人购置应税车辆时，就发生了应税行为，就要依法纳税。车辆购置税的应税行为是指在中华人民共和国境内购置并使用应税车辆的行为。这种应税行为具体包括以下几种情况：

1. 购买使用行为，包括购买使用国产应税车辆和购买使用进口应税车辆的行为。

2. 进口使用行为，指直接进口使用应税车辆的行为。

3. 受赠使用行为，指受赠人接受赠与并使用应税车辆（包括接受免税车辆）的行为。

4. 自产自用行为，指纳税人将自己生产的应税车辆作为最终消费品自己消费使用的行为。

5. 获奖使用行为，包括从各种奖励形式中取得并使用应税车辆的行为。

6. 其他使用行为，指除上述以外其他方式取得并使用应税车辆的行为，如拍卖、抵债、走私、罚没等方式取得并自用的应税车辆。

（二）征税区域

征税区域，就是税法的空间效力，即税法在哪些区域发生效力。我国车辆购置税的适用区域为“中华人民共和国境内”。只要在中华人民共和国境内发生了车辆购置税的应税行为，都要缴纳车辆购置税。

（三）行为主体

购置应税车辆的主体包括单位和个人。具体来说，单位是指国有企业、集体企业、私营企业、股份制企业、外商投资企业、外国企业以及其他企业和事业单位、社会团体、国家机关、部队以及其他单位；个人是指个体工商业户及其他个人。

二、征税范围

车辆购置税以购置《车辆购置税条例》列举的应税车辆并使用的行为作为征税对

象。其具体征收范围包括汽车、摩托车、电车、挂车、农用运输车。车辆购置税具体征收范围依照《车辆购置税条例》所附《车辆购置税征收范围表》执行。车辆购置税征收范围如表 15－1 所示。

表 15－1　车辆购置税征收范围表

应税车辆	具体范围	注　释
汽车	各类汽车	
摩托车	轻便摩托车	最高设计时速不大于 50km/h，发动机汽缸总排量不大于 $50cm^3$ 的两个或者三个车轮的机动车。
	二轮摩托车	最高设计车速大于 50km/h，或者发动机汽缸总排量大于 $50cm^3$ 的两个车轮的机动车。
	三轮摩托车	最高设计车速大于 50km/h，或者发动机汽缸总排量大于 $50cm^3$，空车重量不大于 400kg 的三个车轮的机动车。
电车	无轨电车	以电能为动力，由专用输电电缆线供电的轮式公共车辆。
	有轨电车	以电能为动力，在轨道上行驶的公共车辆。
挂车	全挂车	无动力设备，独立承载，由牵引车辆牵引行驶的车辆。
	半挂车	无动力设备，与牵引车辆共同承载，由牵引车辆牵引行驶的车辆。
农用运输车	三轮农用运输车	柴油发动机，功率不大于 7.4kW，载重量不大于 500kg，最高车速不大于 40km/h 的三个车轮的机动车。
	四轮农用运输车	柴油发动机，功率不大于 28kW，载重量不大于 1 500kg，最高车速不大于 50km/h 的四个车轮的机动车。

对于动力装置和拖斗连接成整体、且以该整体进行车辆登记注册的各种变形拖拉机等农用车辆，按照“农用运输车”征收车辆购置税。（见《国家税务总局关于车辆购置税有关问题的通知》国税发〔2002〕118 号）

需要注意的是，为了体现税法的统一性、固定性、严肃性，车辆购置税征收范围的调整，由国务院决定，其他任何部门、单位和个人无权擅自扩大或缩小车辆购置税的征税范围。

三、税率

车辆购置税实行单一比例税率，税率为 10%。车辆购置税税率的调整，由国务院决定并公布。

四、计税依据

车辆购置税实行从价定率、价外征收的方法计算应纳税额，应税车辆的价格即计税价格就是车辆购置税的计税依据。由于应税车辆取得方式（来源）不同，因此，车辆购置税计税依据的构成也就不同。

（一）购买自用应税车辆计税依据的确定

购买自用的应税车辆，包括购买自用的国产应税车辆和购买自用的进口（以贸易方式）应税车辆，如从国内汽车4S店、汽车贸易公司购买自用的国产或进口应税车辆等。

纳税人购买自用应税车辆的，以计税价格为计税依据。计税价格的组成为纳税人购买应税车辆而支付给销售者的全部价款和价外费用，不包括增值税税款。换句话说，计税价格是由销货方销售应税车辆向购买方收取的、除增值税税款以外的全部价款和价外费用组成的。

"价外费用"是指销售方价外向购买方收取的基金、集资费、违约金（延期付款利息）和手续费、包装费、储存费、优质费、运输装卸费、保管费以及其他各种性质的价外收费，但不包括销售方代办保险等而向购买方收取的保险费，以及向购买方收取的代购买方缴纳的车辆购置税、车辆牌照费。

由于纳税人购买自用的应税车辆是按不含增值税的计税价格征收车辆购置税的，因此，当纳税人购车发票的价格未扣除增值税税款，或者因不得开具机动车销售统一发票（或开具其他票据）而发生价款与增值税税款合并收取的，在确定车辆购置税计税依据时，应将其换算为不含增值税的销售价格。其换算公式如下：

计税价格＝含税销售额÷(1＋增值税税率或征收率)

其中，含税销售额为销售车辆收取的全部价款、价外费用和增值税。

在确定计税价格时应注意以下费用的处理规定：

1. 购买者随购买车辆支付的工具件和零部件价款应作为购车价款的一部分，并入计税依据中征收车辆购置税。

2. 支付的车辆装饰费应作为价外费用并入计税依据中计税。

3. 代收款项应区别征税。凡使用代收单位（受托方）票据收取的款项，应视作代收单位价外收费，购买者支付的价费款，应并入计税依据中一并征税；凡使用委托方票据收取，受托方只履行代收义务和收取代收手续费的款项，应按其他税收政策规定征税。

4. 销售单位开展优质销售活动所开票收取的有关费用，应属于经营性收入，企业在代理过程中按规定支付给有关部门的费用，企业已作经营性支出列支核算，其收取的各项费用并在一张发票上难以划分的，应作为价外收入计算征税。

（二）进口自用应税车辆计税依据的确定

进口自用的应税车辆，是指纳税人直接从境外进口或者委托代理进口自用的应税车辆，不包括境内购买的进口车辆。

纳税人进口自用应税车辆的，以组成计税价格为计税依据。其计算公式如下：

组成计税价格＝关税完税价格＋关税＋消费税

式中，关税是指由海关课征的进口车辆的关税；关税完税价格是指海关核定的关税计税价格。其计算公式如下：

应纳进口车辆关税 = 关税完税价格 × 关税税率

式中，消费税是指进口车辆应由海关代征的消费税。其计算公式如下：

应纳进口车辆消费税 = 组成计税价格 × 消费税税率

因此，上述组成计税价格的公式也可以用下列公式表示：

组成计税价格 =（关税完税价格 + 关税）÷（1 − 消费税税率）

进口自用应税车辆的计税价格，应根据纳税人提供、经海关审查确认的有关完税证明资料确定。

（三）自产、受赠、获奖或以其他方式取得并自用应税车辆计税依据的确定

纳税人自产、受赠、获奖或者以其他方式取得并自用的应税车辆的计税价格，主管税务机关参照国家税务总局规定的最低计税价格核定。因此，自产、受赠、获奖和以其他方式取得并自用的应税车辆一般以国家税务总局核定的最低计税价格为计税依据。

（四）取得已使用未完税自用车辆计税依据的确定

1. 进口旧车、因不可抗力因素导致受损的车辆、库存超过 3 年的车辆、行驶 8 万公里以上的试验车辆、国家税务总局规定的其他车辆，计税价格为纳税人提供的有效价格证明注明的价格。纳税人无法提供车辆有效价格证明的，主管税务机关有权核定应税车辆的计税价格。

上述所称进口旧车，是指《中华人民共和国海关监管车辆进（出）境领（销）牌照通知书》或者其他有效证明注明的进口旧车。

所称因不可抗力因素导致受损的车辆，是指车辆投保的保险公司出具的受损车辆赔偿文书报告或者有关机构出具的有效证明中注明的因不可抗力因素导致受损的车辆。

所称库存超过 3 年的车辆，是指自合格证标注的“车辆制造日期”至车辆有效价格证明的开具日期超过 3 年的国产车辆；自《中华人民共和国海关货物进口证明书》标注的“运抵日期”，或者《没收走私汽车、摩托车证明书》或者裁定没收法律文书标注的“签发日期”至车辆有效价格证明的开具日期超过 3 年的进口车辆。

所称行驶 8 万公里以上的试验车辆，是指经工业和信息化部授权的车辆试验机构出具的车辆试验报告或者其他证明材料注明已行驶 8 万公里以上的试验车辆。（以上内容见《国家税务总局关于车辆购置税征收管理有关问题的公告》总局公告 2015 年第 4 号）

2. 免税条件消失的车辆，自初次办理纳税申报之日起，使用年限未满 10 年的，计税价格以免税车辆初次办理纳税申报时确定的计税价格为基准，每满 1 年扣减 10%；未满 1 年的，计税价格为免税车辆的原计税价格；使用年限 10 年（含）以上的，计税价格为 0。

计税价格 = 最新核发同类型车辆最低计税价格 ×（1 − 已使用年限 ×10%）

免税条件消失的车辆使用年限的界定方法是：自初次办理纳税申报之日起，至导致免税条件消失的行为发生之日（例如：二手车发票开具日期或原免税车辆改变用途发生之日）止。（见《国家税务总局关于车辆购置税征收管理有关问题的补充公告》总局公告 2016 年第 52 号）

（五）最低计税价格的相关规定

最低计税价格是指国家税务总局依据机动车生产企业或者经销商提供的车辆价格信息，参照市场平均交易价格核定的车辆购置税计税价格。

纳税人购买自用或者进口自用应税车辆，申报的计税价格低于同类型应税车辆的最低计税价格，即申报的计税依据低于出厂价格或进口自用车辆的计税价格，又无正当理由的，计税价格为国家税务总局核定的最低计税价格。也就是说，纳税人购买和进口自用的应税车辆，首先应分别按前述计税价格、组成计税价格计税，当申报的计税价格偏低，又提不出正当理由的，应以最低计税价格为计税依据，按照核定的最低计税价格征税。

纳税人购买自用或者进口自用的应税车辆，申报的计税价格低于同类型应税车辆的最低计税价格，又无正当理由的，是指进口旧车、因不可抗力因素导致受损的车辆、库存超过 3 年的车辆、行驶 8 万公里以上的试验车辆、国家税务总局规定的其他车辆之外的情形。

国家税务总局未核定最低计税价格的车辆，计税价格为纳税人提供的有效价格证明注明的价格。有效价格证明注明的价格明显偏低的，主管税务机关有权核定应税车辆的计税价格。纳税人提供的有效价格证明注明的价格，主管税务机关认为明显偏低的，核定计税价格的方法如下：

核定计税价格 = 车辆销售企业车辆进价（进货合同或者发票注明的价格）× (1 + 成本利润率)

成本利润率，由省、自治区、直辖市和计划单列市税务局确定。（见《国家税务总局关于车辆购置税征收管理有关问题的公告》总局公告 2015 年第 4 号）

需要注意的是，自 2014 年 1 月 1 日起，国家税务总局根据应税车辆价格（增值税含税价格）信息，按照车辆购置税最低计税价格核定的规定，实时核定每台应税车辆最低计税价格并下发各地执行。（见《国家税务总局关于机动车电子信息采集和最低计税价格核定有关事项的公告》总局公告 2013 年 36 号）

五、应纳税额

车辆购置税实行从价定率的办法计算应纳税额，应纳税额的计算公式如下：

应纳税额 = 计税价格 × 税率

计算车辆购置税的关键是确定计税价格。由于应税车辆取得方式（来源）的不同，计税价格的确定也就不同。具体计税价格的确定参考上述“四、计税依据”部分。

车辆购置税的计税依据和应纳税款应以人民币计算。纳税人以外汇结算应税车辆价款的，按照申报纳税之日中国人民银行公布的人民币基准汇价，折合成人民币计算应纳税额。

六、税收优惠

车辆购置税的免税、减税，按照下列规定执行：

（一）法定减免车辆

1. 外国驻华使馆、领事馆和国际组织驻华机构及其外交人员自用的车辆，免税。

2. 中国人民解放军和中国人民武装警察部队列入军队武器装备订货计划的车辆，免税。

3. 设有固定装置的非运输车辆，免税。设有固定装置的非运输车辆，是指列入国家税务总局下发的《设有固定装置非运输车辆免税图册》的车辆。

设有固定装置的非运输车辆是指用于特种用途的专用作业车辆，须设有为实现该用途并采用焊接、铆接或者螺栓连接等方式固定安装在车体上的专用设备或装置，不包括载运人员和物品的专用运输车辆。（见《国家税务总局关于设有固定装置非运输车辆免征车辆购置税有关事项的公告》总局公告 2014 年第 43 号）

自卸式垃圾车不属于设有固定装置非运输车辆，纳税人购买自卸式垃圾车应按照规定申报缴纳车辆购置税。（见《国家税务总局关于自卸式垃圾车车辆购置税有关问题的公告》总局公告 2014 年第 53 号）

4. 有国务院规定予以免税或者减税的其他情形的，按照规定免税或者减税。

（二）财税主管部门规定的免税车辆

1. 防汛部门和森林消防部门用于指挥、检查、调度、报汛（警）、联络的由指定厂家生产的设有固定装置的指定型号的车辆。

2. 回国服务的在外留学人员用现汇购买 1 辆个人自用国产小汽车。

3. 长期来华定居专家进口 1 辆自用小汽车。（以上内容见《财政部、国家税务总局关于防汛专用等车辆免征车辆购置税的通知》财税〔2001〕39 号）

4. 纳税人购置的农用三轮车免税。（见《财政部、国家税务总局关于农用三轮车免征车辆购置税的通知》财税〔2004〕66 号）

需要注意的是，国家税务总局公告 2015 年第 4 号第十七条规定的“国家外国专家局或者其授权单位核发的专家证”指：国家外国专家局或者其授权单位，在 2017 年 3 月 31 日以前，核发的专家证，或者在青岛等试点地区核发的相关证件；在 2017 年 4 月 1 日以后，国家外国专家局或者其授权单位核发的 A 类和 B 类《外国人工作许可证》（含试点版）。（见《国家税务总局关于长期来华定居专家免征车辆购置税有关问题的公告》总局公告 2018 年第 2 号）

5. 经国务院批准，对由中国妇女发展基金会募集社会捐赠资金统一购置的，用于“母亲健康快车”公益项目使用的流动医疗车免征车辆购置税。该项目车辆的免税指标计划（包括车辆型号、受赠数量、受赠单位和车辆照片），每年由财政部和国家税务总局审核后共同下达。车主所在地的主管税务机关据此办理免征车辆购置税手续。（见《财政部、国家税务总局关于“母亲健康快车”项目专用车辆免征车辆购置税的通知》财税〔2006〕176 号）

6. 经国务院批准，对国家人口和计划生育委员会统一购置的计划生育流动服务车免征车辆购置税。计划生育流动服务车的免税指标（包括车辆分配地区、车辆型号和车辆数量等），由财政部和国家税务总局不定期审核下达。车辆登记注册地主管税务机关据此办理免征车辆购置税手续。（见《财政部、国家税务总局关于免征计划生育流动服务车车辆购置税的通知》财税〔2010〕78、《财政部、国家税务总局关于调整部分地区计划生育流动服务车免税车辆车型的通知》财税〔2010〕123 号）

7. 自 2016 年 1 月 1 日起至 2020 年 12 月 31 日止，对城市公交企业购置的公共汽电车辆免征车辆购置税。城市公交企业办理免税手续的截止日期为 2021 年 3 月 31 日，逾期不办理的，不予免税。（见《财政部、国家税务总局关于城市公交企业购置公共汽电车辆免征车辆购置税的通知》财税〔2016〕84号、《国家税务总局、交通运输部关于城市公交企业购置公共汽电车辆办理免征车辆购置税手续问题的公告》国家税务总局、交通运输部公告2015年第57号、《国家税务总局、交通运输部关于城市公交企业购置公共汽电车辆免征车辆购置税有关问题的通知》国税发〔2012〕61号）

8. 自2018年1月1日至2020年12月31日，对购置的新能源汽车免征车辆购置税。对免征车辆购置税的新能源汽车，通过发布《免征车辆购置税的新能源汽车车型目录》实施管理。2017年12月31日之前已列入《目录》的新能源汽车，对其免征车辆购置税政策继续有效。（见《财政部、税务总局、工业和信息化部、科技部关于免征新能源汽车车辆购置税的公告》财政部公告2017年第172号）

9. 自2017年1月1日起至12月31日止，对购置1.6升及以下排量的乘用车减按7.5%的税率征收车辆购置税。自2018年1月1日起，恢复按10%的法定税率征收车辆购置税。（见《财政部、国家税务总局关于减征1.6升及以下排量乘用车车辆购置税的通知》财税〔2016〕136号）

10. 自2018年7月1日至2021年6月30日，对购置挂车减半征收车辆购置税。购置日期按照《机动车销售统一发票》《海关关税专用缴款书》或者其他有效凭证的开具日期确定。（见《财政部、税务总局、工业和信息化部关于对挂车减征车辆购置税的公告》（财政部、税务总局、工业和信息化部公告2018年第69号）

第三节　征收管理

车辆购置税总的征管原则是，纳税人购置的需要办理车辆登记注册手续的应税车辆，由车辆登记注册地的主管税务机关负责征收管理；不需要办理车辆登记注册手续的应税车辆，由纳税人所在地的主管税务机关负责征收管理。

一、纳税环节

车辆购置税是对应税车辆的购置行为课征，征税环节选择在使用环节，即最终消费环节。具体而言，纳税人应当在向公安机关等车辆管理机构办理车辆登记注册手续前，缴纳车辆购置税。即车辆购置税是在应税车辆上牌落籍前的使用环节征收。

车辆购置税选择单一环节，实行一次课征制度，购置已征收过车辆购置税的车辆，购买人不用再缴纳车辆购置税。但减税、免税条件消失的车辆，即减税、免税车辆因转让、改变了原减税、免税前提条件的，就不再属于减税、免税范围，应按规定缴纳车辆购置税。

二、纳税地点

纳税人购置应税车辆，需要办理车辆登记注册手续的，应当向车辆登记注册地主管税务机关申报纳税；不需要办理车辆登记注册手续的，应当向纳税人所在地主管税务机关办理纳税申报。纳税人所在地，是指单位纳税人的机构所在地或者自然人纳税人的居住地。

通俗地讲，车辆购置税的纳税地点为应税车辆登记注册地（上牌照落籍地）或纳税人所在地。需办理牌照的应税车辆在哪里注册上牌落籍，纳税人就向哪里的主管税务机关申报纳税；不需要注册上牌落籍的应税车辆（如民航机场的专用车辆、矿山专用车辆等），就地向主管税务机关申报纳税。

三、纳税期限

纳税人购买自用应税车辆的，应自购买之日起60日内申报纳税；进口自用应税车辆的，应自进口之日起60日内申报纳税；自产、受赠、获奖或者以其他方式取得并自用应税车辆的，应自取得之日起60日内申报纳税。

免税车辆因转让、改变用途等原因，其免税条件消失的，纳税人应在免税条件消失之日起60日内到主管税务机关重新申报纳税。

免税车辆发生转让，但仍属于免税范围的，受让方应当自购买或取得车辆之日起60日内到主管税务机关重新申报免税。

上述所称购买之日，是指《机动车销售统一发票》或者其他有效凭证的开具日期。进口之日，是指《海关进口增值税专用缴款书》或者其他有效凭证的开具日期。取得之日，是指合同、法律文书或者其他有效凭证的生效或者开具日期。

四、纳税申报

车辆购置税实行一车一申报制度。对征税车辆纳税申报规定如下：

纳税人办理纳税申报时应如实填写《车辆购置税纳税申报表》，同时提供以下资料：

1. 纳税人身份证明；
2. 车辆价格证明；
3. 车辆合格证明；
4. 税务机关要求提供的其他资料。

上述所称纳税人身份证明、车辆价格证明、车辆合格证明等凭证、资料按《国家税务总局关于车辆购置税征收管理有关问题的补充公告》（总局公告2016年第52号）规定执行。

免税条件消失的车辆，纳税人在办理纳税申报时，应如实填写纳税申报表，同时提供以下资料：

1. 发生二手车交易行为的，提供纳税人身份证明、《二手车销售统一发票》和《车辆购置税完税证明》正本原件；

2. 未发生二手车交易行为的，提供纳税人身份证明、完税证明正本原件及有效证明资料。

主管税务机关对已使用未完税车辆除了按照车辆购置税条例第六条规定确定计税价格征收税款外，还应按照《征管法》的规定加收滞纳金。（见《国家税务总局关于车辆购置税征收管理有关问题的通知》国税发〔2006〕123号）

需要注意的是，按照《国家税务总局、工业和信息化部关于完善机动车整车出厂合格证信息管理系统加强车辆购置税征收管理和优化纳税服务工作的通知》（国税发〔2012〕107号）、《国家税务总局关于在车辆购置税征收管理工作中应用车辆合格证电子信息有关问题的通知》（税总发〔2013〕17号）规定，税务机关在车辆购置税征收管理工作中引进了应用车辆合格证电子信息，但在车辆合格证电子信息应用工作中，仍存在一些方面问题。为方便纳税人办理车辆购置税业务，切实维护纳税人合法权益，税务总局决定继续保留车辆购置税征收业务应急模式。

1. 车辆购置税应急模式，适用无法按照国税发〔2012〕107号等文件有关规定办理车辆购置税纳税申报、减免税等相关业务的车辆。

2. 适用车辆情形主要有以下六类：拍卖、走私罚没、法院裁决、已使用未完税、生产企业注销以及其他确实无法解决合格证电子信息问题的车辆。

3. 适用车辆购置税应急模式的车辆，相关征收业务通过车辆购置税征收管理系统“特殊业务”模块进行，金税三期税收征管系统将支持相应“特殊业务”功能。

五、完税证明

主管税务机关应对纳税申报资料进行审核，确定计税依据，征收税款后，向纳税人核发完税证明。

（一）完税证明管理及使用

1. 主管税务机关要加强完税证明管理，不得交由税务机关以外的单位核发。主管税务机关在税款足额入库后发放完税证明。

2. 完税证明不得转借、涂改、买卖或者伪造。

3. 完税证明的样式、规格、编号由国家税务总局统一规定并印制。

4. 完税证明分正本和副本，按车核发，每车一证。正本由车主保管，副本用于办理车辆登记注册。

（二）完税证明转让、损毁丢失及有误处理

1. 购买二手车时，购买者应当向原车主索要完税证明。

2. 完税证明发生损毁丢失的，车主在补办完税证明时，填写《车辆购置税完税证明补办表》，分别按照以下情形予以补办：

（1）车辆登记注册前完税证明发生损毁丢失的，主管税务机关应依据纳税人提供的车辆购置税完税凭证联次或者主管税务机关车辆购置税完税凭证留存联次或者其电子信息、车辆合格证明补办。

（2）车辆登记注册后完税证明发生损毁丢失的，主管税务机关应依据车主提供的《机动车行驶证》或者《机动车登记证书》，核发完税证明正本（副本留存）。

3. 完税证明内容与原申报资料不一致时，纳税人可以到发证税务机关办理完税证明的更正。

关于车辆购置税完税证明的管理详见《国家税务总局关于印发〈车辆购置税完税证明管理办法〉的通知》（税总发〔2016〕113号）。

六、退税制度

1. 已缴纳车辆购置税的车辆，发生下列情形之一的，准予纳税人申请退税：

（1）车辆退回生产企业或者经销商的；

（2）符合免税条件的设有固定装置的非运输车辆但已征税的；

（3）其他依据法律法规规定应予退税的情形。

2. 纳税人申请退税时，应如实填写《车辆购置税退税申请表》，由本人、单位授权人员到主管税务机关办理退税手续，按下列情况分别提供资料：

（1）车辆退回生产企业或者经销商的，提供生产企业或经销商开具的退车证明和退车发票。

未办理车辆登记注册的，提供原完税凭证、完税证明正本和副本；已办理车辆登记注册的，提供原完税凭证、完税证明正本、公安机关车辆管理机构出具的机动车注销证明。

（2）符合免税条件的设有固定装置的非运输车辆但已征税的，未办理车辆登记注册的，提供原完税凭证、完税证明正本和副本；已办理车辆登记注册的，提供原完税凭证、完税证明正本。

（3）其他依据法律法规规定应予退税的情形，未办理车辆登记注册的，提供原完税凭证、完税证明正本和副本；已办理车辆登记注册的，提供原完税凭证、完税证明正本、公安机关车辆管理机构出具的机动车注销证明或者税务机关要求的其他资料。

3. 退税款的计算：

车辆退回生产企业或者经销商的，纳税人申请退税时，主管税务机关自纳税人办理纳税申报之日起，按已缴纳税款每满1年扣减10%计算退税额；未满1年的，按已缴纳税款全额退税。其他退税情形，纳税人申请退税时，主管税务机关依据有关规定计算退税额。

4. 税款退库程序：

税务机关办理车辆购置税退库业务时，应按规定开具《税收收入退还书》送国库办理退税。通过财政零余额账户缴税的，将税款退至财政零余额账户；纳税人从其开户银行账户转账缴税的，将税款退至纳税人缴税的开户银行账户；个人现金退税，按照《国家税务总局、中国人民银行、财政部关于现金退税问题的紧急通知》（国税发〔2004〕47号）有关规定执行。（见《国家税务总局、财政部、中国人民银行关于征收车辆购置税有关问题的通知》国税发〔2007〕16号）

七、部门配合

车辆购置税因其纳税环节的特殊性，在目前税收征管手段比较落后的情况下，为了对所有纳税人应税车辆的完税情况进行有效控管，需要社会各部门，尤其是公安、农机、交通等部门的支持与协作。因此，《车辆购置税条例》规定，税务机关应当及时向公安机关车辆管理机构通报纳税人缴纳车辆购置税的情况。公安机关车辆管理机构应当定期向税务机关通报车辆登记注册的情况。税务机关发现纳税人未按规定缴纳车辆购置税的，有权责令其补缴；纳税人拒绝缴纳的，税务机关可以通知公安机关车辆管理机构暂扣纳税人的车辆牌照。而且，《车辆购置税条例》特别强调，纳税人应当持主管税务机关出具的完税证明，向公安机关车辆管理机构办理车辆登记注册手续；没有完税证明的，公安机关车辆管理机构不得办理车辆登记注册手续。

2006 年，交通部与国家税务总局联合发文，要求各级交通主管部门与税务部门要密切配合，实现应缴车购税和交通规费车辆信息共享。同时强调，各级交通主管部门进行交通规费上路稽查和治超站点稽查时，对发现的未缴纳车购税的车辆，应及时向税务部门通报。（见《交通部、国家税务总局关于密切配合加强车辆购置税征管工作的通知》交财发〔2006〕216 号）

为加强税务机关和公安机关交通管理部门协作，建立车辆购置税完税证明、机动车销售发票信息共享及核查工作机制，优化便民服务，国家税务总局和公安部于 2017 年联合发文要求各级税务机关和公安机关做好如下工作：

1. 建立车辆购置税完税证明信息共享和核查工作机制。
2. 严格审核车辆购置税完税证明。
3. 加强对嫌疑车辆购置税完税证明的稽查。
4. 加强机动车销售发票核查管理。
5. 优化便民服务。（以上内容见《国家税务总局、公安部关于建立车辆购置税完税证明和机动车销售发票信息共享核查机制有关工作的通知》税总发〔2017〕12 号）

第四节　会计处理与实务

一、会计处理

车辆购置税是一次性缴纳的，因此不通过“应交税费”科目进行核算。企业缴纳的车辆购置税应当作为所购置车辆原始成本的组成部分，记入“固定资产”科目。企业购置（包括购买、进口、自产、受赠、获奖或者以其他方式取得）并自用的应税车辆应缴纳的车辆购置税，在进行会计核算时应作如下会计分录：

借：固定资产
　　应交税费——应交增值税（进项税额）
　　贷：银行存款

【例 15－1】某公司为增值税一般纳税人，2019 年 6 月经批准进口自用小轿车 1 辆，该辆车关税完税价格为人民币 143 000 元，缴纳关税 40 820 元。已知该小轿车适用的消费税税率为 9%，车辆购置税税率为 10%。上述购车款及相关税费已通过银行转账付讫，计算该辆进口小轿车应缴纳的车辆购置税并进行账务处理。

【解析】进口自用的小汽车属于车辆购置税征税范围。自2013年8月1日起，增值税一般纳税人自用的应征消费税的汽车、摩托车、游艇，其进项税额准予从销项税额中抵扣。

（1）计算小汽车入账成本：

组成计税价格：(143 000 + 40 820) ÷ (1 − 9%) = 202 000（元）

应缴纳车辆购置税：202 000 × 10% = 20 200（元）

应缴纳增值税（进项税额）：202 000 × 13% = 26 260（元）

应缴纳消费税：202 000 × 9% = 18 180（元）

该公司进口的小汽车入账成本：

143 000 + 40 820 + 20 200 + 18 180 = 222 200（元）

（2）该公司缴纳相关税费后对购置的小汽车进行账务处理：

借：固定资产——小汽车　　222 200

　　应交税费——应交增值税（进项税额）　　26 260

　　贷：银行存款　　248 460

二、实务解析

【例15－2】 2019年8月，刘某购入新车一辆，向经销商（增值税一般纳税人）支付车辆含税价款113 000元，手续费11 300元。计算刘某应缴纳的车辆购置税。

【解析】销售方收取的价外费用应并入销售额征收车辆购置税。刘某应缴纳车辆购置税：

(113 000 + 11 300) ÷ (1 + 13%) × 10% = 11 000（元）

【例15－3】 某公司进口的一部免税车辆现已改变用途。已知该车原价10万元，同类型新车最低计税价格为15万元，该车已使用3年，规定使用年限为12年，车辆购置税税率为10%，计算该公司应缴纳的车辆购置税。

【解析】免税、减税车辆因转让、改变用途等原因不再属于免税、减税范围，需要依法缴纳车辆购置税的，计税价格＝最新核发同类型车辆最低计税价格×(1－已使用年限×10%)。

计税价格：15 × (1 − 3 × 10%) = 10.5（万元）

应纳税额：10.5 × 10% = 1.05（万元）

【例15－4】 某汽车贸易公司2018年6月进口30辆小轿车，海关审定的关税完税价格为25万元/辆，当月销售18辆，取得含税销售收入540万元；2辆企业自用，5辆用于抵偿债务，合同约定的含税价格为30万元，剩余5辆待售。计算该公司上述行为应缴纳的车辆购置税（小轿车关税税率20%、消费税税率9%）。

【解析】纳税人进口自用的应税车辆以组成计税价格为车辆购置税的计税依据；销售和抵偿债务的小汽车由购买人和债权人缴纳车辆购置税。该公司应缴纳车辆购置税：

$$(25+25\times20\%)\div(1-9\%)\times2\times10\%=6.59\ (\text{万元})$$

【例 15-5】王某在某公司举办的有奖销售活动中，中奖一辆小轿车，举办公司开具的销售发票金额为 58 000 元。王某申报纳税时，经主管税务机关审核，国家税务总局核定该车型的最低计税价格为 63 200 元。计算王某应缴纳的车辆购置税。

【解析】纳税人自产自用、受赠使用、获奖使用和以其他方式取得并自用应税车辆的，凡不能取得该型车辆的购置价格，或者低于最低计税价格的，以国家税务总局核定的最低计税价格为计税依据计算征收车辆购置税。王某应缴纳车辆购置税：

$$63\ 200\times10\%=6\ 320\ (\text{元})$$

第十六章　环境保护税

环境保护税是指在中华人民共和国领域和管辖的其他海域，对直接向环境排放应税污染物的企业、事业单位和其他生产经营者征收的一种税。实行环境保护费改税，有利于提高全社会环保意识，推进生态文明建设和绿色发展。

本章内容主要依据第十二届全国人民代表大会常务委员会第二十五次会议于2016年12月25日通过的《中华人民共和国环境保护税法》（主席令2016年第六十一号）和2017年12月25日国务院颁布的《中华人民共和国环境保护税法实施条例》（国务院令2017年第693号）编写。

第一节　概　　述

一、税制沿革

开征环境保护税源于规费改税。1979年颁布的《中华人民共和国环境保护法（试行）》确立了排污费制度，现行环境保护法延续了这一制度。1982年，国务院颁布的《征收排污费暂行办法》对排污费制度作出了具体规定，排污费制度自此在全国普遍实施。2003年，国务院颁布《排污费征收使用管理条例》，对排污费制度进行调整，由原来的超标排污收费，改为总量排污收费。同年，原国家计委牵头印发了《排污费征收标准管理办法》，明确了废气、污水排污费征收标准。2014年，国家发改委、财政部和环保部联合印发了《关于调整排污费征收标准等有关问题的通知》，提高了主要污染物排污费征收标准。据统计，2015年全国征收排污费173亿元，缴费户数28万户。2016年12月25日，《中华人民共和国环境保护税法》（简称《环境保护税法》）在十二届全国人大常委会第二十五次会议上通过，并于2018年1月1日起施行。2017年12月25日，国务院颁布《中华人民共和国环境保护税法实施条例》（国务院令2017年第693号）自2018年1月1日起施行。

二、税制特点

环境保护税的主要特点如下：

（一）保留了现行排污费征收标准

考虑目前我国经济下行压力较大，企业生产经营较为困难，此次费改税以原排污费征收制度为基础实行平移。即按照“税负平移”的原则环境保护费改税，实现排污费制度向环境保护税制度的平稳转换。根据现行排污费项目设置税目，将排污费的缴纳人作为环境保护税的纳税人，将现行的排污标准作为环境保护税的税额下限，将应税污染物的排放量和噪声的超标准分贝数作为计税依据。

（二）征税范围较窄

现行环境保护税征收范围，基本上是排污费的平移，实际就是狭义的污染排放税。未涵盖二氧化碳、挥发性有机物等项目。为建立环境保护制度，努力构建我国绿色税制体系，有必要在现有对大气污染、水污染、固体废物、噪声等重点污染源征税的基础上，研究探索对其他污染物征税的可行性。在今后条件成熟后，将相关污染物如挥发性有机物排放等，列为征税项目，进一步扩大环境保护税征收范围，加强污染排放治理制度建设。

（三）地方拥有一定的税收管理权

在税政统一基础上，适当下放税政管理权。鉴于当前环境治理主要工作职责在地方政府，为充分调动地方政府做好污染防治工作的积极性，同时兼顾各地排污费标准差异较大的实际情况，对大气和水污染物设定幅度税额，并授权各省（自治区、直辖市）在规定幅度内，统筹考虑本地区环境承载能力、污染物排放现状和经济社会发展目标要求，确定具体适用税额。

（四）建立征管协助机制

环境保护税规定了以税务部门为征收主体，环保部门协同配合的方式。环境保护费改税后，征收部门由环保部门改为税务机关后，但企业污染物排放量检测计算专业性较强，实际税收征管工作离不开环保部门的配合，为保障税收征管工作顺利开展，确定了“企业申报、税务征收、环保协调、信息共享”的税收征管模式。即纳税人依法申报并对申报的真实性和完整性承担责任；税务机关依法征收管理，环保部门依法加强对污染物的检测管理；环保部门与税务部门建立涉税信息共享平台和工作配合机制，定期交换有关纳税信息资料。

三、立法宗旨

税收是促进生态环境保护的重要经济手段。“推进环境保护费改税”“用严格的法律制度保护生态环境”是中共十八届三中、四中全会文件提出的一项重要任务，也是落实税收法定原则的一项基本要求。我国现行税收政策在促进生态环境保护方面发挥了积极作用，但仍不能满足我国加大环保力度、改善生态环境的迫切要求。开征环境保护税，具有十分重要的意义。

（一）有利于更好发挥税收手段的调控功能

现行排污收费由于征收标准过低、征收面过窄，没有将环境资源的外部成本内在化，无法激励企业环境治理，也无法改变生产者、消费者破坏环境的行为，不能真实反映经济增长的资源环境代价。在市场经济机制下，通过税收手段可将环境成本内部化，通过价格传导机制调节纳税人与消费者的环境行为，同时由于税收比收费具有更高的强制性和刚性，征收效果会更加好。

（二）有利于强化对排污行为的监管

现行排污收费在监管上不甚规范且地方环境监察部门没有执法权力。对于排污量虚报、谎报，排污费未缴或逾期缴纳的现象没有罚则。虽然在新《环境保护法》出台后，提高了排污费的监管力度，但是仍有不规范的情况存在。费改税后，纳税人有义务向税务机关申报纳税，对申报的真实性和合法性将承担相应的法律责任。

（三）有利于拓宽环境保护资金渠道

环境保护费改税后，环境保护税全部作为地方收入，中央财政不再分成。按照《预算法》的规定，税收收入应纳入一般公共预算管理，统筹用于保障和改善民生、推动经济社会发展、维护国家安全等方面。虽然环境保护税不采取专款专用方式，但不会降低污染治理和环境保护的投入力度，原由排污费安排的支出纳入同级财政预算，按照力度不减的原则予以充分保障。开征环境保护税后，各级财政将进一步加大对环境保护的支持力度。

（四）有利于完善我国绿色税收制度

我国与环境相关的税种包括消费税、资源税、车辆购置税、车船税等，环境保护税的设立将丰富我国税收体系，使我国税制结构更加绿色化。目前，随着我国独立的环境保护税费相关法律的颁布，我国的环境税费改革将对推进中国和世界其他国家的绿色税制改革发挥重要作用。

第二节　课税要素

一、纳税人

在中华人民共和国领域和中华人民共和国管辖的其他海域，直接向环境排放应税污染物的企业事业单位和其他生产经营者为环境保护税的纳税人，应当依法缴纳环境保护税。

需要注意的是，居民个人不属于纳税人，不用缴纳环境保护税。

二、征税范围

环境保护税的课税对象是应税污染物，具体包括大气污染物、水污染物、固体废物和噪声。环境保护税的具体征税范围以《环境保护税法》所附的《环境保护税税目税额表》《应税污染物和当量值表》为准。

根据环境保护相关法律法规的规定，大气污染物是指向环境排放影响环境质量的物质，包括二氧化硫、氮氧化物、粉尘类；水污染物是指向水体排放影响水环境质量的物质，包括氨氮、化学需氧量、重金属、悬浮物等；固体废物是指工业生产经营活动中生产的固体废物以及医疗废物，包括煤矸、尾矿等；噪声是指工业噪声，即在工业生产活动中使用固定的设备时产生的超过国家规定的环境噪声排放标准的、干扰生活环境的声音。

燃烧产生废气中的颗粒物，按照烟尘征收环境保护税。排放的扬尘、工业粉尘等颗粒物，除可以确定为烟尘、石棉尘、玻璃棉尘、炭黑尘的外，按照一般性粉尘征收环境保护税。（见《财政部、税务总局、生态环境部关于明确环境保护税应税污染物适用等有关问题的通知》财税〔2018〕117号）

需要注意的是，建筑施工噪声和交通噪声不属于环境保护税征税范围。

为了与现行排污费制度对大气污染物、水污染物的征税范围相衔接，《环境保护税法》规定：

1. 每一排放口或者没有排放口的应税大气污染物，按照污染当量数从大到小排序，对前三项污染物征收环境保护税。

2. 每一排放口的应税水污染物，按照《环境保护税法》所附《应税污染物和当量值表》，区分第一类水污染物和其他类水污染物，按照污染当量数从大到小排序，对第一类水污染物（重金属污染物）按照前五项征收环境保护税，对其他类水污染物按照前三项征收环境保护税。

3. 省、自治区、直辖市人民政府根据本地区污染物减排的特殊需要，可以增加同一排放口征收环境保护税的应税污染物项目数，报同级人民代表大会常务委员会决定，并报全国人民代表大会常务委员会和国务院备案。

从两个以上排放口排放应税污染物的，对每一排放口排放的应税污染物分别计算征收环境保护税；纳税人持有排污许可证的，其污染物排放口按照排污许可证载明的污染物排放口确定。

《环境保护税法》规定，不直接向环境排放应税污染物的，不缴纳环境保护税。有下列情形之一的，不属于直接向环境排放污染物，不缴纳相应污染物的环境保护税：

1. 企业事业单位和其他生产经营者向依法设立的污水集中处理、生活垃圾集中处理场所排放应税污染物的；

2. 企业事业单位和其他生产经营者在符合国家和地方环境保护标准的设施、场所贮存或者处置固体废物的。

但是，以下情形应当缴纳环境保护税：

1. 依法设立的城乡污水集中处理、生活垃圾集中处理场所超过国家和地方规定的排放标准向环境排放应税污染物的，应当缴纳环境保护税。

2. 企业事业单位和其他生产经营者贮存或者处置固体废物不符合国家和地方环境保护标准的，应当缴纳环境保护税。

《环境保护税法》所称城乡污水集中处理场所，是指为社会公众提供生活污水处理服务的场所，不包括为工业园区、开发区等工业聚集区域内的企业事业单位和其他生产经营者提供污水处理服务的场所，以及企业事业单位和其他生产经营者自建自用的污水处理场所。即工业污水集中处理场所向环境排放应税污染物应予征税。

需要注意的是，达到省级人民政府确定的规模标准并且有污染物排放口的畜禽养殖场，应当依法缴纳环境保护税；依法对畜禽养殖废弃物进行综合利用和无害化处理的，不属于直接向环境排放污染物，不缴纳环境保护税。

三、计税依据

应税大气污染物和水污染物的计税依据为污染当量数、应税固体废物的计税依据为固体废物的排放量、应税噪声的计税依据为超过国家规定标准的分贝数。

（一）计税依据确定方法

应税污染物的计税依据，按照下列方法确定：

1. 应税大气污染物按照污染物排放量折合的污染当量数确定；
2. 应税水污染物按照污染物排放量折合的污染当量数确定；
3. 应税固体废物按照固体废物的排放量确定；
4. 应税噪声按照超过国家规定标准的分贝数确定。

污染当量是指根据各种污染物或污染排放活动对环境的有害程度以及处理的技术经济性，衡量不同污染物对环境污染的一个综合性指标或计量单位。同一介质相同污染当量的不同污染物，其污染程度基本相当。

固体废物的排放量是指不符合国家和地方环境保护标准贮存或处置的固体废物的数量，不包括符合国家和地方环保标准的综合利用固体废物数量。超过国家规定标准的分贝数是指实际产生的工业噪声与国家规定的工业噪声排放标准限值之间的差值。

（二）计税依据具体确定

1. 应税大气污染物、水污染物的污染当量数，以该污染物的排放量除以该污染物的污染当量值计算。每种应税大气污染物、水污染物的具体污染当量值，依照《环境保护税法》所附《应税污染物和当量值表》执行。

2. 应税固体废物的计税依据，按照固体废物的排放量确定。固体废物的排放量为当期应税固体废物的产生量减去当期应税固体废物的贮存量、处置量、综合利用量的余额。

固体废物的贮存量、处置量，是指在符合国家和地方环境保护标准的设施、场所贮存或者处置的固体废物数量；固体废物的综合利用量，是指按照国务院发展改革、工业和信息化主管部门关于资源综合利用要求以及国家和地方环境保护标准进行综合利用的固体废物数量。

应税大气污染物、水污染物、固体废物的排放量和噪声的分贝数，按照下列方法和顺序确定：

1. 纳税人安装使用符合国家规定和监测规范的污染物自动监测设备的，按照污染物自动监测数据计算。

2. 纳税人未安装使用污染物自动监测设备的，按照监测机构出具的符合国家有关规定和监测规范的监测数据计算。

上述未安装使用污染物自动监测设备的纳税人，自行对污染物进行监测所获取的监测数据，符合国家有关规定和监测规范的，视同监测机构出具的监测数据。

3. 因排放污染物种类多等原因不具备监测条件的，按照国务院环境保护主管部门规定的排污系数、物料衡算方法计算。

排污系数，是指在正常技术经济和管理条件下，生产单位产品所应排放的污染物量的统计平均值；物料衡算，是指根据物质质量守恒原理对生产过程中使用的原料、生产的产品和产生的废物等进行测算的一种方法。

纳税人委托监测机构对应税大气污染物和水污染物排放量进行监测时，其当月同一个排放口排放的同一种污染物有多个监测数据的，应税大气污染物按照监测数据的平均值计算应税污染物的排放量；应税水污染物按照监测数据以流量为权的加权平均值计算应税污染物的排放量。在环境保护主管部门规定的监测时限内当月无监测数据的，可以跨月沿用最近一次的监测数据计算应税污染物排放量。（见《财政部、税务总局、生态环境部关于环境保护税有关问题的通知》财税〔2018〕23号）

为了进一步明确污染物排放量计算方法，原环境保护部制定了《纳入排污许可管理的火电等17个行业污染物排放量计算方法（含排污系数、物料衡算方法）（试行）》《未纳入排污许可管理行业适用的排污系数、物料衡算方法（试行）》。（见《环境保护部关于发布计算污染物排放量的排污系数和物料衡算方法的公告》环境保护部公告2017年第81号）

4. 不能按照上述第一项至第三项规定的方法计算的，按照省、自治区、直辖市人民政府环境保护主管部门规定的抽样测算的方法核定计算。

需要注意的是，核定计算污染物排放量的，由税务机关会同环境保护主管部门核定污染物排放种类、数量和应纳税额。

（三）特殊情形规定

1. 纳税人有下列情形之一的，以其当期应税固体废物的产生量作为固体废物的排放量：

（1）非法倾倒应税固体废物；

（2）进行虚假纳税申报。

2. 应税大气污染物、水污染物的计税依据，按照污染物排放量折合的污染当量数确定。纳税人有下列情形之一的，以其当期应税大气污染物、水污染物的产生量作为污染物的排放量：

（1）未依法安装使用污染物自动监测设备或者未将污染物自动监测设备与环境保护主管部门的监控设备联网；

（2）损毁或者擅自移动、改变污染物自动监测设备；

（3）篡改、伪造污染物监测数据；

（4）通过暗管、渗井、渗坑、灌注或者稀释排放以及不正常运行防治污染设施等方式违法排放应税污染物；

（5）进行虚假纳税申报。

（四）税目税额

环境保护税的税目、税额以《环境保护税法》所附的《环境保护税税目税额表》执行。环境保护税税目税额如表16-1所示。

表 16－1　　环境保护税税目税额表

税目		计税单位	税额
大气污染物		每污染当量	1.2～12 元
水污染物		每污染当量	1.4～14 元
固体废物	煤矸石	每吨	5 元
	尾矿	每吨	15 元
	危险废物	每吨	1 000 元
	冶炼渣、粉煤灰、炉渣、其他固体废物（含半固态、液态废物）	每吨	25 元
噪声	工业噪声	超标 1～3 分贝	每月 350 元
		超标 4～6 分贝	每月 700 元
		超标 7～9 分贝	每月 1 400 元
		超标 10～12 分贝	每月 2 800 元
		超标 13～15 分贝	每月 5 600 元
		超标 16 分贝以上	每月 11 200 元

注（有关工业噪声）：1. 一个单位边界上有多处噪声超标，根据最高一处超标升级计算应纳税额；当沿边界长度超过 100 米有两处以上噪声超标，按照两个单位计算应纳税额。2. 一个单位有不同地点作业场所的，应当分别计算应纳税额，合并计征。3. 昼、夜均超标的环境噪声，昼、夜分别计算应纳税额，累计计征。4. 声源一个月内超标不足 15 天的，减半计算应纳税额。5. 夜间频繁突发和夜间偶然突发厂界超标噪声，按等效声级和峰值噪声两种指标中超标分贝值高的一项计算应纳税额。

应税大气污染物和水污染物的具体适用税额的确定和调整，由省、自治区、直辖市人民政府统筹考虑本地区环境承载能力、污染物排放现状和经济社会生态发展目标要求，在《环境保护税法》所附《环境保护税税目税额表》规定的税额幅度内提出，报同级人民代表大会常务委员会决定，并报全国人民代表大会常务委员会和国务院备案。

（五）应税污染物和当量值

作为环境保护税征税对象的应税污染物和确定计税依据的具体当量值按《环境保护税法》所附的《应税污染物和当量值表》执行。应税污染物和当量值如表 16－2 所示。

表 16－2　　应税污染物和当量值表

	污染物	污染当量值（千克）
一、第一类水污染物污染当量值	1. 总汞	0.0005
	2. 总镉	0.005
	3. 总铬	0.04

续表

	污染物	污染当量值（千克）
一、第一类水污染物污染当量值	4. 六价铬	0.02
	5. 总砷	0.02
	6. 总铅	0.025
	7. 总镍	0.025
	8. 苯并（a）芘	0.0000003
	9. 总铍	0.01
	10. 总银	0.02

	污染物	污染当量值（千克）	备注
二、第二类水污染物污染当量值	11. 悬浮物（SS）	4	
	12. 生化需氧量（BOD_5）	0.5	同一排放口中的化学需氧量、生化需氧量和总有机碳，只征收一项。
	13. 化学需氧量（COD_{cr}）	1	
	14. 总有机碳（TOC）	0.49	
	15. 石油类	0.1	
	16. 动植物油	0.16	
	17. 挥发酚	0.08	
	18. 总氰化物	0.05	
	19. 硫化物	0.125	
	20. 氨氮	0.8	
	21. 氟化物	0.5	
	22. 甲醛	0.125	
	23. 苯胺类	0.2	
	24. 硝基苯类	0.2	
	25. 阴离子表面活性剂（LAS）	0.2	
	26. 总铜	0.1	
	27. 总锌	0.2	
	28. 总锰	0.2	
	29. 彩色显影剂（CD-2）	0.2	
	30. 总磷	0.25	
	31. 单质磷（以P计）	0.05	
	32. 有机磷农药（以P计）	0.05	
	33. 乐果	0.05	
	34. 甲基对硫磷	0.05	

续表

	污染物	污染当量值（千克）	备注
二、第二类水污染物污染当量值	35. 马拉硫磷	0.05	
	36. 对硫磷	0.05	
	37. 五氯酚及五氯酚钠（以五氯酚计）	0.25	
	38. 三氯甲烷	0.04	
	39. 可吸附有机卤化物（AOX）（以 Cl 计）	0.25	
	40. 四氯化碳	0.04	
	41. 三氯乙烯	0.04	
	42. 四氯乙烯	0.04	
	43. 苯	0.02	
	44. 甲苯	0.02	
	45. 乙苯	0.02	
	46. 邻 - 二甲苯	0.02	
	47. 对 - 二甲苯	0.02	
	48. 间 - 二甲苯	0.02	
	49. 氯苯	0.02	
	50. 邻二氯苯	0.02	
	51. 对二氯苯	0.02	
	52. 对硝基氯苯	0.02	
	53. 2，4 - 二硝基氯苯	0.02	
	54. 苯酚	0.02	
	55. 间 - 甲酚	0.02	
	56. 2，4 - 二氯酚	0.02	
	57. 2，4，6 - 三氯酚	0.02	
	58. 邻苯二甲酸二丁酯	0.02	
	59. 邻苯二甲酸二辛酯	0.02	
	60. 丙烯腈	0.125	
	61. 总硒	0.02	

续表

	污染物		污染当量值	备注
三、pH值、色度、大肠菌群数、余氯量水污染物污染当量值	1. pH值	1. 0～1，13～14	0.06吨污水	pH值5～6指大于等于5，小于6；pH值9～10指大于9，小于等于10，其余类推。
		2. 1～2，12～13	0.125吨污水	
		3. 2～3，11～12	0.25吨污水	
		4. 3～4，10～11	0.5吨污水	
		5. 4～5，9～10	1吨污水	
		6. 5～6	5吨污水	
	2. 色度		5吨水·倍	
	3. 大肠菌群数（超标）		3.3吨污水	大肠菌群数和余氯量只征收一项。
	4. 余氯量（用氯消毒的医院废水）		3.3吨污水	

	类型		污染当量值	备注
四、禽畜养殖业、小型企业和第三产业水污染物污染当量值*	禽畜养殖场	1. 牛	0.1头	仅对存栏规模大于50头牛、500头猪、5 000羽鸡鸭等的禽畜养殖场征收。
		2. 猪	1头	
		3. 鸡、鸭等家禽	30羽	
	4. 小型企业		1.8吨污水	
	5. 饮食娱乐服务业		0.5吨污水	
	6. 医院	消毒	0.14床	医院病床数大于20张的按照本表计算污染当量数。
			2.8吨污水	
		不消毒	0.07床	
			1.4吨污水	

	污染物	污染当量值（千克）
五、大气污染物污染当量值	1. 二氧化硫	0.95
	2. 氮氧化物	0.95
	3. 一氧化碳	16.7
	4. 氯气	0.34
	5. 氯化氢	10.75
	6. 氟化物	0.87
	7. 氰化氢	0.005
	8. 硫酸雾	0.6
	9. 铬酸雾	0.0007
	10. 汞及其化合物	0.0001
	11. 一般性粉尘	4
	12. 石棉尘	0.53
	13. 玻璃棉尘	2.13

续表

	污染物	污染当量值（千克）
五、大气污染物污染当量值	14. 碳黑尘	0.59
	15. 铅及其化合物	0.02
	16. 镉及其化合物	0.03
	17. 铍及其化合物	0.0004
	18. 镍及其化合物	0.13
	19. 锡及其化合物	0.27
	20. 烟尘	2.18
	21. 苯	0.05
	22. 甲苯	0.18
	23. 二甲苯	0.27
	24. 苯并（a）芘	0.000002
	25. 甲醛	0.09
	26. 乙醛	0.45
	27. 丙烯醛	0.06
	28. 甲醇	0.67
	29. 酚类	0.35
	30. 沥青烟	0.19
	31. 苯胺类	0.21
	32. 氯苯类	0.72
	33. 硝基苯	0.17
	34. 丙烯腈	0.22
	35. 氯乙烯	0.55
	36. 光气	0.04
	37. 硫化氢	0.29
	38. 氨	9.09
	39. 三甲胺	0.32
	40. 甲硫醇	0.04
	41. 甲硫醚	0.28
	42. 二甲二硫	0.28
	43. 苯乙烯	25
	44. 二硫化碳	20

说明：第一、二类污染物的分类依据为《污水综合排放标准》（GB8978－1996）。

*本表仅适用于计算无法进行实际监测或者物料衡算的禽畜养殖业、小型企业和第三产业等小型排污者的水污染物污染当量数。

四、应纳税额

环境保护税应纳税额按照下列方法计算：

1. 应税大气污染物的应纳税额为污染当量数乘以具体适用税额；

2. 应税水污染物的应纳税额为污染当量数乘以具体适用税额；

3. 应税固体废物的应纳税额为固体废物排放量乘以具体适用税额；

4. 应税噪声的应纳税额为超过国家规定标准的分贝数对应的具体适用税额。

噪声超标分贝数不是整数值的，按四舍五入取整。一个单位的同一监测点当月有多个监测数据超标的，以最高一次超标声级计算应纳税额。声源一个月内累计昼间超标不足15昼或者累计夜间超标不足15夜的，分别减半计算应纳税额。（见《财政部、税务总局和生态环境部关于环境保护税有关问题的通知》财税〔2018〕23号）

五、税收优惠

（一）暂免征收情形

1. 农业生产（不包括规模化养殖）排放应税污染物的；

2. 机动车、铁路机车、非道路移动机械、船舶和航空器等流动污染源排放应税污染物的；

3. 依法设立的城乡污水集中处理、生活垃圾集中处理场所排放相应应税污染物，不超过国家和地方规定的排放标准的；

4. 纳税人综合利用的固体废物，符合国家和地方环境保护标准的；

5. 国务院批准免税的其他情形。

依法设立的生活垃圾焚烧发电厂、生活垃圾填埋场、生活垃圾堆肥厂，属于生活垃圾集中处理场所，其排放应税污染物不超过国家和地方规定的排放标准的，依法予以免征环境保护税。纳税人任何一个排放口排放应税大气污染物、水污染物的浓度值，以及没有排放口排放应税大气污染物的浓度值，超过国家和地方规定的污染物排放标准的，依法不予减征环境保护税。（见《财政部、税务总局、生态环境部关于明确环境保护税应税污染物适用等有关问题的通知》财税〔2018〕117号）

（二）减征情形

纳税人排放应税大气污染物或者水污染物的浓度值低于国家和地方规定的污染物排放标准30%的，减按75%征收环境保护税。纳税人排放应税大气污染物或者水污染物的浓度值低于国家和地方规定的污染物排放标准50%的，减按50%征收环境保护税。依照规定减征环境保护税的，应当对每一排放口排放的不同应税污染物分别计算。

依法减征环境保护税的，应税大气污染物浓度值的小时平均值或者应税水污染物浓度值的日平均值，以及监测机构当月每次监测的应税大气污染物、水污染物的浓度值，均不得超过国家和地方规定的污染物排放标准。

上述所称应税大气污染物或者水污染物的浓度值，是指纳税人安装使用的污染物自动监测设备当月自动监测的应税大气污染物浓度值的小时平均值再平均所得数值或者应税水污染物浓度值的日平均值再平均所得数值，或者监测机构当月监测的应税大气污染物、水污染物浓度值的平均值。

第三节 征收管理

一、纳税义务发生时间

环境保护税的纳税义务发生时间为纳税人排放应税污染物的当日。

二、纳税期限

环境保护税按月计算，按季申报缴纳。不能按固定期限计算缴纳的，可以按次申报缴纳。

纳税人申报缴纳时，应当向税务机关报送所排放应税污染物的种类、数量，大气污染物、水污染物的浓度值，以及税务机关根据实际需要要求纳税人报送的其他纳税资料。

纳税人按季申报缴纳的，应当自季度终了之日起15日内，向税务机关办理纳税申报并缴纳税款。纳税人按次申报缴纳的，应当自纳税义务发生之日起15日内，向税务机关办理纳税申报并缴纳税款。

纳税人应当依法如实办理纳税申报，对申报的真实性和完整性承担责任。

纳税人应当按照税收征收管理的有关规定，妥善保管应税污染物监测和管理的有关资料。

三、纳税地点

纳税人应当向应税污染物排放地的税务机关申报缴纳环境保护税。应税污染物排放地是指：

1. 应税大气污染物、水污染物排放口所在地；
2. 应税固体废物产生地；
3. 应税噪声产生地。

纳税人跨区域排放应税污染物，税务机关对税收征收管辖有争议的，由争议各方按照有利于征收管理的原则协商解决；不能协商一致的，报请共同的上级税务机关决定。

四、部门协调

（一）各级政府及相关部门职责

1. 环境保护税由税务机关依照《征管法》和《环境保护税法》的有关规定征收管理。税务机关依法履行环境保护税纳税申报受理、涉税信息比对、组织税款入库等职责。

2. 环境保护主管部门依照《环境保护税法》和有关环境保护法律法规的规定负责对应税污染物的监测管理，制定和完善污染物监测规范。

3. 县级以上地方人民政府应当加强对环境保护税征收管理工作的领导，及时协调、解决环境保护税征收管理工作中的重大问题。县级以上地方人民政府应当建立税务机关、环境保护主管部门和其他相关单位分工协作工作机制，加强环境保护税征收管理，保障税款及时足额入库。

（二）税务机关与环保部门的信息共享与比对

1. 信息共享。

环境保护主管部门和税务机关应当建立涉税信息共享平台（包括技术标准以及数据采集、存储、传输、查询和使用规范）和工作配合机制。

（1）环境保护主管部门应当将排污单位的排污许可、污染物排放数据、环境违法和受行政处罚情况等环境保护相关信息，定期交送税务机关。具体说，环境保护主管部门应当通过涉税信息共享平台向税务机关交送在环境保护监督管理中获取的下列信息：

①排污单位的名称、统一社会信用代码以及污染物排放口、排放污染物种类等基本信息；

②排污单位的污染物排放数据（包括污染物排放量以及大气污染物、水污染物的浓度值等数据）；

③排污单位环境违法和受行政处罚情况；

④对税务机关提请复核的纳税人的纳税申报数据资料异常或者纳税人未按照规定期限办理纳税申报的复核意见；

⑤与税务机关商定交送的其他信息。

（2）税务机关应当将纳税人的纳税申报、税款入库、减免税额、欠缴税款以及风险疑点等环境保护税涉税信息，定期交送环境保护主管部门。具体来说，税务机关应当通过涉税信息共享平台向环境保护主管部门交送下列环境保护税涉税信息：

①纳税人基本信息；

②纳税申报信息；

③税款入库、减免税额、欠缴税款以及风险疑点等信息；

④纳税人涉税违法和受行政处罚情况；

⑤纳税人的纳税申报数据资料异常或者纳税人未按照规定期限办理纳税申报的信息；

⑥与环境保护主管部门商定交送的其他信息。

2. 信息比对。

税务机关应当将纳税人的纳税申报数据资料与环境保护主管部门交送的相关数据资

料进行比对。

（1）税务机关发现纳税人的纳税申报数据资料异常或者纳税人未按照规定期限办理纳税申报的，可以提请环境保护主管部门进行复核，环境保护主管部门应当自收到税务机关的数据资料之日起十五日内向税务机关出具复核意见。税务机关应当按照环境保护主管部门复核的数据资料调整纳税人的应纳税额。

上述纳税人的纳税申报数据资料异常，包括但不限于下列情形：

①纳税人当期申报的应税污染物排放量与上一年同期相比明显偏低，且无正当理由；

②纳税人单位产品污染物排放量与同类型纳税人相比明显偏低，且无正当理由。

（2）环境保护主管部门发现纳税人申报的应税污染物排放信息或者适用的排污系数、物料衡算方法有误的，应当通知税务机关处理。

（3）纳税人申报的污染物排放数据与环境保护主管部门交送的相关数据不一致的，按照环境保护主管部门交送的数据确定应税污染物的计税依据。

3. 纳税人识别。

税务机关应当依据环境保护主管部门交送的排污单位信息进行纳税人识别。

在环境保护主管部门交送的排污单位信息中没有对应信息的纳税人，由税务机关在纳税人首次办理环境保护税纳税申报时进行纳税人识别，并将相关信息交送环境保护主管部门。

4. 配合协作。

（1）税务机关、环境保护主管部门应当无偿为纳税人提供与缴纳环境保护税有关的辅导、培训和咨询服务。

（2）税务机关依法实施环境保护税的税务检查，环境保护主管部门予以配合。

第四节　会计处理与实务

一、会计处理

企业缴纳的环境保护税应通过“税金及附加”科目核算。企业按规定计算应缴纳的环境保护税，借记“税金及附加”科目，贷记“应交税费——应交环境保护税”科目；缴纳环境保护税时，借记“应交税费——应交环境保护税”科目，贷记“银行存款”等科目。

【例 16－1】某化工厂直接向河流排放总铅 6 000 千克（自动监测仪读数）。已知总铅污染当量值为 0.025 千克，假定其所在省政府公布的水污染物环保税税率为每污染当量 4 元，计算该纳税人当月应纳的环保税。

【解析】污染当量数 = 排放量 ÷ 污染当量值；应纳环保税 = 污染当量数 × 具体适用税额

总铅污染当量数：6 000 ÷0. 025 =240 000（千克）

应纳税额：240 000 ×4 =960 000（元）

（1）计算应缴纳的环境保护税账务处理：

借：税金及附加　　960 000

　　贷：应交税费——应交环境保护税　　960 000

（2）缴纳环境保护税时账务处理：

借：应交税费——应交环境保护税　　960 000

　　贷：银行存款　　960 000

二、实务解析

【例 16 -2】某餐饮公司，通过安装水流量计测得 2018 年 2 月排放污水量为 80 吨，已知饮食娱乐服务业污染当量值为 0. 5 吨污水。假设当地水污染物适用税额为每污染当量 2. 8 元，计算当月应纳环境保护税。

【解析】应税水污染物的应纳税额为污染当量数乘以具体适用税额。应税水污染物的污染当量数，以该污染物的排放量除以该污染物的污染当量值计算。

水污染物当量数：80 ÷0. 5 =160（吨污水）

应纳税额：160 ×2. 8 =448（元）

【例 16 -3】某县公立三甲医院床位 126 张，每月按时消毒，无法计量月污水排放量，污染当量值为 0. 14 床，假设当地水污染物适用税额为每污染当量 2. 1 元，计算当月应纳环境保护税额。

【解析】应税水污染物的应纳税额为污染当量数乘以具体适用税额；应税水污染物的污染当量数，以该污染物的排放量除以该污染物的污染当量值计算。

水污染物当量数：126 ÷0. 14 =900（床）

应纳税额：900 ×2. 1 =1 890（元）

【例 16 -4】假设某煤矿企业 2018 年 3 月产生煤矸石 1 000 吨，其中综合利用的煤矸石 250 吨（符合国家相关规定），在符合国家和地方环境保护标准的设施贮存 200 吨。煤矸石环保税适用税额为每吨 5 元，计算该企业当月就煤矸石应缴纳的环境保护税。

【解析】固体废物的计税依据需要用减法计算，即固体废物排放量等于当期固体废物的产生量减去当期固体废物的综合利用量、当期固体废物的贮存量、当期固体废物的处置量。

煤矸石排放量：1 000 -250 -200 =550（吨）

应纳税额：550 ×5 =2 750（元）

【例 16 -5】某化学品工厂 2018 年 5 月向厂区外河流直接排放一类水污染物总汞、总镉、总铬、总砷、总铅、总银 10 千克。不考虑其他类水污染物。对应污染物的污染当量值（单位：千克）分别为0.0005、0.005、0.04、0.02、0.025、0.02，适用税额为1.5元每污染物当量。计算该工厂5月水污染物应缴纳的环境保护税。

【解析】每一排放口的应税水污染物按照污染当量数从大到小排序，对第一类水污染物按照前五项征收环境保护税。

（1）第一类水污染物的污染当量数：

总汞：10 ÷ 0.0005 = 20 000千克；总镉：10 ÷ 0.005 = 2 000千克；

总铬：10 ÷ 0.04 = 250千克；总砷：10 ÷ 0.02 = 500千克；

总铅：10 ÷ 0.025 = 400千克；总银：10 ÷ 0.02 = 500千克

（2）对第一类水污染物污染当量数排序：

总汞（20 000）> 总镉（2 000）> 总砷（500）= 总银（500）> 总铅（400）> 总铬（250）

（3）第一类水污染物应纳税额：

总汞：20 000 × 1.5 = 30 000（元）

总镉：2 000 × 1.5 = 3 000（元）

总砷：500 × 1.5 = 750（元）

总银：500 × 1.5 = 750（元）

总铅：400 × 1.5 = 600（元）

第十七章　城市维护建设税与教育费附加

城市维护建设税是对从事生产经营活动的单位和个人，以其实际缴纳增值税、消费税、营业税税额为计税依据，按纳税人所在地适用税率计算征收的一种税。征收城市维护建设税是为了加强城市维护建设、扩大和稳定城市建设资金来源而采取的一项税收措施。

本章内容主要依据国务院 1985 年 2 月 8 日颁布、2011 年 1 月 8 日修改的《中华人民共和国城市维护建设税暂行条例》（国发〔1985〕19 号）编写。

第一节　概　　述

一、税制沿革

新中国成立以来，在城市维护和建设上取得了较大成绩，但国家在城建方面一直资金不足。1979 年以前，我国用于城市维护建设的资金主要来源于工商税附加、城市公用事业附加和国拨城市维护费。1979 年开始在部分大中城市试行从上年工商利润中提取 5% 作为城市维护和建设资金的办法，由于提取资金不足，未能从根本上解决问题。1981 年国务院在批转财政部关于改革工商税制的设想中提出“根据城市建设的需要，开征城市维护建设税，作为县以上城市和工矿区市政建设的专项资金”。1984 年第二步“利改税”和工商税制改革后，国务院于 1985 年 2 月 8 日颁布《中华人民共和国城市维护建设税暂行条例》（简称《城市维护建设税暂行条例》），并于当年 1 月 1 日起在全国范围内施行。

最初城市维护建设税以产品税、增值税、营业税税额为依据征收。1994 年税制改革时，取消了产品税，将其中部分产品改征消费税，因此，从 1994 年 1 月 1 日起，城市维护建设税的计税依据相应调整为增值税、消费税和营业税（本章简称“三税”，因为营改增后涉及补缴营业税的仍需缴纳城市维护建设税，所以本书暂未改变这一习惯提法）的纳税额。但《城市维护建设税暂行条例》第二条、第三条、第五条中的“产品税”的修改，直到 2011 年才完成。（见《财政部关于城建税征收问题的通知》财法字〔1993〕42 号、《国家税务总局关于城市维护建设税征收问题的通知》国税发〔1994〕51 号、《国务院关于废止和修改部分行政法规的决定》国务院令 2011 年第 588 号）

二、税制特点

城市维护建设税从其收入用途看，属于特定目的税；从其课税标准看，属于以其他税种的应纳税额为征税对象的附加税。与其他税种比较，城市维护建设税具有以下几个特点：

（一）附加税性质

城市维护建设税不具备一个独立税种应有的特征，既不能独立征收，也不能独立减免，完全依附三税，属于三税的附加税。这主要表现在两个方面：一是没有特定的课税对象，城市维护建设税以流转税税额为计税依据，按规定的比例随三税同时征收；二是征收管理不独立，城市维护建设税的征收、管理、减免等均比照三税的有关规定办理。

（二）税款专款专用

《城市维护建设税暂行条例》明确规定，所征城市维护建设税税款应当保证用于城市公用事业和公共设施的维护建设。这不同于国家的一般税收，都直接纳入国家财政，由中央和地方人民政府根据社会经济、文化教育事业等发展需要安排使用，税法并不规定税款的具体使用范围和方向。

（三）税率设计独特

由于城市市区的公共设施好于县城、镇，需要的维护和建设资金也多，所以城市维护建设税的税率，没有采用单一税率，而是根据维护建设资金需求和纳税人受益程度不同，按纳税人所在地确定不同的比例税率。

三、立法宗旨

城市是国家经济文化中心，在国民经济建设中有着非常重要的地位和作用。随着经济体制改革的深入和市场经济的迅速发展，城市的中心地位越来越重要。因此，加强城市维护，加快城市建设，改变城市面貌，充分发挥城市在社会主义现代化建设中的作用具有重要意义。

（一）补充城市维护建设资金

过去，由于城市建设资金不足，城市维护和建设远远跟不上工农业生产和各项事业的发展。开征城市维护建设税，以商品流转税税额为依据，与三税同时征收，这样，不仅扩大了征税范围，还可以保证城市维护建设税收入随三税收入的增长而增长，使城镇建设支出有一个比较稳定和可靠的资金来源。此外，征收城市维护建设税还有利于搞好小城镇建设。长期以来，大城市的市政建设大有改观，但是中小城市，以及星罗棋布的城镇开发建设步伐较慢。城市维护建设税不仅在全国范围内所有的城市普遍开征，而且征税范围扩大到所有的县城、镇、乡、村，使县城、镇、乡、村的建设和维护也有了相应的资金来源和保障。

（二）调动地方政府积极性

《城市维护建设税暂行条例》第六条规定：“城市维护建设税应当保证用于城市的

公用事业和公共设施的维护建设，具体安排由地方人民政府确定。”1994 年实行分税制财政体制改革时也将城市维护建设税（不含铁道系统和金融保险企业集中上缴部分）确定为地方级收入。可见，城市维护建设税是一个具有专款专用性质的地方税。将城市维护建设税收入与当地城市建设直接挂钩，税收收入越多，城镇建设资金就越充裕，城镇建设发展就越快。这样，就可以充分调动地方政府的积极性，使其关心城市维护建设税收入，加强城市维护建设税的征收管理。

（三）限制对企业的乱摊派

改革开放初期，有些地区和部门借口城建资金不足，随意向企业摊派物资和资金，加重了企业负担，影响了企业的正常生产经营。征收城市维护建设税，可以将企业、单位对城市建设的财政义务和地方政府用于城市维护建设的资金来源，用法律形式确定下来。《城市维护建设税暂行条例》第八条明确规定：“开征城市维护建设税后，任何地区和部门，都不得再向纳税人摊派资金或物资。遇到摊派情况，纳税人有权拒绝执行。”这样就有力地限制了乱摊派，也为企业抵制乱摊派提供了法律依据。

第二节 课税要素

一、征税范围

城市维护建设税征税范围很广，不仅包括城市、县城和建制镇，还包括城镇以外的广大地区。可以说，凡是三税的征税范围，除另有规定外，都属于城市维护建设税的征税范围。

二、纳税人和扣缴义务人

（一）纳税人

城市维护建设税的纳税人，是在征税范围内从事工商经营活动并负有缴纳三税义务的单位和个人。具体包括国营企业、集体企业、私营企业、公司制企业、其他企业和行政机关、事业单位、军事单位、社会团体、其他单位以及个体工商户、其他个人。只要上述单位和个人缴纳了三税中的任何一种税，都必须同时缴纳城市维护建设税。

需要注意的是，为了进一步统一税制、公平税负，创造平等竞争的外部环境，根据《全国人民代表大会常务委员会关于外商投资企业和外国企业适用增值税、消费税、营业税等税收暂行条例的决定》（1993 年主席令第 18 号），国务院决定统一内外资企业、个人城市维护建设税和教育费附加制度。即自 2010 年 12 月 1 日起，外商投资企业、外国企业及外籍个人适用国务院 1985 年发布的《中华人民共和国城市维护建设税暂行条例》及 1985 年以来国务院财税主管部门发布的有关城市维护建设税的法规、规章、政策。（见《国务院关于统一内外资企业和个人城市维护建设税和教育费附加制度的通知》国发〔2010〕35 号、《财政部、国家税

务总局关于对外资企业征收城市维护建设税和教育费附加有关问题的通知》财税〔2010〕103号）

外商投资企业，是指在中国境内设立的中外合资经营企业、中外合作经营企业和外商独资企业；外国企业，是指在中国境内设立机构、场所，从事生产、经营和虽未设立机构、场所，但有来源于中国境内所得的外国公司、企业、其他经济组织。

（二）扣缴义务人

城市维护建设税没有单独规定扣缴义务人，但按照《城市维护建设税暂行条例》第五条的规定，三税的扣缴义务人同时也应履行城市维护建设税的扣缴义务，即三税的代扣（收）代缴义务人同时也是城市维护建设税的代扣（收）代缴义务人，应在代扣（收）三税的同时，代扣（收）城市维护建设税和教育费附加。（见《国家税务总局关于转发国务院办公厅对〈中华人民共和国城市维护建设税暂行条例〉第五条的解释的复函的通知》国税函〔2004〕420号、《国家税务总局关于外商投资企业代扣城市维护建设税问题的批复》国税函〔1997〕477号）

三、计税依据

城市维护建设税的计税依据是纳税人实际缴纳的三税税额。以三税税额作为计税依据，仅指三税的已纳税款，不包括非税款项。如对违反《征管法》有关规定而课征的滞纳金和处以罚款，是对纳税人违法行为的经济惩戒，不是三税的税款，不能作为城市维护建设税的计税依据。

需要注意的是，对实行增值税期末留抵退税的纳税人，允许其从城市维护建设税、教育费附加和地方教育附加的计税（征）依据中扣除退还的增值税税额。（见《财政部、税务总局关于集成电路企业增值税期末留抵退税有关城市维护建设税教育费附加和地方教育附加政策的通知》财税〔2017〕17号、《财政部、税务总局关于增值税期末留抵退税有关城市维护建设税教育费附加和地方教育附加政策的通知》财税〔2018〕80号）

中外合作油（气）田开采的原油、天然气，在依据国发〔1994〕10号文件和国税发〔1994〕114号文件规定，按5%税率缴纳实物增值税后，以合作油（气）田实际缴纳的增值税税额为计税依据，缴纳城市维护建设税。中国海洋石油总公司海上自营油（气）田按照前述规定执行。（见《国家税务总局关于中外合作开采石油资源适用城市维护建设税教育费附加有关事宜的公告》总局公告2010年第31号）

需要注意的是，中国海洋石油总公司及所属单位海上自营油田开采的原油、天然气，已自2016年5月1日起停止按实物征收增值税，改为按照《增值税暂行条例》及其实施细则缴纳增值税。（见《财政部、国家税务总局关于营业税改征增值税试点若干政策的通知》财税〔2016〕39号）

四、税率

城市维护建设税的税率根据纳税人受益与负担相一致的原则设计，并贯彻了区别对待、合理负担的政策精神。城市维护建设税实行地区差别比例税率，根据纳税人所在地的不同，设置了三档税率。

1. 纳税人所在地在城市市区的，税率为7%；
2. 纳税人所在地在县城、镇的，税率为5%；
3. 纳税人所在地不在城市市区、县城、镇的，税率为1%。

城市是指按国家行政建制设立的直辖市、设区的市和县级市；镇是指省级人民政府按行政建制批准设立的镇，即建制镇。关于市区、县城、建制镇的范围，应按行政区划作为划分标准。行政区划亦称行政区域，是国家为便于行政管理而分级划分的区域。（见《财政部关于城市维护建设税几个具体问题的补充规定》财税〔1985〕143号、《财政部关于〈中华人民共和国城市维护建设税暂行条例〉执行日期等问题的通知》财税字〔1985〕55号）

需要注意的是，撤县建市后，城市维护建设税适用税率应为7%。（见《国家税务总局关于撤县建市城市维护建设税适用税率问题的批复》税总函〔2015〕511号）

城市维护建设税的适用税率，应当按纳税人所在地的适用税率执行。这里的“纳税人所在地”不是指纳税人缴纳三税的税务机关所在地。也就是说，不能按纳税人缴纳三税的税务机关所在地为依据确定城市维护建设税的适用税率。本书认为，《城市维护建设税暂行条例》第四条所称的“纳税人所在地”应指纳税人营业执照上记载的住所地，特殊情况下也指生产经营地。国家税务总局有关城市维护建设税税率的一些补充规定如下：

1. 开采海洋石油资源的中外合作油（气）田所在地在海上，根据《城市维护建设税暂行条例》第四条的规定，其城市维护建设税适用1%的税率。（见《国家税务总局关于中外合作开采石油资源适用城市维护建设税教育费附加有关事宜的公告》总局公告2010年第31号）

2. 纳税人适用税率按其所在地行政区划归属确定，而不是其隶属关系。如县政府设在城市市区，其在市区办的企业，按市区的规定税率计算纳税。（见《财政部关于贯彻执行〈中华人民共和国城市维护建设税暂行条例〉几个具体问题的规定》财税〔1985〕69号）

3. 纳税人所在地为工矿区的，应根据行政区划确定适用税率。即工矿区位于市区管辖区域的，按市区适用税率（7%）征税；位于县城或建制镇管辖区域的，按县城或镇适用税率（5%）征税；不在市区、县城或建制镇管辖区域的，按1%税率征税。（见《财政部关于贯彻执行〈中华人民共和国城市维护建设税暂行条例〉几个具体问题的规定》财税〔1985〕69号）

4. 对下列两种情况，可按缴纳三税所在地的规定税率就地缴纳城市维护建设税：

（1）由受托方代征、代扣三税的单位和个人；

（2）流动经营等无固定纳税地点的单位和个人。（以上内容见《财政部关于城市维护建设税几个具体问题的补充规定》财税〔1985〕143号）

此外，以下三种情况属于特案规定：

1. 由于铁道部缴纳的城市维护建设税以其实际集中缴纳的增值税税额为计税依据，难以适用地区差别税额，因此，特规定其统一执行5%的税率。（见《财政部关于铁道部缴纳城市维护建设税的特案规定》财税字〔1985〕159号）

2. 营改增后，纳税人异地预缴增值税涉及的城市维护建设税和教育费附加规定。纳税人跨地区提供建筑服务、销售和出租不动产的，应在建筑服务发生地、不动产所在地预缴增值税时，以预缴增值税税额为计税依据，并按预缴增值税所在地的城市维护建设税适用税率和教育费附加征收率就地计算缴纳城市维护建设税和教育费附加。预缴增值税的纳税人在其机构所在地申报缴纳增值税时，以其实际缴纳的增值税税额为计税依据，并按机构所在地的城市维护建设税适用税率和教育费附加征收率就地计算缴纳城市维护建设税和教育费附加。（见《财政部、国家税务总局关于纳税人异地预缴增值税有关城市维护建设税和教育费附加政策问题的通知》财税〔2016〕74号）

3.《财政部、国家税务总局关于铁路运输企业汇总缴纳增值税的通知》（财税

〔2013〕111 号）附件 1 中所列中国铁路总公司的分支机构预征 1% 增值税所应缴纳的城市维护建设税和教育费附加，由中国铁路总公司按季向北京市税务局缴纳。（见《国家税务总局关于中国铁路总公司及其分支机构缴纳城市维护建设税教育费附加问题的通知》税总发〔2014〕17 号）

五、应纳税额

城市维护建设税应纳税额按下列公式计算：

应纳税额 = 实缴三税税额 × 适用税率

六、税收优惠

按规定对纳税人减免三税时，城市维护建设税随之相应减免，即按减免后实际缴纳的三税税额计征。因此，城市维护建设税一般不单独规定减免税。城市维护建设税减免的特殊规定如下：

1. 对由于减免三税而发生退税的，应同时退还已征收的城市维护建设税。（见《财政部关于城市维护建设税几个具体业务问题的补充规定》财税〔1985〕143 号）

2. 海关对进口产品征收的增值税、消费税，不征收城市维护建设税；对出口产品退还增值税、消费税的不退还已征收的城市维护建设税。即进口不征，出口不退。（见《财政部关于贯彻执行〈中华人民共和国城市维护建设税暂行条例〉几个具体问题的规定》财税〔1985〕69 号、《财政部关于城市维护建设税几个具体问题的补充规定》财税〔1985〕143 号）

3. 对三税实行先征后返、先征后退、即征即退办法的，除另有规定外，对随三税附征的城市维护建设税，一律不予退（返）还。（见《财政部、国家税务总局关于增值税营业税消费税实行先征后返等办法有关城建税和教育费附加政策的通知》财税〔2005〕72 号）

4. 自 2005 年 1 月 1 日起，经税务机关正式审核批准的当期免抵的增值税税额应纳入城市维护建设税的计征范围，按规定的税率征收城市维护建设税。（见《财政部、国家税务总局关于生产企业出口货物实行免抵退税办法后有关城市维护建设税教育费附加政策的通知》财税〔2005〕25 号）

5. 为支持国家重大水利工程建设，对国家重大水利工程建设基金免征城市维护建设税。（见《财政部、国家税务总局关于免征国家重大水利工程建设基金的城市维护建设税和教育费附加的通知》财税〔2010〕44 号）

6. 自 2019 年 1 月 1 日至 2021 年 12 月 31 日，由省、自治区、直辖市人民政府根据本地区实际情况，以及宏观调控需要确定，对增值税小规模纳税人可以在 50% 的税额幅度内减征城市维护建设税等税费。（见《财政部、税务总局关于实施小微企业普惠性税收减免政策的通知》财税〔2019〕13 号）

需要注意的是，以上列举的只是有关城市维护建设税税收优惠政策的特殊规定，限于篇幅，其他与三税一同减免的税收优惠政策此处不再列举。

此外，国务院已经于 2003 年年底取消了省级人民政府城市维护建设税困难减免税的审批权。取消此项减免税规定后，各省级人民政府不再享有城市维护建设税困难减免税的审批权。除国务院另有规定或财政部、国家税务总局根据国务院的指示精神确定的减免税外，各级财政、税务机关也不得自行审批决定减免城市维护建设税。（见《财政部、国家税务总局关于做好取消城市维护建设税审批项目后续管理工作的通知》财税〔2003〕230 号、《国务院关于取消第二批行政审批

项目和改变一批行政审批项目管理方式的决定》国发〔2003〕5号）

第三节　征收管理

城市维护建设税是附加税，其征收管理比照正税的有关规定办理。

一、纳税环节

纳税人缴纳三税的环节，就是城市维护建设税的纳税环节。具体说，纳税人只要发生了三税的纳税义务，在哪个环节缴纳三税，就应在哪个环节比照三税的征收办法缴纳城市维护建设税。

二、纳税地点

纳税人直接缴纳三税的，在三税缴纳地缴纳城市维护建设税。但属于下列情况的，纳税地点有特别规定：

1. 代征、代扣（收）三税的单位和个人，同时也要代征、代扣（收）城市维护建设税并就地缴库。没有委托代征或没有扣缴义务人的，应由纳税人回到其所在地申报纳税。

2. 流动经营（施工）等无固定纳税地点的单位和个人，原则上其纳税地点应在生产经营地。（以上内容见《财政部关于城市维护建设税几个具体问题的补充规定》财税〔1985〕143号）

中国铁路总公司的分支机构（财税〔2013〕111号附件1中所列）预征1%增值税所应缴纳的城市维护建设税和教育费附加，由中国铁路总公司按季向北京市税务局缴纳。（见《国家税务总局关于中国铁路总公司及其分支机构缴纳城市维护建设税教育费附加问题的通知》税总发〔2014〕17号）

三、纳税期限

由于城市维护建设税由纳税人在缴纳三税时缴纳，所以其纳税期限与三税纳税期限相同。

四、纳税申报

纳税人应按税法有关规定，在申报缴纳三税的同时办理城市维护建设税纳税申报。

五、违法处理

城市维护建设税与三税同时征收，查补三税并课征滞纳金或处以罚款时，应同时对纳税人偷漏的城市维护建设税进行补税、课征滞纳金或处以罚款。一般情况下，对城市维护建设税不单独课征滞纳金。但纳税人缴纳三税之后，不按规定缴纳城市维护建设税，则可以对其单独课征滞纳金，也可以单独处以罚款。

第四节　教育费附加

教育费附加是对缴纳增值税、消费税、营业税（简称“三税”）的单位和个人，就其实际缴纳的税额为计算依据征收的一种教育专项基金。教育费附加是国家为了加快发展地方教育事业，扩大地方教育资金来源而收取的一种费。教育费附加作为专项收入，由教育部门统筹安排使用。

此外，地方政府为发展地方教育事业，根据《中华人民共和国教育法》（简称《教育法》）的规定，开征了“地方教育附加”。2010 年底，国务院要求各省（区、市）人民政府应根据《中华人民共和国教育法》的相关规定和《财政部关于统一地方教育附加政策有关问题的通知》（财综〔2010〕98 号）的要求，全面开征地方教育附加。

教育费附加与其他收费项目不同，虽然也是一种专项资金，但视同税收，比照三税有关规定进行征收管理。教育费附加自 1986 年 7 月 1 日起，在全国范围内开始征收。征收教育费附加的法律依据是国务院 1986 年颁布的《征收教育费附加的暂行规定》（国发〔1986〕50 号）。国务院对该《征收教育费附加的暂行规定》于 1990 年、2005 年和 2011 年先后修订了三次。

一、缴纳义务人

在中华人民共和国境内缴纳三税的单位和个人是教育费附加的缴纳义务人，应当按规定缴纳教育费附加。

需要注意的是，自 2010 年 12 月 1 日起，外商投资企业、外国企业及外籍个人适用国务院 1986 年发布的《征收教育费附加的暂行规定》及 1986 年以来国务院财税主管部门发布的有关教育费附加的法规、规章、政策。（见《国务院关于统一内外资企业和个人城市维护建设税和教育费附加制度的通知》国发〔2010〕35 号）

二、征收范围

三税的征税范围也是教育费附加的征收范围。就是说，凡是缴纳三税的单位和个人，除另有规定外，都要缴纳教育费附加。

三、计征依据

教育费附加以缴纳三税的单位和个人实际缴纳的三税税额为计征依据，分别与三税

同时缴纳。（见《国务院关于教育费附加征收问题的紧急通知》国发明电〔1994〕2号）

需要注意的是，对实行增值税期末留抵退税的纳税人，允许其从城市维护建设税、教育费附加和地方教育附加的计税（征）依据中扣除退还的增值税税额。（见《财政部、税务总局关于集成电路企业增值税期末留抵退税有关城市维护建设税教育费附加和地方教育附加政策的通知》财税〔2017〕17号、《财政部、税务总局关于增值税期末留抵退税有关城市维护建设税教育费附加和地方教育附加政策的通知》财税〔2018〕80号）

中外合作油（气）田开采的原油、天然气，在依据国发〔1994〕10号文件和国税发〔1994〕114号文件规定，按5%税率缴纳实物增值税后，以合作油（气）田实际缴纳的增值税税额为计税依据，缴纳教育费附加。中国海洋石油总公司海上自营油（气）田按照前述规定执行。（见《国家税务总局关于中外合作开采石油资源适用城市维护建设税教育费附加有关事宜的公告》总局公告2010年第31号）

需要注意的是，中国海洋石油总公司及所属单位海上自营油田开采的原油、天然气，已自2016年5月1日起停止按实物征收增值税，改为按照《增值税暂行条例》及其实施细则缴纳增值税。（见《财政部、国家税务总局关于营业税改征增值税试点若干政策的通知》财税〔2016〕39号）

四、计征比率

教育费附加征收率为3%。除国务院另有规定外，任何地区、部门不得擅自提高或者降低教育费附加征收率。

需要注意的是，1986年开征时，教育费附加率为1%，对从事生产卷烟和经营烟叶产品的单位，减半征收；1990年第一次修订《征收教育费附加的暂行规定》时，附加率增至2%；1994年国务院又将附加率调至3%；2005年第二次修订《征收教育费附加的暂行规定》时，规定对卷烟生产企业依法全额征收教育费附加。（见《国务院关于修改〈征收教育费附加的暂行规定〉的决定》国务院令1990年第60号、《国务院关于教育费附加征收问题的紧急通知》国发明电〔1994〕2号、《国务院关于修改〈征收教育费附加的暂行规定〉的决定》国务院令2005年第448号、《财政部、国家税务总局关于对从事生产卷烟的单位征收教育费附加有关问题的通知》财综明电〔2005〕1号）

地方教育附加统一按增值税、消费税、营业税实际缴纳税额的2%征收。（见《国务院关于进一步加大财政教育投入的意见》国发〔2011〕22号、《财政部关于统一地方教育附加政策有关问题的通知》财综〔2010〕98号）

五、应缴附加额

1. 教育费附加应缴额按下列公式计算：

应缴教育费附加额 = 实缴三税税额 × 3%

2. 地方教育附加应缴额按下列公式计算：

应缴地方教育附加额 = 实缴三税税额 × 2%

六、征收管理

教育费附加由各级税务机关负责征收，其征收管理比照三税的有关规定办理。

单位和个人缴纳的教育费附加，要与三税分别计算，分别缴库，分别填开缴款书。

缴纳现金的，应与三税填开同一完税凭证。

征收教育费附加的环节和地点，原则上与征收消费税、增值税、营业税的规定一致。但国营和集体批发企业以及其他批发单位，在批发环节代扣代缴零售环节或临时经营的营业税时，不扣缴教育费附加，而由纳税单位或个人回到其所在地申报缴纳。如果必须实行代扣代缴的，只对本省、自治区、直辖市辖区内的纳税人代扣教育费附加，外省、自治区、直辖市辖区内的纳税人回原地申报缴纳。（见《财政部关于征收教育费附加几个具体问题的通知》财税字〔1986〕120号）

按规定代收（扣）、代缴三税的单位，在代收（扣）、代缴三税的同时，按规定的征收率扣收教育费附加，并与三税分别缴库。（见《财政部关于征收教育费附加几个具体问题的通知》财税字〔1986〕120号）

铁道系统应缴纳的教育费附加，由铁道部在汇总缴纳增值税的同时缴纳。人民银行、各专业银行和保险公司应缴纳的教育费附加，均由取得业务收入的核算单位在当地缴纳。各银行总行和保险总公司应缴纳的教育费附加，由各银行总行和保险总公司向国家税务总局缴纳。（见《财政部关于征收教育费附加几个具体问题的通知》财税字〔1986〕120号）

七、减免规定

教育费附加一般不单独办理减免事宜。教育费附加减免的特殊规定如下：

1. 按规定对纳税人减免三税时，教育费附加随之相应减免，即按减免后实际缴纳的三税税额计征。对由于减免三税而发生退税的，应同时退还已征收的教育费附加。

2. 海关对进口产品征收的增值税、消费税，不征收教育费附加；对出口产品退还增值税、消费税的不退还已征收的教育费附加。（见《财政部关于征收教育费附加几个具体问题的通知》财税〔1986〕120号）

3. 对三税实行先征后返、先征后退、即征即退办法的，除另有规定外，对随三税附征的教育费附加，一律不予退（返）还。（见《财政部、国家税务总局关于增值税营业税消费税实行先征后返等办法有关城建税和教育费附加政策的通知》财税〔2005〕72号）

4. 自2005年1月1日起，经税务机关正式审核批准的当期免抵的增值税税额应纳入教育费附加的计征范围，按规定的征收率征收教育费附加。（见《财政部、国家税务总局关于生产企业出口货物实行免抵退税办法后有关城市维护建设税教育费附加政策的通知》财税〔2005〕25号）

5. 为支持国家重大水利工程建设，对国家重大水利工程建设基金免征教育费附加和地方教育附加。（见《财政部、国家税务总局关于免征国家重大水利工程建设基金的城市维护建设税和教育费附加的通知》财税〔2010〕44号）

6. 自2015年1月1日起至2017年12月31日，对按月纳税的月销售额或营业额不超过3万元（含3万元），以及按季纳税的季度销售额或营业额不超过9万元（含9万元）的缴纳义务人，免征教育费附加、地方教育附加、水利建设基金、文化事业建设费。

自2016年2月1日起将免征教育费附加、地方教育附加、水利建设基金的范围，由现行按月纳税的月销售额或营业额不超过3万元（按季度纳税的季度销售额或营业额不超过9万元）的缴纳义务人，扩大到按月纳税的月销售额或营业额不超过10万元（按季度纳税的季度销售额或营业额不超过30万元）的缴纳义务人。（见《财政部、国家税务总局关于对小微企业免征有关政府性基金的通知》财税〔2014〕122号、《财政部、国家税务总局关于扩大有关政府性基金免征范围的通知》财税〔2016〕12号）

7. 自2019年1月1日至2021年12月31日，由省、自治区、直辖市人民政府根据本地区实际情况，以及宏观调控需要确定，对增值税小规模纳税人可以在50%的税额幅度内减征教育费附加、地方教育附加等税费。（见《财政部、税务总局关于实施小微企业普惠性税收减免政策的通知》财税〔2019〕13号）

需要注意的是，以上是有关教育费附加减免政策的特殊规定，限于篇幅，其他与三税一同减免的优惠政策此处不再列举。

第五节　会计处理与实务

一、会计处理

由于城市维护建设税和教育费附加是以纳税人实际缴纳的增值税、消费税和营业税税额为计税依据计算征收的，因此，企业在计算应纳增值税、消费税、营业税的同时也要计算应缴纳的城市维护建设税和教育费附加。

企业应在“应交税费”总账科目下设置“应交城市维护建设税”明细科目，核算企业城市维护建设税计提与缴纳情况。每月计提应缴纳的城市维护建设税时，借记“税金及附加”科目，贷记“应交税费——应交城市维护建设税”科目；实际缴纳税款时，借记“应交税费——应交城市维护建设税”科目，贷记“银行存款”科目。“应交城市维护建设税”明细科目借方发生额，反映企业实际缴纳的城市维护建设税；期末贷方余额表示企业应缴未缴的城市维护建设税。

教育费附加是一种附加费，严格说不属于税收范畴，但视同税款进行征管和核算。企业对应缴纳的教育费附加通过“应交税费——应交教育费附加”科目核算。

【例17－1】某汽车制造厂所在地为省会城市，当月实际已纳的增值税550万元，消费税850万元，企业所得税24万元。计算该企业应缴纳的城市维护建设税和教育费附加并进行账务处理。

【解析】城市维护建设税的计税依据是纳税人实际缴纳的增值税、消费税税额，不包括缴纳的企业所得税。

（1）每月计提应缴纳的城市维护建设税和教育费附加时：

城市维护建设税：（550＋850）×7%＝98（万元）

教育费附加：（550＋850）×3%＝42（万元）

	借方	贷方
借：税金及附加	1 400 000	
贷：应交税费——应交城市维护建设税		980 000
——应交教育费附加		420 000

（2）每月实际缴纳税费时：

借：应交税费——应交城市维护建设税　　980 000
　　　　　　——应交教育费附加　　420 000
　贷：银行存款　　1 400 000

二、实务解析

【例17－2】位于市区的某自营出口生产企业，2018年6月增值税应纳税额为－280万元，出口货物的“免抵”税额为400万元；企业将其自行研发的动力节约技术转让给一家科技开发公司，获得转让收入80万元。计算该企业应缴纳的税金及附加。

【解析】营改增后提供技术转让服务免征增值税；税务局正式审核批准的当期免抵的增值税税额应纳入城市维护建设税和教育费附加的计征范围，分别按规定的税（费）率征收城市维护建设税和教育费附加。

（1）城市维护建设税：(400－280)×7%＝8.4（万元）

（2）教育费附加：(400－280)×3%＝3.6（万元）

（3）地方教育附加：(400－280)×2%＝2.4（万元）

【例17－3】位于市区某公司为营改增后新认定的一般纳税人，不久将整体搬迁至新厂区。现将公司十年前建造的一处厂房和购置的一栋办公楼对外出售，含税成交价分别为1 428.84万元、4 150万元，其中购置办公楼时支付价款1 000万元。此外，还将尚未出售的另一处厂房对外出租，预收当年租金420万元。计算该公司2018年应缴纳的增值税、城市维护建设税及教育费附加。（该公司销售取得的不动产和出租不动产均选择适用简易计税方法）

【解析】营改增后，一般纳税人销售其2016年4月30日前购置的不动产，可以选择适用简易计税方法，以取得的全部价款和价外费用减去该项不动产购置原价后的余额为销售额，按照5%的征收率计算应纳税额；一般纳税人销售其2016年4月30日前自建的不动产，可以选择适用简易计税方法，以取得的全部价款和价外费用为销售额，按照5%的征收率计算应纳税额。一般纳税人出租其2016年4月30日前取得的不动产，可以选择适用简易计税方法，按照5%的征收率计算应纳税额。

（1）应缴纳增值税：20＋68.04＋150＝238.04（万元）

出租不动产的增值税：420÷(1＋5%)×5%＝20（万元）

销售自建的不动产的增值税：1 428.84÷(1＋5%)×5%＝68.04（万元）

销售购置的不动产的增值税：(4 150－1 000)÷(1＋5%)×5%＝150（万元）

（2）应缴纳城市维护建设税：238.04×7%＝16.66（万元）

（3）应缴纳教育费附加：238.04×3%＝7.14（万元）

【例17－4】某市税务局所属税务分局对辖区内一家内资企业进行税务检查时，发现该企业故意少缴增值税58万元，遂按相关执法程序对该企业作出补缴增值税、城市维护建设税并加收滞纳金（滞纳时间50天）和罚款（与税款等额）的处罚决定。计算该企业于当日接受了税务机关处罚，补缴的增值税、城市维护建设税及滞纳金、罚款（不考虑教育费附加）。

【解析】城市维护建设税与三税同时征收，查补三税并课征滞纳金或处以罚款时，应同时对纳税人偷漏的城市维护建设税进行补税、课征滞纳金或处以罚款。

（1）补缴增值税和城市维护建设税及其罚款：$58\times(1+7\%)\times2=124.12$（万元）

（2）课征增值税、城市维护建设税滞纳金：$58\times(1+7\%)\times50\times0.5‰=1.5515$（万元）

补缴的增值税、城市维护建设税及滞纳金、罚款合计：

$124.12+1.5515=125.6715$（万元）

【例17－5】位于县城某外贸公司2018年8月出口货物退还增值税15万元，退还消费税30万元；进口半成品缴纳进口环节增值税60万元，内销产品缴纳增值税200万元；本月将一栋3年前购置的闲置办公楼转让，取得收入500万元，购入该办公楼时支付价款332万元、各种税费10万元。已知该企业转让办公楼选择适用简易计税方法。计算该企业本月应缴纳的城市维护建设税和教育费附加。

【解析】出口退还增值税、消费税不退还城市维护建设税和教育费附加，进口不征城市维护建设税和教育费附加；转让购置的不动产，以全部价款和价外费用减去不动产的购置原价后的余额计算增值税，不得减去购入时支付的各种税费。

$200\times(5\%+3\%)+(500-332)\div(1+5\%)\times5\%\times(5\%+3\%)=16.64$（万元）

第十八章　烟叶税

烟叶税是以烟叶为征税对象，对在中华人民共和国境内收购烟叶的单位征收的一种税。烟草是特殊商品，吸食对人体有害，因此国家通过专卖和征收高额税赋限制烟草产业发展。

本章内容主要依据 2017 年 12 月 27 日第十二届全国人民代表大会常务委员会第三十一次会议通过的《中华人民共和国烟叶税法》（主席令 2017 年第八十四号）编写。

第一节　概　　述

一、税制沿革

清咸丰三年（1853 年），清政府实行厘金税制，其中百货厘中有烟叶厘金一项，这是我国见诸史料最早的烟草税收。1902 年，直隶省开征了烟酒专税，逐渐在全国推广。辛亥革命以后，北洋政府在全国各地设立烟酒公卖局及公卖栈，颁布《全国烟酒暂行章程》，建立了烟酒税制度。

1927 年南京国民政府成立后，整顿烟酒税，明确为国家税，建立了一套从上而下的垂直管理机构，并于 1929 年公布了修订的《烟酒公卖暂行条例》，规定从价征收 20% 的公卖费，并取消北洋政府时期实行的商人包税制。1932 年，薰烟叶（烤烟）脱离烟酒税单独征收薰烟叶统税。1933 年，国民政府公布《土烟叶特税征收暂行章程》，以南方 7 省为土烟叶特税征收区域，开征土烟叶特税，其他各省仍照原定办法征收烟酒税费。此后因战乱，烟叶税制不断调整，各省征收政策也不同，因此，国民政府时期烟叶税制比较混乱。

1950 年 1 月，中央人民政府政务院颁布《货物税暂行条例》，对土烟叶和薰烟叶均征收货物税，其中薰烟叶税率为 30%、土烟叶税率为 20%。1953 年 1 月，薰烟叶改征商品流通税，土烟叶仍保留在修订后的货物税中征收。1958 年 9 月，国务院颁布《工商统一税条例（草案）》后，对薰烟叶、土烟叶均征收工商统一税，薰烟叶税率为 50%，土烟叶税率为 40%。1971 年 11 月，财政部发布《工商税条例（草案）》，规定薰烟叶和土烟叶的税率同为 40%。

1984 年实行第二步“利改税”和工商税制改革时，国务院颁布《产品税条例（草案)》，内设烟叶税目，晒烟叶和烤烟叶税率均为38%，1993年调整为31%。1994年1月，国务院公布《关于对农业特产征收农业税的规定》，烟叶列在农业特产税中征收，烟叶产品中的晾晒烟叶和烤烟叶税率均为31%。从1999年起，将烟叶农业特产税税率由31%降至20%。

2004年6月，财政部、国家税务总局下发《关于取消除烟叶外的农业特产农业税有关问题的通知》，规定从2004年起，除对烟叶暂保留征收农业特产税外，取消对其他农业特产品征收的农业特产税。2006年2月，国务院废止《关于对农业特产收入征收农业税的规定》，对烟叶征收烟叶特产税失去了法律依据。为了保持政策连续性，充分兼顾地方利益和有利于烟叶产区可持续发展，国务院于2006年4月颁布《中华人民共和国烟叶税暂行条例》（简称《烟叶税暂行条例》），开征烟叶税取代烟叶特产农业税。《烟叶税暂行条例》规定，烟叶税税率仍为20%，其他诸如纳税人、纳税环节、计税依据等与原烟叶特产农业税的规定相同。2017年，在《烟叶税暂行条例》实施10年后，将其平移上升为《中华人民共和国烟叶税法》（简称《烟叶税法》），自2018年7月1日起施行，《烟叶税暂行条例》同时废止。

二、立法宗旨

在我国烟草税收体系中，包括增值税、消费税、烟叶税和关税，地方政府能分享到的只有两部分，即烟叶税（收入100%归地方政府），以及在生产环节中对烟厂征收的增值税（收入50%归地方政府）。

目前，全国约有500余个县种植烟叶，超过全国县级单位的20%，其中，有185个种烟县属于国家扶贫开发重点县。这些地区多数集中在西部和边远地区，农业基础薄弱，经济结构和财源比较单一。作为县级财政完全独享的地方税，烟叶税收入全部归于地方政府。以法律形式将烟叶税固定下来，对于促进烟叶产区经济发展，保障基层政府正常运转和公共事业投入等有着重要意义。

第二节　课税要素

一、纳税人

烟叶税的纳税人是在我国境内收购烟叶的单位。收购烟叶的单位是指依照《中华人民共和国烟草专卖法》的规定有权收购烟叶的烟草公司或者受其委托收购烟叶的单位。

二、征税范围

烟叶税的课税对象是烟叶。所谓烟叶是指以各种烟草的叶片经过加工制成的产品，因加工方法不同，又分为晒烟叶、晾烟叶和烤烟叶。

晒烟叶是指利用太阳能露天晒制的烟叶；晾烟叶是指在晾房内自然干燥而成的烟叶；烤烟叶（复烤烟叶除外）是指在烤房内烘烤成的烟叶。

《烟叶税法》所称烟叶，是指晾晒烟叶、烤烟叶。

三、计税依据

烟叶税的计税依据为纳税人收购烟叶实际支付的价款总额。

纳税人收购烟叶实际支付的价款总额包括纳税人支付给烟叶生产销售单位和个人的烟叶收购价款和价外补贴。其中，价外补贴统一按烟叶收购价款的10%计算。（见《财政部、税务总局关于明确烟叶税计税依据的通知》财税〔2018〕75号）

烟叶税的计税依据，即收购烟叶实际支付的价款总额计算公式如下：

$$\text{支付价款总额} = \text{收购价款} \times (1 + 10\%)$$

四、税率

烟叶税实行比例税率，税率为20%。

五、应纳税额

烟叶税的应纳税额按照纳税人收购烟叶实际支付的价款总额乘以税率计算。烟叶税应纳税额的计算公式如下：

$$\text{应纳税额} = \text{支付价款总额} \times \text{税率}$$

第三节　征收管理

一、征收机关

2006年烟叶特产农业税改为烟叶税后，规定烟叶税统一由税务机关负责征收。

二、纳税期限

烟叶税的纳税义务发生时间为纳税人收购烟叶的当日。烟叶税按月计征，纳税人应当于纳税义务发生月终了之日起15日内申报并缴纳税款。

上述收购烟叶的当天一般是指纳税人向烟叶销售者付讫收购烟叶款项或者开具收购烟叶凭据的当天。

三、纳税地点

纳税人收购烟叶，应当向烟叶收购地的主管税务机关申报纳税。烟叶收购地的主管税务机关一般是指烟叶收购地的县级税务局或者其所指定的税务分局、所。

第四节 会计处理与实务

一、会计处理

采购企业应缴纳的烟叶税，构成企业的烟叶采购成本。企业按照规定计算采购烟叶应缴纳的烟叶税时，借记“在途物资”“材料采购”或“原材料”“库存商品”等科目，贷记“应交税费——应交烟叶税”科目；实际缴纳烟叶税时，借记“应交税费——应交烟叶税”科目、贷记“银行存款”科目。

需要注意的是，对企业按规定缴纳的烟叶税，准予并入烟叶产品的收购金额计算增值税进项税额。相应，烟叶采购成本应扣除准予抵扣的增值税进项税额。由于企业从烟农处收购烟叶时无法取得增值税专用发票，因此企业在进行会计处理时，其进项税额应根据收购发票上注明的烟叶收购金额和烟叶税额乘以法定扣除率（10%）加以确定。

【例 18－1】某烟草公司系增值税一般纳税人，2019 年 7 月末收购烟叶 15 000 千克，烟叶收购价格 8 元/千克（不含支付的价外补贴），货款及补贴款已全部用现金支付，收购的烟叶也于月末验收入库。计算该烟草公司应缴纳的烟叶税并进行账务处理（该烟草公司收购的烟叶均直接卖给卷烟厂）。

【解析】烟叶税的计税依据为收购金额。收购金额包括纳税人支付给烟叶销售者的烟叶收购价款和价外补贴，其中价外补贴统一按烟叶收购价款的 10% 计入收购金额。

（1）计算烟叶采购成本：

烟叶的收购价款：8 × 15 000 = 120 000（元）

烟叶的收购金额：120 000 ×（1 + 10%）= 132 000（元）

应缴纳烟叶税：132 000 × 20% = 26 400（元）

准予抵扣的增值税进项税额：（132 000 + 26 400）× 9% = 14 256（元）

7 月末，烟叶提回并验收入库时，根据有关收购凭证：

借：库存商品	144 144	
应交税费——应交增值税（进项税额）	14 256	
贷：银行存款		132 000
应交税费——应交烟叶税		26 400

（2）实际缴纳烟叶税时：

借：应交税费——应交烟叶税　　26 400
　　贷：银行存款　　26 400

二、实务解析

【**例 18－2**】某市烟草公司为增值税一般纳税人。2019 年 11 月从烟农手中收购一批烟叶并已验收入库，收购价款 80 000 元，支付运费 4 000 元，装卸费 500 元。计算这批烟叶的采购成本（装卸、运输费用取得增值税普通发票）。

【解析】购进农产品，除取得增值税专用发票或者海关进口增值税专用缴款书外，按照农产品收购发票或者销售发票上注明的农产品买价和 9% 的扣除率计算增值税的进项税额，相应，农产品的收购成本应扣除计算抵扣的增值税进项税额。

需要注意的是，烟叶收购单位，应将价外补贴与烟叶收购价格在同一张农产品收购发票或者销售发票上分别注明，否则，价外补贴不得计算增值税进项税额予以抵扣。

烟叶收购金额：80 000 ×（1 +10%）=88 000（元）

应缴纳烟叶税：88 000 ×20% =17 600（元）

购进烟叶准予抵扣的增值税进项税额：

（88 000 +17 600）×9% =9 504（元）

烟叶的采购成本：88 000 +17 600 －9 504 +4 000 +500 =100 596（元）

第六编 征管制度

税收征收管理简称“税收征管”，是征税机关依据国家税收法律、行政法规的规定，按照统一的标准，通过一定的程序，对纳税人应纳税额征收过程进行组织管理和监督检查，促使征纳双方正确行使权利和履行义务等一系列活动的总称。

税收征收管理的依据是税收法律、行政法规，其中《中华人民共和国税收征收管理法》(简称《征管法》) 是主要依据。《征管法》是税务机关依法行政、税务人员恪尽职守，纳税人依法纳税并保护自身权益，社会各界、有关方面配合税务机关履行职责必须遵守的规范。

税收征收管理涉及的相关主体有税务机关、税务行政相对人和有关单位、部门。税务机关是国家进行税收征收管理的执法主体，即税务行政主体。它是指享有税收行政职权，能以自己名义行驶国家行政职权，做出影响税务行政相对人权利义务的行政行为，并能由其本身对外承担行政法律责任的组织。税务行政相对人主要指纳税人和扣缴义务人，具体包括法人、自然人和其他组织。有关单位、部门包括地方各级人民政府及其组成部门和其他单位，这些单位、部门应当支持、协助税务机关依法执行职务。

税收征收管理的内容主要包括税务管理、税款征收和税务检查三个方面。其中税务管理又分为税务登记，账簿、凭证管理，纳税申报三部分。

税务登记是税务机关对纳税人的经济活动进行登记并据此对纳税人实施税务管理的一种法定制度。税务登记包括设立登记、变更登记、注销登记等内容。

账簿、凭证管理是继税务登记之后税务管理的又一重要环节，也是税务管理的一项基础性工作。账簿、凭证管理主要包括账簿凭证管理、税控管理和发票管理三部分内容。

纳税申报是纳税人按照税法规定的期限和内容向税务机关提交有关纳税事项书面报告的法律行为。

税款征收是指税务机关依据法律、行政法规确定的标准和范围，将纳税人依法缴纳的税款及时足额缴入国库的一系列活动的总称。

税务检查是税务机关依照国家有关税收法律、行政法规、规章和财务会计制度的规定，对纳税人、扣缴义务人履行纳税义务、代扣代缴义务情况进行的审查监督的管理活动。

税收法律责任是指税收法律关系中主体由于其行为违法，按照法律规定必须承担的消极法律后果。

第十九章　税收征收管理

税收征收管理简称“税收征管”，是税务机关依法对税款征收过程进行组织管理和监督检查，促使征纳双方正确行使权利和履行义务等一系列活动的总称。税收征收管理包括税务管理、税款征收和税务检查三个方面的内容。其中税务管理又分为税务登记，账簿、凭证管理，纳税申报三部分。

我国目前规范税收征收管理的法律法规主要包括《中华人民共和国税收征收管理法》（1992 年颁布实施、2015 年修正，简称《征管法》）、《中华人民共和国税收征收管理法实施细则》（国务院令 2002 年第 362 号、国务院令 2016 年第 666 号修正，简称《征管法实施细则》）、《中华人民共和国发票管理办法》（国务院令 2010 年第 587 号，简称《发票管理办法》）、《中华人民共和国发票管理办法实施细则》（总局令 2011 年第 25 号、总局令 2014 年第 37 号修改，简称《发票管理办法实施细则》）、《税务登记管理办法》（总局令 2003 年第 7 号、总局令 2014 年第 36 号修改）以及其他涉及调整税收征纳关系的相关法律、行政法规及司法解释。本章内容主要依据上述税收法律、行政法规及规章编写。

第一节　税务登记

税务登记又称纳税登记，是税务机关对纳税人的开业、变更、停业以及生产、经营范围进行登记并据此对纳税人实施税务管理的一种法定制度。办理税务登记是纳税人必须履行的法定义务。

通过税务登记，既可以确立征纳双方的法律关系，还可以掌握纳税人的基本情况和税源分布情况。由此可见，税务登记是税务机关对纳税人实施税收管理的首要环节和基础工作。

根据《征管法》和《税务登记管理办法》，我国税务登记制度主要包括设立登记、变更登记、注销登记以及停（复）业登记、报验管理、非正常户处理等几项内容。

需要注意的是，在全国全面推行“三证合一、一照一码”登记改革后，新设立企业领取由市场监督管理部门核发加载法人和其他组织统一社会信用代码的营业执照后，无需再次进行税务登记，不再领取税务登记证。企业办理涉税事宜时，在完成补充信息采集后，凭加载统一代码的营业执照可代替税务登记证使用。所以，本节所述源自《税务登记管理办法》的相关规定有些已经与实际工作不符。

一、登记对象

（一）税务登记的对象

1. 从事生产、经营的纳税人应当按照规定办理税务登记。此类纳税人包括如下四种：

（1）企业；

（2）企业在外地设立的分支机构和从事生产、经营的场所；

（3）个体工商户；

（4）从事生产、经营的事业单位。

上述以外的纳税人，除国家机关、个人（自然人）和无固定生产、经营场所的流动性农村小商贩外，也应当按照规定办理税务登记。

需要注意的是，国家机关所属事业单位只要有经营行为，取得应税收入、财产、所得的，就应当办理税务登记；企业在外地设立的分支机构无论是否独立核算，均应当按照规定向生产经营所在地税务机关办理税务登记。（见《国家税务总局关于完善税务登记管理若干问题的通知》国税发〔2006〕37号）

2. 根据税收法律、行政法规的规定负有扣缴税款义务的扣缴义务人（国家机关除外），应当按照规定办理扣缴税款登记。

（二）税务登记的原则

1. 属地管辖原则。属地管辖原则是税务登记的一般原则。县以上税务局（分局）按照规定的税收征收管理范围，实施属地管理。有条件的城市，可以按照“各区分散受理、全市集中处理”的原则办理税务登记。

2. 普遍登记原则。除了国家机关、个人（自然人）和流动性农村小商贩等极少数纳税人可以不办理税务登记外，其他纳税人都应当办理税务登记。负有扣缴税款义务的扣缴义务人应当办理扣缴税款登记。

3. 代码唯一性原则。纳税人、扣缴义务人在办理相应登记时被赋予全国唯一的纳税识别代码，该代码是税务机关办理业务，以及进行数据信息内外部交换和共享的基础。

二、登记证件种类、使用与管理

（一）税务登记证件的种类

税务登记证件包括税务登记证及其副本、临时税务登记证及其副本；扣缴税款登记证件包括扣缴税款登记证及其副本。

1. 税务登记证及副本。从事生产、经营的纳税人并领取营业执照，或虽未领取营业执照但经有关部门批准设立的，由税务机关发放税务登记证及副本。

2. 临时税务登记证及副本。未办理工商营业执照也未经有关部门批准的从事生产、经营的纳税人，独立生产经营、核算并定期上缴承包费的承租承包人，在境内承包建筑工程和提供劳务的境外企业，由税务机关发放临时税务登记证及副本。

3. 扣缴税款登记证及副本。依法可不办理税务登记的扣缴义务人，由税务机关核发扣缴税款登记证及副本。

营业执照分为《企业法人营业执照》和《营业执照》两大类。《企业法人营业执照》是企业取得法人资格和合法经营权的凭证，核发对象为公司制企业、国有企业、集体企业和外商投资企业等。《营业执照》是企业取得合法经营权的凭证，核发对象为企业法人分支机构、个人独资企业、合伙企业等非法人企业。此外，还有核发给个体工商户的《个体工商户营业执照》等。

（二）税务登记证件的使用

纳税人领取的税务登记证件，应按规定使用，不得转借、涂改、损毁、买卖或者伪造。税务登记证有正本与副本之分，从法律地位看二者具有同等效力。其中正本供纳税人经营时亮证使用，公开悬挂；副本在纳税人外出经营或办理纳税事项时使用。按规定，纳税人办理下列事项时，必须提供税务登记证件：

1. 开立银行账户；

2. 领购发票。

纳税人办理其他税务事项时，应当出示税务登记证件，经税务机关核准相关信息后办理手续。

（三）税务登记证件的管理

1. 日常管理。

县以上（含本级）税务局是税务登记的主管税务机关。税务机关应当加强税务登记证件的管理，采取实地调查、上门验证等方法，进行税务登记证件的管理。

（1）纳税人应当将税务登记证件正本在其生产、经营场所或者办公场所公开悬挂，接受税务机关检查。

（2）税务机关对税务登记证件实行定期验证和换证制度。纳税人应当在规定的期限内持有关证件到主管税务机关办理验证或者换证手续。

（3）税务登记证件的式样，由国家税务总局制定。税务登记证式样改变，需统一换发税务登记证的，由国家税务总局确定。

（4）纳税人在统一换发税务登记证件期限内未按照规定办理换证手续的，税务机关应当统一宣布其税务登记证件失效。税收机关在失效公告中应公告证件的发证日期。（见《国家税务总局关于完善税务登记管理若干问题的通知》国税发〔2006〕37号）

（5）纳税人、扣缴义务人遗失税务登记证件的，应当自遗失税务登记证件之日起15日内，书面报告主管税务机关，如实填写《税务登记证件遗失报告表》，并将纳税人的名称，税务登记证件名称、号码、有效期、发证机关名称在税务机关认可的报刊上作遗失声明，凭报刊上刊登的遗失声明到主管税务机关补办税务登记证件。补发税务登记证件的，应在税务登记证件中加盖“补发”戳记。（见《国家税务总局关于贯彻〈中华人民共和国税收征收管理法〉及其实施细则若干具体问题的通知》国税发〔2003〕47号）

2. 临时税务登记证管理。

（1）临时税务登记证件的有效期限：承包租赁经营的，临时税务登记的期限为承包租赁期；境外企业在中国境内承包建筑、安装、装配、勘探工程和提供劳务的，临时税务登记的期限为合同规定的承包期。

（2）取得临时税务登记证的纳税人，可以凭临时税务登记证及副本按有关规定办理相关涉税事项。

（3）对临时税务登记证件到期的纳税户，税务机关经审核后，应当继续办理临时税务登记。

（4）临时税务登记转为税务登记的，税务机关发放税务登记证件的同时收回临时税务登记证件，并做作废处理。（以上内容见《国家税务总局关于完善税务登记管理若干问题的通知》国税发〔2006〕37号）

3. 非正常户处理。

已办理税务登记的纳税人未按照规定的期限申报纳税，在税务机关责令其限期改正后，逾期不改正的，税务机关应当派员实地检查。查无下落的纳税人，如有欠税且有可以强制执行的财物的，税务机关应按照《征管法》第四十条的规定采取强制执行措施；纳税人无可以强制执行的财物或虽有可以强制执行的财物但经采取强制执行措施仍无法使其履行纳税义务的，方可认定为非正常户。

认定为非正常户的，检查人员制作非正常户认定书，存入纳税人档案，税务机关暂停其税务登记证件、发票领购簿和发票的使用。税务机关应在非正常户认定的次月，在办税场所或者广播、电视、报纸、期刊、网络等媒体上公告非正常户。

纳税人被列入非正常户超过三个月的，税务机关可以宣布其税务登记证件失效，其应纳税款的追征仍按《征管法》及其实施细则的规定执行。

税务机关发现非正常户纳税人恢复正常生产经营的，应及时处理，并督促其到税务机关办理相关手续。（以上内容见《国家税务总局关于进一步完善税务登记管理有关问题的公告》总局公告2011年第21号）

三、设立登记

设立登记又称开业登记，是指纳税人依法成立并经市场监督管理部门登记或有关部门批准后，为确认其纳税人身份并实施税务管理而进行的登记。

（一）设立登记对象

根据有关规定，设立登记的纳税人分以下两类：

1. 从事生产、经营的纳税人。

（1）企业，即从事生产、经营的营利性经济组织；

（2）企业在外地设立的分支机构和从事生产、经营的场所；

（3）个体工商户；

（4）从事生产、经营的事业单位。

2. 其他纳税人。其他纳税人是指不从事生产、经营活动，取得应税收入、发生应税行为或者拥有应税财产的依法负有纳税义务的单位，但不包括国家机关、个人和流动性农村小商贩。

需要注意的是，个人独资企业、一人有限责任公司和合伙企业，应按照单位纳税人办理税务登记，不得按个体工商户办理税务登记。（见《国家税务总局关于换发税务登记证件有关问题的补充通知》国税发〔2006〕104号）

（二）设立登记时限及地点

1. 从事生产、经营的纳税人领取工商营业执照的，应当自领取工商营业执照之日起30日内申报办理税务登记，税务机关发放税务登记证及副本；

2. 从事生产、经营的纳税人未办理工商营业执照但经有关部门批准设立的，应当自有关部门批准设立之日起30日内申报办理税务登记，税务机关发放税务登记证及副本；

3. 从事生产、经营的纳税人未办理工商营业执照也未经有关部门批准设立的，应当自纳税义务发生之日起30日内申报办理税务登记，税务机关发放临时税务登记证及副本；

4. 有独立的生产经营权、在财务上独立核算并定期向发包人或者出租人上交承包费或租金的承包承租人，应当自承包承租合同签订之日起30日内，向其承包承租业务发生地税务机关申报办理税务登记，税务机关发放临时税务登记证及副本；

5. 境外企业在中国境内承包建筑、安装、装配、勘探工程和提供劳务的，应当自项目合同或协议签订之日起30日内，向项目所在地税务机关申报办理税务登记，税务机关发放临时税务登记证及副本。

6. 上述以外的其他纳税人，除国家机关、个人和无固定生产、经营场所的流动性农村小商贩外，均应当自纳税义务发生之日起30日内，向纳税义务发生地税务机关申报办理税务登记，税务机关发放税务登记证及副本。

税务机关对纳税人税务登记地点发生争议的，由其共同的上级税务机关指定管辖。

需要注意的是，对领取临时税务登记证的无照户纳税人，要求税务机关限量供应发票。（见《国家税务总局关于完善税务登记管理若干问题的通知》国税发〔2006〕37号、《国家税务总局关于进一步完善税务登记管理有关问题的公告》总局公告2011年第21号）

（三）扣缴税款登记时限及地点

1. 已办理税务登记的扣缴义务人应当自扣缴义务发生之日起30日内，向税务登记地税务机关申报办理扣缴税款登记。税务机关在其税务登记证件上登记扣缴税款事项，税务机关不再发放扣缴税款登记证件。

2. 依法可不办理税务登记的扣缴义务人，应当自扣缴义务发生之日起30日内，向机构所在地税务机关申报办理扣缴税款登记。税务机关发放扣缴税款登记证件。

对临时发生扣缴义务的扣缴义务人，不发扣缴税款登记证。（见《国家税务总局关于完善税务登记管理若干问题的通知》国税发〔2006〕37号）

（四）设立登记程序

1. 申请。纳税人应当在法定的期限内，到税务机关申报办理设立登记。

2. 提供资料。纳税人在申报办理税务登记时，应当根据不同情况向税务机关如实提供以下证件和资料：

（1）工商营业执照或其他核准执业证件；

（2）有关合同、章程、协议书；

（3）组织机构统一代码证书；

（4）法定代表人或负责人或业主的居民身份证、护照或者其他合法证件。

此外，税务机关在办理设立登记时，还要登记纳税人的房屋、土地和车船信息，并留存纳税人的房屋所有权证书、土地证书、机动车行驶证书、船籍证书复印件。(见《国家税务总局关于换发税务登记证件的通知》国税发〔2006〕38号)

3. 填写税务登记表。纳税人在申报办理税务登记时，应当如实填写税务登记表。税务登记表的主要内容包括：

(1) 单位名称、法定代表人或者业主姓名及其居民身份证、护照或者其他合法证件的号码；

(2) 住所、经营地点；

(3) 登记类型；

(4) 核算方式；

(5) 生产经营方式；

(6) 生产经营范围；

(7) 注册资金（资本)、投资总额；

(8) 生产经营期限；

(9) 财务负责人、联系电话；

(10) 国家税务总局确定的其他有关事项。

4. 受理。申请办理设立登记的纳税人提交的证件和资料齐全且税务登记表的填写内容符合规定的，税务机关应当受理其登记申请。纳税人提交的证件和资料不齐全或税务登记表的填写内容不符合规定的，税务机关应当场通知其补正或重新填报。

5. 审核发证。纳税人提交的证件和资料齐全且税务登记表的填写内容符合规定的，税务机关应当日办理并发放税务登记证件。

（五）税务登记证件内容

税务登记证件的主要内容包括：纳税人名称、税务登记代码、法定代表人或负责人、生产经营地址、登记类型、核算方式、生产经营范围（主营、兼营)、发证日期、证件有效期等。

需要注意的是，2015 年 10 月 1 日在全国全面推行“三证合一、一照一码”登记改革后，新设立的企业、个体工商户等纳税人领取由市场监督管理部门核发加载统一社会信用代码的营业执照后，无需再次进行税务登记，不再领取税务登记证，所以本部分涉及设立登记的相关规定适用主体越来越少、适用范围越来越窄。

四、变更登记

变更税务登记是指纳税人办理设立登记后，因登记内容发生变化，需要对原有登记内容进行更改，而向原税务登记机关申请办理的税务登记。

（一）变更登记范围

1. 已在市场监督管理部门办理工商变更登记的从事生产、经营的纳税人；

2. 税务登记实际内容发生变化，不需要到市场监督管理部门办理变更登记的纳税人；

3. 其他有关机关批准或者宣布变更相应登记的纳税人。

（二）变更登记时限

1. 纳税人已在市场监督管理部门办理变更登记的，应当自市场监督管理部门变更登记之日起30日内，向原税务登记机关申报办理变更税务登记；

2. 纳税人按照规定不需要在市场监督管理部门办理变更登记，或者其变更登记的内容与工商登记内容无关的，应当自税务登记内容实际发生变化之日起30日内，到原税务登记机关申报办理变更税务登记；

3. 纳税人自有关机关批准或者宣布变更之日起30日内，到原税务登记机关申报办理变更税务登记。

（三）变更登记程序

1. 提供资料。纳税人已在市场监督管理部门办理变更登记的，向原税务登记机关如实提供下列证件、资料：

（1）工商登记变更表及工商营业执照；

（2）纳税人变更登记内容的有关证明文件；

（3）税务机关发放的原税务登记证件（登记证正、副本和税务登记表等）；

（4）其他有关资料。

纳税人按照规定不需要到市场监督管理部门办理变更登记，或者其他机关批准或者宣布变更登记的，向原税务登记机关如实提供下列证件、资料：

（1）纳税人变更登记内容的有关证明文件；

（2）税务机关发放的原税务登记证件（登记证正、副本和税务登记表等）；

（3）其他有关资料。

2. 受理。纳税人提交的有关变更登记的证件、资料齐全的，应如实填写税务登记变更表，符合规定的，税务机关应当予以受理；不符合规定的，税务机关应通知其补正。

3. 审核发证。税务机关应当于受理当日办理变更税务登记。纳税人税务登记表和税务登记证中的内容都发生变更的，税务机关按变更后的内容重新发放税务登记证件；纳税人税务登记表的内容发生变更而税务登记证中的内容未发生变更的，税务机关不重新发放税务登记证件。

五、停业、复业登记

停业、复业登记是指实行定期定额征收方式的纳税人，在营业执照核准的经营期限内，因自身经营需要暂停经营和恢复经营而向主管税务机关申请办理的一项税务登记手续。实行定期定额征收方式的纳税人主要指达不到设置账簿标准的个体工商户。

（一）一般规定

1. 实行定期定额征收方式的个体工商户需要停业的，应当在停业前向税务机关申报办理停业登记。纳税人的停业期限不得超过1年。

2. 纳税人在申报办理停业登记时，应如实填写停业复业报告书，说明停业理由、停业期限、停业前的纳税情况和发票的领、用、存情况，并结清应纳税款、滞纳金、罚款。税务机关应收存其税务登记证件及副本、发票领购簿、未使用完的发票和其他税务证件。

3. 纳税人在停业期间发生纳税义务的，应当按照税收法律、行政法规的规定申报缴纳税款。

4. 纳税人应当于恢复生产经营之前，向税务机关申报办理复业登记，如实填写停业复业报告书，领回并启用税务登记证件、发票领购簿及其停业前领购的发票。

5. 纳税人停业期满不能及时恢复生产经营的，应当在停业期满前到税务机关办理延长停业登记，并如实填写停业复业报告书。

（二）违规处理

1. 纳税人停止生产经营，未按规定向主管税务机关申请停业登记的，应视为未停止生产经营；

2. 纳税人在批准的停业期间进行正常生产经营的，应按规定向主管税务机关办理纳税申报并缴纳税款；

3. 纳税人停业期满未按期复业又不申请延长停业的，税务机关应当视为已恢复生产经营，实施正常的税收管理；

4. 纳税人停业期满不向税务机关申报办理复业登记而进行生产经营的，主管税务机关经查实，责令限期改正，并按照《征管法》第六十条第一款的规定处理。（以上内容见《国家税务总局关于完善税务登记管理若干问题的通知》国税发〔2006〕37号）

六、注销登记

注销税务登记是指纳税人依法应当终止履行纳税义务时向税务机关申报办理的税务登记手续。

（一）注销登记范围

纳税人发生下列情况，应当依法办理注销税务登记：

1. 纳税人发生解散、破产、撤销以及其他情形，依法终止纳税义务的；

2. 纳税人被市场监督管理部门吊销营业执照或者被其他机关予以撤销登记的；

3. 纳税人因住所、经营地点变动，涉及改变税务登记机关的；

4. 境外企业在中国境内承包建筑、安装、装配、勘探工程和提供劳务项目完工的。

（二）注销登记时效

1. 纳税人发生解散、破产、撤销以及其他情形，依法终止纳税义务的，应当在向市场监督管理部门或者其他机关办理注销登记前，持有关证件和资料向原税务登记机关申报办理注销税务登记；按规定不需要在市场监督管理部门或者其他机关办理注册登记的，应当自有关机关批准或者宣告终止之日起15日内，持有关证件和资料向原税务登记机关申报办理注销税务登记。

2. 纳税人被市场监督管理部门吊销营业执照或者被其他机关予以撤销登记的，应当自营业执照被吊销或者被撤销登记之日起15日内，向原税务登记机关申报办理注销税务登记。

3. 纳税人因住所、经营地点变动，涉及改变税务登记机关的，应当在向市场监督管理部门或者其他机关申请办理变更、注销登记前，或者住所、经营地点变动前，持有关证件和资料，向原税务登记机关申报办理注销税务登记，并自注销税务登记之日起30日内向迁达地税务机关申报办理税务登记。

4. 境外企业在中国境内承包建筑、安装、装配、勘探工程和提供劳务的，应当在项目完工、离开中国前15日内，持有关证件和资料，向原税务登记机关申报办理注销税务登记。

（三）注销登记程序

纳税人办理注销税务登记前，应当向税务机关提交相关证明文件和资料，结清应纳税款、多退（免）税款、滞纳金和罚款，缴销发票、税务登记证件和其他税务证件，经税务机关核准后，办理注销税务登记手续。

已实行“三证合一、一照一码”登记模式的企业办理注销登记，须先向税务主管机关申报清税，填写《清税申报表》。税务机关受理后及时进行清税，限时办理。清税完毕后税务机关根据清税结果向纳税人统一出具《清税证明》，并将信息共享到交换平台。（见《国家税务总局关于落实“三证合一”登记制度改革的通知》税总函〔2015〕482号）

为进一步优化办理企业税务注销程序，国家税务总局将纳税人的注销登记划分为简易注销和一般注销两种情形，分别规定如下：

1. 简易注销实行清税证明免办服务。

对向市场监管部门申请简易注销的纳税人，符合下列情形之一的，可免予到税务机关办理清税证明，直接向市场监管部门申请办理注销登记。

（1）未办理过涉税事宜的；

（2）办理过涉税事宜但未领用发票、无欠税（滞纳金）及罚款的。

2. 一般注销实行优化程序即办服务。

对向市场监管部门申请一般注销的纳税人，税务机关在为其办理税务注销时，进一步落实限时办结规定。对未处于税务检查状态、无欠税（滞纳金）及罚款、已缴销增值税专用发票及税控专用设备，且符合下列情形之一的纳税人，优化即时办结服务，采取“承诺制”容缺办理，即：纳税人在办理税务注销时，若资料不齐，可在其作出承诺后，税务机关即时出具清税文书。

（1）纳税信用级别为A级和B级的纳税人；

（2）控股母公司纳税信用级别为A级的M级纳税人；

（3）省级人民政府引进人才或经省级以上行业协会等机构认定的行业领军人才等创办的企业；

（4）未纳入纳税信用级别评价的定期定额个体工商户；

（5）未达到增值税纳税起征点的纳税人。

纳税人应按承诺的时限补齐资料并办结相关事项。若未履行承诺的，税务机关将对其法定代表人、财务负责人纳入纳税信用D级管理。

同时要求税务机关简化税务注销办理的资料、开设专门窗口、提供“套餐式”服务、强化“首问责任制”和“一次性告知”、优化内部工作流程和岗责分配。（以上内容见《国家税务总局关于进一步优化办理企业税务注销程序的通知》税总发〔2018〕149号）

七、跨区域涉税事项报验管理

外出经营活动税收管理作为现行税收征管的一项基本制度，是税收征管法实施细则和增值税暂行条例规定的法定事项，有效解决了跨区域经营纳税人的税收收入及征管职责在机构所在地与经营地之间划分问题的管理方式。按照该项制度的管理实质，将其更名为“跨区域涉税事项报验管理”。

（一）跨区域涉税事项报验管理基本规定

1. 将“外出经营活动税收管理”更名为“跨区域涉税事项报验管理”。

2. 纳税人跨省（自治区、直辖市和计划单列市）临时从事生产经营活动的，不再开具《外出经营活动税收管理证明》，改向机构所在地的税务机关填报《跨区域涉税事项报告表》。纳税人在省内跨县（市）临时从事生产经营活动的，是否实施跨区域涉税事项报验管理由各省税务机关自行确定。

3. 税务机关不再按照 180 天设置报验管理的固定有效期，改按跨区域经营合同执行期限作为有效期限。跨区域经营合同延期的，纳税人可向经营地或机构所在地的税务机关办理报验管理有效期限延期手续。

4. 实行跨区域涉税事项报验管理信息电子化。跨区域报验管理事项的报告、报验、延期、反馈等信息，通过信息系统在机构所在地和经营地的税务机关之间传递，实时共享相关信息。

（二）跨区域涉税事项报告、报验及反馈

1. 跨区域涉税事项报验。

纳税人跨省（自治区、直辖市和计划单列市）临时从事生产经营活动的，向机构所在地的税务机关填报《跨区域涉税事项报告表》。纳税人首次在经营地办理涉税事宜时，向经营地的税务机关报验跨区域涉税事项。

2. 跨区域涉税事项信息反馈。

纳税人跨区域经营活动结束后，应当结清经营地税务机关的应纳税款以及其他涉税事项，向经营地的税务机关填报《经营地涉税事项反馈表》。经营地的税务机关核对《经营地涉税事项反馈表》后，及时将相关信息反馈给机构所在地的税务机关。纳税人不需要另行向机构所在地的税务机关反馈。

需要注意的是，异地不动产转让和租赁业务不适用跨区域涉税事项报验管理相关制度规定。（以上内容见《国家税务总局关于创新跨区域涉税事项报验管理制度的通知》税总发〔2017〕103 号、《国家税务总局关于明确跨区域涉税事项报验管理相关问题的公告》总局公告 2018 年第 38 号）

八、税务登记制度改革

（一）“三证合一、一照一码”登记改革

2015 年 10 月 1 日在全国全面推行“三证合一、一照一码”登记改革。三证合一，是指把工商营业执照、组织机构代码证和税务登记证这三个证件合为一个。新设立企业领取由市场监督管理部门核发加载法人和其他组织统一社会信用代码的营业执照后，无需再次进行税务登记，不再领取税务登记证。企业办理涉税事宜时，在完成补充信息采集后，凭加载统一代码的营业执照可代替税务登记证使用。

1. “三证合一、一照一码”登记制度改革只针对新设立企业、农民专业合作社（统称“企业”）。个体工商户及其他类型纳税人不纳入这次改革，相关登记、管理制度仍按原规定执行。

2. 2015 年 10 月 1 日至 2017 年 12 月底为过渡期，原营业执照、组织机构代码证、税务登记证仍可继续使用。在办理企业类市场主体变更登记时，换发“一照一码”执照，原营业执照、组织机构代码证、税务登记证由企业登记机关收缴、存档。从 2018 年 1 月 1 日起，一律改为使用加载统一社会信用代码的营业执照，原发证照不再有效。

3. “三证合一”统一社会信用代码设计为 18 位，使用阿拉伯数字或英文字母表示，由五个部分组成。

第一部分（第 1 位）：为登记管理部门代码；

第二部分（第 2 位）：为企业等纳税人类别代码；

第三部分（第 3 ~ 8 位）：为登记管理机关行政区划码；

第四部分（第 9 ~ 17 位）：为主体标识码；

第五部分（第 18 位）：为校验码，由系统自动生成。

4. 工商登记“一个窗口”统一受理、审核申请后，申请材料和登记信息在部门间共享，各部门数据互换、档案互认。对于工商登记已采集信息，税务机关不再重复采集；其他必要涉税基础信息，可在企业办理有关涉税事宜时，及时采集，陆续补齐。（以上内容见《国家税务总局关于落实“三证合一”登记制度改革的通知》税总函〔2015〕482 号）

需要注意的是，推行“三证合一”登记制度改革，并非取消税务登记，税务登记的法律地位仍然存在，只是政府简政放权将此环节改为由市场监督管理部门一窗受理，核发一个加载法人和其他组织统一社会信用代码营业执照，这个营业执照同时具备原来三种证件的法律地位和作用。

（二）“两证整合”登记改革

根据相关法律法规和国家标准，建立统一登记流程、统一编码和赋码规则等，全面实行个体工商户“两证整合”登记模式。通过“一窗受理、互联互通、信息共享”，由市场监督管理部门核发加载统一社会信用代码的营业执照，该营业执照具有原营业执照和税务登记证的功能，税务部门不再发放税务登记证。

实施个体工商户“两证整合”登记制度改革后，税务机关在个体工商户办理涉税事宜时，确认统一社会信用代码等相关信息，进行税务管理。

黑龙江、上海、福建、湖北省（市）等 4 个试点地区自 2016 年 10 月 1 日起实施个体工商户“两证整合”，市场监督管理部门向新开业个体工商户发放加载统一社会信用代码的营业执照。其他 27 个省（自治区、直辖市）及 5 个计划单列市自 2016 年 12 月 1 日起实施个体工商户“两证整合”。（以上内容见《国家工商行政管理总局、国家税务总局、国家发展和改革委员会、国务院法制办公室关于实施个体工商户营业执照和税务登记证“两证整合”的意见》工商个字〔2016〕167 号）

（三）社会组织等纳税人登记改革

对于 2016 年 1 月 1 日以后在机构编制、民政部门登记设立并取得统一社会信用代码的纳税人，以 18 位统一社会信用代码为其纳税人识别号，按照现行规定办理税务登记，发放税务登记证件。对已在机构编制、民政部门登记设立并办理税务登记的纳税人，税务部门应积极配合登记机关逐步完成存量代码的转换工作，实现法人及其他组织统一社会信用代码在税务部门的全覆盖。

税务部门与民政部门之间能够建立省级统一的信用信息共享交换平台、政务信息平台、部门间数据接口（统称信息共享平台）并实现登记信息实时传递的，可以参照企业、农民专业合作社“三证合一、一照一码”的做法，对已取得统一社会信用代码的社会组织纳税人进行“三证合一”登记模式改革试点，由民政部门受理申请，只发放标注统一社会信用代码的社会组织（社会团体、基金会、民办非企业单位）法人登记证，赋予其税务登记证的全部功能，不再另行发放税务登记证件。（以上内容见《国家税务总局关于明确社会组织等纳税人使用统一社会信用代码及办理税务登记有关问题的通知》税总函〔2016〕121 号）

需要注意的是，“三证合一”“两证整合”改革后，对于领取营业执照后 30 日内未到税务局办理涉税事宜的纳税人，不予进行“逾期办理税务登记”的处罚。法理依据是纳税人办理了营业执照就意味着其已同时办理了税务登记（设立登记）。（见《国家税务总局关于推进“三证合一”进一步完善税源管理有关问题的通知》税总函〔2015〕645 号）

九、税务登记行政协助

为了有效地发挥税务登记制度的作用，减少税务管理漏洞，有关部门之间应加强协作、配合，共同完善税务登记管理。这主要包括税务机关与市场监督管理部门、银行等金融机构之间的协作。

（一）税务机关与工商管理部门的协作

各级市场监督管理部门应当向同级税务机关定期通报办理开业、变更、注销登记以及吊销营业执照的情况。

纳税人不办理税务登记，税务机关责令限期改正逾期不改的，经税务机关提请，由市场监督管理部门吊销其营业执照。

为了保证市场监督管理部门与税务机关之间登记信息的顺畅交换和有效共享，加强彼此间的协作配合，国家税务总局和国家工商行政管理总局联合下发文件，对工商登记信息和税务登记信息交换与共享的具体操作办法、内容、方式、时限等事宜进行了明确规定，同时要求省、地（市）级市场监督管理部门和税务机关要结合当地实际情况，制订本地区具体的信息共享方案，做好数据交换工作。（见《国家税务总局、国家工商行政管理总局关于工商登记信息和税务登记信息交换与共享问题的通知》国税发〔2003〕81 号）

为推进税务部门、市场监督管理部门之间的信息共享，强化股权转让税收征管，提升企业登记管理信息服务国家税收征管的能力，发挥税收调节收入分配的作用，国家税务总局和国家工商行政管理总局联合下发文件，就加强税务、工商股权转让信息共享有关事项予以明确，要求从 2012 年 1 月 1 日起，各级税务局和工商行政管理局应将每月发生的应交换股权转让信息，在当月终了 15 日内完成交换。（见《国家税务总局、国家工商行政管理总局关于加强税务工商合作实现股权转让信息共享的通知》国税发〔2011〕126 号）

为了深入贯彻落实《国务院关于促进市场公平竞争维护市场正常秩序的若干意见》

(国发〔2014〕20号)、《国务院办公厅关于加快推进“多证合一”改革的指导意见》(国办发〔2017〕41号)要求，加强部门信息共享和联合监管，推进企业简易注销，优化服务环境，国家税务总局和国家工商行政管理总局联合下发文件，要求工商部门在企业注册登记时向企业发放涉税事项告知书，提醒企业及时到税务部门办理涉税事宜。对到工商办事大厅注册登记的企业，工商部门直接将告知书发放给企业；对通过全程电子化方式登记的企业，工商部门将告知书内容加载在相关登记界面，供企业阅览和下载。工商部门在企业信息填报界面设置简易注销承诺书的下载模块，并在企业简易注销公告前，设置企业清税的提示。

各地税务、工商部门要密切配合，建立健全增值税发票申领等协同监管机制。税务部门要充分利用工商共享信息进行税收风险分析和应对，并将纳税人的税收违法“黑名单”等信息共享给工商部门，由税务、工商部门施行联合监管。(以上内容见《工商总局、税务总局关于加强信息共享和联合监管的通知》工商企注字〔2018〕11号)

(二)税务机关与金融机构的协作

从事生产、经营的纳税人应当按照国家有关规定，持税务登记证副本，在银行或其他金融机构开立基本存款账户和其他存款账户，并自开立基本存款账户或者其他存款账户之日起15日内，向税务机关书面报告其全部账号；发生变化的，应当自变化之日起15日内，向税务机关书面报告。

银行和其他金融机构应当在从事生产、经营的纳税人的账户中登录纳税人的税务登记证件号码，并在税务登记证副本中登录从事生产、经营的纳税人的账户、账号。

税务机关依法查询从事生产、经营的纳税人开立账户的情况，以及依法冻结、扣缴纳税人存款时，有关银行和其他金融机构应当予以协助。

第二节 账簿、凭证管理

从企业角度看，根据各种凭证登记账簿是为了核算企业的经济效益，反映企业的经营成果；从税收角度看，账簿和各种凭证是税务机关监督、检查企业是否依法履行纳税义务的基础资料和凭据。因此，账簿、凭证管理也是税务管理的一项基础性工作，是继税务登记之后税务征管的又一重要环节，在税收征管中占有十分重要的地位。账簿、凭证管理主要包括账簿凭证管理、税控管理和发票管理三部分。

一、账簿、凭证管理

税务机关尽管不是账簿、凭证管理的专业职能部门，但对纳税人、扣缴义务人的账簿、凭证进行管理也是其一项重要职责。账簿凭证管理主要包括账簿的设置、保管，会计核算，财务会计制度等几个方面。

(一)账簿设置范围与期限

《征管法》要求所有的纳税人和扣缴义务人必须按照有关法律、行政法规和国务院财政、税务主管部门的规定设置账簿。设置账簿的范围及期限如下：

1. 从事生产、经营的纳税人应当自领取营业执照或者发生纳税义务之日起15日内设置账簿。

2. 生产、经营规模小又确无建账能力的纳税人，可以聘请经批准从事会计代理记账业务的专业机构或者经税务机关认可的财会人员代为建账和办理账务。

3. 扣缴义务人应当自税收法律、行政法规规定的扣缴义务发生之日起10日内，按照所代扣、代收的税种，分别设置代扣代缴、代收代缴税款账簿。

（二）对会计核算的要求

通过凭证的填制和审核，确保其真实、合法、有效，并据以登记账簿，既可以检查各项经济业务活动是否合法、合理，又能完整、准确地反映经营管理水平和经济效益，正确计算应纳税款。

1. 所有纳税人和扣缴义务人必须依法设置账簿，根据合法、有效的凭证记账，进行会计核算。

2. 账簿、会计凭证和报表，应当使用中文。民族自治地方可以同时使用当地通用的一种民族文字。外商投资企业和外国企业可以同时使用一种外国文字。

需要注意的是，《会计法》第二十二条也规定："会计记录的文字应当使用中文。"因此，对于外资企业的会计记录不使用中文的，按照《征管法》第六十条第一款"未按照规定设置、保管账簿或者保管记账凭证和有关资料"的规定处理。（见《国家税务总局关于贯彻〈中华人民共和国税收征收管理法〉及其实施细则若干具体问题的通知》国税发〔2003〕47号）

这里需要明确几个概念：

1. 会计账簿，是指由具有专门格式，互有联系的若干账页组成，以会计凭证为依据，全面、连续、系统地记录各项经济业务的账册或簿籍。账簿包括总账、明细账、日记账以及其他辅助性账簿。总账、日记账应当采用订本式。

2. 会计凭证，是指记录经济业务，明确经济责任，并据以登记账簿的书面证明。会计凭证包括原始凭证和记账凭证。原始凭证是经济业务发生时所取得或填制的凭证，主要包括套印税务机关发票监制章的发票、凭税务机关批准可以不套印税务机关发票监制章的专用性票据和财政部门统一印制或监制的财政票据等。记账凭证是根据审核无误、合法的原始凭证，按其内容加以归类整理，据以确定会计分录和登记账簿的凭证。

3. 会计核算，是指以货币为主要计量单位，对特定主体的经济活动进行确认、计量、记录和报告，为有关各方提供会计信息的一种管理活动。

（三）对会计电算化的要求

账簿设置形式传统上采用纸质，但是随着财务会计电算化的发展，利用计算机记账的纳税人越来越多。为了规范电算会计，有效监控税源，《征管法》特作如下规定：

1. 纳税人建立的会计电算化系统应当符合国家有关规定，并能正确、完整核算其收入或者所得。

2. 纳税人、扣缴义务人会计制度健全，能够通过计算机正确、完整计算其收入和所得或者代扣（收）代缴税款情况的，其计算机输出的完整的书面会计记录，可视同会计账簿。

3. 纳税人、扣缴义务人会计制度不健全，不能通过计算机正确、完整计算其收入和所得或者代扣（收）代缴税款情况的，应当建立总账及与纳税或者代扣（收）代缴税款有关的其他账簿。

（四）对财务会计制度的管理

我国实行统一的财务会计制度，但国家也允许会计主体在不违反国家财务、会计制度的前提下，制定本部门的财务、会计处理办法。实际工作中，如果完全依照财务、会计制度和财务、会计处理办法核算的结果计算应纳税款，有时不符合税收法律法规的要求。目前国际上通行的做法是按照财务会计的基本功能（进行成本核算、反映企业经营成果）设计相应的制度，税务机关一般不要求纳税人按照税收的需要进行会计处理，但是，当其计算的应纳税款与税法的要求不一致时，则必须进行纳税调整。因此，为了全面了解纳税人财务、会计核算情况，便于税务机关依法监督和征收税款，正确贯彻国家的税收政策，纳税人必须向税务机关报送财务、会计制度或者财务、会计处理办法，并按国务院或者财政部、国家税务总局有关税收的规定计算应纳税款。具体规定如下：

1. 备案制度。

（1）凡从事生产、经营的纳税人必须将所采用的财务、会计制度或者具体财务、会计处理办法，按《征管法》的规定，自领取税务登记证件之日起 15 日内，及时报送主管税务机关备案。

（2）纳税人使用计算机记账的，应当在使用前将会计电算化系统的会计核算软件、使用说明书及有关资料报送主管税务机关备案。

需要注意的是，报送税务机关备案是纳税人的单方面义务，在法律上税务机关没有审查并做出结论的对等义务，只需要对纳税人报送的财务、会计制度或者财务、会计处理办法进行认真研究，判断其是否与税收规定相抵触即可。

2. 财会制度、办法与税收规定相抵触的处理方法。

从事生产、经营的纳税人、扣缴义务人所使用的财务会计制度和具体的财务、会计处理办法与国务院和财政部、国家税务总局有关税收方面的规定相抵触时，纳税人、扣缴义务人必须依照有关税收的规定计算应纳税款、代扣（收）代缴税款。

（五）收支凭证粘贴簿和进货销货登记簿管理

生产、经营规模小又确无建账能力的纳税人，聘请专业机构或者人员代理记账有实际困难的，经县以上税务机关批准，可以按照税务机关的规定，建立收支凭证粘贴簿、进货销货登记簿或者使用税控装置。

1. 适用纳税人范围界定。

《征管法实施细则》所称的“生产、经营规模小又确无建账能力和聘请上述机构或者人员有实际困难的纳税人”是指经营额在一定标准以下，且无专职或兼职会计人员的纳税人。为有效地兼顾地域间纳税人生产经营规模的不同情况，便于基层税务机关提高管理效率，对纳税人经营额的具体划分标准和有实际困难的判定，由县以上税务机关确定。

2. 收支凭证粘贴簿和进货销货登记簿的管理。

不需要建账的纳税人，必须按照税务机关的规定及时、自行建立收支凭证粘贴簿和进货销货登记簿，做到凭证粘贴有序、齐全完整，记载及时准确。有关凭证和进货、销货必须逐日粘贴或登记，按月进行统计汇总。纳税人必须妥善保管收支凭证粘贴簿和进货销货登记簿。税务机关应参考纳税人收支凭证粘贴簿和进货销货登记簿中所记载的情况，科学核定纳税人的应纳税经营额或收益额。收支凭证粘贴簿和进货销货登记簿的式样和具体管理要求由县以上税务机关确定。（以上内容见《国家税务总局关于做好建立收支凭证粘贴簿和进货销货登记簿工作有关问题的通知》国税函〔2004〕984号）

需要注意的是，国务院已经在2007年取消了上述税务行政审批项目。目前，关于生产、经营规模小又确无建账能力的纳税人的财务核算，国家税务总局规定如下：

（1）按照《个体工商户税收定期定额征收管理办法》和《个体工商户建账管理暂行办法》的规定，所有达到建账标准的个体工商户，均应按照规定建立账簿。达不到建账标准而实行定期定额征收方式征收税款的个体工商户，均应建立收支凭证粘贴簿、进货销货登记簿。

（2）税控装置的安装使用属于行政强制行为，凡在推广使用范围内的纳税人必须按照规定安装和使用税控装置。纳税人安装使用税控装置的确认程序按照《国家税务总局关于印发〈税控收款机管理系统业务操作规程〉的通知》（国税发〔2005〕126号）的规定执行。（以上见《国家税务总局关于普通发票行政审批取消和调整后有关税收管理问题的通知》国税发〔2008〕15号、《国务院关于第四批取消和调整行政审批项目的决定》国发〔2007〕33号）

（六）关于账簿、凭证的保管

纳税人、扣缴义务人的账簿、记账凭证、完税凭证及其他有关资料是其从事生产经营活动、履行纳税义务的法定记录和证明。保管好会计资料不仅是维护财经纪律，保证生产经营活动有序进行的需要，也是依法征税和开展税收检查的需要。所以，《会计法》《征管法》及其实施细则对账簿、凭证不仅规定了保管期限，而且要求其合法、真实、完整。有关账簿、记账凭证、完税凭证及其他有关资料保管的具体规定如下：

1. 所有账簿、记账凭证、完税凭证及其他有关资料应当按照规定整理立卷或装订成册，交档案管理部门归档保管，财务会计部门及其人员不得自行封存。

2. 账簿、记账凭证、完税凭证及其他有关资料应当严格执行安全、保密制度，做到存放有序、查找方便，严防损毁、散失和泄密。

3. 账簿、记账凭证、完税凭证及其他有关资料原则上不得出借，如有特殊需要，应当报经上级主管机关批准，限期归还，并不得拆散原状卷册。

4. 账簿、记账凭证、报表、完税凭证、发票、出口凭证以及其他有关涉税资料的保管期限，除另有规定外，应当保存10年。保管期限从会计年度终了后的第一天开始计算。

5. 账簿、记账凭证、报表、完税凭证、发票、出口凭证以及其他有关涉税资料的保管期满需要销毁的，应当按照规定编制销毁清册，报单位负责人批准，由资料保管部门和会计部门共同销毁。

6. 账簿、记账凭证、报表、完税凭证、发票、出口凭证以及其他有关涉税资料应当合法、真实、完整，不得伪造、变造或者擅自销毁。

完税凭证，是指由税务机关统一印制，税务人员向纳税人征收税款和纳税人向国库缴纳税款时使用的专用凭证。完税凭证包括专用和通用完税证、专用和通用缴款书、汇总缴款书、印花税票、专用扣税凭证等。其他涉税资料是指与财务收支、会计核算及计税有关的资料。

伪造是指仿照真的账簿、凭证式样，制造假的账簿、凭证，以假充真的行为；变造是指在真的账簿、凭证上通过挖补、拼接、涂改等方式，制造假账、假凭证，以假乱真的行为；擅自销毁是指未按照税务机关的规定，在未经税务机关批准的前提下擅自将账簿、记账凭证、完税凭证及其他有关资料销毁的行为。

需要注意的是，《征管法实施细则》第二十九条第二款规定："账簿、记账凭证、报表、完税凭证、发票、出口凭证以及其他有关涉税资料应当保存 10 年，但是法律、行政法规另有规定的除外。"目前来看，上述有关涉税资料的保管期限相关法律、行政法规并没有明确规定，不过，在法律效力较低的《会计档案管理办法》（财政部、国家档案局令 2015 年第 79 号）中规定企业和其他组织会计凭证、会计账簿保管期限为 30 年，月度、季度、半年度财务会计报告和纳税申报表保管期限为 10 年、年度财务会计报告保管期限为永久保存。此外，《征管法实施细则》规定发票保存期限为 10 年与国务院颁布的《发票管理办法》（国务院令 2011 年第 587 号）中规定的发票存根及发票登记簿保存 5 年并不矛盾，因为作为收付款凭证的发票与发票存根及发票登记簿内容、作用不同。

二、税控管理

所谓税控装置，是指具有正确反映纳税人收入情况，保证计税数据正确生成、安全传递、可靠存储并进行有效监控的器具和支持器具的管理系统。税控装置通过对纳税人的生产经营情况进行监督和管理，实现对税源的有效监控，防止税款流失，提高征管效率，降低征收成本。

税控装置应用对象主要是以流转额为课税对象的纳税人，即缴纳增值税、消费税的纳税人。使用税控装置是税收征收管理实现信息化、电子化的一个重要方面，也是发展趋势。目前，我国税收管理中推广使用的税控装置主要有税控加油机、税控收款机和出租车税控计价器等。鉴于税控装置的应用呈逐渐扩大趋势，《征管法》及其实施细则对此作了原则规定：

1. 国家根据税收征收管理的需要，积极推广使用税控装置。纳税人应当按照规定安装、使用税控装置，不得损毁或者擅自改动税控装置。

2. 纳税人应当按照税务机关的要求安装、使用税控装置，并按照税务机关的规定报送有关数据和资料。税控装置推广应用的管理办法由国家税务总局另行制定，报国务院批准后实施。

同时，为了配合税控收款机的推广和使用，减轻纳税人购进、使用税控收款机的负担，国家制定了购进、使用税控收款机的税收优惠政策。

1. 增值税一般纳税人购置税控收款机所支付的增值税税额，准予在该企业当期的增值税销项税额中抵扣。

2. 增值税小规模纳税人购置税控收款机，经主管税务机关审核批准后，可凭购进税控收款机取得的增值税专用发票，按照发票上注明的增值税税额，抵免当期应纳增值税税额，或者按照购进税控收款机取得的普通发票上注明的价款，依下列公式计算可抵免税额：

$$可抵免税额 = 价款 \div (1 + 13\%) \times 13\%$$

当期应纳税额不足抵免的，未抵免部分可在下期继续抵免。

3. 税控收款机购置费用达到固定资产标准的，应按固定资产管理，其按规定提取的折旧额可在企业计算缴纳所得税前扣除；达不到固定资产标准的，购置费用可在所得税前一次性扣除。（以上内容见《财政部、国家税务总局关于推广税控收款机有关税收政策的通知》财税〔2004〕167号）

三、发票管理

发票是会计核算的原始凭证，对其管理属于账簿、凭证管理范畴。发票是指在购销商品、提供或接受服务以及从事其他经营活动中开具、收取的收付款凭证。发票作为记录经营活动的书面证明、财务会计核算的凭证和征收税款的依据，对维护社会经济秩序、加强财务管理和税收管理起着重要的作用。

发票管理是税务机关依法对发票印制、领购、开具、取得、保管、缴销、检查及违章处罚的全过程进行组织、协调、监督等活动的总称，是税收征收管理的重要组成部分。税务机关通过发票管理，可以掌握纳税人生产经营行为及其商品流转和财务收支状况，强化财务监督，控制税源，堵塞税收漏洞，保障国家财政收入。

（一）发票管理体制

1. 发票管理体制。

发票管理体制是划分国家与地方各级税务部门之间发票管理权限的一项制度，是发票管理办法的重要组成部分。

我国发票管理实行“统一领导，分级管理”的体制。统一领导，就是由国务院及其税务主管部门制定发票管理办法，对发票的印制、领用、保管、缴销、检查及罚则等做出原则规定，统一负责全国的发票管理工作。分级管理就是省级及省以下各级税务机关在不违反国家有关发票管理规定的前提下，根据授权及本地区实际情况，制定发票管理的具体措施和办法，并负责本行政区域内的发票管理工作。

2. 发票管理权限。

税务机关是发票的主管机关。税务机关的发票管理权限具体划分为三级：

第一，国务院税务主管部门的发票管理权限：（1）规定发票的种类、联次、内容及使用范围；（2）确定企业印制增值税专用发票；（3）监制发票准印证；（4）确定全国统一的发票防伪措施（防伪专用品）；（5）规定全国统一发票监制章的式样和发票版面印刷的要求；（6）确定全国范围内统一式样的发票并进行不定期换版；（7）规定发票专用章式样；（8）规定跨省开具发票及携带、邮寄、运输空白发票；（9）制定《发票管理办法》实施细则及行业发票、增值税专用发票、网络发票管理系统开具发票的管理办法。

第二，省级税务机关的发票管理权限：（1）确定普通发票承印企业和核发发票准印证；（2）确定本省范围内统一式样的发票并进行不定期换版；（3）制作发票监制章；（4）根据需要，确定发票的具体内容，增减除发票联以外的其他联次，并确定其用途；（5）规定跨市、县开具发票的办法；（6）制定特殊情况下是否可免予逐笔开具发票的规定；（7）制定提供保证人或者交纳保证金的具体范围；（8）规定临时在本省以内跨市、县从事经营活动领购发票的办法；（9）审批印有纳税人名称的自用发票。

第三，市、县税务机关的发票管理权限：（1）在本市或本县范围内使用发票换票证；（2）按规定委托其他单位代开发票；（3）发给领购发票的单位和个人发票领购簿；（4）依法行使对违反发票管理法规的行为的行政处罚权。

（二）发票管理内容

1. 发票印制管理。

发票印制管理是发票管理的基础环节，在整个发票管理过程中具有重要地位。发票印制管理包括印制审批、发票监制章和发票防伪品的管理、印制企业的确定等。

（1）发票印制权限。

①增值税专用发票统一由国家税务总局委托中国人民银行印钞造币公司印制。

②全国范围内统一式样的普通发票由国家税务总局确定，由省级税务机关确定的企业印制。

③在本省范围内使用的发票由省级税务机关统一设计式样，套印省级或地市级税务机关发票监制章，指定企业实施集中统一印制，而且原则上应当在本省内印制。（见《国家税务总局关于加强普通发票集中印制管理的通知》国税函〔2006〕431号）

（2）发票印制企业确定。

印制发票的企业应当具备下列条件：

①取得印刷经营许可证和营业执照；

②设备、技术水平能够满足印制发票的需要；

③有健全的财务制度和严格的质量监督、安全管理、保密制度。

省级税务机关对发票印制实行统一管理，严格审查印制发票企业的资格，原则上印制量在一亿份以下的省确定的发票印制企业不超过3家，印制量在一亿份以上的省不超过6家。（见《国家税务总局关于加强普通发票集中印制管理的通知》国税函〔2006〕431号）

（3）发票监制章和发票防伪品管理。

①发票应当套印全国统一发票监制章。全国统一发票监制章是税务机关管理发票的法定标志，其形状、规格、内容、印色由国家税务总局规定、省级税务机关制作，禁止伪造发票监制章。

②全国统一的发票防伪措施由国家税务总局确定，省税务机关可以根据需要增加本地区的发票防伪措施。印制发票应当使用国家税务总局确定的全国统一的发票防伪专用品。禁止非法制造发票防伪专用品。

③发票监制章和发票防伪专用品的使用和管理实行专人负责制度。

（4）发票印制程序。

①税务机关以招标方式确定印制发票的企业，并发给发票准印证。

②发票印制前，监制发票的税务机关应下达发票印制通知书，指定的印制企业必须按照税务机关批准的式样和数量印制。

③印制发票企业印制完毕的成品，应按规定验收后由专人专库妥善保管，不得丢失。次品、废品应当及时销毁。

（5）发票的内容。

发票的基本联次包括存根联、发票联、记账联。存根联由收款方或开票方留存备查；发票联由付款方或受票方作为付款原始凭证；记账联由收款方或开票方作为记账原始凭证。省以上税务机关可根据发票管理情况以及纳税人经营业务需要，增减除发票联以外的其他联次，并确定其用途。

发票的基本内容包括：发票的名称、发票代码和号码、联次及用途、客户名称、开户银行及账号、商品名称或经营项目、计量单位、数量、单价、大小写金额、开票人、开票日期、开票单位（个人）名称（章）等。省以上税务机关可根据经济活动以及发票管理需要，确定发票的具体内容。

需要注意的是，有固定生产经营场所、财务和发票管理制度健全的纳税人，发票使用量较大或统一发票式样不能满足经营活动需要的，可以向省以上税务机关申请印有本单位名称的发票（习惯称为冠名发票）。

但2013年5月15日，国务院发布决定，取消了“印制有本单位名称发票的审批”税务行政审批项目。用票单位可以书面向税务机关要求使用印有本单位名称的发票，税务机关依据《发票管理办法》第十五条的规定，确认印有该单位名称发票的种类和数量。（见《国家税务总局关于贯彻落实〈国务院关于取消和下放一批行政审批项目等事项的决定〉的通知》税总发〔2013〕73号、《国家税务总局关于修改〈中华人民共和国发票管理办法实施细则〉的决定》总局令2014年第37号）

2. 发票领购管理。

（1）领购发票的程序。

①依法办理税务登记的纳税人发票的领购。需要领购发票的单位和个人，应当持税务登记证件、经办人身份证明、发票专用章的印模，向主管税务机关办理发票领购手续。主管税务机关根据领购单位和个人的经营范围和规模，确认领购发票的种类、数量以及领购方式，在5个工作日内发给发票领购簿。

单位和个人领购发票时，应当报告发票领用存情况及相关开票数据，税务机关应当按照规定进行查验。

②临时使用发票的纳税人发票的领购。需要临时使用发票的单位和个人，可以凭购销商品、提供或者接受服务以及从事其他经营活动的书面证明、经办人身份证明，直接向经营地税务机关申请代开发票。依照税收法律、行政法规规定应当缴纳税款的，税务机关应当先征收税款，再开具发票。税务机关根据发票管理的需要，可以按照国家税务总局的规定委托其他单位代开发票。

③临时到异地从事经营活动的纳税人发票的领购。临时到本省、自治区、直辖市以外从事经营活动的单位或者个人，应当凭所在地税务机关的证明，向经营地税务机关领购经营地的发票。税务机关对外省、自治区、直辖市来本辖区从事临时经营活动的单位和个人领购发票的，可以要求其提供保证人或者根据所领购发票的票面限额以及数量交

纳不超过 1 万元的保证金，并限期缴销发票。

需要注意的是，为切实减轻企业和社会负担，促进经济稳定增长，保障企业健康发展，根据国务院有关要求，财政部、国家发展改革委联合下发了《关于公布取消和免征部分行政事业性收费的通知》（财综〔2012〕97 号），决定自 2013 年 1 月 1 日起，取消税务发票工本费。（见《国家税务总局关于取消发票工本费有关问题的通知》国税函〔2012〕608 号）

（2）领购发票的方式。

发票的领购方式主要包括验旧购新、缴旧购新和批量供应等三种方式，当前最常用的是验旧购新方式。

①批量供应是指针对使用发票量较大的纳税人采取的购票方式，一般是按月或按季供应。这种领购发票方式主要适用财务制度比较健全、有一定经营规模的纳税人。

②缴旧购新是指用票单位和个人交回已填开的发票存根联，经税务机关审核后留存，允许领购新发票。

③验旧购新是指用票单位和个人将已填开的发票存根联交税务机关审验后，领购新发票。审验后的发票存根联仍由用票单位自己保管。

后两种发票领购方式适用财务制度不健全、经营规模不大的单位和个体工商户，以便税务机关能及时检查并纠正其发票使用过程中存在的问题。

（3）发票保证金管理。

①发票保证金必须严格按照《发票管理办法》第十八条的有关规定收取，不得超范围、超标准收取。税务机关收取纳税人发票保证金时，应当开具《税务代保管资金专用收据》。

②在本省范围内跨市、县从事临时经营活动不得收取发票保证金。

③发票保证金应当存入税务代保管资金账户，并按照《税务代保管资金账户管理办法》的规定，严格资金的收纳和支付，除缴入国库、退还纳税人外，不得用于其他用途。

④纳税人按期缴销发票的，解除保证人的担保义务或及时退还保证金；纳税人未按期缴销发票的，以保证人或发票保证金承担法律责任，即由保证人缴纳罚款或者以保证金缴纳罚款，所缴罚款按“税务部门其他罚没收入”科目缴入国库。（以上内容见《国家税务总局关于加强发票保证金管理的通知》国税函〔2006〕735 号）

3. 发票使用管理。

使用发票是开具发票和取得发票的总称。开具发票与取得发票相对应，是双方的权利和义务共同指向同一标的物的行为。发票一经开具，对开具和取得发票的双方都产生约束作用，双方都应当承担一定的责任和义务。

单位、个人在购销商品、提供或者接受经营服务以及从事其他经营活动中，应当按照规定使用发票。发票使用包括开具、取得发票等两方面的内容。

（1）销售商品、提供服务以及从事其他经营活动的单位和个人，对外发生经营业务收取款项，收款方应当向付款方开具发票；特殊情况下，即收购单位收购货物和扣缴义务人支付个人款项时，由付款方向收款方开具发票。

在发票开具时，应注意以下几点：

①在整本发票使用前，要认真检查有无缺页、错号、监制章或印制不清等现象，如发现问题应报送税务机关处理。

②整本发票开始使用后，应当按照规定的时限、顺序、栏目，全部联次一次复写、打印，内容完全一致，并加盖发票专用章。发票填写应项目齐全，内容真实，字迹清楚，不得涂改、挖补、撕毁。发票不得拆本使用。

③填开发票的单位和个人必须在发生经营业务、确认营业收入时开具发票。未发生经营业务一律不准开具发票。

④发票应在规定的使用范围内开具，不得自行扩大专用发票的使用范围，不准买卖、转借、转让和介绍他人转让发票。

⑤发票限于领购单位在本省范围内开具，不得跨省使用。禁止携带、邮寄或者运输空白发票出入规定的使用区域。

⑥开具发票应当使用中文。民族自治地方可以同时使用当地通用的一种民族文字。

⑦安装税控装置的单位和个人，应当按照规定使用税控装置开具发票，并按期向主管税务机关报送开具发票的数据。使用非税控电子器具开具发票的，应当将非税控电子器具使用的软件程序说明资料报主管税务机关备案，并按照规定保存、报送开具发票的数据。

⑧开具发票后，如发生销货退回需开红字发票的，必须收回原发票并注明“作废”字样或取得对方有效证明；如发生销售折让的，必须在收回原发票并注明“作废”字样后，重新开具发票或取得对方有效证明后开具红字发票。

需要注意的是，开具发票的单位和个人应当建立发票使用登记制度，设置发票登记簿，并定期向主管税务机关报告发票使用情况。

（2）所有单位和个人在购买商品、接受服务以及从事其他经营活动支付款项时，应当向收款方索取发票。在取得发票时，应注意以下几点：

①购买方向销售方索取发票时，不得要求销售方变更货物或应税劳务名称，不得要求改变价税金额。

②购买方只能从发生经营业务的销售方取得发票，不得虚开或违规代开发票。

③购买方取得发票后，如发现不符合规定，有权拒收并要求对方重新开具。

上述不符合规定的发票主要是指以下三种情况：

一是发票本身不符合规定，如自制白条收据、内部结算凭证、往来收据等，以及私自印制、伪造、变造的假发票，废止的发票。

二是发票开具不规范，如填写项目不全、内容不真实，没有加盖发票专用章等。

三是发票来源不符合规定，如向第三者转借或者购买的发票都是不合法的。

（3）自2017年7月1日起，购买方为企业的，索取增值税普通发票时，应向销售方提供纳税人识别号或统一社会信用代码；销售方为其开具增值税普通发票时，应在“购买方纳税人识别号”栏填写购买方的纳税人识别号或统一社会信用代码。不符合规定的发票，不得作为税收凭证，如计税、退税、抵免等。所称企业，包括公司、非公司制企业法人、企业分支机构、个人独资企业、合伙企业和其他企业。（见《国家税务总局关于增值税发票开具有关问题的公告》总局公告2017年第16号）

需要注意的是，每一个公民在购买商品、接受服务支付款项时，都应该索取发票，这既是公民的权利，也是公民的责任。

4. 发票保管管理。

根据发票管理的要求，发票保管按不同范围、对象分两个层次：

一是税务机关在印制发票成品以后，向用票单位供应使用前，在税务机关内部划分保管级次，分级保管。主要包括：统一印制发票的保管，冠名发票的保管，税务机关自用发票及存根联的保管，缴旧购新发票存根联的保管，收缴或封存的发票保管，发票防伪专用品、防伪专用设备以及与发票有关的账簿保管等。

二是用票单位在领购发票以后的保管。包括发票领购簿、空白发票、已开具的发票存根联、发票防伪专用设备以及与发票有关的账簿的保管。

使用发票的单位和个人应当妥善保管发票。发生发票丢失情形时，应当于发现丢失当日书面报告税务机关，并登报声明作废。

开具发票的单位应当按照税务机关的规定存放和保管发票，不得擅自损毁。已经开具的发票存根联和发票登记簿，应当保存5年。保存期满，报经税务机关查验后销毁。

无论是税务机关还是用票单位，都必须建立严格的发票保管制度。

（1）专人保管制度。要设置专职发票管理人员，实行发票领、发、存的专人集中管理。

（2）专库保管制度。要有专库、专柜等设施存放发票，确保发票的安全。

（3）专账登记制度。要设立发票管理总账和明细分类账，登记发票印、领、用、存数量。

（4）保管交接制度。发票保管人员的工作调动时，应在有关人员实地监交下，与接替人员办理交接手续。

（5）定期盘点制度。各级税务机关及用票单位，一般在每月底对库存未用的发票进行一次清点，检查账实是否相符。

5. 发票缴销管理。

发票的缴销是指用票人按照规定向税务机关上缴已使用或者未使用的发票。发票的缴销有六种形式：

（1）变更、注销时发票缴销；

（2）改版、换版发票的缴销；

（3）次版发票的缴销；

（4）丢失、被盗发票的缴销；

（5）超期未使用完的发票和发票存根联的缴销；

（6）霉变、水浸、鼠咬、火烧发票的缴销。

发票的收缴和发票的缴销既有联系又相互区别。二者的联系是，收缴和缴销的结果都是将用票人未使用的发票收回。二者的区别是，缴销是一种管理制度，收缴则是加强发票管理的一种手段，具有惩罚性、强制性。发票的收缴主要包括以下两种情形：

（1）对伪造和非法携带、邮寄、运输或者存放空白发票的，由税务机关收缴其发票；

（2）对从事生产经营的纳税人、扣缴义务人有违反《征管法》规定的税收违法行为拒不接受处理的，税务机关可以收缴其发票。

（三）代开发票的管理

原则上，发票应由纳税人领取后，直接向购买商品、接受劳务的单位或个人开具。实际工作中，考虑某些特殊情况以及为了加强税收征管，有时需要由征收机关代为开具发票。因此，实务中发票开具形式主要有两种：一种是纳税人自行开票，一种是征收机关代开发票。

1. 代开发票范围。

（1）已办理税务登记的小规模纳税人（包括个体工商户）以及国家税务总局确定的其他可予代开增值税专用发票的纳税人，发生增值税应税行为，可以申请代开增值税专用发票。

（2）有下列情形之一的，可以向税务机关申请代开增值税普通发票：

①被税务机关依法收缴发票或者停止发售发票的纳税人，取得经营收入需要开具增值税普通发票的；

②正在申请办理税务登记的单位和个人，对其自领取营业执照之日起至取得税务登记证件期间发生的业务收入需要开具增值税普通发票的；

③应办理税务登记而未办理的单位和个人，主管税务机关应当依法予以处理，并在补办税务登记手续后，对其自领取营业执照之日起至取得税务登记证件期间发生的业务收入需要开具增值税普通发票的；

④依法不需要办理税务登记的单位和个人，临时取得收入，需要开具增值税普通发票的。

2. 代开发票种类。

税务机关使用新系统代开增值税专用发票和增值税普通发票。代开增值税专用发票使用六联票，代开增值税普通发票使用五联票。

税务机关为增值税纳税人代开的增值税专用发票，第五联代开发票岗位留存，以备发票的扫描补录；第六联交税款征收岗位，用于代开发票税额与征收税款的定期核对；其他联次交增值税纳税人。

税务机关代开发票部门通过新系统代开增值税发票，系统自动在发票上打印“代开”字样。

3. 月销售额不超过 3 万元（按季纳税 9 万元）的增值税小规模纳税人代开增值税专用发票税款有关问题。

增值税小规模纳税人月销售额不超过 3 万元（按季纳税 9 万元）的，当期因代开增值税专用发票已经缴纳的税款，在增值税专用发票全部联次追回或者按规定开具红字增值税专用发票后，可以向主管税务机关申请退还。

4. 增值税纳税人应在代开增值税专用发票的备注栏上，加盖本单位的发票专用章（为其他个人代开的特殊情况除外）。税务机关在代开增值税普通发票以及为其他个人代开增值税专用发票的备注栏上，加盖税务机关代开发票专用章。（以上内容见《国家税务总局货物和劳务税司关于做好增值税发票使用宣传辅导有关工作的通知》税总货便函〔2017〕127 号）

有关纳税人代开发票（纳税人销售取得的不动产和其他个人出租不动产代开增值税

发票业务除外）办理流程如下：

1. 在办税服务厅指定窗口。

（1）提交《代开增值税发票缴纳税款申报单》；

（2）自然人申请代开发票，提交身份证件及复印件；

其他纳税人申请代开发票，提交加载统一社会信用代码的营业执照（或税务登记证或组织机构代码证）、经办人身份证件及复印件。

2. 在同一窗口缴纳有关税费、领取发票。

各省税务机关可以结合本地实际，制定更为细化、更有明确指向和可操作的纳税人申请代开发票办理流程。（以上内容见《国家税务总局关于纳税人申请代开增值税发票办理流程的公告》总局公告2016年第59号）

（四）税控发票管理

税控发票是指通过税控收款机系列产品打印，并带有税控码等要素内容的发票。税控发票适用税控收款机系列产品，包括税控收款机、税控器、税控打印机（税控开票机）和金融税控收款机。

税控发票分为卷式发票和平推式发票两种。税控发票的名称按地区加行业确定，例如"××省（市）商业零售发票""××省（市）服务业发票"等。税控发票不同于普通发票，因此对其管理有不同的规定。

税控发票由省级税务局统一组织印制。税控发票采用密码防伪，故在印制环节不再采用原规定的水印纸和荧光油墨的防伪措施。定额发票的防伪措施，在总局尚未规定之前，省级税务局可根据本省的需要，确定防伪措施，并报总局备案。

税控发票必须加盖开票单位的发票专用章或财务印章。经税务机关批准印制的企业冠名发票，可以在印制发票时，将企业发票专用章（浅色）套印在税控发票右下方。

税控发票采取密码加密技术。税控收款机系列产品可在税控发票上打印出××位税控码，并可通过税控收款机管理系统，以12366电话查询、网上查询等方式辨别发票真伪。（以上内容见《国家税务总局关于税控发票印制使用管理有关问题的通知》国税发〔2005〕65号）

（五）网络发票管理

网络发票是指符合国家税务总局统一标准并通过国家税务总局及省、自治区、直辖市税务局公布的网络发票管理系统开具的发票。国家积极推广使用网络发票管理系统开具发票。

1. 税务机关应根据开具发票的单位和个人的经营情况，核定其在线开具网络发票的种类、行业类别、开票限额等内容。开具发票的单位和个人需要变更网络发票核定内容的，可向税务机关提出书面申请，经税务机关确认，予以变更。开具发票的单位和个人应当在办理变更或者注销税务登记的同时，办理网络发票管理系统的用户变更、注销手续并缴销空白发票。

税务机关根据发票管理的需要，可以按照国家税务总局的规定委托其他单位通过网络发票管理系统代开网络发票。税务机关应当与受托代开发票的单位签订协议，明确代开网络发票的种类、对象、内容和相关责任等内容。

2. 开具发票的单位和个人开具网络发票应登录网络发票管理系统，如实完整填写发票的相关内容及数据，确认保存后打印发票。开具发票的单位和个人在线开具的网络发票，经系统自动保存数据后即完成开票信息的确认、查验。

3. 开具发票的单位和个人需要开具红字发票的，必须收回原网络发票全部联次或取得受票方出具的有效证明，通过网络发票管理系统开具金额为负数的红字网络发票。开具发票的单位和个人作废开具的网络发票，应收回原网络发票全部联次，注明“作废”，并在网络发票管理系统中进行发票作废处理。

4. 开具发票的单位和个人在网络出现故障，无法在线开具发票时，可离线开具发票。开具发票后，不得改动开票信息，并于48小时内上传开票信息。（以上内容见《网络发票管理办法》总局令2013年第30号）

（六）发票的检查

印制、使用发票的单位和个人，必须依法接受税务机关的检查，如实反映情况，提供有关资料，不得拒绝、隐瞒。税务机关检查发票的权限包括：

（1）检查印制、领购、开具、取得、保管和缴销发票的情况；

（2）调出发票查验；

（3）查阅、复制与发票有关的凭证、资料；

（4）向当事各方询问与发票有关的问题和情况；

（5）在查处发票案件时，对与案件有关的情况和资料，可以记录、录音、录像、照相和复制。

税务人员进行检查时，应当出示税务检查证。此外，税务机关检查时还要注意下列事项：

（1）税务机关需要将已开具的发票调出查验时，应当向被查验的单位和个人开具发票换票证。发票换票证与所调出查验的发票有同等的效力。被调出查验发票的单位和个人不得拒绝接受。税务机关需要将空白发票调出查验时，应当开具收据；经查无问题的，应当及时返还。

（2）单位和个人从中国境外取得的与纳税有关的发票或者凭证，税务机关在纳税审查时有疑义的，可以要求其提供境外公证机构或者注册会计师的确认证明，经税务机关审核认可后，方可作为记账核算的凭证。

（3）税务机关在发票检查中需要核对发票存根联与发票联填写情况时，可以向持有发票或者发票存根联的单位发出发票填写情况核对卡，有关单位应当如实填写，按期报回。

（4）用票单位和个人有权申请税务机关对发票的真伪进行鉴别。收到申请的税务机关应当受理并负责鉴别发票的真伪；鉴别有困难的，可以提请发票监制税务机关协助鉴别。在伪造、变造现场以及买卖地、存放地查获的发票，由当地税务机关鉴别。

第三节 纳税申报

所谓纳税申报，是指纳税人按照税法规定的期限和内容，自行向税务机关提交有关纳税事项书面报告的法律行为。纳税申报既是纳税人履行纳税义务，界定纳税人法律责任的主要依据，也是税务机关税收管理信息的主要来源和税务管理的重要制度。

目前，世界上主要存在两种不同的税务管理模式，即申报纳税与课赋纳税（直接依据税务机关的行政决定来确定应纳税额）。1994 年税制改革后，我国在税收征管上确立了“以纳税申报为基础，以计算机网络为依托，集中征收，重点稽查”的总体思路，使税收征管模式完成了由课赋征收方式向申报纳税方式的转变，并在《征管法》中得到了确认。一般认为，申报纳税符合民主治税的思想，能够更好地体现税收合作信赖主义和税收公平、效率原则。不过申报纳税也要求纳税人普遍具有较高的纳税意识，税务机关具有较高的管理、监督水平。

一、纳税申报主体

单位和个人，无论是从事生产、经营的，还是非从事生产、经营的；无论是持有营业执照的，还是无照经营的；无论是境内的，还是境外的，只要依照中国的税收法律、行政法规发生纳税义务，都应当办理纳税申报。下列特殊情形的单位和个人，也要办理纳税申报：

1. 实行“自行核税、自行开票、自行缴库”的纳税人，应向税务机关提交纳税申报。

2. 采取定期定额征收方式的纳税人，可按评估核定的销售额、营业额、所得额分月计算缴纳税款，但其实际生产经营的结果，仍应按规定办理纳税申报。

3. 享受减税、免税政策或有减税、免税项目的纳税人应该在减税、免税期间按照规定办理纳税申报。

4. 扣缴义务人应办理纳税申报。虽然扣缴义务人扣缴的税款来自他人，但按规定同样需要办理代扣（收）代缴税款申报手续。

需要注意的是，纳税人在纳税期内没有应纳税款的，除非另有规定，否则也应当按照规定办理纳税申报。

二、纳税申报要求

纳税人和扣缴义务人必须依法按期、如实进行纳税申报。

1. 必须按期申报。这一期限有两种情况，一是法律、行政法规规定的期限；二是税务机关依照法律、行政法规的规定确定的期限。纳税人及扣缴义务人无论当期有无应纳（解缴）税款，是否享受减税、免税待遇，均必须在规定的期限内办理纳税申报。

2. 必须如实申报。如实申报主要是指申报内容必须真实、准确。申报内容是指法律、行政法规规定的内容或者税务机关根据法律、行政法规的规定确定的内容。

根据以上规定，税务机关认定纳税人是否依法按期、足额缴纳了应缴税款均以其报送的纳税申报表为准，不论纳税申报表与财务会计报表内容是否一致。也就是说，只要纳税人没有按照法律、行政法规规定的期限、内容或税务机关依照法律、行政法规规定的期限、内容进行申报，就可以认定为逾期申报、不实申报，税务机关就可以据此进行处罚。

需要注意的是，“三证合一、一照一码”登记制度改革后，纳税人首次办理涉税事宜，如发生纳税义务办理纳税申报或者领用（代开）发票时，填报《纳税人首次办税补充信息表》，进行税种（基金、费）认定。税种认定后，纳税人应当按照法律法规规定，连续按期纳税申报。（见《国家税务总局关于推进“三证合一”进一步完善税源管理有关问题的通知》税总函〔2015〕645号）

三、纳税申报内容

纳税申报的内容包括三个方面：一是填报的纳税申报表；二是报送的财务报表；三是随同有关报表报送的其他纳税资料。

纳税申报时纳税人填制的纳税申报表是纳税申报制度的核心。但是，纳税申报表只能反映与应纳税额有直接关系的经济信息，不能全面地反映纳税人在一定时期内的生产经营活动。为了便于税务机关审核纳税申报的准确性，掌握纳税人的经济活动、资金运营情况，及时分析税源状况，确保国家税款及时足额入库，《征管法》明确规定了纳税人要在报送纳税申报表的同时附报财务报表及其他有关证件、资料；扣缴义务人办理代扣（收）代缴税款报告时，应同时报送代扣（收）代缴税款的合法凭证以及税务机关规定的其他有关证件、资料。

（一）纳税申报表和扣缴税款报告表

纳税申报表和扣缴税款报告表是纳税人和扣缴义务人依照法律、行政法规的有关规定，计算应纳税款或代扣、代收税款以及缴纳或扣缴税款的主要凭证，同时，也是税务机关审核计算应征（解缴）税款、开具完税凭证的重要依据。纳税人、扣缴义务人必须依法及时、真实、完整地填写纳税申报表和扣缴税款报告表。

纳税申报表或者代扣（收）代缴税款报告表的主要内容包括：税种、税目，应纳税项目或者应代扣（收）代缴税款项目，计税依据，扣除项目及标准，适用税率或者单位税额，应退税项目及税额、应减免税项目及税额，应纳税额或者应代扣（收）代缴税额，税款所属期限、延期缴纳税款、欠税、滞纳金等。

（二）财务会计报表

财务会计报表是指根据账簿记录以及其他资料、按照规定的指标体系和格式编制的，用以反映核算主体在一定时期内经济活动情况或预算执行结果的书面报告文件。财务会计报表按照编制与报送的时间不同，分为月份报表、季度报表、年度报表3种。纳税人报送财务报表的同时应附报财务情况说明书。关于纳税人财务会计报表报送的具体规定详见《纳税人财务会计报表报送管理办法》（国税发〔2005〕20号）。

（三）其他纳税资料

其他纳税资料是指纳税人按照税务机关的要求报送的纳税申报表、财务会计报表以外的与纳税有关的证件、资料。纳税人办理纳税申报时，根据不同的情况相应报送下列有关证件、资料：

1. 与纳税有关的合同、协议书及凭证；
2. 税控装置的电子报税资料；
3. 跨区域涉税事项报告表和异地完税凭证；
4. 境内或者境外公证机构出具的有关证明文件；
5. 税务机关规定应当报送的其他有关证件、资料。

四、纳税申报方式

《征管法》及其实施细则规定的申报方式包括直接申报、邮寄申报、数据电文申报和简易申报。直接申报曾是主要的申报方式，邮寄申报和数据电文申报作为特殊申报方式，需经税务机关批准方可采用；简易申报只适用特定的纳税人。

需要注意的是，2013 年 5 月 15 日，国务院发布决定，取消了“对纳税人申报方式的核准”等税务行政审批项目。（见《国家税务总局关于贯彻落实〈国务院关于取消和下放一批行政审批项目等事项的决定〉的通知》税总发〔2013〕73 号）

（一）直接申报

直接申报是指纳税人、扣缴义务人在规定的申报期内，自行到税务机关征收部门办理纳税申报。这是一种传统的申报方式。

（二）邮寄申报

邮寄申报是指纳税人、扣缴义务人通过邮政部门以邮寄的方式向其主管税务机关办理纳税申报的方式。这种申报方式特别适宜边远地区的纳税人。纳税人采取邮寄方式办理纳税申报的，应当使用统一的纳税申报专用信封，并以邮政部门收据作为申报凭据。邮寄申报以寄出的邮戳日期为实际申报日期。

有关邮寄申报的具体规定详见国家税务总局和国家邮政总局联合制定的《邮寄纳税申报办法》（国税发〔1997〕147 号）。

（三）数据电文申报

数据电文申报是指经税务机关批准，纳税人、扣缴义务人通过电话语音、电子数据交换和网络传输等电子方式进行的纳税申报。例如，目前的网上申报，就是数据电文申报方式的一种。数据电文申报方式依托新的电子信息技术，方便快捷、成本低，已成为绝大多数纳税人选择的申报方式。考虑数据安全，采用网上申报方式的，纳税人一般需要保存有关纸质资料，但目前已不再要求其定期书面报送主管税务机关。

纳税人、扣缴义务人采取数据电文方式办理纳税申报的，其申报日期以税务机关计算机网络系统收到该数据电文的时间为准。（见《国家税务总局关于贯彻〈中华人民共和国税收征收管理法〉及其实施细则若干具体问题的通知》国税发〔2003〕47 号）

需要注意的是，各地税务机关在推行电子申报过程中，不得以任何手段或方式向纳税人强制推行。各地税务机关在受理纳税人申报过程中，严格禁止直接向纳税人收取任何费用，也不得通过第三方如税务代理等中介机构变相向纳税人收取费用。（见《国家税务总局关于禁止在推行电子申报过程中向纳税人收取或变相收取任何费用的通知》国税函〔2002〕749 号）

（四）简易申报

简易申报是指实行定期定额征税的纳税人，经税务机关批准，通过以缴纳税款凭证代替申报或简并征期的一种申报方式。

需要注意的是，《征管法实施细则》将简易申报和简并征期并列为两种申报方式，本书认为二者都属于简易申报，其实就是以方便纳税人为原则设计的，是考虑定期定额缴纳税款的个体工商户的实际情况而在纳税申报方面采取的变通方法。

简易申报有两种实现途径，一是以缴代报，即纳税人根据税务机关核定的税额，在规定的期限内缴纳税款，以完税凭证代替纳税申报；二是简并征期，即纳税人按照税务机关核定的税额，将纳税期限合并为按季、半年、年的方式申报缴纳税款。（见《国家税务总局关于贯彻〈中华人民共和国税收征收管理法〉及其实施细则若干具体问题的通知》国税发〔2003〕47号）

（五）代理申报

纳税人、扣缴义务人委托经批准具有税务代理执业资格的注册税务师和税务师事务所代为办理纳税申报。

五、纳税申报期限

纳税人必须依照法律、行政法规规定或者税务机关依照法律、行政法规的规定确定的申报期限、申报内容如实办理纳税申报。各税种法定纳税申报期限简述如下：

1. 增值税条例规定，纳税人以1个月或者1个季度为1个纳税期的，自期满之日起15日内申报纳税；以1日、3日、5日、10日或者15日为1个纳税期的，自期满之日起5日内预缴税款，于次月1日起15日内申报纳税并结清上月应纳税款。

2. 消费税条例规定，纳税人以1个月或者1个季度为1个纳税期的，自期满之日起15日内申报纳税；以1日、3日、5日、10日或者15日为1个纳税期的，自期满之日起5日内预缴税款，于次月1日起15日内申报纳税并结清上月应纳税款。

3. 企业所得税法规定，企业应当自月份或者季度终了之日起15日内，向税务机关报送预缴企业所得税纳税申报表，预缴税款；企业应当自年度终了之日起5个月内，向税务机关报送年度企业所得税纳税申报表，并汇算清缴，结清应缴应退税款。

4. 个人所得税法规定，扣缴义务人每月或者每次预扣、代扣的税款，应当在次月十五日内缴入国库，并向税务机关报送扣缴个人所得税申报表。纳税人取得应税所得没有扣缴义务人的，应当在取得所得的次月十五日内向税务机关报送纳税申报表，并缴纳税款。居民个人取得综合所得需要办理汇算清缴的，应当在取得所得的次年3月1日至6月30日内办理汇算清缴。纳税人取得经营所得，按年计算个人所得税，由纳税人在月度或者季度终了后15日内向税务机关报送纳税申报表，并预缴税款；在取得所得的次年3月31日前办理汇算清缴。

5. 土地增值税条例规定，纳税人应当自转让房地产合同签订之日起7日内，向房地产所在地主管税务机关办理纳税申报，并在税务机关核定的期限内缴纳税款。

6. 契税条例规定，纳税人应当自房地产转让合同签订之日起10日内，向土地、房屋所在地的契税征收机关办理纳税申报，并在契税征收机关核定的期限内缴纳税款。

7. 城镇土地使用税条例规定，城镇土地使用税按年计算，分期缴纳，具体纳税期限由省级政府确定。

8. 房产税条例规定，房产税按年征收，分期缴纳，具体纳税期限由省级政府确定。

9. 资源税条例规定，纳税人以 1 个月为一期纳税的，自期满之日起 10 日内申报纳税；以 1 日、3 日、5 日、10 日或者 15 日为一期纳税的，自期满之日起 5 日内预缴税款，于次月 1 日起 10 日内申报纳税并结清上月应纳税款。

10. 车船税法规定，车船税按年申报，分月计算，一次性缴纳，具体申报纳税期限由省、自治区、直辖市人民政府确定。

11. 车辆购置税条例规定，纳税人购买自用的应税车辆，自购买之日起 60 日内申报纳税：进口自用的应税车辆，应当自进口之日起 60 日内申报纳税；自产、受赠、获奖和以其他方式取得并自用应税车辆的，应当自取得之日起 60 日内申报纳税。

12. 耕地占用税条例规定，获准占用耕地的单位或者个人应当在收到国土资源管理部门的办理占用耕地手续通知之日起 30 日内缴纳税款。

13. 烟叶税法规定，烟叶税按月计征，纳税人应当于纳税义务发生月终了之日起 15 日内申报并缴纳税款。

14. 印花税条例规定，纳税人采用按期汇总申报缴纳印花税方式的，汇总申报缴纳的期限不得超过一个月。实行核定征收印花税的，纳税期限为一个月或一个季度，具体由主管税务机关确定。纳税人应当自纳税期满之日起 15 日内，申报缴纳核定征收的印花税。

15. 环境保护税法规定，环境保护税按月计算，按季申报缴纳。纳税人按季申报缴纳的，应当自季度终了之日起 15 日内办理纳税申报并缴纳税款；纳税人按次申报缴纳的，应当自纳税义务发生之日起 15 日内办理纳税申报并缴纳税款。

16. 城市维护建设税条例规定，纳税人缴纳的城市维护建设税与增值税、消费税的纳税申报期限相同。

实际工作中，无论税法有无明确规定申报期限，一般税务机关规定每月 1～15 日为纳税申报期，最后一天遇到休息日和法定节假日则相应顺延。

为了推进办税便利化改革，国家简并了纳税人申报缴税次数。具体规定如下：

（1）增值税小规模纳税人缴纳增值税、消费税、文化事业建设费，以及随增值税、消费税附征的城市维护建设税、教育费附加等税费，原则上实行按季申报。

（2）随增值税、消费税附征的城市维护建设税、教育费附加免于零申报。

（3）符合条件的小型微利企业，实行按季度申报预缴企业所得税。

（4）对于采取简易申报方式的定期定额户，在规定期限内通过财税库银电子缴税系统批量扣税或委托银行扣缴核定税款的，当期可不办理申报手续，实行以缴代报。（以上内容见《国家税务总局关于合理简并纳税人申报缴税次数的公告》总局公告 2016 年第 6 号）

六、纳税申报程序

1. 受理。纳税人办理纳税申报时，应向税务机关报送纳税申报表及规定报送的各种附表资料、财务报表以及税务机关要求报送的其他有关资料。税务机关征收部门负责受理、签收申报资料。

2. 审核。税务机关征收部门负责审核纳税申报资料是否齐全，申报是否及时。对于资料不齐全的，当场交还纳税人或移送管理局。采用数据电文方式的，纸质文件也应在法定申报期内报送税务机关。

3. 处理。税务机关征收部门受理纳税申报后，将申报信息和资料传递给各管理局、发票管理部门、税收计会统部门，并在申报期结束后制作《申报情况统计分析表》和《延期申报清册》备查。

七、延期申报管理

（一）延期申报概念

延期申报是指纳税人、扣缴义务人遇特殊原因不能按照税法规定的期限办理纳税申报或扣缴税款报告而申请延长申报期限。延期申报的法定义务：

1. 必须是由于客观原因不能按期申报，而不是主观原因；
2. 必须在规定的办理申报期限内提出延期申报书面申请；
3. 必须经县以上税务机关核准；
4. 必须在纳税期内按照上期实际缴纳的税额或者税务机关核定的税额预缴税款；
5. 必须在核准的申报延长期限内办理纳税结算。

（二）延期申报原因

纳税人和扣缴义务人有下列特殊情况的，可以申请延期申报。

1. 因不可抗力不能按期办理纳税申报的。按照《民法通则》解释，不可抗力是指不能预见、不能避免并不能克服的客观情况。一般来说，自然灾害（如风、火、水、地震等）、战争、社会异常事件（罢工、骚乱等）等属于不可抗力。

2. 因财务会计处理上的特殊情况不能按期办理纳税申报的。财务处理特殊情况是指因审计等原因在纳税期内账务未处理完毕。

（三）延期申报审批程序

1. 申请。纳税人向主管税务机关提出延期申报申请，领取并填写《延期申报申请审批表》。

2. 受理。受理环节审阅纳税人填写的表格是否符合要求，所附资料是否齐全。

3. 核准。受理环节将纳税人报送的资料转送管理环节。管理部门核准后制发《核准延期申报通知书》，通知纳税人。

需要注意的是，经核准延期申报、预缴税款之后按照规定办理税款结算而补缴税款的各种情形，均不适用《征管法》加收滞纳金的规定。在办理税款结算之前，预缴的税额可能大于或小于应纳税额，当预缴税额大于应纳税额时，税务机关结算退税但不向纳税人计退利息；当预缴税额小于应纳税额时，税务机关在纳税人结算补税时不加收滞纳金。（见《国家税务总局关于延期申报预缴税款滞纳金问题的批复》国税函〔2007〕753号）

第四节 税 款 征 收

一、税款征收概述

税款征收是税务机关凭借国家赋予的权力，依据税收法律、行政法规确定的标准和范围，将纳税人依法应向国家缴纳的税款及时足额地征收入库的一系列活动的总称。税款征收是税收征管的起点和归宿，是税收征管的最终目的，在整个税收征管中处于关键环节和核心地位。同时，税款征收也是纳税人是否履行纳税义务、扣缴义务人是否履行扣缴义务的最终标志。

本节所称税款征收指广义的税款征收，即除了组织税款入库外，还包括核定应纳税额、确定征收方式、减免退税管理、欠税管理等。

（一）税款征收方式

税款征收方式，是指税务机关依照税法规定，根据纳税人生产经营、财务管理情况，各税种的不同特点以及便于征纳而采取的组织税款入库的具体方法和形式。税款征收方式按不同标准可分为以下几种。

1. 按应纳税额计算方法分类。

（1）查账征收。查账征收是指税务机关根据纳税人的会计核算账册所反映的生产、经营情况确定计税依据，依照法定税率计算征收税款的一种征收方式。查账征收一般适用财务会计制度健全，能够如实核算生产、经营情况，正确计算应纳税款的纳税人。

（2）核定征收。核定征收是指由于纳税人的会计账簿不健全、资料残缺难以查账，或者由于其他原因难以准确计算应纳税额而由税务机关依法核定的一种征收方式。核定征收主要适用无法通过查账确定应纳税额的纳税人。关联企业之间业务往来不符合独立交易原则的，税务机关对其进行的纳税调整也属于核定征收范畴。

（3）定期定额征收。定期定额征收是指税务机关依法对纳税人在一定经营地点、一定经营时期、一定经营范围内的应纳税经营额（包括经营数量）或所得额进行核定，并以此为计税依据，确定其应纳税额的一种征收方式。定期定额征收主要适用规模较小、账簿不健全、财务核算不规范的个体工商户以及个人独资企业。

定期定额征收严格来说也属于核定征收方式，但其主要针对特定的纳税人，申报缴纳税款的方式与一般核定征收不同，因此，本书将其单列为一种征收方式。有关定期定额征收的具体规定详见国家税务总局制定的《个体工商户税收定期定额征收管理办法》（总局令 2006 年第 16 号、《国家税务总局关于个体工商户定期定额征收管理有关问题的通知》（国税发〔2006〕183 号）。

2. 按应纳税额解缴入库渠道分类。

（1）自核自缴。这种征收方式是指纳税人自行计算应纳税额，自行填写税收缴款书，自行到国库经收处缴纳税款。此种方式适用在设有国库经收处的银行或其他金融机构开设账户，并且办理税务登记、按月自行向税务机关申报的纳税人。

（2）自收自缴。这种征收方式是指由税务机关直接收取税款并办理入库手续。此种方式主要适用直接用现金缴税的定期定额户以及临时发生纳税义务的纳税人。税务机关采取强制执行措施，以拍卖或变卖所得抵缴纳税人所欠税款的，也需要税务机关自收自缴。

（3）代扣（收）代缴。这种征收方式是指依法负有代扣代缴、代收代缴义务的扣缴义务人，在向纳税人支付或收取款项时依法代为扣（收）缴税款。采取此种方式的前提是税收法律、行政法规明确规定了负有代扣、代收税款义务的单位和个人。

（4）委托代征。这种征收方式是指税务机关依法委托有关单位和人员以税务机关的名义征收税款并将税款缴入国库。此种方式主要适用小额零散和异地缴纳的税收。

（5）邮寄纳税。这种征收方式是指采取邮寄申报的纳税人通过邮局邮寄应缴纳的税款。此种方式主要适用有能力按期纳税，而采用其他方式纳税又不方便的纳税人。

（二）税款征收的原则

税款征收过程中应遵循下列原则：

1. 税务机关是征税的唯一行政主体，除税务机关、税务人员及经税务机关依法委托的单位和个人外，任何单位和个人不得进行税款征收活动。

2. 税务机关只能依照税收法律、行政法规的规定征收税款，不得违反税收法律、行政法规的规定开征、停征、多征、少征、提前征收、延缓征收以及摊派税款。

3. 税务机关征收税款和滞纳金时必须向纳税人开具完税凭证；扣缴义务人代扣、代收税款时，纳税人要求扣缴义务人开具代扣、代收税款凭证的，扣缴义务人应当开具。

需要注意的是，纳税人遗失完税凭证后，经纳税人申请，主管税务机关核实税款确已缴纳的，可以向其提供原完税凭证的复印件，也可以为其补开相关完税凭证，并在补开的完税凭证的备注栏注明：原×号完税凭证遗失作废。（见《国家税务总局关于纳税人遗失完税凭证后处理办法的批复》国税函〔2004〕761号）

4. 税务机关征收的以及有关执法部门查处案件时涉及的税款、滞纳金、罚款必须按规定的税收征管范围和预算级次入库。

5. 在纳税人支付各种款项和偿还债务时，税款优先于无担保债权（破产企业所欠的职工工资、医疗保险费用等优先于税收），抵押权、质权、留置权（条件是纳税人的欠税发生在以其财产设定抵押、质押或被留质之前），罚款、没收违法所得等的执行。

按照《征管法》的立法精神，税款滞纳金与罚款两者在征收和缴纳时顺序不同，税款滞纳金在征缴时视同税款管理，税收强制执行、出境清税、税款追征、复议前置条件等相关条款都明确规定滞纳金随税款同时缴纳。税收优先权等情形也适用这一法律精神，《征管法》第四十五条规定的税收优先权执行时包括税款及其滞纳金。（见《国家税务总局关于税收优先权包括滞纳金问题的批复》国税函〔2008〕1084号）

二、税收行政强制

税务机关在税款征收过程中，为了保证国家税款及时、足额征缴入库，依法可以实施行政强制。《征管法》规定了课征滞纳金、采取税收保全措施和税收强制执行措施三种强制方式。需要注意的是，按《行政强制法》的规定，税务机关在税收保全措施和强制执行措施中采取的扣押、查封财产和冻结存款措施属于行政强制措施，而课征滞纳金，从纳税人存款中扣缴税款，拍卖、变卖财物抵缴税款属于行政强制执行。

（一）税收保全措施

税收保全措施是指税务机关在纳税人的行为可能导致以后税款难以征收或不能征收的情况下，采取限制纳税人处理或转移商品、货物及其他财产的措施。

1. 保全措施的条件。

税务机关采取税收保全措施时，应当符合下面两个条件：

（1）纳税人有逃避纳税义务的行为。纳税人逃避纳税义务采取的方法主要是转移、隐匿可以用来缴纳税款的财物。税务机关有根据认为纳税人有逃避纳税义务行为，才能采取税收保全措施。"有根据认为"，是指税务机关依据一定线索作出的符合逻辑的判断，"根据"不等于证据。

（2）必须是规定的纳税期之前和责令限期缴纳应纳税款的限期内。如果纳税期和责令缴纳应纳税款的限期届满，纳税人又没有缴纳税款的，税务机关应依法采取税收强制执行措施而不是保全措施。

2. 保全措施的适用范围。

税收保全措施仅适用从事生产、经营的纳税人，不包括非从事生产、经营的纳税人，也不包括扣缴义务人和纳税担保人。

3. 保全措施的法定程序。

（1）责令纳税人提前缴纳税款。税务机关有根据认为从事生产、经营的纳税人有逃避纳税义务行为的，可以在规定的纳税期之前，责令限期缴纳应纳税款。

（2）责成纳税人提供纳税担保。在限期内，纳税人有明显转移、隐匿应纳税的商品、货物以及其他财产或者应纳税的收入迹象的，税务机关可以责成纳税人提供纳税担保。

（3）冻结纳税人的银行存款。纳税人不能提供纳税担保的，经县以上税务局（分局）局长批准，书面通知纳税人开户银行或者其他金融机构冻结纳税人的金额相当于应纳税款的存款。

（4）扣押、查封纳税人的商品、货物或其他财产。纳税人在开户银行或其他金融机构中没有存款，或者税务机关无法掌握其存款情况的，经县以上税务局（分局）局长批准，税务机关可以扣押、查封纳税人的价值相当于应纳税款的商品、货物或其他财产。其他财产包括纳税人的房地产、现金、有价证券等不动产和动产。

4. 保全措施的终止。

税收保全措施终止有两种情况：

（1）纳税人在规定的限期内缴纳了应纳税款的，税务机关应立即解除税收保全措施。如果在税务机关采取税收保全措施后，纳税人在税务机关规定的限期内缴纳了税款，税务机关应当自收到税款或银行转回的完税凭证之日起1日内解除税收保全。

（2）纳税人超过规定的限期仍不缴纳税款的，终止税收保全措施，转入税收强制执行措施。如果限期期满纳税人仍未缴纳税款，经县以上税务局（分局）局长批准，税务机关可以书面通知纳税人开户银行或者其他金融机构从其冻结的存款中扣缴税款，或者依法拍卖或者变卖所扣押、查封的商品、货物或者其他财产，以拍卖或者变卖所得抵缴税款。

需要注意的是，除了《征管法》第三十八条规定的情形可以采取税收保全措施外，按《征管法》第三十七条和第五十五条的规定，税务机关对未办理税务登记和临时经营的纳税人以及在税务检查中发现有逃避纳税义务行为的纳税人也可以采取税收保全措施。不过《征管法》第三十八条规定的税收保全措施适用一般程序，而第三十七条和第五十五条规定的税收保全措施适用简易程序。

（二）税收强制执行措施

税收强制执行措施是指税务机关对税务行政相对人不履行税收法律、行政法规规定的纳税义务，采取法定的强制手段，强迫其履行的行为。

1. 强制执行措施的适用范围。

税收强制执行措施的适用范围仅限于未按照规定的期限缴纳或者解缴税款，经责令限期缴纳，逾期仍未缴纳的从事生产、经营的纳税人、扣缴义务人以及纳税担保人。

2. 强制执行措施的原则。

税务机关采取税收强制执行措施时，必须坚持告诫在先的原则。即纳税人、扣缴义务人、纳税担保人未按照规定的期限缴纳或者解缴税款的，应当先行告诫，责令限期缴纳，只有逾期仍未缴纳的，才能采取税收强制执行措施，否则，所采取的税收强制执行措施就是违法的。

需要注意的是，从事生产、经营的纳税人、扣缴义务人以及纳税担保人未按照规定的期限缴纳或者解缴税款的，由税务机关发出限期缴纳税款通知书，责令缴纳或者解缴税款的期限最长不得超过15日。

3. 强制执行措施的法定程序。

纳税人、扣缴义务人、纳税担保人在规定的期限内未缴纳或者解缴税款的，经主管税务机关责令限期缴纳，逾期仍未缴纳的，经县以上税务局（分局）局长批准，税务机关可以采取下列强制执行措施：

（1）强制扣缴税款。经县以上税务局（分局）局长批准，书面通知其开户银行或者其他金融机构，从其存款中扣缴税款。

（2）扣押、查封、拍卖、变卖财物抵缴税款。经县以上税务局（分局）局长批准，扣押、查封、依法拍卖或者变卖其价值相当于应纳税款的商品、货物或者其他财产，以拍卖或者变卖所得抵缴税款。

税务机关采取强制执行措施时应注意以下两点：

一是从行政成本、效率角度考虑，应先通知纳税人的开户银行，从纳税人存款中扣缴税款。只有纳税人的账户上没有存款或存款少于其不缴的税款以及无法掌握其存款账户情况时，再采取扣押、查封措施。

二是扣押、查封后，不再给纳税人自动履行纳税义务的时间，税务机关应当依法拍卖或者变卖扣押、查封的商品、货物或者其他财产，以拍卖或者变卖所得抵缴税款。但被执行人在拍卖、变卖成交前缴清了税款、滞纳金的，税务机关应当终止拍卖或者变卖活动，解除扣押、查封，并将商品、货物或其他财产退还被执行人，扣押、查封、保管以及拍卖或者变卖已经产生的费用由被执行人承担。（见《抵税财物拍卖、变卖试行办法》总局令2005年第12号）

需要注意的是，由于与《行政强制法》关于“因查封、扣押发生的保管费用由行政机关承担”的规定冲突，《国务院关于修改和废止部分行政法规的决定》（国务院令2012年第628号）修改了《征管法实施细则》与此有关的三项条款，因此，上述关于扣押、查封、保管的费用由被执行人承担的规定自然无效。

4. 滞纳金的强行划拨。

采取税收强制执行措施时，对纳税人、扣缴义务人、纳税担保人未缴纳的滞纳金必须同时强制执行，但不包括罚款。对未缴纳的滞纳金也可以单独采取税收强制执行措施。

需要注意的是，除了上述《征管法》第四十条规定的情形可以采取税收强制执行措施外，按《征管法》第三十七条和第五十五条的规定，税务机关对未办理税务登记和临时经营的纳税人以及在税务检查中发现有逃避纳税义务行为的纳税人可以采取税收强制执行措施；按《征管法》第八十八条的规定，纳税人、扣缴义务人、纳税担保人对税务机关的处罚决定逾期不申请行政复议也不向人民法院起诉又不履行的，税务机关也可以采取强制执行措施。

（三）课征税收滞纳金

纳税人未按照税收法律、行政法规的规定或者税务机关依照税收法律、行政法规的规定确定的期限缴纳税款，扣缴义务人未按照上述规定解缴税款的，都属于税款的滞纳。为了促使纳税人、扣缴义务人按照法定期限履行纳税义务、扣缴义务，对纳税人、扣缴义务人发生滞纳税款的，除责令限期缴纳外，从滞纳之日起，按日加收滞纳税款万分之五的滞纳金。课征滞纳金具有两个作用：一是纳税人、扣缴义务人占用国家税款对国家的补偿，带有经济补偿性质；二是税收滞纳金较高的负担率（相当于18.25%的年利率）带有明显的经济惩戒性质。

加收滞纳金应按照下列程序进行：

1. 纳税人、扣缴义务人、纳税担保人未按规定期限缴纳或解缴税款的，由税务机关发出催缴税款通知书，责令限期缴纳或者解缴税款，并告知纳税人、扣缴义务人，如不按期履行纳税义务，将依法按日加收滞纳税款万分之五的滞纳金。

2. 在规定的纳税期限内未履行纳税义务的，从滞纳之日起加收滞纳金，直至履行纳税义务止。加收滞纳金的起止时间为税收法律、行政法规规定或者征收机关依照法律、行政法规的规定确定的税款缴纳期限届满次日起，至纳税人、扣缴义务人实际缴纳或者解缴税款之日止。

3. 拒绝缴纳滞纳金的，可以按不履行纳税义务或扣缴义务采取强制执行措施强制征收。根据《征管法》第四十条规定“税务机关采取强制执行措施时，对纳税人、扣缴义务人、纳税担保人未缴纳的滞纳金同时强制执行”的立法精神，对纳税人已缴纳税款，但拒不缴纳滞纳金的，税务机关可以单独对纳税人应缴未缴的滞纳金采取强制执行措施。

需要注意的是，滞纳金是税收之债的孳息，是税款的正常延伸，因此滞纳金不是罚款，课征滞纳金不是行政处罚。课征滞纳金在学理上属于执行罚，是间接强制执行方式。

（四）相关说明

1. 税收行政强制注意事项。

（1）税务机关采取税收保全措施、强制执行措施的权力，不得由法定的税务机关以外的单位和个人行使。税务机关采取税收保全措施、强制执行措施必须依照法定权限和法定程序。税务机关在采取税收保全措施、强制执行措施的同时，可以对被执行人实施税务行政处罚。

（2）税务机关执行扣押、查封商品、货物或者其他财产时，必须由两名以上税务人员执行，并通知被执行人。被执行人是公民的，应当通知被执行人本人或成年家属到场；被执行人是法人或者其他组织的，应当通知其法定代表人或者主要负责人到场。被执行人收到通知而拒不到场的，不影响执行。

（3）税务机关冻结、扣缴的存款数额要以相当于应纳税款和滞纳金的数额为限，而不是全部存款。税务机关在扣押、查封价值相当于应纳税款的商品、货物或者其他财产时，参照同类商品的市场价、出厂价或者评估价估算。税务机关在确定应扣押、查封的商品、货物或者其他财产的价值时，还应当包括滞纳金和拍卖、变卖所发生的费用。

（4）被执行人本人及其所扶养家属维持生活必需的住房和用品，以及单价 5 000 元以下的其他生活用品不得查封、扣押。个人所扶养家属，是指与纳税人共同居住生活的配偶、直系亲属以及无生活来源并由纳税人抚养的其他亲属。生活必需的住房和用品不包括机动车辆、金银饰品、古玩字画、豪华住宅或者一处以外的住房。

（5）对价值超过应纳税额且不可分割的商品、货物或者其他财产，税务机关在被执行人无其他可供强制执行的财产的情况下，可以整体扣押、查封、拍卖，以拍卖所得抵缴税款、滞纳金、罚款以及拍卖、变卖等费用。

（6）实施扣押、查封时，对有产权证件的动产或者不动产，税务机关可以责令当事人将产权证件交税务机关保管，同时应当向有关机关发出协助执行通知书，有关机关在扣押、查封期间不再办理该动产或者不动产的过户手续。有关机关主要指国土资源管理部门、房产管理部门和公安交通管理部门。

（7）对扣押、查封的商品、货物或者其他财产，税务机关可以指令被执行人负责保管，保管责任由被执行人承担。继续使用被查封的财产不会减少其价值的，税务机关可以允许被执行人继续使用，因保管或者使用的过错造成的损失，由被执行人承担。

（8）税务机关将扣押、查封的商品、货物或者其他财产变价抵缴税款时，应当交由依法成立的拍卖机构拍卖；无法委托拍卖或者不适于拍卖的，可以交由当地商业企业代为销售，也可以责令纳税人限期处理；无法委托商业企业销售，纳税人也无法处理的，可以由税务机关变价处理。国家禁止自由买卖的商品，应当交由有关单位按照国家规定的价格收购。

（9）拍卖、变卖所得支付拍卖、变卖过程中的费用后抵缴未缴的税款、滞纳金，并按规定抵缴罚款后，剩余部分应当在 3 日内退还被执行人。

具体的拍卖、变卖程序及要求详见《抵税财物拍卖、变卖试行办法》（总局令 2005 年第 12 号）。

需要注意的是，税务机关按照《征管法》第五十五条规定采取扣押、查封的税收保全措施过程中，对已采取税收保全的商品、货物、其他财产或者财产权利，在作出税务处理决定之前，不得拍卖、变卖处理变现。但是，在税收保全期内，已采取税收保全措施的财物有下列情形之一的，税务机关可以制作《税务事项通知书》，书面通知纳税人及时协助处理：

（1）鲜活、易腐烂变质或者易失效的商品、货物；

（2）商品保质期临近届满的商品、货物；

（3）季节性的商品、货物；

（4）价格有急速下降可能的商品、货物；

（5）保管困难或者需要保管费用过大的商品、货物；

（6）其他不宜长期保存，需要及时处理的商品、货物。

对上述所列财物，纳税人未按规定期限协助处理的，经县以上税务局（分局）局长批准，税务机关制作《税务事项通知书》通知纳税人后，可参照《抵税财物拍卖、变卖试行办法》规定的程序和方式拍卖、变卖。拍卖、变卖所得，由税务机关保存价款，继续实施税收保全措施，并以《税务事项通知书》的形式书面通知纳税人。（以上内容见《国家税务总局关于税务机关实施税收保全措施有关问题的通知》国税发〔2007〕24 号）

2. 纳税担保。

纳税担保，是指经税务机关同意或确认，纳税人或自然人、法人、其他经济组织以保证、抵押、质押的方式，为纳税人应当缴纳的税款及滞纳金提供担保的行为。纳税人或者第三人提供纳税担保的，纳税人逾期未缴清税款及滞纳金时，税务机关有权要求保证人缴纳担保的税款及滞纳金，或者依法处置抵押、质押的财产以抵缴税款及滞纳金。纳税担保人包括以保证方式为纳税人提供纳税担保的纳税保证人和其他直接以未设置或者未全部设置担保物权的财产为纳税人提供纳税担保的第三人。纳税保证人是指在中国境内具有纳税担保能力的自然人、法人或者其他经济组织。

纳税人有下列情况之一的，适用纳税担保：

（1）税务机关有根据认为从事生产、经营的纳税人有逃避纳税义务行为，在规定的纳税期之前经责令限期缴纳应纳税款，在限期内发现纳税人有明显的转移、隐匿其应纳税的商品、货物以及其他财产或者应纳税的收入的迹象，责成纳税人提供纳税担保的；

（2）欠缴税款、滞纳金的纳税人或者其法定代表人需要出境的；

（3）纳税人同税务机关在纳税上发生争议而未缴清税款，需要申请行政复议的；

（4）税收法律、行政法规规定可以提供纳税担保的其他情形。

《征管法》及其实施细则对纳税担保人提供纳税担保的要求如下：

（1）纳税保证人同意为纳税人提供纳税担保的，应当填写纳税担保书，写明担保对象、担保范围、担保期限和担保责任以及其他有关事项。担保书须经纳税人、纳税保证人签字盖章并经税务机关同意，方为有效。

（2）纳税人或者第三人以其财产提供纳税担保的，应当填写财产清单，并写明财产价值以及其他有关事项。纳税担保财产清单须经纳税人、第三人签字盖章并经税务机关确认，方为有效。

需要注意的是，根据法律规定，国家机关、公益法人和企业法人的分支机构、职能部门不得作为保证人提供纳税担保；对法律、行政法规规定不允许抵押、质押的财产不得设定担保物权。

有关纳税担保的具体规定详见《纳税担保试行办法》（总局令2005年第11号）。

3. 扣押、查封的区别。

扣押是税务机关为了防止纳税人逃避纳税义务而对其应纳税商品、货物或者其他财产予以留置的一种强制措施。被扣押的财物应置于税务机关的控制之下，税务机关拥有占有权，纳税人虽然拥有所有权，但没有处置权。扣押的财物一般是动产。税务机关扣押财物时必须开付收据。

查封是税务机关为了防止纳税人逃避纳税义务而对其应纳税商品、货物或者其他财产就地封存，禁止移动或支配的一种强制措施。查封是扣押的一种，查封的财产一般是不动产或者其他大额资产。查封的财产一般指定纳税人自行负责保管，必要时设专人保管。查封的财产，未经税务机关允许，纳税人不得自行启封，不得自行处置。税务机关查封房屋等不动产时，必须开付清单。

4. 法院强制执行被执行人财产税收问题。

（1）人民法院的强制执行活动属司法活动，不具有经营性质，不属于应税行为，税务部门不能向人民法院的强制执行活动征税。

（2）无论拍卖、变卖财产的行为是纳税人的自主行为，还是人民法院实施的强制执行活动，对拍卖、变卖财产的全部收入，纳税人均应依法申报缴纳税款。

（3）税收具有优先权。《征管法》第四十五条规定，税务机关征收税款，税收优先于无担保债权，法律另有规定的除外；纳税人欠缴的税款发生在纳税人以其财产设定抵押、质押或者纳税人的财产被留置之前的，税收应当先于抵押权、质权、留置权执行。

（4）鉴于人民法院实际控制纳税人因强制执行活动而被拍卖、变卖财产的收入，根据《征管法》第五条的规定，人民法院应当协助税务机关依法优先从该收入中征收税款。（以上内容见《国家税务总局关于人民法院强制执行被执行人财产有关税收问题的复函》国税函〔2005〕869号）

5. 以退抵欠不属于行政强制执行。

以退抵欠是税务机关计算确定纳税人应纳税义务的一项税款结算制度，不涉及从存款中扣缴税款和扣押、查封、拍卖、变卖强制行为。以退抵欠确定后有余额的退还纳税人；不足部分，责令纳税人继续缴纳。（见《国家税务总局关于应退税款抵扣欠缴税款有关问题的公告》总局公告2013年第54号）

三、税款征收制度

税款征收中的相关制度主要包括应纳税额核定、纳税调整、代扣（收）代缴税款、委托代征税款、延期纳税、滞纳金征收、税款退还、税款追征、减免税管理、欠税管理、税款入库等制度。

(一)应纳税额核定制度

核定税额是针对由于自身原因导致税务机关难以查账征收税款的纳税人而采取的一种被迫或补救措施。实际工作中，虽然由税务机关直接核定征收的税款数额不大，但是与纳税人的利益直接相关。核定应纳税额应严格依据法定事由、程序和方法进行。

1. 核定应纳税额的范围。根据规定，税务机关在以下六种情况下，有权核定纳税人的应纳税额：

(1)依照法律、行政法规的规定可以不设置账簿的；

(2)依照法律、行政法规的规定应当设置但未设置账簿的；

(3)擅自销毁账簿或者拒不提供纳税资料的；

(4)虽设置账簿，但账目混乱或者成本资料、收入凭证、费用凭证残缺不全，难以查账的；

(5)发生纳税义务，未按照规定的期限办理纳税申报，经税务机关责令限期申报，逾期仍不申报的；

(6)纳税人申报的计税依据明显偏低，又无正当理由的。

此外，对未按照规定办理税务登记的从事生产、经营的纳税人，到外县(市)从事生产、经营而未向营业地税务机关报验登记的纳税人以及临时从事经营的纳税人，也由税务机关核定其应纳税额。

2. 核定应纳税额的方法。为了确保核定税额建立在公平、合理的基础上，不至于损害纳税人的合法权益，目前税务机关核定税额采取的法定方法主要有以下四种：

(1)参照当地同类行业或者类似行业中经营规模和收入水平相近的纳税人的税负水平核定；

(2)按照营业收入或者成本加合理费用和利润的方法核定；

(3)按照耗用的原材料、燃料、动力等推算或者测算核定；

(4)按照其他合理的方法核定。

采用以上一种方法不足以正确核定应纳税额时，可以同时采用两种以上方法核定。纳税人对税务机关采取法定方法核定的应纳税额有异议的，应当提供相关证据，经税务机关认定后，调整应纳税额。

除了上述核定方法外，《增值税暂行条例》《消费税暂行条例》《土地增值税暂行条例》《契税暂行条例》《资源税暂行条例》均有特定情形下税务机关可以采取一定方法核定纳税人应纳税额的规定。此外，企业所得税和个人所得税应纳税额的核定国家税务总局制定了具体办法，即《企业所得税核定征收办法(试行)》(国税发〔2008〕30号)、《非居民企业所得税核定征收管理办法》(国税发〔2010〕19号)、《个体工商户税收定期定额征收管理办法》(总局令2006年第16号)。

3. 关联企业税收调整制度。纳税人利用关联企业避税时，税务机关对其提供的纳税资料可以不予承认，而按照规定的方法对其计税依据进行合理调整，重新计算应纳税额。对关联企业进行纳税调整，虽然不是核定应纳税额，但是与确定应纳税额密切相关。

按现行政策规定，关联企业是指有下列关系之一的公司、企业和其他经济组织：

（1）在资金、经营、购销等方面存在直接或者间接的拥有或者控制关系；

（2）直接或者间接地同为第三者所拥有或者控制；

（3）在利益上具有相关联的其他关系。

按照规定，企业或者外国企业在中国境内设立的从事生产、经营的机构、场所与其关联企业之间的业务往来，应当按照独立企业之间的业务往来收取或者支付价款、费用；不按照独立企业之间的业务往来收取或者支付价款、费用，而减少其应纳税的收入或者所得额的，税务机关有权进行合理调整。所谓独立企业之间的业务往来，是指没有关联关系的企业之间按照公平成交价格和营业常规所进行的业务往来。

纳税人与其关联企业之间的业务往来有下列情形之一的，税务机关可以调整其应纳税额：

（1）购销业务未按照独立企业之间的业务往来作价；

（2）融通资金所支付或者收取的利息超过或者低于没有关联关系的企业之间所能同意的数额，或者利率超过或者低于同类业务的正常利率；

（3）提供劳务，未按照独立企业之间业务往来收取或者支付劳务费用；

（4）转让财产、提供财产使用权等业务往来，未按照独立企业之间业务往来作价或者收取、支付费用；

（5）未按照独立企业之间业务往来作价的其他情形。

纳税人有上述所列情形之一的，税务机关可以按照下列方法调整计税收入额或者所得额：

（1）按照独立企业之间进行的相同或者类似业务活动的价格；

（2）按照再销售给无关联关系的第三者的价格所应取得的收入和利润水平；

（3）按照成本加合理的费用和利润；

（4）按照其他合理的方法。

纳税人与其关联企业未按照独立企业之间的业务往来支付价款、费用的，税务机关自该业务往来发生的纳税年度起3年内进行调整；有特殊情况的，可以自该业务往来发生的纳税年度起10年内进行调整。特殊情况是指纳税人有下列情形之一：

（1）纳税人在以前年度与其关联企业间的业务往来累计达到或超过10万元人民币的；

（2）经税务机关案头审计分析，纳税人在以前年度与其关联企业间的业务往来，预计需调增其应纳税收入或所得额达到或超过50万元人民币的；

（3）纳税人在以前年度与设在避税地的关联企业有业务往来的；

（4）纳税人在以前年度未按规定进行关联企业间业务往来年度申报，或者经税务机关审查核实，关联企业间业务往来年度申报内容不实，以及不履行提供有关价格、费用标准等资料义务的。（以上内容见《国家税务总局关于贯彻〈中华人民共和国税收征收管理法〉及其实施细则若干具体问题的通知》国税发〔2003〕47号）

需要注意的是，纳税人可以向主管税务机关提出与其关联企业之间业务往来的定价原则和计算方法，主管税务机关审核、批准后，与纳税人预先约定有关定价事项，监督纳税人执行。

（二）代扣（收）代缴和委托代征税款制度

1. 代扣（收）代缴税款制度。

为了保证国家税款及时足额入库、方便纳税人、降低税收征纳成本，国家采取了通过法律、行政法规规定特定的单位和个人代扣代缴、代收代缴税款的特别征收方式。

所谓代扣代缴，是指负有扣缴义务的单位和个人在支付款项时，代税务机关从支付给负有纳税义务的单位和个人的收入中扣留应缴纳的税款并向税务机关解缴的行为。所谓代收代缴，是指负有扣缴义务的单位和个人在收取款项时，代税务机关向负有纳税义务的单位和个人收取应缴纳的税款并向税务机关解缴的行为。

上述代扣代缴、代收代缴的单位和个人习惯称为扣缴义务人。扣缴义务人是指除海关以外，在税收法律、行政法规中明确规定负有履行代扣代缴、代收代缴税款义务的单位和个人。一般来说，与纳税人之间有支付和收取款项的单位和个人才能充当扣缴义务人。在税收法律关系中，扣缴义务人是一个特殊的纳税主体，一方面，在代扣、代收税款时，代表征税主体行使征税权；另一方面，在解缴代扣（收）税款时，又履行纳税主体的义务。

需要注意的是，对税收法律、行政法规没有规定负有代扣、代收税款义务的单位和个人，税务机关不得要求其履行代扣、代收税款义务。

扣缴义务人可以分为代扣代缴义务人和代收代缴义务人两种。代扣代缴义务人与代收代缴义务人的区别在于：代扣代缴义务人直接持有纳税人的收入，可以从中扣除纳税人的应纳税款；代收代缴义务人不直接持有纳税人的收入，只能在与纳税人的经济往来中收取纳税人的应纳税款。扣缴义务人在履行代扣、代收税款义务时，应当注意以下几点：

（1）扣缴义务人必须依法履行代扣、代收税款义务。如果扣缴义务人违反规定应扣未扣、应收未收税款，税务机关除按有关规定对其给予处罚外，应当责成扣缴义务人限期将应扣未扣、应收未收的税款补扣或补收。

（2）扣缴义务人依法履行代扣、代收税款义务时，纳税人不得拒绝；纳税人拒绝的，扣缴义务人应在1日内报告税务机关处理，其中负有代扣代缴义务的单位和个人，应同时暂停支付相当于纳税人应纳税款的款项。

（3）扣缴义务人代扣、代收税款，只限于税收法律、行政法规规定的范围，并依照税收法律、行政法规规定的征收标准执行。对税收法律、行政法规没有规定代扣、代收的，扣缴义务人不能超越授权范围代扣、代收税款，扣缴义务人也不得提高或降低标准代扣、代收税款。（以上内容见《国家税务总局关于贯彻〈中华人民共和国税收征收管理法〉及其实施细则若干具体问题的通知》国税发〔2003〕47号）

2001年5月1日后，对扣缴义务人应扣未扣税款，适用修订后的《征管法》和国税发〔2003〕47号文件，由税务机关责成扣缴义务人向纳税人追缴税款，对扣缴义务人处应扣未扣税款百分之五十以上三倍以下的罚款。按照《征管法》规定的原则，扣缴义务人应扣未扣税款，无论适用修订前还是修订后的《征管法》，均不得向纳税人或扣缴义务人加收滞纳金。（见《国家税务总局关于行政机关应扣未扣个人所得税问题的批复》国税函〔2004〕1199号）

2. 委托代征税款制度。

委托代征税款是指税务机关为了加强税收控管、方便纳税、降低税收成本，按照双方自愿、依法委托的原则，委托有关单位和人员（简称代征人）按照代征协议规定的代征范围、权限及税法规定的征收标准代税务机关征收税款的行为。税务机关委托有关单位和人员代征税款，是行政法上行政委托关系的一种。代征人与扣缴义务人一样，以税务机关的名义征收税款，但没有税务行政处罚权，没有采取税收保全措施和强制执行措施的权力。

税务机关确定的代征人，应当与纳税人有下列关系之一：

（1）与纳税人有管理关系；

（2）与纳税人有经济业务往来；

（3）与纳税人有地缘关系；

（4）有利于税收控管和方便纳税人的其他关系。（以上内容见《国家税务总局关于发布〈委托代征管理办法〉的公告》总局公告2013年第24号）

委托代征税款应注意以下事项：

（1）税务机关应与符合条件的代征人签订《委托代征协议书》，并发给委托代征证书。《委托代征协议书》有效期最长不得超过3年。有效期满需要继续委托代征的，应当重新签订《委托代征协议书》。

（2）代征人接受委托后，不得再委托任何组织或个人征收税款，即“受托者不得再委托”。

（3）代征人按照委托代征协议规定的税种、范围、标准、期限，以税务机关的名义征收税款。

（4）代征人按照委托代征证书要求征收税款，纳税人不得拒绝；纳税人拒绝的，代征人应当及时报告税务机关。

（5）税务机关不得将法律、行政法规已确定的代扣代缴、代收代缴税收，委托他人代征。

税务机关应按有关规定向扣缴义务人、代征人支付代扣、代收或代征（简称“三代”）税款手续费。“三代”税款手续费纳入预算管理，由财政通过预算支出统一安排。

（1）法律、行政法规规定的代扣代缴税款，税务机关按不超过代扣税款的2%支付手续费，且支付给单个扣缴义务人年度最高限额70万元，超过限额部分不予支付。对于法律、行政法规明确规定手续费比例的，按规定比例执行。

（2）“三代”税款手续费按年据实清算。代扣、代收扣缴义务人和代征人应于每年3月30日前，向税务机关提交上一年度“三代”税款手续费申请相关资料，因“三代”单位或个人自身原因，未及时提交申请的，视为自动放弃上一年度“三代”税款手续费。

（3）“三代”单位所取得的手续费收入应单独核算，计入本单位收入，用于与“三代”业务直接相关的办公设备、人员成本、信息化建设、耗材、交通费等管理支出。单位取得的“三代”税款手续费以及手续费的使用，应按照法律、法规有关规定执行。（以上内容见《财政部、国家税务总局中国人民银行关于代扣代收和代征税款手续费纳入预算管理的通知》财预〔2001〕523号、《财

政部 税务总局 人民银行关于进一步加强代扣代收代征税款手续费管理的通知》财行〔2019〕11号)

(三)延期缴纳税款

纳税人必须在税法规定或税务机关依法确定的期限内缴纳税款。但纳税人有特殊困难，不能按期缴纳税款的，经省、自治区、直辖市税务局批准，可以延期缴纳税款。特殊困难是指：

1. 因不可抗力，导致纳税人发生较大损失，正常生产经营活动受到较大影响的；

2. 当期货币资金在扣除应付职工工资、社会保险费后，不足以缴纳税款的。

当期货币资金是指纳税人申请延期缴纳税款之日的资金余额，其中不含国家法律和行政法规明确规定企业不可动用的资金；应付职工工资是指当期计提数。(见《国家税务总局关于延期缴纳税款有关问题的通知》国税函〔2004〕1406号)

延期缴纳税款申请程序及应当注意的事项如下：

1. 在规定期限内提出书面申请。纳税人需要延期缴纳税款的，应当在缴纳税款期限届满前提出申请，并报送下列材料：申请延期缴纳税款报告，当期货币资金余额情况及所有银行存款账户的对账单，资产负债表，应付职工工资和社会保险费等税务机关要求提供的支出预算。

2. 税务机关应当自收到申请延期缴纳税款报告之日起20日内作出批准或者不予批准的决定。

3. 税款的延期缴纳，必须经省、自治区、直辖市以及计划单列市税务局批准，否则无效。

4. 延期缴纳税款的期限最长不得超过3个月，同一笔税款不得滚动审批。

5. 批准延期内免予加收滞纳金；不予批准的，从缴纳税款期限届满之日起加收滞纳金。

(四)未办理税务登记及临商的税款征收

对未按照规定办理税务登记的从事生产、经营的纳税人以及临时从事生产、经营的纳税人(简称"临商")，由税务机关按如下程序征收税款：

1. 核定应纳税额。税务机关应按法定方法，尽可能合理地核定纳税人的应纳税额。

2. 责令缴纳。税务机关核定应纳税额后，应责令纳税人缴纳税款。

3. 扣押商品、货物。责令缴纳而拒不缴纳的，税务机关可以扣押纳税人价值相当于应纳税款的商品、货物，并责令其自扣押之日起15日内缴纳税款。

对扣押的鲜活、易腐烂变质或者易失效的商品、货物，税务机关根据被扣押物品的保质期，可以缩短规定的扣押期限。

4. 解除扣押。扣押后纳税人缴纳应纳税款的，税务机关必须立即解除扣押，归还所扣押的商品、货物。

5. 抵缴税款。扣押后仍不缴纳应纳税款的，经县以上税务局(分局)局长批准，税务机关依法拍卖、变卖所扣押的商品、货物，以拍卖或者变卖所得抵缴税款。

税务机关采取上述措施征收税款时应注意以下事项：

1. 适用对象只能是未按照规定办理税务登记的从事生产、经营的纳税人，临时从事生产、经营的纳税人以及到外县(市)从事生产、经营而未向营业地税务机关报验登记的纳税人。

2. 因为是采取现场及时保全措施，所以责令纳税人按核定的税额缴纳税款而拒不缴纳时，税务机关可以直接扣押其商品、货物，《征管法》并没有规定责令纳税人限期缴纳税款。

3. 采取税收保全措施时，不必经过县以上税务局（分局）局长批准，执法人员可以直接采取扣押措施。但扣押后纳税人在规定期限内仍拒不缴纳而采取税收强制执行措施时，必须经过县以上税务局（分局）局长批准，方可依法拍卖、变卖所扣押的商品、货物。

本书认为，按照《行政强制法》第十九条的规定，税务机关执法人员采取上述税收保全措施，在返回税务机关后，应立即向县以上税务机关负责人报告并补办批准手续。

（五）税款的退还和追征

实际工作中，由于征纳双方的疏忽以及难以避免的客观原因，有时会出现纳税人多缴或少缴税款的情况。对纳税人多缴或少缴的税款，征纳双方任何一方发现后均应依法处理。

1. 税款的退还。

为了保护纳税人的合法权益，税务机关按照规定应退还纳税人多缴的税款。纳税人多缴税款的原因主要有以下几种：

（1）法律原因导致的多缴税款。这种情况既包括纳税人依法预缴税款形成的结算退税、出口退税和各种减免退税，也包括纳税人错用税收法律、行政法规导致的多缴税款。

（2）技术原因造成的多缴税款。如纳税人因计算错误导致的多缴税款、销货退回导致的多缴税款等。

（3）其他原因导致的多缴税款。

税务机关在办理税款退还时应注意以下事项：

（1）退还的前提。税款退还的前提是纳税人已经缴纳了超过应纳税额的税款。

（2）退还的方式。税务机关发现后立即退还；纳税人发现后申请退还。

（3）退还的时限。税务机关发现的多缴税款，无论多长时间，都应当退还给纳税人；纳税人发现的，可以自结算缴纳税款之日起 3 年内要求退还。

（4）办理退还手续的时限。税务机关发现的，应当自发现之日起 10 日内办理退还手续；纳税人发现后提出退还申请的，税务机关应当自接到纳税人退还申请之日起 30 日内查实并办理退还手续，不得拖延。

（5）加算利息的范围。税务机关发现的纳税人多缴的税款，退还时不计算银行利息；纳税人自己发现的多缴税款，除依法预缴税款形成的结算退税、出口退税和各种减免退税外，纳税人可以要求税务机关退还多缴税款并加算同期银行存款利息。

（6）当纳税人既有应退税款又有欠缴税款，税务机关可以将应退税款和利息先抵扣欠缴税款；抵扣后尚有余额的，退还纳税人。

（7）纳税人涉及多缴税款经税务机关审批应当办理退库的，税务机关应按规定开具《税收收入退还书》送同级财政部门审批后由国库办理退税。纳税人从其开户银行账户转账缴税的，将税款退至纳税人缴税的开户银行账户；个人现金退税的，在《税收收入退还书》备注栏加注“退付现金”字样，书面通知纳税人到指定银行领取退税款。（以上内容见《国家税务总局、财政部、中国人民银行关于纳税人多缴税款退付利息的范围及退库程序的批复》国税函〔2002〕566号、《国家税务总局关于应退税款抵扣欠缴税款有关问题的通知》国税发〔2002〕150号、《财政部、国家税务总局、中国人民银行关于纳税人多缴税款及应付利息办理退库的通知》财预字〔2001〕502号、《国家税务总局、中国人民银行、财政部关于现金退税问题的紧急通知》国税发〔2004〕47号）

2. 税款的追征。

税务机关发现纳税人、扣缴义务人未缴或少缴税款的，可以在法定的时限内予以追征。纳税人未缴或少缴税款主要有以下三种情况：

（1）税务机关责任造成的；

（2）纳税人、扣缴义务人计算错误造成的；

（3）偷税、骗税和抗税造成的。

不同原因造成未缴少缴税款的有关追征规定也不相同。具体追征规定如下：

（1）因税务机关责任，致使纳税人、扣缴义务人未缴或者少缴税款的，税务机关在3年内可以要求纳税人、扣缴义务人补缴税款，但是不得加收滞纳金。

此处的税务机关责任包括两种情况，一是税务机关计算征收税款时适用税收法律、行政法规不当；二是税务机关执法行为违法。

（2）因纳税人、扣缴义务人计算错误等失误，未缴或者少缴税款的，税务机关在3年内可以追征税款、滞纳金；有特殊情况的，追征期可以延长到5年。

这里的计算错误是指非主观故意的计算公式运用错误以及明显的笔误；特殊情况是指纳税人或者扣缴义务人因计算错误等失误，未缴或者少缴、未扣或者少扣、未收或者少收税款，累计数额在10万元以上的。

（3）对于纳税人、扣缴义务人和其他当事人偷税、抗税和骗取税款的，无论数额多少，应无限期追征。但纳税人不进行纳税申报造成不缴或少缴应纳税款的情形不属于偷税、抗税、骗税，其追征期一般为3年，特殊情况可以延长至5年。（见《国家税务总局关于未申报税款追缴期限问题的批复》国税函〔2009〕326号）

（4）纳税人已申报或税务机关已查处的欠缴税款，税务机关不受《征管法》追征期规定的限制，应当依法无限期追缴税款。（见《国家税务总局关于欠税追缴期限有关问题的批复》国税函〔2005〕813号）

需要注意的是，纳税人、扣缴义务人未缴或者少缴税款的，其补缴和追征税款的期限，应自纳税人、扣缴义务人应缴未缴或少缴税款之日起计算。

（六）减免税管理

减免税是指国家对特定纳税人或征税对象，给予减轻或者免除税收负担的一种税收优惠措施，包括税基式减免、税率式减免和税额式减免三类。

减免税按确认形式分类，分为核准类减免税和备案类减免税。核准类减免税是指法律、法规规定应由税务机关核准的减免税项目；备案类减免税是指不需要税务机关核准的减免税项目。纳税人享受核准类减免税，应当提交核准材料，提出申请，经依法具有批准权限的税务机关按规定核准确认后执行。未按规定申请或虽申请但未经有批准权限的税务机关核准确认的，纳税人不得享受减免税。纳税人享受备案类减免税，应当具备相应的减免税资质，并履行规定的备案手续。

纳税人依法可以享受减免税待遇，但是未享受而多缴税款的，纳税人可以在税收征管法规定的期限内申请减免税，要求退还多缴的税款。

需要注意的是，享受减税、免税优惠的纳税人，减税、免税期满，应当自期满次日起恢复纳税；减税、免税条件发生变化的，应当在纳税申报时向税务机关报告；不再符合减税、免税条件的，应当依法履行纳税义务；未依法纳税的，税务机关应当予以追缴。（见《国务院关于修改部分行政法规的决定》国务院令2016年第666号）

（七）欠税清缴

欠税是指纳税人未按照规定期限缴纳税款，扣缴义务人未按照规定期限解缴税款的行为。为了加强欠税清缴力度，防止税款流失，《征管法》规定了如下几项欠税清缴制度。

1. 离境清税制度。欠缴税款的纳税人或者其法定代表人未按照规定在出境前结清应纳税款、滞纳金，又不提供纳税担保的，税务机关可以通知出入境管理机关阻止其出境。

（1）离境清税适用依照我国税法规定，负有纳税义务且欠缴税款、滞纳金的所有自然人、法人的法定代表人和其他经济组织的负责人，包括外国人、无国籍人和中国公民。

（2）阻止欠税人出境由县级以上税务机关申请，报省、自治区、直辖市税务机关审核批准，由审批机关填写《边控对象通知书》，函请同级公安厅、局办理边控手续。

（3）需要阻止出境的，税务机关应当书面通知出入境管理机关执行。边防检查站阻止欠税人出境的期限一般为一个月。需要延长控制期限的，税务机关应重新办理续控手续。（以上内容见《国家税务总局公安部印发〈阻止欠税人出境实施办法〉的通知》国税发〔1996〕215号）

2. 欠税人报告制度。欠缴税款的纳税人向税务机关报告的内容如下：

（1）凡纳税人没有缴清欠税的，应定期向主管税务机关报告其生产经营、资金往来、债权债务、投资以及欠税原因、清欠计划等情况。

（2）纳税人有合并、分立情形的，应当向税务机关报告，并主动结清税款。纳税人合并时未缴清税款的，应当由合并后的纳税人继续履行尚未履行的纳税义务；纳税人分立时未缴清税款的，分立后的纳税人对未履行的纳税义务应当承担连带责任，税务机关有权向其中的任何一个纳税人追缴全部税款、滞纳金。

（3）纳税人有解散、撤销、破产情形的，在清算前应当向主管税务机关报告；未结清税款的，主管税务机关应代表国家行使债权人权利，及时申报债权，确认破产企业拖欠的税款并参加清算，按照法定偿债程序将税款征缴入库。

（4）欠缴税款数额在5万元以上的纳税人，在处分其不动产或者大额资产之前，应当向税务机关报告。如果纳税人处分资产的行为侵害了国家税收，有逃避纳税义务的嫌疑，税务机关可以考虑行使税收优先权，以及采取税收保全措施或者强制执行措施。此处的处分一般指销售、转让、投资、赠与、抵押、担保等。

3. 以票控欠制度。对于有逃税嫌疑的欠税人，拒不接受税务机关处理的，税务机关可以收缴其发票或者停止向其发售发票，然后采用代开发票的办法，严格控制其开票量。对于业务正常但经常欠税的纳税人，税务机关应控制发票售量，督促其足额纳税。

4. 行使代位权、撤销权制度。如果欠税的纳税人，怠于行使其到期的债权，税务机关可以向人民法院请求以自己的名义代位行使债权；如果欠税的纳税人放弃其到期的债权以及无偿或者低价转让财产，税务机关可以请求人民法院撤销纳税人的行为。税务机关行使代位权、撤销权的前提如下：

（1）纳税人有欠税；

（2）纳税人怠于行使或者放弃到期债权、无偿转让财产或者低价转让财产且受让人知道纳税人有欠税；

（3）对国家税收造成损害，即妨碍税款征收、无其他可执行财产等；

（4）该债权专属于纳税人自身的，不能执行代位权；撤销权的行使应在法定的期间内。

关于行使代位权和撤销权的规定详见《合同法》第七十三、七十四、七十五条及《最高人民法院关于适用〈中华人民共和国合同法〉若干问题的解释（一）》（法释〔1999〕19号）和《最高人民法院关于适用〈中华人民共和国合同法〉若干问题的解释（二）》（法释〔2009〕5号）。

5. 欠税公告制度。税务机关应当对纳税人欠缴税款的情况，在办税场所或者广播、电视、报纸、期刊、网络等新闻媒体上定期予以公告。

税务机关清缴欠税还应注意以下几项规定：

1. 严格执行缓缴审批制度。纳税人申请税款缓缴，主管税务机关要对其缓缴原因进行核实把关，确实符合条件的，再上报省级税务局审批。对于经常申请税款缓缴的纳税人，税务机关应从严把握。缓缴期满后纳税人仍没有缴税的，税务机关应及时转为欠税处理。

2. 坚持以欠抵退的办法。凡纳税人既有应退税款又有欠税的，一律先将欠税和滞纳金抵顶应退税款和应退利息，抵顶后应退税款还有余额的才予以办理退税。以欠税抵顶退税的具体规定详见国家税务总局下发的《关于应退税款抵扣欠缴税款有关问题的通知》（国税发〔2002〕150号）。

3. 依法加收滞纳金。对2001年5月1日修订的《征管法》实施后发生的欠税，税务机关应按照《征管法》的有关规定核算和加收滞纳金。纳税人缴纳欠税时，必须以配比的办法同时清缴税金和相应的滞纳金，不得将欠税和滞纳金分离处理。

4. 与纳税信用评定挂钩。税务机关要按照《纳税信用管理办法（试行）》（总局公告2014年第40号）的规定，审核欠税人的纳税信用等级评定条件，按照有关评定标准确定纳税信用等级。

有关欠税管理的规定详见《欠税公告办法（试行）》（总局令2004年第9号）、《国家税务总局关于进一步加强欠税管理工作的通知》（国税发〔2004〕66号）。

（八）税款入库

1. 税务机关自主征收税款入库。

税务机关征收税款并解缴入库应按如下要求进行：

（1）按照税收的征收管理范围征收税款。各级税务机关应按照规定在各自的征收管理范围内征收税款，不得超出自己征管范围争抢税源。

（2）按照规定的入库级次办理入库手续。各级税务机关不能将中央级的税收收入混入地方级税收收入，也不能将属于上级财政收入的税款作为下级的财政收入混淆入库。

实际工作中税款入库方式主要有纳税人自行直接缴库、税务机关自收后汇总缴库、纳税人的总机构汇总缴库等几种。无论采取哪种税款缴库方式，都要按照税款的入库预算级次解缴入库。

2. 审计、财政机关依法检查涉及的税款征收入库。

审计、财政机关依法查出的税收违法行为涉及的税款、滞纳金按下列要求处理：

（1）审计、财政机关依法进行审计、检查时，对税务机关的税收违法行为作出的决定，税务机关应当执行；

（2）审计、财政机关发现被审计、检查单位有税收违法行为的，向被审计、检查单位下达决定、意见书，责成被审计、检查单位向税务机关申报缴纳应纳的税款及滞纳金；

（3）税务机关应当根据审计、财政机关的决定、意见书，依照税收法律、行政法规的规定，将应收的税款、滞纳金按照国家规定的税收征收管理范围和税款入库预算级次缴入国库；

（4）税务机关应当自收到审计、财政机关的决定、意见书之日起30日内将执行情况书面回复审计、财政机关；

（5）审计、财政机关不得将其履行职责过程中发现的税款、滞纳金自行征收入库或者以其他款项的名义自行处理、占压。

需要注意的是，审计、财政等机关查明的事实是税务机关进行税务处理的基础，但这些机关下达的决定、意见书不是税务机关征收税款的依据。税务机关必须依据税收法律、行政法规的规定计算纳税人的应纳税款、滞纳金的具体数额并按照税款入库预算级次征缴入库。

第五节 税务检查

一、检查含义

税务检查是税务机关依法对纳税人履行纳税义务的情况进行审查、监督的管理活动，也称纳税检查。税务检查对于提高税收征管水平，打击税收违法行为，增强纳税人依法纳税意识，防止税款流失、维护税法尊严具有重要意义和作用。对税务检查可从以下几个方面理解：

1. 税务检查的主体是税务机关。税务检查是国家赋予税务机关的权力，任何单位和个人不得阻止和干预，相关部门应予配合。

2. 税务检查的对象是纳税人、扣缴义务人。税务检查的客体是纳税人和扣缴义务人履行纳税义务和扣缴义务的情况。纳税人、扣缴义务人必须依法接受税务机关检查，如实反映情况，提供有关资料，不得拒绝和隐瞒。

3. 税务检查的依据是税收法律、行政法规及财务管理制度。税务机关和税务人员必须依法进行纳税检查，不得滥用职权违法检查。

4. 税务检查的目的是防止和打击税收违法行为，维护税收秩序。通过查处纳税人的税收违法行为，可以促进纳税人、扣缴义务人依法正确履行纳税义务。

税务检查的内容包括两方面，一是程序法方面的检查，包括纳税人、扣缴义务人是否依照税收法律、行政法规的规定，办理有关手续以及是否按期办理等；二是实体法方面的检查，包括计税依据、适用税率是否正确，应纳税额是否及时缴库、计算是否准确等。

二、检查分类

税务检查按照检查的性质和主体不同，可以划分为税务稽查和日常检查两种。税务稽查由各级税务机关所属的稽查局组织实施；日常检查由各级税务机关内设管理部门组织实施。

税务稽查，是指税务稽查机构依法组织实施的，对纳税人、扣缴义务人及其他涉税当事人履行纳税义务、扣缴义务情况及涉税事项进行全面、综合的专业检查。税务稽查主要针对涉及偷逃抗骗税大案、要案的检查。税务稽查有完整、规范的检查程序、标准，分工明细、专业性强，但检查时间长，需要投入大量的人力物力。

日常检查是指征收管理部门清理漏管户、核查发票、催报催缴、评估问询、了解纳税人生产经营和财务状况等不涉及立案核查与系统审计的日常管理行为。征管部门的检查既有检查的性质，又有调查和审查的性质，不需要履行严格的程序，检查方式灵活多样，检查时间短、处理问题及时。

需要注意的是，在实际工作中，有人认为税务检查只能由专业的税务稽查机构实施，税收征管部门没有税收检查权，不能进行税务检查，这种观点混淆了税务检查和税务稽查，是片面理解“征管查三分离”内涵的错误认识。具体分析如下：

首先，税务稽查是税务检查的一个重要组成部分，担负着打击偷税、逃避追缴欠税、骗税、抗税等税收违法行为的重要职责，是由税务机关具有执法主体资格的专业机构（稽查局）和专门人员组织进行的税务检查。

其次，“征管查三分离”的税收征管模式虽然在形式上分设机构、独立运转，各自行使征收、管理、检查职能，但征、管、查是税收征收管理活动中相互交融的过程和矛盾的统一体，彼此不能割裂。征管部门的日常检查，是其基本工作职能和管理手段之一，搞好日常检查工作有利于加强税源管理。（见《国家税务总局关于进一步加强税收征管基础工作若干问题的意见》国税发〔2003〕124号）

最后，按照《征管法》第五十四条的规定，税务机关有税收检查权，作为税务机关的内设机构的税收征管部门也自然具有进行税务检查的权力，可以以所属税务机关的名义进行税务检查并作出处理决定。

综上，税务机关的稽查机构和税收征管部门都具有税务检查职能，《征管法》及其实施细则“税务检查”一章所规定的税收检查权，二者均可依法行使。但为了划清二者的检查职责，国家税务总局规定，征收管理部门与稽查部门在税务检查上的职责范围要按照以下三个原则划分，一是在征管过程中，对纳税人、扣缴义务人履行纳税义务的日常性检查及处理由基层征收管理机构负责；二是税收违法案件的查处（包括选案、检查、审理、执行）由稽查局负责；三是专项检查部署由稽查局负责牵头统一组织。（见《国家税务总局关于进一步加强税收征管基础工作若干问题的意见》国税发〔2003〕124号）

三、检查职权及义务

（一）税务机关在税务检查中的职权

税务检查的职权，简称“税务检查权”，是指税务机关及其税务人员依法对纳税人、扣缴义务人履行纳税义务情况进行了解的资格和权能。税务检查权是税务机关的一项重要的税收行政执法权，与税款征收权、税务管理权并称税收征、管、查三项权力。

1. 查账权，是指有权检查纳税人的账簿、记账凭证、财务报表、有关资料，以及扣缴义务人代扣（收）代缴税款账簿、记账凭证、有关资料。

因检查需要，经县以上税务局（分局）局长批准，税务机关可以将纳税人、扣缴义务人以前会计年度的账簿、记账凭证、财务报表和其他有关资料调回检查，但是税务机关必须向纳税人、扣缴义务人出具调取账簿资料通知书和开付清单，并在3个月内完整退还。有特殊情况的，经设区的市、自治州以上税务局局长批准，税务机关可以将纳税人、扣缴义务人当年的账簿、记账凭证、报表和其他有关资料调回检查，但必须在30日内退还。特殊情况包括：

（1）涉及增值税专用发票检查的；

（2）纳税人涉嫌税收违法情节严重的；

（3）纳税人及其他当事人可能毁灭、藏匿、转移账簿等证据资料的；

（4）税务机关认为其他需要调回检查的情况。（以上内容见《国家税务总局关于贯彻〈中华人民共和国税收征收管理法〉及其实施细则若干具体问题的通知》国税发〔2003〕47号）

2. 场地检查权，是指有权到纳税人的生产、经营场所和货物存放地检查纳税人应纳税的商品、货物或者其他财产，检查扣缴义务人与代扣（收）代缴税款有关的经营情况。

3. 责成提供资料权，是指有权责成纳税人、扣缴义务人提供与纳税或者代扣（收）代缴税款有关的文件、证明材料和其他资料。

4. 询问权，是指有权询问纳税人、扣缴义务人与纳税或者代扣（收）代缴税款有关的问题和情况。

5. 查证权，是指有权到车站、码头、机场、邮政企业及其分支机构检查纳税人托运、邮寄应税商品、货物或者其他财产的有关单据、凭证和资料。

6. 查核存款权，是指经县以上税务局（分局）局长批准，凭全国统一格式的检查存款账户许可证明，可以查询纳税人、扣缴义务人在银行或者其他金融机构的存款账户；经设区的市、自治州以上税务局（分局）局长批准，可以查询税收违法案件涉嫌人员的储蓄存款。《征管法》所称存款，包括独资企业投资人、合伙企业合伙人、个体工商户的储蓄存款以及股东资金账户中的资金等；查询存款的内容，包括纳税人存款账户余额和资金往来情况。

“设区的市、自治州以上税务局（分局）局长”包括地（市）一级（含直辖市下设区）的税务局局长。（见《国家税务总局关于贯彻〈中华人民共和国税收征收管理法〉及其实施细则若干具体问题的通知》国税发〔2003〕47号）

7. 搜集证据权，是指有权向有关单位和个人调查纳税人、扣缴义务人和其他当事人与纳税或者代扣（收）代缴税款有关的情况，有关单位和个人有义务向税务机关如实提供有关资料及证明材料。

税务机关对税收违法案件进行检查时，对与被查案件有关的情况和资料，可以记录、录音、录像、照相和复制。

对采用电算化会计系统的纳税人，税务机关在保证纳税人系统数据安全和正常运行的前提下，有权对其会计电算化系统进行检查，并可复制与纳税有关的电子数据作为证据。（见《国家税务总局关于贯彻〈中华人民共和国税收征收管理法〉及其实施细则若干具体问题的通知》国税发〔2003〕47号）

8. 采取两项措施权，是指税务机关对纳税人、扣缴义务人以前纳税期税收违法案件进行税务检查时，发现当事人有逃避纳税义务行为，并有明显转移、隐匿其应纳税的商品、货物、其他财产或者应纳税的收入的迹象的，可以按照法定权限和程序采取税收保全措施或者强制执行措施。采取税收保全措施的期限一般不得超过6个月；重大案件需要延长的，应当报国家税务总局批准。

税务检查过程中采取的税收保全措施和强制执行措施与税款征收过程中采取的税收保全措施和强制执行措施有所不同。在税务检查过程中采取税收保全措施时，可不经过要求提供纳税担保的程序，在采取强制执行措施时可不经过限期缴纳的程序。简化税务检查过程中采取的税收保全、税收强制执行措施的前置条件，目的在于更及时、有力地打击税收违法行为，避免国家税款流失。此外，税务检查过程中采取两项措施的前提必须是以前纳税期，对当期税款则应严格按照《征管法》第三十八条和第四十条规定的程序办理。

需要注意的是，税务机关在检查时，对已采取税收保全的商品、货物、其他财产或者财产权利，在作出税务处理决定之前，不得拍卖、变卖处理变现。但是，在税收保全期内，有特殊情形的，已采取税收保全措施的财物可以通知纳税人及时协助处理；纳税人未按规定期限协助处理的，经县以上税务局（分局）局长批准，可依法拍卖、变卖。财物的拍卖、变卖所得，由税务机关保存价款，继续实施税收保全措施。（见《国家税务总局关于税务机关实施税收保全措施有关问题的通知》国税发〔2007〕24号）

税务机关及税务人员进行税务检查、行使上述检查权时应注意以下两点：

1. 《征管法》及其实施细则中规定应当经县以上税务局（分局）局长批准后实施的各项权力，各级税务局所属的稽查局局长无权批准。按《税务稽查工作规程》的规定，税务稽查过程中需要行使经县以上税务局局长批准后实施的各项权力时，应当经所

属税务局局长批准。（见《国家税务总局关于稽查局有关执法权限的批复》国税函〔2003〕561 号）

2. 税务机关和税务人员在检查时应依法定权限、程序行使检查权，注意维护纳税人的合法权益，不得搜查纳税人的生活场所和住宅，不得搜身、限制人身自由，不得违法获取证据，不得擅自开箱、开包检查商品、货物等。否则，可能导致行政行为违法或无效，不仅不能达到检查的目的、发挥检查的作用，甚至税务机关和税务人员还要承担相应的法律责任。

（二）税务机关在税务检查中的义务

1. 税务人员进行税务检查时，应当出示税务检查证和税务检查通知书；无税务检查证和税务检查通知书的，纳税人、扣缴义务人和其他当事人有权拒绝检查。税务机关对集贸市场及集中经营业户进行检查时，可以使用统一的税务检查通知书。

2. 税务机关依法查询纳税人的存款账户和案件涉嫌人员的储蓄存款时，应当指定专人负责，凭全国统一格式的检查存款账户许可证明进行，并有责任为被检查人保守秘密。

3. 税务机关进入纳税人电算化系统进行检查时，有责任保证纳税人会计电算化系统的安全性，并保守纳税人商业秘密。

4. 税务机关检查过程中获得的资料，不得用于税收以外的用途。

另外，为了保证税务机关检查权力的合法履行，对纳税人及其他有关单位和个人的义务也有所规范。

1. 纳税人、扣缴义务人必须接受税务机关依法进行的税务检查，如实反映情况，提供有关资料，不得拒绝、隐瞒。

2. 税务机关依法向有关单位和个人调查纳税人、扣缴义务人和其他当事人与纳税或者代扣（收）代缴税款有关情况时，有关单位和个人有义务如实提供有关资料及证明材料。

四、检查重点内容

税务机关根据检查范围、对象，按照《征管法》赋予的检查职权，应围绕税收管理要求实施税务检查。检查的重点内容如下：

1. 对纳税人、扣缴义务人执行征收管理法律、法规情况的检查。主要检查被查对象税务登记、账簿设置、纳税申报、减税免税、延期缴税、税款入库等税收征管程序方面的内容。

2. 对纳税人、扣缴义务人发票领用存情况的检查。主要检查被查对象发票领购、使用、保管、缴销情况，特别是对开具或取得的发票及其他原始凭证真实性、合法性检查。

3. 对纳税人、扣缴义务人执行各项税收政策、履行纳税义务情况的检查。主要检查被查对象适用税种、适用税率、计税依据确定及应纳税款缴纳情况。这是税务检查的核心内容，具体包括以下几个方面：

（1）检查纳税人、扣缴义务人各种经营收入核算与申报情况。①检查各种经营收入是否及时全部入账；②检查各种经营收入是否正确核算；③检查各种经营收入是否如实申报。

（2）检查纳税人、扣缴义务人各种成本费用的列支、摊销、结转及申报情况。①是否将资本性支出列入生产经营成本费用中；②有无多提或提前摊销各种费用的；③有无多转生产经营成本的；④超规定多列支、摊销的成本费用及支出，是否在申报时做了调整。

（3）检查纳税人、扣缴义务人各种应税财产和应税行为申报情况。应税财产主要指土地、房屋、车船、存货等；应税行为主要指书立凭证，销售商品、转（受）让房地产等。

（4）检查纳税人对收取或支付价款、费用的定价情况。主要检查纳税人与关联企业的业务往来是否符合独立交易原则。

（5）检查纳税人减免税、出口退税是否符合条件及申报情况。

（6）检查纳税人、扣缴义务人应纳（扣缴）税额的计算、申报、缴纳情况。

五、检查方法

税务机关检查纳税人、扣缴义务人履行纳税义务情况采取的方法主要有以下四种：

1. 全查法。全查法也称详查法、审计式检查，与抽查法相对，是指对被查纳税人一定时期内所有会计凭证、账簿、报表及各种存货进行全面、系统、详细的检查的一种方法。这种检查方法越来越被实践所认可，特别是随着纳税人法制意识的提高，对防止多头重复检查，维护自身权益具有重要意义。这种检查方法的优点是，检查全面彻底，检查结论较可靠；缺点是检查的工作量大、耗时费力。权衡利弊，这种检查方法不宜普遍采用，一般适用规模较小、经济业务不多、会计核算较简单的纳税人，或者财务管理混乱、纳税问题较多的纳税人。

2. 抽查法。抽查法也称选查法，与全查法相对，是指对被查纳税人一定时期内的会计凭证、账簿、报表及各种存货，有针对性地抽取一部分进行检查的一种方法。抽查法具体又分两种：（1）重点抽查法，即根据检查的目的、要求或事先掌握的纳税人有关纳税情况，有目的地选择一部分会计资料或存货进行重点检查。在实际工作中，较普遍采用重点抽查法。（2）随机抽查法，即以随机方法选择纳税人某一特定时期或某一特定范围的会计资料或存货进行检查。抽查法的优点是针对性强、重点突出、省时省力，检查效果较明显；缺点是由于检查的范围有限，易漏掉未查部分存在的问题。抽查法一般适用会计核算比较健全、财务管理较好的纳税人。

3. 顺查法。顺查法与逆查法相对，是指对被查纳税人按照其会计核算程序，依次检查会计凭证、账簿、报表，并相互核对的一种检查方法。这种检查方法通常与全查法一起使用。顺查法又可分为三种情况，一是按财务会计处理程序检查；二是按记账时间顺序进行检查；三是按会计科目的分类和核算顺序进行检查。这种检查方法的优点是对账务资料检查较为系统、全面，易于查清问题的来龙去脉；缺点是工作量大，耗费时间长。

4. 逆查法。逆查法与顺查法相对，是指逆会计核算的顺序，依次检查会计报表、账簿及凭证，并相互核对的一种检查方法。这种检查方法通常与抽查法结合使用，实际工作中采用较多。逆查法的优点是，由于会计报表总括地反映了纳税人的生产经营及纳税情况，首先从会计报表进行检查，易于发现问题的主要线索，抓住检查的重点，提高检查效率。这种检查方法一般适用会计核算制度和财务管理比较健全的纳税人。

采取上述检查方法时，征收机关可以派检查人员进驻企业检查，也可以将被查单位的账簿资料调到征收机关进行检查。

六、检查原则

税务检查必须坚持三个有利于的原则，即有利于为纳税人服务，有利于为基层税务机关服务，有利于税收政令统一。为了避免多头重复检查，切实减轻纳税人负担，国家税务总局实行了税务检查计划制度。

1. 各级税务机关实施的任何专项检查和专案检查，均须提出计划和方案（包括检查依据、时间、对象、重点、事项等），由稽查局汇总，能够合并的应当合并，报经税务局长审批后组织实施。税务检查计划必须报上一级税务局及其稽查局备案。不允许有多个检查组同时对同一纳税人实施检查，也不允许因同一内容对同一纳税人进行多次检查。

2. 各级税务机关必须从严控制税务检查次数，对同一纳税人的专项检查每年最多进行 2 次；但在日常征收过程中对纳税人申报、纳税事项的核实检查，以及对举报、协查、上级批办事项的检查，不受检查次数限制。

3. 稽查局与管理局之间要建立经常性的信息情报互通制度。稽查局检查结束后可以向相关管理局至送稽查建议书，使稽查工作成果得到有效利用。同时双方可以采取联席会议或其他形式及时沟通情况和反馈信息，共同促进检查的针对性和有效性。（以上内容见《国家税务总局关于实行税务检查计划制度的通知》国税发〔1999〕211 号）

七、税务稽查工作规程

税务稽查由各级税务局的稽查局依法实施。稽查局在所属税务局领导下开展税务稽查工作。上级稽查局对下级稽查局的稽查业务进行管理、指导、考核和监督，对执法办案进行指挥和协调。

稽查局应当在所属税务局的征收管理范围内实施稽查；征收管理范围以外的税收违法行为，由违法行为发生地或者发现地的稽查局查处。

稽查局设立选案、检查、审理、执行部门，分别实施选案、检查、审理、执行工作。

（一）选案

选案部门负责稽查对象的选取，并对税收违法案件查处情况进行跟踪管理。选案部门应当建立案源信息档案，对所获取的案源信息实行分类管理。选案部门应当在年度终了前制订下一年度的稽查工作计划，经所属税务局领导批准后实施，并报上一级稽查局备案。稽查工作计划包括专项检查和专案检查两项内容。

经批准立案检查的，由选案部门制作《税务稽查任务通知书》，连同有关资料一并移交检查部门。立案检查的情形包括以下几种：

1. 选案部门对案源信息采取计算机分析、人工分析、人机结合分析等方法进行筛选，发现有税收违法嫌疑的，经稽查局局长批准后立案检查。

2. 税务局相关部门移交的税收违法信息，稽查局经筛选未立案检查的，应当及时告知移交信息的部门；移交信息的部门仍然认为需要立案检查的，经所属税务局领导批准后，由稽查局立案检查。

3. 对上级税务机关指定和税收专项检查安排的检查对象，应当立案检查。

国家税务总局及各级税务局在稽查局设立税收违法案件举报中心，一般与稽查局的选案部门合署办公。税收违法案件举报中心负责受理单位和个人对税收违法行为的检举。

（二）检查

检查部门接到《税务稽查任务通知书》后，应当及时安排人员实施检查。检查程序如下：

1. 查前准备。检查人员实施检查前，应当查阅被查对象纳税档案，了解被查对象的生产经营情况、所属行业特点、财务会计制度、财务会计处理办法和会计核算软件，熟悉相关税收政策，确定相应的检查方法。检查前，应当告知被查对象检查时间、需要准备的资料等，但预先通知有碍检查的除外。

2. 检查实施。

（1）检查方法。实施检查时，依照法定权限和程序，可以采取实地检查、调取账簿资料、询问、查询存款账户或者储蓄存款、异地协查等方法。

（2）收集证据。实施检查时，应当依照法定权限和程序，收集能够证明案件事实的证据材料。收集的证据材料应当真实，并与所证明的事项相关联。

（3）违规处理。被查对象的行为有碍检查的，依照《征管法》及其实施细则有关逃避、拒绝或者以其他方式阻挠税务检查的规定处理。

（4）检查记录。检查过程中，检查人员应当制作《税务稽查工作底稿》，记录案件事实，归集相关证据材料，并签字、注明日期。

（5）查结告知。检查结束前，检查人员可以将发现的税收违法事实和依据告知被查对象；必要时，可以向被查对象发出《税务事项通知书》，要求其在限期内书面说明，并提供有关资料。

3. 撰写报告。检查结束时，应当根据《税务稽查工作底稿》及有关资料，制作《税务稽查报告》，由检查部门负责人审核。

4. 移交审理。检查完毕，检查部门应当将《税务稽查报告》《税务稽查工作底稿》及相关证据材料移交审理部门审理，并办理交接手续。

（三）审理

审理部门接到检查部门移交的《税务稽查报告》及有关资料后，应当及时安排人员依据法律、行政法规、规章及其他规范性文件，对检查部门移交的《税务稽查报告》及相关材料进行逐项审核，提出书面审理意见，由审理部门负责人审核。

案情复杂的，应当集体审理；案情重大的，应当依照国家税务总局有关规定报请所属税务局集体审理。

拟对被查对象或者其他涉税当事人作出税务行政处罚的，向其送达《税务行政处罚事项告知书》，告知其依法享有陈述、申辩及要求听证的权利。对当事人的陈述、申辩意见，审理人员应当提出判断意见；当事人要求听证的，审理人员应当依法组织听证。

审理完毕，审理人员应当制作《税务稽查审理报告》，由审理部门负责人审核。审理部门区分下列情形分别做出处理：

1. 认为有税收违法行为，应当进行税务处理的，拟制《税务处理决定书》；

2. 认为有税收违法行为，应当进行税务行政处罚的，拟制《税务行政处罚决定书》；

3. 认为税收违法行为轻微，依法可以不予税务行政处罚的，拟制《不予税务行政处罚决定书》；

4. 认为没有税收违法行为的，拟制《税务稽查结论》。

（四）执行

执行部门接到《税务处理决定书》《税务行政处罚决定书》《不予税务行政处罚决定书》和《税务稽查结论》等税务文书后，应当依法及时将税务文书送达被执行人。

执行部门在送达相关税务文书时，应当及时通过税收征管信息系统将税收违法案件查处情况通报税源管理部门。

被执行人未按照《税务处理决定书》确定的期限缴纳或者解缴税款的，或者对《税务行政处罚决定书》确定的行政处罚事项，逾期不申请行政复议也不向人民法院起诉、又不履行的，稽查局经所属税务局局长批准，可以依法采取强制执行措施，或者依法申请人民法院强制执行。

被执行人在限期内缴清税款、滞纳金、罚款或者稽查局依法采取强制执行措施追缴税款、滞纳金、罚款后，执行部门应当制作《税务稽查执行报告》，记明执行过程、结果、采取的执行措施以及使用的税务文书等内容，由执行人员签名并注明日期，连同执行环节的其他税务文书、资料一并移交审理部门整理归档。（以上内容见《国家税务总局关于印发〈税务稽查工作规程〉的通知》国税发〔2009〕157号）

第六节　税收法律责任

一、税收法律责任构成要件

（一）税收法律责任概念

税收法律责任是指税收法律关系中的主体，由于其行为违法，按照法律规定必须承担的消极法律后果。税收法律责任是税法必不可少的内容，对于打击税收违法犯罪行为，维护税收秩序，培养公民自觉依法纳税意识起着十分重要的作用。

（二）税收法律责任构成要件

税收法律关系主体承担法律责任需要一定的主客观条件，这在法律上称为构成要件。税收法律责任的构成要件是追究行为人违法行为的判断标准，主要包括以下几个方面：

1. 税收法律关系主体存在违反税法的行为。税收法律关系主体包括征税主体和纳税主体，其中纳税主体包括自然人、法人和其他组织。主体违法，首先必须是税收法律关系的主体作出的行为；其次，必须是税收法律关系的主体有违反税法的行为。违反税法是指没有履行税法设定的义务，包括违法的作为和违法的不作为两种状态。

2. 违法行为人存在主观过错。在法律上，过错是指违法者在实施其行为时的心理态度，有故意和过失之分。行为人明知自己的行为会发生危害社会的结果，并且希望或者放任这种结果发生，称为故意，如逃避缴纳税款。行为人应当预见自己的行为可能发生危害社会的结果，因为疏忽大意而没有预见，或者已经预见而轻信能够避免，以致发生这种结果，称为过失，如漏缴税款。

3. 行为人实施了违法行为。违法行为的实施是承担违法责任的核心要件。税收法律关系主体主观上的过错导致行为上的过错才承担法律责任。如果仅仅停留在主观愿望上而没有实施违法行为，则不负法律责任；或者主观上的过错以不违法的行为表现出来（如合理避税），也不承担法律责任。

4. 税收违法行为造成了实际上的危害结果。这种危害结果既包括纳税主体和征税主体违反税法对国家税收利益的损害，也包括征税主体违反税法对纳税主体合法权益的侵害；既包括直接的损害，如税款流失，也包括间接损害，如给社会公众利益带来不利影响；既包括物质的损害，也包括精神的损害；既包括实体性的损害，也包括程序性的损害等。

5. 税收违法行为和危害结果间存在必然联系。要求违反税法者承担法律责任，还需要违法行为与危害结果之间存在因果关系。任何危害结果总是有一定原因的，然而，只有其原因是违反税法的行为时，行为人才承担相应的税收法律责任。

二、税收法律责任种类及管辖

（一）税收法律责任种类

由于违法行为的性质和危害程度不同，违法者所承担的法律责任也不同，即不同的违法事实承担不同的法律责任。税收违法承担的法律责任形式包括行政法律责任和刑事法律责任两大类，即行政违法承担行政法律责任，刑事违法承担刑事法律责任。

1. 税收行政法律责任。

税收行政法律责任是指行为人因实施税收违法行为所应承担的，由税务机关或者其他行政机关代表国家，依据税收征管法等法律、法规对其行为给予的否定性评价。税收行政法律责任既包括税务行政相对人因实施违反税收法律行为引起的行政法律责任，也包括税务机关及其工作人员在实施税务行政管理中滥用职权、失职等行为引起的行政法律责任。

2. 税收刑事法律责任。

税收刑事法律责任是指行为人因实施刑法禁止的税收犯罪行为所应承担的，由司法机关代表国家依据刑法对其行为给予的否定性评价。违法犯罪主体同样既有税务行政相对人，也有税务机关及其工作人员。

（二）税收法律责任的管辖

税收法律责任只能由有权的国家机关依法予以追究。一般来说，对行政法律责任给予行政制裁（包括行政处罚和行政处分两类）；对刑事法律责任给予刑事制裁。不同的制裁由不同的国家机关管辖。

税务行政处罚由税收违法行为发生地的税务机关管辖。税务机关对处罚管辖是按权限划分的，即通常所说的"级别管辖"。根据《行政处罚法》和《征管法》的规定，税务行政处罚由县级以上税务局决定；罚款额在 2 000 元以下的，可以由税务所决定。此外，如果案件涉及两个以上税务机关管辖的，由有关税务机关协商确定；协商不能取得一致意见的，由他们共同的上一级税务机关指定管辖。

税务机关工作人员有违法行为应给予行政处分的，由该工作人员所在的税务机关或者行政监察机关、与被处分对象在组织上有隶属关系的上级税务机关作出。

税收刑事法律责任由公安司法机关追究。在我国，刑事侦查权、检察权、审判权只能由公安司法机关即公安机关、人民检察院和人民法院行使。对于税务行政相对人以及税务机关及其工作人员的涉税违法行为情节严重涉嫌犯罪的，行政机关无权处理，必须移交有关公安司法机关，由公安司法机关依法追究刑事责任。

三、税收违法处罚

税收违法处罚是税收法律责任的实现方式。税收违法行为包括一般违反税法的违法行为和严重违反税法的犯罪行为两种。一般违法行为承担行政法律责任，给予违法者行政制裁；严重违法的犯罪行为承担刑事法律责任，给予违法者刑事处罚。

（一）行政制裁

行政制裁根据实施违法行为的主体不同分为行政处罚和行政处分两类。行政处罚是具有行政执法权的行政机关对违反行政管理秩序的行政相对人（自然人、法人和其他组织）的制裁。行政处分是行政机关或行政监察机关对违反政纪、失职尚不构成违法的国家公务人员给予的惩戒。

行政处分的种类包括警告、记过、记大过、降级、撤职、开除六种。下面重点介绍行政处罚的有关规定。

1. 行政处罚的概念。

行政处罚又称为行政罚，是指享有行政处罚权的行政机关或法律、法规授权的组织，为了维护公共利益和社会秩序，保护公民、法人或者其他组织的合法权益，对行政相对人违反行政管理秩序但尚未构成犯罪的违法行为依法给予相应法律制裁的具体行政行为。行政处罚的特点如下：

（1）实施行政处罚的主体是依法享有行政处罚权的行政机关和具有管理公共事务职能的组织；

（2）行政处罚是对行政相对人的处罚；

（3）行政处罚是对行政相对人违法行为的处罚；

（4）行政处罚所采取的制裁只能是行政制裁而不是刑事或民事制裁。

行政相对人是行政管理相对一方当事人的简称，是指行政权力作用的对象，包括各种社会组织和公民个人。行政相对人与行政机关之间存在着管理与被管理的关系，有义务遵守国家法律、法规所确定的各种规则，如果违反，行政机关就可以给予处罚，以示惩戒。

2. 行政处罚的种类。

根据行政处罚方式作用的领域不同，行政处罚通常分为申诫罚、财产罚、行为罚和人身罚四种。行政处罚的具体种类如下：

（1）警告；

（2）罚款；

（3）没收违法所得、没收非法财物；

（4）责令停产停业；

（5）暂扣或者吊销许可证、暂扣或者吊销执照；

（6）行政拘留；

（7）法律、行政法规规定的其他行政处罚。

税务行政处罚是行政处罚的一部分，其法律依据是《行政处罚法》和《征管法》。税务行政处罚主体是行政机关，即必须是具有执法主体资格的各级税务机关；客体是违反税收法律、行政法规的税务行政相对人，即纳税人和其他涉税当事人。涉及税收征管的行政处罚主要有以下四种：

（1）罚款。这是对违反税法的税务行政相对人在经济上的惩罚。

（2）没收违法所得和非法财物。这是对违反税法的税务行政相对人非法获得的财产和用于违法活动的工具、物品收归国家所有的惩罚。

（3）停止出口退税权。这是对违反税法的税务行政相对人取消出口退税资格、丧失享受税收优惠政策待遇的惩罚。

（4）吊销税务行政许可证件。这是对违反税法的税务行政相对人已经取得的某种许可权利或资格予以剥夺的惩罚。

3. 行政处罚程序。

税务行政违法行为通常有两类情形，一类是违法事实清楚、情节轻微、罚款数额较小、需要即时处罚的；另一类是违法行为情况复杂或有重大违法嫌疑，需经过调查、处理的。对于前者通常按简易程序处罚，而对于后者适用一般程序。结合《行政处罚法》和《税务稽查规程》，税务行政处罚的一般程序简介如下：

（1）立案。稽查部门在自己的管辖权范围内，受理涉及违反税法行为的线索和材料，并对这些线索和材料进行初步审查，决定是否立案。

（2）调查。立案的违法案件，稽查部门要指派人员进行全面、客观、公正的调查，依法收集有关证据。检查、调查和询问应当制作笔录。

（3）审理。案件调查终结之后，调查人员撰写调查报告，连同案卷全部资料移交审理机构审理。审理机构依法进行审查并作出处理建议。

（4）告知。审理机构依法作出行政处罚决定前，应当书面告知当事人给予行政处罚的事实、理由和依据，以及当事人依法享有的权利。

（5）听取意见。审理机构的审理人员，应认真听取当事人的陈述和申辩意见。有听证权利的当事人要求听证的，审理部门还要组织听证。

（6）制作处罚决定书。稽查部门负责人根据审理机构的审理结果或审理委员会的集体意见，作出给予行政处罚决定的，拟制具有固定格式的处罚决定书，填写法定事项，并加盖印章。

（7）送达。将处罚决定书直接交付或以其他方式送达纳税人，并取得送达回证或回执。

（二）刑事处罚

违法行为具有严重的社会危害性，同时又违反了刑法，就构成了犯罪，要受到刑事处罚。犯罪是刑事处罚的前提，刑事处罚是犯罪的法律后果。犯罪必须同时具备以下特征：

一是具有严重的社会危害性，即必须是对刑法所保护的社会关系造成了严重危害的行为；

二是具有刑事违法性，即必须是刑法明文禁止施行的具体行为；

三是具有应受刑罚惩罚性，即必须是依照刑法应当追究刑事责任，接受刑事处罚的行为。

1. 刑事处罚的种类。

刑事处罚的种类分为主刑和附加刑两类。主刑包括管制、拘役、有期徒刑、无期徒刑和死刑；附加刑包括罚金、剥夺政治权利和没收财产，以及只对犯罪的外国人适用的驱逐出境。

（1）管制。限制犯罪分子一定的人身自由，不予关押并由社区进行矫正的刑罚。管制期限为 3 个月以上 2 年以下，数罪并罚的不超过 3 年。

（2）拘役。剥夺犯罪分子的短期人身自由，由公安机关就近实行教育改造的刑罚。拘役的期限为 1 个月以上 6 个月以下，数罪并罚的不超过 1 年。

（3）有期徒刑。剥夺犯罪分子一定期限的人身自由，拘押于监狱等执行场所实行强制劳动和教育改造的刑罚。有期徒刑的期限为 6 个月以上 15 年以下。数罪并罚的，最高刑期不超过 20 年或 25 年。

（4）无期徒刑。剥夺犯罪分子终身自由，拘押于监狱等执行场所强制劳动和教育改造的刑罚。

（5）死刑。剥夺犯罪分子生命的刑罚。死刑只适用罪大恶极的犯罪分子。死刑包括立即执行和缓期执行两种执行方式。

（6）罚金。判处犯罪分子或者犯罪单位向国家缴纳一定数额金钱的刑罚。

（7）剥夺政治权利。剥夺犯罪分子参加管理国家和政治活动的权利的刑罚。

（8）没收财产。将犯罪分子个人所有财产的一部分或全部强制无偿地收归国家所有的刑罚。

罚金和没收财产属于财产刑，对于较重的经济犯罪，在主刑后一般附加罚金、没收财产的处罚。

2. 刑事处罚的程序。

刑事处罚的程序由刑事诉讼法规定。涉税刑事案件的处罚是刑事处罚的一个分支，其程序也应遵循刑事诉讼法的规定。按照目前我国司法机关的分工，对刑事案件的侦查、拘留、执行逮捕、预审，由公安机关负责。检察、批准逮捕、检察机关直接受理的案件的侦查、提起公诉，由人民检察院负责。审判由人民法院负责。通常情况下，涉税犯罪案件的查处要经过立案、侦查、提起公诉、审判和执行五个阶段。

（1）立案。与税务行政处罚一样，公安机关和检察机关对于涉税犯罪行为也有一个受理案件线索和证据材料的环节。这些线索有公安司法机关自行查获的，有税务、财政、审计机关移送的，也有其他单位、个人、受害人报案、举报、控告以及犯罪分子自首的。公安司法机关对这些立案材料经过审查，依据事实和法律决定是否立案。

（2）侦查。凡是立案的涉税犯罪嫌疑人，公安司法机关都要逐一进行侦查，充分利用刑事诉讼法赋予的手段和方法，查明事实，收集证据。公安机关侦查终结的案件，应当写出起诉意见书，送同级人民检察院审查决定；人民检察院侦查终结的案件，应当作出提起公诉、不起诉或者撤销案件的决定。

（3）提起公诉。对公安机关侦查终结移送起诉的案件或者检察机关自行侦查终结的案件，检察机关要进一步审查案卷材料、证据，然后依法作出提起公诉或不起诉的决定。凡是决定起诉的案件，检察机关要准备起诉书，按照审判管辖的规定，向人民法院提起公诉。

（4）审判。人民法院对提起公诉的案件进行审查后，对于起诉书中有明确的指控犯罪事实的，就会决定开庭审判，作出有罪或无罪判决。对判决不服的可以上诉（检察机关不服的可以抗诉），法院将依法作出终审判决。

（5）执行。判决和裁定发生法律效力后就要执行。发生法律效力的判决和裁定包括三种：已过法定期限没有上诉、抗诉的判决和裁定；终审的判决和裁定；最高人民法院核准的死刑和高级人民法院核准的死刑缓期 2 年执行的判决。

四、税收法律责任追溯时效

（一）行政处罚的追责时效

追责时效，是指对违法行为人依法追究法律责任的有效期限，如果超过这一期限，则不能再追究。

按《行政处罚法》的规定，违法行为在 2 年内未被发现的，不再给予行政处罚；法律另有规定的除外。

由于税收的特殊性，适用《行政处罚法》的“法律另有规定的除外”的规定，对税务行政处罚规定了较长的追究时效。《征管法》第八十六条规定，违反税收法律、行政法规应当给予行政处罚的行为，在5年内未被发现的，不再给予行政处罚。

行政违法行为的追责时效：一般违法的，起算时间从违法行为发生之日起计算；违法行为有连续或者继续状态的，从行为终了之日起计算。

（二）刑事处罚的时效

追究时效，是指对犯罪分子追究刑事责任的法定有效期限。超过这一期限，一般不再追究犯罪分子的刑事责任。犯罪经过下列期限不再追诉：

1. 法定最高刑为不满5年有期徒刑的，经过5年；

2. 法定最高刑为5年以上不满10年有期徒刑的，经过10年；

3. 法定最高刑为10年以上有期徒刑的，经过15年；

4. 法定最高刑为无期徒刑、死刑的，经过20年。如果20年以后认为必须追诉的，须报请最高人民检察院核准。

在人民检察院、公安机关、国家安全机关立案侦查或者在人民法院受理案件以后，逃避侦查或者审判的，不受追诉期限的限制。

犯罪的追诉期限：一般犯罪的，从犯罪之日起计算；犯罪行为有连续或者继续状态的，从犯罪行为终了之日起计算。在追诉期限以内又犯罪的，前罪追诉的期限从犯后罪之日起计算。

从以上分析可以看出，税务行政处罚与刑罚的追溯时效是不同的。因此，纳税人及其他涉税当事人的涉税违法行为达到了《刑法》规定的犯罪标准，涉嫌犯罪的，不论违法行为是否超过了行政处罚的追责时效，税务机关都应当将案件移交司法机关，由其依法追究刑事责任。

五、税收违法行为及其法律责任

（一）纳税人、扣缴义务人税收违法行为及其法律责任

税务行政相对人实施的税收违法行为具体可分为违反税收日常管理制度的违法行为、直接妨害税款征收的违法行为和妨害发票管理的违法行为三类。

1. 违反税收日常管理制度的违法行为。

（1）违反税务登记管理制度的行为。违反税务登记管理制度的行为包括：纳税人不办理税务登记；未按照规定期限申报办理税务登记、变更或者注销税务登记；未按照规定办理税务登记证件验证或者换证手续；未按照规定使用税务登记证件，或者转借、涂改、损毁、买卖、伪造税务登记证件；纳税人通过虚假的证明资料等手段，骗取税务登记证；未按照规定办理扣缴税款登记等行为。

①根据《征管法》第六十条第一款的规定，纳税人未按照规定的期限申报办理税务登记、变更或者注销登记的，由税务机关责令限期改正，可以处2 000元以下的罚款；情节严重的，处2 000元以上1万元以下的罚款。

需要注意的是，"三证合一、一照一码"登记制度改革后，对于领取营业执照后30日内未到税务局办理涉税事宜的纳税人，不予进行"逾期办理税务登记"的处罚。（见《国家税务总局关于推进"三证合一"进一步完善税源管理有关问题的通知》税总函〔2015〕645号）

②根据《征管法》第六十条第二款的规定，纳税人未按规定期限办理税务登记的，由税务机关责令限期改正；逾期仍不办理税务登记的，经税务机关提请，由市场监督管理部门吊销其营业执照。

③根据《征管法》第六十条第三款的规定，纳税人未按照规定使用税务登记证件，或者转借、涂改、损毁、买卖、伪造税务登记证件的，处 2 000 元以上 1 万元以下的罚款；情节严重的处 1 万元以上 5 万元以下的罚款。

④根据《征管法实施细则》第九十条的规定，纳税人未按照规定办理税务登记证件验证或者换证手续的，由税务机关责令限期改正，可以处 2 000 元以下的罚款；情节严重的，处 2 000 元以上 1 万元以下的罚款。

⑤根据《税务登记管理办法》第四十四条的规定，纳税人通过提供虚假的证明资料等手段，骗取税务登记证的，处 2 000 元以下的罚款；情节严重的，处 2 000 元以上 1 万元以下的罚款。

⑥根据《税务登记管理办法》第四十五条的规定，扣缴义务人未按照规定办理扣缴税款登记的，税务机关应当自发现之日起 3 日内责令其限期改正，并可处 2 000 元以下的罚款。

（2）违反账簿、凭证管理制度的行为。根据实施违法行为主体的不同，违反账簿、凭证管理制度的行为分为三类：

①纳税人未按照规定设置、保管账簿或者保管记账凭证和有关资料；未按照规定将财务、会计制度或者财务、会计处理办法和会计核算软件报送税务机关备查；未按照规定将其全部银行账号向税务机关报告的行为。

根据《征管法》第六十条第一款的规定，纳税人有上述行为之一的，由税务机关责令限期改正，可以处 2 000 元以下的罚款；情节严重的，处 2 000 元以上 1 万元以下的罚款。

②扣缴义务人未按照规定设置、保管代扣代缴、代收代缴税款账簿或者保管代扣代缴、代收代缴税款记账凭证及有关资料的行为。

根据《征管法》第六十一条的规定，扣缴义务人有上述行为的，由税务机关责令限期改正，可以处 2 000 元以下的罚款；情节严重的，处 2 000 元以上 5 000 元以下的罚款。

③非法印制、转借、倒卖、变造或者伪造完税凭证的行为。

根据《征管法实施细则》第九十一条的规定，非法印制、转借、倒卖、变造或者伪造完税凭证的，由税务机关责令改正，处 2 000 元以上 1 万元以下的罚款；情节严重的，处 1 万元以上 5 万元以下的罚款。

（3）违反纳税申报管理制度的行为。违反纳税申报管理制度的行为包括纳税人未按照规定的期限办理纳税申报和报送纳税资料的行为，以及扣缴义务人未按照规定的期限向税务机关报送代扣代缴、代收代缴税款报告表和有关资料的行为。

根据《征管法》第六十二条的规定，纳税人、扣缴义务人有上述行为的，由税务机关责令限期改正，可以处 2 000 元以下的罚款；情节严重的，处 2 000 元以上 1 万元以下的罚款。

（4）违反税控装置管理制度的行为。违反税控装置管理制度的行为是指纳税人未按照规定安装、使用税控装置，或者损毁、擅自改动税控装置的行为。

根据《征管法》第六十条第一款的规定，纳税人有上述行为的，由税务机关责令限期改正，可以处 2 000 元以下的罚款；情节严重的，处 2 000 元以上 1 万元以下的罚款。

（5）妨害税务检查的违法行为。妨害税务检查的违法行为是指纳税人、扣缴义务人逃避、拒绝或者以其他方式阻碍税务机关检查的行为。妨害税务检查行为是指纳税人、扣缴义务人有下列情形：

①提供虚假资料，不如实反映情况，或者拒绝提供有关资料；

②拒绝或者阻止税务机关记录、录音、录像、照相和复制与案件有关的情况和资料；

③在检查期间，纳税人、扣缴义务人转移、隐匿、销毁有关资料；

④有不依法接受税务检查的其他情形。

根据《征管法》第七十条的规定，纳税人、扣缴义务人有上述行为之一的，由税务机关责令改正，可以处 1 万元以下的罚款；情节严重的，处 1 万元以上 5 万元以下的罚款。

2. 直接妨害税款征收的违法行为。

（1）拒绝缴纳税款的行为。拒绝缴纳税款的行为包括：

①纳税人、扣缴义务人在规定期限内不缴或者少缴应纳或者应解缴的税款，经税务机关责令限期缴纳，逾期仍未缴纳的行为；

②纳税人拒绝扣缴义务人代扣、代收税款，经税务机关追缴拒不缴纳的行为；

③纳税人采取欺骗、隐瞒等手段提供担保，造成应缴税款损失的行为。

根据《征管法》第六十八条、《征管法实施细则》第九十四条和《纳税担保试行办法》第三十二条的规定，纳税人、扣缴义务人有上述行为的，税务机关除采取强制执行措施追缴其不缴或者少缴的税款外，可以处不缴或者少缴的税款 50% 以上 5 倍以下的罚款。

（2）编造虚假计税依据的行为。

根据《征管法》第六十四条第一款的规定，纳税人、扣缴义务人编造虚假计税依据的，由税务机关责令限期改正，并处 5 万元以下罚款。

需要注意的是，纳税人、扣缴义务编造虚假的计税依据，如果造成不缴少缴应纳税款的，应按偷税予以处罚。

（3）纳税人不进行纳税申报，不缴或者少缴应纳税款的行为。

根据《征管法》第六十四条第二款的规定，纳税人有上述行为的，由税务机关追缴其不缴或者少缴的税款、滞纳金，并处不缴或者少缴的税款 50% 以上 5 倍以下的罚款。

（4）扣缴义务人应扣未扣、应收而不收税款的行为。

根据《征管法》第六十九条的规定，扣缴义务人有上述行为的，由税务机关向纳税人追缴税款，对扣缴义务人处应扣未扣、应收而不收税款 50% 以上 3 倍以下的罚款。

（5）税务代理人违反税收法律、行政法规，造成纳税人未缴或者少缴税款的行为。

根据《征管法实施细则》第九十八条的规定，税务代理人有上述行为的，除由纳税人缴纳或者补缴应纳税款、滞纳金外，对税务代理人处纳税人未缴或者少缴税款50%以上3倍以下的罚款。

（6）偷税行为。偷税是指纳税人采取伪造、变造、隐匿、擅自销毁账簿、记账凭证，在账簿上多列支出或者不列、少列收入，或者经税务机关通知申报而拒不申报或者进行虚假的纳税申报，不缴或者少缴应纳税款的行为。扣缴义务人采取上述所列手段，不缴或者少缴已扣、已收税款的，按偷税论处。

此处“经税务机关通知申报”是指以下三种情形：

①纳税人、扣缴义务人已经依法办理税务登记或者扣缴税款登记的；

②依法不需要办理税务登记的纳税人，经税务机关依法书面通知其申报的；

③尚未依法办理税务登记、扣缴税款登记的纳税人、扣缴义务人，经税务机关依法书面通知其申报的。（以上内容见《最高人民法院关于审理偷税抗税刑事案件具体应用法律若干问题的解释》法释〔2002〕33号）

需要注意的是，对未采取欺骗、隐瞒手段，只是因理解税收政策不准确、计算错误等失误导致未缴、少缴税款的，依法追缴税款、滞纳金，不定性为偷税。对因税务机关的责任导致未缴、少缴税款的，依法在规定追溯期内追缴税款，不加收滞纳金。（见《国家税务总局关于进一步做好税收违法案件查处有关工作的通知》税总发〔2017〕30号）

根据《征管法》第六十三条的规定，纳税人、扣缴义务人偷税的，由税务机关追缴其所偷税款、滞纳金，并处偷税数额50%以上5倍以下的罚款。

十一届全国人大常委会第七次会议表决通过的《刑法修正案（七）》已经将偷税罪修改为逃避缴纳税款罪。因此，本书认为，考虑与刑法的衔接，“偷税”的概念将被“逃避缴纳税款”所取代而最终消失。

《征管法》未具体规定纳税人自我纠正少缴税行为的性质问题，在处理此类情况时，仍应按《征管法》关于偷税应当具备主观故意、客观手段和行为后果的规定进行是否偷税的定性。税务机关在实施检查前纳税人自我纠正属补报补缴少缴的税款，不能证明纳税人存在偷税的主观故意，不应定性为偷税。（见《国家税务总局办公厅关于呼和浩特市昌隆食品有限公司有关涉税行为定性问题的复函》国税办函〔2007〕513号）

（7）逃避追缴欠税的行为。逃避追缴欠税的行为是指纳税人欠缴应纳税款，采取转移或者隐匿财产的手段，妨碍税务机关追缴其欠缴税款的行为。

根据《征管法》第六十五条的规定，纳税人逃避追缴欠税的，由税务机关追缴其所欠缴的税款、滞纳金，并处欠缴税款50%以上5倍以下的罚款。

（8）骗取出口退税的行为。骗取出口退税的行为是指以假报出口或者其他欺骗手段，骗取国家出口退税款的行为。

根据《征管法》第六十六条的规定，有骗取出口退税行为的，由税务机关追缴其骗取的退税款，并处骗取税款1倍以上5倍以下的罚款。

（9）抗税行为。抗税行为是指以暴力、威胁方法拒不缴纳税款的行为。

根据《征管法》第六十七条的规定，抗税情节轻微，未构成犯罪的，由税务机关追缴其拒缴的税款、滞纳金，并处拒缴税款1倍以上5倍以下的罚款。

（10）为纳税人、扣缴义务人非法提供银行账户、发票、证明或者其他方便，导致未缴、少缴税款或者骗取国家出口退税款的行为。

根据《征管法实施细则》第九十三条的规定，有上述违法行为的，税务机关除没收其违法所得外，可以处未缴、少缴或者骗取的税款1倍以下的罚款。

（11）纳税人、纳税担保人采取欺骗、隐瞒等手段提供担保的行为；非法为纳税人、纳税担保人实施虚假纳税担保提供方便的行为。

根据《纳税担保试行办法》第三十一条的规定，有上述违法行为的，由税务机关处1 000元以下的罚款；属于经营行为的，处1万元以下的罚款。

3. 妨害发票管理的违法行为。

（1）非法印制发票、非法生产发票相关物品的行为。

①非法印制发票的行为。

根据《征管法》第七十一条的规定，违反该法第二十二条的规定，非法印制发票的，由税务机关销毁非法印制的发票，没收违法所得和作案工具，并处1万元以上5万元以下的罚款。

②私自印制、伪造、变造发票的行为。

③非法制造发票防伪专用品的行为。

④伪造发票监制章的行为。

根据《发票管理办法》第三十八条的规定，私自印制、伪造、变造发票，非法制造发票防伪专用品，伪造发票监制章的，由税务机关没收违法所得，没收、销毁作案工具和非法物品，并处1万元以上5万元以下的罚款；情节严重的，并处5万元以上50万元以下的罚款；对印制发票的企业，可以并处吊销发票准印证。

（2）未按规定开具、使用、缴销、保管发票的行为。

根据《发票管理办法》第三十五条的规定，有下列情形之一的，由税务机关责令限期改正，可以处1万元以下罚款；有违法所得的予以没收：

①应当开具而未开具发票，或者未按照规定的时限、顺序、栏目，全部联次一次性开具发票，或者未加盖发票专用章的；

②使用税控装置开具发票，未按期向主管税务机关报送开具发票的数据的；

③使用非税控电子器具开具发票，未将非税控电子器具使用的软件程序说明资料报主管税务机关备案，或者未按照规定保存、报送开具发票的数据的；

④拆本使用发票的；

⑤扩大发票使用范围的；

⑥以其他凭证代替发票使用的；

⑦跨规定区域开具发票的；

⑧未按照规定缴销发票的；

⑨未按照规定存放和保管发票的。

（3）跨规定的使用区域携带、邮寄、运输空白发票以及携带、邮寄或者运输空白发票出入境的行为。

根据《发票管理办法》第三十六条的规定，有上述行为之一的，由税务机关责令改正，可以处1万元以下的罚款；情节严重的，处1万元以上3万元以下的罚款；有违法所得的予以没收。

（4）丢失发票或者擅自损毁发票的行为。

根据《发票管理办法》第三十六条的规定，有上述行为之一的，由税务机关责令改正，可以处1万元以下的罚款；情节严重的，处1万元以上3万元以下的罚款；有违法所得的予以没收。

（5）虚开发票、非法代开发票的行为。

根据《发票管理办法》第三十七条的规定，有上述行为之一的，由税务机关没收违法所得；虚开或代开金额在1万元以下的，可以并处5万元以下的罚款；虚开或代开金额超过1万元的，并处5万元以上50万元以下的罚款。

（6）转让发票、发票相关物品，受让、开具、存放、携带、邮寄、运输不合规的发票的行为。

根据《发票管理办法》第三十九条的规定，有下列情形之一的，由税务机关处1万元以上5万元以下的罚款；情节严重的，处5万元以上50万元以下的罚款；有违法所得的予以没收：

①转借、转让、介绍他人转让发票、发票监制章和发票防伪专用品的；

②知道或者应当知道是私自印制、伪造、变造、非法取得或者废止的发票而受让、开具、存放、携带、邮寄、运输的。

（7）违反发票管理法规，导致他人未缴、少缴或骗取税款的行为。

根据《发票管理办法》第四十一条的规定，有上述情形的，由税务机关没收违法所得，可以并处未缴、少缴或骗取的税款1倍以下的罚款。

根据《征管法》第七十二条的规定，从事生产、经营的纳税人、扣缴义务人有《征管法》规定的税收违法行为，拒不接受税务机关处理的，税务机关可以收缴其发票或者停止向其发售发票。根据《发票管理办法》第四十条的规定，对违反发票管理规定2次以上或者情节严重的单位和个人，税务机关可以向社会公告。需要指出的是，上述税务机关作出的“收缴其发票或者停止向其发售发票”的决定不是税务行政处罚，而是一种执行罚性质的间接强制执行措施。

（二）其他部门或机构税收违法行为及其法律责任

其他部门或机构的税收法律责任是指这些部门或机构不认真履行协助税收征管义务所负的法律责任，主要针对银行及其他金融机构。银行和其他金融机构有义务支持、配合税务机关依法执行公务，不得拒绝税务机关依法作出并按照合法程序进行的检查、冻结账户和扣缴税款的行为。

1. 违反法律、拒绝接受税务机关依法检查纳税人、扣缴义务人存款账户，或拒绝执行税务机关作出的冻结存款或者扣缴税款的决定，或者在接到税务机关的书面通知后帮助纳税人、扣缴义务人转移存款，造成税款流失的行为。

根据《征管法》第七十三条的规定，银行或者其他金融机构有上述行为的，由税务机关处10万元以上50万元以下的罚款，对直接负责的主管人员和其他直接责任人员处1 000元以上1万元以下的罚款。

2. 银行和其他金融机构未按规定在从事生产、经营的纳税人的账户中登录税务登记证件号码，或者未按规定在税务登记证件中登录从事生产、经营的纳税人的账户账号的行为。

根据《征管法实施细则》第九十二条的规定，银行或者其他金融机构有上述行为的，由税务机关责令其限期改正，处2 000元以上2万元以下的罚款；情节严重的，处2万元以上5万元以下的罚款。

3. 税务机关依法到车站、码头、机场、邮政企业及其分支机构检查纳税人有关情况时，有关单位拒绝的行为。

根据《征管法实施细则》第九十五条的规定，有关单位有上述行为的，由税务机关责令改正，可以处1万元以下的罚款；情节严重的，处1万元以上5万元以下的罚款。

（三）税务机关、税务人员实施的税收违法行为及其法律责任

税务机关、税务人员实施的税收违法行为是指其在履行税收征管职责活动中发生的违法行为。它既包括《征管法》中规定的只能由税务机关、税务人员实施的行为，也包括其他法律、行政法规中规定的可能由所有行政机关及其工作人员实施的违法行为。

为了加强税收征收管理，惩处税收违法违纪行为，促进税收法律法规的贯彻实施，根据相关法律、行政法规，国家税务总局联合相关部门制定了《税收违法违纪行为处分规定》（监察部、人力资源和社会保障部、国家税务总局令2012年第26号）。

1. 违反《征管法》的违法行为。

《征管法》及其实施细则规定的税务机关、税务人员的税收违法行为包括：

（1）违反规定擅自改变税收征管范围和税款入库级次的行为；

（2）查封、扣押纳税人个人及其所抚养家属维持生活必需的住房和用品的行为；

（3）唆使、协助纳税人、扣缴义务人实施偷税、逃避追缴欠税、骗取出口退税的行为；

（4）收受、索取纳税人、扣缴义务人财物或者利用职务便利谋取其他不正当利益的行为；

（5）徇私舞弊、玩忽职守不征、少征应征税款的行为；

（6）滥用职权，故意刁难纳税人、扣缴义务人的行为；

（7）对控告、检举税收违法违纪行为的检举人、控告人打击报复的行为；

（8）违反法律、行政法规规定，提前征收、延缓征收或者摊派税款的行为；

（9）违反法律、行政法规规定，擅自作出税收开征、停征或者减、免、退、补税以及其他同税收法律、行政法规相抵触的决定的行为；

（10）征收税款或者查处税收违法案件时，未按规定回避的行为；

（11）未按规定为纳税人、扣缴义务人、检举人保密的行为；

（12）私分扣押、查封的商品、货物或者其他财产的行为。

根据《征管法》第七十六条的规定，税务机关违反规定擅自改变税收征管范围和税款入库级次的，责令限期改正，对直接负责的主管人员和其他直接责任人员依法给予降级或者撤职的行政处分。

根据《征管法》及其实施细则的有关规定，税务机关或者税务人员有上述其他税收违法行为，依法给予行为人，或者直接负责的主管人员和其他直接责任人员相应行政处分。情节严重，构成犯罪的，依法追究刑事责任。

2. 违反《发票管理办法》的违法行为。

税务人员利用职权之便，故意刁难印制、使用发票的单位和个人，或者有违反发票管理法规的行为。

根据《发票管理办法》第四十三条的规定，税务人员有上述行为的，依照国家有关规定给予行政处分。

3. 违反其他行政法律法规的违法行为。

《行政处罚法》《行政许可法》《行政强制法》《行政复议法》《国家赔偿法》《政府信息公开条例》和《行政执法机关移送涉嫌犯罪案件的规定》等行政法律法规均有关于行政机关及其工作人员徇私舞弊、玩忽职守或者滥用职权等渎职、失职行为应承担法律责任的规定。

4. 违反税务行政规章的违法行为。

《税务行政复议规则》《抵税财物拍卖、变卖办法》《纳税担保试行办法》《税务登记管理办法》《欠税公告办法（试行）》和《税收违法行为检举管理办法》等税务行政规章中均有关于行政机关及其工作人员不履行职责、玩忽职守、徇私舞弊等渎职、失职行为应承担法律责任的规定。

六、税收犯罪行为及其法律责任

税收犯罪行为刑事责任的规定，主要体现在《刑法》分则第三章“破坏社会主义市场经济秩序罪”第六节“危害税收征管罪”中。危害税收征管罪是通常所说的狭义上的涉税犯罪。此外，一些税务人员的职务犯罪，即渎职罪，由于其直接与税收有关，因而也被视为涉税犯罪。

（一）危害税收征管罪

危害税收征管罪实际上包括两类犯罪，一是直接针对税款的，包括逃税罪、抗税罪、逃避追缴欠税罪、骗取出口退税罪；二是妨害发票管理的，主要指伪造、购买、持有、出售、虚开发票方面的犯罪，如虚开增值税专用发票或者虚开用于骗取出口退税、抵扣税款发票罪，伪造、出售伪造的增值税专用发票罪，非法出售增值税专用发票罪，非法购买增值税专用发票、购买伪造的增值税专用发票罪，非法制造、出售非法制造的用于骗取出口退税、抵扣税款发票罪，非法制造、出售非法制造的发票罪，非法出售用于骗取出口退税、抵扣税款发票罪，非法出售发票罪，虚开发票罪和持有伪造的发票罪。

危害税收征管罪具有以下特征：

（1）侵犯的是国家税收征管秩序；

（2）行为人采取各种方式、方法“偷逃抗骗”税且情节严重；

（3）除抗税罪外，法人或其他组织能构成其他所有危害税收征管罪；

（4）均为故意犯罪，且一般情况下是直接故意。

下面重点介绍直接妨害税款征收的四类犯罪。

1. 逃税罪。

逃税罪即逃避缴纳税款罪，是指纳税人采取欺骗、隐瞒手段进行虚假纳税申报或者不申报，逃避缴纳税款情节严重的行为。扣缴义务人采取上述所列手段，不缴或者少缴已扣、已收税款，数额较大的，按逃税罪处罚。

根据《最高人民检察院、公安部关于公安机关管辖的刑事案件立案追诉标准的规定（二）》（2010 年 5 月 7 日发布）的规定，逃税罪的构成标准：一是逃避缴纳税款数额在 5 万元以上并且占各税种应纳税总额 10% 以上，经税务机关依法下达追缴通知后，不补缴应纳税款、不缴纳滞纳金或者不接受行政处罚的；二是纳税人 5 年内因逃避缴纳税款受过刑事处罚或者被税务机关给予两次以上行政处罚，又逃避缴纳税款，数额在 5 万元以上并且占各税种应纳税总额 10% 以上的；三是扣缴义务人采取欺骗、隐瞒手段，不缴或者少缴已扣、已收税款，数额在 5 万元以上的。纳税人、扣缴义务人多次实施逃避缴纳税款行为，未经处理的，按照累计数额计算。

上述“进行虚假纳税申报”主要表现为设立虚假的账簿、记账凭证；对账簿、记账凭证进行涂改；擅自销毁正在使用及未过保管期的账簿、记账凭证；在账簿上多列支出或者不列、少列收入等。“不申报”主要表现为已经领取工商营业执照的纳税人不办理税务登记；办理税务登记的纳税人不进行纳税申报或者经税务机关通知申报而拒不申报。

依据《刑法》第二百零一条的规定，犯逃税罪，逃避缴纳税款数额较大并且占应纳税额 10% 以上的，处 3 年以下有期徒刑或者拘役，并处罚金；数额巨大并且占应纳税额 30% 以上的，处 3 年以上 7 年以下有期徒刑，并处罚金。单位犯逃税罪的，对单位判处罚金，并对直接负责的主管人员和其他直接责任人员依照自然人犯逃税罪处罚。

需要注意的是，纳税人有逃避缴纳税款的行为，经税务机关依法下达追缴通知后，补缴应纳税款，缴纳滞纳金，已受行政处罚的，不予追究刑事责任；但是，5 年内因逃避缴纳税款受过刑事处罚或者被税务机关给予两次以上行政处罚的除外。纳税人在公安机关立案后再补缴应纳税款、缴纳滞纳金或者接受行政处罚的，不影响刑事责任的追究。

2. 抗税罪。

抗税罪是指以暴力、威胁方法拒不缴纳税款的行为。抗税罪的犯罪主体不同于其他涉税犯罪主体，只能是纳税人、扣缴义务人或其他自然人，单位不能构成抗税罪。

所谓暴力，是指对税务工作人员人身施加攻击或者强制，如殴打、捆绑、扣押、禁闭等。此外，为阻挠征税而捣毁税务工作人员的交通工具、通信设备，聚众冲击打砸税务机关的，亦属实施暴力。所谓威胁，是指行为人为了抗拒缴纳税款，用口头、书面或者其他方法使税务人员精神处于恐惧状态，从而迫使税务工作人员不敢征税。

抗税罪的构成标准：抗税罪是一种行为犯，即行为人只要有以暴力、威胁的方法拒不缴纳税款的行为，就构成抗税罪。具体表现为造成税务工作人员轻微伤以上的；以给税务工作人员及其亲友的生命、健康、财产等造成损害为威胁，抗拒缴纳税款的；聚众抗拒缴纳税款的；以其他暴力、威胁方法拒不缴纳税款的。

需要注意的是，实践中，不负有纳税义务的个人与纳税人或者扣缴义务人共同实施抗税行为的，以抗税罪的共犯依法处罚；不负有纳税义务的个人以暴力、威胁方法阻碍税务人员征税，且事先与纳税人无通谋的，构成妨害公务罪。

依据《刑法》第二百零二条的规定，犯抗税罪的，处3年以下有期徒刑或者拘役，并处拒缴税款1倍以上5倍以下罚金；情节严重的，处3年以上7年以下有期徒刑，并处拒缴税款1倍以上5倍以下罚金。

上述所称的“情节严重”是指：聚众抗税的首要分子；抗税数额在10万元以上的；多次抗税的；故意伤害致人轻伤的；具有其他严重情节。

3. 逃避追缴欠税罪。

逃避追缴欠税罪是指纳税人欠缴应纳税款，采取转移或者隐匿财产的手段，致使税务机关无法追缴欠缴税款且数额较大的行为。只有纳税人才能犯逃避追缴欠税罪，扣缴义务人不能构成该罪主体。

逃避追缴欠税罪的构成标准：一是有欠税事实存在；二是实施了转移或隐匿财产的行为；三是致使税务机关无法追缴；四是无法追缴的欠缴税款数额超过了1万元。

依据《刑法》第二百零三条的规定，犯逃避追缴欠税罪，致使税务机关无法追缴欠缴的税款数额在1万元以上不满10万元的，处3年以下有期徒刑或者拘役，并处或者单处欠缴税款1倍以上5倍以下罚金；数额在10万元以上的，处3年以上7年以下有期徒刑，并处欠缴税款1倍以上5倍以下罚金。单位犯逃避追缴欠税罪的，对单位判处罚金，并对负责的主管人员和其他直接责任人员依照自然人犯逃避追缴欠税罪处罚。

4. 骗取出口退税罪。

骗取出口退税罪是指采取假报出口或者其他欺骗手段，骗取国家出口退税款，数额较大的行为。该罪的主体既可以是纳税人，也可以是非纳税人；既可以是自然人，也可以是单位。该犯罪行为的实施，通常需要多个行为人彼此勾结才能进行，因此具有集团犯罪的特征。

骗取出口退税罪的构成标准：一是以假报出口或者其他欺骗手段，骗取国家出口退税款；二是骗取国家出口退税款数额在5万元以上的。

需要注意的是，纳税人缴纳税款后采取假报出口等欺骗手段骗取所缴纳税款的，按逃税罪处罚；只有对骗取税款超过所缴纳的税款以及纳税人未缴纳税款而骗取国家出口退税款的行为才按骗取出口退税罪论处。

依据《刑法》第二百零四条的规定，犯骗取出口退税罪的，数额较大的，处5年以下有期徒刑或者拘役，并处骗取税款1倍以上5倍以下罚金；数额巨大或者有其他严重情节的，处5年以上10年以下有期徒刑，并处骗取税款1倍以上5倍以下罚金。数额特别巨大或者有其他特别严重情节的，处10年以上有期徒刑或者无期徒刑，并处骗取税款1倍以上5倍以下罚金或者没收财产。单位犯骗取出口退税罪的，对单位判处罚金，并对负责的主管人员和其他直接责任人员依照自然人犯骗取出口退税罪处罚。

上述“数额较大”是指骗取国家出口退税款5万元以上的，“数额巨大”是指骗取国家出口退税款50万元以上的，“数额特别巨大”是指骗取国家出口退税款250万元以上。

依据《刑法》第二百一十二条的规定，犯上述逃税罪、抗税罪、逃避追缴欠税和骗取出口退税罪，被判处罚金、没收财产的，在执行前，应当先由税务机关追缴税款和所骗取的出口退税款。

（二）税务工作人员职务犯罪

税务工作人员职务犯罪是一个相当宽泛的概念，具体说主要包括以下几个方面：一是税务工作人员作为国家机关工作人员，滥用职权、玩忽职守、徇私舞弊等渎职性犯罪，税务工作人员均可构成，如滥用职权罪、玩忽职守罪；二是税务工作人员利用职务便利与纳税人及其他不法分子相互勾结，实施逃税、逃避追缴欠税、骗取出口退税等犯罪行为，以及利用发票犯罪时，构成相应罪行的共同犯罪；三是刑法专门规定的只能由税务工作人员构成的职务犯罪，即徇私舞弊不征、少征税款罪和徇私舞弊发售发票、抵扣税款、出口退税罪。

需要注意的是，根据司法解释，如果国家机关工作人员玩忽职守或滥用职权，符合《刑法》第九章所规定的特殊渎职罪构成要件的，按照该特殊规定追究刑事责任。因此税务工作人员的渎职犯罪行为一般不认定为玩忽职守罪或滥用职权罪，而应以徇私舞弊不征、少征税款罪和徇私舞弊发售发票、抵扣税款、出口退税罪等犯罪来追究。

税务工作人员职务犯罪具有以下特征：

（1）侵犯国家机关的正常活动，严重损害国家和人民的利益；

（2）违法行为均与职务活动或公务活动有关；

（3）主体特殊，即只能是国家机关工作人员；

（4）主观上既可能是故意，也可能是过失。

下面重点介绍针对税务工作人员规定的两个渎职罪和税务工作人员容易触犯的徇私舞弊不移交刑事案件罪、违法提供出口退税凭证罪。

1. 徇私舞弊不征、少征税款罪。

徇私舞弊不征、少征税款罪是指税务机关的工作人员徇私舞弊，不征应征税款或少征应征税款，致使国家税收遭受重大损失的行为。该罪的犯罪主体只能是税务机关的工作人员。

该罪构成标准除了税务工作人员有不征、少征税款行为，还要求其行为造成了致使国家税收遭受重大损失的后果。根据《最高人民检察院关于渎职侵权犯罪案件立案标准的规定》（高检发释字〔2006〕2号）的规定，税务工作人员徇私舞弊不征、少征税款涉嫌下列情形之一的，应予立案：

（1）徇私舞弊不征、少征应征税款，致使国家税收损失累计达10万元以上的；

（2）上级主管部门工作人员指使税务工作人员徇私舞弊不征、少征应征税款，致使国家税收损失累计达10万元以上的；

（3）徇私舞弊不征、少征应征税款不满10万元，但具有索取或者收受贿赂或者其他恶劣情节的；

（4）其他致使国家税收遭受重大损失的情形。

需要注意的是，在税务机关采取定期定额征收方式导致少征税款，或者纳税人提供虚假材料骗取减免税出现的不征、少征税款，以及税务工作人员业务素质原因造成的少征税款等情况下，因税务工作人员没有徇私情、私利的主观故意，不能认定为有罪。

依据《刑法》第四百零四条的规定，犯徇私舞弊不征、少征税款罪的，处5年以下有期徒刑或者拘役；造成特别重大损失的，处5年以上有期徒刑。

2. 徇私舞弊发售发票、抵扣税款、出口退税罪。

徇私舞弊发售发票、抵扣税款、出口退税罪是指税务机关的工作人员违反法律、行政法规的规定，在办理发售发票、抵扣税款、出口退税工作中徇私舞弊，致使国家利益遭受重大损失的行为。除了税务工作人员，其他自然人和单位不能构成该罪主体。

该罪构成标准除了税务工作人员在办理发售发票、抵扣税款、出口退税工作中有徇私舞弊行为外，还要求其行为造成了致使国家利益遭受重大损失的后果。税务工作人员涉嫌下列情形之一的，应予立案：

（1）徇私舞弊，致使国家税收损失累计达10万元以上的；

（2）徇私舞弊，致使国家税收损失累计不满10万元，但发售增值税专用发票25份以上或者其他发票50份以上或者增值税专用发票与其他发票合计50份以上，或者具有索取、收受贿赂或者其他恶劣情节的；

（3）其他致使国家利益遭受重大损失的情形。

依据《刑法》第四百零五条的规定，犯徇私舞弊发售发票、抵扣税款、出口退税罪的，处5年以下有期徒刑或者拘役；致使国家利益遭受特别重大损失的，处5年以上有期徒刑。

3. 徇私舞弊不移交刑事案件罪。

徇私舞弊不移交刑事案件罪，是指行政执法人员徇私舞弊，对依法应当移交司法机关追究刑事责任的案件不移交，情节严重的行为。该罪的犯罪主体是工商行政管理、税务、监察等部门依法具有行政执法权的行政机关中承担执法工作的公务人员。也就是说，税务机关中依法不承担执法工作的非执法人员不能构成本罪。

徇私舞弊不移交刑事案件涉嫌下列情形之一的，应予立案：

（1）对依法可能判处3年以上有期徒刑、无期徒刑、死刑的犯罪案件不移交的；

（2）不移交刑事案件涉及3人次以上的；

（3）司法机关提出意见后，无正当理由仍然不予移交的；

（4）以罚代刑，放纵犯罪嫌疑人，致使犯罪嫌疑人继续进行违法犯罪活动的；

（5）行政执法部门主管领导阻止移交的；

（6）隐瞒、毁灭证据，伪造材料，改变刑事案件性质的；

（7）直接负责的主管人员和其他直接责任人员为牟取本单位私利而不移交刑事案件，情节严重的；

（8）其他情节严重的情形。

需要注意的是，不移交刑事案件不是出于故意，没有徇私情、私利，而是由于对案件性质认识错误或者因工作失误不移交，以及不存在法定严重情节的，不构成该罪。

依据《刑法》第四百零二条的规定，犯徇私舞弊不移交刑事案件罪的，处3年以下有期徒刑或者拘役；造成严重后果的，处3年以上7年以下有期徒刑。

4. 违法提供出口退税凭证罪。

违法提供出口退税凭证罪是指海关、外汇管理等国家机关工作人员违反国家规定，在提供出口货物报关单、出口收汇核销单等出口退税凭证的工作中徇私舞弊，致使国家利益遭受重大损失的行为。该罪主体是海关、外汇管理等国家机关工作人员。

违法提供出口退税凭证涉嫌下列情形之一的，应予立案：

（1）徇私舞弊，致使国家税收损失累计达10万元以上的；

（2）徇私舞弊，致使国家税收损失累计不满10万元，但具有索取、收受贿赂或者其他恶劣情节的；

（3）其他致使国家利益遭受重大损失的情形。

依据《刑法》第四百零五条的规定，犯违法提供出口退税凭证罪的，致使国家利益遭受重大损失的，处五年以下有期徒刑或者拘役；致使国家利益遭受特别重大损失的，处五年以上有期徒刑。

需要注意的是，税务机关工作人员并不是只要有违法行为，就构成犯罪。《刑法》第十三条规定了什么行为是犯罪的同时，又以“但书”形式规定：“情节显著轻微危害不大的，不认为是犯罪。”一般来说，只有税务工作人员的违法行为致使国家税收利益遭受重大损失才能构成犯罪，这是区别罪与非罪的界限。但是，不论是否造成税款流失或其他危害结果，只要有《征管法》《刑法》及其他相关法律、法规规定的违法行为，就应当追究行为人的行政责任，给予行政处分。

七、税收法律救济

税收法律救济是指有关国家机关为消除税务机关具体行政行为所造成的不利后果，通过解决税收争议，制止和矫正违法或不当的税务行政侵权行为，从而使税务行政相对人的合法权益获得补救的一种法律机制。税收法律救济的内容包括税务行政复议、税务行政诉讼和税务行政赔偿。《征管法》第八条规定，纳税人对税务机关作出的决定，依法享有申请行政复议、提起行政诉讼、请求国家赔偿的权利。

（一）行政复议与行政诉讼

1. 行政复议。

行政复议是指公民、法人和其他组织认为行政机关的具体行政行为侵犯其合法权益，依法向行政复议机关提出复查申请，行政复议机关对该具体行政行为进行合法性、适当性审查并作出裁决的行政司法制度和活动。税务行政复议是指纳税人及其他涉税当事人对税务机关及其工作人员的行政行为不服，依法向上一级税务机关提出申诉，请求上一级税务机关纠正，上一级税务机关根据申请人的申请，对引起争议的下级税务机关的具体行政行为进行审议，并依法作出维持、变更、撤销原行政行为或者责令下级税务机关限期履行和重新作出行政行为的一项活动。

公民、法人和其他组织认为税务机关的具体行政行为侵犯其合法权益，向税务行政复议机关申请行政复议，适用《税务行政复议规则》（国家税务总局令2016年第39号）的规定。

2. 行政诉讼。

行政诉讼是指公民、法人和其他当事人认为行政机关及其工作人员的具体行政行为侵犯了其合法权益，请求人民法院对行政机关的具体行政行为的合法性进行审查，人民法院进行审理并作出裁判的诉讼活动。纳税人及其他涉税当事人就税务行政争议提起的诉讼，属于税务行政诉讼。

税务行政复议和税务行政诉讼的目的在于解决纷争，明确是非，防止和纠正违法或不当的税务行政行为，保护纳税人及其他涉税当事人的合法权益，保障和监督税务机关依法行使职权。

3. 《征管法》相关规定。

《征管法》第八十八条规定：

（1）纳税人、扣缴义务人、纳税担保人同税务机关在纳税上发生争议时，必须先依照税务机关的纳税决定缴纳或者解缴税款及滞纳金或者提供相应的担保，然后可以依法申请行政复议；对行政复议决定不服的，可以依法向人民法院起诉。

（2）纳税人、扣缴义务人、纳税担保人对税务机关的处罚决定、强制执行措施或者税收保全措施不服的，可以依法申请行政复议，也可以依法向人民法院起诉。

从以上规定可以看出，纳税人及其他涉税当事人同税务机关发生涉税争议时，根据争议内容不同，可以采取不同的救济方式。

第一种情况，明确了对纳税人及其他涉税当事人同税务机关在纳税上有争议时必须遵守复议前置的规定。所谓复议前置是指在提起税务行政诉讼之前，必须先经过税务行政复议程序。也就是说，纳税人及其他涉税当事人同税务机关发生纳税争议时，即在是否纳税、该纳多少税的问题上，与税务机关意见不一致时，必须首先申请行政复议。对行政复议决定不服的，纳税人及其他涉税当事人才可以依法向人民法院提起行政诉讼。根据纳税争议复议前置的规定，纳税人及其他涉税当事人未经税务机关行政复议的诉讼请求，法院不予受理。

需要注意的是，纳税人及其他涉税当事人请求复议权利的取得，必须基于按规定的期限履行完毕税务机关的税务处理决定或者提供纳税担保。如果纳税人及其他涉税当事人不按规定的期限履行税务机关的征税决定或者没有提供相应的纳税担保，就无权申请行政复议，自然也就无法提起行政诉讼。

第二种情况，规定了纳税人及其他涉税当事人对税务机关的处罚决定、强制执行措施或者税收保全措施不服时可以自由选择救济方式。所谓自由选择，是指当事人在行政复议与行政诉讼之间可以自由选择；在选择了行政复议后，如对复议决定不服，仍可以提起行政诉讼。

需要注意的是，纳税人及其他涉税当事人向人民法院起诉，人民法院已经受理的，不得再申请复议；而纳税人及其他涉税当事人向复议机关申请复议，复议机关已经受理的，复议申请人在法定复议期内不得向人民法院起诉。此外，根据《行政复议法》和《行政诉讼法》的规定，在复议和诉讼期间，税务机关的行政处罚决定、强制执行措施或者税收保全措施不停止执行。

（二）行政赔偿

作为国家赔偿的一部分，行政赔偿是指行政机关及其工作人员行使职权侵犯公民、法人和其他组织合法权益造成损害的，由行政机关负责向受害人赔偿的制度。税务机关进行的国家赔偿属于行政赔偿范畴，应当遵守《国家赔偿法》的相关规定。

根据《国家赔偿法》的规定，国家只对行政机关及其工作人员在行使职权时侵犯公民、法人和其他组织的人身权、财产权造成的损害予以赔偿，对行政机关工作人员与行使职权无关的个人行为造成损害的，因受害人自己的行为致使损害发生以及法律规定的其他情形不予赔偿。税务机关及其工作人员行使行政职权侵犯纳税人及其他涉税当事人的合法权益造成损害的，税务机关为赔偿义务机关。税务机关赔偿损失后，应当责令有故意或者重大过失的工作人员或者受委托的组织、个人承担部分或者全部赔偿费用。纳税人及其他涉税当事人单独就损害提出行政赔偿请求，应当先由税务机关解决；对税务机关的处理决定不服，可以向人民法院提起诉讼。如果纳税人及其他涉税当事人已申请行政复议或者提起行政诉讼，可以同时提出行政赔偿要求。对税务机关违法行政，给纳税人及其他涉税当事人造成损害的，《征管法》明确规定了应予赔偿。

1. 《征管法》第八条第四款规定，纳税人、扣缴义务人对税务机关所作出的决定，享有请求国家赔偿的权利。

2. 《征管法》第三十九条规定，纳税人在限期内已缴纳税款，税务机关未立即解除税收保全措施，使纳税人的合法利益遭受损失的，税务机关应当承担赔偿责任。

3. 《征管法》第四十三条规定，税务机关滥用职权违法采取税收保全措施、强制执行措施，或者采取税收保全措施、强制执行措施不当，使纳税人、扣缴义务人或者纳税担保人的合法权益遭受损失的，应当依法承担赔偿责任。

附录　特定事项税收政策

本部分共整理了国务院财政、税务主管部门经国务院批准制定的涉及科教文卫、创业就业、基金运作、金融证券、扶危济困、保障住房、特殊单位和其他事项等 8 个方面共 51 项特定事项的税收政策。为了减少篇幅并保持特定事项税收政策的完整性，附录中的特定事项涉及的税收政策并没有收录在相关税种的“税收优惠”部分。

科教文卫税收政策

一、宣传文化事业税收政策

二、经营高校学生公寓和食堂税收政策

三、支持文化产业发展税收政策

四、经营性文化事业单位转制为企业税收政策

五、大学科技园税收政策

六、科技企业孵化器税收政策

七、促进教育事业发展税收政策

八、转制科研机构税收政策

九、非营利性科研机构税收政策

十、医疗卫生机构税收政策

十一、促进科技成果转化税收政策

创业就业税收政策

十二、支持和促进创业就业税收政策

十三、促进残疾人就业税收政策

十四、城镇退役士兵创业就业税收政策

十五、自主择业军队转业干部税收政策

十六、随军家属就业税收政策

基金运作税收政策

十七、保险保障基金税收政策

十八、开放式证券投资基金税收政策

十九、社会保障基金税收政策

二十、封闭式证券投资基金税收政策

金融证券税收政策

二十一、农村金融税收政策

二十二、信贷资产证券化税收政策

二十三、股权分置改革税收政策

二十四、被撤销金融机构税收政策

二十五、金融资产管理公司税收政策

二十六、沪港股票市场交易互联互通机制试点税收政策

二十七、深港股票市场交易互联互通机制税收政策

二十八、内地与香港基金互认有关税收政策

扶危济困税收政策

二十九、支持农村饮水安全工程建设运营税收政策

三十、西部大开发税收政策

三十一、抗震救灾税收政策

三十二、易地扶贫搬迁税收政策

保障住房税收政策

三十三、公共租赁住房税收政策

三十四、棚户区改造税收政策

三十五、经济适用房和租赁市场税收政策

三十六、住房公积金税收政策

特殊单位税收政策

三十七、钓鱼台国宾馆税收政策

三十八、老年服务机构税收政策

三十九、工会服务型事业单位税收政策

四十、军队和军工系统税收政策

四十一、农民专业合作社税收政策

其他事项税收政策

四十二、商品储备业务税收政策

四十三、促进节能服务产业发展税收政策

四十四、海峡两岸直航税收政策

一、宣传文化事业税收政策

（一）特定事项

文化事业是中国特有术语，指我国政治经济体制当中存在的文化事业单位的集合名词，文化事业单位是在文化领域从事研究创作、精神产品生产和文化公共服务的组织机构。

宣传是一种运用各种符号传播一定的观念以影响人们的思想和行动的社会行为。

（二）优惠政策

为促进我国宣传文化事业的发展繁荣，经国务院批准，在2017年年底以前，对宣传文化事业增值税优惠政策做适当调整后延续。

1. 自2018年1月1日起至2020年12月31日，执行下列增值税先征后退政策。

（1）对下列出版物在出版环节执行增值税100%先征后退的政策：

①中国共产党和各民主党派的各级组织的机关报纸和机关期刊，各级人大、政协、政府、工会、共青团、妇联、残联、科协的机关报纸和机关期刊，新华社的机关报纸和机关期刊，军事部门的机关报纸和机关期刊。

上述各级组织不含其所属部门。机关报纸和机关期刊增值税先征后退范围掌握在一个单位一份报纸和一份期刊以内。

②专为少年儿童出版发行的报纸和期刊，中小学的学生课本。

③专为老年人出版发行的报纸和期刊。

④少数民族文字出版物。

⑤盲文图书和盲文期刊。

⑥经批准在内蒙古、广西、西藏、宁夏、新疆五个自治区内注册的出版单位出版的出版物。

⑦列名的图书、报纸和期刊。

（2）对下列出版物在出版环节执行增值税先征后退50%的政策：

①各类图书、期刊、音像制品、电子出版物，但符合上述规定执行增值税100%先征后退的出版物除外。

②列名的报纸。

（3）对下列印刷、制作业务执行增值税100%先征后退的政策：

①对少数民族文字出版物的印刷或制作业务。

②列名的新疆维吾尔自治区印刷企业的印刷业务。

2. 自2018年1月1日起至2020年12月31日，免征图书批发、零售环节增值税。

3. 自2018年1月1日起至2020年12月31日，对科普单位的门票收入，以及县级及以上党政部门和科协开展科普活动的门票收入免征增值税。

（三）限定条件

1. 享受上述“（二）优惠政策”第1条第（1）（2）项规定的增值税先征后退政策的纳税人，必须是具有相关出版物的出版许可证的出版单位（含以“租型”方式取得专有出版权进行出版物的印刷发行的出版单位）。承担省级及以上出版行政主管部门指定出版、发行任务的单位，因进行重组改制等原因尚未办理出版、发行许可的出版单位，经财政部驻各地财政监察专员办事处（简称财政监察专员办事处）商省级出版行政主管部门核准，可以享受相应的增值税先征后退政策。

纳税人应将享受上述税收优惠政策的出版物在财务上实行单独核算，不进行单独核算的不得享受优惠政策。违规出版物、多次出现违规的出版单位及图书批发零售单位不得享受上述优惠政策，上述违规出版物、出版单位及图书批发零售单位的具体名单由省级及以上出版行政主管部门及时通知相应财政监察专员办事处和主管税务机关。

2. 已按软件产品享受增值税退税政策的电子出版物不得再按上述优惠政策申请增值税先征后退政策。

3. 上述优惠政策的有关定义：

（1）所述“出版物”，是指根据国务院出版行政主管部门的有关规定出版的图书、报纸、期刊、音像制品和电子出版物。所述图书、报纸和期刊，包括随同图书、报纸、期刊销售并难以分离的光盘、软盘和磁带等信息载体。

（2）图书、报纸、期刊（即杂志）的范围，仍然按照《国家税务总局关于印发〈增值税部分货物征税范围注释〉的通知》（国税发〔1993〕151 号）的规定执行；音像制品、电子出版物的范围，按照《财政部、税务总局关于简并增值税税率有关政策的通知》（财税〔2017〕37 号）的规定执行。

（3）所述“专为少年儿童出版发行的报纸和期刊”，是指以初中及初中以下少年儿童为主要对象的报纸和期刊。

（4）所述“中小学的学生课本”，是指普通中小学学生课本和中等职业教育课本。普通中小学学生课本是指根据教育部中、小学教学大纲的要求，由经国务院出版行政主管部门审定而具有“中小学教材”出版资质的出版单位出版发行的中、小学学生上课使用的正式课本，具体操作时按国家和省级教育行政部门每年春、秋两季下达的“中小学教学用书目录”中所列的“课本”的范围掌握；中等职业教育课本是指经国家和省级教育、人力资源社会保障行政部门审定，供中等专业学校、职业高中和成人专业学校学生使用的课本，具体操作时按国家和省级教育、人力资源社会保障行政部门每年下达的教学用书目录认定。中小学的学生课本不包括各种形式的教学参考书、图册、自读课本、课外读物、练习册以及其他各类辅助性教材和辅导读物。

（5）所述“专为老年人出版发行的报纸和期刊”，是指以老年人为主要对象的报纸和期刊。

（6）上述“（二）优惠政策”第 1 条第（1）、（2）项规定的图书包括“租型”出版的图书。

（7）所述“科普单位”，是指科技馆、自然博物馆，对公众开放的天文馆（站、台）、气象台（站）、地震台（站），以及高等院校、科研机构对公众开放的科普基地。“科普活动”，是指利用各种传媒以浅显的、让公众易于理解、接受和参与的方式，向普通大众介绍自然科学和社会科学知识，推广科学技术的应用，倡导科学方法，传播科学思想，弘扬科学精神的活动。

（四）注意事项

1. 上述税收优惠政策自 2018 年 1 月 1 日起执行。《财政部、国家税务总局关于延续宣传文化增值税和营业税优惠政策的通知》（财税〔2013〕87 号）同时废止。

2. 按照上述“（二）优惠政策”第 1 条第（1）、（2）项规定应予免征的增值税，凡在接到财税〔2018〕53 号文件以前已经征收入库的，可抵减纳税人以后月份应缴纳的增值税税款或者办理税款退库。纳税人如果已向购买方开具了增值税专用发票，应将专用发票追回后方可申请办理免税。凡专用发票无法追回的，一律照章征收增值税。（以上内容见《财政部、税务总局关于延续宣传文化增值税优惠政策的通知》财税〔2018〕53 号）

二、经营高校学生公寓和食堂税收政策

（一）特定事项

高校学生公寓，是指为高等学校学生提供住宿服务，按照国家规定的收费标准收取住宿费的学生公寓。高校食堂，是指高等学校自办食堂、承包食堂和高校后勤社会化后专门为学生提供就餐服务的餐饮实体。

（二）优惠政策

为支持高校办学，优化高校后勤保障服务，经国务院批准，对高校学生公寓和食堂特制定如下有关税收政策。

1. 自 2019 年 1 月 1 日至 2021 年 12 月 31 日，对高校学生公寓免征房产税；对与高校学生签订的高校学生公寓租赁合同，免征印花税。

2. 对按照国家规定的收费标准向学生收取的高校学生公寓住宿费收入，自 2016 年 5 月 1 日起，在营改增试点期间免征增值税。

3. 对高校学生食堂为高校师生提供餐饮服务取得的收入，自 2016 年 5 月 1 日起，在营改增试点期间免征增值税。

（三）限定条件

上述“高校学生公寓”，是指为高校学生提供住宿服务，按照国家规定的收费标准收取住宿费的学生公寓；“高校学生食堂”，是指依照《学校食堂与学生集体用餐卫生管理规定》（教育部令 2002 年第 14 号）管理的高校学生食堂。

（四）注意事项

1. 文到之日前，已征的按照规定应予免征的房产税和印花税，分别从纳税人以后应缴纳的房产税和印花税中抵减或者予以退还；已征的应予免征的营业税，予以退还；已征的应予免征的增值税，可抵减纳税人以后月份应缴纳的增值税或予以退还。

2.《财政部、国家税务总局关于经营高校学生公寓和食堂有关税收政策的通知》（财税〔2013〕83 号）到期停止执行。（以上内容见《财政部、税务总局关于高校学生公寓房产税、印花税政策的通知》财税〔2019〕14 号、《财政部、国家税务总局关于全面推开营业税改征增值税试点的通知》财税〔2016〕36 号附件 3）

三、支持文化产业发展税收政策

（一）特定事项

文化产业是指为社会公众提供文化、娱乐产品和服务的活动，以及与这些活动有关联的活动的集合。根据这一概念，文化产业的范围如下：

1. 为社会公众提供实物形态文化产品和娱乐产品的活动，如书籍、报纸的出版、制作、发行等。

2. 为社会公众提供可参与和选择的文化服务和娱乐服务，如广播电视服务、电影服务、文艺表演服务等。

3. 提供文化管理和研究等服务，如文物和文化遗产保护、图书馆服务、文化社会团体活动等。

4. 提供文化、娱乐产品所必须的设备、材料的生产和销售活动，如印刷设备、文具等生产经营活动。

5. 提供文化、娱乐服务所必须的设备、用品的生产和销售活动，如广播电视设备、电影设备等生产经营活动。

6. 与文化、娱乐相关的其他活动，如工艺美术、设计等活动。

（二）优惠政策

为贯彻落实《国务院办公厅关于印发文化体制改革中经营性文化事业单位转制为企业和进一步支持文化企业发展两个规定的通知》（国办发〔2014〕15 号）有关规定，进一步深化文化体制改革，促进文化企业发展，特制定如下支持文化产业发展的税收政策。

1. 对电影主管部门（包括中央、省、地市及县级）按照各自职能权限批准从事电影制片、发行、放映的电影集团公司（含成员企业）、电影制片厂及其他电影企业取得的销售电影拷贝（含数字拷贝）收入、转让电影版权（包括转让和许可使用）收入、电影发行收入以及在农村取得的电影放映收入，免征增值税。一般纳税人提供的城市电影放映服务，可以按现行政策规定，选择按照简易计税办法计算缴纳增值税。

2. 对广播电视运营服务企业收取的有线数字电视基本收视维护费和农村有线电视基本收视费，免征增值税。

3. 为承担国家鼓励类文化产业项目而进口国内不能生产的自用设备及配套件、备件，在政策规定范围内，免征进口关税。

4. 对从事文化产业支撑技术等领域的文化企业，按规定认定为高新技术企业的，减按 15% 的税率征收企业所得税；开发新技术、新产品、新工艺发生的研究开发费用，允许按照税收法律法规的规定，在计算应纳税所得额时加计扣除。

5. 出版、发行企业处置库存呆滞出版物形成的损失，允许按照税收法律法规的规定在企业所得税前扣除。

（三）注意事项

1. 文化企业按照上述规定应予减免的增值税税款，在财税〔2014〕85 号文件下发以前已经征收入库的，可抵减以后纳税期应缴税款或办理退库。

2. 上述税收政策执行期限为 2019 年 1 月 1 日至 2023 年 12 月 31 日。《财政部、税务总局关于继续执行有线电视收视费增值税政策的通知》（财税〔2017〕35 号）同时废止。《财政部、税务总局关于继续实施支持文化企业发展若干税收政策的通知》（财税〔2014〕85 号）自 2019 年 1 月 1 日起停止执行。（以上内容见《财政部、税务总局关于继续支持文化企业发展增值税政策的通知》财税〔2019〕17 号）

四、经营性文化事业单位转制为企业税收政策

（一）特定事项

一手抓公益性文化事业，一手抓经营性文化产业，是我国文化体制改革的基本思路，也是繁荣发展社会主义文化的必然选择。公益性文化事业主要是指政府向社会提供的公共文化服务。发展公益性文化事业要以政府为主导，增加投入、转换机制、增强活力、改善服务，实现和保障人民群众的基本文化权益。经营性文化产业是指通过市场来组织文化产品和服务的生产、传播和消费。发展经营性文化产业要以市场为主导，创新体制、转换机制、面向市场、壮大实力，满足人民群众多方面、多样性、多层次的精神文化需求。

（二）优惠政策

为贯彻落实《国务院办公厅关于印发文化体制改革中经营性文化事业单位转制为企业和进一步支持文化企业发展两个规定的通知》（国办发〔2018〕124 号）有关规定，进一步深化文化体制改革，继续推进国有经营性文化事业单位转企改制，特制定如下经营性文化事业单位转制为企业的税收政策。

1. 经营性文化事业单位转制为企业，自转制注册之日起 5 年内免征企业所得税。2018 年 12 月 31 日之前已完成转制的企业，自 2019 年 1 月 1 日起可继续免征 5 年企业所得税。

2. 由财政部门拨付事业经费的文化单位转制为企业，自转制注册之日起 5 年内对其自用房产免征

房产税。2018 年 12 月 31 日之前已完成转制的企业，自 2019 年 1 月 1 日起对其自用房产可继续免征 5 年房产税。

3. 党报、党刊将其发行、印刷业务及相应的经营性资产剥离组建的文化企业，自注册之日起所取得的党报、党刊发行收入和印刷收入免征增值税。

4. 对经营性文化事业单位转制中资产评估增值、资产转让或划转涉及的企业所得税、增值税、城市维护建设税、契税、印花税等，符合现行规定的享受相应税收优惠政策。

（三）限定条件

1. 上述所称“经营性文化事业单位”，是指从事新闻出版、广播影视和文化艺术的事业单位。转制包括整体转制和剥离转制。其中，整体转制包括：（图书、音像、电子）出版社、非时政类报刊出版单位、新华书店、艺术院团、电影制片厂、电影（发行放映）公司、影剧院、重点新闻网站等整体转制为企业；剥离转制包括：新闻媒体中的广告、印刷、发行、传输网络等部分，以及影视剧等节目制作与销售机构，从事业体制中剥离出来转制为企业。

2. 上述所称“转制注册之日”，是指经营性文化事业单位转制为企业并进行企业法人登记之日。对于经营性文化事业单位转制前已进行企业法人登记，则按注销事业单位法人登记之日，或核销事业编制的批复之日（转制前未进行事业单位法人登记的）确定转制完成并享受上述所规定的税收优惠政策。

3. 上述所称“2018 年 12 月 31 日之前已完成转制”，是指经营性文化事业单位在 2018 年 12 月 31 日及以前已转制为企业、进行企业法人登记，并注销事业单位法人登记或批复核销事业编制（转制前未进行事业单位法人登记的）。

4. 享受税收优惠政策的转制文化企业应同时符合以下条件：

（1）根据相关部门的批复进行转制。

（2）转制文化企业已进行企业法人登记。

（3）整体转制前已进行事业单位法人登记的，转制后已核销事业编制、注销事业单位法人；整体转制前未进行事业单位法人登记的，转制后已核销事业编制。

（4）已同在职职工全部签订劳动合同，按企业办法参加社会保险。

（5）转制文化企业引入非公有资本和境外资本的，须符合国家法律法规和政策规定；变更资本结构依法应经批准的，需经行业主管部门和国有文化资产监管部门批准。

5. 上述税收政策适用于所有转制文化单位。中央所属转制文化企业的认定，由中央宣传部会同财政部、税务总局确定并发布名单；地方所属转制文化企业的认定，按照登记管理权限，由地方各级宣传部门会同同级财政、税务部门确定和发布名单，并按程序抄送中央宣传部、财政部和税务总局。

已认定发布的转制文化企业名称发生变更的，如果主营业务未发生变化，可持同级文化体制改革和发展工作领导小组办公室出具的同意变更函，到主管税务机关履行变更手续；如果主营业务发生变化，依照本条规定的条件重新认定。

（四）注意事项

1. 经认定的转制文化企业，应按有关税收优惠事项管理规定办理优惠手续，申报享受税收优惠政策。企业应将转制方案批复函，企业营业执照，同级机构编制管理机关核销事业编制、注销事业单位法人的证明，与在职职工签订劳动合同、按企业办法参加社会保险制度的有关材料，相关部门对引入非公有资本和境外资本、变更资本结构的批准文件等留存备查，税务部门依法加强后续管理。

2. 未经认定的转制文化企业或转制文化企业不符合规定的，不得享受相关税收优惠政策。已享受优惠的，主管税务机关应追缴其已减免的税款。

3. 对已转制企业按照本通知规定应予减免的税款，在财税〔2019〕16 号文件下发以前已经征收入库的，可抵减以后纳税期应缴税款或办理退库。

4. 上述优惠政策执行期限为2019年1月1日至2023年12月31日。企业在2023年12月31日享受财税〔2019〕16号文件第一条第（一）、（二）项税收政策不满五年的，可继续享受至五年期满为止。

5.《财政部、国家税务总局、中宣部关于继续实施文化体制改革中经营性文化事业单位转制为企业若干税收政策的通知》（财税〔2014〕84号）自2019年1月1日起停止执行。（以上内容见《财政部、税务总局、中央宣传部关于继续实施文化体制改革中经营性文化事业单位转制为企业若干税收政策的通知》财税〔2019〕16号）

五、大学科技园税收政策

（一）特定事项

国家大学科技园（简称“科技园”）是以具有较强科研实力的大学为依托，将大学的综合智力资源优势与其他社会优势资源相组合，为高等学校科技成果转化、高新技术企业孵化、创新创业人才培养、产学研结合提供支撑的平台和服务的机构。

（二）优惠政策

为贯彻落实《国务院关于印发实施〈国家中长期科学和技术发展规划纲要（2006～2020年）〉若干配套政策的通知》（国发〔2006〕6号）、《中共中央、国务院关于深化科技体制改革加快国家创新体系建设的意见》（中发〔2012〕6号）和《国务院关于进一步支持小微企业健康发展的意见》（国发〔2012〕14号）等有关文件精神，特制定如下符合条件的国家大学科技园有关税收政策。

1. 自2016年1月1日至2018年12月31日，对符合条件的科技园自用以及无偿或通过出租等方式提供给孵化企业使用的房产、土地，免征房产税和城镇土地使用税。

2. 自2016年1月1日至2016年4月30日，对其向孵化企业出租场地、房屋以及提供孵化服务的收入，免征营业税；在营业税改征增值税试点期间，对其向孵化企业出租场地、房屋以及提供孵化服务的收入，免征增值税。

3. 符合非营利组织条件的科技园的收入，按照企业所得税法及其实施条例和有关税收政策规定享受企业所得税优惠政策。

（三）限定条件

1. 享受房产税、城镇土地使用税以及营业税、增值税优惠政策的科技园，应当同时符合以下条件：

（1）科技园符合国家大学科技园条件。国务院科技和教育行政主管部门负责发布国家大学科技园名单。

（2）科技园将面向孵化企业出租场地、房屋以及提供孵化服务的业务收入在财务上单独核算。

（3）科技园提供给孵化企业使用的场地面积（含公共服务场地）占科技园可自主支配场地面积的60%以上（含60%），孵化企业数量占科技园内企业总数量的75%以上（含75%）。

公共服务场地是指科技园提供给孵化企业共享的活动场所，包括公共餐厅、接待室、会议室、展示室、活动室、技术检测室和图书馆等非营利性配套服务场地。

2. 上述税收优惠政策所称“孵化企业”应当同时符合以下条件：

（1）企业注册地及主要研发、办公场所在科技园的工作场地内。

（2）新注册企业或申请进入科技园前企业成立时间不超过3年。

（3）企业在科技园内孵化的时间不超过48个月。海外高层次创业人才或从事生物医药、集成电路设计等特殊领域的创业企业，孵化时间不超过60个月。

（4）符合《中小企业划型标准规定》所规定的小型、微型企业划型标准。

（5）单一在孵企业使用的孵化场地面积不超过1 000平方米。从事航空航天、现代农业等特殊领域的单一在孵企业，不超过3 000平方米。

（6）企业产品（服务）属于科学技术部、财政部、国家税务总局印发的《国家重点支持的高新技术领域》规定的范围。

3. 所称“孵化服务”是指为孵化企业提供的属于营业税“服务业”税目中“代理业”“租赁业”和“其他服务业”中的咨询和技术服务范围内的服务，改征增值税后是指为孵化企业提供的“经纪代理”“经营租赁”“研发和技术”“信息技术”和“鉴证咨询”等服务。

（四）注意事项

1. 国务院科技和教育行政主管部门负责组织对科技园是否符合规定的各项条件定期进行审核确认，并向纳税人出具证明材料，列明纳税人用于孵化的房产和土地的地址、范围、面积等具体信息，并发送给国务院税务主管部门。

2. 纳税人持相应证明材料向主管税务机关备案，主管税务机关按照《税收减免管理办法》等有关规定，以及国务院科技和教育行政主管部门发布的符合规定条件的科技园名单信息，办理税收减免。

3. 上述税收优惠政策发布日期为2016年9月5日。（以上内容见《财政部、国家税务总局关于国家大学科技园税收政策的通知》财税〔2016〕98号）

六、科技企业孵化器税收政策

（一）特定事项

科技企业孵化器，也称高新技术创业服务中心（简称“孵化器”），是以促进科技成果转化、培养高新技术企业和企业家为宗旨的科技创业服务机构。孵化器是国家创新体系的重要组成部分，是创新创业人才培养的基地，是区域创新体系的重要内容。

（二）优惠政策

为贯彻落实《国务院关于印发实施〈国家中长期科学和技术发展规划纲要（2006～2020年）〉若干配套政策的通知》（国发〔2006〕6号）、《中共中央、国务院关于深化科技体制改革加快国家创新体系建设的意见》（中发〔2012〕6号）和《国务院关于进一步支持小微企业健康发展的意见》（国发〔2012〕14号）等有关文件精神，特制定如下符合条件的科技企业孵化器有关税收政策。

1. 自2016年1月1日至2018年12月31日，对符合条件的孵化器自用以及无偿或通过出租等方式提供给孵化企业使用的房产、土地，免征房产税和城镇土地使用税。

2. 自2016年1月1日至2016年4月30日，对其向孵化企业出租场地、房屋以及提供孵化服务的收入，免征营业税；在营业税改征增值税试点期间，对其向孵化企业出租场地、房屋以及提供孵化服务的收入，免征增值税。

3. 符合非营利组织条件的孵化器的收入，按照《企业所得税法》及其实施条例和有关税收政策规定享受企业所得税优惠政策。

（三）限定条件

1. 享受房产税、城镇土地使用税以及营业税优惠政策的孵化器，应同时符合下列条件：

（1）孵化器需符合国家级科技企业孵化器条件。国务院科技行政主管部门负责发布国家级科技企业孵化器名单。

（2）孵化器应将面向孵化企业出租场地、房屋以及提供孵化服务的业务收入在财务上单独核算。

（3）孵化器提供给孵化企业使用的场地面积（含公共服务场地）应占孵化器可自主支配场地面积的75%以上（含75%）。孵化企业数量应占孵化器内企业总数量的75%以上（含75%）。

公共服务场地是指孵化器提供给孵化企业共享的活动场所，包括公共餐厅、接待室、会议室、展示室、活动室、技术检测室和图书馆等非营利性配套服务场地。

2. 上述税收优惠政策所称“孵化企业”应当同时符合以下条件：

（1）企业注册地和主要研发、办公场所必须在孵化器的孵化场地内。

（2）新注册企业或申请进入孵化器前企业成立时间不超过2年。

（3）企业在孵化器内孵化的时间不超过48个月。纳入“创新人才推进计划”及“海外高层次人才引进计划”的人才或从事生物医药、集成电路设计、现代农业等特殊领域的创业企业，孵化时间不超过60个月。

（4）符合《中小企业划型标准规定》所规定的小型、微型企业划型标准。

（5）单一在孵化企业入驻时使用的孵化场地面积不大于1 000平方米。从事航空航天等特殊领域的在孵企业，不大于3 000平方米。

（6）企业产品（服务）属于科学技术部、财政部、国家税务总局印发的《国家重点支持的高新技术领域》规定的范围。

3. 所称“孵化服务”是指为孵化企业提供的属于营业税“服务业”税目中“代理业”“租赁业”和“其他服务业”中的咨询和技术服务范围内的服务，改征增值税后是指为孵化企业提供的“经纪代理”“经营租赁”“研发和技术”“信息技术”和“鉴证咨询”等服务。

（四）注意事项

1. 省级科技行政主管部门负责定期核实孵化器是否符合规定的各项条件，并报国务院科技行政主管部门审核确认。国务院科技行政主管部门审核确认后向纳税人出具证明材料，列明用于孵化的房产和土地的地址、范围、面积等具体信息，并发送给国务院税务主管部门。

2. 纳税人持相应证明材料向主管税务机关备案，主管税务机关按照《税收减免管理办法》等有关规定，以及国务院科技行政主管部门发布的符合规定条件的孵化器名单信息，办理税收减免。

3. 上述税收优惠政策发布日期为2016年8月11日。（以上内容见《财政部、国家税务总局关于科技企业孵化器税收政策的通知》财税〔2016〕89号）

七、促进教育事业发展税收政策

（一）特定事项

教育事业是指进行人的培养和训练的活动。广义上讲，凡是增进人们的知识和技能、影响人们的思想品德的活动，都是教育。狭义的教育，主要指学校教育，其含义是教育者根据一定社会（或阶级）的要求，有目的、有计划、有组织地对受教育者的身心施加影响，把他们培养成为一定社会（或阶级）所需要的人的活动。

（二）优惠政策

为了进一步促进教育事业发展，经国务院批准，特制定如下有关教育的税收政策。

1. 关于增值税、营业税、所得税。

（1）对从事学历教育的学校提供的教育服务，免征营业税。

（2）对学生勤工俭学提供劳务取得的收入，免征营业税。

（3）对学校从事技术开发、技术转让业务和与之相关的技术咨询、技术服务业务取得的收入，免征营业税。

（4）对托儿所、幼儿园提供养育服务取得的收入，免征营业税。

（5）对政府举办的从事学历教育的高等、中等和初等学校（不含下属单位）举办进修班、培训班取得的收入，收入全部归学校所有的，免征营业税和企业所得税。

（6）对政府举办的职业学校设立的主要为在校学生提供实习场所、并由学校出资自办、由学校负责经营管理、经营收入归学校所有的企业，对其从事《销售服务、无形资产或者不动产注释》中“现代服务”（不含融资租赁服务、广告服务和其他现代服务）、“生活服务”（不含文化体育服务、其他生活服务和桑拿、氧吧）业务活动取得的收入，免征营业税和企业所得税。

（7）对特殊教育学校举办的企业可以比照福利企业标准，享受国家对福利企业实行的增值税和企业所得税优惠政策。

（8）纳税人通过中国境内非营利的社会团体、国家机关向教育事业的捐赠，准予在企业所得税和个人所得税前全额扣除。

（9）对高等学校、各类职业学校服务于各业的技术转让、技术培训、技术咨询、技术服务、技术承包所取得的技术性服务收入，暂免征收企业所得税。

（10）对学校经批准收取并纳入财政预算管理的或财政预算外资金专户管理的收费不征收企业所得税；对学校取得的财政拨款，从主管部门和上级单位取得的用于事业发展的专项补助收入，不征收企业所得税。

（11）对个人取得的教育储蓄存款利息所得，免征个人所得税；对省级人民政府、国务院各部委和中国人民解放军军以上单位，以及外国组织、国际组织颁布的教育方面的奖学金，免征个人所得税；高等学校转化职务科技成果以股份或出资比例等股权形式给予个人奖励，获奖人在取得股份、出资比例时，暂不缴纳个人所得税；取得按股份、出资比例分红或转让股权、出资比例所得时，依法缴纳个人所得税。

2. 关于房产税、城镇土地使用税、印花税。

对国家拨付事业经费和企业办的各类学校、托儿所、幼儿园自用的房产、土地，免征房产税、城镇土地使用税；对财产所有人将财产赠给学校所立的书据，免征印花税。

3. 关于耕地占用税、契税、农业税和农业特产税。

（1）对学校、幼儿园经批准征用的耕地，免征耕地占用税。享受免税的学校用地的具体范围是：全日制大、中、小学校（包括部门、企业办的学校）的教学用房、实验室、操场、图书馆、办公室及师生员工食堂宿舍用地。学校从事非农业生产经营占用的耕地，不予免税。职工夜校、学习班、培训中心、函授学校等不在免税之列。

（2）国家机关、事业单位、社会团体、军事单位承受土地房屋权属用于教学、科研的，免征契税。用于教学的，是指教室（教学楼）以及其他直接用于教学的土地、房屋。用于科研的，是指科学实验的场所以及其他直接用于科研的土地、房屋。对县级以上人民政府教育行政主管部门或劳动行政主管部门审批并颁发办学许可证，由企业事业组织、社会团体及其他社会和公民个人利用非国家财政性教育经费面向社会举办的学校及教育机构，其承受的土地、房屋权属用于教学的，免征契税。

（3）对农业院校进行科学实验的土地免征农业税。对农业院校进行科学实验所取得的农业特产品收入，在实验期间免征农业特产税。

4. 关于关税。

（1）对境外捐赠人无偿捐赠的直接用于各类职业学校、高中、初中、小学、幼儿园教育的教学仪器、图书、资料和一般学习用品，免征进口关税和进口环节增值税。上述捐赠用品不包括国家明令不予减免进口税的20种商品。其他相关事宜按照国务院批准的《扶贫、慈善性捐赠物质免征进口税收暂行办法》办理。

（2）对教育部承认学历的大专以上全日制高等院校以及财政部会同国务院有关部门批准的其他学校，不以营利为目的，在合理数量范围内的进口国内不能生产的科学研究和教学用品，直接用于科学研究或教学的，免征进口关税和进口环节增值税、消费税（不包括国家明令不予减免进口税的20种商品）。科学研究和教学用品的范围等有关具体规定，按照国务院批准的《科学研究和教学用品免征进口税收暂行规定》执行。

（三）限定条件

1. 关于“对从事学历教育的学校提供的教育服务免征营业税”的问题。

（1）学历教育，是指受教育者经过国家教育考试或者国家规定的其他入学方式，进入国家有关部门批准的学校或者其他教育机构学习，获得国家承认的学历证书的教育形式。具体包括：

①初等教育：普通小学、成人小学。

②初级中等教育：普通初中、职业初中、成人初中。

③高级中等教育：普通高中、成人高中和中等职业学校（包括普通中专、成人中专、职业高中、技工学校）。

④高等教育：普通本专科、成人本专科、网络本专科、研究生（博士、硕士）、高等教育自学考试、高等教育学历文凭考试。

（2）从事学历教育的学校，是指：

①普通学校。

②经地（市）级以上人民政府或者同级政府的教育行政部门批准成立、国家承认其学员学历的各类学校。

③经省级及以上人力资源社会保障行政部门批准成立的技工学校、高级技工学校。

④经省级人民政府批准成立的技师学院。

上述学校均包括符合规定的从事学历教育的民办学校，但不包括职业培训机构等国家不承认学历的教育机构。

（3）提供教育服务免征营业税的收入，是指对列入规定招生计划的在籍学生提供学历教育服务取得的收入，具体包括：经有关部门审核批准并按规定标准收取的学费、住宿费、课本费、作业本费、考试报名费收入，以及学校食堂提供餐饮服务取得的伙食费收入。除此之外的收入，包括学校以各种名义收取的赞助费、择校费等，不属于免征营业税的范围。

学校食堂是指依照《学校食堂与学生集体用餐卫生管理规定》（教育部令第 14 号）管理的学校食堂。

2. 关于“对托儿所、幼儿园提供养育服务取得的收入免征营业税”问题。

（1）托儿所、幼儿园，是指经县级以上教育部门审批成立、取得办园许可证的实施 0～6 岁学前教育的机构，包括公办和民办的托儿所、幼儿园、学前班、幼儿班、保育院、幼儿院。

（2）公办托儿所、幼儿园免征营业税的收入是指，在省级财政部门和价格主管部门审核报省级人民政府批准的收费标准以内收取的教育费、保育费。

（3）民办托儿所、幼儿园免征营业税的收入是指，在报经当地有关部门备案并公示的收费标准范围内收取的教育费、保育费。

（4）超过规定收费标准的收费，以开办实验班、特色班和兴趣班等为由另外收取的费用以及与幼儿入园挂钩的赞助费、支教费等超过规定范围的收入，不属于免征营业税的收入。

3. 关于“对政府举办的高等、中等和初等学校（不含下属单位）举办进修班、培训班取得的收入，收入全部归学校所有的，免征营业税”问题。

（1）“政府举办的高等、中等和初等学校（不含下属单位）”是指“从事学历教育的学校”（不含下属单位）。

（2）“收入全部归学校所有”是指：举办进修班、培训班取得的收入进入学校统一账户，并作为预算外资金全额上缴财政专户管理，同时由学校对有关票据进行统一管理、开具。

进入学校下属部门自行开设账户的进修班、培训班收入，不属于收入全部归学校所有的收入，不予免征营业税。

4. 各类学校均应单独核算免税项目的销售额，未单独核算的，一律照章征收营业税。

5. 各类学校（包括全部收入为免税收入的学校）均应按照《征管法》的有关规定办理税务登记，按期进行纳税申报并按规定使用发票；享受营业税优惠政策的，应按规定向主管税务机关申请办理减免税手续。

（四）注意事项

1.《企业所得税法》2008 年 1 月 1 日颁布实施后，除企业所得税法列举和符合规定的优惠政策外，2008 年 1 月 1 日之前实施的其他企业所得税优惠政策一律废止。

2. 农业特产税和农业税已经于 2004 年和 2005 年在全国范围内停止征收。

3. 营改增后，财税〔2016〕36 号文件附件 3《营业税改征增值税试点过渡政策的规定》第一条第（八）项规定，从事学历教育的学校提供的教育服务免征增值税。

4. 上述优惠政策自 2004 年 1 月 1 日起执行，此前规定与上述规定不符的，以上述规定为准。（以上内容见《财政部、国家税务总局关于教育税收政策的通知》财税〔2004〕39 号、《财政部、国家税务总局关于加强教育劳务营业税征收管理有关问题的通知》财税〔2006〕3 号、《财政部、国家税务总局关于职业教育等营业税若干政策问题的通知》财税〔2013〕62 号、《财政部、国家税务总局关于全面推开营业税改征增值税试点的通知》财税〔2016〕36 号附件 3）

八、转制科研机构税收政策

（一）特定事项

根据国办发〔2000〕38 号文件规定，作为事业单位管理的技术开发科研机构以及有面向市场能力的社会公益性科研机构应实行企业化转制。

（二）优惠政策

为了鼓励技术创新，大力发展高科技，实现产业化，进一步促进科研机构转制改革，经国务院批准，特制定如下有关转制科研机构的税收政策。

1. 对于经国务院批准的原国家经贸委管理的 10 个国家局所属 242 个科研机构和建设部等 11 个部门（单位）所属 134 个科研机构中转为企业的科研机构和进入企业的科研机构，从转制注册之日起，5 年内免征科研开发自用土地的城镇土地使用税、房产税和企业所得税。

对上述科研机构，其从事技术转让、技术开发业务和与之相关的技术咨询、技术服务业务取得的收入，按照财政部、国家税务总局《关于贯彻落实〈中共中央、国务院关于加强技术创新，发展高科技，实现产业化的决定〉有关税收问题的通知》（财税字〔1999〕273 号）的有关规定免征营业税。

对进入企业作为非独立企业法人或不能实行独立经济核算的科研机构，其免税的应税所得、土地和房产应单独计算；确实难以划分清楚的，可由主管税务机关采取分摊比例法或其他合理的方法确定。

2. 经科技部、财政部、中编办审核批准的国务院部门（单位）所属社会公益类科研机构中转为企业或进入企业的科研机构，享受上述第 1 项规定的优惠政策。

（三）限定条件

1. 对上述转制科研院所享受的税收优惠期限，不论是从转制之日起计算，还是从转制注册之日起计算，均据实计算到期满为止。

2. 转制科研机构要将上述免税收入主要用于研发条件建设和解决历史问题。

3. 地方转制科研机构可参照执行上述优惠政策。参照执行的转制科研机构名单，由省级人民政府确定和公布。

（四）注意事项

1. 享受上述政策的企业自转制注册之日至财税〔2003〕137 号文件下发之日期间已征房产税款不再退还。

2. 根据《财政部、国家税务总局关于企业所得税若干优惠政策的通知》（财税〔2008〕1号）第三条的规定，上述企业所得税优惠政策自2008年1月1日起继续执行到期。

3. 根据财税〔2005〕14号文件规定，上述优惠政策5年内免征各税政策执行到期后，再延长2年期限。

4. 营改增后，财税〔2016〕36号文件附件3《营业税改征增值税试点过渡政策的规定》第一条第（二十六）项规定，提供技术转让、技术开发和与之相关的技术咨询、技术服务免征增值税。

5. 上述税收优惠政策自发布之日起执行，即2003年7月8日。（以上内容见《财政部、国家税务总局关于转制科研机构有关税收政策问题的通知》财税〔2003〕137号、《财政部、国家税务总局关于延长转制科研机构有关税收政策执行期限的通知》财税〔2005〕14号、《财政部、国家税务总局关于全面推开营业税改征增值税试点的通知》财税〔2016〕36号附件3）

九、非营利性科研机构税收政策

（一）特定事项

非营利科研机构是指以推进科技进步为宗旨，不以营利为目的，主要从事社会公益性的科学研究、技术咨询与服务活动的机构。

（二）优惠政策

为了贯彻落实《国务院办公厅转发科技部等部门关于非营利性科研机构管理的若干意见（试行）的通知》（国办发〔2000〕78号），鼓励社会公益类科研事业的发展，特制定如下税收政策。

1. 非营利性科研机构从事技术开发、技术转让业务和与之相关的技术咨询、技术服务所得的收入，按有关规定免征营业税和企业所得税。

2. 非营利性科研机构从事与其科研业务无关的其他服务所取得的收入，如租赁收入、财产转让收入、对外投资收入等，应当按规定征收各项税收；非营利性科研机构从事上述非主营业务收入用于改善研究开发条件的投资部分，经税务部门审核批准可抵扣其应纳税所得额，就其余额征收企业所得税。

3. 非营利性科研机构自用的房产、土地，免征房产税、城镇土地使用税。

4. 社会力量对非关联的非营利性科研机构的新产品、新技术、新工艺所发生的研究开发经费资助，经主管税务机关审核确定，其资助支出可以全额在当年度应纳税所得额中扣除。当年度应纳税所得额不足抵扣的，不得结转抵扣。

（三）限定条件

非营利性科研机构要以推动科技进步为宗旨，不以营利为目的，主要从事应用基础研究或向社会提供公共服务。非营利性科研机构的认定标准，由科技部会同财政部、中编办、国家税务总局另行制定。非营利性科研机构需要书面向科技行政主管部门申明其性质，按规定进行设置审批和登记注册，并由接受其登记注册的科技行政部门核定，在执业登记中注明“非营利性科研机构”。

（四）注意事项

1. 对非营利性科研机构实行年度检查制度，凡不符合条件的，应取消其免税资格，并按规定补缴当年已免税款。

2. 除《企业所得税法》及其实施条例、国发〔2007〕39号文件、国发〔2007〕40号文件、财税〔2008〕1号文件规定的优惠政策以外，2008年1月1日之前实施的其他企业所得税优惠政策一律废止。但《企业所得税法》第二十六条第（四）项规定，符合条件的非营利组织的收入为免税收入。

3. 营改增后，财税〔2016〕36号文件附件3《营业税改征增值税试点过渡政策的规定》第一条第（二十六）项规定，提供技术转让、技术开发和与之相关的技术咨询、技术服务免征增值税。

4. 上述优惠政策发布日期为2001年2月9日，自2001年1月1日起执行。（以上内容见《财政部、国家税务总局关于非营利性科研机构税收政策的通知》财税〔2001〕5号、《财政部、国家税务总局关于全面推开营业税改征增值税

试点的通知》财税〔2016〕36号附件3)

十、医疗卫生机构税收政策

（一）特定事项

医疗卫生机构是指依法定程序设立的从事疾病诊断、治疗活动的卫生机构的总称。医院、卫生院是我国医疗机构的主要形式，此外，还有疗养院、门诊部、诊所、卫生所（室）以及急救站等，共同构成了我国的医疗机构。

（二）优惠政策

为了贯彻落实《国务院办公厅转发国务院体改办等部门关于城镇医药卫生体制改革指导意见的通知》（国办发〔2000〕16号），促进我国医疗卫生事业的发展，经国务院批准，特制定如下税收政策。

1. 关于非营利性医疗机构的税收政策。

（1）对非营利性医疗机构按照国家规定的价格取得的医疗服务收入，免征各项税收。不按照国家规定价格取得的医疗服务收入不得享受这项政策。

（2）对非营利性医疗机构从事非医疗服务取得的收入，如租赁收入、财产转让收入、培训收入、对外投资收入等应按规定征收各项税收。非营利性医疗机构将取得的非医疗服务收入，直接用于改善医疗卫生服务条件的部分，经税务部门审核批准可抵扣其应纳税所得额，就其余额征收企业所得税。

（3）对非营利性医疗机构自产自用的制剂，免征增值税。

（4）非营利性医疗机构的药房分离为独立的药品零售企业，应按规定征收各项税收。

（5）对非营利性医疗机构自用的房产、土地、车船，免征房产税、城镇土地使用税和车船使用税。

2. 关于营利性医疗机构的税收政策。

（1）对营利性医疗机构取得的收入，按规定征收各项税收。但为了支持营利性医疗机构的发展，对营利性医疗机构取得的收入，直接用于改善医疗卫生条件的，自其取得执业登记之日起，3年内给予下列优惠：对其取得的医疗服务收入免征营业税；对其自产自用的制剂免征增值税；对营利性医疗机构自用的房产、土地、车船免征房产税、城镇土地使用税和车船使用税。3年免税期满后恢复征税。

（2）对营利性医疗机构的药房分离为独立的药品零售企业，应按规定征收各项税收。

3. 关于疾病控制机构和妇幼保健机构等卫生机构的税收政策。

（1）对疾病控制机构和妇幼保健机构等卫生机构按照国家规定的价格取得的卫生服务收入（含疫苗接种和调拨、销售收入），免征各项税收；不按照国家规定的价格取得的卫生服务收入不得享受这项政策。对疾病控制机构和妇幼保健等卫生机构取得的其他经营收入如直接用于改善本卫生机构卫生服务条件的，经税务部门审核批准可抵扣其应纳税所得额，就其余额征收企业所得税。

（2）对疾病控制机构和妇幼保健机构等卫生机构自用的房产、土地、车船，免征房产税、城镇土地使用税和车船使用税。

（三）限定条件

1. 享受优惠政策的主体是医疗卫生机构，具体包括各级各类医院、门诊部（所）、社区卫生服务中心（站）、急救中心（站）、城乡卫生院、护理院（所）、疗养院、临床检验中心等。

2. 上述疾病控制、妇幼保健等卫生机构具体包括：各级政府及有关部门举办的卫生防疫站（疾病控制中心）、各种专科疾病防治站（所），各级政府举办的妇幼保健所（站）、母婴保健机构、儿童保健机构等，各级政府举办的血站（血液中心）。

3. 医疗服务是指医疗服务机构对患者进行检查、诊断、治疗、康复和提供预防保健、接生、计划生育方面的服务，以及与这些服务有关的提供药品、医用材料器具、救护车、病房住宿和伙食的业务。

（四）注意事项

1. 根据财税〔2009〕61 号文件的规定，财税〔2000〕42 号文件有关营业税的规定已废止。按照 2008 年修订的《营业税暂行条例》规定，无论非营利性医疗机构，还是营利性医疗机构提供的医疗服务均免征营业税。营改增后，财税〔2016〕36 号文件附件 3 规定对医疗机构提供的医疗服务免征增值税。

2. 上述规定的对非营利性的医疗机构按照国家规定的价格取得的医疗服务收入免征各项税收，仅指机构自身的各项税收，不包括个人从医疗机构取得所得应纳的个人所得税。按照《个人所得税法》的规定，个人取得应税所得，应依法缴纳个人所得税。

3. 车船使用税已经更名为车船税，其减免税政策应按 2012 年 1 月 1 日起施行的《车船税法》及其实施条例的有关规定执行。

4. 除《企业所得税法》及其实施条例、国发〔2007〕39 号文件、国发〔2007〕40 号文件、财税〔2008〕1 号文件规定的优惠政策以外，2008 年 1 月 1 日之前实施的其他企业所得税优惠政策一律废止。但《企业所得税法》第二十六条第（四）项规定，符合条件的非营利组织的收入为免税收入。

5. 上述优惠政策自发布之日起执行，即 2000 年 7 月 1 日。（以上内容见《财政部、国家税务总局关于医疗卫生机构有关税收政策的通知》财税〔2000〕42 号、《财政部、国家税务总局关于医疗机构有关个人所得税政策问题的通知》财税〔2003〕109 号、《财政部、国家税务总局关于全面推开营业税改征增值税试点的通知》财税〔2016〕36 号附件 3）

十一、促进科技成果转化税收政策

（一）特定事项

科技成果转化，是指为提高生产力水平而对科学研究与技术开发所产生的具有实用价值的科技成果所进行的后续试验、开发、应用、推广直至形成新产品、新工艺、新材料，发展新产业等活动。

（二）优惠政策

为贯彻落实《中华人民共和国科学技术进步法》和《中华人民共和国促进科技成果转化法》，鼓励高新技术产业发展，特制定如下有关科研机构、高等学校研究开发高新技术、转化科技成果税收政策。

1. 科研机构的技术转让收入免征营业税，对高等学校的技术转让收入自 1999 年 5 月 1 日起免征营业税。

2. 科研机构、高等学校服务于各业的技术成果转让、技术培训、技术咨询、技术服务、技术承包所取得的技术性服务收入暂免征收企业所得税。

3. 自 1999 年 7 月 1 日起，科研机构、高等学校转化职务科技成果以股份或出资比例等股权形式给予个人奖励，获奖人在取得股份、出资比例时，暂不缴纳个人所得税；取得按股份、出资比例分红或转让股权、出资比例所得时，应依法缴纳个人所得税。有关此项的具体操作规定，由国家税务总局另行制定。

（三）限定条件

1. 科研单位转让技术，应持各级科委技术市场管理机构出具的技术合同认定登记证明，向主管税务机关提出申请。由主管税务机关审核批准后，方可享受免征营业税照顾。

2. 技术转让，是指有偿转让专利和专利技术的所有权或使用权的行为。

3. 科研机构是指按中央机构编制委员会和国家科学技术委员会《关于科研事业单位机构设置审批事项的通知》（中编办发〔1997〕14 号）的规定设置审批的自然科学研究事业单位机构。高等学校是指全日制普通高等学校（包括大学、专门学院和高等专科学校）。

（四）注意事项

1. 此处关于企业所得税减免应按照《企业所得税法》及其实施条例的规定执行，即符合条件的技术转让所得免征、减征企业所得税，是指一个纳税年度内，居民企业技术转让所得不超过500万元的部分，免征企业所得税；超过500万元的部分，减半征收企业所得税。具体规定参见《国家税务总局关于技术转让所得减免企业所得税有关问题的通知》（国税函〔2009〕212号）。

2. 上述国家税务总局另行制定的有关个人所得税政策如下：

（1）科研机构、高等学校转化职务科技成果以股份或出资比例等股权形式给予科技人员个人奖励，经主管税务机关审核后，暂不征收个人所得税。

（2）在获奖人按股份、出资比例获得分红时，对其所得按“利息、股息、红利所得”应税项目征收个人所得税。

（3）获奖人转让股权、出资比例，对其所得按“财产转让所得”应税项目征收个人所得税，财产原值为零。

（4）享受上述优惠政策的科技人员必须是科研机构和高等学校的在编正式职工。

3. 技术，包括专利技术和非专利技术，已经自2013年8月1日起，由征收营业税改为征收增值税。但营改增后，提供技术转让、技术开发和与之相关的技术咨询、技术服务免征增值税。

4. 上述税收优惠政策发布日期为1999年5月27日。（以上内容见《财政部、国家税务总局关于促进科技成果转化有关税收政策的通知》财税字〔1999〕45号、《财政部、国家税务总局关于对科研单位取得的技术转让收入免征营业税的通知》财税字〔1994〕第10号、《国家税务总局关于促进科技成果转化有关个人所得税问题的通知》国税发〔1999〕125号、《财政部、国家税务总局关于全面推开营业税改征增值税试点的通知》财税〔2016〕36号附件3）

十二、支持和促进创业就业税收政策

（一）特定事项

一个人在法定劳动年龄内、有劳动能力且愿意为获取报酬而工作，但处于无业状态的情况，即认为是失业。本优惠政策所称重点群体是指以下四类人员：

1. 纳入全国扶贫开发信息系统的建档立卡贫困人口；

2. 在人力资源社会保障部门公共就业服务机构登记失业半年以上的人员；

3. 零就业家庭、享受城市居民最低生活保障家庭劳动年龄内的登记失业人员；

4. 毕业年度内高校毕业生。高校毕业生是指实施高等学历教育的普通高等学校、成人高等学校应届毕业的学生；毕业年度是指毕业所在自然年，即1月1日至12月31日。

（二）优惠政策

根据当前宏观经济形势和就业面临的新情况、新问题，为扩大就业，鼓励以创业带动就业，经国务院批准，特制定如下支持和促进重点群体创业就业有关税收政策。

1. 从事个体经营税收政策。建档立卡贫困人口、持《就业创业证》（注明“自主创业税收政策”或“毕业年度内自主创业税收政策”）或《就业失业登记证》（注明“自主创业税收政策”）的人员，从事个体经营的，自办理个体工商户登记当月起，在3年（36个月）内按每户每年12 000元为限额依次扣减其当年实际应缴纳的增值税、城市维护建设税、教育费附加、地方教育附加和个人所得税。限额标准最高可上浮20%，各省级人民政府可根据本地区实际情况在此幅度内确定具体限额标准。

纳税人年度应缴纳税款小于上述扣减限额的，减免税额以其实际缴纳的税款为限；大于上述扣减限额的，以上述扣减限额为限。

纳税人的实际经营期不足1年的，应当以实际月数换算其减免税限额。换算公式为：减免税限额＝年度减免税限额÷12×实际经营月数。

2. 企业吸纳失业人员税收政策。企业招用建档立卡贫困人口，以及在人力资源社会保障部门公共就业服务机构登记失业半年以上且持《就业创业证》或《就业失业登记证》（注明“企业吸纳税收政策”）的人员，与其签订1年以上期限劳动合同并依法缴纳社会保险费的，自签订劳动合同并缴纳社会保险当月起，在3年内按实际招用人数予以定额依次扣减增值税、城市维护建设税、教育费附加、地方教育附加和企业所得税优惠。定额标准为每人每年6 000元，最高可上浮30%，各省级人民政府可根据本地区实际情况在此幅度内确定具体定额标准。城市维护建设税、教育费附加、地方教育附加的计税依据是享受本项税收优惠政策前的增值税应纳税额。

按上述标准计算的税收扣减额应在企业当年实际应缴纳的增值税、城市维护建设税、教育费附加、地方教育附加和企业所得税税额中扣减，当年扣减不完的，不得结转下年使用。

享受优惠政策当年，重点群体人员工作不满1年的，应当以实际月数换算其减免税总额。

$$减免税总额 = \sum 每名重点群体人员本年度在本企业工作月数 \div 12 \times 具体定额标准$$

所称企业是指属于增值税纳税人或企业所得税纳税人的企业等单位。

（三）限定条件

1. 国务院扶贫办在每年1月15日前将建档立卡贫困人口名单及相关信息提供给人力资源社会保障部、税务总局，税务总局将相关信息转发给各省、自治区、直辖市税务部门。人力资源社会保障部门依托全国扶贫开发信息系统核实建档立卡贫困人口身份信息。

2. 上述人员，以前年度已享受重点群体创业就业税收优惠政策满3年的，不得再享受规定的税收优惠政策；以前年度享受重点群体创业就业税收优惠政策未满3年且符合上述规定条件的，可按上述规定享受优惠至3年期满。

3. 企业招用就业人员既可以适用上述规定的税收优惠政策，又可以适用其他扶持就业专项税收优惠政策的，企业可以选择适用最优惠的政策，但不得重复享受。

（四）注意事项

1. 上述税收优惠政策的执行期限为2019年1月1日至2021年12月31日。

2. 纳税人在2021年12月31日享受上述规定税收优惠政策未满3年的，可继续享受至3年期满为止。《财政部、税务总局　人力资源社会保障部关于继续实施支持和促进重点群体创业就业有关税收政策的通知》（财税〔2017〕49号）自2019年1月1日起停止执行。（以上内容见《财政部、税务总局、人力资源社会保障部、国务院扶贫办关于进一步支持和促进重点群体创业就业有关税收政策的通知》财税〔2019〕22号、《国家税务总局、人力资源社会保障部、国务院扶贫办、教育部关于实施支持和促进重点群体创业就业有关税收政策具体操作问题的公告》国家税务总局公告2019年第10号）

十三、促进残疾人就业税收政策

（一）特定事项

残疾人是指在心理、生理、人体结构上，某种组织、功能丧失或者不正常，全部或者部分丧失以正常方式从事某种活动能力的人。残疾人包括视力残疾、听力残疾、言语残疾、肢体残疾、智力残疾、精神残疾、多重残疾和其他残疾的人。国家和社会在保障残疾人基本物质生活需要的基础上，为残疾人在生活、工作、教育、医疗和康复等方面提供设施、条件和服务。

就业是指一定年龄阶段内的人们所从事的为获取报酬或经营收入所进行的活动。

（二）优惠政策

为了更好地发挥税收政策促进残疾人就业的作用，进一步保障残疾人的切身利益，经国务院批准并商民政部、中国残疾人联合会同意，决定在全国统一实行新的促进残疾人就业的税收优惠政策。

1. 对安置残疾人单位的增值税政策。

对安置残疾人的单位和个体工商户（统称纳税人），实行由税务机关按纳税人安置残疾人的人数，限额即征即退增值税的办法。安置的每位残疾人每月可退还的增值税具体限额，由县级以上税务机关根据纳税人所在区县（含县级市、旗）适用的经省（含自治区、直辖市、计划单列市）人民政府批准的月最低工资标准的4倍确定。

（1）纳税人中纳税信用等级为税务机关评定的C级或D级的，不得享受上述优惠政策。

（2）纳税人按照纳税期限向主管税务机关申请退还增值税。本纳税期已交增值税额不足退还的，可在本纳税年度内以前纳税期已交增值税扣除已退增值税的余额中退还，仍不足退还的可结转本纳税年度内以后纳税期退还，但不得结转以后年度退还。纳税期限不为按月的，只能对其符合条件的月份退还增值税。

（3）上述增值税优惠政策仅适用于生产销售货物，提供加工、修理修配劳务，以及提供营改增现代服务和生活服务税目（不含文化体育服务和娱乐服务）范围的服务取得的收入之和，占其增值税收入的比例达到50%的纳税人，但不适用于上述纳税人直接销售外购货物（包括商品批发和零售）以及销售委托加工的货物取得的收入。

（4）纳税人应当分别核算上述享受税收优惠政策和不得享受税收优惠政策业务的销售额，不能分别核算的，不得享受规定的优惠政策。

（5）如果既适用促进残疾人就业增值税优惠政策，又适用重点群体、退役士兵、随军家属、军转干部等支持就业的增值税优惠政策的，纳税人可自行选择适用的优惠政策，但不能累加执行。一经选定，36个月内不得变更。

2. 对安置残疾人单位的企业所得税政策。

单位支付给残疾人的实际工资可在企业所得税前据实扣除，并可按支付给残疾人实际工资的100%加计扣除。

单位实际支付给残疾人的工资加计扣除部分，如大于本年度应纳税所得额的，可准予扣除其不超过应纳税所得额的部分，超过部分本年度和以后年度均不得扣除。亏损单位不适用上述工资加计扣除应纳税所得额的办法。

3. 对安置残疾人单位的城镇土地使用税政策。

对在一个纳税年度内月平均实际安置残疾人就业人数占单位在职职工总数的比例高于25%（含25%）且实际安置残疾人人数高于10人（含10人）的单位，可减征或免征该年度城镇土地使用税。具体减免税比例及管理办法由省、自治区、直辖市财税主管部门确定。

4. 对残疾人个人就业的增值税政策。

对残疾人个人提供的加工、修理修配劳务免征增值税。

5. 对残疾人个人就业的个人所得税政策。

根据《个人所得税法》第五条和《个人所得税法实施条例》第十六条的规定，对残疾人个人取得的劳动所得，按照省（不含计划单列市）人民政府规定的减征幅度和期限减征个人所得税。具体所得项目为：工资薪金所得、经营所得、劳务报酬所得、稿酬所得、特许权使用费所得。

（三）限定条件

1. 享受税收优惠政策单位的条件。

（1）纳税人（除盲人按摩机构外）月安置的残疾人占在职职工人数的比例不低于25%（含25%），并且安置的残疾人人数不少于10人（含10人）；

盲人按摩机构月安置的残疾人占在职职工人数的比例不低于25%（含25%），并且安置的残疾人人数不少于5人（含5人）。

（2）依法与安置的每位残疾人签订了1年以上（含1年）的劳动合同或服务协议。

（3）为安置的每位残疾人按月足额缴纳了基本养老保险、基本医疗保险、失业保险、工伤保险和生育保险等社会保险。

“基本养老保险”和“基本医疗保险”是指“职工基本养老保险”和“职工基本医疗保险”，不含“城镇居民社会养老保险”“新型农村社会养老保险”“城镇居民基本医疗保险”和“新型农村合作医疗”。安置残疾人的机关事业单位以及由机关事业单位改制后的企业，为残疾人缴纳的机关事业单位养老保险，属于上述“基本养老保险”范畴，可按规定享受相关税收优惠政策。

（4）通过银行等金融机构向安置的每位残疾人，按月支付了不低于纳税人所在区县适用的经省人民政府批准的月最低工资标准的工资。

2. 有关定义。

（1）残疾人，是指法定劳动年龄内，持有《中华人民共和国残疾人证》或者《中华人民共和国残疾军人证（1 至 8 级）》的自然人，包括具有劳动条件和劳动意愿的精神残疾人。

（2）残疾人个人，是指自然人。

（3）在职职工人数，是指与纳税人建立劳动关系并依法签订劳动合同或者服务协议的雇员人数。

（4）特殊教育学校举办的企业，是指特殊教育学校主要为在校学生提供实习场所、并由学校出资自办、由学校负责经营管理、经营收入全部归学校所有的企业。

（四）注意事项

1. 上述税收优惠政策自 2016 年 5 月 1 日起施行。《财政部、国家税务总局关于促进残疾人就业税收优惠政策的通知》（财税〔2007〕92 号）同时废止。纳税人 2016 年 5 月 1 日前执行财税〔2007〕92 号和财税〔2013〕106 号文件发生的应退未退的增值税余额，可按照财税〔2016〕52 号文件第五条规定执行。

2. 根据《国家税务总局关于安置残疾人单位是否可以同时享受多项增值税优惠政策问题的公告》（总局公告 2011 年第 61 号）的规定，安置残疾人单位既符合促进残疾人就业增值税优惠政策条件，又符合其他增值税优惠政策条件的，可同时享受多项增值税优惠政策，但年度申请退还增值税总额不得超过本年度内应纳增值税总额。

3. 根据《国家税务总局关于促进残疾人就业增值税优惠政策有关问题的公告》总局公告 2013 年第 73 号）解释，上述“（三）限定条件”第 1 项中的“依法与安置的每位残疾人签订了 1 年以上（含 1 年）的劳动合同或服务协议”中的“劳动合同或服务协议”，包括全日制工资发放形式和非全日制工资发放形式劳动合同或服务协议。安置残疾人单位聘用非全日制用工的残疾人，与其签订符合法律法规规定的劳动合同或服务协议，并且安置该残疾人在单位实际上岗工作的，可按照上述规定，享受增值税优惠政策。

4. 以劳务派遣形式就业的残疾人，属于劳务派遣单位的职工。劳务派遣单位可按照上述规定，享受相关税收优惠政策。

5.《财政部、国家税务总局关于教育税收政策的通知》（财税〔2004〕39 号）第一条第 7 项规定的特殊教育学校举办的企业，只要符合财税〔2016〕52 号文件第二条第（一）项第一款规定的条件，即可享受上述增值税优惠政策。这类企业在计算残疾人人数时可将在企业上岗工作的特殊教育学校的全日制在校学生计算在内，在计算企业在职职工人数时也要将上述学生计算在内。

6. 税务机关发现已享受增值税优惠政策的纳税人，存在不符合财税〔2016〕52 号文件第二条、第三条规定条件，或者采用伪造或重复使用残疾人证、残疾军人证等手段骗取增值税优惠的，应将纳税人发生上述违法违规行为的纳税期内已享受到的退税全额追缴入库，并自发现当月起 36 个月内停止其享受各项税收优惠。

7. 有关促进残疾人就业增值税优惠政策的详细规定参阅国家税务总局发布的《促进残疾人就业增值税优惠政策管理办法》（总局公告 2016 年第 33 号）。（以上内容见《财政部、国家税务总局关于促进残疾人就业增值税优惠政策的通知》财税〔2016〕52 号、《财政部、国家税务总局关于安置残疾人就业单位城镇土地使用税等政策的通知》财税〔2010〕121 号、《国家税务总局关于促进残疾人就业税收优惠政策有关问题的公告》总局公告 2013 年第 78 号、《国家税务总局关于促进残疾人就业税收优惠政策相关问题的公告》总局公告 2015 年第 55 号）

十四、城镇退役士兵创业就业税收政策

（一）特定事项

退役士兵是指退出现役的士兵和士官。对退役士兵和士官，国家建立以扶持就业为主，自主就业、安排工作、退休、供养等多种方式相结合的安置制度。义务兵和服现役不满 12 年的士官退出现役的，由人民政府扶持自主就业。对自主就业的退役士兵，由部队发给一次性退役金，同时可以享受创业就业优惠政策。

（二）优惠政策

为贯彻落实中央对扎实做好退役士兵安置工作的新要求，经国务院批准，特制定如下有关城镇退役士兵创业就业税收政策。

1. 自主就业退役士兵从事个体经营的，自办理个体工商户登记当月起，在 3 年（36 个月）内按每户每年 12 000 元为限额依次扣减其当年实际应缴纳的增值税、城市维护建设税、教育费附加、地方教育附加和个人所得税。限额标准最高可上浮 20%，各省级人民政府可根据本地区实际情况在此幅度内确定具体限额标准。

纳税人年度应缴纳税款小于上述扣减限额的，减免税额以其实际缴纳的税款为限；大于上述扣减限额的，以上述扣减限额为限。纳税人的实际经营期不足 1 年的，应当按月换算其减免税限额。换算公式为：

减免税限额 = 年度减免税限额 ÷ 12 × 实际经营月数

城市维护建设税、教育费附加、地方教育附加的计税依据是享受本项税收优惠政策前的增值税应纳税额。

2. 企业招用自主就业退役士兵，与其签订 1 年以上期限劳动合同并依法缴纳社会保险费的，自签订劳动合同并缴纳社会保险当月起，在 3 年内按实际招用人数予以定额依次扣减增值税、城市维护建设税、教育费附加、地方教育附加和企业所得税优惠。定额标准为每人每年 6 000 元，最高可上浮 50%，各省级人民政府可根据本地区实际情况在此幅度内确定具体定额标准。

企业按招用人数和签订的劳动合同时间核算企业减免税总额，在核算减免税总额内每月依次扣减增值税、城市维护建设税、教育费附加和地方教育附加。企业实际应缴纳的增值税、城市维护建设税、教育费附加和地方教育附加小于核算减免税总额的，以实际应缴纳的增值税、城市维护建设税、教育费附加和地方教育附加为限；实际应缴纳的增值税、城市维护建设税、教育费附加和地方教育附加大于核算减免税总额的，以核算减免税总额为限。

纳税年度终了，如果企业实际减免的增值税、城市维护建设税、教育费附加和地方教育附加小于核算减免税总额，企业在企业所得税汇算清缴时以差额部分扣减企业所得税。当年扣减不完的，不再结转以后年度扣减。

自主就业退役士兵在企业工作不满 1 年的，应当按月换算减免税限额。计算公式为：

企业核算减免税总额 = $\sum$ 每名自主就业退役士兵本年度在本单位工作月份 ÷ 12 × 具体定额标准

城市维护建设税、教育费附加、地方教育附加的计税依据是享受本项税收优惠政策前的增值税应纳税额。

（三）限定条件

1. 所称自主就业退役士兵是指依照《退役士兵安置条例》（国务院、中央军委令第 608 号）的规定退出现役并按自主就业方式安置的退役士兵。

2. 所称企业是指属于增值税纳税人或企业所得税纳税人的企业等单位。

3. 自主就业退役士兵从事个体经营的，在享受税收优惠政策进行纳税申报时，注明其退役军人身

份，并将《中国人民解放军义务兵退出现役证》《中国人民解放军士官退出现役证》或《中国人民武装警察部队义务兵退出现役证》《中国人民武装警察部队士官退出现役证》留存备查。

企业招用自主就业退役士兵享受税收优惠政策的，将以下资料留存备查：(1) 招用自主就业退役士兵的《中国人民解放军义务兵退出现役证》《中国人民解放军士官退出现役证》或《中国人民武装警察部队义务兵退出现役证》《中国人民武装警察部队士官退出现役证》；(2) 企业与招用自主就业退役士兵签订的劳动合同（副本），为职工缴纳的社会保险费记录；(3) 自主就业退役士兵本年度在企业工作时间表。

（四）注意事项

1. 上述税收政策执行期限为2019年1月1日至2021年12月31日。纳税人在2021年12月31日享受上述规定税收优惠政策未满3年的，可继续享受至3年期满为止。《财政部、税务总局、民政部关于继续实施扶持自主就业退役士兵创业就业有关税收政策的通知》（财税〔2017〕46号）自2019年1月1日起停止执行。

2. 退役士兵以前年度已享受退役士兵创业就业税收优惠政策满3年的，不得再享受上述规定的税收优惠政策；以前年度享受退役士兵创业就业税收优惠政策未满3年且符合上述规定条件的，可按上述规定享受优惠至3年期满。

3. 如果企业招用的自主就业退役士兵既适用上述税收优惠政策，又适用其他扶持就业的税收优惠政策，企业可选择适用最优惠的政策，但不能重复享受。（以上内容见《财政部、税务总局、退役军人部关于进一步扶持自主就业退役士兵创业就业有关税收政策的通知》财税〔2019〕21号）

十五、自主择业军队转业干部税收政策

（一）特定事项

军队转业干部，是指退出现役作转业安置的军官和文职干部。军队干部转业到地方工作，是国家和军队的一项重要制度。国家对军队转业干部实行计划分配和自主择业相结合的方式安置。计划分配的军队转业干部由党委、政府负责安排工作和职务；自主择业的军队转业干部由政府协助就业、发给退役金。自主择业的军队转业干部，被党和国家机关、人民团体或者财政拨款的事业单位选用为正式工作人员的，从被选用的下月起停发退役金，不再享受自主择业的军队转业干部的有关待遇。

（二）优惠政策

为促进军队转业干部自主择业，特制定如下有关自主择业的军队转业干部的税收政策。

1. 从事个体经营的军队转业干部，经主管税务机关批准，自领取税务登记证之日起，其提供的应税服务3年内免征营业税和个人所得税。

2. 为安置自主择业的军队转业干部就业而新开办的企业，凡安置自主择业的军队转业干部占企业总人数60%（含60%）以上的，自领取税务登记证之日起，其提供的应税服务3年内免征营业税和企业所得税。

3. 自主择业的军队转业干部必须持有师以上部队颁发的转业证件。

（三）限定条件

上述个体经营是指雇工7人（含7人）以下的个体经营行为，军队转业干部、城镇退役士兵、随军家属从事个体经营凡雇工8人（含8人）以上的，无论其领取的营业执照是否注明为个体工商业户，军队转业干部和随军家属均按照新开办的企业、城镇退役士兵按照新办的服务型企业的规定享受有关营业税优惠政策。

（四）注意事项

1. 上述税收优惠政策发布时间为2003年4月9日，自2003年5月1日起执行。

2. 上述税收优惠政策执行前，已经从事个体经营的军队转业干部和符合财税〔2003〕26 号文件规定条件的企业，如果已经按〔2001〕国转联 8 号文件的规定，享受了税收优惠政策，可以继续执行到期满为止；如果没有享受上述文件规定的税收优惠政策，可自财税〔2003〕26 号文件生效之日起，3 年内免征增值税、个人所得税、企业所得税。

3. 根据《国家税务总局关于明确部分增值税优惠政策审批事项取消后有关管理事项的公告》（总局公告 2015 年第 38 号）规定，上述增值税优惠政策涉及的审核、审批工作程序取消，改为备案管理。

4. 除《企业所得税法》及其实施条例、国发〔2007〕39 号文件、国发〔2007〕40 号文件、财税〔2008〕1 号文件规定的优惠政策以外，2008 年 1 月 1 日之前实施的其他企业所得税优惠政策一律废止。

5. 营改增后，财税〔2016〕36 号文件附件 3《营业税改征增值税试点过渡政策的规定》第一条第（四十）项规定，从事个体经营的军队转业干部以及为安置自主择业的军队转业干部就业而新开办的企业，继续享受免征增值税优惠政策。（以上内容见《财政部、国家税务总局关于自主择业的军队转业干部有关税收政策问题的通知》财税〔2003〕26 号、《财政部、国家税务总局关于加强军队转业干部、城镇退役士兵、随军家属有关营业税优惠政策管理的通知》财税〔2005〕18 号、《财政部、国家税务总局关于全面推开营业税改征增值税试点的通知》财税〔2016〕36 号附件 3）

十六、随军家属就业税收政策

（一）特定事项

军人家属随军政策建立于 1963 年，1991 年做了进一步完善和规范，2011 年再次调整，放宽了随军条件。该政策是国务院、中央军委根据军事职业特点，给予军人的一项特殊政策，对稳定部队、增强军事职业吸引力和促进部队建设发挥了积极作用。随军条件：一是驻全国一般地区部队的正连职干部；二是驻京城区部队的副营职干部；三是驻艰苦边远地区部队四级军士长以上士官。

符合随军条件的军人家属，按照个人意愿选择随军或不随军。选择随军的家属，经师（旅）级以上单位政治机关批准后，在部队驻地统一按城镇户口办理落户；随军配偶由部队商当地政府部门纳入安置计划，自主择业的，享受减免增值税等优惠政策。

（二）优惠政策

为缓解随军家属的就业困难，经国务院、中央军委批准，特制定如下有关随军家属就业的税收政策。

1. 对为安置随军家属就业而新开办的企业，自领取税务登记证之日起，其提供应税服务 3 年内免征营业税、企业所得税。

2. 对从事个体经营的随军家属，自领取税务登记证之日起，其提供应税服务 3 年内免征营业税和个人所得税。

（三）限定条件

1. 享受税收优惠政策的企业，随军家属必须占企业总人数的 60%（含）以上，并有军（含）以上政治和后勤机关出具的证明；随军家属必须有师以上政治机关出具的可以表明其身份的证明，但税务部门应进行相应的审查认定。

2. 上述个体经营是指雇工 7 人（含 7 人）以下的个体经营行为，军队转业干部、城镇退役士兵、随军家属从事个体经营凡雇工 8 人（含 8 人）以上的，无论其领取的营业执照是否注明为个体工商业户，军队转业干部和随军家属均按照新开办的企业、城镇退役士兵按照新办的服务型企业的规定享受有关营业税优惠政策。

（四）注意事项

1. 每一随军家属只能按上述规定，享受一次免税政策。

2. 根据《国家税务总局关于明确部分增值税优惠政策审批事项取消后有关管理事项的公告》（总局公告 2015 年第 38 号）规定，上述增值税优惠政策涉及的审核、审批工作程序取消，改为备案管理。

3. 除《企业所得税法》及其实施条例、国发〔2007〕39 号文件、国发〔2007〕40 号文件、财税〔2008〕1 号文件规定的优惠政策以外，2008 年 1 月 1 日之前实施的其他企业所得税优惠政策一律废止。

4. 营改增后，财税〔2016〕36 号文件附件 3《营业税改征增值税试点过渡政策的规定》第一条第（三十九）项规定，为安置随军家属就业而新开办的企业以及从事个体经营的随军家属，继续享受免征增值税优惠政策。

5. 上述优惠政策发布时间为 2000 年 9 月 27 日，自 2000 年 1 月 1 日起执行。（以上内容见《财政部、国家税务总局关于随军家属就业有关税收政策的通知》财税〔2000〕84 号、《财政部、国家税务总局关于加强军队转业干部、城镇退役士兵、随军家属有关营业税优惠政策管理的通知》财税〔2005〕18 号、《财政部、国家税务总局关于全面推开营业税改征增值税试点的通知》财税〔2016〕36 号附件 3）

十七、保险保障基金税收政策

（一）特定事项

保险保障基金，是指按照国家有关规定，为了保障被保险人的利益，支持保险公司稳健经营，保险公司按照保险监督管理机构的规定提存的专项基金。保险保障基金由中国银行保险监督管理委员会设置专户核算、集中管理、统筹使用。

（二）优惠政策

为支持保险保障基金发展，增强行业经营风险防范能力，对保险保障基金继续予以税收优惠政策。

1. 对中国保险保障基金有限责任公司根据《保险保障基金管理办法》取得的下列收入，免征企业所得税：

（1）境内保险公司依法缴纳的保险保障基金；

（2）依法从撤销或破产保险公司清算财产中获得的受偿收入和向有关责任方追偿所得，以及依法从保险公司风险处置中获得的财产转让所得；

（3）接受捐赠收入；

（4）银行存款利息收入；

（5）购买政府债券、中央银行、中央企业和中央级金融机构发行债券的利息收入；

（6）国务院批准的其他资金运用取得的收入。

2. 对保险保障基金公司下列应税凭证，免征印花税：

（1）新设立的资金账簿；

（2）在对保险公司进行风险处置和破产救助过程中签订的产权转移书据；

（3）在对保险公司进行风险处置过程中与中国人民银行签订的再贷款合同；

（4）以保险保障基金自有财产和接收的受偿资产与保险公司签订的财产保险合同。对与保险保障基金公司签订上述产权转移书据或应税合同的其他当事人照章征收印花税。

（三）注意事项

1. 上述优惠政策自 2018 年 1 月 1 日起至 2020 年 12 月 31 日止执行。

2.《财政部、国家税务总局关于保险保障基金有关税收政策问题的通知》（财税〔2016〕10 号）同时废止。（以上内容见《财政部、国家税务总局关于保险保障基金有关税收政策问题的通知》财税〔2018〕41 号）

十八、开放式证券投资基金税收政策

（一）特定事项

开放式基金和封闭式基金共同构成了基金的两种运作方式。开放式基金是指基金发起人在设立基金时，基金单位或者股份总规模不固定，可视投资者的需求，随时向投资者出售基金单位或者股份，并可以应投资者的要求赎回发行在外的基金单位或者股份的一种基金运作方式。投资者既可以通过基金销售机构购买基金使得基金资产和规模由此相应增加，也可以将所持有的基金份额卖给基金并收回现金使得基金资产和规模相应减少。

（二）优惠政策

为支持和积极培育机构投资者，充分利用开放式基金手段，进一步拓宽社会投资渠道，促进证券市场的健康、稳定发展，对中国证监会批准设立的开放式证券投资基金（简称“基金”）特制定如下税收政策。

1. 关于营业税问题。

（1）以发行基金方式募集资金不属于营业税的征税范围，不征收营业税。

（2）对基金管理人运用基金买卖股票、债券取得的差价收入免征营业税。

2. 关于所得税问题。

（1）对基金管理人运用基金买卖股票、债券的差价收入，在2003年年底前暂免征收企业所得税。

（2）对个人投资者申购和赎回基金单位取得的差价收入，在对个人买卖股票的差价收入未恢复征收个人所得税以前，暂不征收个人所得税；对企业投资者申购和赎回基金单位取得的差价收入，应并入企业的应纳税所得额，征收企业所得税。

3. 对基金取得的股票的股息、红利收入，债券的利息收入、储蓄存款利息收入，由上市公司、发行债券的企业和银行在向基金支付上述收入时代扣代缴20%的个人所得税；对投资者（包括个人和机构投资者）从基金分配中取得的收入，暂不征收个人所得税和企业所得税。

4. 关于印花税问题。

（1）基金管理人运用基金买卖股票按照2‰的税率征收印花税。

（2）对投资者申购和赎回基金单位，暂不征收印花税。

5. 对基金管理人、基金托管人、基金代销机构从事基金管理活动取得的收入，依照税法的有关规定征收营业税、企业所得税以及其他相关税收。

（三）注意事项

1. 关于证券交易印花税，按照财政部的规定，自2008年9月19日起，对基金、个人等投资者卖出股票时按照1‰的税率征收股票交易印花税，买入交易不再征收印花税。

2. 根据财税〔2008〕132号文件规定，自2008年10月9日起，对储蓄存款利息所得暂免征收个人所得税。根据财税〔2012〕85号文件规定，自2013年1月1日起，对证券投资基金从上市公司取得的股息红利所得，实施差别化个人所得税政策。

3. 财税〔2008〕1号文件已将上述关于企业所得税的优惠政策进行了如下调整：

（1）对证券投资基金从证券市场中取得的收入，包括买卖股票、债券的差价收入，股权的股息、红利收入，债券的利息收入及其他收入，暂不征收企业所得税。

（2）对投资者从证券投资基金分配中取得的收入，暂不征收企业所得税。

（3）对证券投资基金管理人运用基金买卖股票、债券的差价收入，暂不征收企业所得税。

4. 营改增后，财税〔2016〕36号文件附件3《营业税改征增值税试点过渡政策的规定》第一条第（二十二）项规定，证券投资基金（封闭式证券投资基金、开放式证券投资基金）管理人运用基金买卖股票、债券免征增值税。

5. 上述优惠政策发布日期为2002年8月22日。（以上内容见《财政部、国家税务总局关于开放式证券投资基金有关税收问题的通知》财税〔2002〕128号、《财政部、国家税务总局关于企业所得税若干优惠政策的通知》财税〔2008〕1号、《财政部、国家税务总局关于全面推开营业税改征增值税试点的通知》财税〔2016〕36号附件3）

十九、社会保障基金税收政策

（一）特定事项

社会保障基金（简称“社保基金”），是指全国社会保障基金理事会负责管理的由国有股减持划入资金及股权资产、中央财政拨入资金、经国务院批准以其他方式筹集的资金及其投资收益形成的由中央政府集中的社会保障基金。社保基金是不向个人投资者开放的，社保基金是国家把企事业职工交纳的养老保险费中的一部分资金交给专业的机构管理，实现保值增值。

（二）优惠政策

经国务院批准，对全国社会保障基金理事会管理的社保基金特制定如下税收政策。

1. 对社会保障基金理事会、社会保障基金投资管理人运用全国社会保障基金买卖证券投资基金、股票、债券取得的金融商品转让收入，免征增值税。对社保基金会、社保基金投资管理人在运用社保基金投资过程中，提供贷款服务取得的全部利息及利息性质的收入和金融商品转让收入，免征增值税。

2. 对社保基金理事会、社保基金投资管理人管理的社保基金银行存款利息收入，社保基金从证券市场中取得的收入，包括买卖证券投资基金、股票、债券的差价收入，证券投资基金红利收入，股票的股息、红利收入，债券的利息收入及产业投资基金收益、信托投资收益等其他投资收入，作为企业所得税不征税收入。对社保基金取得的直接股权投资收益、股权投资基金收益，作为企业所得税不征税收入。

3. 对社保基金会、社保基金投资管理人管理的社保基金转让非上市公司股权，免征社保基金会、社保基金投资管理人应缴纳的印花税。

4. 对社保基金投资管理人、社保基金托管人从事社保基金管理活动取得的收入，依照税法的规定征收增值税、企业所得税以及其他税收。

此外，全国社会保障基金理事会（简称社保基金会）受托投资的基本养老保险基金有关投资业务税收政策如下：

1. 对社保基金会及养老基金投资管理机构在国务院批准的投资范围内，运用养老基金投资过程中，提供贷款服务取得的全部利息及利息性质的收入和金融商品转让收入，免征增值税。

2. 对社保基金会及养老基金投资管理机构在国务院批准的投资范围内，运用养老基金投资取得的归属于养老基金的投资收入，作为企业所得税不征税收入；对养老基金投资管理机构、养老基金托管机构从事养老基金管理活动取得的收入，依照税法规定征收企业所得税。

3. 对社保基金会及养老基金投资管理机构运用养老基金买卖证券应缴纳的印花税实行先征后返；养老基金持有的证券，在养老基金证券账户之间的划拨过户，不属于印花税的征收范围，不征收印花税。对社保基金会及养老基金投资管理机构管理的养老基金转让非上市公司股权，免征社保基金会及养老基金投资管理机构应缴纳的印花税。

（三）注意事项

1. 上述针对社保基金的税收优惠政策最初发布日期为2002年5月30日，但企业所得税政策2008年11月21日进行了调整，增值税则在2016年5月1日全面营改增时取代了营业税。

2. 社保基金会受托投资的基本养老保险基金有关投资业务税收政策自发布之日（2018年9月20日）起执行。（以上内容见《财政部、国家税务总局关于全国社会保障基金有关企业所得税问题的通知》财税〔2008〕136号、《财政部、国家税务总局关于营业税改征增值税试点若干政策的通知》财税〔2016〕39号、《财政部、税务总局关于全国社会保障基金有关投资业务税收政策的通知》财税〔2018〕94号、《财政部、税务总局关于基本养老保险基金有关投资业务税收政策的通知》财税〔2018〕95号）

二十、封闭式证券投资基金税收政策

（一）特定事项

开放式基金和封闭式基金共同构成了基金的两种运作方式。封闭式基金属于信托基金，是指基金规模在发行前已确定、在发行完毕后的规定期限内固定不变并在证券市场上交易的投资基金。

（二）优惠政策

为了有利于证券投资基金制度的建立，促进证券市场的健康发展，经国务院批准，特制定如下有关封闭式证券投资基金（简称“基金”）的税收政策。

1. 基金管理人运用基金买卖股票按照4‰的税率征收印花税。

2. 关于所得税问题。

（1）对基金从证券市场中取得的收入，包括买卖股票、债券的差价收入，股票的股息、红利收入，债券的利息收入及其他收入，暂不征收企业所得税。

（2）对个人投资者买卖基金单位获得的差价收入，在对个人买卖股票的差价收入未恢复征收个人所得税以前，暂不征收个人所得税；对企业投资者买卖基金单位获得的差价收入，应并入企业的应纳税所得额，征收企业所得税。

（3）对投资者从基金分配中获得的股票的股息、红利收入以及企业债券的利息收入，由上市公司和发行债券的企业在向基金派发股息、红利、利息时代扣代缴20%的个人所得税，基金向个人投资者分配股息、红利、利息时，不再代扣代缴个人所得税。

（4）对投资者从基金分配中获得的国债利息、储蓄存款利息以及买卖股票价差收入，在国债利息收入、个人储蓄存款利息收入以及个人买卖股票差价收入未恢复征收所得税以前，暂不征收所得税。

（5）对个人投资者从基金分配中获得的企业债券差价收入，应按税法规定对个人投资者征收个人所得税，税款由基金在分配时依法代扣代缴；对企业投资者从基金分配中获得的债券差价收入，暂不征收企业所得税。

3. 对基金管理人运用基金买卖股票、债券取得收入免征营业税。

4. 对基金管理人、基金托管人从事基金管理活动取得的收入，依照税法的规定征收营业税、企业所得税以及其他相关税收。

（三）注意事项

1. 关于证券交易印花税，按照财政部的规定，自2008年9月19日起，对基金、个人等投资者卖出股票时按照1‰的税率征收股票交易印花税，买入交易不再征收印花税。

2. 根据财税〔2008〕132号文件规定，自2008年10月9日起，对储蓄存款利息所得暂免征收个人所得税。根据财税〔2012〕85号文件规定，自2013年1月1日起，对证券投资基金从上市公司取得的股息红利所得，实施差别化个人所得税政策。

3. 财税〔2008〕1号文件已将上述关于企业所得税的优惠政策进行了如下调整：

（1）对证券投资基金从证券市场中取得的收入，包括买卖股票、债券的差价收入，股权的股息、红利收入，债券的利息收入及其他收入，暂不征收企业所得税。

（2）对投资者从证券投资基金分配中取得的收入，暂不征收企业所得税。

（3）对证券投资基金管理人运用基金买卖股票、债券的差价收入，暂不征收企业所得税。

4. 营改增后，财税〔2016〕36号文件附件3《营业税改征增值税试点过渡政策的规定》第一条第（二十二）项规定，证券投资基金（封闭式证券投资基金、开放式证券投资基金）管理人运用基金买卖股票、债券免征增值税。

5. 上述优惠政策发布日期为1998年8月6日。（以上内容见《财政部、国家税务总局关于证券投资基金税收问题的通知》财税字〔1998〕55号、《财政部、国家税务总局关于企业所得税若干优惠政策的通知》财税〔2008〕1号、《财政部、国家税务总局关于全面推开营业税改征增值税试点的通知》财税〔2016〕36号附件3）

二十一、农村金融税收政策

（一）特定事项

农村金融在我国一般是指在县及县以下地区提供的存款、贷款、汇兑、保险、期货、证券等各种金融服务，包括正规金融和非正规金融即民间金融。

（二）优惠政策

为支持农村金融发展，解决农民贷款难问题，经国务院批准，特制定如下有关农村金融税收政策。

1. 自2017年12月1日至2019年12月31日，对金融机构向农户、小型企业、微型企业及个体工商户发放小额贷款取得的利息收入，免征增值税。

2. 自2017年1月1日至2019年12月31日，对金融机构农户小额贷款的利息收入，在计算应纳税所得额时，按90%计入收入总额。

3. 自2017年1月1日至2019年12月31日，对保险公司为种植业、养殖业提供保险业务取得的保费收入，在计算应纳税所得额时，按90%计入收入总额。

4. 农村信用社、村镇银行、农村资金互助社、由银行业机构全资发起设立的贷款公司、法人机构在县（县级市、区、旗）及县以下地区的农村合作银行和农村商业银行提供金融服务收入，可以选择适用简易计税方法按照3%的征收率计算缴纳增值税。

5. 对中国农业银行纳入“三农金融事业部”改革试点的各省、自治区、直辖市、计划单列市分行下辖的县域支行和新疆生产建设兵团分行下辖的县域支行（也称县事业部），提供农户贷款、农村企业和农村各类组织贷款取得的利息收入，可以选择适用简易计税方法按照3%的征收率计算缴纳增值税。

6. 小额贷款公司涉农贷款有关税收政策：

（1）自2017年1月1日至2019年12月31日，对经省级金融管理部门（金融办、局等）批准成立的小额贷款公司取得的农户小额贷款利息收入，免征增值税。

（2）自2017年1月1日至2019年12月31日，对经省级金融管理部门（金融办、局等）批准成立的小额贷款公司取得的农户小额贷款利息收入，在计算应纳税所得额时，按90%计入收入总额。

（3）自2017年1月1日至2019年12月31日，对经省级金融管理部门（金融办、局等）批准成立的小额贷款公司按年末贷款余额的1%计提的贷款损失准备金准予在企业所得税税前扣除。具体政策口径按照《财政部、国家税务总局关于金融企业贷款损失准备金企业所得税税前扣除有关政策的通知》（财税〔2015〕9号）执行。

上述所称小额贷款，是指单笔且该农户贷款余额总额在10万元（含本数）以下的贷款。

7. 自2018年9月1日至2020年12月31日，对金融机构向小型企业、微型企业和个体工商户发放小额贷款取得的利息收入，免征增值税。金融机构可以选择以下两种方法之一适用免税：

（1）对金融机构向小型企业、微型企业和个体工商户发放的，利率水平不高于人民银行同期贷款基准利率150%（含本数）的单笔小额贷款取得的利息收入，免征增值税；高于人民银行同期贷款基准利率150%的单笔小额贷款取得的利息收入，按照现行政策规定缴纳增值税。

（2）对金融机构向小型企业、微型企业和个体工商户发放单笔小额贷款取得的利息收入中，不高于该笔贷款按照人民银行同期贷款基准利率150%（含本数）计算的利息收入部分，免征增值税；超过部分按照现行政策规定缴纳增值税。

金融机构可按会计年度在以上两种方法之间选定其一作为该年的免税适用方法，一经选定，该会计年度内不得变更。

8. 自2018年7月1日至2020年12月31日，对中国邮政储蓄银行纳入“三农金融事业部”改革的各省、自治区、直辖市、计划单列市分行下辖的县域支行，提供农户贷款、农村企业和农村各类组织贷款取得的利息收入，可以选择适用简易计税方法按照3%的征收率计算缴纳增值税。

（三）限定条件

1. 优惠政策1～3项限定条件：

（1）农户，是指长期（一年以上）居住在乡镇（不包括城关镇）行政管理区域内的住户，还包括长期居住在城关镇所辖行政村范围内的住户和户口不在本地而在本地居住一年以上的住户，国有农场的职工和农村个体工商户。位于乡镇（不包括城关镇）行政管理区域内和在城关镇所辖行政村范围内的国有经济的机关、团体、学校、企事业单位的集体户；有本地户口，但举家外出谋生一年以上的住户，无论是否保留承包耕地均不属于农户。农户以户为统计单位，既可以从事农业生产经营，也可以从事非农业生产经营。农户贷款的判定应以贷款发放时的承贷主体是否属于农户为准。

（2）小型企业、微型企业，是指符合《中小企业划型标准规定》（工信部联企业〔2011〕300号）的小型企业和微型企业。其中，资产总额和从业人员指标均以贷款发放时的实际状态确定；营业收入指标以贷款发放前12个自然月的累计数确定，不满12个自然月的，按照以下公式计算：

营业收入（年）= 企业实际存续期间营业收入 ÷ 企业实际存续月数 ×12

（3）小额贷款，是指单户授信小于100万元（含本数）的农户、小型企业、微型企业或个体工商户贷款；没有授信额度的，是指单户贷款合同金额且贷款余额在100万元（含本数）以下的贷款。

（4）保费收入，是指原保险保费收入加上分保费收入减去分出保费后的余额。

2. 优惠政策第4项限定条件：

（1）村镇银行，是指经中国银行业监督管理委员会依据有关法律、法规批准，由境内外金融机构、境内非金融机构企业法人、境内自然人出资，在农村地区设立的主要为当地农民、农业和农村经济发展提供金融服务的银行业金融机构。

（2）农村资金互助社，是指经银行业监督管理机构批准，由乡（镇）、行政村农民和农村小企业自愿入股组成，为社员提供存款、贷款、结算等业务的社区互助性银行业金融机构。

（3）由银行业机构全资发起设立的贷款公司，是指经中国银行业监督管理委员会依据有关法律、法规批准，由境内商业银行或农村合作银行在农村地区设立的专门为县域农民、农业和农村经济发展提供贷款服务的非银行业金融机构。

（4）县（县级市、区、旗），不包括直辖市和地级市所辖城区。

3. 优惠政策第5项限定条件：

（1）农户贷款，是指金融机构发放给农户的贷款，但不包括按照《营业税改征增值税试点过渡政策的规定》（财税〔2016〕36号）第一条第（十九）项规定的免征增值税的农户小额贷款。

（2）农户，是指《营业税改征增值税试点过渡政策的规定》（财税〔2016〕36号）第一条第（十九）项所称的农户。

（3）农村企业和农村各类组织贷款，是指金融机构发放给注册在农村地区的企业及各类组织的贷款。

4. 优惠政策第7项限定条件：

（1）所称金融机构，是指经人民银行、银保监会批准成立的已通过监管部门上一年度“两增两控”考核的机构（2018年通过考核的机构名单以2018年上半年实现“两增两控”目标为准），以及经人民银行、银保监会、证监会批准成立的开发银行及政策性银行、外资银行和非银行业金融机构。

（2）所称小型企业、微型企业，是指符合《中小企业划型标准规定》（工信部联企业〔2011〕

300号）的小型企业和微型企业。其中，资产总额和从业人员指标均以贷款发放时的实际状态确定；营业收入指标以贷款发放前12个自然月的累计数确定，不满12个自然月的，按照以下公式计算：

营业收入（年）= 企业实际存续期间营业收入 ÷ 企业实际存续月数 ×12

（3）所称小额贷款，是指单户授信小于1 000万元（含本数）的小型企业、微型企业或个体工商户贷款；没有授信额度的，是指单户贷款合同金额且贷款余额在1 000万元（含本数）以下的贷款。

（四）注意事项

1. 金融机构应将相关免税证明材料留存备查，单独核算符合免税条件的小额贷款利息收入，按现行规定向主管税务机构办理纳税申报；未单独核算的，不得免征增值税。

2. 财税〔2017〕44号文件印发之日前已征的增值税，可抵减纳税人以后月份应缴纳的增值税或予以退还。（以上内容见《财政部、国家税务总局关于延续支持农村金融发展有关税收政策的通知》财税〔2017〕44号）、《财政部、国家税务总局关于进一步明确全面推开营改增试点金融业有关政策的通知》财税〔2016〕46号、《财政部、税务总局关于支持小微企业融资有关税收政策的通知》财税〔2017〕77号、《财政部、国家税务总局关于小额贷款公司有关税收政策的通知》财税〔2017〕48号、《国家税务总局关于中国邮政储蓄银行三农金融事业部涉农贷款增值税政策的通知》财税〔2018〕97号）

二十二、信贷资产证券化税收政策

（一）特定事项

信贷资产证券化是指把欠流动性但有未来现金流的信贷资产（如银行的贷款、企业的应收账款等）经过重组形成资产池，并以此为基础发行证券。从广义上来讲，信贷资产证券化是指以信贷资产作为基础资产的证券化，包括住房抵押贷款、汽车贷款、消费信贷、信用卡账款、企业贷款等信贷资产的证券化。

（二）优惠政策

为了贯彻落实《国务院关于推进资本市场改革开放和稳定发展的若干意见》（国发〔2004〕3号），支持扩大直接融资比重，改进银行资产负债结构，促进金融创新，特制定如下有关我国银行业开展信贷资产证券化业务试点中的税收政策。

1. 关于印花税政策问题。

（1）信贷资产证券化的发起机构（指通过设立特定目的信托项目转让信贷资产的金融机构）将实施资产证券化的信贷资产信托予受托机构（指因承诺信托而负责管理信托项目财产并发售资产支持证券的机构）时，双方签订的信托合同暂不征收印花税。

（2）受托机构委托贷款服务机构（指接受受托机构的委托，负责管理贷款的机构）管理信贷资产时，双方签订的委托管理合同暂不征收印花税。

（3）发起机构、受托机构在信贷资产证券化过程中，与资金保管机构（指接受受托机构委托，负责保管信托项目财产账户资金的机构）、证券登记托管机构（指中央国债登记结算有限责任公司）以及其他为证券化交易提供服务的机构签订的其他应税合同，暂免征收发起机构、受托机构应缴纳的印花税。

（4）受托机构发售信贷资产支持证券以及投资者买卖信贷资产支持证券暂免征收印花税。

（5）发起机构、受托机构因开展信贷资产证券化业务而专门设立的资金账簿暂免征收印花税。

2. 关于营业税政策问题。

（1）对受托机构从其受托管理的信贷资产信托项目中取得的贷款利息收入，应全额征收营业税。

（2）在信贷资产证券化的过程中，贷款服务机构取得的服务费收入、受托机构取得的信托报酬、资金保管机构取得的报酬、证券登记托管机构取得的托管费、其他为证券化交易提供服务的机构取得的服务费收入等，均应按现行营业税的政策规定缴纳营业税。

3. 关于所得税政策问题。

（1）发起机构转让信贷资产取得的收益应按企业所得税的政策规定计算缴纳企业所得税，转让信贷资产所发生的损失可按企业所得税的政策规定扣除。发起机构赎回或置换已转让的信贷资产，应按现行企业所得税有关转让、受让资产的政策规定处理。

发起机构与受托机构在信贷资产转让、赎回或置换过程中应当按照独立企业之间的业务往来支付价款和费用，未按照独立企业之间的业务往来支付价款和费用的，税务机关依照《征管法》的有关规定进行调整。

（2）对信托项目收益在取得当年向资产支持证券的机构投资者（简称“机构投资者”）分配的部分，在信托环节暂不征收企业所得税；在取得当年未向机构投资者分配的部分，在信托环节由受托机构按企业所得税的政策规定申报缴纳企业所得税；对在信托环节已经完税的信托项目收益，再分配给机构投资者时，对机构投资者按现行有关取得税后收益的企业所得税政策规定处理。

（3）在信贷资产证券化的过程中，贷款服务机构取得的服务收入、受托机构取得的信托报酬、资金保管机构取得的报酬、证券登记托管机构取得的托管费、其他为证券化交易提供服务的机构取得的服务费收入等，均应按照企业所得税的政策规定计算缴纳企业所得税。

（4）在对信托项目收益暂不征收企业所得税期间，机构投资者从信托项目分配获得的收益，应当在机构投资者环节按照权责发生制的原则确认应税收入，按照企业所得税的政策规定计算缴纳企业所得税。机构投资者买卖信贷资产支持证券获得的差价收入，应当按照企业所得税的政策规定计算缴纳企业所得税，买卖信贷资产支持证券所发生的损失可按企业所得税的政策规定扣除。

（5）受托机构和证券登记托管机构应向其信托项目主管税务机关和机构投资者所在地税务机关提供有关信托项目的全部财务信息以及向机构投资者分配收益的详细信息。

（6）机构投资者从信托项目清算分配中取得的收入，应按企业所得税的政策规定缴纳企业所得税，清算发生的损失可按企业所得税的政策规定扣除。

（三）注意事项

1. 受托机构处置发起机构委托管理的信贷资产时，属于财税〔2006〕5 号文件未尽事项的，应按现行税收法律、法规及政策规定处理。

2. 除《企业所得税法》及其实施条例、《国务院关于实施企业所得税过渡优惠政策的通知》（国发〔2007〕39 号）、《国务院关于经济特区和上海浦东新区新设立高新技术企业实行过渡性税收优惠的通知》（国发〔2007〕40 号）、《财政部、国家税务总局关于企业所得税若干优惠政策的通知》（财税〔2008〕1 号）规定的优惠政策以外，2008 年 1 月 1 日之前实施的其他企业所得税优惠政策一律废止。

3. 根据财税〔2016〕36 号文件的规定，营改增后贷款利息收入以及贷款服务机构取得的服务费收入、受托机构取得的信托报酬、资金保管机构取得的报酬、证券登记托管机构取得的托管费、其他为证券化交易提供服务的机构取得的服务费收入，应全额缴纳增值税。

4. 上述优惠政策发布之日为 2006 年 2 月 20 日，但优惠政策自信贷资产证券化业务试点之日起执行。（以上内容见《财政部、国家税务总局关于信贷资产证券化有关税收政策问题的通知》财税〔2006〕5 号）

二十三、股权分置改革税收政策

（一）特定事项

股权分置，是指上市公司股东所持向社会公开发行的股份在证券交易所上市交易，称为流通股，而公开发行前股份暂不上市交易，称为非流通股。这种同一上市公司股份分为流通股和非流通股的股权分置状况，为中国内地证券市场所独有。股权分置改革是 21 世纪初我国资本市场一项重要的制度改革，就是政府将以前不可以上市流通的国有股（还包括其他各种形式不能流通的股票）拿到市场上流通。改革的主要方式是非流通股股东通过向流通股股东支付一定比例的股份而获得所持股份的流通权。

（二）优惠政策

为促进资本市场发展和股市全流通，推动股权分置改革试点的顺利实施，特制定如下有关股权分置试点改革的税收政策。

1. 股权分置改革过程中因非流通股股东向流通股股东支付对价而发生的股权转让，暂免征收印花税。

2. 股权分置改革中非流通股股东通过对价方式向流通股股东支付的股份、现金等收入，暂免征收流通股股东应缴纳的企业所得税和个人所得税。

3. 股权分置改革中，上市公司因股权分置改革而接受的非流通股股东作为对价注入资产和被非流通股股东豁免债务，上市公司应增加注册资本或资本公积，不征收企业所得税。

（三）注意事项

1. 根据《财政部、国家税务总局关于企业所得税若干优惠政策的通知》（财税〔2008〕1号）第三条的规定，上述企业所得税优惠政策自2008年1月1日起继续执行到股权分置试点改革结束。

2. 上述优惠政策自2005年6月13日起执行。（以上内容见《财政部、国家税务总局关于股权分置试点改革有关税收政策问题的通知》财税〔2005〕103号、《国家税务总局关于股权分置改革中上市公司取得资产及债务豁免对价收入征免所得税问题的批复》国税函〔2009〕375号）

二十四、被撤销金融机构税收政策

（一）特定事项

撤销金融机构，是指中国人民银行对经其批准设立的具有法人资格的金融机构依法采取行政强制措施，终止其经营活动，并予以解散。

（二）优惠政策

为了促进被撤销金融机构的清算工作，加强对金融活动的监督管理，维护金融秩序，根据《金融机构撤销条例》第二十一条的规定，特制定如下被撤销金融机构清理和处置财产过程中有关税收优惠政策。

1. 对被撤销金融机构接收债权、清偿债务过程中签订的产权转移书据，免征印花税。

2. 对被撤销金融机构清算期间自有的或从债务方接收的房地产、车辆，免征房产税、城镇土地使用税和车船使用税。

3. 对被撤销金融机构在清算过程中催收债权时，接收债务方土地使用权、房屋所有权所发生的权属转移免征契税。

4. 对被撤销金融机构财产用来清偿债务时，免征被撤销金融机构转让货物、不动产、无形资产、有价证券、票据等应缴纳的增值税、营业税、城市维护建设税、教育费附加和土地增值税。

（三）限定条件

享受税收优惠政策的主体是指经中国人民银行依法决定撤销的金融机构及其分设于各地的分支机构，包括被依法撤销的商业银行、信托投资公司、财务公司、金融租赁公司、城市信用社和农村信用社。除另有规定者外，被撤销的金融机构所属、附属企业，不享受上述规定的被撤销金融机构的税收优惠政策。

（四）注意事项

1. 除“（二）优惠政策”第2项规定者外，被撤销金融机构在清算开始后、清算资产被处置前持续经营的经济业务所发生的应纳税款应按规定予以缴纳。

2. 被撤销金融机构的应缴未缴国家的税金及其他款项应按照法律法规规定的清偿顺序予以缴纳。

3. 被撤销金融机构的清算所得应该依法缴纳企业所得税。

4. 上述优惠政策自《金融机构撤销条例》生效之日，即2001年12月15日起开始执行。凡被撤销金融机构在《金融机构撤销条例》生效之日起进行的财产清理和处置的涉税政策均按上述规定执行。财税〔2003〕141号文件发布前，属免征事项的应纳税款不再追缴，已征税款不予退还。

5. 车船使用税已经更名为车船税，其减免税政策应按2012年1月1日起施行的《车船税法》及其实施条例的有关规定执行。

6. 营改增后，财税〔2016〕36号文件附件3《营业税改征增值税试点过渡政策的规定》第一条第（二十）项规定，被撤销金融机构以货物、不动产、无形资产、有价证券、票据等财产清偿债务免征增值税。

7. 本优惠政策发布日期为2003年7月3日。（以上内容见《财政部、国家税务总局关于被撤销金融机构有关税收政策问题的通知》财税〔2003〕141号、《财政部、国家税务总局关于全面推开营业税改征增值税试点的通知》财税〔2016〕36号附件3）

二十五、金融资产管理公司税收政策

（一）特定事项

1999年，为解决银行体系巨额不良资产问题，我国借鉴国际经验，设立了华融、长城、东方、信达四家国有资产管理公司，注册资本金均为100亿元人民币，并规定存续期为10年。这四大资产管理公司的主要任务和经营目标是收购、管理、处置四大国有商业银行剥离的不良资产和最大限度保全资产、减少损失，化解金融风险。2000年和2004年，国家对四大国有商业银行的不良资产进行了两次剥离。2007年年初，四家公司基本完成不良资产处置问题，开始转型探索。目前，四家公司的业务已涉及证券、保险、信托、租赁、基金等诸多领域。

（二）优惠政策

信达、华融、长城和东方等四家资产管理公司及各自经批准分设于各地的分支机构（简称资产公司），在收购、承接和处置剩余政策性剥离不良资产和改制银行剥离不良资产过程中有关税收政策规定如下：

1. 资产公司在收购、承接和处置剩余政策性剥离不良资产和改制银行剥离不良资产过程中开展的以下业务免征增值税：

（1）接受相关国有银行的不良债权，借款方以货物、不动产、无形资产、有价证券和票据等抵充贷款本息的，资产公司销售、转让该货物、不动产、无形资产、有价证券、票据以及利用该货物、不动产从事的融资租赁业务。

（2）接受相关国有银行的不良债权取得的利息。

（3）资产公司所属的投资咨询类公司，为本公司收购、承接、处置不良资产而提供的资产、项目评估和审计服务。

2. 对资产公司接受相关国有银行的不良债权，借款方以土地使用权、房屋所有权抵充贷款本息的，免征承受土地使用权、房屋所有权应缴纳的契税。

3. 对资产公司成立时设立的资金账簿免征印花税。对资产公司收购、承接和处置不良资产，免征购销合同和产权转移书据应缴纳的印花税。对涉及资产公司资产管理范围内的上市公司国有股权持有人变更的事项，免征印花税参照《国家税务总局关于上市公司国有股权无偿转让证券（股票）交易印花税问题的通知》（国税发〔1999〕124号）的有关规定执行。

4. 对各资产公司回收的房地产在未处置前的闲置期间，免征房产税和城镇土地使用税。对资产公司转让房地产取得的收入，免征土地增值税。

（三）限定条件

1. 享受税收优惠政策的主体为经国务院批准成立的中国信达资产管理公司、中国华融资产管理公司、中国长城资产管理公司和中国东方资产管理公司，以及其经批准分设于各地的分支机构。除另有规定者外，资产公司所属、附属企业，不享受资产公司的税收优惠政策。

2. 收购、承接不良资产是指资产公司按照国务院规定的范围和额度，对相关国有银行不良资产，以账面价值进行收购，同时继承债权、行使债权主体权利。具体包括资产公司承接、收购相关国有银行的逾期、呆滞、呆账贷款及其相应的抵押品。处置不良资产是指资产公司按照有关法律、法规，为使不良资产的价值得到实现而采取的债权转移的措施。具体包括运用出售、置换、资产重组、债转股、证券化等方法对贷款及其抵押品进行处置。

3. 政策性剥离不良资产，是指资产公司按照国务院规定的范围和额度，以账面价值进行收购的相关国有银行的不良资产。改制银行剥离不良资产，是指资产公司按照《中国银行和中国建设银行改制过程中可疑类贷款处置管理办法》（财金〔2004〕53 号）、《中国工商银行改制过程中可疑类贷款处置管理办法》（银发〔2005〕148 号）规定及中国交通银行股份制改造时国务院确定的不良资产的范围和额度收购的不良资产。

（四）注意事项

1. 资产公司除收购、承接、处置规定的政策性剥离不良资产和改制银行剥离不良资产业务外，从事其他经营业务或发生其他未规定免税的应税行为，应一律依法纳税。

2. 按国税函〔2009〕190 号文件规定，金融资产管理公司利用其接受的抵债资产从事经营租赁业务，不属于国办发〔1999〕66 号文件和财税〔2001〕10 号文件规定的免税范围，应当依法纳税。

3. 根据《财政部、国家税务总局关于 4 家资产管理公司接收资本金项下的资产在办理过户时有关税收政策问题的通知》（财税〔2003〕21 号）规定，上述金融资产管理公司接收资本金项下的资产在办理过户时有关税收政策为：金融资产管理公司按财政部核定的资本金数额，接收国有商业银行的资产，在办理过户手续时，免征契税、印花税。国有商业银行按财政部核定的数额，划转给金融资产管理公司的资产，在办理过户手续时，免征营业税、增值税、印花税。

4. 上述优惠政策发布日期为 2001 年 2 月 20 日，自资产公司成立之日起开始执行。（以上内容见《财政部、国家税务总局关于中国信达等 4 家金融资产管理公司税收政策问题的通知》财税〔2001〕10 号、《国家税务总局关于金融资产管理公司从事经营租赁业务有关税收政策问题的批复》国税函〔2009〕190 号、《财政部、国家税务总局关于营业税改征增值税试点若干政策的通知》财税〔2016〕39 号）

二十六、沪港股票市场交易互联互通机制试点税收政策

（一）特定事项

沪港通是指上海证券交易所和香港联合交易所允许两地投资者通过当地证券公司（或经纪商）买卖规定范围内的对方交易所上市的股票，是沪港股票市场交易互联互通机制。沪港通下的股票交易于 2014 年 11 月 17 日开始。

（二）优惠政策

经国务院批准，国务院财税主管部门制定了沪港股票市场交易互联互通机制试点涉及的有关税收政策。

1. 关于内地投资者通过沪港通投资香港联合交易所有限公司（简称香港联交所）上市股票的所得税问题。

（1）内地个人投资者通过沪港通投资香港联交所上市股票的转让差价所得税。

对内地个人投资者通过沪港通投资香港联交所上市股票取得的转让差价所得，自 2014 年 11 月 17 日起至 2017 年 11 月 16 日止，暂免征收个人所得税。

（2）内地企业投资者通过沪港通投资香港联交所上市股票的转让差价所得税。

对内地企业投资者通过沪港通投资香港联交所上市股票取得的转让差价所得，计入其收入总额，依法征收企业所得税。

（3）内地个人投资者通过沪港通投资香港联交所上市股票的股息红利所得税。

对内地个人投资者通过沪港通投资香港联交所上市 H 股取得的股息红利，H 股公司应向中国证券登记结算有限责任公司（简称“中国结算”）提出申请，由中国结算向 H 股公司提供内地个人投资者名册，H 股公司按照 20% 的税率代扣个人所得税。内地个人投资者通过沪港通投资香港联交所上市的非 H 股取得的股息红利，由中国结算按照 20% 的税率代扣个人所得税。个人投资者在国外已缴纳的预提税，可持有效扣税凭证到中国结算的主管税务机关申请税收抵免。

对内地证券投资基金通过沪港通投资香港联交所上市股票取得的股息红利所得，按照上述规定计征个人所得税。

（4）内地企业投资者通过沪港通投资香港联交所上市股票的股息红利所得税。

①对内地企业投资者通过沪港通投资香港联交所上市股票取得的股息红利所得，计入其收入总额，依法计征企业所得税。其中，内地居民企业连续持有 H 股满 12 个月取得的股息红利所得，依法免征企业所得税。

②香港联交所上市 H 股公司应向中国结算提出申请，由中国结算向 H 股公司提供内地企业投资者名册，H 股公司对内地企业投资者不代扣股息红利所得税款，应纳税款由企业自行申报缴纳。

③内地企业投资者自行申报缴纳企业所得税时，对香港联交所非 H 股上市公司已代扣代缴的股息红利所得税，可依法申请税收抵免。

2. 关于香港市场投资者通过沪港通投资上海证券交易所（简称上交所）上市 A 股的所得税问题。

（1）对香港市场投资者（包括企业和个人）投资上交所上市 A 股取得的转让差价所得，暂免征收所得税。

（2）对香港市场投资者（包括企业和个人）投资上交所上市 A 股取得的股息红利所得，在香港中央结算有限公司（简称香港结算）不具备向中国结算提供投资者的身份及持股时间等明细数据的条件之前，暂不执行按持股时间实行差别化征税政策，由上市公司按照 10% 的税率代扣所得税，并向其主管税务机关办理扣缴申报。对于香港投资者中属于其他国家税收居民且其所在国与中国签订的税收协定规定股息红利所得税率低于 10% 的，企业或个人可以自行或委托代扣代缴义务人，向上市公司主管税务机关提出享受税收协定待遇的申请，主管税务机关审核后，应按已征税款和根据税收协定税率计算的应纳税款的差额予以退税。

3. 关于内地和香港市场投资者通过沪港通买卖股票的营业税问题。

（1）对香港市场投资者（包括单位和个人）通过沪港通买卖上交所上市 A 股取得的差价收入，暂免征收营业税。

（2）对内地个人投资者通过沪港通买卖香港联交所上市股票取得的差价收入，按现行政策规定暂免征收营业税。

（3）对内地单位投资者通过沪港通买卖香港联交所上市股票取得的差价收入，按现行政策规定征免营业税。

4. 关于内地和香港市场投资者通过沪港通转让股票的证券（股票）交易印花税问题。

香港市场投资者通过沪港通买卖、继承、赠与上交所上市 A 股，按照内地现行税制规定缴纳证券（股票）交易印花税。内地投资者通过沪港通买卖、继承、赠与联交所上市股票，按照香港特别行政区现行税法规定缴纳印花税。

中国结算和香港结算可互相代收上述税款。

（三）注意事项

1. 对内地个人投资者通过沪港通投资香港联交所上市股票取得的转让差价所得，自 2017 年 11 月 17 日起至 2019 年 12 月 4 日止，继续暂免征收个人所得税。（见《财政部、税务总局、证监会关于继续执行沪港股票市场交易互联互通机制有关个人所得税政策的通知》财税〔2017〕78 号）

2. 营改增后，上述有关营业税优惠政策，应比照深港通税收政策处理原则执行。

3. 上述税收优惠政策自 2016 年 12 月 5 日起执行。（以上内容见《财政部、国家税务总局、证监会关于沪港股票市场交易互联互通机制试点有关税收政策的通知》财税〔2014〕81 号）

二十七、深港股票市场交易互联互通机制税收政策

（一）特定事项

深港通，是深港股票市场交易互联互通机制的简称，指深圳证券交易所和香港联合交易所有限公司建立技术连接，使内地和香港投资者可以通过当地证券公司或经纪商买卖规定范围内的对方交易所上市的股票。2016 年 12 月 5 日，深港通正式启动。

（二）优惠政策

经国务院批准，国务院财税主管部门制定了深港通涉及的有关税收政策。

1. 关于内地投资者通过深港通投资香港联合交易所有限公司（简称“香港联交所”）上市股票的所得税问题。

（1）内地个人投资者通过深港通投资香港联交所上市股票的转让差价所得税。对内地个人投资者通过深港通投资香港联交所上市股票取得的转让差价所得，自 2016 年 12 月 5 日起至 2019 年 12 月 4 日止，暂免征收个人所得税。

（2）内地企业投资者通过深港通投资香港联交所上市股票的转让差价所得税。对内地企业投资者通过深港通投资香港联交所上市股票取得的转让差价所得，计入其收入总额，依法征收企业所得税。

（3）内地个人投资者通过深港通投资香港联交所上市股票的股息红利所得税。对内地个人投资者通过深港通投资香港联交所上市 H 股取得的股息红利，H 股公司应向中国证券登记结算有限责任公司（简称“中国结算”）提出申请，由中国结算向 H 股公司提供内地个人投资者名册，H 股公司按照 20% 的税率代扣个人所得税。内地个人投资者通过深港通投资香港联交所上市的非 H 股取得的股息红利，由中国结算按照 20% 的税率代扣个人所得税。个人投资者在国外已缴纳的预提税，可持有效扣税凭证到中国结算的主管税务机关申请税收抵免。

对内地证券投资基金通过深港通投资香港联交所上市股票取得的股息红利所得，按照上述规定计征个人所得税。

（4）内地企业投资者通过深港通投资香港联交所上市股票的股息红利所得税。

①对内地企业投资者通过深港通投资香港联交所上市股票取得的股息红利所得，计入其收入总额，依法计征企业所得税。其中，内地居民企业连续持有 H 股满 12 个月取得的股息红利所得，依法免征企业所得税。

②香港联交所上市 H 股公司应向中国结算提出申请，由中国结算向 H 股公司提供内地企业投资者名册，H 股公司对内地企业投资者不代扣股息红利所得税款，应纳税款由企业自行申报缴纳。

③内地企业投资者自行申报缴纳企业所得税时，对香港联交所非 H 股上市公司已代扣代缴的股息红利所得税，可依法申请税收抵免。

2. 关于香港市场投资者通过深港通投资深圳证券交易所（简称“深交所”）上市 A 股的所得税问题。

①对香港市场投资者（包括企业和个人）投资深交所上市 A 股取得的转让差价所得，暂免征收所

得税。

②对香港市场投资者（包括企业和个人）投资深交所上市A股取得的股息红利所得，在香港中央结算有限公司（简称香港结算）不具备向中国结算提供投资者的身份及持股时间等明细数据的条件之前，暂不执行按持股时间实行差别化征税政策，由上市公司按照10%的税率代扣所得税，并向其主管税务机关办理扣缴申报。对于香港投资者中属于其他国家税收居民且其所在国与中国签订的税收协定规定股息红利所得税率低于10%的，企业或个人可以自行或委托代扣代缴义务人，向上市公司主管税务机关提出享受税收协定待遇退还多缴税款的申请，主管税务机关查实后，对符合退税条件的，应按已征税款和根据税收协定税率计算的应纳税款的差额予以退税。

3. 关于内地和香港市场投资者通过深港通买卖股票的增值税问题。

①对香港市场投资者（包括单位和个人）通过深港通买卖深交所上市A股取得的差价收入，在营改增试点期间免征增值税。

②对内地个人投资者通过深港通买卖香港联交所上市股票取得的差价收入，在营改增试点期间免征增值税。

③对内地单位投资者通过深港通买卖香港联交所上市股票取得的差价收入，在营改增试点期间按现行政策规定征免增值税。

4. 关于内地和香港市场投资者通过深港通转让股票的证券（股票）交易印花税问题。

香港市场投资者通过深港通买卖、继承、赠与深交所上市A股，按照内地现行税制规定缴纳证券（股票）交易印花税。内地投资者通过深港通买卖、继承、赠与香港联交所上市股票，按照香港特别行政区现行税法规定缴纳印花税。

中国结算和香港结算可互相代收上述税款。

5. 关于香港市场投资者通过沪股通和深股通参与股票担保卖空的证券（股票）交易印花税问题。

对香港市场投资者通过沪股通和深股通参与股票担保卖空涉及的股票借入、归还，暂免征收证券（股票）交易印花税。

（三）注意事项

上述税收优惠政策自2016年12月5日起执行。（以上内容见《财政部、国家税务总局、证监会关于深港股票市场交易互联互通机制试点有关税收政策的通知》财税〔2016〕127号）

二十八、内地与香港基金互认有关税收政策

（一）特定事项

基金互认，是指内地基金或香港基金经香港证监会认可或中国证监会注册，在双方司法管辖区内向公众销售。

内地基金，是指中国证监会根据《中华人民共和国证券投资基金法》注册的公开募集证券投资基金。

香港基金，是指香港证监会根据香港法律认可公开销售的单位信托、互惠基金或者其他形式的集体投资计划。

（二）优惠政策

经国务院批准，国务院财税主管部门制定了内地与香港基金互认涉及的有关税收政策。

1. 关于内地投资者通过基金互认买卖香港基金份额的所得税问题。

（1）对内地个人投资者通过基金互认买卖香港基金份额取得的转让差价所得，自2015年12月18日起至2018年12月17日止，3年内暂免征收个人所得税。

根据财税〔2018〕154号文件规定，对内地个人投资者通过基金互认买卖香港基金份额取得的转

让差价所得，自2018年12月18日起至2019年12月4日止，继续暂免征收个人所得税。

（2）对内地企业投资者通过基金互认买卖香港基金份额取得的转让差价所得，计入其收入总额，依法征收企业所得税。

（3）内地个人投资者通过基金互认从香港基金分配取得的收益，由该香港基金在内地的代理人按照20%的税率代扣代缴个人所得税。

上述所称代理人是指依法取得中国证监会核准的公募基金管理资格或托管资格，根据香港基金管理人的委托，代为办理该香港基金内地事务的机构。

（4）对内地企业投资者通过基金互认从香港基金分配取得的收益，计入其收入总额，依法征收企业所得税。

2. 关于香港市场投资者通过基金互认买卖内地基金份额的所得税问题。

（1）对香港市场投资者（包括企业和个人）通过基金互认买卖内地基金份额取得的转让差价所得，暂免征收所得税。

（2）对香港市场投资者（包括企业和个人）通过基金互认从内地基金分配取得的收益，由内地上市公司向该内地基金分配股息红利时，对香港市场投资者按照10%的税率代扣所得税；或发行债券的企业向该内地基金分配利息时，对香港市场投资者按照7%的税率代扣所得税，并由内地上市公司或发行债券的企业向其主管税务机关办理扣缴申报。该内地基金向投资者分配收益时，不再扣缴所得税。

内地基金管理人应当向相关证券登记结算机构提供内地基金的香港市场投资者的相关信息。

3. 关于内地投资者通过基金互认买卖香港基金份额和香港市场投资者买卖内地基金份额的营业税问题。

（1）对香港市场投资者（包括单位和个人）通过基金互认买卖内地基金份额取得的差价收入，暂免征收营业税。

（2）对内地个人投资者通过基金互认买卖香港基金份额取得的差价收入，按现行政策规定暂免征收营业税。

（3）对内地单位投资者通过基金互认买卖香港基金份额取得的差价收入，按现行政策规定征免营业税。

4. 关于内地投资者通过基金互认买卖香港基金份额和香港市场投资者通过基金互认买卖内地基金份额的印花税问题。

（1）对香港市场投资者通过基金互认买卖、继承、赠与内地基金份额，按照内地现行税制规定，暂不征收印花税。

（2）对内地投资者通过基金互认买卖、继承、赠与香港基金份额，按照香港特别行政区现行印花税税法规定执行。

（三）注意事项

1. 财政、税务、证监等部门要加强协调，通力合作，切实做好政策实施的各项工作。

2. 基金管理人、基金代理机构、相关证券登记结算机构以及上市公司和发行债券的企业，应依照法律法规积极配合税务机关做好基金互认税收的扣缴申报、征管及纳税服务工作。

3. 买卖基金份额，包括申购与赎回、交易。

4. 营改增后，财税〔2016〕36号文件附件3《营业税改征增值税试点过渡政策的规定》第一条第（二十二）项规定，对香港市场投资者（包括单位和个人）通过基金互认买卖内地基金份额免征增值税。

5. 本项税收优惠政策自2015年12月18日起执行。（以上内容见《财政部、国家税务总局、证监会关于内地与香港基金互认有关税收政策的通知》财税〔2015〕125号、《财政部、税务总局、证监会关于继续执行内地与香港基金互认有关个人所得税政策的通知》财税〔2018〕154号）

二十九、支持农村饮水安全工程建设运营税收政策

（一）特定事项

饮水安全直接关系人民群众身体健康和生命安全。按照水质、水量、用水方便程度等指标衡量，目前全国尚有3亿多农村人口（中西部地区占80%）饮水未达到安全标准。从2005年开始，国家启动了农村饮水安全应急工程，逐步解决农村人口饮水安全问题。

（二）优惠政策

为贯彻落实《中共中央国务院关于加快水利改革发展的决定》（中发〔2011〕1号）精神，改善农村人居环境，提高农村生活质量，支持农村饮水安全工程（简称“饮水工程”）的建设、运营，特制定如下有关税收政策。

1. 对饮水工程运营管理单位为建设饮水工程而承受土地使用权，免征契税。

2. 对饮水工程运营管理单位为建设饮水工程取得土地使用权而签订的产权转移书据，以及与施工单位签订的建设工程承包合同免征印花税。

3. 对饮水工程运营管理单位自用的生产、办公用房产、土地，免征房产税、城镇土地使用税。

4. 对饮水工程运营管理单位向农村居民提供生活用水取得的自来水销售收入，免征增值税。

5. 对饮水工程运营管理单位从事《公共基础设施项目企业所得税优惠目录》规定的饮水工程新建项目投资经营的所得，自项目取得第一笔生产经营收入所属纳税年度起，第1年至第3年免征企业所得税，第4年至第6年减半征收企业所得税。

（三）限定条件

1. 饮水工程，是指为农村居民提供生活用水而建设的供水工程设施。饮水工程运营管理单位是指负责农村饮水安全工程运营管理的自来水公司、供水公司、供水（总）站（厂、中心）、村集体、农民用水合作组织等单位。

2. 对于既向城镇居民供水，又向农村居民供水的饮水工程运营管理单位，依据向农村居民供水收入占总供水收入的比例免征增值税；依据向农村居民供水量占总供水量的比例免征契税、印花税、房产税和城镇土地使用税。无法提供具体比例或所提供数据不实的，不得享受上述税收优惠政策。

（四）注意事项

1. 符合上述减免税条件的饮水工程运营管理单位需持相关材料向主管税务机关办理备案手续。

2. 上述政策“（二）优惠政策”第5项除外，自2016年1月1日至2018年12月31日执行。（以上内容见《财政部、国家税务总局关于继续实行农村饮水安全工程建设运营税收优惠政策的通知》财税〔2016〕19号）

三十、西部大开发税收政策

（一）特定事项

西部大开发是中央政府的一项战略、一项政策，目的是把东部沿海地区的剩余经济发展能力，用以提高西部地区的经济和社会发展水平、巩固国防。

（二）优惠政策

为贯彻落实党中央、国务院关于深入实施西部大开发战略的精神，进一步支持西部大开发，特制定如下税收优惠政策。

1. 对西部地区内资鼓励类产业、外商投资鼓励类产业及优势产业的项目在投资总额内进口的自用设备，在政策规定范围内免征关税。

2. 自2011年1月1日至2020年12月31日，对设在西部地区的鼓励类产业企业减按15%的税率征收企业所得税。

3. 对西部地区2010年12月31日前新办的、根据《财政部、国家税务总局、海关总署关于西部大开发税收优惠政策问题的通知》（财税〔2001〕202号）第二条第三款规定可以享受企业所得税"两免三减半"优惠的交通、电力、水利、邮政、广播电视企业，其享受的企业所得税"两免三减半"优惠可以继续享受到期满为止。

（三）限定条件

1. 鼓励类产业企业是指以《西部地区鼓励类产业目录》（国家发展和改革委员会令2014年第15号）中规定的产业项目为主营业务，且其主营业务收入占企业收入总额70%以上的企业。对已按照总局公告2012年第12号第三条规定享受企业所得税优惠政策的企业，其主营业务如不再属于《西部地区鼓励类产业目录》中国家鼓励类产业项目的，自2014年10月1日起，停止执行减按15%税率缴纳企业所得税。

2. 企业应当在年度汇算清缴前向主管税务机关提出书面申请并附送相关资料。第一年须报主管税务机关审核确认，第二年及以后年度实行备案管理。

3. 凡对企业主营业务是否属于《西部地区鼓励类产业目录》中国家鼓励类产业项目难以界定的，税务机关可以要求企业提供省级（含副省级）发展改革部门或其授权部门出具的证明文件。证明文件需明确列示主营业务的具体项目及符合《西部地区鼓励类产业目录》中的对应条款项目。

4. 享受优惠政策的西部地区包括重庆市、四川省、贵州省、云南省、西藏自治区、陕西省、甘肃省、宁夏回族自治区、青海省、新疆维吾尔自治区、新疆生产建设兵团、内蒙古自治区和广西壮族自治区。湖南省湘西土家族苗族自治州、湖北省恩施土家族苗族自治州、吉林省延边朝鲜族自治州、江西省赣州市，可以比照西部地区的税收政策执行。

（四）注意事项

1. 上述税收优惠政策自2011年1月1日起执行。

2. 为深入实施西部大开发战略，国家税务总局又下发了《关于深入实施西部大开发战略有关企业所得税问题的公告》（总局公告2012年第12号）。

3. 此前有关西部大开发的税收优惠政策文件，即财税〔2001〕202号、国税发〔2002〕47号、财税〔2006〕165号、财税〔2007〕65号文件自2011年1月1日起停止执行。（以上内容见《财政部、国家税务总局关于深入实施西部大开发战略有关税收政策问题的通知》财税〔2011〕58号、《国家税务总局关于深入实施西部大开发战略有关企业所得税问题的公告》总局公告2012年第12号、《财政部、海关总署、国家税务总局关于赣州市执行西部大开发税收政策问题的通知》财税〔2013〕4号、《国家税务总局关于执行〈西部地区鼓励类产业目录〉有关企业所得税问题的公告》总局公告2015年第14号）

三十一、抗震救灾税收政策

（一）特定事项

抗震救灾，是指抵抗地震，救援灾区。抗震救灾工作坚持统一领导、军地联动，分级负责、属地为主，资源共享、快速反应的工作原则。地震灾害发生后，地方人民政府和有关部门立即自动按照职责分工和相关预案开展前期处置工作。省级人民政府是应对本行政区域特别重大、重大地震灾害的主体。视省级人民政府地震应急的需求，国家地震应急给予必要的协调和支持。

（二）优惠政策

各级财政税务机关要将支持抗震救灾和灾后重建工作作为一项十分重要的任务，采取有效措施，认真贯彻落实好现行税收法律、法规中可以适用抗震救灾及灾后重建的有关税收优惠政策。

1. 企业所得税。

（1）企业实际发生的因地震灾害造成的财产损失，准予在计算应纳税所得额时扣除。

（2）企业发生的公益性捐赠支出，按企业所得税法及其实施条例的规定在计算应纳税所得额时扣除。

2. 个人所得税。

（1）因地震灾害造成重大损失的个人，可减征个人所得税。具体减征幅度和期限由受灾地区省、自治区、直辖市人民政府确定。

（2）对受灾地区个人取得的抚恤金、救济金，免征个人所得税。

（3）个人将其所得向地震灾区的捐赠，按照个人所得税法的有关规定从应纳税所得中扣除。

3. 房产税。

（1）经有关部门鉴定，对毁损不堪居住和使用的房屋和危险房屋，在停止使用后，可免征房产税。

（2）房屋大修停用在半年以上的，在大修期间免征房产税，免征税额由纳税人在申报缴纳房产税时自行计算扣除，并在申报表附表或备注栏中作相应说明。

4. 契税。

因地震灾害灭失住房而重新购买住房的，准予减征或者免征契税，具体的减免办法由受灾地区省级人民政府制定。

5. 资源税。

纳税人开采或者生产应税产品过程中，因地震灾害遭受重大损失的，由受灾地区省、自治区、直辖市人民政府决定减征或免征资源税。

6. 城镇土地使用税。

纳税人因地震灾害造成严重损失，缴纳确有困难的，可依法申请定期减免城镇土地使用税。

7. 车船税。

已完税的车船因地震灾害报废、灭失的，纳税人可申请退还自报废、灭失月份起至本年度终了期间的税款。

8. 进出口税收。

对外国政府、民间团体、企业、个人等向我国境内受灾地区捐赠的物资，包括食品、生活必需品、药品、抢救工具等，免征进口环节税收。

9. 现行税收法律、法规中适用于抗震救灾及灾后重建的其他税收政策。

（三）注意事项

上述税收优惠政策发布日期为2008年5月19日。（以上内容见《财政部、国家税务总局关于认真落实抗震救灾及灾后重建税收政策问题的通知》财税〔2008〕62号）

三十二、易地扶贫搬迁税收政策

（一）特定事项

易地扶贫是指将生活在缺乏生存条件地区的贫困人口搬迁安置到其他地区，并通过改善安置区的生产生活条件、调整经济结构和拓展增收渠道，帮助搬迁人口逐步脱贫致富。

（二）优惠政策

为贯彻落实《中共中央国务院关于打赢脱贫攻坚战三年行动的指导意见》，助推易地扶贫搬迁工作，特制定如下易地扶贫搬迁有关税收优惠政策。

1. 关于易地扶贫搬迁贫困人口税收政策。

（1）对易地扶贫搬迁贫困人口按规定取得的住房建设补助资金、拆旧复垦奖励资金等与易地扶贫搬迁相关的货币化补偿和易地扶贫搬迁安置住房（简称安置住房），免征个人所得税。

（2）对易地扶贫搬迁贫困人口按规定取得的安置住房，免征契税。

2. 关于易地扶贫搬迁安置住房税收政策。

（1）对易地扶贫搬迁项目实施主体（以下简称项目实施主体）取得用于建设安置住房的土地，免征契税、印花税。

（2）对安置住房建设和分配过程中应由项目实施主体、项目单位缴纳的印花税，予以免征。

（3）对安置住房用地，免征城镇土地使用税。

（4）在商品住房等开发项目中配套建设安置住房的，按安置住房建筑面积占总建筑面积的比例，计算应予免征的安置住房用地相关的契税、城镇土地使用税，以及项目实施主体、项目单位相关的印花税。

（5）对项目实施主体购买商品住房或者回购保障性住房作为安置住房房源的，免征契税、印花税。

（三）注意事项

1. 易地扶贫搬迁项目、项目实施主体、易地扶贫搬迁贫困人口、相关安置住房等信息由易地扶贫搬迁工作主管部门确定。县级易地扶贫搬迁工作主管部门应当将上述信息及时提供给同级税务部门。

2. 上述优惠政策执行期限为 2018 年 1 月 1 日至 2020 年 12 月 31 日。自执行之日起的已征税款，除以贴花方式缴纳的印花税外，依申请予以退税。（以上内容见《财政部、国家税务总局关于易地扶贫搬迁税收优惠政策的通知》财税〔2018〕135 号）

三十三、公共租赁住房税收政策

（一）特定事项

公共租赁住房，简称公租房，是指由政府或公共机构所有、以低于市场价格的方式租给城市中等偏低收入家庭及新就业人员的房屋。公租房租金高于廉租房，但低于商品房。

（二）优惠政策

根据《国务院办公厅关于保障性安居工程建设和管理的指导意见》（国办发〔2011〕45 号）和住房城乡建设部、财政部、国家税务总局等部门《关于加快发展公共租赁住房的指导意见》（建保〔2010〕87 号）等文件精神，决定继续对公共租赁住房建设和运营给予税收优惠。

1. 对公共租赁住房建设期间用地及公共租赁住房建成后占地免征城镇土地使用税。在其他住房项目中配套建设公共租赁住房，依据政府部门出具的相关材料，按公共租赁住房建筑面积占总建筑面积的比例免征建设、管理公共租赁住房涉及的城镇土地使用税。

2. 对公共租赁住房经营管理单位免征建设、管理公共租赁住房涉及的印花税。在其他住房项目中配套建设公共租赁住房，依据政府部门出具的相关材料，按公共租赁住房建筑面积占总建筑面积的比例免征建设、管理公共租赁住房涉及的印花税。

3. 对公共租赁住房经营管理单位购买住房作为公共租赁住房，免征契税、印花税；对公共租赁住房租赁双方免征签订租赁协议涉及的印花税。

4. 对企事业单位、社会团体以及其他组织转让旧房作为公共租赁住房房源，且增值额未超过扣除项目金额 20% 的，免征土地增值税。

5. 企事业单位、社会团体以及其他组织捐赠住房作为公共租赁住房，符合税收法律法规规定的，对其公益性捐赠支出在年度利润总额 12% 以内的部分，准予在计算应纳税所得额时扣除。

个人捐赠住房作为公共租赁住房，符合税收法律法规规定的，对其公益性捐赠支出未超过其申报的应纳税所得额 30% 的部分，准予从其应纳税所得额中扣除。

6. 对符合地方政府规定条件的低收入住房保障家庭从地方政府领取的住房租赁补贴，免征个人所得税。

7. 对公共租赁住房免征房产税。对经营公共租赁住房所取得的租金收入，免征营业税。公共租赁住房经营管理单位应单独核算公共租赁住房租金收入，未单独核算的，不得享受免征营业税、房产税优惠政策。

（三）限定条件

享受上述税收优惠政策的公共租赁住房是指纳入省、自治区、直辖市、计划单列市人民政府及新疆生产建设兵团批准的公共租赁住房发展规划和年度计划，并按照《关于加快发展公共租赁住房的指导意见》（建保〔2010〕87 号）和市、县人民政府制定的具体管理办法进行管理的公共租赁住房。

（四）注意事项

1. 上述税收优惠政策执行期限为 2016 年 1 月 1 日至 2018 年 12 月 31 日。

2. 营改增后，财税〔2016〕36 号文件附件 3《营业税改征增值税试点过渡政策的规定》第一条第（十六）项规定，2018 年 12 月 31 日前，公共租赁住房经营管理单位出租公共租赁住房免征增值税。

3.《财政部、国家税务总局关于廉租住房经济适用住房和住房租赁有关税收政策的通知》（财税〔2008〕24 号）中有关廉租住房税收政策的规定根据财税〔2014〕52 号文件已废止。（以上内容见《财政部、国家税务总局关于公共租赁住房税收优惠政策的通知》财税〔2015〕139、《财政部、国家税务总局关于全面推开营业税改征增值税试点的通知》财税〔2016〕36 号附件 3）

三十四、棚户区改造税收政策

（一）特定事项

棚户区是指简易结构房屋较多、建筑密度较大、房屋使用年限较长、使用功能不全、基础设施简陋的区域，具体包括城市棚户区、国有工矿（含煤矿）棚户区、国有林区棚户区和国有林场危旧房、国有垦区危房。

（二）优惠政策

为贯彻落实《国务院关于加快棚户区改造工作的意见》（国发〔2013〕25 号）有关要求，特制定如下有关棚户区改造税收政策。

1. 对改造安置住房建设用地免征城镇土地使用税。对改造安置住房经营管理单位、开发商与改造安置住房相关的印花税以及购买安置住房的个人涉及的印花税予以免征。

在商品住房等开发项目中配套建造安置住房的，依据政府部门出具的相关材料、房屋征收（拆迁）补偿协议或棚户区改造合同（协议），按改造安置住房建筑面积占总建筑面积的比例免征城镇土地使用税、印花税。

2. 企事业单位、社会团体以及其他组织转让旧房作为改造安置住房房源且增值额未超过扣除项目金额 20% 的，免征土地增值税。

3. 对经营管理单位回购已分配的改造安置住房继续作为改造安置房源的，免征契税。

4. 个人首次购买 90 平方米以下改造安置住房，按 1% 的税率计征契税；购买超过 90 平方米，但符合普通住房标准的改造安置住房，按法定税率减半计征契税。

5. 个人因房屋被征收而取得货币补偿并用于购买改造安置住房，或因房屋被征收而进行房屋产权调换并取得改造安置住房，按有关规定减免契税。个人取得的拆迁补偿款按有关规定免征个人所得税。

（三）限定条件

1. 棚户区改造是指列入省级人民政府批准的棚户区改造规划或年度改造计划的改造项目。

2. 改造安置住房是指相关部门和单位与棚户区被征收人签订的房屋征收（拆迁）补偿协议或棚户区改造合同（协议）中明确用于安置被征收人的住房或通过改建、扩建、翻建等方式实施改造的住房。

（四）注意事项

1. 企业参与政府统一组织的工矿（含中央下放煤矿）棚户区改造、林区棚户区改造、垦区危房改造并同时符合一定条件的棚户区改造支出，准予在企业所得税前扣除。

2. 上述优惠政策自2013年7月4日起执行。《财政部、国家税务总局关于城市和国有工矿棚户区改造项目有关税收优惠政策的通知》（财税〔2010〕42号）同时废止。2013年7月4日至文到之日的已征税款，按有关规定予以退税。（以上内容见《财政部、国家税务总局关于棚户区改造有关税收政策的通知》财税〔2013〕101号、《财政部、国家税务总局关于企业参与政府统一组织的棚户区改造有关企业所得税政策问题的通知》财税〔2013〕65号）

三十五、经济适用房和住房租赁市场税收政策

（一）特定事项

经济适用住房是指已经列入国家计划，由政府组织房地产开发企业或者集资建房单位建造，以微利价向城镇中低收入家庭出售的住房。它是具有社会保障性质的商品住宅，具有经济性和适用性的特点。经济适用房是国家为低收入人群解决住房问题所作出的政策性安排。

（二）优惠政策

为贯彻落实《国务院关于解决城市低收入家庭住房困难的若干意见》（国发〔2007〕24号）精神，促进经济适用住房制度建设和住房租赁市场的健康发展，特制定如下有关经济适用房和住房租赁市场税收政策。

1. 经济适用住房建设的税收政策。

（1）对经济适用住房建设用地免征城镇土地使用税。开发商在商品住房项目中配套建造经济适用住房，如能提供政府部门出具的相关材料，可按经济适用住房建筑面积占总建筑面积的比例免征开发商应缴纳的城镇土地使用税。

（2）企事业单位、社会团体以及其他组织转让旧房作为经济适用住房房源且增值额未超过扣除项目金额20%的，免征土地增值税。

（3）对经济适用住房经营管理单位与经济适用住房相关的印花税以及经济适用住房购买人涉及的印花税予以免征。

开发商在商品住房项目中配套建造经济适用住房，如能提供政府部门出具的相关材料，可按经济适用住房建筑面积占总建筑面积的比例免征开发商应缴纳的印花税。

（4）对经济适用住房经营管理单位回购经济适用住房继续作为经济适用住房房源的，免征契税。

（5）对个人购买经济适用住房，在法定税率基础上减半征收契税。

2. 住房租赁税收政策。

（1）对个人出租住房取得的所得减按10%的税率征收个人所得税；

（2）对个人出租、承租住房签订的租赁合同，免征印花税；

（3）对个人出租住房，不区分用途，在3%税率的基础上减半征收营业税，按4%的税率征收房产税，免征城镇土地使用税；

（4）对企事业单位、社会团体以及其他组织按市场价格向个人出租用于居住的住房，减按4%的税率征收房产税。

（三）限定条件

享受税收优惠政策的经济适用住房、经济适用住房购买人等须符合国发〔2007〕24号文件及《经济适用住房管理办法》（建住房〔2007〕258号）的规定；经济适用住房经营管理单位为县级以上

人民政府主办或确定的单位。

（四）注意事项

1. 上述与经济适用住房相关的新的优惠政策自2007年8月1日起执行，财税〔2008〕24号文件下发之日前已征税款在以后应缴税款中抵减。与住房租赁相关的新的优惠政策自2008年3月1日起执行。其他政策仍按现行规定继续执行。

2. 按照财税〔2000〕125号文件规定，对按政府规定价格出租的公有住房，包括企业和自收自支事业单位向职工出租的单位自有住房；房管部门向居民出租的公有住房；落实私房政策中带户发还产权并以政府规定租金标准向居民出租的私有住房等，暂免征收房产税、营业税。

3. 按照财税〔2016〕23号文件规定，对个人购买家庭唯一住房（家庭成员范围包括购房人、配偶以及未成年子女），面积为90平方米及以下的，减按1%的税率征收契税；面积为90平方米以上的，减按1.5%的税率征收契税。对个人购买家庭第二套改善性住房，面积为90平方米及以下的，减按1%的税率征收契税；面积为90平方米以上的，减按2%的税率征收契税。家庭第二套改善性住房是指已拥有一套住房的家庭，购买的家庭第二套住房。（北京、上海、广州、深圳四市不实施二套住房契税优惠政策，采用当地规定的契税税率）

4. 营改增后，根据《纳税人提供不动产经营租赁服务增值税征收管理暂行办法》（总局公告2016年第16号）规定，个人出租住房，应按照5%的征收率减按1.5%计算增值税应纳税额。

5. 上述税收优惠政策发布时间为2008年3月3日。（以上内容见《财政部、国家税务总局关于廉租住房经济适用住房和住房租赁有关税收政策的通知》财税〔2008〕24号、《财政部、国家税务总局关于全面推开营业税改征增值税试点的通知》财税〔2016〕36号附件2）

三十六、住房公积金税收政策

（一）特定事项

住房公积金是单位及其在职职工缴存的长期住房储金，是住房分配货币化、社会化和法制化的主要形式。住房公积金制度是国家法律规定的重要的住房社会保障制度，具有强制性、互助性、保障性。单位和职工个人必须依法履行缴存住房公积金的义务。职工个人缴存的住房公积金以及单位为其缴存的住房公积金，实行专户存储，归职工个人所有。职工和单位住房公积金的缴存比例均不得低于职工上一年度月平均工资的5%；有条件的城市，可以适当提高缴存比例，但最高一般不超过12%。

（二）优惠政策

为了推进住房制度改革，经国务院批准，特制定如下有关住房公积金管理中心的税收政策。

1. 对住房公积金管理中心用住房公积金在指定的委托银行发放个人住房贷款取得的收入，免征营业税；

2. 对住房公积金管理中心用住房公积金购买国债、在指定的委托银行发放个人住房贷款取得的利息收入，免征企业所得税；

3. 对住房公积金管理中心取得其他经营收入，按规定征收各项税收。

（三）注意事项

1. 除《企业所得税法》及其实施条例、国发〔2007〕39号文件、国发〔2007〕40号文件、财税〔2008〕1号文件规定的优惠政策以外，2008年1月1日之前实施的其他企业所得税优惠政策一律废止。

2. 营改增后，财税〔2016〕36号文件附件3《营业税改征增值税试点过渡政策的规定》第一条第（十九）项规定，住房公积金管理中心用住房公积金在指定的委托银行发放的个人住房贷款免征增值税。

3. 上述优惠政策发布日期为2000年10月10日，自2000年9月1日起执行。（以上内容见《财政部、国家税务总局关于住房公积金管理中心有关税收政策的通知》财税〔2000〕94号、《财政部、国家税务总局关于全面推开营业税改征增值税试点的通知》财税〔2016〕36号附件3）

三十七、钓鱼台国宾馆税收政策

（一）特定事项

钓鱼台国宾馆坐落于北京海淀区玉渊潭东侧，是中国古代皇家园林及现代国宾馆建筑群。金代章宗皇帝完颜璟曾在此筑台垂钓，“钓鱼台”因而得名，迄今已有800余年。至清代，乾隆皇帝敕命疏浚玉渊潭并在此兴建行宫，收为皇家园林。现代的国宾馆园区是由中央政府于1958～1959年在古钓鱼台风景区基础上扩大修建，用作来访国宾的下榻及会晤、会议场所。

（二）优惠政策

经国务院批准，对钓鱼台国宾馆免征营业税、企业所得税、城市维护建设税、教育费附加、房产税、城镇土地使用税的政策继续执行。

（三）注意事项

1. 除《企业所得税法》及其实施条例、国发〔2007〕39号文件、国发〔2007〕40号文件、财税〔2008〕1号文件规定的优惠政策以外，2008年1月1日之前实施的其他企业所得税优惠政策一律废止。

2. 对钓鱼台国宾馆营改增后是否免征增值税，尚无新的规定。

3. 上述税收优惠政策从2004年1月1日起执行。（以上内容见《财政部、国家税务总局关于钓鱼台国宾馆免税问题的通知》财税〔2004〕72号）

三十八、老年服务机构税收政策

（一）特定事项

老年服务机构是指专门为老年人提供生活照料、文化、护理、健身等多方面服务的福利性、非营利性的机构，主要包括：老年社会福利院、敬老院（养老院）、老年服务中心、老年公寓（含老年护理院、康复中心、托老所）等。

（二）优惠政策

为贯彻中共中央、国务院《关于加强老龄工作的决定》（中发〔2000〕13号）精神，特制定如下有关兴办老年服务机构的税收政策。

1. 对政府部门和企事业单位、社会团体以及个人等社会力量投资兴办的福利性、非营利性的老年服务机构，暂免征收企业所得税，以及老年服务机构自用房产、土地、车船的房产税、城镇土地使用税、车船使用税。

2. 对企事业单位

社会团体和个人等社会力量，通过非营利性的社会团体和政府部门向福利性、非营利性的老年服务机构的捐赠，在缴纳企业所得税和个人所得税前准予全额扣除。

3. 养老机构提供的养老服务，免征增值税。

（三）限定条件

1. 养老机构，是指依照民政部《养老机构设立许可办法》（民政部令第48号）设立并依法办理登记的为老年人提供集中居住和照料服务的各类养老机构。

2. 养老服务，是指上述养老机构按照民政部《养老机构管理办法》（民政部令第49号）的规定，为收住的老年人提供的生活照料、康复护理、精神慰藉、文化娱乐等服务。

（四）注意事项

1. 除《企业所得税法》及其实施条例、国发〔2007〕39号文件、国发〔2007〕40号文件、财税〔2008〕1号文件规定的优惠政策以外，2008年1月1日之前实施的其他企业所得税优惠政策一律废止。但根据《财政部、国家税务总局关于非营利组织企业所得税免税收入问题的通知》（财税〔2009〕122号）规定，符合《财政部、税务总局关于非营利组织免税资格认定管理有关问题的通知》（财税〔2018〕13号）规定条件的非营利性组织，其取得符合规定的收入可以免征企业所得税。

2. 车船使用税已经更名为车船税，其减免税政策应按2012年1月1日起施行的《车船税法》及其实施条例的有关规定执行。

3. 营改增后，财税〔2016〕36号文件附件3《营业税改征增值税试点过渡政策的规定》第一条第（五）项规定，养老机构提供的养老服务免征增值税。

4. 上述优惠政策发布日期为2000年11月24日，自2000年10月1日起执行。（以上内容见《财政部、国家税务总局关于对老年服务机构有关税收政策问题的通知》财税〔2000〕97号、《财政部、国家税务总局关于全面推开营业税改征增值税试点的通知》财税〔2016〕36号附件3）

三十九、工会服务型事业单位税收政策

（一）特定事项

工会，或称劳工总会、工人联合会，是职工自愿结合的工人阶级的群众组织。中华全国总工会及其各工会组织代表职工的利益，依法维护职工的合法权益。工会事业是工会所举办的为职工服务的宣传、教育、文娱和生活福利等活动阵地，它是社会文化、福利与生活服务事业的一部分。

（二）优惠政策

对由主管工会拨付或差额补贴工会经费的全额预算或差额预算单位，可以比照财政部门拨付事业经费的单位办理，即：对这些单位自用的房产、车船、土地，免征房产税、车船使用税和土地使用税；从事生产、经营活动等非自用的房产、车船、土地，则应按税法有关规定照章纳税。

（三）注意事项

1.《国家税务总局关于公布全文失效废止部分条款失效废止的税收规范性文件目录的公告》（总局公告2011年第2号）明确废止了上述有关车船使用税的表述。车船使用税目前已经更名为车船税，其减免税政策应按2012年1月1日起施行的《车船税法》及其实施条例的有关规定执行。

2. 上述优惠政策发布日期为1992年10月10日。（以上内容见《国家税务局关于工会服务型事业单位免征房产税、车船使用税、土地使用税问题的复函》国税函发〔1992〕1440号）

四十、军队和军工系统税收政策

（一）特定事项

军队是指国家或政治集团为准备和实施战争而建立的正规的武装组织，是国家政权的主要成分，是执行政治任务的武装集团，是对外抵抗或实施侵略、对内巩固政权的主要暴力工具。军工系统包括兵器工业系统、航空工业系统、航天工业系统、船舶工业系统、核工业系统、电子工业系统、部队所属企业和其他相关企业。

（二）优惠政策

经国务院批准，特制定对军队、军工系统所属单位生产、销售、供应的货物以及一般工业企业生产销售的军品征、免增值税、消费税、资源税有关税收政策。

1. 增值税。

（1）军队系统（包括人民武装警察部队）。

①军队系统的下列企事业单位，可以按本规定享受税收优惠照顾：

军需工厂（指纳入总后勤部统一管理，由总后勤部授予代号经国家税务总局审查核实的企业化工厂）；军马场；军办农场（林厂、茶厂）；军办厂矿；军队院校、医院、科研文化单位、物资供销、仓库、修理等事业单位。

②军队系统各单位生产、销售、供应的应税货物应当按规定收增值税。但为部队生产的武器及其零配件、弹药、军训器材、部队装备（指人被装、军械装备、马装具），免增值税。军需工厂、物资供销单位生产、销售、调拨给公安系统和国家安全系统的民警服装，免征增值税；对外销售的，按规定征收增值税。供军内使用的应与对外销售的分开核算，否则，按对外销售征税。

③军需工厂之间为生产军品而互相协作的产品免征增值税。

④军队系统各单位从事加工、修理修配武器及其零配件、弹药、军训器材、部队装备的业务收入，免征增值税。

（2）军工系统（指电子工业部、中国核工业总公司、中国航天工业总公司、中国航空工业总公司、中国兵器工业总公司、中国船舶工业总公司）。

①军工系统所属军事工厂（包括科研单位）生产销售的应税货物应当按规定征收增值税。但对列入军工主管部门军品生产计划并按照军品作价原则销售给军队、人民武装警察部队和军事工厂的军品，免征增值税。

②军事工厂生产销售给公安系统、司法系统和国家安全系统的武器装备免征增值税。

③军事工厂之间为了生产军品而相互提供货物以及为了制造军品相互提供的专用非标准设备、工具、模具、量具等免征增值税；对军工系统以外销售的，按规定征收增值税。

（3）除军工、军队系统企业以外的一般工业企业生产的军品，只对枪、炮、雷、弹、军用航艇、飞机、坦克、雷达、电台、舰艇用柴油机、各种炮用瞄准具和瞄准镜，一律在总装企业就总装成品免征增值税。

（4）军队、军工系统各单位经总后勤部和国防科工委批准进口的专用设备、仪器仪表及其零配件，免征进口环节增值税；军队、军工系统各单位进口其他货物，应按规定征收进口环节增值税。

军队、军工系统各单位将进口的免税货物转售给军队、军工系统以外的，应按规定征收增值税。

2. 消费税。

（1）军队、军工系统所属企业生产、委托加工和进口消费税应税产品，无论供军队内部使用还是对外销售，都应按规定征收消费税。

（2）军品以及军队系统所属企业出口军属工厂生产的应税产品在生产环节免征消费税，出口不再退税。

3. 营业税。

（1）军队后勤保障社会化改革后，对为军队提供生活保障服务的食堂、物业管理和军人服务社为军队服务取得的收入，自2001年1月1日起，恢复征收营业税。军队系统其他服务性单位为军队内部服务取得的收入免征营业税。

（2）单位和个人承包国防工程和承包军队系统的建筑安装工程取得的收入征收营业税。

4. 资源税。

军队、军工系统所属企业开采或者生产资源税应税产品，无论是供军队内部使用还是对外销售，都要按规定征收资源税。

（三）注意事项

1. 上述有关营业税的规定，营改增后应按增值税相关规定处理。

2. 上述税收政策发布日期为一九九四年四月二十二日。（以上内容见《财政部、国家税务总局关于军队军工系统所属单位征收流转税资源税问题的通知》财税字〔1994〕11号、《财政部、国家税务总局关于停止执行军队系统若干营业税政策的通知》财税〔2001〕51号）、《财政部、国家税务总局关于军队系统若干营业税政策的补充通知》财税〔2001〕187号）

四十一、农民专业合作社税收政策

（一）特定事项

农民专业合作社是以农村家庭承包经营为基础，通过提供农产品的销售、加工、运输、贮藏以及与农业生产经营有关的技术、信息等服务来实现成员互助目的的组织，从成立开始就具有经济互助性。农民专业合作社拥有一定组织架构，成员享有一定权利，同时负有一定责任。农民专业合作社是具有法人资格的经济组织。

（二）优惠政策

经国务院批准，特制定如下农民专业合作社有关税收政策。

1. 对农民专业合作社销售本社成员生产的农业产品，视同农业生产者销售自产农业产品免征增值税。

2. 增值税一般纳税人从农民专业合作社购进的免税农业产品，可按9%的扣除率计算抵扣增值税进项税额。

3. 对农民专业合作社向本社成员销售的农膜、种子、种苗、化肥、农药、农机，免征增值税。

4. 对农民专业合作社与本社成员签订的农业产品和农业生产资料购销合同，免征印花税。

（三）注意事项

1. 上述所称农民专业合作社，是指依照《农民专业合作社法》规定设立和登记的农民专业合作社。

2. 上述优惠政策自2008年7月1日起执行。（以上内容见《财政部、国家税务总局关于农民专业合作社有关税收政策的通知》财税〔2008〕81号）

四十二、商品储备业务税收政策

（一）特定事项

商品储备，是指在一定时期内，各级政府为稳定、平抑市场供给或某些重要商品市场价格水平，保障市场稳定和供应，而建立起来的一定品种、数量的重要商品库存，并通过吞吐库存来调控市场供求和价格的管理制度。我国商品储备体系主要包括国家储备、地方储备、企业库存和家庭存储等四种形式。

（二）优惠政策

为支持国家商品储备业务发展，经国务院批准，特制定中央和地方部分商品储备政策性业务（简称商品储备业务）有关税收政策。

1. 对商品储备管理公司及其直属库资金账簿免征印花税；对其承担商品储备业务过程中书立的购销合同免征印花税，对合同其他各方当事人应缴纳的印花税照章征收。

2. 对商品储备管理公司及其直属库承担商品储备业务自用的房产、土地，免征房产税、城镇土地使用税。

3. 国家商品储备管理单位及其直属企业承担商品储备任务，从中央或者地方财政取得的利息补贴收入和价差补贴收入免征营业税。

为支持和配合粮食流通体制改革，经国务院批准，现就粮食增值税政策调整的有关问题通知如下：

4. 对承担粮食收储任务的国有粮食购销企业销售的粮食免征增值税。

5. 对其他粮食企业经营粮食，除下列项目免征增值税外，一律征收增值税。

(1) 军队用粮：指凭军用粮票和军粮供应证按军供价供应中国人民解放军和中国人民武装警察部队的粮食。

(2) 救灾救济粮：指经县（含）以上人民政府批准，凭救灾救济粮食（证）按规定的销售价格向需救助的灾民供应的粮食。

(3) 水库移民口粮：指经县（含）以上人民政府批准，凭水库移民口粮票（证）按规定的销售价格供应给水库移民的粮食。

6. 对销售食用植物油业务，除政府储备食用植物油的销售继续免征增值税外，一律照章征收增值税。对粮油加工业务，一律照章征收增值税。

（三）限定条件

1. 所称国家商品储备管理单位及其直属企业，是指接受中央、省、市、县四级政府有关部门（或政府指定管理单位）委托，承担粮（含大豆）、食用油、棉、糖、肉、盐（限于中央储备）等6种商品储备任务，并按有关政策收储、销售上述6种储备商品，取得财政储备经费或补贴的商品储备企业。

2. 中粮集团有限公司所属储备库接受中国储备粮管理总公司、分公司及其直属库委托，承担的粮（含大豆）、食用油商品储备业务，按上述“（二）优惠政策”第1项、第2项规定享受相应税收优惠。

3. 承担中央政府有关部门委托商品储备业务的储备管理公司及其直属库，以及接受中国储备粮管理总公司、分公司及其直属库的委托承担粮（含大豆）、食用油等商品储备业务的中粮集团有限公司所属储备库名单见财税〔2016〕28号文件附件。

4. 承担省、市、县政府有关部门委托商品储备业务的储备管理公司及其直属库名单由省、自治区、直辖市财政、税务部门会同有关部门明确或制定具体管理办法，并报省、自治区、直辖市人民政府批准后予以发布。

5. 利息补贴收入，是指国家商品储备管理单位及其直属企业因承担上述商品储备任务从金融机构贷款，并从中央或者地方财政取得的用于偿还贷款利息的贴息收入。价差补贴收入包括销售价差补贴收入和轮换价差补贴收入。销售价差补贴收入，是指按照中央或者地方政府指令销售上述储备商品时，由于销售收入小于库存成本而从中央或者地方财政获得的全额价差补贴收入。轮换价差补贴收入，是指根据要求定期组织政策性储备商品轮换而从中央或者地方财政取得的商品新陈品质价差补贴收入。

（四）注意事项

1. 上述优惠政策除“（二）优惠政策”第4、5、6项规定外，执行时间为2016年1月1日至2018年12月31日。2016年1月1日以后已缴上述应予免税的税款，从企业应缴纳的相应税款中抵扣。

2. 如发现不符合上述规定政策的企业及其直属库，应取消其免税资格。

3. 根据《财政部、国家税务总局关于免征储备大豆增值税政策的通知》（财税〔2014〕38号）规定，财税字〔1999〕198号文件第一条规定的增值税免税政策适用范围由粮食扩大到粮食和大豆，并可对免税业务开具增值税专用发票。

4. 根据《国家税务总局关于明确部分增值税优惠政策审批事项取消后有关管理事项的公告》（总局公告2015年第38号）和《国家税务总局关于国有粮食购销企业销售粮食免征增值税审批事项取消后有关管理事项的公告》（总局公告2015年第42号）的规定，上述免征增值税优惠政策涉及的审核确定工作程序取消，改为备案管理。

5. 营改增后，财税〔2016〕36号文件附件3《营业税改征增值税试点过渡政策的规定》第一条第（二十五）项规定，国家商品储备管理单位及其直属企业承担商品储备任务，从中央或者地方财政取得的利息补贴收入和价差补贴收入免征增值税。（以上内容见《财政部、国家税务总局关于粮食企业增值税征免问题的通知》财税字〔1999〕198号、《财政部、国家税务总局关于部分国家储备商品有关税收政策的通知》财税〔2016〕28号、《财政部、国家税务总局关于职业教育等营业税若干政策问题的通知》财税〔2013〕62号、《财政部、国家税务总局关于全面推开营业税改征增值税试点的通知》财税〔2016〕36号附件3）

四十三、促进节能服务产业发展税收政策

（一）特定事项

合同能源管理是一种新型的市场化节能机制，实质就是以减少的能源费用来支付节能项目全部成本的节能业务方式。合同能源管理在国外简称EPC，在国内广泛地被称为EMC。具体来说，合同能源管理是EMC公司通过与客户签订节能服务合同，为客户提供包括：能源审计、项目设计、项目融资、设备采购、工程施工、设备安装调试、人员培训、节能量确认和保证等一整套的节能服务，并从客户进行节能改造后获得的节能效益中收回投资和取得利润的一种商业运作模式。在合同期间，EMC与客户分享节能效益，在EMC收回投资并获得合理的利润后，合同结束，全部节能效益和节能设备归客户所有。

（二）优惠政策

为鼓励企业运用合同能源管理机制，加大节能减排技术改造工作力度，根据税收法律法规有关规定和《国务院办公厅转发发展改革委等部门关于加快推进合同能源管理促进节能服务产业发展意见的通知》（国办发〔2010〕25号）精神，特制定如下节能服务公司实施合同能源管理项目涉及的税收优惠政策。

1. 关于增值税、营业税政策问题。

（1）对符合条件的节能服务公司实施合同能源管理项目，取得的营业税应税收入，暂免征收营业税。

（2）节能服务公司实施符合条件的合同能源管理项目，将项目中的增值税应税货物转让给用能企业，暂免征收增值税。

2. 关于企业所得税政策问题。

（1）对符合条件的节能服务公司实施合同能源管理项目，符合企业所得税税法有关规定的，自项目取得第一笔生产经营收入所属纳税年度起，第1年至第3年免征企业所得税，第4年至第6年按照25%的法定税率减半征收企业所得税。

（2）对符合条件的节能服务公司，以及与其签订节能效益分享型合同的用能企业，实施合同能源管理项目有关资产的企业所得税税务处理按以下规定执行：

①用能企业按照能源管理合同实际支付给节能服务公司的合理支出，均可以在计算当期应纳税所得额时扣除，不再区分服务费用和资产价款进行税务处理；

②能源管理合同期满后，节能服务公司转让给用能企业的因实施合同能源管理项目形成的资产，按折旧或摊销期满的资产进行税务处理，用能企业从节能服务公司接受有关资产的计税基础也应按折旧或摊销期满的资产进行税务处理；

③能源管理合同期满后，节能服务公司与用能企业办理有关资产的权属转移时，用能企业已支付的资产价款，不再另行计入节能服务公司的收入。

（三）限定条件

1. “（二）优惠政策”第1项所称“符合条件”是指同时满足以下条件：

（1）节能服务公司实施合同能源管理项目相关技术应符合国家质量监督检验检疫总局和国家标准化管理委员会发布的《合同能源管理技术通则》（GB/T 24915－2010）规定的技术要求；

（2）节能服务公司与用能企业签订《节能效益分享型》合同，其合同格式和内容，符合《合同

法》和国家质量监督检验检疫总局和国家标准化管理委员会发布的《合同能源管理技术通则》（GB/T24915—2010）等规定。

2. “（二）优惠政策”第 2 项所称“符合条件”是指同时满足以下条件：

（1）具有独立法人资格，注册资金不低于 100 万元，且能够单独提供用能状况诊断、节能项目设计、融资、改造（包括施工、设备安装、调试、验收等）、运行管理、人员培训等服务的专业化节能服务公司；

（2）节能服务公司实施合同能源管理项目相关技术应符合国家质量监督检验检疫总局和国家标准化管理委员会发布的《合同能源管理技术通则》（GB/T24915—2010）规定的技术要求；

（3）节能服务公司与用能企业签订《节能效益分享型》合同，其合同格式和内容，符合《合同法》和国家质量监督检验检疫总局和国家标准化管理委员会发布的《合同能源管理技术通则》（GB/T24915－2010）等规定；

（4）节能服务公司实施合同能源管理的项目符合《财政部、国家税务总局国家发展改革委关于公布环境保护节能节水项目企业所得税优惠目录（试行）的通知》（财税〔2009〕166 号）“4. 节能减排技术改造”类中第一项至第八项规定的项目和条件；

（5）节能服务公司投资额不低于实施合同能源管理项目投资总额的 70%；

（6）节能服务公司拥有匹配的专职技术人员和合同能源管理人才，具有保障项目顺利实施和稳定运行的能力。

（四）注意事项

1. 节能服务公司与用能企业之间的业务往来，应当按照独立企业之间的业务往来收取或者支付价款、费用；不按照独立企业之间的业务往来收取或者支付价款、费用，而减少其应纳税所得额的，税务机关有权进行合理调整。

2. 用能企业对从节能服务公司取得的与实施合同能源管理项目有关的资产，应与企业其他资产分开核算，并建立辅助账或明细账。

3. 节能服务公司同时从事适用不同税收政策待遇项目的，其享受税收优惠项目应当单独计算收入、扣除，并合理分摊企业的期间费用；没有单独计算的，不得享受税收优惠政策。

4. 对实施节能效益分享型合同能源管理项目（简称项目）的节能服务企业，凡实行查账征收所得税的居民企业并符合企业所得税法和有关规定的，该项目可享受财税〔2010〕110 号文件规定的企业所得税“三免三减半”优惠政策。如节能服务企业的分享型合同约定的效益分享期短于 6 年的，按实际分享期享受优惠。

5. 节能服务企业享受“三免三减半”项目的优惠期限，应连续计算。对在优惠期限内转让所享受优惠的项目给其他符合条件的节能服务企业，受让企业承续经营该项目的，可自项目受让之日起，在剩余期限内享受规定的优惠；优惠期限届满后转让的，受让企业不得就该项目重复享受优惠。

6. 营改增后，财税〔2016〕36 号文件附件 3《营业税改征增值税试点过渡政策的规定》第一条第（二十七）项规定，符合条件的合同能源管理服务免征增值税。

7. 上述税收优惠政策自 2011 年 1 月 1 日起执行。（以上内容见《财政部、国家税务总局关于促进节能服务产业发展增值税营业税和企业所得税政策问题的通知》财税〔2010〕110 号、《国家税务总局、国家发展改革委关于落实节能服务企业合同能源管理项目企业所得税优惠政策有关征收管理问题的公告》税务总局、发展改革委公告 2013 年第 77 号、《财政部、国家税务总局关于全面推开营业税改征增值税试点的通知》财税〔2016〕36 号附件 3）

四十四、海峡两岸直航税收政策

（一）特定事项

2008 年 12 月 25 日，海峡两岸关系协会（简称“海协会”）与海峡交流基金会（简称“海基会”）

达成的两岸“三通”协议实施，大陆与台湾直接“三通”基本实现。两岸“三通”是海峡两岸海运直航、空运直航、直接通邮的简称。“三通”的核心是实现两岸之间的直航。两岸直航是指海峡两岸的飞机、船舶可以由双方机场或港口，载运旅客、货物和邮件，不经由第三地而直接航行至对岸。

2001 年 12 月，俗称“小三通”的金门、马祖与福建沿海地区的海上客、货运航线开通，2007 年 4 月扩及澎湖。

（二）优惠政策

1. 海峡两岸空中直航业务有关税收政策。

（1）自 2009 年 6 月 25 日起，对台湾航空公司从事海峡两岸空中直航业务在大陆取得的运输收入，免征营业税。

（2）自 2009 年 6 月 25 日起，对台湾航空公司从事海峡两岸空中直航业务取得的来源于大陆的所得，免征企业所得税。

对台湾航空公司在 2009 年 6 月 25 日起至财税〔2010〕63 号文件下发之日已缴纳应予免征的企业所得税，在 2010 年内予以退还。

2. 海峡两岸海上直航业务有关税收政策。

（1）自 2008 年 12 月 15 日起，对台湾航运公司从事海峡两岸海上直航业务在大陆取得的运输收入，免征营业税。

（2）自 2008 年 12 月 15 日起，对台湾航运公司从事海峡两岸海上直航业务取得的来源于大陆的所得，免征企业所得税。

3. 福建沿海与金门、马祖、澎湖海上直航业务有关税收政策。

（1）自 2007 年 5 月 1 日起，对海峡两岸船运公司从事福建沿海与金门、马祖、澎湖海上直航业务在大陆取得的运输收入，免征营业税。

享受营业税免税政策的纳税人应按照现行营业税政策的有关规定，单独核算其免税业务收入，未单独核算的，不得享受免征营业税政策。

（2）自 2007 年 5 月 1 日起，对上述船运公司从事上述业务取得的所得，免征企业所得税。

（三）限定条件

1. 所称台湾航空公司，是指取得中国民用航空局颁发的“经营许可”或依据《海峡两岸空运协议》和《海峡两岸空运补充协议》规定，批准经营两岸旅客、货物和邮件不定期（包机）运输业务，且公司登记地址在台湾的航空公司。

2. 所称台湾航运公司，是指取得交通运输部颁发的“台湾海峡两岸间水路运输许可证”且上述许可证上注明的公司登记地址在台湾的航运公司。

（四）注意事项

1. 享受企业所得税免税政策的台湾航空、航运公司应当按照《企业所得税法》及实施条例的有关规定，单独核算其从事上述业务在大陆取得的收入和发生的成本、费用；未单独核算的，不得享受免征企业所得税政策。

2. 营改增后，财税〔2016〕36 号文件附件 3《营业税改征增值税试点过渡政策的规定》第一条第（一十七）项规定，台湾航运公司、航空公司从事海峡两岸海上直航、空中直航业务在大陆取得的运输收入免征增值税。

3. 两岸空中直航税收优惠政策发布日期为 2010 年 9 月 6 日；两岸海上直航税收优惠政策发布日期为 2009 年 1 月 19 日；小“三通”税收优惠政策发布日期为 2007 年 8 月 12 日。（以上内容见《财政部、国家税务总局关于海峡两岸空中直航营业税和企业所得税政策的通知》财税〔2010〕63 号、《财政部、国家税务总局关于海峡两岸海上直航营业税和企业所得税政策的通知》财税〔2009〕4 号、《财政部、国家税务总局关于全面推开营业税改征增值税试点的通知》财税〔2016〕36 号附件 3）

四十五、扶持动漫产业发展税收政策

（一）特定事项

动漫产业，是指以“创意”为核心，以动画、漫画为表现形式，包含动漫图书、报刊、电影、电视、音像制品、舞台剧和基于现代信息传播技术手段的动漫新品种等动漫直接产品的开发、生产、出版、播出、演出和销售，以及与动漫形象有关的服装、玩具、电子游戏等衍生产品的生产和经营的产业。因为有着广泛的发展前景，动漫产业被称为“新兴的朝阳产业”。

（二）优惠政策

为促进我国动漫产业发展，经国务院批准，特制定如下扶持动漫产业发展的税收政策。

1. 增值税。

（1）自2018年1月1日至2018年4月30日，对动漫企业增值税一般纳税人销售其自主开发生产的动漫软件，按照17%的税率征收增值税后，对其增值税实际税负超过3%的部分，实行即征即退政策。

（2）自2018年5月1日至2020年12月31日，对动漫企业增值税一般纳税人销售其自主开发生产的动漫软件，按照13%的税率征收增值税后，对其增值税实际税负超过3%的部分，实行即征即退政策。

（3）动漫软件出口免征增值税。

（4）经认定的动漫企业为开发动漫产品提供的动漫脚本编撰、形象设计、背景设计、动画设计、分镜、动画制作、摄制、描线、上色、画面合成、配音、配乐、音效合成、剪辑、字幕制作、压缩转码（面向网络动漫、手机动漫格式适配）服务，以及在境内转让动漫版权（包括动漫品牌、形象或者内容的授权及再授权）。一般纳税人可以选择适用简易计税方法征收增值税。

2. 企业所得税政策。经认定的动漫企业自主开发、生产动漫产品，可申请享受国家现行鼓励软件产业发展的所得税优惠政策。

3. 关于进口关税和进口环节增值税。经国务院有关部门认定的动漫企业自主开发、生产动漫直接产品，确需进口的商品可享受免征进口关税和进口环节增值税的优惠政策。具体免税商品范围及管理办法由财政部会同有关部门另行制定。

（三）限定条件

动漫软件，按照《财政部、国家税务总局关于软件产品增值税政策的通知》（财税〔2011〕100号）中软件产品相关规定执行。即所称软件产品，是指信息处理程序及相关文档和数据。软件产品包括计算机软件产品、信息系统和嵌入式软件产品。嵌入式软件产品是指嵌入在计算机硬件、机器设备中并随其一并销售，构成计算机硬件、机器设备组成部分的软件产品。

（四）注意事项

1. 国家现行鼓励软件产业发展的所得税优惠政策按《财政部、国家税务总局关于进一步鼓励软件产业和集成电路产业发展企业所得税政策的通知》（财税〔2012〕27号）执行。

2. 动漫企业和自主开发、生产动漫产品的认定标准和认定程序，按照《文化部、财政部、国家税务总局关于印发〈动漫企业认定管理办法（试行）〉的通知》（文市发〔2008〕51号）的规定执行。

（以上内容见《财政部、税务总局关于延续动漫产业增值税政策的通知》财税〔2018〕38号、《财政部、国家税务总局关于全面推开营业税改征增值税试点的通知》财税〔2016〕36号附件2、《财政部、国家税务总局关于扶持动漫产业发展有关税收政策问题的通知》财税〔2009〕65号）

四十六、核电企业税收政策

（一）特定事项

核电站是利用原子核内部蕴藏的能量产生电能的新型发电站。核电站大体可分为两部分：一部分是利用核能生产蒸汽的核岛，包括反应堆装置和一回路系统；另一部分是利用蒸汽发电的常规岛，包括汽轮发电机系统。使用的燃料一般是放射性重金属铀、钚。

核电厂就是一种靠原子核内蕴藏的能量，大规模生产电力的新型发电厂。

（二）优惠政策

为支持核电事业的发展，统一核电行业税收政策，经国务院批准，特制定如下税收政策。

1. 关于核力发电企业的增值税政策。

（1）核力发电企业生产销售电力产品，自核电机组正式商业投产次月起15个年度内，统一实行增值税先征后退政策，返还比例分三个阶段逐级递减。具体返还比例如下：

①自正式商业投产次月起5个年度内，返还比例为已入库税款的75%；

②自正式商业投产次月起的第6至第10个年度内，返还比例为已入库税款的70%；

③自正式商业投产次月起的第11至第15个年度内，返还比例为已入库税款的55%；

④自正式商业投产次月起满15个年度以后，不再实行增值税先征后退政策。

（2）核力发电企业采用按核电机组分别核算增值税退税额的办法，企业应分别核算核电机组电力产品的销售额，未分别核算或不能准确核算的，不得享受增值税先征后退政策。单台核电机组增值税退税额可以按以下公式计算：

$$单台核电机组增值税退税额 = 单台核电机组电力产品销售额 \div 核力发电企业电力产品销售额合计 \times 核力发电企业实际缴纳增值税额 \times 退税比例$$

（3）原已享受增值税先征后退政策但该政策已于2007年内到期的核力发电企业，自该政策执行到期后次月起按上述统一政策核定剩余年度相应的返还比例；对2007年内新投产的核力发电企业，自核电机组正式商业投产日期的次月起按上述统一政策执行。

2. 关于核力发电企业企业所得税政策。

自2008年1月1日起，核力发电企业取得的增值税退税款，专项用于还本付息，不征收企业所得税。

3. 关于核力发电企业城镇土地使用税政策。

对核电站的核岛、常规岛、辅助厂房和通信设施用地（不包括地下线路用地），生活、办公用地按规定征收城镇土地使用税，其他用地免征城镇土地使用税。对核电站应税土地在基建期内减半征收城镇土地使用税。

4. 关于大亚湾核电站和广东核电投资有限公司税收政策。

大亚湾核电站和广东核电投资有限公司在2014年12月31日前继续执行以下政策，不适用上述第1项、第2项规定的政策：

（1）对大亚湾核电站销售给广东核电投资有限公司的电力免征增值税。

（2）对广东核电投资有限公司销售给广东电网公司的电力实行增值税先征后退政策，并免征城市维护建设税和教育费附加。

（3）对大亚湾核电站出售给香港核电投资有限公司的电力及广东核电投资有限公司转售给香港核电投资有限公司的大亚湾核电站生产的电力免征增值税。

（三）注意事项

1. 增值税先征后退具体操作办法由财政部驻当地财政监察专员办事处按《财政部、国家税务总局中国人民银行关于税制改革后对某些企业实行“先征后退”有关预算管理问题的暂行规定的通知》［（94）财预字第55号］有关规定办理。

2. 自2008年1月1日起，《财政部、国家税务总局关于广东大亚湾核电站有关税收政策问题的通知》（财税字〔1998〕173号）停止执行。

3. 上述税收优惠政策发布日期为2008年4月3日。（以上内容见《财政部、国家税务总局关于核电行业税收政策有关问题的通知》财税〔2008〕38号、《财政部、国家税务总局关于核电站用地征免城镇土地使用税的通知》财税〔2007〕124号）

四十七、青藏铁路运营期间税收政策

（一）特定事项

青藏铁路，是实施西部大开发战略的标志性工程，是中国21世纪四大工程之一。青藏铁路起于青海省省会西宁，经柴达木盆地中的格尔木，最后到西藏自治区首府拉萨，全长1 956公里。其中青藏铁路一期工程西宁至格尔木段（814公里）于1979年铺通，1984年7月30日投入运营。青藏铁路二期工程格尔木至拉萨段2001年2月8日宣布修建、6月29日正式开工，2005年10月12日全线贯通。

（二）优惠政策

为支持青藏铁路运营，减轻青藏铁路公司的经营压力，根据2001年第105次国务院总理办公会议纪要及《国务院关于组建青藏铁路公司有关问题的批复》（国函〔2002〕66号）的精神，特制定如下有关青藏铁路公司运营期间的税收政策。

1. 对青藏铁路公司取得的运输收入、其他业务收入免征增值税、城市维护建设税、教育费附加，对青藏铁路公司取得的付费收入不征收增值税。

2. 对青藏铁路公司及其所属单位营业账簿免征印花税；对青藏铁路公司签订的货物运输合同免征印花税，对合同其他各方当事人应缴纳的印花税照章征收。

3. 对青藏铁路公司及其所属单位自采自用的砂、石等材料免征资源税；对青藏铁路公司及其所属单位自采外销及其他单位和个人开采销售给青藏铁路公司及其所属单位的砂、石等材料照章征收资源税。

4. 对青藏铁路公司及其所属单位承受土地、房屋权属用于办公及运输主业的，免征契税；对于因其他用途承受的土地、房屋权属，应照章征收契税。

5. 对青藏铁路公司及其所属单位自用的房产、土地免征房产税、城镇土地使用税；对非自用的房产、土地照章征收房产税、城镇土地使用税。

（三）限定条件

1. 所称的"运输收入"是指《国家税务总局关于中央铁路征收营业税问题的通知》（国税发〔2002〕44号）第一条明确的各项运营业务收入。

2. 所称的"其他业务收入"是指为了减少运输主业亏损，青藏铁路公司运营单位承办的与运营业务相关的其他业务，主要包括路内装卸作业、代办工作、专用线和自备车维检费等纳入运输业报表体系与运输业统一核算收支的其他收入项目。

3. 所称的"付费收入"是指铁路财务体制改革过程中，青藏铁路公司因财务模拟核算产生的内部及其与其他铁路局之间虚增清算收入，具体包括《国家税务总局关于中央铁路征收营业税问题的通知》（国税发〔2002〕44号）第二条明确的不征收营业税的各项费用。

（四）注意事项

1. 财政部、国家税务总局《关于青藏铁路建设期间有关税收政策问题的通知》（财税〔2003〕128号）停止执行。

2. 上述税收优惠政策自2006年7月1日起执行，此前已征税款不予退还，未征税款不再补征。（以上内容见《财政部、国家税务总局关于青藏铁路公司运营期间有关税收等政策问题的通知》财税〔2007〕11号、《财政部、国家税务总局关于营业税改征增值税试点若干政策的通知》财税〔2016〕39号）

四十八、国家石油储备基地税收政策

（一）特定事项

随着国民经济的持续快速发展，中国的经济逐年增长，石油进口量逐渐加大，对外依存度不断提高。为保障国家能源安全，健全国家石油储备体系，中国从2003年开始筹建国家石油储备基地。国家石油储备基地第一期项目包括大连、黄岛、镇海、舟山4个储备基地。

（二）优惠政策

经国务院批准，特制定如下有关国家石油储备基地第一期项目建设过程中的税收政策。

对国家石油储备基地第一期项目建设过程中涉及的营业税、城市维护建设税、教育费附加、城镇土地使用税、印花税、耕地占用税和契税予以免征。

（三）限定条件

上述免税范围仅限于应由国家石油储备基地（目前为大连、黄岛、镇海、舟山）缴纳的税收。

（四）注意事项

1. 对国家石油储备基地建设过程中涉及的营业税，营改增后是否免征增值税，目前尚无新规定。

2. 上述税收优惠政策发布时间为2005年3月15日。（以上内容见《财政部、国家税务总局关于国家石油储备基地建设有关税收政策的通知》财税〔2005〕23号）

四十九、福利彩票税收政策

（一）特定事项

福利彩票主要为发展福利事业筹集资金。彩票，是指国家为筹集社会公益资金，促进社会公益事业发展而特许发行、依法销售，自然人自愿购买，并按照特定规则获得中奖机会的凭证。彩票不返还本金、不计付利息。我国的彩票主要分为福利彩票和体育彩票两种。

（二）优惠政策

为贯彻落实国务院《关于进一步规范彩票事业的发展》（国发〔2001〕35号）文件精神，支持促进我国彩票事业的发展，根据《财政部、国家税务总局关于企业收取和交纳的各种价内外基金（资金、附加）和收费征免企业所得税等几个政策问题的通知》（财税字〔1997〕22号）的有关规定，特对福利彩票发行和销售机构（含销售站点）（简称“福利彩票机构”）制定如下税收政策。

1. 福利彩票机构发行销售福利彩票取得的收入不征收营业税。对福利彩票机构以外的代销单位销售福利彩票取得的手续费收入应按规定征收营业税。

2. 福利彩票机构发行销售福利彩票取得的收入，包括返还奖金、发行经费、公益金，暂免征收企业所得税。

（三）注意事项

1. 除《企业所得税法》及其实施条例、国发〔2007〕39号文件、国发〔2007〕40号文件、财税〔2008〕1号文件规定的优惠政策以外，2008年1月1日之前实施的其他企业所得税优惠政策一律废止。

2. 个人因从事彩票代销业务而取得所得，应按照“经营所得”项目计征个人所得税。

3. 营改增后，财税〔2016〕36号文件附件3《营业税改征增值税试点过渡政策的规定》第一条第（三十二）项规定，福利彩票、体育彩票的发行收入免征增值税。

4. 上述优惠政策发布日期为2002年4月23日，自2002年1月1日起执行。（以上内容见《财政部、国家税务总局关于发行福利彩票有关税收问题的通知》财税〔2002〕59号、《国家税务总局关于个人所得税若干政策问题的批复》国税函〔2002〕629号、《财政部、国家税务总局关于全面推开营业税改征增值税试点的通知》财税〔2016〕36号附件3）

五十、体育彩票税收政策

（一）特定事项

体育彩票，是指为筹集体育事业发展资金，国务院批准在全国发行的，印有号码、图形或文字，供人们自愿购买并按照特定规则获取中奖权力的书面凭证。体育彩票发行收入包括体育行政部门依法设立的体育彩票发行机构取得的销售彩票的收入；体育彩票代销单位代销体育彩票取得的手续费收入；个人购买体育彩票的中奖收入。

（二）优惠政策

为确保体育彩票销售工作的顺利进行，根据现行税制的有关规定，特制定如下税收政策。

1. 增值税。

根据现行《增值税暂行条例》及其实施细则等有关规定，对体育彩票的发行收入不征增值税

2. 营业税。

根据现行《营业税暂行条例》及其实施细则等有关规定，对体育彩票的发行收入不征营业税；对体育彩票代销单位代销体育彩票取得的手续费收入应按规定征收营业税。

3. 所得税。

根据《企业所得税暂行条例》及其实施细则的规定，对体育彩票的发行收入应照章征收企业所得税。

根据《个人所得税法》及其实施条例的规定，个人购买体育彩票的中奖收入属于偶然所得，应全额依 20% 的税率征收个人所得税。

但自 1998 年 4 月 1 日起，对个人购买体育彩票中奖收入的所得税政策做如下调整：凡一次中奖收入不超过 1 万元的，暂免征收个人所得税；超过 1 万元的，应按税法规定全额征收个人所得税。

4. 固定资产投资方向调节税。

对用体育彩票收入建设贯彻实施全民健身计划和奥运争光计划所需的体育设施项目，应根据《固定资产投资方向调节税暂行条例》及其有关规定，区别项目的不同情况，确定其适用税率计征固定资产投资方向调节税。

（三）注意事项

1. 固定资产投资方向调节税已经自 2000 年起暂停征收，从 2013 年起予以取消。

2. 个人因从事彩票代销业务而取得所得，应按照“经营所得”项目计征个人所得税。

3. 营改增后，财税〔2016〕36 号文件附件 3《营业税改征增值税试点过渡政策的规定》第一条第（三十二）项规定，福利彩票、体育彩票的发行收入免征增值税。

4. 上述优惠政策发布日期为 1996 年 11 月 7 日。（以上内容见《财政部、国家税务总局关于体育彩票发行收入税收问题的通知》财税字〔1996〕77 号、《国家税务总局关于个人所得税若干政策问题的批复》国税函〔2002〕629 号、《财政部、国家税务总局关于个人取得体育彩票中奖所得征免个人所得税问题的通知》财税字〔1998〕12 号、《财政部、国家税务总局关于全面推开营业税改征增值税试点的通知》财税〔2016〕36 号附件 3）

五十一、农村集体产权制度改革税收政策

（一）特定事项

农村集体产权制度改革，是针对农村集体资产产权归属不清晰、权责不明确、保护不严格等问题日益突出，侵蚀了农村集体所有制的基础，影响了农村社会的稳定，而对农村集体产权制度进行的改革。改革的主要内容包括清产核资、成员界定、资产量化、成立组织。

（二）优惠政策

为落实《中共中央、国务院关于稳步推进农村集体产权制度改革的意见》要求，支持农村集体产权制度改革，特制定如下有关契税、印花税政策。

1. 对进行股份合作制改革后的农村集体经济组织承受原集体经济组织的土地、房屋权属，免征契税。

2. 对农村集体经济组织以及代行集体经济组织职能的村民委员会、村民小组进行清产核资收回集体资产而承受土地、房屋权属，免征契税。

对因农村集体经济组织以及代行集体经济组织职能的村民委员会、村民小组进行清产核资收回集体资产而签订的产权转移书据，免征印花税。

3. 对农村集体土地所有权、宅基地和集体建设用地使用权及地上房屋确权登记，不征收契税。

（三）注意事项

上述税收政策自2017年1月1日起执行。（以上内容见《财政部、税务总局关于支持农村集体产权制度改革有关税收政策的通知》财税〔2017〕55号）

参 考 文 献

[1] 杨永义：《地方税收业务指南》，经济科学出版社 2013 年版。

[2] 杨永义：《财产行为税政策解析与实务操作》，中国税务出版社 2015 年版。

[3] 盖地：《税务会计实务》，经济科学出版社 2014 年版。

[4] 李志伟：《税收会计（第四版）》，经济科学出版社 2014 年版。

[5] 张松、王向东、王怡：《税法学》，高等教育出版社 2005 年版。

[6] 王韬：《税收理论与实务》，科学出版社 2007 年版。

[7] 刘剑文：《财税法学研究述评》，高等教育出版社 2004 年版。

[8] 杜莉、徐晔：《中国税制（第二版）》，复旦大学出版社 2006 年版。

[9] 刘剑文、雄伟：《税法基础理论》，北京大学出版社 2004 年版。

[10] 张守文：《税法原理（第二版）》，北京大学出版社 2001 年版。

[11] 王坤：《国家税收概论》，华中工学院出版社 1985 年版。

[12] 王玮：《税收学原理》，清华大学出版社 2010 年版。

[13] 郝昭成：《税收执法基础知识》，中国财政经济出版社 2002 年版。

[14] 国家税务总局：《中国税收简介》，中国税务出版社 2011 年版。

[15] 刘玉章：《房地产企业财税操作技巧》，机械工业出版社 2007 年版。

[16] 国家税务总局流转税管理二司：《营业税法规解析》，测绘出版社 1995 年版。

[17] 财政部税政司等：《车船税、城镇土地使用税新法规适用指南》，法律出版社 2007 年版。

[18] 李永贵：《土地增值税讲解》，中国商业出版社 1995 年版。

[19] 国家税务局地方税管理司：《地方税》，中国社会出版社 1993 年版。

[20] 国家税务总局农业税管理局：《契税征管指南》，中国税务出版社 2005 年版。

[21] 史耀斌、陈杰、刘诏：《耕地占用税新法规适用指南》，法律出版社 2009 年版。

[22] 翟继光：《中华人民共和国企业所得税释义》，立信会计出版社 2007 年版。

[23] 国家税务总局：《新企业所得税法解读》，中国税务出版社 2008 年版。

[24] 史耀斌、孙瑞标、刘诏：《中华人民共和国企业所得税法实施条例释义及适用指南》，中国财政经济出版社 2007 年版。

[25] 张正军：《个人所得税实务全书》，北京大学出版社 2008 年版。

[26] 姜玉莲：《中华人民共和国个人所得税法详解》，经济科学出版社 2008 年版。

[27] 财政部税政司：《车船税法及其实施条例适用指南》，经济科学出版社 2011 年版。

[28] 国家税务总局征收管理司：《新征管法读本》，中国税务出版社 2001 年版。